Psicologia Clínica
da Graduação à Pós-Graduação

Psicologia, Psiquiatria e Psicanálise

Outros Livros de Interesse

A Medicina da Pessoa 5ª ed. – **Perestrello**
A Natureza do Amor – **Donatella**
A Neurologia que Todo Médico Deve Saber 2ª ed. – **Nitrini**
Adoecer: As Interações do Doente com sua Doença 2ª ed. – **Quayle**
Adolescência... Quantas Dúvidas! – **Fisberg e Medeiros**
As Lembranças que não se Apagam – **Wilson Luiz Sanvito**
Autismo Infantil: Novas Tendências e Perspectivas – **Assumpção Júnior**
Chaves/Resumo das Obras Completas (Organização Editorial: National Clearinghouse for Mental Health Information) – **Jung**
Coleção Psicologia do Esporte e do Exercício – **Maria Regina Ferreira Brandão e Afonso Antonio Machado**
Vol. 1 - Teoria e Prática
Vol. 2 - Aspectos Psicológicos do Rendimento Esportivo
Vol. 3 - Futebol, Psicologia e Produção do Conhecimento
Vol. 4 - O Treinador e a Psicologia do Esporte
Vol. 5 - O Voleibol e a Psicologia do Esporte
Coluna: Ponto e Vírgula 7ª ed. – **Goldenberg**
Criando Filhos Vitoriosos - Quando e como Promover a Resiliência – **Grunspun**
Cuidados Paliativos - Discutindo a Vida, a Morte e o Morrer – **Franklin Santana Santos**
Cuidando de Crianças e Adolescentes sob o Olhar da Ética e da Bioética – **Constantino**
Delirium – **Franklin Santana**
Demências: Abordagem Multidisciplinar – **Leonardo Caixeta**
Dependência de Drogas 2ª ed. – **Sergio Dario Seibel**
Depressão e Cognição – **Chei Tung Teng**
Depressão em Medicina Interna e em Outras Condições Médicas - Depressões Secundárias – **Figueiró e Bertuol**
Dicionário Médico Ilustrado Inglês-Português – **Alves**
Dilemas Modernos - Drogas – **Fernanda Moreira**
Dinâmica de Grupo – **Domingues**
Distúrbios Neuróticos da Criança 5ª ed. – **Grunspun**
Dor - Manual para o Clínico – **Jacobsen Teixeira**
Dor Crônica - Diagnóstico, Pesquisa e Tratamento – **Ivan Lemos**
Dor e Saúde Mental – **Figueiró**
Epidemiologia 2ª ed. – **Medronho**
Esquizofrenia – **Bressan**
Ginecologia Psicossomática – **Tedesco e Faisal**
Guia de Consultório - Atendimento e Administração – **Carvalho Argolo**
Guia para Família - Cuidando da Pessoa com Problemas – **Andreoli e Taub**
Hipnose - Aspectos Atuais – **Moraes Passos**
Hipnose na Prática Clínica – **Marlus**

Hipnoterapia no Alcolismo, Obesidade e Tabagismo – **Marlus Vinícius Costa Ferreira**
Introdução à Psicossomática – **Maria Rosa Spinelli**
Introdução à Psiquiatria - Texto Especialmente Escrito para o Estudante das Ciências da Saúde – **Spoerri**
Medicina um Olhar para o Futuro – **Protásio da Luz**
Nem só de Ciência se Faz a Cura 2ª ed. – **Protásio da Luz**
O Coração Sente, o Corpo Dói - Como Reconhecer, Tratar e Prevenir a Fibromialgia – **Evelin Goldenberg**
O Cuidado do Emocional em Saúde 3ª ed. – **Ana Cristina de Sá**
O Desafio da Esquizofrenia 2ª ed. – Itiro Shirakawa, **Ana Cristina Chaves e Jair J. Mari**
O Livro de Estímulo à Amamentação - Uma Visão Biológica, Fisiológica e Psicológico-comportamental da Amamentação – **Bicalho Lana**
O Médico, Seu Paciente e a Doença – **Balint**
O que Você Precisa Saber sobre o Sistema Único de Saúde – **APM-SUS**
Panorama Atual de Drogas e Dependências – **Silveira Moreira**
Psicofarmacologia – **Chei Tung Teng**
Psicologia do Desenvolvimento - Do Lactente e da Criança Pequena – Bases Neuropsicológicas e Comportamentais – **Gesell e Amatruda**
Psicologia e Cardiologia - Um Desafio Que Deu Certo - SOCESP – **Ana Lucia Alves Ribeiro**
Psicologia e Humanização: Assistência aos Pacientes Graves – **Knobel**
Psiquiatria Perinatal – Chei Tung Teng
Manual: Rotinas de Humanização em Medicina Intensiva 2ª ed – AMIB - **Raquel Pusch de Souza**
Psicologia na Fisioterapia – **Fiorelli**
Psicopatologia Geral 2ª ed. (2 vols.) – **Jaspers**
Psicossomática, Psicologia Médica, Psicanálise – **Perestrello**
Psiquiatria e Saúde Mental – Conceitos Clínicos e Terapêuticos Fundamentais – **Portella Nunes**
Psiquiatria Ocupacional – **Duílio Antero de Camargo e Dorgival Caetano**
Saúde Mental da Mulher – **Cordás**
Segredos de Mulher - Diálogos Entre um Ginecologista e um Psicanalista – **Alexandre Faisal Cury**
Série da Pesquisa à Prática Clínica - Volume Neurociência Aplicada à Prática Clínica – **Alberto Duarte e George Bussato**
Série Fisiopatologia Clínica – **Busatto**
Vol. 4 - Fisiopatologia dos Transtornos Psiquiátricos
Série Usando a Cabeça – **Alvarez e Taub**
Vol. 1 - Memória
Sexualidade Humana - 750 Perguntas Respondidas por 500 Especialistas – **Lief**
Situações Psicossociais – **Assumpção**
Suicídio: Uma Morte Evitável – **Corrêa (Perez Corrêa)**
Transtornos Alimentares – **Natacci Cunha**
Transtorno Bipolar do Humor – **José Alberto Del Porto**
Tratado de Psiquiatria da Infância e da Adolescência – **Assumpção**
Tratamento Coadjuvante pela Hipnose – **Marlus**
Um Guia para o Leitor de Artigos Científicos na Área da Saúde – **Marcopito Santos**

Psicologia Clínica
da Graduação à Pós-Graduação

Editores

Andrés Eduardo Aguirre Antúnez

Professor Livre-Docente do Departamento de Psicologia Clínica do Instituto de Psicologia da Universidade de São Paulo. Colíder do Núcleo de Pesquisa e Laboratório Prosopon (Conselho Nacional de Desenvolvimento Científico e Tecnológico – CNPq) e Coordenador do Círculo Fenomenológico da Vida e da Clínica – Universidade de São Paulo. Graduação em Psicologia na Universidade Paulista. Especialização em Psicologia da Saúde (CAPES), Mestrado em Saúde Mental, Doutorado e Pós-Doutorado em Ciências com bolsas da Fundação de Amparo à Pesquisa do Estado de São Paulo (FAPESP) pelo Departamento de Psiquiatria e Psicologia Médica da Escola Paulista de Medicina, Universidade Federal de São Paulo. Membro da *Société Internationale de Psychopathologie Phénoméno-Structurale* e da *Société Internationale Michel Henry*, França.

Gilberto Safra

Professor Titular. Livre-Docente. Doutor. Mestre e Graduado no Instituto de Psicologia da Universidade de São Paulo. Colíder do Núcleo de Pesquisa e Laboratório Prosopon Universidade de São Paulo (Conselho Nacional de Desenvolvimento Científico e Tecnológico – CNPq). Coordenador dos convênios acadêmicos internacionais com a *Universitat de Barcelona*, Espanha, e com a Chicago Professional School, Estados Unidos. Psicanalista, pesquisador da subjetividade e psicopatologia contemporânea, psicologia da religião, intervenções e consultas terapêuticas, por meio do vértice da psicanálise inglesa em diálogo com a filosofia e a literatura russas. Em suas pesquisas, utiliza diálogos com Dostoiévski, Pavel Florensky, Vladimir Solovyov, Christos Yannaras e Sergey Horujy.

EDITORA ATHENEU

São Paulo	*Rua Jesuíno Pascoal, 30* *Tel.: (11) 2858-8750* *Fax: (11) 2858-8766* *E-mail: atheneu@atheneu.com.br*
Rio de Janeiro	*Rua Bambina, 74* *Tel.: (21)3094-1295* *Fax: (21)3094-1284* *E-mail: atheneu@atheneu.com.br*
Belo Horizonte	*Rua Domingos Vieira, 319 — conj. 1.104*

CAPA: Equipe Atheneu
PRODUÇÃO EDITORIAL: Sandra Regina Santana

CIP-BRASIL. CATALOGAÇÃO NA PUBLICAÇÃO
SINDICATO NACIONAL DOS EDITORES DE LIVROS, RJ

P969
Psicologia clínica da graduação à Pós-Graduação / editores Andrés Eduardo Aguirre Antúnez, Gilberto Safra ; editores associados Maria Lívia Tourinho Moretto...[et al.]. - 1. ed. - Rio de Janeiro : Atheneu, 2018.
: il.

Inclui bibliografia
ISBN 978-85-388-0890-9

1. Psicologia clínica - Estudo e ensino. I. Safra, Gilberto. II. Moretto, Maria Lívia Tourinho.

CDD: 150.195
18-49942
CDU: 159.965.2

Leandra Felix da Cruz - Bibliotecária - CRB-7/6135
22/05/2018   29/05/2018

ANTÚNEZ, A. E. A.; SAFRA, G.
Psicologia Clínica – da Graduação à Pós-Graduação

© *EDITORA ATHENEU*
São Paulo, Rio de Janeiro, Belo Horizonte, 2018

Editores-Associados

Maria Lívia Tourinho Moretto

Psicanalista. Professora do Departamento de Psicologia Clínica do Instituto de Psicologia da Universidade de São Paulo. Coordenadora do Grupo de Pesquisa Psicanálise, Saúde e Instituição do Instituto de Psicologia da Universidade de São Paulo. Membro do Fórum do Campo Lacaniano de São Paulo, onde coordena a Rede de Pesquisa Psicanálise e Saúde Pública. Editora-chefe da Revista *Psicologia* da Universidade de São Paulo. Diretora de Publicação da Sociedade Brasileira de Psicologia Hospitalar e membro do Grupo de Trabalho Psicanálise, Política e Clínica – Associação Nacional de Pesquisas e Pós-Graduação em Psicologia.

Latife Yazigi

Professora titular aposentada do Departamento de Psiquiatria da Escola Paulista de Medicina da Universidade Federal de São Paulo. Graduação e Pós-Graduação em Psicologia Clínica no Instituto de Psicologia da Universidade de São Paulo, livre-docência na Escola Paulista de Medicina e *Visiting Scholar no Department of Behavioral Sciences* na Universidade de Chicago.

Sonia Beatriz Meyer

Livre-Docente e professora-associada no Departamento de Psicologia Clínica, Instituto de Psicologia da Universidade de São Paulo. Graduação em Psicologia pela Pontifícia Universidade Católica de São Paulo, mestrado em *Applied Behavior Analysis - Western Michigan University* e doutorado em Psicologia Experimental pela Universidade de São Paulo.

Karin Hellen Kepler Wondracek

Psicanalista, membro pleno e docente da Sigmund Freud Associação Psicanalítica, doutora em Teologia e professora na Faculdades EST de São Leopoldo, RS. Pesquisadora das relações entre psicanálise, fenomenologia da vida e religião. Membro do Grupo de Trabalho Psicologia & Religião da Associação Nacional de Pesquisa e Pós-Graduação em Psicologia – Associação Nacional de Pesquisa e Pós-Graduação em Psicologia.

Colaboradores

Adelma Pimentel

Professora-associada IV na Universidade Federal do Pará. Doutora em Psicologia Clínica. Pós-Doutorado em Psicopatologia e Psicologia do Desenvolvimento pela Universidade de Évora, Portugal. Líder do Núcleo de Pesquisas Fenomenológicas (Conselho Nacional de Desenvolvimento Científico e Tecnológico – CNPq) e editora executiva da Revista *Nufen*. Coordenadora da linha de pesquisa Fenomenologia: teoria e clínica no Programa de Pós-Graduação em Psicologia: mestrado e doutorado.

Adriana Maria Pacchioni de Deus

Terapeuta ocupacional. Especialista em Terapia Ocupacional Dinâmica pelo Centro de Estudos de Terapia Ocupacional e em Saúde Mental pela Universidade Federal de São Paulo. Psicoterapeuta em consultório particular e terapeuta ocupacional do Centro de Atenção Psicossocial da Universidade Federal de São Paulo.

Adriano Furtado Holanda

Psicólogo, mestre e doutor em Psicologia, docente do Programa de Pós-Graduação em Psicologia e do Departamento de Psicologia da Universidade Federal do Paraná, coordenador do Laboratório de Fenomenologia e Subjetividade da Universidade Federal do Paraná e do Grupo de Trabalho de Fenomenologia, Saúde e Processos Psicológicos – Associação Nacional de Pesquisa e Pós-Graduação em Psicologia (ANPEPP), editor da *Phenomenological Studies* – Revista da Abordagem Gestáltica.

Ageu Heringer Lisboa

Graduação em Psicologia pela Universidade Federal de Minas Gerais e mestrado em Ciências da Religião pela Universidade Presbiteriana Mackenzie.

Alessandra Villas-Bôas Hartmann

Graduação em Psicologia pela Universidade de São Paulo, mestrado em Psicologia Experimental pela Universidade de São Paulo e doutorado em Psicologia Clínica pela Universidade de São Paulo, com estágio sanduíche na *University of Wisconsin-Milwaukee* e na *University of Washington*, Seattle, EUA. Treinadora em FAP, certificado concedido pela *University of Washington*.

Alessandro de Magalhães Gemino

Graduação em Psicologia pela Universidade Federal do Rio de Janeiro, mestrado em Psicologia pelo Programa de Pós-Graduação em Psicologia da Universidade Federal do Rio de Janeiro e doutorado em Psicologia pelo Programa de Pós-Graduação em Psicologia da Universidade Federal Fluminense. Professor adjunto da Universidade do Estado do Rio de Janeiro. Coordenador do Núcleo de Apoio Psicopedagógico aos Residentes do Hospital Universitário Pedro Ernesto.

Ana Cristina Resende

Pós-Doutorado em Psicologia pela Escola Paulista de Medicina da Universidade Federal de São Paulo. Professora adjunta de Psicologia da Pontifícia Universidade Católica de Goiás. Orientadora do Programa de Pós-Graduação *stricto sensu* da Pontifícia Universidade Católica de Goiás. Coordenadora do GT Métodos Projetivos em Avaliação Psicológica da Associação Nacional de Pesquisa e Pós-Graduação em Psicologia (ANPEPP). Vice-Presidente da Associação Brasileira de Rorschach.

Ana Maria Lopez Calvo de Feijoo

Professora adjunta do Instituto de Psicologia e do Programa de Pós-Graduação em Psicologia Social da Universidade do Estado do Rio de Janeiro. Coordenadora do Laboratório de Fenomenologia e Estudos em Psicologia Social. Sócia mantenedora do Instituto de Psicologia Fenomenológico-Existencial do Rio de Janeiro. Bolsista de produtividade em pesquisa do Conselho Nacional de Desenvolvimento Científico e Tecnológico (CNPq) e Procientista da Universidade do Estado do Rio de Janeiro.

Ana Maria Monte Coelho Frota

Graduada em Psicologia pela Universidade Federal do Ceará. Mestre em Educação pela Universidade Federal do Ceará. Doutorado em Psicologia Escolar e do Desenvolvimento Humano pela Universidade de São Paulo. Estágio Pós-Doutoral na Universidade Federal do Rio Grande do Norte. Professora titular da Universidade Federal do Ceará, lotada no Departamento de Economia Doméstica.

Anna Elisa de Villemor-Amaral

Psicóloga pela Universidade Católica de São Paulo. Mestrado e doutorado em Ciências pela Escola Paulista de Medicina da Universidade Federal de São Paulo. Pós-Doutorado pela *Université Savoie-Mont-Blanc*, França. Formação em Psicanálise e especialização em Avaliação Psicológica. Ex-Presidente da Associação Brasileira de Rorschach e Métodos Projetivos. Membro do Instituto Brasileiro de Avaliação Psicológica, da *International Rorschach Society* e da *Society of Psycological Assessment*. Professora-associada doutora do Programa de Pós-Graduação *stricto sensu* em Psicologia da *University of San Francisco*, EUA. Pesquisadora do Conselho Nacional de Desenvolvimento Científico e Tecnológico (CNPq).

Anna Karynne Melo

Doutora em Saúde Coletiva pela Associação de Instituições de Ensino Superior Ampla da Universidade Federal do Ceará/Universidade Estadual do Ceará/Universidade de Fortaleza. Estágio de doutorado sanduíche na Universidade de Coimbra, Portugal, e no Centro de Estudos Sociais, com bolsa da Coordenação de Aperfeiçoamento de Pessoal de Nível Superior (CAPES). Coordenadora e professora pesquisadora do Laboratório de Psicopatologia e Clínica Humanista Fenomenológica. Graduada em Psicologia pela Universidade Federal do Ceará. Especialista em Filosofia e Epistemologia da Psicologia e mestre em Psicologia pela Universidade de Fortaleza.

Astréa Thereza Issler de Azevedo Ribeiro

Filósofa. Formada em Pinturas Decorativas pelo *Institut Superieur de Peinture de Bruxelles,* Bélgica, em Psicanálise pelo Instituto *Sedes Sapientiae* e em Acompanhamento Terapêutico pela Rede de Acompanhamento Terapêutico. Psicoterapeuta e acompanhante terapêutica em consultório particular. Colaboradora do Centro de Atenção Psicossocial da Universidade Federal de São Paulo.

Bruno Pinto de Albuquerque

Doutorando em Ciência da Religião pela Universidade Federal de Juiz de Fora. Mestre em Psicanálise, bacharel em Psicologia, pela Universidade do Estado do Rio de Janeiro. Psicanalista em formação no Corpo Freudiano Escola de Psicanálise, Seção Rio de Janeiro. Membro dos grupos de pesquisa Apophatiké: Estudos Interdisciplinares em Mística, Universidade Federal Fluminense/Pontifícia Universidade Católica do Rio de Janeiro e Núcleo de Estudos Religião e Psique, Universidade Federal de Juiz de Fora.

Camila Machado Oliveira

Mestranda e bolsista da Coordenação de Aperfeiçoamento de Pessoal de Nível Superior (CAPES) no Programa de Pós-Graduação em Psicologia Clínica do Instituto de Psicologia da Universidade de Paulo. Psicanalista. Acompanhante terapêutica. Aperfeiçoamento em Drogas no Instituto Sedes Sapientiae e Acompanhamento Terapêutico Escolar na Fundación Sistere, Argentina. Membro do Grupo de Estudos e Pesquisas em Acompanhamento Terapêutico – Conselho Nacional de Desenvolvimento Científico e Tecnológico (CNPq) e do Núcleo de Pesquisa e Laboratório Prosopon da Universidade de São Paulo.

Camila Souza

Psicóloga e psicoterapeuta com Formação Clínica em Psicoterapia Humanista-Fenomenológica. Mestre e doutoranda em Psicologia pela Universidade de Fortaleza. Pesquisadora no Laboratório de Psicopatologia e Clínica Humanista Fenomenológica. Integrante do Instituto de Psicologia Humanista e Fenomenológica do Ceará. Docente das Faculdades Maurício de Nassau e Farias Brito.

Claudia Kami Bastos Oshiro

Docente do Departamento de Psicologia Clínica do Instituto de Psicologia da Universidade de São Paulo. Graduada em Psicologia pela Universidade Federal de São Carlos, mestre em Educação Especial pela Universidade Federal de São Carlos e doutora em Psicologia Clínica pela Universidade de São Paulo. Vencedora do Prêmio CAPES de Tese 2012 na área da Psicologia.

Claudio Castelo Filho

Membro efetivo e analista didata da Sociedade Brasileira de Psicanálise de São Paulo, *full member* da *International Psychoanalytical Association*, psicólogo pela Universidade de São Paulo, mestre em Psicologia Clínica pela Pontifícia Universidade Católica de São Paulo, doutor em Psicologia Social e livre-docente em Psicologia Clínica pela Universidade de São Paulo.

Christian Ingo Lenz Dunker

Psicanalista, professor titular, livre-docente, Departamento de Psicologia Clínica do Instituto de Psicologia da Universidade de São Paulo. Pós-Doutorado na *Manchester Metropolitan University*. Graduação em Psicologia, mestrado e doutorado em Psicologia Experimental pela Universidade de São Paulo. Analista membro de Escola do Fórum do Campo Lacaniano. Vencedor do prêmio Jabuti no tema Psicologia e Psicanálise 2012.

Daniel Afonso Assaz

Psicólogo e bacharel em Psicologia pela Universidade de São Paulo. Intercâmbio na Rijksuniversiteit Groningen, Países Baixos. Doutorando em Psicologia Clínica na Universidade de São Paulo. Membro da Associação dos Portadores de Transtornos de Ansiedade como diretor de pesquisa.

Daniel Kupermann

Psicanalista. Professor do Departamento de Psicologia Clínica do Instituto de Psicologia da Universidade de São Paulo, onde coordena o psiA – Laboratório de Pesquisas e Intervenções em Psicanálise. Bolsista de produtividade em pesquisa do Conselho Nacional de Desenvolvimento Científico e Tecnológico (CNPq).

Danilo Salles Faizibaioff

Mestre em Psicologia Clínica pelo Programa de Pós-Graduação em Psicologia Clínica do Instituto de Psicologia da Universidade de São Paulo. Especialista em Psicologia Hospitalar pelo Hospital das Clínicas da Faculdade de Medicina da Universidade de São Paulo. Psicólogo efetivo na Prefeitura do Município de Osasco, São Paulo – Secretaria de Assistência Social.

Denise Salomão Goldfajn

Pós-Doutoranda do Instituto de Psicologia da Universidade de São Paulo. Membro do Laboratório de Pesquisas e Intervenções em Psicanálise psiA – Instituto de Psicologia da Universidade de São Paulo. *Doctor of Psychology – William James College, Massachusetts School of Professional Psychology.* Especialização em Saúde Mental. Membro da *International Psychoanalytic Association.* Membro da *International Association of Relational Psychoanalysis.*

Donaldo Schüler

Doutor em Letras pela Universidade Federal do Rio Grande do Sul. Professor titular e professor emérito da Universidade Federal do Rio Grande do Sul. Pós-doutor pela Universidade de São Paulo. Escritor e poeta.

Dulce Mara Critelli

Professora titular da Pontifícia Universidade Católica de São Paulo. Doutorado em Psicologia da Educação, Pontifícia Universidade Católica de São Paulo. Coordena o Existentia – Centro de Orientação e Estudos da Condição Humana.

Eduardo da Silveira Campos

Doutor, mestre e licenciado em Filosofia, Universidade Federal do Rio de Janeiro. Especialização em Filosofia Moderna e Contemporânea, Universidade do Estado do Rio de Janeiro, Bacharelado em Teologia pelo Instituto Metodista Bennett e Fisioterapia pela Universidade Gama Filho. Membro-relator do Comitê de Ética em Pesquisa do Instituto de Psiquiatria da Universidade do Brasil/Universidade Federal do Rio de Janeiro.

Eliana Herzberg

Livre-Docente, doutora, mestre, graduação em Psicologia, Instituto de Psicologia da Universidade de São Paulo. Profissional autônoma em Consultório de Psicologia.

Elisa Maria de Ulhôa Cintra

Psicanalista, doutora em Psicologia Clínica pela Pontifícia Universidade Católica de São Paulo; professora do Programa de Estudos Pós-Graduados em Psicologia Clínica e da Faculdade de Ciências Humanas e da Saúde da Pontifícia Universidade Católica de São Paulo.

Elza Maria do Socorro Dutra

Graduação em Psicologia pela Universidade Católica de Pernambuco, mestrado em Psicologia Escolar pela Universidade Gama Filho e doutorado em Psicologia Clínica pela Universidade de São Paulo. Professora titular de Psicologia Clínica Fenomenológica na Universidade Federal do Rio Grande do Norte e Pós-Doutora pela Universidade Federal Fluminense do Rio de Janeiro. Coordenadora do Grupo de Estudos Subjetividade e Desenvolvimento Humano, Universidade Federal do Rio Grande do Norte (Conselho Nacional de Desenvolvimento Científico e Tecnológico – CNPq). Coordenadora do GT Psicologia & Fenomenologia – Associação Nacional de Pesquisa e Pós-Graduação em Psicologia (ANPEPP). Presidente da Associação Nordestina de Psicologia Fenomenológica.

Erika Tiemi Kato Okino

Graduação em Psicologia pela Universidade de São Paulo, mestrado e doutorado em Psicologia pela Faculdade de Filosofia, Ciências e Letras de Ribeirão Preto da Universidade de São Paulo. Psicóloga do Departamento de Psicologia e Educação da Faculdade de Filosofia, Ciências e Letras de Ribeirão Preto da Universidade de São Paulo.

Fatima Fontes

Doutora em Psicologia Social pela Universidade de São Paulo; doutora em Serviço Social pela Pontifícia Universidade Católica de São Paulo. Membro pesquisadora do Laboratório de Psicologia Social da Religião do Instituto de Psicologia da Universidade de São Paulo. Psicoterapeuta clínica individual e grupal.

Fatima Regina Machado

Doutora em Psicologia Social pela Universidade de São Paulo e doutora em Comunicação e Semiótica pela Pontifícia Universidade Católica de São Paulo. Mestre em Ciências da Religião pela Pontifícia Universidade Católica de São Paulo. Psicóloga pela Universidade Paulista e graduada em Letras pela Faculdade Anhembi Morumbi. Membro do Centro Internacional Peirceanos, da Pontifícia Universidade Católica de São Paulo. Pesquisadora do Laboratório de Psicologia Social da Religião e cocoordenadora e diretora científica do Laboratório de Psicologia Anomalística e Processos Psicossociais, Departamento de Psicologia Social e do Trabalho do Instituto de Psicologia da Universidade de São Paulo. Membro do Grupo de Trabalho Psicologia & Religião da Associação Nacional de Pesquisa e Pós-Graduação em Psicologia – Associação Nacional de Pesquisa e Pós-Graduação em Psicologia (ANPEPP). Membro da Comissão de Orientação e Fiscalização do CRP-SP. Estágio Pós-Doutoral no Programa de Estudos Pós-Graduados em Ciência da Religião da Pontifícia Universidade Católica de São Paulo.

Fernando Genaro Junior

Graduação em Psicologia pela Universidade São Marcos. Aprimoramento e especialização em Psicologia Hospitalar em Saúde Mental, Psicanálise pelo Instituto de Psiquiatria do Hospital das Clínicas da Faculdade de Medicina da Universidade de São Paulo (bolsista da Fundação do Desenvolvimento Administrativo – Fundap). Mestrado em Psicologia Clínica pela Pontifícia Universidade Católica de São Paulo e doutorado em Psicologia Clínica pelo Instituto de Psicologia da Universidade de São Paulo; bolsista da Coordenação de Aperfeiçoamento de Pessoal de Nível Superior (CAPES). Professor titular do curso de Psicologia da Universidade Paulista/São Paulo e pesquisador da Faculdade Jesuíta de Filosofia e Teologia, Belo Horizonte, membro da Comissão Científica Interna do Centro Winnicott de Belo Horizonte.

Filipe Barbosa Margarido

Mestre em Psicologia Clínica pela Universidade de São Paulo. Graduação em Psicologia pelo Centro Universitário Anhanguera de Santo André. Graduação em Filosofia pela Universidade Metodista de São Paulo.

Georges Daniel Janja Bloc Boris

Psicólogo, mestre em Educação e doutor em Sociologia pela Universidade Federal do Ceará. Pós-Doutorado em Filosofia Prática pela Universidade da Beira Interior, em Covilhã, Portugal. Professor titular vinculado ao Programa de Pós-Graduação em Psicologia e ao Curso de Graduação da Universidade de Fortaleza. Coordenador do Laboratório de Psicopatologia e Clínica Humanista Fenomenológica. Membro do grupo de trabalho Psicologia & Fenomenologia da Associação Nacional de Pesquisa e Pós-Graduação em Psicologia – Associação Nacional de Pesquisa e Pós-Graduação em Psicologia (ANPEPP).

Geraldo José de Paiva

Professor titular aposentado e professor sênior da Universidade de São Paulo. Graduado em Filosofia, mestre e doutor em Psicologia Escolar pela Universidade de São Paulo, Livre-Docente em Psicologia Social, Universidade de São Paulo. Pós-Doutorado em Psicologia da Religião na *Université Catholique de Louvain-la-Neuve*, Bélgica. Sócio honorário da *Società Italiana di Psicologia della Religione* e *fellow* da International *Society for Science and Religion, St. Edmund´s College*, Cambridge, Reino Unido.

Giselle Pianowski

Doutoranda em Psicologia pela *University of San Francisco,* em parceria com a *University of Toledo*; integrante do Laboratório de Avaliação Psicológica em Saúde Mental da *University of San Francisco*. Proficiente em Aplicação e Codificação pelo *Rorschach Performance Assessment System R-PAS*. Membro do GT Métodos Projetivos em Avaliação Psicológica da Associação Nacional de Pesquisa e Pós-Graduação em Psicologia (ANPEPP). Membro da Associação Brasileira de Rorschach e Métodos Projetivos.

Ileno Izídio da Costa

Professor adjunto do Departamento de Psicologia Clínica da UnB. Coordenador dos Grupos de Intervenção Precoce nas Psicoses e Personna – Estudos e Pesquisas sobre violência, criminalidade, perversão e psicopatia. Articulador do Centro Regional para Enfrentamento às Drogas da Universidade de Brasília/Darcy Ribeiro, Senad. Orientador de Pós-Graduação *stricto sensu*, mestrado e doutorado do Programa de Psicologia Clínica e Cultura, Universidade de Brasília. Presidente da Associação de Saúde Mental do Cerrado.

Isabel Cristina Gomes

Professora titular, Livre-Docente do Instituto de Psicologia da Universidade de São Paulo. Graduação em Psicologia pela Universidade de São Paulo, mestrado e doutorado em Psicologia Social pela Universidade de São Paulo. Coordenadora do Laboratório de Casal e Família: Clínica e Estudos Psicossociais; coordenadora do Convênio Internacional entre *Universidad de Ciencias Empresariales y Sociales de Buenos Aires* e o Instituto de Psicologia da Universidade de São Paulo. Psicanalista de casal e família.

Izabella Paiva Monteiro de Barros

Psicóloga clínica e psicanalista. Pesquisadora associada no Projeto Validação e comparação de instrumentos de acompanhamento do desenvolvimento psíquico à luz da Psicanálise (FAPESP). Pós-Doutoranda pelo Departamento de Psicologia da Aprendizagem da Universidade de São Paulo, doutora e mestre em Psicologia Clínica pela Universidade de São Paulo, especialista em Psicanálise pelo Laboratório Sujeito e Corpo do Instituto de Psicologia da Universidade de São Paulo e graduada pela Universidade Presbiteriana Mackenzie. Professora titular, doutora do curso de mestrado em psicossomática da Universidade Ibirapuera.

Jacqueline Santoantonio

Psicóloga concursada do Departamento de Psiquiatria e Psicologia Médica da Universidade Federal de São Paulo. Graduação em Psicologia pela Universidade Paulista, especialização em Psicologia Hospitalar pelo Hospital Brigadeiro, especialização em Psicologia da Saúde (CAPES) pela Escola Paulista de Medicina da Universidade Federal de São Paulo, aperfeiçoamento em Pesquisa na área de Psicodiagnóstico pelo Departamento de Psiquiatria da Universidade Federal de São Paulo (Conselho Nacional de Desenvolvimento Científico e Tecnológico – CNPq) e doutorado em Ciências na área da Psiquiatria e Psicologia Médica pelo Departamento de Psiquiatria da Universidade Federal de São Paulo com apoio da Fundação de Amparo à Pesquisa do Estado de São Paulo (FAPESP).

Jan Luiz Leonardi

Graduação em Psicologia pela Pontifícia Universidade Católica de São Paulo, especialização em Terapia Analítico-Comportamental pelo Núcleo Paradigma, formação em Terapia Comportamental Dialética pelo *Behavioral Tech/The Linehan Institute*, mestrado em Psicologia Experimental: Análise do Comportamento pela Pontifícia Universidade Católica de São Paulo e doutorado em Psicologia Clínica pela Universidade de São Paulo. Fundador e coordenador do Laboratório de Terapia Comportamental Dialética.

Joana Figueiredo Vartanian

Doutorado em Psicologia Clínica em andamento na Universidade de São Paulo, mestre em Psicologia Clínica pela Universidade de São Paulo e graduação em Psicologia pela Universidade Estadual Paulista, Bauru. Analista do comportamento e atua em clínica particular no atendimento a adolescentes e adultos com a Psicoterapia Analítica Funcional.

João Pedro Lorenzon Jávera

Graduação em Psicologia pela Universidade de São Paulo. Pós-Graduação em Psicologia Clínica da Universidade de São Paulo.

Joelma Ana Gutiérrez Espíndula

Doutora em Ciências da Saúde pela Universidade de São Paulo de Ribeirão Preto. Mestre em Psicologia pela Faculdade de Filosofia Ciências e Letras, Universidade de São Paulo de Ribeirão Preto. Psicóloga. Professora adjunta IV do curso de Psicologia da Universidade Federal de Roraima e do Programa de Pós-Graduação em Ciências da Saúde da Universidade Federal de Roraima. Especialista em Psicopedagogia pela Faculdade de Medicina de Ribeirão Preto, Universidade de São Paulo e Psicologia Clínica em Logoterapia pela Instituto de Ensino e Formação em Psicologia Humanista Existencial e Análise do Existir de São Paulo.

Jorge Castellá Sarriera

Bolsista de Produtividade em Pesquisa do Conselho Nacional de Desenvolvimento Científico e Tecnológico (CNPq). Pós-Doutor na *University of San Francisco* e na *Universitat de Barcelona*, Espanha; doutor na *Universitat Autónoma de Madrid*. Prêmio Pesquisador Gaúcho na área de Ciências Humanas e Sociais 2015, concedido pela Fundação de Amparo à Pesquisa do Estado do Rio Grande do Sul (FAPERGS). Professor na Pós-Graduação de Psicologia e de Serviço Social, Universidade Federal do Rio Grande do Sul. Coordenador do Grupo de Pesquisa em Psicologia Comunitária.

José Luis Caon

Graduação em Filosofia pela Faculdade de Filosofia Nossa Senhora da Imaculada Conceição. Licenciatura Plena em Letras e Graduação em Psicologia pela Pontifícia Universidade Católica do Rio Grande do Sul. Mestrado em Psicologia Clínica pela Pontifícia Universidade Católica do Rio Grande do Sul, especialização em Filosofia pela Universidade Federal do Rio Grande do Sul. *DEA* e *Doctorat en Psychanalyse et Psychopathologie* pela *Université Denis Diderot Paris VII*.

José Tomás Ossa Acharán

Doutorando do Programa de Pós-Graduação em Psicologia Clínica do Instituto de Psicologia da Universidade de São Paulo/bolsista da Coordenação de Aperfeiçoamento de Pessoal de Nível Superior (CAPES). Graduação e mestrado em Psicologia Clínica pelo Instituto Universitário de Ciências Psicológicas, Sociais e da Vida, Lisboa, Portugal.

Karl Heinz Kepler

Doutorando em Teologia pelas Faculdades EST, bolsista da Coordenação de Aperfeiçoamento de Pessoal de Nível Superior (CAPES). Mestrado em Teologia pela Escola Superior de Teologia, São Leopoldo, RS. Graduação em Psicologia e Bacharel pela Pontifícia Universidade Católica de São Paulo e graduação e bacharel em Teologia pela Faculdade Teológica Batista de São Paulo.

Karla Patrícia Holanda Martins

Graduação em Psicologia pela Universidade Santa Úrsula, mestrado em Psicologia, Psicologia Clínica, Pontifícia Universidade Católica do Rio de Janeiro, doutorado em Teoria Psicanalítica pela Universidade Federal do Rio de Janeiro e Pós-Doutorado em Psicologia Clínica, Universidade de São Paulo. Professora adjunta do Departamento de Psicologia da Universidade Federal do Ceará. Coordenadora do Programa de Pós-Graduação em Psicologia. Membro do Grupo de trabalho da Associação Nacional de Pesquisa e Pós-Graduação em Psicologia (ANPEPP). Psicanálise e Clínica Ampliada.

Laura Villares de Freitas

Doutora em Psicologia Clínica pelo Instituto de Psicologia da Universidade de São Paulo. Membro-analista da Sociedade Brasileira de Psicologia Analítica e da *International Association for Analytical Pscyhology*. Professora de graduação e Pós-Graduação no Instituto de Psicologia da Universidade de São Paulo, coordenadora do Laboratório de Estudos da Personalidade. Psicóloga clínica, supervisora e coordenadora de grupos de estudo e grupos vivenciais.

Léia Priszkulnik

Mestrado e doutorado em Psicologia Clínica, Universidade de São Paulo. Professora doutora do Departamento de Psicologia Clínica do Instituto de Psicologia da Universidade de São Paulo. Docente, orientadora e pesquisadora na Graduação e na Pós-Graduação.

Leopoldo Fulgêncio

Professor Livre-Docente do Instituto de Psicologia da Universidade de São Paulo, no Departamento de Psicologia da Aprendizagem, do Desenvolvimento e da Personalidade. Coordenador do Grupo de Trabalho Psicanálise, Subjetividade e Cultura Contemporânea – Associação Nacional de Pesquisa e Pós-Graduação em Psicologia (ANPEPP).

Letícia O. Alminhana

Doutora em Saúde pela Faculdade de Medicina da Universidade Federal de Juiz de Fora e Pós-Doutora pela *University of Oxford*, Reino Unido. Bolsista do Programa Nacional de Pós-Doutorado (CAPES) no PPG de Psicologia da Pontifícia Universidade Católica do Rio Grande do Sul. Coordenadora do Grupo de Estudos e Pesquisas em Psicologia Anomalística, Saúde, Espiritualidade e Religiosidade, Pontifícia Universidade Católica do Rio Grande do Sul. Membro do GT Psicologia e Religião da Associação Nacional de Pesquisa e Pós-Graduação em Psicologia (ANPPEP).

Lia Dauber

Psicóloga pela Universidade do Vale do Rio dos Sinos e mestrado em Psicologia da Saúde e Comportamento Social pela Universidade Católica Dom Bosco – Campo Grande/MS. Especialização em Psicologia Clínica, com ênfase em avaliação psicológica e psicoterapia de orientação psicanalítica. Especialização em Psicodiagnóstico de Rorschach e Administração e Gestão Escolar.

Lucas Bloc

Professor na Universidade de Fortaleza. Doutor em Psicopatologia e Psicanálise pela *Université Paris Diderot* – Paris VII com bolsa CAPES de Doutorado no exterior. Diploma Universitário em *Phénoménologie Psychiatrique na Université de Nice Sophia Antipolis*. Graduado e mestre em Psicologia pela Universidade de Fortaleza. Pesquisador no Laboratório de Psicopatologia e Clínica Humanista Fenomenológica.

Luiza Hübner

Especialista em Terapia Comportamental pela Universidade de São Paulo. Terapeuta e diretora do *Behavior Analysis Hübner Center*.

Márcio Felipe Tardem

Mestrando no Programa de Pós-Graduação em Psicologia Experimental da Universidade de São Paulo; Grupo Contingência – Ensino Personalizado e Desenvolvimento Humano.

Marcio Luiz Fernandes

Professor adjunto no Programa de Pós-Graduação em Teologia da Pontifícia Universidade Católica do Paraná e pós-doutor em Psicologia Clínica pela Universidade de São Paulo. Graduação em Teologia – Studium Theologicum, graduação em Filosofia pelo Centro Universitário Claretiano de Batatais, mestrado em Psicologia pela Universidade de São Paulo, mestrado em Teologia Fundamental, especialização em Ciências da Religião pela Pontifícia Universidade Lateranense e doutorado em Psicologia pela Universidade de São Paulo. Professor na Pontifícia Universidade Católica do Paraná e no *Studium Theologicum* de Curitiba.

Marcus Vinícius Alves de Brito Sousa

Mestrando no Programa de Pós-Graduação em Psicologia Experimental da Universidade de São Paulo. Terapeuta do *Behavior Analysis Hübner Center*.

Maria Abigail de Souza

Professora titular aposentada, Livre-Docente e doutora pelo Instituto de Psicologia da Universidade de São Paulo. Pós-Doutorado na Universidade Paris V e mestrado na Fundação Getulio Vargas, RJ. Graduou-se em Psicologia pelo Centro de Ensino Unificado de Brasília e em Letras pela Universidade de Brasília. Estagiou no *Centre Medical Marmottan em Paris*, França. Membro do Comitê de leitura internacional da revista *Psychologie Clinique et Projective da Société du Rorschach et des Méthodes Projectives de Langue Française*. Desenvolveu pesquisa normativa sobre o Método de Rorschach na adolescência com apoio da Fundação de Amparo à Pesquisa do Estado de São Paulo (FAPESP).

Maria Martha Costa Hübner

Graduação em Psicologia pela Pontifícia Universidade Católica de São Paulo, mestrado e doutorado em Psicologia e Psicologia Experimental pela Universidade de São Paulo, respectivamente. Professora titular na Universidade de São Paulo. Membro de contato da B.F. Skinner Foundation. Coordena o Serviço de Psicologia da Divisão de Psiquiatria e Psicologia do Hospital Universitário da Universidade de São Paulo. Pesquisadora do Instituto Nacional de Ciência e Tecnologia em Comportamento, Cognição e Ensino.

Marília Ancona-Lopez

Psicóloga pela Universidade de São Paulo. Mestre e doutora em Psicologia Clínica pela Pontifícia Universidade Católica de São Paulo. Membro da Academia de Psicologia de São Paulo. Vice-Reitora da Universidade Paulista, UNIP.

Marina Bangel

Psicanalista. Mestre em Teologia – Faculdades EST, São Leopoldo/RS. Docente e supervisora clínica na Sigmund Freud Associação Psicanalítica, Porto Alegre. Integrante do Grupo de Pesquisas em Fenomenologia da Vida da Faculdades EST.

Marina Ferreira da Rosa Ribeiro

Psicanalista; professora doutora do Instituto de Psicologia da Universidade de São Paulo. Professora do Programa de Pós-Graduação em Psicologia Clínica, Instituto de Psicologia da Universidade de São Paulo.

Marta Helena de Freitas

Professora pesquisadora do Programa de Mestrado e Doutorado em Psicologia da Universidade Católica de Brasília. Doutora em Psicologia – Universidade de Brasília, Pós-Doutoramento no Departamento de Estudos Religiosos, Escola de Cultura Europeia e Línguas, Universidade de Kent em Canterbury, Reino Unido e coordenadora da Comissão Psicologia e Religiosidade do CRP-01-DF. Coordenadora do GT Psicologia e Religião da Associação Nacional de Pós-Graduação e Pesquisa em Psicologia – Associação Nacional de Pesquisa e Pós-Graduação em Psicologia (ANPEPP). Membro da Associação Internacional para a Psicologia da Religião.

Miriam Raquel Wachholz Strelhow

Pesquisadora de Pós-Doutorado na Universidade de São Paulo. Mestre e doutora em Psicologia pela Universidade Federal do Rio Grande do Sul. Graduação em Psicologia pela Universidade Luterana do Brasil/Canoas.

Mônica Botelho Alvim

Professora-associada do Instituto de Psicologia e do Programa de Pós-Graduação em Psicologia da Universidade Federal do Rio de Janeiro. Graduação em Psicologia, mestrado em Psicologia e doutorado em Psicologia pela Universidade de Brasília. Especialista em Psicologia Clínica pelo Conselho Federal de Psicologia e em Psicoterapia de Grupos em Gestalt-Terapia. Membro fundador do Instituto de Gestalt-Terapia de Brasília e membro do corpo editorial da Revista da Abordagem Gestáltica. Pesquisadora vinculada ao Núcleo de Estudos Interdisciplinares em Fenomenologia e Clínica de Situações Contemporâneas.

Myriam Moreiras Protasio

Doutora em Filosofia pelo Programa de Pós-Graduação em Filosofia da Universidade do Estado do Rio de Janeiro; Pós-Doutoranda no Programa de Pós-Graduação em Psicologia Social da Universidade do Estado do Rio de Janeiro – bolsista da Fundação de Amparo à Pesquisa do Estado do Rio de Janeiro (FAPERJ).

Norma Lottenberg Semer

Graduação em Psicologia pela Universidade de São Paulo, especialização em Psicologia da Saúde na Escola Paulista de Medicina, Universidade Federal de São Paulo, especialização em Psicodiagnóstico de Rorschach, mestrado pela Universidade Federal de São Paulo e doutorado em Saúde Mental pela Universidade Federal de São Paulo. Professora doutora afiliada do Departamento de Psiquiatria da Universidade Federal de São Paulo. Coordenadora da especialização em Psicoterapia Psicanalítica e coordenadora do Núcleo de Atendimento e Pesquisa em Psicanálise e Dor. Membro associado e Psicanalista de Crianças e Adolescentes da Sociedade Brasileira de Psicanálise de São Paulo, filiada à *International Psychoanalytical Association*. Professora do Curso Introdutório ao Atendimento Psicanalítico da Infância e da Adolescência da Sociedade Brasileira de Psicanálise de São Paulo.

Pablo Castanho

Professor doutor do Departamento de Psicologia Clínica do Instituto de Psicologia da Universidade de São Paulo. Membro do Núcleo de Estudos em Saúde Mental e Psicanálise das Configurações Vinculares. Membro da *International Association for Group Psychotherapy and Group Processes* e membro da *Reseaux Groupe et Liens Intersubjectifs.*

Paulo Henrique Curi Dias

Doutorando no Programa de Pós-Graduação em Psicologia Clínica do Instituto de Psicologia da Universidade de São Paulo. Graduação e mestrado em Psicologia Clínica pelo Instituto de Psicologia da Universidade de São Paulo. Membro do Núcleo de Pesquisa e Laboratório Prosopon – Universidade de São Paulo.

Regina Sonia Gattas Fernandes do Nascimento

Graduação em Psicologia pela Faculdade de Filosofia Ciências e Letras de São Bento da Pontifícia Universidade Católica de São Paulo, mestrado em Psicologia Social e doutorado em Psicologia Clínica – Pontifícia Universidade Católica de São Paulo. Professora-associada da Faculdade de Psicologia da Pontifícia Universidade Católica de São Paulo e diretora da Clínica Psicológica Ana Maria Poppovic da Pontifícia Universidade Católica de São Paulo. Líder de grupo de pesquisa (Conselho Nacional de Desenvolvimento Científico e Tecnológico – CNPq). Tem desenvolvido projetos de pesquisa para realização de estudos normativos do Método de Rorschach, com apoio financeiro da Fundação de Apoio à Pesquisa do Estado de São Paulo (FAPESP).

Roberta Kovac

Graduação em Psicologia pela Pontifícia Universidade Católica de São Paulo e mestrado em Psicologia Experimental: Análise do Comportamento pela Pontifícia Universidade Católica de São Paulo. Pós-Graduanda, nível doutorado, no Programa de Pós--graduação em Psicologia Clínica da Universidade de São Paulo. Coordenadora acadêmica, supervisora e docente no Paradigma Centro de Ciências e Tecnologia do Comportamento.

Roberto Novaes de Sá

Graduação em Psicologia pela Pontifícia Universidade Católica do Rio de Janeiro, mestrado em Psicologia pela Universidade Federal do Rio de Janeiro e doutorado em Engenharia de Produção pela Universidade Federal do Rio de Janeiro. Professor titular do Instituto de Psicologia da Universidade Federal Fluminense, vinculado ao Programa de Pós-Graduação em Psicologia na área de concentração Estudos da Subjetividade.

Ronilda Iyakemi Ribeiro

Doutora em Psicologia e Antropologia da África Negra – Universidade de São Paulo. Docente e Pesquisadora da Universidade de São Paulo e da Universidade Paulista.

Saulo Missiaggia Velasco

Graduação em Psicologia pela Universidade Vale do Rio Doce, mestrado e doutorado em Psicologia Experimental pela Universidade de São Paulo (doutorado sanduíche na Universidade do Minho em Portugal). Pós-Doutorado Departamento de Psicologia Experimental da Universidade de São Paulo, atuando como docente e pesquisador associado. Professor e orientador nos cursos de Mestrado Profissional em Análise do Comportamento Aplicada, Especialização em Clínica Analítico-Comportamental e Especialização em Análise do Comportamento Aplicada. Coordenador, professor e supervisor no curso de Formação em Ensino de Habilidades de Estudo no Paradigma Centro de Ciências e Tecnologia do Comportamento.

Sonia Maria B. A. Parente

Doutorado em Psicologia Clínica pela Pontifícia Universidade Católica de São Paulo. Mestrado em Psicologia Clínica, Pontifícia Universidade Católica de São Paulo. Graduação em Curso de Formação de Psicólogo pela Faculdade de Filosofia e Ciências e Letras da Universidade de São Paulo de Ribeirão Preto. Licenciatura em Psicologia pela Faculdade de Filosofia e Ciências e Letras da Universidade de São Paulo de Ribeirão Preto. Membro do Núcleo de Pesquisa e Laboratório Prosopon – Universidade de São Paulo.

Sonia Regina Pasian

Psicóloga, mestre em Filosofia, doutora em Saúde Mental, professora-associada da Universidade de São Paulo no Departamento de Psicologia da Faculdade de Filosofia, Ciências e Letras de Ribeirão Preto, Universidade de São Paulo. Coordenadora do Centro de Pesquisas em Psicodiagnóstico. Editora-associada da Revista *Avaliação Psicológica* e membro fundador e do Conselho Consultivo da Associação Brasileira de Rorschach e Métodos Projetivos.

Suzana Filizola Brasiliense Carneiro

Doutora em Psicologia Clínica pelo Programa de Pós-Graduação em Psicologia Clínica do Instituto de Psicologia da Universidade de São Paulo/Bolsista da Fundação de Amparo à Pesquisa do Estado de São Paulo (FAPESP).

Suzana Magalhães Maia

Graduação em Fonoaudiologia pela Pontifícia Universidade Católica de São Paulo, mestrado em Linguística pela Universidade de São Paulo e doutorado em Linguística pela Universidade de São Paulo. Formada em Psicanálise no Instituto Sedes Sapientiae.

Tommy Akira Goto

Professor adjunto III da Pós-Graduação de Psicologia da Universidade Federal de Uberlândia. Doutor em Psicologia Clínica pela Pontifícia Universidade Católica de Campinas. Mestre em Ciências da Religião, Universidade Metodista de São Paulo. Membro do Grupo de Trabalho Fenomenologia, na Associação Nacional de Pós-Graduação em Filosofia (ANPOF). Membro colaborador do Círculo Latino-Americano de Fenomenologia. Membro assistente da Sociedad Iberoamericana de Estudios Heideggerianos; coeditor da Revista *Nufen*. Coordenador do Grupo de Pesquisa da Universidade Federal de Uberlândia/Conselho Nacional de Desenvolvimento Científico e Tecnológico – CNPq.

Uriel Heckert

Graduação em Medicina pela Universidade Federal de Juiz de Fora, especialização em Psiquiatria pela Universidade Federal do Rio de Janeiro, mestrado em Filosofia pela Universidade Federal de Juiz de Fora e doutorado em Psiquiatria pela Universidade de São Paulo.

Virginia Moreira

Bolsista de Produtividade em Pesquisa do Conselho Nacional de Desenvolvimento Científico e Tecnológico (CNPq). Pós-Doutora em Antropologia Médica pela Harvard University, doutora em Psicologia Clínica pela Pontifícia Universidade Católica de São Paulo. Professora titular do Programa de Pós-Graduação em Psicologia da Universidade de Fortaleza, coordena o Laboratório de Psicopatologia e Clínica Humanista Fenomenológica. Psicoterapeuta e supervisora clínica. Responsável pela tradução para o português da obra de Arthur Tatossian.

Wellington Zangari

Doutor e pós-doutor em Psicologia Social pela Universidade de São Paulo; professor do Instituto de Psicologia. Líder do Laboratório de Psicologia Anomalística e Processos Psicossociais e segundo líder do Laboratório de Psicologia Social da Religião. Membro do Grupo de Trabalho Psicologia & Religião – Associação Nacional de Pesquisa e Pós-Graduação em Psicologia (ANPEPP).

Apresentação

Embora o campo da Psicologia no Brasil remeta-se a trabalhos publicados desde o século XIX, o campo da Psicologia Clínica teve seus primeiros trabalhos nos anos 1930 com o estabelecimento do primeiro serviço de atendimento psicológico de criança na América do Sul, na Seção de Higiene Mental da Diretoria de Saúde do Escolar da Secretaria da Educação, pelo Dr. Durval Marcondes.

Nos anos 1950, o trabalho desenvolvido pelo Dr. Durval Marcondes firmou-se, o que o levou a ser convidado por Annita Cabral, professora do curso de Filosofia da Universidade de São Paulo (USP), para que se organizasse o curso de Especialização em Psicologia Clínica da Cadeira de Psicologia da Faculdade de Filosofia, Ciências e Letras da USP, o que aconteceu em 1958. Nesse ano, o Dr. Durval Marcondes foi contratado para dirigir o Setor de Clínica, que se tornou disciplina autônoma.

Annita Cabral, ao lado de Durval Marcondes, Virginia Bicudo, Lygia Alcântara do Amaral e Aníbal da Silveira, conceberam o curso de Psicologia. Em 1957, foi criado oficialmente o curso de Psicologia no Brasil e, em 1962, ocorreu a regulamentação da profissão de Psicólogo, tendo sido contempladas as atribuições do psicólogo clínico como inseridas na legislação.

Desde aquele período até a atualidade, observa-se que houve grande desenvolvimento da área, com a produção de farta literatura, pesquisas e também com o aparecimento de inúmeros dispositivos clínicos, que buscaram dialogar com a situação sociocultural do Brasil e do mundo.

A Psicologia Clínica, na atualidade, apresenta-se como um campo no qual as dimensões da diversidade teórica e da interdisciplinaridade são elementos fecundos para o estabelecimento de uma prática lúcida para abordar o sofrimento humano de modo não reducionista e justo à complexidade da condição humana.

O livro *Psicologia Clínica – da Graduação à Pós-Graduação* foi organizado buscando apresentar a diversidade e a riqueza do que vem sendo produzido entre nós. Quando a Editora Atheneu nos fez o primeiro convite para publicar uma obra voltada especificamente para a Psicologia Clínica nacional, pensamos que o melhor seria convidar colegas de norte a sul do país nas principais áreas da Psicologia Clínica.

Assim, começamos o delineamento da obra, a começar pela Seção de Psicanálise. Convidamos para coordenar essa seção a professora Maria Lívia Tourinho Moretto, que, por sua vez, convidou 12 colegas da área, que, em coautoria ou de modo autoral, desenvolveram temas sobre Sigmund Freud e as atualidades; Melanie Klein na psicanálise contemporânea; Donald Winnicott e a pesquisa clínica e teórica; a psicanálise de Jacques Lacan; as contribuições de Sándor Ferenczi; Wilfred Bion e a psicanálise do desconhecido; a psicologia analítica de Carl Gustav Jung; e, por fim, a abordagem psicanalítica dos grupos terapêuticos. Percebemos que a psicanálise é uma área tradicional no ensino de graduação em nosso país, bem como nas investigações científicas nessa área, sempre atualizadas e desenvolvidas, nunca estanques ou ultrapassadas, como seus críticos por vezes erroneamente divulgam. Muitos autores, que são muitos e importantes, da área da psicanálise no país não puderem estar presentes nesta obra e certamente alguns deles constam das referências bibliográficas e de pesquisas dos autores dessa seção, bem como das pesquisas atuais que desenvolvem.

A Seção de Psicologia Comportamental ficou a cargo da professora Sonia Beatriz Meyer. Essa área tem se desenvolvido muito nas últimas décadas em nosso país. São apresentados seis capítulos, que direcionam para as bases filosóficas da análise do comportamento e o desenvolvimento das terapias comportamentais; a terapia analítico-comportamental; a psicoterapia analítica funcional; a terapia comportamental dialética; a terapia da aceitação e compromisso; e a terapia comportamental para o autismo. Temos percebido, ao longo das últimas décadas, que os alunos de graduação se interessam muito por essa área, que se apresenta de forma bastante objetiva, clara e bem definida em seus pressupostos. As pesquisas em Pós-Graduação ganham também mais espaço e as relações com a medicina e áreas afins corroboram a importância dessa área no contexto nacional.

A Seção Psicologia Fenomenológica ficou a cargo do professor Andrés Eduardo Aguirre Antúnez, quem convidou membros de Grupos de Trabalho da Associação Nacional de Pesquisa e Pós-Graduação em Psicologia (ANPEPP), cujos professores discorreram sobre Edmund Husserl e a psicologia fenomenológica; Edith Stein e a psicologia; o dinamarquês Søren Kierkegaard e as contribuições para a psicoterapia; Martin Heidegger e a clínica; a Gestalt-Terapia; a clínica a partir de Merleau-Ponty; as contribuições de Michel Henry para a clínica; a vida em diálogo com Martin Buber; a fenomenologia psicopatológica de Arthur Tatossian, Eugène Minkowski, Ludwig Binswanger e Bruno Callieri. Vemos como os psicólogos do país têm investido em experiências com filósofos europeus e como articulam essa interdisciplinaridade nos cuidados clínicos em psicoterapia e psicopatologia.

Na Seção Avaliação Psicológica, foi convidada a professora Latife Yazigi, que organizou oito capítulos, nos temas sobre Hermann Rorschach, a escola francesa do Rorschach e a compreensão psicanalítica desse método de investigação da personalidade; as principais atualizações americanas do *Rorschach Performance Assessment System*, amplamente desenvolvidas em nosso país; o processo de avaliação terapêutica; a avaliação psicológica no campo da orientação profissional; o teste de apercepção temática na investigação clínica; e o uso de desenhos em grupo e em instituição psiquiátrica. O diagnóstico apresenta, desse modo, amplos instrumentos que refletem parte importante da complexidade da personalidade, em seus recursos e deficiências.

A grande novidade desta obra de Psicologia Clínica foi a inclusão das temáticas psicologia e religiões e, por último, psicologia e interdisciplinaridade. A primeira em 13 capítulos, sob a responsabilidade da professora Karin Hellen Kepler Wondracek, que convidou colegas para discorrer sobre essa temática que não pode ficar alheia à psicologia e nos mostra como há autores pelo país que pesquisam a temática da psicologia da religião, relevância, espiritualidade, mitos e metas, *coping* religioso em todas as faixas etárias, autotranscendência e saúde mental, experiências anômalas e religiosas, narrativas fundantes e tesouros psicológicos, as raízes religiosas de Freud, Pfister, Winnicott e Lacan; subjetividade, cuidado e perdão; psicopatologia e religião; tantos assuntos que não poderiam ficar cindidos da psicologia humana.

Por fim, a importância dos trabalhos interdisciplinares, coordenado pelo professor Gilberto Safra, na Seção Psicologia e Interdisciplinaridade, que nos apresenta dez capítulos que versam sobre: psicologia clínica e interdisciplinaridade; filosofia, existência e sentido de ser; interface com a fonoaudiologia; atendimento familiar no acompanhamento terapêutico: oficinas de geração de renda em Centro de Atenção Psicossocial (CAPS); psicologia clínica e teologia; psicologia e geriatria; mística e psicologia; aprendizagem, a clínica no campo da educação; a sessão psicoterápica e reflexões a partir de Kierkegaard.

Todas as Seções mostram, de modo claro e rigoroso, a complexidade do ser humano e de suas amplas, diversas, distintas e peculiares formas de ser compreendido, conhecido e cuidado. Os editores e editores-associados procuraram mostrar o amplo leque que existe na área da Psicologia Clínica, sem preconceitos ou julgamentos de valores.

São várias as universidades públicas e privadas que contam com a Psicologia Clínica como especialidade em seus currículos de graduação e Pós-Graduação, mas algumas não puderam estar representadas nesta obra. No entanto, mencionamos algumas pela importância que têm no desenvolvimento da área em nosso país, sobretudo nos Programas de Pós-Graduação. Citamos as seguintes: Teoria Psicanalítica – Universidade Federal do Rio de Janeiro (UFRJ); Psicologia Clínica – Pontifícia Universidade Católica do Rio de Janeiro (PUC-Rio); Psicologia Clínica e Cultura – Universidade de Brasília (UnB); seguidas da Psicologia Clínica – Universidade Católica de Pernambuco (Unicap); Psicologia Clínica – Pontifícia Universidade Católica de São Paulo (PUC-SP) e, mais recentemente, da Psicanálise: Clínica e Cultura – Universidade Federal do Rio Grande do Sul (UFRGS).

Prefácio

É uma grande honra para mim receber o convite para realizar o Prefácio desta obra inédita no Brasil, intitulada *Psicologia Clínica – da Graduação à Pós-Graduação*, que congrega o que há de melhor e mais atual no campo da Psicologia Clínica, organizada pelos Professores Doutores Andrés Eduardo Aguirre Antúnez e Gilberto Safra, docentes do Instituto de Psicologia da Universidade de São Paulo.

Escrita por um seleto grupo de professores e pesquisadores da área, reconhecido por sua inserção nacional e internacional nos estudos e pesquisas em Psicologia Clínica, esta obra permite constatar a diversidade e a importância que a dimensão clínica da Psicologia vem constituindo desde suas primeiras práticas na clínica da Seção de Higiene Mental de São Paulo, nos anos 1930. Dos referenciais da Psicanálise introduzidos por Durval Marcondes, no início do século XX, para explicar as dificuldades vividas por muitos estudantes nos primeiros anos de escolarização, os chamados "desajustados", aos dias de hoje, observa-se claramente a ampliação do campo teórico-metodológico, na relação com as diversas dimensões do conhecimento bem como a inserção social e política da dimensão clínica da Psicologia. As temáticas contemporâneas aqui presentes revelam a importância que foi assumindo compreender o sofrimento humano e os desafios postos a todos nós para enfrentar as contradições da cultura, da sociedade, das relações afetivas, institucionais e sociais na busca incessante pelo sentido da vida e do viver.

Contribuindo com a formação de psicólogos, de professores universitários e pesquisadores, os temas aqui abordados são fundamentais para inserir dimensões do humano que muitas vezes são desconhecidas ou pouco compreendidas na sua complexidade. Importante destacar as dimensões religiosa e filosófica presentes na obra em questão, resgatando as origens da Psicologia na sua relação com a Filosofia, com seus principais pensadores e com as explicações a respeito da existência humana. As questões da prática clínica se inserem e se implicam no campo teórico e filosófico, repensando os valores, as crenças, os temores, as necessidades, a vida, a morte ... e, porque não dizer, o método clínico.

"Se podes olhar, vê. Se podes ver, repara." Essa afirmação do *Livro dos Conselhos*, do El-Rei D. Duarte, retomada por Saramago em seu livro *Ensaio sobre a Cegueira* (1995) apresenta a essência do trabalho psicológico tematizado nessa obra e na constituição da dimensão clínica da psicologia contemporânea. É possível identificarmos, nos textos apresentados nessa coletânea, o complexo exercício da interpretação, do desvelar daquilo que não pode ser olhado, não pode ser visto e, portanto, não pode ser compreendido simplesmente. Poder olhar, poder ver e, então reparar, notar, tornar translúcido o que estava opaco, invisível, fora do alcance do olhar... é um grande desafio existencial no qual a dimensão clínica da psicologia se propõe a contribuir. E a pergunta que tanto nos incomoda como psicólogos: o que nos autoriza a ocupar esse lugar? O lugar que possibilitará uma outra posição no mundo, nas relações, na compreensão de si mesmo, reconstituindo sentidos e significados...? Quiçá seja a busca pelo olhar que nos permite ver, reinterpretar a vida e nossas relações humanas – nas quais se inserem as crenças nas origens e finalidades de nossa existência – transformando o mundo e a nós mesmos.

Boa leitura!

Marilene Proença Rebello de Souza

São Paulo, junho de 2018

Sumário

SEÇÃO I PSICANÁLISE
Coordenadora
Maria Lívia Tourinho Moretto

1. POR FALAR EM FREUD: TRANSITORIEDADE E ATUALIDADES, 3
Maria Lívia Tourinho Moretto
Isabel Cristina Gomes

2. A PRESENÇA DO PENSAMENTO DE MELANIE KLEIN NA PSICANÁLISE CONTEMPORÂNEA, 9
Elisa Maria de Ulhôa Cintra
Marina Ferreira da Rosa Ribeiro

3. A PESQUISA CLÍNICA E TEÓRICA EM PSICANÁLISE DO PONTO DE VISTA DE WINNICOTT, 17
Leopoldo Fulgêncio

4. PRINCÍPIOS GERAIS DA PSICANÁLISE DE LACAN: CLÍNICA E PESQUISA, 27
Maria Lívia Tourinho Moretto
Léia Priszkulnik
Christian Ingo Lenz Dunker

5. AS CONTRIBUIÇÕES TEÓRICO-CLÍNICAS DE SÁNDOR FERENCZI, 35
Denise Salomão Goldfajn
Karla Patrícia Holanda Martins
Daniel Kupermann

6. WILFRED R. BION E A PSICANÁLISE DO DESCONHECIDO, 41
Claudio Castelo Filho

7. A PSICOLOGIA ANALÍTICA DE JUNG: DO INCONSCIENTE COLETIVO AO PROCESSO DE INDIVIDUAÇÃO, 53
Laura Villares de Freitas

8. GRUPOS PSICOTERAPÊUTICOS: ABORDAGEM PSICANALÍTICA, 61
Pablo Castanho

SEÇÃO II – PSICOLOGIA COMPORTAMENTAL
Coordenadora
Sonia Beatriz Meyer

9. BASES FILOSÓFICAS DA ANÁLISE DO COMPORTAMENTO E O DESENVOLVIMENTO DAS TERAPIAS COMPORTAMENTAIS, 71
Jan Luiz Leonardi
Saulo Missiaggia Velasco

10. A TERAPIA ANALÍTICO-COMPORTAMENTAL (TAC), 79
Sonia Beatriz Meyer
Jan Luiz Leonardi
Claudia Kami Bastos Oshiro

11. PSICOTERAPIA ANALÍTICA FUNCIONAL (FAP): MUDANÇA CLÍNICA EVOCADA E MODELADA PELA VIVÊNCIA TERAPÊUTICA, 87
Alessandra Villas-Bôas Hartmann
Claudia Kami Bastos Oshiro
Joana Figueiredo Vartanian

12. A TERAPIA COMPORTAMENTAL DIALÉTICA (DBT), 95
Jan Luiz Leonardi

13. A TERAPIA DE ACEITAÇÃO E COMPROMISSO (ACT), 105
Daniel Afonso Assaz
Roberta Kovac
Claudia Kami Bastos Oshiro
Sonia Beatriz Meyer

14. TERAPIA COMPORTAMENTAL PARA AUTISMO: ANÁLISE DO COMPORTAMENTO APLICADA, 113
Maria Martha Costa Hübner
Marcus Vinícius Alves de Brito Sousa
Márcio Felipe Tardem
Luiza Hübner

SEÇÃO III – PSICOLOGIA FENOMENOLÓGICA
Coordenador
Andrés Eduardo Aguirre Antúnez

15. EDMUND HUSSERL: A FENOMENOLOGIA E AS POSSIBILIDADES DE UMA PSICOLOGIA FENOMENOLÓGICA, 123
Tommy Akira Goto
Adriano Furtado Holanda
Ileno Izídio da Costa

16. EDITH STEIN E A PSICOLOGIA, 133
Andrés Eduardo Aguirre Antúnez
Suzana Filizola Brasiliense Carneiro
Tommy Akira Goto

17. SOBRE AS RELAÇÕES ENTRE O PENSAMENTO DE HEIDEGGER E AS PRÁTICAS PSICOLÓGICAS CLÍNICAS, 141
Elza Maria do Socorro Dutra
Ana Maria Lopez Calvo de Feijoo
Ana Maria Monte Coelho Frota
Roberto Novaes de Sá
Alessandro de Magalhães Gemino

18. **EUGÈNE MINKOWSKI, LUDWIG BINSWANGER E BRUNO CALLIERI: PSICOPATOLOGIA FENOMENOLÓGICA, 147**
Andrés Eduardo Aguirre Antúnez
José Tomás Ossa Acharán
Danilo Salles Faizibaioff
Joelma Ana Gutiérrez Espíndula

19. **MERLEAU-PONTY E A PSICOLOGIA CLÍNICA, 155**
Mônica Botelho Alvim

20. **MARTIN BUBER: A VIDA EM DIÁLOGO, 163**
Adriano Furtado Holanda

21. **A FENOMENOLOGIA CLÍNICA DE ARTHUR TATOSSIAN, 171**
Virginia Moreira
Lucas Bloc
Camila Souza

22. **A CIÊNCIA EXISTENCIAL EM KIERKEGAARD: UM CAMINHO POSSÍVEL PARA A PSICOTERAPIA?, 179**
Ana Maria Lopez Calvo de Feijoo
Myriam Moreiras Protasio
Eduardo da Silveira Campos
Filipe Barbosa Margarido

23. **GESTALT-TERAPIA, 187**
Adelma Pimentel
Anna Karynne Melo
Georges Daniel Janja Bloc Boris
Mônica Botelho Alvim

24. **A PSICOLOGIA CLÍNICA E A FENOMENOLOGIA DA VIDA DE MICHEL HENRY, 195**
Andrés Eduardo Aguirre Antúnez
Gilberto Safra

SEÇÃO IV – AVALIAÇÃO PSICOLÓGICA
Coordenadora
Latife Yazigi

25. **HERMANN RORSCHACH: GENIALIDADE E HUMANIDADE, 205**
Latife Yazigi

26. **O SISTEMA FRANCÊS (ESCOLA DE PARIS) DO RORSCHACH: HISTÓRICO, ENSINO, PESQUISAS E CONTRIBUIÇÕES PSICANALÍTICAS, 211**
Maria Abigail de Souza
Sonia Regina Pasian

27. **CONTRIBUIÇÕES PSICANALÍTICAS AO MÉTODO DE RORSCHACH, 219**
Regina Sonia Gattas Fernandes do Nascimento
Norma Lottenberg Semer

28. **OTIMIZAÇÃO DO RORSCHACH POR MEIO DO *RORSCHACH PERFORMANCE ASSESSMENT SYSTEM* (R-PAS), 227**
Ana Cristina Resende
Giselle Pianowski

29. **O PROCESSO DE AVALIAÇÃO TERAPÊUTICA, 237**
Anna Elisa de Villemor-Amaral

30. **AVALIAÇÃO PSICOLÓGICA NO CAMPO DA ORIENTAÇÃO PROFISSIONAL: CONTRIBUIÇÕES DO TESTE DE FOTOS DE PROFISSÕES (BBT-BR), 243**
Sonia Regina Pasian
Erika Tiemi Kato Okino

31. **TESTE DE APERCEPÇÃO TEMÁTICA (TAT): USO CLÍNICO E EM PESQUISA, 251**
Eliana Herzberg
Izabella Paiva Monteiro de Barros

32. **O ATELIÊ DE PINTURA DE LIVRE EXPRESSÃO: ESPAÇO TERAPÊUTICO COMPARTILHADO DE CRIAÇÃO, 257**
Jacqueline Santoantonio
Astréa Thereza Issler de Azevedo Ribeiro

SEÇÃO V – PSICOLOGIA E RELIGIÕES
Coordenadora
Karin Hellen Kepler Wondracek

33. **O QUE O PSICÓLOGO PRECISA SABER DA PSICOLOGIA DA RELIGIÃO, 267**
Geraldo José de Paiva

34. **RELEVÂNCIA DO ESTUDO DA RELIGIÃO PARA O ESTUDANTE DE PSICOLOGIA, 273**
Marta Helena Freitas

35. **O SAGRADO NA EXPERIÊNCIA TERAPÊUTICA, 281**
Gilberto Safra

36. **O PSICÓLOGO CLÍNICO E AS QUESTÕES RELIGIOSAS, 285**
Marília Ancona-Lopez

37. **INSEGURANÇA, RELIGIÃO E MITO, 291**
Donaldo Schüler

38. ***COPING* RELIGIOSO/ESPIRITUAL E PRÁTICA PSICOTERAPÊUTICA: RELAÇÕES POSSÍVEIS, 301**
Fatima Fontes

39. ***COPING* RELIGIOSO/ESPIRITUAL EM CRIANÇAS E ADOLESCENTES, 309**
Miriam Raquel Wachholz Strelhow
Jorge Castellá Sarriera

40. **PSICOLOGIA E RELIGIOSIDADE/ESPIRITUALIDADE: CONTRIBUIÇÕES DO MODELO PSICOBIOLÓGICO DE TEMPERAMENTO E CARÁTER, 317**
Letícia O. Alminhana

41. **ABORDAGEM PSICOLÓGICA DOS FENÔMENOS INCOMUNS, 323**
Wellington Zangari
Fatima Regina Machado

42. **NARRATIVAS RELIGIOSAS E SEUS TESOUROS PSICOLÓGICOS, 331**
Ronilda Iyakemi Ribeiro
Karin Hellen Kepler Wondracek

43. **AS RAÍZES RELIGIOSAS DE FREUD, PFISTER, WINNICOTT E LACAN, 341**
Karin Hellen Kepler Wondracek
Bruno Pinto de Albuquerque
João Pedro Lorenzon Jávera
José Luis Caon

44. **SUBJETIVIDADE, CUIDADO, PERDÃO: ALGUNS LEGADOS DAS RELIGIÕES PARA A PSICOLOGIA CONTEMPORÂNEA: HUMANOS, 349**
Ageu Heringer Lisboa
Marina Bangel
Lia Dauber

45. **PSICOPATOLOGIA E RELIGIÃO, 357**
Uriel Heckert
Karl Heinz Kepler

SEÇÃO VI – PSICOLOGIA E INTERDISCIPLINARIDADE
Coordenador
Gilberto Safra

46. **PSICOLOGIA CLÍNICA E INTERDISCIPLINARIDADE, 367**
Gilberto Safra

47. **FILOSOFIA, EXISTÊNCIA E SENTIDO DO SER, 371**
Dulce Mara Critelli

48. **INTERFACE ENTRE PSICOLOGIA CLÍNICA E FONOAUDIOLOGIA, PARA ALÉM DA LINGUAGEM, 375**
Suzana Magalhães Maia

49. **POSSIBILIDADES DE ATENDIMENTO FAMILIAR NA CLÍNICA DO ACOMPANHAMENTO TERAPÊUTICO, 383**
Camila Machado Oliveira
Gilberto Safra

50. **AS OFICINAS DE GERAÇÃO DE RENDA NO CENTRO DE ATENÇÃO PSICOSSOCIAL DA UNIVERSIDADE FEDERAL DE SÃO PAULO (CAPS/UNIFESP): POSSIBILIDADES E DESAFIOS, 387**
Jacqueline Santoantonio
Adriana Maria Pacchioni de Deus

51. **AS PERSPECTIVAS DE DIÁLOGO ENTRE A TEOLOGIA E A PSICOLOGIA, 393**
Marcio Luiz Fernandes

52. **A ÉTICA DO CUIDADO NA CLÍNICA DO ENVELHECIMENTO: DIÁLOGOS ENTRE A PSICOLOGIA E A GERIATRIA/GERONTOLOGIA, 399**
Fernando Genaro Junior

53. **MÍSTICA E PSICOLOGIA: RASTROS DE UM DIÁLOGO PEREGRINO, 407**
Paulo Henrique Curi Dias
Gilberto Safra

54. **UMA VISÃO CLÍNICA DOS PROBLEMAS DE APRENDIZAGEM NO CAMPO DA EDUCAÇÃO, 415**
Sonia Maria B. A. Parente

55. **SØREN KIERKEGAARD: DESESPERO E MORTE NA SESSÃO PSICOTERÁPICA, 423**
Filipe Barbosa Margarido
Andrés Eduardo Aguirre Antúnez

ÍNDICE REMISSIVO, 429

SEÇÃO I
PSICANÁLISE

Coordenadora
Maria Lívia Tourinho Moretto

Por falar em Freud: transitoriedade e atualidades

Maria Lívia Tourinho Moretto
Isabel Cristina Gomes

INTRODUÇÃO

Este trabalho aborda as contribuições da teoria de Sigmund Freud à Psicologia Clínica, tanto no campo da clínica propriamente dita quanto no campo da pesquisa científica na área. Na primeira parte, apresentamos o autor e alguns conceitos fundamentais de sua obra, destacando a importância da evolução deles para a prática clínica. Associamos o surgimento da Psicanálise ao modo singular pelo qual Freud, como médico, se relacionou com os desafios impostos pela clínica da histeria, repensando e reinventando sua atuação. Na sequência, apresentamos a metapsicologia freudiana a partir de alguns de seus conceitos fundamentais – pulsão, recalque, primeira e segunda teoria do aparelho psíquico – para embasar a noção de formações do inconsciente: sonhos, chistes, lapsos e sintoma, dando destaque a este último. Na segunda parte, ressaltamos a importância da contextualização do cenário cultural no qual Freud viveu para a compreensão de suas construções teóricas, destacando a atualidade de sua obra, por meio da discussão a respeito da validade de seus conceitos em relação às importantes mudanças dos papéis sociais e das configurações familiares ao longo das últimas décadas. Concluímos que a presença do pensamento freudiano em diversas linhas de pesquisa de Programas de Pós-graduação em Psicologia Clínica indica que a inserção da Psicanálise na Universidade se sustenta pelo engajamento dos psicanalistas na produção do conhecimento acadêmico-científico na área, contribuindo para a formação de pesquisadores e psicólogos clínicos engajados na análise das demandas atuais da sociedade e na interlocução interdisciplinar para a construção de dispositivos clínicos capazes de acolher e tratar o sofrimento do sujeito contemporâneo.

OS CONCEITOS FUNDAMENTAIS DA PSICANÁLISE FREUDIANA

Sigmund Freud, médico neurologista e psicanalista, de origem judaica, nasceu em 8 de maio de 1856, em Freiberg (na Morávia, cidade que pertencia ao Império Austríaco). Viveu em Viena desde os 4 anos de idade e, em junho de 1938, mudou-se para Londres na condição de refugiado, por causa da perseguição do regime nazista aos judeus. Lá, morreu aos 83 anos, em 23 de setembro de 1939, em virtude das complicações decorrentes de câncer na garganta e mandíbula. Era casado com Marta Bernays desde 1886 e com ela teve seis filhos.

A Psicanálise pode ser definida a partir de três dimensões que se complementam, necessariamente: em sua dimensão de pesquisa, ela é um método de investigação da mente humana e de seu funcionamento; em sua dimensão teórica, ela é um sistema teórico sobre o psiquismo e o comportamento humano; e em sua dimensão clínica, ela é um método de tratamento psicoterapêutico.

Freud foi um clínico por excelência. Inclusive, como veremos mais adiante, pode-se considerar que a Psicanálise surge pelo modo muito singular de Freud, ainda como médico neurologista, se relacionar com a experiência clínica na Medicina, vendo-se obrigado a repensar e a reinventar sua atuação, na busca de dispositivos clínicos que pudessem oferecer soluções mais eficazes a determinados tipos de sofrimentos diante dos quais a Medicina encontrava os seus limites.

Nesse sentido, é fundamental que se compreenda que toda sistematização teórica proposta por Freud parte da observação clínica do comportamento humano, uma vez que ele esteve sempre atento à compreensão e à formalização do funcionamento psíquico, de modo a poder tratar o sofrimento humano.

A grande contribuição da teoria psicanalítica para a cultura reside naquilo que Freud chamou de axioma da Psicanálise, a saber: o determinismo psíquico inconsciente. Ou seja, na visão freudiana, o homem é marcado por uma divisão subjetiva, é movido por uma instância psíquica à qual deu o nome de Inconsciente, é determinado por forças internas que ele próprio desconhece. O homem, portanto, na visão freudiana, não é o "senhor de sua própria casa" (Freud, 1917).

Com isso, Freud constrói uma concepção de homem que não fica sem consequências para a cultura, pois põe em questão toda visão de mundo e de homem que se pretende totalitária. Assim definido, o sujeito freudiano está sempre dividido entre o que diz e que quer dizer, de tal modo que, ao falar, não sabe *de todo* o que diz.

E ao pensar, não sabe *de todo* o que ele é. A lição freudiana questiona, portanto, o próprio cogito cartesiano formulado no "penso, logo sou", na medida em que, determinado pelo Inconsciente, o sujeito freudiano é capaz de "ser, ali onde ele não pensa". Nesse sentido, ele não é tão somente o que pensa que é, sendo, também, aquilo que o seu pensamento consciente não alcança.

Isso justifica a lógica que rege a única regra da Psicanálise, aquela que Freud, qualificando-a como "regra de ouro", chamou de "regra fundamental da Psicanálise": a regra da associação livre. Esta é enunciada de modo razoavelmente simples para o analisante, embora não seja simples segui-la: "fale tudo o que lhe vier à cabeça, sem pensar". Talvez por isso também um psicanalista não tenha o hábito de pedir para seu analisante que "pense bem".

Note-se a importância de a noção de divisão subjetiva em Freud não ser confundida necessariamente com a noção de conflito psíquico, que abordaremos mais adiante. Mas vale ressaltar, desde o princípio, que Freud nos indica a necessidade de considerarmos as diferenças entre algumas noções que, em outro contexto, são consideradas equivalentes, tais como, por exemplo: querer e desejar, pedir e demandar, sexual e genital, satisfação e felicidade.

É, como sempre, da experiência clínica que Freud extrai os elementos para as formulações teóricas, e estas, por seu turno, ressoam e se sustentam na articulação delas com a própria experiência clínica.

Nesta última, por meio da observação clínica cotidiana, notam-se as diversas formas discursivas nas quais essa divisão subjetiva aparece, por exemplo, quando escutamos um sujeito dividido entre o que ele quer e o que deseja, entre o que ele pede e o que ele demanda.

Há situações nas quais uma pessoa demonstra um esforço significativo para manter-se fiel ao que ela quer (ao que ela pensa) e, do nosso ponto de vista, a própria existência de tal esforço indica a possibilidade da existência de outra força desejante, contrária ao que se quer (ao que se pensa). Não é raro que as pessoas se declarem "derrotadas" pelo que chamam "falta de força de vontade" ou "fraqueza de pensamento", muitas vezes nos indicando que desconhecem em si a força de seus próprios desejos, desconsiderando-a.

Não são raras também as situações nas quais uma pessoa, numa demonstração nada atenta à sua própria divisão subjetiva, se coloca, ela própria, em situação de difícil manejo como, por exemplo, quando ela faz um pedido (confiante no que ela quer) para que uma outra pessoa desapareça de sua vida, quando sua demanda (ligada ao que ela deseja) é de que a outra pessoa fique, talvez para sempre. São em situações como essas que as pessoas, às vezes, se apresentam "arruinadas pelo êxito" (Freud, 1916) que resulta da realização de seus pedidos.

A passagem de um Freud médico a um Freud psicanalista: o surgimento da Psicanálise e a clínica da histeria

Freud formou-se em Medicina em 1882 pela Universidade de Viena e começou a trabalhar como neurologista no Hospital Geral de Viena. De médico neurologista dedicado, passou a ser conhecido em todo o mundo como o criador da Psicanálise.

Essa passagem de um Freud médico a um Freud psicanalista nos interessa sobremaneira, pois é na compreensão a respeito de como ela se deu que entendemos o contexto e os problemas, enfrentados pelo médico Freud, que resultaram no surgimento da Psicanálise como um campo epistemológico que, ainda que tenha nascido dentro do hospital, derivado da Medicina, ganha corpo próprio na medida em que se diferencia radicalmente dela.

É por essa razão que a Psicanálise não pode ser incluída entre as disciplinas médicas nem entre as disciplinas psicológicas, pois ela não é nem Medicina nem Psicologia, embora não as refute nem as contradiga, guardando relações íntimas com ambas, por meio de suas diferenças.

Foi ainda na condição de médico neurologista, dedicado à atividade clínica em busca de esclarecimento diagnóstico para os sintomas histéricos que Freud, orientado pelos mais rigorosos métodos de investigação diagnóstica de sua época, descobriu que não há nada no sistema neurológico que os fundamente.

Ao desvincular a histeria do campo da doença orgânica, sem desconsiderar o sofrimento decorrente dos sintomas histéricos que se apresentavam no corpo, Freud mostra-se sensível à diferença que se impunha entre organismo e corpo.

As primeiras abordagens para a compreensão e o tratamento dos sintomas histéricos foram feitas por meio do método hipnótico e depois pelo método catártico (Freud, 1894). Tal percurso, fundamental para a construção e reconstrução das hipóteses psicanalíticas a respeito dos fenômenos e dos mecanismos psíquicos, conduz Freud a intuir, relativamente ao caráter insistente do sofrimento histérico na cena médica, que saber sobre o sintoma histérico não está do lado do médico e, sim, do paciente, ainda que esse saber fosse um saber do qual ele, o paciente, também não sabia, portanto, um saber inconsciente. É isso que faz Freud, então, se dispor a escutar o *sujeito do Inconsciente*, apostando na mudança do dispositivo clínico para privilegiar a escuta clínica e, dessa forma, ele cria um campo epistemológico inédito, tornando irreversível essa passagem de um Freud médico a um Freud psicanalista (Moretto, 2017).

A metapsicologia freudiana

Se, por definição, "fenômeno" é aquilo que se vê, pode-se afirmar que na clínica médica o ato diagnóstico baseia-se, fundamentalmente, na observação, descrição e classificação de fenômenos, embasando a formulação de condutas terapêuticas que visam à remoção de sintomas.

Freud tem um modo muito singular de se relacionar com a experiência clínica: para ele, o tratamento é tanto mais seguro quanto mais o clínico entende do que se trata.

Para ele, o método hipnótico, ainda que possibilitasse o desaparecimento, mesmo que temporário, dos sintomas histéricos, não favorecia a compreensão dos mecanismos psíquicos de formação deles.

É nesse sentido que o diagnóstico fenomênico, descritivo e classificatório é, para Freud, insuficiente, pois, ainda que alguns sintomas histéricos possam ser considerados como fenômenos, o estudo para a compreensão de seus mecanismos e de seu funcionamento exigiu dele a construção de conceitos teóricos que não podem ser observados, nem descritos nem classificados. Vem daí a concepção de Metapsicologia.

Os conceitos metapsicológicos são a chave teórica para a compreensão dos mecanismos e do funcionamento psíquico em Psicanálise, dando suporte para o conceito de sintoma em Psicanálise, para a clínica psicanalítica e para a interlocução da Psicanálise com os demais saberes no campo da cultura.

No texto "A história do movimento psicanalítico", Freud (1914) escreve que todo trabalho que toma como fundamentos os conceitos de inconsciente, pulsão, transferência e resistência tem o direito de se chamar Psicanálise, deixando claro que o que confere o caráter psicanalítico a um trabalho é, antes, a referência aos seus conceitos fundamentais, pois são eles que, garantindo sua especificidade, seus limites e seus alcances, orientam o trabalho dos psicanalistas, onde quer que ele se desenvolva (Moretto, 2017).

O conceito de pulsão, tal como propõe Freud (1915a), é o conceito-limite entre o psíquico e o somático. Então, a pulsão é o representante psíquico dos estímulos originados dentro do organismo e, ao integrar corpo e psiquismo, indica que a dicotomia que põe em oposição corpo x psiquismo não cabe no raciocínio clínico psicanalítico.

Distinguindo com clareza o conceito de pulsão do conceito de instinto, Freud (1915a) indica que a pulsão é a energia motora do aparelho psíquico, tem fonte no organismo e seu objetivo é a satisfação, que é alcançada por meio da relação com o objeto, sendo este último definido como o alvo para o qual a pulsão se dirige em busca de atingir o seu objetivo.

O objeto pulsional, por seu turno, difere do que seria o objeto do instinto, na medida em que, não sendo fixo, é variável. Dito de outro modo, se a pulsão pode percorrer diversos caminhos em busca de satisfação, é porque o objeto pulsional, não sendo predeterminado, pode ser, a princípio, qualquer objeto, ainda que a lição freudiana nos indique, com clareza, que o objeto da satisfação humana nunca é um objeto qualquer.

Está posta para Freud a questão da escolha da satisfação pulsional no campo do humano, e nesse ponto recorremos ao próprio axioma da Psicanálise: tal escolha não se dá em função dos critérios da consciência. Nesse sentido, a lição freudiana, na medida em que permite a articulação entre as noções de satisfação pulsional e escolhas amorosas, permite também que de tal articulação embase a hipótese de que, no campo do humano, o encontro amoroso não obedece à lógica do acaso.

Há, no entanto, uma "pedra" no caminho da pulsão, que faz barreira ao que seria a experiência da satisfação plena. É o conceito metapsicológico de recalque (Freud, 1915b), considerado por Freud como a "pedra angular da Psicanálise", que, além de embasar as noções de sujeito dividido e de satisfação parcial, possibilita a construção tanto da primeira quanto da segunda teoria do aparelho psíquico que, vale ressaltar, ainda que seja a segunda, não substitui a primeira.

Na primeira teoria do aparelho psíquico (Freud, 1915c), também conhecida como primeira tópica, ele é dividido em três instâncias: Inconsciente, Pré-Consciente e Consciente. Na segunda teoria do aparelho psíquico, também conhecida como segunda tópica, ele é dividido em: Id, Ego e Superego (Freud, 1923).

Se o recalque é a operação que faz resistência ao caminho da pulsão em direção à satisfação pulsional plena, a característica de insistência da pulsão em busca de satisfação nos conduz tanto à noção de conflito psíquico (insistência pulsional x resistência) quanto à noção de derivados do recalcado, também nomeados como formações do Inconsciente, ou formação de compromisso, ou, ainda, solução de compromisso.

Freud dedica-se, minuciosamente, ao estudo das formações do Inconsciente, pois a construção teórica a respeito da estrutura e do funcionamento delas coincide com a própria construção do edifício teórico psicanalítico. São elas: o sonho (Freud, 1900), o lapso (Freud, 1901), o chiste (Freud, 1905) e o sintoma (Freud, 1917).

As formações do Inconsciente são, portanto, produções psíquicas que, produzidas segundo os princípios do processo primário, ou seja, das "leis que regem o sistema Inconsciente" (Freud, 1915c), tendem a funcionar em prol da diminuição de tensão entre as instâncias, no sentido de livrar o aparelho psíquico do conflito, possibilitando a satisfação parcial, uma vez que toda formação do inconsciente tem em sua estrutura tanto elementos do recalcado – que em parte (parcialmente, então) passam à consciência graças aos efeitos de "deturpação" produzidos pelo recalque – quanto elementos do recalque – que em parte (parcialmente) fracassa, na medida em que produz os efeitos de "deturpação" do material recalcado, possibilitando que, em parte (parcialmente, de novo), ele "passe".

Os sonhos, os lapsos, os chistes e os sintomas, seriam, então, tentativas de realização de desejo, ou seja, vias possíveis para a satisfação pulsional parcial.

O sintoma em Psicanálise

À guisa de exemplo, vale destacarmos o conceito de sintoma em Psicanálise a partir de suas diferenças com o conceito de sintoma para a Medicina. Para a última, o sintoma é um sinal de que há algo fora da ordem, de que algo não funciona bem – uma disfunção.

De modo distinto, o sintoma em Psicanálise, longe de ser uma disfunção, cumpre uma função de ordenação, por isso não pode ser tomado como sinal de que algo está fora da ordem. Isso significa dizer que, para nós, psicanalistas, quanto aos sintomas, não se trata de vencê-los, mas, sim, de interpretá-los, uma vez que eles, ainda que denunciem um sofrimento singular, ao mesmo tempo trazem consigo algo sobre a verdade do sujeito.

Desse modo, em Psicanálise, assim como podem constituir-se como sintomas as perturbações da vida sexual, as depressões, os rituais obsessivos e as conversões histéricas, podem também se constituir como sintomas um brilhante êxito escolar, social ou profissional, uma "normalidade" sem falhas.

Note-se que todo o repertório conceitual da Psicanálise se coaduna com uma concepção de saúde e doença que difere, significativamente, daquela que se baseia no paradigma clássico "normal x patológico". Há casos em que, do ponto de vista médico, um sujeito é considerado normal, justamente por estar muito bem adaptado às normas e, do ponto de vista psicanalítico, esse mesmo sujeito pode ser considerado um doente grave, na medida em que seu sintoma reside na compulsão desmedida à adaptação como forma de obter satisfação na vida, ainda que isso lhe cause sofrimento.

TRANSITORIEDADE E ATUALIDADES

Freud é considerado por muitos autores como um visionário, na medida em que criou um modelo teórico para o entendimento da mente humana e uma terapêutica para tratamento dos problemas de origem emocional, cujo valor se mantém, ao longo de mais de cem anos, por duas vertentes: reconhecimento e transformação.

O reconhecimento da Psicanálise enquanto teoria e prática terapêutica foi presenciado pelo próprio Freud no transcorrer de sua obra. Hoje, talvez ele se surpreendesse ao constatar como a sua teoria ganhou espaço nos meios acadêmicos e como a clíni-

SEÇÃO I — PSICANÁLISE

ca psicanalítica ampliada, mantendo-se fiel aos seus fundamentos, se faz presente em diferentes contextos, acolhendo também crianças, adolescentes, grupos, famílias, bem como abordando diversos tipos de sofrimento e patologias.

Valorizando uma escrita que visa à clareza e à objetividade, Freud sempre esteve atento à interlocução com o seu leitor, no sentido de situá-lo, com detalhes, a respeito do percurso que fazia ao reformular suas ideias e seus conceitos. Devido ao seu estilo de transmissão, suas descobertas foram sendo rapidamente difundidas pela comunidade científica – os estudiosos de Freud formam, com ele, a primeira comunidade de psicanalistas.

É notável também a forma pela qual as ideias de Freud tornam-se alvo do interesse da comunidade leiga, embora, muitas vezes, sejam assimiladas de modo estereotipado, distorcido e desconectado das raízes histórico-culturais do contexto no qual foram concebidas pelo autor. À guisa de exemplo, tem-se a imagem do psicanalista como alguém silencioso e pouco sensível, associado às ideias de neutralidade e abstinência, quando, em verdade, o que caracteriza a recomendação freudiana para o exercício da Psicanálise é, antes, a construção de uma relação terapêutica baseada na atenção flutuante à fala do paciente, o que era bem diferente dos parâmetros da comunidade médica de sua época.

Não somente em relação à teoria da técnica, mas considerando a própria construção conceitual, Freud sempre se questionou sobre seus achados, deixando clara a transitoriedade de alguns conceitos e complementando seus próprios pontos de vista ao longo de toda a sua obra. É notório esse movimento quando lemos seus artigos iniciais sobre a técnica (1911-1915) e, depois, quando ele finaliza seu pensamento sobre essa temática em "Análise terminável e interminável" (1937). O mesmo se pode dizer com respeito à construção das teorias do aparelho psíquico, quando ele apresenta a primeira tópica (Freud, 1915a) e a retoma em revisão, minuciosamente, quando da formulação da segunda tópica (Freud, 1923), na qual apresenta como instâncias que regem o aparelho mental o Id, o Ego/Eu e o Superego/Supereu[1], que são categorias teóricas que se presentificam a cada discussão clínica na atualidade.

Com relação à atualidade de seus conceitos, o mesmo se pode dizer com relação às formações do Inconsciente. A despeito do mundo contemporâneo cujo imperativo é a racionalidade e a tecnologização, os sonhos, os lapsos, os chistes e os sintomas continuam sendo a via régia do Inconsciente na clínica psicanalítica desde seu início.

Freud (1900), em "A interpretação dos sonhos", nos oferece argumentos sólidos para o entendimento do dinamismo psíquico envolvendo os conteúdos conscientes e inconscientes. Ele propõe um método para a interpretação dos sonhos e se coloca, ele próprio, como uma espécie de cobaia para testar a eficácia dele.

A partir de importantes eventos vividos, como a morte de seu pai, ele entra em contato com sentimentos despertados via relato e interpretação dos seus sonhos, no qual se expõe à comunidade científica da época sem medo nem pudor. Além de promover um efeito catártico e elaborativo sobre si, acaba descobrindo as vicissitudes dos sentimentos edípicos, ou seja, seu amor por sua mãe, o ciúme pelo pai e a ambivalência que permeará as relações parento-filiais. Depois, utilizando essa mesma metodologia para a interpretação dos sonhos de seus pacientes,

alguns didaticamente descritos em sua obra mais longa, ele confirma esses mesmos dados e vai construindo o que chama de "complexo de Édipo".

O uso da palavra "complexo" não é de exclusividade de Freud, sendo utilizada inicialmente pela escola psicanalítica de Zurique (Bleuler e Jung), de acordo com o *Vocabulário da Psicanálise* de Laplanche e Pontalis (1986), podendo ser distinguido em três sentidos: a) dispositivo relativamente fixo de cadeias associativas; b) conjunto mais ou menos organizado de traços pessoais, incluindo os mais bem integrados, acentuando-se, sobretudo, as reações afetivas (nessa acepção corre-se o risco de uma generalização abusiva, tentação de criar tantos complexos quanto os tipos psicológicos que se imaginem, ou de um desvio patologizante, que é o que teria suscitado as reservas e depois o desinteresse de Freud pelo termo); c) este último contém um sentido mais restrito e, portanto, sempre conservado por Freud – complexo de Édipo –, que designa uma estrutura fundamental das relações interpessoais e o modo como a pessoa encontra seu lugar e se apropria dele. São decorrentes desse último sentido o complexo de castração, complexo paterno, complexo materno, complexo fraterno e complexo parental, todos se situando nesse registro.

É interessante pontuar que o autor dá um tratamento diferencial a esse termo, pois suas menções ficam dispersas em vários textos, sem que nunca ele tenha desejado juntá-las. A primeira citação aparece em 1897, numa carta a Fliess[2], na qual Freud faz um paralelo entre a tragédia de Édipo Rei, citando Shakespeare, e a sua própria, propondo, mais adiante, um caráter de universalidade desse complexo na vida emocional humana.

No texto "Sobre um tipo especial de escolha de objeto feita pelos homens", Freud (1910) utiliza pela primeira vez a expressão "complexo de Édipo" para discutir a escolha amorosa entre parceiros. Nos trabalhos referentes à psicologia social – "Totem e Tabu" (Freud, 1912), "Psicologia de grupo e análise do ego" (Freud, 1921) e "O mal-estar na civilização" (Freud, 1930) –, ele discute desde a condição filogenética do termo até o ingresso do homem na cultura. E finalmente, no texto "O Ego e o Id" (Freud, 1923), ele pontua os aspectos ambivalentes do complexo de Édipo e sua relação com a nova concepção do aparelho mental contendo as três instâncias psíquicas: Id, Ego/Eu e Superego/Supereu.

Bem, não se trata aqui de aprofundarmos a reflexão sobre essa importante conceituação que praticamente permeia toda a obra do autor, mas de abordar seus desdobramentos até hoje, inclusive pelo fato de o complexo de Édipo, juntamente com a noção de inconsciente, serem os conceitos que mais se fixaram no imaginário coletivo, claro que sofrendo distorções ao longo do tempo e, dentro da comunidade científica, o que mais provocou discussões e ampliações no transcorrer da criação de outros referenciais psicanalíticos.

---

[1] As denominações Ego e Superego fazem parte das traduções mais antigas da obra de Freud, sendo substituídas por Eu e Supereu nas mais recentes.

---

[2] Fliess era dois anos mais novo do que Freud. Era médico especialista em nariz e garganta e residia em Berlim. Com ele, Freud manteve uma correspondência volumosa e íntima, entre 1887 a 1902. Fliess era um homem de grande capacidade, com interesses muito amplos em biologia geral, mas que adotou teorias que anos depois seriam praticamente indefensáveis. Porém, era mais acessível às ideias de Freud do que qualquer outro na época. Por conseguinte, Freud comunicava-lhe seus pensamentos com a máxima liberdade, e o fazia não apenas nas suas cartas, como também numa série de papéis ("Rascunhos") que representavam relatos organizados de suas ideias em evolução e, em alguns casos, foram os primeiros esboços de obras posteriormente publicadas. Para alguns pós-freudianos, Fliess era o *alter ego* de Freud e as correspondências trocadas entre ambos poderia ser comparada a uma análise didática que Freud, dadas as circunstâncias de ser o seu criador, nunca empreendeu.

O fato de Freud ter tomado como base o modelo da família patriarcal heterossexual, vigente na sua época, é um dos pontos mais questionados por diversos autores, que põem em discussão a atualidade de sua teoria, tendo em vista as mudanças que foram ocorrendo na família pelo menos na última metade do século XX.

A visão de mulher revelada pelo autor, por meio dos relatos clínicos de suas pacientes histéricas, faz parte desse contexto histórico, no qual cabia ao homem o lugar de poder e autoridade e a elas o de dependência e submissão, segundo uma lógica binária de complementaridade no casal (ativo/passivo), atrelada à diferença entre os sexos (Gomes, 2013). Ainda sobre as relações familiares, o autor confirma a importância desse núcleo relacional na formação da subjetividade de cada um, embora enfatizando as características individuais e o processo intrapsíquico.

No relato do caso do pequeno Hans (Freud, 1909), um menino de 5 anos que apresentava um sintoma de fobia, Freud tem a possibilidade de testar ao vivo suas hipóteses acerca da sexualidade infantil e de como se dão as relações familiares sob a égide dos sentimentos edípicos e do aparecimento do complexo de castração[3], entre outras evidências que comprovavam suas construções teóricas, até então. O pai do menino, um admirador de Freud, busca orientação sobre como lidar com determinados comportamentos do filho. Freud viu Hans uma única vez e todo o seu trabalho de desvendamento dos conflitos inconscientes do menino foi por meio das conversas com o pai. Podemos apontar que esse foi o primeiro caso, registrado na literatura psicanalítica, de uma intervenção familiar.

O cenário familiar que o autor nos descreve é típico do modelo tradicional patriarcal, embora o casal se mostrasse diferenciado para a época, já que não se observava nenhuma resistência no que diz respeito ao que Freud ia deduzindo acerca dos sentimentos que pairavam, principalmente, entre mãe e filho. Freud tira a criança da posição angelical que sempre havia sido colocada e começa a desvendar os meandros obscuros das relações afetivas entre pais e filhos. Ele deixa evidente que são os sentimentos edípicos da mãe sobre o filho e a necessidade dela de colocá-lo como substituto do marido que aguçam a ambivalência de sentimentos de Hans para com seu pai: amor e ódio. O pai, por sua vez, seguindo as recomendações de Freud, vai promovendo um clima de continência na relação com o menino de modo bastante semelhante à postura de um analista. Com isso, permite que venha à tona a causa precipitadora do sintoma da criança: medo de cavalos como um substituto do medo do pai.

A família, desde Freud, ocupa um lugar primordial na teoria e na clínica psicanalítica, por ser o ambiente que promove tanto as condições para o saudável desenvolvimento dos recursos psíquicos de cada um dos seus membros quanto as condições patológicas, seja de todo o grupo familiar, seja de um de seus elementos, que se define como "bode expiatório da doença familiar".

Entretanto, as novas configurações familiares que foram surgindo nas últimas décadas, com destaque especial para as famílias homoparentais masculinas e femininas e para as famílias monoparentais por opção (que recorrem às técnicas de reprodução assistida como os bancos de sêmen ou óvulo), põem em discussão a validade atual de alguns conceitos freudianos a respeito da constituição da subjetividade filiativa a partir da diferença anatômica entre os sexos e da heteronormatividade.

Se as questões envolvendo as igualdades e diversidades de gênero estão hoje no centro dos debates interdisciplinares, podemos afirmar que até nessa temática Freud foi além do seu tempo apresentando a noção de bissexualidade. O masculino e o feminino foram designados por ele como atributos psíquicos presentes internamente em cada um de nós, variando em gradações conforme sintonia com o sexo biológico, como um indicativo de suas referências passadas. No entanto, mostram-se distintos das noções de masculinidade e feminilidade, que encerram uma associação do biológico com o papel desempenhado em termos sociais e culturais, suscetíveis às transformações que vão se dando ao longo da história.

O surgimento de alguns movimentos sociais como o feminismo, o capitalismo desenfreado, a globalização e a tecnologização das relações humanas, juntamente com o avanço da medicina reprodutiva, instituíram novos modos de viver, se relacionar, fazer família, que foram gerando a necessidade de revisitar e ampliar os conceitos propostos por Freud.

Temos como exemplos o fato de dimensionarmos o complexo de castração atingindo a todos (homens e mulheres) de diferentes formas, na medida em que as exigências do mundo atual por alta *performance* e resultados são imensas. Outro ponto diz respeito ao fato de a estrutura edípica ser vista ainda como organizadora da família (independentemente de qual arranjo corresponder) e do social, desde que pensemos nas funções materna e paterna, exercidas independentemente da distinção sexual e de gênero.

Finalizando, as principais descobertas de Freud envolvendo a constituição psíquica na interface com a família e o cultural mais amplo deixam nas entrelinhas pontos que mais tarde seriam tecidos de modo a gerar complementações importantes no campo da psicanálise intersubjetiva e de uma clínica mais ampla incluindo novas patologias e novos *settings*.

A entrada e a expansão da Psicanálise na universidade, remetendo-nos aqui principalmente à realidade brasileira, vêm permitindo um avanço da pesquisa psicanalítica, em suas nuances clínicas e demais contextos, respeitando a metodologia criada por Freud e fomentando o diálogo com disciplinas afins como Medicina, Direito, Filosofia, Sociologia e Antropologia, necessárias para o entendimento da diversidade de fenômenos que compõem o vértice humano hoje.

CONCLUSÃO

A presença do pensamento freudiano em diversas linhas de pesquisa de Programas de Pós-graduação em Psicologia Clínica indica que a inserção da Psicanálise na universidade se sustenta pelo engajamento dos psicanalistas na produção do conhecimento acadêmico-científico na área, contribuindo para a formação de pesquisadores e psicólogos clínicos engajados com a análise das demandas atuais da sociedade e com a interlocução interdisciplinar para a construção de dispositivos clínicos capazes de acolher e tratar o sofrimento do sujeito contemporâneo.

Concluímos que o rigor do pensamento freudiano a respeito das grandes questões humanas, por não se confundir com orto-

---

[3] Definição do termo segundo Laplanche e Pontalis (1986): descrito pela primeira vez em 1908 e referido à teoria sexual infantil, na qual se relaciona com o primado do órgão sexual masculino para os dois sexos, por ser a zona erógena diretriz. Define-se o sexo feminino pela ausência ou castração desse órgão. A base comum do complexo de castração para ambos os sexos segue a premissa: o objeto da castração – o falo – reveste-se de poder e importância crucial; a questão posta sempre é: "ter ou não ter falo"; o qual se articulará com o complexo de Édipo ao longo da evolução da sexualidade infantil. Do ponto de vista cultural, liga-se às interdições representadas pela proibição do incesto, que institui a ordem humana social, desde o que Freud proclama em "Totem e Tabu" (Freud, 1913).

SEÇÃO I — PSICANÁLISE

doxia, possibilita a interlocução com diversos campos do saber e da cultura, destacando-se por sua atualidade.

REFERÊNCIAS BIBLIOGRÁFICAS

Freud, S. (1974) *Edição standard brasileira das obras psicológicas completas de Sigmund Freud*. Rio de Janeiro: Imago.
    (1900) A interpretação dos sonhos, v. IV e V
    (1901) A psicopatologia da vida cotidiana, v. VI
    (1905) Os chistes e sua relação com o inconsciente, v. VIII
    (1909) Análise de uma fobia em um menino de cinco anos, v. V
    (1910) Um tipo de escolha especial feita pelos homens (contribuições à psicologia do amor I), v. XI
    (1914) A história do movimento psicanalítico, v. XIV
    (1915a) Os instintos e suas vicissitudes, v. XIV
    (1915b) Repressão, v. XIV
    (1915c) O inconsciente, v. XIV
    (1917) Conferência XXIII. Os caminhos da formação dos sintomas, v. XVI
    (1923) O ego e o id, v. XIX
Gomes, I. C. (2013) Conflitos conjugais e transmissão psíquica geracional: das histéricas de Freud à mulher atual. In: Féres-Carneiro, T. (Org.) *Casal e família: transmissão, conflito e violência*. São Paulo: Casa do Psicólogo. p. 177-189.
Laplanche, J; Pontalis, J. B. (1986) *Vocabulário da Psicanálise*. 9ª ed. [Tradução: Pedro Tamen]. São Paulo: Martins Fontes.
Moretto, M. L. T. (2017) Freud na Saúde? Presente! Sobre a presença do pensamento freudiano no campo da saúde. In: Kupermann, D. (Org.) *Por que Freud?* São Paulo: Zagodoni. [no prelo]

LEITURAS RECOMENDADAS

Freud, S. (1974) *Edição standard brasileira das obras psicológicas completas de Sigmund Freud*. Rio de Janeiro: Imago.
    (1894) As neuropsicoses de defesa, v. III
    (1911-1915) Artigos sobre técnica, v. XII e XIII
    (1913) Totem e Tabu, v. XIII
    (1916) Arruinados pelo êxito, v. XIV
    (1917a) Uma dificuldade no caminho da psicanálise, v. XVII
    (1937) Análise terminável e interminável, v. XXIII
Masson, J. M. (Ed.) (1986) *A correspondência completa de Sigmund Freud para Wilhelm Fliess: 1887-1904*. Rio de Janeiro: Imago.

2

A presença do pensamento de Melanie klein na psicanálise contemporânea

Elisa Maria de Ulhôa Cintra
Marina Ferreira da Rosa Ribeiro

...a psicanálise nos conduziu ao cerne da psique humana para aí descobrir a loucura, que é ao mesmo tempo seu motor e seu impasse. A obra de Melanie Klein é daquelas que mais contribuíram para o conhecimento de nosso ser à medida que ele é um mal-estar, sob seus diversos aspectos: esquizofrenia, psicose, depressão, mania, autismo, atrasos e inibições, angústia catastrófica, fragmentação do eu, entre outros. E se não nos fornece chaves mágicas para evitá-lo, ela nos ajuda a lhe dar um acompanhamento ótimo e uma chance de modulação com vistas a um renascimento, talvez.

(Kristeva, 2012)

Como podemos pensar o impacto das contribuições de um autor depois de mais de cinquenta anos de sua morte? Da mesma forma como ocorre nas famílias, é comum localizarmos a presença de traços identificatórios da geração anterior sendo assimilados e transformados na geração seguinte, alguns mais manifestos e outros invisíveis; tal fenômeno também ocorre nas linhagens teóricas psicanalíticas.

No caso de Melanie Klein, tema deste artigo, observamos que parte considerável de sua obra está tão profundamente assimilada no pensamento clínico atual que a referência direta a suas ideias pode não aparecer de imediato; mas basta um olhar mais cuidadoso para constatar a presença da psicanalista em inúmeros conceitos contemporâneos.

Referida por Thomas Ogden (2014) como fazendo parte da primeira geração do pensamento psicanalítico ao lado de Freud, a obra de Klein precisa ser conhecida profundamente, de modo a compreendermos as inúmeras ressonâncias de seu trabalho entre os atuais psicanalistas. E é isso que pretendemos aqui: destacar a presença do pensamento kleiniano no cotidiano da clínica psicanalítica atual, apresentando um breve panorama de suas contribuições.

Nessa perspectiva, destacamos neste artigo os seguintes temas: a análise infantil; a linguagem utilizada pela autora em suas publicações; a fantasia inconsciente (*phantasia*) e suas memórias em sensações; o mundo arcaico kleiniano e sua compreensão de que todas as posições libidinais (oral, anal e genital) estão presentes desde o início e em interação; a precocidade da situação edípica; a fase da feminilidade – identificação precoce com a mãe nos dois sexos (a feminilidade nas meninas e nos meninos); os conceitos de posição esquizoparanoide e depressiva; a identificação projetiva, além dos conceitos de inveja e gratidão.

Como veremos no decorrer do texto, alguns desenvolvimentos e transformações desses conceitos aparecem nas obras de Bion[1],

de Winnicott[2] e de muitos outros psicanalistas que ainda hoje usufruem do pensamento kleiniano.

A ANÁLISE DE CRIANÇAS

A primeira e a mais revolucionária contribuição kleiniana para a clínica contemporânea, certamente a mais assimilada por inúmeros psicanalistas, foi a descoberta da análise de crianças. Assim, o que na década de 1920 era visto como um ato de ousadia se tornou uma experiência clínica cotidiana. Mas como isso aconteceu?

O início dessa história remonta à própria experiência analítica de Klein com Sándor Ferenczi, em 1914. No momento em que sofria de estados de depressão e dificuldades no exercício da função materna, Ferenczi ajudou-a a conhecer o universo psíquico de seus filhos, incentivando-a a analisar o mais novo, que sofria de inibições intelectuais e afetivas. A partir desse primeiro trabalho, abriu-se um universo de realizações profissionais para a jovem mãe que havia sonhado em ser médica e que se encontrava impossibilitada de fazê-lo, por causa do casamento e da necessidade de cuidar de suas três crianças.

Em 1919, Klein apresentou então seu primeiro artigo psicanalítico – o caso Fritz –, baseado na observação e análise do próprio filho, cuja identidade, de início, foi preservada. Na época, essa prática não causava estranheza, pois a psicanálise estava em seus momentos inaugurais. A partir desse primeiro mergulho no trabalho analítico, que abriu as portas da sociedade psicanalítica de Budapeste, Klein não parou mais de escrever, pensar e clinicar, até os seus últimos dias.

---

[1] Considerado um dos principais discípulos de Klein, Bion foi seu analisando por oito anos (1945-1953) e construiu um pensamento teórico próprio, porém profundamente

enraizado no olhar kleiniano, atento ao dinamismo e ao funcionamento psíquico da dupla paciente e analista durante o processo analítico. Ele ampliou o conceito de identificação projetiva para patamares usuais da comunicação humana.

[2] Supervisionando da autora durante vários anos, Winnicott (1897-1971) considerava que a noção de posição depressiva e a centralidade dos processos de luto na formação do psiquismo foram as descobertas mais geniais de Klein.

SEÇÃO I — PSICANÁLISE

O caso Fritz (1919-1921) marca o início da técnica psicanalítica por meio do brincar. Klein tornou-se sensível ao fato de que a criança expressava as mais profundas angústias e fantasias por meio da brincadeira, que é a forma como realiza a associação livre. Assim, possibilitou o início da análise infantil, inexequível até aquele momento, excluindo todo e qualquer elemento pedagógico (Hinshelwood, 1992).

Durante o atendimento, Klein se engajava ativamente na fantasia que estava sendo proposta pela criança e se utilizava do próprio linguajar dela, sendo sempre muito direta e clara quanto às suas hipóteses relativas ao significado simbólico do brincar. (Hinshelwood, 1992).

A análise de Rita (1923) foi outro marco importante na possibilidade de analisar crianças pequenas. Klein iniciou esse trabalho na casa da família da paciente, mas logo percebeu que seria mais adequado estabelecer outro espaço para a sessão analítica. Inicialmente, usou os brinquedos dos próprios filhos, e mais tarde propôs o uso de uma caixa contendo outros, que hoje chamamos de caixa lúdica.

Nas palavras de Klein (1955/1996b), o analista:

> ...deve permitir à criança vivenciar suas emoções e fantasias na medida em que aparecem. Sempre foi parte de minha técnica não me utilizar de influência moral ou educativa, mas ater-me apenas ao procedimento psicanalítico que, resumidamente, consiste em compreender a mente do paciente e comunicar a ele o que ocorre nela. (p. 157)

A utilidade, atualidade e simplicidade desse postulado surpreende. A partir de suas observações clínicas, Klein (1955/1996b) compreendeu que a inibição no brincar da criança representava uma séria perturbação, pois refletia dificuldades em formar e usar símbolos, além de perturbações na vida de fantasia. Observou que essas crianças com inibição intelectual apresentavam excessivos impulsos agressivos não assimilados, o que despertou o interesse na investigação clínica e teórica dos processos de simbolização. Como se forma a capacidade de pensar o que foi vivido? Para ela, a simbolização tem origem em um interesse primordial pelo próprio corpo; além disso, o significado de prazer e desprazer que se associa aos objetos concretos e às pessoas do mundo externo adquirem uma função protossimbólica. O processo de figurar e representar o vivido dá início à construção de um mundo interno e às primeiras tramas do tecido da fantasia inconsciente, conceito que abordaremos adiante.

De fato, atualmente, continuamos a trabalhar com esse critério diagnóstico tão fácil e simples: uma criança inibida na sua capacidade de brincar indica a presença de sofrimento psíquico e exige cuidados.

A LINGUAGEM KLEINIANA

Há um aspecto que nos conduz diretamente ao núcleo da herança kleiniana: sua linguagem. Trata-se de uma forma de comunicação que nos permite um contato direto com a dimensão concreta e corpórea da fantasia infantil, por sua constante referência aos órgãos e fluidos do corpo. E talvez justamente esse aspecto possa, em um primeiro momento, levar à imediata rejeição de suas ideias, "assustando" tanto o interlocutor leigo como os próprios psicanalistas...

O psicanalista francês Victor Smirnoff (1985) conta-nos do "choque" que viveu ao ler Melanie Klein pela primeira vez. Mas, apesar de tudo, destaca que foi ela quem nos ensinou a atribuir palavras justas à criança presente, também, nos adultos, que ora

mimamos demais, ora perseguimos além da conta: "...a criança em sua onipotência, sua raiva, seu desespero, seu desamparo, seu abandono, seu combate com os fantasmas, os bons e os maus objetos introjetados, triturados, destruídos ou hipostasiados" (p. 84-85). Ou seja, mais do que proteger ou perseguir a criança em nós, é preciso lhe dar voz, é preciso escutá-la.

Então, para lermos Klein e nos apropriarmos de suas ideias, é especialmente importante ter em mente um procedimento que permanece vivo até hoje: observar como brincam as crianças, de que maneira cuidam ou querem tomar posse de seus objetos de amor e ódio; como aparecem os desejos de controlar, de machucar e ferir seus brinquedos e seus companheiros reais e imaginários; de que forma encenam suas necessidades, medos e angústias, seu prazer de dominar os outros, exercendo seu poder ou revelando o impulso de negar a separação das pessoas amadas.

Para Klein, as dimensões oral, anal, uretral e fálica da sexualidade infantil permanecem exercendo seus efeitos ao longo de toda a vida, como uma camada ou um substrato inferior na composição do erotismo adulto, e continuam a se expressar por meio das mais diversas fantasias ligadas ao devorar, expulsar, estreitar, controlar e ao penetrar e ser penetrado.

Por meio das observações pessoais e clínicas do brincar e da vida psíquica de crianças e bebês, a psicanalista nos leva a entrar em contato com o campo do arcaico, contribuindo sobremaneira para a compreensão do funcionamento inconsciente mais profundo e primitivo. Melanie Klein ensina a pôr de lado o bom senso para que possamos compreender o caráter autônomo e demoníaco das fantasias inconscientes, que irrompem à nossa revelia, possuindo-nos e buscando expressão por meio de nós e fora de nosso controle.

Podemos captar o caráter autônomo, a alteridade do funcionamento inconsciente em relação às experiências cotidianas, nos casos clínicos publicados pela autora, que explicitam a demanda insaciável de amor, que se choca com os limites da realidade, sendo, por isso, destinada à frustração. Esse caráter inquieto do pulsional encontra alguma representação na canção "À flor da pele", de Chico Buarque e Milton Nascimento, quando falam daquilo que "não tem medida, nem nunca terá". Em seus pacientes infantis e adultos, Klein encontrou o amor, o ciúme, o desejo de posse e controle, a ambição desmedida, a inveja e a raiva, em estado indomável e insaciável, lugar de nascimento das angústias mais primitivas, daquilo "que não tem governo, nem nunca terá". É isso que leva os poetas a se perguntarem "o que será que me dá?".

Essa dimensão infantil que se agita em nós – Freud chamou o inconsciente de "o infantil" – foi considerada por Klein a dimensão atemporal de toda experiência emocional, seu substrato último e mais arcaico com o qual os analistas precisam permanecer em contato. Só assim poderemos traduzir em palavras o impacto sentido pelos pacientes diante da estranheza das formações do inconsciente.

O infantil é um idioma primitivo que faz um apelo a representar-se, quer se formular a todo custo, quer se revelar. Essas demandas criam uma verdadeira compulsão a simbolizar-se; buscam um intérprete que possa lhes dar nome, figura e histórias de vida que possam, um dia, ser narradas e levar a transformações. O infantil pede escuta analítica e capacidade metafórica.

E essa condição, ou capacidade do psicanalista, nos coloca diante de uma preocupação central de Klein: a ênfase na experiência emocional do analista e dos pacientes durante a sessão, que, somada ao *aprender com a experiência*, foi amplamente desenvolvida por Bion[3], Winnicott e, depois, por Thomas Ogden, Christopher Bollas, Antonino Ferro, entre outros.

Há, porém, um paradoxo de difícil resolução no centro de toda experiência emocional: a necessidade de entrar em contato com as emoções em sua dimensão bruta e violenta, que revelam necessidades arcaicas de apropriar-se do outro para capturá-lo, e, por outro lado, a necessidade de ser livre e dar liberdade ao outro, tornando-se capaz de separar-se do infantil e de estar só. Trata-se do paradoxo entre o desejo de ser amado e reconhecido, e o desejo de ser livre, e ao mesmo tempo obedecer à exigência ética de cuidar e realmente enxergar o outro em sua singularidade.

Podemos dizer, então, que o enigma do amor e de suas violentas capturas está no cerne do pensamento de Klein. Ela se tornou sensível, mais do que qualquer outro analista, ao paradoxo apontado por Freud, o de sermos todos uma espécie de *porcos-espinhos*, sempre sedentos de viver a experiência do amor, movidos pelo que chamou de uma *sensucht*, uma ânsia voraz de amar e ser amado, um desejo de intimidade e de proximidade afetiva. E, no entanto, ao chegar perto dos outros, aparecem os espinhos e descobrimos a face obscura da natureza humana, a violência e a possessividade. "O homem é o lobo do homem" (Freud, 1930/2010, p. 77), afirma Freud em *O mal-estar na civilização*, lembrando-se da famosa frase de Hobbes. Trata-se de nossa quase irredutível violência e de nossa necessidade infantil de tomar posse do outro e torná-lo um escravo.

A FANTASIA INCONSCIENTE

O conceito de fantasia inconsciente é outra grande contribuição do pensamento kleiniano para a psicanálise. Ainda que o termo já figurasse no texto freudiano, foi Klein quem investigou profundamente o funcionamento arcaico da mente. De fato, Freud (1923/1980) havia postulado: "... o ego é, antes de qualquer coisa, um ego corporal..."; no entanto, Klein explorou clínica e teoricamente os destinos das sensações corporais mais arcaicas e a sua transformação em fantasia inconsciente. A fantasia inconsciente é o lugar onde se constitui a mais profunda imagem inconsciente do corpo. As pulsões sexuais em suas diversas aparições – na dimensão oral, anal e uretral – ganham suas primeiras representações psíquicas, as fantasias inconscientes. Para ela, as pulsões, na qualidade de processos psicossomáticos limítrofes, se dirigem sempre aos objetos que poderiam satisfazê-las. Esses, por sua vez, transformam-se em "objetos internos" da fantasia, vindo a constituir os cenários internos que formam a vida psíquica (Isaacs, 1952/1982; Figueiredo, 2006).

Como escrevem Cintra e Figueiredo (2004) "... A fantasia é o lugar de registro daquilo que Melanie Klein chamou de 'memórias em sentimento' (*memories in feelings*), mas que poderíamos chamar, de maneira mais exata, de 'memórias em sensações' (p. 151)". É importante então que, em seu cotidiano clínico, o analista mantenha-se em contato com suas memórias corporais mais arcaicas para captar e entrar em ressonância com as comunicações pré-verbais do paciente.

Isso porque, se há uma paralização no processo de simbolização, a fantasia inconsciente não se desenvolve, há empobrecimento dos vínculos com o mundo externo e concomitante empobrecimento dos objetos internos. Os mundos interno e externo se tornam cinzentos, esvaziados, desabitados. Um mundo interno povoado por objetos que podem estar conectados ou desconectados das emoções é outra considerável contribuição kleiniana para a teoria psicanalítica, sendo, posteriormente, desenvolvida e transformada na compreensão dos vínculos na obra de Bion (1959/1991b).

Podemos ainda compreender a fantasia inconsciente como uma imaginação radical[4], presente em todas as funções psíquicas – fantasiar é o processo que cria significado, é a forma de ser da vida psíquica inconsciente e transforma elementos somáticos em psíquicos. Trata-se do representante psíquico das pulsões, ou seja, é um conceito de caráter híbrido, entre corpo e psiquismo, dentro e fora, sensação e palavra.

O texto de Susan Isaacs (1952/1982) sobre a natureza e a função da fantasia é, ainda hoje, uma referência importante. Foi apresentado na Sociedade Psicanalítica de Londres, por ocasião das controvérsias Freud-Klein (1941-1945), quando havia forte questionamento a respeito das teorias kleinianas, se estariam, ou não, se desviando do pensamento freudiano, marcando a disputa pelo poder institucional na formação dos candidatos. Contudo, gerou excelentes produções, como a de Isaacs.

Isaacs (1952/1982) afirma que "...as fantasias são o conteúdo primário dos processos mentais inconscientes. E, também, que: "As fantasias inconscientes são, primordialmente, sobre corpos, e representam os anseios instintivos em relação aos objetos" (p. 127)[5].

Ogden (2014) desenvolveu um trabalho instigante ao retomar o texto de Susan Isaacs após algumas décadas, propondo que a compreensão de fantasia inconsciente antecede, em alguns aspectos, a teoria do pensar de Bion (1962/1991c) – observação que se torna possível no *a posteriori* das teorias psicanalíticas.

A partir da noção de fantasia inconsciente e do trabalho de Bion, os analistas puderam compreender de forma mais nítida que a capacidade de pensar nasce do mundo sensorial das experiências emocionais, ancorado nas sensações corporais. Na versão[6] do texto de 1943, Isaacs (1943/1998) afirma: "O conteúdo primário de todos os processos mentais é de fantasias inconscientes. Estas fantasias constituem a base de todos os processos inconscientes ou conscientes de pensamento" (p. 283). Sabemos, já a partir de Isaacs, e mais claramente a partir de Bion, que a fantasia é um protopensamento; são as experiências sensoriais e emocionais primitivas que vão se organizando e figurando, e há uma relação de continuidade, ou melhor, uma invariância, que conecta o pensamento inconsciente, ou protopensamento, ao pensamento mais abstrato.

O MUNDO ARCAICO KLEINIANO: PRÉ-GENITAL, GENITAL, DUAL E TRIANGULAR

Ferenczi (1924/1990) chamava de "anfimixia"[7] de erotismos a presença simultânea de todas as formas de erotismo, dos as-

---

[3] O termo "experiência emocional" na obra de Bion (1962/1991c) aparece constantemente, indicando que o elemento transformador na análise é a experiência emocional vivida entre analista e analisando.

[4] Ideia presente no texto de Figueiredo (2006).

[5] Essa posição intermediária da fantasia entre corpo e psique pode ser aproximada da noção de elaboração imaginativa das funções corporais, proposta por Winnicott, também, na década de 1950.

[6] Há duas versões do texto de Susan Isaacs: a original, apresentada nas controvérsias em 1943, e a versão revisada, publicada em 1952.

[7] "...o desenvolvimento sexual do indivíduo atinge o apogeu no momento em que o *primado da zona genital* substitui os autoerotismos anteriores... e as organizações provisórias da sexualidade. Os erotismos e os estágios de organização superados persistem na organização genital definitiva como mecanismos de prazer preliminar." (Ferenczi, 1924/1990, p. 261-262).

pectos orais, anais, uretrais, fálicos, sádicos, fetichistas, enfim, o caráter polimórfico da sexualidade infantil.

Inspirando-se no psicanalista húngaro, Melanie Klein compreendeu então que, no mundo arcaico e inconsciente, há infiltração dos erotismos, cada um deles "tingindo" o outro com a sua forma, como se a oralidade transmitisse ao dinamismo anal algo de sua fantasia ligada ao devorar e ao consumir, e vice-versa. Essa formulação a levou a conceber a mesma ideia de "infiltração" do pré-genital no erotismo genital adulto e no dinamismo do complexo de Édipo, um movimento que faz conviver o dual e o triangular. A separação entre as etapas fica menos nítida e permite usar a metáfora de Freud de uma paisagem em que diferentes tipos de vegetação se sucedem, com áreas mistas.

Foi Melanie Klein, entretanto, que, antes de qualquer outro analista depois de Freud, teve a intuição de que existe um triângulo edípico incipiente, desde os primeiros meses de vida. Embora as primeiras relações de objeto sejam predominantemente duais e orais, com grande indiferenciação entre o bebê e a mãe, um primeiro registro de diferença, de alteridade, começa a insinuar-se muito cedo. A psicanalista se deu conta de que as sensações desagradáveis, atribuídas à mãe ou ao ambiente materno, formam para o bebê o registro do seio mau, e esse objeto forma, desde o princípio, uma triangulação incipiente entre o bebê e o seu objeto de amor e de satisfação. Exemplificando: o bem-estar de ser amamentado e embalado pode ser interrompido por uma cólica intestinal ou por algum outro estímulo desagradável que se interpõe no idílio da dupla mãe-bebê, introduzindo-se, dessa maneira, o terceiro. Ou seja, no horizonte da dupla mãe-bebê está precocemente presente um terceiro – o idílio é, portanto, parcial.

Klein, com sua grande intuição clínica, evidenciou então a importância do corpo e da interação do bebê com o corpo da mãe. As sensações corporais são o solo constitutivo das fantasias inconscientes e dos objetos bons e maus. Por meio de sua observação, ela pôde constatar e levantar a hipótese de que as primeiras fantasias inconscientes estão ligadas aos processos corporais e às sensações experimentadas pelo bebê. O seio, como objeto primário do bebê (objeto parcial), e, posteriormente, a mãe (objeto total) tornam-se ícones de referência do início da constituição psíquica na obra daqueles que a sucederam.

Assim, tanto Winnicott como Bion vão investigar o início da vida psíquica a partir dessa relação primordial com a mãe, nas décadas de 1950 e 1960. Winnicott elabora os conceitos de mãe ambiente (1958/1988), mãe suficientemente boa (1957) e preocupação materna primária (1958/1988), e Bion (1962/1991c) usará o modelo mãe-bebê para construir a teoria do pensar[8].

A investigação do mundo arcaico da relação inicial e primordial entre mãe e bebê, sempre permeada pela fantasia inconsciente, é o campo de observação clínica e teórica de Klein. O que hoje é visto como algo intrínseco às investigações psicanalíticas, nas décadas de 1920 e 1930, foi considerado extremamente ousado e incompreendido. As sensações corporais do bebê, despertadas pelos cuidados maternos, denominadas por Freud (1938/1980) sedução materna, e as memórias dessa interação corporal excitada e fantasiosa entre mãe e bebê tornaram-se objeto de estudo e investigação de Klein.

Nos primeiros momentos de vida, a mãe não é percebida como alguém separada do corpo do bebê; porém, na época do desmame, entre o quarto e o sexto mês de vida, a ausência materna tornará possível o seu próprio reaparecimento como figura separada. Em outras palavras, no momento em que a mãe surge a partir da experiência de ausência se inicia o complexo de Édipo arcaico (Klein, 1928/1997). Na ausência da mãe, o pai, ou outro cuidador, torna-se mais perceptível, justamente pela estranheza criada, ao substituir a mãe.

Podemos compreender melhor a precocidade da triangulação edípica a partir deste trecho do artigo de Cintra e Figueiredo (2004):

> Os personagens desse triângulo ou drama edípico precoce são a *criança* – cujo ego começa a constituir-se de forma mais nítida no momento mesmo em que pode perceber a mãe como objeto total –, a *mãe* – que começa a ser reconhecida – e o *estranho* – cuja existência é dolorosamente descoberta justamente porque vem assinalar a ausência da mãe. (p. 28)

Nessa perspectiva, o pai é o primeiro estranho-familiar. A mãe é o objeto primário para meninos e meninas; o pai é quem, imediatamente após a precoce percepção que o bebê tem da mãe como um outro (objeto total), surge no horizonte afetivo da criança. Dizendo de maneira diversa, o pai é experenciado primeiramente como um estranho – ele é a não-mãe.

A precocidade da triangulação edípica (Klein, 1928/1997) para o *infans* marca e distingue o pensamento de Klein. O bebê é impelido, pela frustração oral imposta pela mãe, devido ao desmame, a voltar-se para outra fonte de satisfação, e aí encontra o pai. Esse movimento se dá concomitantemente à posição depressiva, conceito que será articulado por Klein em 1935 e 1945, como explicaremos, brevemente, adiante.

A FASE DA FEMINILIDADE

Klein (1932/1997a) postula a existência de uma fase da feminilidade: trata-se de uma identificação inicial com a mãe em ambos os sexos. Tanto meninos quanto meninas sentem-se profundamente capturados pelo universo materno, e as frustrações aí sofridas ativam a agressividade e as fantasias sádicas. Estas, por sua vez, afastam a criança da mãe, em busca de outros amores; em parte, fazem-na retornar culpada para a relação primária com a mãe, em um movimento de reparação que reforça a identificação primária com ela. Esse processo deixa marcas tanto nas construções posteriores da feminilidade quanto na masculinidade, ou seja, na identidade sexual. Porém, a importância da fase da feminilidade para Klein esmaeceu teoricamente após sua descrição da posição depressiva (Hinshelwood, 1992).

Consideramos importante a compreensão kleiniana de uma feminilidade primária em bebês, anterior à constatação da diferença entre os sexos, que se dá por volta de um ano e meio, e que terá efeitos *a posteriori* nos tempos psíquicos da diferenciação sexual.[9] Kristeva (2002) destaca que Klein postula o primeiro modelo psicanalítico da sexuação a partir das identificações com o casal parental.

De acordo com Klein (1957/1996c), para a menina, as angústias clássicas de castração e inveja do pênis são secundárias, o que abre um novo campo de pesquisa psicanalítico sobre a feminilidade. Ela ressalta a natureza interna e receptiva do órgão sexual feminino, sua invisibilidade, característica que dificulta o

---

[8] Para Bion (1962/1991c, 1990) pensar é sonhar – não se trata do uso habitual da palavra pensar, como pensamento lógico e consciente.

[9] Florence Guignard (1997, p. 51), psicanalista francesa contemporânea, destaca a importância da "fase feminina primária" e desenvolve seu conceito de espaço psíquico do feminino primário a partir da compreensão da fase da feminilidade.

reassegurar-se, por meio da visão, de que está tudo bem no interior do corpo. Isso favorece a aparição das angústias femininas relativas a danos internos e as ansiedades da mulher a respeito de seus atrativos físicos e quanto à integridade do interior de seu corpo/psiquismo.

AS POSIÇÕES ESQUIZOPARANOIDE E DEPRESSIVA

As posições são configurações complexas e sempre em mutação, formadas por ansiedades, defesas e modos de relação de objeto.

Segundo Klein (1952/1991), as primeiras ansiedades são de natureza persecutória: "No início da vida pós-natal o bebê vivencia angústias provenientes de fontes internas e externas. ...a ação interna da pulsão de morte dá origem ao medo de aniquilamento e que esta é a causa primária da angústia persecutória" (p. 86). Aqui, prevalece o temor por si e um sentimento de estar sendo perseguido e ameaçado. As cisões – entre o bom e o mau, o prazer e desprazer, o dentro e o fora – são o principal mecanismo organizador e protetor do funcionamento mental. As experiências de gratificação são o estímulo para os impulsos libidinais, para o amor e para a constituição do objeto bom. Já as experiências de frustração são estímulos para os impulsos destrutivos, para o ódio e para a constituição do objeto mau.

Diante das angústias esquizoparanoides, há fragmentação do eu e dos objetos, decorrente das intensas cisões. Os mecanismos de projeção e introjeção – a respiração da mente – também estão presentes desde o início. Para Klein, a forma mais primitiva de amar é voraz, canibalesca e atravessada de sadismo, prepotência e possessividade. O amor dos primórdios não tem consideração pelo objeto e é isento do sentimento de culpa e de responsabilização pelo outro.

O que acontece também, perante as angústias persecutórias da posição esquizoparanoide, é o surgimento da fantasia de um objeto sempre disponível, o seio idealizado, que proporcionaria uma gratificação imediata, ilimitada e permanente. Trata-se de um método de defesa contra a angústia persecutória. Em síntese, na posição esquizoparanoide predominam as cisões, a onipotência, a idealização, a negação e o controle onipotente dos objetos internos e externos. A posição esquizoparanoide foi descrita em detalhes no texto de 1946: "Notas sobre alguns mecanismos esquizoides".

Em 1935, Klein publicou o artigo "Uma contribuição à psicogênese dos estados maníaco-depressivos", no qual começa a pensar que pacientes infantis e adultos entram e saem de estados mais deprimidos ou mais maníacos, fazendo-nos compreender que a constituição psíquica é psicopatológica, porém, com caráter fluido e transformacional. Essa oscilação entre verdadeiros estados maníacos e depressivos corresponde a um processo de luto, de tentativa de sair, de se libertar de um modo de relação primária que é aprisionante e limitador, algo que a psicanalista observou em todos os pacientes.

Baseando-nos na nota explicativa que a Comissão Editorial Inglesa (1996) redige a respeito do texto de 1935, podemos afirmar que, desde o primeiro ano de vida, acontece uma mudança significativa nas relações de objeto do bebê – trata-se de uma mudança da relação com um objeto parcial para um objeto total.

> .... Essa mudança coloca o ego em uma nova posição, onde consegue se identificar com seu objeto; assim, se antes as ansiedades do bebê eram de tipo paranoico e envolviam a preservação de seu ego, ele agora possui um conjunto mais

complexo de sentimentos ambivalentes e ansiedades depressivas sobre a condição de seu objeto. Ele passa a ter medo de perder o objeto amado bom e, além das ansiedades persecutórias, começa a sentir culpa pela sua agressividade contra o objeto, tendo o ímpeto de repará-lo por amor. A isso se relaciona uma mudança em suas defesas: ele passa a mobilizar as defesas maníacas para aniquilar os perseguidores e lidar com a nova experiência de culpa e do desespero. Melanie Klein deu a esse grupo específico de relações de objeto, ansiedades e defesas o nome de posição depressiva. (p. 301-302)

Qual é a diferença entre uma relação de objeto parcial e uma relação de objeto total? No início da vida, o bebê se relaciona com um objeto que lá está para ser devorado, consumido ou ignorado, quando já atendeu às suas necessidades. Isso define uma relação de objeto parcial – o objeto de amor não possui autonomia de sujeito, sendo vivido como parte ou prolongamento do corpo do bebê. Na época do desmame, a criança pode começar a ter os primeiros vislumbres da mãe como um objeto total, um sujeito com seus próprios direitos e desejos, podendo então começar a considerá-la, movida pelo amor e pelo medo de perdê-la. É o momento em que se interessa mais por sua preservação e teme o seu desaparecimento; surgem os primeiros sinais de preocupação com o outro, de capacidade de cuidar dele e de sentimentos de culpa, relativos às fantasias destrutivas que podem ter ocorrido anteriormente a esse estado. O sentimento de culpa advém, pois, da dívida de amor em relação ao objeto e do temor de perdê-lo. Trata-se da nova posição diante do objeto, que acompanha a identificação com o objeto como um outro, diferente de mim.

Klein observou que, no início da vida, já estavam presentes fortes ansiedades. A primeira posição postulada por Klein foi a depressiva (1935 e 1940). Em 1946, ela nomeia a posição esquizoparanoide e também descreve, pela primeira vez, outro importante conceito: a identificação projetiva, que teve vários desdobramentos. Essa compreensão abriu um campo de investigação amplo para os estados psicóticos da mente, principalmente na obra de Herbert Rosenfeld, Hanna Segal e Bion, psicanalistas próximos à Klein na década de 1940 e 1950. A análise de pacientes psicóticos, dentro de um enquadre estritamente psicanalítico, tornou-se possível a partir desses psicanalistas ligados ao círculo kleiniano.

Klein (1952/1991) destaca: "...através dos processos alternantes de desintegração e integração desenvolve-se gradualmente um ego mais integrado, com maior capacidade de lidar com a ansiedade persecutória" (p. 90). O movimento de integração do ego é decorrente, pois, da pulsão de vida.

De fato, na década de 1950, durante a análise de pacientes esquizofrênicos[10], Bion observou detalhadamente o movimento psíquico intenso entre as posições esquizoparanoide e depressiva; ou seja, na sessão, aos estados desintegrados da mente, sucedem estados integrados, continuamente, em um movimento circular espiralado.

A agressividade leva à fragmentação do mundo interno, por isso, Klein (1940) reconhece a necessidade de predominância da moção amorosa, para sua integração, destacando a importância de boas experiências com os objetos externos para equilibrar as

---

[10] Na década de 1950, manter o enquadre analítico clássico nesses casos era visto como impossível por alguns psicanalistas, sendo então algo inovador e sustentado pelo grupo kleiniano.

angústias paranoides e depressivas; em especial, a experiência com o analista como objeto bom.

O conceito de posição, diferentemente do conceito de fases, evidenciou a dimensão da complexidade do funcionamento mental, que ciclicamente se integra e se desintegra em um processo sem fim. Em síntese, projetar, introjetar, clivar e, por fim, entristecer, integrar, se identificar e reparar fazem parte de um contínuo movimento psíquico. As posições são duas formas de experienciar o mundo e dar significado às experiências emocionais, que se sucedem e se alternam constantemente no psiquismo humano.

A IDENTIFICAÇÃO PROJETIVA

O conceito de identificação projetiva foi postulado por Melanie Klein em 1946, no texto "Notas sobre alguns mecanismos esquizoides", quando a autora buscava compreender os estágios mais iniciais da vida, momento em que os mecanismos de defesa são muito primitivos e envolvem processos de cisão, projeção e negação da realidade psíquica. A presença de um ego incipiente, incapaz de lidar com a intensidade do prazer e do desprazer vividos, sem ter ainda desenvolvido mecanismos de moderação e de representação das pulsões e dos afetos, leva a essa tendência de expulsar de si as intensidades e atribuí-las ao ambiente e aos objetos primários.

Na identificação projetiva, o movimento de expulsar de si a agressividade é a única possibilidade de livrar-se de um acréscimo insuportável de estímulos. Mais tarde, os seguidores de Klein pensarão que esse movimento pode ser entendido como um grito de socorro do ego imaturo endereçado ao ambiente. Vendo-se assaltado por pulsões violentas, o ego imaturo não encontra outro caminho a não ser enviar partes dessa sua realidade psíquica ao ambiente, para que este providencie algum tipo de processamento desses aspectos insuportáveis. O resultado é um estado de indiferenciação entre o eu e o outro, e uma impossibilidade de apropriar-se e responsabilizar-se por aspectos de si que parecem incontroláveis e ameaçadores. Esse mecanismo leva a um estado de fusão e confusão com os objetos amados e odiados, estando presente de forma predominante na esquizofrenia e na paranoia.

A identificação projetiva é um dos conceitos do arcabouço teórico-clínico kleiniano que suscitou vários outros textos e discussões a partir da sua primeira formulação. Sua utilidade clínica é corroborada pela publicação de diversos artigos e livros, e de contínuos debates sobre o conceito, não apenas entre os psicanalistas da escola inglesa (Quinodoz, 2007, 2012).

Questões referentes à mudança na técnica analítica também fazem parte dos desdobramentos do conceito de identificação projetiva. A potencialidade desse conceito foi evidenciada pelos psicanalistas que sucederam Klein, principalmente aqueles do seu círculo próximo: Bion, Segal e Rosenfeld, que demonstraram sua amplitude tanto na dimensão teórica quanto na clínica.

No texto de 1946, Klein formula a identificação projetiva como um mecanismo defensivo diante das angústias esquizoparanoides. Trata-se de uma forma específica de identificação que tem caráter de expulsão violenta de partes do *self* para dentro do objeto, enfraquecendo o ego, gerando confusão e indiscriminação entre sujeito e objeto.

De início, o mecanismo foi apresentado com um caráter mais agressivo e expulsivo, porém, com o tempo, a identificação projetiva foi considerada como o fundamento dos processos de empatia, tal como descrito por Hinshelwood (1994). Depois de muitas integrações da posição depressiva, o mecanismo pode ser usado com um caráter mais comunicativo, passando a ser compreendido por outro ângulo no trabalho de Bion, sobressaindo o aspecto de comunicação não verbal de estados mentais.

Para Bion, a identificação projetiva pode ser também compreendida como uma atividade básica da mente humana para comunicar emoções, passando a ser considerada a origem do pensar. Além disso, o autor aloca o conceito no campo da intersubjetividade. Assim, se na perspectiva kleiniana a identificação projetiva reflete predominantemente os aspectos do mundo interno, do intrapsíquico, em Bion o conceito passa a pertencer, de forma mais evidente, ao campo interpessoal.

Por sua vez, a compreensão da intersubjetividade da díade analista e analisando, a partir do conceito de identificação projetiva, trouxe uma série de mudanças técnicas para a situação analítica e, também, gerou conceitos que se avizinham, cada vez mais, da complexidade da situação analítica[11].

A INVEJA

Na década de 1950, Melanie Klein (1957/1996c) publicou o texto "Inveja e gratidão", em que assinalou seu interesse por uma forma de aparição dos impulsos destrutivos que se configura como inveja e que corresponde ao desejo de atacar e destruir o bom objeto, aquele que é a base da saúde psíquica. A inveja seria então, em sua raiz última, inveja das fontes de vida, do poder criativo e criador dos objetos primários, podendo estar presente desde o início da vida.

Talvez pareça muito estranho falar do sentimento de inveja em um recém-nascido, ainda que se trate de inveja do seio e das fontes físicas e psíquicas de nutrição, presentes desde o início da vida. A inveja resulta da impossibilidade de sentir gratidão por ter sido alimentado. Freud definia o amor primário e a gratidão como os sentimentos dirigidos às fontes de gratificação e nutrição. A partir disso, podemos afirmar que a inveja seria então a ausência de gratidão e de amor ou ainda a demanda de amor frustrada, infiltrada de dor, raiva e ressentimento.

A objeção feita a Melanie Klein, quanto à precocidade da inveja, tem sido, muitas vezes, retomada e discutida. Podemos admitir que a inveja sentida conscientemente por um adulto é diferente dessa primeira forma, presente desde o berço. Mas é bom insistir: essa inveja infantil que opera em um plano inconsciente e não chega a ser "sentida" não é privilégio do bebê. Em maior ou menor grau, está em todos nós e, em alguns momentos, chega a dominar nossa mente.

A inveja primária, de que fala nossa autora é, na verdade, outra maneira de falar a respeito da força bruta do desejo em suas origens. Nesse sentido, invejar é desejar muito, muito forte, a ponto de querer possuir o que se deseja. Em francês, a palavra inveja – envie – significa também desejo de ter, de possuir, de fazer algo de modo igual a alguém que admiramos. O desejo de possuir o objeto amado pode chegar ao ponto de o invejoso querer se confundir com o amado. Invejar seria então uma forma primária de desejar, um estado de exaltação passional: desejo de "ser

---

[11] As transformações e expansões conceituais na psicanálise fazem parte de uma rede extremamente intrincada, mas podemos inferir que o conceito de terceiro analítico (Ogden, 1996/1994), de campo analítico (Baranger e Baranger1961/1962/2010; Ferro, 1995) e, também, o conceito de *enactment* (Cassorla, 2015) são herdeiros – indiretos e parciais – do legado kleiniano. Essas ideais estão mais aprofundadas no artigo: "Uma reflexão conceitual entre identificação projetiva e *enactment*. O analista implicado" (Ribeiro, 2016).

a pessoa amada", fundir-se a ela, sentindo, ao mesmo tempo, a trágica impossibilidade de interpenetrá-la, "sendo-a" por dentro.

O amor do recém-nascido e o da mulher adulta que se sente arrastada por uma fantasia de incorporação e posse do homem amado são aqui colocados lado a lado como se não houvesse diferenças significativas entre seus protagonistas. Claro que há diferenças, mas essa equiparação mostra que, mesmo na mulher adulta, estamos nos referindo a desejos e ansiedades em sua dimensão inconsciente e fora do tempo, como possibilidades latentes ao longo de toda a vida e que podem ser revividas na idade adulta. Encontram-se, portanto, fora do tempo cronológico em uma temporalidade mítica, das origens e do originário, que permanece como um núcleo vivo, capaz de vitalizar ou obturar a abertura às experiências afetivas.

Este último postulado de Klein, três anos antes de sua morte, gerou resistências na comunidade psicanalítica inglesa, principalmente da parte de Winnicott. No entanto, também, abriu um vasto campo de pesquisa a respeito da reação terapêutica negativa, mobilizada por uma forte inveja da capacidade metafórica do analista.

CONSIDERAÇÕES FINAIS

Como vimos, Klein (1955/1996b) fez várias contribuições conceituais que expandiram o conhecimento psicanalítico, como a noção de objetos internos e a ideia de que as relações objetais estão presentes desde o início da vida. Compreendeu o universo das pulsões, descrito por Freud, como intensidades e quantidade, ou seja, o vértice econômico. Entretanto, ao enfatizar o universo dos objetos e dos cenários de fantasia, ampliou a compreensão dinâmica da psique, postulando que todos os aspectos do funcionamento psíquico estão vinculados a objetos internos e externos em constante transformação.

As relações iniciais de objeto são compreendidas por Klein como ambivalentes; amor e ódio se apresentam desde os primórdios e marcam a experiência com o mundo interno e externo. O início da vida é, pois, uma experiência emocional caótica, com momentos em que predomina o sadismo, expressando a intensidade e o caráter absoluto das demandas de amor e atenção.

Klein, sem descanso, dirige nosso olhar e nos torna sensíveis aos aspectos trágicos da existência humana: amor, ódio, perdas, ansiedades, tédio, compaixão, morte, fadigas, julgamentos condenatórios, persecutoriedade, rejeição e, por fim, a inveja e suas mortíferas estratégias de destruir o valor de tudo que a vida nos ofereceu.

Finalmente, se voltamos o olhar para o pensamento kleiniano, talvez a primeira coisa que chame nossa atenção em seu trabalho clínico seja o seu jeito de prestar atenção e manter-se próxima à experiência de sofrimento e ansiedade dos pacientes. Com a angústia, atingimos o solo mais básico do funcionamento psíquico, tocamos naquilo que é mais visceral, mais íntimo, mais profundamente determinante de toda a organização psíquica. Melanie Klein acreditava ser esse o fio condutor mais "nevrálgico" da escuta analítica, o que conduz à infraestrutura do acontecer psíquico. A hipótese é que escutando e intervindo no registro da ansiedade atingimos o nível das forças que geram o sofrimento psicótico e produzem a neurose, em sua dimensão inconsciente e inacessível.

Pode-se afirmar, aliás, que, sem ressonância empática com o sofrimento do paciente, não é possível conduzir uma análise. Melanie Klein situa-se na linhagem de Sándor Ferenczi, seu primeiro analista e defensor dessa forma de escuta: primeiro, dirigir a atenção para as forças produtoras do conflito e da dor, para, apenas num segundo momento, discernir o caminho de descons-

trução das defesas, dos modos de ser no mundo que estão impedindo, mutilando e inibindo a livre manifestação da vida psíquica.

É possível dizer que o aparelho psíquico para Klein e Freud é predominantemente intrapsíquico, ao passo que para os herdeiros de Klein – Bion, Winnicott e os psicanalistas contemporâneos – o psiquismo passa a ser pensado de forma intersubjetiva, sem nunca deixar de lado a dimensão intrapsíquica.

O que se pode afirmar com segurança quanto ao legado kleiniano é que a ênfase dessa autora sobre as noções de introjeção e projeção, e os desdobramentos da noção de identificação projetiva permitiram que se percebesse de maneira mais nítida a importância de que o analista entre em contato com os sentimentos e pensamentos do paciente, de maneira a sentir de forma pessoal o que se passa com ele. Nessa tradição, as funções materna e analítica de receber, conter, elaborar e devolver transformados os conteúdos primitivos da criança e do paciente – a *rêverie*[12] – tornaram-se a base das mais importantes transformações na técnica analítica nas últimas décadas. E foram essas modificações que permitiram a análise de crianças, psicóticos e demais perturbações narcísico-identitárias. A autora construiu todo o edifício de sua obra teórica a partir da criação de um verdadeiro pensamento clínico.

Na qualidade de pesquisadora e clínica, Melanie Klein realiza o que Bion (1970/2007) considerou como intrínseco à psicanálise: a análise é uma sonda que expande o próprio campo que investiga.

REFERÊNCIAS BIBLIOGRÁFICAS

Baranger, Madaleine; Baranger, Willy (2010). A situação analítica como campo dinâmico. In: *Controvérsias a respeito do enactment e outros trabalhos – Livro Anual de Psicanálise* (Tomo XXIV). São Paulo: Escuta. (Trabalho original publicado em 1961-1962)

Bion, R. Wilfred (1991a). Diferenciação entre as personalidades psicóticas e as personalidades não psicóticas. In: Spillius, E. B. *Melanie Klein hoje. Desenvolvimento da teoria e da técnica* (v. I, p. 69-86). (Tradução: B. H. Mandelbaum). Rio de Janeiro, RJ: Imago. (Trabalho original publicado em 1957)

Bion, R. Wilfred (1991b). Ataques ao elo de ligação. In: Spillius, E. B. *Melanie Klein hoje. Desenvolvimento da teoria e da técnica* (v. I, p. 95-109). (Tradução: B. H. Mandelbaum). Rio de Janeiro, RJ: Imago. (Trabalho original publicado em 1959)

Bion, R. Wilfred (1991c). *Learning from experience*. London: Karnac. (Trabalho original publicado em 1962)

Bion, R. Wilfred (2013a). On arrogance. *The Psychoanalytic Quarterly*, v. 82, n. 2, p. 277-283. (Trabalho original publicado em 1958)

Bion, R. Wilfred (2013b). Attacks on linking. *The Psychoanalytic Quarterly*, v. 82, n. 2, p. 285-300, 2013b. (Trabalho original publicado em 1959)

Bion, R. Wilfred. (2007). *Attention and interpretation*. Karnac: London/New York. (Trabalho original publicado em 1970).

Bion, R. Wilfred. (2000). *Cogitações*. (Tradução: Sandler e Sandler) Imago: Rio de Janeiro. (Trabalho original publicado em 1990)

Cassorla, Roosevelt M. S. (2015). *O psicanalista, o teatro dos sonhos e a clínica do enactment*. London: Karnac Books.

Cintra, Elisa Maria U.; Figueiredo, Luis Cláudio (2004). *Melanie Klein, estilo e pensamento*. São Paulo, SP: Escuta.

Cintra, Elisa Maria U. (2005). Pensar as feridas. *Viver Mente & Cérebro*, Coleção Memória da Psicanálise, v. 3.

Ferenczi, Sándor (1990) *Thalassa: uma teoria da genitalidade*. (Tradução: Álvaro Cabral) São Paulo: Martins Fontes. (Trabalho original publicado em 1924)

Ferro, Antonino (1995) *A técnica na psicanálise infantil. A criança e o analista: da relação ao campo emocional*. (Tradução: Mercia Justum). Rio de Janeiro: Imago.

Figueiredo, Luis Cláudio (2009). *A clínica psicanalítica a partir de Melanie Klein. As diversas faces do cuidar. Novos ensaios de psicanálise contemporânea*. São Paulo: Escuta.

---

[12] Conceito de Bion (1962/1991c).

SEÇÃO I — PSICANÁLISE

Freud, Sigmund (1980). Esboço de psicanálise. In: *Edição Standard Brasileira das Obras Psicológicas Completas de Sigmund Freud*. (Tradução: Jayme Salomão). Rio de Janeiro: Imago. (Trabalho original publicado em 1938)

Freud, Sigmund (1980). O Ego e o Id. In: *Edição Standard Brasileira das Obras Psicológicas Completas de Sigmund Freud*. (Tradução: Jayme Salomão). Rio de Janeiro: Imago. (Trabalho original publicado em 1923)

Freud, Sigmund (2010). O mal-estar na civilização. In: *Sigmund Freud: Obras Completas*. v. 18. (Tradução: Paulo César de Souza). São Paulo: Cia das Letras. (Trabalho original publicado em 1930)

Guignard, Florence (1997). *O infantil ao vivo. Reflexões sobre a situação analítica*. (Tradução: Marilda Pereira). Imago: Rio de Janeiro.

Hinshelwood, Robert D. (1992). *Dicionário do pensamento kleiniano*. (Tradução: J. O. A. Abreu). Artes Médicas: Porto Alegre.

Hinshelwood, Robert D. (1994). *Clinical Klein*. Karnac: London.

Isaacs, Susan (1982). A natureza e a função da fantasia. In Klein, M.; Heimann, P.; Isaacs, S.; Rivière, J. *Os progressos da psicanálise* (p. 79-135) (Tradução: A. Cabral). Rio de Janeiro, RJ: Guanabara Koogan. (Trabalho original publicado em 1952)

Isaacs, Susan (1998). Comunicação de Susan Isaacs sobre "Natureza e função da fantasia". In: King, Pearl; Steiner, Riccardo (Orgs.) *As controvérsias Freud-Klein 1941-45*. (Tradução: Ana Mazur Spira). Rio de Janeiro, RJ: Imago. (Trabalho original de 1943)

King, Pearl; Steiner, Richard (1990). *The Freud-Klein Controversies (1941-1945)*. London/New York: Tavistock/Routledge.

Klein, Melanie (1991). Algumas conclusões teóricas relativas à vida emocional do bebê. In: Klein, Melanie. *Inveja e gratidão e outros trabalhos* (p. 85-118). (Tradução: A. Cardoso). Rio de Janeiro, RJ: Imago. (Trabalho original publicado em 1952)

Klein, Melanie (1996a). Notas sobre alguns mecanismos esquizoides. In: Klein, Melanie. *Amor, culpa e reparação e outros trabalhos* (Tradução: A. Cardoso). Rio de Janeiro, RJ: Imago. (Trabalho original publicado em 1946, acrescido das notas da versão de 1952)

Klein, Melanie (1996b). Sobre a identificação. In: Klein, Melanie. *Inveja e gratidão e outros trabalhos* (p. 169-204). (Tradução: A. Cardoso). Rio de Janeiro, RJ: Imago. (Trabalho original publicado em 1955)

Klein, Melanie (1996c). Inveja e gratidão. In: Klein, Melanie. *Inveja e gratidão e outros trabalhos* (p. 205-267). (Tradução: A. Cardoso). Rio de Janeiro, RJ: Imago. (Trabalho original publicado em 1957)

Klein, Melanie (1997). Estágios iniciais do conflito edipiano e da formação do superego. In: Klein, Melanie. *A psicanálise de crianças*. (Tradução: A. Cardoso). Rio de Janeiro, RJ: Imago. (Trabalho original publicado em 1928)

Klein, Melanie (1997a). Os efeitos das situações de ansiedade arcaicas sobre o desenvolvimento sexual da menina. In: Klein, Melanie. *Psicanálise de crianças*. (Tradução: A. Cardoso). Rio de Janeiro, RJ: Imago. (Trabalho original publicado em 1932).

Kristeva, Júlia (2002). *O gênio feminino. A vida, a loucura, as palavras. Tomo II – Melanie Klein*. (Tradução: José Laurenio de Melo). Rio de Janeiro, RJ: Rocco.

Ogden, Tomas H. (1996/1994) *Os sujeitos da psicanálise* (C. Berliner, trad.). São Paulo, SP: Casa do Psicólogo. (Trabalho original publicado em 1994).

Ogden, Tomas H. (2014). *Leituras criativas. Ensaios sobre obras analíticas seminais* (Tradução: T. M. Zalcberg). São Paulo, SP: Escuta.

Quinodoz, Jean-Michel (2012). Projective identification in contemporary French-language psychoanalysis. In: Spillius, E. B.; O'shaughnessy, E. *Projective identification. The fate of a concept* (p. 218-235). London/New York: Routledge.

Quinodoz, Jean-Michel (2017). L'identification projective: développements bioniens et post-bioniens. In: Guinard, F.; Bokanowsky, T. (Orgs.). *Actualité de la pensé de Bion* (p. 65-77). Paris: Éditions in press.

Ribeiro, Marina. F. R. (2016). Uma reflexão conceitual entre identificação projetiva e enactment. O analista implicado. *Cadernos de Psicanálise do Rio de Janeiro (CPRJ)*, v. 38, n. 35, p. 11-18, 2016.

Smirnoff, Victor (1985). Melanie Klein ou la violence de l'inconscient. In: Gammil, J. et al. *Mélanie Klein aujourd'hui*. Lyon: Césura Lyon Édition, p. 83-93.

Winnicott, Donald W. (1988). *Da Pediatria à Psicanálise*. Rio de Janeiro: Francisco Alves. (Trabalho original publicado em 1958)

Winnicott, Donald W. (1957). *The child and the family*. London: Tavistock.

3

A pesquisa clínica e teórica em psicanálise do ponto de vista de Winnicott

Leopoldo Fulgêncio

Winnicott nos diz que Freud nos deu um método, um método para resolvermos alguns problemas, alguns sofrimentos para os quais a psicologia clínica, até então, não tinha dado uma alternativa razoável para serem cuidados. Inicialmente, esse método de tratamento era aplicado para resolver algumas perturbações neuróticas, mas claramente considerado, por Freud, ele mesmo, como sendo um método inadequado para o tratamento de doenças mais graves (tais como as psicoses), ainda que a teoria psicanalítica pudesse fornecer algum entendimento sobre sua gênese e modo de funcionamento (cf., por exemplo, Freud, 1913j).

Muitos autores pós-Freud aumentaram a potência teórica e clínica da psicanálise; já para Winnicott, a psicanálise nos fornece entendimento suficiente para tratarmos de neuróticos, psicóticos, depressivos, além de sintomas que podem estar associados a essas organizações psicopatológicas mais gerais que acabo de citar, tais como as adições, os sintomas psicossomáticos e a atitude antissocial. Ainda que nem todos os pacientes encontrem as condições (afetivas, cognitivas e financeiras) para que um método psicanalítico de tratamento seja adequado e possa ser realizado, mesmo nos casos em que esse método não possa ser aplicado, a teoria psicanalítica do desenvolvimento emocional pode servir como referência de entendimento para que outros métodos possam ser aplicados (Winnicott refere-se à psicanálise *standard* como *psicanálise padrão* e os tratamentos feitos com base na teoria psicanalítica, mas noutro *setting*, como sendo uma *psicanálise modificada*).

Esse método de tratamento levou Freud e muitos psicanalistas a uma série de descobertas sobre a natureza humana, constituindo, então, uma ciência, sendo ela mesma, a psicanálise, numa feliz expressão "ciência aplicada que se baseia numa ciência" (1986k, p. XIII).

Neste texto quero distinguir a diferença entre as pesquisas e os objetivos do método de tratamento psicanalítico, e as pesquisas e os objetivos da produção de conhecimento científi-

co no campo da psicanálise. Não são a mesma coisa, não têm os mesmos métodos, não chegam ao mesmo tipo de conhecimento, ainda que se sobreponham: ninguém faz ciência deitado num divã, ninguém se trata seguindo a teoria!

Minha proposta para abordar esses dois temas complexos num texto curto será indicar as teses básicas que fundamentam esse tipo de compreensão, abordando, em primeiro lugar, de forma muito sucinta, a distinção de métodos e objetivos da pesquisa científica e da pesquisa clínica em psicanálise e, depois, a explicitação do que Winnicott considera ser os objetivos do tratamento psicanalítico e seus modos de atingir esses objetivos (considerando os diversos tipos de patologias e sintomas).

A PESQUISA EM PSICANÁLISE: COMO CIÊNCIA E COMO CIÊNCIA APLICADA

É conhecida a definição que Freud fez da psicanálise como sendo, ao mesmo tempo, um procedimento de pesquisa dos processos psíquicos inconscientes, um método de tratamento e uma ciência, construída a partir desse método (1923a, p. 196). Ao longo de toda a sua obra, Freud também sempre defendeu que a psicanálise deveria ter um lugar ao lado da física, da química e da biologia, como sendo uma ciência natural: "Que outra coisa ela seria?" (Freud, 1940b, p. 291)[1], pergunta ele com ironia já num dos seus últimos textos. Para ele, a psicanálise conseguiu tomar o psiquismo ou a vida da alma, como qualquer outro objeto da natureza, sendo justamente esse fato o grande mérito epistemológico da psicanálise (1933a, Lição 35).

Neste ponto é preciso ter em mente que essas três características sobrepostas (procedimento de pesquisa, método de tratamento e conhecimento científico), são modos de operar e de produzir conhecimentos que visam a objetivos diferentes

---

[1]   Freud será citado segundo a classificação estabelecida por Tyson e Strachey (1956).

SEÇÃO I — PSICANÁLISE

e têm modos de funcionamento diferentes. Quero distinguir, *grosso modo*: 1. a psicanálise como um *método de tratamento*, no qual a pesquisa sobre as motivações inconscientes levam o analista a utilizar um método específico como procedimento de pesquisa em relação ao paciente, procurando os conflitos, verdades, fantasias e desejos de uma história *individual*, especialmente os inconscientes; e 2. a psicanálise como um corpo teórico que caracteriza uma *ciência*, ou seja, a ênfase aqui recai nos procedimentos a serem seguidos para a elaboração de teorias científicas, procurando verdades *universais* (ainda que sempre incompletas).

Para Freud, a pesquisa clínica leva ao conhecimento científico, mas não exatamente pelos mesmos caminhos, ainda que a pesquisa clínica e a pesquisa (em direção ao conhecimento universal) se sobreponham: *tratar não é fazer ciência*! Freud, inclusive, considera nocivo para o tratamento clínico dedicar-se a elaborar um caso cientificamente, enquanto ele ainda não foi finalizado. Ele afirma, nesse sentido:

> Uma das reivindicações da psicanálise em seu favor é, indubitavelmente, o fato de que, em sua execução, pesquisa e tratamento coincidem; não obstante, após certo ponto, a técnica exigida por uma opõe-se à requerida pelo outro. Não é bom trabalhar cientificamente num caso enquanto o tratamento ainda está continuando – reunir estrutura, tentar predizer seu progresso futuro e obter, de tempos em tempos, um quadro do estado atual das coisas, como o interesse científico exigiria. Casos que são dedicados, desde o princípio, a propósitos científicos, e assim tratados, sofrem em seu resultado; enquanto os casos mais bem sucedidos são aqueles em que se avança, por assim dizer, sem qualquer intuito em vista, em que se permite ser tomado de surpresa por qualquer nova reviravolta neles, e sempre se o enfrenta com liberalidade, sem quaisquer pressuposições. (1912e, p. 148)

No desenvolvimento de um tratamento psicanalítico, nem o analista nem o paciente procuram construir uma teoria geral, universal, sobre o psiquismo e os comportamentos humanos, não se exige coerência nem no fluxo do pensamento (das associações) nem nas suas conclusões (encaixando-se como num edifício teórico sem contradições). O paciente retoma a sua história afetiva, seguindo uma diversidade de focos e temas nas suas associações livres, na compreensão, vivência e interpretação das relações transferenciais, procurando ressignificar ou refazer determinadas organizações afetivas que podem estar dificultando sua vida (seus sintomas, por assim dizer). Não se dirige o paciente, não se espera um encadeamento lógico coerente, não está no objetivo final do tratamento a construção de uma teoria sobre si mesma, ainda que muito venha a ser conhecido.

No entanto, Freud também considera, com base nos tratamentos psicanalíticos, que há problemas que se repetem ou se repetirão noutros pacientes, que há modos de funcionamento e mesmo patologias que podem receber uma compreensão geral e, nesse sentido, agregando o conhecimento advindo de diversos tratamentos (desenvolvidos utilizando o método clínico psicanalítico), ele procurou fornecer uma teoria geral das neuroses, uma teoria geral do desenvolvimento da sexualidade, da agressividade, da entrada do homem na cultura etc.

Não se pode afirmar, no entanto, que todo conhecimento advenha unicamente da observação clínica, que ela teria esse tipo de soberania, dado que a própria observação do material clínico depende, desde o início, de certas ideias ou teorias prévias. Freud ressalta esse tipo de relação entre a observação e a produção de conhecimento científico, afirmando: "O verdadeiro co-

meço da atividade científica consiste antes de tudo na descrição dos fenômenos, que são em seguida agrupados, ordenados e integrados em conjuntos" (1915c, p. 163). Freud também aponta para o fato de que toda observação, toda descrição da realidade fenomênica, é guiada por uma série de escolhas prévias, por uma teoria que diz o que deve ser observado, diz o que deve ser relacionado, o que deve ser descrito etc.[2]. Ainda que Freud reconheça que a ciência visa à compreensão dos fatos, ele sabe que a teoria, como uma proposição geral que visa à universalidade, se afasta da singularidade viva dos fatos: "da teoria cinza à experiência eternamente verdejante" (Freud, 1924b, p. 3).

O que me importa aqui destacar é que não há pesquisa científica, não há pesquisa clínica, que não seja orientada por uma teoria geral, teoria que diz o que deve ser privilegiado como variável, o que deve ser procurado e como essa procura deve ser feita.

Na análise da questão da observação, como sendo a base do conhecimento científico, o próprio Popper comentou esse fato de que não pode haver observação sem uma teoria de referência, contando uma experiência que fez com seus alunos:

> A crença de que a ciência avança da observação para a teoria é ainda aceita firme e amplamente que minha rejeição dessa ideia provoca muitas vezes reação de incredulidade. Já fui até acusado de ser insincero – de negar aquilo de que ninguém pode razoavelmente duvidar. Na verdade, porém, a crença de que podemos começar exclusivamente com observações, sem qualquer teoria, é um absurdo, que poderia ser ilustrado pela estória absurda do homem que se dedicou durante toda a vida à ciência natural – anotando todas as observações que pôde fazer, legou-as a uma sociedade científica para que as usasse como evidência indutiva. Uma anedota que nos deveria mostrar que podemos colecionar com vantagem insetos, mas não observações. Há um quarto de século, procurei chamar a atenção de um grupo de estudantes de física, em Viena, para este ponto, começando uma

---

2   Freud se refere a esse fato em geral, mas também procura especificar, com um exemplo de base, que há conceitos que não advêm da experiência, mas que são fundamentais para o trabalho de pesquisa, no caso da psicanálise, os conceitos metapsicológicos, entre eles, o conceito de pulsão: "Já na própria descrição, não se pode evitar de aplicar ao material certas ideias abstratas que advêm de outro lugar, certamente não apenas das novas experiências. Tais ideias – os conceitos fundamentais posteriores da ciência – são, na elaboração futura do material, ainda mais indispensáveis. Inicialmente, elas devem comportar um certo grau de indeterminação; não se pode pensar em discernir com clareza seu conteúdo. Enquanto se encontram nesse estado, temos que nos pôr de acordo sobre seu significado para remetê-las repetidamente ao material empírico do qual parecem ter sido extraídas, mas que, na verdade, lhe é submisso. Com todo rigor, elas têm, então, o caráter de convenções, ainda que tudo dependa do fato de que elas não são escolhidas arbitrariamente, mas, ao contrário, estão determinadas por relações significativas com o material empírico, relações que acredita-se poder advinha-las antes mesmo de poder reconhecê-las e demonstrá-las. Somente após uma exploração mais aprofundada do domínio fenomenal em questão, é que pode-se apreender mais exatamente os conceitos fundamentais científicos e os modificar progressivamente para os tornar, em certa medida, utilizáveis e, ao mesmo tempo, isentos de toda contradição. É somente depois disso que chega a hora de confiná-los em definições. Mas o progresso do conhecimento não sofre, no entanto, de uma rigidez das definições. Como o exemplo da física ensina de maneira evidente, mesmo os 'conceitos fundamentais', que foram fixados nas definições, sofrem uma constante mudança de conteúdo [...] Um tal conceito fundamental convencional, provisoriamente ainda muito obscuro, mas que nós não podemos dispensar em psicologia, é o de pulsão" (1915c, p. 161-162; uma referência parecida está comentada também em Freud, 1940b, p. 291). Não é o caso aqui de retomar a análise do conceito de pulsão, que Freud considera como sendo um tipo de mitologia que a psicanálise usa para referir-se às suas causas primeiras (Fulgencio, 2003, 2008; Loparic, 1999).

conferência com as seguintes instruções: "Tomem lápis e papel; observem cuidadosamente e anotem o que puderem observar". Os estudantes quiseram saber, naturalmente, *o que* deveriam observar: "Observem – isto é um absurdo!". De fato, não é mesmo habitual usar dessa forma o verbo "observar". A observação é sempre seletiva: exige um objeto, uma tarefa definida, um ponto de vista, um interesse especial, um problema. Para descrevê-la é preciso empregar uma linguagem apropriada, implicando similaridade e classificação – que, por sua vez, implica interesses, pontos de vista e problemas. (Popper, 1957, p. 76)

Mas, retornando ao método de pesquisa psicanalítico. Uma coisa é pesquisar o inconsciente no caso de um tratamento clínico, o que é feito basicamente pela técnica da associação livre, da atenção equiflutuante, e a interpretação dos conteúdos latentes dos atos psíquicos; outra, é agrupar o que foi encontrado em conjuntos cada vez mais amplos, procurando conceitos e teorias gerais sobre o funcionamento do psiquismo e suas determinações. *Tratar* e *produzir conhecimento científico* são dois momentos e dois modos diferentes de produção do conhecimento, ou, dito de outro modo, implicam dois métodos distintos de pesquisa, com exigências e objetivos díspares. Ambos são realizados a partir da teoria psicanalítica sobre o desenvolvimento normal e patológico do ser humano, mas com procedimentos lógicos e operacionais diferentes, em momentos diferentes, às vezes, mas nem sempre, complementares.

Pode-se, pois, diferenciar o trabalho que o analista faz quando está tratando o paciente pelo método psicanalítico do que ele faz quando quer organizar, sistematizar e ordenar os fatos clínicos, buscando as semelhanças entre eles e abstraindo, em conceitos e explicações, os fenômenos e suas dinâmicas. O próprio termo *psico-análise* traz consigo o objetivo e o modo de proceder do psicanalista como clínico que, tal como o químico parte a substância em seus componentes, procura o sentido e o significado dos desejos e sintomas do paciente, interpretando-os em suas partes e dinâmicas, tendo como objetivo encontrar as motivações inconscientes aí presentes, sem se preocupar em reunir o analisado no sistema geral da vida psíquica do paciente. Caberá ao paciente, e não ao analista, fazer uma nova síntese. No caso do psicanalista como cientista, este tem como objetivo um tipo de *psico-síntese*, agrupando e ordenando seu material empírico, tendo em vista a formulação de conceitos e teorias tão universais quanto possível. Caso ele aplique o método psicanalítico clínico para fazer ciência, estará fadado ao fracasso, e vice-versa.

Certamente, nem todo clínico precisa ser um cientista, nesse sentido estrito que estou apresentando, assim como nem todo pesquisador precisa ser um clínico, ainda que, tomando Freud como exemplo, encontremos essas duas identidades se sobrepondo. Freud ressalva que pesquisar sobre a teoria e a prática psicanalítica, sem ter se submetido ao processo psicanalítico, sem conhecer a psicanálise tendo sido paciente e analista, ou seja, sem ter experimentado em si mesmo esse método clínico, pode levar a distorções e falta de entendimentos significativos[3]. É talvez, para usar uma analogia que possa dar um conteúdo intuitivo para esse tipo de necessidade, como pesquisar sobre a teoria e a prática da *cozinha* sem jamais ter *cozinhado*!

Winnicott parece reiterar a mesma posição de Freud, nesse sentido em que a prática em psicanálise depende de uma teoria, diferenciando, então, entre a teoria psicanalítica, como uma teoria científica, e o método de tratamento que se realiza com base nessa teoria: "A psicanálise, portanto, é um termo que se refere especificamente a um método, e a um corpo teórico que diz respeito ao desenvolvimento emocional do indivíduo humano. É uma ciência aplicada que se baseia em uma ciência" (1986k, p. XIII)[4].

Também, para Winnicott, na mesma perspectiva que a de Freud, a realização de um tratamento é diferente da elaboração da teoria científica que o fundamenta:

Convido-os a manter separadas, em suas mentes, a ciência e a ciência aplicada. Dia a dia, como praticantes da ciência aplicada, conhecemos as necessidades de nossos pacientes ou de pessoas normais que nos procuram para análise; frequentemente atendemos a essas necessidades, frequentemente fracassamos. [...] Ciência aplicada não é ciência. Quando faço uma análise, isso não é ciência. Mas eu dependo da ciência quando trabalho naquilo que não poderia ter sido feito antes de Freud. (1986k, p. XV)

Esse modo de diferenciar o que é a ciência, como uma teoria que se quer universal, e a aplicação dessa teoria para a resolução dos problemas que afligem um ser humano em particular, com a procura de um conhecimento de si que se quer útil (nem universal, nem exatamente sistemático ou sem contradições) para melhorar o modo de vida do indivíduo, mostra tanto a conjunção quanto a distinção de métodos e objetivos da pesquisa, ambos, no entanto, referidos à teoria psicanalítica do desenvolvimento emocional.

Note-se, por exemplo, procurando aqui enfatizar a necessidade de diferenciar entre a psicanálise como ciência e a psicanálise como tratamento, as afirmações de André Green e de Adam Phillips, ambos procurando caracterizar o que é a psicanálise. Green – ao reconhecer que muito já se falou sobre a questão de saber se a experiência psicanalítica é uma repetição do passado ou uma criação de algo inteiramente novo, engendrado pela situação analítica, que não existiria nem poderia existir fora do *setting* analítico – considera que a experiência analítica é uma *atualização* da história de uma pessoa, como essa história trabalha, como se torna eficaz (Green, 2005a, p. 67-68). Adam Phillips, por sua vez, considera que a psicanálise é "uma maneira de contar histórias – que faz algumas pessoas se sentirem melhor [...]. A psicanálise – como uma forma de conversação – só vale a pena se puder tornar a vida mais interessante, ou mais divertida, ou mais triste, ou mais atormentada, ou qualquer coisa que valorizamos e desejamos promover; e, sobretudo, se nos ajudar a descobrir coisas novas sobre nós mesmos, coisas que não sabíamos que poderíamos valorizar. Virtudes novas são surpreendentemente raras" (Phillips, 1993, p. 17). Ambos, me parece, estão se referindo ao que é a psicanálise enquanto um método de tratamento, e não enquanto uma teoria científica sobre a vida psíquica. A distinção entre a psicanálise como uma prática e como uma ciência pode, no entanto, mostrar modos diferentes de agir, de validar o conhecimento, distinguindo objetivos e perspectivas de ação.

---

[3] Diz Freud, no compêndio de psicanálise: "Os ensinamentos da psicanálise resultam de um número incalculável de observações e de experiências e alguém que não experimentar fazer estas observações, teve essa experiência, seja sobre si mesmo, seja sobre outro, não poderia realizar sobre elas um julgamento independente" (Freud, 1940a, Avant-Propos).

[4] A obra de Winnicott será citada pela classificação estabelecida por Hjulmand (2007).

SEÇÃO I — PSICANÁLISE

Métodos de pesquisa em psicanálise

Caberia também distinguir e esclarecer quais são os métodos específicos, adequados a cada um desses modos de produzir o conhecimento em psicanálise. Deveríamos, então, detalhar os diversos modos como um tratamento pode ser realizado – seja em função da teoria psicanalítica de referência (dado que temos modos diferentes de praticar a psicanálise, caso tenhamos Freud, Klein, Lacan, Bion ou Winnicott, como nossas referências teórico-práticas), seja em função dos tipos de pacientes em questão, pois o tipo de organização psíquica do paciente (neurótico, psicótico, deprimido, *borderline*, integrado, não integrado, privado, deprivado etc.) também prescreve modos diferenciados de realização do método de tratamento psicanalítico, mesmo dentro do quadro de determinada teoria de referência –, bem como os diferentes modos e contextos que tornariam possível fazer a elaboração e o desenvolvimento da teoria (tão universal quanto possível) sobre os fenômenos passíveis de serem entendidos do ponto de vista da psicanálise ou, noutros termos, quais são os diversos métodos utilizados para o desenvolvimento da ciência psicanalítica.

A produção de uma pesquisa de cunho propriamente científico, no quadro das pesquisas desenvolvidas na universidade nos seus cursos de pós-graduação, corresponde à formulação de uma *hipótese*[5] que deverá ser defendida com base na apresentação de uma série de argumentos que se encadeiam de maneira lógica, argumentos que são escolhidos, delimitados e encadeados, em função da defesa ou comprovação dessa hipótese de trabalho proposta inicialmente (o que corresponde ao objetivo da pesquisa). A linha argumentativa deverá ser uma construção racional sistematicamente organizada e encadeada em função do argumento central, excluindo-se os argumentos ou informações (históricas, descritivas etc.) que não estejam em função da comprovação ou defesa da hipótese de trabalho, ainda que estas últimas possam ser interessantes e corretas[6].

O caso mais simples de pesquisa científica em psicanálise é aquele no qual um tratamento psicanalítico foi feito e o analista, findado o caso, se debruçaria sobre a massa de material observado, seja para fazer um estudo de caso, focando um problema específico, seja para dedicar-se a aspectos mais gerais da teoria do desenvolvimento ou da teoria da técnica. Voltarei a abordar essa situação para me referir às pesquisas que se apoiam em atendimentos clínicos, bem como para as pesquisas teóricas puras (não associadas diretamente a algum tipo de dado empírico, obtido por um instrumento de coleta de dados). No entanto, é necessário também lembrar que há diversas outras maneiras de se obter um material empírico (clínico ou documental), maneiras com maior ou menor distância do método clínico psicanalítico,

material que também pode ser tomado como objeto de análise e de elaboração teórica[7].

De uma maneira ou de outra, é necessário especificar, no caso de pesquisas que se baseiam no estudo de dados ou situações empíricas (atendimentos, entrevistas, testes, jogos, fatos históricos, biografias, outros livros documentais ou ficcionais, obras de arte etc.), a maneira utilizada para obter os dados, bem como os procedimentos ou maneiras (métodos) utilizadas para selecionar, organizar, sistematizar e interpretar esse material empírico, fornecendo todos os caminhos que levaram aos resultados da pesquisa (de modo que, outro pesquisador possa, seguindo esse mesmo método ou caminho de pesquisa, chegar, relativamente, aos mesmos resultados ou a resultados análogos, tendo em vista o horizonte do conhecimento científico que se quer universal)[8].

OS OBJETIVOS DO TRATAMENTO PSICANALÍTICO PARA WINNICOTT

O objetivo do todo e qualquer tratamento psicoterápico está veiculado, necessariamente, a um modelo de homem e a um *horizonte* para o qual os esforços terapêuticos procuram convergir. Nesse sentido, procurarei aqui, em primeiro lugar, explicitar, por um lado, o modelo ontológico de homem do ponto de vista de Winnicott e, por outro, sua noção de saúde, estabelecendo tanto quais são os impulsos fundamentais que caracterizam a natureza humana quanto o *telos* do desenvolvimento socioemocional, ambos determinando os objetivos do tratamento psicanalítico. Em seguida, como complemento necessário dessa perspectiva, tratarei de explicitar quais são os principais modos de funcionamento clínico utilizados para alcançar esses objetivos, distinguindo a aplicabilidade desses meios às diversas psicopatologias.

---

[5] Ao dizer *hipótese*, estou aqui incluindo, ao menos, dois tipos de propostas: por um lado, a consideração de uma tese a ser defendida, por exemplo, a de que Freud especula ao propor a teorização metapsicológica, seguindo uma perspectiva kantiana sobre o modo de desenvolvimento da pesquisa científica (Fulgencio, 2008); por outro, a consideração de um tema num determinado autor ou sistema teórico, que, tomado como objeto, deve ser esclarecido por um conjunto de "provas", tal como, por exemplo, a tese de doutorado "A noção de *manejo* na obra de D. W. Winnicott" (Cesarino, 2013).

[6] Não é raro encontrarmos pesquisas que apresentam dados (históricos, descritivos, alusivos etc.) e desenvolvimentos conceituais (dedicados a temas e hipóteses paralelas) que em nada contribuem para a defesa do argumento central. Um material desse tipo parece atender a outros objetivos (mostrar o que o pesquisador estudou, demonstrar erudição, desenvolver outras hipóteses e temas de interesse do pesquisador etc.) que não devem ser os de uma pesquisa acadêmica.

[7] Esta é uma distinção importante para evitar, por exemplo, os casos em que um pesquisador, tendo um material clínico antigo, pretende teorizar em termos da teoria e da clínica psicanalítica, considerando um referencial teórico que não foi o que ele usou quando fez seu atendimento clínico. Esse material antigo não é adequado para a pesquisa sobre a clínica psicanalítica, em termos de seus operadores e de seus manejos; ainda que possa ser adequado como um documento externo à psicanálise (tal como uma autobiografia ou outro tipo de documento), interpretável do ponto de vista da psicanálise (em função de um determinado problema a ser explicado, problema que diz respeito ao campo de ação da psicanálise).

[8] Neste texto não será desenvolvida uma análise da questão dos cuidados com os aspectos éticos e as solicitações aos comitês de ética, necessários para o desenvolvimento de pesquisas que envolvem apresentação de material empírico advindo de tratamentos psicoterápicos ou de uso de instrumento de coleta de dados de seres humanos. No entanto, não podemos deixar de indicar uma orientação geral. Por um lado, teríamos a prescrição básica que sempre exige a permissão do paciente (ou sujeito da coleta de dados) para o uso e a descrição do material empírico usado na pesquisa, sejam esses dados apresentados com a identificação ou com o mascaramento (visando evitar o reconhecimento) do paciente ou sujeito da coleta de dados; por outro lado, temos as situações em que o pesquisador (o psicoterapeuta ou aplicador de algum instrumento psicológico que corresponda a um tipo de coleta de dados) se apoia num material empírico para descrever e analisar a *sua* experiência, ou seja, é o pesquisador que estará se expondo (desde que, evidentemente, não haja apresentação de dados que possam levar à identificação do paciente ou sujeito da coleta, como ocorre, por exemplo, no uso de vinhetas clínicas), prescindindo, assim, da permissão de outrem. Certamente, esta última situação coloca problemas de avaliação quanto a saber se uma determinada apresentação da experiência do pesquisador poderia levar à identificação de uma pessoa referida no relato empírico; tais problemas devem ser objeto de análise caso a caso, cabendo ao orientador a responsabilidade pela avaliação da possibilidade de uso do material empírico sem que uma permissão expressa tenha sido obtida ou, noutra direção, seja interditado o uso desses dados, ou ainda, uma permissão expressa venha a ser solicitada. Evidentemente, essa orientação não dispensa a aprovação da pesquisa pelo comitê de ética de cada universidade.

Cada um dos grandes sistemas teóricos da psicanálise formularia essa questão de forma díspar, não só numa semântica diferente, mas também numa compreensão empírica que descreveria esse objetivo se referindo a realidades, por vezes, incomensuráveis entre si. Não creio que seja possível comparar hierarquicamente essas perspectivas, julgando-as em termos de melhores ou piores, da mesma maneira que não é possível afirmar que uma língua é melhor ou pior do que outra. Talvez cada uma dessas perspectivas possa evidenciar certos aspectos da existência que seriam interessantes de serem considerados por outras perspectivas! No entanto, antes de fazer algum tipo de comparação crítica para o diálogo e o intercâmbio entre essas perspectivas, é necessário que as explicitemos cada uma no seu cenário semântico-conceitual e factual. Trata-se, pois, aqui, de fazer isso no quadro da teoria psicanalítica do desenvolvimento socioemocional tal como Winnicott a descreveu.

O modelo de homem para Winnicott

O objetivo de Winnicott, com a psicanálise, é poder fazer um *estudo da natureza humana* (1988, p. 21). E o que é essa natureza? Ele se refere a ela de diversas maneiras, mas sempre marcando que se trata de algo característico da própria humanidade, algo que não pode ser reduzido a outros tipos de existentes, tais como as máquinas ou ainda outros tipos de animais. O ser humano, a natureza humana, tem, por essência, a característica de fazer a si mesmo no tempo, produzindo (em termos de dar sentido a) a si e ao mundo em que vive. É por isso que Winnicott diz, nesse mesmo texto citado acima: "A natureza humana é quase tudo o que possuímos" (p. 21), "O ser humano é uma amostra-no-tempo da natureza humana" (p. 29), "A vida de uma pessoa consiste num intervalo entre dois estados de não--estar-vivo" (p. 154).

Essa natureza humana, ainda que seja uma criação do próprio homem, ainda que não tenha uma essência específica e seja aquilo que o homem fizer dela, paradoxalmente, para Winnicott, permanece a mesma ao longo da história recente da humanidade:

> A natureza humana não muda. Esta é uma ideia que poderia ser contestada. Contudo, presumirei sua veracidade e desenvolverei o tema sobre essa base. É verdade que a natureza humana evoluiu, como os organismos humanos evoluíram no curso de centenas de milhares de anos. Mas há muito pouca evidência de que a natureza humana se alterou no curto espaço registrado pela história; e comparável a isto é o fato de que o que é verdade sobre a natureza humana em Londres hoje, é verdadeiro também em Tóquio, Acra, Amsterdam e Timbuktoo. É verdadeiro para brancos e negros, gigantes e pigmeus, para as crianças do cientista de Harwell ou cabo Canaveral ou para as crianças do aborígine australiano. (1963d, p. 88)

As explicações e descrições que Winnicott procura fornecer correspondem, pois, aos aspectos universais dessa natureza humana. Mas, então, como é essa natureza humana, quais são os seus aspectos universais, quais são os seus fundamentos ontológicos? Em primeiro lugar, trata-se de algo propriamente humano e não passível de ser reduzido a máquinas ou qualquer outra proposição que não seja propriamente humana, seja em termos formais, simbólicos ou matemáticos.

O ser humano, com sua vida psíquica ou socioemocional, é considerado na sua especificidade ontológica, sem ser pensado ou descrito em termos que não seriam adequados para isso, ou seja, numa linguagem direta, e não numa linguagem figurativa ou analógica. É por isso que Winnicott não usa, *grosso modo*, a expressão metafórica de Freud, *aparelho psíquico*, para designar a vida da alma como objeto de sua ciência[9].

A comparação entre a maneira de Freud objetivar a vida da alma tal *como se fosse* um aparelho e a maneira de Winnicott referir-se à natureza humana correspondem a uma diferença epistemológica significativa, com decorrências teórico-clínicas de grande monta. Enquanto Freud se ocupou de fazer uma descrição da vida da alma em termos metapsicológicos, na lógica do *como se* – a vida da alma é tal *como se fosse* um aparelho movido por forças e energias –, Winnicott buscou descrever o que é a natureza humana numa linguagem adequada a esse fenômeno, não analógica nem metafórica, considerando, então, que essa natureza humana é caracterizada por duas características principais: 1. a necessidade de ser e continuar sendo; e 2. a de ter uma tendência inata à integração.

Cabe, pois, procurando explicitar a posição de Winnicott, retomar uma passagem em que ele define a questão do ser como sendo um fundamento ontológico da natureza humana:

> Gostaria de postular um estado de ser que é um fato no bebê normal, antes do nascimento e logo depois. Esse estado de ser pertence ao bebê, e não ao observador. A continuidade do ser significa saúde. Se tomarmos como analogia uma bolha, podemos dizer que, quando a pressão externa está adaptada à pressão interna, a bolha pode seguir existindo. Se estivéssemos falando de um bebê humano, diríamos "sendo". Se, por outro lado, a pressão no exterior da bolha for maior ou menor do que aquela em seu interior, a bolha passará a reagir à intrusão. Ela se modifica como reação a uma mudança no ambiente, e não a partir de um impulso próprio. Em termos do animal humano, isto significa uma interrupção no ser, e o lugar do ser é substituído pela reação à intrusão. (1988, p. 148)

Esse modelo da bolha foi utilizado por Winnicott para representar a relação entre o indivíduo e o ambiente, especialmente no que diz respeito aos momentos mais precoces do desenvolvimento. Num artigo de 1958, ele comenta mais expli-

---

[9] André Green (2005b) já notara que Winnicott não usa a noção de aparelho psíquico, ainda que não tenha dado importância a esse fato e considere que a proposta, metapsicológica, de considerar a vida psíquica como se fosse um aparelho, deva ser usada. Diz Green: "Freud defendeu a ideia de um aparelho psíquico. É fácil entender por que a imagem de um aparelho para definir a psique parece mesmo chocante e desagradável do ponto de vista humanístico e Winnicott nunca usa essa construção. O ponto de vista de Freud negligencia a perspectiva dos relacionamentos, fora aqueles estabelecidos com o aparelho. Eu gostaria de defender a ideia de um aparelho do ponto de vista abstrato – é muito difícil defendê-la epistemologicamente, mas, dentro da organização teórica de Freud, o conceito de um aparelho que lhe permitiu enfatizar que a mente, como o cérebro, está dividido em diferentes formações filogenéticas, não sendo uma estrutura unificada, mas dividida em diferentes 'instâncias' em conflito, em relações antagônicas e agonísticas. Eles pertenciam a diferentes fases de evolução. A mente era, portanto, mais heterogénea que homogénea – e o aparelho [a noção de aparelho] tinha a tarefa de fazer essas agências dissonantes trabalharem juntas, apesar de terem regimes diferentes. Isto era ainda mais importante no segundo modelo topográfico devido ao incremento das diferenças entre as instâncias do id-ego-superego, em comparação com a primeira perspectiva diferenciando os processos conscientes, inconscientes e pré-conscientes. Consciência, no entanto, é o seu núcleo comum. Além disso, há nesta ideia, específica de Freud, [a concepção] de que a personalidade total é fundada num terreno primitivo, o id, com uma grande parte deste herdado, com todos os seus desenvolvimentos (ego, superego) como resultado das diferenciações diretas ou indiretas desse núcleo primitivo. Todas essas instâncias marcadamente diferenciadas trazem a marca de sua origem: *made in* id" (Green, 2005b, p. 13).

citamente esse modelo, com a apresentação e ao comentário de duas situações: uma na qual o ambiente sustenta o indivíduo, sem invadi-lo (Figura 3.1), e outro quando ocorre falha ambiental (Figura 3.2):

Figura 3.1. Mostra como, por uma adaptação ativa às necessidades do bebê, o ambiente lhe permite manter-se em isolamento sem ser perturbado. O bebê nada sabe. Nesse estado, ele faz um movimento espontâneo e o ambiente é descoberto sem perda da sensação de ser.
(Winnicott, 1953a, p. 309-310).

Figura 3.2. Mostra uma adaptação falha, que resulta em intrusão do ambiente sobre a criança, levando-a a reagir. A sensação de ser é perdida nessa situação, e pode ser readquirida somente por uma volta ao isolamento. Nota-se a introdução do fator tempo, significando que há um processo em andamento.

A experiência de ser, inicialmente a mais primitiva das experiências, mas que constitui um fundamento da existência, corresponde a uma experiência ativa, dado que "reagir interrompe o ser e o aniquila" (1960c, p. 67), na qual o indivíduo, sustentado pelo ambiente ou até mesmo respondendo a ele, não perde o ponto de apoio e referência (em si mesmo) a partir de onde age ou, noutros termos, segue sua existência sem perda em demasia da sua espontaneidade. Essa experiência de ser corresponde a um fundamento que faz com que a vida possa valer a pena de ser vivida: "É somente pela continuidade da existência que o sentimento de si, do real e o sentimento de ser podem finalmente se estabelecer enquanto traço da personalidade individual" (1971f, p. 24).

Pode-se considerar que a noção de *continuidade de ser* tem como correlato a consideração da existência de uma *tendência inata à integração* ou ao *crescimento*, de modo que se pode afirmar que Winnicott compreende *a tendência inata à integração como sendo o que fornece o impulso em direção ao ser e ao continuar sendo* (1960c, p. 51).

Essa tendência corresponde a um pressuposto desenvolvimentista, inserido por Winnicott como um tipo de pressuposto (talvez correlato ao impulso inato para o desenvolvimento embriológico, ainda que não tão determinista quanto este último), um impulso que dependerá, profundamente, do ambiente para que possa se realizar:

> A dinâmica é o processo de crescimento, sendo este herdado por cada indivíduo. Toma-se como certo, aqui, o meio ambiente facilitante e suficientemente bom, que, no início do crescimento e desenvolvimento de cada indivíduo, constitui um *sine qua non*. Há genes que determinam padrões, e uma tendência herdada a crescer e a alcançar a maturidade; entretanto, nada se realiza no crescimento emocional, sem

> que esteja em conjunção à provisão ambiental, que tem de ser suficientemente boa. Observe-se que a palavra "perfeito" não figura nesse enunciado; a perfeição é própria das máquinas, e as imperfeições, características da adaptação humana à necessidade, constituem qualidade essencial do meio ambiente que facilita. (1968g, p. 188)

A integração, em seus diversos aspectos (integração no tempo, no espaço, na associação psique-soma, da personalidade etc.), não está, no entanto, garantida por essa tendência, ou seja, há uma série de fatores que podem contribuir ou atrapalhar seu funcionamento. No que se refere à personalidade, para dar um exemplo das diversas dinâmicas que podem levar à integração, considerando a existência dessa tendência, Winnicott afirma: "A tendência a integrar-se é ajudada por dois conjuntos de experiências: a técnica pela qual alguém mantém a criança aquecida, segura-a e dá-lhe banho, balança-a e a chama pelo nome, e também as agudas experiências instintivas que tendem a aglutinar a personalidade a partir de dentro" (1945d, p. 224).

É considerando, pois, a natureza humana como o ente que tem necessidade de ser e continuar sendo, impulsionado por uma tendência inata à integração, que Winnicott caracterizará, em termos ontológicos, o que é a vida socioemocional do homem. Mais ainda, ele integrará nessa concepção de natureza humana o fato de que o ser humano é um ser dependente e que isso é mais fundamental e constitucional do que a própria questão das excitações da vida instintual do homem: primeiro SER, mas o ser depende de ser-com e, depois, o fazer, inclusive o instintual.

Esse quadro, caracterizando uma ontologia que tem na continuidade de ser o seu fundamento, impulsionado por uma tendência inata à integração, que, por sua vez, dependerá de uma série de processos relacionais e de sustentação ambiental, para que ocorra o desenvolvimento socioemocional, também estará associado a uma concepção de saúde, ou do que seria um modo de ser saudável do ser humano, o que não corresponde nem a um ser humano normal (ou normalizado) nem a um ser humano mediano (ou medíocre), caracterizando, assim, um *telos* para o desenvolvimento socioemocional e para os tratamentos psicoterápicos, seja esse atingível ou não, em particular ou em geral.

A noção de saúde para Winnicott

Winnicott tem uma concepção descritiva da saúde socioemocional, evidentemente em consonância como o seu modelo ontológico. Ele diz, por exemplo:

> A vida de um indivíduo são se caracteriza mais por medos, sentimentos conflitantes, dúvidas, frustrações do que por seus aspectos positivos. O essencial é que o homem ou a mulher se sintam *vivendo sua própria vida*, responsabilizando-se por suas ações ou inações, sentindo-se capazes de atribuírem a si o mérito de um sucesso ou a responsabilidade de um fracasso. Pode-se dizer, em suma, que o indivíduo saiu da dependência para entrar na independência ou autonomia. (1971f, p. 30)

Podemos retomar aqui diversas referências de Winnicott à caracterização do que é o estado de saúde, procurando ampliar esse quadro descritivo: "viver criativamente constitui um estado saudável [...] a submissão é uma base doentia para vida" (1971f, p. 75); "o indivíduo pode tornar-se capaz de substituir o cuidado recebido por um cuidar-de-si-mesmo, e pode desta forma alcançar uma grande independência, que não é possível nem no extremo paranoide nem no extremo ingênuo" (1988, p.

146); são também aspectos da saúde a *capacidade de reparar danos* (1996f, p. 236-237) e de *sentir-se deprimido* (1971f, p. 17); "a saúde que é inerente à capacidade de se sentir deprimido, sendo que o humor deprimido está próximo da capacidade de se sentir responsável, de se sentir culpado, de sentir arrependimento e de sentir alegria quando as coisas correm bem [...] é verdade que a depressão, mesmo que terrível, tem que ser respeitada como evidência de integração pessoal" (1971f, p. 17). Cabe ainda ressaltar que a saúde se diz muito mais em relação à riqueza ou pobreza da personalidade do que em relação a um estado em que não existam sintomas (1971f, p. 29).

Essa saúde ideal corresponde, por sua vez, a um desenvolvimento socioemocional ideal, de modo que aos estados patológicos corresponderá, como origem, a consideração de que o desenvolvimento não ocorreu: "o distúrbio psicológico é imaturidade, imaturidade do crescimento emocional do indivíduo, e esse crescimento inclui a evolução da capacidade do indivíduo para relacionar-se com pessoas e com o meio ambiente, de um modo geral" (1984i, p. 265-266). Essa concepção nos leva, então, a abordar o que é o tratamento psicoterápico, em termos dos processos de desenvolvimento que podem ser retomados numa psicoterapia psicanalítica: "Num contexto profissional, dado o comportamento profissional apropriado, pode ser que o doente encontre uma solução pessoal para problemas complexos da vida emocional e das relações interpessoais; o que fizemos não foi aplicar um tratamento, mas facilitar o crescimento" (1986f, p. 113-114).

Objetivos do tratamento psicanalítico

A obra de Winnicott pode ser considerada como um tipo de desenvolvimento teórico e prático da psicanálise como ciência, o que implica considerar a tradição, ou seja, considerar todos os avanços, descobertas e propostas feitas por outros psicanalistas, principalmente Freud e Klein. Logo, a compreensão do que são os objetivos do tratamento psicanalítico para Winnicott depende, em grande medida, de retomarmos, ainda que sinteticamente, como Freud e Klein expuseram quais seriam esses objetivos.

Freud diz, sinteticamente, qual seria o objetivo do tratamento psicanalítico: "fortalecer o eu, torná-lo mais independente do supereu, aumentar seu campo de percepção e expandir sua organização, de maneira que ele possa se apropriar de uma parte do id" (1933a, p. 163). De maneira mais descritiva, pode-se dizer que o tratamento psicanalítico busca conquistar a *capacidade de agir e de ter prazer na vida*, em termos gerais, sem grandes restrições (1912c, p. 123) e, para isso, deve-se "suprimir as amnésias", "fazer regredir os recalcamentos", "tornar o inconsciente acessível ao consciente, o que ocorre pela vitória sobre as resistências" (cf. Freud, 1940a); ou, numa enunciação mais simples, a afirmação de que a psicanálise "torna a vida mais simples [...] ela fornece o fio que conduz a pessoa para fora do labirinto do seu inconsciente" (Freud, 1988). Isso não significa, no entanto, a eliminação da neurose e de todos os sintomas, mas tão somente a conquista de maior autonomia nas relações interpessoais do paciente (cf. Freud, 1912b, p. 114).

Considerando as transformações e progressos propostos por Melanie Klein, pode-se afirmar que uma análise visa, em última instância, à "integração da personalidade do paciente"; para ela, a afirmação de Freud "onde era id, ego será" corresponde à direção do tratamento psicanalítico (Klein, 1957, p. 263). Isso corresponde, por um lado, à integração dos impulsos amorosos e destrutivos que caracterizam a posição depressiva, sempre focada nas relações de objeto marcadas pela instintualidade e o

cenário edípico, e por outro, critérios ideais para a saúde, tais como ter atingido a capacidade de amar com potência instintual e heterossexualidade estabelecidas, de estabelecer relações de objeto e trabalhar, e possibilitar a integração do ego, que opera em favor da estabilidade mental ligada a defesas adequadas (Klein, 1950, p. 65-67).

Quando Winnicott explicita quais seriam os objetivos do tratamento psicanalítico, o faz em uma linguagem e em uma perspectiva que é diferente da maneira como Freud e Klein o fazem, ainda que sua perspectiva esteja apoiada neles. No seu texto dedicado a analisar os objetivos do tratamento psicanalítico, Winnicott aponta três grandes fases do tratamento; a última delas pode ser compreendida como o objetivo último de todo tratamento psicoterápico, ainda que seja um horizonte ideal e nem sempre alcançável. Diz ele sobre essas três fases:

> 1. Contamos com certa força do ego nos estágios iniciais da análise, pelo apoio que simplesmente damos ao ego por fazer análise padrão, e fazê-la bem. Isto corresponde ao apoio dado ao ego pela mãe que (na minha teoria) torna forte o ego da criança se, e somente se, é capaz de desempenhar sua parte especial nesta época. Isto é temporário e faz parte de uma fase especial.
>
> 2. Segue-se então uma longa fase em que a confiança do paciente no processo analítico acarreta todo tipo de experimentação (por parte do paciente) em termos de independência do ego.
>
> 3. Na terceira fase o ego do paciente, agora independente, começa a se revelar e afirmar suas características individuais, começando o paciente a ver como natural o sentimento de existir por si mesmo. (1965d, p. 154)

A essas fases que caracterizariam o processo analítico, deveríamos, pois, colocar como um *telos* do processo a própria noção de saúde, tal como a descrevemos no item anterior.

A questão que pode ser, agora, colocada é a de saber como isso pode e deve ser feito no quadro do *setting* psicanalítico descrito por Winnicott, especificando, pois, os aspectos gerais do funcionamento dos tratamentos psicoterápicos feitos com base na teoria psicanalítica do desenvolvimento.

Meios e modos para o desenvolvimento da psicoterapia psicanalítica

Para Winnicott, o adoecimento corresponde a um tipo de imaturidade, uma interrupção no processo de desenvolvimento; e a psicoterapia, por sua vez, corresponde ao conjunto de ações e sustentações ambientais que podem retomar esse processo:

> [...] pela teoria subjacente em nosso trabalho, um distúrbio que não tem causa física e que, portanto, é psicológico representa um prurido no desenvolvimento emocional do indivíduo. A psicoterapia visa, simples e unicamente, eliminar esse prurido, para que o desenvolvimento possa ter lugar onde antes não podia ocorrer. (1984i, p. 265-266)

Mas como isso deve ser feito, considerando que os pacientes podem estar imaturos de diversas maneiras? Winnicott indica que nem sempre faz psicanálise, mas sempre faz psicoterapia com base na teoria psicanalítica do desenvolvimento, com base nas concepções fundamentais da psicanálise (o reconhecimento da existência e a importância dos processos psíquicos inconscientes, a transferência e a resistência, bem como, para aqueles pacientes que já amadureceram a esse ponto, os problemas que derivam da administração da vida sexual nas relações interpessoais no quaro do cenário edípico). A psicanálise padrão, ou *standard*, é um trabalho a ser feito com aqueles que podem (afetiva e cognitivamente, bem como economicamente), ou seja, delimitando-os apenas no que se refere ao tipo de organização psíquica, os neuróticos, ou seja, aqueles que estão integrados como pessoas inteiras e se relacionam com os outros, também apreendidos como pessoas inteiras, e encontram perturbações significativas na administração da vida instintual nessas relações interpessoais; a *psicanálise modificada* corresponde a todas as outras situações em que não é possível usar o método *standard*.

Nessa direção, Winnicott distingue três tipos de pacientes, associando-os aos cuidados psicoterápicos a serem a eles aplicados: os *neuróticos*, ou seja, aqueles que funcionam como pessoas inteiras e que têm problemas de administração da vida instintual nas suas relações interpessoais, marcadas pelo cenário edípico, cujo tratamento consiste, *grosso modo*, no método desenvolvido inicialmente por Freud; os *deprimidos*, que têm problemas de humor, ou seja, aquele que são recém-integrados na sua unidade como sujeitos, cujo tratamento é similar ao dos neuróticos, mas cuja função central do analista é sobreviver (em termos afetivos, aos ataques e seduções que o paciente fizer); e, por fim, os *psicóticos*, ou não integrados, cujo tratamento diz respeito à retomada da sustentação ambiental (tal como uma mãe sustenta seu bebê; tal como um ônibus é sustentado pela parte hidráulica) no quadro da reexperimentação de uma situação de dependência. Como quadros complementares, ele ainda cita os *borderline*, que são pacientes que funcionam socialmente como neuróticos, mas têm problemas psicóticos, cujo tratamento implica inicialmente ultrapassar todas as defesas que foram estabelecidas (em geral, do tipo falso *self*) até que se possa chegar às situações traumáticas mais primitivas (que quebraram , de forma significativa, a sua continuidade de ser, aniquilando-os)[10]; os que têm atitude antissocial, cujo tratamento é fornecer provisão ambiental que reconheça neles a situação de deprivação. Além disso, ele ainda indica os pacientes que têm problemas psicossomáticos, bem como problemas de adição ou similares, cujos tratamentos são complexos e envolvem uma sobreposição do que foi citado, como prescrição psicoterapêutica em todos os outros casos citados.

Falando, em termos gerais, sobre o que é a psicoterapia, sem especificar as diferenças específicas dos diferentes tipos de organização psicopatológica, Winnicott dirá que ela ocorre na sobreposição entre a área do brincar do analista e a do paciente: "A psicoterapia trata de duas pessoas que brincam juntas" (1968i, p. 59). Quando o paciente não consegue brincar, o analista deve trabalhar para levá-lo a conquistar essa possibilidade. Brincar aqui é sinônimo de estar-com, compartilhar, comunicar e compreender, possibilitar um encontro verdadeiro com o paciente.

A psicoterapia é uma relação humana simplificada. O psicoterapeuta não é, propriamente falando, um técnico, mas uma pessoa que coloca sua possibilidade de compreensão e comunicação a serviço do paciente. Toda análise ocorre assentada e fundamentada na relação afetiva que anima a relação inter-humana terapeuta-paciente; se o terapeuta ou analista se colocar apenas de maneira técnica ou "profissional", ele, paradoxalmente, se retira da situação, se retira como pessoa, ainda que essa relação não seja pautada pelo aconselhamento, pela satisfação dos desejos do paciente, mas pelas regras de abstinência básicas que tornam possível ao paciente construir as suas próprias soluções. Diz Winnicott, nessa direção:

> um psicoterapeuta deve ter a capacidade de identificar-se com o paciente sem perder a identidade pessoal; o terapeuta deve ser capaz de conter os conflitos dos pacientes, ou seja, contê-los e esperar pela sua resolução no paciente, em vez de procurar ansiosamente a cura; deve haver uma ausência da tendência a retaliar sob provocação. Além disso, qualquer sistema de pensamento que proporciona uma solução fácil é por si mesmo uma contraindicação, já que o paciente não quer outra coisa além da resolução de conflitos internos, junto com a manipulação de obstruções externas de natureza prática que podem ser operantes ou mantenedoras da doença do paciente. [...] É desnecessário dizer que o terapeuta deve ter confiança profissional como algo que acontece com facilidade; é possível, para uma pessoa séria, manter uma atitude profissional mesmo quando experimenta tensões pessoais muito fortes na vida privada e no processo de crescimento pessoal que, esperamos, nunca cessa. (1971b, p. 10)

O analista fornecerá uma compreensão e um encontro humano que deve fazer com que o paciente se sinta visto em sua história e em seu sofrimento. Uma comunicação ou interpretação adequada corresponde a um tipo de sustentação ambiental: "Toda vez que compreendemos profundamente um paciente, e o mostramos através de uma interpretação correta e feita no momento certo, estamos de fato sustentando o paciente, e participando de um relacionamento no qual ele se encontra até certo ponto regredido ou dependente" (1955e, p. 354).

A partir da *relação afetiva* estabelecida entre o paciente e seu analista ou, noutros termos, a partir da transferência, o analista pode acompanhar o paciente na procura do sentido e origem dos seus sofrimentos, dos seus sentimentos, dos seus modos de ser, retomando e reescrevendo a sua história. O objetivo do processo psicoterapêutico psicanalítico, para Winnicott, é fortalecer o paciente, fortalecer o seu eu ou ego, para que ele mesmo possa lidar com seus sofrimentos, lidar com sua vida, sentindo-se no comando dela. Diz Winnicott, nesse sentido:

> A força do ego resulta em uma mudança clínica no sentido do relaxamento das defesas, que são mais economicamente empregadas e alinhadas, sentindo-se o paciente não mais preso à sua doença, como resultado, mas livre, mesmo que não esteja livre de sintomas. Em suma, observamos crescimento e desenvolvimento emocional que tinha ficado em suspenso na situação original. (1965d, p. 152)

O fim de análise

Uma análise deve, necessariamente, aspirar ao seu fim. Para o paciente, trata-se de encontrar um lugar (no mundo) para viver a partir de si mesmo, sentindo que ela lhe é própria e possível de ser vivida; para o analista, trata-se de ter conseguido proporcionar o desenvolvimento emocional e levado o paciente até uma autonomia relativa, exercendo seu papel de reparador (o que certamente corresponde a uma necessidade afetiva significativa, no seu modo de ser na vida), estando, também com esse resultado, mais fortalecido para iniciar outro ou outros processos psicoterapêuticos.

Não se trata de ajustar ou modelar o paciente a um tipo ideal, dado que o horizonte para o qual procuramos nos dirigir não constitui uma moral, mas sim uma ética, apontando para prin-

---

[10] O livro de Robert Sweden (1995) parece conseguir resumir um aspecto central dos princípios e dos objetivos do tratamento psicanalítico para Winnicott: *Regression to dependence. A second opportunity for ego integration and developmental progression.*

cípios gerais relativos aos modos de ser-estar-no-mundo. Não se trata, pois, de esperar ou propagandear uma normalidade para o paciente, mas de encontrar um tipo de organização interna e relacional na qual ele possa se sentir relativamente livre, seja das suas pressões internas, instintuais e superegoicas, seja das pressões externas, associadas aos seus relacionamentos inter-humanos: "na saúde, o indivíduo foi capaz de organizar suas defesas contra os conflitos intoleráveis da realidade psíquica pessoal, mas em contraste com a pessoa doente de psiconeurose, a pessoa sadia é relativamente livre da repressão maciça e da inibição do instinto" (1989vl, p. 58). Esse estado dinâmico ao qual aspiramos que nossos pacientes possam chegar corresponde também à possibilidade de exercer certa flexibilidade ante a realidade, seja interna, seja externa, podendo mudar suas estratégias de defesa contra as angústias existenciais e relacionais que caracterizam a existência humana. Sinteticamente e conceitualmente falando, na saúde há flexibilidade, enquanto na enfermidade há rigidez das organizações defensivas. Mais ainda, na saúde, por um lado, uma atitude natural de reação ao "prato feito", à "realidade dada", dado que o indivíduo sente como necessário criar, dar sentido, e fazer o seu mundo; por outro lado, cabe ao estado de saúde uma integração que leva o indivíduo a preocupar-se com o mundo, a prezar por determinadas relações (de objeto), de modo que o sentimento de culpa e a depressão seriam fenômenos necessariamente presentes. É por isso que Winnicott afirma: "quero sugerir que, clinicamente, o indivíduo realmente sadio está mais próximo da depressão e da loucura que da psiconeurose. A psiconeurose é entediante. É um alívio concedido por um senso de humor, e conseguir, por assim dizer, flertar com as psicoses" (1989vl, p. 58).

Podemos, ainda nessa direção, apontar alguns outros aspectos que orientam ou caracterizariam esse horizonte ético, em termos de um *telos* psicoterapêutico. Cada pessoa tem suas singularidades, e essa obviedade deve, no entanto, estar associada, como parte da conquista própria, ao desenvolvimento emocional, à compreensão daquilo que se é, da história que se tem, do que é possível e impossível a si mesmo em função das características próprias e em função da história que constitui a pessoa. Diz Winnicott, nessa direção: "As pessoas têm que aceitar o que são e aceitar a história de seu desenvolvimento pessoal, justamente com as influências e atitudes ambientais locais; elas têm que continuar vivas e, vivendo, tentar se relacionar com a sociedade de modo a haver uma contribuição nos dois sentidos" (1989vl, p. 58).

Para finalizar essa exposição, quero ainda ressaltar a importância da aquisição de uma riqueza da personalidade e de uma vida cultural, como aquisições que são integrações que tornam a vida mais interessante de ser vivida, mesmo que seja uma vida sofrida. A riqueza de personalidade consiste na aquisição da possibilidade de interação e comunicação associada a diversas áreas do conhecimento e da experiência (história, política, artes em geral, esporte etc.), o que implica, necessariamente, em adquirir conhecimento e familiaridade com esses campos. Essa riqueza de personalidade, meta desejável (com coloridos muito variáveis em cada caso), é tanto algo almejado para o desenvolvimento do paciente, quanto uma característica necessária aos psicoterapeutas[11]. Essa riqueza corresponde ou está associada à possibilidade de interagir com o outro, associando vida cultural e socialização, de modo que corresponderia ao estado de saúde a possibilidade de estar-com-o-outro, estar-no-mundo compartilhando-o consigo mesmo, sem ser aniquilado:

> A maturidade do ser humano é uma palavra que implica não somente crescimento pessoal, mas também socialização. Digamos que na saúde, que é quase sinônimo de maturidade, o adulto é capaz de se identificar com a sociedade sem sacrifício demasiado da espontaneidade pessoal; ou, dito de outro modo, o adulto é capaz de satisfazer suas necessidades pessoais sem ser antissocial, e, na verdade, sem falhar em assumir alguma responsabilidade pela manutenção ou pela modificação da sociedade em que se encontra. (1986f, p. 189)

Sem essa riqueza pessoal e cultural, um indivíduo que está restringido em si mesmo, rígido em suas defesas, inibido na possibilidade de agir, vive o legado cultural e a beleza do mundo, diz Winnicott (1965r, p. 80), como um *colorido torturante, impossível de desfrutar*.

Caberia, ainda, para caracterizar o fim de análise, considerar que o destino do analista (e mesmo da relação transferencial) nesse processo é o de ser desinvestido pelo paciente. Por um lado, o paciente torna-se cada vez menos dependente e mais autônomo, cada vez mais tendo a necessidade de viver a intimidade e a comunicação (que ele pôde viver no processo analítico) noutros espaços e noutros relacionamentos: o espaço analítico torna-se pequeno e limitado para o paciente e suas necessidades. Por outro, num sentido próximo a esse, a análise e o analista têm o mesmo destino que os objetos transicionais, eles vão, pouco a pouco, perdendo seu interesse, são afastados sem serem recalcados, sem serem lamentados, eles simplesmente perdem, pouco a pouco, a "aura" que os tornava tão vivos, tão interessantes, e tão necessários. Aquilo que Winnicott diz, em relação ao destino dos objetos transicionais, também serve para o analista e o espaço analítico, num fim de análise: "Os velhos soldados nunca morrem; apenas desvanecem. O objeto transicional tende a ser relegado ao limbo das coisas semiesquecidas no fundo das gavetas da cômoda ou na parte de trás do armário de brinquedos. É costumeiro, contudo, que a criança saiba" (1957n, p. 20-21).

Do ponto de vista do paciente, ele não precisa mais da análise (ainda que ele sempre possa retornar exatamente ao ponto em que deixou o analista e a análise, caso os acontecimentos da vida o levem a uma regressão); do ponto de vista do analista, este pode abrir espaço para reiniciar outro processo de cura.

REFERÊNCIAS BIBLIOGRÁFICAS

Cesarino, Marília Marchese (2013). *A noção de manejo na obra de D. W. Winnicott* (tese). Campinas: Pontifícia Universidade Católica.

Freud, Sigmund (1912b). Sur la dynamique du transfert. In: *Sigmund Freud. Oeuvres complètes*. (OC.F.P). Paris: PUF. v. 11, p. 105-116.

Freud, Sigmund (1912c). Des types d'entrée dans la maladie névrotique. In: *Sigmund Freud. Oeuvres complètes*. (OC.F.P). Paris: PUF. v. 11, p. 117-126.

Freud, Sigmund (1912e). Conseils au médecin dans le traitement psycahanalytique. In: *Sigmund Freud. Oeuvres complètes*. (OC.F.P) . Paris: PUF. v. 11.

Freud, Sigmund (1913j). L'intérêt de la psychanalyse. In: *Sigmund Freud. Oeuvres complètes*. (OC.F.P). Paris: PUF. v. 12, p. 95-125.

Freud, Sigmund (1915c). Pulsions et destin des pulsions. In: *Sigmund Freud. Oeuvres complètes*. (OC.F.P). Paris: PUF. v. 13.

Freud, Sigmund (1923a). Psychanalyse et théorie de la libido. In: *Sigmund Freud. Oeuvres complètes*. (OC.F.P). Paris: PUF. v. 16.

---

[11] Um dos aspectos que caracteriza os limites de uma análise deve ser creditado à riqueza ou pobreza do analista na sua possibilidade de comunicar-se, com certa agilidade, em tais ou tais campos do conhecimento, que seriam, por sua vez, os campos semânticos e os campos de comunicação (modos de estar-com) do paciente. Noutra maneira de falar sobre isso, essa riqueza corresponderia à possibilidade do analista de poder brincar com o paciente ocupando o campo das brincadeiras dele.

SEÇÃO I — PSICANÁLISE

Freud, Sigmund (1924b). Névrose et psychose. In: *Sigmund Freud. Oeuvres complètes.* (OCF.P). Paris: PUF. v. 17.

Freud, Sigmund (1933a). Nouvelles suite des leçons d'introdution à la psychanalyse. In: *Sigmund Freud. Oeuvres complètes.* (OCF.P). Paris: PUF. v. 19.

Freud, Sigmund (1940a). *Abrégé de psychanalyse.* Paris: PUF, 1985.

Freud, Sigmund (1940b). *Some elementary lessons in psycho-analysis. Resultats, Problems, Idées II.* Paris: PUF.

Freud, Sigmund (1988). O valor da vida: uma entrevista rara de Freud. *IDE,* v. 15, p. 54-58.

Fulgencio, Leopoldo (2008). *O método especulativo em Freud.* São Paulo: EDUC.

Fulgencio, Leopoldo (2003). As especulações metapsicológicas de Freud. *Revista de Filosofia e Psicanálise Natureza Humana,* v. 5, n. 1, p. 127-164.

Green, André (2005a). A experiência e o pensamento na prática clínica. In: Green, André. *André Green e a Fundação Squiggle.* São Paulo: Roca. p. 1-12.

Green, André (2005b). Winnicott at the Start of the Third Millennium. In: Claadwell, L. (Ed.). *Sex and sexuality: Winnicottian perspectives* (Winnicott Studies Monograph Series). London: Karnac Books. p. 11-31.

Hjulmand, Knud (2007). *D. W. Winnicott: Bibliography: Chronological and alphabetical lists. The language of Winnicott: A dictionary of Winnicott's use of words.* 2. ed. London: Karnac. p. 363-435.

Klein, Melanie (1950). Sobre os critérios para o término de uma psicanálise. In: *Obras completas de Melanie Klein.* Rio de Janeiro: Imago. v. III, p. 64-69.

Klein, Melanie (1957). Inveja e gratidão. In: *Obras completas de Melanie Klein.* Rio de Janeiro: Imago. v. III, p. 205-267.

Loparic, Zeljko (1999). O conceito de Trieb na Filosofia e na Psicanálise. In: Machado, J. A. T. (Org.). *Filosofia e psicanálise: um diálogo.* Porto Alegre: EDIPCRS. p. 97-157.

Phillips, Adam (1993). *Beijo, cócegas e tédio. O inexplorado da vida à luz da psicanálise.* São Paulo: Companhia das Letras, 1996.

Popper, Karl R. (1957). *Ciência: conjecturas e refutações.* Brasília: Universidade de Brasília.

Sweden, Robert C. Van. (1995). Regression to dependence. A second opportunity for ego integration and developmental progression. Northvale, N.J.: Jason Aronson.

Tyson, Alan; Strachey, James (1956). A chronological hand-list of Freud's works. *International Journal of Psychoanalysis,* v. 37, n. 1, p. 19-33.

Winnicott, Donald Woods (1945d). Desenvolvimento emocional primitivo. In: Winnicott, Donald Woods (2000). *Da pediatria à psicanálise: obras escolhidas.* Rio de Janeiro: Imago. p. 218-232.

Winnicott, Donald Woods (1953a). Psicoses e cuidados maternos. In: Winnicott, Donald Woods (2000). *Da pediatria à psicanálise: obras escolhidas.* Rio de Janeiro: Imago. p. 305-315.

Winnicott, Donald Woods (1955e). Retraimento e regressão. In: Winnicott, Donald Woods (2000). *Da pediatria à psicanálise: obras escolhidas.* Rio de Janeiro: Imago. p. 347-354.

Winnicott, Donald Woods (1957n). Um homem encara a maternidade. In: Winnicott, Donald Woods (1982). *A criança e seu mundo.* Rio de Janeiro: Zahar Editores. p. 15-18.

Winnicott, Donald Woods (1960c). Teoria do relacionamento paterno-infantil. In: Winnicott, Donald Woods (1983). *O ambiente e os processos de maturação.* Porto Alegre: Artmed. p. 38-54.

Winnicott, Donald Woods (1963d). Moral e educação. In: Winnicott, Donald Woods (1983). *O ambiente e os processos de maturação.* Porto Alegre: Artmed. p. 88-98.

Winnicott, Donald Woods (1965d). Os objetivos do tratamento psicanalítico. In: Winnicott, Donald Woods (1983). *O ambiente e os processos de maturação.* Porto Alegre: Artmed. p. 152-155.

Winnicott, Donald Woods (1965r). Da dependência à independência no desenvolvimento do indivíduo. In: Winnicott, Donald Woods (1983). *O ambiente e os processos de maturação.* Porto Alegre: Artmed. p. 79-87.

Winnicott, Donald Woods (1968g). Conceitos contemporâneos de desenvolvimento adolescente e suas implicações para a educação superior. In: Winnicott, Donald Woods (1975). *O brincar e a realidade.* Rio de Janeiro: Imago. p. 187-203.

Winnicott, Donald Woods (1968i). O brincar: uma exposição teórica. In: Winnicott, Donald Woods (1975). *O brincar e a realidade.* Rio de Janeiro: Imago. p. 59-77.

Winnicott, Donald Woods (1971b). *Consultas terapêuticas em psiquiatria infantil.* (Tradução: J. M. X. Cunha). Rio de Janeiro: Imago, 1984.

Winnicott, Donald Woods (1971f). O conceito de indivíduo saudável. In: Winnicott, Donald Woods (1999). *Tudo começa em casa.* São Paulo: Martins Fontes. p. 3-22.

Winnicott, Donald Woods (1984i). *Variedades de psicoterapia privação e delinquência.* São Paulo: Martins Fontes, 1999. p. 263-273.

Winnicott, Donald Woods (1986f). A cura. In: Winnicott, Donald Woods (1999). *Tudo começa em casa.* São Paulo: Martins Fontes.

Winnicott, Donald Woods (1986k). Psicanálise e ciência: amigas ou parentes? In: Winnicott, Donald Woods (1999). *Tudo começa em casa.* São Paulo: Martins Fontes.

Winnicott, Donald Woods (1988). *Natureza humana.* Rio de Janeiro: Imago, 1990.

Winnicott, Donald Woods (1989vl). Psiconeurose na infância. In: Winnicott, C. et al. (1994). *Explorações psicanalíticas: D. W. Winnicott.* Porto Alegre: Artes Médicas. p. 53-58.

Winnicott, Donald Woods (1996f). Psiquiatria infantil, serviço social e atendimento alternativo. In: Winnicott, Donald Woods (1997). *Pensando sobre crianças* Porto Alegre: Artes Médicas. p. 235-238.

4

Princípios gerais da psicanálise de Lacan: clínica e pesquisa

Maria Lívia Tourinho Moretto

Léia Priszkulnik

Christian Ingo Lenz Dunker

INTRODUCÃO

Este capítulo aborda as contribuições do pensamento de Jacques Lacan à psicologia clínica, tanto no campo do tratamento propriamente dito quanto no campo da pesquisa científica na área. Na primeira parte, apresentamos os princípios gerais e o contexto da psicanálise de Lacan para compreender a constituição da clínica psicanalítica de orientação lacaniana, com ênfase na relação entre seus conceitos fundamentais, sua racionalidade diagnóstica e a estrutura do tratamento. Na sequência, indicamos a influência da proposta lacaniana na produção de conhecimento em psicologia clínica, caracterizando sua vasta produção científica e sua presença no trabalho interdisciplinar em diferentes instituições, notadamente no campo da saúde e da educação, na psicanálise com crianças, enfatizando as diversas formas de análise de discurso como metodologia de pesquisa. Concluímos que o pensamento lacaniano amplia, tanto do ponto de vista epistemológico quanto metodológico, a abordagem do mal-estar no contexto cultural contemporâneo.

PRINCÍPIOS GERAIS DA PSICANÁLISE DE LACAN

Jacques Marie Émile Lacan, médico e psicanalista francês, nasceu em Paris em 13 de abril de 1901 e morreu aos 80 anos, na mesma cidade, em 9 de setembro de 1981, tendo deixado um dos legados intelectuais mais brilhantes de sua época. Por meio de sua clínica e de seu ensino, Lacan renovou a psicanálise ao trazer para a obra de Freud uma reinterpretação baseada na crítica dialética e no método estrutural, influenciando de modo decisivo o cenário conceitual e institucional da história do movimento psicanalítico.

Como psiquiatra e neurologista, interessou-se pelo problema da loucura, recusando tanto a psicogênese mentalista da fenomenologia quanto o mecanicismo-organicista da psiquiatria.

A psicose deveria ser entendida a partir da personalidade definida nos termos de uma biografia sem hiatos (continuidade de sentido da experiência), síntese de representações (unidade de perspectiva do sujeito) e contradição entre o real e as estruturas sociais (antagonismo entre o ideal e o real).

Entre 1930-1945, Lacan forma-se como psicanalista, convivendo com poetas surrealistas e filósofos fenomenológicos e hegelianos. Ele estuda línguas orientais, assim como se aproxima da antropologia. Seus primeiros trabalhos estão marcados pelo projeto de introduzir um novo conceito de sujeito em psicanálise, uma crítica e resposta aos problemas legados pela teoria freudiana do narcisismo. Sua concepção de sujeito envolve principalmente a experiência do tempo, o trabalho de negação e a lógica do coletivo.

Nos anos 1953-1960, Lacan cria o "retorno a Freud", conjunto de reinterpretações dos casos clínicos e das teses metapsicológicas de Freud, expressos principalmente em *Interpretação dos sonhos*, *Psicopatologia da vida cotidiana* e *Chistes e suas relações com o inconsciente*, à luz da hipótese de que o inconsciente se estrutura como uma linguagem. Criticando o conceito freudiano de representação (*vorstellung*) e sua fundamentação mentalista, Lacan mostra como construção dos sonhos, sintomas e atos falhos segue leis de sobredeterminação internas à linguagem.

Empregando o método estrutural, desenvolvido por Lévi-Strauss para pensar os sistemas simbólicos como o parentesco e o mito, ele redescreve as operações de defesa, como o recalcamento, em termos equivalentes ao trabalho de negação próprio da linguagem. Os processos primários, que definem as formações do inconsciente, são relidos mostrando como a condensação tem estrutura de metáfora e o deslocamento, de metonímia. A noção de estrutura permite entender o inconsciente como um conjunto de relações entre significantes. O desejo, longe de ser uma expressão natural de instintos, é a transformação ocorrida no sujeito quanto ele se coloca em relações de reconhecimento e troca com o Outro.

A hipótese do inconsciente estruturado como linguagem requer uma nova noção de sujeito. Sujeito que depende de sua própria *temporalidade* de fala (instante de ver, tempo de compreender e momento de concluir). Sujeito que está sempre em *divisão* (entre enunciado e enunciação), o que traduz a noção freudiana de conflito e castração. Sujeito que se situa em *excentricidade* com a significação que quer produzir. Assim definido, sem essência ou identidade, o sujeito está entre o que diz e o que quer dizer, entre o que pede e o que ele deseja no ato de pedir. Portanto, o sujeito lacaniano deve ser distinguido do ego ou do *self*, do indivíduo sociológico e da pessoa jurídica ou moral.

Aqui será importante distinguir a dinâmica narcísica do *eu* e seus processos de identificação e projeção imaginária, que o constituem como uma instância de desconhecimento, antropomorfismo e paranoia. Para Lacan, o simbólico é o registro que articula o real (divisão do sujeito) com o imaginário (suas instâncias de identificação e idealização).

Por isso, os processos de simbolização ocupam lugar crucial no entendimento lacaniano do tratamento psicanalítico. Nele, trata-se de resolver e separar o sujeito da alienação do desejo, reintroduzindo-o na dialética com a demanda por meio desse dispositivo de simbolização que é a transferência.

Nos anos 1960-1966, Lacan percebe alguns problemas nessa aplicação do método estrutural da linguagem combinado com a abordagem dialética do sujeito, particularmente a limitação da oposição entre a instância do *Imaginário*, onde se desenvolvem os fenômenos de resistência, alienação e objetificação do desejo em demanda, e a ordem do *Simbólico*, onde se articulam o reconhecimento do desejo e a subjetivação da castração. Nem tudo pode ser simbolizado, e a análise não é apenas uma operação de purificação simbólica do desejo. Há um resto, um resíduo importante que insiste em se reapresentar, gerando novos sintomas e novas modalidades de alienação. Esse resto foi chamado de *objeto a*, o único conceito que Lacan admitia ter introduzido em psicanálise, sendo todos os outros derivados de reinterpretação das formulações freudianas.

Nesse momento de seu ensino, Lacan aprofunda sua leitura linguística da psicanálise com a introdução de modelos lógicos. A teoria da fantasia e a crítica do entendimento freudiano da noção de identificação requerem, no entender de Lacan, uma reformulação da teoria do objeto em psicanálise. O melhor exemplo disso é a mudança de entendimento sobre a angústia, não apenas o medo sem objeto (como pensava Freud), mas a "falta da falta", uma das figuras clínicas que Lacan desenvolve para falar do Real e seus fenômenos de repetição associados com a pulsão de morte, tais como sonhos traumáticos e reações terapêuticas negativas.

O *objeto a* é um objeto sem imagem. Ele é deduzido da cadeia significante, onde faz a função de causa, mas não é um significante. O *objeto a* é um condensador de gozo, ponto máximo de alienação do sujeito em sua fantasia inconsciente, nas relações de identificação, bem como na articulação do sujeito suposto saber, definição lacaniana da transferência. Como elemento impossível de simbolizar, ele permitiria redescrever nossos laços sociais a partir de sua impossibilidade constitutiva.

Nos anos 1970-1980, Lacan assimila inovações de natureza lógica e topológica, marcado por intensos esforços de formalização, notadamente com sua teoria dos nós borromeanos. Agora as relações de articulação entre Real, Simbólico e Imaginário serão redefinidas por anelamento e desanelamento que habilitam uma redescrição dos processos clínicos e, principalmente, o lugar da psicose na concepção lacaniana. As relações borromeanas exploram os limites da linguagem, valendo-se para isso da literatura de vanguarda (Joyce, Duras), das peculiaridades das línguas orientais (particularmente o mandarim) e dos paradoxos matemáticos (Gödel, Tarsky e Cantor). Nesse momento final de seu ensino, Lacan desenvolverá uma concepção crítica sobre sua própria teoria sobre a diferença sexual. Nela, as relações entre masculino e feminino escapam ao binário tradicional e complementar pelo qual são usualmente interpretadas no ocidente cristão e pela metafísica platônico-aristotélica dos gêneros. Surgem assim as teses de que a mulher, como conjunto universal é não-toda, e de que a relação sexual, como proporção unificadora, também não existe.

O legado de Lacan envolve muitas linhas de leitura e entendimento. Sua obra é caracterizada por um estilo barroco, ambíguo e erudito, marcado tanto pela poesia quanto pela matemática. As controvérsias sobre seu ensino decorrem do fato de que a maior parte dele ocorreu de modo oral, em seminários pronunciados desde 1953, o que configura um modo de transmissão diferente da habitual redação de livros e artigos. Seus "*Escritos*", publicados em 1966, estão atravessados pela recepção de suas teses revolucionárias sobre a formação de psicanalistas.

Criticando o sistema burocrático e genealógico, no qual os candidatos a analistas seguiam um sistema de obediência estrita e de complacência institucional, Lacan defendeu uma formação que não seria nem médica nem psicológica, mas estritamente psicanalítica. Com isso, propôs o conceito de Escola, envolvendo princípios como os de que "*o analista não se autoriza senão de si mesmo*" (que questiona a efetividade da análise didática), o *cartel* (pequeno grupo coordenado por um mais-um, no qual uma questão é trabalhada coletivamente), a *garantia* (pela qual a Escola se organiza a partir da função crítica dos Analistas de Escola) e o *passe* (sistema pelo qual um analisante testemunha os efeitos de sua própria análise, com o objetivo de transformar as relações entre os membros da Escola e a provocar problemas para a transmissão da psicanálise).

Uma das contribuições mais efetivas de Lacan envolve a redefinição da própria psicanálise. Freud definiu a psicanálise como um método de tratamento, um procedimento de investigação e como uma teoria que reunia os resultados dessa prática. Isso era consequente com os três princípios freudianos para a formação de psicanalistas: análise pessoal, supervisão continuada e estudo dos conceitos.

Para Lacan, a psicanálise, além de um método e uma teoria, é também uma ética, entendida como práxis do desejo de psicanalista. Além disso, para Lacan, a psicanálise é também um *discurso*, entendido como laço social. Consoante com isso, seu modelo de transmissão da psicanálise problematizará a formação do desejo de psicanalista e também a experiência ética que este pode formar em suas Escolas, bem como as consequências políticas do discurso do psicanalista para a sociedade.

A CLÍNICA PSICANALÍTICA DE ORIENTAÇÃO LACANIANA

Uma das preocupações mais constantes do ensino de Lacan é a concatenação do percurso do tratamento psicanalítico, como um conjunto com início, meio e fim. Desde os anos 1930, ele tenta explicitar a fenomenologia da psicanálise como uma experiência dialética, ou seja, uma experiência na qual os seus meios, que são os da palavra, são consoantes com os seus fins. A análise é uma experiência de luto, de desalienação e de separação, que tem por horizonte a realização da divisão do sujeito como castração.

Pensar o tratamento como uma dialética, como uma estrutura ou como a montagem de um discurso supõe que a psicanálise é o ato pelo qual um analisante se torna psicanalista. Exerça ele ou não a atividade clínica, ele será capaz de ser analista de sua própria experiência. Portanto, o percurso de uma análise pode ser considerado como a formação de um desejo (desejo de psicanalista), transmissão de um saber (saber inconsciente) e como passagem de uma experiência (Real, Simbólico e Imaginário).

A análise começa pelas entrevistas preliminares, que em geral precedem a passagem ao divã. Durantes esse período, que Freud chamava de tratamento de ensaio, ponderam-se as condições diagnósticas, subjetivas e éticas para a realização do tratamento. Nelas, inicia-se a montagem da transferência, processo pelo qual um significante qualquer do psicanalista encadeia-se com um significante do lado do analisante, localizando um sujeito suposto, que permanece em exterioridade ao processo de associação livre assim desencadeado. Esse enganche é representado por um sinal, às vezes insignificante, de que o psicanalista tomou parte da cadeia de repetições que compõe a vida do analisante. A partir de então, ele representa o enigma da própria relação do analisante com sua história, com seu desejo e com seu inconsciente. A análise começa quando o sujeito consente e se engaja na decifração de seu inconsciente, seja pela via dos sonhos, dos sintomas ou da tematização de seu sofrimento como portador de uma verdade, ainda que insabida.

A transferência não é apenas o conjunto dos afetos e pressupostos que envolvem a relação entre analista e analisante, ela é também uma estrutura sob a qual se levantam as hipóteses diagnósticas que presidem a direção do tratamento, o campo de estratégias no qual o analista propõe interpretação. É sob transferência que se pode avaliar o tipo de divisão subjetiva (neurose, psicose ou perversão), a modalidade prevalente de incidência da falta (castração, privação, frustração) e o tipo de relação entre desejo e demanda (a forma de sofrimento) que localizam o analisante como sujeito. A transferência torna a análise possível, tanto porque favorece a associação livre, do lado do analisante, quanto porque permite a escuta flutuante do lado do analista.

As entrevistas preliminares, em sua função diagnóstica, é o tempo no qual podemos descobrir quem é efetivamente nosso paciente. Por exemplo, diante de uma família que nos procura por causa de seu filho, de um casal ou de um grupo no qual o sofrimento se endereça ao psicanalista, será necessário um trabalho para estabelecer quem de fato pode se beneficiar com uma análise e em quais termos. Também nas entrevistas preliminares são decididas as considerações práticas em torno da viabilidade de frequência, de pagamento, bem como o cálculo dos recursos disponíveis para a tarefa.

A entrada em análise, segundo momento do tratamento, corresponde à emergência do sujeito do inconsciente. Vê-se, assim, que o primeiro tempo só se torna primeiro, retrospectivamente, quando estamos no segundo. Esse efeito de retroação é parte do que Lacan chamou de tempo lógico e que justifica por que a extensão das sessões é variável a cada vez. Cada sessão, assim como as fases da análise, organiza-se logicamente pela relação progressiva e regressiva entre instante de ver, tempo de compreender e momento de concluir. Cada um desses modos de relação ao tempo, vivido como descoberta e surpresa, demora ou precipitação, desenlace ou angústia, liga-se com uma forma lógica do sujeito: o instante empiricamente imediato, a compreensão reflexiva e simétrica e o ato coordenado por uma certeza antecipada.

É por isso também que as entrevistas preliminares envolvem três tempos: implicação subjetiva, retificação das relações com o real e desenvolvimento da transferência-interpretação. A implicação subjetiva corresponde à responsabilização do sujeito em relação ao sofrimento que lhe afeta, a descoberta e o reconhecimento de como e em qual medida exata ele concorre para produzi-lo. A retificação das relações com o real envolve a dialetização da posição do sujeito diante da realidade da qual o sintoma se destaca como evento imprevisível e destoante. Esse desentranhamento entre sintoma e realidade abre um espaço entre a satisfação inconsciente proveniente do sintoma (que Lacan chamou de gozo) e a fantasia como nossa estrutura de ficção de onde enxergamos o mundo. Nesse intervalo, o analisante pode criar uma nova ficção, uma nova versão de sua neurose, que é a transferência. A partir disso, o trabalho interpretativo torna-se possível, pois as intervenções do analista não provêm apenas de um saber exterior, dotado de maior ou menor autoridade, mas de uma realidade própria daquele sujeito, com sua fantasia e seus sintomas.

Para Lacan, a transferência é também um fenômeno de linguagem, cuja estrutura pode ser deduzida de uma metáfora, a metáfora do amor. Freud definia a transferência como a reprodução e reatualização da maneira de amar e seus fracassos. Por isso, a transferência não ocorre apenas no trabalho psicanalítico, mas é um fenômeno universal e espontâneo nas relações humanas, inclusive nas relações institucionais. Ela ocorre entre médico e paciente, professor e aluno, chefe e empregado, amigos e amantes. Lacan dirá que a dimensão amorosa corresponde à economia da demanda, por meio da qual um mesmo pedido se repete, se recusa e se reatualiza, constituindo, nesse movimento, os sintomas de um sujeito.

Contudo, a transferência empregada pela psicanálise justamente não se reduz a reproduzir os circuitos da demanda, com seus momentos de idealização, projeção e introjeção. Ela se aproveita da dimensão simbólica da transferência para extrair significantes que lhe dão causa. Em outras palavras, o tratamento psicanalítico depende da manutenção de uma certa distância, ou de um hiato, entre a demanda e a identificação.

Nesse espaço criado pela não identificação do analista com o lugar desse objeto, nem com o lugar do Outro, que serviria de garantia ao saber sobre essa demanda, surge uma outra dimensão da transferência, que é a da suposição de um sujeito a esse saber inconsciente. É esse sujeito, que está do lado do analisante e não do analista, que se tornará, então, o protagonista da análise. Ao instalá-lo como hipótese ou suposição, o analista suspende as estratégias de sutura para o saber dividido pela emergência das formações do inconsciente, em particular, o sintoma. Essa seria a diferença crucial entre a psicanálise e as psicoterapias sugestivas ou educativas. Diante da crise de sofrimento sobre o sintoma, as psicoterapias oferecem um saber compensatório enquanto a psicanálise aprofunda essa crise para descobrir qual é a verdade em jogo para esse saber. Portanto, um a um os sintomas ganham uma nova versão, como sintomas analíticos, uma vez integrados e reconfigurados na transferência. Quando isso acontece, um sintoma pode ser interpretado.

Para Lacan, a interpretação possui a estrutura de um chiste. Não é uma explicação compreensiva de um modo de funcionamento psíquico, nem o esclarecimento dos impasses de um sujeito, mas apenas uma maneira de fazer o analisante escutar o que disse ou tirar consequências sobre isso. Quem interpreta age como o editor de um texto que cria pontuações alternativas, cria ou separa parágrafos, divide em capítulos, sugere títulos ou estressa palavras. A interpretação age como um corte, uma recusa do sentido trivial, convidando o analisante a escutar-se desde uma outra cena, a cena do inconsciente. A interpretação altera a combinatória significante, produzindo nova significação ou, então, suspendendo a significação. Nesse sentido, a interpretação não é apenas uma tradução do inconsciente ao consciente, mas também uma mudança de níveis de linguagem (transcrição) ou de modalidades de escrita (transliteração). Portanto, a intepretação depende essencialmente do que o sujeito escuta em seu próprio dito e do que psicanalista lhe propõe como alternativa criativa. Tal como o chiste, a interpretação define-se, pragmaticamente, pela sua eficácia. Ela precisa colocar o sujeito a trabalhar, abrir o inconsciente, por exemplo, perturbando as relações entre enunciado e enunciação, como na citação (quando devolvemos o enunciado do sujeito modificando sua enunciação), ou no enigma (quando devolvemos a enunciação do sujeito modificando seu enunciado). Ela pode incidir pela alteração do estatuto lógico do que se diz ou, ainda, operar o que se chama de um giro de discurso, quando passamos do discurso do mestre ou do discurso universitário para o discurso histérico (operação que caracteriza o início da análise) ou passar do discurso histérico para o discurso do psicanalista (operação que caracteriza o fim da análise).

O meio de análise toma usualmente a maior extensão do tratamento. Ele se estrutura pela oscilação temporal e dialética entre o estabelecimento de um contexto de transferência que é alterado pelo acontecimento de uma interpretação. Isso modifica a transferência, habilitando novas posições para a interpretação. A interpretação cria e transforma a transferência e a transferência condiciona e limita o alcance da interpretação. A direção da cura implica que o analista ajuste permanentemente a estratégia da transferência com as táticas de interpretação.

Com isso, Lacan convida os analistas à criação de modelos e formas interpretativas as mais diversas, tendo por regra geral sua conformidade e pertinência à "moeda neurótica" do analisante. Ou seja, a interpretação deve seguir o mundo cultural, linguístico e discursivo do analisante. Na estratégia, o analista está menos livre do que na tática, pois a primeira concerne à lógica do encontro e a segunda, às condições gerais que o limitam. Contudo, é na política, ou seja, aquilo que está acima da estratégia e da tática, que o psicanalista está menos livre.

A política do tratamento é movida pela ética e pelo desejo de psicanalista. Nela há pouca transigência possível, a começar pelo fato de que sua máxima é a continuidade do tratamento como expansão do universo da falta e subjetivação do desejo pelo analisante. Daí que Lacan tenha insistido que a verdadeira resistência, que é um fenômeno de discurso, e não de vontade, seja a resistência do psicanalista. É porque ele invariavelmente fará obstáculo à recordação, incitando a repetição da demanda e impedindo a elaboração, que sua preocupação é analisar a resistência analisando seu lugar no discurso que define a transferência.

Lacan dedicou-se também ao tema do fim do tratamento. Ele o concebeu de várias formas ao longo de seu ensino, como subjetivação da própria finitude, como reconhecimento do sujeito em uma obra coletiva, como separação em relação ao Outro e como queda do analista da posição que une sujeito suposto saber e *objeto a*. Em todos os casos, sua preocupação remete o trajeto da análise a uma travessia das identificações e das ilusões narcísicas que comandam a produção de sintomas.

Mas isso não significa que um analisante que passou pela experiência da cura esteja livre de seu inconsciente, mas talvez desabonado do que ele carrega de sentido e de destinação. O final de análise tem a estrutura de um luto, inclusive o luto da-

quela transferência. Como todo luto, seu modelo é a separação, mas também a criação de um novo desejo e a abertura para a sublimação. Esse novo desejo pode ser o desejo de analista, que habilita alguém a repetir a experiência, do outro lado. Aliás, poder-se-ia sintetizar o trajeto de uma análise na passagem da *perda da experiência*, representada por uma vida pobre de desejo, consagrada à defesa e ao modo reduzido e neurótico do amar, para a *experiência da perda*, como processo de renúncia a nossas ilusões e identificações.

Há também a ideia de que isso permitiria a invenção de uma nova forma de amar, na medida que nem toda a pulsão estaria consagrada a ser absorvida pela fantasia. É esse o sentido, ou a falta de sentido, que Lacan propõe em seu trajeto para além do rochedo da castração (imagem formulada por Freud para designar o limite da análise).

PSICANÁLISE COM CRIANÇAS

Lacan insistiu que a verdadeira resistência, que é um fenômeno de discurso, e não de vontade, seja a resistência do psicanalista. Na psicanálise com crianças, essa resistência pode ser forte o suficiente para levar o psicanalista a dirigir a criança e não dirigir o tratamento, na medida em que a criança concreta interpela o analista no que há de mais arcaico nele, seus medos, defesas e angústias.

A psicanálise com crianças surge com o trabalho de Freud sobre o pequeno Hans. Nessa primeira tentativa de tratar uma criança por meios analíticos, Freud não se ocupa diretamente do caso, mas conta com a colaboração do pai do menino. Essa análise demonstra os pontos de vista de Freud acerca da sexualidade infantil pela observação direta de uma criança e levanta a possibilidade de uma criança ser suscetível aos efeitos da fala. Essa contribuição freudiana para a psicanálise com crianças não serve de modelo de trabalho, na medida em que ela se realiza em circunstâncias muito especiais. As dificuldades técnicas encontradas para adaptar o método analítico ao atendimento de crianças e as tentativas de superá-las dão origem a algumas correntes de trabalho, principalmente entre psicanalistas mulheres.

Quando se recorre à história da psicanálise para estudar como as tentativas de superação foram resolvidas, elas parecem denunciar as ideias ou os preconceitos dos analistas, seres adultos com concepções próprias acerca da criança. Em consequência disso, pensar a psicanálise com crianças requer uma reflexão acerca da representação da criança feita pelo analista e acerca da posição ocupada pela análise com criança no universo psicanalítico.

Um psicanalista pode ter a representação da criança como um ser "fraco", "inocente" ou totalmente "dependente", sem se dar conta, o que pode levá-lo a se posicionar em relação à criança como protetor e provedor. Ele não está naturalmente protegido de equívocos, seduções e preconcepções. Ele precisa se questionar constantemente para não cair em armadilhas, e uma das armadilhas é acabar criando um contexto em que a adaptação ao meio e a reeducação estão presentes e atuantes. O que o analista deve reconhecer é que, ao tentar adaptar a criança ao ambiente escolar, por exemplo, a dimensão do sintoma como produção do inconsciente se perde, porque ele perde o potencial de querer dizer alguma coisa além dos comportamentos da criança.

Além das concepções ou preconcepções em relação à criança, estas também podem aparecer em relação ao trabalho analítico com a criança. Chama a atenção como no universo dos psicanalistas o trabalho com a criança ora é colocado numa posição altamente valorizada, ora é colocado numa posição "menor" e entregue a jovens analistas, que ensaiam os primeiros passos em sua profissão. Atualmente, o trabalho com a criança passa por um período de valorização, na medida em que muitos analistas têm estudado, pesquisado e enfatizado a contribuição da psicanálise com crianças para o discurso psicanalítico.

Tanto a representação que o analista tem da criança como o lugar ocupado pelo trabalho analítico com ela no campo da psicanálise podem levar muitos analistas a afirmarem ou imaginarem que a psicanálise com crianças não consegue ser conduzida preservando os princípios básicos da psicanálise com adultos, ou seja, necessitando de medidas educativas para ser levada a bom termo e de brinquedos para substituir a fala do analisando em suas associações livres. Isso pode implicar considerar a Psicanálise com crianças muito diferente daquela com adultos e a pensar em especialidades diferentes, trazendo como consequência a não unidade da psicanálise.

Lacan afirma que para a psicanálise não há uma criança ou um adulto, mas há um sujeito. O conceito de sujeito do inconsciente permite pensar na unidade da psicanálise e na possibilidade de a criança ser vista como analisanda integral. A criança é um sujeito desejante, submetida ao recalcamento necessário para encontrar os meios de se constituir, submetida às leis da linguagem que a determinam, demandando amor, e não o objeto da necessidade, enfim, um ser humano que deve ser escutado na sua singularidade de sujeito, enfrentando as vicissitudes e os desafios de ser humano (e falar) e de viver. O sintoma da criança também deve ser levado em conta como uma resposta do sujeito, e não como algo que deve ser curado ou reeducado. Resgatar a criança por meio de sua fala possibilita separá-la das concepções que os adultos possam estar fazendo dela e cria as condições para a interpretação deve seguir o mundo cultural, linguístico e discursivo do analisante.

Entretanto, apesar de a criança estar inserida na linguagem e falar, sabemos que, muitas vezes, ela não consegue se expressar pela palavra, mas por meio da atividade lúdica. O brincar é a ocupação mais intensa e preferida da criança, porém o adulto costuma encarar essa atividade como algo sem importância e sem valor. Freud, em sua obra, afirma que a criança leva muito a sério sua brincadeira.

Se o psicanalista considera com seriedade o brincar da criança, a ênfase numa análise será na atividade lúdica ou na palavra? Lacan, procurando resolver esse impasse, afirma que o trabalho se faz com o significante, elemento constitutivo do campo da linguagem, sequência acústica que pode assumir diferentes sentidos. Dessa maneira, o brincar pode ser tratado como um texto, que é linguagem, e portanto ser interpretado seguindo-se as regras estabelecidas pela psicanálise. Assim, tal brinquedo não equivale necessariamente a tal símbolo, porque será o uso que a criança fará dele, num determinado contexto, que esclarecerá o sentido.

Sabemos, a partir de Freud, que a criança, ao brincar, cria um mundo próprio, reajusta os elementos de seu mundo numa nova ordem que lhe agrade e que, para isso, gosta de ligar ou apoiar as situações e os objetos imaginados às coisas visíveis e tangíveis do mundo real. Consequentemente, a criança precisa de elementos concretos para sustentar seu discurso, para sustentar seus significantes. Esses suportes concretos podem ser os desenhos, os brinquedos, os jogos. No brincar, a dimensão do simbólico está presente, permitindo a interpretação psicanalítica. É a psicanálise com crianças, respeitando os pressupostos básicos do trabalho analítico, seguindo as exigências de rigor na prática, considerando a criança um analisando integral e suscetível aos efeitos da fala.

As considerações levantadas até aqui procuram enfatizar que, ao se pensar na psicanálise com crianças, se deve também pensar no analista e que, ao se pensar na prática clínica com crianças, se deve também pensar no clínico-analista que pratica a clínica com crianças. São imprescindíveis a reflexão dos profissionais que vivem a experiência da prática clínica e a constante interrogação sobre sua posição como analistas na clínica com crianças.

Vale a pena lembrar que, para o adulto, talvez seja bem mais fácil falar e escrever sobre a criança do que entrar em contato direto com ela, pois é nesse tipo de situação que qualquer pessoa, inclusive o analista, é confrontada com seus valores, suas concepções ou preconcepções acerca do outro e do mundo. Se tivermos coragem e aceitarmos o desafio de olhar bem de frente a criança, perceberemos que ela, desde que nasce, vive os seus próprios conflitos e, portanto, vive a sua própria vida original. Essa percepção pode nos fazer lutar contra a tentação de transformar a criança num apêndice de nós próprios.

A PESQUISA CLÍNICA EM PSICANÁLISE

A influência do pensamento lacaniano na produção de conhecimento em psicologia clínica no Brasil se faz notar não apenas pela vasta produção acadêmico-científica já consolidada, mas, sobretudo, porque ela resulta da forte presença de psicanalistas de orientação lacaniana na linha de frente do trabalho interdisciplinar em diferentes instituições, entre elas, a universidade, o sistema de saúde e a escola.

Em muitos programas de pós-graduação em psicologia clínica no Brasil, por exemplo, acusamos a presença de linhas de pesquisa que têm como eixo central o pensamento lacaniano. Isso pode ser atribuído à sua preocupação intrínseca com problemas de transmissão e fundamentação, mas também por seu apelo crítico à organização do saber-poder na formação do clínico.

Neste capítulo daremos destaque às pesquisas desenvolvidas pelos psicanalistas lacanianos no campo da saúde e no campo da educação e com as crianças, enfatizando sua combinação com as diversas formas de análise de discurso como metodologia de pesquisa.

Psicanálise e saúde

Independentemente do contexto onde ela acontece, a clínica psicanalítica não é o lugar da aplicação de um saber teórico, mas é o lugar de sua produção. É por isso que, no cerne da experiência psicanalítica, está o "não-saber" como elemento-chave para a sustentação da escuta clínica. No campo da saúde, isso traz consequências metodológicas, éticas e epistemológicas importantes.

Para pensar a psicanálise no campo da saúde, é preciso retirá-la do âmbito das regras e da sua histórica subordinação à psiquiatria ou à medicina. A incidência da psicanálise se dá de duas maneiras: pela escuta de pacientes em situação hospitalar, ambulatorial ou no próprio território e pelo trabalho com equipes de saúde, intervindo em relação às vicissitudes do funcionamento dos coletivos e à constituição de estratégias e políticas de ação.

Essas são duas incidências no registro dos conceitos que pedem por estratégias de formalização e fundamentação do fazer clínico. Essa formalização torna-se tão mais importante na medida que os agentes e pesquisadores da saúde são crescentemente convidados a trabalhar em contexto interdisciplinar. O retorno a Freud, promovido por Lacan, foi também um esforço de método para tornar as regularidades clínicas abordáveis segundo certos princípios, por exemplo, a organização do material em termos de uma semiologia de linguagem, a decisão diagnóstica em sua relação ao Outro, a teoria da produção de sintomas e da constituição do sujeito.

O recurso à teoria de Lacan convida ao exame dos diferentes níveis de linguagem envolvidos na experiência clínica: fala e língua, enunciado e enunciação, discurso e escrita. A importância da fala do sujeito, em sua singularidade, como condição não eliminável na definição de protocolos e regras de ação, em sua tensão com a homogeneização de procedimentos e discursos, torna-se, assim, um dos pontos de maior rendimento e progresso na pesquisa em psicologia clínica.

A importância conferida por Lacan ao esforço de justificação da prática em termos teórico-clínicos, tanto na análise do sintoma quanto do mal-estar ou do sofrimento, tem contribuído expressivamente para a construção de novos dispositivos clínicos no campo institucional e de novas políticas públicas de saúde. Um caso saliente é a pesquisa em torno das diferentes caracterizações e modalidades de tratamento do autismo. Pesquisas sobre modalidades de sofrimento específicas ligadas ao adoecimento, à hospitalização e aos seus efeitos iatrogênicos têm se beneficiado da conceitografia lacaniana. A diferença entre a clínica médica do olhar e a clínica psicanalítica da escuta permite que ambos os dispositivos trabalhem em melhor colaboração, trazendo inúmeros estudos sobre as contribuições da psicanálise ao campo da saúde.

Decorre disso a importância de precisar as relações entre a pesquisa psicanalítica e a formação do psicanalista. Trazendo para o pesquisador a necessidade de formação preliminar, baseada na análise pessoal, na supervisão continuada e no estudo teórico, a psicanálise de Lacan introduz a problemática da ética no interior das considerações científicas.

Moretto (2013) oferece um retrato dessa combinação entre questões de funcionamento institucional hospitalar, temas clínicos e problemáticas éticas em sua pesquisa com pacientes transplantados. Nele, a decisão médica se vê atravessada por inúmeras considerações, tanto de natureza diagnóstica quanto de cunho ético e, ainda, atinentes à equipe médica, que sintetizam o conjunto de problemas para a pesquisa psicanalítica: Como colocar o sujeito como protagonista de sua experiência de tratamento? Como manter a escuta do sujeito em situação-limite? Como intervir transversalmente em relação aos discursos que atravessam o cuidado e a atenção ao paciente?

Vê-se, assim, que a pesquisa clínica se orienta por problemas práticos de interesse social ao mesmo tempo requer uma formalização e da sistematização do método psicanalítico de tratamento e de investigação neste contexto. O trabalho de escuta da demanda, de dissolução de identificações e de análise das modalidades prevalentes de alienação não se dissocia da transmissão e da transferência que o torna possível.

Uma reflexão crítica a respeito das demandas dirigidas ao psicanalista na instituição de saúde indica que, de modo geral, ele é chamado em situações nas quais a equipe de saúde encontra dificuldades relativas ao manejo da subjetividade, geralmente associadas ao mal-estar e ao sofrimento singular que conferem o caráter contingente do caso. Daí que o método da construção de casos clínicos, entendido como formalização da experiência de tratamento em articulação com os discursos que o tornam possível, tenha emergido como estratégia fundamental de investigação. Baseado na narrativização de séries transformativas, na discriminação dos significantes fundamentais, na escrita das contradições que organizam a experiência e na formalização dos conceitos, o método de investigação praticado por Lacan tem encontrado inúmeras variante no campo dos estudos clínicos.

Ainda que as equipes não tenham nenhuma dúvida com relação à legitimidade do sofrimento pelo qual um caso se constitui como questão, muitas vezes o chamado ao psicanalista é feito por meio de pedidos de avaliação diagnóstica de "sintomas psicológicos a serem esclarecidos". Atento à importância de apurar a demanda contida em tais pedidos antes de respondê-los tão prontamente, o psicanalista supõe que, a despeito de todo o avanço científico e tecnológico em marcha, nem sempre os profissionais de saúde estão "equipados" para a abordagem do sofrimento e, por isso, tendem a abordar o sofrimento psíquico pela vertente de sua patologização, o que por vezes cria obstáculos e efeitos iatrogênicos que nos distanciam da real possibilidade de tratá-lo. Aqui a psicanálise intervém como crítica da racionalidade diagnóstica, quer de extração psicológica ou psiquiátrica, reenviando a função da nomeação ao seu estatuto de mensagem, de experiência de reconhecimento e de ato de linguagem. A psicanálise é um método de tratamento de sintomas, mas também uma ética da cura e do cuidado para o mal-estar e um dispositivo de acolhimento e destinação do sofrimento (Dunker, 2015).

Psicanálise e educação

Atualmente, a dimensão do mal-estar e do sofrimento nas crianças aparece nas queixas escolares. Por "queixa escolar", entendem-se as demandas formuladas por pais, professores e coordenadores pedagógicos acerca de dificuldades e problemas enfrentados pelos alunos no ambiente da escola. Essas dificuldades são identificadas como problemas de aprendizagem e problemas de comportamento.

O discurso médico científico, hegemônico na atualidade, indica tratamentos medicamentosos, o que se costuma chamar de medicalização da educação. Muitas pesquisas, então, centram o problema na criança, sem levar em consideração o ambiente escolar, o método pedagógico empregado, os problemas que podem se originar na relação professor-aluno, o histórico da vida e a vida escolar do aluno.

Além do medicamento, alguns profissionais vão buscar respostas nas condições sociais e econômicas das crianças. Quando as crianças são da escola pública, a resposta ao porquê dos problemas encontra força na ideia (ou crença) de que elas sofrem as consequências da pobreza, ou seja, apresentam déficit cognitivo, vêm de famílias desestruturadas, são vítimas de carência afetiva e cultural.

Enquanto psicanalistas, precisamos estar atentos à importância de apurar a demanda contida em tais pedidos antes de respondê-los prontamente. Precisamos de questionamentos que se libertem de uma visão essencialmente pedagógica. As pesquisas precisam ser desenvolvidas no entrecruzamento de temas que envolvem a psicanálise, a educação, a escola, a infância, a criança. Precisam ser pensadas nas escolas públicas e nas escolares particulares, porque nas escolas particulares existem, também, as queixas escolares, o que permite contestar tabus sociais, culturais e até científicos de que os alunos da rede pública é que apresentam dificuldades ou impasses escolares.

As explicações que levam ao tratamento medicamentoso ou que encontram respostas nas condições sociais e econômicas pretendem dizer tudo sobre a criança (paciente), mas acabam por não dizer nada sobre o sujeito que ali se encontra. Diversamente, a psicanálise, ao trabalhar a queixa escolar como sintoma, tomando-o como expressão do funcionamento inconsciente, entende-o enquanto uma produção singular do sujeito e um apelo dirigido ao outro para expressar que algo não vai bem.

O psicanalista que trabalha no campo da educação pode ajudar o profissional da área a se confrontar com suas ideias e concepções, a reavaliar certezas, a abrir-se para uma nova compreensão sobre o fenômeno queixa escolar, a reconhecer que na educação o professor e o aluno se deparam com limites e frustrações, o impossível de educar que Freud assinala e que se manifesta nas incertezas e nas descontinuidades presentes nas salas de aula e em qualquer processo educativo. Quando o psicanalista é chamado, e atualmente isso tem acontecido pouco, também (ver equipes de saúde) é em situações nas quais a equipe da educação encontra dificuldades relativas ao manejo da subjetividade, geralmente associadas ao mal-estar e ao sofrimento singular. Apesar de todo material científico e tecnológico que existe na área da educação, nem sempre os profissionais estão "equipados" para a abordagem do sofrimento e, por isso, também eles tendem a abordar o sofrimento psíquico pela vertente de sua patologização, distanciando-se da real possibilidade de entendê-lo e poder ajudar os alunos.

O psicanalista que trabalha nas unidades de saúde recebe muitos casos de queixa escolar. O primeiro passo é ele se libertar de uma visão essencialmente pedagógica, pois ele não ajudará o aluno, diretamente, com os problemas escolares. No processo analítico com a criança, o psicanalista pode ajudá-la a reescrever sua história e, com isso, torná-la mais apta a situar-se com sua subjetividade em relação ao corpo próprio, ao espaço, ao tempo, à família e, com essas conquistas, poder também se situar diferentemente em relação à escola. É seguindo, estritamente, os fundamentos da psicanálise, em que o relato e a escuta são preponderantes, que se consegue escutar o que a criança com problemas de aprendizagem e/ou problemas de comportamento tem a "dizer" e, assim, trabalhar o sintoma na trama de sua elaboração inconsciente, na trama de uma história marcada pelo desejo inconsciente do sujeito.

Psicanálise como análise de discurso

A materialidade sob a qual se erige a pesquisa psicanalítica diz respeito ao discurso. Se a linguística estuda a fala e a língua, e as ciências da linguagem detêm-se sobre a estrutura pragmática ou lógica das proposições, a psicanálise partilha com esses campos o funcionamento articulado dessas dimensões de linguagem, que é chamado também de discurso. É por essa razão que os desenvolvimentos metodológicos mais recentes em psicanálise se aproximaram de abordagens discursivas, sejam elas derivadas de Foucault ou de Pecheâux, sejam elas mais próximas de Derrida ou ainda da análise lógica da linguagem, como vemos em Frege.

Nesse primeiro nível, a psicanálise partilha com as análises de discurso, para as quais forneceu contribuições relevantes, por exemplo, nos trabalhos de Zizek e Laclau, no campo da crítica da ideologia. No segundo nível, a psicanálise requer uma aproximação mais sólida com as diferentes formas de linguística, seja a linguística da enunciação de Todorov e Ducrot, seja a linguística estrutural de Saussure e Jacobson, seja na crítica estética de Didi-Huberman e Hal Foster. No terceiro nível, a afinidade entre psicanálise e análise de discurso requer uma colaboração mais íntima com a antropologia do sofrimento e com a história crítica da clínica e da psicopatologia. Filosofia social crítica, ciências da linguagem e método clínico tornam-se, assim, as três fontes primárias da pesquisa e da fundamentação metodológica da psicanálise. Todos eles encontram uma base comum e uma conceitografia orientada pela lógica.

A construção de casos clínicos e a desconstrução das modalidades de sintoma e de sofrimento são dois momentos desse método, em torno do qual podemos distribuir boa parte da produção científica da psicanálise contemporânea. Por exemplo, o crescente recurso às investigações clínicas sobre narrativas literárias, cinematográficas, artes plásticas ou dramatúrgicas, exemplifica como a construção de casos clínicos não se limita apenas a expressões de relatos de fragmentos de tratamentos. A multiplicidade de investigações sobre a dinâmica de instituições escolares, judiciárias ou de saúde mostra como nesses casos a análise do discurso que organiza as relações de saber e de poder é parte da arqueologia e da genealogia do fazer clínico. Também o crescente interesse pela crítica e reformulação de paradigmas diagnósticos e suas consequentes modalidades de intervenção terapêutica exprimem como a análise de discurso funciona como um campo de reversibilidade e de comensurabilidade entre a produção de sujeitos e a produção de sentidos. Examinar como o sofrimento depende da forma como o sujeito fala sobre ele, como introduz nexos causais ou hipóteses de determinação, como ele situa-se em relação ao Outro que o sanciona, legitima ou denega, como ele se individualiza, se desvia ou se tipifica por meio de processos discursivos, como ele produz regimes de corporeidade e de visibilidade e regimes de verdade ou de disciplina, tudo isso constitui o escopo da pesquisa psicanalítica de orientação lacaniana.

Finalmente, é preciso destacar como a análise de discurso inclui também o que tradicionalmente se chamava de pesquisa qualitativa ou exame crítico de conceitos no interior de autores, escolas ou obras. A prática da leitura, elucidando a lógica e a constelação entre conceitos, sua gênese e estrutura, suas correlações, suas necessidades teóricas, fixou uma continuada tradição de pesquisa. Seu horizonte é a formalização de conceitos e a análise lógica de aspectos da prática clínica, terreno fértil para a pesquisa lacaniana sobre a própria psicanálise.

CONCLUSÃO

Concluímos notando que as pesquisas no campo psicanalítico, respeitando os fundamentos éticos e teóricos, ao contrário do que frequentemente se afirma, não caracterizam uma extrapolação do seu campo de origem. Freud, no artigo *"Linhas de progresso na terapia psicanalítica"*, escrito em 1919 (p. 210-211), já afirmava que em uma situação futura a psicanálise poderia "fazer muito pelas camadas sociais mais amplas, que sofrem de neuroses de maneira extremamente grave", e acrescenta que "as neuroses ameaçam a saúde pública não menos do que a tuberculose, de que, como esta, também não podem ser deixadas aos cuidados impotentes de membros individuais da comunidade". Entretanto, afirma que "qualquer que seja a forma que essa psicoterapia para o povo assumir, quaisquer que sejam os elementos dos quais se componha, os seus ingredientes mais efetivos e mais importantes continuarão a ser, certamente, aqueles tomados à psicanálise estrita e não tendenciosa".

O retorno a Freud, promovido por Lacan, não foi apenas um programa de leitura de textos e de reformulações metapsicológicas, mas uma forma de tirar a psicanálise para fora de seu fechamento e devolvê-la ao lugar de onde surgiu.

REFERÊNCIAS BIBLIOGRÁFICAS

Lacan, J. (1966). *Escritos*. Rio de Janeiro: Jorge Zahar.

Lacan, J. (1953-1954). *O Seminário Livro I: Os escritos técnicos de Freud*. Rio de Janeiro: Jorge Zahar, 1982.

Lacan, J. (1964). *O Seminário Livro XI: Os quatro conceitos fundamentais da Psicanálise*. Rio de Janeiro: Jorge Zahar, 1988.

Lacan, J. (1967-1968). *O Seminário Livro XVII: o avesso da Psicanálise*. Rio de Janeiro, 1988.

Lacan, J. (2001). *Outros escritos*. Rio de Janeiro: Jorge Zahar, 2003.

LEITURAS RECOMENDADAS

Dunker, C. I. L. (2012). *Estrutura e constituição* da clínica *Psicanalítica*. São Paulo: Annablume.

Dunker, C. I. L. (2015). *Mal-estar, sintoma e sofrimento*. São Paulo: Boitempo.

Moretto, M. L. T. (2013). *O que pode um analista no hospital?* 4. ed. São Paulo: Casa do Psicólogo.

Moretto, M. L. T.; Priszkulnik, L. (2014). Sobre a inserção e o lugar do psicanalista na equipe de saúde. *Tempo Psicanalítico*, v. 46, n. 2, p. 287-298.

Priszkulnik, L. (2015). Proteção da criança: qual criança? *Pediatria Moderna*, v. 51, p. 186-190.

As contribuições teórico-clínicas de Sándor Ferenczi

Denise Salomão Goldfajn

Karla Patrícia Holanda Martins

Daniel Kupermann

"Entre os colaboradores da psicanálise, não há ninguém, com exceção do próprio Freud, que contribuiu com tantas ideias valiosas e originais, ninguém fez tanto quanto Ferenczi fez para desenvolver a psicanálise e trazê-la para o status que desfruta hoje"
(Sándor Lorand, 1964)

INTRODUÇÃO

Por que ler Ferenczi hoje? Algumas respostas são imediatas. Ferenczi teve lugar de destaque entre os pioneiros da psicanálise. Figura central na organização do movimento psicanalítico mundial, era reconhecido entre seus colegas como clínico talentoso, especialista em pacientes difíceis. Hélène Deutsch dizia em seus seminários clínicos em Viena que "Ferenczi pode curar até mesmo um cavalo"; e seus alunos assistiam a suas palestras "mesmerizados". Ferenczi foi um dos fundadores da Associação Psicanalítica Internacional e da Sociedade Psicanalítica de Budapeste, e foi também o primeiro professor de psicanálise em uma universidade (Universidade de Budapeste). Além disso, foi um dos idealizadores do *Internationale Zeitschrift für Psychoanalyse*, a primeira revista científica internacional de publicações psicanalíticas em alemão, e conduziu o que foi considerada a primeira análise didática de Ernst Jones, em 1913, a pedido de Freud (cf. Stanton, 1990).

Com relação à formação dos analistas, Ferenczi criou a "segunda regra fundamental" da análise, que ditava que todo psicanalista deveria submeter-se à análise pessoal para poder atender pacientes. Foi íntimo de Freud e de sua família; Freud o chamava de "meu querido filho" e dizia que suas contribuições eram "puro ouro" para a psicanálise (Lorand, 1966, p. 14). Suas ideias influenciaram muitos dos psicanalistas das primeiras gerações, como Ernst Jones, Melanie Klein, Michael Balint, Sándor Lorand, Sándor Radó, Géza Róheim e Clara Thompson. E, entre os mais influentes atualmente, Donald Woods Winnicott e Jacques Lacan. Em seu obituário, Freud escreveu que Ferenczi transformou todos os psicanalistas em seus discípulos.

Outras respostas à pergunta inicial são menos imediatas e demandam uma revisão histórica e teórica do desenvolvimento da clínica e do pensamento psicanalíticos, e das divergências entre Freud e Ferenczi. Apesar das muitas contribuições que fez, Ferenczi morreu isolado de seus colegas, que suspeitavam de sua reputação clínica e de seu equilíbrio emocional. A extensa correspondência estabelecida entre Freud e Ferenczi (1908-1933) documenta a intimidade por eles experimentada e o compartilhamento de seus trabalhos e de suas angústias pessoais acerca dos relacionamentos familiares e da política do movimento psicanalítico. A viagem feita por Freud, Ferenczi e Jung em 1909 para a *Clark University*, nos Estados Unidos, aproximou-os bastante. Porém, com o tempo e, sobretudo, a partir dos anos 1920, quando passou a rever o papel do trauma na produção do sofrimento psíquico, Ferenczi distanciou-se de Freud, na medida em que sua experiência clínica o levou a discordar do criador da psicanálise e, mesmo, a questionar a qualidade de sua própria análise com Freud, provocando desgastes no relacionamento entre os dois homens.

O último artigo escrito por Ferenczi, "Confusão de língua entre os adultos e a criança" (Ferenczi, 1992b), seria o ponto máximo da discordância de Ferenczi com os rumos da psicanálise do seu tempo. O trabalho foi recebido com desgosto por Freud e com surpresa dentro do círculo mais íntimo de psicanalistas, por ser considerado um retrocesso às teorias sobre o trauma abandonadas por Freud. De fato, de maneira bastante original, Ferenczi descrevia o trauma como uma falha no encontro afetivo entre linguagens distintas: a da criança (ternura) e a dos adultos (paixão). Nesse sentido, passou a questionar a ênfase que Freud atribuíra ao fator intrapsíquico como responsável pelo desenvolvimento da criança. Freud abandonara sua teoria do trauma como abuso sexual infantil, privilegiando a ideia de que ele seria produzido pelas fantasias de sedução nas quais predominariam os conflitos gerados pelo complexo de Édipo, minimizando o papel iatrogênico do ambiente em que a criança vivia. Ferenczi, por seu turno, a partir da sua experiência clínica, passou a conceber que a psicopatologia não advinha apenas dos conflitos intrapsíquicos, mas que os próprios conflitos vividos pela criança eram respostas ao contato relacional, sendo produzidos pelo cuidado inapropriado dos adultos nos seus primeiros anos de vida.

SEÇÃO I — PSICANÁLISE

Ferenczi era descrito por seus pares como um psicanalista criativo, otimista e, às vezes, ingênuo; acreditava que era necessário focar no sucesso do tratamento e, por vezes, o perseguia obsessivamente. Ficou conhecido por não medir esforços em experimentar novas técnicas, sendo considerado o "paraíso dos casos perdidos" (Balint, 1949, p, 217) e, por isso, seus colegas lhe encaminhavam os pacientes que não conseguiam tratar. Suas contribuições para a técnica psicanalítica propunham conceitos inovadores como elasticidade, empatia, atividade por parte do analista, mutualidade na transferência. Ferenczi experimentou, muitas vezes exagerou, reconheceu erros, reformulou suas teorias e, mesmo sabendo que algumas de suas teses contrariavam as ideias de Freud, seguiu afirmando aquilo que considerava ser o resultado autêntico de sua pesquisa clínica: a importância da criança existente em todo analisando – mesmo nos adultos – e sua relação com o universo adulto, com destaque para a qualidade da interação interpsíquica, seja na relação mãe e bebê, seja na relação entre analista e paciente, ou ainda, e não menos importante, na relação entre indivíduo e sociedade. Em sua atuação política, defendeu os homossexuais, opondo-se aos que os consideravam criminosos, e demonstrou a incapacidade social de sua época em lidar com o desenvolvimento natural da sexualidade. Foi favorável aos analistas leigos, contrariamente ao cartel médico poderoso que se formava nos Estados Unidos, e, finalmente, foi o pioneiro no tratamento psicanalítico das vítimas de abuso sexual infantil, a partir de sua inovadora compreensão teórico-clínica da dinâmica do trauma (Stanton, 1990).

Para Balint (1949), Ferenczi foi uma vítima trágica do melhor que ele próprio tinha a oferecer ao movimento psicanalítico: por um lado foi admirado por sua originalidade, por outro foi visto com desconfiança – cada vez maior na medida em que propunha novos experimentos clínicos – por seus pares. Ferenczi preconizaria que os pacientes traumatizados precisariam reviver na análise a situação emocional que os impedia de crescer, e para isso seria necessário favorecer para que regredissem a estágios muito primitivos de desenvolvimento (Ferenczi, 1992b). Intitulado por seus colegas como o *enfant terrible* da psicanálise, Ferenczi não teve medo do contato com a criança oculta em seus pacientes, tampouco com o núcleo infantil da sua própria personalidade, mantendo sua qualidade de observador empático e sua ilimitada capacidade de fantasiar cientificamente. Por vezes, no entanto, como todo inovador, teve dificuldade em reconhecer seus próprios limites, tentando atender à enorme demanda por amor que escutava em seus pacientes e que reconhecia em si mesmo (Balint, 1949).

Por décadas, grande parte dos seus trabalhos permaneceu inacessível. Balint e Dupont, herdeiros dos arquivos originais dos escritos de Ferenczi, relataram verdadeiras peripécias para salvar os manuscritos durante a guerra, reorganizar os arquivos e traduzir seus trabalhos para o francês e para o inglês. Segundo Balint (1949, p. 216): "Raramente ele [Ferenczi] foi estudado sistematicamente, raramente ele foi citado corretamente, frequentemente foi criticado, e mais do que frequentemente [criticado] erroneamente. Mais de uma vez suas ideias foram redescobertas tardiamente e atribuídas ao segundo 'descobridor'".

A dificuldade em difundir amplamente os trabalhos de Ferenczi depois de sua morte ocultava dificuldades maiores de se questionarem as ideias de Freud, especialmente a resistência em aceitar a importância etiológica do trauma e seus desdobramentos, como o estudo da intersubjetividade na teoria e na clínica psicanalíticas. Acreditava-se, a partir dos anos 1930, que Ferenczi era "perigoso" e que sua técnica encorajava a regressão nos pacientes, segundo a tentativa de curá-los com uma dedicação amorosa inadequada à técnica tradicional. As suspeitas em torno da sua figura e da sua obra foram reforçadas pela notícia da doença que lhe tirou a vida, uma anemia perniciosa, associada à falsa ideia de que o adoecimento teria provocado um desequilíbrio mental em Ferenczi. A perniciosidade dos rumores sobre Ferenczi sobreviveu a ele, aumentando a fantasia de que Ferenczi teria enlouquecido gradualmente, o que justificaria banir do campo psicanalítico o estudo de seus textos, que passaram a ser considerados marginais.

Em 1958, Ernst Jones publicou *A vida e a obra de Sigmund Freud*, uma extensa biografia do criador da psicanálise, na qual relata que Ferenczi teria sofrido surtos psicóticos nos últimos anos de vida, sugerindo que sua doença mental teria sido a causa das ideias inadequadas de seus últimos artigos e, também, de um comportamento incestuoso com alguns pacientes. A afirmação foi denunciada como falsa e criticada por muitos psicanalistas que trabalharam com Ferenczi ou que pesquisaram a história da psicanálise, com destaque para Lorand (1966) e Stanton (1990). O livro de Jones teve, no entanto, o mérito de divulgar a importância de Ferenczi e de abrir discussões sobre suas contribuições teórico-clínicas, que se contrapunham às visões ossificadas que provinham das tradições, costumes ou mesmo da rigidez científica dos psicanalistas.

Em palestra proferida na Sociedade Britânica de Psicanálise para homenagear os cinquenta anos da morte de Ferenczi, Balint comentou: "Eu tenho convicção que vai chegar o dia em que os analistas vão voltar a estudá-los (os experimentos clínicos de Ferenczi) não apenas para criticar, mas para aprender com eles" (1949, p. 217). A profética mensagem de Balint começou a ser cumprida, mesmo que quase quarenta anos mais tarde, com a publicação do *Diário clínico* de Ferenczi, escrito em 1932 e editado pela primeira vez na França por Judith Dupont, mais de cinquenta anos depois, e com a publicação da correspondência de Freud/Ferenczi, primeiramente também em francês e, subsequentemente, em outras línguas, o que possibilitou uma nova apreciação das ideias de Sándor Ferenczi e de suas contribuições para a psicanálise. Mais do que reparar a importância histórica de Ferenczi, a publicação dessas duas obras resignificou a produção de Ferenczi, possibilitando uma revisão sistemática de seus textos.

Bonomi e Borgogno (2014) descrevem que o despertar do interesse pela obra de Ferenczi criou o movimento que ficou conhecido a partir dos anos 1980 como o "Renascimento de Ferenczi", originando conferências internacionais e publicações nas quais psicanalistas de nacionalidades e orientações teóricas variadas contribuíram para uma rápida difusão mundial das suas ideias. Para os autores, essa disseminação ocorreu naturalmente, porque já havia muitos psicanalistas que estudavam a obra de Ferenczi de forma independente, encontrando nas suas ideias inspiração para a psicanálise que praticam e para os desafios da clínica psicanalítica na contemporaneidade. Atualmente, muitos psicanalistas compartilham da convicção de que os "pacientes difíceis" descritos por Ferenczi tornaram-se mais frequentes em um mundo cada vez mais complexo.

Os desafios contemporâneos da clínica psicanalítica fizeram com que, como já havia dito Freud, todos os psicanalistas voltassem a ser alunos de Ferenczi, reencontrando em seus textos temas que, atualmente, são cruciais para a psicanálise, como o estudo da intersubjetividade, o fator traumático na produção do sofrimento psíquico, a flexibilização do enquadre e a microscopia do campo transferencial – com destaque para a importância da empatia no manejo clínico.

DO ENCONTRO COM FREUD ÀS CONTRIBUIÇÕES TEÓRICO-CLÍNICAS ORIGINAIS

Sándor Ferenczi nasceu no dia 7 de julho de 1873, vindo a falecer, aos 59 anos, no dia 22 de maio de 1933. Ele foi o oitavo de um total de doze filhos. Seus pais eram descritos como judeus liberais que emigraram da Polônia para a Hungria, fugindo do antissemitismo e integrando-se à cultura local. A família possuía uma livraria que funcionava também como editora e biblioteca, na qual se reuniam artistas e intelectuais. Ferenczi acompanhava o pai e o ajudava na livraria, desenvolvendo o gosto por literatura e também por assuntos relacionados ao espiritismo e hipnose. O pai de Ferenczi morreu quando ele tinha 15 anos, e sua mãe ocupou-se da livraria e do cuidado dos filhos. Ferenczi estudou medicina em Viena, especializando-se em neurologia e psiquiatria. Seu primeiro emprego foi como clínico geral, trabalhando no departamento de doenças venéreas em um hospital para a população carente e para prostitutas em Budapeste. Pouco depois, Ferenczi iniciou sua prática privada, trabalhou como médico do exército húngaro, retornou ao hospital público e foi professor universitário. Szecsödy (2007) afirma que, quando Ferenczi conheceu Freud, já havia publicado um total de 104 artigos (entre os anos de 1897 e 1908), sobre temas variados, desde a "metapsicologia do Turismo" até discussões sobre a ciência e o espiritismo, passando pela biografia de um travesti homossexual. Como psicanalista, Ferenczi publicaria mais 144 artigos. Seus interesses iniciais eram diversificados e mostravam preocupação em entender os fenômenos psíquicos a partir de experiências descritas por seus pacientes, em contraste com o discurso médico e científico produzido por seus pares. Ferenczi aproximou-se da psicanálise buscando um referencial clínico que o auxiliasse a desvendar a ação do psiquismo sobre as doenças somáticas. Em seguida, fascinou-se com os experimentos com a associação de palavras descritos por Jung, que dizia poder medir o funcionamento mental com a ajuda de um cronômetro. Foi por intermédio de Carl Jung que Ferenczi se interessou pelo livro *A interpretação de sonhos*, de Freud, com quem teve o primeiro contato pessoal em 1908. A amizade entre os dois homens é imediata, e seu relacionamento pessoal e intelectual durará até o fim da vida de Ferenczi, em 1933.

De acordo com Lum (1988), as contribuições teórico-clínicas de Ferenczi à psicanálise podem ser dividas em três períodos: o "período criativo", de 1908 a 1919, durante o qual Ferenczi colabora com Freud para desenvolver o modelo psíquico da primeira tópica e o método de tratamento psicanalítico; a "técnica ativa", vigente de 1919 a 1926, quando, encorajado por Freud, Ferenczi propõe modificações clínicas visando avançar na análise dos seus pacientes mais graves; e o "período do relaxamento", que compreende os anos de 1926 até a morte de Ferenczi em 1933. Nessa última fase da sua obra, Ferenczi formula a "neocatarse", ressaltando a necessidade de flexibilização do *setting* e da técnica psicanalíticas para o atendimento dos pacientes comprometidos narcisicamente e, mesmo, traumatizados, por meio do recurso da empatia. Sua teoria do trauma, enfatizando a influência da adaptação da família e do ambiente para o desenvolvimento emocional da criança, influenciou as gerações futuras do campo psicanalítico.

O período criativo – 1908 a 1919

As contribuições de Ferenczi nesse período são extensas e referem-se tanto à teoria quanto à técnica, complementando as ideias de Freud a ajudando-o a descrever seu modelo de funcionamento mental. Em 1908, Ferenczi publica seu primeiro artigo, "Psicanálise e pedagogia", aplicando as ideias de Freud na educação de crianças, com intenção profilática. Em 1909, Ferenczi publica "Introjeção e transferência", ensaio no qual define o conceito de transferência como uma forma específica do fenômeno mais geral da introjeção, antecipando muitas das ideias desenvolvidas posteriormente por Freud. Ferenczi (1991) indica que as principais dificuldades de uma análise provêm da particularidade do neurótico de "transferir seus sentimentos reforçados por afetos inconscientes para a pessoa do médico, furtando-se assim ao conhecimento de seu próprio inconsciente" (p. 87). Para Ferenczi, "enquanto o paranoico projeta no exterior as emoções que se tornaram penosas, o neurótico procura incluir em sua esfera de interesses uma parte tão grande quanto possível do mundo externo para fazê-lo objetos de fantasias inconscientes ou conscientes e atenuar a tonalidade penosa dessas aspirações" (p. 95). Desse modo, a introjeção estaria presente em todas as situações da vida, sendo a transferência uma forma neurótica de manifestação clínica de fenômenos normais que marcam o desenvolvimento humano.

No artigo "Sintomas transitórios no decorrer de uma psicanálise", de 1912, Ferenczi (1991) demonstra como mudanças corporais involuntárias, variações respiratórias e mudanças no timbre da voz possuem significação importante no decorrer de uma análise e são evidências transferenciais que marcam a relação entre paciente e analista ampliando, dessa maneira, a atenção dada ao corpo no curso do tratamento.

Em "O desenvolvimento do sentido de realidade e seus estágios", Ferenczi (1992a) descreve o desenvolvimento psíquico infantil através de estágios variando em graus entre a total onipotência e o advento da linguagem, influenciando Freud em sua formulação do conceito de narcisismo e indicando a noção de "regressão" como um mecanismo de resistência à realidade e de fixação em modos arcaicos de satisfação pulsional, que interfere no desenvolvimento do ego e na constituição das formas clínicas da neurose e da psicose.

Ainda nesse período criativo, Ferenczi é designado como médico do exército húngaro durante a Primeira Guerra Mundial, quando aproveita para traduzir para o húngaro o artigo "Três ensaios sobre a teoria da sexualidade", de Freud, que o inspira na elaboração do seu trabalho mais original: "Thalassa: uma teoria da genitalidade" (Ferenczi, 1993), que só publicaria no ano de 1924.

A técnica ativa – 1919 a 1926

Ferenczi torna-se reconhecido entre psicanalistas por seu talento em atender casos clínicos particularmente difíceis, que hoje seriam considerados fronteiriços ou *borderlines*. Para Ferenczi, esses pacientes apresentam comprometimento em seus processos de simbolização que se manifesta como estagnação do fluxo associativo, impedindo a associação livre no curso das análises. De acordo com a teoria de Freud sobre a economia da libido, Ferenczi imagina que nesses casos ocorreria um deslocamento da libido para fantasias inconscientes e gratificações pulsionais compulsivas, tornando as interpretações analíticas formais e intelectualizadas, sem efeito para atuar nas resistências impostas dessa maneira ao tratamento. Caberia ao analista, portanto, manejar a transferência criando dispositivos clínicos capazes de canalizar o investimento libidinal para a análise, facilitando o trabalho de interpretação das resistências e, subsequente, a elaboração do material recalcado. Ferenczi chamou de técnica ativa a modificação da regra de associação livre pela atividade direta do analista. Por meio de comandos sob a forma de injunções e proibições, o psicanalista provocaria aumento das tensões internas do paciente, favorecendo a retomada da associação livre produtiva, permitindo, assim, que a análise retomasse seu curso interpretativo. Ferenczi oferece alguns exemplos de "atividade", como delimitar o tempo de duração da análise ou proibir movimentos corporais que sugerem a prática masturbatória (o onanismo larvado) durante as sessões (como no caso de uma analisanda que, deitada no divã, balançava discretamente as pernas que se encontravam cruzadas enquanto tecia um discurso amoroso voltado à figura do psicanalista).

Em alguns casos de maior inibição, Ferenczi chegou a solicitar que os pacientes imaginassem ou fantasiassem reações afetivas às quais não conseguiam ter acesso por meio da associação livre em decorrência da forte intensidade do recalque. Sobre a técnica ativa, Ferenczi (1992a; 1993) publicou cinco artigos: "Dificuldades técnicas de uma análise de histeria", de 1919; "Prolongamentos da técnica ativa", de 1921, "Fantasias provocadas", de 1924; "Psicanálise dos hábitos sexuais" e "Contraindicações da técnica ativa", ambos de 1926. A própria evolução de Ferenczi nesses textos indica sua busca para incorporar as críticas feitas por colegas sobre aspectos prejudiciais aos analisandos pelo uso da técnica ativa. As críticas à atividade do psicanalista estavam relacionadas ao risco da intensificação e da perpetuação do vínculo transferencial por meio da promoção de uma resposta masoquista nos analisandos, principalmente daqueles considerados mais frágeis em suas constituições narcísicas.

Muito cedo Ferenczi reconheceu as críticas feitas à técnica ativa e admitiu publicamente que exageros poderiam ser prejudiciais aos pacientes. Para Ferenczi, embora a técnica ativa pudesse ser um recurso no tratamento de pacientes difíceis, seu alcance não deveria ser estendido a toda e qualquer situação clínica. Desde 1928, com a publicação de seu artigo "A elasticidade na técnica psicanalítica", Ferenczi começou a transição em sua prática clínica em direção ao "relaxamento" e à "neocatarse". O período de relaxamento caracteriza-se como uma mudança no foco do enquadre, antes voltado à frustração, à neutralidade e à abstinência, passando a privilegiar a empatia e a interação afetiva entre paciente e analista. A elasticidade na técnica possibilitava ao analisando reviver padrões relacionais, abrindo caminho para a reavaliação da importância constitucional do trauma.

Período de relaxamento e o resgate da traumatogênese – 1926 a 1933

Após a sua autocrítica ao alcance da técnica ativa, Ferenczi, nos últimos anos de sua vida, produz um conjunto de textos que fundamentam a sua preocupação com o fator exógeno do trauma. São eles: "Adaptação da família à criança", de 1928; "A criança mal acolhida e sua pulsão de morte", de 1929; "Princípio do relaxamento e da neocatarse", de 1930; "Análise de crianças com adultos", de 1931; "A confusão de línguas entre adultos e crianças", de 1933; e "Reflexões sobre o trauma", de 1934 (todos em Ferenczi, 1992b), bem como seu *Diário clínico* (1932/1990). Nesses ensaios, Ferenczi problematiza as falhas da adaptação do ambiente às necessidades do bebê e da criança, passando a diferenciar trauma estruturante e experiência traumática, sublinhando o efeito dessubjetivante desta última. Sua tese central é a de que a desautorização do sofrimento da criança pelo adulto torna-se o elemento-chave para a fixação de efeitos patogênicos dos eventos traumáticos. A identificação com o agressor e a clivagem narcísica seriam os destinos privilegiados desse abalo na subjetividade.

O trabalho do psicanalista passa, assim, a ser pensado em continuidade com as suas hipóteses sobre as avarias mais precoces da constituição psíquica, contexto em que as formas de presença do analista deveriam ser moduladas, considerando as necessidades psíquicas do paciente, seus limites de simbolização e sua capacidade de elaboração. Diante do desafio dos seus "casos coriáceos, duros como um couro", Ferenczi indica o problema das resistências do próprio psicanalista e pergunta: "será que a causa do fracasso é sempre resistência do paciente, não seria antes nosso próprio conforto que recusa a adaptar-se?" (Ferenczi, 1992b, p. 335).

Em 1928, a partir da sua crítica à concepção de Otto Rank sobre o trauma do nascimento – para Ferenczi o nascimento, em condições ambientais favoráveis, seria "um verdadeiro *triunfo*, exemplar para toda vida" –, o texto sobre a adaptação da família à criança pode ser compreendido como uma contundente afirmação do papel da cultura, aqui representado pela figura do adulto e da família, sobre os destinos pulsionais da criança. Convém lembrar que a adaptação implica a possibilidade de o adulto afirmar a existência do desprazer e agenciar suas modulações, contribuindo, assim, para a constituição do psiquismo ainda rudimentar do bebê. Ressaltamos a dimensão da *modulação* (o reconhecimento da presença do objeto depende das modulações da sua presença) indicada no artigo "O problema da afirmação do desprazer", escrito em 1926, no qual Ferenczi estabelece um diálogo com Freud e retoma a importância da ambivalência e da desintricação pulsional para a introjeção e a construção dos sentidos de realidade. A experiência traumática é, portanto, aquela que confisca a experiência subjetiva de afirmação do desprazer. Em outras palavras, a experiência de desprazer precisa adquirir um valor simbólico para ser introjetada, ampliando a esfera de simbolização do ego em fase de amadurecimento, o que depende da presença e do auxílio do Outro.

A introjeção é uma noção fundamental à sustentação do edifício teórico de Ferenczi (1991). Definida nos primórdios de sua relação com Freud, em 1909, a introjeção é articulada à transferência, à hipnose e à sugestão – formas particulares de extensão do eu aos objetos, frutos do amor e do ódio infantil pelos pais. Em 1912, Ferenczi retoma o conceito e antecipa a hipótese sobre as consequências do amor parental para a fundação do narcisismo. A dinâmica da introjeção funciona como um processo de deslocamento e metabolização do eu a partir do mundo que se objetiva. O eu se transforma a partir do contato com o que é externo. Todavia, paradoxalmente, haverá tendência a reconhecer como próprio ao eu o que é agradável. É essa hipótese que se amplia em 1926 no texto sobre a afirmação do desprazer: o desprazer também precisa ser afirmado e a sua negação é a "última tentativa desesperada do princípio do prazer para interromper a marcha do reconhecimento da realidade" (Ferenczi, 1993, p. 403). Portanto, a introjeção bem-sucedida inclui o desprazer e sua representação.

As considerações de Freud em "A negativa" (1925) abrem caminho para a traumatogênese ferencziana. Freud escreve: "a oposição entre subjetivo e objetivo não existe desde o início. Ela somente se estabelece pelo fato de que o pensar possui a capacidade de novamente presentificar, através da reprodução no imaginar [*Vorstellung*], algo que já foi uma vez percebido, isto é, pode-se imaginar o objeto sem que ele precise estar presente no mundo externo" (p. 149). Essa passagem impacta o trabalho de

Ferenczi, posto que, a partir dessa hipótese, a questão do trauma é retomada pelo viés da negação do adulto de uma percepção da criança. A desautorização a imaginar é a outra língua do trauma.

Ferenczi avança em suas reflexões e propõe uma gênese do traumático que provém da confusão de línguas entre a criança e o adulto e, à sua maneira, indica o papel da dimensão inconsciente do desejo do adulto e de seu fantasma para as formas de sofrimento na infância. O artigo "Confusão de línguas entre adultos e a criança. A linguagem da ternura e da paixão" é apresentado em setembro de 1932 no XII Congresso Internacional na Alemanha, contrariando o pedido de Freud de que Ferenczi volte atrás nas posições expressas. Ferenczi, ancorado nas suas experiências clínicas, insiste e propõe três tipos de experiência desestruturante que as crianças podem vivenciar como traumáticas: a sedução apaixonada de um adulto, as punições passionais (maus tratos com furor) e o terrorismo do sofrimento; neste último caso, as crianças são chamadas a resolver "toda a espécie de sofrimentos familiares, e carregam, em seus frágeis ombros, o fardo de todos os membros de sua família" (Ferenczi, 1992b, p. 355).

Na primeira situação, a do jogo erótico, a confusão diz respeito ao dissenso entre a linguagem da paixão no adulto e a da ternura na criança, acrescido do fator surpresa da criança com o caráter sexual do adulto. Após a experiência de ser seduzida, a criança buscará em outro adulto a compreensão do ocorrido. Todavia, encontra descrédito e incapacidade desse outro em testemunhar e acolher o seu sofrimento. Portanto, a afirmação de um "nada ocorreu" do adulto desautoriza o que foi percebido e sentido pela criança, promovendo, em consequência, a cisão entre a realidade dos fatos e o caráter afetivo da experiência. No modelo da traumatogênese ferencziana, a criança defende-se dessa catástrofe subjetiva identificando-se com o agressor e, portanto, com a culpa e a desconfiança em seus próprios sentidos; do lado do adulto, sobrevém uma impossibilidade de reconhecer a violência do seu ato.

O termo alemão utilizado por Ferenczi para caracterizar a posição subjetiva do adulto é *Verleugnung*. O termo, também utilizado por Freud em sua obra, nos remete às noções de "desmentido", "negação", "desautorização" e "descrédito". Alguns estudiosos da obra de Ferenczi, com destaque para Teresa Pinheiro (2016), preferem o termo "descrédito", ressaltando que a posição do adulto (sobretudo a mãe) de creditar valor à palavra da criança é fundamental para a introjeção da experiência e para a manutenção da certeza interna do que ocorreu. Ao considerar que há no trauma uma hierarquia entre aquele que deveria funcionar como mediador da inscrição simbólica da experiência e aquele que busca compreender a experiência vivida, outros autores (Kupermann, 2017) optam por enfatizar a dimensão da desautorização. Neste caso, a figura teórica da *Verleugnung* corresponde, nas elaborações ferenczianas, à tentativa fracassada da criança de receber, a partir do relato de sua experiência, a autorização para confirmar a sua percepção afetiva (e efetiva) da realidade. Todavia, os dois termos (desautorização e descrédito) representam duas operações fundamentais para colocar em curso os processos de elaboração dessa experiência. O que efetivamente a criança recebe do adulto com o seu reconhecimento é uma espécie de crédito ou investimento em sua palavra; dito de outro modo, sem essa fiança em suas palavras, a construção de *sentido* (ou de sentidos no plural) de realidade fica impossibilitada.

Sem crédito, por efeito do desmentido e da desautorização, a criança, em contrapartida, responderia com a produção de um processo de progressão traumática, de dessensibilização, uma progressiva anestesia, nomeada por Ferenczi (1992b) como choque ou comoção psíquica. A palavra alemã *Erschütterung* deriva de *schutt*, relacionando-se a restos, destroços, desmoronamento, à perda de uma *forma* própria, à maneira de um "saco de farinha" (p. 110). No *Diário clínico*, Ferenczi (1932) refere-se à comoção psíquica como um apagamento, um ausentar-se. "Eles partiram para longe", escreve, "no universo voam com uma rapidez enorme entre os astros, sentem-se tão delgados que passam, sem encontrar obstáculos [...] lá onde estão não existe tempo; passado, presente e futuro estão presentes para eles ao mesmo tempo, numa palavra, têm a impressão de ter superado o espaço e o tempo" (p. 65). A função da comoção seria a de produzir um afastamento da dor física e psíquica, superando os limites do corpo e as falhas ambientais. Nesse caso, organizam-se formas de subjetivação que remetem à obediência mecânica aos imperativos sociais, à incorporação de um saber alheio, desimplicado e desafetado, gerando uma criança que perdeu a confiança no testemunho dos seus sentidos.

Nesse contexto, Ferenczi se utiliza da figura do bebê sábio. Em 1923, escreve um curto ensaio no qual relata uma anotação clínica sobre "o sonho do bebê sábio" (Ferenczi, 1993). No sonho (considerado um exemplo de sonho típico), um recém-nascido domina com sabedoria os códigos de linguagem e, de forma sofisticada, dá testemunho da sua capacidade de convencer, argumentar e pensar. Encontram-se quatro linhas de interpretação do sonho propostas por Ferenczi no contexto da transferência, a saber: o analisando ironizando o analista pela supervalorização da infância como tempo áureo da sabedoria; o desejo do sonhador de reafirmar superioridade; a expressão da fantasia de um bebê sábio, excitado, que deveria ter sido capaz de aproveitar melhor a experiência de amamentação; e, por último, o desejo de tomar posse do saber que teria sido enterrado pelas forças do recalcamento.

Posteriormente, Ferenczi faz do bebê sábio o paradigma da criança traumatizada que, subtraída de seu conhecimento, assume um saber oficial que encapsula a sua experiência subjetiva, seu pensar e saber. Essa criança ferida em seu narcisismo expressa a sua dor por meio do negativo: uma maturidade antecipada ao preço da dessensibilização – uma "progressão traumática". "Penso nos frutos que ficam maduros rápido demais e saborosos", escreve Ferenczi (1992b, p. 354), "quando o bico de um pássaro os feriu". Nesses casos o adulto teria exigido da criança "um heroísmo de que ela ainda não é capaz" e respondido ao seu sofrimento "com um silêncio de morte que torna a criança tão ignorante quanto se pede que seja" (ibid., p. 111), produzindo a clivagem psíquica e a experiência subjetiva da desautorização. Trata-se da "sorte do soldado" – a criança sem mediação que se entrega, por defesa, à função de cumprir uma tarefa com obediência, sem expressar o seu sofrimento psíquico e, também, sem compreender aquilo que realiza.

Os pacientes descritos por Ferenczi sofrem, portanto, de uma vida sem sentido; sem dores, mas também sem prazeres. Sofrem de uma vida que não vale a pena ser vivida. Em suas reflexões sobre o suicídio, Ferenczi escreve: "o homem abandonado pelos deuses escapa totalmente à realidade e cria para si outro mundo no qual, liberto da gravidade terrestre, pode alcançar tudo que quiser" (ibid., p. 117).

REFERÊNCIAS BIBLIOGRÁFICAS

Balint, M. (1949). Sándor Ferenczi, Obit 1933. *International Journal of Psycho-Analysis.* v. 30, p. 215-219.

Ferenczi, S. (1990). *Diário clínico.* São Paulo: Martins Fontes.

SEÇÃO I — PSICANÁLISE

Ferenczi, S. (1991). *Psicanálise I*. São Paulo: Martins Fontes.

Ferenczi, S. (1992a). *Psicanálise II*. São Paulo: Martins Fontes.

Ferenczi, S. (1992b). *Psicanálise IV*. São Paulo: Martins Fontes.

Ferenczi, S. (1993). *Psicanálise III*. São Paulo: Martins Fontes.

Freud, S. (1925). A negativa. In: Freud, S. (2007). *Escritos sobre a psicologia do inconsciente III*. (Coord., Trad. Luiz A. Hanns). Rio de Janeiro: Imago. p. 147-157.

Lorand S. (1966). Sándor Ferenczi, 1873-1933: Pioneer of pioneers. In: Alexander, F.; Eisenstein, S.; Grotjahn, M. (Eds.). *Psychoanalytic pioneers*. New York: Basic Books. p. 14-35.

Lum, W. B. (1988). Sandor Ferenczi (1873-1933). *Journal of the American Academy of Psychoanalysis and Dynamic Psychiatry*, v. 16, n. 3, p. 317-347.

Stanton, M. (1990). *Reconsidering active intervention*. London: Free Association Books.

Szecsödy, I. (2007). Sándor Ferenczi – the first intersubjectivist. *The Scandinavian Psychoanalytic Review*, v. 30, n. 1.

LEITURAS RECOMENDADAS

Bonomi, C.; Borgogno, F. (2014). The Ferenczi renaissance: past, present, and future. *International Forum of Psychoanalysis*, v. 23, n. 1, p. 1-2.

Gondar, Jô. (2012). Ferenczi como pensador político (Ferenczi as a political thinker). *Cadernos de Psicanálise (Rio de Janeiro)*, v. 34, n. 27, p. 193-210. Disponível em: http://pepsic.bvsalud.org/scielo.php?script=sci_arttext&pid=S1413-62952012000200011&lng=pt&tlng=pt. Acesso em: 5 mar. 2017.

Kupermann, D. (2017). *Estilos do cuidado: a psicanálise e o traumático*. São Paulo: Zagodoni.

Pinheiro, T. (2016). *Ferenczi*. São Paulo: Casa do Psicólogo.

Osmo, Alan; Kupermann, Daniel (2012). Confusão de línguas, trauma e hospitalidade em Sándor Ferenczi. *Psicologia em Estudo*, v. 17, n. 2, p. 329-339. Disponível em: https://dx.doi.org/10.1590/S1413-73722012000200016. Acesso em: 5 mar. 2017.

Wilfred R. Bion e a psicanálise do desconhecido

Claudio Castelo Filho

Wilfred Ruprecht Bion nasceu na Índia, em 1897, de pais britânicos e viveu na então colônia britânica até os 8 anos, quando foi enviado para fazer seus estudos internos em uma escola na Inglaterra. Até os 17 anos, quando se graduou, pouco viu os pais e passou boa parte de suas férias na própria escola ou com a família de colegas. Essa vivência desses anos muito o marcou. Além de ser excelente aluno, para compensar sua timidez e retraimento, tornou-se um vigoroso atleta. Nadava, jogava rúgbi e corria. Os primeiros anos na Índia sempre se mantiveram muito vívidos em sua mente. A cultura desse país e a influência de sua babá indiana (Aya) também.

Sem condições financeiras para entrar na universidade, alistou-se como soldado na Primeira Guerra Mundial aos 17 anos e tornou-se capitão de um pelotão de tanques. Os horrores do conflito e a morte da maioria de seus companheiros foram de enorme impacto em todo o seu desenvolvimento posterior. Foi condecorado pelo rei no palácio de Buckingham com a DSO (*Distinguished Service Order*) e pelo governo francês com a *Légion d'Honneur*. Ao ser dispensado do serviço militar, valendo-se de suas condecorações de guerra e de seus atributos como atleta, ingressou na Universidade de Oxford, onde estudou História e obteve licenciatura em Letras. Posteriormente, já interessado na psicanálise após ter lido Freud durante seu período em Oxford, fez o curso de Medicina no *University College London*, onde se distinguiu e ganhou uma medalha como cirurgião.

Fez em seguida uma formação em psicoterapia no *Tavistock Institute*, e no final dos anos 1930 começou sua primeira análise didática com John Rickman. O irromper da Segunda Guerra Mundial interrompeu essa experiência e, com seu ex-analista, desenvolveu, como oficial médico e psiquiatra, um trabalho com soldados traumatizados de guerra. Essa experiência acabou dando origem ao seu famoso livro *Experiences in groups* (1961/1948-1951).

Durante a guerra, casou-se pela primeira vez, com Betty Jardine, uma atriz de renome que faleceu em 1945 ao dar à luz a sua filha Parthenope, que depois também se tornou uma reconhecida psicanalista.

Terminada a guerra, Rickman, que havia se tornado seu amigo, indicou-o para análise com Melanie Klein, com quem ficou oito anos.

Em 1951, casou-se com Francesca, por quem era muito apaixonado e com quem teve mais dois filhos.

Rapidamente se tornou um dos mais notáveis psicanalistas de seu tempo, e entre 1962 e 1965 foi presidente da *British Psychoanalytical Society*.

Considerava-se um kleiniano, mas suas ideias foram para muito além do que depois denominou psicanálise clássica (Freud e Klein). E sua originalidade e postura não dogmática em relação a conceitos estabelecidos, sua liberdade de mente e a expansão do universo abrangido por seu pensamento o levaram a ter muitas dificuldades com seus colegas britânicos. Sendo assim, ele acabou aceitando um convite para mudar-se para a Califórnia no final dos anos 1960, lá permanecendo até pouco antes de sua morte. Em 1979, mudou-se para a Inglaterra, onde pretendia voltar a clinicar próximo a seus filhos que permaneceram na Europa, porém, pouco depois, e logo antes de uma sonhada viagem à Índia, onde nunca mais pisara os pés desde a infância, desenvolveu uma agressiva leucemia, que o matou aos 82 anos.

Esteve diversas vezes no Brasil, onde fez inúmeras conferências e seminários, e desde os anos 1970 seu pensamento teve grande impacto na psicanálise brasileira, sobretudo em São Paulo e Brasília.

O PENSAMENTO PSICANALÍTICO DE BION

Partindo de sólidos conhecimentos da obra de Freud e Klein, principalmente, mas conhecedor profundo do que seus contemporâneos na área psicanalítica produziram (mesmo não os mencionando explicitamente em suas obras), como Winnicott,

SEÇÃO I — PSICANÁLISE

Green, Money Kyrle, Matt Blanco, seus colegas kleinianos, como Segal e Rosenfeld etc., e de suas análises com Rickman e, sobremaneira, a realizada com Klein, e de assombrosos conhecimentos em profundidade de vastas e complexas áreas da literatura (destacando-se a grande poesia), história, artes, religião, filosofia, matemática, física, medicina, biologia e ciências em geral, e de sua enorme experiência clínica, Bion desenvolveu seu pensamento, que continuou a se expandir até o fim de seus dias, sem se tornar dogmático e sempre considerando suas hipóteses científicas como algo em trânsito, permanentemente em busca de algo que melhor se aproximasse e retratasse de forma útil e prática a realidade – tanto psíquica quanto extrapsíquica[1]. Como ressaltava em seus seminários, toda grande ideia, uma vez secretada, tende a tornar-se calcificada e um impedimento para posteriores desenvolvimentos. É preciso, segundo propunha, um constante reparo mental para manter o espírito aberto para o desconhecido e para a experiência, que sempre revelará as imprecisões e inadequações daquilo que pensamos e em que acreditamos. Toda teoria científica não diverge muito em essência daquilo que são mitos, ou seja, são tentativas humanas de se aproximar do que existe, na busca de desenvolver instrumentos para lidar com os fatos que a vida nos apresenta. Assim, passou a criticar de forma científica e respeitosa o aparecimento de cultos a personalidades e teorias no próprio campo da psicanálise, incluindo a conduta que verificou em parte de seus colegas kleinianos, o que, como já mencionei, o levou a viver forte hostilidade por parte deles. Considerava também que um dos modos de o *establishment* procurar destruir a força criativa de um indivíduo era cumulá-lo de glórias e honrarias, ocupando-o com funções burocráticas e de *status*, de modo a enterrá-lo vivo sob todos esses louros. Haveria, para aniquilar um pensador, o ataque calunioso, ou a sorrateira cooptação para os confortos do *establishment*, anulando a virulência de seu pensamento potencialmente disruptivo.

Considerando sua experiência clínica, ele verificou que as teorias existentes no que tange ao inconsciente freudiano e à transferência tal como concebidas por Freud e Klein não davam conta dos fenômenos observados no consultório. Os pacientes não evoluíam a partir de um determinado ponto.

Havia a ideia de que as atuações (*acting-out*) deveriam ser evitadas em análise. Elas seriam resistências à experiência psicanalítica e deveriam ser interpretadas antes que acontecessem para que os analisandos voltassem a fazer associações livres que permitissem a interpretação de conteúdos inconscientes. Bion verificou que, por mais que isso fosse tentado e por mais que usasse todo o arcabouço teórico que pretendia dar conta dessas situações, tal postura levava a impasses clínicos. As identificações projetivas, conforme havia proposto Klein, eram percebidas como modos patológicos de funcionamento da posição esquizoparanoide caso persistissem além dos primórdios da existência e deveriam ser interpretadas e evitadas. Ele acabou verificando que os analisandos não podiam funcionar de outra maneira, que as atuações/identificações projetivas eram tentativas, feitas por parte dos pacientes, de encontrar uma mente que pudesse processar aquilo que a deles não era capaz, ou seja, eram "pensamentos" em busca de um pensador. A mente carecendo de desenvolvimento não consegue metabolizar os pensamentos que lhe são impostos; não podendo contê-los, eles são ejetados para o ambiente e, na busca de algo que possa acolhê-los e, se

possível, de serem filtrados de emoções sentidas como tóxicas, devolvidos de maneira passível de assimilação para a mente que os ejetou. Não eram pensamentos reprimidos no inconsciente cujo conteúdo precisaria ser interpretado, eram vivências que nunca haviam adquirido a dimensão mental propriamente, portanto nem conscientes e tampouco inconscientes. Para tal, precisariam de outra mente que pudesse processar sensações que não são distinguíveis de objetos e percepções concretas (que ele chamou de elementos beta), transformando-as em elementos propriamente mentais e oníricos (elementos alfa), que poderiam, por sua vez, ser usados em pensamentos e sonhos. Ele exclui as operações mentais realizadas com elementos beta da área do pensar.

Tal como um bebê que não é capaz de processar alimentos sólidos, que precisam ser transmutados pela mãe em leite, que pode então digerir, que, por sua vez, é transformado em carboidratos, gorduras, vitaminas, proteínas, que o corpo pode assimilar, podendo se desenvolver a partir da compleição dessa operação, a mente precisaria de um equipamento que pudesse metabolizar as vivências sensoriais (beta) em elementos imateriais (alfa), abstratos, representações, para assimilá-los e desenvolver-se. Sem isso, não seria possível o aprender com a experiência e muito menos haver crescimento mental. Ele considera que o alimento para a mente é a verdade psíquica e que a falta dela pode levar à inanição mental e mesmo à sua completa deterioração ou mesmo aniquilação, mesmo com o indivíduo permanecendo biologicamente "vivo". Sem a operação da função alfa, que transforma elementos concretos (beta) em simbólicos (alfa), não haveria como ter acesso à verdade psíquica, com as decorrentes consequências deletérias para a mente.

Bion verificou que muito daquilo que se acreditava serem associações livres ou descrições de sonhos era, de fato, jorros de elementos não digeridos e não transformados, de natureza mais alucinatória do que propriamente sonhada, que muitas vezes não se distinguiam de tijolos que seriam lançados contra a mente pensante do analista[2], ou estavam em busca de que essa mente, a do analista, pudesse transmutar essas vivências "concretas", percebidas como coisas em si, em algo de natureza realmente mental, em que as imagens ou sensações não mais se confundiam com elas mesmas, mas seriam percebidas como elementos representativos, ideogramas, metáforas, que podiam ser combinados em sonhos e pensamentos no campo que seria realmente mental.

Para dar um exemplo, um colega descreveu-me, em sua experiência clínica, um atendimento com um analisando que chegou queixando-se de uma violenta retocolite ulcerativa. O colega disse que nunca se ocupou desse problema do paciente. Depois de algum tempo de análise, contudo, o analisando reclamou com o analista: "Dr. X: o senhor me curou da retocolite ulcerativa, porém o senhor me deixou louco!" Aquilo que era experimentado corporalmente, visceralmente, depois de algu-

---

[1] Bion observou que a falta de contato com a realidade psíquica exclui a possibilidade de haver verdadeiro contato com a realidade externa.

---

[2] Em *Second thoughts*, Bion narra sua experiência com um analisando que falava de forma tão tediosa que o induzia ao sono. Quando se via quase adormecendo, o paciente dizia algo que despertava sua curiosidade. Ao se interessar pelo assunto, o analisando retomava o discurso monótono. Bion considerou que o conteúdo da fala não era o que tinha relevância, mas essa manipulação de levá-lo quase a perder a consciência para depois despertá-lo, não permitindo que ele pudesse ficar efetivamente consciente ou inconsciente, impedindo ambas as situações, era o que tinha de importante. Tratava-se de um ataque à mente pensante do analista, de modo a inutilizá-la e a evitar a possibilidade de evolução para um *insight* depressivo, muito temido pelo analisando. Corroborando essa sua hipótese, o analisando lhe indagou o que aconteceria se ele apertasse os botões de subir e descer do elevador ao mesmo tempo.

42

ma análise, passou a ter representação mental, ou seja, foi visto como um problema de indigestão mental propriamente, e não mais como um problema físico concreto. O paciente, nesse primeiro momento, não se deu conta de que se tratava da mesma coisa (a retocolite e a loucura), só que agora verificada no campo em que o problema estaria formulado de maneira mais adequada e poderia ser realmente tratado, considerando-se o vértice do analista.

Dessa forma, Bion verificou que não só não era possível evitar as atuações/identificações projetivas, como passou a considerá-las como formas primordiais e primitivas de comunicação possíveis por parte dos pacientes. A rejeição às identificações projetivas por parte dos analistas e a insistência de que usassem outros modos de funcionamento de que não dispunham tenderiam a aumentar a desagregação mental dos analisandos e a levar a uma exacerbação desse modo de operar por meio de identificações projetivas cada vez mais violentas por parte de suas mentes aflitas por encontrar algo que pudesse conter e digerir aquilo que não conseguem. Os *acting-out* e *acting-in* não seriam, dessa maneira, resistências, mas algo que ainda não pode ser pensado ou tornado propriamente mental. Pensamentos em busca de uma mente que possa acolhê-los e pensá-los (com toda a carga emocional que lhes é intrínseca). Da mesma maneira, encarou por outro ângulo a questão da compulsão à repetição. Viu-a como a manifestação de uma pergunta que ainda não haviam conseguido calar, e não mais como expressão da pulsão de morte.

Bion propõe a existência de uma personalidade psicótica em pessoas neuróticas e a da personalidade neurótica mesmo em psicóticos graves em que isso não é perceptível. Os aspectos psicóticos das personalidades passam a ser o foco principal da investigação e do atendimento psicanalíticos, mesmo em personalidades neuróticas, com todos os mecanismos da posição esquizoparanoide, tal como descritos por Klein em suas obras. A partir do seu livro *Transformações*, isso ainda é mais ampliado.

Ele passa a considerar os pensamentos como antecedendo o aparelho para pensar (♂contido em busca de continente♀). Este último se desenvolveria para ter de lidar com os pensamentos que lhe são impostos. Os problemas de desenvolvimento desse equipamento para pensar seriam o cerne do trabalho psicanalítico. Sua atenção volta-se tanto para o que estimula quanto para o que impede o desenvolvimento da capacidade para pensar. As questões de ordem sexuais seriam secundárias a essa dimensão. Os problemas de Édipo e do incesto seriam decorrentes de suas dificuldades para pensar os pensamentos que lhe são colocados. Édipo é alguém que tem respostas (como ao enigma proposto pela Esfinge), mas confunde ter respostas com ter sabedoria (coluna 2 da grade). Ele não é capaz, a despeito das informações que tinha, de processar os elementos que não estão no inconsciente, que estão óbvios, porém não vistos. Essa dimensão do óbvio, porém não visto, não no inconsciente dinâmico, mas inconscientes a despeito de evidentes, vai ser priorizada no trabalho analítico proposto por Bion[3].

Para que isso possa ocorrer, propõe algo que chamou de *rêverie*, ou seja, a possibilidade de se transformar em "sonho" aquilo que é experimentado sensorialmente. Esse trabalho seria exercido primordialmente pelas mães (ou adultos que estejam no encargo de cuidar de um bebê) no atendimento das necessidades de seus rebentos, caso elas tenham condições de entrar em contato com a realidade psíquica não sensorial e fornecer, além de conforto material e nutrição física, amor, entendimento, intuição, que possa transpor o que seria vivido em nível físico concreto e não distinguível de coisa em si por parte dos infantes, em algo com sentido emocional e psíquico. Com o *rêverie*, entraria em ação a função alfa, que transformaria elementos beta (concretos e indiscriminados de coisas em si, não representações) em alfa (ideogramas, elementos oníricos, que representam e não se confundem com a representação[4]). A falha nessa função por parte da mãe ou dos adultos que cuidem do bebê/criança levaria a mente primitiva a reiterar, muitas vezes e com crescente violência, no uso de identificações projetivas na busca de uma mente que possa finalmente processá-las e devolvê-las ao indivíduo de forma tolerável e despojada de angústias aniquiladoras e tóxicas que possuíam quando ejetadas. Se finalmente encontrasse tal receptor (continente), e o que for processado por ele for devolvido sem as toxinas, seria possível o acesso aos sentidos emocionais daquilo que experimentava concretamente, como também levaria ao desenvolvimento, com a introjeção do sentido formulado pela mente mais evoluída, da capacidade para também processar internamente suas experiências emocionais (função alfa).

Bion, no entanto, destaca que tal procedimento, que seria função do analista caso seja procurado por alguém, teria suas limitações se o problema adviesse fundamentalmente de essência constitucional do indivíduo, e não tanto da impossibilidade de encontro de uma mente capaz de assimilar e digerir experiências emocionais sentidas como intoleráveis pelo analisando (ou bebê), e fosse principalmente de natureza contingencial. Tal como Freud e Klein, que consideravam a existência da pulsão de morte ou da prevalência de uma inveja constitucional exacerbada, ele também concluiu, após muita experiência clínica com pacientes esquizofrênicos[5], que a problemática deles seria devida a fatores constitucionais, como o da inveja intrínseca às suas características de personalidade. Essa inveja não seria uma doença do analisando, ela faria parte daquilo que ele é, de sua natureza, de sua saúde constitucional[6]. Ele estar saudável é ser invejoso, o que também é fonte de todas suas complicações no existir. A análise seria mais frutífera no trabalho com pessoas cujas dificuldades sejam oriundas da falta de encontro de mentes que possam ajudá-las a processar as experiências que não podem digerir e assimilar por não terem encontrado até então quem lhes auxilie nessa tarefa, mas cuja inveja constitucional não seja um empecilho de monta para tal. Um paciente constitucionalmente muito invejoso há de se tornar mais destrutivo no encontro com alguém que tenha capacidade de auxiliá-lo e pode usar o

---

[3] Ver *Cogitations* (Bion, 1992, p. 228), uma outra maneira de se ver o enigma da Esfinge e do óbvio, porém não visto. O maior problema de Édipo seria a sua arrogância.

---

[4] Operando com elementos beta, uma pessoa não é capaz de aprender metáforas. As palavras não representam, mas são as próprias coisas que representariam. Ter vocabulário não implica ter representações, pois a palavras podem não se distinguir de ações ou entidades concretas. Muito do que se pensava serem associações livres seriam na realidade descargas mentais de elementos beta que têm a semelhança de articulações, mas que efetivamente não passam de aglomerados justapostos. No aglomerado, um indivíduo amontoa elementos na expectativa de que sua justaposição possa lhe permitir alcançar um sentido emocional, diferentemente de uma formulação articulada que organiza elementos disponíveis para comunicar os sentidos já alcançados. Um indivíduo pode ser erudito, mas não ser sábio – pode não ser capaz de aprender com a experiência.

[5] Posteriormente (Bion, 2013. 79), ele postulará que a diferença entre um gênio e um esquizofrênico seria a de o gênio dispor de personalidade e aparelho mental suficientemente robustos e capazes de instrumentar de forma criativa os mecanismos psicóticos. A esquizofrenia seria um desastre de uma personalidade incapaz de suportar suas intuições, sobrando apenas destroços.

[6] Bion, 1977d, p. 144.

SEÇÃO I — PSICANÁLISE

analista para ter o que destruir, superando, nesse procedimento, suas necessidades também reais de auxílio que busca ter[7]. Dessa maneira, seu pensamento diverge consideravelmente daquele proposto por Winnicott, de que o surgimento de uma mãe suficientemente boa daria conta do recado, ou de que a inveja seria reativa, e não primária[8].

Isso, por outro lado, não exclui a necessidade de um grande aprofundamento por parte do analista do contato com suas dimensões mais primordiais, primitivas e turbulentas. A intimidade com seu mundo primitivo e associado a dimensões psicóticas de sua personalidade é essencial para que o analista possa se prestar ao contato com essas dimensões de seus analisandos. Quanto maior for o contato com seu mundo primordial e com seus funcionamentos psicóticos, maior será a possibilidade do analista de auxiliar seu analisando para instrumentar essas suas dimensões de modo criativo ou de, pelo menos, conviver com elas. Tal percepção implicou a necessidade de uma análise do analista muito mais profunda e em níveis muito mais primitivos do que até então se considerava. O analista não poderá ajudar o analisando a trilhar por caminhos onde não foi ou não tolera ir, com medo de enlouquecer. Não podendo, por não tolerar essas dimensões, fará uma pseudoanálise, uma análise "agradável" ou uma análise intelectual, moralista, que tenderá a ser normativa e a evitar o real contato com as qualidades psíquicas. A necessidade desse tipo de contato íntimo do analista com suas dimensões primordiais e a percepção de que elas são muito mais extensas e desnorteantes do que se gostaria de considerar e de se ter de lidar seria um dos motivos para a intensa hostilidade ao pensamento bioniano, que implica num trabalho a partir da experiência emocional vivida[9] (que nomeou de transformações em "O", que diferencia de transformações em conhecimento – K), e não entendida ou intelectualizada – o entendimento intelectual e racional – em K – só tem sentido de ser formulado ou organizado, a posteriori, se corresponder a apreensões efetivamente vividas no campo emocional) (Bion, 1993, p. 162).

O analista trabalha, conforme propõe Bion, usando como sonar suas reações emocionais de que tenha consciência. Sendo assim, não trabalha com a contratransferência, tal como propôs Paula Heimann, pois essa, *por definição terminológica estabelecida por Freud*[10], corresponde à transferência do analista com o analisando, e é *inconsciente*. Sendo inconsciente, não pode ser usada para o trabalho, e só poderia ser verificada nas atuações por parte do analista no atendimento (e seria assunto da análise do analista, e não do analisando). O trabalho do analista é com sua *experiência emocional da qual está consciente* e não significa que aquilo que está sentindo é o que o analisando estaria vivendo, mas sim que está sendo mobilizado por meio de identifica-

ções projetivas[11] do analisando para experimentar tal ou qual emoção. Verificar qual seria a função do comportamento do analisando de estimular no analista as emoções que ele percebe em si, mas a mercê das quais não deve se encontrar, pode permitir que ele tenha acesso ao sentido emocional do que se passa no consultório no relacionamento entre analisando e analista.

Bion modificou a função do sonhar de Freud. Para ele, o sonho não resulta de pensamento que foi distorcido pela repressão. Um sonho verdadeiro, como assim chamou, distinguindo de outras coisas que se assemelhariam a um sonho, mas que não o seriam de fato, é algo que revela uma conjunção constante de elementos até então não verificada. O sonho, tal como evidenciou Freud, revela correlações. Ele só seria possível para quem pode ter experiências da posição depressiva, conforme postulou Melanie Klein.

Na posição depressiva, verifica-se que o seio amado idealizado e o seio persecutório odiado vividos por um bebê como sendo entidades distintas e sem relação (como a boa fada e a bruxa malvada) tratam-se de um mesmo e único objeto. Ela só é possível para quem tenha condições a tolerar frustração[12] e que possa ter sido ajudado a tal por meio da *rêverie* materna, ou do psicanalista, quando a primeira tiver sido insuficiente (não se tratando das questões de intolerável ódio à realidade e de inveja constitucional). Se as experiências emocionais de relacionar o seio bom com o seio mau forem intoleráveis, não se poderá fazer a correlação entre diferentes experiências. Os objetos, as percepções das experiências vividas podem ser consciente no nível sensorial, mas aquilo que faria a correlação entre eles, que são emoções (elos de ligação, amor, ódio e conhecimento – L, H, K nas iniciais em inglês), é atacado, não permitindo que as experiências adquiram sentido emocional ou psíquico. Na maior parte dos funcionamentos psicóticos, a percepção é preservada, mas aquilo que daria sentido ao percebido é atacado. Portanto, os elementos permanecem na percepção, mas não se articulam, no máximo se aglomeram, mas carecem de sentido real (e as pessoas que não conseguem dar sentidos reais ao que vivem ficam vorazes de experiências de natureza quantitativa e sensorial, por falta de alcance de qualidades psíquicas, só possível com vivências de natureza depressiva em que se percebe a relação entre os objetos). Nesse sentido, Bion vai priorizar o seio e o pênis não por suas funções anatômicas e fisiológicas, mas como modelos de vínculos, aquilo que permite a relação entre os objetos. Em análise, ele vai priorizar a observação do que correlaciona, da relação, e não dos objetos relacionados.

A percepção de que o seio bom e o seio mau que frustra, a mãe boa fada e a malvada bruxa, são o mesmo ser leva a experiências de muita dor e angústia. A culpa e o remorso dos ataques dirigidos ao seio mau, quando este é também percebido como sendo o que provê e cuida, são violentos e, sem uma condição de *rêverie* que permita a assimilação dessas experiências e que mostre que o seio sobreviveu aos ataques furiosos durante momentos de frustração, leva a que essas experiências emocionais sejam alvo de ataques (a culpa, o remorso, a depressão, o

---

[7] Ver transformações em alucinose e o funcionamento em –K (menos conhecimento) em *Transformations* (1977d) e em *Learning from Experience* (1977c).

[8] Bion propõe que uma análise só serve para apresentar uma pessoa a ela mesma, para auxiliá-la a ser ela mesma, seja isso o que for, se for do interesse dela. Dessa forma, exclui o viés moral e curativo, pois uma pessoa não pode ser curada de si mesma. Ela adoece por não estar em consonância consigo mesma e viver de acordo com identificações, e não com o que de fato é (que não é conhecido pelo analista de antemão; a análise é que vai revelando para o analista e para o indivíduo aquilo que ele realmente seria).

[9] K de *Knowledgde* – conhecimento em inglês.

[10] A questão da linguagem e da comunicação em ciência é um dos cernes da ocupação de Bion, da qual falarei um pouco adiante. Dar o mesmo nome para coisas diferentes, como teria feito Heimann, é criar confusão metodológica e algo que atrapalharia e impediria o desenvolvimento da própria disciplina científica, gerando uma Babel.

[11] Identificações projetivas são fantasias onipotentes do analisando. Não há, de fato, a transposição de conteúdos de uma mente para outra. O analisando age inconscientemente sobre o ambiente, de modo a produzir reações emocionais de quem estiver presente. Para que as identificações projetivas operem, o paciente tem de ter suficiente contato com a realidade para saber o que mobilizar no ambiente que desencadeie as reações almejadas. O uso desse contato com a realidade é peculiar, mas ele precisa existir. Quando a ruptura com a realidade é demasiada, as identificações projetivas deixam de ser operacionais. (Bion, 1977c)

[12] Ver Freud (1911).

ciúme, a inveja, a rivalidade, a necessidade de reparar, o amor, a gratidão), e os objetos, sem essas emoções, permanecem sem correlação. Sem essa correlação, também não se pode verificar a situação edípica, do pênis com a vagina e do processo criativo decorrente desse relacionamento – o relacionamento da boca com o seio e do pênis com a vagina, do masculino e do feminino, foram abstraídos por Bion para um relacionamento entre continente ♂ e contido ♀. Todo o processo de aprendizado só é possível havendo tolerância às experiências emocionais associadas ao que é apreendido, aprendido. Toda correlação feita é sempre de natureza depressiva. Juntar uma letra com outra para que se torne uma palavra com sentido, uma palavra com outra para que se torne uma sentença e sentenças com outras para serem um texto inteligível[13], tanto na produção do texto ou discurso quanto na apreensão dele, equivale na mente à percepção da correlação do seio bom com o seio mau, da correlação do pênis com a vagina produzindo filhos (cena primária/Édipo), ou sentidos emocionais. A intolerância e o ódio a essas percepções em virtude do ódio à realidade, associado à frustração, ciúme, inveja, rivalidade e culpa pelos ataques desferidos aos objetos e ao que os correlaciona, fazem com que o indivíduo viva num mundo de elementos que não têm sentido. A falta de sentidos emocionais, por sua vez, leva à inanição da mente, que pode morrer com o indivíduo ainda "vivo".

Voltando ao sonho: mudando a perspectiva de Freud, Bion postula que só pode sonhar quem tem suficiente tolerância a frustrações e é capaz de suportar as experiências emocionais associadas ao aprendizado com a experiência (posição depressiva). O sonho revela a conjunção de elementos até então percebidos, mas não verificada, até serem sonhados, a correlação entre eles. Bion distinguirá o sonho genuíno, que seria indicativo de saúde mental, de outros simulacros de sonho feitos por pessoas que temem as experiências depressivas inerentes ao sonho verdadeiro.

Outro dia um vizinho narrou-me o seguinte episódio. Seu neto, impactado, lhe perguntou meio assombrado e meio maravilhado: "Vovô! Quer dizer que você é o pai do meu pai?!!!!" Qual seja, ao juntar os elementos perceptíveis, porém não correlacionados, verificou o que havia em comum (paternidade) em elementos aparentemente díspares até então (avô e pai). Isso vem acompanhado de uma experiência emocional. E como toda correlação feita, sempre tem o caráter depressivo. Quem não pode tolerar as emoções depressivas não pode fazer essa correlação e, consequentemente, não pode transformar elementos beta em elementos alfa, pois os elementos alfa por não corresponderem a coisas em si, sendo sempre representações que evidenciam correlações de coisas que não são iguais a elas mesmas, são simbólicos como ideogramas, implicam tolerância à frustração, pois nunca estão completamente saturados, sempre podendo ser ressignificados e preenchidos de sentidos por novas experiências, diferentemente dos elementos beta, que estão sempre saturados e *excluem a noção de ausência*[14]. Sem os elementos alfa, que são represen-

tações e não coisas em si, não se pode constituir um sonho, que revela a correspondência de elementos não iguais a si próprios.

Sendo assim, todo aprendizado não se dá somente da oscilação da posição esquizoparanoide para a depressiva, mas também depende da oscilação da posição depressiva para a esquizoparanoide de forma pendular (*paranoid-schizoid* PS ↔ D *depressive*). Isso não significa um retorno à situação anterior, mas a um novo ciclo de desenvolvimento. Toda integração leva à percepção de dimensões não antes vislumbradas e ao aumento do desconhecido – portanto, a nova situação persecutória. O mundo do vovô que é o pai do meu pai não é mais o mesmo em que isso não era percebido. A noção de que a Terra não era fixa e tampouco chata revelou um mundo completamente novo para os contemporâneos de Copérnico, Galileu e Colombo. O desejo de incinerá-los em fogueiras não é nada estranho, visto que essas apreensões da realidade revelaram todo um universo desconhecido e "tirou o chão" debaixo dos pés de seus contemporâneos. Esse universo desconhecido e então apreendido permitiu as grandes navegações e o encontro de mundos, nações, culturas, estranhos para o europeu, havendo ao mesmo tempo um enriquecimento ímpar e a apresentação de problemas novos não antes considerados. O crescimento mental seria inseparável da tolerância à oscilação dessas posições. Num determinado ponto, em *Attention and interpretation*, Bion propõe os termos paciência e segurança como alternativas às posições esquizoparanoide e depressiva, descolando da conotação psicopatológica que esses nomes possuíam na literatura psicanalítica, quando as vivências dessas posições eram suportáveis. Porém, considero que posteriormente prevaleceu a nomenclatura PS ↔ D para tratar do desenvolvimento mental. Na paciência, pode-se ficar perseguido sem ficar se deprimindo por estar perseguido e na segurança pode-se ficar deprimido sem ficar se perseguindo por estar deprimido. Esse seria um pré-requisito para poder pensar na vigência de emoções e haver expansão psíquica e crescimento mental.

O que menciono no parágrafo anterior seria um dos motivos de haver tanto ódio à psicanálise desde os tempos de Freud. Em análise o que importa é o inconsciente, ampliado por Bion para a noção de o desconhecido, que é infinito, e de se verificar que tudo aquilo que se "sabe" é transitório, pois a realidade sempre estará para muito mais além daquilo que se imagina saber. O desenvolvimento do analisando dar-se-á não no sentido sempre almejado para quem busca auxílio, que seria o de livrar-se de angústias, mas na direção de desenvolver maior capacidade para tolerar incertezas, falta de garantias e ansiedades crescentes. Quando nos deparamos com o fato de que todo conhecimento é somente isso, conhecimento e não a realidade última, e que o utilizamos enquanto não temos melhores instrumentos para perceber melhor a realidade, nosso narcisismo fica profundamente abalado.

Para Bion, é o próprio sonhar que vai constituir o Consciente e o Inconsciente. Não é o dormir que permite sonhar. Para ele é o sonhar que permite que alguém durma (fique inconsciente). Quem não pode sonhar não pode dormir, nem tampouco acordar. Vive num mundo de objetos bizarros que costuma constituir o mundo dos sonhos para quem de fato pode sonhar.

---

[13] Uma gagueira indicaria que o conteúdo emocional implodiu o discurso falado. O discurso não pôde ser continente da experiência emocional. Também indicaria que as emoções que ligariam as palavras ou sílabas estão sendo atacadas, impedindo a articulação depressiva delas.

[14] O símbolo é indissociável do reconhecimento da ausência, pois representa o que não está presente, não é a coisa em si. O símbolo (= representação) permite operar na ausência de objetos, fazer manipulações de coisas não presentes (como na química pode-se fazer equações sem ser preciso a manipulação efetiva dos elementos representados por seus símbolos nos cálculos). Símbolos são não coisas, ou não seios, como os denomina Bion. Para haver símbolo é preciso haver o reconhecimento de frustração = percepção da ausência. Símbolo = representação de algo ausente, o que

é fundamental para o pensar adequado e só é possível para quem pode reconhecer que o seio bom imaginado é um seio *não presente*. Em funcionamento psicótico não simbólico, o seio ausente não é percebido como tal, mas como um seio mau presente, que destrói e envenena, ou como um seio ideal, também presente e que nega a frustração, a ausência. O pensamento, para Bion, só é possível a partir do reconhecimento e aceitação da frustração e do estabelecimento do princípio de realidade concomitante ao princípio do prazer.

SEÇÃO I — PSICANÁLISE

Considera que não é um pesadelo que faz com que alguém desperte, é o não poder fazer um pesadelo que faz com que a pessoa "acorde". Sem poder sonhar, não se pode aprender com a experiência. O sonhar acontece, quando opera a função alfa, tanto na vigília quanto no sono. As estrelas sempre estão aí, a luz do Sol é que em geral não permite que as percebamos. O analista deve se desenvolver para poder perceber as estrelas em plena luz do Sol, ou não se deixar enganar por ela e perder de vista o que não é apreensível sensorialmente. Dessa forma, não há um latente que é encoberto pelo manifesto. O manifesto do sonho revela a conjunção constante de elementos intuída e após essa experiência é que se constrói um pensamento racional que organiza aquilo que foi captado de forma intuitiva. O conteúdo latente de Freud, para Bion, seria uma construção posterior à própria experiência do sonhar. As teorias científicas seriam feitas da mesma forma. Primeiro são sonhadas e depois se desenvolve um pensamento racional que as organiza de forma sistemática, fixando o que foi intuído e constituindo uma linguagem que permita sua comunicação e posterior expansão por meio da comunidade a quem são feitas as proposições do que foi formulado.

Trago como modelo uma experiência clínica minha. Uma paciente dizia ter convicção de que seu marido tinha outras mulheres. Porém, não tinha elementos de experiência, segundo ela, para afirmar isso. Na minha vivência com ela, observava seu discurso de querer sempre se apresentar para ele como a mulher que considerava que ele gostaria de ter e que ela mesma não seria amada caso se apresentasse com seus reais pensamentos e opiniões, e se criticasse e questionasse muitos dos modos de funcionar do marido. Na observação dos elementos na sala de consultório, verificava que também se esforçava para ser aquilo que imaginava ser a paciente que eu gostaria de ter. Essa percepção levou-me a um fato selecionado, ou seja, um elemento que, uma vez percebido, permite que se observe a correlação de elementos até então observados sem que deles se percebesse a conexão. (A ideia de fato selecionado foi emprestada por Bion do matemático e físico Henri Poincaré, como equivalendo à teoria de oscilação da posição esquizoparanoide para a depressiva de Klein. Um exemplo seria o transbordamento da água na banheira de Arquimedes, que lhe permitiu o Eureka[15].)

Digo à paciente que considerava que ela tinha motivos reais para achar que o marido tinha outras mulheres. Ela mesma era quem as apresentava para ele para que ele se relacionasse com elas. Mesmo quando tinham relações sexuais, não era com ela que ele transava, mas com as mulheres que ela achava que ele gostaria de ter e que ela produzia para ele, ficando a pessoa real dela de expectadora e testemunha, sem jamais ter a chance de se encontrar com ele ou ele com ela mesma. A única chance que ela teria de, eventualmente, se relacionar com ele, aconteceria se ela pudesse ser ela própria e se apresentar para ele. O mesmo ali comigo.

Eu tinha à minha disposição os mesmos elementos que a analisanda, porém ela não conseguia correlacioná-los. Eles não estavam no seu inconsciente. Eles não possuíam um elo de ligação. Este, quem o produziu fui eu, como analista, que pude sonhar a situação (*rêverie*), o que me permitiu ver a realidade psíquica não sensorial a partir dos elementos sensoriais disponíveis no consultório. Essa percepção oferecida teve forte impacto na analisanda e permitiu que a situação evoluísse a partir dela.

Bion vai destacar a importância de que o importante no trabalho analítico é aquilo que é observado no ambiente do consultório. As informações que possam vir de outras fontes seriam irrelevantes. A situação mental do analisando será verificada a partir das transformações que possam ser observadas no relacionamento do analista com o paciente.

Os elementos do consultório teriam de ser razoavelmente constantes para que o analista esteja familiarizado com eles, tanto os móveis, quanto os barulhos e outros estímulos que venham do ambiente. Supõe-se que o analista tenha tido suficiente análise pessoal para que sua percepção do que observar não seja muito deformada e que suas apreensões daquilo que se passa no consultório não sofram transformações que sejam muito distantes da realidade do ambiente e do que ocorre nele. Transformações seriam modos de apreender e apresentar a realidade última apreendida. Ele pressupõe uma realidade última independente da mente de quem a capta, tal como o número kantiano ou as formas platônicas. Essa realidade última que ele denominou O seria incognoscível e inalcançável, tudo que nós humanos poderíamos depreender dela seriam nossas transformações desse O. Temos acesso aos fenômenos, mas não à realidade última, O. Como exemplo, cito os famosos quadros de Monet da catedral de Rouen[16], na França. São vistas do mesmo portal dessa igreja, pela manhã, tarde, entardecer, inverno, verão, ao sol, na neve etc. A catedral seria sempre a mesma, mas os quadros são diversos, dependendo também, além das condições atmosféricas e de luminosidade de quando foram feitos, do estado mental do pintor quando os fez. Uma maior ou menor turbulência emocional resultaria em transformações, das quais se pode apreender a realidade que as teria estimulado ou não. Quanto maior fosse a "tempestade" interna, mais distante seria a transformação apreendida e produzida a partir dos fenômenos observados. Isso não quer dizer que um quadro realista possa necessariamente ser mais próximo de uma realidade captada do que um quadro abstrato ou cubista. Nessas experiências, o artista pode nos apresentar aspectos da realidade profunda, que podem escapar de quadros ditos naturalistas – e vice-versa.

Menciono como exemplo a observação que fiz uma vez numa praça em que um artista conhecido dava aulas de aquarela a seus alunos, que tinham como estímulo o pôr do sol diante deles. Havia diversas representações desse O comum, o pôr do sol. Cada aluno produziu sua transformação/pintura, que Bion denominou tβ. Em quase todas se verificava uma correspondência entre estímulo e pintura. Em uma delas, entretanto, havia só um borrão de cor parda. O professor chamou a atenção do aluno, considerando que havia algum problema com ele, pois tanto no estúdio quanto fora ele produzia o mesmo tipo de coisa, que não parecia ter relação com o estímulo apresentado. Desse tβ pintura-borrão do aluno, poder-se-ia conjecturar a situação mental dele para produzir o borrão independentemente do estímulo. *Ao processo que se passava em sua mente*, que levou ao produto final tβ, Bion denominou tα. Pela transformação final de um estímulo comum, poder-se-ia capturar a situação mental do analisando, quando o estímulo comum é o consultório e o que se passa dentro dele.

O trabalho psicanalítico teria de levar em conta o *O comum* para o paciente e para o analista, ou seja, aquilo que é obser-

---

[15] Essa é uma experiência emocional – o Eureka não é uma operação racional, é a oscilação das posições, e da depressão correspondente que permite juntar o que até então estava disperso. Após essa vivência que é emocional e irracional, é que se pode fazer um desenvolvimento racional que junte de maneira formal e lógica os elementos que foram percebidos de forma intuitiva. Para Bion, isso só é possível com o afastamento de memórias e desejos, incluindo o de compreensão e entendimento.

[16] Bion também foi um talentoso pintor amador de obras impressionistas.

vável e se passa na sala do consultório. A realidade última da sala, mesmo que em sua manifestação total nunca possa ser apreendida, teria de ser a mesma para ambos os participantes. O analista faz a sua observação do que acontece e vê qual tipo de transformação (apreensão e posterior formulação, seja em forma de discurso ou de comportamento) é feita pelo analisando dos mesmos elementos disponíveis. O analista pode verificar que a transformação feita pelo paciente leva em conta elementos comuns à sua observação, mesmo que a interpretação dos fatos possa ser peculiar ao analisando. Por exemplo, o analisando pode tomar determinado gesto ou fala do analista, mesmo que seja um bom-dia ou cumprimento de mão, como um avanço sexual ou ato hostil[17]. O analista pode ver que o estímulo a essa interpretação é comum a ele e ao analisando, mesmo que discrepante quanto ao sentido emocional dado ou vivido. Esse sentido emocional estaria associado a vivências de natureza transferencial, tal como postularam Freud e Klein; as imagos primitivas revividas em experiências atuais. A esse tipo de configuração, em que o estímulo desencadeante da reação é comum para analista e analisando, Bion denominou transformações em movimento rígido.

Outros tipos de transformações ocorreriam quando o paciente reage a estímulos que não parecem ter correspondência nos elementos observados e comuns entre ele e o analista. Parece que todo estímulo provém exclusivamente da realidade psíquica do analisando (como o borrão do aluno na praça) ou, quando dão a impressão de referir a algo do consultório ou do analista, não parece que algo específico desses elementos tenha preservado sua independência de uma produção mental do paciente. O paciente se refere a um leiteiro que passou em sua casa e fez uma série de coisas inadequadas, e o analista vai se dando conta de que o leiteiro que fez tais absurdos é "ele", o analista, e que, se esse não sabe o que fez pela manhã na casa do paciente, é porque ele, analista, está louco[18]. A situação não precisa ser tão extremada, mas tomo esse exemplo citado por Bion em *Transformações* para ressaltar aquilo que chamou de transformações projetivas. A realidade psíquica é projetada no ambiente ou no espaço e o envelopa ou o substitui.

Outro grupo de transformações ainda mais turbulento é o das transformações em alucinação e em alucinose. Nesse grupo, o analisando vem para provar que o seu funcionamento psíquico e a realidade alucinada que produz em sua mente são superiores ao modo de funcionar do analista e à realidade que este último considera e lida com. Rivalidade, ódio intenso à realidade, violência, inveja, disputa e sentimentos de superioridade e inferioridade são predominantes. O analisando vem para provar a inadequação do analista e a superioridade do alucinar sobre outros modos de operar. Ele clama ao analista (e com quem mais convive) a corroborar a "realidade" superior das alucinações. Tais situações são extremamente difíceis de serem lidadas e muitas vezes podem levar a impasses.

Um dos dilemas para se lidar com pensamento psicótico é que esse não se distingue da realidade em si. O pensamento e o que existe se equivalem. Elementos beta são coisas em si para o paciente. Suas ideias e a realidade última são a mesma coisa para ele. No funcionamento não psicótico, que as ciências deveriam priorizar, mas nem sempre fazem, quando confundem teorias com fatos em si, e se tornam pensamentos religiosos dogmáticos, pensamentos são só isso: pensamentos, teorias, suposições baseadas na experiência do que seria a realidade, mas não correspondem realmente a ela. A realidade independe daquilo que se pensa dela e sempre se impõe, não importa o que queiramos acreditar que ela seja ou não. Esse seria o viés não psicótico. Para o pensamento psicótico, todavia, a realidade última se confunde e se iguala às "ideias" (que não são propriamente ideias, considerado o nível de funcionamento psíquico – ideias propriamente só existiriam quando verificado que são apreensões da realidade última, e não a própria). Portanto, um questionamento de um "pensamento" psicótico não representa para ele a dissolução de uma crença, mas sim o fim da própria realidade, da existência, e há de ser combatido com todas as forças, porque representaria uma catástrofe apocalíptica para o analisando – e é essa condição que o analista deve captar e da qual deve falar a respeito.

Quando faço uma formulação e vejo que o analisando começa a combater com fervor o ponto de vista que lhe ofereço (e sempre o que ofereço é só isso, a verdade do meu ponto de vista, ou vértice, como propõe Bion, minhas transformações), considero que o que se passa é algo no campo das transformações em alucinose, e que o temor do paciente considerar o que lhe proponho não tem maior correlação com o conteúdo proposto. Isso deixa de ser relevante. O que passo a me ocupar é da vivência de fim de mundo, mudança catastrófica, que o paciente teme com qualquer fratura no seu modo de perceber o mundo que se confunde com a realidade última dele. Isso também decorre do fato de o paciente não tolerar a realidade frustrante e deprimente com que tem de se haver, em que os ciúmes, a dor, a depressão, o medo, a insegurança, a falta de garantias e o medo de perder os objetos amados, quer por fatores internos ou externos, fazem parte. Ao substituir essa realidade odiosa que é comum aos seres vivos e existentes por outra criada onipotentemente, pretendem, em princípio, livrar-se de todas as angústias do viver real, mas, ao fazerem assim, tornam-se incapazes para lidar com os problemas reais que a vida coloca, comprometendo seriamente até suas possibilidades de sobreviver. Tal situação também inviabiliza tirarem proveito das oportunidades e riquezas que a vida tem efetivamente para oferecer. Almejando o "céu" alucinado, acabam no "inferno" de onde nada de substancial pode ser retirado. A aversão a reconhecerem tal situação a cronifica. A percepção da miséria em que se encontram em contraponto ao paraíso produzido alucinadamente é um fator que galvaniza o ódio à realidade e maior aversão à capacidade para pensar que pode lhes revelar essa situação, e que paradoxalmente, somente por meio dessa, poderiam se proporcionar situação menos sofrível ou mais confortável.

Para negar a realidade que a mente capta, os analisandos podem atacar o próprio equipamento que a revela, ou seja, os órgãos perceptivos e a mente. Dessa forma, podem ficar enclausurados num mundo de não existência, pois ao que é percebido é negada a existência, assim como ao aparelho que percebe a existência negada também é negada existência. A despeito da negação da existência, os órgãos dos sentidos continuam mostrando o que "não existe", que se constituem como fantasmas em busca invejosa e voraz de existência que sempre é destroçada e negada, o que fomenta mais voracidade e inveja em busca de uma saciedade que nunca poderá ser alcançada, constituindo-se a vida dessas pessoas num inferno de não existências. O trabalho psicanalítico deveria priorizar a atitude mental e as angústias que levam a ela, e não o pretenso conteúdo das formulações.

Em contrapartida, há as transformações em K, ou seja, em conhecimento, e fundamentalmente o que Bion denominou transformações em O, ou transformações e ser. Essas seriam vi-

---

[17] Estou excluindo aqui as questões de natureza contratransferenciais do analista, que devem ser verificadas na análise do analista.

[18] Bion, 1977d, p. 30-31.

SEÇÃO I — PSICANÁLISE

vências de revelações, de percepção direta daquilo que seria a realidade última, num *flash* emocional, tal como o Eureka de Arquimedes. Equivaleriam às experiências descritas por místicos como Santa Tereza d'Ávila, São João da Cruz e profetas em geral, que Bion toma como modelos. Corresponderiam a um encontro direto e revelador com a divindade. Por conta disso, muitos consideraram que Bion estava se tornando um místico. Minha leitura, ao contrário, o coloca muito distante disso. Sua consideração não é metafísica. Considero que se trata de desenvolvimento psíquico em que as captações de conjunções constantes se apresentam de forma instantânea, como sonhos, que revelam os elementos percebidos de que antes não se via a correlação, por meio de imagens oníricas em plena vigília. Dessa forma, as alucinações são usadas no pensamento criativo, de forma diversa daquela quando usada na psicose. Elas servem para que se possa visualizar aquilo que foi intuído, e não seria possível ser captado se não fosse dessa maneira. Todo sonho real se vale de alucinações para podermos ver o que intuímos, tal como no teatro os cenários, figurinos e atores são utilizados para que possamos apreender de forma mais clara e definitiva o que foi intuído (apenas o texto escrito não teria o mesmo efeito, assim como somente a música em partitura e não executada e não ouvida não permitiria o mesmo alcance – os sons tocados não são a música – a música está para além dos sons. As interpretações e execuções musicais permitem que possamos nos aproximar do que seria a música – e cada interpretação em dias diferentes de uma sinfonia nos permitiria nos aproximar de uma maneira ou de outra da realidade última da sinfonia e da música que é inalcançável. A música propriamente é vislumbrada em transformações em O pelo verdadeiro músico. Sua tentativa de registrá-la e comunicá-la, contudo, só é possível por meio transformações em K, em conhecimento, que se valem de regras e sistemas racionais que sejam de senso comum para um grupo, ou que desenvolva uma linguagem que permita um sistema comum de comunicação, para ser registrada e transmitida na medida do possível.

Para Bion existe a realidade última, O, ou o número, emprestado de Kant. As expressões desse O podem vir por meio de transformações, que podem ser musicais, científicas, artísticas, religiosas, matemáticas, etc. – todas se referem a essa realidade última e seriam formas de captá-la. Ele também chama a atenção para o fato de que a realidade não se resume àquilo que nossos sentidos, mesmo que amplificados por telescópios, microscópios e outros instrumentos, possam alcançar. É muita pretensão humana achar que a realidade se restrinja aos instrumentos de captação de que dispomos. E parte deles, como a intuição para captar a realidade psíquica não sensorial, costuma ser desprezada. E é justamente com essa dimensão não sensorial tão desprezada que cabe ao analista perceber e lidar com ela. Os instrumentos para tal captação não podem ser os mesmos usados para a percepção da realidade sensorial, e mesmo essa só poderia ser efetivamente apreendida se os elementos não sensoriais, a sua contraparte psíquica, como as emoções, pudessem ser verificados.

Para a captação da realidade psíquica não sensorial (*sensuous*, em inglês, não está dissociado da dimensão sensual, sexual), Bion propõe a *disciplina* de afastar memórias e desejos[19]. Na observação dos fatos do consultório, ou fora deles, deve-se procurar afastar todo tipo de entendimento racional que possa explicar o que se observa diante de si. O analista deve aguentar

o desconhecido que se lhe apresenta. Deve ver o paciente como sendo a primeira e última vez que o recebe, mesmo que o paciente frequente o consultório por muitos anos. Nenhuma sessão deve ter passado ou futuro. O que se dispõe é daquele momento presente. Se estou vendo o paciente que encontrei ontem, estou cego para o paciente que se apresenta diante de mim hoje. Se sou o analista que fui ontem e preso às memórias do que penso ter sido outro dia, não posso dispor de mim mesmo no presente momento com as experiências de vida que se acrescentaram desde o encontro anterior. Se o analista e analisando são os mesmos de ontem ou do ano passado, estão negando as pessoas que se tornaram desde então e que não podem ser as mesmas dos eventos passados[20]. Deve-se observar que nunca é o mesmo rio que temos diante de nossos olhos (nisso estão implicados os conceitos de invariância e transformações) – é o mesmo rio e também não é – o que interessa saber, entretanto, é sempre o que nunca foi visto, o desconhecido. O que já se sabe é irrelevante (e de que adianta uma pessoa vir nos consultar para saber o que já sabe ou pensa saber?). As invariâncias, quando apreendidas, que revelariam algo essencial da personalidade de uma pessoa e que fazem dela ela mesma e não outra coisa, seja isso o que for, são apreendidas de forma surpreendente e espontânea, por meio de evoluções, o que Bion distingue de memórias.

Diante da experiência no consultório, o analista deve afastar, caso se apresentem, teorias, lembranças, supervisões, o que teria dito Freud, Klein, Bion, e quaisquer pensamentos que tentem juntar de forma racional e conscientemente deliberada os elementos percebidos, para que eles "expliquem" o que se desenrola. Mesmo diante do desespero do analisando que clama por alívio e solução, deve abster-se de produzir algum tipo de reasseguramento ou procurar encontrar algo para dizer que "resolva" o problema. Disciplinadamente, deve-se manter no escuro até que algo surja de forma inesperada e surpreendente, tal como num sonho, ou num sonho acordado, e revele a conjunção constante de elementos que possa dar sentido ao que se passa. Se isso não surgir espontaneamente, deve aguardar. Se tergiversar e ceder ao impulso de reassegurar ou explicar, poderá pôr a perder definitivamente o real trabalho psicanalítico, viciando o analisando e a si mesmo nesses alívios de efêmera duração, tal como ocorre no uso de drogas. Como disse Charcot a Freud, não seria ele que diria a uma coisa o que ela é. Deveria observá-la até que ela decidisse contar para ele o que é.

Bion distingue as memórias (voluntárias) de algo que seria involuntário, que surge tal como a experiência da Madalena para o narrador de *Em Busca do Tempo Perdido* de Proust. Essa "memória" involuntária, ou algo que surge de *impromptu* que pode articular coisas que foram ouvidas por anos e não mais lembradas até então, foi chamada por Bion de evolução. O conhecimento de teorias é importante, mas a lembrança delas deve ser afastada durante o trabalho analítico. Elas podem servir como aquilo que ele chamou de preconcepções, que devem permanecer esquecidas, até que eventualmente um fato observado na experiência permita uma realização, uma evolução delas, que passam a adquirir outro sentido bem diferente da apreensão intelectual que podiam ter antes. O perene não encontro de realizações e evoluções de determinadas teorias na experiência

---

[19] Ver *Notes on memory and desire* (Bion, 2013, p. 136/138; Bion 1992, p. 380/383) e seu livro *Attention and interpretation* (Bion, 1977a).

[20] Dessa forma, também negam a experiência de separação entre um encontro e outro, tal como um bebê que, não suportando a frustração da ausência do seio, costura um dia no outro como se fossem o mesmo. Como decorrência, há um desastre mental, pois, negando-se a experiência de ausência, de separação, aniquilam-se também o tempo e o espaço.

deveria levar ao questionamento delas, se não for o caso de efetivamente descartá-las por não encontrar correspondência nos fatos observados.

A psicanálise com Bion perde o seu viés médico curativo. Ela serviria apenas para apresentar uma pessoa àquilo que ela realmente seria, à sua realidade psíquica. Se uma pessoa puder estar mais em acordo consigo mesma, se puder casar com ela própria, já que de si mesma não poderá se separar (e as tentativas de evadir-se de si mesma a enlouquecem), poderá dispor dos recursos que efetivamente possui para enfrentar as agruras da vida e para aproveitar as oportunidades surgidas, e não aquelas que gostaria que existissem, tanto em si mesma como no mundo externo.

O analista não deve ter um modelo de normalidade para seu paciente. Se assim for, não estará praticando psicanálise, mas fazendo algum tipo de pregação religiosa ou de propaganda política e de manipulação. Tal como mencionou em *A memoir of the future* (Bion, 1991a), se o analisando for um ladrão, com análise tornar-se-á um melhor ladrão (cabe ao analista não querer analisar um ladrão, pois nesse caso o desenvolvimento do paciente pode levá-lo a ser uma vítima em potencial das habilidades expandidas do cliente – ou se a curiosidade do analista for maior, de levar a coisa adiante para ver no que vai dar).

Em contato com sua realidade psíquica, o analisando expande sua capacidade para pensar, tornando-se mais instrumentado para lidar com a realidade interna e externa. Essa pode ser uma consequência terapêutica da análise, mas o seu principal motor seria a curiosidade e a necessidade intrínseca de alguns indivíduos por contato com a vida mental, com a verdade, mesmo que isso lhes produza muito desconforto e turbulência, pois a realidade não costuma corresponder ao que gostaríamos de encontrar nela.

Vou deixar de lado as questões clínicas para me ocupar brevemente de outra questão que foi central na problemática abordada por Bion, que diz respeito ao trabalho da psicanálise como ciência, e do desenvolvimento de uma linguagem adequada para ela.

A BUSCA DA LINGUAGEM DE ÊXITO (OU DE ALCANCE, OU DE CONSECUÇÃO[21]) E O MÉTODO CIENTÍFICO

Em *Learning from experience* e no póstumo *Cogitations*, Bion começa a explicitar as dificuldades que via no desenvolvimento da psicanálise como ciência, não porque ela não fosse uma ciência, mas por carecer de instrumental para se desenvolver como ciência. Primeiramente, a realidade com que se lida em psicanálise não é a dos sentidos, é a realidade psíquica não sensorial e, por conseguinte, os instrumentos para sua captação não podem ser os mesmos das ciências naturais – todavia, a partir dos desenvolvimentos da física quântica, nem mesmo essa ciência pode mais se ancorar em dados "objetivos", tornando-se probabilística.

Aquilo que é objeto de estudo e pesquisa do psicanalista não tem substrato material, e pode, quando muito, ser inferido a partir do que se observa com os órgãos dos sentidos. Inveja, ciúme, angústias, não são observáveis, são inferidos. Sudoreses, agitação física, comportamentos violentos, podem ser verificados com os sentidos, mas os sentimentos a eles associados e a realidade psíquica que corresponderiam a eles não. Reações neurológicas podem ser mensuradas, mas o *gap* entre elas e a realidade

emocional a que estariam associadas, a despeito dos esforços dos neurocientistas, não foi realmente transposto.

Os instrumentos para a observação da realidade psíquica passam a ser uma das questões propostas por Bion. A própria ideia de objetividade nas ciências duras também é questionada, visto que o desenvolvimento dos instrumentos de mensuração e registro estão todos comprometidos com o funcionamento da mente humana. Como diz Bion, o registro fotográfico da fonte da verdade já está comprometido pela própria interferência do equipamento utilizado e da lama que ele produziu, assim como da escolha do equipamento, das lentes, do ângulo utilizado, e, em última instância, ainda resta a interpretação de quem analisar o registro. E qual a garantia de que o registrado corresponde à realidade que procura registrar? Ele revela que a crença "objetiva" da correspondência do registrado com o real e da não percepção de que o registro está contaminado pela subjetividade de quem desenvolve o equipamento de registro (ele poder ter sido desenvolvido para que se registre e se encontre o que se deseja encontrar, como uma das possibilidades) e a exclusão de que a leitura dos próprios registros implica uma interpretação subjetiva deles levam os supostos cientistas a terem o mesmo funcionamento de pacientes psicóticos que acreditam que aquilo que percebem é igual àquilo que existe, sem distinção.

Essas questões quanto à possibilidade de haver conhecimento real há séculos vêm atormentando os filósofos como Platão, Descartes, Hume, Kant, Popper etc., e com os quais Bion foi atrás de dialogar na sua busca por esclarecimento de como a mente humana opera e da busca do conhecimento e do aprendizado.

Ele considerou que havia vantagem dos psicanalistas em relação aos filósofos e que os primeiros poderiam trazer grandes contribuições no campo da epistemologia por se ocuparem dessas questões de maneira prática, colocando suas hipóteses para verificação na experiência no atendimento de pacientes.

Como ciência, porém, o psicanalista encontra outro entrave, além da questão do instrumento de captação e registro: a linguagem para registrar, descrever o observado e para transmitir, não só para o paciente quanto para si mesmo e para os colegas, os fenômenos observados. Em física e química existe a linguagem matemática em que um registro como H_2O ou equações de reações químicas é compreensível para qualquer profissional dessas áreas. Em psicanálise, diz Bion, a linguagem utilizada para descrever fenômenos não materiais é uma linguagem concreta e se presta a muita confusão e mal-entendido. Outro problema é que essa linguagem, ligada a descrições narrativas, em geral não consegue transmitir a experiência emocional e a dimensão não sensorial da vivência tal como acontece quando pessoas registram sonhos acordando à noite e, pela manhã, ao lerem o registro, percebem que o sonho, propriamente, não está lá, ou não conseguem recuperá-lo na sua essência, por mais bem escrito que esteja o registro. A psicanálise estaria como a música antes da invenção da pauta musical. Tudo aquilo que teria sido produzido musicalmente antes desse período pode ser apenas especulado, ou vem por tradição oral (mas como se pode saber se o registro oral que ficou tem alguma relação verdadeira com aquele que havia na origem?). A quinta sinfonia de Beethoven começa com o famoso "tchan tchan tchan"! Em psicanálise, temos o registro "tchan tchan tchan" – mas qual é a experiência musical a que correspondem essas palavras que grafei? Sem a pauta, não é possível saber[22]. Com o desenvolvimento da notação musical

---

[21] Tentativas existentes de tradução do inglês de "*Language of achievement*".

[22] Essa analogia com a escrita musical é minha, não de Bion, mas penso que traduz de forma sucinta suas ideias. Ele se refere à escrita musical e à possibilidade de músicos

SEÇÃO I — PSICANÁLISE

(que também é uma linguagem matemática abstrata), pode-se recuperar em grande parte a experiência original da mente do compositor, assim como reproduzi-la mentalmente, mesmo na ausência dos instrumentos, para quem tem familiaridade com essa linguagem, ou efetivamente tocando os instrumentos a partir do registro efetuado. Com alguns poucos símbolos matemáticos musicais, podem-se registrar sinfonias inteiras e procurar reproduzi-las (cerca de 30% ainda estariam a cargo de interpretação do músico, segundo o maestro e apresentador da rádio Cultura de São Paulo, Walter Lourenção – mas 70% é muito mais do que dispomos enquanto psicanalistas para nos comunicarmos). O músico pode operar na ausência dos instrumentos e propor novos arranjos musicais a partir da manipulação das notas, que, em última instância, também são registros de experiências emocionais – a clave inicial de uma pauta dá o tom emocional de uma composição e as notas representariam experiências emocionais que seriam transmitidas por meio de registro gráfico e depois sonoro (tocado ou não, já que um músico ao ver os pontos negros na pauta ouve a música/experiência emocional a que corresponderiam).

Bion menciona que a teoria do Édipo de Freud está enunciada de forma fraca, pois é muito ligada aos elementos narrativos da experiência de que foi abstraída, o que impediria o reconhecimento de novas realizações quando elas se apresentam. Uma notação matemática para experiências químicas ou físicas em que se registra o essencial da situação possibilita que se encontrem novas realizações, na prática, para as equações. Em psicanálise, a situação edípica, colocada nos termos mitológicos em que o filho pretende matar o pai para casar com mãe, dificultou que se alcançasse a questão do interdito, mais abstrata e mais essencial, nessa proposta científica. Os antropólogos na Polinésia refutaram a ideia de complexo de Édipo e sua universalidade, porque não havia interdito de incesto com a mãe, mas havia outros. Como a formulação era literal, pai, mãe e filho/filha, os aspectos essenciais e abstratos não foram considerados e houve a refutação da teoria do complexo de Édipo. Uma formulação matemática para a situação edípica que coloca que se trata de uma relação entre três em que um está excluído permitiria muito mais realizações dessa situação essencial para a mente humana do que sua formulação apoiada na narrativa mitológica, ou de situações concretas. O teorema de Pitágoras, como propõe Bion, seria um melhor registro dessa condição mental. Perdeuse, segundo ele, a noção de que ele provém das experiências emocionais que levaram ao seu desenvolvimento. A abstração matemática teria perdido o contato com as experiências de que é oriunda. O 1, o 2 e o 3 são decorrências da percepção do eu e não eu – a verificação da existência do outro (seio/mãe) independente da própria levaria à noção de 1 e 2. A frustração na ausência do seio levaria ao 3, e assim por diante.

Bion tentou, primeiramente, o desenvolvimento de uma grade na qual tentaria explicitar os elementos de psicanálise, que tal como os elementos da tabela periódica da química, poderiam ser um registro não sensorial das experiências vividas. Uma mesma fala, dependendo de onde localizada na grade, indicaria um grau de desenvolvimento e abstração das mentes em questão. Desde os mais concretos (com elementos beta), aos mais abstratos e sofisticados como o cálculo algébrico. A narrativa pode ser ab-

solutamente a mesma em palavras, mas a experiência emocional, completamente diversa, dependendo da pauta musical que pudesse ser acoplada ao recito de uma experiência. Conforme a pauta atribuída (ou a localização na grade da experiência considerada), ter-se-ia a percepção e a captação de situações emocionais e mentais completamente diversas, que poderiam ser comunicadas para o próprio autor do registro, para seus colegas familiarizados com essa linguagem (como ocorre com químicos e físicos ou entre músicos).

As diversas combinações possíveis dos elementos da grade, como os elementos da tabela periódica, poderiam indicar ou revelar a existência de objetos psicanalíticos, que seriam equivalentes a moléculas e compostos químicos, usando-os de forma metafórica e não concreta, para me referir aos "compostos mentais".

O desenvolvimento dessa linguagem com a grade permitiria o trabalho na ausência da experiência analítica, assim como faz um músico que conhece a linguagem musical[23]. Fazendo "exercícios de escala" ou de composição fora dos atendimentos, poderia recombinar os elementos de psicanálise supostamente ocorridos numa sessão de outra forma, o que permitiria a antecipação de objetos psicanalíticos (como moléculas da química, ou acordes musicais), nunca antes verificados. A preconcepção da existência de objetos psicanalíticos nunca observados seria essencial para que pudessem ser observados caso se apresentem. As ciências, ressalta Bion, se desenvolvem a partir da possibilidade de antecipar o que nunca foi visto, como a hipótese do Bosom de Higgins.

Em *Transformações*, conforme minha leitura, ele propõe que toda formulação matemática, como mencionei antes, é oriunda de experiências emocionais e postula a possibilidade de se recuperar sua origem emocional de forma que pudessem ser utilizadas para a comunicação de experiências emocionais em psicanálise e entre psicanalistas. Considerou, em *Cogitations*, que a psicanálise não poderia ser criticada por não ser científica por não dispor de uma linguagem matemática. Do seu ponto de vista, ela é uma atividade científica, só que ainda precisa surgir um matemático que produza uma linguagem matemática para ela.

Em todo seu trabalho, ele se ocupou dessa questão de comunicação e de transmissão. Considerou que a profusão de teorias psicanalíticas se dá muito mais pela não percepção do que haveria em comum e essencial naquilo que é descrito em diferentes escolas, por conta das dificuldades de linguagem. Do seu ponto de vista, apenas algumas poucas teorias psicanalíticas já seriam essenciais e suficientes (ele as enumera destacando ideias de Freud e Klein em seus livros). Também se inquietava em como transmitir aos seus analisandos a experiência emocional que gostaria de lhes comunicar e que eles percebessem. A comunicação eficaz do que teria apreendido levaria o analisando a "ver", viver aquilo que seria transmitido, e isso teria capacidade de produzir uma mudança no analisando, alcançando-o, tendo consecução, produzindo nele uma experiência emocional vívida, e não um entendimento intelectual, e inútil.

No final de sua vida, ele considera que os que mais se aproximariam de uma linguagem de êxito (*Language of achievement*) seriam os grandes artistas e os poetas (com grande destaque

---

ouvirem sons quando vêm os pontos negros impressos em papel, mas os modelos que utiliza são bem mais complexos e discorrem extensamente sobre o desenvolvimento do pensamento filosófico e matemático, dos pré-pitagóricos aos mais complexos construtos matemáticos, da física quântica, da astrofísica etc., a que teve acesso até o fim de sua vida.

---

[23] O músico que não dispõe dessa linguagem estaria como o psicanalista que só pode tocar ou compor na presença concreta dos instrumentos e dificilmente consegue reproduzir aquilo que "ouviu" em situação posterior, sem que sofra consideráveis transformações, até o ponto em que se perderia por completo a experiência original alcançada.

para Shakespeare, Milton, Keats, Homero, Virgílio, entre outros), e que suas obras seriam o meio eficaz para a comunicação de *experiências emocionais*.

Em *A memoir of the future*, vale-se de personagens fictícios como Roland, Alice, Rosemary, Sherlock Holmes, Diabo, Tiranossauro, Estegossauro, etc., e outros supostamente reais (como Psicanalista, Bion, Eu mesmo, feto de poucos meses que corresponderiam a aspectos de si mesmo ou da mente), para falar da experiência de uma análise. O livro começa como se fosse um romance comum, em que personagens aristocráticos esperam na varanda de sua fazenda a chegada de um exército inimigo que ganhou uma guerra com o Reino Unido. Da compostura inicial, logo surge o caos e a ordem das coisas é subvertida, com todo um mundo primitivo e violento se apresentando.

Tal como a matemática e as ciências teriam se desenvolvido de forma estrondosa a partir do surgimento das coordenadas cartesianas que teriam liberado essas ciências dos elementos sensoriais ligados à geometria euclidiana, com o surgimento de elementos sem contrapartida sensorial como os números negativos e imaginários que permitiram acesso a universos nunca antes supostos, ele também propõe, com seu livro, que a consideração e o respeito por personagens imaginários e a utilização de dimensões da mente de onde eles provêm seriam tão fundamentais para o desenvolvimento da psicanálise quanto os números negativos e imaginários (sem falar de outras formulações mais complexas e abstratas) o foram para as ciências físicas. Nisso, encontramos um reflexo da obra de Beckett (que Bion atendeu nos anos 1930) e de Pirandello. Para Bion, alguns personagens como Falstaff de Shakespeare seriam bem mais reais do que muitas pessoas que circulam pelo mundo (que, por sua vez, seriam apenas imitações de existências, sem a chance de serem elas próprias).

Termino neste ponto porque, caso contrário, poderia me estender até sabe-se lá quando, diante de tanta coisa que sua obra leva a pensar. O que expus requer muito mais expansão para se tornar mais claro. Deixo isso para quem tiver a curiosidade de se permitir espantar e se deslumbrar diante das propostas desse que considero ter sido o possuidor de uma das mentes mais extraordinárias que surgiram no século XX.

REFERÊNCIAS BIBLIOGRÁFICAS

Bion, W. R. (1922). *The long week-end*. Abingdon: Fleewood Press.

Bion, W. R. (1961). *Experiences in groups*. Londres: Tavistock. (Trabalho original publicado em 1948-1951)

Bion, W. R. (1977a). Attention and interpretation. In: W. R. Bion. *Seven servants*. New York: Jason Aronson. (Trabalho original publicado em 1970)

Bion, W. R. (1977b). Elements of psychoanalysis. In: W. R. Bion. *Seven servants*. New York: Jason Aronson. (Trabalho original publicado em 1963)

Bion, W. R. (1977c). Learning from experience. In: W. R. Bion. *Seven servants*. New York: Jason Aronson. (Trabalho original publicado em 1962)

Bion, W. R. (1977d). Transformations. In: W. R. Bion. *Seven servants*. New York: Jason Aronson. (Trabalho original publicado em 1965)

Bion, W. R. (1977e). *Two papers: the grid and caesura*. Rio de Janeiro. Imago.

Bion, W. R. (1988). *Estudos psicanalíticos revisados (second thoughts)*. Rio de Janeiro: Imago. (Obra originalmente publicada em 1967)

Bion, W. R. (1991a). *A Memoir of the future*. Londres: Karnac.

Bion, W. R. (1991b). *All my sins remembered and the other side of genius*. Londres: Karnac.

Bion, W. R. (1992). *Cogitations: Wilfred R. Bion*. Londres: Karnac.

Bion, W. R. (1993). *Second thoughts*. Londres: Karnac. (Publicado originalmente em 1967)

Bion, W. R. (1997). *War memories*. Londres: Karnac.

Bion, W.R. (2013). *Wilfred Bion: Los Angeles Seminars*. Londres: Karnac

Bléandonu, G. (1993). *Wilfred R. Bion, 1897-1979. A vida e a obra*. Rio de Janeiro: Imago. (Publicado originalmente em 1990)

Castelo Filho, C. (2015). *O processo criativo: transformação e ruptura*. 2. ed. São Paulo, Blucher.

Freud, S. (1911). *Formulations on the two principles of mental functioning*. In: *The standard edition of the complete psychological works of Sigmund Freud*. (1978). Londres: The Hogarth Press. v. XII, p. 218-226.

Goyena, J. L. (1991). *Nouvelles idées, nouvelles théories et changement catastrophique. W. R. Bion, une théorie pour l'avenir*. Paris: Editions Métailié.

7

A psicologia analítica de Jung: do inconsciente coletivo ao processo de individuação

Laura Villares de Freitas

Trabalhar com a psicologia analítica de Jung é habitar um vasto campo, que busca, numa articulação bastante dinâmica, dar conta do ser humano em sua dimensão comum e universal e também em seu aspecto mais pessoal, distintivo e único.

BREVE ESBOÇO DA CRIAÇÃO DE UM CAMPO FÉRTIL

Carl Gustav Jung (1875-1961) nasceu, viveu e morreu na Suíça – sem, no entanto, deixar de realizar várias viagens pela Europa, América do Norte e África. Formado em psiquiatria, a ela dedicou os primeiros anos de sua carreira, como assistente de Eugen Bleuler no Hospital Mental Burghölzli. Juntos, realizaram estudos sobre a demência precoce, que então sugeriram nomear de "esquizofrenia", e também estudos experimentais sobre associação de palavras, buscando entender o funcionamento psíquico. O trabalho nesse período, na primeira década do século XX, permitiu que Jung vislumbrasse conceitos importantíssimos que, por ele mesmo melhor elaborados posteriormente, viriam a ocupar posição central em sua concepção da natureza psíquica do ser humano: o inconsciente coletivo e os complexos.

Atento ao conteúdo de delírios e alucinações dos pacientes psicóticos, ali reconheceu temas e imagens presentes em escritos antigos de dificílimo acesso. Pôs-se, então, a imaginar uma base universal e comum a todos os seres humanos, independentemente de época, localização geográfica ou situação psíquica. Parte do que Jung se dedicou a pesquisar nas décadas seguintes visava a melhor elucidar tal substrato: interessou-se por diferentes culturas, pela mitologia em geral, pelas artes e pelas religiões. Viria posteriormente a formular o conceito de arquétipo: algo que constitui o inconsciente coletivo e é inato, embasador em boa parte do desenvolvimento psíquico e contendo as potencialidades para a vida humana, em termos de criatividade, patologia, estruturação e contínua ampliação da consciência, construção de relacionamentos e vida em comum, assim como de movimentos de diferenciação individual.

Estabeleceu alguma analogia entre o conceito de instinto para a biologia, como algo que condiciona o comportamento, e o de arquétipo, responsável pela maneira como apreendemos uma situação. Definiu o arquétipo não por seu conteúdo expresso,

que pode variar um tanto nos diferentes contextos e épocas, mas como um padrão inato de apreensão de situações, uma espécie de fôrma ou filtro que em grande parte condiciona e impulsiona a vida psíquica do nascimento até a morte. São vários os arquétipos, e o habitual é que, numa dada situação ou período, um deles esteja mais ativado, podendo também haver certa justaposição ou mesmo disputa entre mais de um deles. Chegou também a definir o arquétipo como um conglomerado peculiar de energia psíquica, que seria mobilizada na direção da consciência ao se darem as diferentes experiências, colaborando, assim, para a formação de símbolos.

Por outro lado, no mesmo início de século, Jung chegou ao conceito de complexo. Enquanto o arquétipo representa nossa base psíquica comum e universal, o complexo captura como ela se articula a uma vida em especial, configurando-se na experiência vivida, numa possibilidade singular de apreensão consciente, e adensificando-se a partir de então. O arquétipo permanece no núcleo do complexo, mas este necessita de mais: da experiência vivida e de associações de emoções e ideias, que aos poucos ali se aglutinam, dando maior alcance à influência do complexo na vida individual. Podemos, por exemplo, imaginar que todos temos o arquétipo da grande mãe e que ele apresenta qualidades comuns – como cuidado básico, nutrição, garantia de sobrevivência física e emocional, afeto, acolhimento –, mas cada um de nós tem o seu complexo materno, constituído durante a infância com matéria-prima mista, por um lado do substrato universal arquetípico e, por outro, da interação com a figura materna – uma pessoa com suas características individuais presentes ao cuidar de seu rebento. Dessa maneira, alguns têm um complexo materno com qualidades de aconchego e segurança básica, outros com qualidades de duplo vínculo e grande tonalidade disciplinadora, por exemplo.

É notório, assim, como desde o início de sua carreira, como psiquiatra, pesquisador da psique e logo também como professor universitário, Jung parte de uma posição que não isola a pessoa, mas sempre a considera em relações, como ponto de articulação entre algo que é geral, universal e atemporal e, simultaneamente, individual e único, localizado num dado contexto e experiência sendo vivida. E ele ainda sofisticaria sua concepção de ser humano nas décadas seguintes.

Num segundo momento de sua trajetória profissional, Jung em 1906 buscou Freud e o grupo a seu redor, interessado por seus estudos sobre o inconsciente e os sonhos. Iniciou-se no ano seguinte um contato intenso e profícuo, em boa parte registrado em cartas, que durou pouco mais de seis anos. A possibilidade de formar um grupo sólido e com reconhecimento da comunidade científica, o qual buscava aprofundamento na questão do inconsciente, tanto em termos teóricos como no desenvolvimento de uma forma de intervenção – a psicanálise – unia todos. Em 1909, Freud e Jung viajaram juntos aos Estados Unidos para proferir uma série de conferências na Universidade Clark. De manhã, compartilhavam seus sonhos no navio, e Jung posteriormente deixou registrada sua ressalva desde então quanto a uma visão estritamente pessoal do inconsciente e com grande ênfase na sexualidade, defendida por Freud, contrapondo a ela a consideração da existência de um *a priori* coletivo na psique individual. Por outro lado, Jung parece ter contribuído significativamente para a internacionalização do movimento psicanalítico. Em 1910, fundou-se a Associação Internacional de Psicanálise, para a qual ele foi escolhido como o primeiro presidente – cargo que ocupou até 1914.

Os estudos sobre a esquizofrenia, a proposta do conceito de complexo, entre outras trocas de ideias, parecem ter interfertilizado ambos os pensadores. Diferenças surgiriam: por exemplo, para Jung, os complexos são muitos e constituem – eles e não os sonhos – a via régia para o inconsciente. E, em seu livro de reminiscências, deixa claro que não rompera com Freud no campo das ideias ao prosseguir no estudo da natureza do inconsciente (Jung, 1961/1990).

Mas Jung já estava bastante interessado no estudo sobre os símbolos ao longo da história, buscando bases filogenéticas para sua concepção de ser humano, e, ao final de 2012, publicou o livro *Metamorfoses e símbolos da libido* – posteriormente rebatizado como *Símbolos de transformação* (1912/1976) –, o qual foi veementemente rejeitado por Freud, dando-se o rompimento entre os dois e o desligamento de Jung do grupo dos primeiros psicanalistas. Estavam em jogo, sobretudo, os conceitos de libido e de inconsciente, além, segundo relatou Jung (1961/1990), do fato de Freud não querer abrir mão de certa autoridade por ser dezenove anos mais velho e o fundador da psicanálise. Enquanto Freud destacava a tonalidade sexual da libido, Jung procurava ampliar seu escopo, nela reconhecendo vários outros matizes, inclusive a dimensão da religiosidade.

O rompimento inicia o que pode ser considerado como o terceiro momento na trajetória junguiana, que percorre os anos de 1913 a 1920 e é marcado por certo isolamento profissional, grande crise pessoal e intensa busca de checagem de suas próprias ideias. Jung já não mais trabalhava no hospital psiquiátrico, passando a dedicar-se mais aos pacientes individuais. Foi um período de relativamente poucas publicações e palestras, mas, em compensação, de grande introversão, muito trabalho pessoal e muita reflexão. Ali despontam questões que ocuparão lugar central: a energia psíquica e suas possíveis transformações que caracterizam uma psicodinâmica; o conceito de símbolo como articulador entre consciência e inconsciente e impulsionador da vida psíquica; a descoberta de uma função natural de autorregulação psíquica que se manifesta por meio de símbolos e, em casos extremos, de sintomas; a possibilidade de um trabalho

com a imaginação capaz de evocar a criatividade presente no inconsciente, promover alargamento da consciência e atenuação da influência patológica de complexos fixados; a definição de uma tipologia psicológica que abranja e articule as diferentes maneiras de estar na vida sem excluir nenhuma ou estabelecer uma hierarquia de valor entre elas; a proposta de um conceito, o *Selbst* (ou *Self*, ou *Si-mesmo*), que dê conta da inteireza psíquica de uma pessoa, compreendendo toda a sua pluralidade e capacidade de divisões, e que, além disso, funcione como o centro responsável pela constante equilibração e autorregulação psíquica; a busca de aprofundamento na compreensão do inconsciente coletivo, que culminará na conceituação do arquétipo; a constatação de um peculiar paralelismo entre ontogênese e filogênese, e entre indivíduo e sociedade; o reconhecimento de uma dimensão que transcende a dualidade matéria e espírito, que Jung denomina "alma" e que pode, e deve, ser reconhecida e cultivada, tanto no indivíduo quanto numa coletividade.

Desde 2009 é possível lançar maior luz sobre as questões e conflitos vividos por Jung durante esse terceiro momento, pois deu-se a publicação do *Livro vermelho* (Jung, 2009), uma espécie de diário pessoal até então mantido oculto por seus familiares. Ele mesmo chegou a dizer que seus sonhos e fantasias de então foram como que uma larva ardente e líquida a partir da qual se cristalizou a rocha que deveria depois talhar (Jung, 1961/1990)

A leitura do *Livro vermelho* torna patente o quanto Jung sofreu no próprio âmago para conseguir organizar suas ideias num corpo teórico que considerasse satisfatório. Ali está registrado seu empenho em abrir-se para manifestações do inconsciente sem, no entanto, perder-se nelas, mas, pelo contrário, buscando colaborar com sua expressão clara e precisa, para então com elas estabelecer uma interlocução. Personificava-as sempre que possível e buscava referências e analogias em elementos da cultura do Ocidente e do Oriente, chegando a desenvolver o recurso técnico que denominou amplificação psicológica. Observa-se naquela obra enorme dedicação assumida conscientemente, que se manifesta, para além do conteúdo propriamente dito, na redação, na caligrafia, na pesquisa de símbolos, nas reflexões teóricas e nas belíssimas ilustrações, que ele próprio desenhava e pintava.

Está no *Livro vermelho* o testemunho vivo de exercícios de imaginação ativa do próprio Jung, modalidade de trabalho que ele desenvolve e chega a propor como recurso valioso para se contatar o potencial criativo autônomo do inconsciente e com ele estabelecer uma relação consciente. Como pressuposto para a imaginação ativa, está a consideração da autonomia da psique objetiva, a ser necessariamente levada em conta por quem busca uma vida adulta madura. E, como requisito fundamental, uma disposição de abertura e maturidade egoica.

Além da prática da imaginação ativa, há o trabalho com os próprios sonhos, que são por Jung tomados como elementos da natureza buscando se realizar, compensando as unilateralidades assumidas pela consciência, veiculando símbolos e também colaborando com o processo de autorregulação psíquica.

Sobretudo no *Livro vermelho* (Jung, 2009) e em partes de *Memórias, sonhos, reflexões* (Jung, 1961/1990), Jung expõe grandemente sua vida interior, conteúdos de suas imaginações ativas, sonhos, ideias e emoções, permitindo-nos compreender a importância fundamental que atribuía à pessoa do pesquisador e do analista. No terceiro período, ora considerado, percebemos como o mergulho em si mesmo, numa disposição que não abandonou a auto-observação e a postura reflexiva, permitiu-lhe uma posterior emersão consistente e o avançar em seu trabalho como analista, em sua vida pessoal e em sua obra teórica.

De maneira pessoal e empírica, foram assim lançadas as bases para o que é fundamental na psicologia analítica e atualmente se considera um trabalho pautado no campo arquetípico do curador ferido, associado à figura da mitologia grega de Quíron, o centauro capaz de curar e ensinar a curar, ele próprio sendo padecedor de uma ferida incurável. Quíron acaba sendo inspiração para a formação do analista e também para considerações sobre o papel do artista na sociedade a que pertence (Jung, 1930/1975).

Na contramão dos avanços da ciência que lhe era contemporânea, Jung não concebia a possibilidade de um profissional capaz de total objetividade, isento de problemas pessoais, modelo de saúde e amadurecimento, mas sim um ser humano em todas as dimensões da vida, inclusive – ou talvez principalmente – a do sofrimento, da dor, da ferida, da incompletude, da incerteza e da insegurança. Este, sim, é capaz de integrar o processo terapêutico de seu paciente e com ele colaborar, se o fizer numa disposição aberta e de observação cuidadosa do que for emergindo, constantemente atento ao risco de abuso de poder, que é inerente às profissões de ajuda (Guggenbhül-Craig, 2004).

O trabalho clínico pautado na psicologia junguiana não é a aplicação de uma técnica, esta embasada em uma teoria fechada. É antes um esforço compartilhado, o profissional desempenhando um papel específico sem dúvida, mas experienciando constantemente um não saber, um acolher e vislumbrar distintas possibilidades, um aguardar a manifestação simbólica, um escutar atento de algo – o símbolo – que muitas vezes, ao simplesmente ser reconhecido, poderá promover por si uma mudança. A interpretação do material inconsciente é um recurso possível entre outros, e muitas vezes o próprio símbolo é o melhor intérprete do que há a ser apresentado à consciência, bastando que seja reconhecido, acolhido e se permaneça atento a ele, desfrutando do campo peculiar que ele inaugura. É possível lançar mão de técnicas, oriundas de outras abordagens psicológicas ou mesmo das artes, que auxiliem a expressão do que as palavras ainda não alcançam, para que novas imagens surjam e convivam as disposições habituais. Mas a elas se recorre com critérios pautados na visão de ser humano, e não por necessidade do profissional de preencher um silêncio, de focalizar determinados temas que talvez lhe interessem mais do que ao paciente, de satisfazer alguma curiosidade ou de corresponder a um modelo genérico de adaptação e saúde mental.

Coerente com tais ideias, e convicto da necessidade de trabalhar as próprias projeções sobre o paciente e de viver eticamente o papel profissional, Jung cedo percebeu e propôs como necessário que o analista em formação – ou seja, qualquer analista, já que a formação nunca se completa – faça a sua própria análise e também que tenha um colega experiente com quem trocar ideias, angústias e questões a respeito de seu trabalho – um supervisor –, instituindo pioneiramente como requisitos ao analista essas duas práticas, que na época não se davam, mas que hoje são amplamente reconhecidas e adotadas (Jung, 1931/1981).

Em 1920, Jung publica *Tipos psicológicos* (1921/1991), obra em que se dedica ao estudo da psicologia da consciência e busca criar uma psicologia o mais inclusiva possível, que não implicasse rupturas ou competições por uma verdade absoluta. Ali reflete sobre as personalidades e conceitos propostos por Adler e Freud, cujo rompimento antecedera ao seu, e propõe o reconhecimento das disposições introvertida e extrovertida, presentes em diferentes graus em cada pessoa. Identifica também quatro maneiras de a consciência lidar com as situações – as funções sensação, intuição, sentimento e pensamento –, que, em suas possíveis combinações, levam à existência, *grosso modo*, de dezesseis tipos psicológicos.

A tipologia junguiana oferece uma ferramenta útil ao se considerarem os relacionamentos humanos e tem sido utilizada em contextos escolares, de trabalho, de amizades e parcerias, e conjugais. É interessante também levá-la em conta quando se focaliza a dinâmica do campo transferencial, num processo analítico. Se a ela, em sua formulação original, se acrescenta um olhar processual e dinâmico, que visa também ao amadurecimento pessoal, torna-se um instrumento que favorece o contato e a elaboração da sombra, o aspecto que se contrapõe ao ego, centro da consciência. Isso porque não se trata apenas de reconhecer a tipologia predominante, que corresponde à maneira habitual e geralmente mais bem-sucedida de uma pessoa, mas igualmente de buscar desenvolver o lado inferior, onde residem as dificuldades e as indiscriminações, onde o ego fraqueja, mas, também, onde se acessam possibilidades novas e criativas a serem consideradas e assimiladas pela consciência.

Jung terminou o terceiro momento de sua obra com o que pareceu um satisfatório grau de elaboração da ruptura que se deu em 1913, melhor assumindo e fundamentando suas próprias ideias, e, sobretudo, com grande indagação a respeito de quais correntes filosóficas na história do pensamento humano poderia considerar como suas antepassadas.

Já havia estabelecido paralelos com a biologia, a antropologia, aspectos da medicina, da física contemporânea e a mitologia de maneira geral, mas faltava-lhe um embasamento que lhe permitisse identificar a sua afiliação no campo das ideias. Enfatizava um tipo de postura e de relação profissional que não via corresponder à mentalidade científica vigente, que tanto enfatizava valores como neutralidade, objetividade, capacidade de generalização, replicação e dedução racional. A eles, Jung acrescentava – não em absoluta oposição, há que se notar, pois também se considerava um cientista e buscava o que seria universal ao ser humano – uma dimensão subjetiva, a equação pessoal sempre presente em qualquer ato humano, uma consideração das particularidades do contexto em que se está inserido, e o que veio a chamar de processo de individuação, isto é, a realização contínua e dinâmica de uma espécie de síntese viva e única em cada ser humano, que parte de uma base comum arquetípica e de uma vivência social compartilhada, mas desenvolve a sua expressão particular, a sua maneira de conceber, de se relacionar e de agir no mundo em diferentes contextos e relações, escapando – nos casos de não alienação – da estereotipia e da identificação com a massa ou com valores exclusivamente coletivos. A individuação é para Jung a direção para onde aponta cada vida humana, favorecida pela dinâmica entre o ego e o *Self*, e por todas as relações e experiências vividas. Trata-se de vislumbrar uma direção, trilhar um caminho ao longo de toda a vida, num processo de inúmeras experiências, em que vai se dando a realização do Si-mesmo.

Nessa dimensão individual, buscam-se outros relevantes, e é com eles que se dá o processo de individuação. Há diferentes possibilidades de relacionamento, desde a enorme dependência característica da primeira infância até um fechamento narcísico que ignora a existência do outro. E há o caminho, que não é isolado, de construção de autonomia e ampliação da consciência, estruturando-se a subjetividade e a dimensão simbólica. Jung logo identificou, tanto em termos coletivos quanto individuais, a possibilidade de relações de alteridade, de interação com o outro, reconhecendo-se as desigualdades e idiossincrasias, mas num posicionamento em simetria, o que solicita o comparecimento de cada um em sua inteireza e a criação de um campo interativo peculiar e promotor do desenvolvimento psicológico. Vale lembrar sua proposta terapêutica, desde o início, de duas

SEÇÃO I — PSICANÁLISE

poltronas onde paciente e analista se sentam face a face, já ensejando uma relação de alteridade – nem sempre realizada, mas sempre visada e exercitada ao menos por parte do profissional.

Na busca de uma ancestralidade quanto à linhagem de pensamento, Jung dedicou-se ao estudo da gnose, da história das religiões e da filosofia, e acabou por chegar à alquimia, iniciada nos primeiros anos da era cristã e fartamente desenvolvida nos séculos seguintes. Houve também a significativa contribuição do sinólogo Richard Wilhelm, que lhe apresentou em 1928 *O segredo da flor de ouro*, obra de alquimia chinesa (Jung e Wilhelm, 1929/2001). Pôs-se a estudar diferentes tratados alquímicos, por mais herméticos que fossem, e acabou entrando em contato com um universo no qual identificou aspectos fundamentais de sua busca.

Homem do século XX e apreciador da ciência que era, Jung não pretendia reproduzir procedimentos dos antigos alquimistas, mas depreendeu de seu estudo uma postura para abordar a vida e o ser humano que correspondia à que propunha para o trabalho clínico, sobretudo no que dizia respeito à não dissociação entre sujeito e objeto.

A alquimia, considerada por muitos como algo superado e um corpo de conhecimentos primitivo e inferior ao científico, para Jung preservava a consideração da essência básica do ser humano, uma vez que nela razão, emoção, intuição e percepção conviviam, que o sujeito era também o objeto do trabalho – e vice-versa –, natureza e espírito encontravam-se profundamente interligados, havia preocupação em acompanhar e favorecer processos de profunda transformação, uma proposta de ampliação dos conhecimentos por meio de acurados registros de todo o trabalho realizado, assim como uma atitude de reverência pelo mistério inerente à vida e seus processos.

Jung considerou o pensamento alquímico como predecessor do que posteriormente veio a se constituir como duas áreas, a química e a psicologia profunda, ao veicular imagens potentes e paradoxos que não traíam a natureza do que investigava. Considerou também que as imagens alquímicas desempenhavam papel compensador à rigidez e à unilateralidade do pensamento cristão vigente, que julgava ter sido distorcido já nos seus primeiros anos, mutilando a cultura e a psique em algo essencial, de que os textos gnósticos e alquímicos não abriram mão.

Foi intensa e longa, a partir de então, sua incursão pela alquimia. Associou o *vas hermeticum* alquímico ao aspecto que dá continência aos conteúdos e movimentos durante um processo analítico, muitas vezes simbolizando o contrato terapêutico e mesmo a própria relação terapêutica, em seu aspecto protetor do que é experienciado. Remeteu às diferentes operações alquímicas como modelos de elaboração simbólica de diferentes emoções e atitudes egoicas. Ao tratar do tema da transferência, valeu-se do tratado *Rosarium philosophorum*, que descreve um relacionamento profundo e transformador entre um rei e uma rainha (Jung, 1946/1999). Considerou que a psique – fluida e inapreensível – tem natureza mercurial, a partir de reflexões sobre o elemento químico e o planeta Mercúrio presentes em textos alquímicos (Jung, 1942/1978). Qualificou o livro que escreveu em 1954 e praticamente consiste num tratado alquímico do século XX, *Mysterium coniunctionis*, como a sua obra mais madura (Jung, 1954/1978). Nele, aborda a dinâmica dos opostos, que vivem uma tensão entre si, mas tendem a uma possível integração, a qual criaria um terceiro elemento ou um novo patamar de consciência. Tais ideias são muito relevantes quando se aborda a dinâmica conjugal, a relação presente no campo transferencial e, também, aquela entre ego e *Self*, que permeia e favorece o processo de individuação. Em todas essas instâncias,

há a questão da tensão no afastamento e na interação entre os opostos, e da tentativa de uma solução criativa, que consiste no próprio mistério da conjunção.

Ainda no âmbito da alquimia, Jung observou, com muita acuidade, a postura assumida pelo filósofo ou adepto, que era de extrema entrega ao processo, trazendo todo o seu conhecimento e esforço consciente, simultaneamente se mantendo aberto e interessado, sofrendo junto com a matéria que visava depurar e permitir que assumisse a sua essência mais nobre. Jung comenta o fato de o alquimista muitas vezes, terminado um trabalho no laboratório, assumir para si um novo nome, revelando, assim, que a transformação havia se dado, sincronisticamente, no âmbito da matéria e da sua própria identidade. E chamou a atenção de Jung também o fato de ser comum, ao final de cada registro de procedimentos alquímicos, o filósofo ali acrescentar a expressão *Deo Concedente* – que pode ser entendida como o nosso popular "se Deus quiser" –, reconhecendo, numa postura de grande humildade, que, além de todo o esforço deliberado e a aplicação de conhecimentos, havia outra dimensão, que escapa ao domínio do adepto e contribui também para que o processo de transformação ocorra. Algo análogo ocorre num processo analítico, no qual não bastam boas intenções, esforços e aplicação correta de conhecimentos teóricos e técnicos – há, sempre, algo mais, de natureza inconsciente, que guarda um mistério e é de bom tom reconhecê-lo.

Os estudos a respeito da alquimia permitiram a Jung aprofundar-se também numa área que sempre o interessou, a das religiões. Ele chamava de "confissão" qualquer credo estruturado que dita normas de comportamento e baseia-se em fé cega e em ameaças de punição divina no presente ou no futuro. Jung estabeleceu uma distinção clara entre religião e religiosidade, considerando a primeira uma forma de confissão e, na maior parte do tempo, criticando-a em suas práticas vigentes por mutilarem, em vez de promoverem, a experiência religiosa, e a segunda uma função natural da psique – aspecto que o interessou sobremaneira.

A religiosidade para Jung é a função psíquica que permite à consciência ligar-se a algo que a transcende. Expressa-se numa atitude de consideração cuidadosa de tudo o que vier a se apresentar no campo da consciência, e seu exercício inevitavelmente leva a uma postura de humildade e reverência, relativizando o papel do ego e permitindo a experiência do aspecto numinoso, ou sagrado, da existência. Como função psíquica, propicia no âmbito coletivo a fundação das diferentes religiões. Embasa-se na intuição, por parte do ego, de que há algo maior que o contém, em que ele se enraíza e do que depende – Jung faz uma analogia entre a relação criador-criatura encontrada em mitos de diferentes culturas e a relação *Self*-ego presente em cada psiquismo humano. Há autores, como David Tacey (2009), que afirmam que a característica distintiva da psicologia analítica é a sua consideração, no corpo teórico e na prática, do aspecto numinoso da existência. Tamanha é sua carga arquetípica que o contato com ele ameaça o ego de desestruturação ou de identificação absoluta, incorrendo em *hybris* com caráter patológico. Mas é, por outro lado, possível tolerar tal contato, ritualizar formas para que ele se dê com menos riscos e nutrir-se dele, se houver o adequado cuidado com o ego e o constante cultivo da alma – essencial na proposta junguiana.

Significativa parte da obra de Jung dedicou-se a estudos a respeito da cultura humana, em que se destacam dois aspectos: o de culto, como na reverência aos ancestrais, à tradição e ao acervo de símbolos disponível para os cidadãos de certa comunidade; e o de cultivo, que, numa analogia à atividade agrícola, se relaciona ao preparo e manejo da terra para que ela esteja sempre bem nutrida e fértil, capaz de produzir bons frutos. Interessava-lhe o movimento de mão dupla que identificava na relação com a cultura: por um lado, nascemos num determinado meio cultural que em boa medida nos influencia e determina; por outro lado, na idade madura podemos também nos tornar agentes da cultura, na medida em que nos tornamos capazes de, além de absorvê-la, refletir a seu respeito e incrementá-la, criando novas configurações e obras. Coloca-se para cada um de nós a questão do cultivo da alma, que caracteriza aspecto essencial do pensamento junguiano, dá-se ao longo do processo de individuação e Jung estendia também para a *anima mundi*, a alma do mundo.

Nessa perspectiva, as artes de maneira geral, talvez com destaque um pouco maior para a literatura, foram objeto de estudo e reflexão de Jung. E também as religiões, a que ele atribuía o papel de serem as escolas da segunda metade da vida, quando questões básicas já estão relativamente bem equacionadas e temas como a busca do sentido da vida e a proximidade da morte costumam ser grande fonte de preocupação.

A visão de desenvolvimento psicológico fundamentada nas ideias de Jung e amparada, sobretudo, na concepção de processo de individuação não se restringe, de maneira alguma, aos primeiros anos ou tampouco à etapa final da vida. Jung foi pioneiro ao propor que o desenvolvimento humano se dá ao longo de toda uma existência, do nascimento até a morte. O complexo da consciência precisa inicialmente ser construído, a partir de seu embasamento arquetípico e das experiências sendo vividas, para não mais interromper sua crescente ampliação e estruturação, com exceção dos casos de graves patologias. Inicialmente deve emergir de sua matriz inconsciente, o próprio *Self*. Em seguida, organiza-se o ego como centro do campo de consciência, paulatinamente constituindo-se como referência para a identidade e suas vicissitudes. Isso feito, será capaz, por volta da adolescência, de perceber-se não mais como senhor da própria casa, ao reconhecer o papel de sua contraparte, a sombra ou o inconsciente pessoal, que guarda suas indiscriminações, seus defeitos, suas lacunas, seus ensaios abandonados, suas distorções de percepção e pensamento, suas fixações. Torna-se capaz também de reconhecer o outro e que ele é merecedor de posição análoga à sua – e isso se dá tanto no âmbito dos relacionamentos, em que começa intenso interesse pelo outro diferente ou complementar a si próprio, quanto no âmbito intrapsíquico, em que o ego em desenvolvimento necessariamente passa a ter que levar em conta a sombra e outros arquétipos como a *anima* e o *animus*, aspectos contrassexuais do inconsciente coletivo, e é desafiado a com eles estabelecer interação criativa. Tais figuras inicialmente tendem a ser projetadas em outras pessoas ou situações e, na maior parte das situações, um trabalho de elaboração das projeções torna-se necessário.

Tendemos a considerar a existência de um mundo interno e um mundo externo, mas tais categorias parecem ser artifícios de um raciocínio egoico, que geralmente deseja organizar e controlar os fenômenos. A realidade psíquica se dá muitas vezes de maneira sintônica, havendo uma ressonância e um efeito único que pode ser reconhecido simultaneamente, sem haver uma relação de causa-efeito, em ambas as instâncias, ou numa única realidade unitária. Para essa percepção, que depende de relativa maturidade do ego, valem conceitos como o de sincronicidade, que supõe uma base arquetípica comum fomentando as manifestações, e o de campo simbólico, formado por todas as instâncias em interação dinâmica.

A sincronicidade é proposta por Jung como um princípio diferente e usualmente complementar ao de causalidade que costuma nortear as pesquisas científicas. Muitos fenômenos na alçada psíquica, como os psicossomáticos, por exemplo, podem melhor ser compreendidos à luz do conceito de sincronicidade. O profissional que embasa seu trabalho na psicologia junguiana, em vez de buscar causas, pondo-se a investigar com detalhes a história passada e raciocinar procurando estabelecer o que causou um sintoma, uma síndrome ou um trauma, muitas vezes consegue estar mais próximo ao fenômeno, simplesmente abrindo sua escuta e atenção para um campo onde várias manifestações podem estar relacionadas sem que uma determine outra, interligadas pelo princípio de sincronicidade, que permite reconhecer nelas um sentido comum, a partir de um embasamento arquetípico.

Tal postura requer um funcionamento a partir da função intuitiva, que é capaz de englobar diferentes partes num todo, realizar sínteses criativas e antever um desdobramento futuro. Um analista junguiano dispõe-se, em muitos momentos de seu trabalho, a assumir tal postura aberta e atenta, abrindo mão de pretenso controle da situação, colocando-se como facilitador da expressão e observador cuidadoso do que vier a se manifestar.

Essa postura é fundamentada em dois conceitos pilares, o de sincronicidade e o de autorregulação psíquica. Ela permite o apelo a diferentes linguagens expressivas, por exemplo, o desenho, a pintura, a escultura e a expressão corporal, na busca de permanecer em estado de abertura e experiência dentro do campo simbólico. Mais do que visar a uma posterior interpretação, ou a uma amplificação a partir de elementos análogos da cultura, busca-se, sobretudo, dar sustentação ao campo simbólico, que em si e por si parece ser capaz de apresentar o que será necessário para que a vida psíquica continue fluindo.

Humbert (1985) é mais específico a respeito das atitudes que a consciência pode, e deve, assumir ao considerar o inconsciente, identificando três possibilidades: o deixar acontecer, que implica abrir espaço e aguardar a manifestação simbólica, numa postura aberta e simultaneamente neutra e curiosa, atenta; o considerar ou engravidar-se, que significa objetivar, de alguma forma, a expressão simbólica e dedicar-lhe atenção e convívio, mantendo-a presente e deixando-se ser impregnado por ela – trata-se do "ficar com a imagem", tão defendido por J. Hillman em sua psicologia arquetípica; e, finalmente, o confrontar-se com o que houver emergido enquanto símbolo e associações a ele, compreendendo seu(s) sentido(s) e assumindo uma postura ética que permite sair da literalidade e relacionar tais imagens à vida pessoal.

Vale considerar o trabalho com sonhos, tão valorizado por Jung, na perspectiva do princípio da sincronicidade. Afinal, o sonho é também uma outra linguagem para a mesma situação psíquica e pode trazer informações que não estejam sendo levadas em conta, por estarem esquecidas, desprezadas pela consciência, reprimidas por potencialmente trazerem a vivência de um conflito difícil de suportar, por estarem ainda em estado muito incipiente, ou por simplesmente habitarem zonas obscuras e inconscientes, ainda fora do alcance do ego. O sonho é proposto por Jung como um autorretrato da situação psíquica, um elemento natural que compensa unilateralidades e distorções da consciência e aponta em uma direção capaz de promover equilibração e um movimento sintonizado com o caminhar do processo de individuação. Em outras palavras, Jung vê nos sonhos, veiculadores de símbolos, uma função teleológica. E sugeria considerar os sonhos em série, na sequência em que ocorriam, para observar o desenvolvimento da elaboração de um tema ou um posicionamento na vida.

SEÇÃO I — PSICANÁLISE

Jung valia-se de duas formas para considerar um sonho: a interpretação no nível do objeto e a interpretação no nível do sujeito. Na primeira, cada elemento do sonho tende a representar o que ele explicita, possibilitando ao sonhador a oportunidade de rever e melhor lidar com situações de seu dia a dia. Já na segunda, cada aspecto do enredo onírico é tomado como um aspecto intrapsíquico do sonhador, que poderá então ensaiar diferentes arranjos internos, com a assimilação possível de novos aspectos, muitas vezes aliviando tensões, preparando novas condutas ou abrindo-se para manifestações autônomas da psique. Muitas vezes ao mesmo sonho cabem as duas abordagens, e os resultados podem ser equivalentes, variando apenas o quanto e o como a consciência poderá se relacionar com o que for sendo elaborado. Os sonhos podem ainda ajudar numa pesquisa diagnóstica, no reconhecimento de tendências que poderão ainda vir a se desenvolver no futuro, e na consideração do campo transferencial.

Jung identificou nos sonhos uma estrutura dramática em quatro etapas que permitem observar a canalização da energia psíquica ao longo do enredo onírico. Promover o relato acurado de um sonho e buscar identificar o movimento da energia psíquica que se dá no drama apresentado costuma despertar uma parceria criativa entre analista e sonhador, permeada de curiosidade e aceitação dos temas, imagens e conteúdos emocionais, constituindo muitas vezes uma oportunidade de reconhecer novas possibilidades e ensaiar diferentes condutas e posturas, dissolvendo-se certos bloqueios ou estancamentos, ampliando-se a consciência e seus recursos para as situações da vida.

Desde a descoberta da alquimia, emerge um profissional e pensador maduro, que passa a se dedicar, sobretudo, à revisão e à consolidação dos conceitos que já havia proposto, além de sua aplicação em diferentes contextos. Jung escreveu até praticamente sua morte, em 1961, aos quase 86 anos de idade, deixando ainda publicações póstumas. Trabalhou como professor nas Universidades da Basileia e de Zurique, e foi convidado a palestrar em muitos lugares e a prefaciar inúmeras obras.

Destaca-se ainda seu empenho em organizar e promover sólidos grupos de estudos e debates de ideias. Nos anos da faculdade de medicina, presidiu a Associação Zofíngia de estudantes universitários, entre 1897 e 1898, e ali fez uma série de palestras. Foi membro fundador em 1916 e participante ativo, desde então, do Clube Psicológico de Zurique, que reunia estudiosos e pacientes ao redor da psicologia analítica, muitos deles estrangeiros. E, a partir dos anos 1930, apoiou a fundação dos anuais Encontros de Eranos, dos quais passou a participar assiduamente com pensadores de ponta de diversas áreas do conhecimento, em férteis trocas de ideias e elaboração de teorias, muitas delas, então, em ainda estado incipiente.

Ressalta-se a sua recusa em fundar um instituto com seu nome para difundir suas ideias, alegando:

> Só me resta esperar e desejar que ninguém se torne "junguiano". Não defendo doutrina alguma, apenas descrevo fatos e apresento certas concepções que considero dignas de discussão. (...) abomino "seguidores cegos". Deixo todos livres para lidarem com os fatos a seu modo, uma vez que reivindico essa mesma liberdade para mim. (C.G. Jung Letters, 1973, p. 404)

Não obstante, o *C.G.Jung Institut* foi criado em Zurique no final da década de 1950, e Jung, tendo deixado seu recado a respeito da liberdade de pensamento, passou a frequentá-lo.

O presente texto destacou alguns conceitos principais na obra junguiana, que servem como embasamento para qualquer intervenção pautada na psicologia analítica. Jung não se preocupou em definir um corpo de técnicas precisas, detendo-se antes em considerações sobre a postura a ser assumida pelo profissional. Enfatizou a necessidade de um trabalho de análise pessoal, do cuidado com a própria vida em suas diferentes dimensões e de ampliação de horizontes culturais, numa perspectiva multidisciplinar. Defendeu, sobretudo, uma postura reflexiva e de consideração cuidadosa e atenta a tudo o que emergir no campo terapêutico que permita aos símbolos realizarem seu potencial de ampliação da consciência, favorecendo a realização de aspectos do inconsciente, em sua dimensão compensatória e criativa. Abordou também a necessidade do estabelecimento de relações em alteridade, de respeito pela pluralidade e autonomia da psique e da busca de colaboração com o processo de individuação de seus pacientes, por meio de constante posicionamento ético em relação tanto à vida em sociedade quanto às demandas do mundo intrapsíquico.

Ao abordar o espírito do tempo em que viveu, Jung denunciou a forte dissociação cultural que despreza e isola os valores ligados à mulher e ao feminino de maneira geral, alertando para a urgente necessidade de resgatá-los e reintegrá-los à consciência individual e coletiva, sobretudo no que possuem de qualidades de Eros em complementaridade a Logos – o qual, se se mantiver como princípio único e predominante, impõe critérios de separação, hierarquização e exclusão, muitas vezes parciais e injustos. A concepção junguiana do ser humano considera a dinâmica articulação entre pares de opostos, em especial a consciência e o inconsciente – ou ego e *Self* –, dando-se numa direção que caminha com origem em algo comum e coletivo, mas articulando-se às experiências vividas, ocorrendo, assim, crescente diferenciação e realização, num indivíduo singular e pautadas na sua criatividade pessoal, de aspectos de uma matriz universal e comum a todos os seres humanos.

As ideias de Jung atraíram e fertilizaram muitos pensadores no campo da psicologia ou, melhor dizendo, das psicologias – já que são inúmeras as versões de ser humano e nenhuma delas se mostrou até agora como a melhor e a única possível. Samuels (1989) propôs uma delimitação do campo junguiano no final do século XX, encontrando nele três principais vertentes, diferenciadas pela importância que atribuem, no campo teórico, à definição de arquétipo, ao conceito de *Self* e ao desenvolvimento da personalidade; e, nos aspectos clínicos, à análise da transferência-contratransferência, à ênfase na experiência simbólica do *Self* e ao exame de imagens muito diferenciadas. Sugeriu denominar tais escolas de clássica, desenvolvimentista e arquetípica. Trata-se de uma classificação interessante que, na medida em que lança luz em diferentes aspectos, permite comparações, reconhece afinidades. Mas elas não constituem grupos estanques e há inúmeras combinações possíveis. O estudo de cada uma delas é necessário durante a formação de um analista junguiano, dada a complexidade do campo de trabalho, e não tenho conhecimento de nova tentativa de classificação, desde então.

APORTES DE UM PERCURSO PROFISSIONAL PAUTADO PELA PSICOLOGIA ANALÍTICA DE JUNG

Tenho trabalhado no campo da psicologia analítica de Jung há quase quarenta anos, como psicóloga clínica, professora, pesquisadora, orientadora, supervisora e coordenadora de grupos vivenciais. Parecem muitos papéis, mas um significativo embasamento teórico e pessoal permite-me habitar um campo de circulação entre eles, que tem sido interfertilizadora.

Formei-me psicóloga em 1978 pelo Instituto de Psicologia da Universidade de São Paulo (IPUSP) e em seguida busquei aprofundamento na área junguiana, inicialmente no curso "Especialização em Psicoterapia de Crianças, Adolescentes e Adultos", que se dava em três anos na Faculdade de Psicologia da Pontifícia Universidade Católica de São Paulo (PUC-SP). Havia um núcleo comum e disciplinas e supervisões na área escolhida. Foi importante ter estudado um tanto de psicanálise, o que se deu com profissionais argentinos que haviam migrado para São Paulo. E pude organizar e aprofundar meus incipientes conhecimentos a respeito da psicologia junguiana nas leituras e aulas específicas sobre Jung, em que destaco a pessoa de Pethö Sándor como professor e iniciador. Médico e psicólogo húngaro, no Brasil desde 1949, dedicou-se a difundir e aplicar o conhecimento junguiano, contribuindo ao acrescentar-lhe uma perspectiva própria de trabalho corporal. A supervisão com um olhar junguiano de meus primeiros casos clínicos também deixou importantes marcas. E eu havia iniciado uma análise pessoal na mesma perspectiva.

Em paralelo, iniciei o mestrado no Programa de Pós-Graduação em Psicologia Clínica do Instituto de Psicologia da USP. Dispus-me a investigar o alcance dos sonhos iniciais em psicoterapia, algo a que Jung aludira sem aprofundar, como auxiliar ao diagnóstico e ao prognóstico. Inicialmente eu pensava em cotejar resultados de testes psicológicos com sonhos relatados no início do processo terapêutico. A atenção, o registro e o trabalho com os sonhos dos pacientes em muito contribuíram para que eu desenvolvesse uma escuta mais acurada e sensível, além do manejo dos sonhos no campo transferencial. Constatei o valor dos sonhos iniciais, que complementam a apresentação que o paciente faz de si e, como marcos referenciais, podem ser retomados posteriormente. Descobri também a importância do último sonho relatado no processo e capaz de confirmar e encaminhar a decisão de encerrar as sessões. Na verdade, cada sonho apresentou-se como pregnante de experiência simbólica, ainda mais se cotejado com os outros e tomados em série. Refletir sobre esses resultados permitiu-me perceber o papel dos sonhos como iniciadores da consciência ao campo terapêutico e à perspectiva do processo de individuação. Deu-se então uma espécie de "pulo do gato", acabei abandonado a aplicação de testes psicológicos, e a dissertação afinal denominou-se *A psicoterapia como um rito de iniciação: estudo sobre o campo simbólico através de sonhos relatados no self terapêutico*.

Naquele período, fui contratada pelo IPUSP como professora para integrar o conjunto de disciplinas ligadas à área de psicologia da personalidade. Desde então, dedico-me ali a introduzir os alunos de graduação em psicologia à perspectiva junguiana. E acabei por usufruir de um bom campo de troca e articulação de conhecimentos com os colegas professores que trabalham, na mesma disciplina, em outras abordagens.

Criei duas disciplinas optativas no curso de graduação, uma dedicada a maior aprofundamento teórico nas ideias junguianas e outra, a experienciar e estudar a fundamentação de um trabalho psicológico que se vale da utilização de recursos expressivos, artísticos e corporais, em grupo.

Busquei ainda a formação como analista junguiana, que se deu durante seis anos na Sociedade Brasileira de Psicologia Analítica (SBPA), uma das instituições que se dedicam ao estudo, difusão e formação profissional, consoante aos princípios da *International Association for Analytical Psychology*.

Iniciei a seguir um doutorado em Psicologia Clínica no IPUSP, onde pude desenvolver uma forma de trabalho com grupos vivenciais pautada na psicologia junguiana com vistas à exploração da persona em seu aspecto criativo. Desenvolvi ali uma proposta de trabalho em grupo de confecção de máscaras e criação de personagens, e a tese intitulou-se *A máscara e a palavra: exploração da persona em grupos vivenciais*.

A partir de então, comecei a ministrar disciplinas no curso de Pós-Graduação em Psicologia Escolar e do Desenvolvimento Humano do IPUSP e a assumir trabalhos de orientação. Concomitantemente, tenho integrado as atividades de ensino do curso de formação de analistas da SBPA, coordenando seminários, *workshops* e supervisões. No IPUSP também coordeno o Laboratório de Estudos da Personalidade, onde se dão cursos de difusão cultural e grupos vivenciais, que incluem trabalho expressivo e corporal.

Criei um projeto de pesquisa com caráter bastante amplo – A Psicologia de Jung em Contextos Diversos da Realidade Brasileira –, para acolher os trabalhos dos mestrandos, doutorandos e pós-doutorandos que oriento. Sendo ali a única professora especializada especificamente na perspectiva junguiana, busco manter-me coesa quanto ao referencial teórico e, simultaneamente, abro-me para a investigação de diferentes temas, em diferentes contextos e articulações interdisciplinares. Além do trabalho clínico – que vejo como necessariamente ultrapassando os limites físicos de uma sala de consultório – e o de elucidação de aspectos da teoria, tenho estado bastante interessada por trabalhos em grupo, pela articulação do referencial junguiano com elementos da arte e da cultura, pelo campo da educação e o da vida contemporânea em geral. Experiencio bons desafios e estímulos, e tenho sido levada a imaginar diferentes e atuais formas de aplicação da psicologia analítica, além de buscar diálogo com outras abordagens.

Destaco o quanto a dedicação a trabalhos com diferentes aspectos da realidade especificamente brasileira tem permitido uma apropriação original e significativa da psicologia junguiana, tão marcada por uma mentalidade europeia, assim como também fornecer alguma contribuição inspiradora para junguianos de outras partes do mundo.

Como ilustração, elenco a seguir os temas de trabalhos de mestrado *stricto sensu* que tenho orientado: a identidade migrante; a juventude negro-descendente e o *hip-hop* na periferia de São Paulo; a materialidade numa abordagem imagético-representativa; a psicologia analítica e as técnicas corporais taoistas; paternidade e subjetividade masculina em transformação; a consideração da sombra em um grupo de psicossociodrama; um olhar junguiano sobre pessoas com deficiência física adquirida; grupos vivenciais com mulheres que cuidam, esperam e criam nas rodas de artesanato; o ser psicólogo no hospital; a experiência da puérpera com seu bebê prematuro numa unidade de terapia intensiva; imagens da paternidade na contemporaneidade; a casa e a experiência de jovens que moram sozinhos em São Paulo; a educação e o professor polivalente a partir de Jung e Hannah Arendt; imagens da solidão no filme Her; os espaços da casa como campo de símbolos expressivos do processo de constituição da conjugalidade; grupos vivenciais de sonhos com estudantes de psicologia; a experiência da recepção de obras de arte e suas implicações; aspectos da mitologia amazônica na perspectiva da psicologia analítica; psicologia analítica e orientação de carreira.

Grande diversidade de temas ocorre também nas orientações de doutorados: caminhos para uma educação de sensibilidade no ensino-aprendizagem de inglês; uma proposta teórico-metodológica da psicologia de Jung no estudo de instituição; o processo de individuação de praticantes budistas tibetanos; a cidade de São Paulo e suas pichações à luz da psicologia arquetípica; a metanoia

SEÇÃO I — PSICANÁLISE

como caminho para o desenvolvimento; sombras do corpo nas práticas clínicas de orientação pós-junguiana; o artesanato na individuação de mulheres. Também um pós-doutorado: narcisismo e agressão humana na perspectiva de Kohut e Jung.

Como é possível perceber, a psicologia junguiana permite abordar grande leque de situações, temas e métodos. Ela define, sobretudo, um olhar, isto é, uma perspectiva a partir da qual considerar o que é estudado. Enfatizo a relevância de trabalhos que abordem aspectos da realidade brasileira, incluindo comunidades marginalizadas e indígenas; que tratem de uma clínica ampliada para além dos atendimentos bipessoais, incluindo o serviço público e hospitalar; que focalizem aspectos do cotidiano urbano e possibilidades de construção de relações de alteridade; que permitam o avanço nos trabalhos psicológicos em grupos vivenciais valendo-se de recursos expressivos e corporais; que dialoguem com outras abordagens da psicologia e de áreas vizinhas; e que investiguem e usufruam de diferentes linguagens do campo das artes.

Para finalizar, recorro ao belíssimo poema "Órfica" de Dora Ferreira da Silva, brasileira que traduziu e estudou Jung com afinco. Alude ao trabalho de criação de um poema sendo realizado pela poeta, precisando interagir, de maneira peculiar, respeitosa e na medida adequada, com algo universal e com potencial de ameaça ao ego. Criador e criatura em alteridade; a criação articulando inconsciente coletivo e individuação:

> *Não me destruas, poema,*
> *enquanto ergo*
> *a estrutura do teu corpo*
> *e as lápides do mundo morto.*
> *Não me lapidem, pedras,*
> *se entro na tumba do passado*
> *ou na palavra-larva.*
> *Não caias sobre mim, que te ergo,*
> *ferindo cordas duras,*
> *pedindo o não-perdido*
> *do que se foi. E tento conformar-te*
> *à forma do buscado.*
> *Não me tentes, Palavra,*
> *além do que serás*
> *num horizonte de vésperas.*
> *(Silva, 1999, p. 89)*

REFERÊNCIAS BIBLIOGRÁFICAS

Observação: Com exceção do *Livro vermelho* e da compilação das cartas, as obras de Jung são apresentadas acrescidas de duas datas, a primeira referindo-se ao ano da edição original e a segunda, ao ano da edição consultada.

C.G. Jung Letters, volume I (1973). Princeton: Princeton University Press.

Guggenbhül-Craig, A. (2004). *O abuso do poder na psicoterapia e na medicina, serviço social, sacerdócio e magistério*. São Paulo: Paulus.

Humbert, E. G. (1985). *Jung*. São Paulo: Summus.

Jung, C. G. (1912/1976). *Symbols of transformation*. Princeton: Princeton University Press.

Jung, C. G. (1921/1991). *Tipos psicológicos*. Petrópolis: Vozes.

Jung, C. G.; Wilhelm, R. (1929/2001). *O segredo da flor de ouro*. Petrópolis: Vozes.

Jung, C. G. (1930/1975). Psychology and literature. In: Jung, C. G. *The spirit in man, art and literature*. London/Henley: Routledge & Kegan Paul.

Jung, C. G. (1931/1981). Problemas da psicoterapia moderna. In: Jung, C. G. *A prática da psicoterapia*, 2. Petrópolis: Vozes.

Jung, C. G. (1942/1978). The Spirit Mercurius. In: Jung, C. G. *Alchemical studies*. London/Henley: Routledge & Kegan Paul.

Jung, C. G. (1946/1999). A psicologia da transferência. In: Jung, C. G. *A prática da psicoterapia*, 1. Petrópolis: Vozes.

Jung, C. G. (1954/1978). *Mysterium coniunctionis: an inquiry into the separation and synthesis of psychic opposites in alchemy*. London/Henley: Routledge & Kegan Paul.

Jung, C. G. (1961/1990). *Memórias Sonhos Reflexões*. Compilação de Aniela Jaffé. (Tradução: Dora Ferreira da Silva). Rio de Janeiro: Nova Fronteira.

Jung, C. G. (2009). *The Red Book. Liber Novus*. New York/London: Norton.

Samuels, A. (1989). *Jung e os pós-Junguianos*. Rio de Janeiro: Imago.

Silva, D. F. (1999). *Poesia reunida*. Rio de Janeiro: Topbooks.

Tacey, D. (2009). *The Idea of the Numinous: Contemporary Jungian and Psychoanalytic Perspectives* (edited with A. Casement). London/New York: Routledge.

LEITURAS RECOMENDADAS

Albertini, P.; Freitas, L. V. (Orgs.) (2009). *Jung e Reich: articulando conceitos e práticas*. Rio de Janeiro: Guanabara-Koogan.

Byington, C. A. B. (2003). *A construção amorosa do saber: o fundamento e a finalidade da pedagogia simbólica junguiana*. São Paulo: Religare.

Gambini, R. (2008). *A voz e o tempo – Reflexões para jovens terapeutas*. São Paulo: Ateliê Editorial.

Hillman, J. (2010). *Revendo a Psicologia*. Petrópolis: Vozes.

Huskinson, L.; Stein, M. (Eds.) (2015). *Analytical psychology in a changing world: the search for self, identity and community*. Devon, UK/New York, US: Routledge.

8

Grupos psicoterapêuticos: abordagem psicanalítica

Pablo Castanho

INTRODUÇÃO

Em instituições, o trabalho clínico costuma incluir o atendimento em grupos psicoterapêuticos na atualidade. Tal fato contrasta com o imaginário social, que ainda prevalece, do trabalho do psicólogo clínico e do psicanalista no enquadre individual. A pouca visibilidade da prática clínica grupal (comparativamente com a sua altíssima frequência nas instituições) contribui para que ela permaneça uma atividade relativamente pouco estudada na formação de psicólogos e psicanalistas, pouco pesquisada e pouco dialogada entre profissionais. Frequentemente, ela se impõe como estratégia de atender um número maior de pacientes em contextos institucionais onde o afluxo de pacientes é grande. Não é raro que os profissionais que a empregam a entendam como uma espécie de "mal necessário", uma estratégia terapêutica de menor valor, mas a única viável no contexto. O que esses profissionais desconhecem é que os grandes teóricos dos grupos psicoterapêuticos a defendem não como uma opção econômica, mas como uma decorrente de certa ontologia e concepção etiológica. No meio psicanalítico, poderíamos dizer, *grosso modo*, que a valorização da intersubjetividade como espaço de emergência do sujeito psíquico e de suas patologias seria o real fundamento dos grupos psicoterapêuticos. Nessa visão, se advimos da intersubjetividade, é justamente no tratamento dos estratos mais arcaicos e primitivos do psiquismo que o dispositivo de grupo se impõe com maior clareza.

O assunto é complexo, e a relação entre as concepções metapsicológicas e os dispositivos clínicos é de mão dupla e entrecruzada. O tema do grupo em psicanálise é especialmente instigante, com pontos de atrito históricos e questões em aberto, ou seja, um campo que ainda demanda muita pesquisa. Este capítulo pretende fazer uma breve apresentação introdutória da questão dos grupos psicoterapêuticos em instituições pelo olhar psicanalítico. Inicia-se com uma rápida retomada histórica da prática e dos estudos sobre o grupo em psicanálise. Em seguida,

identifica alguns pontos-chave no planejamento desses grupos em instituições: a definição da tarefa explícita, a seleção para o grupo, as regras gerais do enquadre. Ao abordar o problema da coordenação dos grupos psicoterapêuticos, a ênfase recai sobre a promoção de um ambiente favorável à associação o mais livre possível, marcada pelo cuidado recíproco e continente ao negativo. A conclusão reafirma e ressitua alguns pontos, buscando destacar algumas questões de pesquisa ligadas ao dispositivo grupal.

HISTÓRICO E CORRENTES

Rituais grupais de cura são encontrados nas mais diversas culturas, inclusive em nosso país, e seguem ocorrendo independentemente da atuação de profissionais de saúde. Para o campo científico, a data do nascimento da utilização do grupo com objetivos terapêuticos deu-se com o médico J. H. Pratt, em Boston, nos EUA, em 1905, e suas "classes de tuberculosos", sistema no qual a passagem de informações aos pacientes tuberculosos era aliada a práticas de encorajamento e reconhecimento dos colegas do grupo (Klapman, 1964/1946). Pratt teve muitos seguidores que formaram uma corrente bastante empirista no trabalho com grupos terapêuticos. Já o termo "psicoterapia de grupo" foi cunhado do outro lado do atlântico, em Viena, por Jacob Moreno, pai do psicodrama, em 1931 (Foulkes e Anthony, 1957/1965). Em Moreno, já encontramos uma concepção de sujeito e das psicopatologias inexoravelmente ligadas às relações humanas, imbricação mútua que se reedita em autores posteriores de modo muito diferente, mas que segue como o argumento filosófico e científico fundamental de apoio ao grupos psicoterapêutico até os dias de hoje.

O desenvolvimento das grupoterapias foi ainda largamente influenciado pelos trabalhos de Kurt Lewin e sua equipe. Partindo do postulado da Gestalt de que o todo seria algo mais (ou algo diferente, conforme a tradução) do que a soma das par-

SEÇÃO I — PSICANÁLISE

tes, Kurt Lewin inaugura um olhar específico sobre o pequeno grupo humano, compreendendo que a dinâmica do grupo (termo cunhado por ele) é algo específico a ser estudado e que não seria revelado pelo estudo detalhado de cada indivíduo em grupo. Nesse sentido, avança, antes mesmo de Moreno, na perspectiva de que há forças grupais que atravessam e determinam o sujeito. O trabalho de Lewin inaugura os estudos científicos sobre os pequenos grupos humanos, apresentando-os como um objeto para a psicologia social nascente (Anzieu e Martin, 1968/2000). Seu trabalho é muito influente e conhecido nos estudos sobre os processos grupais em geral, mas sua colaboração para as grupoterapias é indireta e menos conhecida.

A psicanálise, por sua vez, conhece as primeiras experiências com grupos psicoterapêuticos por meio de Trigan Burrow, nos EUA, em 1927. É bem verdade que Freud havia escrito sobre a questão dos grupos, mas sempre como chave de leitura de fenômenos sociais, ou categoria teórica necessária à formulação de seu pensamento, nunca como um dispositivo de intervenção.

Kaës, ao retomar a história e produções dos autores que se preocuparam com a questão do grupo em psicanálise, reúne autores e pensamentos muito distintos sob o termo "teorias psicanalíticas de grupo" (Kaës, 2002). Em seu esquema, iniciamos com T. Burrow e outros colegas americanos, nomeados por Kaës como *predecessores*, pelo fato de não operarem com uma concepção do grupo. Kaës considera, então, que tivemos três momentos "fundadores", que teriam ocorrido de modo relativamente autônomo e representariam formas distintas e relativamente independentes de pensar e operar com grupos.

O primeiro momento fundador[1] diz respeito ao trabalho de dois autores bastante distintos, mas unidos temporal e geograficamente na cidade de Londres, nos anos 1940: S. H. Foulkes e W. Bion. Ao migrar da Alemanha para a Inglaterra, Foulkes traz na bagagem a mesma herança da Gestalt que facilitara a Lewin o entendimento do grupo como algo distinto da soma de seus integrantes. Médico, membro da Sociedade Psicanalítica Britânica, Foulkes propõe um modelo de entendimento e trabalho com grupos psicoterapêuticos, que denomina grupanálise. Tal vertente segue muito forte na Inglaterra, em países europeus, (sobretudo em Portugal e em países não latinos) e em Israel. É bastante utilizado para atendimentos em consultórios, de fato, os livros de Foulkes trazem sugestões e reflexões sobre o enquadre e o manejo de grupo que ainda hoje se mostram bastante úteis, como veremos mais a seguir. Foulkes vê sua proposição para o trabalho psicoterapêutico de grupo como algo distinto do trabalho psicanalítico. A sociedade de grupanálise, fundada por Foulkes, segue muito ativa ainda hoje, e muitos outros clínicos e pesquisadores mantêm viva e criativa a produção teórica e prática nessa perspectiva.

W. Bion, por sua vez, não almejou uma teoria da técnica do trabalho psicoterapêutico com grupos, mas introduziu alguns conceitos muito poderosos e caros aos psicanalistas sobre o funcionamento geral dos grupos e das pessoas em grupos que seguem muito relevantes e valorizados nos dias de hoje. Melanie Klein teria solicitado que Bion encerrasse suas pesquisas com grupos, por entender que o tema não seria pertinente para a psicanálise (Kaës, 2011). O pensamento de Bion é particularmente influente no campo grupalista na Itália, mas constitui referência obrigatória para a grande maioria dos estudiosos do tema

em todo o mundo. Entre nós, destacamos a influência do pensamento de Bion no destacado trabalho de David E. Zimerman sobre grupos (Zimerman, 2000).

Alguns intercâmbios e referências esparsas atestam que a produção inglesa influenciou a produção argentina sobre os grupos na década seguinte, porém faltam pesquisas que avaliem melhor o grau e a forma dessa influência. De todo modo, o pensamento argentino sobre os grupos segue portador de grande originalidade e influência na América Latina. Uma influência muito mais explícita foi Kurt Lewin, em quem Pichon-Rivière se apoiou para suas primeiras experiências com grupo ainda nos anos 1930 e a quem cita repetidamente quando finalmente elabora sua teoria dos grupos operativos na segunda metade dos anos 1950. O referencial teórico-técnico dos grupos operativos destaca-se pela centralidade que confere a tarefa de cada grupo e o caráter "universal" dos seus campos de aplicação. De fato, como veremos a seguir, além dos grupos psicoterapêuticos em si, o referencial pichoniano sustenta intervenções em virtualmente qualquer campo da ação humana. Seu discípulo José Bleger adquire luz própria, realizando contribuições valiosas ao campo grupal. O pensamento de Pichon-Rivière é muito influente em todo o continente e particularmente importante no campo grupalista brasileiro. Muito se fala de Pichon-Rivière em todo o continente e especialmente no Brasil, mas ele não é tão estudado assim. Somando-se o caráter pouco sistemático e pouco acadêmico das publicações de Pichon-Rivière sobre grupos (muitas são transcrições de aulas, outras, coletâneas de textos escritos para fins diversos), fica mais fácil compreender a diversidade de leituras existentes sobre sua obra e mesmo o fato de circularem entre nós alguns equívocos, sobretudo nas simplificações que os profissionais ouvem no seu dia a dia nas instituições, pretensamente sobre o trabalho desse autor. Além da influência dos escritos de Pichon-Rivière, que segue forte hoje em dia, trabalhos inovadores de alguns de seus herdeiros, mantêm a tradição viva e atual.

O grupo encontra a psicanálise na França nos anos 1950, a partir da adoção da técnica do psicodrama por psicanalistas, mas será de fato somente nos anos 1960 que ele ganhará força, apoiando-se na prática dos *t-groups* lewinanos e com a publicação de alguns textos seminais sobre o assunto (Castanho, 2013). Pontalis, Anzieu e Kaës são os nomes mais expressivos historicamente nesse percurso, porém, desde então, a produção psicanalítica francesa sobre grupos é bastante extensa, densa e criativa. Do ponto de vista da história das instituições, a vertente francesa, especialmente pelo trabalho de René Kaës, vem contribuindo muito para um alargamento do tema do grupo dentro das sociedades de psicanálise em diferentes partes do mundo. Progressivamente, expande-se a concepção do grupo como um campo da psicanálise.

No Brasil, a perspectiva psicanalítica de grupo chega ao Rio de Janeiro em 1951 pelas mãos de Bayer Bahia, recém-retornado de sua formação psicanalítica na Argentina. Como ele, vários outros analistas brasileiros formados na Argentina interessam-se por grupos lá e começam a praticá-los por aqui ao retornarem. São psicanalistas de sociedades brasileiras filiadas à Associação Psicanalítica Internacional (IPA) que, em paralelo ao seu envolvimento nessas sociedades, fundam no Rio de Janeiro, em São Paulo e em Porto Alegre, as Sociedades de Psicoterapia Analítica de Grupo (SPAGs) a partir de 1958. A essas cidades, com o tempo, iremos somar Belo Horizonte e algumas localidades no interior do estado de São Paulo como os principais polos da perspectiva analítica de grupo em nosso país.

Há um grande *boom* dos trabalhos analíticos de grupo no Brasil nos anos 1960 e marcante declínio a partir dos anos 1970.

---

[1] Em 2007, Kaës altera a cronologia dos momentos fundadores considerando as experiências iniciais de Pichon-Rivière com grupos na Argentina como marco. Somos contrários a essa alteração (Pena e Castanho, 2015).

As razões ainda são objeto de pesquisa, mas certamente duas ordens de fatores foram muito significativas. De um lado, temos efeitos diretos e indiretos da ditadura militar. Ações diretas da ditadura inibiram a atuação de profissionais que praticavam os grupos. Como efeito indireto, destaca-se uma menor permeabilidade das sociedades de psicanálise ao tema do grupo (e portanto, sobre o imaginário de legitimidade que lhe conferiam). Em outra frente, temos o grande desenvolvimento do psicodrama em nossos meio, a partir da realização do V Congresso Internacional de Psicodrama no Brasil em 1970, que passou, assim, a disputar o interesse e a escolha de pacientes e profissionais (Penna e Castanho, 2015). Atualmente, nenhuma das SPAGs fundadas no período inicial sobreviveu, mas outras sociedades, desmembradas das SPAGs originais, surgiram e se mantêm, notadamente no estado de São Paulo.

PLANEJANDO E COORDENANDO GRUPOS PSICOTERAPÊUTICOS

Diante da pluralidade de olhares teóricos mencionados na sessão precedente, qualquer prática profissional ou qualquer escolha narrativa pressupõe adesões e articulações (e renúncias) mais ou menos explícitas dentro desse campo. Trabalho naquilo que Luis Cláudio Figueiredo (2009) denomina uma perspectiva de atravessamento de paradigmas, postura na qual trabalhamos com diferentes correntes da psicanálise, sem supor entre elas identidade em seus paradigmas. Mas mencionar essa perspectiva não diz nada sobre o modo como se articula a leitura dos diferentes autores. A articulação sobre a qual este texto se assenta foi desenvolvida por mim no livro *Uma introdução psicanalítica ao trabalho com grupos em instituições* (Castanho, 2018). Para os propósitos deste texto, menciono apenas que tomo a centralidade da tarefa de Pichon-Rivière como base para revisitar outros autores e que, ao fazê-lo, tenho ainda uma ênfase considerável no pensamento de René Kaës e outros franceses.

A noção de tarefa e os grupos psicoterapêuticos

Amparado no pensamento pichoniano, denomino psicoterapêutico aqueles grupos cuja tarefa esteja no campo do tratamento psicológico. Ou seja, aqueles grupos cujos participantes acorrem buscando ajuda para seus problemas psicológicos. Se utilizarmos o referencial pichoniano, isso é diferente de termos ou não efeitos psicoterapêuticos em um grupo. Podemos ter grupos operativos na educação, na produção, na assistência social etc. alinhados em trabalhar com questões subjetivas que surgem nessas áreas e assim contribuem para cada um desses campos. Podemos dizer que os efeitos psicoterapêuticos estão sempre no horizonte desses e de qualquer grupo operativo, mas nem por isso chamaríamos todos de grupos psicoterapêuticos. Noto que se utiliza muito no Brasil a expressão *grupos socioeducativos*, para fazer a distinção com a categoria dos grupos psicoterapêuticos.

O termo "grupo psicoterapêutico" refere-se, assim, menos aos efeitos alcançados do que à estratégia utilizada, ou seja, ao modo como o dispositivo se organiza. Repetidas vezes, Pichon-Rivière (1985/2007) afirma que os grupos terapêuticos são aqueles que possuem a "cura" como tarefa (a tradução por "tratamento" também pode ser evocada). Isso se refere ao que as pessoas ali reunidas vêm buscar e a algumas especificidades sobre a forma como o profissional monta o enquadre e coordena o grupo. Devemos ainda reconhecer que essa busca por trata-

mento se declina de diferentes modos e que isso possui relação intrínseca com a própria instituição, mais precisamente com sua tarefa primária, sua razão de existir. Grupos psicoterapêuticos montados em clínicas de emagrecimento, em centros de recuperação para drogadição, com pessoas que passaram por perdas significativas etc., são todos exemplos de grupos que operam recortes mais específicos dentro da tarefa do "tratar-se". Que fique claro, esses grupos não abordarão apenas os assuntos que caracterizam suas respectivas instituições, mas normalmente eles são reunidos pela senha de um campo de questões comuns vinculadas ao foco da instituição, se não devem ficar restritos a elas, partem delas e com elas seguem dialogando.

Nesse contexto, creio que seja útil ao planejamento de um novo grupo, ou ao refletirmos sobre um grupo já em andamento, que possamos explicitar, ao menos para nós mesmos, a tarefa dele. A escolha das palavras exatas importa, por isso sugiro que ponhamos por escrito aquilo que entendemos ser a tarefa do grupo. Assim, sugeri que certo grupo psicoterapêutico que supervisionei, em um centro de especialidades médicas, tivesse como tarefa explícita: "tratar dos tratamentos de saúde"; outro, em uma clínica de emagrecimento com pessoas em dieta de alta restrição calórica, poderia se referir a "trabalhar sobre os significados da alimentação"; outro, ainda, em uma clínica-escola, aberto à população geral que demanda psicoterapia, seria bem caracterizado com o genérico "tratamento", ou "cura", no dizer de Pichon-Rivière etc. Em instituições que oferecem multiplicidades de grupos de tratamento, por exemplo, Centros de Atenção Psicossocial, a distinção das tarefas explícitas de cada grupo é especialmente importante. Nesses contextos, é bem verdade, ganha também espaço a necessidade de trabalhar e apoiar funções do dia a dia, propondo-se grupos que, no dizer pichoniano, não seriam somente os estritamente psicoterapêuticos, como certos grupos de geração de renda, apoio à circulação na cidade etc., ainda que no contexto da interação entre as diversas atividades propostas potencializem a vocação psicoterapêutica da instituição.

A clarificação e a proposição de uma tarefa explícita para um grupo não é coisa trivial, nem tampouco algo que seja estabelecido de uma vez por todas, sem alterações, ajustes e mudanças posteriores. É fundamental que a tarefa explícita do grupo seja adequada à tarefa primária da instituição, pelo recorte que se opera do material trabalhável e pela sinergia dos processos transfero-contratransferenciais assim estabelecidos (Castanho, 2018). Além disso, ela precisa ser estabelecida pensando-se nas especificidades da instituição, nas possibilidades de ação do grupo dentro dela, das demandas explícitas e implícitas dos pacientes etc. Por isso que os exemplos acima, como qualquer outro exemplo possível, são sempre de replicação limitada. A tarefa de "tratar dos tratamentos", no exemplo dado, fazia sentido naquele contexto, porque todos os encaminhamentos ao grupo se davam de tal modo que todos os pacientes do grupo psicoterapêutico estavam sempre em tratamento de algum mal-estar físico por algum médico e a pressão de lista de espera organizava-se de tal modo que os pacientes não poderiam se alongar por anos a fio no grupo psicoterapêutico. Mudanças nessas peculiaridades levaria a mudanças na tarefa explícita, ainda que nos mantivéssemos no mesmo grupo e no mesmo centro de especialidades médicas. Por isso também a necessidade de revisitarmos a questão de tempos em tempos, ajustando o que entendemos ser a tarefa explícita de cada grupo.

Para Pichon-Rivière, a tarefa ocupa o campo entre as necessidades e os objetivos. Somos todos seres humanos impelidos ao outro por nossas necessidades para, juntos, produzirmos formas

SEÇÃO I — PSICANÁLISE

de saciá-las. Notem que a tarefa é então o campo intermediário, em vias da realização de objetivos. Um erro muito comum é confundir a tarefa com os objetivos. Tarefa em Pichon-Rivière é a área de um processo. Outro equívoco recorrente é considerarmos que o grupo está em tarefa simplesmente porque explicitamente se atém ao tema proposto, pois, para Pichon-Rivière, se isso é logrado por uma dissociação entre pensamentos, sentimentos e ações, trata-se de uma "impostura", ou seja, de um tipo de pré-tarefa.

Estar em tarefa é, portanto, estar em um movimento. Rumando para uma releitura psicanalítica do conceito, Assumpção Fernandes (1989) identifica o campo da tarefa ao espaço potencial winnicottiano. A tarefa explícita, por sua vez, poderia ser pensada como um objeto transferencial de suma importância (Castanho, 2018), mobilizador de associações e organizador do processo do grupo. O grupo seria assim lido no aqui e agora comigo com esta tarefa.

Se em grupos verbais sempre convidamos os participantes a associarem livremente a partir da tarefa, uma tarefa tão geral quanto o "tratamento" ou "a cura", aproxima-se o mais que podemos em grupo da situação da livre associação no tratamento individual. Tanto que Foulkes caracterizou o grupo psicoterapêutico justamente pelo que denominou ausência de ocupação, caracterizando a "ocupação" como uma forma de defesa contra a intimidade nos grupos (Foulkes e Anthony, 1957/1965). Essa nomenclatura é fruto de muitos mal-entendidos, pois frequentemente se sobrepõe a "ocupação" foulkesiana à "tarefa" pichoniana, quando em efeito são coisas distintas, ainda que comunicantes. De todo modo, cabe observar que um dos principais pontos dos grupos psicoterapêuticos, no sentido que apresentamos aqui, é justamente que eles tendem a tarefas explícitas mais gerais, portanto, com instruções iniciais que se aproximam mais do convite à livre associação do tratamento individual. Como defesa, é muito comum vermos o grupo se "ocupar" com diferentes assuntos, sem implicação pessoal relevante perceptível e logrando, por meio dessa "ocupação", proteger-se contra a intimidade. Nesse contexto, sobretudo no início do grupo, pode ser muito útil exortar os pacientes a associarem de modo o mais livre possível e implicarem-se pessoalmente e afetivamente no que dizem. Tais manejos serão discutidos a seguir.

Sobre o enquadre do grupo psicoterapêutico: participantes, frequência e outras coisas mais

A literatura indica um número entre 6 e 9 como ideal para grupos psicoterapêuticos. Foulkes (1949) considera que esse número diz respeito aos que efetivamente frequentam o grupo em cada sessão, podendo, portanto, haver maior número de pacientes no grupo se as ausências forem comuns. É possível trabalhar com grupos menores ou maiores, mas isso traz impactos ao processo grupal. Grupos menores costumam intensificar o medo da intimidade e facilitar uma personalização das intervenções. No geral, creio que sejam mais difíceis para o analista. Grupos maiores, ao contrário, favorecem o trabalho sobre os aspectos comuns e partilhados, intensificam angústias de despersonalização e tornam mais difícil o trabalho com tarefas muito amplas. Há vasta literatura sobre grandes grupos na produção de extração foulkesiana (Penna, 2014), mas creio que, pelos critérios acima explicitados, seria melhor não utilizar o termo "grupos psicoterapêuticos" nesses casos.

Nos grupos psicoterapêuticos realizados em instituições, seu público é pré-limitado pelo público atendido pela instituição.

Assim, uma instituição que trata de pessoas com adições fará grupos com esse público, em um ambulatório específico para atender pacientes somatizadores ocorrerá o mesmo, e assim sucessivamente. No geral, evita-se afunilar ainda mais esse público, afinal, atualmente há tendência na literatura no sentido de favorecer a maior heterogeneidade possível na configuração dos grupos. Essa realidade nas instituições costuma colocar em segundo plano a questão da seleção para o grupo.

Entendo que, em geral, a homogeneidade desses recortes institucionais, em si, não favorece nem dificulta o tratamento. Outra coisa é a ideia da homogeneização como ideal na formação dos grupos, esse sim um empecilho ao trabalho. A diferença impõe trabalho psíquico, constituindo, assim, uma alavanca indispensável ao trabalho de todo o grupo orientado psicanaliticamente. Mas a diferença não é "coisa", não pode se resumir a um diagnóstico diferente, ou uma distinta identidade de gênero, ainda que transite por essas questões. Retomamos aqui a visão de Pichon-Rivière quando ele escreve que no grupo operativo ocorre "[...] uma diferenciação progressiva, quer dizer, uma heterogeneidade adquirida na medida em que aumenta a *homogeneidade na tarefa*" (Pichon-Rivière, p. 86; tradução do autor). Somos distintos de nós mesmos, estrangeiros sempre em nossa própria pele, o que está em jogo é podermos lidar com essas questões em nós e nos outros. Nessa acepção, no grupo psicoterapêutico, é o progresso do trabalho grupal, a convergência de todos na tarefa do tratar-se, que permite e sustenta que cada um se mostre distinto do outro (e distinto de si mesmo). O grupo psicoterapêutico ruma, ainda que com o vai e vem característico de todo o processo analítico, para se constituir em um espaço onde o encontro com esses estrangeiros em si e no outro é legitimado, acompanhado e valorizado.

Nas instituições que recortam muito claramente um elemento comum definidor de seu público, tal elemento costuma funcionar como âncora de identificação e facilita o enfrentamento de outras diferenças dentro do grupo desde o princípio. Um único homem em um grupo de mulheres pode ser de manejo mais fácil se todos são, por exemplo, portadores de uma mesma doença física. Uma idosa em um grupo de jovens se identifica mais facilmente se todos vêm ao grupo motivados por problemas de alcoolismo etc. Entretanto, tais arranjos institucionais possuem o problema justamente de reforçar essas identidades comuns. Quando falamos de pessoas que vivem boa parte de suas vidas em serviços de saúde, o problema torna-se alarmante. É comum pacientes que utilizam os serviços substitutivos de saúde mental, ainda hoje, se identificarem socialmente por nomes de patologia: "Olá, eu sou fulaninho, sou depressivo, e você?" é uma frase que ouvi muito dos recém-chegados ao serviço quando trabalhava em Centros de Convivência e Cooperativa (CECCOs)[2]. Aliás, compreende-se por esse viés um dos grandes potenciais desses centros, que organizam grupos bastante heterogêneos, incluindo pessoas com histórico psiquiátrico e outros cidadãos que não carregam nenhum estigma desse tipo e vêm ao grupo motivados pela atividade proposta. Vale sublinhar aqui como o efeito psicoterapêutico não pode ser visto unicamente como um trabalho realizado dentro de um grupo específico, mas é potencializado ou impedido em função do conjunto que forma com outros dispositivos e instituições no terreno social. Uma das consequências dessa visão é compreendermos por que, por vezes, o

---

[2] Os CECCOs foram criados na cidade de São Paulo como parte da rede substitutiva em saúde mental criada no município a partir dos anos 1980. Eles deram origem a serviços semelhantes em outras cidades e estados brasileiros.

trabalho com grupos psicoterapêuticos em uma instituição pode levar a questionar ou propor novidades na própria instituição. Um exemplo evidente são os grupos em hospitais psiquiátricos que se propõem a um trabalho extramuros. Na mesma linha, compreende-se que os clínicos tenham muito o que dizer em processos mais amplos de reestruturação de sistemas de atenção, como no caso da reforma psiquiátrica, da criação do Sistema Único de Saúde (SUS), do cuidado com adolescentes e crianças em conflito com a lei etc. Há muito o que fazer em cada contexto institucional dado, mas nossa prática também inspira e sustenta propostas que dependem de transformações mais gerais das estruturas de atendimento e mesmo da organização social.

Ainda sobre o tema da seleção, quando atendemos ambulatoriamente em uma instituição menos especializada, por exemplo, em uma Unidade Básica de Saúde (UBS) ou em uma clínica-escola de um curso de psicologia, temos uma população bastante distinta para quem o traço comum de procurar ajuda psicológica não costuma possuir a mesma força identificatória que nos casos acima. Aqui, a seleção ganha importância como recurso de manejo. Desde que tenhamos a consciência de que a diversidade não se descreve simplesmente por estereótipos socialmente (e "cientificamente") marcados, podemos reconhecer que tais estereótipos convocam fantasias e identificações e nomeiam diferentes trajetórias de vida e, como tal, sua presença ou ausência no grupo não é indiferente. O problema da "combinação" (*matching*) se impõe. De modo geral, é conveniente evitar que um grupo, sobretudo em seu início, contenha apenas um "exemplar" de categorias muito marcadas socialmente. Idosos e adolescentes podem conviver em um mesmo grupo sem problemas, mas um único idoso em um grupo de adolescentes pode ser complicado. Gênero, orientação sexual, classe social etc., são todos pontos a serem pensados em termos semelhantes. Ao mesmo tempo, a inclusão de novos pacientes com certas características distintas das já encontradas no grupo pode convocar o grupo a novos territórios de trabalho psíquico. É assim que, por exemplo, em um grupo que se formou inicialmente apenas com homens, identificamos uma aliança fortemente defensiva ao redor de um papel de gênero masculino. As intervenções surtiam pouco efeito dada a massividade e convergência da defesa coconstruída inconscientemente. Quando precisamos colocar mais pacientes (devido a desistências e aos ciclos de funcionamento da instituição), optamos por colocar algumas mulheres, que, entrando juntas no grupo, se constituíram em uma alavanca para pôr em questão as defesas anteriormente identificadas.

Para além dessa questão da "combinação", temos a questão da indicação ou não para atendimento em grupo do ponto de vista da formulação do projeto terapêutico singular de cada um na instituição. Entretanto, a literatura não possui um consenso claro sobre o assunto, sendo pertinente a realização de mais pesquisas sobre o tema. De todo modo, a tendência é conceber que os grupos psicoterapêuticos, em suas diversas modalidades e arranjos, possam responder às demandas de atendimento mais variadas, indicando que provavelmente a questão não possa ser esgotada em uma discussão da indicação que se restrinja a psicopatologia, mas remeta a considerações mais amplas sobre cada paciente, sobre os grupos concretos ofertados e mesmo ao conjunto da organização do serviço assistencial. Foulkes propõe a grupanálise para os pacientes neuróticos, indicando que o grupo seja uma alternativa ao tratamento individual nesses casos. Já para os casos mais graves, e/ou tratamento dos aspectos não neuróticos da personalidade, a literatura francesa atual aponta o grupo como indicação privilegiada, pois se considera que nele operamos com maior facilidade sobre a dimensão intersubjetiva

que origina e sustenta os processos psíquicos mais arcaicos e primitivos. Ora, se para as questões neuróticas, o grupo livre verbal é o mais recomendado (veja-se Aiello-Vaisberg, 2004 para um contraponto), para os casos onde a capacidade de metaforização está em xeque, permanentemente ou situacionalmente, recomenda-se com frequência a inserção em grupos com objetos mediadores (Vacheret, 2008). No Brasil, tais grupos ainda são chamados frequentemente de oficinas e encontrados em abundância nas instituições de saúde: oficinas com massa de modelar e contação de histórias em Centro de Atenção Psicossocial (CAPS) adulto ou infantil, fotos com somatizadores etc.

O exemplo que há pouco mencionei, do grupo no qual optamos por introduzir algumas pacientes mulheres, estruturava-se como um grupo lentamente aberto (*slow open*). Este é o modelo mais utilizado em psicoterapia de grupo. Nele, à medida que os pacientes saem, em função de altas, desistências ou outras questões, inserimos novos pacientes até o limite de pacientes predeterminado para o grupo. A entrada e saída de pacientes são eventos muito importantes da vida de um grupo e merecem bastante atenção. De modo geral, elas espelham a passagem de gerações em nosso grupo primário, ou seja, em nossa família, e constituem eventos que frequentemente precipitam a revivescência transferencial de momentos-chave de nossa história e de nossa família: a chegada de um irmão, a partida de um ente querido etc. Além de convocarem o retorno destas histórias particulares, tais momentos colocam em marcha e evidenciam as formações e processos da transmissão psíquica que nos constituem e nos marcam. São momentos de potenciais conflitos agudos no grupo, mas também de um riquíssimo trabalho psíquico. O analista do grupo é muito frequentemente convocado a interpretar os afetos e fantasias que emergem nestes momentos, indicando suas ressonâncias com estes eventos constitutivos da existência dos pacientes.

Podemos também realizar grupos fechados e de duração limitada, no qual nenhum paciente entra após o processo iniciado. Alternativamente, podemos falar de grupos francamente abertos, nos quais a frequência varia a cada dia, e não sabemos nunca quem virá ou não no próximo encontro.

As sessões de grupos psicoterapêuticos são normalmente fixadas entre 1 hora e 15 minutos e 1 hora e meia. Os grupos "lentamente abertos" costumam ocorrer com frequência semanal e duram indeterminadamente. Os grupos com duração determinada, também podem ser semanais, mas podem ter uma frequência bem mais intensa. Os pacientes podem se beneficiar de permanência curtas ou longas, variando enormemente conforme a pessoa e o grupo. Alguns pacientes poderão permanecer e se beneficiar por anos a fio, outros, com seis sessões saem, agradecendo ao grupo pelo auxílio que julgam ter recebido. De todo modo, Foulkes (1949) nos oferece um parâmetro útil ao propor que o intervalo de um ano de grupo seja uma medida razoável para muitos pacientes.

Franceses e argentinos tendem a privilegiar o espaço do grupo psicoterapêutico como exclusivo, evitando ou contraindicando os atendimentos individuais concomitantes pelos mesmos profissionais. Ingleses, historicamente, são mais abertos em relação a este ponto, com experiências que intercalam os entendimentos individuais e grupais, por um mesmo profissional. Se considerarmos o papel que as instituições têm como organizadoras do psiquismo, parece-me que não podemos nos posicionar em relação a esta questão sem considerar o contexto no qual ela ocorre. Constatamos que há distintos arranjos institucionais no Brasil para gerir esta questão. Caberia avaliar a situação, sem-

SEÇÃO I — PSICANÁLISE

pre nestes contextos específicos. De todo modo, não é fato trivial o atendimento simultâneo por um mesmo profissional, é preciso conceder que os movimentos que se verificam no atendimento individual ganhem luz na dinâmica do grupo e vice-versa, tornando mais complexo esse manejo.

Os grupos psicoterapêuticos, quando realizados entre pessoas que não convivem em outros espaços, estruturam-se ainda pela exigência de que os pacientes evitem encontros fora do grupo e restituam (contem) ao grupo os encontros que por ventura tenham. Mas o contexto institucional também pode exigir adaptações e modulações nestas regras. A regra da restituição pode ser enfatizada em um contexto onde se espera que os pacientes se encontrem de tempos em tempos em outros espaços, como por exemplo, quando o grupo psicoterapêutico acompanha o tratamento de doenças físicas que exigem outros procedimentos comuns dos mesmos pacientes. Já a regra de abstinência pode ser transformada solicitando-se ao grupo que se abstenha não dos contatos entre si, mas de dar seguimento aos mesmos assuntos conversados dentro do grupo em outros espaços institucionais, quando, por exemplo, os pacientes convivem em uma mesma comunidade terapêutica. Evidente que tais regras não eliminam a possibilidade de transgressões, mas criam um critério que permite manejar e eventualmente interpretar seus desvios.

Conduzindo um grupo psicoterapêutico: interpretações e manejos

Vimos na seção precedente formas de organizar grupos psicoterapêuticos: número de participantes, seleção, indicação, uso de objetos mediadores, duração e frequência das sessões, grupos abertos, fechados e lentamente abertos. Agora iremos abordar o papel do analista no grupo.

Creio que a questão das instruções iniciais seja muito dependente de cada cultura específica, afinal, são instruções resumidas de um modo de funcionamento das relações destinadas a fazer o contraste e afirmar a especificidade das relações do grupo frente as relações normalmente assumidas naquela sociedade. Daí que o que pode funcionar bem na Inglaterra precise ser repensado para o Brasil, ponderado em cada região do país e no final das contas, ajustado e adaptado para cada público. Aqui entrará sempre os detalhes do enquadre: dias, horários do grupo, duração, forma de entrada de novos membros etc. além disso, nomearemos a tarefa explícita do grupo, com um convite para que se associe o mais livremente possível sobre ela, e apresentaremos as regras de abstinência e restituição (ou suas adaptações) e algum elemento que ajude a marcar a especificidade das relações que ocorreram ali. Talvez o mais difícil seja justamente apresentar o grupo psicoterapêutico "clássico", com a tarefa explícita mais ampla possível: o tratamento. Em nosso centro escola, além das informações sobre dias, horários e as regras de abstinência e restituição, tenho utilizado e sugerido aos meus supervisionados uma fala inicial mais ou menos do seguinte modo:

> Estamos aqui para tratar das dificuldades psicológicas, do sofrimento de cada um. A ideia é que possam falar aqui o mais livremente possível. Espero que a medida que forem se sentindo confiantes, possam ir trazendo tudo que quiserem ao grupo. É importante poderem falar o que quiserem, como é importante cuidarem uns dos outros durante o grupo. O que o outro diz nos toca de diferentes formas; contar ao grupo o que a fala do outro nos faz lembrar, sentir ou pensar é fundamental em nosso trabalho. Mas vejam, isso é bem diferente de ficar dando conselhos. Não estamos aqui para

dar conselhos. Falamos sempre de nós ou do que o outro suscitou em nós.

No início do meu trabalho com este tipo de grupo, não fazia nenhuma referência a "conselhos" neste momento, mas devido à frequência com que estes se apresentavam nos grupos, passei a incluí-la. Evidentemente, a prática de aconselhar neste contexto diz respeito a aspectos defensivos e da relação com a cultura dos pacientes, mais especificamente, conta-nos dos modelos internalizadas de cuidado recíproco que possuem. Oras, por isso o "dar conselho" merece ser interpretado em algum momento. De fato, quando surgem conselhos em grupos socioeducativos, muitas vezes é possível interpretá-los. Mas no início de grupos psicoterapêuticos, com tarefas muito amplas, tem me parecido que o problema surge antes que o grupo tenha condições de aproveitar este tipo de interpretação. O mesmo ocorre com uma série de intervenções que fazemos na fase inicial do grupo, e que de tempos em tempos retornam e sobre as quais comentarei a seguir.

Se Foulkes e Anthony (1957/1957) nos chamam a atenção para o medo da intimidade nos grupos psicoterapêuticos, é que justamente há um constante risco de um transbordamento da excitação no grupo. A implicação do visual no grupo, portanto da motricidade, e a multiplicidade das pessoas representam um excesso de estimulação que nos coloca sempre no limite de encontros transbordantes. Além do mais, em grupos cuja tarefa é simplesmente o tratamento, é comum os pacientes virem sedentos por falar de si, sem perceberem que o quanto falam ou não de si não possui relação direta com a transformação almejada, com seu processo psicoterapêutico. Afinal, será justamente na reedição transferencial, no contato com os múltiplos outros em si, mediatizados e facilitados pelos outros do grupo, que mudanças podem ocorrer e isso não possui uma relação direta com o quanto cada um fala de si no grupo.

Por este excesso e este desejo de falar de si, antes que seja possível trabalhar sobre as razões psíquicas (singulares e grupais) da monopolização das falas, de ataques preconceituosos ou moralistas etc., precisamos interditar estes excessos. A apresentação inicial do grupo busca ancorar esta possibilidade desde o início, as intervenções que interditam seguem o espírito desta regra inicial e por vezes repetem ou explicam seus termos. Apesar de alguns efeitos terapêuticos muito intensos surgirem logo no início do grupo, pode se dar uma fase muito longa até que as estruturas de trocas no grupo reflitam o jogo específico proposto no grupo psicoterapêutico. Sobretudo até que se interiorizem suficientemente estes novos modelos de interação e cuidados recíprocos, muitas falas do analista serão lembranças e exortações dos princípios contidos na apresentação inicial: "sim, mas o que você sente sobre o que seu colega disse?"; "lembro que não estamos aqui para dar conselhos"; "isso é o que a fala dele te suscitou?", "gostaria de ouvir um pouco os outros agora", "você parece tentar tomar todo o tempo de fala, e os outros?". São exemplos de variações de fala que os analistas de grupo utilizam com bastante frequência em grupos psicoterapêuticos. De fato, sublinho que em grupos sócio-educativos, não utilizo este tipo de frase. Neles, a organização ao redor de uma tarefa mais específica prescinde da explicitação da intimidade de cada um e oferece uma importante função paraexcitatória, de escudo, como elemento de mediação que regula de outro modo o risco de transbordamento. Enfim, tais falas são lembretes do enquadre e como tal buscam conter e proteger os membros, mas elas não são o processo em si. Em seu devido tempo, espera-se que o grupo possa compreender porque todos, em certos momentos, se sentem tentados a dar conselhos, ou a falar de modo moralista, ou a tomar todo o tempo com um discurso estéril.

Estamos aqui no campo do que Cortesão (1988) teorizou tão bem como "padrão grupanalítico". De modo independente deste autor e buscando um efeito didático e sintético, diria que esta forma de atuação do analista no início dos grupos psicoterapêuticos se dirige a facilitar o surgimento de uma crescente capacidade de continência, que se interiorizem formas de relação, estruturas de vínculos e assim se constitua um ambiente favorável para o desenrolar do processo terapêutico de cada paciente (e de todos). Vejam bem, não falo de trocas interpessoais permeadas pelo "amor" ou qualquer outra referência a afetos idealizados. Pelo contrário, sigo com Pichon-Rivière a visão de que o conflito é necessário ao desenvolvimento dos grupos. Com isso não faço um elogio ao sofrimento em si, mas aproximo-me desta visão psicanalítica na qual suportar a dor inerente ao nosso funcionamento psíquico e às nossas relações é importante para nossa saúde e é vivificante.

Caminhamos assim para certo esboço de um modelo de grupo *suficientemente bom*, marcado pela continência e por certa interiorização das funções de cuidado recíprocas[3], mas ao mesmo tempo, pelo reconhecimento da incompletude em si e no outro e para a dor e o conflito inerentes à vida. O termo *suficientemente bom*, tomado de Winnicott, é uma tentativa de evitarmos a idealização no campo da teoria, de reconhecermos a presença inescapável da falta, dos zigue-zagues do processo, das oscilações entre estruturação e desestruturação do grupo, enfim, de reconhecermos a inevitabilidade da dimensão do negativo que se apresenta não só como "mal necessário", mas como a própria matéria prima do humano com o qual trabalhamos. O termo funciona assim como uma espécie de advertência, advertência contra o risco sempre presente de coisificarmos modelos, dos quais, por outro lado, dependemos para nos orientar em nosso trabalho.

Essa descrição de um grupo psicoterapêutico que opere de modo *suficientemente bom* ajuda-nos a compreender também que o valor psicoterapêutico do grupo não deriva simplesmente de nossas intervenções. Tais considerações nos dão não somente dicas de quando intervir, mas também um horizonte mais palpável de quando é importante não atrapalharmos. Evocamos aqui o conceito de presença reservada de Luis Cláudio Figueiredo (2008). O processo terapêutico, como em qualquer forma do cuidar, demanda muitas vezes que não "façamos nada", ou melhor, que ativamente estejamos presentes e testemunhemos, sem atrapalhar, o movimento do sujeito e dos sujeitos.

Mas há momentos no qual somos convocados a intervir. Nos exemplos oferecidos até aqui, operamos relembrando e garantindo o enquadra necessário, precipitamos ou atrasamos a entrada de novos membros, em suas seleção etc. Em grupos com objetos mediadores, estas intervenções se somam com uma interação com o próprio objeto mediador. Como na Fotolinguagem© (Vacheret, 2008) na qual, além de sermos fiadores do enquadre e de suas modulações, também escolhemos fotos, apresentamo-las e comentamos as fotos dos pacientes tal como eles o fazem (ou melhor, com a mesma estrutura discursiva, em nome próprio, mas cientes do nosso lugar transferencial e portanto, do caráter especial e nossas palavras). Nos grupos psicoterapêuticos verbais abstemo-nos desta estrutura horizontal: não comentamos de nossas próprias questões, não apresentamos nossas próprias ressonâncias. Estamos muito mais próximos do papel do analista em situação de atendimento individual verbal. Aqui,

nossas intervenções são frequentemente compreendidas pela ótica da interpretação. Penso aqui não simplesmente na interpretação em seu formato clássico, mas nas variações de forma que se enunciam como pontuações, nomeações, perguntas etc que contribuem para a construção de sentidos.

Uma questão fundamental quando falamos de interpretação em grupo é para quem ela se dirige. Lembremos que o grupo se estabelece, a partir de Kurt Lewin, como algo diferente da soma de suas partes. Há diferentes formas de compreender isto. Em psicanálise, destaco o conceito de alianças inconscientes de René Kaës (2011) que retoma e desenvolve a noção de contrato presente em Freud e outros psicanalistas (Castanho, 2018). De modo inconsciente, e imediato, em frente a outros seres humanos, contratamos alianças inconscientes para nos defendermos de temores comuns, mas também para regular os investimentos narcísicos que todos nós demandamos e para os quais contribuímos. As alianças inconscientes nos precedem, nos estruturam, compõe nossa regulação, apoiam ou sabotam nossas defesas. Novas e antigas alianças inconscientes se reeditam no aqui e agora do grupo com o analista e é sobre elas que nosso olhar e trabalho interpretativo se centram. Ou seja, interpretamos o que se passa no aqui-e- agora no grupo, com o analista e com a tarefa. Interpretamos, portanto o que é reeditado no grupo e que atinge indiretamente cada paciente, através do modo como cada um, e cada história pessoal se implica nesta coconstrução inconsciente coletiva. Ao mexermos nestes pontos comuns, surge uma demanda de trabalho psíquico para cada membro do grupo, que é respondida com novos reequilíbrios psíquicos. É importante que haja espaço no grupo para esses reposicionamentos, sobretudo, que no grupo se indique e se legitime a necessidade desses rearranjos singulares a partir das intervenções sobre as coconstruções inconscientes coletivas. Por isso, hoje, entende-se que, por vezes, intervenções podem ser dirigidas para pacientes em particular, e para subgrupos, mas que não são elas o alicerce do trabalho psicanalítico com grupos. De fato, a especificidade e potência do trabalho em grupo é justamente de facilitar que se reeditem, e que sejam retrabalhadas, essas dimensões intersubjetivas que nos constituem e sustentam as bases de nosso funcionamento inconsciente. Mas as relações específicas entre a transformação do que foi construído inconscientemente durante um grupo psicoterapêutico e seus desdobramentos nos sujeitos; e, portanto, de modo ainda mais premente, a teoria da técnica relacionada a permitir este trânsito, colocam questões importantes para pesquisas futuras.

CONCLUSÃO

A psicoterapia psicanalítica de grupo constitui-se em um campo de atuação e pesquisa de longa história e amplitude nas referências teóricas e multiplicidade de campos de atuação. Espera-se que o leitor iniciante chegue ao final deste capítulo com mais elementos para o trabalho com grupos psicoterapêuticos do que quando iniciou a leitura. De fato, a proposta deste texto é a de encorajar e auxiliar nos primeiros passos neste campo. Porém, se o leitor lançar-se ao trabalho clínico com grupos, ou prosseguir a reflexão teórica, um numero crescente de dúvidas, notadamente sobre a teoria da técnica, irão surgir. Isso se dá não somente pelo caráter introdutório deste texto, mas também pela pluralidade de formas distintas que os grupos assumem no cotidiano das instituições e pelo estado atual das pesquisas na área. De fato, o campo da teoria da técnica, em especial relacionada à pluralidade de formatos de grupos utilizados nas instituições, constituem um grande campo de pesquisa a desbravar. Tenho me dedicado a este tema nos últimos anos e evidenciado

---

[3] Penso aqui na metapsicologia do cuidado de Luis Cláudio Figueiredo (2009) e como a interiorização destas funções de cuidado é não só um meio, mas também um horizonte dos grupos psicoterapêuticos.

SEÇÃO I — PSICANÁLISE

o valor de uma releitura da centralidade da tarefa (2018). Afinal esta retomada da herança pichonaina, como espero seja possível perceber neste texto, permite um olhar amplo que organiza o pensamento sobre os diversos enquadres utilizados e solicitados pelo trabalho grupal clínico demandado em instituições. Mas muitas questões seguem em aberto.

De todo modo, mesmo com o foco na teoria da técnica aqui apresentado, é importante sinalizar outras questões prementes de pesquisa da área. René Kaës (2011) entende que a teoria, o potencial clínico e a técnica estão intimamente conectados em psicanálise. Sendo assim, tal como ocorrido com outras extensões da psicanálise, como o desenvolvimento do atendimento de crianças ou de casos-limites, o dispositivo de grupo possibilita ou facilita não só o tratamento de certas situações clínicas como também relança e renova nosso conhecimento sobre o inconsciente. Nesta perspectiva, a dimensão vincular, a intersubjetividade e a transubjetividade (aqueles processos concebidos como processos de transmissão psíquica) são objetos privilegiados da pesquisa da área que interrogam, inclusive, as noções de sujeito das metapsicologias de referencia dos diversos psicanalistas. Há de fato uma extensa tradição de pesquisa sobre a noção de sujeito nas teorias psicanalíticas de grupo, a formulação de René Kaës do sujeito do inconsciente como sujeito do vínculo (2011) é sua formulação mais recente e pormenorizada.

Se a psicanálise não é uma visão de mundo, como dizia Freud, ela abre-se para novos campos e novas pesquisas. O advento do grupo em psicanálise descortina uma grande gama de questões técnicas e teóricas, sugerindo novas potências de tratamento e cuidado, impondo-se tanto pelas necessidades práticas das instituições, como pelos debates teóricos sobre a relação do psiquismo com seu meio.

REFERÊNCIAS BIBLIOGRÁFICAS

Aiello-Vaisberg, T. (2004). *Ser e fazer – Enquadres diferenciados na clínica winnicottiana*. Aparecida, SP: Idéias e Letras. 286p.

Anzieu, D.; Martin, J. Y.(2000). *La dynamique des groupes restreints*. 12. ed. Paris, France: Presses Universitaires de France. 397p. (originalmente publicado em 1968)

Castanho, P. (2013). Dispositivos grupais utilizados por René Kaës: Apontamentos para o estudo de sua arqueologia e gênese. Vínculo, São Paulo, v. 10, p. 14-25.

Cortesão, E. L. (1988) O padrão grupanalítico. *Grupanálise*. n. 1, p. 7-22.

Fernandes, M. I. A. (1989). *De como emerge a questão do narcisismo e da alteridade no grupo operativo* (tese). São Paulo: Instituto de Psicologia, Universidade de São Paulo.

Figueiredo, L. C. (2008). Presença, implicação e reserva In: Figueiredo, L. C.; Coelho Junior, N. *Ética e técnica em psicanálise*. 2. ed. São Paulo, SP: Escuta.

Figueiredo, L. C. (2009). *As diversas faces do cuidar: Novos ensaios de psicanálise contemporânea*. São Paulo, SP: Escuta.

Foulkes, S. H. (1949). *Introduction to group analytic psychotherapy*. New York, NY: Grune & Stratton.

Foulkes, S. H.; Anthony, E. J. (1965). *Group Psychotherapy: The psychoanalitic approach*. 2. ed. Harmondsworth, England: Penguin Books. 281p. (Originalmente publicado em 1957)

Kaës, R. (2002). *Les Théories Psychanalytiques du Groupe*. 2. éd. Paris, France: Presses Universitaires de France.128p.

Klapman, J. W. (1964). *Group Psychotherapy: Theory and Practice*. New York, NY: Grune & Stratton, 1946.

Penna, C.; Castanho, P. (2015). Group Analytic Psychotherapy in Brazil. *International Journal of Group Psychotherapy*, v. 65, p. 637-646.

Pichon-Rivière, E. (2007). *El Processo Grupal: Del psicoanálisis a la psicologia social* (1). 2. ed. Buenos Aires, Argentina: Nueva Visión. (Originalmente publicado em 1985)

Vacheret, C. (2008). A Fotolinguagem©: um método grupal com perspectiva terapêutica ou formativa. São Paulo. *Psicologia. Teoria e Prática*, v. 10.

Zimerman, D. (2000). *Fundamentos Básicos das Grupoterapias*. 2. ed. Porto Alegre, RS: Artmed.

LEITURAS RECOMENDADAS

Abud, C. C. (Org.). (2015). *A subjetividade nos grupos e instituições: constituição, mediação e mudança*. Lisboa, Portugal: Chiado.

Kaës, R. (2011). *Um singular plural: a psicanálise à prova do grupo*. São Paulo, SP: Loyola.

Castanho, P. (2015). Sobre o conceito de intertransferência (ou a contribuição de René Kaës para a problemática da contratransferência no trabalho em equipe). *Jornal de Psicanalise*, v. 87, p. 111-120.

Castanho, P. (2018). *Uma introdução psicanalítica ao trabalho com grupos em instituições*. São Paulo, SP: Linear B.

Penna, C. (2014). *O inconsciente social*. São Paulo, SP: Casa do Psicólogo.

SEÇÃO II
PSICOLOGIA COMPORTAMENTAL

**Coordenadora
Sonia Beatriz Meyer**

Bases filosóficas da análise do comportamento e o desenvolvimento das terapias comportamentais

Jan Luiz Leonardi
Saulo Missiaggia Velasco

A análise do comportamento clínica (*clinical behavior analysis*, no original) e a terapia analítico-comportamental são modalidades de psicoterapia fundamentadas na filosofia do behaviorismo radical e nas bases conceituais, metodológicas e empíricas da análise do comportamento (Guinther e Dougher, 2013; Meyer *et al.*, 2010). Os objetivos deste capítulo são introduzir os fundamentos filosóficos e conceituais da análise do comportamento, apontando algumas de suas implicações para a terapia comportamental, e contextualizar o desenvolvimento das terapias comportamentais.

ANÁLISE DO COMPORTAMENTO E BEHAVIORISMO RADICAL: CIÊNCIA E FILOSOFIA

A análise do comportamento é uma ciência básica e aplicada que, orientada pelos pressupostos filosóficos do behaviorismo radical, busca explicar, prever, controlar e interpretar o comportamento humano (Skinner, 1974/1976). Assim definida, a análise do comportamento possui dois grandes objetivos: (1) aumentar a compreensão científica sobre o comportamento humano e (2) promover a aplicação dos princípios comportamentais para melhorar a qualidade de vida dos seres humanos. Segundo Skinner, a análise do comportamento é uma ciência natural, mais especificamente um ramo da biologia. Como tal, ela busca, via pesquisa experimental, por relações ordenadas, uniformes e fidedignas entre os eventos da natureza, o que culmina na possibilidade de previsão e controle de seu objeto de estudo – o comportamento humano. Além disso, a análise do comportamento visa descrever os fenômenos de forma rigorosamente precisa e com o menor grau possível de inferência, empregando uma quantidade mínima de termos para representar um grande número de fatos sobre a dinâmica de funcionamento do comportamento.

Usualmente, a expressão *análise do comportamento* é utilizada para referir-se ao campo geral da Psicologia Comportamental, dividido didaticamente em três subáreas indissociáveis: (1) a análise experimental do comportamento; (2) a análise do comportamento aplicada; (3) o behaviorismo radical (Tourinho e Sério, 2010).

A *análise experimental do comportamento* é a ciência básica encarregada de produzir e validar dados empíricos sobre a natureza dos processos comportamentais. Ela utiliza a experimentação controlada de laboratório para elucidar princípios fundamentais do comportamento, como reforçamento, punição, discriminação, generalização, extinção etc. Estuda-se qualquer comportamento e qualquer variável que possa estar a ele relacionada. Portanto, a escolha dos sujeitos, comportamentos, estímulos e procedimentos estudados é determinada por conveniência metodológica, ou seja, por sua potencial contribuição na demonstração clara de relações ordenadas entre comportamento e ambiente (Baer, Wolf e Risley, 1968).

Em razão do caráter individual, interacionista, processual e histórico do comportamento, analistas do comportamento (*e.g.*, Johnston e Pennypacker, 2009) defendem veementemente o uso do delineamento experimental de caso único, deixando em segundo plano a questão das diferenças estatísticas entre os sujeitos. Como cada sujeito é tratado como um indivíduo particular, distinto de qualquer outro, relações ordenadas entre classes de respostas e classes de estímulos só podem ser observadas expondo-se um sujeito de cada vez a diferentes condições experimentais. A lógica subjacente a essa tática é a de que o comportamento apresentado em uma condição sirva como controle para se avaliarem os efeitos de variáveis introduzidas, retiradas ou modificadas em outra condição. Como cada indivíduo serve como seu próprio controle, o delineamento de caso único permite testemunhar o processo de construção, modificação e desa-

SEÇÃO II — PSICOLOGIA COMPORTAMENTAL

parecimento de comportamentos em tempo real. Por essa razão, Skinner dizia que preferia estudar um sujeito por 1.000 horas a estudar mil sujeitos por 1 hora.

No entanto, a despeito do que a expressão "caso único" possa sugerir, pesquisas em análise do comportamento raramente empregam apenas um sujeito. O termo "único" se refere à unidade de análise considerada, o comportamento individual, e não ao tamanho da amostra pesquisada. Em poucas palavras, caso único apena significa que o indivíduo é comparado com ele mesmo. Assim, vários sujeitos podem ser expostos às mesmas condições experimentais, desde que seus dados sejam tratados individualmente. Inclusive, é a replicação das relações ordenadas entre classes de respostas e classes de estímulos, sob diferentes condições e com diferentes sujeitos, que dá representatividade e generalidade às conclusões de um estudo comportamental (Johnston e Pennypacker, 2009).

O modelo de caso único tem implicações importantes para a prática da terapia comportamental. A filosofia do sujeito como o seu próprio controle se opõe, por exemplo, à suposição de que diferentes pacientes com um mesmo diagnóstico terão repertórios idênticos e, consequentemente, alcançarão resultados semelhantes quando submetidos a um mesmo protocolo de intervenção. No lugar de empregar práticas terapêuticas homogêneas, a terapia comportamental leva em conta tanto a história de vida particular do cliente quanto o repertório comportamental único construído nesse percurso. Em outras palavras, não se trata de maneira igual indivíduos que são diferentes.

Uma vez estabelecidos em um rigoroso programa de pesquisas empíricas, os princípios teórico-conceituais permitem a interpretação de aspectos do comportamento humano que não podem ser submetidos a uma análise experimental, seja por limites metodológicos ou éticos. O que diferencia a interpretação do analista do comportamento de mera especulação é o seu embasamento em princípios empiricamente validados por meio de uma ciência básica rigorosa, o que torna a interpretação analítico-comportamental uma ferramenta poderosa para o entendimento de comportamentos humanos complexos, dentro e fora da clínica. Nas palavras de Skinner (1974/1976): "Obviamente, nós não podemos prever ou controlar o comportamento humano cotidiano com a precisão obtida no laboratório, mas podemos, no entanto, utilizar os resultados do laboratório para interpretar o comportamento em outros lugares" (p. 251).

A análise do comportamento aplicada é a ciência que tem por objetivo aplicar princípios comportamentais para produzir conhecimento novo acerca de problemas socialmente relevantes e é, também, a prestação de serviços na qual o profissional visa auxiliar seu cliente a resolver problemas geralmente atribuídos à Psicologia enquanto profissão (Tourinho e Sério, 2010). Como um campo investigativo, a análise do comportamento aplicada utiliza a experimentação controlada e o delineamento de caso único para identificar variáveis capazes de modificar, aprimorar ou manter comportamentos socialmente relevantes (Johnston, 1996). Como esclarecem Baer Wolf e Risley (1968), "as diferenças entre pesquisa básica e aplicada não são entre aquela que 'descobre' e aquela que meramente 'aplica' o que já é conhecido. Ambas perguntam o que controla o comportamento sob estudo" (p. 91). No entanto, ao investigar soluções para problemas de natureza prática, ao mesmo tempo em que avalia se os resultados obtidos decorrem mesmo das manipulações realizadas, as decisões do analista do comportamento aplicado, quanto aos sujeitos, comportamentos, estímulos e procedimentos, são determinadas mais pela relevância social e imediaticidade dos

benefícios do que por conveniência metodológica ou eventuais contribuições teórico-conceituais.

Ao distinguir a análise do comportamento aplicada da prestação de serviços em análise do comportamento, Johnston (1996) aponta que:

> Ciência aplicada pode ser definida como pesquisa experimental que está conectada com a pesquisa básica através de seu estilo experimental e uma base em princípios fundamentais, diretamente dirigida por questões e problemas aplicados, mas não comprometida pelas limitações práticas ou pelos interesses imediatos de prestação de serviço em contextos aplicados. (p. 38)

Em contrapartida,

> A prioridade da prática aplicada é prestar um serviço eficaz e não responder questões experimentais. As únicas questões que os prestadores de serviço deveriam rotineiramente enfrentar dizem respeito à avaliação do problema atual, seleção de procedimentos apropriados a partir da tecnologia disponível, adaptação de procedimentos para circunstâncias locais, administração de procedimentos consistentes com exigências tecnológicas e acompanhamento dos resultados. (...) A prática não é geralmente uma ocasião para descoberta, compreensão ou explicação em um sentido científico. Embora prestadores de serviço individuais possam adquirir experiência dessa maneira, tal conhecimento é bem diferente do que o obtido por pesquisadores e não pode substituir a pesquisa aplicada. (p. 43-44)

Como pode ser observado, a análise experimental e a análise aplicada abarcam a esfera científica da análise do comportamento. Por sua vez, o *behaviorismo radical* é a filosofia voltada ao caráter epistemológico, histórico e metacientífico da análise do comportamento. Além de discutir os objetivos e métodos dessa ciência, a validade de suas leis, a natureza do comportamento e de suas causas, o behaviorismo radical propõe uma visão de ser humano marcadamente distinta das visões tradicionais em Psicologia (Skinner, 1974/1976). Essa visão particular de homem e de mundo fundamentou a construção de uma ciência do comportamento coerente com os princípios das ciências naturais e traz implicações profundas para a prática da terapia comportamental.

Como qualquer ciência natural, a análise do comportamento, apoiada no behaviorismo radical, sustenta que o homem e o mundo são constituídos por uma única natureza, caracterizando-se como um monismo materialista. Assim, os fenômenos subjetivos (sensações, emoções, cognições, pensamentos, sonhos etc.) não são vistos como eventos constituídos por uma natureza especial, mas sim como relações comportamentais que são diferentes apenas porque parte delas ocorre de forma encoberta, isto é, sob a pele do indivíduo.

Nessa perspectiva filosófica, o comportamento é concebido como um objeto de estudo legítimo em si mesmo, e não como mera manifestação de estruturas internas subjacentes. Isso quer dizer que a análise do comportamento rejeita a postulação de causas internas na explicação do comportamento, sejam essas causas imputadas a mente, psique, personalidade, estruturas cognitivas ou, ainda, ao funcionamento do sistema nervoso central (Skinner, 1953/1965). Para Skinner, a inferência de constructos hipotéticos na explicação do comportamento é uma ficção explicativa que obscurece as variáveis ambientais das quais o comportamento é função.

72

Uma falácia explicativa bastante comum em clínica é a atribuição de *status* causal a um diagnóstico psiquiátrico. Por exemplo, é comum atribuir o diagnóstico de hiperatividade a um indivíduo que, demasiadamente, fala, corre, derruba coisas e esbarra em pessoas. Esse diagnóstico, inicialmente descritivo do conjunto de comportamentos observados no repertório do indivíduo, ganha estatuto causal quando a "hiperatividade" é tomada como causa dos próprios comportamentos que a definem e sem os quais não se pode observá-la. Em outras palavras, afirma-se que um indivíduo tem hiperatividade porque ele emite determinados comportamentos, e explica-se que ele emite tais comportamentos porque é hiperativo. Naturalmente, esse tipo de explicação circular obscurece a busca pelas variáveis das quais os comportamentos realmente são função.

O combate ao mentalismo é uma marca que distingue o behaviorismo radical de muitas propostas filosóficas existentes na Psicologia. Na verdade, a Psicologia, como um campo de estudo independente das outras ciências, nasce da concepção dualista de que existem dois estofos de mundo: um com dimensão material/natural, regido por leis físicas/mecânicas; outro com dimensão imaterial/mental, regido por leis metafísicas/não mecânicas (Ryle, 1949/1970). A autonomia da Psicologia com relação às demais ciências supõe certa autonomia do mundo mental com relação ao mundo físico. Mais que isso, supõe a primazia causal da mente sobre corpo, de modo que processos como cognição, desejo, sentimentos, consciência e memória dirigiriam o comportamento humano.

Em oposição ao mentalismo e ao dualismo, Skinner (1981) elabora um modelo de causalidade, embasado na teoria da seleção natural de Charles Darwin, que substitui explicações baseadas em agentes iniciadores autônomos e explicações que apelam para um propósito ou intenção como causas finais. Skinner, entretanto, não nega a existência de eventos privados como desejos, vontades, intenções etc. O que ele lhes nega é a possibilidade de assumirem *status* causal sobre o comportamento.

Sob a ótica darwinista, a formação e a transformação das diferentes espécies envolvem dois processos básicos: variação aleatória dentro de populações e a seleção ambiental de algumas dessas variações. Baseado nesse paradigma, Skinner (1981) formula três níveis de determinação do comportamento humano – filogênese, ontogênese e cultura.

A filogênese refere-se a variação e seleção genéticas, produto de milhões de anos de evolução. Nesse nível, foram selecionadas aquelas características que todos os organismos de determinada espécie compartilham, tais como a estrutura anatomofisiológica, os mecanismos motivacionais e a sensibilidade a estímulos, o que possibilita diferentes processos de aprendizagem. Além disso, a filogênese também é responsável pelo surgimento e evolução de comportamentos inatos, como os reflexos incondicionados.

A ontogênese é o processo pelo qual cada indivíduo adquire um repertório comportamental único ao longo de sua história de vida, tanto por condicionamento respondente, em que novas relações comportamentais são estabelecidas mediante pareamentos de um evento neutro com um estímulo eliciador, quanto por condicionamento operante, no qual novos comportamentos são aprendidos e aprimorados por meio da seleção ambiental de variações nas respostas emitidas pelo indivíduo. Enquanto a consequência selecionadora na filogênese é o potencial de sobrevivência e reprodução do organismo, a consequência selecionadora na ontogênese é qualquer evento do ambiente que aumente a probabilidade futura do responder em questão (i.e., reforçamento).

A cultura diz respeito às contingências de reforçamento mantidas por um grupo. Nesse nível, embora o processo de variação e seleção tenha por base o indivíduo, é o efeito sobre o grupo, e não as consequências individuais para seus membros, que é responsável pela seleção de práticas culturais. O surgimento do comportamento verbal exerceu papel central no estabelecimento desse terceiro nível de variação e seleção. Com ele, as relações indivíduo-ambiente deixaram de ser estritamente mecânicas e novas formas de aprendizagem tornaram-se possíveis, proporcionando o acúmulo de conhecimento e a constituição de repertórios relativos à subjetividade, como a consciência ou o autoconhecimento.

O modelo de seleção por consequências explicita que as causas do comportamento humano são estabelecidas na relação indivíduo-ambiente. Entretanto, é fundamental observar que as mudanças ambientais produzidas pela ação de um indivíduo afetam apenas a probabilidade futura de seu responder, na medida em que fazem parte de um conjunto mais amplo de variáveis. Portanto, o comportamento humano é visto como um objeto de estudo complexo e multideterminado, de forma que a identificação de causas absolutas e invariáveis é bastante improvável. Apesar das incertezas e imprevisibilidades na determinação do comportamento, oriundas de limites metodológicos, e não da natureza do objeto de estudo, os analistas do comportamento persistem na busca por regularidades nas relações indivíduo-ambiente e na promoção de mudanças comportamentais relevantes por meio da manipulação de variáveis ambientais.

Além de romper a dicotomia mente/corpo, o modelo de seleção por consequências também supera a dicotomia normal/patológico, clássica na Psicologia. Se os comportamentos ditos "patológicos" existem no repertório do indivíduo é porque sofreram a ação de processos de variação e seleção nos níveis biológico, individual e cultural. Portanto, tais comportamentos estão sempre "adaptados" em algum grau. Nessa perspectiva, todo comportamento é explicado pelas mesmas leis, seja ele considerado "normal" ou "patológico". Em outras palavras, um terapeuta comportamental não atribui *status* especial à psicopatologia, pois explica e modifica os "sinais" e "sintomas" de um "transtorno" psiquiátrico nos mesmos termos que o faz com relação a qualquer outro comportamento e manipulando o mesmo tipo de variáveis.

FUNDAMENTOS CONCEITUAIS DA ANÁLISE DO COMPORTAMENTO

O estudo científico do comportamento orientado pela filosofia behaviorista radical – monista, determinista, externalista e selecionista – levou à descoberta de leis gerais do comportamento, organizadas em princípios teórico-conceituais cuja compreensão é essencial para a prática do analista do comportamento em qualquer âmbito profissional. Em vista disso, uma breve exposição desses princípios será oferecida a seguir.

O termo *comportamento* é definido como a relação entre um organismo e seu ambiente ou, mais especificamente, como a relação entre *respostas* e *estímulos*. Estímulos e respostas não são instâncias independentes, pois, embora seja possível identificar o que é estímulo e o que é resposta numa relação comportamental, ambos dependem um do outro para serem definidos. Essa concepção de comportamento inclui toda e qualquer interação do indivíduo com o ambiente, o que não imputa qualquer tipo de restrição metodológica aos temos "resposta" e "estímulo" (Skinner, 1953/1965).

Nessa perspectiva, *ambiente* refere-se ao contexto no qual o responder ocorre e à situação que passa a existir após esse responder, isto é, refere-se aos estímulos que antecedem a resposta e os estímulos subsequentes a ela. Um estímulo, portanto, é todo e qualquer elemento do ambiente que exerce algum controle sobre o responder. O ambiente compreende estímulos públicos (eventos ambientais acessíveis a dois ou mais observadores) e estímulos privados (eventos ambientais que são diretamente acessíveis apenas ao indivíduo afetado por eles). Por sua vez, o termo "resposta" diz respeito às atividades do organismo manifestas (ações que podem ser observadas por dois ou mais indivíduos) e encobertas (ações às quais apenas o próprio indivíduo tem acesso), podendo essas ações serem verbais, motoras, glandulares ou perceptuais (Skinner, 1953/1965).

Com base na definição de comportamento como relação indivíduo-ambiente, Skinner (1953/1965) distingue dois tipos de comportamento: o *comportamento respondente* e o *comportamento operante*. O comportamento respondente é uma relação reflexa em que um determinado estímulo gera uma resposta específica (i.e., o evento ambiental antecedente elicia a ocorrência da resposta). *Grosso modo*, o paradigma respondente diz respeito a respostas fisiológicas selecionadas na história filogenética e são responsáveis pela adaptação do organismo a mudanças no ambiente que, a depender da história ontogenética do indivíduo, podem passar a ser eliciadas por novos estímulos.

O comportamento operante é uma relação na qual uma resposta de um indivíduo produz mudanças no ambiente que retroagem sobre ele e o modificam, alterando a probabilidade de emissão de respostas semelhantes no futuro. As consequências podem fortalecer ou enfraquecer a resposta que as produziu. Quando uma consequência aumenta a probabilidade de uma resposta, ela é chamada de *estímulo reforçador* e, quando diminui, é chamada de *estímulo aversivo* ou *estímulo punitivo*[1]. Os processos de reforçamento e de punição podem ser tanto positivos quanto negativos, adjetivos que indicam meramente o acréscimo ou a retirada de algo no ambiente (Skinner, 1953/1965). O valor reforçador ou punitivo de uma consequência depende diretamente das *operações motivadoras* em vigor, eventos que modificam momentaneamente a efetividade da função reforçadora ou punitiva de certos estímulos e, ao mesmo tempo, evocam ou suprimem respostas que foram, no passado, seguidas por esses estímulos (Laraway *et al.*, 2003).

---

[1] A compreensão acerca dos mecanismos responsáveis pela redução do responder produzida pela punição é alvo de controvérsias na literatura da análise do comportamento. Skinner defende que contingências de punição produzem apenas uma supressão temporária do responder e não eliminam a tendência do indivíduo a se comportar da maneira construída por meio de reforçamento positivo. Assim, a punição não seria um processo oposto ao reforçamento, isto é, não promoveria um enfraquecimento do comportamento. Para Skinner, a supressão do comportamento observada na punição ocorreria em razão de uma interação entre respostas operantes e respondentes na qual a punição (1) elicia respostas incompatíveis ao comportamento punido, impedindo-o de ocorrer; (2) estabelece o próprio responder do indivíduo como fonte de estimulação aversiva, acarretando sentimentos incômodos; (3) leva o indivíduo a fazer qualquer coisa que reduza a estimulação aversiva originada pelo seu próprio comportamento. Nessa perspectiva, portanto, a punição não é concebida como um processo comportamental em si mesmo, sendo explicada por meio de reforçamento negativo e relações respondentes.

Além da relação entre o responder e suas consequências, o comportamento operante envolve a relação entre a resposta e os estímulos que estavam presentes na ocasião em que a resposta foi reforçada, processo denominado *discriminação de estímulos*. Para que seja estabelecida uma discriminação, é necessário que o indivíduo passe por uma história de reforçamento diferencial, na qual o responder é seguido de reforço quando emitido na presença de determinado estímulo e não é seguido de reforço quando emitido na presença de outros estímulos (ou é seguido de reforçadores de pior qualidade, em menor quantidade, com maior atraso etc.). É fundamental notar que, nesse caso, o estímulo antecedente não elicia a resposta (como faz o estímulo antecedente em uma relação respondente), mas apenas altera sua probabilidade de emissão ao estabelecer a ocasião na qual será reforçada (Skinner, 1953/1965).

Embasada nesse corpo teórico, estabelecido em um longo e rigoroso programa de pesquisas, a análise do comportamento tem por objetivo a investigação empírica ou interpretativa dos determinantes funcionais do comportamento, respondente ou operante, que recebe o nome de *análise de contingências* ou de *análise funcional*. Enquanto a noção tradicional de causa remete a forças e mecanismos fictícios interligando eventos, a noção de relação funcional estabelece a mera regularidade entre eventos como explicação suficiente. A análise de contingências é, portanto, a identificação das relações de dependência entre as respostas de um indivíduo, o contexto em que ocorrem (condições antecedentes e motivadoras) e seus efeitos no mundo (eventos consequentes) (cf. Skinner, 1953/1965). A análise de contingências abarca todo o processo de identificação das variáveis funcionalmente relacionadas ao comportamento-alvo, até a avaliação do efeito da intervenção sobre ele, correspondendo, portanto, a um processo contínuo de "avaliação diagnóstica".

FENÔMENOS PSICOLÓGICOS NA ANÁLISE DO COMPORTAMENTO

Os diversos processos ditos mentais, como percepção, atenção, consciência, conhecimento, autoconhecimento, cognição e memória, são compreendidos pela análise do comportamento como repertórios comportamentais que foram construídos durante a história pessoal do indivíduo, especialmente na história de interação com o ambiente social.

Por exemplo, enquanto a Psicologia mentalista vê os processos de atenção e percepção como operações da consciência, a análise do comportamento os compreende como relações indivíduo-ambiente envolvendo o controle do comportamento por estímulos discriminativos. Atentar é entrar em contato com os aspectos relevantes do ambiente e perceber, mais do que capturar perceptualmente o ambiente, é responder discriminativamente a seus diferentes aspectos. Em outras palavras, aquilo que percebemos e para o qual atentamos depende da função que os estímulos exercem sobre nosso comportamento. Segundo Skinner (1974/1976), "não estamos apenas 'atentos' ao mundo que nos cerca; respondemos a ele de maneiras idiossincráticas por causa do que já aconteceu quanto estivemos em contato com ele" (p. 83).

A consciência ou autoconhecimento é outro fenômeno psicológico compreendido pela análise do comportamento como um repertório de comportamentos discriminados construído na história de vida do indivíduo. Para a concepção mentalista de homem, o mundo subjetivo pode ser facilmente conhecido pelo próprio sujeito, via introspecção. Mais do que isso, o contato de cada um com seu mundo interno é espontâneo e natural (cf.

Ryle, 1949/1970). Essa concepção de autoconhecimento *é amplamente criticada* pelo behaviorismo radical, que considera que aquilo que se acessa introspectivamente não *é* um mundo mental/imaterial, mas o próprio organismo em ação; e que o contato do sujeito com esse mundo não *é* nem espontâneo nem natural. Sobre a natureza material do mundo privado, Skinner afirma:

> Uma pequena parte do universo está contida dentro da pele de cada um de nós. Não há razão para que ela tenha uma condição física especial por estar situada dentro desses limites. (...) Nós a sentimos e, num certo sentido, a observamos, e seria loucura negligenciar tal fonte de informação só por ser a própria pessoa a única capaz de estabelecer contato com seu mundo interior. Entretanto, nosso comportamento, ao estabelecer esse contato, precisa ser examinado. (Skinner, 1974/1976, p. 24)

A ideia de um contato espontâneo e natural do indivíduo com seu mundo privado é substituída pela proposição de que apenas sob contingências sociais, especialmente verbais, o indivíduo pode se tornar consciente de si. Sobre a importância das contingências sociais na promoção do autoconhecimento, Skinner enfatiza:

> O ambiente, seja público ou privado, parece permanecer indistinto até que o organismo seja forçado a fazer uma distinção. (...) o comportamento discriminativo espera pelas contingências que forçam as discriminações. Então, como a auto-observação também é um produto de contingências discriminativas, e se uma discriminação não pode ser forçada pela comunidade, pode não aparecer nunca. Por mais estranho que seja, é a comunidade que ensina o indivíduo a "se conhecer". (Skinner, 1953/1965, p. 260-261)

A comunidade verbal ensina o autoconhecimento fazendo certas perguntas ao indivíduo (*e.g.*: O que você está fazendo? O que você comeu no jantar de ontem? O que você pretende fazer? Você está vendo aquilo? Você ouviu o que ela disse? Onde está doendo? No que você está pensando?) e reforçando a consistência de suas respostas. Nesse sentido, autoconhecimento ou consciência de si referem-se à descrição que o indivíduo pode fazer dos seus próprios comportamentos e estados internos (Skinner, 1953/1965; 1974/1976).

No que se refere especialmente ao conhecimento dos eventos privados, a intimidade que confere ao indivíduo acesso privilegiado ao mundo dentro da pele torna difícil o ensino preciso das discriminações relevantes por parte do grupo social (Skinner, 1974/1976). Esse problema é contornado, pelo menos parcialmente, quando a comunidade verbal se baseia em condições correlatas públicas (estímulos públicos relacionados ou respostas manifestas colaterais) para ensinar o indivíduo a descrever seus próprios comportamentos e estados internos. Primeiramente, a resposta descritiva é adquirida sob controle das condições públicas, de acesso compartilhado com a comunidade. Apenas eventualmente, os estados privados consistentemente relacionados ganham controle sobre a resposta verbal. Na descrição do próprio comportamento manifesto, a resposta verbal é fortalecida quando o comportamento é visível aos outros. Entretanto, os estímulos proprioceptivos correlacionados ao comportamento manifesto podem vir a ganhar controle exclusivo. Com relação ao comportamento passado, a resposta verbal pode ser descritiva de comportamento perceptual encoberto, comumente chamado de lembrar. Aqui, também, o vocabulário original descritivo é adquirido com relação ao próprio comportamento manifesto. No que se refere ao comportamento futuro, a resposta verbal pode descrever condições corporais relacionadas com alta probabilidade de ação. Como essas condições estiveram presentes em muitas situações anteriores em que o comportamento ocorreu, o sujeito pode vir a descrevê-las como inclinações ou tendências para agir. Ao enunciar propósitos e intenções antes de se comportar, o indivíduo pode estar relatando tanto esses precursores do comportamento manifesto quanto as próprias condições ambientais na presença das quais o comportamento ocorreu e foi reforçado no passado.

Mesmo que contornando o problema da privacidade, como se expôs, o conhecimento da subjetividade sempre será restrito, uma vez que as descrições do indivíduo sobre o seu mundo interno não podem ser totalmente precisas (Skinner, 1974/1976). Por mais irônico que pareça, o indivíduo nunca será capaz de se conhecer melhor do que poderá conhecer o mundo à sua volta. Além disso, seu grau de autoconhecimento variará em função do grau de exigência do grupo social com relação à precisão de suas respostas. Nesse sentido, o terapeuta comportamental, como uma comunidade verbal especial, pode ter papel privilegiado no ensino do autoconhecimento.

Um estágio adicional de autoconhecimento é atingido quando, além do próprio comportamento e dos estados corporais relacionados, o indivíduo aprende a descrever as variáveis ambientais das quais seu comportamento é função. A descrição de relações funcionais entre o próprio comportamento e seu ambiente tem implicações clínicas diretas, especialmente para o ensino do autocontrole. "Uma pessoa que se tornou 'consciente de si mesma' por meio de perguntas que lhe foram feitas está em melhor posição de prever e controlar o seu próprio comportamento" (Skinner, 1974/1976, p. 35).

Os processos ditos cognitivos e mnemônicos também recebem tratamento diferenciado no behaviorismo radical. Tanto o pensamento, ou mais precisamente o pensar, quanto a memória, ou mais precisamente, o lembrar, são entendidos como comportamentos. O que se chama de pensamento pode envolver tanto comportamento verbal ou perceptual encobertos quanto qualquer comportamento que altere de modo deliberado outros comportamentos do mesmo indivíduo, como ocorre na resolução de problemas e no autocontrole. O que vemos quando lembramos de algo que não está presente é próprio comportamento de ver. Nesse caso, não há uma imagem armazenada sendo recuperada e visualizada, como sugere a teoria tradicional da cópia da Psicologia Cognitiva, mas uma reposta perceptual encoberta sendo emitida. Essa resposta, evocada por estímulos discriminativos ou por estados motivacionais específicos, produz estimulação automática similar à produzida por um objeto presente. Nas palavras de Skinner (1974/1976):

> Uma pessoa poder ver coisas quando não há nada para ser visto deve ter sido uma forte razão para o mundo mental ter sido inventado. Era suficientemente difícil imaginar como uma cópia do ambiente atual poderia parar dentro da cabeça onde poderia ser "conhecida", mas havia ao menos um mundo exterior que poderia explicá-la. Porém, imagens puras parecem indicar uma coisa puramente mental. É só quando perguntamos como o mundo ou uma cópia do mundo são vistos que perdemos o interesse em cópias. Ver não requer a coisa vista. (p. 95)

Ver na ausência das coisas vistas e aprender a relatar o que assim se vê possui implicações importantes para a terapia comportamental, como enfatizado pelo próprio Skinner (1974/1976):

Algumas práticas da terapia comportamental, nas quais se pede ao paciente para imaginar várias condições ou acontecimentos, foram criticadas como não genuinamente comportamentais por fazerem uso de imagens. Mas não existem imagens no sentido de cópias privadas; o que existe é comportamento perceptivo; e as medidas tomadas pelo terapeuta visam fortalecê-lo. Ocorre uma mudança no comportamento do paciente se aquilo que ele vê (ouve, sente etc.) tem o mesmo efeito positiva ou negativamente reforçador das próprias coisas quando vistas. (p. 94-95)

O DESENVOLVIMENTO DAS TERAPIAS COMPORTAMENTAIS

O desenvolvimento das terapias comportamentais partiu da mesma estratégia de outras ciências: extrapolar princípios validados empiricamente na pesquisa básica para a resolução de problemas aplicados. Assim, motivada pela preocupação com as bases empíricas da psicoterapia, a terapia comportamental teve como marco inicial a aplicação clínica dos princípios de condicionamento descobertos na pesquisa experimental com animais de laboratório, justificada pela noção de continuidade entre as espécies postulada por Darwin em sua teoria da seleção natural (Leonardi, 2015). Vale observar que os programas de pesquisas desenvolvidos nunca tiveram como objetivo primário estudar comportamentos típicos daqueles organismos, mas sim valer-se das condições controladas de laboratório para formular leis gerais do comportamento. Assumir a continuidade entre as espécies (e, portanto, entre processos fisiológicos, comportamentais etc.) não implica acreditar que uma lei geral do comportamento opere de modo exatamente igual em todas as espécies ou, ainda, que ratos, pombos e seres humanos sejam semelhantes em todos os seus aspectos comportamentais. Em contrapartida, implica, sim, afirmar que a capacidade de aprender com a experiência é fundamental para o funcionamento dos organismos. Ademais, descobrir quais características os seres humanos compartilham com outros animais favorece a identificação do que é, de fato, exclusivamente humano. Em suma, a tese defendida pelos pioneiros da terapia comportamental era a de que qualquer intervenção deveria partir do entendimento científico dos processos comportamentais básicos, o que representou uma forte oposição à Psicologia clínica vigente na época.

Como lembram Branch e Hackenberg (1998):

As origens de muitas técnicas terapêuticas empregadas por terapeutas comportamentais podem ser traçadas diretamente aos resultados de pesquisa com animais não humanos e conceituações gerais empregadas por terapeutas comportamentais frequentemente têm suas raízes na pesquisa com animais não humanos. (p. 15)

Entretanto, uma vez que regularidades são descobertas no laboratório, o próximo passo é a translação dos processos e operações ali descobertos em práticas terapêuticas. Em outras palavras, os princípios básicos oriundos da pesquisa básica devem ser traduzidos na pesquisa aplicada e no trabalho clínico em um conjunto de procedimentos e estratégias de intervenção.

É importante explicitar que, desde que a expressão *terapia comportamental* foi utilizada pela primeira vez, em meados de 1950, uma grande diversidade de práticas foi agrupada sob esse rótulo, culminando em diferentes modelos, tais como psicoterapia analítica funcional, terapia de aceitação e compromisso, terapia de ativação comportamental, terapia comportamen-

tal dialética, entre outros. Além disso, o último quarto do século XX testemunhou a criação e o desenvolvimento de uma prática clínica fundamentada na análise do comportamento exclusivamente brasileira, chamada (atualmente) de terapia analítico-comportamental (Leonardi, 2015).

Como constatado, não existe um modelo homogêneo de análise do comportamento clínica/terapia analítico-comportamental e nem consenso sobre o modelo behaviorista radical de intervenção psicoterápica. Como resume Guilhardi (2004):

Não há unanimidade, mesmo entre os que se denominam terapeutas comportamentais, quanto à definição de Terapia Comportamental, quanto às práticas clínicas empregadas com o cliente, quanto ao referencial conceitual adotado, quanto aos dados de pesquisa utilizados, quanto à metodologia de pesquisa adotada, quanto ao objeto fundamental de estudo, isso somente para citar as divergências mais relevantes. (p. 7)

Apesar da falta de homogeneidade entre os diferentes modelos, há consenso de que a prática da terapia comportamental depende fortemente da interconexão entre filosofia, teoria, pesquisa básica, pesquisa aplicada e prestação de serviços.

CONSIDERAÇÕES FINAIS

A análise do comportamento concebe qualquer comportamento como a relação funcional entre respostas (atividades do indivíduo) e estímulos (variáveis ambientais), construída historicamente por meio de processos de variação e seleção nos níveis filogenético, ontogenético e cultural. Esse modelo causal é incompatível com concepções que veem o ser humano como um ser passivo que simplesmente responde às influências do meio e, também, com aquelas que o veem como um agente iniciador autônomo cujas ações não têm qualquer conexão com o que se passa no mundo à sua volta (Skinner, 1974/1976). Nessa visão de homem não há espaço para a ideia de que eventos mentais determinam o comportamento, nem a de que um eu autônomo assim o faça a despeito de influências externas. No lugar disso, defende-se que o homem se constrói na interação com o seu mundo. Nessa perspectiva, a relação indivíduo-ambiente é determinada reciprocamente, uma vez que o comportamento produz aquilo que faz parte de seus determinantes. Conforme explicam Micheletto e Sério (1993):

O homem constrói o mundo a sua volta, agindo sobre ele e, ao fazê-lo, está também se construindo. Não se absolutiza nem o homem, nem o mundo; nenhum dos elementos da relação tem autonomia. Supera-se, com isto, a concepção de que os fenômenos tenham uma existência por si mesmo, e a noção de uma natureza, humana ou não, estática, já dada. A própria relação não é estática, não supõe meras adições ou subtrações, não supõe uma causalidade mecânica. A cada relação obtém-se, como produto, um ambiente e um homem diferentes. (p. 14)

Nos últimos 80 anos, os princípios teórico-conceituais da análise do comportamento foram empregados tanto na investigação empírica e interpretativa de diversos fenômenos psicológicos, como escolha, memória, cognição, linguagem, resolução de problemas, motivação, consciência e autoconhecimento, quanto na compreensão e intervenção de diversos quadros clínicos como depressão, ansiedade, dependência química, transtornos de personalidade etc. Além disso, a aplicação da filosófica behaviorista radical e dos princípios da análise do comportamento deram origem a diferentes práticas clínicas englobadas sob o rótulo de *terapia comportamental*, algumas delas apresentadas nos capítulos a seguir.

REFERÊNCIAS BIBLIOGRÁFICAS

Baer, D. M.; Wolf, M. M.; Risley, T. R. (1968). Some current dimensions of applied behavior analysis. *Journal of Applied Behavior Analysis*, v. 1, p. 91-97.

Branch, M. N.; Hackenberg, T. D. (1998). Humans are animals, too: connecting animal research to human behavior and cognition. In: O'Donohue, W. (Org.). *Learning and behavior therapy*. Boston: Allyn and Bacon. (p. 15-35)

Guilhardi, H. J. (2004). Terapia por contingências de reforçamento. In: Abreu C. N.; Guilhardi, H. J. (Orgs.). *Terapia comportamental e cognitivo-comportamental: práticas clínicas*. São Paulo: Roca. (p. 3-40)

Guinther, P. M.; Dougher, M. J. (2013). From behavioral research to clinical therapy. In: Madden, G. J. (Org.). *APA handbook of behavior analysis. Vol. 2: Translating principles into practice*. Washington: American Psychological Association. (p. 3-32)

Johnston, J. M. (1996). Distinguishing between applied research and practice. *The Behavior Analyst*, v. 19, p. 35-47.

Johnston, J. M.; Pennypacker, H. S. (2009). Strategies and tactics of behavioral research. 3rd ed. New York: Routledge.

Laraway, S. et al. (2003). Motivating operations and terms to describe them: some further refinements. *Journal of Applied Behavior Analysis*, v. 36, p. 407- 414.

Leonardi, J. L. (2015). O lugar da terapia analítico-comportamental no cenário internacional das terapias comportamentais: um panorama histórico. *Perspectivas em Análise do Comportamento*, v. 6, p. 119-131.

Meyer, S. B. et al. (2010). Análise do comportamento e terapia analítico-comportamental. In: Tourinho E. Z.; Luna S. V. (Orgs.). *Análise do comportamento: investigações histórias, conceituais e aplicadas*. São Paulo: Roca. (p. 153-174)

Micheletto, N.; Sério, T. M. A. P. (1993). Homem: objeto ou sujeito para Skinner? *Temas em Psicologia*, v. 1, p. 11-21.

Ryle, G. (1970). *O conceito de espírito: introdução à psicologia*. Lisboa: Editora Moraes. (Trabalho original publicado em 1949)

Skinner, B. F. (1965). *Science and human behavior*. New York: Free Press. (Trabalho original publicado em 1953)

Skinner, B. F. (1976). *About behaviorism*. New York: Vintage Books. (Trabalho original publicado em 1974)

Skinner, B. F. (1981). Selection by consequences. *Science*, v. 213, p. 501-504.

Tourinho, E. Z.; Sério, T. M. A. P. (2010). Definições contemporâneas da análise do comportamento. In: Tourinho E. Z.; Luna S. V. (Orgs.). *Análise do comportamento: INVESTIGAÇÕES histórias, conceituais e aplicadas*. São Paulo: Roca. (p. 1-13)

LEITURAS RECOMENDADAS

Carrara, K. (2005). *Behaviorismo radical: crítica e metacrítica*. 2ª ed. São Paulo: Unesp.

Chiesa, M. (2006). *Behaviorismo radical: a filosofia e a ciência*. Brasília: Editora Celeiro.

Moore, J. (2008). *Conceptual foundations of radical behaviorism*. Cornwall-on-Hudson: Sloan.

Skinner, B. F. (1953). *Ciência e comportamento humano*. São Paulo: Martins Fontes.

Skinner, B. F. (1974). *Sobre o behaviorismo*. São Paulo: Cultrix.

10

A Terapia Analítico-Comportamental (TAC)

Sonia Beatriz Meyer

Jan Luiz Leonardi

Claudia Kami Bastos Oshiro

A história das terapias comportamentais no Brasil seguiu um percurso diferente em relação ao desenvolvimento dos modelos terapêuticos de origem internacional. Os autores da análise do comportamento clínica construíram suas propostas clínicas (Terapia Analítica Funcional, sigla em inglês FAP; Terapia de Aceitação e Compromisso, sigla em inglês ACT; Ativação Comportamental, sigla em inglês BA etc.) a partir de uma crítica ao internalismo das terapias cognitiva e cognitivo-comportamental, retomando, em tese, as raízes externalistas e selecionistas da análise do comportamento. Os analistas do comportamento brasileiros, por sua vez, transpuseram para o âmbito da psicoterapia seu conhecimento acerca dos processos básicos constitutivos dos fenômenos comportamentais, incluindo a abordagem skinneriana ao comportamento verbal e à subjetividade, muito antes de as terapias cognitiva e cognitivo-comportamental se tornarem conhecidas ou praticadas neste país. Como explica Vandenberghe (2011):

> Nos Estados Unidos, a aplicação plena de uma visão externalista na prática de consultório ocorreu depois que a terapia cognitivo-comportamental (internalista) já tinha sido estabelecida com firmeza. Foi uma contribuição inovadora [da análise do comportamento clínica] propor uma prática clínica coerentemente externalista. A situação brasileira foi bem diferente. No Brasil, a tradição comportamental aderiu desde cedo à análise Skinneriana e a terapia comportamental se desenvolveu dentro da comunidade verbal behaviorista radical. (...) Por isso, o externalismo não constituiu uma inovação na terapia comportamental brasileira. Os terapeutas comportamentais no país não precisaram esperar a FAP e a ACT para assumir uma visão externalista. (...) Observamos, então, uma cronologia invertida. A terceira onda apareceu no cenário internacional depois da terapia cognitivo-comportamental. O modelo cognitivo e as técnicas da terapia cognitiva estavam amplamente aceitos como a forma ortodoxa de tratar transtornos de ansiedade e de humor. Os autores da terceira onda construíram sua abordagem a partir de uma crítica externalista às práticas existentes. Eles continuaram atuando basicamente como o fizeram os clínicos da segunda onda, mas trocaram o modelo cognitivo por um modelo contextualista, inspirado no behaviorismo radical. (...) No Brasil, a sequência foi diferente. A terapia cognitivo-comportamental se tornou uma força importante quando a terapia comportamental de cunho behaviorista radical já estava bem desenvolvida. (p. 35-36)

Ao longo de seu desenvolvimento, diversas terminologias foram utilizadas para se referir à prática clínica brasileira de base behaviorista radical, tais como *psicoterapia comportamental*, *terapia comportamental* e *psicologia clínica comportamental*. Entretanto, nos anos 1990 e 2000, analistas do comportamento brasileiros questionavam se essas denominações eram suficientes para representar sua atuação, uma vez que estavam muito associadas às técnicas respondentes (dessensibilização, exposição etc.) e eram frequentemente confundidas com a terapia cognitivo-comportamental. Esse era um problema antigo. Desde que Lindsley, Skinner e Solomon (1953) utilizaram a expressão *terapia comportamental* pela primeira vez, uma miríade de práticas foram agrupadas sob esse rótulo sem que houvesse, muitas vezes, qualquer afinidade filosófica, conceitual ou metodológica entre elas.

Por essa razão, Tourinho e Cavalcante propuseram, em 2001, o uso do termo *terapia analítico-comportamental*, que se tornou consenso entre terapeutas de diferentes regiões do Brasil como a melhor denominação para qualificar sua prática profissional, por especificar, já em seu nome, as bases filosóficas, conceituais e metodológicas que a sustentam[1]. Deve-se ressaltar que a criação

---

[1] Outras denominações foram dadas à terapia comportamental de base behaviorista radical no Brasil, como *terapia por contingências de reforçamento*, *psicoterapia comportamental pragmática* e *terapia molar e de autoconhecimento*, mas as semelhanças entre elas (todas são fundamentadas na análise do comportamento e utilizam a análise de contingências como ferramenta de análise e intervenção) sugerem que o uso de tais denominações é desnecessário (Costa, 2011).

SEÇÃO II — PSICOLOGIA COMPORTAMENTAL

do termo não teve a intenção de propor uma nova modalidade de psicoterapia, mas apenas uniformizar o nome da prática clínica fundamentada na ciência do comportamento skinneriana que vinha sendo praticada no Brasil desde o início da década de 1970. Enfim, como resume Vandenberghe (2011), o termo *terapia analítico-comportamental* se refere a uma abordagem clínica fundamentada no behaviorismo radical enraizada no Brasil.

Tendo em vista que a TAC nunca foi sistematizada em um manual, como foram a ACT, a Terapia Comportamental Dialética, sigla em inglês DBT, a BA e FAP, será apresentada, a seguir, uma síntese do processo terapêutico analítico-comportamental com base nos trabalhos de Meyer *et al.* (2010), Cassas (2013) e Zamignani (2007).

O sofrimento vivenciado pelo cliente configura-se em uma operação motivadora que estabelece sua eliminação como reforçadora e aumenta a probabilidade do comportamento de buscar ajuda de um psicólogo. O que faz do terapeuta um possível detentor desse reforçador (e, consequentemente, o estabelece como um reforçador condicionado) é seu *status* profissional de especialista em comportamento humano e o ambiente especialmente arranjado para lidar com eventos constrangedores, dolorosos ou socialmente condenáveis no qual atua. É importante observar que a análise do comportamento não compreende nenhum padrão comportamental como psicopatológico, desadaptado, disfuncional ou anormal, uma vez que todos os comportamentos são produto de processos de variação e seleção nos níveis filogenético, ontogenético e cultural. Em outras palavras, o comportamento "doentio" é visto como sendo "o resultado de combinações quantitativas e qualitativas de processos que são, eles próprios, intrinsecamente ordenados, absolutamente determinados e normais em sua origem" (Sidman, 1966, p. 43). Nessa perspectiva, portanto, a TAC utiliza o sofrimento do cliente, ou daqueles que o cercam, como critério para determinar se determinados padrões comportamentais devem ou não ser alterados.

Nas primeiras sessões, o terapeuta tem por objetivo construir uma boa relação terapêutica por meio de audiência não punitiva (uma escuta atenta e cautelosa sem qualquer tipo de julgamento, crítica ou desaprovação), empatia (expressões de aceitação, acolhimento, cuidado, respeito e compreensão ao que o cliente faz, pensa e sente) e demonstrações de que dispõe do conhecimento científico necessário para ajudá-lo, o que, em conjunto, conferem ao terapeuta a função de reforçador positivo condicionado e evocam comportamentos do cliente que foram punidos em seu ambiente cotidiano. Nas palavras de Meyer *et al.* (2010):

> O simples fato de o cliente ter procurado ajuda, independentemente de qualquer padrão de comportamento que ele apresente, deve ser alvo de reforço social, via expressões gerais de suporte ao fato de o cliente estar em terapia, dados os problemas que o cliente enfrenta. (...) O reforço social que o terapeuta deve prover nesse momento parece "não contingente", uma vez que não é direcionado a nenhuma classe de respostas específica do cliente. Entretanto, ele é relacionado a uma ampla classe de comportamentos do cliente de se engajar em um processo de mudança. As classes de resposta a serem emitidas pelo terapeuta são aquelas necessárias para o processo terapêutico ocorrer e são constituídas tipicamente por ações e verbalizações do terapeuta que sugerem cuidado e suporte geral contingente à procura pela terapia (p. 163)

Desde as primeiras sessões, nas quais a ênfase recai sobre o estabelecimento da relação terapêutica, o terapeuta coleta informações sobre a constituição da queixa e a história de vida

do cliente por meio de diálogos e observações dos comportamentos que ocorrem em sessão. Naturalmente, o cliente relata suas vivências de forma leiga, mas, ao longo do processo, o terapeuta organiza os dados obtidos sob a perspectiva da análise de contingências, que permite interpretar qual elemento da relação comportamental (antecedente, resposta ou consequência) é responsável pelo quadro clínico e, portanto, o que deve ser alterado para promover melhora. Tendo em vista que os fatores determinantes dos comportamentos relacionados à queixa do cliente – variáveis genéticas, história de vida, contexto cultural e condições ambientais atuais – são peculiares a cada caso, a análise de contingências e a intervenção decorrente dela são necessariamente individualizadas. Meyer *et al.* (2010) explicitam o papel central que a análise de contingências exerce na TAC:

> O modelo da análise de contingências é a base das intervenções do terapeuta. A partir dessa organização, o terapeuta pode ter um panorama geral do caso clínico, envolvendo a análise tanto da função exercida pelas respostas-problema do cliente quanto de respostas do cliente que sejam desejáveis (pois produziriam reforçadores se emitidas em um contexto apropriado) e que precisariam ser fortalecidas (p. 161)

A análise de contingências pode revelar que a queixa trazida pelo cliente está relacionada a variáveis consequentes. Em alguns casos, o problema pode ser a ausência de estímulos reforçadores. Por exemplo, falta de interesse, fadiga e comportamentos como passar o dia deitado na cama podem ser compreendidos como produto da indisponibilidade de reforçadores positivos, enquanto frustração, revolta e sensação de incapacidade podem ser atribuídas a uma ruptura de uma relação já estabelecida entre resposta e reforço (Skinner, 1974/1976). Nessas circunstâncias, o papel do terapeuta varia a depender dos comportamentos envolvidos na queixa. Se eles são passíveis de ocorrer em sessão (*e.g.*, dificuldade de relacionamento interpessoal), o terapeuta pode evocá-los e reforçá-los diferencialmente, conforme propõe a FAP. Se não, cabe ao terapeuta identificar as possíveis fontes de reforçamento e propiciar novas emissões do comportamento por parte do cliente, agora passíveis de serem reforçadas.

Em outros casos, o problema pode estar relacionado a consequências concorrentes ou inapropriadas. Por exemplo, comportamentos como reclamar, chorar, expressar angústia e denegrir-se podem ser reforçados pela diminuição, eliminação e evitação de tarefas aversivas ou por atenção, cuidado e compaixão. Contudo, por serem aversivos para as pessoas que convivem com o cliente, tais comportamentos podem levá-las a se afastarem dele, diminuindo, assim, a densidade de reforçamento positivo obtido ao longo do tempo, contribuindo para a permanência do quadro clínico. Em tais situações, o papel do terapeuta consiste em analisar as diferentes consequências envolvidas, identificando os eventos que fortalecem aquele responder e os estímulos aversivos indesejáveis, o que pode aumentar a probabilidade de modos alternativos de ação.

O quadro clínico apresentado pelo cliente pode ser resultado de uma história de punição, o que geralmente traz grande diversidade de efeitos colaterais danosos, tais como sentimentos de culpa, vergonha, medo, ansiedade, paralisação de comportamentos, emoções perturbadoras, incitação de violência etc., conforme ilustrado a seguir num caso hipotético de um adolescente que sofre *bullying*:

> A punição dos colegas ou da professora frente ao mau rendimento escolar (tirar notas baixas, fazer perguntas considera-

das "burras", etc.) podem (1) eliciar respostas incompatíveis com o estudar ou fazer a prova (e.g., taquicardia, tremor, tontura, etc. – o famoso "branco"); (2) estabelecer o próprio responder do indivíduo como fonte de estimulação aversiva (estudar, ler, fazer prova e fazer perguntas em sala de aula tornam-se aversivos); (3) levar o indivíduo a fazer qualquer coisa que reduza a estimulação aversiva originada pelo seu próprio comportamento (agredir os colegas ou os professores, faltar na escola, cabular aulas, etc.); (4) levar o indivíduo a evitar o contato com os agentes punidores (isolamento social tanto dentro da sala de aula quanto nos intervalos, como é o caso de alunos que passam o recreio na biblioteca, banheiro, sala dos professores, etc.); (5) levar o indivíduo a evitar o contato com os ambientes em que a punição ocorreu (aumento na frequência de faltas e de aulas cabuladas ou até mesmo desistência da escola) (Nico e Leonardi, 2014, p. 56-57).

A análise de contingências pode revelar que a queixa do cliente está relacionada a variáveis discriminativas, como quando o cliente possui o repertório comportamental necessário para a produção de reforçadores e o ambiente dispõe de consequências reforçadoras, mas não há controle discriminativo ou este é inapropriado. No primeiro caso, o indivíduo não tem o ambiente necessário para a emissão da resposta, como quando perde seu cônjuge (o que implica não apenas a perda de reforçadores importantes, mas também a ausência da condição discriminativa necessária para a obtenção de reforçadores). No segundo caso, o indivíduo emite respostas que foram reforçadas em determinado contexto em uma situação que é imprópria, como falar muitas gírias numa entrevista de emprego. Em ambos os casos, o papel do terapeuta é auxiliar o cliente a identificar os contextos propícios a cada tipo de comportamento e facilitar seu envolvimento em tais ambientes.

Outro problema relacionado ao antecedente diz respeito ao comportamento governado por regras. O termo *regra* foi cunhado por Skinner (1969) para se referir ao estímulo discriminativo que descreve uma contingência (i.e., uma relação entre o responder e os eventos ambientais antecedentes e consequentes) e aumenta a probabilidade de emissão da resposta especificada por ela. Um exemplo de regra é "quando sua esposa estiver triste (antecedente), pergunte se você pode ajudá-la de alguma forma (resposta), pois isso provavelmente fará com que ela fique mais próxima de você (consequência)". Embora as regras sejam extremamente úteis para a aprendizagem de novos comportamentos[2], elas também podem ser fonte de problemas clínicos. O controle excessivo por regras pode produzir algum grau de insensibilidade a mudanças nas contingências (e, dessa forma, ser responsável por uma rigidez no repertório que contribui para o quadro clínico), enquanto seu déficit pode dificultar o autocontrole (i.e., a escolha por consequências imediatas de baixo valor reforçador em detrimento de consequências atrasadas de maior valor reforçador) e a capacidade de resolução de problemas (Kanter *et al.*, 2005; Meyer, 2005). No primeiro caso, o papel do terapeuta é levar o cliente a prestar atenção a outros aspectos da situação, diminuindo o grau de controle exercido pela regra, e, no segundo, treinar o seguimento de regras.

Além de revelar se o quadro clínico está relacionado a variáveis antecedentes ou consequentes, a análise de contingências também pode indicar se há problemas no repertório comportamental do cliente, tais como excessos comportamentais (*e.g.*, comer demais), déficits comportamentais (*e.g.*, falta de habilidades sociais) e comportamentos interferentes (*e.g.*, dificuldade em iniciar uma paquera devido à maneira de se vestir). Quando há excessos comportamentais, o papel do terapeuta é instalar ou fortalecer comportamentos alternativos e/ou incompatíveis que produzam reforçadores suficientemente poderosos para competir com os obtidos pelo comportamento-alvo, o que provavelmente diminuirá sua frequência. Quando há déficits, o terapeuta deve instalar os repertórios necessários, podendo fazer uso de modelagem (um processo de aprendizagem em que o responder é modificado gradualmente por meio de reforçamento diferencial de aproximações sucessivas do comportamento final), de modelação (na qual o terapeuta realiza os comportamentos relevantes e o cliente os reproduz até aprender) e de regras (em que o terapeuta recomenda formas específicas de se comportar), além, é claro, da combinação entre todas essas estratégias. Quando há comportamentos interferentes, o papel do terapeuta consiste em salientar os efeitos indesejáveis que eles produzem e pode sugerir ou evocar alternativas de ação. Por fim, deve-se observar que, em alguns casos, o problema no repertório não está relacionado a comportamentos excessivos, deficitários ou intervenientes, mas sim a topografias inadequadas para o contexto no qual o cliente está inserido. Nesses casos, o papel do terapeuta consiste em lapidar a topografia existente daquele comportamento.

Como pode ser observado na descrição acima, a análise de contingências é a ferramenta norteadora da TAC, sendo utilizada tanto para a compreensão do quadro clínico quanto para a tomada de decisões por parte do terapeuta, mas também pode ser empregada como uma estratégia de intervenção em si mesma, na medida em que a capacidade de descrever o que está fazendo (a topografia do comportamento) e o porquê está fazendo (as variáveis de controle), capacidade essa que recebe o nome de autoconhecimento, fornece, em tese, controle maior para o indivíduo sobre o ambiente em que está inserido. Para Skinner (1974/1976), "o autoconhecimento tem um valor especial para o próprio indivíduo. Uma pessoa que 'se tornou consciente de si mesma' por meio de perguntas que lhe foram feitas está em melhor posição de prever e controlar seu próprio comportamento" (p. 35).

Em suma, a modalidade de psicoterapia fundamentada na filosofia do behaviorismo radical e nos princípios teórico da análise do comportamento que vem sendo desenvolvida e praticada no Brasil desde a década de 1970 pode ser assim resumida:

> A terapia analítico-comportamental é uma forma de prestação de serviços que utiliza o arcabouço teórico da análise do comportamento e o conhecimento de pesquisas básicas e aplicadas para a solução de problemas humanos. Intervenções de terapeutas analítico-comportamentais são baseadas em filosofia, princípios, conceitos e métodos da ciência do comportamento [skinneriana] e incidem sobre as relações do cliente com o seu ambiente, incluindo as relações que definem seus sentimentos e suas cognições, com a participação de eventos (estímulos e respostas) públicos e privados. Para isso, a análise de contingências é o instrumento básico e imprescindível, seja na avaliação da queixa do cliente, seja no delineamento, aplicação e avaliação da própria intervenção. A intervenção pode ser dirigida a diferentes componentes da tríplice contingência, ou seja, mudanças podem ser propostas para alterar antecedentes, respostas ou consequentes. (Meyer *et al.*, 2010, p. 172)

---

[2] Veiga e Leonardi (2012), citando Skinner, explicam que a geração de novos comportamentos por meio de regras é vantajosa pelas seguintes razões: economiza tempo, evita possíveis danos da exposição direta às experiências, instala ou mantém comportamentos cujas consequências são atrasadas ou opostas às consequências imediatas e auxilia na manutenção de comportamentos que foram aprendidos por outros meios.

SEÇÃO II — PSICOLOGIA COMPORTAMENTAL

CONSIDERAÇÕES SOBRE A CONDUÇÃO DA ANÁLISE DE CONTINGÊNCIAS PELO TERAPEUTA E PELO SUPERVISOR

No momento do atendimento, ao ouvir o relato de queixa de um cliente que vem procurar terapia, ou de um caso na supervisão, o comportamento de análise (encoberto, mas, em vários momentos, torna-se aberto) é controlado pelas regras da análise de contingências: estabelecer relações entre variáveis do ambiente interno e externo e a classe de respostas problemáticas do cliente em uma contingência de três termos: antecedentes, respostas e consequentes.

No início da terapia, dados são coletados para a conceituação do caso, incluindo informações sobre frequência, intensidade e duração das respostas que vão sendo selecionadas para tratamento. Procura-se saber as ocasiões em que tais respostas ocorrem e não ocorrem, além de identificar o(s) reforço(s) que as estão mantendo.

O raciocínio funcional acompanha o terapeuta e o supervisor no decurso de todo o processo terapêutico, não apenas na fase inicial. Nesse sentido, é importante enfatizar que a avaliação é contínua, não há separação de uma fase de avaliação de uma de intervenção. As duas ocorrem simultaneamente durante todo o processo terapêutico. Além disso, é comum que novos problemas, não identificados a princípio, surjam ao longo do processo.

Formulação preferencial de análises molares

Quando terapeuta ou supervisor obtêm informações sobre respostas específicas, seus antecedentes e consequentes, formulam uma análise de contingência molecular. Entretanto, comportamentos individuais são frequentemente membros de classes funcionais mais amplas. Essas classes são agrupamentos de comportamentos que compartilham a mesma função, mesmo com topografias diferentes. A identificação desses agrupamentos ou classes requer repetidas observações de diversos comportamentos e ocorre pela constatação de regularidades de funções de diferentes formas de comportamentos abertos ou encobertos. Desse modo, analisam a queixa trazida, mas também procuram identificar classes de comportamentos mais abrangentes. Para tanto, devem estar atentos à ocorrência de semelhanças e contradições.

Quando o cliente conta um acontecimento de sua semana, perguntam-se se há alguma semelhança entre o que ele está contando e os comportamentos relatados em outras ocasiões. Também se atentam à forma com que ele descreve eventos. Se não houver semelhanças e considerarem que há contradições, tornam-se ainda mais atentos para a possibilidade de o cliente estar selecionando o que conta em terapia. Pode ser que os relatos não sejam descrições fiéis de fatos (tatos) ou que o cliente não esteja contando tudo (edição). Novas hipóteses funcionais podem então ser formuladas quanto à classe funcional mais ampla à qual esses relatos ou fatos relatados pertencem.

Investigam também quais reforçadores molares controlam os diversos comportamentos relatados pelo cliente. Um importante exemplo de reforçador molar é a aprovação social generalizada, que pode controlar comportamentos que produzam relações sociais agradáveis e amenas, mesmo se essa aceitação social traga perdas de outras consequências reforçadoras mais diretas. Outra grande classe de reforçador molar é a retirada de estímulos associados a ameaças e perigos que controlam classes molares de respostas de esquiva e agressão defensiva.

De acordo com Miltenberger (2005), existem quatro classes de reforçamento que podem manter comportamentos-problema: (1) reforço positivo social que envolve atenção, reforços tangíveis ou o acesso a atividades preferidas; (2) reforço negativo social que ocorre quando outro indivíduo termina uma situação ou estímulo aversivo, contingente a uma resposta, e essa é fortalecida. Reforços negativos incluem a retirada de tarefas aversivas e obtenção de interação social, como no caso de demonstração de raiva levar o parceiro a parar de discutir; ou incluem ainda mudança no ambiente físico, em que reclamações fazem com que um adolescente diminua o volume do som; (3) reforço positivo automático, que ocorre quando um comportamento produz alguma forma de estimulação por meio do contato direto com o ambiente físico, e assim tal comportamento é reforçado. É o caso de uma pessoa treinar sozinha a fazer cestas no basquete. Quanto mais ela tenta, mais ela aprimora o próprio comportamento de acertar a bola na cesta; (4) reforço negativo automático (que também tem sido chamado de esquiva experiencial), que ocorre quando um comportamento termina um estímulo aversivo diretamente e o comportamento é reforçado. Reforço negativo automático inclui o término de estimulação interna, como dor, desconforto, excitação autonômica ou emoção negativa; ou remoção de estimulação externa: fechar uma janela para cessar um vento frio (Miltenberger, 2005).

A unidade de análise e tratamento pode ser bastante específica (molecular) ou bastante ampla (molar). A vantagem de trabalhar com unidades mais moleculares é, geralmente, a rapidez e a eficiência de tratamentos breves. A vantagem de trabalhar com unidades mais molares é que o tratamento tende a abranger mais áreas da vida da pessoa, instrumentando-a a lidar com novas situações que ocorram, mesmo após o término da terapia. Uma associação de procedimentos aplicados diretamente ao comportamento-problema e intervenções voltadas para o autoconhecimento tem sido uma solução interessante.

O conhecimento dos princípios de aprendizagem guia análises e predições

Quando o terapeuta ou o supervisor conduzem, aberta ou encobertamente, análises funcionais, moleculares ou molares, fazem suposições sobre o efeito que variáveis ambientais tiveram no passado e poderão ter sobre os comportamentos analisados. O conhecimento dos princípios de aprendizagem fornece a base dessas análises e suposições. É com base nesses princípios que podem afirmar que, se um comportamento está forte, ele está sendo reforçado. Se alguém conclui que uma pessoa estava se autopunindo, ao se automutilar, sabemos, de acordo com os princípios de aprendizagem, que isso não é possível. Um comportamento não pode estar forte se ele estiver sendo punido. Devem existir reforçadores, e são esses que devem ser procurados.

No caso de automutilação, eles poderiam verificar algumas possibilidades: se a pessoa está obtendo como reforçadores atenção e privilégios, ou se a liberação de endorfinas está produzindo prazer e ajudando a manter a resposta. No caso de cortes serem feitos em partes expostas do corpo, como o pulso, o que será mostrado ao namorado após alguma briga, pode-se levantar a hipótese de que a resposta esteja sendo mantida por aproximação do namorado. Mas, se a automutilação ocorre de forma escondida, em local não visível do corpo, acompanhada de sentimentos de extremo vazio, o reforço pode ser negativo. A resposta pode adiar ou retirar estimulação aversiva pior. Pode ser menos aversiva a dor na coxa do que a sensação de vazio, afastada pela dor física. Cortes no corpo produzem dor, então o passo seguinte nessa análise de contingências será encontrar os determinantes da sensação de vazio, que é tão aversiva. Só então vai emergir uma intervenção terapêutica. Por exemplo, terapeuta e cliente podem discutir se não seria preferível entrar em contato com a sensação e, daí em diante, encontrar outras estratégias de lidar com a situação aversiva.

Pesquisa da função do comportamento tem prioridade sobre propostas de intervenção

Em geral, ao identificar, em sessões iniciais, qual comportamento está trazendo problemas para o cliente, queremos saber primeiro por que o comportamento está aí, e não o que fazer para mudá-lo (isso não se aplica a todos os casos, há exceções, como no caso de crises). Não sabemos qual importância tem o reforçador na vida da pessoa ou qual é o valor de sobrevivência do comportamento. O terapeuta deve lembrar-se de que não foi ele quem instalou o comportamento e que seria onipotência achar que ele sabe quais eventos devem e não devem ser reforçadores para seu cliente. É preferível nos questionar sobre quais as razões que contribuem para que o evento seja um reforçador. Em casos de medo, perguntamo-nos por que o medo está aí; e, se o medo for eliminado, o que sobrará? Ou seja, a ênfase deve se voltar à análise, e não aos procedimentos. Em supervisão, essa ênfase faz com que bastante tempo seja dedicado às análises. Se a análise for satisfatória não haverá maiores dificuldades em construir procedimentos de intervenção.

No exemplo a seguir, uma ênfase maior na solução do problema poderia ter conduzido a um treino assertivo e este não teria sido o melhor encaminhamento. Uma cliente chegou queixando-se de problemas de relacionamento com o marido. Um dos primeiros passos da análise de contingências foi descrever os comportamentos-problema dela, seus antecedentes e consequentes. Apareceram várias respostas que poderiam ser agrupadas como falta de assertividade. Ao analisar as respostas e as consequências, verificou-se que diversas respostas passivas pareciam ter a consequência de agradar ao marido. Apesar de ser bastante fácil ensinar comportamentos assertivos, investigou-se, em primeiro lugar, por que comportamentos de agradar estavam fortes no repertório, ou seja, por que ela precisava agradar tanto ao marido. Tendo-se chegado em terapia à conclusão de que o marido não gostava dela como ela desejava, outros objetivos foram estabelecidos e o treino assertivo deixou de ser uma prioridade.

Questão similar ocorreu no caso de uma criança que chorava muito na escola e pedia para telefonar para a mãe. Não seria difícil planejar procedimentos para diminuir esse comportamento (e, de fato, isso foi feito em momentos apropriados). A análise de contingências indicou que intermitentemente a mãe e professores davam atenção à criança após tais pedidos, mas essa consequência não era suficiente para explicar por que a presença da mãe na escola era um evento tão reforçador. Havia alguma forma de privação desse evento reforçador, a atenção da mãe? Ao dirigir a análise para obtenção dessa resposta, apareceram dados de que a mãe havia se separado do marido recentemente e estava reconstruindo sua vida social e amorosa. Nessas ocasiões, a presença da criança não era bem-vinda. Privar a criança da presença da mãe quando aquela chorava na escola não seria o procedimento mais adequado, enquanto boa qualidade e quantidade de interação não fossem garantidas. Ou seja, extinção não

seria um bom procedimento a ser usado naquele momento para os choros e telefonemas para a mãe na escola.

Outro aspecto a ser levado em conta ao analisar um caso é que parece ser mais fácil mudar topografias de respostas pertencentes a uma classe de respostas do que a própria função de tal classe. Assim, pessoas altamente controladas por contato social dificilmente vão desenvolver extenso repertório de atividades solitárias. Em casos dessa natureza, pode-se prever ocorrência de procrastinação na realização de trabalhos cujo reconhecimento é atrasado. Provavelmente será mais fácil orientar a pessoa a procurar incluir outros em suas atividades, aumentando, assim, o valor reforçador de tal atividade. Por exemplo, um professor que precisa corrigir muitas provas pode chamar um aluno para ser seu monitor e ambos realizarem a tarefa em conjunto. Para uma senhora cujos filhos se casaram e saíram de casa, e que foi encaminhada para terapia com diagnóstico de depressão (a chamada "síndrome do ninho vazio", um período de depressão e de perda de propósito que aflige os pais, e especialmente as mães, quando os filhos saem de casa), é comum que não haja adesão à proposta de ela se engajar em novas atividades, tais como fazer exercícios, ir ao cinema ou sair com amigas. O reforço mais potente é o advindo de prover cuidados a outros. Em vez de começar o trabalho terapêutico procurando aumentar o valor reforçador de outras atividades, podemos, por exemplo, sugerir trabalhos voluntários em que haja reforço advindo de prover cuidados, que não está mais disponível na relação com os filhos. Este é o princípio do reforçamento diferencial de outras respostas – o procedimento de DRO (*Differential Reinforcement of Other responses*).

O procedimento de DRO também pode ser exemplificado no caso de uma criança que apresentava características histriônicas – era dramática, exagerada, sedutora, chamava constantemente atenção para si mesma, e controlava pais, professores e circunstâncias até conseguir o que queria. Uma mudança planejada na contingência fez com que comportamentos inadequados se tornassem adequados. O terapeuta orientou, com sucesso, que a família pusesse a criança em um curso de teatro. Chamar a atenção, em teatro, é totalmente adequado.

Outra forma de trabalhar que está em acordo com a prioridade da pesquisa de função é evitar usar extinção como procedimento de diminuição de comportamentos-problema, quer em sessão, quer como procedimento orientado. Além dos exemplos já citados, acrescentamos os casos de dor, em que é comum que o relato de dor seja seguido de tentativas de mudar o assunto por parte do ouvinte, o que poderia ser classificado como um procedimento de extinção. No caso de terapeutas, a tendência a colocar relatos de dor em extinção pode ser ainda maior com o conhecimento de que um dos procedimentos indicados para dor crônica é a mudança do foco da atenção, já que a dor costuma ser menos intensa quando se está engajado em outras atividades. Mas, enquanto o terapeuta não ouve ou não mostra que entende que o cliente está com dor, esse vai continuar contando de forma cada vez mais insistente, até se sentir compreendido.

O uso do princípio da extinção pode ser feito com objetivo diferente do de mudar a relação de contingência mantenedora do comportamento-problema. Extinção ocorre quando o terapeuta ou supervisor se estabelecem como uma audiência diferente daquela que está mantendo o comportamento-problema, quando se estabelecem como audiência não punitiva. Extinção ocorre também quando deixam de responder da maneira socialmente típica do ambiente extraconsultório do cliente e, com isso, evocam comportamentos diferentes. Esse uso da extinção é exemplificado no caso de um cliente que voltou a apresentar comportamentos de intimidar seu terapeuta por meio de olhares. O terapeuta, em vez de mudar de assunto, fugindo da intimidação, interessou-se pelo conteúdo sobre o qual o cliente falou, ao intimidá-la, não reforçando a intimidação. Esse procedimento recebe também o nome de bloqueio de esquiva.

Análise do comportamento do terapeuta como fonte de dados para a formulação da análise de contingências

Os comportamentos encobertos do terapeuta podem dar pistas sobre a problemática do cliente, na medida em que sinalizem as contingências de reforçamento em vigor no andamento da sessão. Se o terapeuta perceber que se sente aliviado quando seu cliente avisa que vai faltar ou que fica pensando nas compras de supermercado enquanto seu cliente monologa, provavelmente constatará que eventos da sessão estão sendo aversivos e que podem existir semelhanças entre seu sentimento e o de outros significativos da vida do cliente. Dessa análise podem derivar intervenções usadas na Psicoterapia Analítica Funcional.

Construção de tabelas de tríplices contingências

Montar contingências tríplices na forma de tabelas é trabalhoso e consome tempo. Entretanto, esse esforço vale a pena, e o comportamento verbal sobre o caso fica mais preciso. A vantagem da maior precisão é similar àquela indicada por Skinner (1976) em relação ao autoconhecimento: o valor especial do autoconhecimento para o indivíduo está no fato de que "uma pessoa que se tornou 'consciente de si mesma', por meio de perguntas que lhe foram feitas, está em melhor posição de prever e controlar seu próprio comportamento" (p. 31). Ou seja, após conseguir construir uma tabela com tríplices contingências, a condição de prever e controlar o comportamento do cliente e o de terapeutas e supervisores é melhor.

Algumas considerações podem ser úteis, ao tentar formular uma tabela com três colunas. Para selecionar o que colocar na coluna do meio – a de respostas –, um possível procedimento é elencar respostas moleculares, episódios, que fazem parte da queixa do cliente ou que foram identificadas como produzindo consequências aversivas para esse e os que o rodeiam. Se, ao identificar antecedentes e consequentes desses diversos episódios, se constatar semelhanças, poder-se identificar uma classe de respostas molar. Na apresentação da tabela, é desejável manter os episódios moleculares associados aos molares para facilitar ao leitor seguir a análise feita no intuito de chegar à classe de respostas molar.

Quando a resposta selecionada é molar e é muito inferencial, pode-se operacionalizá-la. Por exemplo, a resposta de intimidação pode ser exemplificada com algumas respostas observáveis – falar agressivamente, falar e sorrir ironicamente, xingar, discutir, testar, teorizar – e que devem ser explicadas melhor no texto que dá suporte à tabela.

As colunas de antecedentes e consequentes geralmente são relacionadas entre si. Na coluna dos consequentes, devem ser elencadas as mudanças ambientais que mantêm a resposta analisada, e outras consequências podem ser apresentadas. Mudanças no ambiente externo são as variáveis priorizadas.

Nem sempre a função da consequência é clara, por isso é desejável colocar a função entre parênteses após a consequência. A consequência de uma resposta agressiva pode ser o afastamento das pessoas, sendo importante ressaltar que a consequência mantenedora é o reforçamento negativo advindo de tal afastamento, quando o contato é aversivo.

Dificilmente conseguimos expor toda a análise de contingências em uma única tabela; ela pode ser separada com base em duas ou mais classes de respostas molares. Existem vários recursos de representação que podem ser adaptadas a cada caso, conforme o foco da análise. Não existe um único modelo: a única exigência é que sejam teoricamente corretos. Apesar de útil, a tabela não costuma ser suficiente para o leitor entender a análise de contingências, por isso é útil adicionar textos explicativos de suporte. Em outras palavras, a construção da tríplice contingência é um instrumento útil ao terapeuta e supervisor, mas talvez não seja tão útil ao leitor. Para este, a apresentação da tabela é opcional, sendo fundamental a análise descritiva.

PESQUISAS

A tese de doutorado de Leonardi (2016) analisou a produção de evidências empíricas da terapia analítico-comportamental (TAC), na literatura nacional e internacional. Foi realizada uma revisão da literatura conduzida de forma a localizar o maior número possível de estudos empíricos sobre TAC, publicados ou não, que abarcou onze bases de dados globais e três bases de dados específicas da análise do comportamento. A seleção dos estudos teve como critérios de inclusão: ser relato de caso, experimento de caso único ou pesquisa de grupo que descreve os resultados obtidos num processo de terapia individual; ter participantes com desenvolvimento típico e idade igual ou superior a 18 anos; ter ocorrido exclusivamente no ambiente de consultório; ser fundamentado no behaviorismo radical e utilizar conceitos da análise do comportamento na descrição do processo terapêutico. Vale ressaltar que várias pesquisas relativas à TAC não foram incluídas, como no caso de análise de amostras de sessões, de trabalhos com crianças ou com indivíduos com desenvolvimento atípico, trabalhos desenvolvidos fora de consultório, com casais, com grupos, trabalhos não empíricos. Boa parte dos trabalhos encontrados no levantamento de literatura não foi incluída, pois não tinham como objetivo produzir evidências de eficácia. No total Leonardi encontrou trabalhos que apresentaram 44 casos de TAC ou com denominações semelhantes. Ele concluiu que a TAC carece de evidências empíricas que comprovem ou rejeitem sua eficácia. Ele argumentou que terapeutas e pesquisadores brasileiros têm três opções: (1) utilizar apenas os princípios comportamentais básicos, isto é, a teoria, para guiar sua prática clínica, o que é insuficiente para garantir a eficácia da intervenção; (2) adotar um dos modelos internacionais de análise do comportamento clínica; (3) sistematizar a TAC para, posteriormente, pesquisá-la experimentalmente.

Do ponto de vista de qualidade metodológica, uma das questões apontadas foi que a maioria dos procedimentos de intervenção não foi descrita de forma que um leitor treinado em terapia comportamental fosse capaz de replicá-los em uma pesquisa ou reproduzi-los em sua prática. Alguns exemplos, entre muitos outros, em que não é possível compreender as ações que o terapeuta executou são "treino de habilidades sociais", "uso de técnicas de resolução de problemas", "dar estímulos discriminativos explícitos para o cliente discriminar as emoções", "apresentação da análise funcional ao cliente", "análise das regras que controlavam os comportamentos-problema" ou "questionamento de regras" etc. A falta de informações acerca de quais foram, de fato, os comportamentos que o terapeuta emitiu ao longo das sessões diminui consideravelmente o valor científico dos trabalhos e dificulta bastante a opção (3), a de sistematizar a TAC para, posteriormente, pesquisá-la experimentalmente.

No Laboratório de Terapia Comportamental da Universidade de São Paulo (USP), foram desenvolvidos e refinados sistemas de análise do processo terapêutico. Um dos sistemas desenvolvidos foi o Sistema Multidimensional para a Categorização de Comportamentos na Interação Terapêutica (SiMCCIT) (Zamignani, 2007). Com esse instrumento, diversos estudos foram desenvolvidos com bastante precisão metodológica. Por exemplo, existem dados replicados em quatro estudos diferentes de que o uso da *facilitação* (verbalizações curtas ou expressões paralinguísticas; tipicamente, essas verbalizações indicam atenção ao relato do cliente e sugerem a sua continuidade) indica problemas na condução do caso, quando apresenta predominância muito acentuada em relação às outras categorias do sistema.

Análises sequenciais têm sido uma forma compatível com a análise de contingências na medida em que se pode analisar uma categoria da preferência do pesquisador e verificar que categorias tipicamente as precedem e as sucedem. Interpretações baseadas na análise do comportamento skinneriana permitem entender possíveis processos comportamentais em jogo. Análise aprofundada foi realizada em diversos estudos com a categoria *recomendação* (o terapeuta sugere alternativas de ação ao cliente ou solicita o seu engajamento em ações ou tarefas; a literatura refere-se a essa categoria também como aconselhamento, orientação, comando, ordem.). Os dados do doutorado de Donadone (2009) permitiram conclusões do tipo: os episódios de recomendação iniciavam-se quase sempre com o relato de uma situação vivenciada ao terapeuta; a maioria dos terapeutas realizou outras intervenções antes de recomendar; as intervenções dos terapeutas que antecediam a emissão da recomendação eram predominantemente *solicitação de reflexão e interpretação*. O *estabelecimento de relações* feito pelos clientes, o *relato de situações* vivenciadas, assim como a *oposição* e a *concordância*, funcionavam como antecedente do cliente à emissão de recomendação. Após uma recomendação, os clientes concordavam com ela em quase metade das ocasiões. Em um quarto dessas ocasiões os clientes se opunham a ela, e em um sexto das ocasiões o terapeuta emitia uma nova recomendação.

Outras categorias já foram bastante estudadas. Diversos estudos demonstraram que a categoria *aprovação* aumenta a frequência da categoria do cliente que a antecede. Vários outros estudos podem ser desenvolvidos para permitir melhor entendimento de como terapeutas analítico-comportamentais desenvolvem suas terapias com diferentes clientes.

Outros estudos futuros poderiam investigar as características das análises de contingência apresentadas, tais como número de termos (*e.g.*, resposta e consequência; resposta, consequência e estímulo discriminativo; resposta, consequência, estímulo discriminativo e operação motivadora), tipo de análise (molar, molecular), complexidade (interação operante-respondente; contingências entrelaçadas com outros indivíduos), precisão conceitual etc.

Os estudos a serem desenvolvidos podem ser teóricos, de processo ou de eficácia, cada um deles com metodologias compatíveis com a pergunta de pesquisa.

REFERÊNCIAS BIBLIOGRÁFICAS

Cassas, F. A. (2013). *O acompanhamento terapêutico como prática do analista do comportamento: uma caracterização histórica com base no behaviorismo radical* (tese). São Paulo, SP: Pontifícia Universidade Católica São Paulo.

Costa, N. (2011). O surgimento de diferentes denominações para a terapia comportamental no Brasil. *Revista Brasileira de Terapia Comportamental e Cognitiva*, v. 13, p. 46-57.

Donadone, J. C. (2009). *Análise de contingências do uso de orientação e auto-orientação em intervenções clínicas comportamentais* (tese). São Paulo, SP: Instituto de Psicologia, Universidade de São Paulo.

Kanter, J. W., Schildcrout, J. S., & Kohlenberg, R. J. (2005). *In vivo processes in cognitive therapy for depression: Frequency and benefits*. Psychotherapy Research, v. 15, n. 4, p. 366-373.

Leonardi, J. L. (2016). *Prática baseada em evidências em psicologia e a eficácia da análise do comportamento clínica* (tese). São Paulo, SP: Instituto de Psicologia, Universidade de São Paulo.

Lindsley, O. R.; Skinner, B. F.; Solomon, H. C. (1953). *Studies in behavior therapy: status report I*. Waltham, Massachusetts: Metropolitan State Hospital.

Meyer, S. B. (2005). Regras e auto-regras no laboratório e na clínica. In: Abreu-Rodrigues J.; Ribeiro M. R. (Orgs.). *Análise do comportamento: pesquisa, teoria e aplicação*. Porto Alegre: Artmed. (p. 211-227)

Meyer, S. B. et al. (2010). Análise do comportamento e terapia analítico-comportamental. In: Tourinho E. Z.; Luna S. V. (Orgs.). *Análise do comportamento: investigações histórias, conceituais e aplicadas*. São Paulo: Roca. (p. 153-174)

Miltenberger, R. G. (2005). The role of automatic negative reinforcement in clinical problems. *International Journal of Behavioral and Consultation Therapy*, v. 1, n. 1, p. 1-11.

Nico, Y.; Leonardi, J. L. (2014). Determinantes culturais da depressão nas sociedades pós-modernas: uma análise comportamental. In: Bittencourt, A. C. C. P. et al. (Orgs.). *Depressão: psicopatologia e terapia analítico-comportamental*. Curitiba: Juruá. (p. 51-105)

Sidman, M. (1966). Normal sources of pathological behavior. In: Ulrich, R.; Stachnik, T.; Mabry J. (Orgs.). *Control of human behavior*. Glenview: Scott, Foresman and Co. (p. 42-53)

Skinner, B. F. (1969). Operant behavior. In: Skinner, B. F. (Org.). *Contingencies of reinforcement: a theoretical analysis*. New York: Appleton Century Crofts. (p. 105-132) (Trabalho original publicado em 1963)

Skinner, B. F. (1976). *About behaviorism*. New York: Vintage Books. (Trabalho original publicado em 1974)

Tourinho, E. Z.; Cavalcante, S. N. (2001). Por que terapia analítico-comportamental? *ABPMC Contexto*, v. 23, n. 10.

Vandenberghe, L. (2011). Terceira onda e terapia analítico-comportamental: um casamento acertado ou companheiros de cama estranhos? *Boletim Contexto ABPMC*, v. 34, p. 33-41.

Zamignani, D. R. (2007). *O desenvolvimento de um sistema multidimensional para a categorização de comportamentos na interação terapêutica* (tese). São Paulo, SP: Universidade de São Paulo.

LEITURAS RECOMENDADAS

Borges, N. B.; Cassas, F. A. (2012). *Clínica analítico-comportamental: aspectos teóricos e práticos*. Porto Alegre: Artmed.

Kazdin, A. E. (1992). *Methodological issues and strategies in clinical research*. Washington D.C.: American Psychological Association.

Meyer, S. B. et al. (2008). Subsídios da obra Comportamento Verbal de B. F. Skinner para a terapia analítico-comportamental. *Revista Brasileira de Terapia Comportamental e Cognitiva*, v. 10, p. 105-118.

Meyer, S. B. et al. (2015). *Terapia analítico-comportamental: relato de casos e de análises*. São Paulo, SP: Paradigma.

Zamignani, D. R.; Meyer, S. B. (2014). *A pesquisa de processo em psicoterapia: estudos a partir do instrumento SiMCCIT*. São Paulo, SP: Paradigma.

11

Psicoterapia Analítica Funcional (FAP): mudança clínica evocada e modelada pela vivência terapêutica

Alessandra Villas-Bôas Hartmann
Claudia Kami Bastos Oshiro
Joana Figueiredo Vartanian

A Psicoterapia Analítica Funcional (*Functional Analytic Psychotherapy* – FAP) foi criada pelos autores Kohlenberg e Tsai (2001) na década de 1980, ao investigarem detalhadamente a interação entre terapeuta e cliente em sessões de psicoterapia. A partir dos pressupostos do behaviorismo radical, os autores buscaram analisar a dinâmica existente em terapias de sucesso, que atingiam resultados clínicos mais amplos do que os esperados a princípio. A compreensão provinda dessas análises levou os autores a aprimorarem a prática clínica em si, ao mesmo tempo em que sistematizaram suas descrições, desenvolvendo uma forma de psicoterapia que tem a relação vivida entre terapeuta e cliente na sessão como principal mecanismo de mudança clínica (Tsai *et al.*, 2011). O objetivo do presente capítulo é introduzir o leitor nos principais aspectos de tal abordagem e apresentar o desenvolvimento da teoria e das pesquisas existentes até o momento.

DO CONTEÚDO AO PROCESSO: O PAPEL DA ANÁLISE FUNCIONAL NA FAP

Assim como acontece nas formas mais tradicionais de psicoterapia comportamental, o desenvolvimento de uma análise funcional do comportamento do cliente faz-se essencial também na condução da FAP, embora ela apresente algumas diferenças quanto ao foco dessa análise.

A fim de nos aprofundarmos nessas diferenças, faz-se importante compreender que há, pelo menos, duas propriedades de estímulos que podem controlar o comportamento do terapeuta em sessão, tornando-se seu foco de análise e intervenção. A mais evidente delas, e mais fácil de ser observada, especialmente por terapeutas iniciantes, é o *conteúdo* da sessão.

Ao se focar nesse conjunto de propriedades de estímulo, o terapeuta analisa, com ou sem a ajuda explícita do cliente, os eventos e fenômenos comportamentais sobre os quais o cliente está falando. Por exemplo, se o cliente conta para o terapeuta sobre um acontecimento que ocorreu nos últimos dias (ou há

anos), o terapeuta identifica as contingências que envolveram o comportamento do cliente e dos demais envolvidos na história, tentando compreender as atitudes descritas, seus contextos e suas consequências. A partir de tal análise, pode refletir com o cliente sobre formas alternativas de ação que poderiam levar a consequências diferentes, mais satisfatórias. Em outros casos, o terapeuta pode discutir formas de como descrever e entender as situações relatadas, trabalhando com alteração da função de estímulos, mudando a perspectiva do cliente sobre a situação e, eventualmente, modificando seu comportamento em situações futuras Outras vezes o cliente não falará sobre eventos observáveis que aconteceram, mas falará sobre como tem se sentido ou como se sentiu em determinada situação. Da mesma forma, o terapeuta analisará as contingências que trouxeram à tona tais sentimentos, procurando contingências alternativas que poderiam levar a outros sentimentos, por exemplo.

Em todos esses casos, o terapeuta estará mantendo seu foco de análise *no conteúdo* da fala do cliente, ou seja, em *sobre o que o cliente está falando*. Porém, existe um segundo conjunto de propriedades de estímulos acontecendo em sessão, que pode ser chamado de *processo interpessoal*.

O *processo interpessoal* diz respeito ao que está acontecendo dentro da sessão, mais especificamente a como, ao longo da sessão, o cliente está se desenvolvendo e tendo seu repertório modificado, o que pode levar a avanços clínicos. Parte dos processos que podem ocorrer são encobertos, aos quais o terapeuta pode ter mais ou menos acesso, a depender de como o cliente os expressa. Esses fenômenos encobertos são geralmente foco da Terapia de Aceitação de Compromisso (Hayes, 2004), apesar de serem também de grande importância no trabalho da FAP. Outra parte desses processos ocorre de forma pública, aberta e envolvendo não apenas o cliente, mas também o terapeuta de forma bastante direta. São *processos interpessoais* que condizem com a forma como terapeuta e cliente agem em sessão na interação um com o outro e como, consequentemente, se modifi-

SEÇÃO II — PSICOLOGIA COMPORTAMENTAL

cam mutuamente nessa interação. É nesse processo interpessoal, que ocorre no momento presente da sessão, que se encontra o principal mecanismo de ação da FAP e é nesse processo que o terapeuta atua levando o cliente a desenvolver suas melhoras clínicas. Ou seja, o foco de atenção do terapeuta está em *o que o cliente está fazendo agora*.

Essa instância é muitas vezes mais difícil de ser observada e de se manter em contato por exigir maior atenção do terapeuta ao momento presente, além de trazer muitas vezes um caráter mais aversivo, por envolver diretamente a pessoa do terapeuta. Ao analisar "apenas" o *conteúdo* da fala do cliente, o terapeuta pode se isentar de se envolver na relação e pode lidar com o cliente a partir da perspectiva de que "é ele quem precisa de ajuda e estou aqui para ajudá-lo a agir diferente". Por outro lado, ao analisar o *processo interpessoal* que está sendo vivido, o terapeuta é parte integrante e essencial da equação a ser compreendida funcionalmente. Com isso, acaba por ser foco de análise tanto quanto o cliente e precisa refletir sobre seu comportamento e adequá-lo a fim de levar o cliente a naturalmente produzir mudanças no momento presente. Isso deve acontecer apesar de todo o incômodo que olhar tão diretamente para si mesmo pode trazer e apesar de todas as dificuldades que pode enfrentar ao ter que modificar seu próprio comportamento inter-relacional durante a sessão.

Sendo assim, a análise funcional conduzida pelo terapeuta trabalhando com FAP terá como foco a relação sendo vivida no *aqui e agora*, identificando as contingências que controlam tanto seu comportamento como o do cliente e tentando identificar e colocar em prática novas formas de agir a fim de auxiliar na modificação do comportamento do cliente.

O *conteúdo* da fala do cliente é também de extrema importância, apesar de não ser o principal foco de análise do terapeuta FAP. No entanto, é a partir da análise funcional do conteúdo da fala do cliente que o terapeuta compreenderá quais as principais questões inter-relacionais do cliente em seu dia a dia que precisam de intervenção terapêutica dentro da sessão, bem como permitirá a identificação de mudanças que podem ocorrer em sessão e que podem ou não ser sustentadas pela comunidade fora da sessão. É necessário traçar uma ponte entre análise do *conteúdo* e do *processo interpessoal* a fim de auxiliar o cliente naquilo que, de fato, importa em sua vida. Essa ponte pode ser chamada de paralelo funcional entre o que ocorre dentro e fora da sessão.

Ou seja, na perspectiva da FAP, compreende-se o cliente, analisando seu comportamento funcionalmente, procurando-se semelhanças funcionais entre o que ocorre em seu dia a dia e o que ocorre em sessão, o que permite que o terapeuta formule uma conceituação de caso que servirá como guia de ação na sessão. Atua-se principalmente naquilo que ocorre em sessão. E, em seguida, depois de mudanças desejáveis terem sido devidamente instaladas no repertório do cliente em sessão, trabalha-se para que essas mudanças sejam emitidas no dia a dia do cliente. Acredita-se que, pelo terapeuta estar disponível para o cliente, trabalhando para suas mudanças, é possível criar em sessão um contexto seguro, no qual o cliente pode arriscar-se mais facilmente a fazer diferente do que se está acostumado em relacionamentos interpessoais. Apenas depois de ter seu repertório modificado nesse contexto mais simples e seguro, o cliente tentará agir diferente em outros contextos, de seu dia a dia, mais complexos e com menos controle das consequências que atingirá.

É importante salientar que trabalhar no *processo interpessoal* que está ocorrendo em sessão não significa necessariamente falar sobre a relação terapêutica com o cliente. É possível o terapeuta discutir a relação com o cliente sem que esteja ajudando-o

a construir novas forma de agir. Nesse caso, o terapeuta estará analisando o *conteúdo* da relação com o cliente. Ainda, é possível trabalhar com o *processo interpessoal* da sessão, sem que se mencione a forma como o cliente se comporta em sessão. Nesse caso, novos repertórios podem estar sendo evocados e modelados ao se construir uma relação de intimidade entre terapeuta e cliente, sem que a relação seja diretamente mencionada.

CONCEITOS BÁSICOS

Para que o terapeuta possa trabalhar mantendo seu foco de ação no *processo interpessoal*, há alguns conceitos básicos da FAP que servem como uma forma de guia ao terapeuta.

Primeiramente é importante citar três tipos de Comportamentos Clinicamente Relevantes (CCRs) do cliente que ocorrem em sessão, para os quais o terapeuta deve dar extrema atenção; são eles: CCR1, os comportamentos-problema; CCR2, os comportamentos de melhora; e CCR3, os comportamentos de análise do cliente sobre seu próprio comportamento. Cada um desses CCRs vai ser definido de acordo com a conceituação de caso do cliente, de modo que problema e melhora são definidos especificamente para aquele cliente em questão no momento particular de vida em que ele se encontra. Tal característica faz da FAP uma abordagem completamente idiossincrática (Kohlenberg e Tsai, 2001).

Para lidar com tais comportamentos atuando no processo da sessão, o terapeuta deve seguir cinco regras básicas da FAP: Regra 1, observar a ocorrência de CCRs; Regra 2, evocar emissões de CCRs em sessão; Regra 3, consequenciar adequadamente CCRs; Regra 4, verificar o efeito do comportamento do terapeuta sobre o comportamento do cliente (e a efetividade da modelagem de CCR2 que está ocorrendo); e Regra 5, analisar funcionalmente as melhoras obtidas pelo cliente em sessão, a fim de solicitar tarefas de casa e auxiliar no reconhecimento de formas diferentes de agir em seu dia a dia, generalizando os progressos feitos na sessão para fora dela.

Ao utilizar tais regras, o objetivo do terapeuta deve ser sempre o de desenvolver e fortalecer emissões de CCR2. A Regra 2, por exemplo, deve sempre ocorrer na tentativa de evocar CCR2, mesmo que muitas vezes (especialmente no início da terapia) acabe por evocar CCR1, que é uma resposta inicialmente mais comum no repertório do cliente. Nesses casos o terapeuta deverá trabalhar diretamente em sua diminuição, bloqueando suas emissões por exemplo, mas fazendo sempre o melhor possível para evocar (Regra 2) e reforçar CCR2 (Regra 3) em seguida. Isso auxilia o cliente na emissão de respostas alternativas ao comportamento-problema, em vez de apenas punir o que não está funcionando. O CCR1 é entendido como um comportamento que traz problemas ao cliente e/ou às pessoas com quem ele interage, mas ao mesmo tempo deve ser entendido como o melhor que o cliente consegue fazer no momento. Desse modo, seria contra-terapêutico apenas punir ou extinguir tal forma de agir, sem que um repertório alternativo, mais efetivo (CCR2), fosse construído. Portanto, a diminuição de emissões de CCR1 deveria acontecer naturalmente enquanto o CCR2 é desenvolvido.

Do mesmo modo, o CCR3 deve ser compreendido como forma de auxiliar no desenvolvimento de CCR2, e não como um fim em si mesmo. Essa observação se faz importante, pois, em alguns casos clínicos, análises feitas pelo cliente em sessão podem acabar por ter a função de desviar o foco do terapeuta do *processo interpessoal* para o *conteúdo* e, consequentemente, prejudicar o desenvolvimento de CCR2. No entanto, em outros casos, o CCR3 auxilia o terapeuta a reconhecer as contingências

11 — PSICOTERAPIA ANALÍTICA FUNCIONAL (FAP): MUDANÇA CLÍNICA EVOCADA E MODELADA PELA VIVÊNCIA TERAPÊUTICA

que controlam o comportamento do cliente, bem como a identificar melhores estratégias de generalização dos CCR2 para o dia a dia do cliente (Tsai *et al.*, 2011), o que torna o CCR3 uma ferramenta útil e favorável em sessão.

Vale ainda apontar que a emissão de CCR2 por parte do cliente não é uma atitude fácil. Por vezes tais respostas não estão presentes no repertório do cliente e, por isso, precisam ser modeladas, aos poucos, por aproximações sucessivas. Outras vezes, o repertório pode já ter sido emitido pelo cliente em alguma situação e ter sido punido (muitas vezes de forma severa) e, consequentemente, suprimido do repertório do cliente. Em ambos os casos, é comum que a emissão de CCR2 venha acompanhada de respondentes desagradáveis (por vezes, intensos), que muitas vezes atrapalham sua emissão, diminuindo a probabilidade de o cliente emiti-los. Cabe ao terapeuta ajudar o cliente nessa emissão, lidando inclusive com os sentimentos adversos (do cliente e eventualmente também do terapeuta) presentes na situação.

MODELO ACL

A forma como a FAP vem sendo apresentada tem se desenvolvido ao longo do tempo. Quando apresentada no primeiro livro publicado sobre a FAP, em 1991 (Kohlenberg e Tsai, 2001), a FAP contava com a forte ideia de modelagem de repertório em sessão sendo apresentada, a partir da descrição dos CCRs e das cinco regras do terapeuta. Alguns anos mais tarde, em 2009, um segundo livro foi publicado (Tsai *et al.*, 2011), no qual todos os princípios e ideias apresentados no primeiro livro foram mantidos, mas outras formas de descrever a FAP foram incorporadas. Enquanto no primeiro, a FAP é descrita de forma predominantemente funcional, no segundo, algumas descrições mais topográficas e com menos (ou muito menos) detalhamento funcional e conceitual foram apresentadas. Essa forma de descrever a FAP trouxe certo impacto na comunidade internacional comportamental, que está acostumada a ter descrições e conceitos precisos em sua linguagem. No entanto, essa linguagem vem sobrevivendo em parte da comunidade da FAP ao longo dos anos, ainda que receba críticas de alguns terapeutas e, inclusive, de alguns dos criadores da FAP. E, se está sendo mantida na comunidade, é preciso compreender as funções do uso dessa linguagem e as possíveis vantagens e desvantagens que traz em relação à linguagem mais precisa apresentada no primeiro livro.

De forma mais específica, foram incluídas três palavras na forma de apresentar a FAP – *consciência, coragem* e *amor* –, que, somadas aos preceitos behavioristas, deveriam guiar o comportamento do terapeuta. *Awareness, courage* e *love* são os termos em inglês que deram origem ao nome utilizado hoje para essa forma de apresentar a FAP, qual seja, Modelo ACL.

A princípio, tais termos foram utilizados como forma de aumentar a disseminação da FAP, auxiliando pessoas que compreendiam pouco (ou nada) da linguagem funcional a apreender e utilizar a FAP em suas sessões. Essa disseminação pode ser vantajosa de certo modo, já que os preceitos comportamentais são, de fato, demasiadamente complexos para alguns clínicos, mas pode ser desvantajosa se são ensinados sem a racional funcional por detrás. Nesses casos, a teoria perderia o contato com os processos básicos comportamentais, o que leva à perda de precisão teórica e consequentemente prática. Por outro lado, quando esses termos são apresentados em conjunto com os preceitos comportamentais, podem trazer a alguns clínicos certa ajuda na hora de se manterem em contato com o momento presente da sessão e de emitirem as respostas necessárias para a modelagem de repertório do cliente. Assim, alguns autores da FAP têm defendido que

esses termos tornam a teoria mais fácil de ser entendida, treinada e disseminada (Kanter, Holman e Wilson, 2014).

Assim, cada um desses termos foi associado às regras do terapeuta (Tsai *et al.*, 2011). *Consciência* foi relacionada às Regras 1 e 4, apontando que o terapeuta deve estar consciente e atento aos CCRs emitidos na sessão, bem como ao impacto que causa no cliente. Desse modo, o terapeuta deve estar em contato com comportamento do cliente que ocorre em sessão e com suas reações à própria sessão, de modo que esses sejam estímulos ao comportamento do terapeuta. Em outras palavras, o responder do terapeuta deve estar sob controle das respostas do cliente emitidas no momento presente, em conjunto com a conceituação de caso desenvolvida para aquele cliente.

Coragem foi associada à Regra 2 do terapeuta, ao apresentar a dificuldade que existe em estruturar uma terapia que seja evocativa, na qual o terapeuta deve assumir uma postura de criar intimidade com o cliente, enfrentando suas próprias dificuldades de relacionamento e intimidade. Na medida em que o terapeuta adota essa postura na sessão, ele está apresentando ao cliente operações motivadoras e estímulos discriminativos que favorecem a emissão de CCR2 relacionados à intimidade (intimidade é um tema mencionado por Kohlenberg e Tsai, 2001 e bastante enfocado por Tsai *et al.*, 2011). Os autores Cordova e Scott (2001) descrevem intimidade como sendo uma situação na qual: "Primeiro, um indivíduo emite um comportamento vulnerável a uma punição interpessoal. Segundo, a outra pessoa responde de maneira tal que o comportamento interpessoal vulnerável (da primeira pessoa) é reforçado" (p. 77). Essa definição aponta que essa intimidade pode ser uma via de mão única, na qual uma pessoa da relação pode ser sempre a que se expõe ao risco da punição, enquanto a outra pode ser sempre aquela que reforça tal resposta. A partir dessa descrição, é possível classificarmos praticamente qualquer abordagem terapêutica como sendo promotora de intimidade. No entanto, a ideia apresentada pela Regra 2 da FAP aponta para o desenvolvimento de uma intimidade de mão dupla a ser desenvolvida entre terapeuta e cliente, uma relação na qual o terapeuta também pode e deve apresentar comportamentos vulneráveis a punições interpessoais e ser reforçado a fazer isso pelo cliente. Ao fazer isso, o terapeuta está utilizando de modelação como forma de evocar o mesmo tipo de comportamento (ainda que com topografias diferentes) em seu cliente, ajudando-o a correr o risco de emitir CCR2. Isso ajudaria o cliente a lidar com o risco de ser punido socialmente pela emissão de uma resposta nova (ou pouco frequente), especialmente quando o terapeuta não esconde que também experimenta respondentes parecidos aos do cliente ao emitir esse tipo de resposta vulnerável em sessão. Sendo assim, a FAP vem descrevendo tal postura do terapeuta como sendo *corajosa*, justamente por ser uma resposta vulnerável a punições.

A palavra *amor*, por sua vez, foi associada à Regra 3. A ideia aqui é que seja criada entre terapeuta e cliente a relação de intimidade mútua acima descrita, de modo que haja vínculo entre essas duas pessoas. Se tal relação existir, provavelmente os progressos do cliente seriam naturalmente reforçadores para o terapeuta, de modo a levá-lo a reforçar naturalmente as emissões de CCR2s. Além disso, o vínculo existente aumentaria a probabilidade de empatia por parte do terapeuta, ajudando-o a lembrar que mesmo os CCR1s emitidos pelo cliente são o melhor que ele consegue fazer no momento. Tal forma de entrar em contato com os CCR1s pode auxiliar, grandemente, que o terapeuta lide com eles da forma menos aversiva possível, ainda que não reforce suas emissões, auxiliar o terapeuta a aceitar as dificuldades de seu cliente como produto de uma longa história de reforçamento e a se esforçar para construir com o cliente uma nova história, na qual os CCR1s não sejam necessários e CCR2s possam ser emitidos. Tal postura vai ao encontro da definição de *amor ágape*, também descrita por B. F. Skinner como sendo uma forma de amor na qual o reforço concedido a pessoa amada é reforçador para o outro, de modo que um trabalha para que o outro seja reforçado; e é essa ideia que deveria permear a relação desenvolvida em uma terapia FAP.

Com o passar do tempo, alguns autores vêm se dedicando a descrever detalhadamente tais termos. Em especial, Kanter (2016) define tais termos como auxiliando na compreensão de repertórios importantes em relações de intimidade. Assim, seriam importantes de serem relacionados tanto ao repertório do terapeuta como do cliente em sessão, bem como ao repertório do cliente emitido em seu dia a dia, no contato com outras pessoas significativas (Kanter, 2016). Tal modelo de relações de intimidade pode ser visualizado na Figura 11.1.

De acordo com Kanter (2016), a *consciência* seria a base para a emissão das demais respostas e envolve compreender a si mesmo e ao outro no momento da interação que está sendo vivida, reconhecendo seus próprios sentimentos, pensamentos, vontades, valores e história e o máximo possível desses itens em relação ao outro com quem se está interagindo. Assim, tal *consciência* deveria possibilitar o reconhecimento de "momentos-chave" para a emissão de respostas de *coragem* e de respostas de *amor* (está relacionado a ficar sob controle dos estímulos apropriados presentes na interação).

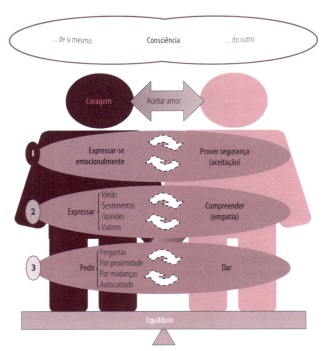

Figura 11.1. Relações com alta probabilidade de serem naturalmente reforçadoras. Fonte: Kanter, 2016[1].

---

[1] O modelo de Kanter (2016) encontra-se em aprimoramento pelo autor. Desse modo, na Figura 11.1, há pequenas mudanças em relação ao modelo apresentado em Kanter (2016) e possivelmente apresentará ainda diferenças em versões futuras a serem apresentadas pelo próprio autor. Porém, o modelo está sendo apresentado aqui, ainda assim, por ser considerado extremamente útil para o trabalho clínico do terapeuta, mesmo na atual versão.

As respostas de *coragem* e *amor* estão didaticamente separadas em cada um dos membros da relação na Figura 11.1, mas na prática deveriam estar sendo emitidas por ambos de forma balanceada e recíproca, de modo que não tenha uma pessoa que estaria sendo "a corajosa" o tempo todo enquanto a outra estaria sendo "a amorosa", mas com ambas podendo assumir esses dois papéis de forma intercambiável. A primeira resposta na coluna da coragem é sobre *expressar-se emocionalmente*. Refere-se à capacidade de mostrar emoção diante de outra pessoa, expressando o que se sente, por exemplo, conseguindo chorar ao perder um ente querido ou demonstrar ansiedade diante de um teste importante, mesmo diante dos demais, e não apenas quando se está sozinho. Há vulnerabilidade presente nessa situação, já que nem sempre se sabe como o outro reagirá diante de uma expressão emocional como essa e, na verdade, tal tipo de expressão é muitas vezes punida socialmente. O modelo de intimidade proposto por Kanter (2016) aponta que respostas de expressão emocional diante do outro tem alta probabilidade de serem naturalmente reforçadas por *expressões de segurança, aceitação* por parte da outra pessoa, que seria a primeira resposta da coluna do amor. Outro comportamento corajoso seria *expressar-se* falando de fato sobre si, seja falando sobre seus sentimentos ou sobre ideias, opiniões e outros. Seria um comportamento mais ativo do que o primeiro e é também uma resposta frequentemente vulnerável igualmente por correr o risco de punição interpessoal. O modelo apresenta que tais respostas têm alta probabilidade de ser naturalmente reforçadas por *compreensão, empatia* por parte do outro. Por fim, uma terceira resposta de coragem passível de punição seria *fazer pedidos ao outro*, sejam esses pedidos por informações (ao se fazer perguntas), pedidos de aproximação, por mudanças na relação ou por limites que envolvem autocuidado. Tais respostas teriam alta probabilidade de ser naturalmente reforçadas pelo outro *atendendo a tais pedidos*. Além disso, as respostas consideradas de *amor* seriam reforçadas pelo indivíduo que emitiu as respostas de *coragem*, ao aceitar a expressão de segurança, de compreensão ou ao atendimento do pedido por parte do outro.

Sendo assim, quando ambos os membros da relação são capazes de 1) emitir essas respostas de consciência, a fim de identificar momentos importantes da relação, 2) emitir as repostas de coragem, 3) responder à coragem do outro com as respostas de amor e 4) aceitar as respostas amorosas que o outro lhe dirige, há uma relação de intimidade acontecendo (Kanter, 2016). E, por essa razão, se um terapeuta pretende auxiliar seu cliente no desenvolvimento de relações interpessoais mais íntimas, deve estar atento ao desenvolvimento de todas as respostas apresentadas na Figura 11.1, incluindo as respostas de *consciência*, de *coragem* e de *amor*, bem como o equilíbrio dessas respostas na relação entre os dois integrantes. Para isso, o terapeuta deve emitir, ele próprio, todas essas respostas com o cliente, durante a sessão: as respostas de *consciência* são importantes por permitir que o terapeuta identifique os momentos-chave na hora de modelar tais respostas no repertório do cliente; as respostas de *coragem* são importantes para dar ao cliente o contexto necessário para desenvolver as respostas amorosas; e as respostas de *amor* são importantes para reforçar as expressões corajosas do cliente. Além disso, a emissão dos três tipos de respostas por parte do terapeuta serviria como modelo ao cliente de como emiti-las, permitindo que uma modelação aconteça como forma de evocar respostas no repertório do cliente que serão modeladas pelo terapeuta. Assim, a ideia de procedimento da FAP, das Regras 1 a 3 ao menos, está contida no modelo de Kanter (2016), mantendo a funcionalidade essencial para compreender e apresentar a abordagem. Além dis-

PREPARO PESSOAL DO TERAPEUTA

so, tal modelo, além de guiar o comportamento emitido em sessão pelo terapeuta, pode auxiliar fortemente no desenvolvimento de uma conceituação de caso a respeito do cliente, de modo que o terapeuta identifique quais os repertórios nos quais o cliente necessita de ajuda. Assim, o modelo permite certa idiossincrasia ao ser possível determinar quais dessas respostas precisam ser treinadas em cada cliente, bem como permitindo singularidades pessoais na forma de emitir cada uma delas.

PREPARO PESSOAL DO TERAPEUTA

A FAP vem, portanto, se desenvolvendo ao longo dos anos, em especial em sua forma de descrevê-la e, consequentemente, em sua forma de ensino. Ao ficarem claros os desafios que o próprio terapeuta deve enfrentar para desenvolver esse tipo de relação com seus clientes, é inevitável mencionar a importância do preparo do próprio terapeuta. Afinal, não se pode esperar que o terapeuta primeiro resolva seus problemas de relacionamento interpessoal para depois ser capaz de conduzir uma terapia FAP; isso possivelmente nunca acontecerá, pois provavelmente sempre haverá situações socialmente desafiadoras para todos os indivíduos. Desse modo, o que é necessário para a condução da FAP é que o terapeuta esteja disposto a lidar com suas dificuldades ao longo da terapia de seus clientes, aceitando os desafios que virão em cada relação, quando estes auxiliam no desenvolvimento do cliente. Terapia pessoal, supervisão e *workshops* experienciais são de grande importância para que isso ocorra, sem que o terapeuta misture aspectos de sua terapia e desenvolvimento pessoal com os do cliente, mudando o foco da terapia para si mesmo em vez de mantê-lo no cliente.

PESQUISAS EM FAP

Como discutido anteriormente, a FAP surgiu propondo uma releitura da relação terapeuta-cliente na perspectiva analítico-comportamental, tendo como principal foco as variáveis da relação terapêutica como instrumentos de mudança comportamental (Kohlenberg e Tsai, 2001; Tsai *et al.*, 2011). Apesar de publicações dos mais variados casos clínicos que se beneficiaram com a FAP desde o seu surgimento (Ferro, 2008), a busca por evidências empíricas desse tipo de terapia tornou-se uma das preocupações dos pesquisadores da área.

Essa trajetória foi constatada pela revisão realizada por Mangabeira, Kanter e Del Prette (2012). Os autores analisaram 80 artigos, entre os anos de 1990 a 2010, e revelaram que havia crescente interesse em estudar a FAP (cinco publicações nos primeiros anos e 37 nos últimos). Inicialmente, grande parte dos artigos envolvendo a FAP era de relatos/experiências clínicas e de análises teóricas e, com o passar do tempo, surgiram estudos com delineamentos experimentais. Outro fator importante descrito na revisão foi a existência de artigos apontando o uso da FAP integrada a outras intervenções, como a Terapia Cognitiva, Terapia de Aceitação e Compromisso e Ativação Comportamental (ver Mangabeira, Kanter e Del Prette, 2012).

Além de estudos que mostraram resultados satisfatórios da FAP com diferentes queixas clínicas, estudos preocupados em demonstrar o mecanismo de mudança nela envolvido ganharam força na comunidade científica. Avanços no desenvolvimento de métodos de avaliação e coleta de dados ocorreram devido à necessidade de evidenciar, de forma mais precisa, os aspectos da relação terapeuta-cliente. Logo, instrumentos, escalas e sistemas de categorização foram criados para dar conta das demandas das pesquisas em FAP, tentativa de embasar empiricamente a teoria que a envolvia.

Com relação à análise de CCRs de acordo com os diferentes tipos de conceituação de caso, Callaghan (2006) criou o instrumento FIAT (do inglês, *Functional Idiographic Assessment Template*) para avaliar os tipos de funcionamento interpessoal do cliente que poderiam ser problemáticos durante a sessão. Esse instrumento apresenta definições e exemplos dos problemas interpessoais do cliente que podem aparecer em sessão, divididos em cinco classes de respostas: a) asserção das necessidades; b) comunicação bidirecional; c) conflito; d) autorrevelação e intimidade; e) expressão e experiência emocional. O mesmo autor também desenvolveu um programa de avaliação para os comportamentos do terapeuta, o FASIT (do inglês, *Functional Assessment of Skills for Interpersonal Therapists*), com o objetivo de melhorar as habilidades terapêuticas pela avaliação das dificuldades que o terapeuta encontra em sessão (contém as mesmas classes de respostas do FIAT).

Uma pesquisa importante no desenvolvimento da FAP foi a de Callaghan, Summers e Weidman (2003). Essa pesquisa apresentou pela primeira vez em delineamento de caso único, uma investigação do efeito da modelagem de respostas do cliente em sessão pelo terapeuta. Foi aplicada a Escala de Classificação da Psicoterapia Analítica Funcional (*Functional Analytic Psychotherapy Rating Scale* – FAPRS) a quatro segmentos de terapia selecionados de um caso bem-sucedido de um cliente com características de transtorno de personalidade histriônica e narcisista. Os resultados demonstraram que os aferidores de concordância (alunos que categorizaram as sessões usando o FAPRS) identificaram os comportamentos clinicamente relevantes, bem como as respostas de modelagem do terapeuta e os comportamentos de melhora do cliente, durante o curso da terapia. Os autores (Callaghan, Summers e Weidman, 2003) também demonstraram a viabilidade do uso da escala FAPRS, mostrando resultados consistentes à teoria da FAP. Entretanto, esse estudo apresentou algumas limitações, tais como: os aferidores de concordância foram os terapeuta e supervisor do caso, análise de uma pequena amostra da interação terapeuta-cliente e falta de linha de base.

No estudo de Kanter *et al.* (2006), os autores demonstraram os efeitos da modelagem em sessão durante a FAP com clientes com transtorno de personalidade, no delineamento A/A+B, onde A era a linha de base em Terapia Cognitiva de Beck e A+B consistia na Terapia Cognitiva + técnicas da FAP (ou seja, foco na relação terapêutica e modelagem em sessão). A mudança das fases foi determinada pela estabilidade das variáveis dependentes, definidas de acordo com cada cliente. Durante as fases, os comportamentos-alvo eram acessados pelos registros diários preenchidos pelo cliente, que continham os comportamentos-alvo e instruções de automonitoramento. Dos dois casos atendidos, um foi bem-sucedido. Nesse caso, a frequência semanal dos comportamentos-alvo diminuiu significativamente depois da introdução da FAP e permaneceu baixa até o término da terapia. Apesar de esse estudo não identificar padrões de interação em sessão (CCRs e respostas do terapeuta modelando os CCRs), comportamentos interpessoais que ocorriam fora da sessão de terapia foram identificados e modificados pelas técnicas da FAP.

Em busca de esclarecer algumas limitações dos estudos citados acima, Busch *et al.* (2009) categorizaram cada verbalização do terapeuta e cliente das 20 sessões de psicoterapia do caso bem-sucedido do estudo de Kanter *et al.* (2006). As hipóteses que conduziram o estudo foram: a) com relação ao comportamento do cliente, haverá diminuição da frequência dos CCR1s e aumento das frequências dos CCR2s depois da introdução da FAP; b) com relação ao comportamento do terapeuta, o foco na relação terapêutica e as respostas de modelagem direta será

SEÇÃO II — PSICOLOGIA COMPORTAMENTAL

maior nas sessões FAP do que nas sessões de Terapia Cognitiva; c) com relação à interação terapeuta-cliente, a análise de sequência demonstrará que o comportamento do terapeuta que se seguiu após a emissão do comportamento do cliente foi mais efetivo nas sessões FAP. Os autores apontaram que, após a mudança de fase para a FAP, as melhoras ocorridas em sessão ocorreram com maior frequência e, ao analisar o comportamento do terapeuta, ficou evidente a modelagem efetiva em sessão. Esses resultados fortaleceram o mecanismo de mudança envolvido na FAP e apontaram para as vantagens de se categorizar cada verbalização (análise molecular) para explorar esses mecanismos.

Embora existisse forte evidência de que o responder contingente do terapeuta aos CCRs era o principal mecanismo de mudança clínica, pesquisas com maior controle experimental eram necessárias e foi nesse cenário que as pesquisas com delineamento experimental de caso único com FAP se fortaleceram no Laboratório de Terapia Comportamental (LTC) da Universidade de São Paulo. Depois de algumas tentativas de delineamentos experimentais, apenas em 2011, no estudo de Oshiro, foi possível empregar o delineamento experimental de caso único de retirada com dois clientes com problemas interpessoais severos. Nesse estudo, a variável independente selecionada foi a FAP, e ela pôde ser introduzida e retirada de acordo com as fases experimentais (replicações inter e intrassujeitos), além de permitir medidas de linha de base para dois clientes (arranjo: A-B1-C1-B2-C2; A = linha de base, B = FAP, C = retirada da FAP). Com a manipulação da variável independente (FAP), o delineamento experimental permitiu mostrar que a porcentagem de ocorrência dos comportamentos que dificultam o andamento da terapia (CCR1s) diminuiu nas fases de introdução da FAP, e o inverso ocorreu quando a FAP foi retirada. Os comportamentos que favoreciam o andamento da terapia (CCR2s) e análises feitas pelos clientes (CCR3s) apresentaram a tendência oposta, ou seja, aumentou a porcentagem de ocorrência nas fases de introdução da FAP e diminuiu nas fases de retirada da FAP. Esse delineamento mostrou-se útil para a pesquisa em psicoterapia, e os resultados corroboraram que o principal mecanismo de mudança envolvido na FAP era a modelagem direta dos CCRs ocorrendo em sessão, no contexto da relação terapêutica (Oshiro, Kanter e Meyer, 2012).

Considerando os dados claros dos efeitos da variável independente FAP sobre as variáveis dependentes obtidos no estudo de Oshiro, Kanter e Meyer (2012), delineamentos experimentais semelhantes e o uso da FAP como variável independente foram selecionados em outros projetos de pesquisa de mestrado/doutorado do LTC que se seguiram, a fim de promover a generalidade dos resultados obtidos com diferentes queixas/populações. Por exemplo, a dissertação de Geremias (2014) investigou o quanto o responder contingente ocorrido na FAP pode auxiliar pessoas com dificuldade de exposição emocional a relatar e contatar sentimentos em sessão. Para isso, o estudo replicou o delineamento de Oshiro, Kanter e Meyer (2012) com uma cliente com transtorno de personalidade borderline e proporcionou um avanço metodológico: o papel do terapeuta e do pesquisador foram feitos por duas pessoas distintas. Os resultados obtidos corroboraram os dados de Oshiro, Kanter e Meyer (2012).

Já o estudo de Villas-Bôas, Meyer e Kanter (2016) preocupou-se com a Regra 5 da FAP, ou seja, com o comportamento de analisar do terapeuta. A pesquisadora estava interessada em compreender o processo de generalização dos ganhos obtidos em sessão para a vida cotidiana dos clientes. Para isso, um arranjo experimental semelhante ao do estudo de Oshiro, Kanter e Meyer (2012) foi utilizado: A-B-C-B-C; sendo A, condução de terapia comportamental sem o uso da FAP; B, a FAP modelan-

do CCR2s no repertório do cliente; C, a FAP acrescida de análise das interações ocorridas em sessão e paralelos com aquelas da vida diária do cliente. Nesse trabalho, discute-se que, diante de um processo claro de modelagem como o conduzido na FAP, análises emitidas por terapeuta ou cliente não parecem ser necessárias. Talvez tais análises auxiliem nas melhoras obtidas, mas ao menos nesta pesquisa não o fizeram de forma expressiva e inquestionável.

Seguindo o raciocínio de expandir as pesquisas em FAP a diferentes queixas/populações, também há estudos sendo realizados com a população infantil, que têm como objetivos avaliar a FAP com crianças com transtorno desafiador e opositor, por Rodrigo Xavier[2], e com crianças que sofreram abuso sexual, por Fernanda Resende[3].

Os estudos de Alan Aranha[4] e Gabriela Lima[5] também se propõem a estudar, mas com o delineamento de linha de base múltipla, o efeito da FAP em pessoas diagnosticadas com transtorno de uso de substâncias e estresse pós-traumático, respectivamente. Ambos os estudos estão em andamento, mas os dados preliminares corroboram os dados das outras pesquisas: a FAP é uma variável independente viável, passível de manipulação; nas fases de introdução da FAP, os CCR1s diminuem de frequência e os CCR2s aumentam; o responder contingente do terapeuta aos CCRs reafirma o mecanismo de mudança clínica, ou seja, a modelagem do comportamento em sessão.

Na pesquisa de Oshiro, Kanter e Meyer (2012), também foi possível observar que as sessões FAP foram naturalmente mais evocativas do que outras sessões de terapia nas quais a FAP não era utilizada. Nas sessões nas quais a FAP foi utilizada, mais CCRs foram evocados, uma vez que, devido à natureza da queixa dos clientes (grande dificuldade de relacionamento interpessoal), os CCR1s (comportamento-problema) e CCR2s (comportamento de melhora) apareceram na interação terapeuta-cliente (ou seja, houve aumento da esquiva de intimidade e de expressão de sentimentos). Devido a esse aspecto inerente a FAP, a reversibilidade de determinados comportamentos foi favorecida. Algumas questões de pesquisa apareceram: será que a evocação (Regra 2) também é responsável pelos resultados satisfatórios nas sessões FAP? Seguindo esse raciocínio, quais são os efeitos diferenciais entre a evocação e o reforçamento contingente do terapeuta (Regra 3) sobre os CCRs?

Diante da escassez de estudos que apontam os efeitos de outros componentes da FAP que podem ser responsáveis pela mudança clínica, as pesquisas de Mangabeira (2015) e de Joana Vartanian[6] merecem ser citadas. A primeira, visou investigar di-

---

[2] Xavier, R. N. (2015). *A Psicoterapia Analítica Funcional com crianças com transtornos desafiador e de oposição* (Projeto de Qualificação de Doutorado). Departamento de Psicologia Clínica, Instituto de Psicologia, Universidade de São Paulo, São Paulo.

[3] Resende, F. M. (2016). *Os efeitos da Psicoterapia analítica funcional no tratamento de crianças vítimas de abuso sexual* (Projeto de Mestrado). Instituto de Psicologia, Universidade de São Paulo, São Paulo.

[4] Aranha, A. S. (2015). *Delineamento experimental de caso único: a Psicoterapia Analítica Funcional aplicada ao transtorno por uso de substâncias* (Projeto de Qualificação de Mestrado). Departamento de Psicologia Clínica, Instituto de Psicologia, Universidade de São Paulo, São Paulo.

[5] Lima, G. O. (2016). *A Psicoterapia Analítica Funcional como tratamento de transtorno de estresse pós-traumático* (Projeto de Qualificação de Mestrado). Departamento de Psicologia Clínica, Instituto de Psicologia, Universidade de São Paulo, São Paulo.

[6] Vartanian, J. F. (2016). *Efeitos da evocação sobre os comportamentos clinicamente relevantes na Psicoterapia Analítica Funcional* (Projeto de Qualificação de Mestrado). Departamento de Psicologia Clínica, Instituto de Psicologia, Universidade de São Paulo, São Paulo.

ferentes formas de se evocar e consequenciar CCRs. Para isso, o autor alternou essas diferentes formas de conduta a depender da fase experimental, constituindo um procedimento do tipo A-B-A-C-A-B-A-C-A. Na fase A, foi conduzida terapia comportamental sem a utilização da FAP; na B, a FAP foi introduzida de modo que CCRs foram evocados e consequenciados, sem que o terapeuta descrevesse para o cliente os CCRs que ocorriam e o impacto que causavam sobre o terapeuta; na C, a FAP foi utilizada com descrições dos CCRs e de seu impacto sobre o terapeuta como forma de evocar e prover as consequências aos CCRs. Os dados de Mangabeira (2015) também corroboraram os achados das pesquisas anteriores e tornaram evidente que a modelagem ocorre quando o terapeuta apresenta consequências adequadas aos CCRs, independentemente da descrição do comportamento.

A segunda, de Joana Vartanian[6], teve como objetivo identificar quais os efeitos da evocação pelo terapeuta que ocorre por meio da Regra 2 da FAP (variável independente) sobre os comportamentos do cliente em sessão (variável dependente). Embora essa pesquisa esteja em andamento, os dados preliminares apontam que a evocação influencia o mecanismo de mudança clínica. Em delineamento experimental também semelhante ao de Oshiro, Kanter e Meyer (2012), com arranjo A-B-BC-B-BC, observou-se que nas fases experimentais em que a evocação é introduzida (fases BC) os comportamentos de melhora dos clientes ultrapassaram os comportamentos-problema, o que não foi verificado na linha de base (Fase A) e nas fases em que a evocação não foi realizada (Fases B). Os dados apontam que a evocação parece trabalhar em conjunto com o responder contingente na modelagem dos comportamentos dos clientes.

Com relação à supervisão e ao treino de terapeutas, poucos estudos foram realizados. A dissertação de Fonseca (2016) se destaca por ser um dos primeiros a estudar o efeito de *workshop* experiencial FAP na aquisição de habilidades terapêuticas. O treino de habilidades terapêuticas nesse formato tem se tornado expressivo ao longo dos anos e ainda requer embasamento empírico. Para realizar a FAP de maneira sistemática, alguns repertórios do terapeuta são requeridos; repertórios esses dificilmente produzidos apenas pelo conhecimento teórico. Além de leituras e supervisões, os *workshops* experienciais apresentam uma oportunidade para desenvolver as habilidades desejáveis ao terapeuta FAP. Para isso, dois terapeutas participaram de delineamento experimental de linha de base múltipla e passaram por um *workshop* (variável independente – VI). Foi utilizado para análise dos dados o *Functional Analytic Psychotherapy Rating Scale* (FAPRS). A análise dos dados mostrou que, após o *workshop*, ambos os terapeutas passaram a prover consequências aos comportamentos de melhora do cliente (CCR2) com maior eficiência, e um dos terapeutas passou a evocar mais comportamentos-problema (CCR1) após o treino.

Nota-se que as pesquisas em FAP estão a todo vapor. Foram necessários vários estudos descritivos e alguns outros delineamentos para alcançar um modelo de pesquisa de processo, o delineamento experimental de caso único, em especial o de retirada ou reversão (ABAB) como forma promissora de produzir dados mais conclusivos. Será necessário aprofundar o conhecimento prático do uso desse delineamento para permitir replicações, evitar erros metodológicos e fazer pesquisas conjuntas com outros centros. Até o momento várias decisões metodológicas foram tomadas, e estas devem ser objeto de investigação e análise de forma a possibilitar comparação de estudos e a generalidade dos dados.

PERGUNTAS FREQUENTES

A seguir serão apresentadas e discutidas algumas questões que comumente são levantadas a respeito da FAP, a fim de se clarear algumas questões de compreensão da abordagem.

Utilizar a FAP significa identificar o que não caminha bem na relação terapêutica?

Não, a FAP vai além disso. Quando a relação terapêutica não caminha bem, entende-se que existe um conflito, quebra de vínculo ou mesmo que terapeuta e cliente não estão em sintonia de alguma maneira. Todos esses fatores podem ser utilizados pelas mais diversas abordagens de psicoterapia como forma de diagnóstico ou mesmo ferramenta de intervenção. Contudo, o que define a FAP é algo mais amplo: é utilizar a relação terapêutica, seja conflituosa ou não, para desenvolver repertório de melhora no cliente. Muitas vezes, a relação terapêutica caminha muito bem, as sessões são agradáveis para terapeuta e cliente, ambos concordam com a linha de intervenção e o vínculo é bom e, ainda assim, a FAP pode ser utilizada para auxiliar o cliente.

A FAP é apenas uma sistematização da relação terapêutica?

A FAP não apenas sistematiza a relação terapêutica do ponto de vista analítico-comportamental, mas descreve como ela pode ser utilizada para promover mudanças no repertório comportamental dos clientes. Dessa forma, a FAP não é apenas a forma de compreender essa relação, mas uma forma de utilizá-la como meio para atingir as melhoras clínicas.

A FAP apenas mostra que o reforço reforça?

É mais do que isso. A FAP sugere e demonstra a instalação de repertórios comportamentais ocorrendo em sessão. Isso envolve não apenas o reforçamento positivo provido pelo terapeuta (o reforço que reforça), mas diversos outros processos comportamentais que contribuem para a incitação de mudança clínica. Apesar de a liberação de reforço ser um elemento fundamental para a instalação e o fortalecimento de comportamentos, a instalação de repertórios é um processo complexo que não pode ser restringido apenas a como o terapeuta reforça o comportamento-alvo quando ele é emitido. Há uma sequência de eventos anteriores a isso que possibilitam que o reforço seja provido, os quais envolvem desde a discriminação dos comportamentos-problema, do mapeamento do repertório do cliente, do estabelecimento de metas comportamentais adequadas ao momento da psicoterapia, modelagem por aproximações sucessivas, reforçamento diferencial, extinção, estratégias para evocação dos comportamentos-alvo, envolvendo operações estabelecedoras, entre outros. O reforçamento do CCR2 é a etapa final desse processo, que ainda conta com estratégias para que ele também ocorra no cotidiano do cliente.

A FAP é uma técnica ou uma psicoterapia?

Uma psicoterapia é uma abordagem de tratamento que envolve um embasamento filosófico somado a uma aplicação prática de forma consistente e contínua com o objetivo de promover melhoras no cliente. A técnica é uma parcela pertinente à psicoterapia, que é utilizada em conjunto com outros procedimentos para atingir os fins estabelecidos. Nesse sentido, pode-se consta-

SEÇÃO II — PSICOLOGIA COMPORTAMENTAL

tar que a FAP é uma psicoterapia, e não uma técnica, já que conta com uma perspectiva específica tanto do problema do cliente quanto de como auxiliá-lo, utilizando-se, portanto, de uma visão clínica própria e de um conjunto de procedimentos únicos que a diferenciam das demais abordagens de tratamento e são utilizadas de maneira contínua, e não pontual. De fato, veem-se atualmente alguns clínicos utilizando de estratégias condizentes com a FAP quando há algum aspecto da relação terapêutica que prejudica o andamento da terapia. Porém, essa forma de uso não define a FAP em sua origem, já que ela não foi criada apenas para lidar com situações clínicas conflituosas.

A FAP trata apenas de questões de vínculo e relação?

Sim. Porém, por sermos seres sociais, a grande maioria das questões humanas perpassa em algum nível por questões de vínculo e relação. O objetivo final é que o cliente estabeleça relações mais saudáveis em seu cotidiano, por meio de um bom vínculo com o terapeuta. Nesse sentido, mesmo que o foco direto de queixa do cliente não envolva questões de relacionamento (o que é bastante raro no contexto clínico, já que a maior parte das questões clínicas envolvem relacionamentos), ao melhorar as relações interpessoais do cliente, o terapeuta estará auxiliando o cliente a construir ou fortalecer uma importante rede de apoio social. Isso irá ajudá-lo também em outras questões, permitindo que haja inclusive independência futura do terapeuta.

A FAP mudou do primeiro (Kohlenberg e Tsai, 2001) para o segundo livro (Tsai et al., 2011) publicado?

Do primeiro para o segundo livro, a FAP mudou sua forma de se comunicar com o público, sua linguagem. Entretanto, não mudou seus preceitos nem sua abordagem de tratamento. O raciocínio funcional continuou a ser apresentado no segundo livro, mesmo que de forma menos explícita, e uma forma mais prática/topográfica de apresentar a FAP surgiu. Isso não significa que o segundo livro apresente a única forma ou mesmo a forma ideal de conduzir a FAP, mas apresenta uma sugestão de como conduzir tal forma de terapia.

REFERÊNCIAS BIBLIOGRÁFICAS

Busch, A. M. et al. (2009). A micro-process analysis of Functional Analytic Psychotherapy's mechanism of chance. *Behavior Therapy*, v. 40, p. 280-290.

Callaghan, G. M. (2006). The Functional Idiographic Assessment Template (FIAT) System. *The Behavior Analyst Today*, v. 7, n. 3, p. 357-398.

Callaghan, G. M.; Summers, C. J.; Weidman, M. (2003). The treatment of histrionic and narcissistic personality disorder behaviors: a single-subject demonstration of clinical effectiveness using functional analytic psychotherapy. *Journal of Contemporary Psychotherapy*, v. 33, p. 321-339.

Cordova, J. V.; Scott, R. L. (2001) Intimacy: a behavioral interpretation. *The Behavior Analyst*, v. 24, n. 1, p. 75-86.

Ferro, G. R. (2008). Recent Studies in Functional Analytic Psychotherapy. *International Journal of Behavioral Consultation and Therapy*, v. 4, n. 2, p. 239-249.

Fonseca, N. M. (2016). *Efeitos de workshop de psicoterapia analítica funcional sobre habilidades terapêuticas* (dissertação). São Paulo: Instituto de Psicologia, Universidade de São Paulo.

Geremias, M. C. G. (2014). *Manejo de esquivas emocionais na Psicoterapia Analítica Funcional: delineamento experimental de caso único* (dissertação). São Paulo: Instituto de Psicologia, Universidade de São Paulo.

Hayes, S. C. (2004). *Acceptance and commitment therapy, relational frame theory, and the third wave of behavioral and cognitive therapies.* Behavior Therapy, v. 34, p. 639-665.

Kanter, J. W. et al. (2006). The effect of contingent reinforcement on target variables in outpatient psychotherapy for depression: an investigation of functional analytic psychotherapy. *Journal of Applied Behavior Analysis*, v. 29, p. 463-467.

Kanter, J. W. (2016). Conceptualization of awareness, courage, and love as clinical targets in Functional Analytic Psychotherapy. In: *Association for Contextual Behavioral Science Annual World Conference*, v. 14, p. 88. Seattle, WA.

Kanter, J. W.; Holman, G.; Wilson, K. G. (2014). Where is the love? Contextual behavioral science and behavior analysis. *Journal of Contextual Behavioral Science*, v. 3, p. 69-73.

Kohlenberg, R. J.; Tsai, M. (2001). *Psicoterapia Analítica Funcional* (F. Conte, M. Delliti, M. Z. Brandão, P. R. Derdyk, R. R. Kerbauy, R. C. Wielenska, R. A. Banaco, R. Starling, trads.). Santo André, SP: ESETEc. (obra publicada originalmente em 1991)

Mangabeira, V. (2015). *Efeitos da sinalização de intervenções na psicoterapia analítica funcional* (tese). São Paulo: Instituto de Psicologia, Universidade de São Paulo.

Mangabeira, V.; Kanter, J. W.; Del Prette, G. (2012). Functional Analytic Psychotherapy (FAP): a review of publications from 1990 to 2010. *International Journal of Behavioral Consultation and Therapy*, v. 7, n. 2-3, p. 78-89.

Oshiro, C. K. B.; Kanter, J. W.; Meyer, S. B. (2012). A single-case experimental demonstration of Functional Analytic Psychotherapy with two clients with severe interpersonal problems. *International Journal of Behavioral Consultation and Therapy*, v. 7, n. 2-3, p. 111-116.

Tsai, M. et al. (2011). *Um guia para a Psicoterapia Analítica Funcional (FAP): consciência, coragem, amor e behaviorismo.* Tradução: F. Conte, M. Z. Brandão. Santo André, SP: ESETEc. (Obra publicada originalmente em 2009)

Villas-Bôas, A.; Meyer, S. B.; Kanter, J. W. (2016). The effects of analyses of contingencies on clinically relevant behaviors and out-of-session changes in Functional Analytic Psychotherapy. *The Psychological Record*, v. 66, n. 4, p. 599-609.

LEITURAS RECOMENDADAS

Haworth, K. et al. (2015). Reinforcement matters: a preliminary, laboratory-based component-process analysis of FAP's model of social connection. *Journal of Contextual Behavioral Science*, v. 4, p. 281-291.

Maitland, D. W. M.; Gaynor, S. T. (2012). Promoting efficacy research on Functional Analytic Psychotherapy. *International Journal of Behavioral Consultation and Therapy*, v. 7, n. 2-3, p. 63-71.

Tsai, M.; Callaghan, G. M.; Kohlenberg, R. J. (2013). The use of awareness, courage, therapeutic love, and behavioral interpretation in functional analytic psychotherapy. *Psychotherapy*, v. 50, n. 3, p. 366-370.

Tsai, M. et al. (2012). *Functional Analytic Psychotherapy.* Cornwall: TJ International Ltd.

Villas-Bôas, A. et al. (2015). The use of analytic interventions in Functional Analytic Psychotherapy. *Behavior Analysis: Research and Practice*, v. 15, n. 1, p. 1-19.

A terapia comportamental dialética (DBT)

Jan Luiz Leonardi

A *Terapia Comportamental Dialética* (DBT, do original *Dialectical Behavioral Therapy*) é uma abordagem baseada na análise do comportamento, na filosofia dialética e na prática Zen. Inicialmente desenvolvida por Marsha Linehan como tratamento de comportamentos suicidas e autolesivos, a DBT foi reconhecida como o padrão-ouro no tratamento do transtorno da personalidade *borderline* e, recentemente, tem sido estendida para outros quadros clínicos, como transtornos alimentares, dependência química, depressão maior e adesão a tratamentos médicos, além de ter sido adaptada para crianças e adolescentes com problemas comportamentais severos. Assim, a DBT é caracterizada, atualmente, como uma intervenção comportamental transdiagnóstica (Lungu e Linehan, 2016).

Este capítulo tem por objetivo apresentar um panorama geral da DBT, abarcando seus aspectos históricos, filosóficos, teóricos e práticos. Naturalmente, a leitura deste texto não substitui o estudo cuidadoso dos manuais de Linehan (1993a, 2015b) e os diversos livros publicados por outros autores da DBT, mas espera-se que, ao final, o leitor tenha adquirido uma compreensão básica dessa modalidade de terapia comportamental.

UM BREVE HISTÓRICO DO DESENVOLVIMENTO DA DBT

O surgimento da DBT talvez possa ser traçado a partir da experiência de sofrimento psicológico de sua criadora, Marsha Linehan. Uma matéria publicada em 2011 no jornal *The New York Times* (Carey, 2011) relata que ela foi internada aos 17 anos em uma instituição psiquiátrica por conta do total descontrole de seus comportamentos, pensamentos e emoções – ela se cortava, se queimava, se batia com grande frequência e pensava o tempo todo em se matar. Ao longo dos 26 meses de internação, nos quais passou a maior parte trancada em uma sala de isolamento que continha apenas uma cama, uma cadeira e uma janela com grades, Marsha foi medicada com antipsicóticos e benzodiazepí-

nicos, passou por incontáveis horas de análise freudiana e recebeu 30 sessões de eletroconvulsoterapia. Nada ajudava e ela era sempre levada de volta à sala de isolamento. No relatório de alta, que lhe foi dada apesar do receio dos médicos de que ela poderia se matar a qualquer momento, consta que, "durante os 26 meses de internação, a senhorita Linehan foi, por uma parte considerável desse tempo, uma das pacientes mais perturbadas do hospital". Apesar dos pesares, Marsha lembra que fez uma promessa a si mesma durante a internação: "quando eu sair, eu vou voltar e levar outros para fora daqui".

Em 1968, Marsha concluiu a graduação em Psicologia com honra ao mérito na Loyola University, em Chicago, onde permaneceu para cursar mestrado e doutorado. Logo após defender sua tese, na qual investigou se a aceitabilidade e a previsibilidade de comportamentos suicidas variavam de acordo com o sexo do indivíduo, Marsha ingressou em um estágio de pós-doutorado no *Buffalo Suicide Prevention and Crises Service* para aplicar a terapia comportamental que aprendeu com Gerald Davidson e Marvin Goldfried como tratamento de mulheres que apresentavam comportamentos suicidas e automutilação (Linehan, 1993a).

Embora Marsha estivesse otimista com a provável eficácia da terapia comportamental, o resultado foi lastimável: a ênfase em mudança de comportamentos, pensamentos e sentimentos era percebida pelas clientes como incompreensão de suas experiências subjetivas, o que culminava em episódios de fúria, ameaças de automutilação e abandono da terapia. Além disso, a quantidade e a gravidade dos problemas trazidos pelas clientes tornavam praticamente impossível seguir um protocolo de tratamento padronizado, bem como impediam a construção de novos repertórios comportamentais, uma vez que a terapeuta estava voltada à resolução das sucessivas crises que apareciam a cada sessão (Lungu e Linehan, 2016).

Como alternativa à terapia comportamental, Marsha buscou por procedimentos de aceitação do momento presente sem ten-

SEÇÃO II — PSICOLOGIA COMPORTAMENTAL

tativas de modificá-lo, o que a levou ao estudo de práticas contemplativas ocidentais e orientais, especialmente do Zen, que foi traduzido em termos comportamentais para ser mais facilmente ensinado tanto para os clientes quanto para os terapeutas. O termo *mindfulness*, importado das obras de Ellen Langer e Thich Nhat Hanh, foi utilizado para designar tal repertório comportamental (Lungu e Linehan, 2016).

Marsha testou, então, intervenções baseadas em aceitação pura como tratamento de clientes com comportamentos suicidas e automutilação. Os resultados foram ainda piores do que os obtidos anteriormente com a terapia comportamental: embora as clientes se sentissem acolhidas, elas ficavam desesperançosas porque a intervenção fortalecia sua convicção de que nunca conseguiriam modificar suas vidas insuportáveis (Lungu e Linehan, 2016).

Tendo em vista que tanto terapia comportamental quanto aceitação pura foram ineficazes, Marsha começou a desenvolver uma terapia que buscava equilibrar aceitação e mudança. Além disso, para manejar situações de impasse no processo terapêutico, foram introduzidas estratégias de intervenção baseadas na filosofia dialética (Swenson, 2016). Nessa época – começo da década de 1980 – gravações em vídeo das sessões de terapia conduzidas por Marsha eram assistidas e discutidas com sua equipe com o intuito de descrever os comportamentos da terapeuta e das clientes, operacionalizar as adaptações feitas nas técnicas comportamentais e de aceitação já existentes, desenvolver estratégias dialéticas, identificar os procedimentos de intervenção eficazes e os prejudiciais e determinar os elementos que contribuíam para a relação terapêutica (Linehan, 1993a). Enfim, a análise das gravações tinha por objetivo desenvolver e sistematizar os elementos que compunham essa nova terapia, de modo que fosse possível replicá-la em sessões futuras.

O produto desse trabalho levou à elaboração dos manuais da DBT – o *Cognitive-Behavioral Treatment of Borderline Personality Disorder*[1] (Linehan, 1993a) e o *Skills Training Manual for Treating Borderline Personality Disorder* (Linehan, 1993b), este último ampliado e republicado sob o título de *DBT Skills Training Manual* (Linehan, 2015b). Em 1985, o manuscrito dos manuais estava pronto e uma primeira apresentação da DBT foi publicada em 1987 no *Bulletin of the Menninger Clinic*, um periódico de psicanálise (Linehan, 1987).

Embora a DBT tivesse alcançado resultados clinicamente significativos com as clientes acompanhadas no laboratório liderado por Marsha na *University of Washington*, nenhum estudo controlado havia sido feito, e Marsha se recusava a publicar seus manuais sem que houvesse pelo menos um ensaio clínico randomizado comprovando sua eficácia. Ao solicitar verba ao *National Institute of Mental Health* (NIMH) para fazer o primeiro ensaio clínico de DBT, algo bastante inusitado aconteceu: como uma behaviorista, Marsha estava interessada em comportamentos – atos suicidas e autolesão – e não se preo-

cupava se as clientes preenchiam ou não critérios diagnósticos para algum transtorno psiquiátrico, mas o NIMH exigia identificar o diagnóstico para o qual seu tratamento seria testado. Foi só nesse momento que Marsha descobriu a existência do transtorno da personalidade *borderline*! Em suas palavras: "No meu primeiro estudo, eu estava tratando o transtorno de personalidade *borderline*, mas eu nunca tinha ouvido falar sobre ele. Então, eu desenvolvi um tratamento inteiro sem saber o que era esse transtorno, mas todas as pacientes eram suicidas" (Linehan, 2015a).

Dois anos depois desse primeiro estudo sobre os efeitos da DBT para a personalidade *borderline* (Linehan *et al.*, 1991), no qual as clientes do grupo DBT tiveram maior diminuição na frequência de comportamentos autolesivos, menor número de internações psiquiátricas e menor índice de desistência da terapia do que o grupo-controle, ambos os manuais (Linehan, 1993a, 1993b) foram publicados. Desde então, mais de 35 ensaios clínicos investigando a eficácia da DBT para diferentes quadros clínicos foram publicados.

PRESSUPOSTOS FILOSÓFICOS DA DBT

A DBT se baseia na filosofia dialética, que postula que todo fenômeno (uma tese) contém, em si mesmo, sua própria oposição (uma antítese) e que o desenrolar da realidade ocorre por meio da síntese dos opostos. Linehan (1993a) explica que a fundamentação da DBT na visão de mundo dialética derivou de sua observação de contradições por parte tanto do terapeuta quanto do cliente que coexistiam ao longo do tratamento. No caso do terapeuta, por exemplo, é necessário aceitar os clientes da forma como eles são (uma vez que já estão fazendo o melhor que podem) e, ao mesmo tempo, estimulá-los a se esforçarem mais (uma vez que precisam mudar). No caso do cliente, um exemplo de tensão dialética é a vontade simultânea de viver e de morrer. Alguém que diz ao terapeuta que quer se matar revela, nessa comunicação, que quer ajuda para viver. Não é que existe uma alternância entre as duas vontades ou que o querer viver é mais verdadeiro do que querer morrer; na verdade, o cliente tem, simultaneamente, a vontade de viver e a vontade de morrer. Nesse contexto, a mudança advém da resolução desses opostos em uma síntese: construir uma vida que realmente vale a pena ser vivida como antagônica à uma vida insuportável que precisa ser terminada. Outro exemplo é o ato de se cortar. Por um lado, tal comportamento pode produzir alívio de uma angústia extrema, mas, por outro, pode trazer consequências severas. A síntese, nesse caso, seria reconhecer tanto a necessidade de obter alívio de determinado sofrimento psicológico quanto a de ensinar repertórios que tragam tal alívio sem trazer os prejuízos associados.

A visão de mundo dialética possui três características definidoras: (1) a realidade é um todo interdependente, isto é, os fenômenos estão conectados de maneira transacional e causam uns aos outros; assim, para entender como uma pessoa constrói o mundo, é necessário entender como o mundo a constrói; (2) a realidade é complexa e está em polaridade, de modo que "verdades" contraditórias nem sempre se cancelam ou se sobrepõem umas às outras, mas podem coexistir; (3) a realidade é um processo contínuo (Linehan, 1993a).

É interessante observar que tais características da filosofia dialética são semelhantes a fundamentos do behaviorismo radical de Skinner. Por exemplo, a célebre afirmação de Skinner (1957/1992) de que "os homens agem sobre o mundo, modificam-no e são, por sua vez, modificados pelas consequências

---

[1] É importante destacar que o primeiro manual de DBT leva em seu título a expressão "cognitivo-comportamental", ainda que seja uma terapia comportamental fundamentada no behaviorismo. De acordo com DuBose (comunicação pessoal, outubro de 2015), o uso de "cognitivo-comportamental" foi uma exigência da editora para publicar o livro, uma vez que esse tipo de psicoterapia estava em expansão na década de 1990. Além disso, vale observar que a denominação "terapia cognitivo-comportamental" costuma ser utilizada nos EUA como um termo abrangente que se refere a diversas terapias (*e.g.*, terapia cognitiva, terapia de aceitação e compromisso, entre outras) e até mesmo a determinados procedimentos estruturados (*e.g.*, terapia de exposição com prevenção de respostas).

de sua ação" (p. 1) é análoga à concepção de realidade como um todo interdependente. Além disso, quando descreve os efeitos de punir e reforçar ao mesmo tempo um dado comportamento, Skinner (1953/1965) argumenta que o comportamento que leva à punição e o comportamento que a evita têm – ambos – alta probabilidade de ocorrer, o que é análogo à ideia de que a realidade está em polaridade e que verdades contraditórias não se cancelam. Ademais, a proposição de Skinner (1953/1965) de que o comportamento é um processo mutável, fluido e evanescente guarda semelhanças com a visão dialética de realidade como um processo no qual tudo está em constante transformação.

A partir do embasamento na filosofia dialética como visão de mundo, a DBT assume algumas concepções sobre os clientes, os terapeutas e a terapia. No que diz respeito aos clientes, a DBT pressupõe que: (1) os clientes estão fazendo o melhor que podem, mas precisam fazer melhor do que fazem e se esforçar mais para mudar; (2) os clientes querem viver vidas que valem a pena ser vividas; (3) os clientes podem não ter causado seus problemas, mas, ainda assim, precisam resolvê-los; (4) a vida dos clientes graves são realmente insuportáveis; (5) comportamentos-problema representam apenas soluções mal adaptadas, e não o problema em si; (6) engajar clientes resistentes é uma das tarefas da terapia, e não um pré-requisito dos clientes; (7) os clientes precisam emitir comportamentos efetivos em todos os contextos relevantes; (8) se a intervenção falhar, a culpa não é do cliente (Koerner, 2012; Linehan, 1993a).

Os pressupostos acerca dos terapeutas e da terapia são: (1) a coisa mais relevante que os terapeutas podem fazer é ajudar os clientes a mudar; (2) os princípios de comportamento são universais, afetando os terapeutas assim como afetam os clientes; (3) a relação entre terapeutas e clientes é uma relação entre iguais; (4) clareza, precisão e compaixão são de extrema importância na condução da DBT; (5) os terapeutas podem falhar na aplicação efetiva da DBT e, mesmo quando aplicada de forma efetiva, ela pode não alcançar o resultado desejado; (6) os terapeutas que trabalham com clientes graves precisam de suporte (Koerner, 2012; Linehan, 1993a).

O MODELO BIOSSOCIAL

O *modelo biossocial* postula que uma história de transação entre uma vulnerabilidade biológica e um ambiente de invalidação crônica pode criar e manter os padrões comportamentais, cognitivos e emocionais presentes em pessoas com desregulação emocional pervasiva (Linehan, 1993a). Diante disso, nota-se que três conceitos são centrais para entender o modelo biossocial: desregulação emocional, vulnerabilidade biológica e invalidação.

A *desregulação emocional* é caracterizada essencialmente por cinco fatores: (1) maior suscetibilidade a experienciar emoções de forma intensa; (2) dificuldade em inibir comportamentos impulsivos relacionados a emoções intensas; (3) dificuldade em reduzir a ativação fisiológica envolvida no episódio emocional; (4) dificuldade em agir de acordo com os próprios objetivos e valores quando tal ação é diferente da inclinação comportamental evocada pela emoção; e (5) dificuldade em prestar atenção em qualquer outra coisa que não o evento que disparou a emoção (Linehan, 2015b). Já a desregulação emocional *pervasiva* é a inabilidade de regular emoções em uma ampla gama de situações, ou seja, é um padrão global de desregulação emocional que pode levar a diversos comportamentos-problema, como suicídio, autolesão e abuso de substâncias (Koerner, 2012).

A *vulnerabilidade biológica* é caracterizada por três elementos: (1) alta sensibilidade aos estímulos, ou seja, o indivíduo reage a gatilhos emocionais de baixo limiar; (2) alta reatividade, isto é, o indivíduo experiencia e expressa as emoções de maneira extremamente intensa; e (3) retorno lento à linha de base, o que significa que a experiência emocional perdura por bastante tempo. A vulnerabilidade biológica pode ser essencialmente genética (o indivíduo nasce sendo mais suscetível) e/ou incluir fatores ambientais, como experiências traumáticas que afetam o desenvolvimento e o funcionamento do cérebro (Koerner, 2012; Linehan, 2015b).

Por sua vez, o *ambiente de invalidação crônica* consiste na punição ou extinção das expressões do indivíduo acerca de suas experiências privadas (sentimentos, sensações e pensamentos). A expressão emocional é julgada como inapropriada, errada ou patológica; é minimizada, debochada ou não é levada a sério; é ignorada ou negligenciada. Exemplos típicos de invalidação são falas como: "Não tem por que você se sentir assim"; "Engole esse choro ou vou te dar um motivo de verdade para você chorar"; "Se você realmente quisesse, você conseguiria". Nesse contexto, a aprendizagem de descrever eventos privados é prejudicada e o próprio sentir torna-se aversivo, o que leva o indivíduo a tentar fugir ou se esquivar de suas reações emocionais, a invalidar o que sente, pensa e faz e, consequentemente, a buscar em outrem a "maneira correta" de sentir, pensar e agir. Além disso, como um ambiente de invalidação geralmente não ensina a regular as emoções e reage favoravelmente apenas a demonstrações emocionais intensas (i.e., reforça apenas comportamentos extremados), o indivíduo passa a escalonar suas expressões. Por exemplo, em vez de falar mais uma vez que está sofrendo, o que foi invalidado, ele passa a se cortar, o que produz validação, cuidado, atenção etc.; quando se cortar deixa de gerar o mesmo efeito, ele passa a ameaçar suicídio; finalmente, ele tenta o suicídio. Em conjunto, a invalidação de expressões emocionais usuais, o consequente desenvolvimento de uma "fobia" das próprias emoções e o reforçamento intermitente de manifestações severas produz oscilação entre inibição emocional e "explosão" emocional, ambas imbuídas de muito sofrimento. Para piorar, um ambiente de invalidação típico simplifica as dificuldades do indivíduo e, assim, não lhe ensina repertórios de resolução de problemas, o que torna seu fracasso mais provável, o que leva à mais invalidação (Koerner, 2012).

Koerner (2012) afirma que a existência de desregulação emocional pode ter origem mais genética ou mais ambiental. Desse modo, para os indivíduos que já nasceram com alto grau de vulnerabilidade biológica, um ambiente de invalidação que não acometeria outras pessoas pode levar à desregulação emocional pervasiva. Antagonicamente, indivíduos que são geneticamente pouco vulneráveis poderiam desenvolver desregulação emocional pervasiva por conta de um ambiente severo de invalidação crônica.

Enfim, a desregulação emocional pervasiva tem origem na transação entre dois fatores – vulnerabilidade biológica e ambiente de invalidação. Embora o modelo biossocial tenha sido desenvolvido originalmente como uma proposta teórica para entender a etiologia do transtorno da personalidade *borderline*, ele tem sido utilizado também como modelo explicativo da desregulação emocional presente em outros transtornos psiquiátricos (Koerner, 2012).

FUNÇÕES E MODOS DE INTERVENÇÃO DA DBT

Inicialmente, deve-se apontar que a DBT é uma terapia orientada por princípios, e não um protocolo que precisa ser

SEÇÃO II — PSICOLOGIA COMPORTAMENTAL

seguido rigidamente sessão a sessão. Desse modo, diferentes procedimentos de intervenção podem ou não ser utilizados a depender das necessidades de cada caso, o que possibilita que o terapeuta empregue de maneira rigorosa um tratamento estruturado ao mesmo tempo em que se mantém responsivo à singularidade de cada cliente. Conforme explica Swenson (2016), cada uma das estratégias da DBT pode ser executada de maneiras diferentes e em momentos diferentes. Saber qual, quando e como utilizar cada uma delas requer profundo conhecimento dos princípios da DBT, extrema precisão sobre os objetivos da terapia e boa compreensão do funcionamento do cliente.

Uma intervenção-padrão de DBT deve garantir que cinco funções sejam atendidas: (1) aprimorar as capacidades do cliente, ou seja, promover a aquisição e o fortalecimento de novos comportamentos; (2) melhorar a motivação do cliente em permanecer no tratamento e em efetuar mudanças em seus comportamentos; (3) garantir a generalização das mudanças obtidas pelo cliente para todos os contextos relevantes da sua vida; (4) auxiliar o cliente a reestruturar seu ambiente cotidiano de forma que este beneficie seu progresso; (5) favorecer a motivação do terapeuta em proporcionar a melhor intervenção possível (Koerner, 2012; Linehan, 2015b).

Cada uma dessas funções é abordada por um ou mais modos de intervenção, que dependem um do outro para a produção de resultados clinicamente relevantes, a saber: (1) psicoterapia individual; (2) treinamento de habilidades; (3) consultoria por telefone; (4) tratamentos auxiliares; (5) reunião de consultoria entre terapeutas. Essa organização modular da DBT permite que o terapeuta inclua apenas os componentes que considerar necessários para adequar a intervenção para a população que estiver atendendo ou para viabilizá-la em um contexto com limitações financeiras, logísticas etc. (Heard e Swales, 2015).

A *psicoterapia individual*, que na intervenção padrão de DBT ocorre uma vez por semana, é o núcleo organizador de todo o trabalho. Nesta, o terapeuta assume as seguintes responsabilidades: (1) garantir que todas as funções da intervenção estão sendo atendidas; (2) elaborar a formulação do caso; (3) promover a motivação do cliente em se engajar nos diferentes modos de intervenção; (4) modificar os comportamentos-problema; (5) ensinar os repertórios necessários que ainda não foram praticados no treino de habilidades; (6) desenvolver estratégias de generalização; (7) oferecer consultoria por telefone; (8) realizar tratamentos auxiliares (ou encaminhar para outro profissional que possa fazê-los); (9) auxiliar o cliente a modificar seu próprio ambiente (Heard e Swales, 2015; Linehan, 1993a, 2015b).

O *treinamento de habilidades* tem por objetivo desenvolver e praticar repertórios comportamentais voltados ao enfrentamento e à resolução das dificuldades vividas pelos clientes. Na intervenção-padrão de DBT, o treino ocorre em grupo, que se reúne uma vez por semana por 2 horas e meia, e requer 24 semanas para percorrer todas as habilidades (que geralmente são repetidas para formar um programa com duração de um ano). O funcionamento do treinamento de habilidades é similar a uma aula, em que o terapeuta-professor ensina novos comportamentos e prescreve como lição de casa exercitá-los ao longo da semana (Linehan, 1993a). Quatro conjuntos de habilidades são ensinadas: (1) *mindfulness*, entendido como o processo intencional de observar, descrever e participar de uma única atividade no momento presente e sem julgamento; (2) *efetividade interpessoal*, que se refere a um conjunto de comportamentos relacionados a fazer pedidos de forma assertiva, colocar limites, desenvolver bons relacionamentos, ter-

minar relacionamentos ruins e manter-se fiel a seus próprios valores; (3) *regulação emocional*, que consiste em estratégias direcionadas à diminuição da frequência de emoções indesejadas, ao controle de fatores de vulnerabilidade às emoções, entre outras; (4) *tolerância a mal-estar extremo*, que abarca tanto técnicas emergenciais de sobrevivência a crises quanto aceitação da realidade. O livro *DBT Skills Training Manual* (Linehan, 2015b) provê instruções passo a passo sobre como ensinar e praticar todas as habilidades utilizando os mais de 80 *handouts* e as mais de 60 folhas de lição de casa que são fornecidos aos clientes.

A *consultoria por telefone*, na qual o terapeuta conversa com seu cliente por alguns minutos, é utilizada para: (1) intervir em situações de crise (por exemplo, quando o cliente está inclinado a se matar, se cortar, purgar etc.); (2) implementar habilidades treinadas em uma situação nova ou difícil (generalização); (3) fortalecer algum ganho terapêutico; (4) fomentar a relação terapêutica (Linehan, 1993a). Embora argumente que os terapeutas que não aceitam telefonemas fora do expediente não deveriam trabalhar com clientes graves, Linehan (1993a) aponta que cabe ao terapeuta analisar se a quantidade e o tempo de duração das ligações estão ultrapassando seus limites pessoais e profissionais a ponto de interferir na sua capacidade em trabalhar com aquele cliente e, se esse for o caso, comunicar sua disponibilidade.

Tendo em vista que a demanda do cliente pode requerer outras intervenções que vão além do que a DBT tem a oferecer, é possível – e recomendado – fazer uso de *tratamentos auxiliares*, sobretudo daqueles que foram empiricamente sustentados conforme às exigências da Psicologia Baseada em Evidências (cf. Leonardi e Meyer, 2015). Nesse sentido, um terapeuta DBT poderia incluir, por exemplo, o procedimento de *exposição prolongada* como tratamento do transtorno do estresse pós-traumático (cf. Harned, 2014).

Além das intervenções direcionadas ao cliente (terapia individual, treino de habilidades, consultoria por telefone e tratamentos auxiliares), a DBT conta com um componente voltado para cuidar da competência técnica e da motivação dos terapeutas – a *reunião de consultoria*. Para cumprir seus objetivos, como monitorar e aumentar a fidelidade aos princípios da DBT, revisar as análises em cadeia e as análises de soluções, avaliar a motivação do terapeuta e praticar a aplicação de procedimentos de intervenção, os membros da equipe usam, entre si, as estratégias que empregam com seus clientes (validação, análise em cadeia, ensaio comportamental etc.) e assumem uma postura dialética de resolução de conflitos. A reunião de consultoria, que ocorre uma vez por semana e tem duração de duas horas, segue uma estrutura predeterminada que consiste em: (1) praticar *mindfulness* por alguns minutos; (2) relembrar os acordos feitos na equipe; (3) ler as anotações da última reunião; (4) elaborar a agenda do dia; (5) abordar cada um dos tópicos listados na agenda. Além disso, os membros da equipe assumem papéis diferentes, a saber: *líder* (responsável por conduzir a reunião); *observador* (encarregado de sinalizar quando alguém faz um comentário imbuído de invalidação ou julgamento); *anotador* (que faz a ata das atividades realizadas na reunião e lista as pendências); e *condutor da prática de mindfulness* (Heard e Swales, 2015). Enfim, a reunião de consultoria é considerada tão importante que, de acordo com Linehan (1993a, 2015b), não existe DBT sem essa equipe, sobretudo porque a DBT é concebida como a prática de uma comunidade de profissionais de saúde mental que trabalha com uma comunidade de pacientes.

ESTÁGIOS DO TRATAMENTO E AUTOMONITORAMENTO DOS COMPORTAMENTOS-PROBLEMA

Diferentemente das terapias que permitem que o cliente fale sobre o tema que lhe parece mais importante a cada sessão, a DBT usa uma hierarquia de comportamentos para determinar a ordem da intervenção. Essa estrutura serve a vários propósitos terapêuticos: (1) diminui a probabilidade de o terapeuta se perder em meio aos diversos problemas do cliente; (2) possibilita que o tratamento foque nos problemas mais graves em vez de responder apenas à "crise da semana"; (3) impede que o humor atual do cliente determine a agenda da sessão; (4) favorece a resolução dos problemas de forma definitiva em vez de apenas afugentá-los provisoriamente (Koerner, 2012).

A construção da hierarquia é feita por meio da tradução das queixas do cliente em comportamentos-problema, que são categorizados em diferentes estágios, e da tradução de seus objetivos em comportamentos-alvo. Entretanto, obedecer à essa hierarquia não significa ignorar as outras questões do cliente. Estas podem vir a ser abordadas como elos na análise em cadeia de um comportamento-problema ou resolvida separadamente após a análise e resolução do alvo prioritário. Além disso, toda a demanda do cliente passará a ser abarcada à medida que houver progresso no quadro clínico (ou seja, quando comportamentos de alta prioridade deixarem de ocorrer, novos comportamentos se tornam alvos).

A DBT ordena a intervenção em quatro estágios, que são precedidos por uma fase de pré-tratamento. No *pré-tratamento*, cuja duração varia entre duas e quatro sessões, o terapeuta deve: (1) fortalecer a motivação do cliente em se manter vivo; (2) desenvolver uma boa relação terapêutica; (3) apresentar informações psicoeducativas; (4) explicar o funcionamento da DBT; (5) obter comprometimento do cliente em seguir o plano de tratamento por um ano; (6) selecionar os comportamentos-problema, categorizando-os nos Estágios 1, 2, 3 e 4 (Linehan, 1993a, 2015b).

O *Estágio 1*, o mais alto da hierarquia, é subdivido em quatro conjuntos de comportamentos: (1) *comportamentos que colocam a vida em risco*, tais como ações suicidas, autolesão e ideação suicida; (2) *comportamentos que interferem na terapia*, como atrasar ou faltar na sessão ou no grupo de treino de habilidades, comportamentos não colaborativos em sessão, não implementar soluções fora da sessão etc.; (3) *comportamentos que trazem prejuízos severos para a qualidade de vida*, como abusar de drogas, comer compulsivamente e purgar, agredir pessoas etc.; (4) *déficits comportamentais severos*.

Uma vez que os comportamentos de *Estágio 1* estejam sob controle, o terapeuta passa a priorizar o *Estágio 2*, que engloba, em primeiro lugar, o transtorno do estresse pós-traumático, mas também sinais e sintomas de outros transtornos psiquiátricos que não foram tratados no Estágio 1, desregulação emocional exacerbada, esquiva experiencial e outras dificuldades relacionadas a sentimentos intensos de solidão, vergonha, culpa, raiva etc.

O *Estágio 3* diz respeito à melhora geral da qualidade de vida, no qual se busca alcançar objetivos de vida, melhorar os relacionamentos (familiares, amorosos, amigáveis), desenvolver satisfação profissional, cuidar da saúde, aumentar a autoestima e construir autorrespeito.

O *Estágio 4*, por sua vez, foi postulado por Linehan apenas para os clientes que se sentem desconectados de algo maior e têm necessidade de uma experiência transcendental de liberdade. Assim, o objetivo da intervenção no Estágio 4 é levar o cliente de uma sensação de incompletude para uma sensação de conexão com o todo. Vale observar que a DBT carece de evidências empíricas de eficácia para questões relacionadas ao Estágio 4.

Uma vez que os comportamentos-problema foram selecionados e hierarquizados nos diferentes estágios, o cliente registra sua frequência e intensidade, bem como o uso das habilidades aprendidas no grupo, em um cartão diário, que é examinado no início de cada sessão de terapia individual. O automonitoramento desses comportamentos possui diversas vantagens, a saber: (1) permite ir direto aos pontos mais relevantes, uma vez que a quantidade e a gravidade dos problemas dos clientes podem tornar improdutivo escutar o "resumo da semana"; (2) favorece o repertório de auto-observação e autoconhecimento do cliente; e (3) serve como indicador do progresso da terapia (Linehan, 1993a; Koerner, 2012).

Tradicionalmente, o preenchimento do cartão diário é feito a lápis ou caneta em uma folha impressa padronizada (ver Linehan, 2015b, p. 73), mas, recentemente, alguns terapeutas têm substituído esse formato pelo uso de aplicativos de celular, como o *Impulse DBT*.

ESTRATÉGIAS DE INTERVENÇÃO: ACEITAÇÃO, MUDANÇA E DIALÉTICA

As estratégias da DBT estão organizadas em três paradigmas: aceitação, mudança e dialética. Essa organização é particularmente útil quando se considera que, em um dado momento da sessão, o terapeuta precisa navegar por mais de 85 estratégias de intervenção e mais de 100 habilidades, além dos diversos protocolos que podem ser utilizados.

Cada um dos paradigmas possui um conjunto particular de estratégias de intervenção: no paradigma de *aceitação*, comunicação recíproca e estratégias de validação; no paradigma de *mudança*, análise em cadeia e análise de soluções, o que inclui técnicas de controle de estímulos, exposição, modificação cognitiva, treino de habilidades e manejo de contingências, além de estratégias de comprometimento; no paradigma *dialético*, comunicação irreverente e estratégias dialéticas que visam criar movimento em situações de impasse (Swenson, 2016).

Naturalmente, descrever todas as estratégias de intervenção de todos os paradigmas é inexequível em um breve capítulo de livro. Todavia, um panorama geral dos três paradigmas da DBT – aceitação, mudança e dialética – será apresentado a seguir.

Estratégias de validação

Validação, que é o contraponto dialético das estratégias de mudança, é a comunicação explícita de que a forma como a pessoa se comporta, pensa e sente é coerente, relevante e justificável. É importante explicitar que validar não significa concordar com o cliente, aprovar seu comportamento ou transmitir pena. Nesse sentido, e considerando o fato de que validação indiscriminada pode reforçar padrões danosos, é fundamental saber o que validar, o que não validar e como validar (Linehan, 1997).

Koerner (2012) explica *o que* o terapeuta deve validar: (1) a importância do problema; (2) a dificuldade em resolver a situação; (3) a dor emocional; (4) a sensação de estar fora do controle; e (5) o objetivo último do cliente, ainda que não a maneira (*e.g.*, querer livrar-se de uma angústia extrema é válido, ainda que se cortar para consegui-lo não seja). Nesse sentido, identificar e explicitar os aspectos válidos dos diferentes sentimentos, pensamentos e comportamentos do cliente é um componente fundamental na DBT.

No que se refere a *como* validar, Linehan (1997) distingue dois tipos de validação: a topográfica e a funcional. A autora descreve seis diferentes níveis de *validação topográfica*, explanados a seguir.

O *Nível 1 – Escutar e Observar* – consiste em prestar atenção no que o cliente está falando para entender o que é importante para ele, incluindo o conteúdo verbal, maneira de falar, nuances de expressão, tom de voz, postura etc. Nesse nível, o terapeuta pode fazer perguntas que facilitem a continuação do relato, tais como "E depois, como foi?"; "O que você queria que tivesse acontecido?"; etc. Ao validar em Nível 1, o terapeuta, além de coletar informações relevantes, mostra que está interessado no cliente. Inversamente, comportamentos invalidantes do terapeuta nesse nível incluem prestar atenção em outra coisa que não o relato do cliente, mudar de assunto ou demonstrar pressa em encerrar a conversa.

No segundo nível, denominado por Linehan (1997) *Reflexão Precisa*, o relato do cliente sobre seus sentimentos, pensamentos e comportamentos é parafraseado. É fundamental que o terapeuta não expresse aprovação, reprovação, encorajamento ou crítica, ou seja, deve assumir uma postura de não julgamento. Ao validar em Nível 2, ou seja, ao compartilhar com o cliente sua compreensão do que foi dito, o terapeuta revela que entendeu as experiências do cliente e lhe oferece a oportunidade de explicar o que foi entendido de forma equivocada.

O *Nível 3 – Articulação do Não Verbalizado* – comunica entendimento sobre aspectos da experiência do cliente que não foram relatados por ele, isto é, o terapeuta revela de modo empático e cuidadoso suas inferências acerca de sentimentos, pensamentos e comportamentos que podem ter ocorrido em determinado episódio. Tendo em vista que são inferências (ainda que baseadas no conhecimento que se tem do cliente), o terapeuta deve perguntar para o cliente se o que está sendo deduzido faz sentido para ele. Ao validar em Nível 3, o terapeuta mostra que conhece seu cliente em profundidade, atesta indiretamente que seus sentimentos, pensamentos e comportamentos são normais e justificáveis e, ainda, favorece o autoconhecimento. No Nível 3, o comportamento invalidante prototípico do terapeuta seria dizer para o cliente como deveria se sentir em determinada situação.

No *Nível 4, Validação via História Causal*, o terapeuta comunica que os sentimentos, pensamentos e comportamentos do cliente são coerentes, justificáveis e até adaptativos em razão da sua história (genética e ambiental). Em outras palavras, o terapeuta esclarece que o cliente sente, pensa e se comporta da forma que o faz devido à sua biologia e à sua história de interação com o mundo, descontruindo, assim, a noção de "anormalidade". Um cuidado especial deve ser tomado nesse nível de validação: distinguir por que um comportamento ocorre não implica aprová-lo ou abrir mão de modificá-lo. Ao validar em Nível 4, o terapeuta favorece a compreensão por parte do cliente de ser como é, servindo como contraponto para sua ideia de "eu não deveria ser assim", além de fornecer um modelo para autovalidação.

O *Nível 5 – Validação via Momento Causal Atual* – é semelhante ao Nível 4, mas, nesse caso, o terapeuta comunica que os sentimentos, pensamentos e comportamentos do cliente são coerentes, justificáveis e adaptativos em razão das circunstân-

cias atuais. Esse nível de validação também requer um cuidado especial, que é a necessidade de validar também a frustração do cliente em ainda emitir tal comportamento, continuar tendo certo pensamento ou vivenciar tal sentimento. Ao validar em Nível 5, o terapeuta auxilia o cliente a entender por que fez, pensou ou sentiu como os fez, servindo como contraponto para a ideia de que não conseguiu fazer a coisa certa de novo, além de, mais uma vez, fornecer um modelo para autovalidação. Comportamentos invalidantes do terapeuta neste nível incluem patologizar o comportamento do cliente e atribuir intenção ardilosa a ele (quando diz, por exemplo, que o cliente pretendia manipular alguém).

O sexto e último nível de validação, que deve permear todos os outros níveis sempre que possível, é denominado por Linehan (1997) *Genuinidade Radical*. Nesse nível, o terapeuta se coloca numa posição de igualdade com seu cliente e age de maneira espontânea e autêntica, sempre com compaixão, de modo a expressar profundo respeito por ele. Além disso, na validação de Nível 6, o terapeuta comunica que acredita na capacidade do cliente em superar seus problemas e em construir uma vida que vale a pena ser vivida (vale observar que, para muitos clientes, essa pode ser sua primeira experiência de ter alguém acreditando neles). Nesse contexto, comportamentos invalidantes do terapeuta envolvem assumir posição de poder ou de superioridade em relação ao cliente.

Uma vez compreendidos os seis níveis de validação, é pertinente constatar dois paradoxos sobre tais estratégias terapêuticas: (1) embora faça parte do paradigma de aceitação, a validação, por si mesma, pode produzir mudanças, tais como reduzir a excitação fisiológica comumente produzida pela invalidação, servir como gatilho para a regulação emocional, auxiliar na identificação da emoção experienciada e ensinar autovalidação (Koerner, 2012); (2) utilizar estratégias de validação sem focar na mudança necessária pode ser invalidante, pois isso denota que o terapeuta não leva realmente a sério os problemas do cliente. Por isso, após empregar a validação topográfica, o terapeuta deve enfatizar a *validação funcional*, isto é, atuar para resolver o problema, em vez de apenas expressar que entendeu sua importância (Linehan, 1997). Em poucas palavras, a validação funcional direciona a conduta do terapeuta para o uso de estratégias de mudança.

Estratégias de mudança

O primeiro e mais essencial componente das estratégias de mudança é a *análise em cadeia*, um tipo de análise funcional que visa identificar passo a passo os eventos que ocorreram antes e depois da emissão do comportamento-problema (ver Figura 12.1). Desse modo, o terapeuta depreende as variáveis de controle daquele comportamento sem julgamentos de valor e sem recorrer a explicações mentalistas. Tal análise permite que o terapeuta identifique cada elemento problemático da cadeia e, consequentemente, qual parte dela requer intervenção.

É importante destacar que uma análise em cadeia não é um relato do dia ou da semana do cliente; pelo contrário, ela deve cobrir um período que vai de alguns minutos até poucas horas, a depender do episódio. Além disso, é fundamental observar que a análise em cadeia tem por objetivo identificar as variáveis de controle de uma *única* ocorrência de um comportamento-problema, e não de um padrão comportamental (este será inferido após a realização de diversas análises em cadeia de um mesmo comportamento).

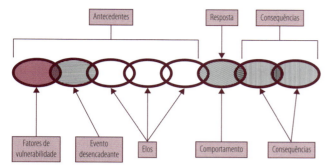

Figura 12.1. Representação gráfica da análise em cadeia.

A construção de uma análise em cadeia deve percorrer as seguintes etapas:

(1) Descrever operacionalmente o comportamento-problema (registrado no cartão diário), identificando suas propriedades – topografia, intensidade, duração e frequência. Nesse sentido, nunca se deve utilizar termos vagos, como "crise" ou "acesso de raiva", mas pormenorizar a ação específica. Por exemplo, o comportamento de cortar-se deveria incluir a profundidade e o comprimento do corte, enquanto o de comer compulsivo deveria incluir o tipo e a quantidade de comida bem como a velocidade da ingestão;

(2) Identificar o evento ambiental desencadeante, isto é, o estímulo que acionou a sequência de eventos que levou ao comportamento-problema. Em outras palavras, o evento desencadeante é aquele que precipitou a ocorrência do comportamento naquela ocasião;

(3) Especificar os elos que ocorreram entre o evento desencadeante e a emissão do comportamento-problema, de modo que seja possível detalhar o encadeamento de eventos que levaram o cliente do ponto A para o ponto B. Os elos podem ser: ações, pensamentos, sensações somáticas e emoções do cliente e/ou eventos no ambiente, incluindo ações de outras pessoas. Em suma, os elos dizem respeito a uma sequência de contingências encadeadas;

(4) Determinar os fatores de vulnerabilidade, entendidos como qualquer condição do indivíduo que aumenta o poder evocativo do evento desencadeante, tais como dores, doenças, privação de sono, efeitos de drogas, ressaca, fome, má nutrição etc.;

(5) Descrever as consequências positivas e negativas produzidas pelo comportamento-problema, especificando se são de curto, médio ou longo prazo. Ao examinar as consequências, o terapeuta levanta hipóteses funcionais sobre os processos envolvidos, como reforçamento positivo, reforçamento negativo, reforçamento intermitente, punição e extinção.

Em resumo, a elaboração da análise em cadeia deve responder às seguintes perguntas: Qual é o comportamento-problema? Qual foi o evento desencadeante que fez com que o cliente se direcionasse a esse comportamento? Quais os elos entre o estímulo desencadeante e o comportamento-problema? O que tornou o cliente mais suscetível a emitir esse comportamento? Quais foram as consequências desse comportamento?

O planejamento e a implementação da intervenção – chamados de *análise de soluções* na DBT – são passos que sucedem a análise em cadeia. Não é aconselhável fazer qualquer intervenção sem essa análise, sob risco de fracasso do processo terapêutico. Conforme explicam Heard e Swales (2015), a análise de soluções consiste em:

(1) Selecionar o elemento da análise em cadeia que precisa ser modificado; tal escolha depende dos seguintes fatores: a força da variável no controle do comportamento; o grau de dificuldade em modificar a variável; a frequência daquele elemento em diferentes análises em cadeia; a disposição do cliente em trabalhar naquele elemento;

(2) Gerar procedimentos específicos para o elemento selecionado (lembrar de interpolar estratégias de validação e manter uma postura dialética). O cliente deve participar da criação das possíveis soluções e, gradualmente, passar a elaborá-las por conta própria;

(3) Utilizar estratégias de orientação, que envolvem explicitar a função da solução, explicar como ela contribui para atingir determinado objetivo, fornecer as informações teóricas relevantes, especificar as ações a serem realizadas e descrever os possíveis efeitos colaterais. O uso dessas estratégias visa aumentar o engajamento do cliente na execução das soluções;

(4) Convidar o cliente a escolher entre as diferentes soluções levantadas, considerando o impacto do elemento da cadeia escolhido em relação aos outros (frequência e força de determinada variável, por exemplo), bem como a eficácia provável de cada solução;

(5) Avaliar a eficácia provável da solução, analisando seus obstáculos (déficit de repertório, outros elementos da cadeia, logística, entre outros) e possíveis resultados. Este passo é importante, porque a implementação de uma solução inapropriada ou a implementação inadequada de uma solução pode punir os comportamentos de elaborar e implementar soluções;

(6) Implementar a solução em sessão, sempre que possível, para que o cliente esteja melhor preparado para utilizá-la em outros contextos. Em seguida, o terapeuta deve avaliar a experiência do cliente, dar *feedback* positivo, refinar a implementação da solução e valorizar a tentativa a despeito de sua efetividade.

As soluções utilizadas pela DBT se baseiam em procedimentos de intervenção originados nas terapias comportamentais e cognitivo-comportamentais, sobretudo nas técnicas de controle de estímulos, exposição, modificação cognitiva, manejo de contingências e desenvolvimento de repertório comportamental (especialmente por meio do treino de habilidades). Descrever em detalhes todo esse instrumental está além do escopo do presente capítulo, mas um breve panorama do seu uso pela DBT é fundamental para compreendê-la. O leitor interessado em se aprofundar nesse ponto deve consultar a obra de Heard e Swales (2015).

Se a variável mais relevante na análise em cadeia for o evento desencadeante, o terapeuta poderá empregar estratégias de *controle de estímulos*, que abarcam diversas maneiras de adicionar ou remover um estímulo, modificar a intensidade, duração ou frequência de um estímulo, alterar a atenção ao estímulo, aprimorar a discriminação de estímulos, entre outras.

Se a análise em cadeia revelar que alguma emoção contribui para a ocorrência de um comportamento-problema ou que ela inibe comportamentos alternativos, procedimentos de *exposição* (adaptados) podem ser utilizados. Uma inovação da DBT é usar exposição para uma ampla gama de emoções, como vergonha,

SEÇÃO II — PSICOLOGIA COMPORTAMENTAL

culpa e raiva. *Grosso modo*, a exposição consiste no contato repetido com os estímulos que eliciam sensações típicas de determinada emoção e que evocam tanto comportamentos de fuga e esquiva da situação quanto ações específicas à emoção até ocorrer habituação das sensações e extinção dos comportamentos. Embora o procedimento de exposição tradicionalmente obedeça a um protocolo formal com duração de 12 a 20 sessões (como ocorre no transtorno obsessivo-compulsivo, por exemplo), a exposição às emoções presentes nos elos que conectam o evento desencadeante ao comportamento é feita de maneira breve e informal e costuma ser espalhada ao longo do tratamento.

Se existem regras, crenças ou interpretações imprecisas ao longo dos elos que conectam o evento desencadeante ao comportamento, o terapeuta pode lançar mão de estratégias de *modificação cognitiva*. Porém, diferentemente da terapia cognitiva, o uso delas na DBT não visa substituir uma crença por outra, especialmente porque isso poderia insinuar que o cliente distorce a realidade ou percebe as coisas incorretamente, o que seria bastante invalidante. Assim, o uso de modificação cognitiva envolve: (1) diferenciar os aspectos válidos dos inválidos das regras ou crenças do cliente; (2) questionar as regras, crenças ou interpretações imprecisas, gerar alternativas a elas e examinar as evidências existentes para cada uma delas ou, então, fazer experimentos comportamentais para avaliá-las; (3) clarificar contingências, isto é, explicitar as variáveis de controle do comportamento-problema; (4) modelar pensamento dialético, de modo a analisar as inconsistências entre os diferentes pensamentos, sentimentos e comportamentos do cliente com o intuito de diminuir posições dicotômicas ou extremas; (5) psicoeducação, que consiste no uso de conhecimento científico (psicologia geral, análise do comportamento, neurociência etc.) para corrigir concepções equivocadas.

Se existem consequências reforçadoras para os comportamentos-problema e/ou consequências punitivas para comportamentos alternativos, o terapeuta pode usar estratégias de *manejo de contingências*. Nesse contexto, manejar contingências significa elaborar estratégias para alterar as consequências produzidas por determinado comportamento. Para isso, é fundamental conhecer os processos básicos, como distinguir reforço de recompensa e contingência de contiguidade, avaliar a potência das diferentes consequências no controle do comportamento e examinar sua disponibilidade no ambiente do cliente. Além disso, é fundamental destacar que a DBT não é a favor da modificação direta das consequências por parte do terapeuta, mas, inversamente, enfatiza a necessidade de o cliente aprender a produzir, por conta própria, as consequências que são importantes para ele. Assim, intervenções diretas no ambiente por parte do terapeuta são exceção e só são usadas quando o cliente está incapaz de agir a seu favor e o resultado da mudança é extremamente importante ou quando o ganho no curto prazo é muito superior à perda da oportunidade de aprendizagem no longo prazo. Na dúvida, a prioridade é sempre a autonomia do cliente.

Enfim, o último conjunto de estratégias de mudança utilizado na DBT é composto pelas *estratégias de comprometimento*, que visam promover motivação no cliente para aderir a um procedimento específico ou comprometer-se com o plano de trabalho como um todo (Linehan, 1993a). São elas:

- *Prós e contras*: o terapeuta assume uma postura imparcial para ajudar o cliente a considerar as vantagens e desvantagens de mudar seu comportamento-problema ou de mantê-lo como está, permitindo, assim, um comprometimento mais esclarecido. Ao explicitar os prós e os contras de determinado comportamento, o terapeuta ajuda o cliente a encontrar uma síntese que esteja de acordo com seus próprios objetivos últimos;

- *Advogado do diabo*: o terapeuta argumenta a favor da manutenção do comportamento-problema para que, assim, o cliente se sinta compelido a argumentar a favor da mudança, fortalecendo seu comprometimento com seus próprios objetivos. Por exemplo, o terapeuta poderia dizer algo como "tendo em vista que forçar o vômito tem funcionado para trazer alívio da angústia que você sente quando sua barriga está estufada, não vejo por que você pararia com isso", o que talvez levasse o cliente a dizer algo como "eu não posso e nem quero continuar, pois isso vai me dar úlceras no esôfago, estragar meus dentes e deixar minha voz esquisita";

- *Pé na porta*: o terapeuta, inicialmente, faz uma solicitação pouco custosa, a qual o cliente provavelmente vai consentir; após obter consentimento, o terapeuta faz uma segunda solicitação, decorrente da primeira e agora mais custosa. Por exemplo, no caso de um cliente relutante a comprometer-se com um plano de intervenção com duração de um ano, o terapeuta pede que o cliente venha em mais uma sessão e, se ele concordar, o terapeuta pergunta se ele se comprometeria em fazer pelos menos quatro sessões;

- *Porta na cara*: o terapeuta, inicialmente, faz uma solicitação extremamente custosa e difícil, a qual o cliente provavelmente vai negar; em seguida, o terapeuta faz uma segunda solicitação menos custosa (que é aquela que ele realmente quer). Por exemplo, o terapeuta pede para que o cliente nunca mais se corte e, após o cliente dizer que não pode prometer isso, o terapeuta solicita ao cliente que, ao sentir-se inclinado a se cortar, telefone para o terapeuta para ser ajudado a usar estratégias de tolerância a mal-estar extremo;

- *Liberdade de escolha e ausência de alternativas*: o terapeuta explicita a possibilidade de o cliente permanecer emitindo determinado comportamento-problema, mas enfatiza suas consequências aversivas e a necessidade de modificá-lo para alcançar seus objetivos. Por exemplo, se a esposa do cliente exige que ele mude certos comportamentos, o que ele está pouco disposto a fazer, senão pede o divórcio, o terapeuta pode deixar claro que o cliente pode continuar agindo do jeito que o faz, mas assim vai perder a mulher que ama;

- *Conectar comprometimentos atuais com comprometimentos anteriores*: o terapeuta relembra um episódio da história de vida do cliente no qual ele se comprometeu a mudar e foi bem-sucedido e a vincula com a possibilidade de mudança no contexto atual. Por exemplo, se um cliente que está em tratamento para dependência de álcool diz "chega, eu cansei de sofrer, vou beber todas e dane-se", o terapeuta poderia dizer algo como "há pouco tempo te parecia impossível que você conseguisse ficar um único dia sem beber e você já está há três semanas sem colocar uma gota de álcool na boca; vamos resgatar aquele momento que você tomou a decisão de parar de beber e o que te ajudou a aguentar durante esse tempo";

- *Modelagem*: o terapeuta aumenta gradualmente o comprometimento do cliente reforçando pequenas e sucessivas evoluções na direção desejada. Por exemplo, quando um cliente diz que não queria ter ido à sessão porque não acredita que a terapia pode ajudá-lo, o terapeuta, que pretende reforçar a pequena partícula de engajamento na terapia revelada nessa fala, diria algo como "eu fico contente por você ter vindo hoje, apesar das dúvidas; vamos nos esforçar para aproveitar esse tempo".

Estilos de comunicação terapêutica e estratégias dialéticas

A DBT tem dois estilos de comunicação terapêutica: a comunicação recíproca e a comunicação irreverente (Linehan, 1993a). A *comunicação recíproca*, que é o *modus operandi* usual do terapeuta, refere-se à conduta típica de um psicólogo clínico conforme descrita na obra de Carl Rogers. Ela envolve: (1) ser acolhedor, cuidadoso, empático, caloroso e sensível; (2) ser responsivo ao relato do cliente, variando as expressões verbais e não verbais em consonância com a temática do momento; (3) analisar de maneira objetiva o problema trazido pelo cliente e as possíveis soluções; (4) autorrevelação, quando pertinente.

A *comunicação irreverente* é um meio inesperado e pouco convencional de responder ao cliente, que envolve humor excêntrico, confrontar, alternar o tom e a intensidade da voz, dizer explicitamente o que muitos não teriam coragem de dizer, debater comportamentos-problema extremos com um tom de voz comum e quase inexpressivo, entre outros. Geralmente utilizada em situações de impasse no processo terapêutico, a comunicação irreverente tem por objetivo pegar o cliente de surpresa e, assim, promover mudanças em seus pensamentos, sentimentos e comportamentos. É fundamental distinguir a comunicação irreverente de sarcasmo ou julgamento, que não são recomendados, e estudar cuidadosamente como funciona esse estilo a partir dos vários exemplos que podem ser encontrados na literatura de DBT.

Além de equilibrar dialeticamente os estilos de comunicação recíproca e irreverente, a DBT dispõe de um conjunto específico de *estratégias dialéticas* voltadas a solucionar entraves no processo terapêutico, tais como: (1) *metáfora*, na qual o terapeuta usa algo que o cliente entende e equivale a algo que ainda não entende muito bem (*e.g.*, "aprender novos comportamentos é como andar de bicicleta; você só consegue tentando"); (2) *fazer dos limões uma limonada*, em que o terapeuta mostra o valor de determinada adversidade como uma oportunidade para aprender comportamento novos ou exercitar as habilidades aprendidas; (3) *estender* ou *alongar*, que consiste em aumentar a importância ou levar às últimas consequências uma comunicação do cliente (*e.g.*, quando o cliente diz "essa terapia não está funcionando porque você demora muito para retornar minhas ligações", o terapeuta poderia responder algo como: "já que a terapia não está te ajudando, você quer ser encaminhado para outro psicólogo?"); (4) *entrar no paradoxo*, no qual o terapeuta enfatiza as contradições presentes no comportamento do cliente; (5) *advogado do diabo*, já explicada anteriormente etc.

CONSIDERAÇÕES FINAIS

A DBT é uma abordagem psicoterápica modular e transdiagnóstica fundamentada na análise do comportamento, na filosofia dialética e na prática Zen, que, baseada em princípios de aceitação, mudança e dialética, tem por objetivo tratar problemas de saúde mental, proporcionar alívio em sofrimento psicológico e ajudar na construção de uma vida plena.

Tendo em vista o comprometimento da DBT com a sustentação empírica de seus princípios, é fundamental manter-se atualizado com os avanços tanto da ciência psicológica básica quanto da pesquisa clínica em psicoterapia, uma vez que a DBT é favorável à sua própria transformação em consonância com o progresso do conhecimento científico.

REFERÊNCIAS BIBLIOGRÁFICAS

Carey, B. (2011). Expert on mental illness reveals her own fight. *The New York Times*. Disponível em: http://www.nytimes.com/2011/06/23/health/23lives.html?pagewanted=all&_r=0. Acesso em: 10 abr. 2018.

Harned, M. S. (2014). The combined treatment of PTSD with borderline personality disorder. *Current Treatment Options in Psychiatry*, v. 1, p. 335-344.

Heard, H. L., Swales, M. A. (2015). *Changing behavior in DBT: problem solving in action*. New York: The Guilford Press.

Koerner, K. (2012). *Doing dialectical behavior therapy: a practical guide*. New York: The Guilford Press.

Leonardi, J. L., Meyer, S. B. (2015). Prática baseada em evidências em psicologia e a história da busca pelas provas empíricas da eficácia das psicoterapias. *Psicologia: Ciência e Profissão*, v. 35, p. 1139-1156.

Linehan, M. M. (1987). Dialectical behavior therapy for borderline personality disorder: theory and method. *Bulletin of the Menninger Clinic*, v. 51, p. 261-276.

Linehan, M. M. (1993a). *Cognitive-behavioral treatment of borderline personality disorder*. New York: The Guilford Press.

Linehan, M. M. (1993b). *Skills training manual for treating borderline personality disorder*. New York: The Guilford Press.

Linehan, M. M. (1997). Validation and psychotherapy. In: Bohart A. C.; Greenberg L. S. (Orgs.). *Empathy reconsidered: new directions in psychotherapy*. Washington: American Psychological Association. p. 353-392.

Linehan, M. M. (2015a). *Balancing acceptance and change: DBT and the future of skills training*. Palestra apresentada no Family Action Network. Disponível em: https://www.youtube.com/watch?v=JMUk0TBWASc. Acesso em: 10 abr. 2018.

Linehan, M. M. (2015b). *DBT skills training manual*. New York: The Guilford Press.

Linehan, M. M. et al. (1991). Cognitive-behavioral treatment of chronically parasuicidal borderline patients. *Archives of General Psychiatry*, v. 48, p. 1060-1064.

Lungu, A.; Linehan, M. M. (2016). Dialectical behavior therapy: a comprehensive multi- and transdiagnostic intervention. In: Nezu, C. M.; Nezu, A. M. (Orgs.). *The Oxford handbook of cognitive and behavioral therapies*. New York: Oxford University Press. p. 200-214.

Skinner, B. F. (1965). *Science and human behavior*. New York: Free Press. (Trabalho original publicado em 1953)

Skinner, B. F. (1992). *Verbal behavior*. Acton: Copley Publishing Group. (Trabalho original publicado em 1957)

Swenson, C. R. (2016). *DBT principles in action: acceptance, change, and dialectics*. New York: The Guilford Press.

LEITURAS RECOMENDADAS

Heard, H. L.; Swales, M. A. (2015). *Changing behavior in DBT: problem solving in action*. New York: The Guilford Press.

Koerner, K. (2012). *Doing dialectical behavior therapy: a practical guide*. New York: The Guilford Press.

Linehan, M. M. (2015). *DBT skills training manual*. New York: The Guilford Press.

Swales, M. A.; Heard, H. L. (2016). *The CBT distinctive features: dialectical behaviour therapy*. London: Routledge.

Swenson, C. R. (2016). *DBT principles in action: acceptance, change, and dialectics*. New York: The Guilford Press.

13

A terapia de aceitação e compromisso (ACT)

Daniel Afonso Assaz

Roberta Kovac

Claudia Kami Bastos Oshiro

Sonia Beatriz Meyer

Durante uma sessão de terapia, podemos observar o cliente em constante interação verbal com o seu ambiente. Ele responde verbalmente ao mundo a sua volta, narrando e avaliando os eventos que ocorreram durante a semana, imaginando aqueles que podem acontecer e relembrando aqueles que transcorreram no passado. Além disso, é comum que ele também responda verbalmente ao próprio comportamento, descrevendo, interpretando, justificando e avaliando-o positiva ou negativamente. Extremamente importante é o fato de que esses relatos, interpretações, julgamentos e outras respostas verbais (usualmente chamadas de falas ou pensamentos a depender do seu caráter público ou privado) são muitas vezes capazes de exercer influência sobre outros comportamentos do indivíduo, podendo gerar reações emocionais (*e.g.*, ansiedade, culpa), verbais (*e.g.*, cadeias de preocupação e ruminação) e motoras (*e.g.*, evitação, agressão). É exatamente essa interação verbal com o ambiente que pode constituir uma parcela importante do sofrimento dos clientes que buscam ajuda na psicoterapia. Como um psicólogo clínico pode compreender esse cenário? E intervir sobre ele?

Uma possibilidade envolve focar no conteúdo da verbalização e verificar o quanto ela corresponde de fato à realidade do cliente ou está distorcida e enviesada. Para ilustrar esse processo, imagine um cliente, chamado Marcos, que tenha uma extensa história de invalidação e julgamento por expressar suas emoções. Ao interagir com outras pessoas, inclusive aquelas mais próximas, ele frequentemente pensa "Se eu mostrar meus sentimentos para as pessoas, elas vão me julgar" e, em seguida, evita a todo custo expressar o que está sentindo. Nesse caso, o terapeuta poderia discutir, em conjunto com o cliente, o quanto ele está generalizando uma atitude de algumas pessoas para todas de seu convívio, inferindo reações psicológicas sem evidências para fazê-lo.

Outra possibilidade de intervenção surge da observação de que nem todas as verbalizações produzem impacto significativo no comportamento do indivíduo. É possível que a pessoa tenha o pensamento de que pode ser julgada ao demonstrar seus sentimentos e, apesar disso, expressá-los. Portanto, deve haver condições específicas que possibilitam que uma resposta verbal possa exercer influência sobre outros comportamentos. Ao adotarem essa perspectiva, analistas do comportamento enfatizam o contexto das verbalizações: as contingências históricas e atuais que favoreçem o controle verbal sobre o comportamento (Hayes, 1987).

Seguindo a linha de raciocínio contextual, a primeira pergunta esboçada é: como um conjunto de sons arbitrariamente definidos por uma comunidade verbal (i.e., uma frase) é capaz de exercer controle sobre o comportamento? Alguns autores sugeriram que isso é decorrente do fato de eles alterarem a função de determinados estímulos. Assim, no exemplo acima, a verbalização "Se eu demonstrar meus sentimentos, as pessoas ao meu redor vão me julgar" pode influir sobre o comportamento de Marcos na medida em que transforma a expressão de sentimentos em um estímulo aversivo, capaz de eliciar sentimentos de ansiedade e evocar respostas de fuga e esquiva.

Os estudos de equivalência de estímulos demonstram que um estímulo pode ter, de fato, sua função adquirida a partir de relações arbitrárias com outros estímulos. Em estudos pioneiros, Sidman e colaboradores ensinaram crianças com desenvolvimento atípico a selecionarem tanto a palavra escrita *bola* (B) quanto a imagem de uma bola (C) diante da palavra falada "bola" (A). Apesar de os estímulos não compartilharem propriedades físicas (eles têm caráter auditivo, textual e pictórico), os participantes aprenderam as relações arbitrárias ensinadas. Mais impressionante é o fato de que os participantes foram capazes, sem treino adicional, de reverter a relação, nomeando "bola" diante da figura e da palavra escrita (B-A e C-A); e responder à relação entre a palavra escrita e a figura (A-C e C-A) (Sidman, 1994). Essas relações, que não haviam sido diretamente ensinadas, foram chamadas de derivadas.

Estudos subsequentes demonstraram a transferência de função entre estímulos arbitrariamente relacionados, seja por

SEÇÃO II — PSICOLOGIA COMPORTAMENTAL

meio de relações diretas ou derivadas. Nesse caso, ambos são funcionalmente semelhantes para a pessoa: ela responde à palavra "como se fosse" o objeto, e vice-versa. Esse fenômeno foi observado para diferentes funções, como eliciadora, discriminativa, reforçadora e punitiva (Hayes, Barnes-Holmes e Roche, 2001). A demonstração desse fenômeno sugere que, ao integrarem relações arbitrárias com outros estímulos, palavras podem alterar a função deles e, portanto, exercer influência sobre o comportamento.

Diante da derivação de relações e da transformação de função por meio de relações arbitrárias entre estímulos, algumas propostas teóricas surgiram para explicar esses fenômenos a partir de contingências históricas e atuais. Uma delas é a Teoria das Molduras Relacionais, ou RFT (Hayes, Barnes-Holmes e Roche, 2001). O argumento central da RFT é que responder a relações arbitrárias entre estímulos é um comportamento operante, que constitui a base da linguagem e cognição humana.

Apesar de diversos organismos serem capazes de responder a relações entre estímulos caso sejam reforçados a fazê-lo, essas relações são baseadas em propriedades físicas (tamanho, peso, cor). De acordo com a RFT, uma história específica de relacionar eventos do ambiente, arranjada pela comunidade verbal, permite que algumas dicas verbais sejam abstraídas e adquiram controle contextual sobre o responder relacional de seres humanos. Por sua vez, esse controle permite que esse padrão de resposta seja expandido para relações arbitrárias entre estímulos, não sendo mais limitado pelas propriedades físicas deles.

Essas dicas verbais são divididas em dois grandes conjuntos, denominados contexto relacional e contexto funcional (Hayes, Barnes-Holmes e Roche, 2001). O primeiro sinaliza o tipo de relação estabelecida entre os estímulos. Esta pode ser de coordenação, como nos estudos de equivalência, indicada por palavras como *igual*, *similar* e *parecido*, mas também pode ser de distinção (*diferente*), oposição (*oposto*), comparação (*maior/menor que*), hierarquia (*inclui, contém*), temporalidade (*antes/depois*), causalidade (*se...então*), espacialidade (*em cima, do lado*) e de perspectiva (*eu/você, aqui/ali, agora/então*; relações que dependam da perspectiva de quem fala). Cada um desses tipos de relações implica um padrão de resposta e derivação de relações específicas (*e.g.*, se A é igual a B, B é igual a A; mas se A é maior que B; B é menor que A).

Já o contexto funcional indica o tipo de propriedade ou característica dos estímulos que está sendo relacionada (p. ex., tamanho, perigo, beleza, valor) e, portanto, que função será transformada. Uma vez que ambos os contextos adquirem controle sobre o responder relacional, o indivíduo é capaz de responder a relações arbitrárias entre estímulos, de derivar novas relações e de responder a estímulos que terão sua função transformada a depender dessas relações arbitrárias. Diz-se então, após uma extensa história de contingências, que o repertório comportamental de um indivíduo agora inclui o tipo de operante estudado pela RFT – o responder relacional arbitrariamente aplicável (RRAA).

Para exemplificar, imagine que você esteja procurando um destino de viagem para as próximas férias e seu amigo afirme que "Salvador é mais bonita que o Rio de Janeiro". Nessa frase, temos dois estímulos: Salvador e Rio de Janeiro. Além disso, existe um contexto relacional de comparação ("mais que") e um contexto funcional de beleza ("bonita"). A partir disso, mesmo sem conhecer Salvador, você é capaz de derivar que ela deve ser mais bonita do que São Paulo (que, em função da sua

história prévia, sabe ser menos bela do que o Rio de Janeiro) e reagir de modo diferente a ela, preferindo viajar para Salvador que para o Rio, por exemplo. Perceba que, caso a frase fosse invertida ("Rio de Janeiro é mais bonito que Salvador"), sua preferência possivelmente mudaria de acordo. Observe ainda que, caso você esteja buscando uma cidade para morar, e não somente para visitar, a frase acima é capaz de não exercer efeito sobre sua escolha. Porém, outra relação, com um contexto funcional diferente que transforme funções mais relevantes para a escolha, sim (*e.g.*, "São Paulo tem mais vagas de emprego que Salvador").

LINGUAGEM E SOFRIMENTO HUMANO

Os fundamentos da RFT, apresentados na seção anterior, possuem implicações importantes para compreender a relação entre a linguagem e o sofrimento psicológico humano. Ao integrar o repertório da pessoa, o RRAA é prontamente favorecido pela comunidade verbal em função de suas vantagens, tanto para a cultura quanto para o indivíduo (Hayes, Barnes-Holmes e Roche, 2001). Afinal, ele permite que a pessoa responda indiretamente ao ambiente, por meio de suas relações com outros estímulos. E, consequentemente, responda a contingências aversivas sem se machucar e a contingências improváveis ou em um futuro distante antes que elas ocorram. Ademais, a derivação permite aumentar drasticamente a curva de aprendizagem a partir do estabelecimento de poucas relações. Portanto, é comum observar cuidadores reforçando diversas respostas relacionais da criança (*e.g.*, "Isso mesmo, antes de atravessar a rua sempre olhe para os dois lados") e, portanto, aumentando a frequência desse comportamento.

Com o tempo, o controle sobre o responder relacional deixa de ser exclusivamente social. A criança passa a se engajar nesse comportamento, porque, por meio da transformação de função, ele permite que ela lide de modo mais efetivo com o mundo ao seu redor (*e.g.*, "Antes de atravessar a rua sempre olhe para os dois lados" altera a capacidade da rua de evocar respostas de observação e, consequentemente, evitar acidentes). Nesse contexto socioverbal, o responder relacional é altamente favorecido, ao ponto de a pessoa tornar-se extremamente fluente em estabelecer relações arbitrárias entre estímulos e emitindo esse responder encoberta ou abertamente, pensando e falando, com rapidez impressionante. Desse modo, o indivíduo passa a responder ao seu ambiente cada vez mais indiretamente, com base nas relações verbais aprendidas e derivadas.

Porém, apesar das vantagens decorrentes desse processo, ele também pode acarretar sofrimento psicológico. Em primeiro lugar, o caráter indireto do responder relacional pode diminuir a sensibilidade do indivíduo às contingências (Villatte, Villatte e Hayes, 2016). Para ilustrar, retomemos o exemplo do Marcos. Ao olhar para a história de vida dele, é nítido que o pensamento "Se eu mostrar meus sentimentos para as pessoas, elas vão me julgar" é produto das contingências de punição social. O relato de Marcos também indica que, ao ter esse pensamento, sua probabilidade de se expor a situações de vulnerabilidade interpessoal, que já era baixa, torna-se ainda menor. Portanto, é mais provável que ele adote uma postura fechada durante a interação ou, ainda, evite o contato social. Ambas as respostas permitem que ele se esquive com sucesso de eventuais punições sociais, fortalecendo não somente a resposta de esquiva/fuga como também a resposta verbal (i.e., o pensar) e a transformação de função decorrente. Caso esse padrão continue, Marcos permanecerá respondendo predominantemente ao mundo verbalmente construído, na qual interações sociais são eventos a serem temidos e evitados.

O problema é que as relações verbais estabelecidas não necessariamente refletem as contingências sociais em que Marcos está inserido: seus amigos podem se mostrar muito acolhedores no momento em que ele expressar seus sentimentos. Entretanto, ao fugir rigidamente (i.e., frequentemente, em muitos contextos) dessas situações, ele pode nunca entrar em contato com essa contingência – no caso, com o acolhimento dos amigos. E, mesmo que ele tenha essa experiência de acolhimento em determinado momento, a transformação de função por relações verbais pode ser tão forte que impeça que esse contato com as contingências altere a função aversiva de expor os sentimentos. A breve experiência de conexão social é muito menos impactante do que a longa história de contingências verbais envolvendo julgamento. Consequentemente, a probabilidade de ele ser influenciado pela nova contingência e modificar seu padrão de resposta, se expondo a pessoas que irão acolhê-lo, é baixa.

Além da insensibilidade, outro problema decorrente do responder relacional é a expansão do escopo de estimulação aversiva existente (Villatte, Villatte e Hayes, 2016). Ao ser punido após expressar suas emoções, os efeitos dessa consequência poderão ser generalizados para muitos outros estímulos por meio de relações arbitrárias. Assim, outras pessoas, situações, as respostas de Marcos (como a expressão emocional e a ansiedade) e até a própria como pessoa como um todo (i.e., o "Eu") podem adquirir função aversiva para ele. Ademais, durante uma interação social agradável, Marcos pode relembrar situações passadas na qual foi punido ao se expor ou imaginar consequências futuras aversivas que podem ocorrer caso o faça, experienciando esses eventos como se eles estivessem ocorrendo agora. Assim, ele traz o sofrimento decorrente dessas situações para o presente verbalmente e, portanto, sente ansiedade no aqui e agora. Em conjunto, esses processos garantem que a aversividade estará cada vez mais presente na vida de Marcos, inclusive em situações seguras e em seu próprio comportamento.

Diante de estímulos aversivos, é comum que as pessoas tentem modificar a situação emitindo respostas de fuga, esquiva ou contracontrole. Quando esses eventos aversivos são as próprias respostas privadas do indivíduo (pensamentos, sentimentos, memórias), é comum que a pessoa tente alterar sua forma, frequência ou intensidade. Esse comportamento é denominado esquiva experiencial (Hayes, Strosahl e Wilson, 2012). No caso de Marcos, ele pode fazer isso evitando a situação que gera ansiedade, não saindo com seus amigos; ou anestesiando seus sentidos temporariamente, inclusive a sensação de ansiedade, ao consumir algum tipo de droga. Porém, apesar de a esquiva experiencial ser uma prática favorecida pela cultura e frequentemente efetiva em curto prazo, quando adotada de forma rígida (i.e., em todos os contextos, indiscriminadamente), acarreta problemas ao indivíduo. Isso porque ela comumente se mostra ineficaz em longo prazo: o sentimento de ansiedade de Marcos retornará na próxima possibilidade de interação social. E, mesmo quando o indivíduo é bem-sucedido na esquiva experiencial, o custo dela costuma ser muito alto. Para fugir da ansiedade, Marcos deverá estar constantemente preocupado em monitorar sua experiência psicológica à procura dela, reduzindo sua capacidade de focar na interação social conforme ela ocorre. Ele também deverá restringir o escopo de ações possíveis, limitando seu repertório ao afastamento social e abuso de substâncias, prejudicando sua capacidade de se conectar com outras pessoas. Desse modo, a linguagem acaba por tornar o sofrimento psicológico inevitável (Hayes, Strosahl e Wilson, 2012).

MODELO TERAPÊUTICO E RACIOCÍNIO CLÍNICO

A seção anterior ofereceu uma breve análise funcional, informada pela RFT, de como o comportamento verbal pode contribuir para o desenvolvimento e a manutenção de problemas psicológicos. A proposta da ACT deve ser compreendida no contexto desse cenário. Apesar de existirem outros modos de apresentar o modelo da ACT (como o Hexaflex e a Matriz), o formato adotado neste capítulo foi selecionado por favorecer a conexão entre as implicações da RFT para a psicopatologia e para a intervenção; e entre cada componente do pacote terapêutico em um todo coerente.

É fundamental ressaltar que o raciocínio do terapeuta deve ser analítico-funcional. Em outras palavras, a utilização de qualquer intervenção deve ser uma escolha feita com base na análise funcional do caso (Bach e Moran, 2008), que indicará quais repertórios devem ser o foco do trabalho terapêutico com aquele cliente específico e quais os processos comportamentais que permitirão o desenvolvimento do repertório em questão. Sem a análise funcional, a ACT torna-se um conjunto de técnicas descontextualizadas, impossíveis de ser empregadas de modo flexível e ideográfico para cada caso.

O modo como o repertório é desenvolvido em sessão também está relacionado ao modo como a RFT entende a linguagem. Na ACT, o papel de intervenções voltadas para discutir e interpretar os problemas trazidos pelo cliente é minimizado (Hayes, Strosahl e Wilson, 2012). Afinal, discutir como o controle verbal diminui a sensibilidade ao ambiente pode levar, paradoxalmente, a aumentar o controle verbal, impedindo a mudança clínica almejada. Assim, as intervenções da ACT são, em sua grande maioria, experienciais e metafóricas. Em outras palavras, elas favorecem o contato com as contingências relevantes e a oportunidade de emissão de respostas alternativas, e fazem uso de linguagem não literal, como metáforas, que reduzem a probabilidade dos problemas ocasionados pela linguagem do dia a dia, buscando, assim, atingir o que seria um dos principais objetivos da ACT: diminuir a governança verbal quando essa se mostra ineficaz ou produtora de maior sofrimento.

VALORES: ESCOLHENDO A DIREÇÃO DA TERAPIA

Qual a importância dentro do modelo terapêutico?

A perspectiva da inevitabilidade do sofrimento humano demanda uma mudança no modo de pensar a psicoterapia. Mais especificamente, no modo de pensar os objetivos terapêuticos. Se a vida humana é baseada tanto na alegria, na satisfação e no prazer quanto na amargura, no temor e na irritação, faz sentido buscar eliminar a todo custo a tristeza, a ansiedade, a raiva, os pensamentos obsessivos, a ideação suicida? E basear o sucesso ou fracasso terapêutico na eliminação desses sintomas?

Caso a resposta seja não, é necessário esboçar uma alternativa. Afinal, deve haver critérios para que terapeuta e cliente possam, em conjunto, direcionar o rumo da terapia e avaliar os progressos feitos no processo, e não ficar à deriva. Influenciada pelas psicoterapias humanistas, a alternativa proposta pela ACT é que esses critérios sejam os valores do cliente. Dessa forma, ainda que a vida não seja composta somente por momentos de felicidade, ela pode ser repleta de satisfação pessoal e significado (Hayes, Strosahl e Wilson, 2012).

SEÇÃO II — PSICOLOGIA COMPORTAMENTAL

É importante notar que todas as outras intervenções da ACT só fazem sentido no contexto dos valores do cliente. Afinal, algumas delas envolvem que o indivíduo entre em contato com eventos encobertos dolorosos; outras que ele se engaje em atividades com um alto custo de resposta. Sem valores que deem significado a essa árdua caminhada no processo terapêutico, essas intervenções tornam-se técnicas descontextualizadas, que promovem sofrimento psicológico sem favorecer uma vida que valha a pena ser vivida.

Como definir conceitualmente?

Mas como compreender "valores", um termo carregado de bagagem do senso comum e de outras tradições psicológicas, na perspectiva analítico-comportamental? Antes de tudo, valores são descrições verbais de reforçadores. Em outras palavras, são consequências desejadas, verbalmente construídas. Ainda que um dos principais focos da ACT seja minar o controle verbal excessivo, ineficaz, visa também construir um controle verbal alternativo, que leve o cliente a viver perseguindo uma direção valorada por ele (Hayes, Strosahl e Wilson, 2012).

Nem todos os reforçadores podem ser tidos como valores. Para ser considerado um valor, capaz de direcionar o processo terapêutico, uma descrição verbal deve obedecer a outros três critérios. Em primeiro lugar, ela deve descrever um reforçador positivo. Apesar do papel central do reforçamento negativo na vida humana, o objetivo de utilizar os valores do cliente para direcionar a terapia é construir uma vida que valha a pena ser vivida, e não uma vida isenta de sofrimento. E se enfatizássemos a fuga e a esquiva de estímulos aversivos, estaríamos mais alinhados com a segunda perspectiva (Plumb *et al.*, 2009). No caso de Marcos, isso impede que "não sentir ansiedade ao interagir com outras pessoas" seja adotado como um valor.

Em segundo lugar, o reforçador positivo descrito deve decorrer naturalmente do engajamento constante em um padrão de ação amplo. Isso significa que um valor nunca é plenamente alcançado (Plumb *et al.*, 2009). Ao contrário, o indivíduo deve continuamente realizar ações específicas que contribuam para trazer e manter esse reforçador em sua vida; não o fazer implica um distanciamento de seus valores. Dessa forma, valores se diferenciam de objetivos, que podem ser atingidos. E embora alcançar objetivos específicos esteja relacionado aos valores pessoais, eles não são valores em si. Assim, caso Marcos afirme valorizar "relações íntimas", ele deve constantemente engajar-se em ações que construam uma relação com essa qualidade (*e.g.*, escutar e compreender os amigos; compartilhar aspectos pessoais com eles; ajudá-los em momentos de necessidade) para estar vivendo de acordo com seu valor. Ao adotar atitudes de distanciamento, sua sintonia com o valor de intimidade automaticamente diminui.

Em terceiro lugar, a expressão de valores não deve ser um comportamento controlado exclusivamente por consequências sociais. Isso significa que Marcos não deve afirmar valorizar intimidade porque as pessoas próximas dele valorizam isso, porque é socialmente esperado que ele o faça ou porque o terapeuta acredita que isso seria o melhor para o cliente; mas sim porque as consequências naturais do contato íntimo são reforçadoras para ele (Plumb *et al.*, 2009).

Como fazer na prática?

Considerando que os valores são produtos de uma escolha do cliente, o primeiro passo da clarificação deles é simplesmente perguntar-lhe diretamente o que é importante para ele. Para fa-

cilitar a compreensão do que está sendo pedido, algumas metáforas podem ser empregadas. Frequentemente, a figura de uma bússola é utilizada para ilustrar uma vida baseada nos valores pessoais, na qual estamos sempre caminhando na direção escolhida (*e.g.*, norte). A metáfora da bússola também ilustra o que não são valores: rotas de fuga (nunca andamos para fugir do sul, mas sim para nos aproximar do norte) e objetivos (nunca alcançamos um lugar específico denominado "norte"). Apesar de compreenderem o significado de valores, muitos clientes ainda terão dificuldade em responder a essa pergunta por causa de algumas barreiras comuns.

De um lado, o cliente pode não estar sensível aos seus valores pessoais, sendo incapaz de discriminá-los quando perguntado. É possível que ninguém, inclusive ele próprio, lhe tenha perguntado o que é importante para ele. Nessa situação, o terapeuta pode induzir o cliente a relembrar e reviver em sessão alguns momentos nos quais ele teve sensações de vitalidade e propósito, usualmente associadas a situações onde valores estão presentes. E, durante esse exercício experiencial, observar a demonstração desses sentimentos em sessão, que indicam que o cliente está de fato entrando em contato com aquilo que é importante para si.

Do outro lado, a dificuldade do cliente pode advir do fato de que sua expressão de valores está sob controle de contingências aversivas e/ou sociais. Nesse caso, o terapeuta pode auxiliar o cliente eliminando verbalmente essas barreiras na interação. Suponha um cliente que, quando questionado sobre seus valores, afirme: "Quero parar de sentir ansiedade". O terapeuta pode remover a ansiedade da equação, momentaneamente, com outra pergunta como "O que você faria se não sentisse tanta ansiedade?".

Caso as contingências aversivas estejam muito fortes no momento, o cliente pode não ser capaz de responder nada além da vontade de eliminar a ansiedade. Nessa situação, o terapeuta pode alterar a perspectiva temporal, pedindo que o cliente imagine, o mais vividamente possível o que era importante para ele no passado, antes desse sentimento predominar, ou como ele gostaria de ser lembrado em seu funeral, por exemplo.

ACEITAÇÃO: RENUNCIANDO À LUTA COM SI PRÓPRIO

Qual a importância dentro do modelo terapêutico?

Uma vez que os valores do cliente foram clarificados e, consequentemente, a direção da terapia foi escolhida, é necessário percorrer esse caminho. Durante esse trajeto, é natural que surjam eventos privados desagradáveis. Afinal, ao escolher uma vida baseada em relações íntimas, Marcos necessita se comprometer a engajar-se em ações com alto custo de resposta e que podem não surtir o efeito desejado, como se expor a situações de vulnerabilidade interpessoal. Situações que, portanto, podem trazer consigo sentimentos e cognições difíceis de lidar, como a ansiedade e pensamentos de fracasso. O modo como ele responde a esses eventos privados pode favorecer o engajamento nessas ações valorizadas ou, pelo contrário, atuar como uma barreira, impedindo-o de se aproximar de seu valor e construir relações significativas.

Como mencionado anteriormente, um desses obstáculos possíveis é a luta em que o indivíduo se engaja com seus próprios eventos privados na tentativa de mudar sua forma, frequência ou intensidade: a esquiva experiencial. Além de ser ineficaz em longo prazo, a esquiva experiencial geralmente acarreta um custo muito alto para a pessoa. Nesse contexto, a aceitação surge como uma alternativa à esquiva experiencial e seus efeitos deletérios. Ela envolve uma mudança de postura do cliente em relação à sua experiência psicológica: em vez de se fechar para ela por meio da evitação e de tentativas de controle, ele se abre para seus sentimentos, pensamentos, memórias e sensações, estando disposto a entrar em contato com eles e a vivenciá-los conforme ocorrem.

Como definir conceitualmente?

A mudança de postura mencionada acima significa dizer que aqueles eventos privados que costumavam evocar respostas de fuga, esquiva e/ou contracontrole agora passam a evocar respostas alternativas de aproximação (Cordova, 2001). Isso implica que esses estímulos tiveram sua função alterada, de forma que agora são capazes de evocar um repertório alternativo, composto por respostas de observação, descrição e validação, mais prováveis de serem reforçadas positivamente em longo prazo. No caso de Marcos, a aceitação envolve permitir que a ansiedade e as preocupações surjam durante a interação com outras pessoas sem lutar contra elas, identificando-as conforme ocorrem, compreendendo-as como respostas naturais dada a sua história de vida e a situação em que ele se encontra no momento e se engajando em interações sociais ainda que na presença desses encobertos.

Como fazer na prática?

O desenvolvimento da aceitação pode ser uma tarefa bastante difícil, uma vez que ela é contrária a uma prática amplamente sustentada pela cultura. Além disso, as tentativas de alterar ou interromper eventos privados aversivos se mostraram eficazes a curto prazo, na própria experiência do cliente. Portanto, muitas vezes será necessário que o terapeuta crie um contexto em sessão que aumente a sensibilidade do cliente ao custo dessa estratégia e sua efetividade em longo prazo, deixando-o mais receptivo a formas alternativas de responder aos seus eventos privados. Em outras palavras, realize em conjunto com o cliente, uma análise funcional de suas respostas de esquiva experiencial.

Esse contexto construído em sessão é chamado de desesperança criativa. Durante esse processo, a postura adotada pelo terapeuta é de extrema importância. Em primeiro lugar, o terapeuta deve guiar o cliente a se atentar às consequências de suas tentativas de controle e evitação, mas permitir que ele responda sobre a efetividade e os custos delas com base na sua própria experiência. Essa postura evita um embate racional entre a visão do terapeuta e do cliente sobre a melhor forma de lidar com os eventos privados e enfatiza a funcionalidade de suas ações (isto é, se elas contribuem ou não para o cliente atingir seus valores).

Em segundo lugar, o terapeuta deve ser muito empático durante o processo, uma vez que para diversos clientes será muito doloroso compreender as consequências de seu padrão rígido de esquiva experiencial e será muito fácil que eles adotem uma postura fatalista e autodepreciativa (*e.g.*, "Então nada do que faço dá certo. Eu sou um fracasso"). Ao acolher a dor e enfatizar o fracasso da estratégia adotada, e não do cliente como pessoa, o terapeuta pode tornar a desesperança criativa um momento extremamente humano, de aproximação empática entre terapeuta e cliente, e poderoso para a mudança clínica, ao deixar o cliente mais propenso a tentar outras estratégias para lidar com seus eventos privados.

Para consolidar os aprendizados durante a desesperança criativa, algumas metáforas e pequenos exercícios podem ser empregados. Pare alguns segundos e pense na sua comida favorita, tentando imaginá-la. Agora tente, a todo custo, suprimir e não pensar nela. Não imaginar sua aparência, não sentir seu cheiro, nem saborear seu gosto. Esse rápido exercício, que pode ser utilizado com os clientes, enfatiza a ineficácia da esquiva experiencial: a maioria das pessoas não consegue suprimir o alimento com sucesso, e os que são bem-sucedidos direcionam toda sua atenção e energia para a supressão, impedindo-os de fazer qualquer outra coisa além de suprimir.

Outras intervenções podem ser utilizadas para salientar o alto custo do controle e da evitação. Entre elas está a metáfora do convidado indesejado. O terapeuta pede que o cliente imagine a seguinte situação: ele está organizando uma festa em casa e convidou todas as pessoas mais importantes da vida dele. A festa está indo muito bem e todos estão se divertindo. Até que uma pessoa da qual o cliente não gosta chega à festa sem ser convidada. Não só ela não foi convidada, como também é uma péssima visita: incomoda os convidados, suja a casa, quebra objetos e se recusa a ir embora. Diante desse cenário, o cliente tem duas opções. De um lado, focar sua atenção no convidado indesejado e tentar controlar aonde ele vai e o que ele faz, na tentativa de impedir que ele cause maiores danos e, se conseguir, expulsá-lo da festa. Mas ao fazê-lo, ele negligencia os demais convidados e não aproveita a festa; e mesmo que consiga expulsá-lo, terá que ficar próximo da porta para garantir que ele não retorne. Do outro lado, o cliente tem a opção de focar sua atenção nos seus entes queridos e aproveitar a festa, ainda que isso signifique permitir que o convidado indesejado permaneça nela.

A metáfora do convidado indesejado também traz consigo uma postura alternativa ao controle: desistir da luta e estar disposto a entrar em contato com seus eventos privados, inclusive os mais desagradáveis. Essa noção será contraintuitiva e até pavorosa para muitos clientes, mesmo para aqueles sensíveis aos custos e à ineficácia do controle e da evitação. Afinal, eventos privados desagradáveis ainda possuem uma função aversiva muito forte. O processo de validação (Linehan, 1997) pode contribuir para alterar isso. Ao comunicar para o cliente que a resposta dele é natural e compreensível dentro do contexto de sua história de vida e das condições atuais, o terapeuta demonstra aceitar o cliente como ele é e, com isso, altera as relações verbais existentes ao redor dos eventos privados. De um lado, ele minimiza as relações de coordenação com juízos de valores (p. ex., raiva é ruim). Do outro lado, ele favorece relações de causalidade entre a resposta do cliente e eventos ambientais (p. ex., rejeição causa raiva), e de inclusão entre a resposta do cliente e características compartilhadas pela humanidade (p. ex., raiva é uma resposta natural à rejeição). Ademais, ao se engajar em validação durante a sessão, o terapeuta oferece um modelo para o cliente, favorecendo que ele comece a validar a si mesmo (Linehan, 1997).

Tanto a sensibilidade às consequências em longo prazo da esquiva experiencial quanto a validação podem contribuir para que o indivíduo responda de outro modo a seus eventos privados. O contexto de terapia é ideal para que o cliente comece a responder de forma diferente, uma vez que é um lugar mais seguro e no qual o terapeuta pode auxiliá-lo no processo. Com isso em mente, o terapeuta pode utilizar o raciocínio clínico da Psicoterapia Analítica Funcional (FAP) e favorecer a disposição ao evocar respostas de observação e descrição de eventos privados em sessão, bloquear tentativas de controle e evitação, e consequenciar a aceitação do cliente (Callaghan *et al.*, 2004).

SEÇÃO II — PSICOLOGIA COMPORTAMENTAL

DESFUSÃO COGNITIVA: REDUZINDO O IMPACTO VERBAL

Qual a importância dentro do modelo terapêutico?

Outro obstáculo comum entre o cliente e uma vida baseada em seus valores é derivado da implicação da RFT de que a dominância verbal leva as pessoas a responderem a uma grande parte dos estímulos em função de suas relações verbais com outros estímulos. E, apesar de não ser necessariamente ruim, isso se torna prejudicial quando acarreta padrões de comportamento insensíveis ao contexto atual e desconectados de seus valores pessoais. Esse é o caso quando a probabilidade de Marcos se engajar em ações que favoreçam intimidade é ainda mais reduzida após o pensamento: "Se eu falar o que sinto, eles vão rir de mim".

Diante desse cenário, a desfusão cognitiva surge como uma opção de intervenção. Diferentemente da reestruturação cognitiva, seu objetivo não é modificar o conteúdo das cognições do cliente, mas sim o impacto delas. Em outras palavras, a desfusão cognitiva almeja que o cliente permita que seus pensamentos ocorram naturalmente, inclusive aqueles tidos como "irracionais" ou difíceis de lidar, mas que ele também impeça que esses pensamentos, quando ocorrerem, influenciem o seu comportamento a ponto de afastar o cliente de seus valores. No exemplo de Marcos, isso envolve que, ainda que ele tenha o pensamento "Se eu falar o que sinto, eles vão rir de mim", ele possa agir de acordo com os seus valores, interagindo com os seus amigos e criando laços significativos.

Por último, é importante ressaltar que desfusão cognitiva e aceitação estão intimamente conectadas dentro do modelo terapêutico. Ambos constituem modos alternativos de responder aos próprios eventos privados. De um lado, estar disposto a entrar em contato com os eventos privados é necessário para que seja possível reduzir o impacto dos pensamentos. Do outro lado, diminuir a força dos pensamentos torna menos difícil se aproximar deles com uma postura aberta.

Como definir conceitualmente?

No exemplo acima, a resposta relacional "Se eu falar o que sinto, eles vão rir de mim" estabelece uma relação causal entre expressão e humilhação. A influência desse pensamento sobre outros comportamentos do cliente está diretamente relacionada à sua capacidade de transformar o ato de falar em um estímulo aversivo, gerando respostas de ansiedade e esquiva.Uma vez que a transformação de função do responder relacional é controlada pelo contexto funcional, alterações contextuais podem interromper esse processo sem afetar a relação estabelecida entre os estímulos (Blackledge, 2007). No caso, diminuir a transformação de função entre os estímulos "humilhação" e "expressão" sem alterar a relação de causalidade formada ao estabelecer um novo contexto. Então, respostas alternativas ao conteúdo do pensamento, mais compatíveis com a construção de relações de intimidade, podem ser favorecidas mais facilmente.

Como fazer na prática?

O trabalho de aceitação promove um contexto favorável para a desfusão cognitiva. Ao abdicar da luta com seus eventos privados, o indivíduo está mais apto a entrar em contato com seus pensamentos, observando-os e descrevendo-os. Além disso, ao ser capaz de validar suas próprias cognições, o cliente as entende como reações naturais dentro de sua história de vida e

situação presente, e não como ocorrências do acaso ou produtos de ações voluntárias.

A familiarização com o processo de pensar, iniciada com a observação, descrição e validação de seus pensamentos, é aumentada quando o cliente é capaz de identificar elementos do pensar e como eles se repetem em padrões previsíveis ao longo de sua vida. Seja pelo tipo de cognição (avaliação, julgamento, racionalização, comparação) ou pelo seu conteúdo (fatalismo, preocupação, ruminação, autodepreciação). Ao sinalizar esses padrões, de modo empático e validante, conforme eles ocorrem na fala do cliente, o terapeuta aumenta a probabilidade de o cliente também se atentar a eles.

Ao ser capaz de compreender seus próprios pensamentos como eventos dinâmicos, porém fruto de contingências históricas e atuais, o cliente está mais apto a verbalmente recontextualizar o pensar de diferentes modos. E, ao fazê-lo, reduzir a transformação de função resultante dessas relações verbais (Blackledge, 2007).

Em primeiro lugar, ele pode estabelecer uma relação de hierarquia entre o Eu e os seus eventos privados (Törneke *et al.*, 2016). Isso significa dizer que sensações, sentimentos e pensamentos fazem parte de quem a pessoa é, ainda que ela não possa ser reduzida a essas experiências. Para esse fim, são utilizados exercícios experienciais que permitem ao cliente observar a multiplicidade de experiências psicológicas e sua dinâmica ao longo do tempo, e contrastá-las a uma perspectiva única a partir da qual esses eventos são experienciados. Ou também o emprego do prefixo "Estou tendo um pensamento de que..." antes de cognições específicas. Por exemplo, transformando a frase "Eu sou um fracasso" em "Eu estou tendo um pensamento de que sou um fracasso".

Em segundo lugar, o cliente pode ser levado a construir verbalmente uma distância espacial entre si e seus pensamentos. Seres humanos têm tendência a ser mais afetados por eventos que acontecem próximos a eles do que por aqueles distantes em espaço e tempo. Qual o impacto de uma tragédia que ocorreu há 50 anos em outro continente em comparação com uma similar em magnitude, porém que aconteceu ontem, ao nosso lado? Essa tendência a desvalorizar eventos espacialmente distantes pode ser usada para reduzir o impacto de pensamentos. Na ACT, isso é feito por meio de exercícios que transformam os pensamentos do cliente em objetos físicos, separados do indivíduo. Seja ao compará-los a folhas que caem em um rio e seguem o fluxo da correnteza; ou ao pedir que o cliente selecione um pensamento e descreva seu tamanho, formato, peso, cor, textura e outras propriedades físicas atribuídas por ele.

Em terceiro lugar, cliente e terapeuta podem contextualizar o emissor das relações verbais. Essa é uma prática comum nas relações interpessoais. Ao estabelecer o falante como alguém honesto/mentiroso, inteligente/burro, bom caráter/mal-intencionado; são/senil, o impacto de sua fala é modulado: suas palavras adquirem maior ou menor capacidade de influenciar o comportamento do ouvinte. No âmbito intrapessoal, essa prática é mais rara; porém, o processo comportamental é similar. Contextualizar o cliente como alguém capaz de elaborar uma narrativa coerente, porém arbitrária, criativa e enviesada (análogo a um roteirista de histórias), é capaz de reduzir o impacto de seus próprios pensamentos. Apontar essas características no fluxo de pensamentos do cliente e incentivá-lo a fazer o mesmo contribuirá para tornar essa analogia fundada na experiência do cliente e, portanto, mais poderosa.

Uma vez que o indivíduo recontextualiza seus pensamentos como parte de quem ele é, espacialmente distantes, ou produtos de um emissor particular, a influência dessas cognições no comportamento diminui. De modo que é mais fácil que ele se engaje em ações que não condizem com o conteúdo de seus pensamentos e tenha suas respostas reforçadas ao fazê-lo. Alguns exercícios são utilizados para propiciar essa experiência de incongruência entre ação e pensamento em sessão. Alguns deles são mais estruturados e envolvem, por exemplo, pedir para o cliente pensar e acreditar com todas suas forças que é incapaz de fazer determinada ação física; e em seguida realizá-la. Outras se aproveitam de pensamentos trazidos pelo cliente durante a interação terapêutica (*e.g.*, "Não consigo mais falar deste assunto") para evocar e consequenciar respostas diferentes (*e.g.*, continuar a conversar sobre o assunto difícil).

AQUI E AGORA: SENSÍVEL ÀS CONTINGÊNCIAS PRESENTES NO MOMENTO

Qual a importância dentro do modelo terapêutico?

Como apontado anteriormente, um dos problemas gerados pelo controle verbal é que, ao responder indiretamente ao ambiente, a pessoa pode tornar-se pouco sensível a alguns aspectos dele. E, em algumas situações, esses elementos podem ser extremamente importantes para que o indivíduo responda de forma coerente com o contexto presente e de acordo com seus valores pessoais.

No caso de Marcos, o pensamento "Se eu falar o que sinto, eles vão rir de mim" é capaz de aumentar sua sensibilidade a pequenos sinais de julgamento e crítica dos outros, tornando mais provável que ele fuja do contato social ou, pelo menos, de situações de vulnerabilidade. Paralelamente, o foco no próprio pensar e em possíveis ameaças do outro diminui sua sensibilidade à sua experiência psicológica (*e.g.*, preocupação, ansiedade, memórias de humilhações passadas), impedindo que ele seja capaz de empregar as habilidades intrapessoais aprendidas durante o trabalho de aceitação e desfusão cognitiva. Ela também impede que Marcos esteja centrado na interação social, reduzindo a probabilidade de ele perceber possíveis demonstrações de abertura e acolhimento do outro, e de utilizar seu repertório social adequadamente. No final, Marcos dificilmente tomará atitudes em sintonia com o que está ocorrendo no momento e de acordo com seus valores, com respostas de aproximação ao outro. Nesse caso, o controle verbal acaba por limitar o escopo de ações que aproximariam o cliente de seus valores.

Em tal cenário, a desfusão cognitiva pode ser utilizada para reduzir o controle verbal, diminuindo o impacto desse pensamento no comportamento de Marcos. Entretanto, o comportamento não deixa de ser controlado pelas contingências: ao reduzir uma fonte de influência, outra surgirá para controlar o comportamento. Ao favorecer que Marcos seja capaz de expandir sua atenção para diversos eventos presentes no momento (como sinais de interesse do outro), é mais provável que seu comportamento seja controlado pelas contingências em vigor. Consequentemente, suas respostas serão mais sensíveis ao contexto atual, com maior probabilidade de emissão de serem efetivas e estarem em sintonia com seus valores pessoais.

Como definir conceitualmente?

Estar em contato com o momento presente implica alterar o controle de estímulos. Em primeiro lugar, isso é feito por meio da expansão da atenção do cliente para outros eventos ambientais e novas propriedades de estímulos que, apesar de estarem presentes no ambiente, não estavam influenciando o comportamento do cliente previamente. Especialmente relevante são aquelas funções de estímulos que não foram verbalmente adquiridas.

Entretanto, não é suficiente adotar uma postura centrada; é importante permanecer nela. A fluência da pessoa em estabelecer relações entre estímulos continuará a redirecionar a atenção dela para aspectos do ambiente que tiveram sua função transformada verbalmente: avaliar, comparar e justificar o mundo ao seu redor. E, com isso, aumentar a probabilidade de tomar atitudes em desacordo com seus valores pessoais. Portanto, nessa situação, é importante que o indivíduo consiga novamente redirecionar sua atenção para o contexto atual.

Como fazer na prática?

Devido à tendência de as relações verbais dominarem e exercerem influência de forma a limitar o repertório do cliente, permanecer centrado no momento, sensível ao contexto atual, é uma habilidade que requer muita prática. Porém, existe um vasto número de eventos e propriedades em cada dado momento, permitindo oportunidades para treinar essa habilidade em todas as situações vividas.

Esses eventos e propriedades podem estar no ambiente físico externo ao indivíduo. Se você parar a leitura deste capítulo e observar o seu entorno com atenção e curiosidade, com certeza será capaz de notar dez aspectos dele que não havia percebido anteriormente, seja a textura da página do livro, detalhes no formato do objeto ao seu lado, o contorno das sombras desses objetos ou ruídos de fundo que pareciam não existir. Esse mesmo tipo de atividade pode ser feito com o cliente, tanto dentro quanto fora de sessão. Pedir para que ele se atente às propriedades provenientes dos seus cinco sentidos ao observar um objeto específico, desenhar, comer ou cozinhar e as descreva é um bom modo de expandir sua sensibilidade ao contexto atual.

Da mesma forma, o cliente pode ser levado a observar e descrever sua própria experiência conforme ela ocorre no momento. Ela pode incluir sensações físicas (*e.g.*, dor, temperatura, pressão, alongamento, frequência cardíaca, ritmo de respiração), cognições, tendências a ação e movimentos do corpo. Exercícios estruturados de *mindfulness*, que facilitam esse contato com si mesmo, são muito empregados. Neles, o cliente é solicitado a adotar uma postura confortável, muitas vezes de olhos fechados, e observar uma parte específica da sua experiência ou deixar sua atenção flutuante, observando o fluxo dessa experiência. O terapeuta também pede para que, quando ele sentir que está novamente em contato maior com a experiência verbal, observe essa experiência e retorne aos eventos que estão ocorrendo no momento.

Além disso, a relação terapêutica é uma ótima situação para praticar a atenção ao aqui e agora durante uma interação social. Durante a sessão, o terapeuta pode direcionar o cliente a atentar para o seu próprio corpo e para como ele se sente durante momentos específicos da interação. Ou direcionar a atenção dele para a própria figura do terapeuta e suas características físicas, sua postura, seu tom de voz, sua expressão facial, o conteúdo da sua fala.

UNINDO TUDO E PERCORRENDO O CAMINHO

As seções anteriores acompanharam Marcos enquanto ele construiu verbalmente seu valor pessoal de intimidade, que dá

SEÇÃO II — PSICOLOGIA COMPORTAMENTAL

significado à sua vida e direção à sua conduta. Elas também tornaram o seu repertório intrapessoal maior e mais flexível ao ensinar modos alternativos de responder a seus eventos privados, como pensamentos, sentimentos e memórias. De um lado, isso envolveu cessar a luta contra eles, reduzindo a frequência de respostas de fuga, esquiva e contracontrole, e agir de maneira oposta, aproximando-se desses eventos por meio da observação, descrição e validação. Do outro lado, ele aprendeu a observar o processo de pensar como um comportamento, fruto de contingências históricas e atuais, contextualizar o pensar de diversos modos e responder de forma incongruente aos seus pensamentos. Ademais, Marcos também expandiu sua observação a uma gama maior de estímulos e sua sensibilidade a diferentes funções deles, aprendendo a atentar-se e a responder a elementos do ambiente que melhor regularão sua conduta com flexibilidade, de acordo com o contexto presente e seus valores.

Com seus valores clarificados, uma postura aberta em relação aos eventos privados e centrado no contexto presente, resta a Marcos percorrer o caminho para uma vida que valha a pena ser vivida. Isso significa, em primeiro lugar, identificar objetivos e ações que estão relacionados ao valor clarificado. Em seguida, comprometer-se a realizar essas ações. E, por fim, superar os obstáculos que aparecerem no caminho. Nesse processo, as estratégias utilizadas pelo terapeuta ACT são muito semelhantes às adotadas pela Clínica Analítico-Comportamental de modo geral, como exposição, bloqueio de esquiva, reforçamento diferencial, treinamento de habilidades sociais, análise de contingências, entre outras. Portanto, elas não serão discutidas em maior profundidade aqui.

LINHAS DE PESQUISA

Desde o surgimento da ACT, seus proponentes demonstraram preocupação em obter evidências empíricas para sustentar sua proposta terapêutica. Isso é claramente observado no número de ensaios clínicos randomizados realizados. Entre 1986 e 2016, 155 estudos comparando a eficácia da ACT com outros tratamentos ou lista de espera foram concluídos. Apesar de algumas questões metodológicas em alguns desses estudos, o impressionante número acima contribuiu para que a ACT seja atualmente considerada uma psicoterapia baseada em evidências, com forte apoio empírico para dor crônica e apoio moderado para depressão, ansiedade, transtorno obsessivo-compulsivo e psicose (APA Presidential Task Force on Evidence-Based Practice, 2006).

Apesar da importância dos ensaios clínicos randomizados para responder se a ACT funciona como tratamento psicológico, eles não auxiliam a responder outra pergunta, também importante: "Como a ACT funciona?". Para isso, foram realizados outros tipos de pesquisa. Um conjunto delas estudou o efeito de componentes da ACT (como aceitação ou desfusão cognitiva) isolados do restante do pacote terapêutico (Levin *et al.*, 2012). Outro grupo buscou identificar mediadores do tratamento, observando se mudanças em medidas específicas durante o andamento da terapia estavam relacionadas ao resultado final do tratamento. Por fim, um terceiro conjunto de pesquisas buscou identificar o impacto de breves intervenções da ACT em medidas análogas ao sofrimento psicológico relatado pelos clientes (Ruiz, 2010), como dor e esquiva em uma situação de estimulação aversiva (*e.g.*, choques elétricos, frio).

REFERÊNCIAS BIBLIOGRÁFICAS

APA Presidential Task Force on Evidence-Based Practice (2006). Evidence-based practice in psychology. *American Psychologist*, v. 61, p. 271-285.

Bach, P. A.; Moran, D. J. (2008). *ACT in practice: case conceptualization in Acceptance & Commitment Therapy*. Oakland: New Harbinger Publications.

Blackledge, J. T. (2007). Disrupting verbal processes: cognitive defusion in acceptance and commitment therapy and other mindfulness-based psychotherapies. *The Psychological Record*, v. 57, n. 4, p. 555-576.

Callaghan, G. M. et al. (2004). FACT: The utility of an integration of functional analytic psychotherapy and acceptance and commitment therapy to alleviate human suffering. *Psychotherapy: Theory, Research, Practice, Training*, v. 41, n. 3, p. 195-207.

Cordova, J. V. (2001). Acceptance in behavior therapy: understanding the process of change. *The Behavior Analyst*, v. 24, n. 2, p. 213-226.

Hayes, S. C. (1987). A contextual approach to therapeutic change. In: Jacobson, N. (Ed.). *Psychotherapists in clinical practice: cognitive and behavioral perspectives*. New York: Guilford Press. p. 327-387.

Hayes, S. C.; Barnes-Holmes, D.; Roche, B. (Eds.) (2001). *Relational Frame Theory: a post-Skinnerian account of human language and cognition*. New York: Kluwer Academic.

Hayes, S. C.; Strosahl, K. D.; Wilson, K. G. (2012). *Acceptance and Commitment Therapy: The process and practice of mindful change*. 2nd ed. New York: Guilford Press.

Levin, M. E. et al. (2012). The impact of treatment components suggested by the psychological flexibility model: a meta-analysis of laboratory-based component studies. *Behavior Therapy*, v. 43, n. 4, p. 741-756.

Linehan, M. M. (1997). Validation and psychotherapy. In: Bohart, A. C.; Greenberg, L. S. (Eds.). *Empathy reconsidered: new directions in psychotherapy*. Washington: American Psychological Association. p. 353-392.

Plumb, J. C. et al. (2009). In search of meaning: values in modern clinical behavior analysis. *Behavior Analyst*, v. 32, n. 1, p. 85-103.

Ruiz, F. J. (2010). A review of Acceptance and Commitment Therapy (ACT) empirical evidence: correlational, experimental psychopathology, component and outcome studies. *International Journal of Psychology and Psychological Therapy*, v. 10, n. 1, p. 125-162.

Sidman, M. (1994). *Equivalence relations and behavior: a research history*. Boston: Authors Cooperative Inc. Publishers.

Törneke, N. et al. (2016). RFT for clinical practice: three core strategies in understanding and treating human suffering. In: Zettle, R. D. et al. (Eds.). *The Wiley Handbook of Contextual Behavioral Science*. Hoboken: John Wiley & Sons. p. 347-364.

Villatte, M.; Villatte, J. L.; Hayes, S. C. (2016). *Mastering the clinical conversation: language as intervention*. New York: Guilford Press.

LEITURAS RECOMENDADAS

Hayes, S. C.; Strosahl, K. D.; Wilson, K. G. (2012). *Acceptance and Commitment Therapy: The process and practice of mindful change*. 2nd ed. New York: Guilford Press.

Luoma, J. B.; Hayes, S. C.; Walser, R. D. (2007). *Learning ACT: An Acceptance and Commitment Therapy skills-training manual for therapists*. Oakland: New Harbinger.

Perez, W. F. et al. (2013). Introdução à Teoria das Molduras Relacionais (Relational Frame Theory): principais conceitos, achados experimentais e possibilidades de aplicação. *Perspectivas em Análise do Comportamento*, v. 4, n. 1, p. 33-51.

Villatte, M.; Villatte, J. L.; Hayes, S. C. (2016). *Mastering the clinical conversation: language as intervention*. New York: Guilford Press.

Zettle, R. D. et al. (2016). *Wiley handbook of Contextual Behavioral Science*. Hoboken: Wiley-Blackwell.

Terapia comportamental para autismo: análise do comportamento aplicada

Maria Martha Costa Hübner

Marcus Vinícius Alves de Brito Sousa

Márcio Felipe Tardem

Luiza Hübner

A Ciência do Comportamento fundada por Burrhus Frederic Skinner, em 1938, permitiu, no decorrer dos anos, uma ampla gama de aplicações terapêuticas, relevantes ao desenvolvimento do ser humano e com graus variados de distanciamento e proximidade dos fundamentos epistemológicos originais, como apresentado em capítulos anteriores. A aplicação ao autismo, também conhecida como "terapia ABA", do inglês "*Applied Behavior Analysis*", é uma das mais antigas e, atualmente, a maior em número de aplicações no mundo. No congresso anual da "*Association for Behavior Analysis International* (www.abai.international.org), que recebe em torno de 6 mil congressistas todos os anos, considerados analistas do comportamento, acima de 60% dos trabalhos apresentados são voltados à população autista.

O reconhecimento foi tal que os tratamentos baseados em ABA (também denominados "*consequence-based*"), por sua eficácia comprovada, foram escolhidos como o tratamento indicado pelo "*US Surgeon General*" e endossados por muitas associações médicas, como a Academia Americana de Pediatria; nos Estados Unidos, existem leis federais que exigem terapia ABA para que o tratamento para o autismo possa ser financiado pelos cofres públicos (Schneider, 2013).

Do ponto de vista de diagnóstico, um grande avanço na Psiquiatria e na Psicologia foi feito quando se acordou, por meio dos manuais médicos, que o autismo é uma síndrome de origem genética, e não um distúrbio psicológico ou psicótico.

Segundo o *Manual Diagnóstico e Estatístico de Transtornos Mentais* (DSM-V, 2013), o autismo é um transtorno do desenvolvimento que engloba prejuízo em duas áreas: comunicação social e comportamentos "fixos" ou repetitivos. O fato de o autismo se mostrar um transtorno com variedade de comprometimentos faz com que seja caracterizado como um "espectro", fazendo-se referência à gama de variabilidade no comportamento da pessoa. Indivíduos diagnosticados como autistas são referidos como apresentando transtorno do espectro autista (TEA). De modo mais específico, o DSM-V estabelece cinco critérios para a iden-

tificação do TEA: 1) déficits clinicamente significativos e persistentes na comunicação social e nas interações sociais em vários contextos, atuais ou históricos, que podem ser manifestados em falhas na conversação, ao iniciar ou manter interações sociais, dificuldades em fazer amigos e participar de atividades de imaginação; 2) padrões restritos e repetitivos de comportamento, interesses e atividades, atual ou histórico, manifestados por pelo menos duas maneiras seguintes: estereotipia, insistência por rotinas, padrões verbais e não verbais ritualizados, interesses muito restritos e com intensidades anormais, hiper ou hiporreatividade sensorial; 3) os déficits devem estar presentes no início do período de desenvolvimento (mas podem não aparecer até que as demandas sociais ultrapassem as capacidades ao longo da vida); 4) tais déficits devem causar prejuízos sociais, ocupacionais ou em outras áreas importantes de modo significativo; 5) não são melhor explicados por outros critérios diagnósticos.

Em relação à incidência, se tomarmos como base as estimativas dos estudos do Centro para o Controle e Prevenção de Doenças (CDC – sigla inglesa) dos Estados Unidos, há pelo menos 2 milhões de brasileiros que se enquadram nos critérios diagnósticos. A prevalência entre meninos e meninas também é estimada com base em dados internacionais, sendo a proporção de uma menina com TEA para cada quatro meninos. Na realidade brasileira, um estudo realizado em 2011, revelou a existência de 2,7 casos a cada 1.000 nascimentos (Paula *et al.*, 2011). O dado é alarmante se considerarmos o número de profissionais formados para tal e se levarmos em conta as especificidades da terapia ABA e a necessidade de um intenso treinamento e formação de um terapeuta, para a aquisição das habilidades necessárias para a aplicação da terapia comportamental às crianças no espectro autista.

Mesmo concebido como um transtorno de origem genética, entende-se que alterações no autismo podem ser consideradas como uma manifestação fenotípica, isto é, que podem ser moduladas pela interação organismo-ambiente (Almeida-Verdu *et al.*, 2012).

SEÇÃO II — PSICOLOGIA COMPORTAMENTAL

Tal concepção traz consigo algumas implicações: a) as intervenções devem levar em consideração os aspectos comportamentais que se expressam; b) as intervenções devem ser feitas caso a caso; c) a necessidade de modificar o procedimento de intervenção em função da manifestação do comportamento; d) a melhora obtida pelos efeitos da intervenção pode contribuir para definir melhor o tipo de manifestação comportamental.

Na terapia ABA a indivíduos com TEA, os procedimentos derivados dos princípios básicos de comportamento são combinados para a criação de programas de ensino minuciosamente descritos, utilizando etapas graduais de ensino, tais como modelagem de resposta, em que pequenas mudanças na topografia da resposta são sucessivamente reforçadas até que a reposta desejada ocorra, *fading out* de dicas, no qual o terapeuta inicialmente auxilia o estudante de forma intensa e gradualmente vai reduzindo a ajuda até que o estudante emita a resposta de forma independente, e vídeo-modelação, no qual o aluno observa em vídeo um modelo realizando a habilidade a ser ensinada, apenas para citar alguns dos inúmeros procedimentos na terapia ABA, que serão melhor descritos adiante.

Os procedimentos em terapia ABA permitem a criação de programas de ensino para diversos comportamentos, tais como: comunicação vocal e não vocal, leitura, habilidades matemáticas, autocontrole, entre outros. Na terapia ABA as tarefas mais simples são ensinadas como pré-requisitos. Os passos continuam a ser repetidos até que o estudante possa realizá-los sem ajuda, tornando-se pronto para aprender habilidades mais complexas. Esse tipo de ensino contínuo e em pequenos passos produz um ritmo acelerado de aprendizagem e resultados geralmente rápidos.

A especificação de tais passos e o início de sua ampla divulgação teve início com o estudo de Lovaas (*apud* Schneider, 2013). Foram estudadas 19 crianças de 4 a 5 anos, diagnosticadas com autismo. Parte dessas crianças foi submetida a 40 horas de atendimento (hoje conhecido como tratamento precoce intensivo) em terapia ABA. Dois anos depois, o QI dessas crianças havia aumentado 20 pontos, em média, chegando próximo ao normal; nove dessas crianças aumentaram em 30 pontos, ficando acima do normal e foram inseridas em sala de aula regular. Crianças com o mesmo diagnóstico que não foram submetidas ao tratamento intensivo não apresentaram melhoras e o QI ficou em torno de 50 (o normal é considerado 85). As crianças submetidas ao tratamento, quando tinham entre 11 e 14 anos de idade, continuavam bem, incluídas na escola e sociedade e com comportamentos considerados típicos.

Tal estudo foi amplamente divulgado para pais, em um livro que se tornou líder de vendas nos EUA, escrito por Catherine Maurice, mãe de autistas, intitulado *Let me hear your voice*. Nesse livro, ela destaca o trabalho feito por Lovaas com seus filhos após uma longa jornada em busca de tratamentos eficazes.

Além disso, a terapia ABA[1] é considerada uma das únicas terapias baseada em evidências científicas para a população autista. Como um exemplo dessa sustentabilidade empírica, temos 400 estudos publicados em periódicos da área (p. ex., *Journal of Applied Behavior Analysis*,) sobre os graves comportamentos autolesivos em autistas e que revelam que procedimentos "*consequence-based*" ou "*behavior oriented*" foram eficazes em reduzir tais comportamentos e em ensinar comportamentos alternativos adaptativos.

A terapia fundamentada em Análise do Comportamento Aplicada segue critérios básicos. Em 1968, Baer, Wolf e Risley descreveram sete critérios básicos que uma intervenção ABA deve cumprir, critérios esses reafirmados em 1987. São eles:

1) *Aplicada*: a terapia ABA tem o compromisso de produzir conhecimentos para a melhoria em comportamentos que tenham relevância social para os envolvidos (os participantes de pesquisa e os clientes/pacientes). Não é aceitável que se procure mudar comportamentos que não tenham função e significado na vida do indivíduo;

2) *Comportamental*: foca no comportamento em si como alvo para mudança (e não em algo <u>sobre</u> o comportamento); o comportamento é observado e mensurado; na terapia ABA medem-se diretamente os comportamentos, e não apenas o que se diz sobre eles. Embora entrevistas com pais e questionários sejam empregados como parte da fase de avaliação (descrita adiante), o ponto central da terapia ABA é observar continuamente o comportamento do cliente;

3) *Analítica*: busca identificar relações funcionais entre eventos manipulados (intervenções) e mudanças observadas no comportamento-alvo. Identifica tais relações pela observação e mensuração da contingência tríplice. A análise funcional é um instrumento essencial do Analista do Comportamento Aplicado. A relação entre os procedimentos aplicados e os resultados obtidos precisam estar claros e demonstrados por meio da coleta de dados e das intervenções comportamentais;

4) *Tecnológica*: procedimentos são definidos de modo completo e preciso, para permitir a replicação direta ou sistemática por diferentes terapeutas e até pelos pais (como será visto adiante, em geral a criança com TEA é atendida por equipes);

5) *Conceitualmente sistemática*: procedimentos devem ser baseados e descritos em termos dos princípios básicos do comportamento. Evitam-se neologismos e todos os termos têm fundamentação empírica, via as pesquisas realizadas na área;

6) *Efetiva*: mudanças no comportamento devem ser significativas para os participantes envolvidos, ter baixo custo em relação aos benefícios e ser eficazes. Em 1987, os autores aumentaram a exigência – as mudanças têm que ser <u>notáveis</u> na vida do indivíduo, que sejam <u>críticas</u> para a sua vida (que tenham validade social clara). Um dos diferencias da Análise do Comportamento Aplicada ao autismo é justamente sua efetividade. As melhoras são significativas e notáveis quando uma criança diagnosticada com autismo se submete a um tratamento comportamental;

7) *Generalidade*: buscam-se mudanças comportamentais que durem no tempo, que apareçam em diferentes ambientes e para diferentes comportamentos, além daqueles diretamente ensinados. Essa dimensão requer

---

[1] Rigorosamente, o termo "terapia ABA" é incorreto; mas se popularizou na comunidade brasileira e será aqui respeitado; é incorreto do ponto de vista conceitual, pois ABA vem do inglês "Análise do Comportamento Aplicada", que é uma das dimensões da Ciência da Análise do Comportamento, com a Análise Experimental do Comportamento, a Prestação de Serviços e a filosofia Behaviorista. Como terapia comportamental aplicada ao autismo, estaríamos nos referindo à prestação de serviços e, assim, o termo "Análise do Comportamento Aplicada" não seria corretamente aplicado. O mais correto seria Terapia Comportamental para autismo. Entretanto, tal como se dá na prática, as diferenças entre as duas dimensões – Prestação de Serviços e Análise do Comportamento Aplicada – são muito tênues, sobretudo na aplicação das sessões

estruturadas realizadas com as crianças com TEA, o que ficará claro no decorrer do texto. Nesse sentido, o termo "terapia ABA" será corriqueiramente aplicado.

que a terapia ABA seja ensinada aos pais, levada à escola, para que os comportamentos aprendidos possam ser exibidos em outros ambientes além daquele em que a terapia ocorreu.

Em 2007, Cooper, Heron e Heward, autores de um livro-texto sobre ABA (*Applied Behavior Analysis*) mundialmente conhecido, incluíram mais cinco dimensões da ABA:

8) *Responsável*: medidas frequentes e diretas do comportamento permitem que analistas do comportamento detectem seus sucessos e, igualmente importante, suas falhas – e, com isso, fazem autocorreção em seu próprio trabalho. Isso lhe dá segurança e traz para si a responsabilidade de eventuais sucessos ou pequenas falhas na aplicação de procedimentos, que podem ser corrigidas após análise de dados, constantemente aplicados;

9) *Pública*: tudo em ABA deve ser transparente e público, explícito e franco; não há explicações efêmeras, místicas ou metafísicas, nem procedimentos misteriosos; não há mágica. Os procedimentos e resultados são claramente descritos em todo o momento do processo. Os próprios pais do cliente podem ter acesso aos dados do processo e do desenvolvimento da terapia e, com isso, trazer contribuições e aprimorar seu desempenho com o filho;

10) *Viável*: trata-se de um elemento pragmático da ABA; embora seja bem mais do que administrar alguns procedimentos simples, a terapia ABA não é demasiadamente complicada. Professores que aprendem a aplicar a terapia ABA com supervisão dos terapeutas comentam que a aplicação de estratégias ABA pode ser descrita como "o bom e velho trabalho duro em sala de aula" (Cooper, Heron e Heward, 2007, p. 322); aquele de monitorar individualmente cada aluno, de registrar seus progressos, suas dificuldades e a relação entre os procedimentos e os resultados, aliada à visão de mundo trazida pela Análise do Comportamento;

11) *Capacitadora*: analisar os dados que revelam melhoras no comportamento em um participante, cliente, aluno, não faz apenas alguém se sentir bem, mas aumenta o nível de confiança do indivíduo para assumir desafios ainda maiores. ABA tem ferramentas que funcionam. E quando pais veem isso, percebem pequenos progressos que os empoderam, fazendo-os perceber de que são capazes de gerar mudanças nos filhos;

12) *Otimista*: a visão externalista do behaviorismo sugere que todos os indivíduos, dadas as condições adequadas, aprendem, o que sempre nos enche de esperança e otimismo diante de uma criança que precisa aprender muitos repertórios; medidas diretas e contínuas permitem que se detectem pequenos progressos que poderiam passar desapercebidos, e a cada pequena melhora vê-se que o cliente é capaz de aprender; quanto mais se aplicam táticas comportamentais com resultados positivos – e isso é muito comum –, mais otimista o analista do comportamento se torna; e, por fim, a extensa literatura revisada por pares, com periódicos científicos reconhecidos em todo o mundo, mostra o sucesso em se ensinar alunos considerados "ineducáveis".

As intervenções dos profissionais fundamentadas em ABA podem ser divididas em quatro fases amplas que se repetem ao longo da intervenção: avaliação comportamental inicial; seleção de objetivos; elaboração de programas; intervenção propriamente dita/avaliação constante.

Na avaliação comportamental inicial, busca-se mensurar o repertório de entrada do cliente com TEA. Déficits e excessos comportamentais são medidos. O profissional pode utilizar análises funcionais experimentais ou descritivas, realizando a observação direta das contingências tríplices em sessão e em contexto natural, realizando entrevistas com os responsáveis (Cooper, Heron e Heward, 2007), aplicando inventários.

Sundberg (2008), por exemplo, apresenta um extenso mapeamento padronizado para observar os comportamentos verbais e não verbais da criança. Grande parte das categorias do instrumento criado por Sundberg (2008), denominado "*Verbal Behavior Mapp*", foi baseada na análise de Skinner (1957) sobre comportamento verbal. Além disso, Sundberg baseou-se nos estudos da Psicologia do Desenvolvimento, que sequenciou repertórios de crianças de 0 a 4 anos de idade. Assim, a área dispõe hoje de um roteiro para avaliação de repertórios comportamentais, com critérios para a quantificação do repertório, que produz uma tabela em que é possível visualizar as diferentes habilidades apresentadas pela criança. Tal sistema de rastreamento de habilidades para crianças com autismo também se aplica a pessoas com outros diagnósticos que apresentam atrasos na linguagem. Envolve a observação direta, onde o profissional pode observar em contexto clínico e em ambiente natural do cliente os repertórios elencados. Na Figura 14.1, vê-se uma ilustração de preenchimento do quadro produzido pelo instrumento "*VB Mapp*" para um caso real de uma criança diagnosticada com autismo, de 6 anos e atendida no CAIS-USP – Centro para o Autismo e Inclusão Social [um programa ligado ao Departamento de Psicologia Experimental da Universidade de São Paulo (USP), na Graduação, Pós-Graduação e Especialização]. O primeiro quadro foi preenchido na avaliação inicial da criança e o segundo quadro foi preenchido um ano depois. As casas que são pintadas de modo completo revelam que a criança pontuou o máximo do item; as casas preenchidas parcialmente revelam que a criança pontuou metade do item; e quando a casa está em

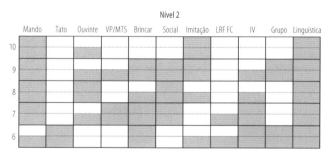

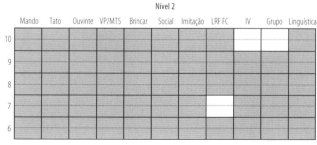

Figura 14.1. Desempenho apresentado por uma criança com TEA, avaliada pelo instrumento *Verbal Behavior Mapp* (Sundberg, 2008). O primeiro quadro refere-se à primeira avaliação e o segundo quadro, à segunda avaliação, após um ano.

SEÇÃO II — *PSICOLOGIA COMPORTAMENTAL*

branco, indica que a criança não apresentou tal habilidade. Os nomes de cada coluna correspondem à habilidade observada (a descrição completa do inventário, com os respectivos nomes de cada habilidade, foge ao escopo do presente texto). Trata-se de um instrumento que mostra com clareza os déficits da criança e sua evolução. O instrumento classifica o resultado em três níveis de desenvolvimento da criança: Nível 1, Nível 2 e Nível 3, o nível mais elevado do inventário, em termos de complexidade de habilidades. A criança cujo desempenho está ilustrado na Figura 14.1 atingiu o Nível 2 na primeira aplicação, ainda com várias dificuldades e, depois de um ano, manteve-se no mesmo nível, mas com desempenho próximo a 100%.

Durante a etapa de avaliação, informações também podem ser obtidas por meio de questionários com pais ou responsáveis, por meio da análise de filmagens, álbuns fotográficos, observação informal em ambiente natural etc. (Cooper, Heron e Heward, 2007, capítulo 3).

A partir dos resultados de avaliação do repertório inicial, estabelecem-se os objetivos para a intervenção, sempre respeitando os critérios de validade social. Como o analista do comportamento trabalha com contingências, os objetivos deverão envolver, necessariamente, programação de contingências. Eles devem ser passíveis de mensuração, relevantes para o cliente (considerando seu contexto social), e podem ser divididos em objetivos de curto e longo prazo (Cooper, Heron e Heward, 2007). A abrangência dos objetivos varia de acordo com o repertório de cada cliente. Por exemplo, o objetivo de longo prazo "escrever o próprio nome" pode ser composto dos objetivos de curto prazo: 1. Seguir instruções; 2. Reconhecer letras; 3. Movimento de pinça; 4. Segurar o lápis; 5. Deixar marcas no papel; 6. Seguir pontilhados; 7. Escrever letras; 8. Escrever o próprio nome.

Após estabelecer os objetivos da intervenção, elaboram-se programas de ensino individualizados. Um programa de ensino abrange o arranjo especial de contingências de reforçamento que aumentam a probabilidade de comportamentos-alvo (objetivos) ocorrerem. Para que o programa cumpra sua função, pelo menos cinco critérios devem ser respeitados, segundo Skinner (1972). Primeiro, o cliente deve ser ativo durante todo o processo; segundo, deve ser apresentada uma tarefa por vez e o cliente deve completar cada tarefa antes de passar para a próxima; terceiro, as tarefas devem ser fragmentadas em quantas partes forem necessárias; quarto, dicas (*prompts*) devem ser fornecidas sempre que necessário; elas podem acrescentar estímulos ou retirá-los. Um bom planejamento de esvanecimento de dicas em conjunto com um esquema de reforçamento para a emissão de respostas independentes se torna essencial para maior efetividade no ensino; quinto, ao acertar, o cliente deve ter consequências imediatas e, via de regra, reforçadoras. Os programas podem ser elaborados a partir de quaisquer materiais disponíveis, desde materiais descartáveis, recicláveis a eletrônicos.

A intervenção, propriamente dita, se dá por duas formas de ensino: formal e incidental. O ensino formal tem como principal objetivo ensinar ou aumentar a frequência de relações comportamentais que estão deficitárias e diminuir a frequência de excessos comportamentais que têm se mostrado prejudiciais ao cliente. Nesse sentido, o profissional arranja contingências de modo a garantir que estimulações indesejadas não ocorram, que as atividades sejam apresentadas em ordem predefinida, ou seja, há um cuidadoso planejamento de estímulos antecedentes e estímulos consequentes, levando-se em conta suas funções discriminativas e motivacionais e o registro de dados é extensivo. Normalmente, essa forma de ensino leva o nome de Ensino

por Tentativas Discretas (*Discrete Trial Instruction* – DTI – ou *Discrete Trial Training* – DTT) e acontece, preferencialmente, por meio de intervenções individualizadas profissional-cliente, garantindo-se a eficiência do arranjo.

As vantagens em se fazer um ensino DTI são muitas; entre elas: o ensino é rápido e facilmente avaliado; o profissional tem bom controle sobre ele; é fácil de ser ensinado a educadores e comprovadamente eficiente (embora se continue pesquisando a melhor forma de aplicá-lo). As desvantagens estão relacionadas a não acontecer em um ambiente natural do cliente e as tarefas podem não estar ligadas a motivações naturais, sendo assim, a generalização deve ser planejada.

Para se realizar o DTI com sucesso, algumas condições são necessárias: ambiente controlado, reduzindo-se a influência de estímulos com probabilidade de serem concorrentes, mesa apropriada ao tamanho do cliente, materiais que serão utilizados no ensino (p. ex., objetos do cotidiano, cartões com cores, letras, números, formas, fotos de animais, de pessoas, de emoções, dos familiares, objetos pessoais etc.) e reforçadores poderosos. Para planejar a sessão de ensino formal, antes de executar atividades do DTI, os objetivos de ensino devem ser determinados, os materiais devem ser preparados e os reforçadores devem ser selecionados.

Durante a aplicação do ensino por tentativas discretas, é recomendado garantir a atenção do aluno, apresentar a instrução de forma simples e consistente (evitar instrução ambígua), utilizar dica adequada (ajuda física, total ou parcial e ajuda verbal são exemplos de dicas que poderão ser utilizadas, de modo imediato à apresentação da instrução ou atrasada, com algum espaço de tempo após a instrução, de acordo com o tipo de programa de ensino), reforçar imediatamente após o acerto do cliente, registrar imediatamente e de forma adequada e iniciar uma nova tentativa de ensino. Caso o cliente tenha apresentado uma resposta considerada incorreta, recomenda-se corrigi-lo reapresentando os estímulos e a instrução. Existem vários tipos de correção: correção com reforço, correção com reforço em menor magnitude do que aquele para a resposta correta e correção sem reforço. A correção com reforço tem como procedimento o profissional reforçar a correção na mesma magnitude que reforçaria se o cliente tivesse acertado de primeira. Na correção com reforço em menor magnitude, o terapeuta libera consequência para a resposta com um reforçador de menor magnitude comparada àquela dada para a resposta correta do cliente já "de primeira". Já na correção sem reforço, o profissional faz a correção e em sequência apresenta uma nova instrução, sem reforçar a resposta dada diante da correção. A forma mais efetiva de correção depende das características do aluno e do programa que está sendo executado no momento e pesquisas continuam sendo realizadas para se entender melhor os efeitos de diferentes tipos de correção.

A tentativa discreta é o arranjo de ensino mais utilizado em terapia ABA (Leaf e McEachin, 1999). Outra forma de descrever o procedimento de tentativa discreta é dizer que é uma forma de ensino diretivo e estruturado, baseada na contingência de três termos, a unidade de análise básica da análise do comportamento. Cada tentativa discreta é uma unidade composta por três partes principais: um estímulo antecedente; a resposta emitida após o antecedente e uma consequência produzida após a emissão da resposta. Em uma tentativa discreta, o antecedente é a instrução do terapeuta e o material de ensino. A resposta do estudante vai depender da habilidade a ser ensinada, podendo vir a ser verbal ou não. O terapeuta também pode fornecer formas de auxílio[2] para que o aluno emita a resposta, a depender da etapa de ensino. Após a emissão da resposta correta, o terapeuta fornece um item ou evento da preferência do estudante (reforçador), previamente selecionado (Faggiani, 2014). Se a resposta emitida não for a correta, dá-se início a um procedimento de correção, como descrito anteriormente. As tentativas discretas ocorrem, em geral, de forma rápida (cerca de 3 a 12 tentativas por minuto), de modo que possa haver diversas oportunidades de ensino em curto espaço de tempo. A efetividade de um procedimento por tentativas discretas está relacionada com a qualidade de sua aplicação (Faggiani, 2014). A aplicação incorreta do procedimento pode ocasionar em controle de estímulos inadequado (o aluno pode vir a emitir a resposta sob controle de antecedentes que não sejam a instrução do terapeuta, ou emitir respostas incorretas sob controle de estímulos não relevantes); avaliação de desempenho incorreta (por meio, p. ex., de formas de registro incorretas que podem demonstrar melhora no desempenho do aluno que não seja verdadeira); dependência de dicas (o aluno pode vir a emitir a resposta apenas na apresentação da dica como antecedente, dificultando o *fading out*); e ocorrência de comportamentos-problema (aumento na frequência de comportamentos disruptivos que podem ter como função esquiva da demanda, por exemplo).

A situação de ensino incidental envolve realizar atividades não planejadas previamente, não estruturadas com o cliente, de modo contínuo, aproveitando as oportunidades que surgem nos ambientes, seja em ambiente clínico, seja em ambiente natural. Os principais objetivos desse tipo de ensino são o de maximizar oportunidades para o aumento de comportamentos sociais da criança e generalização de comportamentos aprendidos em situação de ensino formal. Exatamente por isso, o profissional deve estar atento para as contingências (sociais ou não), de modo a criar oportunidades de ensino e generalização. Se a criança, por exemplo, está em processo de aquisição de emitir tatos para objetos do dia a dia, no momento em que a criança faz um intervalo e toma seu lanche, diante da colher, o terapeuta pode requerer uma resposta de nomeação ou mesmo elogiar a resposta caso ela seja emitida espontaneamente. Sempre que possível é recomendável que o profissional antecipe o que o cliente poderá fazer em determinada situação natural e, dessa forma, que o terapeuta crie oportunidades de aprendizagem. Situações em que há contato com amigos e eventos sociais, como festas, são outros exemplos de contextos em que pode ocorrer o ensino incidental. Geralmente o nome dado é Treino em Situação Natural.

Tanto o ensino incidental como o ensino por tentativas discretas podem ser aplicados em ambiente clínico (nos consultórios ou Centros Especializados) ou na casa do cliente, também conhecido como "atendimento em domicílio"). A decisão do formato depende da análise do caso e das necessidades do cliente.

Uma criança diagnosticada com TEA, de 7 anos de idade, atendida por dois dos autores do presente texto, necessitou, por determinado período de tempo, que fosse elaborado um programa de ensino de leitura em sua casa (denominado "*home schooling*"). A escola que o cliente frequentava não podia elaborar um programa individualizado para a criança e seu repertório não apresentava os pré-requisitos necessários para que acompanhasse a classe. Por outro lado, havia vantagens outras em mantê-lo frequentando a escola, sendo necessário, porém, criar, de modo intensivo, um repertório de leitura. Ir a um consultório ou a um centro especializado todos os dias, na carga horária que um programa de ensino de leitura requeria, além da rotina da escola, ficaria inviável para o cliente, prejudicando a sua qualidade de vida. Decidiu-se, então, por um programa diário de ensino de leitura na casa do cliente.

Com base no paradigma de equivalência de estímulos e das evidências de sua eficácia para o aprendizado de leitura, foram ensinados, via *matching to sample*, 55 relações entre palavras da língua inglesa (língua falada pela criança), seus significados, sua forma impressa, sua sonoridade e sua escrita, num período de seis meses.

O ensino era por computador: em cada tela aparecia um estímulo modelo (a palavra que estava sendo ensinada no momento) e estímulos de escolha: a depender da fase do programa, os estímulos de escolha eram desenhos, sendo um deles referente à palavra, ou outras palavras, para que a criança identificasse as iguais. Os estímulos modelo e de escolha também alternavam suas funções (o estímulo que havia sido apresentado como modelo, após alcance do critério, passava a ser apresentado como estímulo de escolha, e vice-versa, para se verificar e ensinar a manutenção da relação simétrica que existe entre a palavra e seu significado. Para cada acerto havia consequências sociais (elogios) e aplicou-se um sistema de fichas: a cada acerto a criança também ganhava um pequeno cartão, com desenhos de bichinhos ou personagens de sua preferência e após ganhar cinco cartões (ou dez, em fase mais adiantada do programa), a criança poderia trocar os cartões por um item ou atividade reforçadora, previamente escolhido por ela. O mesmo procedimento foi aplicado para ensinar o conceito de número e de quantidade, igualmente com sucesso.

Num primeiro momento, ensinávamos a relação entre o nome falado e seu respectivo desenho (relação AB) e a relação entre o nome falado e a palavra impressa (relação AC). EM seguida, por equivalência, a criança acertava a relação entre o desenho e a respectiva palavra impressa. No ensino dessas relações, via *matching to sample*, introduzíamos, gradativamente, um número maior de palavras: primeiramente apenas uma palavra; após o alcance do critério, duas palavras, e assim, sucessivamente, até o ensino de sentenças. Quando uma palavra era aprendida, ela era reapresentada em meio às novas que estavam sendo ensinadas. Abaixo segue um exemplo de uma tela do computador em uma fase mais avançada, já no ensino de sentenças.

Outra característica da terapia ABA são as estratégias para a formação de pais, professores e outros profissionais para serem agentes de mudança. A formação de novos aplicadores tem o propósito de intensificar a terapia, permitindo que terapeutas diferentes se alternem de forma a promover maior número de horas de intervenção, generalização e multiplicar o acesso à terapia

Figura 14.2. Exemplo de uma tela do programa individualizado de "*home schooling*" na fase de ensino de sentenças para uma criança autista.

---

[2] Também descrito como dica, ou *prompt*, na literatura.

SEÇÃO II — PSICOLOGIA COMPORTAMENTAL

para novos alunos/clientes em potencial, bem como ampliar as oportunidades de aprendizagem do aprendiz em seu ambiente.

Um conjunto de estratégias que vem sendo utilizado para ensinar, de forma eficiente, procedimentos de terapia ABA para pais e profissionais é o *Behavioral Skill Training* (BST) (Sarokoff e Sturmey, 2004). O BST é um pacote de ensino composto por quatro componentes: (1) instrução explícita sobre conceitos da análise do comportamento e sobre os comportamentos-alvo; (2) modelação; (3) prática dos comportamento-alvo; (4) *feedback* do desempenho dos participantes no comportamento-alvo (Faggiani, 2014).

No primeiro componente (instrução), o terapeuta fornece uma instrução escrita ou vocal ao cliente sobre como realizar o comportamento-alvo a ser ensinado. No segundo, modelação, o comportamento é demonstrado ao cliente/aprendiz. O terceiro componente, também chamado de dramatização ou ensaio, é quando o aprendiz tem a oportunidade de praticar a resposta. O ensaio também permite a realização do *feedback*[3]. Após o aprendiz praticar a resposta-alvo, ele recebe *feedback*s se está apresentando a resposta da forma correta. Caso não esteja apresentando a resposta corretamente, o aprendiz é corrigido pelo instrutor/terapeuta. Embora esses quatro componentes estejam presentes em todo o ensino por BST, há muitas variações na forma como pesquisadores e profissionais os aplicam. Por exemplo, a modelação pode ser feita ao vivo, em dramatizações, ou por meio de vídeo-modelação. O *feedback* pode ser dado de imediato ou atrasado, por meio de gráficos, vocalmente, ou em combinações.

Os componentes do BST vêm sendo utilizados de forma independente e em conjunto desde 1970, embora o termo BST só tenha sido utilizado pela primeira vez em 2004, por Sarokoff e Sturmey. O BST tem sido utilizado com sucesso para ensinar procedimentos de terapia ABA a pais e profissionais que produziram mudanças desejadas em seus filhos e alunos.

Embora o ensino por tentativas discretas seja, como vimos, um arranjo eficiente no procedimento de ensino, são poucos os estudos que investigam métodos para ensinar esse procedimento a outros profissionais e pais de indivíduos com necessidades especiais (Sarokoff e Sturmey, 2004).

Sarokoff e Sturmey (2004) realizaram um estudo com o objetivo de ensinar procedimentos de tentativa discreta a professores de educação especial e avaliar o uso de BST como um meio efetivo de ensinar procedimentos de tentativa discreta.

Três professores de educação especial e três crianças de 1 a 3 anos com autismo participaram do estudo. Cada professor era responsável por ensinar uma mesma criança. Os treinos ocorreram em uma pequena sala na casa da criança.

Durante o procedimento foram utilizados três itens (em duas ou três dimensões), colocados à frente da criança. O professor segurava em sua frente um item idêntico e o entregava à criança. Uma resposta era considerada correta quando a criança colocava o item em cima do item idêntico correspondente[4]. Respostas corretas eram consequenciadas com acesso a itens comestíveis e brinquedos.

A variável dependente foi o desempenho dos professores, medido pela porcentagem do uso correto de 10 componentes que compunham uma tentativa discreta, durante 10 tentativas consecutivas. Os componentes presentes em uma tentativa discreta eram: (1) realizar contato visual com o aluno por, ao menos, 1 segundo após uma instrução verbal; (2) não fornecer instrução verbal até a criança emitir a resposta apropriada de manter-se "parada" e "pronta" para a instrução; (3) fornecer apenas uma vez a instrução correta e claramente; (4) dar ajuda correta quando necessário; (5) disponibilizar reforço apropriado e imediato após a emissão da resposta correta; (6) fazer elogios sobre os comportamentos específicos; (7) utilizar formas de correção predeterminadas em 3 a 5 segundos após instrução verbal caso a resposta emitida pelo aluno não fosse a correta; (8) registrar dados após cada tentativa; (9) intercalar cada tentativa com 5 segundos de intervalo.

A porcentagem de respostas corretas de cada participante foi calculada no estudo dividindo o número de respostas corretas pelo número de respostas corretas e incorretas e multiplicando o resultado por 100%.

Para realizar o estudo, os autores realizaram um delineamento de linha de base múltipla entre os participantes. O desempenho dos participantes na execução de tentativas corretas foi mensurado antes e após o treino. As sessões de treino foram introduzidas em momentos diferentes para cada um dos participantes.

Na primeira sessão de linha de base, o experimentador entregou ao professor uma lista com a definição dos componentes do ensino por tentativas discretas. No começo de cada sessão de linha de base o experimentador dizia: "Faça ensino por tentativas discretas da melhor forma que conseguir". Cada sessão durava aproximadamente 5 minutos e consistia em 10 tentativas discretas.

Após as sessões de linha de base, o experimentador dava início às sessões de treino. Ao início da sessão, o experimentador fornecia uma lista com a definição dos componentes do ensino por tentativas discretas igual à da linha de base, revendo cada componente com o professor. Em seguida, o experimentador fornecia ao professor um gráfico com seu desempenho desde a linha de base e uma cópia dos dados da última sessão. O experimentador fornecia *feedback* sobre o desempenho do professor nas últimas sessões, descrevendo sua *performance* na última sessão e discutindo os dados do gráfico. Após essa etapa, iniciava-se um ensaio no qual o professor realizava três tentativas discretas com o aluno, sem interrupções. Em seguida, o experimentador fornecia *feedback* oral sobre a *performance* do professor, incluindo comentários positivos sobre componentes realizados corretamente e informações sobre aspectos que deveriam ser treinados. Após o ensaio, o experimentador apresentava modelo dos componentes que haviam sido previamente realizados incorretamente, sentando-se junto ao aluno (criança) e aplicando três tentativas discretas. Ensaio e modelação eram repetidos, com o professor realizando três tentativas e o experimentador também realizando três tentativas durante um período até 10 minutos. Após a sessão de treino, o professor realizava 10 tentativas discretas ininterruptas. As sessões de treino terminavam quando o professor fosse capaz de realizar ao menos 90% das tentativas corretas em três sessões de treino consecutivas.

No início de cada sessão de pós-treino, o experimentador dizia: "Faça ensino por tentativas discretas da melhor forma que conseguir". O experimentador não conduzia nenhum treino. As sessões consistiam em 10 tentativas e durava aproximadamente 5 minutos.

Durante a linha de base, a porcentagem média de tentativas corretas dos professores 1, 2 e 3 foi de 43%, 49% e 43% das tentativas corretas. Nas sessões de pós-treino, a porcentagem de tentativas corretas aumentou para 97%, 98% e 99%, respectivamente.

---

[3] O *feedback* ocorre após o aluno emitir o(s) comportamento(s)-alvo(s). É um procedimento no qual o professor descreve ao aluno se este está realizando o comportamento adequadamente ou incorretamente, descrevendo também em quais partes o aluno está realizando corretamente e corrigindo o que está incorreto.

[4] Esse procedimento, também denominado emparelhamento de estímulos idênticos, ou *matching to sample* (MTS), tem como objetivo ensinar discriminações condicionais ao indivíduo.

De acordo com os autores, os componentes do BST (instrução, *feedback*, ensaio e modelação) foram responsáveis pela melhora na *performance* dos três professores em aplicar tentativas discretas.

Entre as limitações do estudo, os autores descrevem que não foi possível identificar quais dos procedimentos utilizados e presentes no "BST" foram responsáveis pela efetividade no treinamento dos professores. Os autores sugerem que novas pesquisas devem realizar uma análise dos componentes de treinamento mais efetivos e menos custosos para a aplicação de tais procedimentos, além de formas de implementar e estender o treino de profissionais ("*staff*") em maior escala, buscando formas de generalizar as mudanças comportamentais produzidas e avaliando a manutenção de tais mudanças.

Embora existam pesquisas recentes para se verificar quais os componentes do BST são mais efetivos (Faggiani, 2014, por exemplo), o fato é que ensinar pais é um modo viável e útil para se ampliar a aplicação da terapia ABA a pessoas com TEA e os resultados são positivos e sua aplicação é viável.

O programa de ensino para pais no CAIS-USP tem revelado que pais aprendem os conceitos da Análise do Comportamento, que via modelação e modelagem aprendem a aplicar o ensino por tentativas discretas com seus filhos em casa e, por decorrência, conseguem reduzir custos com os serviços de atendimento clínico para seus filhos com TEA. Tal redução é importante, pois no Brasil ainda são escassas as políticas públicas de apoio ao atendimento para as pessoas com TEA e suas famílias. A maioria do serviço disponível de qualidade está no âmbito privado.

Tabela 14.1. Componentes da tentativa discreta utilizados no experimento de Faggiani, 2014

Passos da tentativa discreta
Randomizar os estímulos.
Obter contato visual com o aprendiz.
Apresentar a instrução e os estímulos.
Esperar 3 segundos pela resposta.
Fornecer ajuda caso não responda de forma independente.
Reforçar imediatamente após emissão da resposta correta ou corrigir respostas incorretas.
Liberar reforçadores variados.
Registrar corretamente.

Hübner (2015) afirma que a Análise do Comportamento Aplicada (ABA) no Brasil nunca esteve em tamanha evidência, cita a recente conquista obtida nas medidas governamentais do estado de São Paulo, que lançou, no final de 2012, um edital informando que só fornecerá recursos a tratamentos baseados em evidência científica, e diz que a "terapia ABA" é uma referência. Tal conquista se deu também em virtude do crescimento da procura da população por tratamentos eficientes para o autismo. A respeitabilidade que a terapia ABA tem em todo o mundo passa a acontecer aqui no Brasil. Sua manutenção depende, em grande parte, do seguimento dos principais ditames de nossa ciência e aplicação, alguns deles resumidos no presente capítulo. A formação para que alguém se torne um terapeuta ABA exige muito estudo e muita prática. Alguns países acabaram por optar por um sistema de certificação do analista do comportamento, que envolve computação de horas de supervisão e testes para aferir conhecimento. Tal certificação para a área do autismo vingou no EUA. Ainda está em discussão seu papel para a realidade brasileira. Mas esse é um tema para outro momento. Por enquanto, é importante concluir que existe um corpo de conhecimentos sólido e uma prática já suficientemente comprovada cientificamente à disposição e para o benefício de milhões de pessoas diagnosticadas no espectro autista.

REFERÊNCIAS BIBLIOGRÁFICAS

Almeida-Verdu, A. C. M. et al. (2012). Aquisição de linguagem e habilidades pré- requisitos em pessoas com transtorno do espectro autista. *DI – Revista de Deficiência Intelectual*, v. 3, n. 2, p. 36-42.

American Psychiatric Association. *DSM-5 (2013) – Manual Diagnostic and statistical manual of mental disorders*. 5th ed. Washington, D.C.: American Psychiatric Association.

Baer, D. M.; Wolf, M. M.; Risley, T. R. (1968). Some current dimensions of applied behavior analysis. *Journal of Applied Behavior Analysis*, v. 1, n. 1, p. 91-97.

Cooper, J. O.; Heron, T. E.; Heward, W. L. (2007). *Applied behavior analysis*. Upper Saddle River, NJ: Pearson.

Faggiani, Robson B. (2014). *Análise de componentes de um tutorial computadorizado para ensinar a realização de tentativas discretas* (dissertação). São Paulo: Universidade de São Paulo.

Hübner, M. M. (1997). O paradigma de equivalência e suas implicações para a compreensão e emergência de repertórios completos. In: Banaco, R. (Org.). *Sobre comportamento e cognição*. São Paulo: ARBytes. p. 423-429.

Hübner, M. M. C (2015). Análise do Comportamento Aplicada: reflexões a partir de um cenário internacional e das perspectivas brasileiras. Comportamento em Foco. (Prefácio. Associação Brasileira de Psicologia e Medicina Comportamental)

Leaf, R.; McEachin, J. (1999). *A work in progress*. New York: DRL Book Incs.

Organização Mundial da Saúde. *CID-10 (2000). Classificação Estatística Internacional de Doenças e Problemas Relacionados à Saúde*. São Paulo: Universidade de São Paulo. v. 1 e 2.

Paula, C. S. et al. (2011). Brief report: prevalence of pervasive developmental disorder in Brazil: a pilot study. *Journal of Autism and Developmental Disorders*, v. 41, n. 12, p. 1738-42.

Skinner, B. F. (1957). *Verbal behavior*. New York: Appleton-Century, Crofts.

Skinner, B. F. (1972). *Tecnologia do ensino*. São Paulo: EPU.

Sarokoff, R. A.; Sturmey, P. (2004). The effects of behavioral skills training on staff implementation of discrete-trial teaching. *Journal of Applied Behavior Analysis*, v. 37, n. 4, p. 535-538.

Sundberg, M. L. (2008). *VB-MAPP Verbal Behavior Milestones Assessment and Placement Program: a language and social skills assessment program for children with autism or other developmental disabilities*. Concord, CA: AVB Press.

Schneider, S. M. (2013). *The science of consequences*. New York: Prometheus Books.

LEITURAS RECOMENDADAS

Baer, D. M.; Wolf, M. M.; Risley, T. R. (1968). Some current dimensions of applied behavior analysis. *Journal of Applied Behavior Analysis*, v. 1, n. 1, p. 91-97.

Cooper, J. O.; Heron, T. E.; Heward, W. L. (2007). *Applied behavior analysis*. Upper Saddle River, NJ: Pearson.

Leaf, R.; McEachin, J. (1999). *A work in progress*. New York: DRL Book Incs.

Sarokoff, R. A.; Sturmey, P. (2004). The effects of behavioral skills training on staff implementation of discrete-trial teaching. *Journal of Applied Behavior Analysis*, v. 37, n. 4, p. 535-538.

Sundberg, M. L. (2008). *VB-MAPP Verbal Behavior Milestones Assessment and Placement Program: a language and social skills assessment program for children with autism or other developmental disabilities*. Concord, CA: AVB Press.

SEÇÃO III
PSICOLOGIA FENOMENOLÓGICA

Coordenador
Andrés Eduardo Aguirre Antúnez

15

Edmund Husserl: a fenomenologia e as possibilidades de uma psicologia fenomenológica

Tommy Akira Goto
Adriano Furtado Holanda
Ileno Izídio da Costa

O QUE É FENOMENOLOGIA?

É ponto pacífico que, tanto nós mesmos quanto as atividades políticas, econômicas, sociais, religiosas e culturais que vivenciamos estão em constante movimento. E literalmente, quando um movimento desses ou pessoas se destacam, se sobressaem, é comum utilizarmos o termo "fenômeno". Constatamos, assim, o *fenômeno* das redes sociais, da crise econômica mundial, do elevado número de divórcios, da corrupção, da moda, da música e até mesmo a dedicação técnica de um atleta, que o alça à alcunha de "fenômeno".

Para iniciarmos, é importante afirmar que a palavra *fenômeno* que usaremos aqui tem um sentido específico, isso porque vem da chamada "Fenomenologia", que é uma filosofia, e que desenvolveu áreas como a metafísica, a epistemologia, a ética, a lógica, a linguagem, entre outras. Tratar a Fenomenologia é um desafio que excede a simples compreensão do termo em sentido etimológico. Esse termo, na filosofia, foi empregado pela primeira vez por J. H. Lambert e depois por Kant e Hegel, entre outros. A palavra "fenomenologia" nesses filósofos significava, em termos gerais, "o estudo descritivo de um conjunto de fenômenos ou aparências, tais quais se manifestam no tempo e no espaço, por oposição às suas leis abstratas e fixas, às realidades transcendentes de que são manifestações; ou à crítica normativa de sua legitimidade" (Lalande, 1956, p. 768). Em geral, entende-se por "fenomenologia" o estudo descritivo dos fenômenos, tais como se apresentam à experiência imediata.

Para o fundador da Fenomenologia que aqui nos interessa – Edmund Husserl (1859-1938) –, a *fenomenologia* adquiriu um sentido mais específico, para além do termo, da palavra, tornando-se assim uma filosofia, uma ciência do fenômeno, de tudo aquilo que aparece. O filósofo recupera a sua raiz etimológica que vem do grego *phainomenon* (o que aparece e se mostra) e explicita que seu sentido indica que quem faz Fenomenologia é qualquer pessoa que descreva a maneira de algo aparecer. No

entanto, devemos antes traçar uma breve história consequente do termo para torná-lo bem mais esclarecedor do que sua mera análise etimológica.

Cabe enfatizar, de pronto e por oportuno, que a Fenomenologia não pode ser confundida com o Fenomenalismo[1], pois este não leva em conta a complexidade da estrutura da aparição das coisas, pois em Husserl tudo aquilo que aparece, aparece a nós, seres humanos. Assim, a Fenomenologia examina a relação entre a consciência e as coisas. Ininterrupta e imensurável, a complexidade daquilo que aparece abarca tudo o que aparece aos nossos sentidos, à nossa intuição intelectiva, ou aquilo que aparece em nós, tal como na imaginação. Dessa feita, *fenômeno* é algo em constante movimento, sempre em aberto, e justamente por ter seu campo ilimitado, se esquiva a ser enquadrado dentro de uma ciência particular. Diante dessa imensidão, Paul Ricouer (1953/2009) diz que, "atendo-se à etimologia, quem quer que trate da maneira de aparecer do que quer que seja ou, consequentemente, que descreva as aparências ou as aparições, faz Fenomenologia" (p. 141).

Contando com estudiosos de diversas áreas, grupos ou associações acadêmicas mais informais, o "círculo" (os alemães denominavam *kreis*) de fenomenólogos é vasto e, ao tornar-se "movimento", assentou-se definitivamente na Filosofia. Conforme afirma Merleau-Ponty (1945/1999), "o movimento fenomenológico" ambiciona "revelar o mistério da razão e o mistério do mundo", faz-se *mister* estabelecer um recorte mais austero do que é Fenomenologia.

A tradição filosófica – dos pré-socráticos aos pensadores modernos – sempre tratou das *aparências*; quer seja dos fenô-

---

[1] Fenomenalismo é a doutrina segundo a qual não se pode conhecer as "coisas em si", mas apenas "fenômenos" (no sentido de Kant). Para o Fenomenalismo, tudo que existe são as sensações ou possibilidades permanentes de sensações, que é aquilo a que chamam fenômeno. Essa é a posição de Kant, do positivismo de Comte e do evolucionismo de Spencer. (Lalande, 1956).

SEÇÃO III — PSICOLOGIA FENOMENOLÓGICA

menos. Platão, certamente, é o mais reconhecido nessa direção, particularmente por ter tratado do "ser em si" e das "aparências no mundo sensível" no Livro VI da *República*. Na mesma direção, desde sua primeira utilização por Lambert, no *Novum Organon*, em 1764, o termo *fenomenologia* ganha a conotação de uma "teoria da ilusão" e suas inúmeras formas. Ilusão porque a aparência pode revelar ou apontar o caminho rumo à verdade, pode iludir encobrindo-a ou ainda ocultar a verdade.

Immanuel Kant (1724-1804), tal como nos lembram Dartigues (1992) e Morujão (1990), utiliza-se dessa palavra em 1770, numa carta a J. H. Lambert, para designar a *disciplina propedêutica que deve preceder a metafísica*. Em 1772, Lambert reutiliza o termo na carta que escreve a Marcus Herz, para esboçar o plano da obra que, após um longo período, aparecerá em 1781, sob o título de *Crítica da razão pura*. A primeira seção da referida obra deveria intitular-se *A fenomenologia geral*, embora Kant a tenha chamado de *Estética transcendental*. Todavia, uma fenomenologia não está ausente na crítica kantiana. Ao fazer uma investigação da estrutura do sujeito e das funções do "Espírito", Kant se dá por tarefa descrever o domínio do aparecer ou o fenômeno, com objetivo de limitar as pretensões do conhecimento que, por atingir apenas o fenômeno, não pode jamais almejar se tornar conhecimento do ser ou do absoluto. Assim, Kant pretendeu conciliar realismo do senso comum, segundo o qual nossas representações correspondem às coisas, e o fenomenismo, que reduz toda a realidade a essas representações. Para o filósofo de Königsberg, só há fenômenos: com efeito, jamais conseguimos atingir as próprias coisas (coisa-em-si), que o mesmo denomina *númenos*. Mas tais coisas são indispensáveis para explicar os fenômenos: em si, há *númenos*. O mundo existe, apenas não podemos conhecê-lo tal como é em si.

Todavia, é em Hegel, na sua Fenomenologia do Espírito (*Phänomenologie des Geistes*, 1807), que o termo entra definitivamente na tradição filosófica e ali se nos apresentam os conceitos de *Ser em si* e de *Absoluto*, do "Espírito". Até aqui, fica evidente que essas diversas "fenomenologias" tratam apenas de uma propedêutica à ontologia, à epistemologia, à metafísica; sua tarefa é revelar todo o material que o filósofo terá de pensar, para esclarecer sua ordem oculta e dizer sua significação. Por isso, não seria a fenomenologia kantiana nem a hegeliana que se perpetuariam no século XX, sob a forma da filosofia que traz o nome de Fenomenologia.

No novo significado que Husserl vem a imprimir, ele "não procura descrever os fatos empíricos, tal como poderia compreender uma psicologia, humana ou animal; ele procura alcançar a *essência* de certas operações de consciência, as necessidades ideais inerentes à percepção, ao ato de significar ou de julgar, ele se aplica a desemaranhar, nesses eventos, na representação, por exemplo, os atos em virtude dos quais qualquer coisa está posta na consciência e, de outra parte, a *intenção*, no sentido escolástico do termo, pela qual essas posições se realizam, se singularizam em estados particulares" (Delbos, 1911, p. 695). De forma mais breve e mais clara: *fenomenologia* é o método de apreender e descrever os fenômenos. E fenômeno, no novo sistema, equivale não à "aparência" (*Erscheinung*), nem à "ilusão" (*Schein*), mas a tudo que "se manifesta por si mesma", ao "ser em si". Em suas próprias palavras: "[...] fenomenologia pura, cujo caminho aqui queremos encontrar, cuja posição única em relação a todas as demais ciências queremos caracterizar e cuja condição de ciência fundamental da filosofia queremos comprovar, é uma ciência essencialmente nova, distante do pensar natural em virtude de sua peculiaridade de princípio e que, por isso, só nossos dias

passou a exigir desenvolvimento. Ela se denomina uma ciência de 'fenômenos'. (...) Por diferente que seja o sentido da palavra fenômeno em todos esses discursos, e que significações outras ainda possa ter, é certo que também a fenomenologia se refere a todos esses 'fenômenos', e em conformidade com todas essas significações, mas numa atitude inteiramente outra, pela qual se modifica, de determinada maneira, o sentido de fenômeno que encontramos nas ciências já nossas velhas conhecidas (Husserl, 1913/2006, p. 25).

Assim, a Fenomenologia, enquanto filosofia – uma ciência dos fenômenos, incluindo todos os problemas que as definem –, pretende repor o estudo das essências na existência, como assinala Merleau-Ponty (1945/1999). É uma filosofia para a qual o mundo é uma presença que já está sempre aí, antes mesmo da reflexão. Todo o esforço fenomenológico, portanto, consiste em reencontrar esse contato ingênuo com o mundo, para, somente depois, construí-lo filosoficamente. Por isso, é uma filosofia que pretende ser uma ciência exata, um relato do espaço, do tempo, do mundo vividos, por exemplo. É a tentativa de uma descrição direta da experiência humana, na sua relação com o mundo, tal como ela é, sem nenhuma consideração à sua origem psicológica ou a explicações causais que as ciências possam fornecer. Ou seja, trata-se de descrever, não de analisar ou explicar. É uma filosofia que pretende voltar "às coisas mesmas".

Pela biografia de Husserl, apresentaremos adiante a densidade (diga-se de passagem, ainda não totalmente explorada no Brasil) do pensamento fenomenológico inaugurado por ele. Assim, não devemos tratá-lo apenas como o "pai", mas fundamentalmente como a fonte (ainda) inesgotável de aplicações, reflexões e questionamentos em relação ao mundo.

BIOGRAFIA E PRINCIPAIS OBRAS DE EDMUND HUSSERL

Edmund Husserl, filósofo, matemático e lógico, é o fundador desse método de investigação filosófica e quem estabeleceu os principais conceitos e métodos que seriam amplamente usados pelos filósofos dessa tradição. Na raiz do pensamento de Husserl encontram-se as influências principais de Franz Brentano (e, por seu intermédio, a tradição grega e escolástica), Bolzano, Descartes, Leibniz, o empirismo inglês e o kantismo.

Influenciado primordialmente por Franz Brentano[2] – seu grande mestre –, imprimiu críticas contra o historicismo[3], o naturalismo e o psicologismo[4]. Idealizou um recomeço para a filo-

---

[2] Franz Clemens Honoratus Hermann Brentano (1838-1917) foi um filósofo e psicologista alemão, e deixou uma obra volumosa que evoluiu em direção de um aristotelismo moderno, nitidamente empírico em seus métodos e princípios. Foi professor de Husserl. A partir de suas pesquisas com a Escolástica medieval, desenvolve a noção de "intencionalidade" dos atos da consciência. Além de Husserl, foi ainda professor de Freud, além de ter como discípulos Oswald Külpe, Carl Stumpf e Christian Von Ehrenfels.

[3] O historicismo, para Husserl, se resolve em relativismo e ceticismo. Nessa perspectiva, as ideias de verdade, teoria e ciência perdem sua validade absoluta. A história, enquanto ciência empírica do espírito, nada pode decidir por si mesma, sobre a distinção entre religião, filosofia, arte etc. como configurações culturais, ou formas contingentes de manifestação, e sua ideia ou essência, em sentido socrático. De razões históricas, diz Husserl, só podem resultar consequências históricas – e é um contrassenso pretender refutar ideias por meio de fatos. A história, que se constitui de fatos, nada pode provar contra a possibilidade de valores absolutos. A significação de uma configuração histórica como fato nada tem a ver com sua validade (Houaiss, 1993).

[4] **Crítica ao naturalismo e ao psicologismo:** toda ciência natural, observa Husserl, é ingênua em seu ponto de partida, inclusive a psicologia, na medida em que a

15 — EDMUND HUSSERL: A FENOMENOLOGIA E AS POSSIBILIDADES DE UMA PSICOLOGIA FENOMENOLÓGICA

sofia como uma investigação subjetiva e rigorosa que se iniciaria com os estudos dos fenômenos, como estes aparentam à consciência, para encontrar as verdades da razão. Suas *Investigações lógicas*, publicadas em 1900 e 1901 e que deram origem à Fenomenologia, influenciaram até mesmo os filósofos e matemáticos de outras posições filosóficas, tais como: o neokantismo, o positivismo, o empirismo lógico[5].

---

8 de abril 1859: Edmund Husserl nasce em Prossnitz, uma cidade da Morávia, que então pertencia ao Império Austro-Húngaro, no dia 8 de abril. Descende de uma família judia que lhe dá educação esmerada.

1876-1877: Estuda física, matemática, astronomia e filosofia na Universidade de Leipzig.

1878: Ingressa na Universidade de Berlim, que contava com alguns dos mais importantes matemáticos da época: Leopold Kronecker, Ernest Kummer e Karl Weierstrass. Este último será seu professor. Husserl desenvolve um estilo de pensamento exato e disciplinado.

1881: Muda-se para Viena para continuar a estudar matemática com Leo Königsberger.

1882: Termina seu doutoramento com a tese "Sobre o cálculo de variações". Retorna a Berlim, como assistente de Weierstrass, mas em seguida decide-se novamente por Viena para estudar filosofia sob a orientação de Franz Brentano. Husserl herdará de Brentano uma das ideias centrais da fenomenologia: a intencionalidade da consciência.

1886: Converte-se ao protestantismo e entra na Igreja Luterana. Seguindo um conselho de Brentano, ingressa na Universidade de Halle, onde se torna assistente do psicólogo Carl Stumpf. Permanecerá nessa universidade até 1894.

1887: Defende a tese "Sobre o conceito de número". Sua aula inaugural teve como título "Os fins e as tarefas da metafísica". Casa-se com Malvina Steinschneider, com quem terá três filhos.

1891: Ainda em Halle, publica "Filosofia da aritmética", que incorpora sua tese sobre o conceito de número.

1900-1901: Publica os dois volumes de "Investigações lógicas", obra monumental, em que estabelece as bases de uma lógica pura e ataca o relativismo. Muitos consideram que essa obra inaugura a fenomenologia. Ainda em 1901, Husserl torna-se professor extraordinário na Universidade de Göttingen, onde reunirá o primeiro grupo de adeptos da fenomenologia: Adolf Reinach, Alexander Pfänder, Morit Geiger, Max Scheler, Edith Stein e Dietrich Von Hildebrand.

1905: Publica "Lições para uma fenomenologia interna do tempo".

1906: A congregação universitária recusa a proposta de nomeá-lo professor titular alegando que sua obra "carece de importância científica". Husserl mergulha em profunda crise. Em 25 de setembro, escreve em sua agenda: "Mencionarei em primeiro lugar a tarefa geral que tenho de resolver se pretendo chamar-me filósofo: realizar uma crítica da razão. [...] Sem elucidar o sentido, a essência, os métodos, os pontos de vista centrais de uma crítica da razão, sem haver pensado, esboçado, averiguado e demonstrado uma visão dessa crítica, não posso viver sinceramente. Já provei bastante os suplícios da obscuridade, da dúvida que vacila de cá para lá. Preciso atingir uma íntima firmeza. Sei que se trata de algo grande, imenso; sei que grandes gênios fracassaram nessa empreitada. [...] Não quero comparar-me com eles, mas não posso viver sem clareza".

1907: Em Göttingen, Husserl dá o curso "A ideia da Fenomenologia", uma exposição clara e didática da nascente fenomenologia transcendental, na qual aparece pela primeira vez, de forma explícita, a ideia da redução fenomenológica.

1910-1911: Publica seu famoso artigo "Filosofia como Ciência Rigorosa".

1913: Funda o "Jahrbuch für Philosophie und Phänomenologische Forschung", publicação anual encarregada de reunir as investigações realizadas pela escola fenomenológica. Ela existirá até 1930. No primeiro volume aparece a primeira parte de outra obra fundamental de Husserl – "Ideias para uma Fenomenologia Pura e uma Filosofia Fenomenológica" – e "O formalismo da ética", de Max Scheler.

1916: Husserl é chamado para substituir Heinrich Rickert na cátedra de filosofia da Universidade de Freiburg em Breslau, onde permanecerá até aposentar-se, em 1928. Ganha novos discípulos, como Eugen Fink, Ludwig Landgreve e Martin Heidegger.

1928: É nomeado professor honorário da Universidade de Berlim, onde recebe Emmanuel Lévinas como aluno. Os dois se tornam amigos. No final do ano, Husserl se aposenta.

1929: Publica "Lógica formal e transcendental". Profere na Sorbonne, em francês, as conferências depois reunidas nas "Meditações cartesianas".

1933: Hitler assume o poder na Alemanha. Na sequência dos acontecimentos, Husserl, por sua origem judaica, é proibido de ensinar e de deixar o país sem autorização.

1936: É definitivamente excluído da vida universitária pelos nazistas. Publica a primeira parte de "A Crise das Ciências Europeias e a Fenomenologia Transcendental". Nesse ano, contrai uma pleurisia que o deixa debilitado.

27 de abril de 1938: Depois de longa enfermidade, morre com 79 anos, deixando cerca de 40 mil páginas de manuscritos não publicados.

1939: Sai a edição póstuma de "Experiência e juízo: investigação em torno da genealogia da lógica".

1954: Sai o 6º volume da Husserliana, com a versão mais completa de "A Crise das Ciências Europeias e a Fenomenologia Transcendental".

Fonte: http://www1.folha.uol.com.br/ilustrissima/2013/12/1385819-saiba-mais-sobre-a-vida-de-edmundo-husserl.shtml

---

psicologia é sempre psicofísica, implicando, tácita ou expressamente, a posição existencial da natureza física. Tal ingenuidade consiste, por exemplo, em reduzir à experiência o método da ciência experimental, embora a ciência natural seja crítica a seu modo quando concatena as experiências, as interpreta e articula com o pensamento, distinguindo entre experiências válidas e não válidas (*Enciclopédia Mirador Internacional*. Houaiss, Antônio (1993). São Paulo: Encyclopaedia Britannica do Brasil Publicações Ltda. Disponível em: https://educacao.uol.com.br/biografias/edmund-husserl.htm. Acessado em: 28 fev. 2017.

[5] **Empirismo lógico:** teoria do conhecimento que afirma que o conhecimento vem apenas, ou principalmente, a partir da experiência sensorial. O método indutivo, por sua vez, afirma que a ciência como conhecimento só pode ser derivada a partir dos dados da experiência. Essa afirmação rigorosa e filosófica acerca da construção do conhecimento gera o problema da indução. Um dos vários pontos de vista da epistemologia, o estudo do conhecimento humano, juntamente com o racionalismo, o idealismo e historicismo, o empirismo enfatiza o papel da experiência e da evidência, experiência sensorial, especialmente, na formação de ideias, sobre a noção de ideias inatas ou tradições. John Locke, Francis Bacon, David Hume e John Stuart Mill se destacaram na formação do conceito do empirismo. (Disponível em: https://pt.wikipedia.org/wiki/Empirismo)

Para expor mais brevemente o percurso biográfico de Husserl, apresentamos um quadro cronológico de sua vida e obra, útil para quem deseja estudar a evolução de seu pensamento.

Em seu esforço de pesquisa, Husserl tinha uma rotina impressionante: anotava todos os movimentos de seu pensamento e, para isso, desenvolveu uma estenografia própria. Durante sua vida produziu mais de 40.000 páginas estenografadas no método Gabelsberger. Em 1939, logo após a sua morte, seus manuscritos e sua pesquisa bibliográfica completa estavam ameaçados de ser destruídos pelos nazistas; assim, foram, clandestinamente, transportados pelo seu discípulo, o padre franciscano Herman Van Breda, e depositados no Instituto de Filosofia da *Katholieke Universiteit Leuven*, em Leuven, na Bélgica, onde foram criados

125

SEÇÃO III — PSICOLOGIA FENOMENOLÓGICA

os *Arquivos de Husserl*. Muito do material encontrado em suas pesquisas manuscritas foi publicado na série de edições críticas *Husserliana*, que até agora consta de 42 volumes (http://www.husserlpage.com/hus_iana.html).

Husserl influenciou todo um conjunto de modelos de pensamento, como podemos observar na Filosofia da Linguagem, na Hermenêutica e nos diversos Existencialismos modernos, e toda uma geração de pensadores do quilate dos alemães Edith Stein, Eugen Fink e Martin Heidegger, dos franceses Jean-Paul Sartre, Maurice Merleau-Ponty, Michel Henry e Jacques Derrida, dos espanhóis Ortega y Gasset e Jose Gaos, dos japoneses Nishida Kitaro, Kenji Nishitani, entre outros. O interesse do matemático Hermann Weyl pela lógica intuicionista e pela noção de impredicatividade teria resultado de contatos com Husserl e outros, como também um imenso contingente de psicólogos e psiquiatras como Karl Jaspers, Ludwig Binswanger, V. E. Von Gebsattel, Erwin Straus, F. J. J. Buytendijk e J. H. Van den Berg, bem como os modernos movimentos revisionistas da Antipsiquiatria (de Laing e Cooper) e a Psiquiatria Democrática (de Basaglia).

PRINCIPAIS APORTES DA FENOMENOLOGIA DE HUSSERL

Consciência, intencionalidade e temporalidade

Husserl, já em 1913, destacava a posição única de sua "ciência dos fenômenos" em relação às demais ciências; e, em seu § 84, anuncia a **intencionalidade** como o tema capital. Dessa forma, a Fenomenologia também se constituía como uma "ciência da consciência". "A intencionalidade é aquilo que caracteriza a *consciência* no sentido forte, e que justifica ao mesmo tempo designar todo o fluxo do vivido como fluxo de consciência e como unidade de uma *única* consciência" (Husserl, 1913/2006, p. 190)[6]. Originalmente apoiado nas lições de Franz **Brentano** (1838-1917) – que, por sua vez, resgatava teses escolásticas –, Husserl estende a ideia de *intencionalidade* como aquela propriedade dos vividos, ou sua qualidade de "*ser consciência de algo*", caracterizando a própria consciência como um *ato* como um movimento em *direção-a* algo. As análises husserlianas principiam pelo *cogito* cartesiano, desvelando um tríplice alicerce preliminar da consciência: um *sujeito*, um *ato* e um objeto (*correlatos*), tendo como condição primordial o denominado "*a priori da correlação*"; um *a priori* que mantém correlatos, segundo Husserl (1954/2012), no princípio de qualquer vivência, as coisas e a consciência.

Inicialmente, essa concepção fala de uma *atualidade* do ato da consciência, pois "(...) em cada *cogito* atual, um 'olhar' cujo raio parte do eu puro se dirige ao 'objeto' do respectivo correlato de consciência, à coisa, ao estado das coisas, etc., e efetua um tipo bem distinto de consciência *deles*" (Husserl, 1913/2006, p. 190). Porém, continua Husserl, nem todo vivido – embora intencional – "tem de lidar *atual* com o objeto correlato", mas delimita um "fundo *objetivo* do vivido". "Ou seja, enquanto estamos agora voltados para o objeto puro no modo 'cogito', 'aparecem' diversos objetos dos quais estamos intuitivamente 'conscientes', e que confluem para a unidade intuitiva de um campo de objetos da consciência. Ele é um *campo potencial de percepção* (...)" (Husserl, 1913/2016, p. 190-191). Deriva daí, pois, que – para

além da formulação de uma tese objetivista, natural – temos uma posição na qual a *consciência*, objeto por excelência de qualquer ciência dita "humana", se torna tanto o reconhecimento da singularidade de um *sujeito* como o consequente reconhecimento de um *mundo* ao qual esse sujeito encontra-se inalienavelmente ligado, por um conjunto de *atos*. A simplicidade de tal concepção, todavia, esconde mal-entendidos que o próprio Husserl reconhece: não se trata de igualar *ato* com *vivido intencional*. Da mesma forma que não se pode cair na armadilha de tentar identificar *ato intencional* com *intenção do ato*. "A palavra *intencionalidade* não significa nada mais do que essa particularidade fundamental e geral que tem a consciência de ser consciência *de* alguma coisa, de portar, em sua qualidade de *cogito*, seu *cogitatum* nela mesma", diz Husserl (1931/2013, p. 71).

A partir dessa abordagem preliminar, podemos designar alguns desdobramentos nas seguintes questões: a) Consciência – ao contrário das teses psicologistas[7] – não é uma *coisa*, uma entidade fechada em si mesma, encapsulada, isolada, que habitaria "dentro" de um sujeito, ou seja, não é um receptáculo passivo na qual se inscreve uma experiência. Consciência é ativa e se manifesta, igualmente, como *fenômeno*; b) Mundo não é igualmente uma coisa ou conjunto de coisas que circulam alheias ou destacadas desse sujeito, tal qual sombras pairando na caverna. *Mundo* passa a ter uma concretude para além dos formalismos objetivistas da facticidade do empírico (como *rès*, "realidade", factualidade) ou das simplificações abstratas dos simbolismos diversos (como *signos*, como representações de outra ordem), tornando-se, assim, tanto o correlato dos atos desse sujeito como o *lugar* do desdobramento desse *ser-sujeito* (nada mais, nada menos, do que uma "fórmula" existencialista, como já destacaram Merleau-Ponty, Thévenaz e Ricouer); c) Há, entre sujeito (consciência) e mundo, uma relação *co-constitutiva*, não apenas de "complementariedade", mas de intrínseca *correlação*. Em outras palavras, "sujeito" e "objeto", duas categorias tradicionalmente separadas ao longo da história do pensamento, aqui aparecem como irremediavelmente associadas; e por fim, d) a consciência como subjetividade transcendental, ou seja, como a vida de consciência constitutiva (mundo e o outro como intersubjetividade transcendental) e as suas faculdades transcendentais. Mas o que significa o termo *transcendental* aqui? Significa, em síntese que, nós, seres humanos, somos consciências humanas, "somos sujeitos transcendentais enquanto somos sujeitos para os quais esse mundo é objeto; e nesse mundo, que é nosso objeto, estamos nós mesmos incluídos como sujeitos empíricos que formam parte do mundo" (Zirión, 1990, p. 80).

No intrincado jogo de entrelaçamentos que é a Fenomenologia, o raciocínio muda para posições tanto mais flexíveis quanto dinâmicas (e complexas): *sujeito* e *objeto* deixam de ser "categorias" estanques, alocadas em oposições distanciadas, para serem encaradas como *fenômenos*, como "aquilo que aparece", que "surge" igualmente num movimento, num "sendo", "tornando-se" – melhor captável num *devir*, num *vir-a-ser* (ou fluxo heraclítico) –, o que delimita que a consciência deixa de ser "parte" de um mundo (ou mesmo "coisa" desse mundo), para se tornar o próprio "lugar" do desdobramento desse mundo para si, visto que, a partir da intencionalidade, o caráter estanque de "real" ou "irreal" se dilui em *múltiplos significados* para um sujeito, na multiplicidade de suas experiências. Decorre daí a justificativa

---

6   Grifos no original. A partir daqui, todas as citações literais reproduzirão os respectivos grifos.

7   Que, em geral, não variaram muito ao longo da história dessa ciência, ou seja, diferentemente do que muitos podem julgar, o "psicologismo" de outrora se reproduz nas metateorias ou nas designações de "abordagens" ("linhas") teóricas modernas.

para a clássica máxima husserliana do "retorno às coisas-mesmas" – *zu den Sachen selbst* – ou a *Wesensschau* (ou "intuição das essências"), como o retorno à experiência (Husserl, 1913/2006).

Voltar às coisas-mesmas, tanto é um voltar ao mundo (enquanto conjunto de objetividades factuais com as quais dialogamos cotidianamente) quanto voltar-se ao "meu" mundo (enquanto esse conjunto de percepções ou *vividos*), num encadeamento impossível de ser desalojado. Assim, passar da *intencionalidade* à **intersubjetividade** parece algo "natural"; afinal, no *mundo*, "aparecendo" tal qual uma multiplicidade de objetos e igualmente "sendo", "tornando-se", o lugar do próprio desdobramento desse ser percipiente, reconhecem-se tanto a multiplicidade das apresentações objetivas de um mundo de fatos quanto a pluralidade de expressões de uma subjetividade num igual "mundo de subjetividades". *Mundo* de sujeitos se torna então uma "comunidade social", uma pluralidade de sujeitos interligados em cadeias intrincadas de relações de sentido – culturais, históricas, objetivas, sociais – para ser *mundo intersubjetivo*, como "comunidade de consciências".

Mas esse "retorno às coisas mesmas" não pode ser confundido com psicologismo, com sensualismo ou perspectivismo (relativismo). Fenomenologia como ciência é ciência da consciência e, como tal, se torna um pensar privilegiado com respeito a como as "coisas" são *constituídas* em nossa consciência. A temática da *constituição* deve ser entendida dentro da estrutura da *redução fenomenológica*. Husserl, desde cedo, indica que a estrutura mais fundamental da consciência é a **temporalidade** (Husserl, 1913/2006; 1928/1994), dado que esta combina os processos psíquicos num fluxo. Nas suas *lições* sobre a estrutura do Tempo, entre os anos de 1905 e 1907, Husserl analisa os modos peculiares de consciência do tempo como o que permite compreender o sujeito no mundo. "Tempo", fenomenologicamente, é tempo "objetivo", é tempo "subjetivo" e é tempo "vivido", todos numa *unidade de vividos*, num sentido unienglobante que permite a percepção de si e de sua vida como algo passível de sentido (*constituição*), e não apenas como "passagem" – como se referia Santo Agostinho, em suas *Confissões* –, o que nos deixaria com um problema psicológico monumental, qual seja, como unificar as "memórias" num todo concreto, sem que a consciência viesse a se confundir com representações, fantasias ou imaginações, ou seja, como nossa experiência no tempo (passado, presente e futuro) pode se organizar de tal modo que possamos falar de algo como "nossa" experiência? Para responder a essa dificuldade, Husserl elabora uma análise da *temporalidade* como fluxo, na qual se entrelaçam, num modo dinâmico e ativo, *retenções* (relativas às experiências de passado) e *protensões* (relativas ao futuro), unificadas num *presente vivo*, numa experiência de "alargamento" ou extensão de um presente que, vivido, toca tanto o passado (já vivido) quanto um futuro (ainda não vivido).

Nessa mesma direção, nos deparamos com atos dos quais temos "consciência", mas que não são objetos de nossa reflexão. Como dizia Husserl (1913/2006), há atos *atuais* (dos quais temos consciência "direta" ou sobre os quais refletimos) e temos os "vividos do fundo de atualidade, como o prazer, o juízo, a vontade '*incipientes*' etc., que se encontram em diferentes graus de distanciamento ou, (...) de *distância* ou de *proximidade do eu* (...). Ainda assim, tais inatualidades já são, por sua própria essência, 'consciência de algo'" (p. 191). Aqui, Husserl diz de um "caminho anterior à percepção, que ele chama de *síntese passiva*. Ou seja, nós reunimos elementos sem nos darmos conta do que estamos fazendo" (Ales Bello, 2017, p. 55). O que isso significa? Que uma *unidade de sentido* se dá sempre que opero um ato intencional, mas que igualmente isso se dá como um ato *pré--predicativo*, ou seja, anterior a uma racionalidade explícita, envolvendo o que é "pré-dado" à consciência antes de esta se "dar conta" disso. Consciência, pois, não pode ser identificada com ato "racional". Esse *pré-dado* são os "dados hiléticos" (de *hylé*, "matéria", ou vivência sensível, afetiva, imanente), que compõem a dimensão da sensação.

Essas duas questões – *temporalidade* e *síntese passiva* –, ao lado da ideia de um *ego transcendental* (*subjetividade transcendental, consciência transcendental*), compõem aquilo que se chama de *fenomenologia genética* ou generativa, ou aquilo que visa compreender a gênese da vivência em seu modo de acesso à consciência; em relação a uma *fenomenologia estática*, que trata dos modos de estratificação dos atos da consciência, como temos na análise lógica, por exemplo.

Certamente é-nos dada uma tarefa impossível: condensar a extensão de toda uma obra, bem como sua complexidade – dignamente trabalhada do início ao fim – em poucas palavras. Uma das dimensões cruciais do pensamento husserliano, parece-nos, é o fato de não poder ser apreendido numa só dimensão, nem destacado de sua teleologia. Assim, faz-se *mister*, principalmente para aqueles que não se dedicam à atividade filosofante, uma apreensão tanto longitudinal (histórica, complementar, aglutinadora) quanto de profundidade, para apreender minimamente a proposição husserliana.

Método fenomenológico: da atitude natural à atitude fenomenológica

Uma *definição* para a Fenomenologia de Husserl certamente incorrerá em imprecisões ou limitações. Mas há uma questão que nos parece fundamental para a compreensão da Fenomenologia, principalmente no contexto das ciências pragmáticas – entre asas quais aqui identificamos todas aquelas que se dedicam ao trabalho empírico no mundo natural –, tais como a Psicologia, Psiquiatria e tantas outras, sejam de áreas como Saúde, Educação, Sociedade etc. Trata-se da já tradicional identificação da Fenomenologia como um *método*, como podemos facilmente observar nos seus modos de "aplicação". Sem dúvida que a Fenomenologia fornece estruturas e estratégias de ação *metódicas* para o desenvolvimento de um conjunto de ciências – daí sua premissa de ser uma "ciência dos fundamentos" –, mas será que se compreende corretamente o que Husserl chama de "método" fenomenológico, e será que este pode ser associado *ipsis litteris* a uma "metodologia"?

Originalmente, *método* deriva de μέθοδος ("meta") + όδοζ ("hódos") e designa um "caminho" ou uma "direção" com vistas a um objetivo. Nesse sentido, como explicita Merleau-Ponty (1945/1990, p. I), a Fenomenologia "é o ensaio de uma descrição direta de nossa experiência tal qual ela é"; uma possibilidade de leitura da realidade – como igualmente o são as demais ciências, às quais a Fenomenologia não se opõe. Quando Husserl critica os modelos dominantes de ciência positiva, o faz naquilo que essas ciências têm de especulativo e dogmático, na direção de construir uma "ciência rigorosa": "O verdadeiro método segue a natureza das coisas a investigar, mas não segue os nossos preconceitos e modelos" (Husserl, 1911/1965, p. 29). O alicerce sobre o qual Husserl buscou se apoiar para essa construção foi, como vimos anteriormente, a *experiência*, o "fato psíquico" fundamental, designado também pela palavra **Erlebnis**, tomada de empréstimo a Wilhelm Dilthey, e que foi traduzida por **vivência** ou a *experiência* vivida, como tudo aquilo que transcorre, a cada momento, no âmbito subjetivo da consciência individual.

SEÇÃO III — PSICOLOGIA FENOMENOLÓGICA

No entanto, adverte Husserl que "o nosso conceito de vivência [fenomenológico] não está em consonância com o popular", no sentido de um "complexo de acontecimentos externos, e o viver de percepções, ajuizamentos e outros atos, nos quais esses acontecimentos se tornam uma aparição objetiva e, frequentemente, objetos de certo ato de posição referido ao eu empírico" (p. 323). Ao contrário, o sentido fenomenológico de vivência que o filósofo quer explicitar não significa viver ou experienciar, mas, sim, em "darmos conta" daquilo que vivemos, ou seja, daquilo que se vive, referindo-se "aos atos característicos da interioridade do ser humano que vão desde a percepção até a recordação, a imaginação, o pensamento e assim por diante, entendidos como elementos estruturais e constitutivos da consciência" (Bello, 1998, p. 26).

Em Husserl, a ideia de *vivência* aparece quando ele designa a fenomenologia como "doutrina eidética descritiva dos vividos puros" (1913/2006, § 75, p. 161), para designar esse fluxo de experiências que caracteriza o sujeito. Mas para se alcançar esse objetivo, para se atingir a imediaticidade dessa experiência, é preciso realizar uma operação lógica, comumente como "redução", conhecida por "redução", associada ao vocábulo grego *ἐποχή* (*epoché*) – noção oriunda da filosofia cética para designar a "suspensão do juízo" com respeito a algo ou, na perspectiva husserliana, a "colocação entre parênteses" da tese natural –, que é a estratégia metodológica privilegiada para a apreensão do dado em sua essência. Ao contrário do que muitos interpretam, *redução* não é "negação", "neutralidade", "relativismo" ou "alienação", mas é simplesmente a colocação "fora de circuito" (Husserl, 1913/2006) da naturalidade que nos faz acreditar que o mundo que nos é dado é um mundo "real", exatamente por ser dado. Como assinala o fenomenólogo italiano Enzo Paci (1963/1972), "o objetivo da *epoché* é o desocultamento. O mundo está sempre lá".

Sem adentrar na complexidade dos diversos modos de redução, podemos, por ora, designar a *epoché* como a suspensão da tese do mundo natural, porque, se praticamos a *epoché*, podemos "reduzir" o mundo ao fenômeno transcendental e revelá-lo como correlato imediato da consciência agora transcendental. A *epoché* é para Husserl um colocar "fora de ação a tese geral inerente à essência da orientação natural", pondo "entre parênteses tudo o que é por ela abrangido no aspecto ôntico: isto é, todo este mundo natural que está constantemente 'para nós aí', 'a nosso dispor' e que continuará sempre aí como 'efetividade' para a consciência, mesmo quando nos aprouver colocá-la entre parênteses" (Husserl, 1913/2006, p. 81). Em outras palavras, tal como sintetiza Edith Stein, a *epoché*, na prática, nada mais é que "deixar de lado o quanto for possível o que ouvimos e lemos ou o que nós mesmos produzimos a fim de se achar a melhor solução para a situação. Isso para, por assim dizer, acercarmo-nos das coisas com um olhar livre de preconceitos e poder absorver-nos da intuição imediata" (Stein, 1994/2013, p. 33).

Com a *epoché*, é possível sair da atitude natural, ou seja, "deixar de lado" a maneira natural pela qual vemos, percebemos, conceituamos as coisas do mundo, nós e o mundo mesmo, todas as crenças estabelecidas, para adentramos na atitude fenomenológica. Na atitude fenomenológica, temos uma nova orientação, já que deixamos "entre parênteses" todas as posições que são aceitas do cotidiano e pela ciência, para iniciar a análise de uma mais radical e abrangente. A atitude fenomenológica viabiliza-nos a tomar distância das intencionalidades da atitude natural, da subjetividade empírica, e nos mostra às intencionalidades mesmas, transcendentalmente reduzidas. San Martín (1986) explica que a atitude fenomenológica permite encontrar pelo menos três níveis ou aspectos do fenômeno: 1) os atos próprios do sujeito (perceber, amar, odiar, desejar, julgar etc.); 2) aquilo que é dado nos tais atos e; por fim,; 3) a realidade em si.

É pela atitude fenomenológica, alcançada pela *epoché universal*, que é possível captar o essencial dos fenômenos, a sua "essência" (*Eidos*), ou seja, as irrealidades, quer seja tudo aquilo que está na base do mundo efetivo, fático, real. Husserl (1913/2006) define por "essência" aquilo que se encontra no ser próprio de um indivíduo como o que ele é, mas que cada um desses "o quê" ele é, seja "posto em ideia". No primeiro livro das *Ideias para uma Fenomenologia Pura e uma Filosofia Fenomenológica*, publicado em 1913, o fenomenólogo acha por bem logo distinguir os fatos das essências, porque "cada objeto individual tem uma composição eidética como sua essência, assim como, inversamente, a cada essência correspondem indivíduos possíveis que seriam suas singularizações fáticas" (p. 42). Assim temos constituída uma "ciência eidética", porque essa se caracteriza em ser uma "análise" direta às próprias coisas, identificando a "composição eidética, cujo propósito consiste em alcançar que está originariamente (*Originär*) estabelecido como fundamento de todo o conhecimento.

Por fim, como *método*, a Fenomenologia se torna uma necessária e ininterrupta *pesquisa*, uma *busca*, uma *investigação* com respeito àquilo que se designa como "essencial", constitutivo do subjetivo. Do ponto de vista psicológico, parece-nos que a Fenomenologia fornece – naquilo que a tradição psiquiátrica clássica já designava – tanto um método descritivo quanto uma hermenêutica-antropológica para o reconhecimento do sujeito humano. Nesse sentido, não se pode identificar *fenomenologia* nem com "teorias" psicológicas (ou "abordagens"), nem com modalidades interventivas (com "técnicas" ou "tecnologias" de mudança comportamental). A partir de Husserl (1911/1965), a Fenomenologia deve ser entendida como a ciência que fundamenta todas as demais ciências, no rigor que as permitem ser *ciências* no sentido extenso, e ainda assim como aberturas para possibilidades de novas apreensões.

FENOMENOLOGIA E PSICOLOGIA: A PSICOLOGIA FENOMENOLÓGICA

A relação da Psicologia com Fenomenologia foi uma das preocupações centrais de Husserl, pois, como vimos nas suas análises, o tema da *consciência* foi central. Assim, a Psicologia deveria estar ligada à Fenomenologia, mesmo possuindo objetivos diversos e diferenças quanto ao método e à análise.

Na primeira edição das *Investigações lógicas*, Husserl definiu a Fenomenologia como uma "psicologia descritiva", porém logo, em 1901, corrigiu essa denominação. Diz então de maneira conclusiva no segundo prefácio dessas investigações: "a descrição psicológica é, por outro lado, posta em oposição à descrição fenomenológica, (...) as descrições da fenomenologia, lê-se nessa recensão, não dizem respeito a vivências ou classe de vivências de pessoas empíricas" – e aqui percebemos o distanciamento a Dilthey e Brentano no conceito de vivência – "(...) de vivências minhas ou de outros, ela nada sabe nem conjectura coisa alguma; sobre tais vivências, a fenomenologia não levanta questões, não procura determinações e nem elabora hipóteses" (Husserl, 2014, p. XVII-XVIII).

No entanto, apesar de a Fenomenologia não ser uma Psicologia, Husserl argumenta que ambas estão próximas, ligadas uma a outra. Um exemplo dessa aproximação encontramos no texto "Filosofia como ciência de rigor", publicado na revista *Logos*, que, ao criticar o psicologismo, o historicismo e, principalmente, o naturalismo, afirma que "é de esperar de antemão que a Fenomenologia e a Psicologia devem estar próximas uma da outra, referindo-se ambas à consciência, embora de modos diversos e em 'orientação' diversa, podendo dizer-se que à Psicologia interessa a 'consciência empírica', (...) algo existente na continuidade da natureza, ao passo que à Fenomenologia interessa a 'consciência pura'" (Husserl, 1911/1965, p. 19).

Ainda, cabe ressaltar que não é qualquer Psicologia que está ligada à Fenomenologia. Lembremo-nos que Husserl era crítico das duas formas de Psicologia vigentes em sua época, tais como: o psicologismo e a psicologia científica (experimental). O psicologismo foi uma posição filosófica que acabava por reduzir todo o conteúdo cognoscitivo e todos os fenômenos subjetivos da consciência aos mecanismos psicológicos. Para Husserl, era necessário refutar radicalmente todo tipo de psicologismo, porque impõe uma visão equivocada do ser humano, ou seja, o reduz a uma configuração particular. O psicologismo é a redução de todas as características humanas e seus produtos (culturais ou não) a uma concepção de mente, de consciência empírica ou mesmo de um ser humano apenas concreto (ser humano empírico).

Já a psicologia científica, consequência teórica do psicologismo, naturalismo e positivismo, "fracassou, porque já na sua fundação originária como psicologia de uma nova espécie, ao lado da ciência da natureza moderna, negligenciou questionar o único sentido genuíno da tarefa que lhe é essencial como ciência universal do ser psíquico" (Husserl, 1954/2012, p. 165). Segundo Husserl, essa psicologia, cuja metodologia é naturalista, positivista, mostrou-se cada vez mais imprópria para lidar com a consciência mesma, pois exclui por princípio outras propriedades pertencentes à vida psíquica. Apesar de Husserl (2003) defender que o melhor estudo da consciência é, sem dúvida, sempre o estudo psicológico, por serem as representações, os sentimentos, os julgamentos senão denominações de vivências da subjetividade, dizia que esse estudo era tratado de maneira ingênua e objetiva nas análises científicas. A Psicologia que tem o encargo de ser uma ciência da vida psíquica e assume como tarefa acessar a subjetividade por ela mesma, na realidade de modo científico não o faz, pois deixa de lado, por se manter na atitude natural, objetivante, a vida transcendental (intencionalidades). Dessa maneira, Husserl constatou que essas psicologias careciam de bases seguras para se constituir como uma ciência capaz de investigar a vida íntima da alma.

Mas a sua crítica não se manteve apenas na diferenciação da Psicologia com a Fenomenologia, mas também na denúncia de uma "crise" da Psicologia. Em seus últimos escritos, postumamente publicados em 1954, sob o título de *A Crise das ciências europeias e a Fenomenologia Transcendental*, Husserl (1954/2012) pergunta se "é possível falar seriamente de uma crise pura e simples de nossas ciências", ou se o "mesmo pode ser válido para a psicologia". Em síntese, Husserl afirma que a crise da psicologia existe porque esta associou o fato físico-matemático ao conhecimento, e com isso passou a naturalizar o psíquico, tornando-o numa entidade única e exclusivamente psicofísica. Diferentemente disso, Husserl aponta a urgência de se recuperar o sentido originário do psíquico, porque, "como a física, a ciência da natureza no sentido habitual é uma ciência empírica dos fatos materiais, da mesma forma a psicologia é a ciência empírica (ciência da natureza) dos fatos espirituais" (Husserl, 1890/1975, p. 279).

Para o fenomenólogo, a vida humana tem dimensões diversas, percebemos isso em nossas vivências. Isso significa que a vida não poderia se resumir em um sentido apenas fisiológico-

natural, tal como a ciência positivista o faz. A vida é uma "vida ativa em vista de fins, realizadora de formações espirituais – no sentido mais lato, na vida criadora de cultura na unidade de uma historicidade" (Husserl, 1954/2012, p. 249). É, então, um contrassenso epistemológico subordinar a vida do espírito à natureza, se afinal de contas é a própria vida espiritual-humana produtora do sentido da ciência e da natureza.

Por fim, Husserl, ao expor e analisar a crise das ciências e, em especial, a crise da psicologia, conclui que a Fenomenologia Transcendental é capaz de recuperar o autêntico sentido do conhecimento e da existência humana, porque "a Fenomenologia Transcendental, proíbe a toda ciência do homem, como queira que essa se estabeleça, sua participação na fundamentação da filosofia, tal como antropologismo e psicologismo; agora vale o estritamente ao contrário, a filosofia fenomenológica se deve construir, inteiramente de novo, sobre a base da existência do ser humano" (Husserl, 1931/1993, p. 57). Consequentemente, a Fenomenologia também proporcionará à Psicologia o restabelecimento de um método e um fundamento que retome autenticamente seu objeto (a consciência) e sua motivação como ciências do espírito (ciência humanas), tornando-se, assim, uma autêntica Psicologia, ou seja, uma "Psicologia Fenomenológica". Husserl, no texto da "Enciclopédia Britânica", publicado em 1927, indica que: "(...) Ao mesmo tempo em que a fenomenologia filosófica, mas sem se distinguir a princípio dela, surgiu uma nova disciplina psicológica paralela a ela, quanto ao método e ao conteúdo: a psicologia apriorística pura ou 'psicologia/fenomenológica', na qual, com um afã reformador, pretende ser o fundamento metódico sobre a qual pode, por princípio, erguer-se uma psicologia empírica cientificamente rigorosa. A demarcação dessa fenomenologia psicológica rodeada do pensamento natural seja talvez conveniente como introdução propedêutica para elevarmos a compreensão da fenomenologia filosófica" (Husserl, 1927/1990, p. 59).

A *Psicologia Fenomenológica* está pautada nas análises da natureza da vida psíquica, ou seja, das estruturas vividas concretamente e da totalidade dos modos de consciência psíquica (intencionalidades psíquicas). É uma Psicologia pura, porque investiga as vivências psíquicas por elas mesmas e que deixa "entre parênteses" a relação psicofísica. Conclui que a "pura psicologia não conhece justamente senão o subjetivo, e admitir aí como existente algo de objetivo é já dela ter aberto mão" (Husserl, 1954/2012, p. 209).

É possível, então, afirmarmos que essa Psicologia, por ser *fenomenológica*, não tem relação nenhuma com as Psicologias naturalistas e tem pouca relação com psicologias posteriores denominadas fenomenológicas e existenciais (Goto, 2015). Esse é um ponto interessante, pois a concepção de uma Psicologia como fenomenológica favoreceu e tem favorecido, em diversos países e épocas, o surgimento de psicologias caracterizadas como abordagens "fenomenológico-existenciais", tais como: Psicologia Existencial, Gestalt-terapia, Abordagem Centrada na Pessoa, *Daseinanálise*, Logoterapia, entre outras variações. No entanto, se de um lado o conhecimento da Fenomenologia e sua relação com a Psicologia tem um aspecto altamente positivo no desenvolvimento de "outras" psicologias, de outro, foi também proporcionando equívocos e confusões conceituais na psicologia e em outras ciências (Goto, 2015). Exemplos desses equívocos estão em diversas afirmações – dos vários precursores e continuadores dessas abordagens – de que as suas propostas se constituem em psicologias fenomenológico-existenciais. Qual o sentido dessas denominações? Trata-se apenas de nomes ou denominações de psicologias influenciadas pela

SEÇÃO III — PSICOLOGIA FENOMENOLÓGICA

Fenomenologia Filosófica ou se consideram mesmo como psicologias fenomenológicas?

Como vimos, a Fenomenologia é um método; quer seja uma analítica intencional ou mesmo uma analítica existencial, tal como foi continuada por Heidegger, Sartre ou mesmo Merleau-Ponty. Assim, o que nos parece é que essas psicologias fenomenológico-existenciais foram constituídas pela "visão de mundo" ou mesmo pela visão antropológica que a Fenomenologia produziu como uma Filosofia, e não por se aterem ao método fenomenológico. São psicologias fenomenológicas em um *sentido lato*. Temos essa posição, porque: a) não encontramos no interior delas a adoção analítica e sistemática do método fenomenológico, principalmente a redução psicológico-eidético; b) não descrevem, via análise fenomenológica, a intencionalidade (essência da vida psíquica) e nem os atos intencionais (psíquicos); c) em algumas delas é possível perceber um conhecimento vago e superficial da Fenomenologia e da Psicologia Fenomenológica (pouquíssimas obras citadas e muitas vezes lidas indiretamente); d) além das confusões conceituais e do pouco conhecimento filosófico manifesto pelo conjunto de psicólogos.

Ao contrário de tudo isso, a Psicologia Fenomenológica tem, então, um afã reformador, como fundar uma "nova Psicologia", recuperando, a partir do método fenomenológico, a "essência" da vida psíquica (intencionalidade, formas intencionais), e não uma abordagem. É uma psicologia radical em relação às outras psicologias, tal como reconhece Husserl (1968/2001), porque está fundamentalmente dirigida à vida psíquica em si mesma e suas estruturas intencionais, dirigindo seu olhar diretamente à interioridade psíquica; um "interesse puro ao ser subjetivo".

Mas, afinal, o que é a Psicologia Fenomenológica? Na acepção de Husserl (1968/2001), a Psicologia Fenomenológica pode ser definida como uma ciência da subjetividade psíquica, com as seguintes características básicas: constituir-se uma ciência *a priori*, como uma ciência eidética, e possuir caráter intuitivo e de descrição pura.

A psicologia entendida como uma ciência *a priori* e eidética quer dizer que ela se constitui como uma "ciência das universalidades (necessidades essenciais) das vivências psíquicas", uma ciência das essências da vida psíquica, sem as quais seriam inconcebíveis os seres psicológicos (humanos e animais). O psicólogo, como concebe Husserl (1954/2012), que se estabelece em uma ciência rigorosa da vida psíquica (interna e intencional), sem dúvida, deve partir do método da redução fenomenológico-psicológica (redução eidética), podendo deixar a orientação natural-científica. "Ao psicólogo, diz Husserl, no meio desta vida, mas na sua atitude de 'observador desinteressado', é tematicamente acessível a cada vida intencional, conforme a vive a cada sujeito, ele mesmo e cada comunidade particular de sujeitos que são tematicamente acessíveis às efetivações dos atos, o agir perceptivo e de qualquer outro modo experienciador, os intuitos cambiantes do ser, da vontade etc." (Husserl, 1954/2012, p. 194).

Essa nova psicologia tem como meta fundamental a reformulação da psicologia empírica e científica (experimental) como Psicologia Fenomenológica, porque só assim, no entendimento de Husserl, poderemos finalmente esclarecer, sem ambuiguidades e plurivocidades, os principais conceitos usados na psicologia, tais como consciência, percepção, afetividade, imaginação, fantasia, cognição, afeto etc.; e a partir deles mesmos, de suas próprias identidades e referidos processos psicológicos. Por fim, cabe-nos aqui advertir, tal como faz Husserl (1968/2001), que os psicólogos não são filósofos (e nem precisam ser), porque aqueles buscam a "teoria essencial pura do psíquico" (subjetividade empírica, psíquica), a partir do homem natural, do social-psíquico, enquanto estes buscam uma filosofia transcendental, pautada na subjetividade transcendental.

REFERÊNCIAS BIBLIOGRÁFICAS

Ales Bello, A. (2017). *Introdução à Fenomenologia*. Belo Horizonte: Spes Editora.

Dartigues, A. (1992). *O que é Fenomenologia?* São Paulo: Centauro Editora.

Delbos, V. (1911). *Husserl. Sa critique du psychologisme et sa conception d'une logique pure. Revue de métaphysique et de morale*, XIX, n. 5, p. 685-698.

Goto, T. A. (2015). *Introdução à Psicologia Fenomenológica – a nova Psicologia de Edmund Husserl*. 2ª ed. São Paulo: Paulus.

Houaiss, A. (1993). *Enciclopédia Mirador Internacional*. São Paulo: Encyclopaedia Britannica do Brasil Publicações Ltda. Disponível em: https://educacao.uol.com.br/biografias/edmund-husserl.htm. Acesso em: 28 fev. 2017.

Husserl, E. (1965). *A filosofia como ciência de rigor*. Coimbra: Atlântida. (Original publicado em 1911)

Husserl, E. (1975). *Articles sur la logique*. Paris: PUF. (Original de 1890)

Husserl, E. (1990). *El artículo de la Encyclopaedia Britanica*. Mexico: UNAM. (Original de 1927)

Husserl, E. (1993). Phenomenologie et Anthropologie. In: Franck, D. *Notes sur Heidegger*. Paris: Les Editions de Minuit. (Original de 1931)

Husserl, E. (1994). *Lições para uma fenomenologia da consciência interna do tempo*. Lisboa: Imprensa Nacional Casa da Moeda. (Original publicado em 1928)

Husserl, E. (2001). *Psychologique phénoménogique (1925-1928)*. Paris: Vrin. (Original de 1968)

Husserl, E. (2003). *Fenomenologia e Psicologia*. Napoli: Filema edizione. (Original de 1911-1921, em Aufsätze und Vorträge)

Husserl, E. (2006). *Ideias para uma Fenomenologia Pura e para uma Filosofia Fenomenológica*. São Paulo: Editora Ideias & Letras. (Original de 1913)

Husserl, E. (2012). *A crise das ciências europeias e a Fenomenologia Transcendental. Uma introdução à Filosofia Fenomenológica*. Rio de Janeiro: Forense Universitária. (Original de 1954)

Husserl, E. (2013). *Meditações cartesianas*. São Paulo: Forense-Universitária. (Original de 1931)

Husserl, E. (2014). *Investigações lógicas – prolegômenos à lógica pura*. Rio de Janeiro: Forense Universitária. (Original de 1900)

Lalande, A. (1956). *Vocabulaire Technique et Critique de la Philosophie*. Paris: PUF.

Merleau-Ponty, M. (1990). *Fenomenologia da percepção*. São Paulo: Martins Fontes. (Original de 1945)

Morujão, A. F. (1990). Fenomenologia. In: *Logos. Enciclopédia Luso-Brasileira de Filosofia*. Lisboa: Verbo. p. 487-493.

Paci, E. (1972). *The function of the sciences and the meaning of man*. Evanston: Northwestern University Press. (Original publicado em 1963)

Ricouer, P. (2009). *Sobre a Fenomenologia*. In: Ricouer, P. *Na Escola da Fenomenologia*. Petrópolis: Vozes. p. 141-174. (Original de 1953)

San Martin, J. (1986). *La estructura del método fenomenológico*. Madrid: UNED.

Stein, E. (1994/2003). *La Estructura de la person humana*. Madrid: BAC.

Stein, E. (2003). *La estructura de la persona humana*. Madrid: Biblioteca de Autores Cristianos.

Zirión, A. Q. (1990). El sujeto trascendental en Husserl. In: Zirión, A. Q.; Aguilar, M. *Crítica del sujeto*. México: UNAM.

LEITURAS RECOMENDADAS

Goto. T. A. (2008). *Introdução à Psicologia Fenomenológica*. São Paulo: Paulus.

Holanda, A. F. (2014). *Fenomenologia e humanismo. Reflexões necessárias*. Curitiba: Juruá Editora.

Husserl, E. (1992). *Conferências de Paris*. Lisboa: Edições 70. (Original publicado em 1929)

Reis, B. B.; Holanda, A. F.; Goto, T. A. (2016). Husserl e o Artigo para Enciclopédia Britânica (1927): Projeto da Psicologia fenomenológica. *Psicologia em*

Estudo, v. 21, n. 4, p. 629-640. Disponível em: http://eduem.uem.br/ojs/index.php/PsicolEstud/article/view/33374. Acesso em: 20 fev. 2018.

San Martín, J. (1986). *La fenomenologia de Husserl como utopía de la razón*. Madrid: Biblioteca Nueva.

SITES, LINKS E PÁGINAS

http://www.husserlpage.com/
http://fenomenologiadeedmundhusserl.blogspot.com.br/
https://hiw.kuleuven.be/hua/links
http://www.fenomenologia.ubi.pt/Links.htm
http://www.husserl.net/misc/Links.html
http://www.lusosofia.net/

FILMES E DOCUMENTÁRIOS

https://www.youtube.com/watch?v=wizA_ctNq1s&t=19s ?
https://www.youtube.com/watch?v=nedQg9yczew ?
https://www.youtube.com/watch?v=TKFEboZSlN4
https://www.youtube.com/watch?v=PjknxljepKA&list=PLfoWx7v1fc_tDUMlg0qx4mJYjrwMZhjHO
https://www.youtube.com/watch?v=75KM3kSFgEE&t=48s
https://www.youtube.com/watch?v=_RR9dHtF3e4&t=592s Tommy
https://www.youtube.com/watch?v=YBm7gmUsryQ&t=13s
https://www.youtube.com/watch?v=l77q3j-83BA&t=11s
https://www.youtube.com/watch?v=sEcvWpZhGUQ

16

Edith Stein e a psicologia

Andrés Eduardo Aguirre Antúnez
Suzana Filizola Brasiliense Carneiro
Tommy Akira Goto

VIDA E OBRA DE EDITH STEIN

Edith Stein (1891-1941) nasceu em Breslau, na Alemanha, em 12 de outubro de 1891, no seio de uma família judia. Filha de Siegfried e Auguste Stein era a caçula de onze irmãos. Seu pai, comerciante de madeira, faleceu em uma viagem de negócios quando Edith tinha 1 ano e 8 meses. Nesse sentido, ela era para a mãe "a última herança" do pai. Após a morte do marido, a Sra. Stein assumiu sozinha a loja e o sustento dos filhos. A seu respeito Edith (Stein, 1999b) afirma que, apesar de a mãe não entender de finanças, tinha talento especial para lidar com as pessoas e era considerada a comerciante de madeira mais hábil da região.

Desde pequena, Edith demonstrou ser sensível ao sofrimento humano. Em sua autobiografia, ela relata, por exemplo, a angústia que sentia ao ver uma pessoa alcoolizada e como passou a evitar a bebida na juventude por receio de perder a "liberdade intelectual" e a própria "dignidade" (Stein, 1999b, p. 68)[1]. Relata ainda as marcas deixadas ao atravessar as duas grandes guerras e os compromissos assumidos diante de contextos dramáticos em que o outro era visto como um mal a ser eliminado. Ao relatar sua experiência a respeito da Primeira Guerra Mundial, por exemplo, Edith Stein afirma que não tinha mais vida pessoal e que todas as suas forças pertenciam àquele grande acontecimento (Stein, 1999b, p. 271). Em consonância com esse sentimento, em 1915 ela foi enviada para a Áustria como enfermeira voluntária da Cruz Vermelha, onde cuidou dos feridos de guerra. Anos mais tarde, experienciou o mesmo clima de violência e banalidade da vida com a perseguição nazista ao povo hebreu. A pressão econômica sobre os judeus levou muitos ao desespero e ao suicídio, como ocorreu com o tio paterno de Edith. Também nessa situação o compromisso da autora com o valor da pessoa humana se fez notar a partir de gestos concretos, tais como o de escrever sua autobiografia, intitulada "*Da vida de uma família judia*"[2], onde ela descreve o cotidiano familiar, a fim de ilustrar a humanidade do povo hebreu, cuja dignidade vinha sendo ofuscada pela terrível caricatura desenhada pelo nazismo.

Essa sensibilidade e interesse de Edith Stein pela pessoa humana, expressos na sua experiência de vida, também se manifestaram no percurso intelectual. Conforme escreve Romaeus a S. Ter, O.C.D na introdução da autobiografia de Stein, "conhecer o significado mais profundo das coisas e buscar a origem do seu ser" era o que Edith ansiava e que se traduz como uma busca incessante pela verdade (Stein, 1999b, p. 6). A sua inteligência e curiosidade intelectual se manifestaram desde a mais tenra idade, a exemplo do contato precoce que teve com a literatura, por intermédio dos irmãos mais velhos, e da reivindicação feita aos 6 anos para frequentar a escola primária. Aos 16 anos, dava aulas particulares para as colegas da escola e, em 1911, ingressou na Faculdade de Breslau, onde frequentou os cursos de Germanística e História, além de seminários de Filosofia e Psicologia. Nutria interesse particular por essa última disciplina, na medida em que a vislumbrava como via de acesso à compreensão do ser humano. Nesse período, Stein entrou em contato com a Psicologia, a partir dos seminários de William Stern (1871-1938), cursando quatro semestres dessa disciplina e entusiasmada com o fato de que essa nova ciência poderia oferecer as respostas aos seus questionamentos.

A Psicologia, recém-nascida como disciplina autônoma a partir do Laboratório de Psicologia Experimental de Wilhelm Wundt (1879), e com a qual Edith Stein se deparou, estava ligada às ciências naturais. O seu objeto de estudo se delineava pelo método experimental e restringia-se às sensações corpóreas, sem atingir o espírito humano. Foi nesse contexto de críticas à Psicologia que Edith entrou em contato com a obra de Edmund

---

[1] Tradução nossa. Todas as referências em italiano, alemão e espanhol são traduzidas pelos autores desta seção.

[2] Título original *Aus dem Leben einer jüdischen Familie.*

SEÇÃO III — PSICOLOGIA FENOMENOLÓGICA

Husserl, tendo encontrado na Fenomenologia o caminho investigativo adequado para a compreensão do humano; uma filosofia e um método que ofereceria os fundamentos necessários para a Psicologia e para as ciências do espírito (*Geistwissenschaft*). Stein (2002b) relata que, nos tratados que estudava para os seminários de Stern sobre os problemas da Psicologia, entre os anos de 1912 e 1913, sempre eram mencionadas as *Investigações lógicas* de Husserl. "Certo dia, continua Stein (2002b, p. 170), Dr. Moskiewicz surpreendeu-me enquanto estava ocupada com esses textos, no seminário de Psicologia. 'Largue todas essas coisas', disse ele, 'e leia isto, pois foi daqui que os outros pegaram tudo'. Ele me estendeu um livro volumoso: era o segundo volume das *Investigações lógicas*, de Husserl."

Com a leitura das *Investigações*, Stein foi cada vez mais identificando as insuficiências da Psicologia em explicar e encontrar o fundamento para o pensamento humano. "Todos os meus estudos em Psicologia, analisa Stein (2002b, p. 174), tinham-me convencido apenas de que essa ciência ainda estava nos primeiros passos, ainda, faltava-lhe o fundamento indispensável de conceitos e base clarificados e que ela própria não estava em condições de elaborar para si tais conceitos." Além da crítica à Psicologia científica e consequentemente ao psicologismo[3], tal como expos Husserl em suas *Investigações*, Stein definitivamente se decepciona com a Psicologia da época, caracterizando-a como uma "Psicologia sem alma".

No entanto, permanecia ainda a questão: seria possível uma investigação científica do "mundo interior", ou seja, da subjetividade propriamente dita? Ao procurar responder a essa pergunta, Stein rechaça, como vimos, a Psicologia científica, mostrando que essa ciência é incapaz de investigar a vida íntima da alma. Em um texto intitulado "Castelo interior" (*Seelenburg*), que constitui um comentário a respeito da obra *As moradas do castelo interior*, de Santa Teresa d'Ávila (1515-1582), Stein (2002a) questiona se a oração constitui uma via de acesso à vida interior ou se não existiria outra via de acesso ao "castelo interior" a partir de uma via científica. Stein constatou, sim, a possibilidade de uma via científica (filosófica), tal como evidenciou seu mestre Husserl, porém, para isso, havia a exigência de desenvolver uma "nova psicologia" que levasse em consideração os processos da vida anímica na sua totalidade, sem se apoiar em partes reduzidas do ser humano. Essa nova psicologia, ou seja, uma denominada Psicologia Fenomenológica, pode fornecer um fundamento seguro para a Psicologia, propiciando uma investigação rigorosa dos fenômenos psíquicos.

Assim, em 1913, Edith mudou-se para Göttingen, a fim de estudar com Husserl. Durante esse período, Stein teve uma vida acadêmica intensa, participando ativamente de um grupo de discípulos de Husserl que se reuniam semanalmente para discutir questões filosóficas. Também passou a fazer parte do chamado "Círculo de Göttingen", que reunia nomes importantes como Adolf Reinach, Max Scheler, Dietrich von Hildebrand, Martin Heidegger Conrad e Hedwig Conrad Martius em torno da Fenomenologia. Assim, orientada por Husserl, foi a segunda mulher a defender um doutorado em filosofia, em 1917. Em sua tese "*Sobre o problema da empatia*"[4], Stein investiga essa vivência particular – a empatia ou entropatia – que nos permite acessar a subjetividade alheia, tornando possível a vida em comunidade. Partindo do estudo das vivências, tal como seu

mestre Husserl, a filósofa chega a uma constituição essencial do ser humano, compreendido como um ser unitário constituído pelas dimensões: a) corpórea, responsável pelas vivências associadas à percepção, às sensações e aos instintos em geral; b) psíquica, ligada às vivências reativas de atração e repulsa, às emoções; e c) espiritual, associada ao intelecto e à vontade e responsável por vivências como a reflexão e a avaliação.[5] A unidade da pessoa se dá pelo "eu", compreendido como o ponto de unidade e irradiação das vivências. Além disso, para além dessa estrutura universal comum a todo ser humano, Edith Stein reconhece que cada pessoa possui uma marca própria, um modo de ser único e pessoal que acompanha todas as suas vivências. Ela atribui essa identidade pessoal ao que denomina "núcleo" ou "alma da alma". O núcleo contém as indicações das potencialidades que cada pessoa pode desenvolver ao longo da vida. É também o "lugar"[6] do encontro de cada um consigo mesmo, com o outro e com a Potência.

Essa visão filosófico-antropológica de Edith Stein possui dupla matriz. De um lado, a Fenomenologia de Edmund Husserl, que Edith assimilou profundamente no período de estudos em Göttingen e, posteriormente, no contato intenso com os escritos do mestre, ao trabalhar como sua assistente em Friburgo, principalmente na organização, por exemplo, do segundo volume de *Ideias para uma Fenomenologia Pura e uma Filosofia Fenomenológica* para publicação, que ocorreu apenas em 1913. De outro lado, a filosofia de Tomás de Aquino (1225-1274) e os místicos carmelitas Teresa D'Ávila e João da Cruz, autores com os quais Edith passa a dialogar após a sua conversão ao catolicismo em 1921. Stein compreende as temáticas trazidas por esses autores à luz do método fenomenológico, delineando uma antropologia filosófica original, que servirá de base para outras investigações da autora sobre temas relevantes para a Psicologia, tais como a qualidade das relações humanas (que se configuram em agrupamentos como a massa, a sociedade e/ou a comunidade), o processo de formação da pessoa, o papel da mulher na sociedade, a experiência mística, entre outros.

Os temas abordados pela autora não o foram ao acaso, mas ilustram a estreita relação entre sua vida e sua obra. Por meio de suas investigações, ela oferece um enfrentamento crítico das grandes questões de seu tempo, como vimos, marcado pelas duas Grandes Guerras. Foi também nesse contexto de guerra e decadência da Europa Ocidental que se deu a conversão religiosa de Edith Stein. Identificamos dois acontecimentos particulares que contribuíram para a conversão de Edith Stein ao catolicismo. O primeiro foi o testemunho de fé de Anna Reinach, esposa do amigo Adolf Reinach, ao ficar viúva. Nesse momento, Stein presenciou uma certeza que ultrapassava a barreira da morte, tendo visto pela primeira vez Cristo no mistério da cruz. O segundo acontecimento foi o contato com a autobiografia de Teresa D'Ávila, pela leitura do *Livro da vida*. Nesse relato, Stein afirma ter encontrado a Verdade que sempre buscara como humana e filósofa. Assim, decidiu tornar-se monja carmelita, assumindo o nome de Teresa Benedita da Cruz, em referência à Teresa D'Ávila, a experiência monástica beneditina na qual se inspirou

---

[3] O Psicologismo é uma doutrina filosófica e considera que todos os fenômenos se resumem em fenômenos psicológicos ou mentais.

[4] Título original *Zum problem der einfühlung*.

---

[5] Destacamos que o ser humano é um todo unitário e que as três dimensões não podem ser tratadas isoladamente, sendo descritas dessa forma para fim didático. De fato, Stein refere-se à unidade corpo e psique como dimensão psicofísica e à unidade psique e espírito como alma. Uma obra de referência para o estudo da antropologia de Edith Stein é *Der aufbau der menschlichen person*.

[6] A palavra "lugar" aqui não possui um sentido físico, e sim ontológico, ou seja, diz respeito às possibilidades humanas de constituição do espaço físico, sua espacialidade.

para o desenvolvimento do tema da educação social e a vivência em relação ao mistério da cruz.

Apesar da conversão ao catolicismo, Edith Stein nunca negou sua raiz hebreia, o que se confirmou na entrega radical por esse povo ao morrer na câmara de gás em Auschwitz, em 1942, aos 51 anos. Nessa ocasião, ao perceber o destino que lhe era reservado, dirigiu-se a sua irmã Rosa, que havia sido levada com ela para o campo de concentração, e disse: "Vamos, pelo nosso povo!". Por esse martírio, Edith Stein foi beatificada e canonizada pelo Papa João Paulo II, em 11 de outubro de 1998, recebendo o estatuto de "santa" pela Igreja Católica.

IMPORTÂNCIA DE EDITH STEIN PARA A PSICOLOGIA DO SÉCULO XX

A relação entre Fenomenologia e Psicologia vem desde os primórdios das pesquisas de Edmund Husserl, ou seja, desde as *Investigações lógicas* de 1900 e 1901, porém suas distinções e colaborações entre ambas foram sendo definidas durante toda a obra do autor. De acordo com Ales Bello (2016), a Psicologia teve papel importante para a Fenomenologia nascente, na medida em que ela evidenciava a especificidade da natureza humana e a vida da alma/psíquica, elemento fundamental para o estudo das vivências. Entretanto, se por um lado essa estreita relação enriqueceu, e ainda hoje enriquece as duas disciplinas, uma vez que ambas se dedicam à compreensão do sujeito, por outro, a especificidade de cada uma nem sempre foi evidente.

Esse aspecto pode ser ilustrado pelo próprio percurso investigativo de Husserl, que em um primeiro momento acreditou, fundamentado no Psicologismo, que as operações numéricas (lógico-matemáticas) se explicariam pelos atos psíquicos, a partir da consciência intencional elaborada por Brentano. Sobre isso, comenta Husserl (2014), no prefácio da primeira edição das suas *Investigações lógicas*, que, para a análise dos problemas da lógica e da teoria do conhecimento em geral, tinha partido da concepção predominante da época que a partir da Psicologia é que viria todo o esclarecimento filosófico-epistemológico. No entanto, constatou que isso não seria possível, pois os atos psíquicos, por mais complexos que sejam, são de natureza empírica e não poderiam oferecer fundamentação apodítica para operações lógico-epistemológicas que são de natureza *a priori* e implicam atividades intelectuais *a priori*, ou seja, dizem respeito a vivências de natureza pura/transcendental, e não psíquica.

Foi então nesse momento que Husserl inaugurou a Fenomenologia como o "estudo dos fenômenos", ou seja, de tudo aquilo que se mostra ou aparece à consciência pura/transcendental. As descrições fenomenológicas deixam de lado as vivências de pessoas empíricas, os estados psíquicos de um eu real, mas colocaram em evidência as vivências como transcendentais e suas diferentes naturezas, contribuindo para a compreensão das dimensões da pessoa e ajudando a clarificar o objeto de estudo da Psicologia. É interessante observar que Husserl, no texto "Filosofia como ciência de rigor", publicado em 1910 na revista *Logos*, afirma, entre outras coisas, que "é de esperar de antemão que a Fenomenologia e a Psicologia devem estar próximas uma da outra, referindo-se ambas à consciência, embora de modos diversos e em 'orientação' diversa, podendo dizer-se que à Psicologia interessa a 'consciência empírica', (...) algo existente na continuidade da natureza, ao passo que à Fenomenologia interessa a 'consciência pura'" (Husserl, 1965, p. 19).

Esse era, de fato, o seu projeto, ou seja, oferecer um fundamento filosófico que servisse de base para as ciências imersas no contexto positivista do século XIX, cuja marca era a hegemonia do modelo científico das ciências naturais. Para o filósofo, a Fenomenologia consiste no resgate do verdadeiro sentido tanto da filosofia quanto das ciências, buscando retomar a confiança e a credibilidade na razão, pois de um lado as ciências estavam carentes de uma fundamentação plena, enquanto por outro, a filosofia havia perdido seu rigor e sua racionalidade, não fornecendo bases seguras para as ciências em geral.

Essa foi também uma das motivações que levou Edith Stein a adentrar na Fenomenologia e no método fenomenológico. Stein (2005a) entendeu a Fenomenologia como uma filosofia que se caracteriza pela retomada da ideia de verdade absoluta a partir do conhecimento rigoroso, rompendo com as filosofias ou concepções consideradas relativistas, tais como: o naturalismo, o psicologismo e o historicismo. Ao contrário dessas filosofias e da própria ciência psicológica, como temos visto, para Stein, a Fenomenologia possui a ideia de que a verdade é absoluta e que o espírito humano deve encontrá-la, e não a produzir, porque não é uma ciência dedutiva nem tampouco indutiva, ao contrário, visa ao conhecimento intuitivo das verdades filosóficas. Goto e Moraes (2015) afirmam que Stein, além de ter sido a discípula que melhor compreendeu a Fenomenologia, também desenvolveu uma concepção autônoma, delineando sua própria concepção final do método fenomenológico, mesmo permanecendo fiel ao seu mestre em muitos aspectos.

As análises fenomenológicas empreendidas pela filósofa revelam a sua precisa apreensão do método fenomenológico, não só das vivências puras, mas também no caso específico das vivências psíquicas, pois ela pôde analisar o psíquico sem reduzi-lo aos fenômenos psíquico-naturais, alcançando, assim, outras partes constitutivas que o atravessam, trazendo, assim, grande contribuição para a Psicologia. Seguindo seu mestre Husserl, Stein entende que a Psicologia como fenomenológica é a única Psicologia autêntica e fundamental, porque está própria e genuinamente dirigida à vida psíquica em si mesma e suas estruturas, conduzindo o olhar diretamente à interioridade psíquica. Assim, para evitar tantas confusões epistemológicas, o psicólogo deve buscar apreender as essências psíquicas, e o seu interesse deve se dirigir aos fenômenos psíquicos, aos atos e vivências psíquicas, tal como aparecem nas vivências; ou seja, o "interesse ao ser subjetivo puro", tal como preconizava Husserl (Goto, 2015).

De fato, em 1922, ela publicou, no "Anuário de Filosofia e Pesquisa Fenomenológica" dirigido por Husserl, um artigo em que discute a essência da realidade psíquica e da realidade do espírito. Essa publicação deu origem ao livro *Psicologia e Ciências do Espírito: contribuições para uma fundamentação filosófica*[7], uma das obras mais importantes de Edith Stein para a Psicologia. Nela, a autora critica a Psicologia de sua época por pretender fundar uma investigação científica sobre certas estruturas sem, no entanto, captar o seu significado essencial. Afirma reconhecer os esforços dessa ciência em esclarecer o conceito de "psíquico", mas entende que esses esforços são "viciados por um erro básico que é a confusão entre consciência e psíquico". A primeira diz respeito às essências e ao "eu puro" do qual se irradiam as vivências, objeto próprio da Fenomenologia; enquanto a segunda diz respeito ao "eu real", ou seja, ao indivíduo psíquico com suas qualidades, objeto de estudo da Psicologia (Stein 1999a, p. 41, 57). Por fim, comenta que "a psique não deve ser

---

[7] Título original *Beiträge zur philosophischen Begründung der Psychologie und der Geisteswisswnschaften*. Esta obra ainda não foi traduzida para o português. Para o estudo desse tema, sugerimos o livro de: Ales Bello, A. (2015) *Pessoa e Comunidade. Comentários: Psicologia e Ciências do Espírito de Edith Stein*. Belo Horizonte: Artesã.

SEÇÃO III — PSICOLOGIA FENOMENOLÓGICA

identificada com o fluxo da consciência: nem com o constante fluxo original do vivenciar, nem com a totalidade das vivências, das unidades de determinado conteúdo e determinada duração, que se constituem nesse fluir contínuo" (Stein, 2005a, p. 798).

O objetivo de Edith Stein nessa obra, e mais propriamente na parte denominada "Causalidade psíquica", será justamente o de esclarecer esses conceitos fundamentais a partir da descrição essencial das vivências puras (relativas à consciência), das vivências psíquicas (vida psíquica) e das vivências intencionais (vida espiritual), oferecendo à Psicologia nascente (e atual) um terreno sólido no qual se apoiar. Além dessa descrição essencial e esclarecedora a respeito das diferentes vivências, Stein também coloca em evidência a radical interdependência entre elas, ilustrando-a a partir de situações do cotidiano. Descreve, por exemplo, a possibilidade de a nossa força vital ser acrescida não apenas pelo repouso (vivência psicofísica), mas também pela leitura de um livro que apreciamos (vivência espiritual). Nesse caso, a motivação que surge dessa vivência é capaz de nos reavivar, transformando o estado de cansaço físico inicial em um estado de disposição para novas atividades. Ao ilustrar essa dinâmica, Edith Stein aponta para a unidade e a complexidade da pessoa e, nesse sentido, alerta a Psicologia, e as ciências de modo geral, contra a tentação de restringir o ser humano ao que é possível captar de acordo com seu objeto próprio.

Finalmente, acrescentamos que, ao evidenciar a dinâmica própria dessas vivências, Edith Stein demonstra a impossibilidade de tratar os fenômenos psíquicos com base nas leis causais da natureza, como defendia a visão positivista de 1900. De fato, ela conclui que existe uma causalidade no processo psíquico, ou seja, um vínculo causal entre as vivências e que se dá a partir de uma qualidade permanente que é a força vital. É importante salientar, como mostra Stein (2005b), que na Psicologia esses vínculos associativos sempre foram postulados como as leis naturais do psíquico, deixando de lado suas conexões com as motivações. O mesmo ocorre com as vivências intencionais, cuja ligação se dá pela motivação. Entretanto, não se trata de uma causalidade linear que possibilite a extração de leis gerais.

No entanto, mesmo descrevendo rigorosa e essencialmente o psíquico, Stein insiste na necessidade de essa ciência psicológica considerar também as outras estruturas do vivenciar humano. Em sua análise, mostra a impossibilidade de a estrutura psíquica ser independente do corpo e do espírito, não podendo ser tratada de forma isolada das demais, a não ser para encontrar a peculiaridade de cada uma. Assim, segundo Stein (2002a; 2005b), toda Psicologia terá fenomenologicamente como base a unidade de corpo-psique-espírito, mesmo que ela venha ser uma ciência do psíquico. E esse é um ponto muito importante, porque Stein foi aos poucos descobrindo o tema antropológico e acabou delineando, assim como seu mestre, uma "antropologia fenomenológica", descrevendo o humano como possuidor de três estruturas: corpo, psique e espírito.

Cabe ressaltar que essa antropologia fenomenológica não se iguala a tantas outras antropologias filosóficas (Wilhelm Dilthey, Max Scheler) e rechaça as antropologias científica (naturalista) ou cultural (relativista). Podemos dizer que essa antropologia é fenomenológica porque começa pela refutação radical do psicologismo e antropologismo, ou seja, refuta as concepções que reduzem todas suas características humanas e seus produtos, sejam culturais ou não, na mente (cérebro), na psique ou mesmo no ser humano concreto (ser humano empírico). A antropologia fenomenológica é uma ciência antropológica autêntica, porque está fundada no reconhecimento da subjetividade

pura/transcendental e tem como atualização de suas potencialidades a pessoa humana transcendental. A partir dela, podemos ter uma base teórica segura e consistente para a Psicologia e demais ciências.

Os resultados das investigações de Edith Stein evidenciaram, portanto, a fragilidade de uma Psicologia que buscava se apoiar no modelo da natureza física em busca de um rigor científico e da falsa segurança da previsibilidade. É fundamental que exista na Psicologia a elucidação do mecanismo psíquico para um entendimento adequado do papel dessa força na esfera psíquica, e isso pode ser descrito fenomenologicamente.

IMPORTÂNCIA DE STEIN PARA PSICOLOGIA BRASILEIRA ATUAL

> De fato, está se realizando no Brasil o que não se consegue fazer decolar na Europa, isto é, o sonho dos fenomenólogos de oferecer uma descrição filosófica do ser humano capaz de justificar sua complexidade e de fazer compreender o sentido de pesquisas especializadas que investiguem os vários aspectos sem perder sua unidade e sem reduzir pessoa a momentos específicos – o corpo ou a psique – que acabariam por ser absolutizados; mas examinar o ser humano na variedade de suas características. Estas podem ser compreendidas como elementos constitutivos, não reduzíveis à mensuração, diversas segundo suas qualidades. (Ales Bello, 2013)

A autoria dessas palavras é da filósofa italiana Angela Ales Bello, referência mundial para a fenomenologia clássica e responsável, juntamente com a Profa. Dra. Jacinta Turolo Garcia, pela difusão da fenomenologia de Edith Stein entre os psicólogos brasileiros. A primeira exposição do pensamento de Edith Stein só apareceu no Brasil em meados da década de 1950 e mesmo assim sendo do tipo biográfico. Somente no ano de 1988, "com a publicação da tese da Dra. Jacinta T. Garcia é que teremos uma exposição teórica epistemológica dos aspectos filosófico-fenomenológicos, pedagógicos e antropológicos da filósofa" (Goto e Garcia, 2016, p. 04).

Na epígrafe acima, Ales Bello (2013) sintetiza a importância de Stein para a Psicologia do Brasil, que, assim como a europeia, carrega as marcas de sua matriz positivista e se ressente pela dificuldade em delimitar um caminho próprio que corresponda à "natureza complexa e multifacetada de seu objeto"; qual seja, os processos psíquicos (Mahfoud e Massimi, 2013, p. 16). Temos, portanto, de um lado o projeto de Edith Stein de oferecer uma fundamentação antropológico-fenomenológica que favoreça o amadurecimento da Psicologia e das ciências humanas e de outro, o fértil terreno brasileiro em busca da superação de visões reducionistas e da possibilidade de oferecer à psicologia uma via autônoma.

Soma-se a isso o fato de o Brasil ter sido o quarto país do mundo a reconhecer a profissão de psicólogo e atualmente ser um dos mais fecundos em cursos universitários e em termos de pesquisas e aplicações de conhecimento psicológico em diferentes âmbitos da sociedade (Mahfoud e Massimi, 2013). O conjunto desses fatores tem propiciado a difusão do pensamento de Edith Stein como base para o aprofundamento teórico, para o desenvolvimento de pesquisas e para a práxis de psicólogos que atuam em diversas áreas, tais como a clínica, a psicologia social e cultural, a psicopatologia, a psicologia do esporte, a psicologia da educação, entre outras.

Ao contrário do que se pode pensar, não se trata de uma aplicação direta de conceitos filosóficos no campo da psicologia e nem do desenvolvimento de uma nova abordagem, mas, sim, da possibilidade de pesquisas qualitativas e da construção de práticas, orientadas por uma fundamentação antropológico-fenomenológica de base, ou seja, por um conhecimento essencial a respeito da psique, da alma, da pessoa. A contribuição dessa fundamentação pode ser ilustrada pela afirmação de Ales Bello (2006), de que é fundamental que o psicólogo clínico aprenda a diferenciar as vivências de seus pacientes identificando situações em que as ações deles são fruto de uma decisão livre do espírito ou de uma reação psíquica. Com isso, a fenomenologia de Edith Stein possibilita ao psicólogo apreender aquilo que é próprio da sua área de atuação, sem, no entanto, reduzir as vivências de seus pacientes a um único registro – o psíquico (Safra, 2006). De acordo com Mahfoud e Massimi (2013), Stein "propõe um método que permite a apreensão do fenômeno psicológico na sua especificidade, sem reduzi-lo a outras dimensões do humano (corporal e espiritual), e sem omitir as interações profundas entre elas". Contribui para evitar psicologismos e favorece um trabalho interdisciplinar (Mahfoud e Massimi, 2013, p. 16-17).

A interdisciplinaridade é uma marca da Fenomenologia que possibilitou a Edith Stein, desde o início de suas investigações, dialogar com autores da filosofia, teologia, psicologia e pedagogia, manifestando com essa atitude o profundo respeito pela pessoa humana e sua complexidade. Essa marca também se manifesta em solo brasileiro no encontro de pesquisadores e acadêmicos de diferentes disciplinas que têm se reunido em congressos e simpósios em várias cidades de norte a sul do país [Pontifícia Universidade Católica (PUC-Curitiba); PUC-Porto Alegre; Instituto de Psicologia da Universidade de São Paulo (IPUSP) e Universidade Federal de São Paulo (Unifesp-São Paulo); USP-Ribeirão Preto; PUC-Campinas; Universidade do Sagrado Coração (USC-Bauru); Universidade Federal de Minas Gerais (UFMG-Belo Horizonte); Universidade Federal de Uberlândia (UFU); Universidade Católica do Salvador (UCSal); Universidade Federal do Ceará (UFC-Fortaleza)] para partilhar o conhecimento produzido em torno da obra da autora e as possibilidades de aplicação em diversos campos do saber.

Esse processo vem se desenvolvendo de forma mais sistemática desde 2001, quando, a convite da Profa. Dra. Jacinta Turolo Garcia, então reitora da USC (Bauru), a Profa. Angela Ales Bello veio ao Brasil participar de um congresso promovido pela Sociedade de Estudos e Pesquisa Qualitativa (SE&PQ) nessa universidade. Foi a partir do contato com alguns professores de psicologia presentes no evento – Marina Massimi (USP-Ribeirão Preto), Miguel Mahfoud (UFMG), Maria Vigiani Bicudo (Unesp-Rio Claro), Tommy Akira Goto (Universidade São Marcos – Unimarco e UFU), entre outros – e dos esforços incansáveis da Profa. Jacinta, que ela passou a vir anualmente ao Brasil ministrar cursos, conferências e orientar pesquisas baseadas na fenomenologia de Edith Stein.

As pesquisas em psicologia fundamentadas no pensamento de Edith Stein têm demonstrado a importância da antropologia fenomenológica da autora no sentido de resgate de uma visão integral de ser humano e da possibilidade de ultrapassar dicotomias como saúde/doença e indivíduo/comunidade. Também ilustram a contribuição de um conhecimento essencial, ou seja, do conhecimento de uma estrutura comum a todos os seres humanos, para identificar a dinâmica singular de cada pessoa e para captar as manifestações ditas patológicas. Essas discussões, somadas ao crescente interesse pelo estudo da autora por parte de psicólogos e estudantes de psicologia ao longo desses 15 anos, são representativas e ilustram a contribuição da fenomenologia

de Edith Stein para a "construção de uma psicologia científica rigorosamente fundamentada" (Mahfoud e Massimi, 2013, p. 17).

POSSIBILIDADES DE PESQUISA NA GRADUAÇÃO E PÓS-GRADUAÇÃO

As pesquisas brasileiras recentes na área da Psicologia, fundamentadas na Fenomenologia de Edith Stein, revelam, em meio à grande diversidade de temas, um elemento comum, que é a busca por uma visão integral de ser humano e por uma fundamentação filosófica que valide intervenções nesse sentido. Stein aponta para uma visão integral da pessoa e para a necessidade de a Psicologia considerar todos os seus elementos constitutivos (corpo, psique e espírito), e não apenas a psique.

A contribuição dessa discussão para a prática psicológica em diferentes contextos pode ser ilustrada pelas pesquisas de Antúnez (2012)[8], Silva (2011)[9] e Carneiro (2016)[10]. Tomando como base sua experiência clínica e estudo de caso, Antúnez (2012) analisa três modalidades de atendimento (grupo, acompanhamento terapêutico e psicoterapia tradicional) à luz de diferentes escolas fenomenológicas, entre as quais, a fenomenologia de Edith Stein. Demonstra como o conhecimento da estrutura da pessoa humana e da vivência da empatia amplia a compreensão a respeito do paciente, desconstruindo a ideia de uma terapia do psíquico. Ao ter presente as diferentes dimensões da pessoa, é possível compreender o sofrimento humano para além dos sintomas observados e situá-lo a partir do modo como aquela pessoa específica o vivencia, levando-se em conta o universal e o singular. Isso é possível não por uma compreensão intelectual, mas sim a partir de uma compreensão empática que brota da intersubjetividade, que nasce do encontro entre duas pessoas. Nesse sentido, Antúnez (2012) fala da psicoterapia como uma "humanologia", já que ela se dirige à pessoa inteira, e não apenas ao psíquico ou ao intelecto.

Nessa mesma linha, o trabalho de Silva (2011) discute a questão do cuidado integral do ser humano no contexto da Saúde Mental na Estratégia de Saúde da Família (ESF). Trata-se de uma pesquisa de campo em que foram realizadas entrevistas abertas com profissionais de equipes de Saúde da Família e com usuários em sofrimento psíquico. Os relatos foram analisados a partir das noções de pessoa e comunidade de Edith Stein e revelaram que a vivência comunitária é uma potencialidade presente na ESF e que esta possui importante papel enquanto comunidade estatal. A análise também apontou para a necessidade de se estabelecerem relações pautadas pela liberdade e pela solidariedade, além da legitimação da singularidade como inerente ao ser humano. Edith Stein trouxe uma importante fundamentação para a noção do cuidado integral do ser humano ao legitimar

---

[8] Antúnez, A. E. A. (2012). *Perspectivas fenomenológicas em atendimentos clínicos: humanologia* (tese de livre-docência). São Paulo: Departamento de Psicologia Clínica do Instituto de Psicologia da Universidade de São Paulo. Disponível em: http://www.teses.usp.br/teses/disponiveis/livredocencia/47/tde-02072013.../antunez_ld.pdf. Acesso em: 17 fev. 2017.

[9] Silva, N. H. L. (2011). *Saúde Mental na Estratégia de Saúde da Família: uma compreensão a partir da fenomenologia de Edith Stein* (tese). Ribeirão Preto, SP: Faculdade de Filosofia, Ciências e Letras de Ribeirão Preto da Universidade de São Paulo. Disponível em: http://www.ffclrp.usp.br/imagens_defesas/25_01_2012__09_58_39__61.pdf. Acesso em: 22 fev. 2017.

[10] Carneiro, S. F. B. (2016). *A formação humana em contexto de violência: uma compreensão clínica a partir da fenomenologia de Edith Stein* (tese). São Paulo: Instituto de Psicologia da Universidade de São Paulo. Disponível em: http://www.teses.usp.br/teses/disponiveis/47/47133/tde-16082016-115100/pt-br.php. Acesso em: 23 fev. 2017.

as dimensões da individualidade e da comunidade, superando tanto a lógica individualista quanto a generalização e a discriminação das diversidades existentes nas experiências humanas, e possibilitando enxergar o humano no usuário antes de qualquer diagnóstico médico ao qual muitas vezes ele é reduzido.

Carneiro (2016) também discute a necessidade de olhar a pessoa na sua integralidade e reconhece como uma forma de violência a redução das diferentes vivências do ser humano à dimensão psíquica. Ao buscar compreender as vivências fundamentais de pessoas inseridas em um contexto de violência (bairro do Uruguai em Salvador, BA), Carneiro (2016) encontrou, na antropologia de Edith Stein e na descrição da vida psíquica e da vida do espírito, a possibilidade de adentrar no conteúdo de sentido das vivências relatadas pelos moradores, indo além da mera descrição do comportamento externo. Segundo Carneiro (2016), ao identificar os valores e sentidos que mobilizam a pessoa a agir de maneira violenta, uma intervenção possível seria ajudá-la a encontrar caminhos alternativos para realizar aquele mesmo conteúdo de sentido. Além da violência, o estudo de Carneiro (2016) identificou como uma das vivências fundamentais dos entrevistados a religiosidade, identificada como uma fonte de força vital para o bairro e que possui uma centralidade no processo de formação da pessoa.

Há significativa amostra das pesquisas que vêm sendo realizadas no Brasil (Mahfoud e Massimi, 2013) e uma riqueza de investigações possíveis nesse caminho de amadurecimento que a Psicologia brasileira vem realizando a partir de Edith Stein, com amplo espectro de possibilidades a serem exploradas.

CONTRIBUIÇÃO CLÍNICA DE EDITH STEIN PARA A ENFERMAGEM E PSICOPATOLOGIA

Na época de Husserl e Stein, a Psicologia era entendida única e exclusivamente como ciência ou como epistemologia, não existindo, no seu interior, a compressão de clínica, psicoterapia ou mesmo de profissão tal como em nossos dias. A clínica oriunda da relação médico-paciente foi definitivamente elaborada como clínica psicológica por S. Freud e C. G. Jung e seus colaboradores.

Nesse panorama, pensar a clínica psicológica como fenomenológica é algo complexo e necessita de muitos desenvolvimentos ulteriores, pois, como vimos nas análises críticas de Stein, não é possível à Psicologia investigar e conhecer o psíquico sem conhecer o ser humano em sua totalidade. Em termos gerais, isso significa que não é possível pensar em uma Psicologia como ciência do psíquico, nessa perspectiva, sem que esteja construída sobre uma base antropológica e fenomenológica.

Dessa maneira, o começo de toda análise psicológica, pressuposto da elaboração de uma clínica, deve ser o humano. Assim, de acordo com Stein (2007), se quisermos saber quem é o ser humano não a partir de conceitos e experimentos, mas, além disso, então, teremos que nos colocar de modo o mais vivo possível na situação experimentada em nós mesmos da existência humana, o que dela experimentamos em nossos encontros. Para ilustrar essa atitude, traremos a seguir a profunda experiência solidária que Edith Stein teve no ambiente de guerra para refletirmos as ações humanas de enfermeiros e médicos em hospitais gerais e mesmo na psicopatologia.

Há pouco mais de cem anos, eclodiu a Primeira Guerra Mundial. Em 1915, Edith Stein interrompeu os estudos para iniciar seu aprendizado como auxiliar de enfermagem na Cruz Vermelha e trabalhou em um hospital de prevenção de epidemias. Sua preocupação em ajudar outros seres humanos necessitados superou seus interesses intelectuais na filosofia na época.

Contra a opinião de sua mãe, dedicou-se ao serviço em um hospital militar: "A ajuda voluntária em tais lugares de dor permanente poderia encontrar um amplo campo para exercer o amor ao próximo" (Stein, 2002b, p. 398). Ali, Stein mostrava sua forte resistência no seio da própria família e mostrava estar segura e determinada, pois sabia bem o que queria. Ela afirmou que sua mãe se manteve dias silenciosa e deprimida "e seu estado de ânimo invadia toda a casa, como sempre" (Stein, 2002b, p. 296). É interessante essa descrição do constante estado emocional de sua mãe, ela que perdeu o pai aos 4 anos de idade. Não é difícil pensarmos como o estado emocional de sua mãe pôde afetar o desenvolvimento dos componentes de sua família, não necessariamente de um modo negativo.

Mesmo que considerasse seus estudos como uma tarefa principal, Edith Stein os interrompe em um gesto de solidariedade diante de seus companheiros e de sua pátria. "Agora eu não tenho uma vida própria, disse a mim mesma. Todas as minhas energias estão ao serviço do grande acontecimento. Quando a guerra terminar, se é que estarei viva ainda, poderei pensar novamente em meus assuntos pessoais" (Stein, 2002b, p. 397).

Ao ser apresentada à chefe, comentou: "Tive uma boa impressão da enfermeira chefe quando finalmente teve tempo de cumprimentar-nos. Chamou-nos a seu escritório. Era uma habitação alegre e espaçosa que produzia uma impressão de paz com seu sólido escritório e adornado com flores. A enfermeira chefe, Margarete, era uma pessoa baixinha, mas robusta. Teria uns 30 anos. Seu rosto debaixo da touca branca era correto e amável, sua maneira de ser simples, natural e sem pretensões, mas firme e decidida" (Stein, 2006, p. 299). Stein mostrava sua sensibilidade e toda potencialidade para reconhecer vivências alheias a partir de suas impressões e percepções do outro. Percebe-se como o estudo da empatia não era apenas uma investigação teórica; Stein vivia essa possibilidade em seu dia a dia, captava vivências advindas do ambiente e do contato com as pessoas, descrevendo-as de modo seguro, preciso e objetivo. Vale lembrar que Stein estava iniciando sua tese sobre a empatia/intropatia e havia levado dois livros para ler quando tinha tempo – o livro de Homero e as *Ideias* de Husserl.

Veremos a seguir uma afirmação importante a todo psicólogo ou profissional da área da saúde que trabalha em ambiente hospitalar, no qual são comuns as visitas médicas e as conversas diante dos pacientes. Por vezes os médicos, enfermeiros, psicólogos se descuidam e não pensam como o paciente pode se sentir diante de detalhes aparentemente insignificantes. Vejamos o que Stein conta: "Havia perdido completamente a voz. Nas visitas era reconhecido profundamente. Médicos e enfermeiras falavam junto ao leito como se ele não entendesse nada. Mas eu percebi em seus grandes e brilhantes olhos, que seu conhecimento era perfeito e que entendia tudo o que se dizia. A maior parte do tempo estava tranquilo, mas nos seguia com o olhar" (Stein, 2002b, p. 301).

O interesse pela Psicologia não era apenas de cunho conceitual, mas também era um interesse pelo outro e pela relação humana. Para a filósofa, "o indivíduo humano isolado é uma abstração. Sua existência é existência em um mundo, sua vida é vida em comum. E, estas não são relações externas, que se unem a um ser que já existe em si mesmo e por si mesmo, mas sua inclusão está em um todo maior, pertence à estrutura do humano" (Stein, 2007, p. 163). Stein não tinha dúvida: "o que mais gostava era a relação com o paciente, mesmo que isso oferecesse algumas dificuldades" (Stein, 2006, p. 308). A Psicologia clínica atual depara-se sempre com as relações que oferecem dificuldades.

Stein apreciava a relação humana; não seria a relação o principal objeto de estudo em Psicologia e não o funcionamento mental do paciente como objeto ou mesmo nós como terapeutas? Mas sim, o que está entre nós?

Sobre os feridos de guerra, percebia que os alemães eram muito exigentes, críticos e capazes de revolucionar toda a sala quando não gostavam de algo. "Os 'povos incultos' eram humildes e agradecidos" (Stein, 2002b, p. 309). Diante das feridas, uns eram humildes e gratos, outros seguiam com suas exigências.

Os incultos – segundo Stein – sofriam as consequências da violência humana sem saber por que! A partir daí poderíamos nos indagar se nos intelectuais narcisistas houve uma violência anterior, que se mantém velada, já que por vezes atuam essa violência na relação com outros menos favorecidos intelectualmente e com os mais favorecidos estabelece-se um contato e um combate, em que um necessita ou deseja sentir-se melhor ou superior a outro. Ao retirar uma pessoa narcisista de seu trabalho intelectual, é possível verificar a dificuldade que possui em se relacionar com outro ser humano em sua totalidade, mas prioriza uma parte do humano, o intelecto, que substitui uma carência afetiva tremenda.

A capacidade de captar a vivência alheia (*Einfühlung*) em si era algo que Edith Stein vivia nesse hospital: "A enfermeira Clara era uma enfermeira capaz, de média idade, alta, angulosa e feia, com voz grave e modos masculinos, mas de bom coração e de humor confortante. Sua ajudante, Lotte Neumeister, uma senhora alta e ruiva, filha de um médico de Breslau, se aficcionou a ela com amor zeloso" (Stein, 2002b, p. 311).

As descrições de Stein são extremamente úteis à psicologia e à psiquiatria. Vejamos: "Algumas vezes me deu muito trabalho um paciente que delirava. Também havia ingressado semiconsciente e parece ser de bom coração, mas atormentado por imagens angustiosas. Quando ia junto dele, se agarrava em meu avental branco e gritava: 'irmã, ajude-me, ajude-me!' Uma noite se empenhou em escapar. Não tive mais remédio que atá-lo. Estendi um lençol sobre a cama e ateei fortemente as pontas aos suportes. O intranquilo doente tinha somente a cabeça para fora, mas estava prisioneiro. Mas, claro está, se ele forçasse um pouco – era um homem forte – os nós se afrouxariam e eu teria que apertá-los de novo" (Stein, 2002b, p. 315). Um médico se assustou ao ver Stein dominar sozinha essa situação difícil. Para tranquilizar o doente e a ela mesma, o médico lhe aplicou uma injeção de morfina. Stein assim compreendeu esse ato: "mas o efeito não foi o desejado. O homem agora estava tranquilo, começou a cantar alto e despertou os outros. Na manhã seguinte disseram que tinha sido muito agradável que a irmã se sentasse na cama e cantasse uma canção de ninar" (Stein, 2006, p. 315). Quanto cuidado materno e criativo diante de dificuldades Edith Stein tinha em si, e criativamente decidiu cantar para acalmar a situação e vários viveram momentos de embalo e encanto.

Não sendo chamada novamente ao voluntariado, como queria, Stein retornou naquele momento de sua vida à filosofia, mas sempre se distanciando dos privilégios e do egoísmo.

Conhecemos essas três dimensões da estrutura da pessoa humana – corpo-psique-espírito –, porque temos Consciência, conceito fundamental em fenomenologia e dimensão fundante em psicologia. A Consciência não é um lugar físico, nem um lugar específico, nem é de caráter espiritual ou psíquico. A Consciência é um ponto de convergência das operações humanas que nos permite dizer o que estamos dizendo ou fazer o que estamos fazendo. Somos conscientes da realidade corpórea, da atividade psíquica e de uma atividade espiritual e temos consciência de que registramos esses atos. A distinção desses atos ocorre intuitivamente (Ales Bello, 2006).

Todos os seres humanos têm potencialmente a mesma estrutura humana, embora não a ativem da mesma maneira e não tenham os mesmos conteúdos, seja do ponto de vista psíquico ou espiritual. Assumindo essa hipótese, as dificuldades ocorrem porque existem diferenças. Como exemplos, há pessoas que podem ouvir e outras não, existem aquelas que podem ver e outras não (Ales Bello, 2006), há pessoas que conseguem se controlar e outras não.

Diante dessa concepção antropológica do homem, podemos conhecer de modo mais próximo a subjetividade humana. De acordo com Ales Bello (2006), essa elucidação é importante para a Psicologia na aplicação clínica a cada pessoa, tomada singularmente. Isso significa que todo ser humano registra atos psíquicos, como os impulsos que movimentam o homem para fora ou para dentro de si, e os psicólogos, com esse saber, podem compreender algo que uma pessoa específica está vivendo. Compreender não significa sentir o que o outro sente, mas sentir em sua corporeidade o que vem da vivência do outro, em relação, em nossas próprias vivências.

Ales Bello (2006) indaga que no campo da Psicologia, Psiquiatria ou Psicopatologia, ao considerar a complexidade do ser humano, como corpóreo, psíquico e espiritual, é preciso se perguntar: o que é a psique? Outro questionamento que se impõe a partir da Fenomenologia é se a Psicologia, como área de estudo da psique, pode ou não cobrir esse vasto campo definido como espiritual ou humano. Esse nos parece outro ponto de intersecção da Psicologia à Fenomenologia, resgatando uma relação interdisciplinar ainda em vias de se solidificar.

Nesse sentido, a análise fenomenológica é fundamental para a elaboração do processo psicoterápico, porque possibilita a ampliação e a fundamentação do conhecimento de uma pessoa a partir de seu vértice singular e idioma pessoal (Safra, 2006) e do sentido da existência (Ales Bello, 2004). O paciente procura encontrar no psicoterapeuta uma testemunha para suas aflições e/ou um interlocutor para auxiliá-lo a transformar suas vivências e alcançar um sentido para seu existir.

A filosofia fenomenológica capta o que é universal no ser humano; já a psicologia clínica está atenta à semântica peculiar de cada pessoa. A psicologia clínica pode captar o sentido da intuição, mas isso não faz dela um método fenomenológico. A psicologia clínica pode ser investigativa ao nível de compreender como se constituiu a dimensão pessoal, como gera sofrimento e como podemos cuidar disso. A psicologia clínica tem como base uma compreensão de ser humano ou uma antropologia, seja de modo explícito ou não. A fenomenologia possibilita-nos encontrar fundamentos autênticos dessa clínica, esclarecendo os processos psíquicos. Assim, a psicologia clínica se converte em uma clinica fenomenológica, se optar por ter como base a fenomenologia. Conhecendo o ser humano e seu psiquismo, a psicologia clínica passa a buscar formas de intervir nesse processo de singularização ou individuação que gera dor e sofrimento.

Há uma *estrutura da pessoa humana* comum nos seres humanos, no entanto há pessoas que sofrem com vivências denominadas pela medicina transtornos psiquiátricos. A clínica possibilita conhecermos as vivências alheias, com atenção e interesse genuínos e desprovidos de qualquer conhecimento que possa tamponar ou não permitir a expressão livre do outro, buscando entendimento justo do que lhe ocorre. Assim, perceberemos cada biografia e historicidade próprias, que faz de cada ser humano um exemplar único na vida.

SEÇÃO III — PSICOLOGIA FENOMENOLÓGICA

As vivências dos ditos transtornos psiquiátricos têm para cada paciente um sentido, mesmo que sejam universalmente parecidos os comportamentos. O que interessa nessa vertente é como cada indivíduo vive a doença que o afeta e como se insere em determinada cultura. Por vezes, os sintomas podem ser entendidos como sinais de alerta para que se possa iniciar uma inédita relação humana, cuja interlocução seja baseada em uma relação ética que vise à compreensão e ao reconhecimento, uma comunicação humana – no fundo – almejada.

Não é a teoria que guiará o clínico, mas as vivências que acontecerão na relação. As vivências do outro, as nossas vivências e as que acontecem nesse encontro. O saber não está apenas no terapeuta, mas no paciente e entre eles. O saber é fruto do sofrimento, e não das possíveis decodificações abstratas por parte dos terapeutas. O saber advém das vivências de sofrimento intenso compartilhado.

Essa perspectiva articula a clínica e a fenomenologia, pois os sintomas não são negligenciados, mas antes são expressões corporais e psíquicas não deliberadas, que precisam ser reconhecidas, acessadas, compreendidas e não explicadas, o que seria um reducionismo diante da complexidade da pessoa humana. As pessoas não podem ser reduzidas aos sintomas que se apresentam, nem mesmo ser agrupadas neles, isso as desaloja da possibilidade que têm de ser compreendidas de modo singular a partir das suas expressões genuínas. Há uma riqueza imensa na vida de todo ser humano, mesmo que o paciente se sinta empobrecido dessas potencialidades, que dormem no âmago de seu ser e esperam – sem o saber – despertar.

Os pacientes com transtornos psiquiátricos têm dificuldades em encontrar sentido para suas vivências, ao mesmo tempo em que, dessa forma, conseguem certo equilíbrio e enfrentamento em suas vidas. Os sintomas psiquiátricos mostram impedimentos que estancam o desenvolvimento e o uso satisfatório da própria liberdade e livre arbítrio, ou seja, da dimensão espiritual necessária nos momentos de avaliação e tomada de decisões.

Nessa breve reflexão clínica da psicologia e psicopatologia por meio das experiências que Edith Stein teve na Cruz Vermelha e a partir dos fundamentos fenomenológicos da estrutura da pessoa humana, os estudos fenomenológicos tornam-se úteis para fundamentar uma clínica que permita trabalhar aspectos essenciais que se apresentam nas relações interpessoais, e não apenas conteúdos específicos e tangenciais ao que é essencial, auxiliando, assim, os pacientes e os terapeutas a *descobrirem por si e na relação* os potenciais adormecidos à espera de um despertar. Em relação à psicoterapia, há ainda um vasto campo para investigações que articulem a clínica e o método fenomenológico de Edith Stein. De acordo com Goto e Goto (2016), o importante é submeter, a cada dia, nossas concepções e práticas clínicas a uma análise radical de seus fundamentos, de modo a nos recolocar-

mos no horizonte do especificamente humano e lá encontrarmos o sentido mais genuíno da formação humana: tornar-se pessoa, tornar-se capaz de construir argumentos de sua vida.

REFERÊNCIAS BIBLIOGRÁFICAS

Ales Bello, A. (2004). *Fenomenologia e ciências humanas: psicologia, história e religião*. Bauru, SP: Edusc.

Ales Bello, A. (2013). *Edith Stein e a Psicologia: teoria e pesquisa* (Prefácio). 1ª ed. Belo Horizonte: Artesã. p. 9-13.

Ales Bello, A. (2016). *Il senso dell'umano: tra fenomenologia, psicologia e psicopatologia*. Roma: Castelvecchi.

Goto, T. A. (2015). *Introdução à Psicologia Fenomenológica – a nova Psicologia de Edmund Husserl*. 2ª ed. São Paulo: Paulus.

Goto, N. B. G.; Goto, T. A. (2016). Educação, Formação e Mundo-da-vida: uma via antropológica fenomenológica. In: Peixoto, A. J. (Org.). *Ensaios de Filosofia, Educação e Psicologia*. 1ª ed. Curitiba: CRV. p. 39-56.

Goto, T. A.; Moraes, M. A. B. (2015). O giro idealista de Husserl e sua recepção no pensamento de Edith Stein. *Revista Fenomenologia e Direito*, v. 8, p. 31-54.

Husserl, E. (1965). *A Filosofia como ciência de rigor*. Coimbra: Atlantica.

Husserl, E. (2014). *Investigações Lógicas – Prolegômenos à Lógica Pura*. Rio de Janeiro: Editora Forense Universitária.

Safra, G. (2006). *Hermenêutica na situação clínica. O desvelar da singularidade pelo idioma pessoal*. São Paulo: Edições Sobornost.

Stein, E. (1999a). *Psicologia e scienze dello spiriti: contribute per una fondazione filosofica*. Roma: Città Nuova.

Stein, E. (2002a). El castillo interior. In: *Obras completas (Vol. III): Escritos filosóficos – etapa del pensamiento cristiano*. Burgos: Editorial Monte Carmelo. p. 1113-1136.

Stein, E. (2002b). *Aus dem Leben einer jüdischen Familie – und weitere autobiographische Beiträge*. Freiburg im Bresgau: Herder.

Stein, E. (2005a). Causalidad psíquica. In: *Obras Completas (Vol. II): Escritos Filosóficos – Etapa Fenomenológica*. Burgos: Editorial Monte Carmelo.

Stein, E. (2005b). Introducción a la Filosofía. In: *Obras completas (Vol. II): Escritos Filosóficos – Etapa Fenomenológica*. Burgos: Editorial Monte Carmelo.

Stein, E. (2007). *La estructura de la persona humana*. 1ª ed. Madrid: BAC. (Estúdios y ensayos. Filosofia y Ciências)

LEITURAS RECOMENDADAS

Ales Bello, A. (2006). *Introdução à fenomenologia*. Bauru, SP: Edusc.

Goto, T. A.; Garcia, A. T. (2016). *A presença do pensamento de Edith Stein no Brasil: do começo até os anos de 2012*. Disponível em: http://ebooks.pucrs.br/edipucrs/anais/seminario-internacional-de-antropologia-teologica/assets/2016/6.pdf. Acesso em: 18 fev. 2018.

Mahfoud, M; Massimi, M. (2013). *Edith Stein e a Psicologia: teoria e pesquisa*. 1ª ed. Belo Horizonte: Artesã.

Stein, E. (1999b). *Storia di una famiglia ebrea. Lineamenti autobiografici: l'infanzia e gli anno giovanili*. 3ª ed. Roma: Città Nuova.

Stein, E. (2017). *Da vida de uma família judia. E outros escritos autobiográficos*. São Paulo: Paulus. (no prelo)

Sobre as relações entre o pensamento de Heidegger e as práticas psicológicas clínicas

Elza Maria do Socorro Dutra

Ana Maria Lopez Calvo de Feijoo

Ana Maria Monte Coelho Frota

Roberto Novaes de Sá

Alessandro de Magalhães Gemino

O escopo das ressonâncias que a fenomenologia provocou no campo das ciências é vasto, não se limitando à obra husserliana e nem a uma área específica da pesquisa científica. Mesmo no que tange apenas às práticas clínicas, muitos são os autores cujas contribuições permitem inflexões diversas, como podemos ver nos capítulos desta seção[1] do presente trabalho. Neste capítulo, nosso interesse é o de explicitar as bases e alguns dos desdobramentos principais da obra de Martin Heidegger (1898-1975) no campo das práticas clínicas.

As influências do pensamento de Martin Heidegger sobre as chamadas práticas clínicas (psiquiátricas, psicanalíticas, psicológicas e psicoterápicas) delinearam ao longo do século passado, e continuam a delinear na atualidade, uma extensa e complexa rede de posicionamentos específicos, autores e contextos. Tal rede tem a analítica da existência como eixo gerador que determina a desconstrução do psíquico como marca comum, embora em distintos níveis de realização. Esse fundamento comum implica uma atitude hermenêutica de valorização do mundo, entendido como horizonte de sentido da existência, e da linguagem como seu meio ontológico próprio.

De modo a facilitar uma aproximação a esse campo de intercessões, dividiremos este capítulo em duas partes. Inicialmente, cabe mostrar o impacto do pensamento heideggeriano no contexto epistemológico da primeira metade do século XX, particularmente no que tange aos seus desdobramentos a partir da fenomenologia husserliana, além de seus desdobramentos iniciais no campo das práticas clínicas. Em seguida, são apresentados alguns elementos para compreender as relações entre fenomenologia e clínica no contemporâneo.

PRIMEIRA PARTE: A EMERGÊNCIA DA FENOMENOLOGIA EM HUSSERL E HEIDEGGER E SEUS DESDOBRAMENTOS INICIAIS NO CAMPO DAS PRÁTICAS CLÍNICAS

O estudo da fenomenologia traz uma dificuldade inicial tanto para filósofos quanto para estudiosos de outras áreas. Trata-se daquilo que Edmund Husserl chamou de "suspensão do juízo" (*epoché*) com relação à suposta subsistência simplesmente dada daquilo que chamamos de objetos, antes e independentemente da nossa experiência deles, isto é, independentemente da intencionalidade da consciência. Nesse sentido, esbarramos em um desafio fundamental à formação percorrida por quem elege a clínica como ofício: trata-se de suspendermos o juízo em relação àquilo que constitui o âmago da emergência da psicologia moderna e das práticas psicológicas clínicas. Ou seja, a suspensão na crença em uma essência humana substancial, seja de natureza material ou espiritual, que pode ser tomada como um objeto de conhecimento específico no interior do mundo natural.

O convite husserliano para o exercício da *epoché* remete a duas considerações sobre a formação clínica. Ele coloca em questão o lugar de sujeito do conhecimento, exercido pelo clínico, e o lugar de objeto de conhecimento, ocupado pelo paciente. A partir da suspensão dessa compreensão, tomada como óbvia pela perspectiva científica e pelo senso comum moderno, a atenção pode se voltar para o mundo, como campo intencional em que ambos (clínico e paciente) emergem como realidades independentes e hipostasiadas para a atitude natural. Se, nas elaborações de Husserl, a suspensão ainda parece dizer respeito a uma operação teórica, cujo sentido é o de possibilitar que a fenomenologia se torne uma ciência rigorosa, e a consciência é o lugar dessa operação. Em Heidegger, trata-se de um deslocamento fundamentalmente existencial, uma vez que o acontecimento jamais se reduz a um movimento intelectual voluntariamente

---

[1] Seção III – Psicologia fenomenológica.

SEÇÃO III — PSICOLOGIA FENOMENOLÓGICA

conduzido pela consciência, implicando sempre o envolvimento de dimensões afetivas fundamentais, que retiram a existência de sua absorção usual no mundo cotidiano das ocupações, geralmente, à revelia da vontade.

Ao encaminhar toda a sua obra para a retomada da dignidade da pergunta sobre o sentido do ser, Heidegger abre a possibilidade de estender o movimento de desconstrução não só para os sentidos simplesmente presentes em nosso cotidiano, mas, também, em direção ao fundamento dos diversos saberes que constituem tanto a tradição filosófica quanto as ciências modernas. Sua concepção sobre a existência – *Dasein*, traduzido para o português comumente como "ser-aí" ou "presença" – diz respeito a uma visão sobre a existência radicalmente diversa das concepções presentes no contexto epistemológico da segunda metade do século XIX, que fundamenta a emergência, no campo da medicina, das práticas psicológicas clínicas consideradas "científicas".

Nelas, o que se vê é uma preocupação em tornar a existência objetivável. Tal preocupação tem como fim a possibilidade de avaliação e controle, a partir de rastreamento das cadeias de causalidade dos comportamentos considerados como patológicos. O afã por objetividade fez surgir uma miríade de abordagens que têm como alvo principal "explicar" os comportamentos psicopatológicos, cada uma à sua maneira, de modo a teoricamente prescrever intervenções baseadas em intervenções técnicas. O advento de um certo modo de relação entre teoria-técnica-prática possibilitou a emergência da clínica no contemporâneo, sempre com o compromisso de tornar "científicas" suas intervenções. Esse desenvolvimento histórico acabou por afastar o cuidado clínico da existência concreta em direção a uma idealização científica da existência como subjetividade psicológica ou como epifenômeno do funcionamento orgânico biológico.

A fenomenologia de Husserl produziu uma inflexão fundamental na discussão moderna sobre o conhecimento, isto é, sobre as relações entre sujeito e objeto. Embora já existisse na filosofia hermenêutica de Wilhelm Dilthey, contemporâneo de Husserl, uma crítica consistente dirigida à objetivação do espírito na filosofia e, principalmente, nas ciências humanas, foi Husserl quem deu à hermenêutica posterior a consciência de que a subjetividade do espírito, que ela levantava contra a objetividade das ciências naturais, era, ainda, por demais objetiva. A necessidade de uma redução transcendental, propriamente fenomenológica, do olhar, para além da mera redução psicológica, foi o salto histórico que permitiu à fenomenologia se constituir como um novo projeto filosófico de superação da cisão moderna entre natureza e espírito. Foi por fidelidade a essa transcendentalidade radical, que pretendia superar o idealismo, que Heidegger, assistente de Husserl, quando este assume a cátedra de filosofia em Freiburg em 1916, sentiu necessidade de imprimir uma elaboração própria à intuição fundamental de seu mestre.

Para Heidegger, esse plano de imanência radical, ao qual a visada fenomenológica buscava se ater, não deveria ser tratado como horizonte transcendental. Por mais que Husserl enfatizasse a distinção entre o seu idealismo transcendental e o idealismo usual, contraposto ao realismo, Heidegger entendeu que era imprescindível rebater a análise fenomenológica das estruturas da consciência transcendental para o plano da existência, entendida agora, fenomenologicamente, como abertura originária de acontecimento, constituição mútua e encontro de homem e mundo. Todas as formas de compreensão do homem que se atinham aos significantes "sujeito" e "consciência" permaneciam sob o risco de uma apreensão insuficiente do nexo intencional ontológico entre homem e mundo. Era preciso elaborar o modo de ser do homem como ek-sistência, ser-aí, ser-no-mundo, conservando a atenção desperta para a dinâmica de constituição recíproca que a atitude natural sempre faz recair no mundo, no homem, ou em sua relação tardia como entes já constituídos. Essa elaboração, Heidegger empreende em sua obra inacabada *Ser e tempo*, publicada em 1927. Nela, o filósofo apresenta uma descrição fenomenológico-hermenêutica das estruturas ontológicas constitutivas da existência. Não se trata, no entanto, de uma antropologia filosófica. As estruturas existenciais elaboradas pela analítica do ser-aí humano são, antes, as condições ontológicas de possibilidade da fenomenalização do ser dos entes. E, como o ser dos entes não é senão fenômeno, modos de doação articulados na temporalização de mundo, trata-se na analítica existencial de Heidegger da própria ontologia fundamental. Não há aí nenhum homem, com o sentido usual de um ente subsistente no interior do mundo, que pudesse ser objeto de alguma ciência ôntica, seja uma antropologia ou uma psicologia. Entretanto, mesmo originalmente enraizado em uma base filosófica, ontológica e hermenêutica, o pensamento heideggeriano apareceu como uma via fundamental de superação do paradigma cientificista que permeava as práticas clínicas.

L. Ludwig Binswanger (1881-1966) e Medard Boss (1903-1990) foram os pioneiros na tarefa de construir uma *Daseinsanalyse* como modalidade clínica na psiquiatria e na psicoterapia com bases na fenomenologia hermenêutica de Martin Heidegger (1927/1999). *Daseinsanalyse* consiste em uma denominação que advém do termo alemão *Dasein*, que Heidegger utilizou, principalmente, em *Ser e tempo* para se referir aos modos de ser do homem. É o próprio filósofo da *Daseinsanalyse*, contudo, que aponta para a possibilidade de uma clínica psicológica e psiquiátrica com bases na fenomenologia hermenêutica, mais explicitamente em seus *Seminários de Zollikon* (2001). Heidegger, em *Ser e tempo*, refere-se à analítica do *Dasein* como a análise ontológica das estruturas da existência humana. Os psiquiatras Ludwig Binswanger e Medard Boss, inspirados no filósofo, vão denominar *Daseinsanalyse* o exercício dessa analítica em uma perspectiva ôntica, ou seja, na relação com problemas materiais.

Binswanger, psiquiatra suíço, iniciou seus estudos em psiquiatria sob a orientação de Eugene Bleuler. Porém, estava insatisfeito com as bases neurológicas com que a psiquiatria se estabelecia em sua época, acreditando que toda a fundamentação biológica que vinha sendo estabelecida para a psicopatologia era insuficiente para abarcar o adoecimento psíquico. Primeiramente, faz seu doutoramento sob a orientação de Carl Gustav Jung e por intermédio dele chega a Freud, com o qual fez a formação em psicanálise. Na tentativa de procurar os fundamentos psíquicos para as enfermidades mentais e dar aos estudos da psiquiatria um estatuto científico, foi buscar outras bases temáticas e metodológicas para a construção de uma psiquiatria. Deparou-se, então, com a Fenomenologia de Husserl, entrando em contato com o conceito de consciência intencional. Assim, acabou rompendo com os pressupostos naturalistas da psicanálise e assumiu uma perspectiva que ele mesmo denominou de antropologia fenomenológica. Mais tarde, ao ler *Ser e tempo*, dirigiu seu interesse à ontologia hermenêutica de Heidegger. Mais especificamente, ele vai se interessar pela noção de projeto, que se refere ao campo de sentidos que sustentam recortes significativos diversos que tornam possíveis as nossas ações.

O projeto se constitui por sentidos fornecidos pelo mundo que torna possível a apropriação de significados. No interior do projeto impróprio se faz o que se faz porque se diz é dito que faz sentido fazer. O que caracteriza o impróprio é a operacionalização de sentidos sedimentados. O próprio é a experiência de sentido a partir da indeterminação. Para Heidegger, o próprio é uma modulação do impróprio, já que mesmo aquilo que se toma como singular ainda depende da familiaridade com o mundo. Na experiência que emerge de situações-limite, é que o ser-aí, ao se ver confrontado com sua estranheza constitutiva, abre-se para a possibilidade de constituição de outros sentidos.

Binswanger, ao mesmo tempo em que se inspirou em Heidegger, tomou uma posição contrária – compreendeu o próprio como aquilo que Heidegger esclareceu por impróprio. O psiquiatra, com base na sua experiência clínica com pessoas que se encontravam em situações-limite, conclui que a vida comumente só pode se constituir na impropriedade. Para Binswanger, a loucura é justo a perda da familiaridade, dos sentidos sedimentados, ou seja, para ele é nisso que o impróprio se apresenta. É a loucura que inviabiliza a articulação de sentidos possíveis: projeto, uma vez que reduz, encurta os projetos existenciais. A clínica psiquiátrica, nesse sentido, dar-se-ia na tentativa de recomposição dos sentidos sedimentados, da familiaridade perdida. O critério então para a condução de uma clínica psicológica seria a reconquista, rearticulação do projeto singular, projeto originário de cada ser-aí, projeto esse que não pode ser reconquistado com a medida dada pelo outro, mas é o reencontrar-se com a medida dada pela própria existência e que vem se encurtando por meio daquilo que é o próprio transtorno.

Medard Boss (1954) ainda guarda em sua Daseinsanalyse elementos elaborados por Binswanger, por exemplo, a importância das relações de amor para alcançar a libertação. No entanto, mais tarde, vai considerar em sua perspectiva as tonalidades afetivas, discutidas por Heidegger tardiamente. Boss (1971/1988), em *Angústia, culpa e libertação*, demonstra a sua fundamentação daseinsanalítica por meio de três trabalhos que foram elaborados durante dez anos e, nessa publicação, compilados: angústia vital, sentimento de culpa e libertação psicoterápica. Destaca algumas questões que considera imprescindíveis para pensar a clínica a partir dos pressupostos heideggerianos: a inseparabilidade do orgânico e do psíquico; a angústia e a culpa, como tonalidades afetivas de suma importância no âmbito dos psiquicamente doentes; e, por fim, o caminho para a libertação. Além dessas, Boss pensou muitas outras questões em psicologia, tais como o *ser-doente*, os distúrbios e a psicossomática. Para o exercício clínico, trouxe como contribuição a interpretação dos sonhos a partir de uma tematização de sentidos que aquele que sonha atribui ao sonhado.

Ainda em Boss (1954) encontramos análises clínicas que esclarecem a sua atuação como daseinsanalista. Boss apresenta uma situação que na psicologia tradicional receberia uma denominação de histeria e que se daria na ordem das perturbações "funcionais". Nesse modo de interpretar, essas perturbações se baseiam em uma causalidade psicodinâmica. Assim, o corpo seria um instrumento de expressão de uma energia psíquica. Segundo esse estudioso, a interpretação dentro da perspectiva do *Dasein* é que a "corporeidade" humana consiste em uma esfera da existência, que se atualiza de modo somático. A existência consiste em uma relação com as coisas que a constituem. Essas relações revelam o mundo, sejam elas relações de ação social, de vontade, de desejo, de sentimento, de pensamento. Assim, o aspecto corporal do homem pertence de modo imediato à existência. E a corporeidade nada mais é que um modo de existir naquele horizonte histórico.

Para Boss (1988), o entendimento de psique dos gregos foi substituído pelo de sujeito ou pessoa. A esse modo de referir-se ao eu, Boss denomina de "conceitos antropológicos modernos". Ele afirma que as ciências *psi* partem de um axioma básico que é a existência de uma psique junto com um corpo. Denomina esta tendência em Psicologia de abstrata, por diferentes motivos: a crença do eu como substância, o extremo subjetivismo, o ideal de domínio do sujeito sobre todas as coisas, inclusive dos outros sujeitos. Na tentativa de pensar a sua Psicologia em outra perspectiva, busca em Heidegger uma nova possibilidade de fundamentação epistemológica, referindo-se ao pensamento dele da seguinte forma:

> É preciso considerar, que também a reflexão fundamental de Martin Heidegger impõe ao homem mais um desmoronamento que muitos se recusam obstinadamente a enxergar. Sigmund Freud já chamou a sua descoberta de uma segunda revolução copérnica. Não só Copérnico tinha desalojado a nossa terra do centro do universo, ainda por cima Freud conseguiu mostrar que a autocrática consciência humana era impulsionada, em diferentes direções, por forças "id" como ele chamava, e cuja origem e essência eram desconhecidas. Martin Heidegger reconheceu, além disso, que o sujeito humano como medida e ponto de partida para todas as coisas não tem toda essa importância. Na verdade ele também é "só" algo que é, um ente entre milhares de outros entes e como tal, depende e, em seu ser-sendo mantido incessantemente pelo acontecimento do ser, o desabrigamento. Em compensação, ele, o ser-pessoa, merece a alta dignidade e distinção de poder existir como aquele aberto e clareado que, como tal, tem de servir a tudo o que tem de ser como seu local de aparecimento e desdobramento inalienável. (Heidegger, 2001, p. 15)

Embora Heidegger tenha dado o seu aval à proposta da *Daseinsanalyse* de Boss, esta ainda guarda no seu interior alguns vestígios de uma psicodinâmica, tal como pode ser observado ao se referir à angústia e à culpa como sendo os fundamentos básicos para livrar os pacientes com sintomas psiconeuróticos de seus aprisionamentos (1988, p. 42).

Seja pela divulgação restrita, seja por ainda manter elementos da psicologia humanista e psicodinâmica, o fato foi que a *Daseinsanalyse* não foi incluída no contexto da Psicologia de forma ampla. Mantendo-se apenas em grupos muito restritos, não chegou a ser conhecida nem devidamente estudada no âmbito da Psicologia. Pouco ainda se tem feito em termos de divulgar, ampliar e aprofundar os fundamentos de uma *Daseinsanalyse* clínica. Há estudos esparsos que apontam para algumas considerações da possibilidade de uma clínica psicológica daseinsanalítica, mas que ainda carecem de aprofundamento e detalhamento mais apurado. Talvez estudos mais frequentes acerca da fenomenologia-hermenêutica possam oferecer consistência e abrangência ao exercício clínico, podendo, assim, levar efetivamente o exercício da clínica *daseinsanalítica* à formação acadêmica do psicólogo.

SEGUNDA PARTE: ELEMENTOS PARA SE PENSAR UMA CLÍNICA COM INSPIRAÇÃO HEIDEGGERIANA NO CONTEMPORÂNEO

Segundo Stein (1988/2014), a obra seminal de Heidegger, *Ser e tempo*, fez um encurtamento do domínio ontológico da consciência, por meio de três pilares: rejeição de Deus e das verdades eternas; rejeição às leis naturais; superação da relação su-

SEÇÃO III — PSICOLOGIA FENOMENOLÓGICA

jeito-objeto, base das teorias da consciência. Tal fato introduz elementos radicalmente novos, que clamam por uma nova forma de compreender e tratar com o homem, como já vimos anteriormente. No entanto, o que para desavisados pode parecer fácil, transpor a filosofia de Heidegger para a clínica psicológica, de fato se revela uma tarefa de complexidade ímpar. No entanto, não se trata aqui de transpor uma filosofia para a psicologia. Trata-se, na verdade, de pensar o processo de escuta clínica a partir de inspiração na analítica existencial, uma vez que a psicologia não é uma filosofia. A partir daí, tal como sugere o autor, trata-se de depor a consciência em prol da hermenêutica do ser-aí, de trazer à luz a inevitabilidade da historicidade e temporalidade e de compreender o *Dasein* como um ser-aí-junto-aos-outros. Trata-se de, a partir de uma ruptura com um projeto epistêmico da modernidade, tendo como pano de fundo uma crítica à metafísica como um todo, pensar o paradigma de um ser-no-mundo prático, ôntico. Importante dizer que, para tanto, é necessário conhecer o modelo anterior, pois é a partir dele que sempre somos.

Enquanto a filosofia se orienta pelo ontológico, privilegiando o rigor do seu pensamento referente ao ser do homem, o psicólogo se "orienta pelo nível concreto da estruturação ontológica da existência" (Costa, 2015, p. 83), diferenciando seus campos de especificidade. Ao psicólogo, então, cabe um acompanhar sereno, um acolhimento atento, um estar-junto ao outro, no sentido de possibilitar um desbravar de novas possibilidades existenciais, que possam oferecer formas de existência mais serenas. Pensamos numa clínica que surge como *ethos*. *Ethos* significa lugar de habitação. Essa palavra nomeia o âmbito aberto, no qual o homem habita. Assim, *ethos* nos traz a ideia de homem como ser-aí, como possibilidade em aberto. Ao terapeuta, então, cabe deixá-lo ser outro, sendo ele, também, um outro. Falamos do lugar de uma ética do cuidado, de uma ética que compreende a habitação como um poder-ser em aberto, na negatividade e na falta, que abre possibilidades para poder-ser, transgressoras ou não.

Pensar uma clínica com inspiração fenomenológica heideggeriana significa, em primeiro plano, conhecer as ideias do filósofo, dialogar com elas, para, a partir de então, encharcados desse novo olhar, e, por meio de uma fusão de horizontes (Feijoo, 2011) com o cliente que nos demanda, acompanhá-lo na busca de resgate de sua abertura ao ser, isto é, ao poder-ser, em suas multiplicidades possíveis.

Sá (2002) considera que "pensar o sentido da clínica é desconstruir a ideia de aplicação de uma técnica já dada, de uma psicotecnologia neutra, que visa ajudar pessoas a atingirem objetivos pessoais" (p. 356). Assim, na busca de se pensar uma clínica de inspiração heideggeriana, trazemos, em primeiro plano, a necessidade de um re-pensar crítico, meditante, acerca da própria habitação prévia no horizonte de sentidos que nós somos, que nós habitamos. Mais uma vez, não se trata de negá-lo. Trata-se de revisitá-lo. Como sugere o autor: "Para que um homem possa compreender de uma maneira mais livre um horizonte histórico de sentido é necessário que ele compreenda sua habitação prévia neste horizonte e não ceda prematuramente à ilusão voluntarista de dominação e controle da realidade" (p 351). Então, de posse de todos meus conceitos e pré-conceitos, desalojados a partir de uma nova perspectiva de compreensão do homem e do mundo, encontramo-nos com uma pessoa que busca ajuda. Como proceder a partir daí?

Com a compreensão do homem como um ser-aí, um ser-junto-ao-mundo, fica evidenciada a impossibilidade de pensá-lo como uma substância fechada, pronta, uma mônada. O homem passa a ser compreendido como uma abertura ao mundo, uma clareira iluminada pela facticidade. Assim, seu caráter revela-se como de indeterminação e irremediavelmente histórico. Trazendo o aspecto ontológico para a onticidade da clínica, revela-se a necessidade de se olhar criticamente para cada teoria que atravessa a formação do terapeuta, do modo de constituição da era da técnica de um modo amplo, fazendo algo que Heidegger (1959/2000) somente dá pistas, ao falar que se deve dar um não e um sim à técnica. Um não, porque ela tem em si a "leveza da falsidade". Dar um sim, porque ela nos constitui enquanto ser vivente neste horizonte histórico dominado pela técnica.

Apelemos à serenidade para nos ajudar neste processo. A serenidade (*Gelassenheit*) faz parte do pensamento heideggeriano que evoca um pensamento que medita, nos convocando a uma atenção livre de violência subjetiva, livre de identificações exclusivas das coisas, possibilitando uma preservação da abertura compreensiva da diferença irredutível das coisas. Nas palavras de Heidegger:

> O pensamento que medita exige de nós que não fiquemos unilateralmente presos a uma representação, que não continuemos a correr em sentido único, na direção de uma representação. O pensamento que medita exige que nos ocupemos daquilo que, à primeira vista, parece inconciliável. (Heidegger, 1959/2000, p. 23)

Então, cada um de nós, terapeutas, que somos ao mesmo tempo todo mundo e si-mesmo, recebemos uma demanda de ajuda. É preciso que já estejamos numa pré-compreensão da verdade como desvelamento das múltiplas possibilidades históricas de sentidos dos entes, tal como sugerida por Heidegger. Assim, consideramos a re-presentação metafísica do homem, como somente uma re-presentação, falseada que é pela ideia de substancialidade, de uma subjetividade interna que convive com uma realidade externa. Ampliamos nosso horizonte histórico. "O saber clínico essencial é aquele que somos e não o que temos enquanto representação conceitual", explicita Sá (2015, p. 46). Pensamento esse também compartilhado por Figueiredo (1993, p. 91), ao mencionar o conhecimento tácito, aquele que já faz parte de nós e do nosso modo de ser: "O conhecimento tácito do psicólogo é o seu saber de ofício, no qual as teorias estão impregnadas pela experiência pessoal e as estão impregnando numa mescla indissociável (...) é radicalmente pessoal, em grande medida intransferível e dificilmente comunicável".

Assim, somos o que nos constitui, re-visto criticamente, posto em questão por meio de uma redução, tal qual propõe Stein (1988/2014), fazendo uma "recondução do ente para o ser" (p. 48).

Continuando na sua análise, o filósofo considera que é por meio da redução que Heidegger "atinge o lugar privilegiado da analítica existencial, o constructo do estar-aí para, a partir dela, repor a questão do sentido do ser e praticar a revisão do paradigma da metafísica ocidental" (p. 49). No entanto, deixamos claro que sua redução se distingue da proposta husserliana, ao fazermos uma *epochè* da própria consciência. Propomos, desse modo, um recuo, um perguntar-se incessante acerca das verdades do nosso horizonte de tradição. Abrimo-nos para o outro, uma alteridade que só chega se existir espaço para tal. E o que seria isso, senão o "cuidado"? Pensar desse modo só será possível, portanto, se estivermos apropriados de uma visão existencial de ser-no-mundo, o que implica, necessariamente, considerar o "cuidado" como um modo de estar-no-mundo-com-outros.

Embora não se refira à psicoterapia em *Ser e tempo*, Heidegger (1927/1999) já nos indica um sentido possível e necessário para a construção de uma escuta clínica do ser-aí. Afirma:

> Enquanto a interpretação existencial não esquecer que o seu ente temático possui o modo de ser da presença e que ele nunca pode ser um ente simplesmente dado, resultante da colagem de pedaços simplesmente dados, todos os seus passos devem deixar-se guiar, em conjunto, pela ideia de existência (...). Trata-se, pois, de liberar, numa interpretação, a presença para a sua possibilidade de existência mais extrema. (p. 385)

Essa reflexão coloca a necessidade de pensar o homem para além das teorias classificatórias, entre elas as desenvolvimentistas, de aprendizagem, de personalidade etc. Nossa tarefa será hercúlea, pois abre um necessário exercício de fazermos uma antropologia do ser-aí, agora partindo de uma compreensão de homem e de mundo diametralmente distante da apresentada pela psicologia e pelas psicoterapias. Distanciamo-nos, pois, dos modelos, técnicas, procedimentos e caminhos já traçados de acesso ao homem, tão próprios da metafísica da presença. Inspirados numa concepção não metafísica do homem, assumimos uma posição crítica com relação aos projetos cientificistas da psicologia moderna.

Assim sendo, pensamos alguns elementos para a construção dessa escuta clínica, que reivindica o *ethos*, que compreende o homem como um ser-aí, um ser-no-mundo, aberto, incompleto, uma singularidade possível, embora constituída numa universalidade. Devemos lembrar que:

> impessoalidade e singularidade são possibilidades existenciais sempre em jogo a cada momento do existir concreto (...). A interrogação se dirige, antes, ao sentido da experiência cotidiana impessoal, ao âmbito daquilo que ainda não sendo nela apropriado, se constitui, por isso mesmo, como sua motivação essencial. (Sá, 2015, p. 50)

Desse modo, a tensão entre impropriedade e propriedade, impessoalidade e pessoalidade, universalidade e singularidade, está colocada como pano de fundo. Scarlati (2015, p. 107) também acredita nisso e assegura que "a clínica fenomenológica-hermenêutica deveria estar sustentada sobre aquilo que Heidegger (1927/1999) denomina como preocupação antecipadora, libertadora"; ou seja, o exercício de um "cuidado" antepositivo e libertador, que seria inaugurar uma relação com o outro que rompa com a compreensão do homem como ser simplesmente dado. Assim, mais uma vez, um pensamento e uma postura meditantes.

A indeterminação da existência torna o ser-aí responsável por sua vida e escolhas, e assim ele deve ser visto, compreendido, interpretado e relacionado. O conceito de liberdade, que se enrosca no de existência, atravessa a clínica fenomenológica-hermenêutica. Nessa perspectiva, não se pode falar de essência ou fundamento primeiro, uma vez que o homem é livre para escolher. Assim, responsabilidade faz parte de seu modo-de-ser-no-mundo. Será, pois, no decorrer da vida que o ser-aí tomará para si o seu modo de ser, sua incompletude e o jogo com as (in)determinações de seu mundo.

A escuta clínica, enquanto processo vivo, pode se oferecer como espaço para que se deixe claro o terreno concreto da vida, as afetações, dores, humores, que atravessam a existência singular daquele ente que sofre. Nesse sentido, a clínica fenomenológica-hermenêutica se constitui numa prática que tem como

proposta deixar transparecer dores, medos, frustrações, angústia. Aliás, a angústia, tal como propõe Heidegger (1927\1999) tem em si um potencial de desvelar a impropriedade do ser-aí, colocando-o no umbral de onde pode vislumbrar sua essência: ser-no-mundo. A nulidade do ser-aí, a ausência de um fundamento fundante, é o que melhor fala do si-mesmo. No entanto, "aquilo que a nulidade do ser-aí permite é justamente o inverso disso, ela permite ao ser-aí a possibilidade de apoio no mundo e seus sentidos. É por não ser essencialmente nada que alguém pode, em sua dinâmica existencial, ser alguma coisa" (Costa, 2015, p. 77). Justamente aí se encontra a possibilidade de caminhar em direção contrária à impropriedade, mesmo que de modo fugidio.

A partir desse novo horizonte, o terapeuta que busque trabalhar nessa perspectiva precisa desenvolver um olhar crítico acerca das construções teóricas, abandonando qualquer tentativa de reduzir o homem a compreensões objetivantes, naturalizantes e universais. Além disso, ele não está no lugar de técnico e detentor de poder\saber. Seu lugar é de um parceiro que se oferece com seu horizonte ao outro para, juntos, construírem novos sentidos. O terapeuta se oferece como abertura pessoal para acompanhar o outro na sua alteridade, reconhecendo-o como pura existência. Como pensa Feijoo (2008, p. 317), a tarefa da clínica fenomenológica-hermenêutica seria "resgatar o homem singular que se encontra perdido no geral". Seria um caminhar para a apropriação da propriedade, que rapidamente se esvai na impropriedade, em um contínuo velar-se\desvelar-se, abrindo espaço para outras possibilidades que não sejam submetidas à lógica da técnica.

A escuta clínica, que não se confina no espaço do consultório psicológico, habita o campo existencial. Assim, é regida por uma ordem ética, no sentido do *ethos*, abandonando qualquer perspectiva normativa. A escuta clínica busca possibilitar um habitar sereno na existência, sabendo ser ela da ordem da finitude.

CONSIDERAÇÕES FINAIS

Embora, a psicoterapia tenha se legitimado na época moderna como aplicação de uma ciência ôntica sobre o homem, a questão das relações entre fenomenologia e psicoterapia não é a mesma, e nem sequer subsidiária, ao problema das relações entre fenomenologia e **psicologia**. Neste último, está em jogo uma questão epistemológica, pois é preciso delimitar uma região ôntica que legitime a instituição de uma disciplina científica. No caso da psicoterapia, trata-se da experiência de sofrimento, da liberdade e do sentido da existência. A psicoterapia não trata das objetivações do sofrimento, como faz o médico e outros profissionais da saúde em sentido restrito. Ela cuida, antes, do sofrimento como parte constitutiva da experiência da realidade. Para ela, o sofrimento, fenomenologicamente compreendido, não tem causas objetivas, localizáveis em alguma região ôntica específica. O sofrimento possui um sentido e ele está sempre vinculado à uma experiência da realidade existencial como totalidade. Ainda que raramente se consiga vislumbrar seus nexos para além das situações cotidianas mais próximas e naturalizadas, o sofrimento sempre diz respeito, em última instância, a nossa relação tácita com a totalidade dos entes, ao sentido do ser. Portanto, a diferença entre analítica existencial filosófica e análise existencial clínica não se traduz como distinção entre um nível ontológico e outro ôntico, e suas consequentes delimitações disciplinares. A diferença é, na verdade, muito mais uma modulação existencial do que uma cisão epistemológica. Na analítica

SEÇÃO III — PSICOLOGIA FENOMENOLÓGICA

o pensamento busca elaborar o sentido da existência em geral, enquanto na clínica psicoterápica se trabalha o sentido de uma existência específica. Mas essa distinção não incide sobre a natureza essencial do filosofar ou do clinicar psicoterápico, trata-se apenas de dois estilos ou caminhos inseparáveis do mesmo empenho existencial pelo sentido, pela verdade e pela liberdade. A analítica filosófica não deixa de ser sempre o esforço de uma existência, a cada vez minha, por sua própria singularização, ao passo que a psicoterapia é sempre o trabalho de uma existência específica para elaborar seu sentido próprio de um modo que a integre singularmente com a verdade da existência em geral, ainda que não seja necessária aqui a elaboração de um tratado sobre o tema, como, aliás, também não o é no caso do filosofar.

REFERÊNCIAS BIBLIOGRÁFICAS

Binswanger, L. (1973). *Articulos y conferencias escogidas*. Tradução: Mariano Marín Casero. Madrid: Editorial Gredos. (Original publicado em 1955)

Boss, M. (1977). *Angústia, culpa e libertação: ensaios de psicanálise existencial*. 2ª ed. Tradução: B. Spanoudis. São Paulo: Duas Cidades.

Costa, P. V. (2015). Da filosofia à clínica psicológica: uma experiência malograda de acolhimento atento e atmosfera permeável na clínica. In: Feijoo, A. M. (Org.). *Situações clínicas*. Rio de Janeiro: Edições IFEN. p. 67-96.

Feijoo, Ana M. L. C. (2008). A filosofia da existência e os fundamentos da clínica psicológica. *Estudos e Pesquisas em Psicologia*. v. 8, n. 2, p. 309-318.

Feijoo, Ana M. L.C. (2011). *A existência para além do sujeito: a crise da subjetividade moderna e suas repercussões para a subjetividade de uma clínica psicológica com fundamentos fenomenológico-existenciais*. Rio de Janeiro: Edições IFEN, Via Verita.

Figueiredo. L. C. (1993). Sob o signo da multiplicidade. *Cadernos de subjetividade*, v. 1, p. 89-95.

Heidegger, M. (1999). *Ser e tempo*. 8ª ed. Petrópolis, RJ: Vozes. v. I e II. (Original publicado em 1927)

Heidegger, M. (2000). *Serenidade*. Lisboa: Instituto Piaget. (Original publicado em 1959)

Sá, R. N. (2002). A noção heideggeriana de cuidado (Sorge) e a clínica psicoterápica *Revista de Filosofia Veritas*, v. 45, n. 2, p. 259-266.

Sá, R. (2015). Hermenêutica fenomenológica da experiência do si mesmo e a psicoterapia. In: Feijoo, A. M.; Protasio, M. *Situações Clínicas I – análise de discursos clínicos*. Rio de Janeiro, RJ: IFEN. p. 45-66.

Scarlati, L. (2015). O pensar e o cuidado (sorge): os caminhos do fazer clínico fenomenológico-hermenêutico. In: Feijoo, A. M.; Protasio, M. *Situações Clínicas I – análise de discursos clínicos*. Rio de Janeiro, RJ: IFEN. p. 97-130.

Stein, Ernildo (1988\2014). *Seis estudos sobre ser e tempo*. Petrópolis: Vozes.

Recomendações de leitura

Dastur, F.; Cabestan, P. (2015). *Daseinsanálise: fenomenologia e psicanálise*. Rio de Janeiro, RJ: Via Verita.

Evangelista, P. E. R. A.; Milanesi, P. V. B.; Morato, H. T. P. (Org.). (2016). *Fenomenologia existencial e prática em psicologia: alguns estudos*. Rio de Janeiro, RJ: Via Verita.

Feijoo, A. M. (2017). *Existência & Psicoterapia: Da psicologia sem objeto ao saber-fazer na clínica psicológica existencial*. Rio de Janeiro: IFEN.

MacDowell, J. A. (1993). *A gênese da ontologia fundamental de Martin Heidegger: ensaio de caracterização do modo de pensar em Sein und Zeit*. 2ª ed. São Paulo: Loyola.

Paisana, J. (1997). *Husserl e a ideia de Europa*. Porto: Contraponto.

18

Eugène Minkowski, Ludwig Binswanger e Bruno Callieri: psicopatologia fenomenológica

Andrés Eduardo Aguirre Antúnez

José Tomás Ossa Acharán

Danilo Salles Faizibaioff

Joelma Ana Gutiérrez Espíndula

Buscando compreender a complexidade do ser humano e suas psicopatologias, alguns psiquiatras europeus, no início do século passado, beberam da antropologia fenomenológica em suas pesquisas clínicas e filosóficas. Abordamos, neste capítulo, o resultado epistêmico de tal empreendimento: a *psicopatologia fenomenológica*.

Para o tal, partimos de premissas históricas elaboradas, durante décadas, por Ales Bello (2016), especialmente a partir dos anos 1980, quando se dedicou a pesquisas fenomenológicas sobre as ciências humanas e a psicologia, e também a diálogos interdisciplinares, principalmente com psiquiatras de orientação fenomenológica e psicanalítica que cursavam e cursam o Centro Italiano de pesquisas Fenomenológicas (*Centro Italiano di Ricerche Fenomenologiche* – Roma), tal como Bruno Callieri. Concluída essa etapa, discorreremos sobre as perspectivas psicopatológicas, fenomenológicas e clínicas desse psiquiatra italiano, além das de Eugène Minkowski e Ludwig Binswanger, reconhecidos psicopatólogos atualmente estudados no Brasil.

No clima positivista estabelecido na Europa nas primeiras décadas do século XX, "eram numerosas as reações contra a mentalidade científica nos ambientes filosóficos europeus" (Ales Bello, 2016, p. 9). Na Alemanha, estava sendo delineada a pesquisa fenomenológica de Edmund Husserl, quem "não se limitava a contrapor o interesse pelos estudos humanísticos àqueles científicos, mas lançou uma crítica e fundou uma nova teorização" (Ales Bello, 2016, p. 9).

Edmund Husserl captou o significado do papel e da posição das ciências do espírito (ciências humanas para os anglo-saxões) "para a compreensão dos aspectos salientes do ser humano na sua singularidade e contexto social" (Ales Bello, 2016, p. 9). Na época, delineava-se a Psicologia, entre o paradigma das ciências físico-matemática, ou naturais, e a via humanística. Distinguiam-se duas tendências: a do Positivismo e aquela ligada a outra visão de mundo, interessada pelo humano, de natureza qualitativa, que também se mantém na situação presente (Ales Bello, 2016).

Edmund Husserl e Sigmund Freud seguiam as lições de Franz Brentano, quando elaboram uma investigação sobre a interioridade, que tomará distintas vias. Em ambiente alemão, com Max Scheler, Edith Stein – que prossegue a investigação sobre a psique – e Martin Heidegger – que discutirá diretamente com os desenvolvimentos da psicanálise nos seminários de Zollikon. Na França, com Maurice Merleau-Ponty e Paul Ricoeur, que concernem às gerações sucessivas e assistem à expansão da psicanálise e suas vertentes (Ales Bello, 2016).

Ales Bello (2016) aponta-nos uma proposta fenomenológica embasada pela antropologia filosófica em íntima relação com a psicologia, para, em seguida, dirigir-se à psicopatologia fenomenológica concomitantemente ao desenvolvimento da psicanálise. Assim, percorre o estatuto epistemológico da psicologia do ponto de vista de Edmund Husserl e da contribuição peculiar que a sua discípula, Edith Stein, deu à pesquisa sobre a psique, ressaltando, em particular, seu projeto de proporcionar uma base teórica benéfica aos psicólogos, a partir da psicologia da época e da fenomenologia dela.

A psicologia sempre esteve nos interesses de Edmund Husserl (1859-1938), bem como a complexidade do ser humano, da natureza e de Deus. A análise das vivências torna-se um novo território, o qual, segundo Edith Stein, seria uma luz que acompanha o fluxo do vivido e que o ilumina para fazê-lo presente. O vivido é sempre imanente. O que se torna útil não só para conhecer a natureza, mas a própria alma humana, fornecendo um terreno sólido à psicologia mesma como ciência (Ales Bello, 2016, p. 15-19).

A relação é tão íntima que, "em algum momento da análise de Husserl, a psicologia coincide com a descrição fenomenológica-transcendental" (Ales Bello, 2016, p. 20). De modo que, se a "fenomenologia tem como ponto de partida a análise da subjetividade, é claro que a psicologia faz parte da fenomenologia" (p. 21). Vale ressaltar que se trata aqui de uma psicologia pura, e não de psicologia empírica.

SEÇÃO III — PSICOLOGIA FENOMENOLÓGICA

Resgatando as bases gregas do termo psique, *anima* ou alma na língua latina, as origens se encontram na antiga língua indo-europeia: o prefixo de anima significa respiro como instrumento de energia vital, já que *anemos*, em grego, é vento, e *anil* é vento, na língua hindu. Assim, Ales Bello (2016, p. 26) "mostra que o ser humano provém da energia vital primordial". Como, portanto, compreender o ser humano que está, é, ou se apresenta com uma energia vital enfraquecida?

Para compreender esse complexo variado e enigmático mundo dos distúrbios mentais, procuraremos trazer aportes de Eugène Minkowski, Ludwig Binswanger e Bruno Callieri. A escolha desses autores refere-se ao fato de eles haverem adentrado em uma profunda análise de casos psicopatológicos, em paralelo à fenomenologia. Observamos que a psicopatologia fenomenológica possibilita captar aspectos conhecidos como doença psicológica, numa vertente aberta à singularidade de cada pessoa relacionando-se com o seu mundo, onde é vinculada à biografia de cada pessoa e ao seu sofrer.

EUGÈNE MINKOWSKI (1885-1972)

Aos 18 anos, Patrícia Deegan enfrentava sua terceira internação psiquiátrica. Diagnosticada com esquizofrenia crônica, a futura doutora em Psicologia Clínica viria, anos mais tarde, a publicar e refletir sobre sua própria experiência de adoecimento perante a comunidade científica, dissertando sobre o processo de recuperação. Ao relembrar-se da fastidiosa rotina institucional daquela adolescente então hospitalizada, que "não se importava com nada, exceto dormir, sentar e fumar cigarros", ela reflete: "Cigarro após cigarro. Cigarros marcam a passagem do tempo. Cigarros são a prova de que o tempo está passando, e este fato, pelo menos, é um alívio" (Deegan, 1996, p. 93).

Para além dos efeitos psicoativos da nicotina, que estimula e desestimula essas ou aquelas sinapses neuroquímicas, a contemplação da psicóloga toca outra dimensão, referente à experiência do fenômeno temporal em sua dimensão vivente, qualitativa, fenomenológica. O alívio do qual fala associava-se, nessa leitura, não tanto às consequências fisiológicas da absorção da nicotina por seu organismo, senão ao fenômeno do tempo, à possibilidade de vivenciar uma faceta da experiência temporal que, embora nos pareça inquestionável, apresenta-se congelada ou severamente destituída em pacientes graves: trata-se da dimensão do *devir*, que perpetuamente nos transporta a um futuro, o qual, desdenhando de nossas infrutíferas tentativas intelectuais de prever e controlar, não cessa de apresentar-se-nos de forma surpreendente, seja para nossas alegrias ou desolações.

Eugène Minkowski, psiquiatra e psicopatólogo de origem russo-polonesa e, posteriormente, radicado na França, convocou o fenômeno do *tempo* ao primeiro plano na abordagem diagnóstica e clínica das enfermidades mentais. Na primeira parte da obra *O tempo vivido* (Minkowski, 1933/1973), ele empreendeu uma descrição fenomenológica do *tempo-qualidade*, termo que empresta de Bergson para descrever a dimensão do fenômeno temporal que não se reduz à noção quantitativa implícita na avaliação da orientação temporal dos pacientes ("em que mês estamos?", "que horas são"?), ou mesmo ao período que eles tanto almejam delimitar ao nos questionarem sobre *quanto* tempo demorará para se curarem desta ou daquela patologia (Faizibaioff e Antúnez, 2015).

Contemplando o fenômeno do tempo em sua essência, por meio do método fenomenológico, ele descreve-o como uma "'massa fluida', esse oceano em movimento, misterioso, grandioso e poderoso que vejo em torno de mim, em mim, em todas as partes, em uma palavra, quando medito sobre o tempo. É o *devir*" (Minkowski, 1933/1973, p. 22). Essa noção implica que toda a vida humana está orientada ao Futuro, indefinível e imprevisível por essência, o qual não se manifesta apenas no sentido do ser que tende adiante, mas, também, como um futuro que se nos abre diante de nossos olhos, repleto de inauditas possibilidades, aportando-nos a vivência de esperança. Para o psicopatólogo, essa noção supera a dicotomia pessimismo *versus* otimismo, pois, antes de esboçarmos este ou aquele cenário num futuro mais ou menos distante, a questão de *esperarmos que coisas venham a nós se manifestar* sequer se coloca racionalmente (p. 89), a não ser que estejamos doentes.

Pois a enfermidade mental, para Minkowski (2016), é a "desestruturação profunda" (p. 78) dessa faceta antropológica, relativa ao assentamento do ser no tempo do devir, independentemente dos sintomas negativos ou positivos (delírios, alucinações, humor depressivo, hiperatividade etc.) que observemos no ato diagnóstico psiquiátrico. Em poucas palavras, "o fenômeno do tempo, e provavelmente também o do espaço, situam-se e organizam-se na consciência mórbida diversamente a como os concebemos de maneira habitual" (Minkowski, 1933/1973, p. 12).

Tomemos um exemplo clínico do próprio autor, descrito na segunda parte de *O tempo vivido*, mas que já havia sido publicado, com mais detalhes, dez anos antes, em artigo intitulado *Análise psicológica e fenomenológica de um caso de melancolia esquizofrênica*. Nele, o psicopatólogo discorre sobre o acompanhamento, por cerca de dois meses ininterruptos, de um paciente de 66 anos de idade, o qual se deu em seu ambiente cotidiano. Foi considerado, por ele próprio, o início daquilo que denominou Psicopatologia Fenômeno-Estrutural (Faizibaioff e Antúnez, 2015).

Suportando turbulentos afetos típicos de uma situação clínica radical como essa – em que fúria, raiva e impotência apresentavam-se-lhe concomitantemente a compaixão, doçura e compreensão – Minkowski (1923/1970) percebeu que, ao paciente, o devir encontrava-se fechado, impossibilitando-o de experimentar o futuro vivido como esse mar de possibilidades inéditas e inauditas. Pelo contrário, todas essas possibilidades haviam se reduzido a apenas uma, da qual não conseguia livrar-se em hipótese alguma: uma punição mortal e humilhante estava-lhe reservada inexoravelmente, certeza que determinava toda a sua sintomatologia paranoide.

Resistente a qualquer estratégia interventiva, dia após dia, o paciente continuava afirmando-lhe que todos os homens ao seu redor eram seus perseguidores e tramavam sua aniquilação, quando lhe introduziriam, no ventre, toda sorte de lixo e sujeiras que vinham, já há anos, acumulando para tal fim. Ademais, não lhe restavam dúvidas de que seria, posteriormente, morto, esquartejado e exposto em praça pública sob tal "maquinação tão desumana" (Minkowski, 1923/1970, p. 22). Em vez do devir em aberto, ou mesmo de um cenário por vir em que existe a mínima flexibilidade até para nossas mais rígidas convicções, o que no paciente se observava era uma *convicção delirante*, relativa a um evento catastrófico estar especialmente reservado à sua pessoa, sem que nada pudesse ser feito para revertê-lo ou refutá-lo: "um dia, um de meus pacientes me disse: é uma convicção que me devora'. Pois bem, nossas convicções não nos devoram" (Minkowski, 2016, p. 76).

A essa brusca alteração da vivência temporal, Minkowski (1927/2000) associou a *perda do contato vital com a realidade*, alocando-a como a essência da afecção esquizofrênica. A noção de "realidade", aí, implica um ambiente comunitário, coabitado por clínico e paciente, donde se deduz que, à perda do contato vital com este atrela-se um prejuízo não só na vivência temporal, mas também no contato *interpessoal* (Faizibaioff e Antúnez, 2015). Se o paciente delira, alucina, faz uso abusivo de álcool e outras drogas, tenta se matar, agride o outro, esses dados observáveis não são mais importantes do que avaliar a qualidade do vínculo, do contato que se estabelece ou não com as pessoas ao seu redor, incluindo o clínico, pois é na dimensão relacional ou interpessoal, especificamente na afetividade, que encontramos a base daquilo que Minkowski (1927/2000), em harmonia com seu amigo Binswanger, chamou de diagnóstico por sentimento ou por compenetração. Consequentemente, a essência do tratamento "implica a ideia da possibilidade de restabelecer dito contato, seja por completo ou, pelo menos, em parte" (p. 217).

Tais observações do que se sente na relação com o paciente são importantes subsídios nas experiências clínicas em psiquiatria. A elas somam-se as observações dos comportamentos, sinais e sintomas. A psicopatologia fenomenológica nos auxilia a atentarmos à essência da vulnerabilidade e precariedade na qual vive o paciente, desde que estejamos sensíveis aos sentimentos e pensamentos que decorrem da relação com cada pessoa atendida.

Muito mais poderia ser apresentado sobre a vasta obra desse autor. Em termos de um recorte necessário, contudo, pensamos haver assinalado seu aporte à Psicologia Clínica contemporânea, com comprometimento técnico e ético em dois âmbitos: o atendimento às mais graves configurações psicopatológicas, e isso fora do ambiente ambulatorial.

Trata-se, subsidiando-se na obra de Minkowski, de retirarmos o foco do sujeito individual e realocá-lo no devir circundante. Em sua Psicopatologia Fenômeno-Estrutural, as dimensões temporais e relacionais, que se manifestam na irracionalidade do encontro humano, são vias legítimas para a compreensão do diagnóstico e dos rumos do tratamento. Ela nos convoca ao humilde reconhecimento de nossa pequenez diante infinitude do Tempo, convidando-nos a suspender, de uma vez por todas, a arrogante pretensão científica e racional de prever e controlar aqueles fenômenos que, por sua natureza mesma, não se prestam à decifração abstrata de que tanto se gaba nosso raciocínio espacializado.

Passemos à obra de Ludwig Binswanger, fonte de inspiração para a tradição em psicopatologia fenomenológica, sendo pioneiro na introdução de uma nova forma de compreender a psicopatologia, por meio da proposta de uma antropologia filosófica. Segundo Ales Bello (2016), essa não atravessa uma análise teórica do distúrbio mental, mas se dá por meio do encontro com o singular do sofrimento humano.

LUDWIG BINSWANGER (1881-1966)

Ludwig Binswanger foi um dos principais psiquiatras fenomenólogos da sua época, descendente de uma tradicional família de psiquiatras suíços. Nasceu em 13 de abril de 1881, em Kreuzlingen, na Suíça, e faleceu em 5 de fevereiro de 1966, aos 84 anos. Iniciou sua prática clínica estudando e aplicando a psicanálise, mas se afastou do pensamento psicanalítico após ter contato com a obra de Edmund Husserl e a pesquisa ontológica de Heidegger, consolidando um pensamento próprio.

Binswanger (1924/1971b) recusava a cisão entre o elemento psíquico e o corporal, pois considerava o ser humano como uma existência em sua *história de vida*. A oposição entre fatores internos e externos como sendo a origem das psicopatologias perde, aí, o sentido, pois a importância de enfatizar as características singu-

lares do paciente é ressaltada ao ser proposta uma compreensão dinâmica e viva da pessoa. Em sua perspectiva fenomenológica, o paciente é intérprete de seu próprio sofrimento: "como a psicopatologia sempre é uma ciência da experiência ou dos fatos, nunca poderá nem pretenderá alcançar a observação da essência pura na universalidade absoluta" (Binswanger, 1961/1973, p. 32).

Desse ponto de vista, o fenômeno psicopatológico deixa de ser tido isoladamente, e sua essência estará sempre relacionada às manifestações peculiares em cada paciente. Assim, Binswanger (1961/1973) refere que:

> O fenomenólogo psicopatológico, por sua parte, procura viver no significado das palavras, em vez de tirar conclusões do seu sentido (...) viver dentro do objeto, compenetrar-se com ele em vez de observar características ou particularidades isoladas e somá-las (...) o essencial, em observação fenomenológica, dos tais fenômenos psicopatológicos reside em que nunca adverte um fenômeno isolado, mas bem, é refletido o fenômeno no fundo de um *eu*, de uma pessoa; expressado de um outro modo, sempre o vemos como expressão ou manifestação de uma pessoa definida de tal ou qual modo. A pessoa afetada se manifesta no fenômeno especial, e, ao mesmo tempo, nos vemos dentro da pessoa através do fenômeno. (p. 35) Assim aparecerá, em primeiro lugar e em toda vivência, o fundo pessoal em que se desenvolve; em outras palavras, em cada vivência individual, a pessoa que a vive indica algo através do qual observamos o interior da pessoa. (p. 44)

Binswanger usou algumas ideias de Husserl nas quais relacionava a vivência à consciência, depois se interessou pelo tema da existência em Heidegger, distanciando-se de Husserl. No entanto, ao estudar a melancolia e a mania, o psiquiatra suíço não encontrou em Heidegger uma análise que permitisse compreendê-las, quando, então, se reaproxima de Husserl:

> Heidegger apreende o aspecto ontológico-existencial enquanto Husserl entra na estrutura consciencial das vivências que permitem dizer corpo-psique-espírito. Quando Binswanger se dá conta de que a leitura existencial não permite adentrar *(aos)* fenômenos psíquicos de mania e melancolia, passa a trabalhar para evidenciar a estrutura das vivências psíquicas nos distúrbios. (Ales Bello, 2015, p. 142-143)

Na última fase de sua obra, Binswanger resgata a fenomenologia genética e constitutiva de Husserl, centrada na subjetividade, afastando-se da análise existencial de Heidegger. Binswanger inspira-se na noção do fluxo temporal, a partir da obra *Fenomenología de la conciencia del tiempo inmanente* (Husserl, 1928), apontando a retenção, apresentação e protensão como correspondentes das objetividades temporais passado, presente e futuro. Para Binswanger (1960/1977), o mundo real existe somente na presunção de que a experiência continue no mesmo estilo constitutivo, ou seja, nós precisamos ter a certeza da percepção de uma continuidade com um estilo próprio de experiência. Nessa continuidade, a questão de temporalidade é importantíssima (Ales Bello, 2015).

Para Binswanger, o método fenomenológico, na clínica, facilita a reconstrução e compreensão do mundo dos significados do paciente de modo original. Colocar entre parênteses o naturalismo psiquiátrico implica atribuir um grau inferior às classificações e aos juízos diagnósticos, evidenciando que tais juízos dependem de critérios culturais (Manganaro, 2006). Binswanger (1961/1973) esclarece que:

(...) as variações qualitativas e quantitativas dos atos da intuição categorial, da intuição no seu sentido mais amplo, ou seja, a de se perceber e tomar conhecimento, de modo primário e imediato, das essências e dos valores estéticos, lógicos, éticos, metafísicos e religiosos. O que tenhamos que contar muito frequentemente, não com uma perda nem uma diminuição, mas bem, com uma diversidade qualitativa, com um ser de outro modo (...) os atos de visão categorial de Husserl desempenham, pois, na psicopatologia, um papel duplo; primeiro, em relação ao investigador: o investigador abarca neles os conceitos essenciais psicopatológicos depurados fenomenologicamente; segundo, em relação ao objeto da investigação: serão examinados os atos categoriais de observação patológicos alterados (...) Não podemos esquecer que a fenomenologia apenas é um dos desvios que a psicologia e a psicopatologia utilizam na sua transição de uma ciência objetivante para outra subjetiva. (p. 40-41)

Binswanger (1961/1973; 2001) também escreveu sobre a psicoterapia e sua eficácia, referindo que representa uma parte determinada da universal e continuamente ação do homem para o homem, e a possibilidade da psicoterapia não descansa, pois "no mistério nem em segredo algum, como vocês têm ouvido, nem mesmo em algo novo nem extraordinário, mas bem numa característica fundamental da estrutura do ser humano como o ser-no-mundo (Heidegger), é precisamente o *ser-com-o-outro e ser-para-o-outro*" (p. 119). Dessa forma, para Binswanger, na medida em que esse atributo fundamental da estrutura do ser humano se conserve, a psicoterapia será possível.

Binswanger (2001) inicia sua conferência *Sobre a psicoterapia* questionando como a psicoterapia poderia atuar com eficácia. A palavra psicoterapia é um tecnicismo psiquiátrico que a reduz aos aspectos psicopatológicos, ao tratamento e à cura. Em toda configuração da clínica há duas pessoas frente a frente, de alguma maneira, uma dirigida para a outra e separadas. Aqui se trata da intersubjetividade do ser humano, de sua biografia do ser-com-e-para-o-outro, em uma abertura e reciprocidade e do conhecimento e propriedade da psique como organismo e função vital biopsicológica.

Binswanger (1961/1973) também reconheceu a importância de olharmos para o corpo e como ele se converte em algo importante tanto para a psicologia como para a psicopatologia,

(...) como devir consciente corporal com todas as suas leis apriorísticas essenciais e possibilidades fáticas de alteração. Devem se perguntar, em primeiro lugar, como vive o enfermo no seu corpo, ou, melhor ainda, como vive ou "sente" seu corpo (...) por este sentir devem pensar o estado de coisas fenomênicas totalmente unitário e singular do "ter corpo" e da vivência corpórea "de fato" como "categoria", como forma essencial "pura" ou norma... eu acolho a convicção de que devemos nos manter livres, na medida do possível, de uma concepção "objetivante" e permanecer na esfera da vivência corpórea. A objetivação leva em seguida à teoria e a tentar fazer uma ponte sobre a oposição do físico e psíquico, enquanto nós *(fenomenólogos)*, pelo contrário, desejamos cavar um túnel por baixo dessa oposição, o qual só é possível enquanto permaneçamos no terreno puramente fenomênico, ou seja, dentro da esfera de vivência e significado; em outras palavras, a existência. (p. 127-128)

Sendo assim, Binswanger foi desenvolvendo seu trabalho em diálogo com Freud, Husserl e Heidegger, criando uma psicopatologia própria que denominava **antropoanálise**, tendo, ao final de um longo trajeto intelectual e clínico, optado por usar a fenomenologia de Husserl. De acordo com Ales Bello (2015),

Heidegger, nos Seminários de Zollikon, criticou Binswanger por não continuar na sua linha existencial, contrário ao antropologismo husserliano. Mas, a questão fundamental é como se pode entrar nas vivências dos distúrbios; e quanto a isso um ulterior confronto se poderia fazer com a própria Edith Stein, examinando em que medida a sua análise da relação psique e espírito pode ser útil para compreender tanto a estrutura do ser humano normal como os casos de patologia. (p. 145)

De qualquer forma, Heidegger era filósofo, ao contrário, Binswanger era médico e estudioso da fenomenologia e psicopatologia, que desde pequeno teve contato frequente com pacientes com enfermidades mentais, no hospital em que o pai trabalhava, de modo que cuidava de pessoas, o que Heidegger não fazia.

Binswanger (1961/1973; 2016) aprofundou-se no acompanhamento clínico de formas de ser esquizofrênicas de existência. Principalmente quando foi denominado na época como *demência maníaco-depressiva*, remetendo aos estudos sobre fuga de ideia, mas também àqueles, realizados de modo empírico-fenomenológico, das diversas formas de estados depressivos. Nesse ponto, Binswanger (1961/1973) reconhece o imensurável valor de Eugène Minkowski, enquanto o primeiro a praticamente introduzir a fenomenologia na psiquiatria, precisamente na esfera da esquizofrenia, tendo obtido resultados surpreendentemente positivos nesse campo. Binswanger (1961/1973) refere que as obras de Minkowski devem ser consideradas "como uma magnífica introdução ao pensamento 'cosmológico' no sentido da fenomenologia" (p. 185).

BRUNO CALLIERI (1923-2012)

A obra de Binswanger foi muito estudada na Itália. Após a década de 1960, um de seus maiores representantes foi o psiquiatra Bruno Callieri, que avançou ao retomar a sensibilidade pelas questões fenomenológicas básicas e por suas implicações éticas, contribuindo notavelmente para a sua divulgação e compreensão.

Segundo Callieri e Maldonato (1998), a pesquisa de diferentes mundo-da-vida (*Lebenswelt*), a que o último Husserl dedicou grande parte de seu esforço intelectual, leva à análise dos mundo-da-vida que revelam diversos estilos de existências e lançam nova luz sobre modalidades de fazer experiência, inclusive algumas tradicionalmente psicopatológicas, como a fobia e as modalidades esquizofrênicas e maníacas.

Dessa forma, Callieri reforça a ideia de que a antropologia fenomenológica constitui uma indispensável premissa para toda forma de psiquiatria que se interesse pelo ser humano em seu mundo:

A psiquiatria é, na raiz, ciência do homem, da existência humana: existência que não é somente natureza, mas também cultura e história, em uma palavra, "pessoa". Abertura à relação intersubjetiva, à corporeidade, ao encontro, à necessidade de "intencionar" e de apreender, sempre husserlianamente, o Outro-Eu e o seu ser-mundano, mesmo no caso clínico mais inequívoco. (Callieri e Maldonato, 1998, p. 22)

Revisitar a psicopatologia clínica, em termos da experiência inter-humana, na companhia de Callieri (2001), permite chegar não mais ao "caso de esquizofrenia" – objetivado em sintomas ou em mecanismos de defesa, descritos e tomados como fenômeno natural –, mas à presença psicótica como eventualidade ou modalidade pessoal, como ameaça imanente do ser-humano, que paira sobre cada um. Evitar os reducionismos significa aproximar-se do estudo da psicopatologia com um novo espírito, que faz dela uma autêntica ciência do ser humano.

A psicopatologia fenomenológica em Callieri anuncia uma forma que se manifesta no particular, mas contêm substância da ordem da universalidade (Ales Bello, 2016). Callieri (2001; 2011) dirige-se para a essência do fenômeno, e não só se preocupa com casos patológicos, mas chega a eles por meio de um processo que resguarda a constituição do mundo de cada um. Nesse sentido, analisa a corporeidade e suas modalidades expressivas na modéstia, no amor e na morte.

Gilberto Di Petta, Angela Ales Bello, Arnaldo Ballerini, Eugenio Borgna e Lorenzo Calvi fizeram uma apresentação da psicopatologia fenomenológica de Bruno Callieri, por ocasião dos seus 85 anos, e intitularam o livro: *Eu e Tu* (Ales Bello *et al.*, 2008). Nele, o psicopatólogo Callieri dialoga com Martin Buber sobre a relação interpessoal e o Tu divino; com Kierkegaard, em relação ao tema da existência; com Minkowski, sobre a vivência temporal em psicopatologia; e com Heidegger, na dimensão do Ser, entre outros, mostrando uma polifonia surpreendente e buscando, em cada autor, aquilo que o ajuda a compreender a pessoa na relação humana (Ales Bello, 2016; Callieri, 2011).

A antropologia do encontro interpessoal, a ambiguidade e a ambivalência em psicopatologia são temas caros a Bruno Callieri. A psiquiatria é, na sua raiz, ciência do homem e da existência humana. Existência que não é apenas a sua natureza, mas é também a sua cultura e a sua história, em uma palavra, *pessoa*. Por meio dos conceitos husserlianos de *Krisis,* de *intencionalidade da consciência*, de *mundo vivido* (*Lebenswelt*), é que se desenvolveu a grande abertura de horizonte da psiquiatria e da psicopatologia. Abrindo-se ao relacionamento intersubjetivo, à corporeidade, ao encontro, à necessidade de *intencionar* e captar, sempre husserlianamente, o *Alter Ego* e o seu *ser-mundano*, mesmo em um caso clínico de alienação radical. A tentativa antirreducionista da fenomenologia comportando a constante abertura do horizonte de sentido, que é própria em cada ocorrência psíquica normal ou anormal, tem feito constante dialética e confronto com o pensamento filosófico (Callieri, 2011).

Na tensão bipolar entre a natureza e a existência, entre a explicação e a compreensão, entre o caso objetivado em parâmetros biológicos e o caso encontrado na sua realidade única, que nunca se repetirá e é irredutível, emerge uma objeção: a aproximação analítico-cultural. Uma aproximação que, em última instância, consta de um princípio causal metapsicológico, mas, sendo humanístico na sua prática, é marcado por uma dialética muito aguda entre natureza e cultura do homem, com irredutível resíduo de ambivalência da interpretação (Callieri, 2011). Uma objeção que se dá, sempre e inevitavelmente, pela palavra. Palavra que se faz reconhecer num sentido bem diverso daquele positivista, ciente de que a distância da objetivação não é uma traição existencial da pessoa doente. O fato de que uma relação *Eu-Ele* não possa ser transformada numa relação *Eu-Tu* pode, realmente, constituir uma manifestação primária fundamental da modalidade do *ser-aí*.

Por essa razão, para Callieri (2011), o nó essencial da intersubjetividade, a sua articulação sobre um registro propriamente humano é o ponto de impasse da psiquiatria. Um nó que, enquanto de um lado, na psicanálise, constitui-se como o núcleo central da cura e da recuperação do paciente, de outro, na perspectiva antropológica-existencial, fundamenta-se, essencialmente, na singularidade da pessoa, em um trânsito ontológico

da interpessoalidade. Se a consciência é essencialmente *intencionalidade* e o *ser-aí*, sempre *ser-aí-no-mundo*, em seguida o *Eu* configura-se, sempre, em primeiro lugar, como ser em relação.

A antropologia do encontro marca um verdadeiro ponto de viragem no pensamento psiquiátrico moderno, tornando-o mais sensível à instância humana. A constituição do *nós*, inevitavelmente antecede a constituição do Eu. Callieri esclarece que o meu mundo deve ser o nosso mundo. A convivência é o aspecto estrutural da existência humana. Aqui se revela a evidência e atualidade da psicopatologia fenomenológica. A reconstituição cognitiva em constante metamorfose, num incessante recomeçar, não se qualifica por determinadas referências culturais, mas se transforma em qualquer um que incorpora o espírito, sempre de um modo imprevisível e original. Essa é a sua fraqueza e a sua força, o seu contínuo ser, sendo motivo de escândalo e de ilusão, a sua dialética constitutiva (Callieri, 2011).

Em tempos de absoluto domínio das diretrizes clínico-nosográficas e biológicas, quando se está colocando em discussão radical a própria noção de *psique*, é possível pensar o propósito da psicopatologia fenomenológica como permanente e inesgotável abertura a horizontes críticos, um recurso indispensável para a criatividade e a originalidade no entendimento, no descrever, no transcrever e na comunicação dos eventos mórbidos, principalmente na *coexistência* (Callieri, 2011).

A esfera empática e dialógica da *disposição do encontro-com-o-outro*, o encontro Eu-Tu e da ilimitada abertura à significação dos processos simbólicos e representativos constituem os *momentos fundamentais de toda a psicoterapia não comportamental*. Nós, os psicopatólogos de abordagem fenomenológica, com a sua atenção peculiar aos movimentos de percepção-empática e hermenêutica na relação com os pacientes, atualmente temos a necessidade de estar dispostos a enfrentar uma prática psicoterapêutica humanamente desafiadora e válida. Além disso, a grande atenção se foca na *metáfora*, não como mera figura retórica, mas como um caminho cognitivo comum a toda prática psicoterapêutica, vindo a dar sustento à aplicabilidade do modelo fenomenológico, mostrando que, na *metáfora viva*, há sempre o fato consciente e a pesquisa: basta pensar em Eugène Minkowski, afirma Callieri (2011).

De acordo com Callieri (2011), o psicólogo orientado pela fenomenologia é provavelmente um anarquista epistemológico, devido à intolerância com códigos e regras reducionistas e objetivantes, o que, inevitavelmente, acaba coagindo com a dicotomia da ressonância. Ao mesmo tempo, uma atitude fenomenológica vitalmente encarnada garante o fornecimento à descoberta e admiração, às vezes com afinidade com a atitude poética, e a manutenção de questões antropológicas na prática psiquiátrica. O psicopatólogo formado pela fenomenologia vive em sua própria pele o caráter pré-temático dos fenômenos psíquicos, dependendo da distância e participação empática.

O discurso da psicopatologia antropológica é igualmente aberto à dimensão psicológica da psiquiatria. Isso envolve a perspectiva de um compromisso coexistencial genuíno, fundada em reciprocidade, em um novo tipo de relação médico-paciente, mais integrada: a reedificação dos opostos um ao outro. O *Eu e o Tu* não ocorrem a sós, mas fazem experiência de si no encontro com o outro. A modalidade *phatica* constitutiva de cada dimensão pessoal é essencialmente *não* ôntica (Callieri, 2011). Na prática psiquiátrica, o dar e o receber constituem uma ação unitária, as pessoas que se sentem fazendo um trabalho em conjunto vão se reconhecendo como fundadoras de uma situação que realça a abertura e a reciprocidade.

SEÇÃO III — PSICOLOGIA FENOMENOLÓGICA

Sendo assim, o modelo transferencial da relação permanece sempre como o ponto fundamental do processo psicoterapêutico, e torna-se necessário restituir o destino da transferência, diferentemente da rígida delimitação da teoria metapsicológica, para o acesso do paciente à unicidade da dimensão do encontro. Callieri (2011) mostra que o terapeuta deve ser capaz e estar disposto a promover internamente essa participação, essa abertura existencial, sem hesitação.

Tocar e ser tocado, *ser-dois* ou *ser-a-dois* – Callieri (2011) cita o *être-à-deux* de Minkowski – representa uma característica mais básica do que o mero *ser-um*, em toda a gama de coexistir, desde as papilas táteis até o toque da alma. A posição minkowskiana é para Callieri fundamental quanto à reciprocidade, inscrita no tocar, determina a mim e ao outro em reciprocidade, sendo um fenômeno mais original do que apenas o Eu. O *ser-a-dois*, a reciprocidade, identifica e propõe a *afiliação* como categoria primária *do humano*; é um verdadeiro *vai e vem dialético* por meio da identidade do nós e da heterogeneidade do Ego e do Alter Ego.

Essa promoção mútua está na base de cada dimensão dialética, se expressa por meio de um trabalho perigoso, com muitos riscos de saturar a própria abertura à reciprocidade: esta é toda a dialética da pessoa, dialética entre existência e inexistência, vocação e invocação, apelação e consenso, dom e escolha. Callieri (2011) retoma Binswanger ao afirmar que a raiz de cada reciprocidade está na alteridade. É sobre essa esfera de inter-relação que se fundamenta a pertença, como sendo e pertencendo ao mundo.

Na prática, todo psicopatólogo de orientação fenomenológica se aproxima cada vez mais de um contexto intersubjetivo, constitui e reconstrói seu próprio horizonte conceitual e semântico, muitas vezes em uma busca incansável de metáforas vivas. Isso se faz a partir dos temas da psicopatologia geral e clínica, com a dependência da matriz cultural da própria formação e do próprio modo subjetivo de sentir e viver reflexivamente sobre si os acontecimentos psicopatológicos. Dessa visão resumida da história, resulta claramente que não existe uma psicopatologia fenomenológica, mas sim uma série potencialmente infinita de concepções subjetivas, individuais, embora fundadas sobre uma atitude comum de fundo: a tensão faz emergir e realçar a irredutibilidade da realização dos sentidos e dos significados de cada singular experiência clínica e terapêutica (Callieri, 2011).

Sempre permanece na psicopatologia o vasto deserto da queda do encontro, de seu fracasso, de sua falha na esquizofrenia real, do paranoico no pântano, nas brumas melancólicas, em terra de ninguém. No esquizofrênico, no paranoico, no delirante, no maníaco, no viciado em drogas e em tantos outros mais ou menos caracterizados por transtorno antissocial de personalidade, perversão e marginalidade esquizotípica, podem se perder as vicissitudes de um encontro, culminando em impossibilidade de estruturar um *nós*. De modo que, hoje, podemos considerar a psicopatologia como o estudo não apenas dos distúrbios da comunicação intersubjetiva, mas também da *distorção antropológica do encontro interpessoal* (Callieri, 2011). A psicopatologia indaga o homem na sua (primária) *capacidade e incapacidade de constituir-se, de declinar-se em pertença e reciprocidade*: da mente *neuronal* à mente *racional*, em um alternado de psiquiatria em prospectiva, com uma forte abertura ao convite da antropologia cultural.

CONSIDERAÇÕES FINAIS

Procurando sintetizar nosso percurso, buscamos apresentar, neste capítulo, algumas breves apreensões da psicopatologia e clínica dos psiquiatras europeus Eugène Minkowski,

Ludwig Binswanger e Bruno Callieri, em uma perspectiva antropológico-fenomenológica. Os autores se apoiam, em parte, em Edmund Husserl, que busca compreender os significados do ponto de vista físico, psique (cognitivo) e espiritual (diálogo, reflexão, tomada de decisão, atividade intelectual voluntária) do ser humano em sua singularidade. Considerando a história de vida relacionada com o mundo da vida (*Lebenswelt*), analisado de modo qualitativo ou humanístico, numa visão para além da patologia e do sofrimento, conhecido na psicopatologia como doença psicológica.

Os psicopatologistas fenomenólogos Minkowski, Binswanger e Callieri apresentam em comum um distinto olhar para compreender e analisar o ser humano em enfermidade psicológica, não reduzida a uma perspectiva da explicação dos fatores externos e internos de forma separada, não focando o relacionamento do psiquiatra e psicólogo no sintoma, mas promovendo uma reformulação em que o paciente é interprete do seu próprio sofrimento.

Não podemos antecipar os fenômenos de nossos pacientes com nosso raciocínio na universalidade abstrata, mas sim na sua singularidade e alteridade. Tais conhecimentos são importantes na experiência com pacientes que apresentam enfermidades psíquicas, principalmente a população mais vulnerável, que não tem acesso ao consultório privado e demandam que os atendimentos ocorram nas instituições de saúde, por meio dos dispositivos da Rede de Atenção Psicossocial (RAPS), como o Centro de Atenção Psicossocial (CAPS), assim como os hospitais e Unidades Básicas de Saúde.

Ales Bello (2016) esclarece a proposta fenomenológica comum desses autores: adentrar em uma profunda análise das vivências de casos psicopatológicos, tendo como ponto de partida a análise da subjetividade, temporalidade, história de vida e intersubjetividade. Eles seguiam no atendimento clínico o que Husserl propõe: colocar entre parênteses os nossos prejulgamentos, com o intuito de olhar integralmente o outro e descrever as coisas como são em si mesmas (exemplo, delírio em relação aos outros).

Ales Bello ressalta que a relação intersubjetiva (psicólogo-pessoa/psiquiatra-pessoa) só pode ocorrer a partir da abertura e da reciprocidade em relação ao acontecimento, que chama o outro a se transformar no presente pelos atos que se colocam concretamente.

Pode-se perceber outro aspecto comum que se apresenta em suas obras sobre uma clínica humanista e fenomenológica, o relacionamento deles com seu paciente no mundo circundante, ao se questionarem: como devemos nos comportar diante de nosso paciente? Diante da complexidade que é o ser humano e suas estratificações (corpo/psique/espírito), a análise fenomenológica parte da corporeidade. É preciso colocar entre parêntese os nossos preconceitos e ideias preconcebidas (*epochè*), para que possamos compreender o corpo humano não apenas como máquina, mas como *morada* de expressão, característica da existência humana, possuindo sua peculiaridade e singularidade no seu modo de ser-no-mundo-da-vida.

Binswanger e Minkowski cultivavam profunda amizade e proximidade profissional. Callieri segue o pensamento de Husserl, Edith Stein, Binswanger e Minkowski, entre outros. Ele estava sempre presente no Centro Italiano de Fenomenologia, em Roma, presidido pela professora Angela Ales Bello, com quem nutria amizade e afinidades profissionais.

Callieri afirmava que todo ser humano, primeiramente, vem constituído pelo *nós* (dual) e somente depois pelo singular (individual), que vai sendo formado à medida que vai pertencendo às diferentes comunidades ao longo da vida. Então, a primeira comunidade vivida pela pessoa é a intersubjetividade familiar, essencial na formação humana, não sendo possível desenvolver o ser da pessoa apenas por meio de si mesmo.

Dessa forma, pode-se perceber, nas reflexões e aprofundamento das pesquisas realizadas por esses psiquiatras europeus, que a *consciência* é apresentada como problema psicopatológico, quer dizer, é a experiência consciente que porta significado na vida cotidiana, e focalizam o que tem sido negligenciado, a relação intersubjetiva ou, como afirmava Bruno Callieri, a relação interpessoal. A respeito disso, Callieri convida-nos a responder de modo o mais humano possível ao deserto da comunicação com o testemunho da alteridade – da consciência do eu e do outro dentro de nós.

Ao adentrar no contato pessoal com o mundo-da-vida de pessoas enfermas e relacionar-se com a fenomenologia, temos como objeto de pesquisa a vida interior, os sentimentos, as emoções, tudo aquilo que pode ser conhecido se conseguimos entrar em relação com o outro que sofre, se angustia e sente dor, de modo a considerarmos nossos sentimentos tão importantes quanto nossa razão, informando-nos tanto quanto ou até mais a respeito das vivências estranhas e misteriosas de nossos semelhantes.

REFERÊNCIAS BIBLIOGRÁFICAS

Ales Bello, A. (2015). *Pessoa e comunidade – comentários: psicologia e ciências do espírito de Edith Stein*. Belo Horizonte: Artesã.

Ales Bello, A. (2016). *Il senso dell'umano – tra fenomenologia, psicologia psicopatologia*. Roma: Lit Edizioni Srl.

Ales Bello, A. et al. (2008). *Io e tu – Fenomenologia dell' encontro*. Omaggio al Prof. Bruno Callieri per il suo ottantacinquesimoanno. A cura di Gilberto Di Petta. Roma: Edizioni Universitarie Romane.

Binswanger, L. (1971a). De la phénoménologie. In: Binswanger, L. *Introduction à l'analyse existentielle*. Paris: Les Éditions de Minuit. (Original publicado em 1922)

Binswanger, L. (1971b). Fonction vitale et histoire intérieure de la vie. In: Binswanger, L. *Introduction à l'analyse existentielle*. Paris: Les Éditions de Minuit. p. 49-77. (Original publicado em 1924)

Binswanger, L. (1973). *Sobre antropologia fenomenológica*. Artículos y Conferencias Escogidas. Madri: Editorial Gredos. (Original publicado em 1961)

Binswanger, L. (1977). *Melancolia e mania*. Torino: Boringhieri. (Original publicado em 1960)

Binswanger, L. (2001). Sobre a psicoterapia. *Revista Latino-Americana de Psicopatologia Fundamental*, v. IV, n. 1, p. 143-166. Disponível em: http://www.redalyc.org/pdf/2330/233018218013.pdf. Acesso em: 10 mar. 2018.

Callieri, B. (2001). *Quando vince l'ombra: problemi di psicopatologia clínica*. Roma: EUR.

Callieri, B. (2011). L'antropologia dell'incontro interpersonale. Ambiguità e ambivalenza in psicopatologia. In: Baccarini, E. et al. (Eds.). *Persona, Logos, Relazione – Uma fenomenologia plurale – scritti in onore di Angela Ales Bello*. Roma: Città Nuova.

Callieri, B.; Maldonato, M. (1998). Fenomenologia dell'incontro. In: Callieri, B.; Maldonato, M. *Ciò che non so dire a parole: fenomenologia dell'incontro*. Napoli: Guida. p. 19-49.

Manganaro, P. (2006). A psiquiatria fenomenológica-existencial na Itália. *Memorandum*, v. 10, p. 85-92. Disponível em: http://www.fafich.ufmg.br/~memorandum/a10/manganaro05.pdf. Acesso em: 10 abr. 2016.

Minkowski, E. (1970). Estudio psicológico y análisis fenomenológico de un caso de melancolía esquizofrénica. In: Minkowski, E.; Gebsattel, V. E.; Strauss, E. W. *Antropologia de la alienácion: ensayos*. Caracas: Monte Ávila. p. 13-35. (Trabalho original publicado em 1923)

Minkowski, E. (1973). *El tiempo vivido*. México D.F.: Fondo de Cultura Económica. (Trabalho original publicado em francês em 1933)

Minkowski, E. (2000). *La esquizofrenia: psicopatologia de los esquizoides y los esquizofrénicos*. México D.F.: Fondo de Cultura Económica. (Trabalho original publicado em francês em 1927)

LEITURAS RECOMENDADAS

Barthélémy, Jean-Marie (2015). Princípios fundadores e atualidade de uma prática psicoterapêutica de orientação fenômeno-estrutural. *Revista da Abordagem Gestáltica*, v. 21, n. 2, p. 143-149. Disponível em: http://pepsic.bvsalud.org/scielo.php?script=sci_arttext&pid=S1809-68672015000200004&lng=pt&lng=pt. Acesso em: 20 jan. 2017.

Binswanger, L. (1973). *Sobre antropologia fenomenológica*. Artículos y Conferencias Escogidas. Madri: Editorial Gredos. p. 11-153.

Deegan, P. E. (1996). Recovery as a journey of the heart. *Psychiatric Rehabiliction Journal*, v. 19, n. 3, p. 91-97.

Faizibaioff, D. S.; Antúnez, A. E. A. (2015). O aspecto pessoal (vivido) em Minkowski como fundamento diagnóstico e metodológico da Psicopatologia Fenômeno-Estrutural. *Boletim Academia Paulista de Psicologia*, v. 35, n. 88, p. 39-58. Disponível em: http://www.redalyc.org/articulo.oa?id=94640400004. Acesso em: 20 jan. 2017.

Minkowski, E. (2016). O delírio. Tradução da conferência realizada no "Círculo de Estudos Psiquiátricos – Discussões sobre o problema do delírio". Paris, 13 de dezembro de 1967. *Psicopatologia Fenomenológica Contemporânea*, v. 5, n. 1, p. 72-85. Disponível em: http://www.revistapfc.com.br/img/pdf/artigos/072_085_Minkowski_final.pdf. Acesso em: 20 jan. 2017.

Merleau-Ponty e a psicologia clínica

Mônica Botelho Alvim

INTRODUÇÃO: MERLEAU-PONTY, FILOSOFIA E PSICOLOGIA

Merleau-Ponty é um filósofo francês que viveu entre 1908 e 1961, tendo estudado e trabalhado em Paris. Estudou filosofia na Escola Normal Superior, onde conviveu com outros filósofos que se tornariam, como ele, importantes referências na filosofia: Jean-Paul Sartre, Claude Lévi-Strauss, Georges Politzer, Jean Hypolite, Simone de Beauvoir e Simone Weil. Entre eles, Sartre tornou-se um grande parceiro e interlocutor, sendo ambos reconhecidos como filósofos que buscavam uma filosofia concreta no bojo das filosofias da existência.

Tendo sido um cuidadoso leitor de Husserl, ao longo de toda sua obra Merleau-Ponty explora e dialoga com a fenomenologia husserliana, à qual retoma e pensa de novo, tal como propõe no texto "O filósofo e sua sombra": "Se quisermos reencontrar o pensamento e a obra, e se quisermos ser fiéis a eles, só nos resta um caminho: pensar de novo" (Merleau-Ponty, 1980a, p. 242). Essa afirmação, feita no preâmbulo do texto no qual serão anunciadas divergências com Husserl, já nos dá indícios do modo como Merleau-Ponty concebe o pensamento filosófico e a produção de sentido. Uma obra filosófica não é um objeto acabado, passível de ser interpretado; há nela um inacabamento que dá margem a sucessivas retomadas, aberturas que permitem que ela seja pensada novamente e mantida viva, aberta para um devir. Tal concepção está fundada em uma perspectiva temporal, característica do pensamento fenomenológico em filosofia e em psicologia. Assim como a obra filosófica e a obra de arte, a existência de um sujeito também não é um objeto acabado, passível de ser interpretado, mas como vida e temporalidade, está aberta para um devir, plena de potência em seu movimento e possibilidades.

Tal afirmação está implicada com uma concepção de sujeito que fundamenta as práticas clínicas fenomenológico-existenciais. Considerando que a psicologia clínica é o foco deste livro, podemos nos perguntar que contribuições a filosofia nos oferece para pensá-la. Toda abordagem clínica parte de concepções sobre o sujeito, a subjetividade, o mundo, as relações e tensões entre sujeito e mundo como fundamentos para a construção de conceitos e métodos coerentes entre si.

A pergunta sobre quem é o sujeito requer outros questionamentos. Faz-se necessário que se pergunte sobre a natureza, a vida, o biológico, o fisiológico, sobre a consciência e a inconsciência, sobre o mundo, a cultura e a história. É importante refletir sobre como essas dimensões estão relacionadas, a partir de que modelo epistemológico são pensadas, que considerações se faz sobre a universalidade e a singularidade, sobre o sentido e a verdade, sobre a normalidade e a patologia.

A questão mais ampla e central que se coloca nessa discussão envolve pensar como o sentido, a significação (e a ressignificação) do mundo e da própria existência, se dá. A clínica psicológica lida com o sofrimento e a crise; ressalvadas todas as suas nuances e especificidades, eles podem ser compreendidos como problemas implicados com a perda de sentido, com a quebra em uma estrutura de sentido que até então orientava o sujeito em sua existência. O modo como a psicologia lidará com esse sofrimento depende diretamente de como ela o compreende e significa, o que não prescinde de respostas às questões anteriores: saber o que é o sentido, como ele é produzido, se o sujeito é ativo na construção de sentidos para o mundo e para a vida ou sofre determinações externas, se ele é uma construção social, histórica, deriva da consciência, de um inconsciente, de instintos biológicos, se o corpo é passivo ao psiquismo, como eles se relacionam. As respostas a essas perguntas guardam variações entre os diferentes sistemas de pensamento, gerando concepções que contribuem para pensarmos os fundamentos e limites da ciência psicológica, concepções que se refletem nas diferentes teorias da psicologia e seus modelos clínicos.

O campo da clínica psicológica de base fenomenológica e existencial tem estreita relação com a filosofia, estabelecendo um diálogo permanente com obras de filósofos que ultrapassaram, no âmbito da filosofia, uma tendência inaugurada por Emanuel Kant, que propunha restringir a filosofia ao âmbito de um domínio próprio, transcendental. Atribuindo à ciência o domínio dos fatos, essa divisão promoveu uma distinção entre filosofia e ciência, que predominou por longo período. Edmund Husserl, fundador da fenomenologia, oferece as bases de um pensamento filosófico que permite um primeiro passo na direção de transcender essa posição, aproximando a reflexão filosófica do mundo. Martin Heidegger, Ludwig Binswanger, Karl Jaspers e Eugène Minkovsky – apenas para citar alguns exemplos – foram pensadores da filosofia e da ciência que deram importantes passos na aproximação entre filosofia e psicologia. É nessa mesma direção que a filosofia francesa, a partir do existencialismo de Jean-Paul Sartre e do pensamento fenomenológico que a ele se une, tem como um de seus expoentes nessa construção o filósofo Maurice Merleau-Ponty. Foi justamente se desviando da separação de domínios proposta por Kant e assumindo o desafio de resgatar para o mundano o que na tradição cartesiana estava colocado no âmbito de uma transcendência pura que Merleau-Ponty dialogou com as ciências humanas, em especial a ciência psicológica.

O filósofo estabeleceu uma interlocução ampla e permanente com a psicologia, tendo sido titular da cadeira de Psicologia da Criança e Pedagogia, na Sorbonne, entre 1949 e 1952, quando em seus cursos produziu, entre outros, um trabalho intitulado *Ciências do homem e fenomenologia*, no qual podemos notar a presença marcante da psicologia. Naquele momento, Merleau-Ponty já havia desenvolvido suas duas primeiras obras – *A estrutura do comportamento* (1942) e a *Fenomenologia da percepção* (1945) –, assim como já havia proferido a importante conferência "O primado da percepção e suas consequências filosóficas" na Sociedade Francesa de Filosofia, em 1946 (Merleau-Ponty, 1946/1990). Em todos esses trabalhos, Merleau-Ponty dialogou intensamente com a psicologia, discutindo suas teorias, métodos e investigações, e questionando as implicações disso para pensar o ser, a existência e a filosofia.

Esse movimento, que permanecerá até o fim de sua obra, expressa sua compreensão de que tudo se dá no mundo da vida e da experiência e que uma filosofia consequente precisa buscar na ciência – assim como na arte – outras perspectivas que ensinem sobre a vida, o comportamento, o espírito e a verdade. Como ele mesmo afirma:

> Não há dois saberes mas dois graus diferentes de explicitação do mesmo saber, a psicologia e a filosofia se nutrem dos mesmos fenômenos, os problemas estão apenas mais formalizados no nível da filosofia. (...) Quando os filósofos querem pôr a razão a salvo da história, não podem esquecer pura e simplesmente tudo o que a psicologia, a sociologia, a etnografia, a história e a patologia mental nos ensinaram (...) (Merleau-Ponty, 1946/1990, p. 62)

Em *Ciências do homem e fenomenologia*, ele põe em diálogo com a fenomenologia os campos da sociologia, história, linguística e psicologia, tomando esta última como foco principal de suas discussões. Retoma as discussões de Husserl, que critica certo determinismo nas ciências humanas, por elas considerarem que o pensamento seja determinado por condições exteriores sociais ou psicológicas, o que o filósofo alemão classificou, respectivamente, como sociologismo e psicologismo. É essa concepção mecanicista, que coloca o pensamento e a consciência como dimensões passivas e sujeitas a determinações externas, que Husserl combate em sua crítica ao psicologismo.

Merleau-Ponty está de acordo com essa crítica, que não deixa de retomar em seus diálogos com as ciências, pois tal como proposto por Veríssimo e Furlan (2007), ele acredita que, mesmo havendo problemas em termos de fundamentos, os conhecimentos produzidos têm validade para a interrogação filosófica. Nesse sentido, considera que Husserl estava equivocado quando "rejeitou sempre as psicologias desenvolvidas em seu tempo, inclusive a psicologia da forma, muito embora tenha sido criada por autores que receberam seus ensinamentos e foram por ele influenciados" (Merleau-Ponty, 1973, p. 53). Afirma encontrar na psicologia da Gestalt algo que, segundo ele, Husserl ignorou:

> A noção de uma ordem ou significação não produzidas pela aplicação da atividade do espírito [consciência] a materiais exteriores a ela, a noção de uma organização espontânea, para além da distinção entre a atividade e a passividade, e cujo emblema é a configuração visível da experiência. (Merleau-Ponty, 1973, p. 55) [observação minha entre colchetes]

Quando rejeita a ideia de uma atividade da consciência que se aplica a materiais exteriores a ela – e que seriam passivos em relação a ela – em prol de uma configuração da experiência, organizada espontaneamente, sem distinção entre atividade e passividade, está colocando uma posição também contrária ao logicismo, expressando um modo de pensar que é central em sua obra.

A marca do pensamento de Merleau-Ponty é a proposição de noções que implicam sempre uma configuração (estrutura, forma, *gestalt*) na qual estão imbricados homem e mundo, corpo e mente etc. A configuração é uma estrutura temporal e implica movimento, reversibilidade e certa tensão na relação dos termos, uma dialética sem síntese que também pode ser denominada hiperdialética.

O caminho (método) de sua filosofia, que se contrapõe ao dualismo dicotômico, é buscar na experiência do ser-no-mundo o momento originário, o momento de nascimento do sentido. Desde a estrutura do comportamento até o visível e invisível, ele propõe recolocar as essências na existência, conclamando a fenomenologia para uma posição encarnada no mundo, desviando-se tanto da direção intelectualista de um eu transcendental quanto da tradição empirista, buscando caminhos metodológicos que possam colapsar as dualidades dicotômicas. Essa perspectiva é essencial no trabalho de Merleau-Ponty, apresentando-se com diferentes nuances ao longo de toda a sua obra.

Ao centrar-se na experiência no mundo como fonte legítima e originária, não pode prescindir da ciência psicológica em suas discussões. Comportamento, percepção, corporeidade e alteridade são alguns dos temas que Merleau-Ponty destaca da psicologia da época para examinar de modo detido e crítico, em especial em seus dois primeiros trabalhos – *A estrutura do comportamento* e *Fenomenologia da percepção* –, assim como no trabalho *O primado da percepção e suas consequências filosóficas* e nos resumos de curso da Sorbonne ministrados entre 1949 e 1952, publicado no Brasil com o título *Psicologia e pedagogia da criança* (Merleau-Ponty, 1952/2006), no qual se encontra o texto *Ciências do homem e fenomenologia*.

Nesse sentido, consideramos que há na obra de Merleau-Ponty uma riqueza a ser explorada pela psicologia para retomar e repensar as concepções na base de seus métodos. Tal como propôs o próprio filósofo:

> A psicologia como ciência não tem nada a temer de uma volta ao mundo percebido nem de uma filosofia que extrai as

consequências dessa volta. Longe de atrapalhar a psicologia, essa atitude expõe, ao contrário, o significado filosófico de suas descobertas. (Merleau-Ponty, 1946/1990, p. 62)

Explorar essa literatura, além de contribuir com a reflexão sobre as questões de fundamentos da psicologia, pode servir para retomar as concepções de Merleau-Ponty e avançar no desenvolvimento de novas formulações. Discutiremos, a seguir, alguns aspectos importantes do trabalho do filósofo, visando ao diálogo com a psicologia.

O COMPORTAMENTO COMO ESTRUTURA

Na obra *A estrutura do comportamento* (Merleau-Ponty, 1942/1975), o filósofo deu um primeiro passo na construção de um pensamento não dicotômico que se mostrasse à filosofia como alternativa ao intelectualismo e ao empirismo. A noção de estrutura do comportamento, que toma da Psicologia da Gestalt os elementos primeiros, oferece um modo de conceber as relações com o mundo como forma ou configuração: um homem situado, matéria, vida e espírito entrelaçados com o mundo físico, sociocultural e histórico. É sua primeira versão para uma concepção que considera a verdade fruto de uma operação de entrelaçamento espírito-corpo-mundo.

Nesse trabalho, Merleau-Ponty refletirá longamente sobre as diferentes dimensões ou ordens que compõem a experiência humana e o comportamento, combatendo as posições dicotômicas que o colocam como resposta, sujeito a determinismos, sejam de ordem fisiológica, psíquica ou social. Nessas discussões ele se dirige à psicologia, dialogando sobretudo com perspectivas behavioristas e da psicologia da Gestalt, colocando em questão suas distintas perspectivas experimentais. Discute, também de modo crítico, as teorias do desenvolvimento na perspectiva de Jean Piaget e Henry Wallon. Sua aproximação da psicologia tem como objetivo "compreender as relações entre a consciência e a natureza – orgânica, psicológica ou mesmo social" (Merleau-Ponty, 1942/1975, p. 29). Escolhe a categoria comportamento por ser uma noção que, "tomada nela mesma, é neutra com relação às distinções clássicas do 'psíquico' e do 'fisiológico' e pode, pois, nos dar a ocasião de defini-los novamente" (op. cit., p. 30).

A noção de estrutura do comportamento articula três ordens: física/material, vital/orgânica, humana/simbólica em uma mesma estrutura na qual não há hierarquias ou determinações. E em que natureza, cultura e história não estão dicotomizadas e não podem ser reduzidas uma a outra. Tudo o que vivemos e fazemos é, assim, originado dessa configuração espontânea, uma estrutura perceptiva, onde o mundo nos é dado a partir de uma fisicalidade, vitalidade e capacidade humana de simbolizar como dimensões inseparáveis que se compõem mutuamente, borrando as fronteiras entre o dentro e o fora, o subjetivo e o objetivo, a natureza e a cultura, o fisiológico e o psíquico.

De saída, podemos perceber a grande contribuição que tais discussões têm a oferecer para a clínica, mostrando que há complexidade nos fenômenos com os quais lidamos nesse contexto. Nosso manejo clínico passa por compreender os modos de existir como fenômenos complexos, produzidos no mundo, não sendo passíveis de análises objetivas que os dicotomizem e os restrinjam a qualquer âmbito – seja biológico/fisiológico, psíquico ou social; mais que isso, que considerem esses âmbitos isoladamente. Podemos pensar, por exemplo, nos sintomas. Nessa perspectiva, para que sejam compreendidos, devem ser interrogados a partir da sua complexidade, em que dimensões fisiológicas, psíquicas e sociais estão implicadas e são intrínsecas umas às outras, não podendo ser analisadas em partes, seja concebendo o sintoma como manifestação de um inconsciente ou como resposta a estímulos do ambiente. Em uma perspectiva inspirada nas propostas merleauypontyanas, os sintomas poderiam ser compreendidos como fenômenos expressivos do sentido que nasce da situação de entrelaçamento espírito-corpo-mundo.

É importante ressaltar que, escolhendo a noção de comportamento, o filósofo sublinha a experiência no tempo e no espaço presentes, afirmando o caráter de contingência da existência, que se tornará mais central na obra seguinte, publicada apenas três anos depois: a *Fenomenologia da percepção* (Merleau-Ponty, 1945/1994).

A PERCEPÇÃO E O CORPO

A percepção é um tema que percorre toda a obra de Merleau-Ponty, desde seus primeiros projetos, passando pela estrutura do comportamento e tomando corpo na *Fenomenologia da percepção*. Tal como ele próprio afirmaria posteriormente, nesse trabalho ele acentua a perspectiva da experiência no mundo e propõe uma filosofia pensada a partir dessa condição corporal situada. "Em nosso trabalho sobre a fenomenologia da percepção, não assistimos mais ao advento das condutas perceptivas. Nós nos instalamos nela para aí perseguir a análise dessa relação singular entre o sujeito, seu corpo e seu mundo" (Merleau-Ponty, 1962, p. 2).

O corpo assume nessa obra lugar de grande destaque. Merleau-Ponty, mergulhado na fenomenologia e dialogando com os grandes representantes das filosofias intelectualistas e empiristas, de fato assume a perspectiva do corpo perceptivo como modo de ser no mundo, para então descrever a experiência do espaço, da motricidade, do hábito, da sexualidade, do outro e da linguagem como expressão, sempre partindo da situação como estrutura corpo-mundo-outro. O filósofo reafirma a compreensão de que sujeito e mundo estão imbricados, compondo uma *situação* concreta. É como corpo que compomos com o mundo a *situação*, concebida como configuração, forma ou estrutura temporal, sempre em movimento.

Na *Fenomenologia da percepção*, ele discute e critica a concepção da psicologia clássica do corpo como objeto; ainda que essa apresentasse em suas explorações muitos elementos para distinguir o corpo dos objetos e considerá-lo como meio de estar no mundo e nos comunicar com eles, não o fez. Isso se deveu ao fato de os psicólogos situarem-se no lugar do pensamento impessoal e neutro da ciência e, praticando uma ontologia cientificista, colocarem a experiência do sujeito vivo no lugar do objeto, dotado de universalidade. O psiquismo era assim, para eles, uma segunda realidade oposta ao real do corpo biológico, assumindo o lugar de um objeto da ciência psicológica, submetido a leis. "Desde então, a experiência do corpo se degradava em representação do corpo, não era um fenômeno, era um fato psíquico" (Merleau-Ponty, 1945/1994, p. 139).

Discute longamente as concepções da experiência do corpo como representação ou fato psíquico e as relações com o fisiológico, declarando ser fundamental compreender como o psíquico e o fisiológico estão engrenados entre si. Seu modo de pensar o originário como uma indivisão está também aqui na base de sua argumentação. Ele busca encontrar, entre psíquico e fisiológico, um fundo comum como condição para que o fisiológico (fatos objetivos no espaço) e o psíquico (que não tem objetividade e concretude no espaço: história pessoal, recordações, emoções, vontades) pudessem, juntos, determinar um fenômeno. Esse fundo comum é o ser-no-mundo, modalidade de visão pré-objetiva na qual se inclui a percepção. Distingue o ser-no-mundo de uma soma de reflexos, assim como de um ato de consciência ou representação, conotando-o como "certa energia da pulsação de existência relativamente independente de nossos atos voluntários" (p. 119), que não é substância extensa nem pensamento e que está na fundação de psíquico e fisiológico.

Nessa discussão, Merleau-Ponty faz uma longa argumentação na qual recorre à psicologia e aos exemplos de patologias relacionadas com lesões cerebrais, discutindo com estudos de neurologistas, como Kurt Goldstein e Ademar Gelb. Na busca de legitimar a dimensão fenomenal, contrapõe-se ao objetivismo, atribuindo ao corpo e à experiência a origem. Por isso, vai buscar as descrições psicológicas que trazem as contradições no sistema eu-outrem-mundo. Ao contrário de tentar resolver essas contradições, quer mostrar que elas são o coração da experiência e o verdadeiro transcendental (Moutinho, 2005). Busca a patologia para fugir da existência normatizada, aquela que é capturada pelas teses naturalizadas, tanto da ciência quanto da psicologia. Quer mostrar a experiência pelo lado do avesso, no qual a tese falha e escolhe discutir a doença, fazendo um tipo de reflexão que afirma radicalmente sua proposta antiteórica, pois na doença cria-se algo inusitado, que não se submete a teses universais, aprende-se e cria-se algo, ponto onde se radicaliza a postura antiteórica. Recorre aos estudos de Goldstein – neurologista que postula a singularidade do adoecer – para mostrar que a experiência é o fundamento e que ali não há clareza ou objetividade sujeita a leis universais, mas um nó complexo que ata psíquico/fisiológico, solipsismo/comunicação, em si/para si, natureza/cultura (Moutinho, 2005; Alvim, 2011).

Esse nó tem na experiência da situação o seu centro. Sendo, a situação, temporalidade e o tempo a forma da experiência perceptiva, o corpo vivido assume igualmente um caráter temporal, e suas camadas ou dimensões (habitual/atual, anônimo/pessoal) compõem certa unidade ambígua. Para ele, o ser-no-mundo é ambíguo e sua ambiguidade se traduz pela ambiguidade do corpo, que, por sua vez, pode ser compreendida pela ambiguidade do tempo (Merleau-Ponty, 1945/1994, p. 126).

Movimento constante, o mundo é dado a um sujeito sempre como sumindo e chegando na presença. Um mundo que ele habita e que vê de dentro. Um mundo visto sempre de uma perspectiva, que jamais lhe é dado por inteiro e cuja materialidade está sempre escoando, sumindo pelos horizontes de passado e chegando do horizonte de futuro. Cada presente vivo tende a apreender a totalidade do tempo possível, superando a dispersão dos instantes e reintegrando tudo à existência pessoal, o que, entretanto, não se completa nunca, gerando uma experiência efêmera de completude da consciência pelo presente. A dimensão do passado do corpo é sua dimensão habitual; um saber motor já adquirido e automatizado na forma de um hábito que o coloca em sincronia com o mundo. O hábito é um passado do corpo que já experienciei e que já é um fundo de possibilidades motoras disponíveis para meus atos e gestos corporais atuais. Adquirir um hábito depende de uma consagração motora, que se integra ao esquema corporal e permite renová-lo a cada dia.

O corpo tem uma *espacialidade de situação*, ou seja, espaço corporal e espaço exterior formam um sistema prático, sendo na ação e no movimento que a espacialidade do corpo se realiza. O corpo atual se movimenta em direção às partes do mundo que são para ele polos de ação, por estarem envolvidas com um projeto motor, com uma tarefa. O movimento corporal não é dado pelo mundo objetivo, pela posição no espaço objetivo, mas pelo mundo fenomenal, que me dirige para o que tem valor para meus projetos motores. Os lugares do espaço são potências volu-

mosas quando ampliam meu corpo e movimento, por exemplo, quando ando de bicicleta ou uso um taco de sinuca para jogar. Já os caminhos e trilhas, os buracos da mesa de bilhar, são exemplos de potências constrangedoras no espaço.

Desse modo, os lugares do espaço "inscrevem em torno de nós o alcance variável de nossos objetivos ou de nossos gestos. (...) o hábito exprime o poder que temos de dilatar nosso ser no mundo ou de mudar de existência anexando a nós novos instrumentos" (Merleau-Ponty, 1945/1994, p. 199). Isso ocorre, por exemplo, quando estou aprendendo algo novo, como andar de bicicleta. Ao tentar coordenar os movimentos, em minhas primeiras tentativas, meus movimentos motores visam permanecer sobre a bicicleta, em equilíbrio, segurando o guidom com as mãos, buscando me manter no caminho escolhido, pedalando, equilibrando uma intensidade de força que não me coloque muito veloz e ao mesmo tempo mantenha uma velocidade que me equilibre.

Não penso em nada disso, não recorro a essas representações, sou todo corpo, pessoalidade, um projeto motor atual (presente) que se apoia em uma camada habitual do corpo que já adquiriu, no passado, capacidades motoras envolvidas com o equilíbrio: ficar em pé, dar passos, saltar obstáculos etc. Tais capacidades tornaram-se para mim generalidades que não mais vivo como pessoais, pois são capacidades genéricas de todos os corpos humanos de certa idade e não pertencem a ninguém especificamente, por isso elas me permitem ter a vivência de sincronia com o mundo. No exemplo citado, é apenas quando andar de bicicleta se torna um hábito adquirido, renovando meu esquema corporal, que ele passa a fazer parte dessa zona impessoal ou anônima, que me inclui no mundo dos ciclistas. Esse mundo em geral aparece, assim, em torno de um mundo humano que cada um se fez e mantém o passado no presente por meio do hábito corporal.

O corpo pode ser considerado um centro de ação virtual, um poder de ação que Merleau-Ponty denominou "eu posso", para opor-se ao "eu penso", indicando que a intencionalidade é corporal; o corpo em movimento, orientado por seus projetos motores, me dá possibilidades, me aponta o futuro, é capaz de uma praxis que produz sentido. A motricidade, considerada no estado puro, possui o poder elementar de dar um sentido.

É no bojo de toda essa discussão que o filósofo critica a noção de representação da psicologia, insistindo na ideia de que a consciência não é um ato intelectual mas, antes, um ato perceptivo. Para Merleau-Ponty, a reflexão implica necessariamente uma volta a si, abandono e desengajamento da situação, promovendo uma cisão, ainda que momentânea, entre sujeito e mundo.

Afirmando mais uma vez a experiência mundana como a fonte do sentido, ele se opõe ao paradigma da representação em prol de uma visão pré-reflexiva e assume a dimensão sensível da experiência como origem, propondo um primado da percepção, com base no argumento de que a percepção é a modalidade original da consciência, tem lugar no mundo, a partir de uma relação de certo modo orgânica do sujeito com o mundo (Merleau-Ponty, 1946/1990).

Para ele, é o irrefletido da experiência que sustenta a reflexão, ou seja, antes das operações da reflexão há um mundo dado ao sujeito na experiência e é sobre isso que é dado que a vida reflexiva se apoia. Tal como afirma o filósofo acerca da reflexão: "cabe-lhe reconhecer, para aquém de suas próprias operações, o mundo que é dado ao sujeito" (Merleau-Ponty, 1945/1994, p.15).

A tarefa da filosofia é promover uma reflexão alargada que inclua e conquiste o irrefletido por meio da descrição do mundo percebido, reconhecendo a contradição como condição da consciência perceptiva e assumindo o paradoxo da percepção, já que como temporalidade a consciência perceptiva só tem acesso às coisas por perfis, o todo só pode ser percebido por partes ou aspectos. Quando algo "aparece" para alguém, outras coisas ou partes "desaparecem", estando a consciência perceptiva sempre implicada com presença e ausência, com o movimento do mundo que escoa pelos horizontes temporais. Tudo o que percebemos é constituído por perfis, sempre inacabados, nos dando o mundo e as coisas como formas cujo equilíbrio é sempre provisório.

Em suma, a percepção é um fenômeno dado no ser-no-mundo; é pré-reflexiva, pré-objetiva e nasce de um engajamento na situação em que estamos como corpo habitual nessa espécie de zona comum do anônimo, como pura aderência ao mundo já feito. O processo perceptivo é afetação dada a partir desse fundo indiferenciado. A percepção não é do sujeito, mas "se dá nele", no sentido de que:

> Toda percepção acontece em uma atmosfera de generalidade e se dá a nós como anônima (...) se eu quisesse traduzir exatamente a experiência perceptiva, deveria dizer que se percebe em mim e não que eu percebo (...) Pela sensação, eu apreendo, à margem de minha vida pessoal e de meus atos próprios, uma vida de consciência dada da qual eles emergem, a vida de meus olhos, de minhas mãos, de meus ouvidos. (Merleau-Ponty, 1945/1994, p. 288/9)

Experimento a sensação como modalidade de uma existência geral, já consagrada a um mundo físico, e que crepita através de mim sem que eu seja seu autor. Ali, a corporeidade tem dupla dimensão, o hábito é dimensão de abertura passiva às generalidades e a dimensão atual do corpo é sistema instituinte e criador, o corpo atual é liberdade, tem poder de dar mundo.

Não há liberdade sem situação, pois é a própria contingência de incompletude da situação que exige um movimento do sujeito em direção à significação. "Essa é a fundamental característica da ordem humana, um poder criador envolvido e produzido na relação com o ausente" (Alvim, 2014).

Um poder criador de realizar um trabalho de produção de sentidos, de novas formas, que, uma vez sedimentadas, se tornam elementos do mundo (objetos culturais, formações ideológicas). O trabalho pode instaurar um futuro, lida com o virtual, é poder criador que faz e refaz o mundo sempre a partir do apoio em um mundo já feito, retomando o sedimentado. É importante lembrar que o corpo não é mobilizável apenas pelas situações reais que o atraem, mas pode também se desviar do mundo, instaurar um futuro, situando-se no virtual, sendo capaz de movimentos abstratos que desenham em torno de si uma situação fictícia, cava no mundo uma zona de reflexão e subjetividade que sobrepõe ao espaço físico um espaço humano.

> O sujeito da percepção (...) ele é como um nascimento continuado, aquilo que numa situação física e histórica tem sido dado a gerir, e isto a cada novo instante. Cada sujeito encarnado é como um registro aberto do qual não se sabe quais obras ele produzirá, mas que uma vez aparecido, não saberia deixar de dizer pouco ou muito, de ter uma história ou um sentido. A produtividade mesma ou a liberdade da vida humana, longe de negar nossa situação, a utiliza e daí a torna meio de expressão. (Merleau-Ponty, 1945/1994, p. 237)

Aquilo que o sujeito vive, como corpo em situação, transforma-se em significação. E essa significação é essencialmente ato expressivo: na arte, no discurso falado ou escrito (Alvim, 2014).

A EXPRESSÃO E A COMUNICAÇÃO COM O OUTRO: FILOSOFIA, ARTE E EXISTÊNCIA

O tema da expressão está presente ao longo da obra de Merleau-Ponty e assume maior importância a partir da *Fenomenologia da percepção*. De modo coerente com o que viemos expondo, a noção de expressão não significa em absoluto colocar fora algo que estaria pronto no pensamento ou na interioridade do sujeito. A expressão é ato corporal em situação e, nesse sentido, a fala é considerada uma modalidade gestual de expressão humana, que faz a significação existir como coisa. Ele distingue uma fala falante e uma fala falada:

> A primeira é aquela em que a intenção significativa se encontra em estado nascente. Aqui, a existência polariza-se em um certo "sentido" que não pode ser definido por nenhum objeto natural; é para além do ser que ela procura alcançar-se e é por isso que ela cria a fala como apoio empírico do seu próprio não-ser. A fala é o excesso de nossa existência por sobre o ser natural. Mas o ato de expressão constitui um mundo linguístico e um mundo cultural, ele faz voltar a cair no ser aquilo que tendia para além. Daí a fala falada que desfruta as significações disponíveis como a uma fortuna obtida. (Merleau-Ponty, 1945/1994, p. 266)

Segundo o autor, a análise da fala e da expressão nos mostra o quanto o corpo próprio é enigmático. Há nele certo estilo gestual que implica uma configuração singular do corpo. O estilo é entendido em Merleau-Ponty como um sistema de equivalências perceptivas que nasce espontaneamente do trabalho do corpo, uma intencionalidade motora, um trabalho dos olhos e das mãos.

Até 1945 Merleau-Ponty buscava restituir o mundo da percepção e a ambiguidade da expressão estava no corpo próprio – ele é a matriz da expressividade. Após 1945 ele enfatiza o campo intersubjetivo, afirma a necessidade de buscar um tipo de universalidade (tarefa de uma fenomenologia eidética) que não seja "um conceito puro, idêntico para todos os espíritos", mas que seja "o apelo de um pensamento situado que dirige aos outros pensamentos igualmente situados" (Merleau-Ponty, 1962). Vai investigar o modo como a comunicação retoma e ultrapassa o mundo da percepção, avança no tema da intersubjetividade e a ambiguidade passa, então, a ser compreendida como um fenômeno do mundo, da relação intersubjetiva, da expressão no campo. A expressividade passa a ser a matriz do pensamento do filósofo e o corpo passa a ser concebido como um corpo "sem" interior, ou seja, um corpo que é ação expressiva, movimento e gesticulação. Isso permite afirmar que só há corpo no campo, na comunicação, o que significa descentrar do sujeito a subjetividade, tema que interessa muito à psicologia e que retomaremos mais adiante.

É quando Merleau-Ponty dirige seus trabalhos para as discussões sobre a linguagem e a expressão. No texto "A percepção do outro e o diálogo", ele desenvolve a temática do outro, tema importante no desenvolvimento da fenomenologia de Husserl, que já havia sido discutido na fenomenologia da percepção.

De acordo com os argumentos de Merleau-Ponty (1945/1994; 1969/2002), é por meu corpo que compreendo o outro, do mesmo modo que é pelo meu corpo que percebo as coisas. Assim, o sentido do gesto do outro não está atrás dele, mas na estrutura que compomos na situação. Essa ideia remete ao que discutimos sobre a dimensão habitual do corpo como generalidade, uma zona do impessoal ou anônimo – onde não há sujeitos com nomes que os diferenciem como pessoas – que nos liga a todos em uma espécie de existência geral no mundo intersubjetivo.

SEÇÃO III — PSICOLOGIA FENOMENOLÓGICA

Nesse sentido, assim como o eu, o outro é um corpo movente e vidente que se dirige ao mesmo mundo que eu e se pode dizer que o outro é um outro eu mesmo. Ele jamais se apresenta a mim de frente, pois não é um objeto para minha consciência, mas está, sim, a meu lado ou atrás de mim, numa relação silenciosa.

> Não haveria outros para mim se eu não tivesse um corpo e se eles não tivessem um corpo pelo qual pudessem penetrar em meu campo, multiplicá-lo por dentro, e mostrar-se a mim expostos ao mesmo mundo, às voltas com o mesmo mundo que eu. (Merleau-Ponty, 1969/2002. p. 172)

O diálogo com o outro é corporal, "o gesto está diante de mim como uma questão, ele me indica certos pontos sensíveis do mundo, convida-me a encontrá-lo ali (..)" (Merleau-Ponty, 1994, p. 252). A comunicação não se dá a partir do pensamento ou das representações, mas a partir da fala, por ele compreendida como gesto: "eu me comunico com um sujeito falante, com um certo estilo de ser e com o "mundo" que ele visa. (op. cit., p. 249).

Sua perspectiva da outridade não contempla apenas a dimensão concordante da percepção do outro, mas ressalta também sua diferença. Prosseguindo na discussão sobre o diálogo, ele afirma que ainda que, no diálogo, eu possa me ouvir nele (outro) e ele falar em mim, quando "o que ouço vem inserir-se nos intervalos do que digo" (Merleau-Ponty, 1969/2002, p. 176). Para que o outro seja realmente um outro, é necessário que nos encontremos na diferença e que essa experiência gere uma transformação de nós dois, quando seu discurso que me escapa e me parece sem sentido tenha o poder de me abrir a novos sentidos e me refazer. É no diálogo com o outro que podemos retomar o mistério do mundo e, como na arte, realizar uma verdade.

Assim, Merleau-Ponty abre a discussão da alteridade, um tema fundamental para a clínica psicológica. Colocando esse problema em termos muito originais, que escapam de uma visão do outro como objeto ou representação e da relação como projeção ou como introjeção, e nos permite avançar nas questões e pesquisas acerca das relações intersubjetivas, sobre o desenvolvimento, os processos de subjetivação, assim como a relação e o diálogo clínicos. Pensar a subjetividade como corpo, o outro como outro corpo e a expressão como dada na estrutura eu-outro-mundo gera consequências importantes para pensar a psicologia em todos os aspectos. O espaço clínico, nessa perspectiva, é pensado como espaço expressivo, que, a exemplo da arte moderna, rompe com a representação e busca no diálogo com o outro um movimento de formação de formas, uma produção de fala que seja falante e instituinte de novas formas de vida, ressignificando a existência pessoal e o mundo intersubjetivo. O trabalho da arte e o trabalho de subjetivação são processos em que não há atividade ou passividade absolutas, mas movimento de si ao outro e do outro ao si.

Encontrando na arte o lugar por excelência da expressão, um campo livre das imposições das instituições científicas e filosóficas, Merleau-Ponty dialoga com o artista como aquele que não tem compromisso com o *status quo* da cultura instituída e cuja tarefa é a criação de obras de arte e objetos culturais que, como expressão, na concepção que discutimos, sejam respostas sensíveis ao mundo no qual o artista vive.

A arte como linguagem indireta que dá forma às vozes do silêncio que nos liga a todos é o mote do texto de abertura do livro *Signos* (Merleau-Ponty, 1960/1991), que traz, no centro da sua discussão, uma contraposição à tese de André Malraux de que a pintura moderna seja um retorno ao sujeito. Para Merleau-Ponty, a pintura moderna coloca um problema bem diferente, levando-nos a pensar a criação artística não como subjetividade,

mas como expressão que indica "de que modo estamos entranhados no universal pelo que temos de mais pessoal" (Merleau-Ponty, 1960/1991, p. 53).

Retomando a discussão da dimensão de generalidade (nessa frase referida como universal), que postula na noção de corpo habitual, ele discute longamente o estilo como uma pessoalidade entrelaçada na generalidade e mostra como esse sistema de equivalências motoras é construído corporalmente, ao longo do trabalho dado no mundo, visibilizando-se na pintura, na escritura de um artista e deixando na obra uma espécie de rastro (que o artista não gosta de olhar por sentir sempre que o mais verdadeiro está agora).

"A percepção estiliza", ou seja, o estilo se forma por um modo de perceber que nasce e se renova de modo sutil a partir da experiência, sendo uma maneira típica de habitar o mundo e de significá-lo. O que não significa colocar no mundo significações preestabelecidas, pois o mundo percebido é tarefa atual e herança de um passado habitual, envolve trabalho, uma capacidade de práxis instituinte de um desvio ou "deformação coerente" (Merleau-Ponty, 1960/1991, p. 56) que o artista provoca quando recria o mundo desatando os laços costumeiros entre as coisas (op. cit., p. 58).

A deformação é dita coerente por estar orientada pelo valor de dimensão que certos elementos do mundo adquiriram para aquela pessoa e pelo qual ela "mede" todo o resto na percepção, sendo um emblema de um modo de perceber e habitar o mundo (Merleau-Ponty, 1960/1991, p. 55). Tal como propõe Dupond (2010), um acontecimento é dimensional quando irradia um modo de ser ou estilo, experiência típica, para além da individualidade espaço-temporal (Dupond, 2010).

Assim, a expressão pictórica retoma e ultrapassa a conformação do mundo que se inicia na percepção e o estilo é uma espécie de índice dessa deformação coerente. A obra de arte é, desse modo, instituinte, colocando no mundo formas que são falantes. Tal como afirma Marilena Chauí:

> (...) uma obra é instituição porque deforma, descentra, desequilibra, recentra e reequilibra o que lhe é dado no ponto de partida – o percebido e outras obras de arte, a linguagem instituída (...) essas operações do artista são "afastamento com relação a uma norma de sentido", são a diferença. (Chauí, 2012, p. 177)

Tal como compreendemos, a existência de todo sujeito está marcada por um estilo de ser e perceber, e uma das tarefas da clínica é encontrar essa espécie de "deformação coerente" no modo de perceber o mundo que marca o estilo, ou seja, a singularidade de cada sujeito. A existência pode ser vista como uma obra existencial, de modo análogo à obra de arte, produzida por um trabalho de criação que retoma e refaz, que é sempre recomeço, desmontar e remontar, desencaixar e encaixar. Um trabalho interminável dado como expressão no campo, no mundo com o outro. O trabalho clínico com essa inspiração se faz no diálogo de alteridade. Longe de considerar o outro como um psiquismo-objeto ou corpo-objeto a ser observado com a neutralidade de certa ciência, o psicoterapeuta vê o outro como um corpo, uma subjetividade que não está mais dentro e que se mostra em sua ação expressiva dada no campo da experiência clínica.

Merleau-Ponty faz, ao longo de toda sua obra, uma discussão cuja forma expressa o quanto seu próprio trabalho como filósofo está orientado por seu modo de perceber, por um estilo que tem como emblema a consideração da vida como temporalidade, retomada e transformação da tradição do passado, em um trabalho interminável dado na expressão. Borrando as fronteiras entre filosofia e ciência, entre filosofia e arte, em prol de uma visão que vai além das fronteiras disciplinares, compara o corpo à obra de arte, afirmando:

> Não é ao objeto físico que o corpo pode ser comparado, mas antes à obra de arte. (...) Um romance, um poema, um quadro, uma peça musical são indivíduos, quer dizer, seres em que não se pode distinguir a expressão do expresso, cujo sentido só é acessível por um contato direto, e que irradiam sua significação sem abandonar seu lugar temporal e espacial. É nesse sentido que nosso corpo é comparável à obra de arte. Ele é um nó de significações vivas e não a lei de um certo número de termos co-variantes. (Merleau-Ponty, 1945/1994, p. 208-209)

É no mesmo sentido que pensamos a subjetividade como corpo e obra expressiva. O sentido da obra de um artista não pode ser explicado pela vida, tal como Merleau-Ponty discute no texto *A dúvida de Cézanne* (1980b). Explicar a obra artística pela vida psíquica seria um psicologismo; explicá-la pela história, seria igualmente cometer o erro reducionista do historicismo. A obra não é efeito da vida psíquica ou da história, mas resposta ao que é dado, um trabalho que responde à interrogação, ao apelo do mundo, do outro e do passado sempre presentes no corpo, fazendo uma "tríplice retomada" (Merleau-Ponty, 1960/1991, p. 61). Essa retomada é um trabalho que responde a certo apelo que o próprio artista nunca deixou de responder, resposta ao que o mundo, o outro, o passado e as obras já feitas reclamavam e, assim, é fraternidade com o mundo e com o outro. É nesse sentido que compreendemos sua conhecida afirmação no livro *O visível e o invisível* (Merleau-Ponty, 2000): *O Ser é o que exige de nós criação para que dele tenhamos experiência.* É na criação de uma obra que podemos dar visibilidade ao Ser – essa dimensão invisível pela qual estamos todos conectados – sem perder nossa possibilidade singular de expressar um sentido que seja singular e matizado por nosso próprio estilo.

É na obra de Cézanne, na percepção dos seus quadros, que Cézanne me é dado, o único Cézanne existente. A dúvida de Cézanne é a dúvida de todos nós, que temos do mundo apenas perfis. Não constituímos o mundo, não o temos inteiro e claro, não somos transparência, tampouco a nós mesmos. E seguimos, vivendo e trabalhando, tentando compreender o mundo, a vida, o outro, o passado, criando formas e formas de dizer, compreender e ser compreendido, amar e ser amado, inventando e reinventando a vida e o mundo.

A clínica, em nossa perspectiva, é ciência, filosofia e arte. Ciência que não se pretende positiva e objetiva, mas fenomenológica. Filosofia que situa no encontro corpo-mundo a origem do sentido. Arte de retomar, expressar e transformar. O terapeuta é um corpo no mundo que busca o encontro com o outro corpo no mundo, a partir do silêncio que sussurra por meio do corpo e da percepção sensível. Como disse o poeta Vinícius de Moraes a respeito da vida, a clínica é a arte do encontro, embora haja tantos desencontros nessa vida. E vivam os desencontros! Pois como bem disse Merleau-Ponty, é nos desencontros com o outro e com o mundo que somos solicitados ao movimento da vida e da criação.

A PESQUISA NA PÓS-GRADUAÇÃO

A inserção da filosofia de Merleau-Ponty nas pesquisas de pós-graduação em psicologia tem uma amplitude relativamente pequena, quando consideramos o potencial que esse pensamento filosófico tem para contribuir com o campo da psicologia.

Em consulta ao diretório de grupos de pesquisa no Conselho Nacional de Desenvolvimento Científico e Tecnológico (CNPq) utilizando a palavra-chave "Merleau-Ponty", foram encontrados 13 grupos, sendo apenas dois deles vinculados à área da psicologia: "Laboratório de Fenomenologia e Subjetividade", na Universidade Federal do Paraná (UFPR), e "Psicoterapias Existenciais e Humanistas", na Universidade Federal do Maranhão (UFMA). Os demais se distribuem em dois grupos da área da Educação, um grupo da Saúde Coletiva, um da Educação Física e sete grupos da área de Filosofia. A partir de informações provenientes do grupo de pesquisa Psicologia e Fenomenologia da Associação Nacional de Pesquisa e Pós-Graduação em Psicologia (ANPEPP), identificamos dois outros grupos que não aparecem no diretório do CNPq: o Laboratório de Psicopatologia e Psicoterapia Humanista Fenomenológica Crítica (APHETO), da Universidade de Fortaleza (Unifor), e o Núcleo de Estudos Interdisciplinares em Fenomenologia e Clínica de Situações contemporâneas (NEIFeCS), da Universidade Federal do Rio de Janeiro (UFRJ).

Na base de dados da Biblioteca Virtual de Psicologia Brasil (BVS), foram encontradas 28 teses, quando pesquisadas as palavras "Merleau" e "Ponty", sendo 11 nos últimos dez anos. Dezoito delas foram produzidas em dois *campi* da Universidade de São Paulo (USP) em Programa de Pós-graduação em Psicologia (PPGP), três no PPGP da Universidade Católica de Brasília (UCB), dois no PPGP da UFRJ e um no PPGP da Pontifícia Universidade Católica de São Paulo (PUC-SP).

A partir desses parâmetros gerais, encontramos cerca de 12 pesquisadores que realizam esse diálogo em suas pesquisas e orientações em 10 programas de pós-graduação em psicologia ou filosofia, obtendo, após análises qualitativas breves, alguns resultados quanto aos temas pesquisados nos últimos cinco anos, concentrados em três universidades. Na Unifor, encontramos um grupo significativo de pesquisas em psicopatologia fenomenológica, além de temas como adição à internet, inconsciente, temporalidade, cuidado de pacientes oncológicos, trabalho de grupo em clínicas humanistas-fenomenológicas, gênero e educação, concluindo por um referencial fenomenológico na psicologia. Na USP, o diálogo dos pesquisadores é com a psicanálise e com a neurociência, e os temas envolvem percepção, estética na clínica, intercorporeidade, afeto, linguagem, diálogos com Skinner, função simbólica, corpos vividos e temas relacionados mais especificamente às questões epistemológicas. Na UFRJ, os pesquisadores desenvolvem articulações com a Gestalt-terapia e a arte, exploram o tema da situação contemporânea, corpo, corporeidade, trabalho, fala e expressão, transexualidade, infância, dança, questões contemporâneas, cidade, alteridade. Na UCB, os pesquisadores investigaram temas como a temporalidade, a experiência religiosa com o uso de Ayauasca, o trabalho com mulheres artesãs e a linguagem, também em uma perspectiva fenomenológica.

CONSIDERAÇÕES FINAIS

Ao assumir o desafio de discutir a clínica psicológica em diálogo com Merleau-Ponty, busquei traçar, a partir de minha própria maneira de perceber aquele "mundo filosófico", um diálogo que foi surgindo ao longo do texto, por entre as ideias e noções de Merleau-Ponty, que busco sumarizar a seguir. Longe de pretender haver esgotado as possibilidades de diálogo da clínica com aquele filósofo, que são muitas, como os temas de pesquisa descritos puderam sinalizar, minha escolha foi por abordar os temas que considero mais fundamentais, na tentativa de oferecer algumas respostas para as perguntas colocadas na introdução. Isso se deu

SEÇÃO III — PSICOLOGIA FENOMENOLÓGICA

a partir das primeiras obras do filósofo, nas quais ele dialoga mais diretamente com a psicologia, abrindo mão de abordar a última etapa do seu trabalho, quando ele desenvolve a ontologia da carne.

A noção de estrutura nos ofereceu uma primeira resposta no que diz respeito ao modo como o sujeito existe e está relacionado ao mundo, demonstrando a complexidade da vida e dos fenômenos que emergem na clínica e explicitando nossa concepção, sustentada em bases fenomenológico-existenciais, de que o sujeito age a partir de sua inserção em uma estrutura complexa, composta por dimensões física, vital e cultural.

Corpo e psiquismo não são exteriores um ao outro e não podem ser considerados como objetos e ser sujeitados a análises objetivantes. A concepção do ser-no-mundo é a resposta oferecida pelo filósofo para os modos dicotômicos de conceber o sujeito e a subjetividade, concebida por ele como um entrelaçamento complexo de natureza e cultura.

A noção de situação e liberdade, como duas faces de mesma moeda, implicam o corpo habitual e o atual como dimensões do processo de produção de sentidos e subjetividades, que é temporal e engajado no mundo. Isso implica um deslocamento da noção de subjetividade do interior do sujeito psíquico para o corpo, movente e capaz de expressão.

A existência é vivida como corpo perceptivo, engajado no mundo, sendo temporalidade e transformação. Exige do psicólogo reconhecer a condição contraditória e ambígua inerente à vida, que não pode ser objeto de uma consciência transparente e que tampouco é determinada por uma instância inconsciente. Merleau-Ponty, no âmbito da ontologia da carne, discute essa noção, tendo dialogado com a psicanálise e criticado a concepção do inconsciente como representação e como separação radical da consciência, conotando-o como impercepção na percepção, um saber momentaneamente cego, mas disponível à consciência.

Promover um tipo de reflexão alargada que inclua o irrefletido para permitir a expressão e a criação de formas, dando plasticidade aos processos de produção de subjetividade, é característica primordial do trabalho clínico com essa inspiração. Isso requer o estabelecimento de um tipo de diálogo que exige do terapeuta presença sensível e sentiente que parte do reconhecimento de si próprio como sujeito corporal e perceptivo.

A partir dessas considerações, atravessadas por minha atuação na abordagem da Gestalt-terapia, em diálogo com a filosofia de Merleau-Ponty e a arte, procurei deixar as reflexões abertas para outras perspectivas em clínica, por entender que, ainda que fique muito claro que o diálogo mais profícuo dessa filosofia possa se dar com as clínicas de inspiração fenomenológica e existencial, há nessa obra vasto material que tem a potência de contribuir com outras abordagens em psicologia.

REFERÊNCIAS BIBLIOGRÁFICAS

Alvim, M. B. (2011). A ontologia da carne em Merleau-Ponty e a situação clínica na Gestalt-terapia: entrelaçamentos. *Revista da Abordagem Gestáltica*, 17(2), 143-151. Retrieved May 30, 2018. Disponível em: http://pepsic.bvsalud.org/scielo.php?script=sci_arttext&pid=S1809-68672011000200005&lng=en&tlng=pt.

Chauí, M. (2012). Merleau-Ponty: da constituição à instituição. Dois Pontos, 9(1). Disponível em: http://dx.doi.org/10.5380/dp.v9i1.29097.

Dupond, P. (2010) Vocabulário de Merleau-Ponty. São Paulo: WMF Martins Fontes.

Merleau-Ponty, M. (1942/1975). *A estrutura do comportamento*. Belo Horizonte: Interlivros.

Merleau-Ponty, M. (1945/1994). *Fenomenologia da percepção*. São Paulo: Martins Fontes.

Merleau-Ponty, M. (1946/1990). *O primado da percepção e suas consequências filosóficas*. Campinas: Papirus

Merleau-Ponty, M. (1952/2006). *Psicologia e pedagogia da criança*. São Paulo: Martins Fontes.

Merleau-Ponty, M. (1960/1991). *Signos*. São Paulo: Martins Fontes.

Merleau-Ponty, M. (1962). *Um inédito de Maurice Merleau-Ponty*. Tradução: CEGEST. (Originalmente publicado na Revue de Mètaphysique et de morale, 1962)

Merleau-Ponty, M. (1969/2002). *A prosa do mundo*. São Paulo: Cosac Naify.

Merleau-Ponty, M. (1973). *Ciências do homem e fenomenologia*. São Paulo: Saraiva.

Merleau-Ponty, M. (1980a). *O filósofo e sua sombra*. São Paulo: Abril Cultural. (Coleção Os Pensadores)

Merleau-Ponty, M. (1980b). *A dúvida de Cézanne*. São Paulo: Abril Cultural. (Coleção Os Pensadores)

Merleau-Ponty, M. (2000). *O visível e o invisível*. São Paulo: Perspectiva.

Moutinho, L. (2005). Tempo e sujeito – O transcendental e o empírico na fenomenologia de Merleau-Ponty. *Dois Pontos UFPR [online]*, v. 1, n. 1, p. 11-54.

Verissimo, Danilo Saretta; Furlan, Reinaldo (2007). Entre a Filosofia e a Ciência: Merleau-Ponty e a Psicologia. *Paidéia (Ribeirão Preto)*, v. 17, n. 38, p. 331-342.

LEITURAS RECOMENDADAS

Alvim, M. B. (2014). *A poética da experiência: Gestalt-terapia, fenomenologia e arte*. Rio de Janeiro: Garamond.

Chauí, M. (2002). *Experiência do Pensamento: ensaios sobre a obra de Merleau-Ponty*. São Paulo: Martins Fontes.

Coelho Júnior, N.; Carmo, P. S. (1991) *Merleau-Ponty: filosofia como corpo e existência*. São Paulo: Escuta.

Merleau-Ponty, M. (1948/2004). *Conversas 1948*. São Paulo: Martins Fontes.

Moreira, V. (2007). *De Carl Rogers a Merleau-Ponty: a pessoa mundana em psicoterapia*. São Paulo: Annablume.

20

Martin Buber: a vida em diálogo

Adriano Furtado Holanda

INTRODUÇÃO

Questionar o ser humano, posicionar a sua existência, situar-se face ao mundo e à realidade que o envolve, talvez essas questões – tão caras a tantos ao longo da história – sejam aspectos centrais que determinam o próprio *sentido* do existir. Ao mesmo tempo que se questiona, se procura estabelecer "lugares", "espaços" ou contextos de segurança: para o viver, para o pensar, para o fazer. Nesse particular, a história ocidental definiu um lugar privilegiado para o "pensar": a Filosofia. Mas há filósofos e pensadores. Os primeiros são partícipes de um modelo muitas vezes predeterminado, enquanto os pensadores transcendem seu próprio lugar de pensar.

Martin Buber não se enquadra em modelos predeterminados. Como bem destaca seu tradutor e principal introdutor para nossa língua, "sua vasta obra estende-se nos mais diversos campos do saber: misticismo, mística judaica, Hassidismo, Hermenêutica bíblica, tradução da Bíblia do hebraico para o alemão, Ciências Sociais" (Von Zuben, 2003, p. 9). Buber não poderia ser enquadrado como um mero filósofo. Sua vida, obra, pensamento e ações o colocam numa posição tal que quem melhor poderia defini-lo seria Gabriel Marcel, a partir de um encontro lacunar – por volta dos anos 1950 – quando se diz profundamente impressionado, por sua "(...) grandeza, a grandeza autêntica desse homem que me aparecia verdadeiramente comparável aos grandes patriarcas do Antigo Testamento" (Marcel, 1968. p. 17).

Essa é a marca desse *pensador* – desse *sophoi*, detentor de uma sabedoria distinta (Von Zuben, 2003) – que se autodeclarava um "*atypischer mensch*", um homem atípico, um pensador livre dos esquemas rígidos e tradicionais da filosofia, "ou de estruturas sociais de pensamento" (Sidekum, 1979). Quase um anarquista, mas certamente um pensador voltado para uma ética singular; um místico, para alguns; ou simplesmente um teólogo. Mesmo assim, nada disso poderia definir um pensador da envergadura de Buber, que trabalhou, estudou, escreveu, dissertou e, principalmente, dialogou com tantos campos distintos do saber, como a Sociologia, a Antropologia, a Psicologia, a Psiquiatria, a Teologia, a Filosofia, a História e a Política.

Apresentá-lo não é tarefa fácil, não menos pela extensão de sua obra – tão vasta quanto diversa, e nem toda acessível em nossa língua –, mas por ser de uma profundidade reflexiva não passível de ser apropriada sem grande e profunda abertura.

BUBER: VIDA, ÉTICA E RELAÇÕES

São poucos os pensadores que efetivamente conseguem, ao longo de sua vida, aliar sua obra, seu pensar e o agir concreto no mundo, numa "cumplicidade" singular, como Buber (Von Zuben, 2003), num viver ético coerente, numa luta contínua por expressar esse viver. A vida de Buber expressa grande parte de sua filosofia: uma preocupação com a *realidade*. "Em Buber, a unidade do sujeito e do objeto não alcançará uma filosofia de identidade, mas a uma filosofia da realidade. Visto que, em que consiste a realidade senão em uma 'síntese' entre aquele que age (sujeito) e o que sofre esta ação (objeto)?" (Fleischmann, 1959, p. 347).

Nesse sentido, Buber é daqueles raros pensadores em que vida e obra se confundem, se complementam e se integram. **Mordechai Martin Buber** nasceu na Viena imperial e centro cultural europeu da época, em 8 de fevereiro de 1878. Cedo saiu do convívio de seus pais, dado seu divórcio, quando passou a ser cuidado por seus avós paternos, na cidade de Lemberg, na Galícia austríaca. Corria então o ano de 1881, momento significativo de sua vida, pois seu avô, Salomon Buber – que "(...) era um verdadeiro filólogo, um 'amante da palavra'" (Buber, 1991, p. 10) –, era igualmente uma grande autoridade na comunidade Judaica, mestre da *Haskalah*[1] e

---

[1] Movimento de renovação do judaísmo iniciado no século XVIII na Alemanha, significa "iluminismo" ou "intelecto". Indica ainda o estudo do hebraico bíblico, mas

SEÇÃO III — PSICOLOGIA FENOMENOLÓGICA

da *Torá*[2], e foi por intermédio dele que o jovem Buber travou contato com uma importante vertente religiosa judaica: o hassidismo. Desse encontro, brota em Buber a ideia de homem total, do homem na sua plenitude de ser-com-o-outro (Sidekum, 1979).

Seu ingresso na escola somente se deu aos 10 anos. "Até então eu recebia aulas particulares, principalmente de línguas, tanto pela minha inclinação e talento, como também porque, para a avó, um humanismo centrado na linguagem era o nobre caminho da educação" (Buber, 1991, p. 11). A atmosfera era verdadeiramente propícia para os estudos e um mergulho na tradição judaica. Em 1892, aos 14 anos, volta a morar com seu pai em Lemberg, matriculando-se no ginásio polonês *Franz Josef* da cidade. Nessa época – entre os 15 e os 17 anos – dois livros marcam seu espírito profundamente: os *Prolegômenos*, de Kant, e *Assim falava Zaratustra*, de Nietzsche.

Em 1896, adentra a Universidade de Viena para estudar Filosofia e História da Arte. Já em 1901, passa a estudar na Universidade de Berlim, onde se torna aluno de dois eminentes pensadores da época: Wilhelm Dilthey[3] e Georg Simmel[4]. Doutora-se em Filosofia (1904), e ainda na cidade trava contato com uma comunidade denominada *Neue Gemeinschaft*, cujo lema era viver profundamente a humanidade do homem. Ali, conhece Gustav Landauer, conhecido pacifista e teórico anarquista alemão. Começa igualmente a participar ativamente do Movimento Sionista[5], do qual chegou a ser o primeiro-secretário (em 1897), mas do qual diverge sobremaneira ao longo dos anos, particularmente pelo fato de propor a criação de um estado binacional. A vida e a obra de Buber sempre girou em torno do *encontro dialógico*, do diálogo entre pessoas, assim, não era aceitável identificar o sionismo com uma forma de nacionalismo (Von Zuben, 2003). O Estado de Israel deveria ser a consecução de uma convivência pacífica e do diálogo entre judeus e palestinos, ideia que defendeu até sua morte, premiada em seu funeral por uma grande homenagem do povo árabe.

Entre 1916 e 1924, Buber trabalha como editor do jornal *Der Jude*. No período compreendido entre os anos de 1926 e 1930, edita o periódico *Die Kreatur*, em parceria de Josef Wittig, um teólogo católico, e Viktor von Weizsäcker, um terapeuta protestante. Em 1923, é nomeado para a lecionar História das Religiões na Universidade de Frankfurt, até 1933, quando é impedido de lecionar pelo Nacional-Socialismo. Antes, em 1926, em parceria com seu amigo Franz Rosenzweig, começa a tradução da Bíblia, do hebraico para o alemão, tarefa que somente completa em 1961. Entre 1933 e 1938, mesmo proibido de lecionar, permanece em Heppenheim; até que, em 1938, recebe convite para lecionar na Universidade Hebraica de Jerusalém, onde permanece até 1951, quando deixa a cátedra e passa a se dedicar à formação de professores.

Martin Buber faleceu em 13 de junho de 1965, em Jerusalém, deixando uma vasta obra, calcada no mais profundo espírito da filosofia judaica, demonstrando imensa implicação prática, e uma estrutura totalmente voltada para o ser humano enquanto *pessoa*, estruturando uma nova linguagem para o ser humano, estabelecendo a autêntica comunidade humana, uma linguagem que procura resgatar a verdadeira relação intersubjetiva.

A OBRA DE BUBER

Um autor profícuo como Buber não deixa entrever a profundidade de sua própria obra. Talvez por isso ele venha a ser negligenciado enquanto "filósofo" ou sistematicamente associado a particularidades, como a de ser um "teólogo". Fato é que Buber é um *pensador*, no mais extenso sentido da palavra, e seus escritos exploram aspectos da Sociologia, da Política, da Educação, da Psicologia, da Antropologia e, certamente, da Filosofia e da Teologia igualmente.

Sua obra principal – aquela com qual seu nome se encontra mais associado – é mesmo *Ich und Du* (*Eu e Tu*), publicada em 1923, e na qual se explicita de modo por vezes poético, por vezes hermético, o seu "princípio dialógico", seu fundamento da vida em diálogo. Mas sua obra, além de extensa, se entrelaça. Von Zuben (2003) destaca que Buber insere-se na tradição kantiana, retomando a ideia de que "(...) nos impomos à ordem espaço-temporal da experiência, a fim de podermos nos orientar por ela" (p. 21); e de que o encontro com essa *realidade* se dá graças a duas funções do ser humano: a *orientação* e a *realização*, o que nos leva ao encontro com Deus, com o mundo e com os demais sujeitos. *Orientação e realização*, igualmente como pares, são um princípio daquilo que virá a ser sua filosofia dialógica. Buber desenvolve essas ideias em *Daniel – Gespräche von der Verwirklichung*, publicado em 1913, e inédito em português.

A questão da transcendência – que atravessa sua obra teológica e filosófica – vem profundamente ligada aos ensinamentos do hassidismo, vertente mística à qual Buber dedicou muitos escritos. "Toda a ação natural, quando é consagrada, leva a Deus, e a natureza exige do homem que ele realize junto a ela aquilo que nenhum anjo consegue: consagrá-la", escreve em *Der Weg des Menschen: nach der chassidischen Lehre*, recentemente traduzido como *O caminho do homem, segundo o ensinamento chassídico* (Buber, 1948/2011, p. 21). Os princípios do hassidismo – praticamente uma tradição oral – passam a ser compilados por Buber, aparecendo nos ensinamentos dos grandes mestres como o *Baal Schem Tov*, conhecido como "o Mestre do Bom Nome", em *Die Legende des Baalschem* (Buber, 1908/1976), precedida de *Die geschichten des Rabbi Nachman – As histórias do Rabi Nakhman* (Buber, 1906/2000) e finalmente reunidas numa coletânea póstuma, editada por Rafael Buber, em 1967, intitula-

---

propõe o desenvolvimento de valores seculares e a integração social, favorecendo, assim, a "assimilação" judaica.

[2] Do hebraico, significa "ensinamento". Em sentido estrito, é a "lei de Moisés", correspondendo aos cinco primeiros livros da Bíblia reunidos no Pentateuco (termo que é a tradução grega do hebreu, *Humash*, ou *Chumash*), que são: Gênesis, Êxodo, Levítico, Números e Deuteronômio.

[3] Wilhelm Dilthey (1833-1911) foi o grande nome do movimento historicista alemão. Suas ideias influenciaram as chamadas "filosofias da vida" ou "filosofias do espírito", ressoando em Heidegger, Weber, além de influenciar Scheler, Jaspers e a corrente fenomenológica. Sua distinção entre "ciências naturais" (*Naturwissenschaften*) e "ciências do espírito" (*Geiteswissenschaften*) aponta para uma diferença gnoseológica nas questões metodológicas: de um lado, a observação externa dá os dados das ciências naturais; e de outro, a observação interna revela a experiência vivida ou a *Erlebnis* (do verbo *leben*, "viver"). Para Dilthey, a vida somente pode ser compreendida em sua conexão "viva", e esta é dada de modo constante e originário, na *vivência*. Com isso, Dilthey antecipa e dá as bases para a crítica husserliana às ciências, bem como antecipa toda uma reflexão humanista, com respeito aos procedimentos que virão a ser conhecidos, posteriormente, como ciências humanas, sociais e antropológicas.

[4] Georg Simmel (1858-1918), filósofo e sociólogo alemão, era um dos representantes do neokantismo. Frequenta o "círculo Max Weber" de Heidelberg e exerce influência sobre Jaspers, Tönnies, Lask e outros. Seu projeto é apreender a vida em sua complexidade e movimento. Sua pesquisa visa aos invariantes da vida social, finda por desenvolver uma "filosofia da vida", deixando como legado estudos sobre a história e a cultura do homem.

[5] Movimento político e social, que defendia o direito à autodeterminação do povo judeu e a criação de um Estado judaico independente. Surgiu no século XIX como revitalização e nacionalismo. Seu mais importante líder foi o escritor e jornalista austríaco Theodor Herzl (1860-1904), que escreveu *Der Judenstaat* ou "O Estado Judeu".

da *Die Erzählungen des Chassidim* e publicada no Brasil como *Histórias do Rabi* (Buber, 1967/1995).

O tema da Religião ocupa um lugar de destaque em sua obra. Na verdade, há mesmo uma via "teológica" em seu pensamento, bastante extensa; embora não tenhamos tantas traduções, encontram-se disseminadas em textos como *Moseh* (de 1945), ao mesmo tempo um estudo histórico e profundo sobre o significado e a profundidade da figura de Moisés; e nos chegam em pequenos textos como *Bilder von Gut und Böse – Imagens do Bem e do Mal* (Buber, 1952/1971b); ou mais concretamente em *Gottesfinsternis – Betrachtungen zur beziehung zwischen religion und philosophie*, traduzido por *Eclipse de Deus – Considerações sobre a relação entre religião e filosofia* (Buber, 1953/2007).

É impossível darmos conta da dimensão de sua obra num espaço tão reduzido, e mesmo que o *Eu e Tu* ocupe um lugar de tal centralidade que quase apareça como a única de suas referências, é preciso reconhecer – entre tantas discussões – um conjunto de textos que são fundamentais para identificarmos a estatura desse *pensador*. A **antropologia** buberiana, aquela que busca responder ao "que é o Homem?", que dialoga com a história da filosofia procurando "meditar sobre o homem", passando de Aristóteles e Kant, Feuerbach e Nietzsche, a Heidegger e Scheler, se presentifica em *Das problem des menschen* (Buber, 1948/1985). Suas reflexões sociológicas – ou uma síntese do social e do político – nos chegam numa coletânea intitulada *Sobre comunidade* (Buber, 1987), reunindo conferências que remetem ao tema da *Comunidade* (*Gemeinschaft*) e seus antagônicos identificados como "sociedade", "massa" ou mesmo "Estado" (*Gesellschaft*), temas esses profundamente ligados ao grande nome da sociologia alemã, Ferdinand Toennies.

Do social ao político, Buber atravessa diversas searas, desde sua profunda discussão sobre a questão judeu-árabe e a constituição do Estado de Israel, o movimento sionista e a construção de uma "humanidade" no sentido amplo da palavra (Buber, 1983), melhor clarificado em seus pronunciamentos e proposições nos diversos Congressos Sionistas (Von Zuben, 2003); até uma discussão acerca daquilo que Marx e o marxismo chamam de *Socialismo utópico* (Buber, 1952/1971b).

Mesmo assim, permanece a referência ao *Eu e Tu*, de tal impacto que redundou em novos escritos, posteriormente publicados em *Die Schriften über das dialogische Prinzip*, editados em 1954, reunindo o original *Ich und Du*, e uma série de conferências proferidas na década de 1930, como certa explicitação do "princípio dialógico", expresso na clássica epígrafe: "Toda vida verdadeira é encontro". Esses textos seminais nos chegam na tradução *Do diálogo e do dialógico* (Buber, 1982), e são os seguintes: *Zwiesprache* ou *Diálogo*; *Die Frage an den Einzelnen* ou *A questão que se coloca ao indivíduo* e *Elemente des zwischenmenschlichen* ou *Elementos do inter-humano*. Lidos em conjunto ao *Eu e Tu*, clarificam a dialética do Encontro e o sentido do Diálogo, para Buber.

A complexidade do pensamento de Buber fica explicitado por aquilo que escreveu Bachelard (2003): "Você deve encontrar Martin Buber para entender, a um só instante, a *filosofia do encontro*, esta síntese de evento e eternidade. Então, de uma só vez, você logo saberá que convicções são chamas, e que a simpatia é o conhecimento de Pessoas" (p. 89).

AS FONTES DO PENSAMENTO BUBERIANO: ANTROPOLOGIA E FILOSOFIA

Buber constrói seu pensamento em torno de um conjunto de influências, experiências e reflexões autônomas. Mas alguns nomes e contextos foram de significativos impactos em suas formulações, e merecem destaque. Um desses impactos – claramente expressos em sua vida e obra – deriva do próprio hassidismo. A rigor, diríamos ser virtualmente impossível dissociar seu nome, sua obra e seu pensar das experiências e ensinamentos hassídicos. Essa ligação é tão expressiva quanto destaca Gershom Scholem (1994): "Antes de Buber haver se incumbido de apresentar e interpretar o hassidismo aos leitores ocidentais, este movimento era praticamente desconhecido do estudo científico da religião, apesar de haver sido, desde sua cristalização (...), um dos fatores mais importantes da vida e do pensamento do judaísmo na Europa Oriental" (p. 9).

O hassidismo foi um movimento histórico, cultural e religioso, revivalista do espírito judaico, surgido na Podólia e na Volínia (regiões que correspondem à Polônia e à Ucrânia), e sua denominação deriva do vocábulo hebreu *hassid*, que significa *piedoso*, designando uma atitude diante da vida espiritual. O hassidismo apresenta o próprio evento dialógico: evento entre sujeito humano e sujeito humano, entre sujeito humano e mundo, e entre o sujeito humano e Deus, que constitui a base da filosofia buberiana. Esse movimento revivalista remete ao seu criador, o *Baal Schem Tov*, e é conhecido como "hassidismo beschtiano" (para distinguir de outros movimentos).

Na proposição hassídica, dá-se a substituição da Doutrina – a Palavra, a interpretação, o texto, a Lei – pela "personalidade", representado pelo *tzadik* (os líderes do movimento, cuja palavra significa "justo", "experimentado", "perfeito", o "salvador no espírito", como diz Buber). Os *Tzadikim* contam histórias, como testemunho, participação, num relato no qual "a palavra utilizada para narrá-las é mais do que mero discurso: transmite às gerações vindouras o que de fato ocorreu, pois a própria narrativa passa a ser acontecimento, recebendo consagração de um ato sagrado" (Buber, 1967/1995, p. 11).

Os aspectos centrais do ensinamento hassídico podem ser resumidos nas seguintes ideias: crença na universalidade da presença divina; senso de totalidade da união com Deus; necessidade de haver alegria no serviço divino; e o sentido de comunidade. "A lição do hassidismo, nos diz Buber, pode se resumir numa frase: "Ver Deus em todas as coisas; alcançar a Deus através de todo ato autêntico". E mais ainda: "o salut do homem não se adquire se mantendo distanciado do mundo, mas santificando-o (...)" (Dreyfus, 1981, p. 46). A universalidade ou imanência de Deus deriva de uma reinterpretação da Cabala: Deus poderia ser encontrado em todos os aspectos da vida, uma vez que o mundo existia dentro d'Ele. Com esse modo de pensar, procurava-se uma solução para o distanciamento que havia separado o sujeito humano (a criatura) de Deus (o Criador). Para melhor explicar o sentido dessa imanência, Buber cita um ditado que diz: "Deus reside lá onde o deixam entrar".

O senso de totalidade – derivado do princípio da imanência – aponta para a indistinção da relação entre o sagrado e o profano. "O que é profano não é mais olhado doravante senão como um estágio preparatório do sagrado: é aquilo que ainda não foi consagrado" (Buber, 1971a, p. 85). Assim, toda vida natural pode ser santificada. Deriva daí uma horizontalização na relação com Deus, em contraste com a verticalidade e o distanciamento, característicos da tradição rabínica. E essa santificação e glorificação de Deus deveria ser feita com alegria, pois feliz é aquele que participa da essência divina. O hassidismo se constituiu em torno do resgate do sentimentalismo, da emoção e da alegria, na tarefa de louvar a Deus, considerado mais importante do que a observância externa.

SEÇÃO III — PSICOLOGIA FENOMENOLÓGICA

Esse sentimentalismo, serve também para aproximar a comunidade do serviço de Deus, reinserindo o seguidor no povo e no seu ambiente, e recolocando as massas no centro de interesse dos justos, fazendo com que até o "menor" entre os homens pudesse participar ativamente da consagração do divino. A colocação da comunidade no centro de seu interesse estabelece a retomada do sentido da *responsabilidade* para com o povo. Unidade e responsabilidade mútuas entre *tzadik* e comunidade. "A essência da Criação significa uma situação constantemente renovada da *escolha*. A santificação é um acontecimento que se liga ao âmago do homem, lá onde se produza a escolha, a decisão, o começo. O homem que começa assim, entra na santificação, mas não pode fazê-lo a não ser que comece verdadeiramente como homem e não pretenda nenhuma santidade sobre-humana. A verdadeira santificação de um homem é a santificação daquilo que é humano nele" (Buber, 1971a, p. 86).

Mas na construção de seu pensamento *antropológico*, Buber tem em Ludwig Feuerbach um dos nomes mais citados. *O que é o Homem?*; essa pergunta é o tema de sua antropologia, de seu questionar sobre a totalidade do homem. Buber discorda de Heidegger em sua crença de que a Antropologia Filosófica poderia proporcionar o fundamento para a Metafísica ou para as ciências filosóficas individuais, e assinala que uma antropologia filosófica legítima deve reconhecer que não há apenas uma *espécie humana*, mas *pessoas*, e que somente a partir do reconhecimento da dinâmica entre cada realidade particular e entre elas é que se pode enxergar a totalidade do homem (Buber, 1948/1985). Para Feuerbach, o primordial é a colocação do sujeito humano como o objeto de maior importância da filosofia, e esse objeto não poderia ser o espírito abstrato, mas a totalidade humana. Com esse tipo de pensamento, passa-se a compreender o humano fora de sua solidão, inserido na sua comunidade, reconhecendo a unidade do sujeito humano com o sujeito humano. Todavia, Buber critica Feuerbach por ele ter substituído a relação com Deus pela relação entre o Eu e o Tu (Sidekum, 1979; Von Zuben, 1979), além de não haver desenvolvido a contento a relação que o Eu estabelece com o Tu que lhe faz face, como Buber escreve: "De início, ele só se orienta na ante-sala do edifício que a ele se abriu: 'Para o Eu, a consciência do mundo é medida através da consciência do Tu' – com o que se poderia associar a sentença posterior, (...), de que o Eu verdadeiro é 'somente um Eu face ao qual está um Tu e que, ele próprio, é um Tu face a um outro Eu'" (Buber, 1982, p. 160).

Sua antropologia ainda é influenciada por Friedrich Heinrich Jacobi, para quem "sem o Tu, o Eu é impossível"; por Hermann Cohen, que renova a visão do Tu num prolongamento do pensamento de Jacobi; por Ferdinand Ebner, que parte da experiência existencial da "solidão do Eu"; e por seu amigo e colaborador Franz Rosenzweig, que adiciona sua contribuição teológica à questão do Tu como um chamado ao diálogo. Mas certamente foi Kant, um pensador conhecido de Buber ainda na sua juventude, quem mais contribui reflexivamente na formação de sua ética intersubjetiva, a partir de suas quatro *perguntas*: Que posso fazer?; Que devo fazer?; Que me cabe esperar?; Que é o homem? Como observa Buber, à primeira pergunta responde a *metafísica*; a moral à segunda; à terceira questão responde a *religião*; e à quarta, a *antropologia* (Buber, 1948/1985).

Papel decisivo em seu pensamento ainda tiveram Friedrich Nietzsche, Georg Simmel e Wilhelm Dilthey. Decisivos ainda foram Ferdinand Toennies e Soeren Kiekegaard, principalmente quando Buber discute conceitos como *sociedade* e *comunidade*, e seus princípios definidores, *indivíduo* e *pessoa*. Além desses, foi Gustav Landauer, seu amigo e incentivador, que levou Buber a entrar em contato com os místicos medievais, particularmente Mestre Eckart e Angelus Silesius. Todos esses nomes – mais particularmente, Nietzsche e Kierkegaard, por sua rejeição às formas de idealismo filosófico – conduzem Buber a uma profunda reflexão sobre a existência humana, rejeitando qualquer ideia de união ilusória individual com o Absoluto, levando-o à formulação da clássica epígrafe: "No princípio é a relação"; onde "a relação, o diálogo, será o testemunho originário e o testemunho final da existência humana" (Von Zuben, 1979, XXXI).

DIÁLOGO, DIALOGICIDADE E RELAÇÃO

Para Buber, o essencial do ser humano é o fato de *ser-com*, no mundo. E por *mundo* podemos entender a própria manifestação da intersubjetividade. Vida é *relação (Beziehung)*, é *encontro (Begegnung)*. "Não há Eu em si, mas apenas o Eu da palavra-princípio Eu-Tu e o Eu da palavra-princípio Eu-Isso. (...) Aquele que profere uma palavra-princípio penetra nela e aí permanece" (Buber, 1923/1979, p. 4).

Sujeito e mundo estabelecem uma relação dual. O mundo não pode ser concebido sem o sujeito humano, e o sujeito humano somente pode ser entendido quando em relação com o mundo. O humano não é um ser-para-si, mas um ser que se projeta e se manifesta no mundo e com o mundo. O ser se manifesta pela ação no mundo. A ação do ser no mundo se dá pela palavra. Palavra e ação são a manifestação do ser na existência. As atitudes fundamentais, para Buber, expressam-se pelas **palavras-princípio**, que são, entre as muitas, basicamente duas: a atitude Eu-Tu e a atitude Eu-Isso. As palavras-princípio a que Buber se refere são os *modos de ser relacional* e instauram duas atitudes, duas considerações, dois mundos. Quando Buber escreve que "o mundo é duplo para o homem, segundo a dualidade de sua atitude", não está se referindo a uma abordagem ambivalente da realidade, mas estabelece uma dualidade existencial, uma dualidade real.

"As palavras-princípio são proferidas pelo ser. Se se diz Tu profere-se também o Eu da palavra-princípio Eu-Tu. Se se diz Isso profere-se também o Eu da palavra-princípio Eu-Isso. A palavra-princípio Eu-Tu só pode ser proferida pelo ser na sua totalidade. A palavra-princípio Eu-Isso não pode jamais ser proferida pelo ser em sua totalidade" (Buber, 1923/1979, p. 3). Quando se fala de **relação**, está-se falando tanto do par da palavra-princípio Eu-Isso como do par da palavra-princípio Eu-Tu, que são modos de relação diferentes. Eventualmente, Buber se refere ao modo de ser Eu-Tu como a plenitude da relação, a relação imediata. Mas ambas as palavras-princípio fazem parte da totalidade da existência, ou seja, fazem parte da *realidade* do homem, e são, portanto, inseparáveis. Mas o diálogo se dá por múltiplas formas. "Assim como o mais ardoroso falar de um para o outro não constitui uma conversação (...), assim, por sua vez, uma conversação não necessita de som algum, nem sequer de um gesto. A linguagem pode renunciar a toda meditação de sentidos e ainda assim é linguagem" (Buber, 1982, p. 35).

O *dialógico* é reciprocidade, abertura para a outridade, para a intersubjetividade. É um *voltar-se-para-o-outro*. E a dinâmica do diálogo é a alternância de ações concretas no mundo. Não há *eu* em si, pois este é posterior à relação. Além disso, cada Eu de cada palavra-princípio é diferente do outro. Diferente, pois cada palavra-princípio expressa uma atitude diferente do ser humano no mundo. A palavra-princípio **Eu-Tu** estabelece a dimensão da vida atual, a atitude essencial do sujeito humano em direção ao encontro entre duas pessoas na confirmação mútua e na reciprocidade. É a atitude da consideração do outro, da confirmação de outrem e também de sua autoconfirmação. O encontro do face-a-face onde o Eu e o Tu entram num confronto, e assim *Eu* me descubro no outro, o *Tu*; e ele se descobre em mim, que me torno seu *Tu*. "Para Buber, o *tu* que o *eu* interpela, é já, nesta interpelação, entendido como um *eu* que me diz *tu*. A interpelação do *tu* pelo *eu*, será pois, de imediato, para o *eu*, a instauração de uma reciprocidade, de uma igualdade ou de uma equidade" (Lévinas, 1982, p. 130).

Ao proferir a palavra-princípio Eu-Tu, instaura-se a dimensão da vivência, a atitude essencial do sujeito humano rumo ao encontro; encontro de dois parceiros na confirmação mútua e na reciprocidade, encontro de comprometimento; atitude de escolher e de ser escolhido. "Aquele que diz TU não tem coisa alguma por objeto (...) O TU não se confina a nada. Quem diz TU não possui coisa alguma, não possui nada. Ele permanece em relação" (Buber, 1923/1979, p. 5).

Já a palavra-princípio *Eu-Isso* instaura a dimensão da objetivação, dimensão do discurso científico, do contato mediato, da consideração *a priori*, da experiência de qualquer coisa existente fora de mim, destacada; instaura a dimensão da utilização. Aqui, não há confrontação, e sim simplesmente uma colocação ante qualquer coisa. "O experimentador não participa do mundo: a experiência se realiza 'nele' e não entre ele e o mundo. O mundo não toma parte da experiência. Ele se deixa experienciar, mas ele nada tem a ver com isso, pois, ele nada faz com isso e nada disso o atinge. O mundo como experiência diz respeito à palavra-princípio Eu-Isso. A palavra-princípio Eu-Tu fundamenta o mundo da relação" (Buber, 1979, p. 6). Quem profere a palavra-princípio Eu-Isso penetra no mundo da experiência, do saber, no mundo da separação e da utilização. Instaura a atitude objetivante. Nesse mundo, não há confronto, mas apenas uma *colocação diante* de (Von Zuben, 2003). Na atitude Eu-Isso, o Eu não se projeta ante o outro, mas encerra-se em si, encerrando consigo toda a iniciativa do ato.

Para se compreender o que Buber quer assinalar com o *Eu-Tu*, deve-se conhecer o fato de que essa relação funda uma nova dimensão: a dimensão do *entre-os-dois* (*Zwischen*). A relação se constitui numa dimensão formada pelos dois participantes e que não pertence a nenhuma pessoa, senão a ambas. Tanto o mundo do *Tu* quanto o mundo do *Isso* pertencem à realidade própria e prática do homem. O mundo do Tu é o do presente, da reciprocidade, da presença e do imediato. O mundo do Isso é o mundo do passado, das reminiscências, da dicotomia, da diferença, da utilização e da experiência; é o mundo da ausência, do distanciamento, mas também do conhecimento. Assim, não se pode renunciar ao mundo do Isso, da mesma forma que não se pode viver unicamente no mundo do Tu. Vivemos sempre na alternância entre um e outro desses dois mundos.

Não podemos prescindir do mundo do *Isso*, mas vivê-lo somente, em detrimento do que Buber chama de "força-de-relação", significa desumanizar o humano. E, ao contrário do que muitos interpretam, o "mundo do presente" não é uma idealidade a ser vivida. "Não se pode viver unicamente no presente; ele poderia consumir alguém se não estivesse previsto que ele seria rápida e radicalmente superado. Pode-se, no entanto, viver unicamente no passado, é somente nele que uma existência pode ser realizada. Basta consagrar cada instante à experiência e à utilização que ele não se consumirá mais. E com toda a seriedade da verdade, ouça: o homem não pode viver sem o isso, mas aquele que vive somente com o isso não é homem" (Buber, 1923/1979, p. 39).

É dado ao *Tu*, pois, ainda assim, tornar-se um objeto entre os demais objetos. Uma das características da relação com o *Tu*

é a *fugacidade*. "(...) a grande melancolia de nosso destino é que cada Tu em nosso mundo deve tornar-se irremediavelmente um Isso. Por mais exclusiva que tenha sido a sua presença na relação imediata, tão logo esta tenha deixado de atuar ou tenha sido impregnada por meios, o Tu se torna um objeto entre objetos, talvez o mais nobre, mas ainda um deles, submisso à medida e à limitação (...) Cada TU, neste mundo é condenado pela sua própria essência, a tornar-se uma coisa" (Buber, 1923/1979, p. 19-20).

As palavras-princípio estão interligadas entre si, em *atualidade* e *latência* sucessivas. Enquanto uma atitude se atualiza, a outra permanece em latência. O *viver* é alternância contínua. Aquilo, portanto, que Buber descreve ao longo de sua obra como a *vida dialógica* ou simplesmente o "dialógico" é essa alternância: Eu-Tu e Eu-Isso. No seu texto magistral, Buber descreve uma possibilidade de relação plena, que demanda certas prerrogativas para que *possa vir a* acontecer, ou características: Presença, Imediatez, Totalidade e Reciprocidade.

No *Eu-Tu*, temos a disposição, a *presença*, de um em relação a um *Outro*. Significa um *estar-com* numa relação que se dá sem interposição, sem mediação; sendo, portanto, *imediata*, envolvendo a *totalidade* do ser – não apenas suas partes, mas sua globalidade, integrada. Relação é reciprocidade, é mútua afetação: "Relação é reciprocidade. Meu Tu atua sobre mim assim como eu atuo sobre ele. Nossos alunos nos formam, nossas obras nos edificam" (Buber, 1923/1979, p. 84). Dessas condições, deriva uma das ideias fundamentais de Buber, a de *responsabilidade*, aqui entendida como a habilidade, a disponibilidade, a *prontidão* a dar respostas. Responsabilidade é ação mútua, ação de um Eu para com um Tu, desse Tu para com um Eu. "O conceito de responsabilidade precisa ser recambiado, do campo da ética especializada, de um 'dever' que flutua livremente no ar, para o domínio da vida vivida. Responsabilidade genuína só existe onde existe o responder verdadeiro. – Responder a quê? – Responder ao que nos acontece, que nos é dado ver, ouvir, sentir" (Buber, 1982, p. 49). Essa é a real primazia do humano: sua responsabilidade; "responder não é um dever, é um poder", diz Buber, e é esse ato que fundamenta o diálogo.

Buber estabelece uma distinção que é fundamental para compreender a dimensão dialógica: ao contrário da tradição individualizante (encapsulante, portadora de uma ideia de um fechamento sobre o "si", o "indiviso"), para o pensador judeu, o primordial é a *Pessoa* em relação ao indivíduo. Buber era profundo conhecedor da filosofia de Sören Kierkegaard, que, como precursor do Existencialismo, foi quem mais firmemente tratou da questão do *indivíduo*, definindo-o como a verdadeira singularidade do ser humano. Para Buber, não é possível compreender o conceito de "indivíduo" em Kierkegaard, sem entender a sua própria solidão. O "indivíduo" é a singularidade concreta que se encontra a si mesma (Buber, 1982). "(...) o conceito de pessoa está em aparência muito próximo do de indivíduo; creio ser conveniente distingui-los. Um indivíduo é, certamente, uma singularidade do ser humano, e ele pode se desenvolver desenvolvendo sua singularidade. É o que Jung chama de individuação. Ele pode se tornar cada vez mais indivíduo, sem ser cada vez mais humano (...). Entretanto, uma pessoa, é um indivíduo que vive realmente com o mundo. E *com* o mundo, não pretendo significar *no* mundo – senão em *contato real*, em reciprocidade real com o mundo, em todos os aspectos que ele pode sair de encontro com o homem. Não digo somente com o homem, visto que, algumas vezes, saímos ao encontro do mundo de diferentes maneiras. Mas seria a este que eu chamaria de pessoa, e se posso expressamente dizer sim ou não a certos fenômenos, sou

SEÇÃO III — PSICOLOGIA FENOMENOLÓGICA

contra os indivíduos e *a favor* das pessoas" (Buber, 1957/2008, p. 173-174).

DIÁLOGO E EXISTÊNCIA

O homem funda sua existência a partir da atitude que estabelece com o mundo, quando atua-no-mundo e o humano age, fundamentalmente, a partir da palavra, quando pronuncia qualquer uma das palavras-princípio que representam as diversas atitudes que o humano pode ter diante do mundo. Ser humano é, na verdade, *ser palavra*. É a palavra que o introduz na existência. E palavra é, essencialmente, *dia-logos*. É a linguagem que introduz o ser do humano na existência.

Aqui, quando Buber fala da *palavra*, não faz uma simples fenomenologia da linguagem, ou uma análise linguística. Por *palavras-princípio*, refere-se a uma atitude efetiva, atual e realizadora. Palavra é, pois, **ato**. "Não é a linguagem que se encontra no homem, mas o homem que se encontra na linguagem e fala do seio da linguagem – assim também acontece com toda palavra e com todo espírito. O espírito não está no Eu, mas entre o Eu e o Tu" (Buber, 1923/1979, p. 46). Quando o sujeito humano pronuncia a palavra-princípio, o ser do homem se lança em direção do outro; sai de seu egotismo e entra em relação com esse outro; estabelece sua existência e se transforma em invocação desse outro, uma invocação à realização do outro por meio do diálogo. É pelo diálogo que o ser se põe em relação com o mundo. Não se pode separar o sujeito que fala da relação que ele estabelece com esse ato de falar; porque é nessa relação que ele (sujeito) se constitui a si-mesmo e ao outro. O sujeito só existe quando inserido numa relação. Eis a essência do ser humano: **ser-com** o mundo. A existência do homem se realiza pela *ação*, pelo que Buber chama de "movimentos básicos": o dialógico e o monológico.

> Chamo de movimento básico uma ação essencial do homem, em torno do qual se constrói uma atitude essencial (...). O movimento básico dialógico consiste no voltar-se-para-o-outro (...). O movimento básico monológico não é, como se poderia pensar, o desviar-se-do-outro em oposição ao voltar-se-para-o-outro, mas é o dobrar-se-em-si-mesmo. (..) O dobrar-se-em-si-mesmo é diferente do egoísmo ou mesmo do 'egotismo'. Não é que o homem se ocupe de si mesmo, se contemple, se apalpe, se saboreie, se adore, se lamente; tudo isto pode ser-lhe acrescentado, mas não é parte integrante do dobrar-se-em-si-mesmo – assim como, ao ato de voltar-se-ao-outro, completando-o, pode ser acrescentado o tornarmos o outro presente, na sua existência específica, mesmo englobarmo-lo, de forma que as situações comuns a ele e a nós mesmos sejam por nós experienciadas também do seu lado, do lado do Outro. Chamo de dobrar-se-em-si-mesmo o retrair-se do homem diante da aceitação, na essência do seu ser, de uma outra pessoa na sua singularidade, (...); denomino dobrar-se-em-si-mesmo a admissão da existência do Outro somente sob a forma da vivência própria, somente como "uma parte do meu eu". (Buber, 1982, p. 57-58)

A dialogicidade do ser humano em Buber possui uma sutil particularidade. Diálogo é relação, mas a relação não é um evento que ocorre *no* homem, mas sim *entre* este e o que lhe está em face. Assim, o ser se determina quando em *relação*, não existindo eu em si, pois o eu é posterior à relação, sendo a partir desta que o eu delimita a sua existência. *Diálogo* é, pois, relação e *o ser somente se determina quando em relação*. O sair-de-si e projetar-se no mundo, ante o que lhe está defronte, instaura sua própria

existência e se torna invocação ao Outro, invocação à própria realidade de sua existência, pelo diálogo. Só se é em relação. Para Buber, existir significa **coexistir**.

BUBER: DIÁLOGO, PSICOLOGIA, PSICOTERAPIA, PSIQUIATRIA

Os escritos de Buber falam de uma realidade que, muitas vezes, passa a ser interpretada como uma idealidade, um "lugar" ideal de ser e existir. Ser narrador dessa possibilidade, num mundo solapado por relações falsas ou fugazes, por eventos alienantes e dramáticos, chamou a atenção do grande público para novas possibilidades. Em seus "encontros", não faltaram diálogos com outros pensadores, bem como com personalidades preocupadas com o desenvolvimento do sujeito humano e de uma vida mais "saudável". Assim foi que, ao longo de sua vida, travou contato e trocou correspondências, ou mesmo dialogou diretamente, com clínicos, psiquiatras, psicoterapeutas, na intenção de clarificar as possíveis implicações de seu pensamento para uma vida humana mais completa. Nessa trajetória, são clássicos seus debates com personalidades como Hans Trüb, Rogers, Binswanger, Maurice Friedman e Jung.

Além disso, a "descoberta" do princípio dialógico, por parte de clínicos e psicoterapeutas, fez com que – quase imediatamente – se anunciasse Buber e aquilo que descreve no seu *Eu-Tu* como "qualidades" ou características necessárias, essenciais, presentes, desejáveis, de um "encontro" ou relação psicoterapêutica ou clínica. Assim foi que facilmente o nome de Buber passou a ser associado como "fundamento" para abordagens psicológicas tão diversas como o Psicodrama, a Gestalt-terapia ou a Abordagem Centrada na Pessoa, por exemplo; quase sempre em contraposição a um outro conjunto igualmente diverso de modelos que, segundo seus críticos, não "reconheciam" o sujeito humano ou a profundidade da relação humana em suas clínicas. Criou-se, assim, uma oposição entre modelos "humanizantes" e "des-humanizantes".

Mas no que se caracteriza uma psicoterapia ou uma clínica? Apesar de ser uma questão crucial, ela tem sido pouco elaborada, e uma resposta a essa questão quase sempre vem acompanhada de ideias preestabelecidas, contidas em metateorias que buscavam definir o sujeito humano, a partir de múltiplas facetas: fisiológica, social, cultural, intradeterminado e tantas outras possibilidades. O que as "respostas" quase sempre escamoteavam era a alienação da pergunta: qual seu "objeto"? Para um conjunto representativo de modelos clínicos contemporâneos – profundamente influenciados pelo movimento fenomenológico – a clínica ou a psicoterapia deveria ter como seu objeto privilegiado o sujeito humano, caracterizado igualmente por ser um ser-de-relações (como descrevia a tradição fenomenológica da *intersubjetividade*[6]). Estava aí criado o cenário perfeito para a colocação de Buber como o "profeta" das relações interpessoais, e seu *Eu e Tu* como o "livro da revelação".

Um claro exemplo desse cenário podemos encontrar no célebre diálogo entre Rogers – idealizador da Abordagem Centrada na Pessoa – e Buber, ocorrido em 1957. Logo no início do debate, moderado por Maurice Friedman, Rogers faz a seguinte pergunta: "Tenho me perguntado como você tem vivido tão profundamente nas relações interpessoais e ganhado tal compreensão do indivíduo humano sem ser um psicoterapeuta? [*Buber ri*].

---

6 Sugere-se ver o Capítulo intitulado "Edmund Husserl: a fenomenologia e as possibilidades de uma psicologia fenomenológica".

A razão pela qual eu pergunto é que me parece que muitos de nós vimos a sentir e experienciar alguns dos mesmos tipos de aprendizagens que você expressou em seus escritos, mas, muito frequentemente, nós chegamos a essas aprendizagens através de nossa experiência em psicoterapia. Penso que há algo sobre a relação terapêutica que nos dá a permissão, quase a permissão formal, de entrar em um profundo e próximo relacionamento com uma pessoa e, então, tendemos a aprender muito profundamente dessa forma (...) E assim, se não for muito pessoal, eu estaria interessado em ouvir quais foram os canais de conhecimento que possibilitaram que você aprendesse tão profundamente sobre pessoas e relacionamentos? (Buber, 1957/2008, p. 234-235).

Em sua réplica, Buber resgata sua própria biografia, como diz, assinalando sua experiência com Psiquiatria na Alemanha (tinha estudado três semestres, em Flechsig, Leipzig – com alunos de Wundt – e Berlim – com Bleuler), indicando seu interesse em conhecer sobre o sujeito humano, de uma forma aberta. O diálogo em questão – ao qual voltaremos na sequência – ilustra todo um movimento e um reconhecimento da importância de Buber para a compreensão do sujeito humano.

Na direção dessa correlação do pensamento de Buber com os teóricos e pensadores da Psicologia e da Psiquiatria, Maurice Friedman (1986) estabelece vários paralelos, por meio de uma análise de diversas posições psicoterápicas que teriam a dimensão do dialógico como cerne. Um dos primeiros nomes a serem relacionados ao pensamento de Buber é o de Erich **Fromm**, que sustentaria, como Buber, a natureza humana como um produto social e a ideia de um sujeito genuinamente livre e responsável. Na sequência, a importância psicológica da relação Eu-Tu estaria reconhecida no trabalho de Ferdinand **Ebner**, que teria colocado a insanidade como um total fechamento do Eu ao contato com o Tu. No caso do psicótico, por exemplo, sua condição seria de tal isolamento que não haveria um Tu para o seu Eu. Essas intuições, de Buber e de Ebner acerca da insanidade, tiveram confirmação por meio do trabalho do psiquiatra Viktor von **Weizsäcker** (que havia sido colaborador de Buber no Periódico *Die Kreatur*) e que havia proposto a colocação do dialógico não apenas na psicoterapia, mas também na medicina, pois, afinal, o médico tanto quanto o paciente é um sujeito, e ambos não podem vir a ser reduzidos a um objeto. Friedman aponta para a distinção feita por Weizsäcker entre terapia objetiva e terapia inclusiva: "(...) A característica mais importante de terapia inclusiva (...) é que o médico permite-se ser mudado pelo paciente, ou seja, deixa todos os impulsos procedentes do paciente afetá-lo, visto estar receptivo, não apenas no sentido objetivo da visão mas também escutando, o que torna o Eu e o Tu mais efetivamente juntos" (p. 186).

Um grande nome com o qual Buber trocou correspondências foi o psiquiatra suíço Ludwig **Binswanger**. Entre ambos pairou a concordância sobre o fato de a relação Eu-Tu ser uma realidade ontológica, não redutível a qualquer de seus participantes. Binswanger, assim como Buber, reconhecia a existência do homem na relação, e a irredutibilidade de sua compreensão a categorias naturalistas.

No terreno das abordagens psicoterapêuticas mais contemporâneas, o Psicodrama de Jacob Levi **Moreno** – igualmente um judeu influenciado pelo hassidismo – aparece como uma das mais aproximadas a Buber. Moreno compartilhava com Buber a ideia de Deus como próximo ao ser humano, estabelecendo com este uma relação horizontal, além da premissa da dualidade do ser, na sua impossibilidade de existir sozinho. O Eu-Tu e o encontro aparecem como tópicos centrais nos dois autores, e tanto em um como em outro o encontro surge como algo assistemático, e não passível de coordenadas. Vale a pena lembrar

que Buber e Moreno, além de terem nascido na mesma cidade – Viena –, colaboraram, por volta de 1918, com a revista *Daimon*, o que com certeza levou-os a se conhecerem pessoalmente. Na mesma direção, outra correlação comum acompanha a **Gestalt-terapia**, a ponto de mesmo haver um desdobramento dela para uma "psicoterapia dialógica" (Hycner, 1995).

Em todas essas perspectivas, prevalece a identificação do *diálogo* como um "encontro existencial", como uma tentativa de se engajar na mutualidade, em que ambos se afetam e sofrem a ação da mudança. Mesmo Friedman ressalta uma "significativa confirmação da atitude de Buber em direção à psicoterapia" no trabalho desenvolvido por **Carl Rogers** e a Abordagem Centrada na Pessoa. Tanto para Rogers quanto para Buber: "(...) é importante para a pessoa, no seu processo de tornar-se, saber que está sendo aceita e entendida, ou nos termos de Buber, ser presentificada e confirmada pelo terapeuta" (Friedman, 1986, p. 191).

O processo da terapia equivaleria a um relacionamento *experiencial* entre terapeuta e cliente. A colocação da pessoa por inteiro no processo psicoterápico, como aponta Rogers, e a presença, de que fala Buber, seriam pontos de singular aproximação. Mas voltemos ao singular encontro entre os dois e a algumas importantes réplicas do filósofo. Uma delas é o que caracteriza as diferentes *posições* entre terapeuta e cliente no processo. Diz Buber (1957/2008): "Uma pessoa vem até você para ser ajudada. A diferença, a diferença essencial – entre seu papel nessa situação e o dele – é óbvia. Ele vem para ser ajudado por você. Você não vem pedir ajuda a ele. E não só isso, mas você é *capaz*, mais ou menos, de ajudá-lo. Ele pode fazer diferentes coisas a você, mas não ajudá-lo. E não é só isso. Você o *vê, realmente*. Não quero dizer que você não possa se enganar, mas você o *vê*, exatamente como você disse, como ele *é*. Ele não pode, nem de longe, não pode *ver você*. Não somente em grau, mas no tipo de olhar. Você é, claro, uma pessoa muito importante para ele. Mas não uma pessoa que ele quer ver e conhecer e seja capaz disso. (...) Mas ele não está interessado em você como você. Não pode ser. Você está interessado nele, você afirma isso e está correto, nele como essa pessoa. Este tipo de presença destacada ele não pode ter e dar. Esse é o primeiro ponto, até onde eu posso ver" (p. 236).

Com isso, Buber assinala que a *mutualidade* – questão central para seu *Eu-Tu* – no processo psicoterapêutico afirma-se de modo inteiramente diferente de sua descrição. E continua assinalando não apenas a assimetria das duas "relações", como destacando a real possibilidade de o terapeuta se deslocar na direção do seu cliente – de um modo "mais ou menos ativo, e ele no mais ou menos paciente, não inteiramente ativo, nem inteiramente passivo" (p. 237) – além de uma questão que Buber refere como crucial: a questão dos limites do diálogo. Todo diálogo se desenrola num clima de ampla escuta, e as concordâncias ou discordâncias se apresentam no caminhar de uma nova busca, de nova compreensão.

Ao término de seu debate, e após sua calorosa defesa da *pessoa* em relação ao *indivíduo*, destaca-se, no pensamento de Buber, a possibilidade da construção de um rol de relações, nas quais seja possível a formalização daquilo que descreve como sendo a *confirmação* do outro, no que isso implica no *tornar-se* desse outro, distinto do "dever-ser", mais compatível com os modelos de mudança. Como consequência, podemos concluir que as relações humanas se dão nos mais diversos espaços e possibilidades, sendo a clínica ou a psicoterapia um desses espaços possíveis (e não único, ou privilegiado, visto a dimensão radicalmente "objetiva" do lugar ocupado pelo terapeuta), mas não menos distante de uma "boa relação humana", como diria Rogers.

SEÇÃO III — PSICOLOGIA FENOMENOLÓGICA

Um bom exemplo dessa sua posição podemos encontrar na crítica que Buber endereça a Heidegger – um "secularizador", segundo aquele –, que teria "(...) ignorado o Tu e o Nós verdadeiros: 'a multidão sem nome, sem face, na qual estou envolvido, não é um "Nós", mas um "On". Mas como existe um "Tu", assim também existe um "Nós"'" (Marcel, 1968, p. 24-25). Por esse *Nós*, Buber entende uma categoria que, como diz, "se manifesta pelo fato que existe e que se produz de tempos em tempos, uma relação essencial; quer dizer que no 'Nós' reina a imediaticidade ôntica que é a condição determinante das relações Eu-Tu. O 'Nós' abarca potencialmente o 'Tu'. Somente os homens capazes de dizer 'Tu' de maneira verdadeira podem se dizer verdadeiramente 'Nós'..." (Buber, 1948/1985, p. 105).

Resta-nos, como legado, a partir de Buber não uma "condição" de estar, mas a possibilidade de pensar as formas de relação humanas e as possibilidades de transcendência dos formalismos impostos pela realidade. Para além de ser um mero propositor de ideias a serem seguidas, Buber permanece tal qual o *Tzadikk*, que não impõe referências, mas confronta cada um de seus interlocutores na direção do diálogo genuíno.

REFERÊNCIAS BIBLIOGRÁFICAS

Bachelard, G. (2003). Preface to Martin Buber's I and Thou. *International Studies in Philosophy*, v. 35, n. 1, p. 89-94.

Buber, M. (1971a). O hassidismo e o homem do Ocidente. In. Guinsburg, J.; Falbel, N. *Aspectos do hassidismo*. São Paulo: Editora B'Nai B'Rith. p. 79-94.

Buber, M. (1971b). *O socialismo utópico*. São Paulo: Perspectiva. (Original de 1952)

Buber, M. (1976). *O mestre do bom nome*. São Paulo: Perspectiva. (Original de 1908)

Buber, M. (1979). *Eu e Tu*. São Paulo: Editora Moraes. (Original alemão de 1923)

Buber, M. (1982). *Do diálogo e do dialógico*. São Paulo: Perspectiva.

Buber, M. (1983). *Une terre et deux peuples*. Paris: Lieu Commun.

Buber, M. (1985). *Que és el hombre?* Mexico: Fondo de Cultura Económica. (Original de 1948)

Buber, M. (1987). *Sobre comunidade*. São Paulo: Perspectiva.

Buber, M. (1991). *Encontro – fragmentos autobiográficos*. Petrópolis: Vozes.

Buber, M. (1995). *Histórias do Rabi*. São Paulo: Perspectiva. (Original de 1967)

Buber, M. (2000). *As histórias do Rabi Nakhman*. São Paulo: Perspectiva. (Original de 1906)

Buber, M. (2007). *Eclipse de Deus: considerações sobre a relação entre religião e filosofia*. Campinas: Verus. (Original de 1953)

Buber, M. (2008). Diálogo entre Carl Rogers e Martin Buber. *Revista da Abordagem Gestáltica*, v. 14, n. 2, p. 233-243. (Original de 1957). Disponível em: http://pepsic.bvsalud.org/scielo.php?script=sci_arttext&pid=S1809-68672008000200012&lng=pt&tlng=pt. Acesso em: 10 jan. 1918.

Buber, M. (2011). *O caminho do homem segundo o ensinamento chassídico*. São Paulo: É Realizações. (Original de 1948)

Dreyfus, T. (1981). *Martin Buber*. Paris: Les Éditions du Cerf.

Fleischmann, J. (1959). "Le Problème de Martin Buber". *Revue Philosophique de la France et de l'Étranger*, n. 3, p. 345-354.

Friedman, M. (1986). *Martin Buber: the life of dialogue*. Chicago: The University of Chicago Press.

Hycner, R. (1995). *De pessoa a pessoa: Psicoterapia Dialógica*. São Paulo: Summus.

Lévinas, E. (1982). "A Propos de Buber". In: Gibson, D. C. (Org.). *Qu'est-ce que l'homme? Philosophie/Psychanalyse*. Bruxelles: Facultés Universitaires Saint-Louis.

Marcel, G. (1968). L'Anthropologie Philosophique de Martin Buber. In: Centre National de Hautes Études Juives. *Martin Buber. L´homme et le philosophe*. Bruxelles: Éditions de l'Institut de Sociologie de l'Université Libre de Bruxelles. p. 17-42.

Scholem, G. (1994). *O Golem, Benjamim, Buber e outros Justos: Judaica I*. São Paulo: Perspectiva.

Sidekum, A. (1979). *A intersubjetividade em Martin Buber*. Porto Alegre: EST/UCS.

Von Zuben, N. A. (1979). Introdução. In: Buber, M. *Eu e Tu*. São Paulo: Editora Moraes. (Original alemão de 1923)

Von Zuben, N. A. (2003). *Martin Buber: cumplicidade e diálogo*. Bauru: EDUSC.

LEITURAS RECOMENDADAS

Para uma introdução aprofundada na leitura de Martin Buber, sugerimos:

Buber, M. (1979). *Eu e tu*. São Paulo: Editora Moraes. (Original alemão de 1923)

Buber, M. (1982). *Do Diálogo e do Dialógico*. São Paulo: Perspectiva.

Buber, M. (1987). *Sobre comunidade*. São Paulo: Perspectiva.

Buber, M. (2008). Diálogo entre Carl Rogers e Martin Buber. *Revista da Abordagem Gestáltica*, v. 14, n. 2, p. 233-243. (Original de 1957). Disponível em: http://pepsic.bvsalud.org/scielo.php?script=sci_arttext&pid=S1809-68672008000200012&lng=pt&tlng=pt. Acesso em: 10 jan. 1918.

Von Zuben, N. A. (2003). *Martin Buber. Cumplicidade e diálogo*. Bauru: EDUSC.

21

A fenomenologia clínica de Arthur Tatossian

Virginia Moreira

Lucas Bloc

Camila Souza

INTRODUÇÃO

Representante contemporâneo da psicopatologia fenomenológica e responsável por solidificar no solo francês, sobretudo após a Segunda Guerra Mundial, o aporte fenomenológico na psiquiatria e na psicopatologia, Arthur Tatossian (1929-1995) priorizou ao longo de sua carreira a experiência do paciente que emerge no espaço da clínica, interessando-se pela compreensão da experiência de adoecimento para além do foco restrito nos sintomas (Tatossian, 1979/2006; 1989/2012; 1996/2012). Seus escritos apresentam marcas da influência de Husserl e de Heidegger no tocante à fenomenologia filosófica, além de uma dimensão ambígua convergente com aquela proposta por Merleau-Ponty e do foco na dimensão da identidade a partir de Ricœur em seus últimos escritos, bem como de representantes importantes da psicopatologia fenomenológica como Binswanger, Minkowski, Tellenbach e Blankenburg.

A compreensão dos fenômenos psicopatológicos é o fio condutor de sua clínica e, consequentemente, de sua obra, sempre sustentado por uma experiência que se apresenta no encontro com o paciente. Trata-se de uma proposta de psicopatologia fenomenológica que se assenta "na clínica e para a clínica" (Moreira, 2011, p. 181), atravessada pelo caráter intersubjetivo e ambíguo que emerge como fenômeno vivido. Juntamente com Binswanger, Tatossian é o representante da psicopatologia fenomenológica com mais textos traduzidos para o português, permitindo uma disseminação mais consistente no contexto acadêmico brasileiro.

Este capítulo tem como objetivo apresentar esse ilustre autor que tanto contribuiu não apenas para o desenvolvimento da psicopatologia fenomenológica, mas da fenomenologia clínica contemporânea como um todo – na psiquiatria, na psicoterapia e na psicologia clínica –, descrevendo a construção teórica de seu pensamento. Apresentaremos brevemente a biografia de Tatossian, as suas principais publicações e desenvolveremos os eixos teóricos essenciais para a compreensão de sua obra.

BIOGRAFIA E PRINCIPAIS PUBLICAÇÕES

Arthur Tatossian nasceu em Marselha, cidade do sul da França, no ano de 1929. De origem armênia, sua família migrou para a França em decorrência das diversas perseguições turcas que ocorriam em sua terra natal, encontrando no território francês um novo lar. Diante das dificuldades financeiras, teve que aprender desde cedo sobre a necessidade do trabalho. Esse fato, entretanto, não o desestimulou em relação aos estudos, pelo contrário, Tatossian era um leitor assíduo desde jovem (Tatossian e Samuelian, 2006).

Com o intuito de auxiliar o filho a mergulhar mais profundamente na cultura francesa, os pais de Tatossian o matricularam em instituição privada, local onde ele deu início a sua escolarização. Tatossian não passou despercebido na escola. Seus talentos no processo de aprendizagem foram notados e seus pais foram aconselhados a inscrevê-lo no *Lycée Saint-Charles*, onde ele concluiu o ensino secundário. Impressionou mestres e colegas não apenas com seu aparato intelectual, mas também com seu esforço – era um aluno dedicado, dormia poucas horas e trabalhava durante o restante da noite (Tatossian e Samuelian, 2006).

Tatossian formou-se em medicina e aperfeiçoou seus estudos e pesquisas nos campos da Neurologia e da Psiquiatria. Também se interessava pelas áreas da Filosofia e da Psicologia, tanto que suas publicações mais profundas e aperfeiçoadas são de cunho fenomenológico. Seu interesse pela fenomenologia surge desde o início do internato, período em que teve contato com as obras de Kafka, Sartre, entre outros. Nessa época, Tatossian conhece a fenomenologia filosófica e a psicopatologia fenomenológica, campo ainda pouco estudado na França, mas muito popular na Alemanha entre os anos 1950 e 1955. Para ter contato com as obras originais de Husserl, Heidegger e Binswanger em um período escasso de traduções para o francês, Tatossian aprende alemão de forma autodidata (Darcourt, 2006; Moreira, 2011; Tatossian, Bloc e Moreira, 2016).

Tatossian faleceu aos 66 anos de idade, em 10 de junho de 1995, devido a um grave quadro de insuficiência respiratória que o debilitou em seus últimos anos de vida. Deixou vasta obra publicada, sobressaindo-se não pela quantidade de material produzido, e sim pela densidade de suas produções. Sua contribuição no campo da fenomenologia clínica – psicopatologia, psiquiatria, psicologia clínica e psicoterapia – não reside apenas no aparato de uma técnica de aplicação filosófica, mas na forma como buscava questionar e compreender os indivíduos acometidos por algum transtorno mental. Costumava afirmar que "a fenomenologia psiquiátrica não poderia ser ensinada de maneira didática, que ela se 'vivia', que demandava um sério esforço àqueles que queriam utilizá-la e que não poderia jamais se resumir em algumas receitas estereotipadas" (Tatossian e Samuelian, 2006, p. 354). Esse posicionamento se reflete em seus escritos, que priorizam uma prática pautada sobre e na experiência, sem sucumbir à tentação explicativa da experiência psiquiátrica e que busca clarificar a experiência por intermédio de um caminho prioritariamente descritivo e sempre em movimento, nunca estático (Tatossian, Bloc e Moreira, 2016).

No que tange às suas publicações, Tatossian é autor de vasta obra no campo da Neurologia, Psiquiatria e Psicopatologia, atingindo um total de 279 publicações. Quanto aos estudos de cunho fenomenológico, são 71 publicações que datam de 1957 a 1996. No total, Tatossian deixou três livros completos publicados e uma série de artigos, capítulos e textos avulsos (Bloc e Moreira, 2014; Tatossian, Bloc e Moreira, 2016).

O primeiro livro publicado por Tatossian, em 1979, intitulado *La Phénoménologie des Psychoses*, é considerado sua principal obra. Ele foi reeditado em 1997 na França, pela editora Art du Comprendre, e traduzido para o japonês, italiano e português. É o único livro completo do autor traduzido no Brasil, sob o título de *Fenomenologia das Psicoses*. A importância desse trabalho reside em sua principal característica: ser destacado como um compêndio da psicopatologia fenomenológica durante o século XX. Nesse período, a corrente fenomenológica ganhava força e era conhecida, sobretudo, na Alemanha. Com sua obra, Tatossian impulsiona os estudos fenomenológicos em psicopatologia na França, sendo responsável por consolidar essa abordagem no contexto francês, por manter essa via presente em um momento de ampla hegemonia da psicanálise e por construir e formar no sul da França um campo de desenvolvimento teórico e prático da fenomenologia psiquiátrica (Tatossian, Bloc e Moreira, 2016). Além disso, podemos afirmar que esse livro também representa um marco no desenvolvimento da psicopatologia fenomenológica no Brasil ao apresentar de forma consistente a potencialidade da fenomenologia para a compreensão das psicoses.

Em 1984, encontramos a segunda publicação em livro de Tatossian, *La vie en faute de mieux*, cujo tema principal é a depressão. É um título com linguagem mais simples e menos acadêmica, no qual o autor define, classifica e esboça a prática clínica e a terapêutica com pacientes depressivos (Darcourt, 2006; Tatossian, Bloc e Moreira, 2016). Seu último livro foi publicado em 1997 sob o título *Psychiatrie phénoménologique*. É uma obra póstuma pensada e elaborada por Guy Darcourt – professor da Universidade de Nice, que auxiliou a dar continuidade ao pensamento de Tatossian na França – e Jeanne Tatossian – sua esposa. Em 2014, ganhou nova edição francesa pela MJW Fédition. A obra contém diversos artigos até então inéditos, um índice com todos os textos de Tatossian e o primeiro estudo de caso fenomenológico francês sobre a esquizofrenia, com o título Étude phénoménologique d'*un cas de schizophrénie paranoïde*.

Vale ressaltar que esse estudo de caso é oriundo da tese de doutorado de Tatossian, defendida em 1957 com menção honrosa pela originalidade do tema (Tatossian, Bloc e Moreira, 2016).

SINTOMA E FENÔMENO: DO DIAGNÓSTICO À TERAPÊUTICA

Uma compreensão fenomenológica do adoecer mental prioriza o homem e a sua experiência de adoecimento, bem como as condições de possibilidade para a emergência dos fenômenos psicopatológicos. É uma perspectiva que questiona a lógica classificatória vigente, repensando a estrutura do diagnóstico psiquiátrico tradicional e recolocando a distinção entre sintoma e fenômeno no centro da discussão. Essas noções nos auxiliam a compreender o diagnóstico dos transtornos psicopatológicos por um viés que não descarta a experiência vivida dos modos existenciais de cada sujeito e, como apontam Bloc e Moreira (2013), correspondem ao núcleo central da psicopatologia fenomenológica de Arthur Tatossian.

Antes de aprofundarmos as distinções entre sintoma e fenômeno, é necessário esclarecer que os sintomas somáticos e os sintomas psiquiátricos não possuem a mesma configuração, portanto não se confundem e não podem ser entendidos de maneira similar, pois possuem funções e ocupam lugares diferentes. Na clínica médica, em geral, sintomas são sinais que anunciam que algo está presente. Eles possuem uma função de mediação entre a ciência da medicina e a sua atuação terapêutica baseada em um diagnóstico. Já no espaço psiquiátrico, o objeto por excelência é o comportamento e a experiência do paciente. Pode-se dizer que em ambos os casos é possível se referir ao paciente como portador de sintomas (Tatossian, 1979/2006). Entretanto, para Tatossian (1979/2006), um ponto crucial de diferenciação é que, quando se trata do sintoma psiquiátrico, o mesmo comportamento material não significa, necessariamente, o mesmo vivido. Diferentemente do sintoma somático cujo acesso pode ser mediado por aparatos técnicos e de imagem que sedimentam o diagnóstico, o sintoma psiquiátrico não consegue sair de um plano descritivo por meio da comunicação entre paciente e clínico (Tatossian, 1979/2006). O sintoma revela apenas parte da experiência; sinaliza a presença de algo, pois o objeto por excelência da experiência psiquiátrica é, para Tatossian, o vivido do paciente (Bloc e Moreira, 2013).

Esses dois tipos de sintomas, somático e psiquiátrico, também apresentam outra diferença. Aquele referente ao *soma* possui um traço de divisibilidade, ou seja, condiz com uma realidade divisível e que pode ser separada em partes, assegurando que os sintomas somáticos sejam independentes, precisos, isolados e possam ser reconhecidos por eles próprios como objetos. Nos sintomas psiquiátricos não encontramos o mesmo nível de independência, pois o valor que ele alcança se relaciona com outros sintomas presentes (Bloc e Moreira, 2013; Tatossian, 1979/2006). Os sintomas somáticos evidenciam que algo de errado está acontecendo no corpo em nível biológico – *soma* – e podem ser entendidos e tratados por si só, mediante as características que apresentam, como uma febre, alergia, dor no corpo etc. Os sintomas psiquiátricos, por outro lado, se isolados em si mesmos, não revelam nada a respeito da experiência do paciente, pois são insuficientes para uma apreensão das alterações globais do homem, manifestando apenas que algo se esconde. Na depressão, por exemplo, encontramos uma diversidade de estados depressivos que ilustram várias maneiras de "ser deprimido", mas nenhuma dessas formas revela qual a unidade basal que fundamenta o vivido depressivo em seu caráter vital.

O sintoma psiquiátrico se origina por meio de uma falta de comunicação: existe algo inerente ao paciente e algo oriundo das projeções de seu observador; quando o primeiro destoa dos padrões de normalidade estabelecidos pelo segundo, encontramos uma falta de diálogo e "as rubricas da semiologia psiquiátrica lhe cataloga diversas formas: se o maníaco apresenta uma fuga de ideias, pode-se dizer que sua velocidade 'normal' (para ele) de pensar não é aquela do psiquiatra" (Tatossian, 1979/2006, p. 40). A classificação do sintoma psiquiátrico como transtorno mental está diretamente ligada, para além de suas características, com a percepção do psiquiatra – e, poderíamos acrescentar, do psicólogo clínico – diante do quadro apresentado pelo paciente. No sintoma somático, encontramos o *soma* e o indivíduo interligados de forma causal, não dependendo do observador nem da situação de observação, pois "o soma é por excelência propriedade privada e inalienável do indivíduo" (Tatossian, 1979/2006, p. 40).

Tais diferenças nos sinalizam a importância de compreendermos os sintomas psicopatológicos por um viés que não corresponda à lógica causal de entendimento e classificação apresentados na clínica médica somática. Nela, os sintomas são exteriores ao sujeito, produzidos no campo anatomofisiológico, não possuindo nenhuma relação de implicação com o doente, pois esse é apenas o seu portador ou sua vítima. Os diagnósticos, então, são elaborados apenas via sintoma, deixando de lado uma série de dados que também podem compor a experiência de adoecimento do sujeito (Bloc e Moreira, 2013). Nas psicoses endógenas, por exemplo, os sintomas psiquiátricos possuem uma dualidade em seus dados descritivos; eles comportam uma parte essencial e uma parte acessória. A primeira configura as manifestações do vivido, enquanto a segunda, as do comportamento (Tatossian, 1979/2006). Na melancolia, por exemplo, a inibição é acessória, e o dado essencial é o modo de ser do melancólico em relação ao mundo ao seu redor. Portanto, como afirma Tatossian (1979/2006),

> A especificidade psicopatológica não é fornecida pelas modificações de comportamento, mas pelas modificações do vivido que compreendem as diversas formas de delírio, o distúrbio do humor melancólico ou maníaco e uma grande parte dos distúrbios de percepção e do pensamento da psicopatologia clássica. (p. 41)

O papel que os estilos comportamentais simulam pode ser confundido com "sintoma", mas em si mesmos eles não concebem uma patologia e nem um diagnóstico de psicose, porém as suas modificações de comportamento carregam toda a carga da especificidade psiquiátrica. É nas alterações do vivido que encontramos a estrutura dos fenômenos psicopatológicos e, por relacionarem-se com a globalidade da experiência do paciente, não podem ser reduzidas a funções parciais do psiquismo (Tatossian, 1979/2006). O duplo aspecto encontrado na questão da sintomatologia dos transtornos mentais e do olhar fenomenológico direcionado a eles nos revela as particularidades de atuação no espaço clínico. Tatossian (1989/2012; 1996/2012) discute dois modelos distintos na clínica psiquiátrica: o inferencial e o perceptivo. O primeiro é tradicionalmente aceito por inferir diagnósticos ao compor sistemas de especialidades, mas, por ser um modelo que demonstra falhas, a utilização do segundo foi estudada clinicamente na medida em que ele busca compreender o sentido das ações e das interações do homem.

O modelo inferencial propõe a elaboração de uma avaliação clínica completa e precisa, utilizando-se de técnicas e instrumentos criteriosos, por vezes quantitativos, para alcançar seu objetivo, o qual corresponderia à passagem daquilo que é diretamente observável (os sintomas) para o que não é (a doença). Compõe o domínio das ciências empírico-analíticas, que visam à dominação do homem sobre a natureza (Tatossian, 1989/2012; 1996/2012). Nesse modelo, "os sintomas são os sinais ou, antes, os indícios visíveis de qualquer coisa de invisível por natureza, e que é somente inferível" (Tatossian, 1989/2012, p. 142). Cada organização sintomática, em um único paciente, corresponderia a um quadro diagnóstico específico, tomando como base o referencial acima exposto.

Existem algumas objeções que questionam se o modelo inferencial seria o mais adequado à atividade clínica, pois, apesar de suas tentativas de precisão, "o diagnóstico psiquiátrico espontâneo permanece frequentemente incompleto, parando em uma categorização muito ampla: depressão, psicose, neurose..." (Tatossian, 1989/2012, p. 144). Seria uma forma de compreensão do diagnóstico por meio de uma combinação aditiva de sintomas, enrijecendo qualquer possibilidade de mudança, evolução ou desenvolvimento desse enquadramento. Cada um desses modelos se refere a um tipo próprio de clínica psiquiátrica com suas especificidades e limitações.

Visando a uma compreensão fenomenológica do diagnóstico Tatossian (1989/2012) propõe a saída do modelo inferencial para o perceptivo (Bloc e Moreira, 2013). Ele defende que: "É necessário aceitar que as entidades diagnósticas são acessíveis à percepção, em certo sentido ampliado, mais válido que esta, e revisar minimamente o lugar do sintoma no diagnóstico psiquiátrico espontâneo" (Tatossian, 1989/2012, p. 144). Um modelo que não descarta a percepção do clínico abrange de forma global dados que vão além dos sintomas, os quais se encerram em si mesmos, ampliando o campo perceptual e reconhecendo que as entidades psiquiátricas são fenômenos expressivos da experiência vivida de cada sujeito.

O diagnóstico em um modelo perceptivo não ocorre a partir do sintoma, ou depois deste, mas com e no sintoma, revelando um movimento próprio de um diagnóstico em *status nascendi*, ou seja, em um processo contínuo sempre em transformação, no qual o fenomenólogo se abstém, ou mesmo busca se abster, de qualquer prejulgamento. Quebra-se a rigidez das entidades classificatórias e busca-se a compreensão da experiência de adoecimento do sujeito (Bloc e Moreira, 2013; Tatossian, 1994). No modelo perceptivo, então, o diagnóstico está em constante construção e o mais relevante não é o conteúdo material do sintoma, mas o estilo de vida essencial do sujeito; o seu vivido global. Assim, na fenomenologia clínica de Tatossian (1994), para um diagnóstico de depressão, por exemplo, é preciso ir além dos seus sintomas, buscando desvelar o movimento essencial do vivido depressivo.

É necessário, na clínica defendida por Tatossian, uma percepção viva e eficaz que dê suporte a uma dinâmica e mesmo a uma dialética presentes nos fenômenos psicopatológicos vivenciados pelo paciente, rompendo, assim, com uma compreensão estática e exclusivamente classificatória dos quadros psicopatológicos (Tatossian, 1989/2012). É nesse estilo perceptivo que Tatossian (1989/2012, 1994) vislumbra os modos de ser global do sujeito, indo além do conteúdo sintomático assumido por ele e buscando compreender os diferentes modos de adoecimento como alterações que afetam todo o campo experiencial vivenciado pelo paciente.

Tatossian (1989/2012) esclarece que o objetivo de estudar os dois tipos de modelos (inferencial e perceptivo) não é o de so-

SEÇÃO III — PSICOLOGIA FENOMENOLÓGICA

brepor um ao outro, pois ambos possuem o seu valor na legitimidade da atuação clínica, mas o de ressaltar suas diferenças, limitações e possibilidades de complementaridade. Assume que "é provável que o modelo perceptivo esteja mais correntemente em jogo na cotidianidade do exercício psiquiátrico" (Tatossian, 1989/2012, p. 146), mas, simultaneamente, acredita no equilíbrio de ambos para a sustentação da atividade clínica.

Discutir a estrutura do diagnóstico psicopatológico e a sua elaboração no contexto clínico nos permite questionar o lugar que ocupa a experiência fenomenológica de adoecimento mental. Os sintomas somáticos refletem que algo distinto se passa e, por si só, são suficientes para o diagnóstico e a terapêutica de determinada doença no campo das ciências naturais e empíricas. Distintamente, os sintomas psiquiátricos de delírio, alucinação etc. não podem ser compreendidos isoladamente, pois correspondem à globalidade do modo de ser do doente, não cabendo diagnósticos estritamente inferenciais. Há algo de outra ordem, que não apenas a somática nesses casos, que Tatossian nos chama a atenção em sua obra: o fenômeno (Tatossian, 1979/2006; 1989/2012; 1996/2012; Tatossian, Bloc e Moreira, 2016).

Nos quadros psicopatológicos, para além dos sintomas, sem descartá-los, encontramos o fenômeno que, no campo da psicopatologia, corresponde à globalidade da experiência fenomenológica de adoecimento – o modo de ser global do sujeito. Ele é da ordem do sentido e constituído pela subjetividade, pela Presença humana (Tatossian, 1993/1997). Tatossian (1993/1997) relata que "a experiência do fenômeno se faz sempre contra o curso espontâneo da vida humana, pois exige o abandono da atitude natural" (p. 215, tradução nossa). O entendimento restrito dos sintomas psiquiátricos, embasado em um modelo causal por inferência diagnóstica, é ultrapassado pela compreensão da essência do fenômeno por meio de um modelo clínico perceptivo, o qual possibilita a manifestação dos modos de ser globais dos pacientes (Tatossian, 1989/2012; 1993/1997).

A passagem da experiência do sintoma para aquela do fenômeno, entretanto, não ocorre de maneira fácil, pois é uma forma de compreensão da experiência de adoecimento que vai ao sentido inverso daquele habituado pelas ciências naturais (Tatossian, 1993/1997). Essa distinção transforma a estrutura do diagnóstico psiquiátrico em uma experiência empírica mista em que o fenomenólogo não apenas percebe os dados particulares, mas também o que há de universal nesse particular. A experiência do fenômeno pode esclarecer o que se faz obscuro na experiência do sintoma, complementando-a ao buscar alcançar sua essência, seu *eidos* (Tatossian, 1996/2012), entendido aqui como modo de ser. Ele "comporta o constituinte e o constituído, a manifestação externa e seu significado como condição transcendental de possibilidade" (Tatossian, 1996/2012, p. 153).

Com a passagem da experiência do sintoma para a do fenômeno, modifica-se não apenas a compreensão do diagnóstico, mas também a sua terapêutica. Sai-se de um modelo inferencial clínico, em que o doente adquire e manifesta os sintomas, situando-se num lugar de vitimização daquela condição de adoecimento, para um modelo perceptivo, que alarga a globalidade do ser humano adoecido. Percebemos a doença e também seus modos de ser global, o que implica a consideração da liberdade e da autonomia de quem adoece (Tatossian, 1993/1997), aspecto clínico fundamental que transcende o diagnóstico.

Tatossian (1993/1997; 1994; 1996/2012) não desconsidera o sintoma nem descarta o diagnóstico, mas questiona o lugar e a função que possuem. Para ele, não cabe diagnosticar, por exemplo, a depressão enrijecida em seus conteúdos materiais,

mas compreender todo o fenômeno da depressividade que a constitui. Essa não pode ser inferida por meio do diagnóstico laborioso dos sintomas de um único paciente, mas é percebida por meio da potencialização da própria experiência fenomenológica que possibilita a apreensão da experiência do fenômeno (Tatossian, 1996/2012). Assim, Tatossian (1980/2012) sublinha que "a fenomenologia não se interessa pelos sintomas, mas pelos fenômenos" (p. 96). Ele resgata dos escritos de Tellenbach a descrição heideggeriana do fenômeno como aquilo que se encontra frequentemente escondido (Tatossian, 1979/2006; 1980/2012; 1993/1997). O fenômeno está na base, é estrutural ao adoecimento, enquanto o sintoma sinaliza que algo está acontecendo. Eles não são excludentes, mas compõem um duplo aspecto da experiência psiquiátrica, em que o comportamento sintomático está no primeiro plano e o vivido, à sua sombra. Em um modelo inferencial, podemos acessar os sintomas do quadro psicopatológico da depressão, tais como inibição, apatia, culpabilidade etc., mas isolados eles não revelam a experiência do paciente nem aquilo que estrutura o seu vivido de ordem global.

> Por um lado, o sintoma não representa toda a experiência empírica, mesmo no sentido usual do termo empirismo, já que ele descarta uma parte da experiência ingênua e pré-científica (...). Por outro, o fenômeno deve ser compreendido como condição de possibilidade disto que é encontrado e, portanto, como seu *a priori*, mas como um *a priori* diretamente dado e não atingido de forma mediata e reflexiva por um processo de interpretação e de inferência. (Tatossian, 1979/2006, p. 44)

A experiência fenomenológica autêntica não é aquela que vislumbra alcançar o fenômeno puro, mas encontrar um ponto de equilíbrio entre a experiência empírica (que se apresenta diante do clínico) e a apriórica (que significa todos os elementos prévios que compõem a experiência clínica, tanto teóricos quanto daquilo vivenciado clinicamente). Enfatizar o foco no fenômeno como preocupação fundamental sem sacrificar a experiência do sintoma é uma das principais contribuições e fundamento base da fenomenologia clínica de Arthur Tatossian, pois elucida que há um jogo entre ambas as dimensões.

TEORIA E PRÁTICA: A RELAÇÃO COM A FENOMENOLOGIA

Outra temática que consideramos central para a consolidação do modelo de psicopatologia e clínica fenomenológica proposto por Tatossian envolve a discussão da relação entre teoria e prática, o que implica, necessariamente, a discussão acerca do papel da fenomenologia na composição da psicopatologia e do desenvolvimento de uma clínica de cunho fenomenológico. Tatossian reconhece o paradoxo existente entre teoria e prática.

Wolfgang Blankenburg, psiquiatra alemão que também desenvolveu estudos no campo da psicopatologia fenomenológica, foi quem primeiro fez referência a esse paradoxo. Tatossian (1980/2012) dá continuidade aos apontamentos iniciais de Blankenburg ao afirmar que, de um lado, a fenomenologia psiquiátrica se inquietava com os conhecimentos científicos dos transtornos mentais antes mesmo de se preocupar com as ações terapêuticas e, de outro, que a fenomenologia "não acrescenta, de fato, uma nova técnica psicoterápica aquelas existentes" (1980/2012, p. 91). Esse traço a distancia das práticas terapêuticas enrijecidas, pois não podemos concebê-la como mais uma teoria a respeito do adoecimento humano.

174

A perspectiva fenomenológica tecida por Tatossian (1980/2012) recusa todos os prejulgamentos ou teorias construídas acerca dos transtornos mentais. É uma nova forma de compreender a psicopatologia fenomenológica por meio do paradoxo de "uma teoria não teórica" (Tatossian, 1980/2012, p. 92) e da concepção do mundo como pura práxis, na qual a experiência concreta é tanto o ponto de partida quanto o destino final.

Quando as ações terapêuticas, seja no contexto psiquiátrico ou no campo psicológico, demandam do clínico algo que ultrapasse os limiares da técnica, percebe-se a necessidade de construir mudanças nas concepções de teoria e prática. No contexto tradicional das ciências positivas, a teoria era concebida como "um sistema de hipóteses verificáveis pela experimentação ou, na falta destas, pela experiência e tendo sido mais ou menos completamente verificadas" (Tatossian, 1980/2012, p. 93). É o tipo de conhecimento alicerçado na pura técnica e instrumentalizado em práticas pautadas na dominação do homem sobre outros homens e sobre a natureza. Trata-se de um tipo de prática que se confunde com a técnica, conduzida por elementos teóricos que a orientam e a determinam. As classificações nosológicas dos transtornos psiquiátricos, tais como a depressão, a mania e a esquizofrenia, por exemplo, são dados teóricos sistematizados por manifestações sintomáticas que sinalizam que algo não perceptível existe e se faz presente (Tatossian, 1980/2012).

> A semiologia psiquiátrica visa justamente fornecer por antecipação a lista do que deve importar e justificar a negligência do resto. Longe de ser uma pura descrição, a semiologia é, então, já parte integrante de uma teoria ao serviço do interesse instrumental. (Tatossian, 1980/2012, p. 94)

Apontamos, então, a necessidade de uma concepção que vá além do domínio do positivismo científico ao buscar "apreender a significação das manifestações psicopatológicas e não seus mecanismos produtores" (Tatossian, 1980/2012, p. 96). Essa forma de pensamento não se interessa pela ação técnico-instrumental do mundo, mas pelo sentidos e significados que emergem diante das interações vividas e experienciadas. Não há a necessidade de apartar o conhecimento teórico e a experiência, pois ambos fazem parte da mesma organização integrada. Os fenômenos são eles mesmos os ensinamentos teóricos e, ao se manifestarem, a teoria se faz presente numa relação de implicação conjunta e não mais de aplicação do saber (Tatossian, 1980/2012).

Diante dessa compreensão, percebemos a existência de uma função teórica na prática, ou seja, a ideia de teoria está subordinada à de prática como uma prática teorizante. Nos modelos tradicionais encontramos o movimento inverso, no qual se destaca a aplicação prática do conhecimento teórico adquirido como técnica (Bloc e Moreira, 2012; Tatossian, 1985/1997). O abandono das noções tradicionais de teoria e prática, bem como da relação estabelecida entre ambas, permite à experiência pré-objetiva e pré-teórica do *Lebenswelt*[1] – mundo da vida ou mundo vivido – trazer à tona a unidade fenomenológica entre teoria e prática (Bloc e Moreira, 2012; Tatossian, 1980/2012).

Com o *Lebenswelt*, encontramos uma dupla experiência para a psicopatologia, a psiquiatria e a psicologia clínica. De um lado, temos os dados pré-teóricos e pré-objetivos do sujeito adoecido, mas, por outro, encontramos a questão da gênese que constitui o *Lebenswelt* particular de cada experiência (Bloc e Moreira, 2012; Tatossian, 1979/2006; Souza, Callou e Moreira, 2013). "A experiência fenomenológica é, portanto, uma experiência dupla, ao mesmo tempo empírica (no sentido comum) e apriórica" (Tatossian, 1979/2006, p. 36). Ela faz parte de um mundo cotidiano de ordem concreta que manifesta traços individuais, mas que é simultaneamente coletivo e carregado de historicidade, em que a subjetividade é pensada como intersubjetividade (Moreira, 2011; Souza, Callou e Moreira, 2013). Os momentos objetivos e subjetivos confundem-se na experiência do *Lebenswelt* e é, nesse aspecto, que ele está intrinsecamente relacionado com as noções de teoria e prática.

Como destaca Tatossian (1985/1997), quando o homem, sadio ou adoecido, torna-se o objeto de estudo, reconhece-se sua subjetividade e, com ela, encontramos a ambiguidade da noção de prática. Até podemos ampliar o conhecimento técnico e instrumental adquirido sobre o homem adoecido, contudo, isso não enriquece nossa compreensão do mundo vivido desse sujeito. Os dados teóricos sobre qualquer quadro psicopatológico não visam, para a fenomenologia, fornecer respostas aos problemas anunciados antes que eles sejam lançados na experiência (Bloc e Moreira, 2012).

A teoria fenomenológica busca "aprender uma maneira de questionar o homem são ou doente e a conquistar a experiência fenomenológica" (Tatossian, 1980/2012, p. 98). Ela se refaz a cada nova experiência, estando imbricada juntamente à prática numa relação de implicação, e não de aplicação de técnicas ou de conceitos preestabelecidos. Em fenomenologia, a teoria é sempre prática, e vice-versa, mostrando-se com o intuito de evitar submissões aos prejulgamentos teóricos e sendo constantemente refeita no encontro entre o clínico e o paciente (Bloc e Moreira, 2012; Tatossian, 1979/2006; 1980/2012).

Esse tipo de abordagem necessita de grande mobilização, pois tende a ameaçar a composição de uma técnica terapêutica. Ela se restaura a cada instante, no momento próprio da experiência em curso, não podendo conduzir a uma prática ou mesmo cristalizar-se sobre uma teoria (Tatossian, 1980/2012). Ela comporta o paradoxo em fenomenologia ao demonstrar que o desenvolvimento teórico só é possível por meio do contato com o paciente e, por sua vez, a teoria não sabe ou não deseja saber os domínios do conhecimento que enriqueça sua prática, apesar de reivindicar uma teorização sobre os modos de ser do homem doente (Bloc e Moreira, 2012).

O objeto da psicopatologia não é, então, o comportamento desviante em si, mas a perda da liberdade do paciente, que se constitui pela impossibilidade de ele se comportar de outra forma. A proposta de uma psicopatologia fenomenológica que se aproxime dessa experiência de liberdade tem como fundamento o caráter pré-objetivo e pré-teórico e não pode ser acessada pelos componentes nosológicos que a excluem (Tatossian, 1980/2012). É uma proposta eminentemente clínica que busca restaurar a autonomia do paciente em seu próprio processo de adoecimento, indo no sentido inverso ao da sociedade tradicional, que tende a "desculpabilizar" o sujeito por entender que os transtornos mentais são causados por fatores patogênicos exteriores a ele (Tatossian, 1993/1997).

É uma compreensão ambígua das noções de teoria e prática, as quais se relacionam em um processo contínuo e sempre em movimento de uma constituição mútua, que se faz na emergência da própria experiência. Compreender a clínica fenomenológica, nesse sentido, é percorrer um caminho de articulação em que a teoria se constrói continuamente por ser uma expressão da

---

[1] Tatossian entende o *Lebenswelt* como o mundo de significações de nossa realidade primária, oriundo da experiência imediata. Ele é correlativo à atitude natural, mas em nível de uma experiência pré-intencional, que se dá por baixo das construções do pensamento.

SEÇÃO III — PSICOLOGIA FENOMENOLÓGICA

atuação prática e, esta última, por sua vez, também se encontra em sucessivas transformações, pois se fundamenta em um saber teórico que se modifica na experiência (Bloc e Moreira, 2012). Como aponta Tatossian 1979/2006), "o objetivo não é, pois, construir teorias a partir da experiência, mas realçar um novo modelo de experiência, se necessário, para intermediar teorias" (p. 114). Teoria e prática se constituem e se transformam em um movimento dialético intermediado pela experiência. É um viés que vai além da própria psicopatologia e de suas formulações teóricas, trabalhando de forma ambígua no encontro que se dá, ao mesmo tempo, com o sujeito e com sua psicopatologia (Bloc e Moreira, 2013).

DEPRESSIVIDADE E ESQUIZOFRENICIDADE: UM MODELO DE PSICOPATOLOGIA

Poderíamos nos perguntar qual o modelo de psicopatologia proposto por Tatossian, ou ainda, se há uma especificidade em sua abordagem. Como bem destacamos no início deste capítulo, a principal fonte defendida por ele é o contato constante com o paciente, que se dá na clínica. Essa se baseia sobre a necessidade indispensável de uma atitude fenomenológica, que visa a um contato o mais livre possível com a experiência dos pacientes e que, em sua dimensão ambígua, tanto reconhece o aparato oferecido pela psicopatologia quanto se distancia desses aportes para manter proximidade com a experiência do paciente como ponto de partida e referência principal.

Tatossian recusa toda e qualquer psicopatologia estática, cristalizada em modelos preconcebidos que, em vez de permitir uma compreensão da experiência dos pacientes, se distancia de todo e qualquer contato genuíno. Assim, ele desenvolve um modelo de psicopatologia que, para além dos quadros nosológicos, busca os modos de adoecimento apresentados pelo sujeito em sua dimensão universal e particular, visando atingir as condições de possibilidade do vivido psicopatológico – eixo de sua proposta de clínica fenomenológica.

Em alguns textos, observamos o uso das palavras esquizofrenicidade e, mais frequentemente, depressividade (1979/2006; 1994). Essa mudança semântica não é aleatória e não consiste apenas em variações do sentido daquilo que seria a esquizofrenia e a depressão. Trata-se da tentativa incessante de aliar o empírico e o apriórico, a experiência e o discurso clínico sobre os diferentes quadros psicopatológicos. Tatossian cunha um modelo de psicopatologia, inserido no que nomeamos aqui de fenomenologia clínica, que se edifica no encontro entre a teoria, nos discursos acerca dos modos de adoecimento, e a própria experiência do paciente que se mostra diante do clínico. Há aqui um entrelaçamento necessário que permite tanto considerar o fluxo da experiência quanto a importância das formulações teóricas no campo da psicopatologia. Esse modelo enfatiza o caráter indissociável da clínica, no seu contato com o paciente, e da psicopatologia, como campo teórico e de subsídio para a própria clínica.

Depressividade e esquizofrenicidade são hipóteses que, como tais, se dão sempre a partir da experiência de um sujeito. Para Tatossian (1979/2006), há sempre uma coexperiência, ou seja, no encontro com um paciente se está diante, por exemplo, da experiência de depressão ou de esquizofrenia vivida pelo paciente, mas também com aquilo que seria a depressividade ou a esquizofrenicidade. Há aqui um encontro com o sujeito e com a psicopatologia no sentido de uma coexperiência. Entramos aqui em um campo delicado ao remeter, por exemplo, às questões de diagnóstico e classificação. Não se trata de ignorar ou minimizar a importância desses elementos, mas de sempre reconhecer

a importância da experiência que se apresenta e do seu impacto sobre todo e qualquer discurso teórico em psicopatologia. Eis aqui a importância de uma atitude fenomenológica que implica, consequentemente, um atravessamento ético. Como bem nos elucida Tatossian (1979/2006) a partir de Blankenburg, todo diagnóstico ou simples afirmação passa por uma formulação de um discurso, ou seja, para afirmar que alguém está deprimido ou apresenta um quadro de esquizofrenia, é preciso uma concepção prévia acerca desses modos de adoecimento. Entretanto, tais concepções só podem ser formuladas a partir de uma dada experiência. A sempre consideração do fluxo da experiência impede uma compreensão fechada e rígida na medida em que sempre considerará esse fluxo (Tatossian, Bloc e Moreira, 2016).

O modelo de psicopatologia fenomenológica proposto por Tatossian tem como eixo a ambiguidade, por estar situado sempre na interseção de uma teoria da psicopatologia fenomenológica, trabalho bem desenvolvido ao longo de seus escritos sobre diversos modos de adoecimento, com a prática clínica, que, para além dos diagnósticos e dos sintomas semelhantes, vislumbra o sujeito em sua dimensão singular (Bloc e Moreira, 2016). Toda e qualquer psicopatologia se situa como experiência de mundo, vivida por um sujeito, e qualquer discurso desenvolvido só possui valor ao considerar tal experiência. O desafio é justamente encontrar esses pontos de interseção iluminados pela fenomenologia ao constantemente produzir um questionamento no campo psi (psicologia, psicoterapia, psiquiatria e psicopatologia) e nos permitir um modo de ver em sincronia com a experiência do sujeito.

CONCLUSÃO

Ao longo deste capítulo, discutimos aspectos gerais da proposta de psicopatologia fenomenológica de Tatossian. Trata-se de uma proposta contemporânea que contribui de forma intensa para o desenvolvimento de uma fenomenologia clínica que atinge os campos da psicologia, da psiquiatria, da psicopatologia e da psicoterapia. Seu potencial vem sendo descoberto e explorado progressivamente pelos pesquisadores da psicopatologia fenomenológica no Brasil. Tatossian nos apresenta um modo de ver o adoecimento e um modo de estar com os pacientes. Todo o desenvolvimento de sua proposta de fenomenologia clínica tem como eixo e serventia a clínica, ou seja, ele se desenvolve e se efetiva na abertura de um campo clínico edificado no contato com o sujeito em sofrimento e seus modos de adoecimento, possibilitando, e sempre (re)visitando, o campo da psicopatologia.

As discussões empreendidas por Tatossian possuem uma dimensão crítica ao questionarem a própria experiência, bem como a teoria. Dito de outra forma, sua postura fenomenológica respeita e enfatiza o fluxo da experiência, além de permitir a (re)construção de um discurso efetivo em psicopatologia. Sendo assim, consideramos que ele tanto nos mostra as direções para uma fenomenologia clínica quanto fornece ferramentas para se atingirem as condições de possibilidade do vivido, como bem o fez em textos sobre as psicoses e sobre a depressão. Sua ênfase no fenômeno permite sair de uma lógica excessivamente voltada para o diagnóstico, voltando-se para os modos de ser do sujeito que, ao perder movimento, se mostra adoecido. Essa perspectiva nos permite um olhar amplo sobre a saúde mental e a clínica de forma ampla, na medida em que tem como referencial de saúde e doença os modos de cristalização da experiência que minam a liberdade e o fluxo da experiência, que nos caracteriza, como bem afirma Tatossian (1994), como subjetividade ou possibilidade de subjetividade.

Tatossian usufrui ao máximo do potencial clínico da fenomenologia, fornecendo ferramentas para se pensar o contato clínico e o campo teórico em psicopatologia. Ainda que tenha pouco discutido a psicologia clínica e a psicoterapia, seus estudos em psicopatologia podem possibilitar uma melhor compreensão da experiência vivida dos pacientes e um olhar crítico para o discurso científico em psicopatologia e nas diversas esferas da fenomenologia clínica. A proposta de Tatossian nos permite vislumbrar novos caminhos para o desenvolvimento de uma fenomenologia clínica pautada na experiência e atravessada pelo caráter ambíguo, próprio da relação intersubjetiva construída entre o clínico – seja ele o psicoterapeuta ou o médico – e o paciente.

REFERÊNCIAS BIBLIOGRÁFICAS

Bloc, L.; Moreira, V. (2012). Clínica do Lebenswelt (mundo vivido): articulação e implicação entre teoria e prática. In: Tatossian, A.; Moreira, V. *Clínica do Lebenswelt: psicoterapia e psicopatologia fenomenológica*. São Paulo: Escuta. p. 285-297.

Bloc, L.; Moreira, V. (2013). Sintoma e Fenômeno na Psicopatologia Fenomenológica de Arthur Tatossian. *Revista Latinoamericana de Psicopatologia Fundamental*, v. 16, n. 1, p. 28-41.

Bloc, L.; Moreira, V. (2014). Arthur Tatossian: um estudo biográfico. *Revista da Abordagem Gestáltica – Phenomenological Studies*, v. XX, n. 2, p. 181-188.

Darcourt, G. (2006). Prefácio à segunda edição francesa. In: Tatossian, Arthur. *Fenomenologia das psicoses*. São Paulo: Escuta. p. 19-22.

Moreira, V. (2011). A contribuição de Jaspers, Binswanger, Boss e Tatossian para a psicopatologia fenomenológica. *Revista Abordagem Gestáltica*, v. 17, n. 2, p. 178-190.

Souza, C., Callou, V.; Moreira, V. (2013). A questão da psicopatologia na perspectiva da ACP: diálogos com Arthur Tatossian. *Revista Abordagem Gestáltica*, v. 19, n. 2, p. 189-197.

Tatossian, A. (1994). Le problème du diagnostic dans la clinique psychiatrique. In: Pichot, P.; Rein, W. *L´approche Clinique en psychiatrie*. Paris: Synthélabo. v. II, p. 83-100. (Collection Les Empêcheurs de Penser en Rond)

Tatossian, A. (1997). L'expérience du phénomène et le projet psychothérapique. In: Tatossian, A. *Psychiatrie phénoménologique*. Paris: Acanthe. p. 215-223. (Obra original publicada em 1993)

Tatossian, A. (1997). Pratique psychiatrique et phénoménologie. In: Tatossian, A. *Psychiatrie phénoménologique*. Paris: Acanthe. p. 179-183. (Obra original publicada em 1985)

Tatossian, A. (2006). *A fenomenologia das psicoses*. São Paulo: Escuta. (Obra original publicada em 1979)

Tatossian, A. (2012). A fenomenologia: uma epistemologia para a psiquiatria? In: Tatossian, A.; Moreira, V. *Clínica do Lebenswelt: psicoterapia e psicopatologia fenomenológica*. São Paulo: Escuta. p. 149-167. (Obra original publicada em 1996)

Tatossian, A. (2012). O que é a clínica? In: Tatossian, A.; Moreira, V. *Clínica do Lebenswelt: psicoterapia e psicopatologia fenomenológica*. São Paulo: Escuta. p. 141-147. (Obra original publicada em 1989)

Tatossian, A. (2012). Teoria e Prática em psiquiatria: sintoma e fenômeno, um ponto de vista fenomenológico. In: Tatossian, A.; Moreira, V. *Clínica do Lebenswelt: psicoterapia e psicopatologia fenomenológica*. São Paulo: Escuta. p. 91-100. (Obra original publicada em 1980)

Tatossian, A.; Bloc, L.; Moreira, V. (2016). *Psicopatologia fenomenológica revisitada*. São Paulo: Escuta.

Tatossian, J.; Samuelian, J. C. (2006). Posfácio da segunda edição francesa. In: Tatossian, Arthur. *Fenomenologia das psicoses*. São Paulo: Escuta. p. 347-357.

LEITURAS RECOMENDADAS

Tatossian, A. (1994). La subjectivité. In: Widlöcher, D. *Traité de Psychopathologie*. Paris: Presses Universitaires de France. p. 253-318.

Tatossian, A. (2006). *A fenomenologia das psicoses*. São Paulo: Escuta. (Obra original publicada em 1979)

Tatossian, A. (2014). *Psychiatrie phénomenologique*. Paris: MJW Fédition. (Obra original publicada em 1997)

Tatossian, A.; Bloc, L.; Moreira, V. (2016). *Psicopatologia fenomenológica revisitada*. São Paulo: Escuta.

Tatossian, A.; Moreira, V. (2012). *Clínica do Lebenswelt: psicoterapia e psicopatologia fenomenológica*. São Paulo: Escuta.

22

A ciência existencial em Kierkegaard: um caminho possível para a psicoterapia?

Ana Maria Lopez Calvo de Feijoo
Myriam Moreiras Protasio
Eduardo da Silveira Campos
Filipe Barbosa Margarido

As questões que orientam o desenrolar deste estudo podem ser resumidas da seguinte forma: é possível uma psicologia clínica ou uma psicoterapia que dialogue com a filosofia? Podemos encontrar nos escritos do filósofo dinamarquês elementos que indiquem uma proposta em psicologia? Caso a resposta seja positiva, cabe perguntar: de que modo se poderia articular esse diálogo? A psicologia que adviria desse diálogo não poderia ser tomada como uma disciplina científica nos moldes da ciência moderna? Ou seria uma psicologia que prescinde de qualquer ordem disciplinar? Assim sendo, essa psicologia não se aproximaria mais de um ensaio?

Defendemos, neste texto, que Kierkegaard (1813-1855) pode nos guiar por outro caminho de pensamento, o qual nos permite pensar em uma possibilidade de constituição do pensamento *psi* que esteja para além do caminho que pressupõe certezas, sistematizações e generalizações. Mas como se dá o caminho de Kierkegaard? Em diálogo com os pensadores hegelianos de Copenhagen (especialmente, Heiberg e Martensen), o filósofo dinamarquês ressalta a tensão entre aquilo que ele denomina ciência existencial e o pensamento especulativo vigente em seu tempo. Ele alerta para o risco de que a ciência, ao perseguir a certeza por meio da abolição da dúvida; ao compreender o absoluto como consequência necessária do movimento dialético na existência; ao apregoar a supremacia da objetividade contra a subjetividade, a ética contra a estética, o temporal contra o eterno, venha a perder de vista a existência mesma.

É em tensão com a lógica e com o pensamento sistemático que Kierkegaard pensará um modo de fazer ciência que não perca de vista a existência, o que significa dizer, que não perca de vista o indivíduo singular em sua existência. Os problemas com os quais Kierkegaard está lidando, ao propor uma Ciência Existencial, encontram saída em um modo de comunicação à qual ele se refere como indireta. Ele intui que o modo propício de alcançar a existência e, mais especificamente, o existente em seu existir, teria que ser um modo de comunicação não dogmático,

não científico e não doutrinário. Inserido num meio onde imperavam os grandes sistemas filosóficos, ele sustenta a insuficiência desses sistemas para alcançar o existente em sua existência.

Dario González (1998) refere-se a essa condição como "o metafísico" do fenômeno, o elemento estranho que transcende a possibilidade de apreensão totalizadora. Ele esclarece sobre o caráter *metafísico* do fenômeno recorrendo ao modo como Haufniensis se refere à terra estranha que se pode delimitar desde fora, sem se haver jamais colocado os pés nesta terra (p. 108). Ao se percorrer as fronteiras do fenômeno abrem-se, imediatamente, seus limites, sem que a linguagem usada chegue a confundir-se com a língua estranha na qual o fenômeno guarda os seus segredos. Não é o caso, diz Haufniensis, de calar-se diante do fenômeno, de não se poder usar a língua da ciência ou da filosofia, mas de podermos perceber a estranheza de nossa própria linguagem a respeito daquilo que nomeamos.

Assim, de forma a responder às questões que levantamos no início deste texto, começaremos por situar os problemas com os quais Kierkegaard está lidando e sua proposta de comunicação indireta como modo de responder a eles. Veremos que a psicologia que pode advir de suas reflexões não se constitui como mais uma disciplina, e sim como um modo de pensar que mais se aproximaria de um *ensaio*. Por esse caminho, acreditamos poder alcançar uma ciência existencial, tal qual compreendida por Kierkegaard – como o caminho do pensamento que pode também estar presente na relação que se estabelece na clínica psicológica. Faz-se necessário, no entanto, que mostremos o caminho de pensamento, para além de qualquer ordem disciplinar, tal como se apresenta nas obras do filósofo dinamarquês.

A EXPERIÊNCIA DO PENSAMENTO PARA ALÉM DA FILOSOFIA E DA PSICOLOGIA

Em *Ponto de vista da minha obra como escritor*, publicação assinada por Kierkegaard (1859/1986) e publicada postumamente, esse pensador afirma que sua tarefa sempre foi a de ajudar o seu leitor a desembaraçar-se dos laços da ilusão. Seria ele, então, um conselheiro, um psicólogo, já que esses denominam, na maioria das vezes, a relação que estabelecem com aqueles que os procuram de *relação de ajuda*? Afinal, será que podemos dizer qual seria a formação de Kierkegaard e reduzi-lo a um modo específico de uma área do saber? Será que poderíamos tentar não o reduzir a uma determinada categorização própria do academicismo instaurado no século XIX e, então, dizer que era ele um pensador?

Defendemos que Kierkegaard não estava interessado na formação acadêmica de seus leitores e que seus textos não se destinavam apenas à apreciação de um dado conhecimento. Ao contrário, o interesse de nosso autor era o seu leitor, mais especificamente, que o homem não se tornasse uma ovelha em um rebanho, ou um eterno zero, por isso, ao homem caberia lembrar daquilo que havia sido há muito esquecido, ou seja, pensar. E, sem dúvida, esse seu projeto estava para além de qualquer modelo disciplinar, seja ele a filosofia, seja a psicologia, tão característico do modo como se organiza o saber na atualidade.

Sabemos que o pensamento originário, ou seja, o pensamento dos primeiros pensadores gregos passa, com Sócrates, Platão e Aristóteles, a ser filosofia. E com a filosofia passamos a procurar as identidades nas igualdades. Não mais se pensa a identidade no âmbito das diferenças. Seguindo a máxima proferida por Parmênides, que afirma que pensamento e ser são o mesmo, seguiremos abaixo falando da experiência do pensamento que nada mais é que a experiência de ser. Experiência essa que é algo que na atualidade se encontra esquecido. As ciências e as diferentes áreas do saber, que se organizam em uma ordem disciplinar, pensam ao modo do cálculo, da antecipação e da repetição do anteriormente dito. Propomos o pensamento de sentido – pensamento que pensa – que se desvia de todos esses modos de pensar que predominam no mundo da ciência e do sistema para, então, buscar o sentido que se encontra no âmbito mais originário, lugar onde ser e pensar são o mesmo.

Podemos, então, pensar o âmbito do pensamento como o lugar em que a diferença diz do mesmo e, assim, podemos tomar a filosofia e a psicologia para além de uma ordem disciplinar. Na ordem disciplinar, a diferença entre as diversas formas de saber devem ser demarcadas, o que acaba por impossibilitar qualquer diálogo entre os diferentes modos de pensar. Por isso, nesta seção chamamos a atenção para o pensamento que se encontra para além de qualquer ordem disciplinar e que tenta sempre se dirigir ao mistério da existência, que se esconde em sua incontornabilidade.

Sem dúvida, a utilização de pseudônimos, por parte de Kierkegaard, deixa o leitor confuso, uma vez que este não pode mais dizer quem foi que afirmou tal verdade. Acreditamos que Kierkegaard quer que seu leitor se movimente no exercício do pensamento e não seja um simples repetidor de suas palavras. Sobre isso Ribeiro (1953), na apresentação do texto *O banquete*, de autoria de Kierkegaard (1845/1953), sob o pseudônimo de Willian Afham, refere-se ao tema da seguinte forma: "Sören Kierkegaard é um escritor que faz pensar. Fazer pensar é, aliás, o intento primacial do escritor e o sinal verídico de seu êxito" (p. 10). Mais adiante, esse próprio tradutor e apresentador da tradução portuguesa alerta para o perigo que pode resultar da ausência de pensamento: "A falta de meditação corajosa sobre um problema a que ninguém se pode recusar terá por consequência a admissão de noções errôneas, que se difundem por simplismo ilusório ou por auto-sofismação" (p. 12).

Por todos os motivos esclarecidos acima, é que tomamos toda a obra de Kierkegaard como pensamento que ao pensar faz pensar, tal como acontece em *O banquete* (Kierkegaard, 1845/1953), por exemplo, em que o pensador dinamarquês põe para falar alguns de seus pseudônimos, cada um deles articulando sobre suas verdades acerca da mulher. No banquete regado a vinho, música e comida farta, cada um dos presentes, totalmente envolvidos pelo caráter estético da existência, passa a expressar a sua verdade por meio do modo como desenvolvem o seu pensar.

Kierkegaard, por meio de seus pseudônimos, também nos faz pensar, tal como Sócrates fez Agatão pensar. Ambos se utilizaram, cada um ao seu modo, de uma comunicação indireta, foram irônicos. Sócrates foi até onde Agatão se encontrava e lhe fez justos elogios pela sua forma de apresentar os argumentos, mas não deixou de fazer com que ele visse como estava iludido. Kierkegaard, também por meio de seus pseudônimos, vai ao encontro de seu leitor, parecendo que compartilha com seu tipo de ilusão, mas se retira imediatamente, deixando que seu leitor tenha que se haver com as suas ilusões. Ambos, Sócrates e Kierkegaard, querem conduzir o iludido ao pensamento que pensa, e não ao pensar que é simples tagarelice, ou seja, que não pensa demoradamente e atentamente naquilo que pressupõe como verdade inquestionável e irredutível.

Encontramos nos textos de Søren Kierkegaard, pseudonímicos ou não, que a experiência do pensamento se apresenta para além de qualquer ordem disciplinar, seja a filosofia ou a psicologia. Em seus escritos, é fácil constatar que o escritor se mostra de modo que, dificilmente, possamos defini-lo, identificá-lo ou categorizá-lo. Se for verdade que o que somos se desvela pelas nossas ações, apostaríamos defender que o que o pensador dinamarquês é se desvelava no ato de escrever. Aliás, ele mesmo afirmou em uma nota encontrada em seu diário de 1849, escrita em latim: "*Nulla dies sine linea*" (Kierkegaard, 1967, II A 208).

Entendemos que as obras pseudonímicas de Kierkegaard mostram o exercício do pensamento ao mesmo tempo em que fazem pensar. Logo, os textos de Kierkegaard sustentam a experiência do pensamento na medida em que abrem um espaço para que o seu ouvinte ou leitor possa se demorar, questionar e duvidar daquilo que, apressadamente, toma como verdade. Ou seja, uma vez que ele não pode ser definido por nenhuma das categorias acima, poderíamos dizer que Kierkegaard é um pensador que não pertence a nenhuma dessas áreas do conhecimento. Seria nesses termos que se constituiria a sua Ciência Existencial? Desenvolveremos esse tema a seguir.

A CIÊNCIA EXISTENCIAL EM KIERKEGAARD

Numa nota de seus diários, datada do ano de 1842-1843 (Kierkegaard, 1967, IV C 88, tradução livre), Kierkegaard afirma que "Qualquer qualificação para a qual Ser [*Vaeren*] é uma qualificação essencial encontra-se fora do pensamento imanente e, consequentemente, fora da lógica". Ele propõe, então, que as ciências deveriam ser ordenadas de acordo com a diferença de acento acerca do ser. No caso da Ontologia e das Matemáticas, em que a certeza é absoluta, ele diz: "Aqui, pensamento e ser são um, mas da mesma forma estas ciências são hipotéticas". Ele afirma que seria era preciso encontrar outro modo de fazer ciência, e sugere uma Ciência Existencial [*Existentiel-Videnskab*] que se constitua como um *inter-esse* entre pensamento e ser, pois para o indivíduo sua existência é de máximo interesse.

Em outra entrada dos diários, datada da mesma época, ele se refere à dificuldade em estabelecer as fronteiras entre as ciências, "entre jurisprudência e ética; entre filosofia moral e dogmática; psicologia e filosofia moral, etc.", e cita, a título de exemplo, que a estética sempre foi tratada como uma ciência isolada e que "Aristóteles é uma exceção, porque ele percebeu que esta tem uma relação com a retórica, ética e política" (Kierkegaard, 1967, IV C 104).

Percebemos que Kierkegaard (1844/2010) tinha clareza quanto à dificuldade em alcançar a vida mesma por meio do pensamento especulativo. Essa dificuldade se fazia presente tanto no que diz respeito aos filósofos da subjetividade como Kant e Hegel, como também no pensamento de alguns de seus contemporâneos como Heiberg e Martensen. Como argumenta Haufniensis (Kierkegaard, 1844/2010), saberes como o científico, o dogmático e o sistemático, na tentativa de construir um conhecimento universal, perdiam de vista o fenômeno que pretendiam compreender, qual seja, a vida mesma em seu caráter qualitativamente diferente e único em cada caso, mas sempre em tensão com as condições postas. Com isso, Kierkegaard não quer abolir toda a tradição do conhecimento, mas quer acentuar certo tipo de conhecimento: conhecer a si mesmo, como diriam os gregos. Trata-se de resgatar o *gnôthi sautón*. E isso é o que significa, para o filósofo, consciência: ter ciência de si mesmo em sua existência (Kierkegaard, 1846/2016).

Mantendo bem esticada a corda que tensiona objetividade e subjetividade, exterioridade e interioridade, singular e universal, Kierkegaard está defendendo que a linguagem direta e sistemática mostra-se limitada na tarefa de sustentar um espaço de rearticulação existencial, porque aposta na certeza de que é possível uma provocação reflexiva que leve o outro a se transformar, ou seja, aposta na possibilidade de que se possa controlar os possíveis da existência e na rearticulação existencial como uma necessidade resultante de certas condições. Ele propõe, ao contrário, que a linguagem indireta sustentaria um espaço de possibilidade ao apostar menos na reflexão e tentar atingir o indivíduo em seu caráter mais imediato e sensível. Sustentar um espaço de possibilidade implica sustentar a precariedade e a indeterminação de todo existir como campo mesmo em que *tudo é possível* (Kierkegaard, 1844/2010). Isso implica dizer que não há, como pressuposto, a certeza do que se pode alcançar. O que há é a fé na possibilidade da transformação e um esforço de resguardar o espaço dessa possibilidade por meio da comunicação.

Em 1844, sob o pseudônimo Vigilius Haufniensis, Kierkegaard (2010) aponta para a psicologia como aquela ciência que mais pode se aproximar da realidade, compreendê-la, apreendê-la. Seu limite seria não poder ir para além disso, mas se postar sempre à margem do devir da realidade. Nessa mesma época, ele anotara em seu diário: "Psicologia é o que precisamos e, acima de tudo, conhecimento hábil (*expert*) da vida humana e simpatia com seus interesses. Assim, aqui há um problema cuja solução deve preceder qualquer conversa a respeito de uma visão cristã da vida" (Kierkegaard, 1967, V B 53, citado por Nordentoft, 2009, p. xvii). A psicologia aparece como uma ciência *interessada* que, ainda que não perca de vista uma certa *expertise*, que constitui um conhecimento da vida humana, inclina-se (clínica) sobre a vida humana particular e se interessa por seus interesses, e esta seria sua marca, seu diferencial. Ainda que o horizonte de constituição desse saber seja marcado pelo cristianismo ou, como ele diz, por uma visão cristã da vida, uma ciência interessada deveria dar um passo atrás e inclinar-se para o fenômeno, para a vida mesma em seu acontecer.

Haufniensis (Kierkegaard, 1844/2010) sugere a angústia como esse estado intermediário, a qual se constitui como o máximo de aproximação possível em relação à realidade do indivíduo singular, este que existe e para quem está sempre em questão a sua própria existência. Kierkegaard aponta para o problema das perspectivas abstratas em alcançar o que seja o propriamente humano, sua dificuldade em suportar a precariedade da existência, sua tentativa de delimitar o campo de investigação ao que pode ser objetivado. O pensador dinamarquês propõe, como forma de resistência a esse discurso totalizante, a comunicação indireta, entendida como estilo mais apropriado para resguardar um espaço para os problemas do existir ao se constituir como um saber que se interpõe entre o pensamento e o ser, um *inter-esse* entre o comunicador e o leitor, onde estará sempre em questão a vida daquele que existe e que, naquele momento, *experimenta* o texto. Mas, de que modo uma comunicação indireta ocuparia esse lugar de resguardar um espaço de experiência? E o que Kierkegaard entende por experiência? Ele refere-se à experiência como o que sustenta os opostos, não em uma abolição disjuntiva, mas, ao contrário, em uma conjunção disjuntiva que sustém na lembrança ou na vontade o caráter de lançado da própria existência. A experiência é *diferença* em meio à igualdade do existir cotidiano em suas diversas tonalidades e colorações, é o que mantém a tensão entre alegria e tristeza, lembrança e esquecimento etc.

É importante ressaltar que Kierkegaard não inventou um novo problema. Ao contrário, acreditamos que o que ele está fazendo, na totalidade de seus escritos, os quais constituem sua comunicação indireta, é apontar para um novo modo de tratamento, inserindo o velho problema do vir a ser no contexto em que é preciso vir a tornar-se humano, esse humano específico, e não a humanidade abstrata. Para isso é que ele usa, em seus textos, várias tonalidades, por meio das quais ele dramatiza os sistemas e conceitos filosóficos, assim como filosofa sobre dramas existenciais. Ele acentua o caráter singular da fé, que é compreensão e ação ao mesmo tempo, e onde se implica o finito e o infinito, o necessário e o possível, temporal e eterno em termos de decisão existencial. Os problemas que *saltam* nos contextos de seus escritos devolvem para o existente a sua existência, que jamais se reduz a qualquer abstração, ao sustentar um espaço de negatividade onde se abre o "tudo é possível" do devir existencial (Kierkegaard, 1844/2010).

De fato, toda a sua obra estava destinada ou dirigida ao indivíduo, "este indivíduo que, com alegria e reconhecimento, chamo ao meu leitor" (Kierkegaard, 1859/1986, p. 34). E o modo ou tonalidade dessa interpelação ao indivíduo vai variando na sequência de seus muitos livros. Dario González (1998) esclarece que esses textos não têm função informativa ou formativa, tal qual encontramos na academia, mas se dirigem ao indivíduo singular e o solicitam no sentido que ele tome para si a tarefa de determinar o que significam as categorias filosóficas em cada caso em particular. Há, então, uma relação entre a comunicação e a existência singular em sua mobilidade histórica, podendo a comunicação funcionar como um elemento que faz pensar, podendo mobilizar ou inspirar uma transformação na existência.

Nesses termos é que Kierkegaard acentua a duplicidade que é a existência mesma, uma duplicidade entre o caráter tenso das prescrições universais, sejam elas de ordem filosófica, teológica ou ética e que constituem as diretrizes que orientam a existência e a realidade do indivíduo em sua existência; entre o já dado enquanto horizonte existencial e o requerimento à retomada da existência enquanto experiência singular; entre o texto escrito e a vida mesma daquele que lê. Levar a cabo essa tarefa implicava, para ele, estabelecer uma comunicação que se postasse na fronteira com o indivíduo singular, uma vez que não há existência em termos abstratos, que não se existe em multidão, mas que a existência é sempre a minha existência.

Entendemos que Kierkegaard propõe uma comunicação não de saberes, mas uma comunicação entre existentes, que pode se constituir a partir de uma sabedoria humana e, ao mesmo tempo, estabelecer uma relação de proximidade com o indivíduo, podendo vir a ser um campo de possibilidade de transformação ao se constituir como conhecimento existencial e, principalmente, como comunicação existencial.

Assim, o que parece estar no cerne de sua estratégia de comunicação indireta não é a comunicação de um saber, mas a comunicação de uma possibilidade. Tal comunicação depende de uma relação não abstrata e geral, mas de uma relação estabelecida concretamente, ou seja, experimentada, em que se instaure o mesmo *pathos* ou, conforme as palavras de Climacus no *Pós-Escrito...*, "a tarefa consiste, antes, na igualdade, na simultaneidade, e o *medium* no qual se unem é o *existir*" (Kierkegaard, 1846/2016, p. 65). Nessa intimidade, nessa relação estabelecida com o leitor, abre-se a possibilidade da lembrança do que significa, efetivamente, ser humano e, principalmente, a possibilidade de que uma pessoa venha a se tornar uma subjetividade humana, um indivíduo singular. Assim aparece a correlação entre ciência existencial e modo de comunicação. Essa *ciência* comunicativa não obedeceria aos critérios de certeza absoluta, de sistematicidade ou de probabilidade, mas se organizaria como uma comunicação entre homens, como um caminho de pensamento.

Usando várias vozes, atmosferas e tonalidades, sob pseudônimos, mas também nos textos editados ou assinados por ele mesmo, Kierkegaard apresenta perfis existenciais, modalidades de existir que se concretizam como um "*esse*", como determinação intermediária que esclarece como o exemplo opera: ele aparece e se abre como possibilidade existencial para o leitor. A linguagem indireta, que em sua obra toma a forma de discursos edificantes, diários, reflexões estéticas e éticas sobre o que seja o primeiro amor, o sofrimento, o tédio etc., assim como a forma de tratados filosóficos, permitiria uma comunicação de intimidades, uma comunicação silenciosa que sustentaria a negatividade e, consequentemente, a possibilidade.

A comunicação indireta surge, então, como o estilo mais apropriado para dar vida aos problemas do existir, constituindo um saber que se interpõe entre o pensamento e o ser, um *inter-esse* entre o escritor e o leitor, onde está sempre em questão a vida daquele que existe e que, naquele momento, *experimenta* o texto. Movimentando-se nos limites desse campo, a *Ciência Existencial* sugerida por Kierkegaard se constituiria como um *inter-esse* entre pensamento e ser. Kierkegaard (1846/2016) propõe que tal ciência deveria ter como tônica a sua forma de comunicação, seu estilo, de forma a interpor-se entre o pensamento e o ser, entre as reflexões abstrato-sistemáticas e a vida mesma daquele que existe, pois a existência é de máximo interesse para aquele que existe, e a realidade daquele que existe está fincada sobre seu interesse pela existência. Sua obra segue, então, na direção de interessar-se pela vida mesma, abstendo-se de todo saber *desinteressado*.

Isso significa considerar, nas palavras de Haufniensis (Kierkegaard, 1844/2010), o campo da existência como *possibilidade para as possibilidades*, no qual está sempre em questão o perigo de perdermos a medida, de não sabermos mais nos guiar e nos orientar na existência. O problema na existência se desenha nesse horizonte mais originário de indeterminação e na possibilidade de conquistar a medida que pode orientar o modo, cada modo de estar no mundo, pois, para o dinamarquês, existir significa existir a *minha* existência em sua eternidade, a qual é experimentada como repetição, retomada da afinação com o

ethos que funda a própria existência. Mas como o homem pode experimentar essa afinação? Em que ele pode balizar a existência? Essa questão denuncia a atualidade do pensamento de Kierkegaard e o insere no âmbito de um pensamento plural em constante diálogo com a vida e que funda uma ciência existencial para além de todo cerceamento disciplinar.

O caminho do pensamento de Kierkegaard, que inspira sua ciência existencial, se abre no rastro da liberdade, não de uma liberdade para isto ou aquilo, mas da liberdade como fundamento da existência humana, que implica limite, mas também o ilimitado; o necessário, mas também o possível; o temporal, mas também o eterno, na junção de espaço e tempo em que a experiência se dá. Apenas nessa junção a vida se materializa como a minha vida, como a vida de cada um. E apenas nessa junção é possível pensar e ser a existência que cada um de nós é e precisa ser, e é possível se mover no campo de uma ciência existencial não prescritiva e não determinadora do devir.

O interesse de Kierkegaard, tal como o da psicologia existencial que defendemos aqui, está naquilo que é mais original na existência, espaço onde pensar e ser são o mesmo, logo, anterior a qualquer ordem disciplinar. Assim, tanto a escrita de Kierkegaard quanto a clínica existencial apontam para um campo de resguardo da possibilidade de transformação, não por meio de devaneios, mas por meio da vida tal como acontece na cotidianidade. Veremos, a seguir, que o diálogo entre a filosofia de Kierkegaard e a psicologia existencial pode se estabelecer pelo fato de que o mais importante e mais originário é o pensamento sobre as coisas, pois o caminho do pensamento prescinde de qualquer determinação disciplinar, que é sempre tardia. Mostraremos de que modo podemos estabelecer uma psicologia clínica para além de qualquer devaneio, ou seja, de qualquer modelo disciplinar, sem com isso deixar de fazer valer o espaço de atuação clínica. Passaremos, então, a pensar a clínica psicológica não como uma teoria que sustenta uma prática, mas como algo que se dá na ordem da experiência, ou seja, como um ensaio.

DOS ENSAIOS DE PSICOLOGIA À PSICOLOGIA COMO ENSAIO

Quando ouvimos a palavra *ensaio*, pensamos em ações preliminares de caráter preparativo e repetitivo com vistas a um momento apoteótico. Ensaia-se para atingir um determinado fim, a apresentação – o corolário de todos os ensaios. Ensaio pode ser entendido como tentativa, experimento, teste científico para a comprovação ou não de uma hipótese. Ensaio também é um texto literário breve, expositivo e argumentativo, que versa sobre determinado tema, cuja conclusão permanecerá em aberto. Essas são definições que frequentemente encontramos sobre o termo *ensaio*. No entanto, aquilo que aqui queremos pensar como *ensaio* não é o preparatório para uma apoteose, a ação prévia "experimental" que antecede um grande momento. Aqui, ao pensarmos em ensaiar, queremos destacar não o gênero literário "ensaio", mas o *verbo ensaiar* que está *no* princípio, *junto* a dinâmica do principiar[1]. Neste texto ficaremos concentrados no *ensaiar* de Psicologia.

Quando no mercado editorial nos deparamos com os "Ensaios de Psicologia", encontramos igualmente tentativas de dizer algo sobre aquilo que é experienciado na clínica, no encon-

---

[1] Princípio diz não somente o começo de algo, mas também a força (de "príncipe") capaz de começar, principiar.

tro com o outro. O dizer que fala sobre o vivido na clínica é um dizer sobre o acontecido no tratamento, fruto do encontro de outrora, i.e., do tratado. O "passado" do tratado na clínica caminha *pari passu* às claras ou às ocultas com os grandes "Tratados de Psicologia", sob a sua sombra. Todo "ensaio de psicologia' é o cotejamento, ainda que de forma velada, estabelecido com os "Tratados" no sentido de buscar aproximações que descerrem o que está sendo encerrado neles, abrindo, assim, o que está concluído/fechado no tratamento dado pelo Tratado.

Entretanto, todo ensaio pretende ser um "pequeno Tratado" que tenta desfechar o "grande Tratado" com o fecho de um outro desfecho, ainda que despretensioso. Apesar de ser um fecho estranho que, paradoxalmente, ao fechar também abre (des-fecho), pende muito mais para um fechamento, pois todo "ensaio de psicologia" é o "tratado" do tratamento vivenciado na clínica passada. Há aqui uma "lembrança" no sentido de uma direção "para trás" que busca recobrar pela memória os conteúdos vividos no passado; contudo, como é da própria natureza do *ensaio*, este se encontra sempre bem assombrado por uma "recordação para diante" (Kierkegaard, 1843/2009, p. 32), que *pode* vir a ser a cada momento *repetere*, recomeço, um belo instante em que "tudo se faz novo" para clínico e clinicando, de modo que ambos *saltam* inesperadamente para um *novo tratamento*. Repetir ou recordar para diante, como diz Kierkegaard sob a verve de Constantius, é a retomada nova e criadora de uma experiência inaugural, por isso se volta para o por vir, para diante.

Neste novo tratamento, a clínica é *pastoreio* e o tratamento é *cura*, enquanto os "tratados" oferecem "curatela" para clínico e clinicando. O pastoreio da clínica é o *livre ensaio* da cura do *ver*. O cuidado, que é a *poiesis* do clínico, cuida do cuidado de si do outro, que n'*As obras do amor* significa: aquele cuidado maior que alguém pode dispensar a outro, qual seja, o cuidado de cuidar de sua "liberdade", i.e., cuidado que acena para a necessidade de submissão a um *deves* incondicional e singular que promove a saúde de uma grande *solidão*. Nessa clínica pastoreira há um momento em que os polos da relação clínico-clinicando são solapados pela tensão criadora da centralidade do encontro, acontecendo, subitamente, o *ensaio* de uma solidão a dois – o duplo olhar aparentado pela consanguinidade de um mesmo *ver*.

Mas o que é *ensaio*? Em italiano a palavra que traduz "sábio" é a mesma que traduz "ensaio": *saggio*. Ensaio tem raiz comum com *saber*, e deve ser por isso que todo *ensaio* de sábio é a sabedoria de saber saborear com sabor. O sabor desse saber não é um conhecimento prévio sobre "ensaios". O sabor de sua sabedoria não foi adquirido em um "Tratado de culinária". Ele até conhece os "Tratados", mas, quando começa a cozinhar, ele se *esquece* do acordo dos tratados, não por querer, mas porque está imerso em total doação ao tratamento culinário, totalmente fissurado na *prova*. A sua prova é o verdadeiro ensaio. Ele é todo *entrega* ao cozinhar. O percurso do método, o caminho de sua prova é rigoroso: começa na feira, "provando" a melhor escolha, e vai até a mesa provando da melhor conversa. Na etapa da cozinha – o momento crucial do método, que se situa entre a feira e a mesa –, ele segue entregue ao saboreio durante toda a ação de cozinhar. Aqui saborear é o mesmo que cheirar, ouvir, palpar, degustar, ver. Aliás, saborear é o *ver* essencial que dá vida a todo cheirar, ouvir, palpar, degustar e, inclusive, o ver. Pois o *ver* que se dá como saborear é muito mais ver que o sentido do ver proporcionado pela visão.

O tratamento do sábio segue um método rigorosíssimo: não há disjunção entre teoria e prática. Entre uma mexida e outra na panela, a mão caminha *pari passu* com a boca. Durante o cozinhar, a mão leva à boca a "prova" de um bocado daquilo que está sendo feito e, assim, *a mão pratica sob a teoria e a boca teoriza sob a prática*. Quando atingiu o ponto certo, a medida, "o pronto", o cozinheiro diz: "está bom!'; mas se não chegou à *medida* certa ou se passou do ponto dessa *medida*, o cozinheiro diz: "não está bom!" – será, então, o momento de *esperar* mais um pouco pelo ponto certo ou jogar fora e *refazer* a coisa. O cozinheiro em saboreando está experienciando, está ensaiando. Assim, o ensaio é o *instante da experiência da prova*[2]. Dessa forma, mais que um relato ensaístico do acontecido, o ensaio é o acontecimento mesmo da prova: "aquilo que existiu *passa* agora a existir" (Kierkegaard, 1843/2009, p. 51, itálico nosso). Quer dizer: o apoteótico *devém* irrompendo na abertura do próprio *ensaiar*. Aquilo que *passa agora a existir* não repete outra existência previamente ocorrida, mas mostra o movimento extraordinário e paradoxal de um poente que ama ser nascente.

Ensaio é o acontecimento de experiência, de prova. Não é comprovação. O *com* da com-provação já seria a lembrança do símbolo do "tratado". Esse *com* diz que a prova corresponde ao tratado. "Tratado", por sua vez, é um acordo sobre algo enunciado, acordo não apenas no sentido da *adequação* à coisa em questão, mas também com o outro que com ele que prova está de acordo. A pergunta que devemos agora fazer é: devemos rasgar os "Tratados"? Resposta: não – mas, por outro lado, sempre que for possível, ou melhor, quando não houver *possível*; quando dominar o necessitarismo, deverá ser rasgado por amor ao mistério de ser e não ser que envolve toda a existência humana.

O Tratado jamais dará o ponto de cozimento, jamais será a medida da coisa. A medida, no caso da clínica, é o simples encontro, a relação em si mesma. O *ensaio* é a experiência dessa *medida*, a *recordação* de um tratamento criador que se coloca desde a dinâmica de *possibilidades* que se articulam no interior do abismo imponderável que se revela em todo encontro. Não há "magister dixit", nem o "le chef dit". Em cena devem estar apenas um homem diante do outro. A própria *relação* é a *medida*. A relação é o *divos* da abertura, a divina "determinação intermediária" (Kierkegaard, 1847/2005, p. 78).

Para participar do sabor desse *ensaio*, é preciso ser *frágil*, mas não débil; ter algum *saber*, mas não erudição; ter o máximo de *sabor*, mas não de "experimento". Sobre essa *sabedoria*, que não é conhecimento de alguma "coisa", nos diz Roland Barthes: "*Sapientia*: nenhum poder, um pouco de saber, um pouco de sabedoria e o máximo de sabor possível" (Barthes, 1989, p. 47). Se seguirmos as recomendações de Barthes para aprendermos a pensar como quem aprende a saborear, podemos cogitar no âmbito da Psicologia uma "ciência existencial", cuja *episteme* é de natureza *feminina*. *Feminina*, quer dizer, sem um lugar, sem uma base, sem uma estrutura, sem uma retidão – frágil como tudo que é grande e implacavelmente forte. Frágil neste contexto não deve ser assumido pejorativamente segundo a perspectiva androcêntrica[3]. Ser *frágil* quer dizer ser vulnerável, desprotegido, aberto para poder *sentir*. Além disso, é mister que se saiba *pouco*, i.e., que se tenha pouca memória, de tal forma que nada possa obstaculizar uma *recordação* – o irromper de vida capaz de ensaiar aquela *primeira vez* imemorial. Em contrapartida, o conhecimento da ciência objetivante é um reconhecimento memorial de uma dada representação. Sobre esse conhecimento re-presentado, escreve Fernando Pessoa sob a verve de Alberto Caeiro:

---

[2] "Experiência" diz a travessia, prática (*prattos*); e "prova" diz o ver (*theoria*).

[3] A força androcêntrica será sempre uma derivação da pujança de matriz feminina. A dominação posterior exercida pelo patriarcado é apenas o esforço hercúleo da razão para conter uma irrupção indômita principial e de natureza matriarcal.

*Vale mais a pena ver uma coisa
sempre pela primeira vez que conhecê-la,
Porque conhecer é como nunca ter visto
pela primeira vez,
e nunca ter visto pela primeira vez
é só ter ouvido contar.*
(Pessoa, 2013)

A primeira vez é a experiência do ensaio. Quem não vê pela primeira vez não tem a garantia do sabor, pois, quando prova da coisa, ela já vem embalada na sensaboria do invólucro da representação. Quem recebe apenas os invólucros da tradição corre o risco de conhecer só de "ter ouvido contar", como Jó que conhecia a Deus "só de ouvir". Essa segunda vez "a gente sempre esquece" – e, se esquece o esquecimento, não é para lembrar-se da data da primeira vez registrada na memória, porém para poder sempre *recordar uma primeira vez imemorial*.

Uma primeira vez é ela mesma a tensão da dinâmica entre esquecimento-recordação. No "ouvido" da lembrança deságua o *Lete* do *olvidar*; mas das águas do rio a filosofia bebe apenas um pouco – ou, melhor, a *medida* certa – para que, franciscanamente, recorde apenas o *essencial* (Kierkegaard, 1845/1953), quer dizer, a recordação daquela "primeira vez". O "máximo de sabor" revela-se em qualidade sobre a língua de uma certa *disposição* para esse essencial. Sobre a força do saber saboroso que se dá através de uma prova "leve e sutil", diz Mario Quintana:

*Quanto mais leve mais sutil
o prazer que das coisas nos provém.
Escusado é beber todo o barril
para saber que gosto o vinho tem.*
(Quintana, 2009, p. 218)

Saber é sabor, ensaio; no entanto, o "máximo de sabor" não é, de forma alguma, o mesmo que o "máximo de saber". A palavra "leve" no poema de Quintana fala da suficiência do *pouco* para a experiência; e "sutil" mostra o modo da prova *humilde* desse mesmo *pouco* sendo saboreado com toda *grandeza*. O "máximo de sabor" é a grandeza dedicada à prova sutil daquilo que é leve, simples. Todo sabor essencial é a grande prova da pobreza suficiente desse ínfimo.

Episteme, palavra grega que costumamos traduzir por conhecimento ou ciência, é formada pela preposição *epi* e pelo verbo *ístamai*. *Epi* indica a situação de estar sobre, em cima, por cima de; *ístamai* significa estar em pé, fincado e fundado solidamente num lugar. Poderíamos dizer que significa um ato de debruçar-se como quem se debruça sobre algo para estudá-lo ou analisá-lo com afinco. A ciência moderna é isso: a transformação do conhecimento como sabor em técnica. Contudo, para os gregos, *episteme* não possui apenas o sentido de conhecimento como hoje, nós, filhos da modernidade, entendemos conhecimento, mas fala de todo o *contexto* de aparecimento disso que vem à luz e tomamos conhecimento. A ciência moderna enquanto técnica possui somente o impulso para debruçar-se sobre o objeto, com o ardor da positividade e de uma voragem infinita. Por outro lado, na totalidade do contexto a partir do qual *episteme* é engendrada, não está em jogo somente o sentido do debruçar-se do conhecimento científico que, ao inclinar-se, debruça-se com acribia sobre algo; há também aquele momento de um "debruçar-se" que ganha o sentido terno de um curvar-se referente de prosternação. Aqui não cabe o gesto triunfalista nem o impulso desbravador do "científico" – aqui se dá afastamento, recolhimento, recato – pudor; e, ao mesmo tempo, amando a coisa, mantém sobre ela um olhar ladino, baixo e de esguelha.

Deixar livre, sair de cima – ou "largar", segundo Clímacus – é uma atitude que participa do *contexto* daquilo que, para os gregos, diz *episteme*. Porque deixar livre, *largar é algo* (Kierkegaard, 1846/2016) –, é gesto criador de *episteme*, i.e, de *ciência*. Ciência assim é um *ver* contido, pois também é *não-ver*. Ela não ensaia com vistas a um momento apoteótico, pois todo ensaiar é apoteótico – é divino. Dessa forma, toda filosofia de Kierkegaard é ela mesma uma ciência existencial, i.e, um ensaio vital, um saboreio da existência. A *psicologia como ensaio* é uma postura de *resistência* que areja os "ensaios de psicologia".

CONSIDERAÇÕES FINAIS

Tomar as considerações acima em termos de um saber (uma ciência) existencial significa assumir, humildemente, que se está a serviço da vida fática, ainda que não se perca de vista uma certa *expertise*, um conhecimento da vida humana nas condições históricas que a fundam. Essa ciência *inclina-se* sobre a vida humana particular e se interessa por seus interesses, *experimentando* a vida em seu acontecimento, inspirando-se no caminho do pensamento traçado por Kierkegaard e seguindo a pista deixada pelas tonalidades apresentadas em suas obras. Trata-se da investigação e do acompanhamento de disposições (universais) na sua dinâmica na existência (suas possibilidades singulares), os quais se relacionam, diretamente, com o problema do salto na existência, ou seja, com o problema do saber de si e da possibilidade de transformação. Essa ciência se abre não como "tratado", mas como experiência de pensamento.

A proposta de um saber em Psicologia como experiência do pensamento está presente em alguns filósofos, que defenderam e argumentaram a favor de uma Psicologia por acreditarem que essa área de estudo continha um especial e rico alcance justamente pelo fato de prescindir de um objeto constituído, posicionado e delimitado. Kierkegaard (Haufniensis), em *O conceito de angústia* (1844/2010), teceu considerações críticas sobre o modo como a Psicologia tomava seu objeto, bem como ao modo como essa ciência observava o seu fenômeno. Segundo o dinamarquês, os psicólogos de sua época tentavam estabelecer seu objeto por meio de algo da ordem do concreto. E foi exatamente essa tentativa que inviabilizou que esse saber se tornasse uma ciência. Haufniensis afirmou, ainda, que essa ciência tinha o direito, mais do qualquer outra, de se "embriagar com a variedade esfuziante da existência" e, por meio disso, estabelecer-se como saber. Como método, dizia o filósofo dinamarquês na voz de Haufniensis, a Psicologia dedicava-se a descrever, exaustivamente, o seu objeto e, depois, entregava-o à dogmática – ciência explicativa. Nessa mesma obra, defendeu a tese de que o objeto da Psicologia é a angústia como possibilidade para a possibilidade. Angústia, entretanto, não se constituiu como objeto substancializado nem passível de delimitação, pois dela só poderíamos alcançar as suas expressões.

Platão (*apud* Leão, 2013) afirma que quando tratamos de coisas prontas e acabadas, de objetos materiais, podemos dizer que só podemos dar o que temos. No entanto, quando nos referimos à realização dinâmica da vida, por desconhecer a sua realização na existência, não a temos, por isso podemos dá-la. Dar significa abrir um campo de possibilidades para que cada um possa conquistar a existência que é a sua. Assim, de modo análogo, também não podemos aqui dizer, definir, restringir o quê e o como das análises existenciais, mas podemos considerar a dimensão do papel e função da ideia na vida do homem, em toda a realização do real. Ideia, aqui, não é apenas representação e conceito, mas, também, é "doação de sentido da maneira de consignar e entregar o ser de tudo que é e está sendo" (Leão, 2013, p. 58). Ideia não no sentido como é entendido pela ciência moderna, ou seja, representação teórica, conceituação ou cálculo, mas no sentido platônico (Leão, 2013) como aquilo que ante a desconstrução das positividades teóricas encontra o nada e, no nada que se abre para a criação, encontra o caráter de poder ser que liberta o ser (pensamento) para as possibilidades. Por tudo isso é que dizemos que a tarefa do psicólogo existencial se aproxima muito mais de um ensaio do que de uma técnica.

Em *Meditações do Quixote*, Ortega y Gasset (1967) traz a seguinte definição de *ensaio*: "a ciência menos a prova explícita" (p. 45). Isso quer dizer que o ensaio é uma ciência que não pode apresentar a "prova" na forma de um objeto que assegure para outro a experiência do *provado*. Pois não haverá um produto, um resultado objetivo do ensaiado. O sabor da prova do ensaio não pode se tornar um objeto capaz de "comprovar" para um terceiro a experiência intrínseca ao saboreio do sabor. Se o 'terceiro' quiser *saber*, terá que saltar igualmente para dentro do *ensaio* do encontro a fim de perfazer a "saga" de uma solidão que não pode ser representada, "explicitada" objetivamente. Portanto, todo o encontro clínico é um "ensaio de psicologia" aberto sobre o saboreio apoteótico da *psicologia como ensaio*.

Concluímos, em diálogo com o pensamento de Kierkegaard, que a clínica psicológica existencial não compartilha da atividade psicoterapêutica como uma disciplina. Muito pelo contrário, a clínica existencial assume uma posição crítica a tal posicionamento e redireciona a clínica para um espaço (*éthos*) em que o psicoterapeuta não é protagonista, apenas é um dos participantes e, como tal, não pode indicar caminhos e medidas. O analista não tem nada de concreto, de moralizante, enfim de um saber que conhece o caminho. Esse analista só pode dar algo, justamente por que não possui algo a dar, como esclarece Leão (2013).

Logo, a clínica existencial como ideia, ensaio ou ciência existencial constitui-se como a oportunidade de abertura de espaço para outras possibilidades de realização. Trata-se da experiência grega de *aletheia*, que abre espaço para a verdade que traz consigo o poder de libertação para um nada criativo. Um nada que, ao desconstruir tudo, abre um espaço para que algo de novo possa aparecer, que reconhece o caráter incontornável da existência e, por isso, não tem pretensões de realizar diagnóstico, prevenção e cura por meio das instrumentalizações destinadas para esse fim.

Uma clínica que se coloca no lugar que compreende a existência como uma experiência que acompanha o mistério da vida.

REFERÊNCIAS BIBLIOGRÁFICAS

Barthes, R. (1989). *Aula*. Tradução: L. Perrone-Moisés. São Paulo: Cultrix.

González, D. (1998). Kierkegaard, filósofo. *Enrahonar*, v. 29, p. 103-108. Disponível em: http://ddd.uab.cat/pub/enrahonar/0211402Xn29/0211402Xn29p103.pdf. Acesso em: 10 abr. 2018.

Kierkegaard, S. A. (1953). *O banquete*. Tradução: A. Ribeiro. Lisboa: Guimarães Editores. (Original publicado em 1845)

Kierkegaard, S. A. (1967). *Søren Kierkegaard's journals and papers* (vol. 1 A-E). Tradução: H. V. Hong, E. H. Hong. Bloomington and London: Indiana University Press.

Kierkegaard, S. A. (1986). *Ponto de vista explicativo da minha obra como escritor*. Tradução: J. Gama. Lisboa: Edições 70. (Original publicado em 1859)

Kierkegaard, S. A. (2005). *As obras do amor*. Tradução: A. Valls. Petrópolis, RJ: Vozes. (Original publicado em 1847)

Kierkegaard, S. A. (2009). *A repetição*. Tradução: J. M. Justo. Lisboa: Relógio D'Água Editores. (Original publicado em 1843)

Kierkegaard, S. A. (2010). *O conceito de angústia*. Tradução: A. Valls. Petrópolis, RJ: Vozes. (Original publicado em 1844)

Kierkegaard, S. A. (2016). *Pós-escrito às migalhas filosóficas* (vol. 2). Tradução: A. L. M. Valls, M. M. de Almeida. Petrópolis, RJ: Editora Vozes. (Original publicado em 1846)

Leão, E. C. (2013). O ethos em Platão a partir do eidos. In: Bocayuva, I. (Org.). *Ethos na antiguidade*. Rio de Janeiro: Viaverita.

Nordentoft, K. (2009) *Kierkegaard's Psychology*. Tradução: B. H. Kirmmse. Eugene, OR: Wipf & Stock. (Original publicado em 1972)

Ortega y Gasset, J. (1967). *Meditações do Quixote*. Tradução: G. M. Kujawski. São Paulo: Livro Ibero Americano. (Original publicado em 1914)

Pessoa, F. (2013). *Poemas Completos de Alberto Caeiro*. Disponível em: https://www.luso-livros.net/. Acesso em: 10 abr. 2018.

Quintana, M. (2009). *Poesia completa*. Rio de Janeiro: Nova Fronteira.   Ribeiro, A. (1953). Apresentação. In: Kierkegaard, S. *O banquete*. Tradução: A. Ribeiro. Lisboa: Guimarães Editores.

LEITURAS RECOMENDADAS

Feijoo, A. M. L. C. (2017). *Existência & Psicoterapia: da psicologia sem objeto ao saber-fazer na clínica psicológica existencial*. Rio de Janeiro: IFEN.

Feijoo, A. M. L. C. et al. (2013). *O pensamento de Kierkegaard e a clínica psicológica*. Rio de Janeiro: IFEN.

Feijoo, A. M. L. C.; Protasio, M. M. (2014). *Angústia e repetição*. Rio de janeiro: IFEN.

Protasio, M. M. (2014). *Da genialidade sensível ao amor à norma: consciência e existência em Kierkegaard*. Rio de Janeiro: Mauad.

Protasio, M. M. (2015). *O si mesmo e as personificações da existência finita: comunicação indireta rumo a uma ciência existencial*. Rio de Janeiro: IFEN.

Gestalt-terapia

Adelma Pimentel
Anna Karynne Melo
Georges Daniel Janja Bloc Boris
Mônica Botelho Alvim

INTRODUÇÃO E CONTEXTUALIZAÇÃO

A Gestalt-terapia, terapia de inspiração existencial-fenomenológica, foi fundada por Frederick e Laura Perls, nos anos de 1950. Frederick (Fritz) Perls, nascido na Alemanha, depois de formado em Medicina, em 1926, teve contato com os principais psicólogos da Gestalt, tendo sido assistente de Kurt Goldstein no instituto dos soldados com lesão cerebral. Yontef (1998) assinala que Perls deve três influências na sua construção intelectual, a saber: a filosofia de Sigmund Friedlander, com os conceitos de pensamento diferencial e indiferença criativa; Smuts, com a noção de holismo; e Alfred Korzybski, com a semântica. Laura Perls, cofundadora da Gestalt-terapia e esposa de Perls, sofreu influência do existencialismo e da Psicologia da Gestalt.

Em concordância com as afirmações de Yontef, Loffredo (1994) indica que descrever historicamente o surgimento da Gestalt-terapia é uma tarefa de síntese de vários textos e trechos que estão espalhados nas diversas obras da Gestalt-terapia e do próprio Perls. Acrescenta que, em seu entendimento da história da Gestalt-terapia, esta é composta por variadas contribuições teóricas como a de Kohler, Goldstein e Lewin, para citar alguns, que apresentavam uma perspectiva holística e não associacionista do fenômeno psicológico e da discussão sobre percepção corporal com Reich. Ribeiro (1985) sistematizou as influências da Gestalt-terapia, indicando como filosofias da existência o Humanismo, o Existencialismo e a Fenomenologia e como teorias de base a Psicologia da Gestalt, a Teoria de Campo e a Teoria Organísmica e o Holismo.

Perls, em decorrência de sua fuga do nazismo, em 1934, muda-se para a África do Sul, fundando o Instituto Sul Africano de Psicanálise, em 1935. Nessa época, Perls ainda se nomeava e conduzia sua prática clínica pela teoria psicanalítica. Tellegen (1984) e Loffredo (1994) apontam que após a participação de Perls no Congresso Internacional de Psicanálise, em 1936, com a apresentação do trabalho intitulado "Resistências orais", ocorre o seu afastamento da psicanálise. Esse trabalho deu origem ao seu livro *Ego, fome e agressão*, editado em 1942. Nos escritos de Loffredo, temos que a Laura Perls considera essa obra um marco que põe a Gestalt-terapia como uma abordagem existencial-experimental com um ponto de vista holístico.

Na década de 1940, Perls e Laura migram para os EUA e fazem parte de um grupo de resistência política, em Nova York. Nesse grupo encontraram Paul Goodman, que posteriormente foi um autor importante para a Gestalt-terapia, escrevendo com Perls, Laura e Hefferline, além de outros colaboradores que compunham o chamado Grupo dos Sete, a obra *Gestalt-terapia*, em 1951. Nos EUA, Perls e Laura fundaram alguns institutos para a divulgação da Gestalt-terapia. Em 1970, Perls morre de um ataque cardíaco.

O início do movimento da Gestalt-terapia no Brasil deu-se no ano de 1972, em São Paulo, com *workshops* realizados por colaboradores estrangeiros. Posteriormente, em 1973, Thérèse Tellegen, Jean Clark Juliano, Walter da Rosa Ribeiro e Tessy Hantzschel organizaram grupos de estudo sobre a Gestalt-terapia. Walter Ribeiro, em 1977, propôs a primeira formação de Gestalt-terapia no Brasil, em Brasília. Mas só em 1981, em São Paulo, surge o primeiro grupo de Gestalt-terapia. Em 1986, ocorreu o primeiro Encontro de Gestalt-terapeutas do Rio de Janeiro, coordenado por Teresinha Mello (Prestelo, 2001; Holanda e Karwowski, 2004). Holanda e Karwowski acrescentam que um marco importante para a Gestalt-terapia no Brasil foi o lançamento do livro *Gestalt e grupos*, em 1984, de autoria de Thérèse Tellegen, e no ano seguinte, 1985, o *Gestalt-terapia: refazendo um caminho*, de Jorge Ponciano Ribeiro, em 1985.

Assim como nos EUA, no Brasil ocorreu o mesmo fenômeno de compreensão distorcida da Gestalt-terapia como uma abordagem apenas vivencial e desvinculada de fundamentação teórica, pois a terapia era apresentada por meio de *workshops* vivenciais e assumia a aparência de uma série de técnicas e práticas "milagrosas" (Alvim, 2014a). Com isso, a Gestalt-terapia ficou conhecida como uma terapia aplicada. Alguns profissionais

SEÇÃO III — PSICOLOGIA FENOMENOLÓGICA

se preocuparam (e ainda se preocupam) com essa visão equivocada e buscaram apresentar uma fundamentação teórica e metodológica (Prestelo, 2001).

Várias foram as influências sofridas por Perls e seus colaboradores na construção da Gestalt-terapia que apontam para uma convergência de um posicionamento fenomenológico-existencial. A partir de Kurt Goldstein, Laura Perls e Goodman, percebe-se uma influência da Psicologia da Gestalt e da Teoria Organísmica, bem como aproximações das ideias fenomenológicas de Brentano, Husserl e Merleau-Ponty. Nesse sentido, Fritz reconhecia a ênfase na autorregulação organísmica, na diferenciação figura-fundo e na ideia de situação inacabada, bem como a importância da atitude intencional fenomenológica na concepção de *awareness*, evidenciando um rompimento com uma perspectiva dicotômica entre organismo e ambiente, interno e externo, corpo e mente, sujeito e objeto etc.

De modo semelhante, as concepções gestálticas guardam proximidade com as filosofias de Kierkegaard (ênfase na subjetividade e na existência pessoal), Nietzsche (crença na potencialidade de autoatualização e de expressão da totalidade humana nos grupos vivenciais), Buber (o diálogo e o encontro como propiciadores do surgimento e do desenvolvimento de comunidades humanas) e Sartre (concepção de homem concreto e livre, compreendido como projeto, em contato com a realidade), articuladas num contexto psicoterapêutico desenvolvido por Perls e seus seguidores. Assim, destacamos a influência fenomenológica e existencial, especialmente no que se refere à concepção de homem como ser-no-mundo e à ênfase na experiência vivida na Gestalt-terapia.

A ESTRUTURA CONCEITUAL DA GESTALT-TERAPIA

A abordagem gestáltica tem como fundamento primeiro a noção de campo, sendo o conceito de *campo organismo/ambiente* ponto de partida para compreender o modo como é considerada a existência humana. Pensar em termos de campo envolve, em primeiro lugar, abandonar modos de pensar e de conhecer objetivistas, lineares e mecânicos-causais, em prol de uma perspectiva da existência como temporalidade e devir, como configuração de partes ou dimensões que interagem momentaneamente compondo uma totalidade. Essa totalidade – que pode ser denominada forma, estrutura ou Gestalt – é efêmera e inapreensível objetivamente, visto que é processo temporal, que se desdobra e transforma.

O campo organismo/ambiente é a estrutura básica da experiência humana, dada sempre no mundo e envolve dimensões física, vital ou animal e sociocultural que se implicam mutuamente na existência humana, de modo que todo e qualquer sentimento, pensamento ou ação resulta da interação complexa dessas dimensões. A barra traçada entre os termos organismo e ambiente indicam que o campo não é uma simples soma de organismo e ambiente, mas é composto por um encontro de forças que interagem e se transformam, durante a experiência temporal (Alvim, 2010).

Desse modo, o conceito de *fronteira de contato* aponta para uma demarcação temporal e não espacial, indicando o início do processo de contato, momento em que há a experiência da novidade ou diferença no campo organismo/ambiente.

O *contato*, conceito central da Gestalt-terapia, envolve um desequilíbrio de forças no campo, dado pela percepção do novo ou estranho a si e um movimento de reequilibração, um processo denominado *ajustamento criativo*. Esse conceito, que pode sugerir algo paradoxal, unindo em um mesmo termo uma dimensão de ajustamento e outra de criação, reflete, em realidade, forças de diferentes dimensões. A dimensão de ajustamento refere-se à dimensão animal ou vital, que confere ao organismo uma tendência de autorregulação dada por um sistema fisiológico de preservação da vida. A dimensão da criação refere-se à capacidade humana de transformar o que se apresenta, podendo ser relacionada, no âmbito da Gestalt-terapia, ao conceito de *agressão* proposto por Perls (1942/2002).

A Gestalt-terapia propôs uma *teoria do self*, que consistiu em uma proposta revolucionária no contexto da psicologia nos anos 1950, pois descentralizou o *self*, situando-o no campo, na existência no mundo, concebido como não passivo ou sujeito a determinações, fossem inconscientes ou sociais. Com base em uma concepção temporal, o *self* ou sujeito não é compreendido pela Gestalt-terapia como ente ou instituição fixada, mas como devir, assumindo diferentes formas ao longo do processo de ajustamento criativo. Tais formas, que foram denominadas "aspectos do *self*" por Perls, Hefferline e Goodman (1997, p. 183) se desdobram como id, ego e personalidade e podem ser ditas função-*self*, pois são expressas como modos de funcionamento assumidos durante a experiência no campo e que variam em níveis sensório, motor e categorial (Alvim, 2014a, p. 235). No modo id de funcionamento, predomina o sistema sensório, sendo o elemento principal o corpo enquanto sistema perceptivo e proprioceptivo, indiferenciado do campo. A experiência é de dispersão e de certa passividade, com um estado predominante de não consciência, ou seja, não há sentimento de eu diferenciado do mundo. É desse fundo indiferenciado e pleno de possibilidades que nasce um excitamento que direcionará a ação, envolvendo o modo de funcionamento ego. Esse modo passa a existir quando alguma das possibilidades e necessidades se torna dominante, mobilizando uma ação motora, acionando-se, assim, a dimensão motora do corpo que age e assume uma forma mais ativa, com uma sensação mais definida de "eu", deliberando de modo não racionalizado e de acordo com a situação, caracterizando o que a Gestalt-terapia define como espontaneidade, ou seja, um "modo médio" de ação, nem ativo, nem passivo, mas intermediário entre esses extremos (Alvim, 2014a). A esse respeito, Perls, Hefferline e Goodman afirmam:

> A espontaneidade é o sentimento de estar atuando no organismo/ambiente que está acontecendo, sendo não somente seu artesão ou seu artefato, mas crescendo dentro dele (...) é um processo de descobrir-e-inventar à medida que prosseguimos, engajados e aceitando o que vem (...) numa posição equidistante dos extremos (nem ativo nem passivo), uma imparcialidade criativa. (1997, p. 182)

Desse modo, criar é inventar e descobrir, atividade e passividade, ação-que-sofre, o que, para ser bem compreendido, exige abandonar a ideia dicotômica de um indivíduo separado do mundo e assumir uma perspectiva de campo a partir da qual o campo é o começo, o fundo de onde tudo se origina.

A noção de *awareness* é central para a Gestalt-terapia. Para Alvim (2014b), deve-se distinguir *awareness* da ideia de consciência como representação, reflexão, conhecimento ou juízo (p. 13), propondo conotá-la como "saber da experiência". Ela afirma que essa noção está envolvida com a percepção e a formação espontânea de formas, nesse processo de "descobrir-e-inventar", quando estamos engajados na situação e abertos para aceitar a experiência do modo como ela se apresenta. A *awareness* pode ser compreendida como o processo de configuração espontânea de formas que emerge do campo organismo/ambiente, envolvendo sensação, excitamento e formação de *gestalten*, dimensões que indicam um movimento de abertura ao campo e afetação pelo que se apresenta, o que gera excitamento e formação de uma figura. A formação de *gestalten* – figura sobre o fundo indiferenciado do campo – pode ser compreendida como configuração de sentido para a experiência vivida no tempo e espaço presente, o *aqui e agora*, outro conceito da Gestalt-terapia.

Compreende-se, em Gestalt, que o movimento dos indivíduos no meio envolve contato e retraimento, abertura e fechamento, num ritmo de formação e dissolução de figuras que se sucedem infinitamente, e que é orientado pelo fluxo de *awareness*. Esse processo acontece no aqui e agora e, quando cada figura é focalizada e se delineia bem e completamente, destacando-se do seu fundo, diz que há *awareness*, ou seja, a situação foi vivida inteiramente, o contato foi orientado pela necessidade dominante na situação (Ribeiro 1997).

Clarkson (1989, p. 27) fala da atualização organísmica se dando em um ciclo espontâneo, no qual uma figura dominante emerge de um fundo indiferenciado, mobiliza energia e concentra nela toda a atenção. Após sua satisfação e fechamento, por uma ação e contato com o meio, ela vai desaparecendo aos poucos no fundo, deixando a energia vital livre para investimento em uma outra situação, para a formação de uma nova figura. Essa ideia de ciclo processual de contato está envolvida em vários modelos teóricos que o descrevem. Perls, Hefferline e Goodman (1997) descrevem as fases do processo de ajustamento criativo; Joseph Zinker propôs o ciclo consciência-excitação-contato; Petrusca Clarkson descreveu o ciclo de formação e destruição de *gestalt*; Jorge Ponciano Ribeiro sistematizou o ciclo do contato e de fatores de cura; Giles Delisle descreveu o ciclo da experiência. Todos são modelos abstratos para representar e descrever os passos do processo de formação e destruição de figuras – o processo de contato e *awareness*.

Na fase final desse processo, o sistema *self* assume o modo personalidade, que envolve atividade categorial, de formação de representações simbólicas a partir da experiência de contato. Constitui-se na parte da experiência que foi integrada ao eu, compondo aquilo que alguém considera como si mesmo. Em situações ideais de funcionamento, as representações permaneceriam no fundo, sendo reformuladas sempre que envolvidas em um novo processo de contato, em uma nova experiência vivida.

A existência humana consiste, assim, no contato, essa sequência infinita de ajustamentos criativos. Quanto mais livre for o fluxo de *awareness*, maior será a capacidade plástica do organismo de criar novas formas a partir do campo, na espontaneidade da interação com o mundo e com o outro. Isso significa que a dimensão de criação está plena em sua potência. A interrupção desse fluxo caracteriza perda de potência de vida e o predomínio de uma existência pautada pelo ajustamento, sem espontaneidade, desconectada da situação de interação e distanciada da capacidade criadora e plástica. Desse modo, a literatura gestáltica caracteriza a neurose como interrupção sistemática e repetida do processo do contato.

A compreensão da neurose em Gestalt-terapia

A Gestalt-terapia compreende que, quando as pessoas não se movem de maneira fluida no ciclo de contato para satisfazer suas necessidades, o evento fica inacabado, bloqueando a energia vital; as energias disponíveis e os recursos fisiológicos ficam como que congelados em torno da situação inacabada.

Na neurose, uma forma habitual do passado não mais se atualiza a partir da situação presente e se mantém fixada ocupando o tempo-espaço presentes, impedindo o fluxo temporal e gerando uma ação automatizada e repetitiva. É nesse sentido que Perls, Hefferline e Goodman (1997) caracterizam a neurose como substituição da função ego por uma fisiologia secundária, ou seja, a espontaneidade motora do ego dá lugar a uma ação similar a um funcionamento fisiológico, automático e involuntário. Segundo Clarkson,

> para os gestaltistas o termo doença (**dis-ease**) descreve uma condição na qual a pessoa não está funcionando completamente, para enfatizar o processo de não estar "at-ease", ou não estar em harmonia. Quando alguém está doente, não está se experimentando como pessoa inteira, em boa relação psicológica e fisiológica com seu meio. Ela não está efetivamente desenvolvendo o fluxo de **awareness** com facilidade. Doença e saúde ocorrem quando o processo de formação – destruição – reforma de **gestalt** foi perturbado. (1989, p. 41)

Perls (1988) trata a neurose como um distúrbio de fronteira e traz a ideia de que os vários tipos de distúrbios interagem para produzir determinado comportamento neurótico. Segundo ele, os distúrbios neuróticos surgem da incapacidade do indivíduo em encontrar e manter o equilíbrio adequado entre ele e o resto do mundo. As neuroses, distúrbios de limites, operariam por intermédio dos processos de interrupção do contato.

Desse modo, o conceito de neurose está intimamente relacionado ao processo de satisfação de necessidades e à capacidade do organismo de identificar necessidades, hierarquizá-las e agir no sentido de satisfazê-las, uma de cada vez. Segundo Perls (1988, p. 23-24):

> Se várias necessidades se originam simultaneamente, (...) a necessidade dominante do organismo se torna a figura e outras necessidades recuam, pelo menos temporariamente, para o segundo plano (...) para que o indivíduo satisfaça suas necessidades, feche a gestalt, passe para outro assunto, deve ser capaz de manipular a si próprio e ao seu meio, pois mesmo as necessidades puramente fisiológicas só podem ser satisfeitas mediante a interação do organismo com o meio.

Na neurose, a capacidade de organizar o comportamento de acordo com uma hierarquia de necessidades está prejudicada ou perdida; o indivíduo perde a habilidade de distinguir, no meio, aqueles objetos com valência positiva, ou seja, que representam possíveis meios de satisfação de necessidades, daqueles com valência negativa, desorganizando seu movimento de contato e afastamento, aceitação e rejeição. "O neurótico não pode decidir quando participar e quando fugir porque todas as vivências inacabadas de sua vida, todas as interrupções do processo contínuo, perturbaram seu sentido de orientação e ele não é mais capaz de distinguir dentre os objetos e pessoas do meio, os que têm valência positiva ou negativa" (Perls, 1988, p. 38). Assim, ele está incapacitado para ir ao encontro de suas necessidades, não sabe sequer discriminar claramente suas necessidades.

Cada mecanismo neurótico está interligado com os outros e eles estão funcionalmente inter-relacionados. Para Clarkson (1989, p. 46): "A doença pode ser vista como um distúrbio no fluxo do ciclo de formação e destruição de Gestalt. A ordem ou sequência na qual os mecanismos neuróticos se desdobram implica que outras fases do ciclo serão impedidas, dificultadas ou impossibilitadas de se completar".

SEÇÃO III — PSICOLOGIA FENOMENOLÓGICA

A autora descreve o processo de interrupção desse ciclo de contato e ressalta o fato de que, de acordo com o contexto em que ocorrem, podem exercer uma função saudável – autorreguladora, ou não saudável –, impeditiva do contato.:

> Estes mecanismos são, algumas vezes, chamados de distúrbios de fronteira, desde que sejam vistos como fixações que interferem com o funcionamento saudável do self criativo na fronteira organismo/ambiente. Podem ser vistos também como atos autorreguladores e incluem funções defensivas. (Clarkson, 1989, p. 45)

De acordo com Perls (1988), esses processos só são neuróticos quando são utilizados crônica e inapropriadamente. Todos eles são úteis e saudáveis quando autenticamente escolhidos para serem utilizados temporariamente em circunstâncias particulares, por escolha, não por compulsão.

Polster e Polster (1979) denominam as interrupções do contato de "canais de interação resistente", o que sugere, a princípio, uma limitação funcional dos distúrbios no nível de autorregulação. O contato pleno só aconteceria se a pessoa percebesse o ambiente favoravelmente; caso contrário, para se regular, optaria por um dos cinco canais de interação resistente. Tal visão corrobora as visões de Perls e de Clarkson de que os distúrbios não seriam, *a priori*, patológicos.

> O que geralmente passa por resistência não é uma barreira mal definida a ser removida, mas uma força criativa para controlar um mundo difícil (...) todo mundo dirige a sua energia para ter um bom contato com o seu ambiente ou para resistir a ele; se a pessoa sente que os seus esforços serão bem-sucedidos, confrontará esse ambiente com vontade, confiança e coragem. Se seus esforços não lhe dão aquilo que quer, fica paralisada com toda uma lista de sentimentos desagradáveis e desvia de inúmeras formas a sua energia, todas essas formas reduzindo as possibilidades de uma interação plena com seu meio ambiente. (Polster e Polster, 1979, p. 63, 78)

Os processos de interrupção do contato são longamente descritos e estudados na literatura *gestáltica*. Perls, Hefferline e Goodman (1997) descreveram cinco tipos de interrupção. Em uma perspectiva temporal, diferencia cada um de acordo com o momento do contato quando ocorre a interrupção do fluxo. Esses processos receberam, posteriormente na literatura gestáltica, diversas denominações: distúrbios de fronteira (Perls, 1988; Clarkson, 1989); canais de interação resistente (Polster e Polster, 1979); mecanismos neuróticos e distúrbios de limites (Perls, 1988) e bloqueios do contato (Ribeiro, 1997).

Schillings (2014) corrobora a perspectiva não patologizante das interrupções de contato e descreve os cinco tipos propostos por Perls, Hefferline e Goodman (1997): confluência, introjeção, projeção, retroflexão e egotismo.

O MÉTODO CLÍNICO DA GESTALT-TERAPIA

Linhas gerais e princípios do trabalho clínico

A clínica da Gestalt-terapia tem como principal objetivo a retomada do *continuum de awareness*, de modo que o processo de contato se desenvolva com fluidez, proporcionando o movimento plástico de formação de formas a partir da experiência no mundo com o outro.

A situação clínica é considerada um campo composto por terapeuta e cliente em interação e diálogo, ou seja, uma situação real de contato, em que são vividas experiências de fronteira, formação de figuras, ajustamento criador etc. O método clínico preconiza "concentrar-se na estrutura da situação concreta" e "trabalhar a unidade e a desunidade dessa estrutura da experiência aqui e agora" (Perls, Hefferline e Goodman, 1997, p. 46).

Trabalhar com a experiência aqui e agora

Trabalhar com a experiência aqui e agora é uma proposta fundante no trabalho clínico da Gestalt-terapia, mais que uma técnica ou método. A noção de aqui e agora aponta para a concepção fenomenológica de que o sentido dos fenômenos tem origem na experiência no mundo com o outro. O interesse da terapia está focado na experiência vivida agora (com presença) aqui nesta situação, neste campo, onde o terapeuta deve se engajar e concentrar com sua própria presença. Michael Vincent Miller propõe que "ficar com a vital atualidade deste momento" é "princípio estético de transformação e posição ética", definindo o que ele chama de uma estética do comprometimento (Miller, 2002).

Tal como compreendemos, comprometer-se com a experiência aqui e agora significa um convite ao encontro na presença, um convite para permanecer com aquilo que está dado no campo, sentindo o que acontece e como isso afeta e transforma, se gera movimentos espontâneos em direção ao futuro próximo, ao momento seguinte. Corroboramos a ideia de Miller de que este seja um princípio estético, uma vez que busca o contato com o mundo tal como ele nos é dado pela experiência sensível, e não pela consciência reflexiva. Consideramos igualmente que essa seja uma posição ética, pois afirma a singularidade de cada situação e a legitimidade de experienciar e criar a partir do campo, a partir daquilo que emerge e nos afeta.

Assim, a primeira realidade é o contato no campo organismo/ambiente, tudo deve ser primeiramente considerado como começando na fronteira: encontrar a diferença, a novidade, o outro, ser afetado e desequilibrado, movendo-se espontaneamente da afetação para a criação. O foco da terapia deve ser dirigido para a experiência vivida agora nesse campo, experiência que está configurada de uma certa forma em formação, expressando um sentido nascente, emergindo daquela situação.

Ouvir a forma e a expressão do sentido: os critérios estéticos

Tal como proposto por Laura Perls, os conceitos da Gestalt-terapia são filosóficos e estéticos, e os critérios estéticos estão na base do nosso trabalho clínico de atenção à forma. Trabalhar a unidade e a desunidade da estrutura aqui e agora implica um tipo de escuta sensível que permita ao terapeuta perceber o modo como a experiência é vivida e expressa nesse diálogo: brilho, vigor, intensidade, tom, ritmo, unidade ou desunidade entre o conteúdo da fala e a forma, o que se dá por uma postura que Alvim (2014a) denomina experiência estética. O trabalho se baseia na percepção sensível e corporal, não é interpretativo ou explicativo, não recorre a elementos extrínsecos de decifração, não se apoia em um pensamento racional. Por isso, diz-se que a Gestalt-terapia está interessada no como, e não no porquê.

Para a compreensão de determinado fenômeno, interessa à Gestalt a inter-relação entre a figura e o fundo, isto é, o desvelamento de aspectos objetivos e subjetivos, dos fatores subjacentes que estão contribuindo para determinada configuração. A figura dá forma às necessidades emergentes no campo e o aspecto daquilo que é percebido está relacionado à necessidade do sujeito, sempre envolvida com a situação. "Só o claro reconhecimento da figura dominante, para mim, num dado instante, permitirá a satisfação de minha necessidade e, depois disso, sua dissolução (ou retração) tornar-me-á disponível para uma nova atividade física ou mental" (Ginger e Ginger, 1995, p. 39).

O experimento (ação) e o resgate da atualidade da experiência

É com base na compreensão de que a neurose implica um agir automatizado, ao modo de uma fisiologia secundária, desconectado do campo e da espontaneidade, que o objetivo da terapia é ampliar a *awareness* e a capacidade do próprio sujeito de perceber a atualidade de sua experiência aqui e agora, a partir da situação terapêutica.

A utilização de experimentos no contexto da terapia é parte integrante do método clínico da Gestalt-terapia. O experimento é um dos modos de intervenção terapêutica que visam trazer a experiência aqui e agora para o primeiro plano, convidando o cliente para um engajamento corporal e sensível na situação presente, buscando um espaço de ação expressiva no diálogo com o terapeuta, que o permita perceber-se na ação. "O experimento precisa ser a expressão viva da dimensão de contato que o cliente pode fazer com ele mesmo no mundo, naquele momento (...) gerando um espaço criativo onde ele se torna seu próprio instrumento de trabalho", afirma Ribeiro (2006). O trabalho psicoterápico busca a formação de uma Gestalt vigorosa, uma integração criativa da experiência (Perls, Hefferline e Goodman, 1997).

A neurose envolve uma sensação crônica de emergência de baixa intensidade, uma sensação de perigo desconectada da realidade. Perls, Hefferline e Goodman (1997) propõem que a terapia "provoque uma situação de emergência segura concentrando-se na situação concreta (...) concentrar-se em uma emergência de alto grau existente a qual o paciente pode realmente enfrentar e desse modo crescer" (p. 96). De acordo com Robine (2006), esse novo contexto seguro e experimental favorece a criação de novas formas de responder à situação.

Para isso, é fundamental que ele possa encontrar na relação terapêutica um tipo de acolhimento e suporte que lhe permita perceber-se na experiência de contato com o outro e abrir-se para o risco de experienciar a novidade e a estranheza.

O processo de grupo gestáltico

Devemos lembrar que a Gestalt-terapia iniciou sua prática como psicoterapia individual e, apenas posteriormente, passou a aplicar suas propostas aos grupos, a ponto de vir a ser conhecida por alguns como uma abordagem eminentemente grupal. Conforme Shepard (1977b), um dos biógrafos de Fritz Perls, as primeiras referências ao seu trabalho com grupos datam do período de dez anos (1946-1956) em que viveu em Nova York. Seu trabalho mais sistemático com grupos parece efetivar-se no início da década de 1950, também em Nova York, quando fundou, com a esposa, Laura, o primeiro instituto de Gestalt-terapia, no qual ofereciam grupos de capacitação de psicoterapeutas.

Em 1967, Fritz publicou *Terapia de grupo versus terapia individual*, texto hoje clássico, em que critica a psicoterapia individual, questiona a psicoterapia de grupo e propõe os *workshops* de Gestalt-terapia:

> (...) de fato, cheguei à conclusão que toda terapia individual é obsoleta e deveria ser substituída por workshops, de Gestalt-terapia. Em meus workshops agora integro o trabalho individual e grupal. Entretanto, isto somente tem resultado com o grupo se o encontro do terapeuta com o paciente individual dentro do grupo for efetivo. (Perls, 1977b, p. 29)

Essas declarações de Fritz revelam muito de sua concepção sobre o trabalho com grupos. Inicialmente, percebemos que ele restringe as vantagens do trabalho grupal sobre o individual pelo fato de ser mais econômico, além de ser igualmente ineficiente. Entretanto, a "economia" do trabalho grupal não se limita ao seu preço, geralmente mais barato, mas ao fato de poder mais facilmente ser usufruído por maior número de pessoas e de tratar de questões mais amplas e compatíveis com a realidade sociocultural. Sua ineficiência e superficialidade também são questionáveis, dependendo da disponibilidade dos participantes grupais de se aprofundar em suas questões e da habilidade facilitadora e cooperativa do psicoterapeuta. A profundidade da psicoterapia grupal requer maior confiança, tempo e habilidade, pois lidamos com as atualidades existenciais dos vários participantes. Fritz também destacava, em seus *workshops*, a prioridade da relação interindividual entre o psicoterapeuta e o participante grupal sobre qualquer outra. Essa é uma perspectiva isolacionista e concentradora, várias vezes criticadas por ele mesmo em outros profissionais. Perls parecia não confiar na capacidade "terapêutica" e facilitadora do grupo (que frequentemente sobrepuja as intervenções do psicoterapeuta) e deixava de aproveitar as qualidades potenciais do grupo como vivência comunitária, dialógica e cooperativa.

Por outro lado, avançou numa perspectiva comunitária e cooperativa com a fundação da comunidade de Cowichan, no Canadá (da qual infelizmente pouco usufruiu por conta de sua morte, em 1970), criando um espaço propício à vivência psicoterápica e ao trabalho conjunto, visando à manutenção e ao cuidado das necessidades coletivas: "a divisão entre a equipe e os participantes será superada. O principal é o espírito de comunidade propiciado pela terapia – vamos chamá-la assim por enquanto, na falta de uma expressão melhor" (Perls, 1977a, p. 106). Posteriormente, reconheceu parcialmente os limites de sua proposta de trabalho grupal: "basicamente, o que eu estou fazendo é uma terapia individual em contexto de grupo, mas não se limita a isto. Muitas vezes, o que acontece num grupo acontece por acontecer" (p. 105).

Ainda no tocante à crítica à prática de Fritz com grupos, podemos destacar que Yontef (1987) questionou sua proposta e atitude em relação aos participantes de seus grupos:

> (...) a *awareness* cândida e ingênua do paciente e o comportamento resultante dessa *awareness* parcamente desenvolvida eram frequentemente considerados com desrespeito e suspeita. (...) A terapia era muitas vezes encarada não como uma aventura cooperativa do terapeuta e do paciente, mas, sim, como uma aventura entre adversários. (p. 9)

Consequentemente,

> a Gestalt-terapia foi muitas vezes erroneamente igualada a um estilo e ponto de vista específicos sobre terapia de grupo. O estilo que Fritz usou nos últimos dez anos de sua vida era estritamente um modelo de trabalho um-a-um com o terapeuta no grupo (modelo da "cadeira quente"), com os outros participantes como meros observadores (...). Os modelos de relação com o grupo eram como os raios de uma roda, com o terapeuta no centro e toda interação passando por ele. (p. 12-13)

SEÇÃO III — PSICOLOGIA FENOMENOLÓGICA

Especialmente após a morte de Perls, em 1970, a proposta de trabalho com grupos em Gestalt-terapia vivenciou uma crise e, partindo de uma perspectiva de grupo individualmente orientado, suas limitações foram cada vez mais reconhecidas; consequentemente, foram sendo propostas mudanças na concepção dos grupos gestálticos. Os grupos de modelo um-a-um passaram a ser percebidos como muito tensionantes e extensos para que a experiência intrapessoal fosse assimilada e integrada; muitos participantes, mais do que uma cura para suas neuroses, desejavam apenas conhecer-se um pouco mais e se relacionar melhor entre si. Kepner (1980) conclui que "este tipo de processo de grupo, (...) entre outras coisas, reforça o *culto do indivíduo*, e cria no relacionamento entre membros e líderes uma dependência do líder" (p. 15). Com base nessas constatações, nasceu o modelo de crescimento pessoal, que incluía experiências de aprendizagem e mudança psicológica. A ênfase passou, cada vez mais, dos indivíduos aos relacionamentos interpessoais dentro do grupo. Entretanto, nesse modelo, o líder ainda mantém um papel central durante o processo grupal, e os membros tendem a sair dessas experiências com a crença de que é suficiente se expressarem e serem responsáveis por si mesmos com o fim de criar uma vida pessoal, uma família, uma equipe de trabalho ou uma comunidade melhor. Essa crença é não apenas ingênua, mas disfuncional, porque negligencia a realidade do meio social em que estamos insertos (p. 15-16).

Nesse contexto, deve-se destacar o papel do grupo como instância humana, como mediador entre a particularidade individual e a totalidade social, bem como, dentro do grupo, o papel do psicoterapeuta como facilitador de atitudes cooperativas entre os participantes, propiciando sua detecção e inclusão na comunidade ou totalidade grupal. Sem dúvida, os grupos como comunidades de aprendizagem cooperativa não são uma panaceia para todos os males. Entretanto, são uma forma efetiva de atuação para psicólogos, educadores, psicoterapeutas e outros profissionais comprometidos com a transformação social, a fim de facilitar a essas comunidades humanas, os grupos, a conscientização de sua alienação e vitimização à manipulação consumista e às relações de dominação. Ou seja, quando bem conduzidos por facilitadores conscientes de tais riscos e perigos, podem vir a ser formas de resistência às tendências sociais desagregadoras. O trabalho grupal exige toda nossa atenção, afeto, dedicação, estudo e conhecimento acerca dos seres humanos e dos fenômenos característicos aos grupos e a sua realidade sócio-histórica concreta.

Portanto, devemos ter claro que

> (...) encaminhar o processo grupal em direção à realização do projeto grupal básico, a sua razão de ser explícita (o que não exclui a existência de objetivos implícitos concordantes ou conflitantes com a tarefa básica) requer uma série de decisões. É preciso estabelecer quem participa, como se estruturam os trabalhos e qual o tipo de intervenções que podem favorecer a produtividade do grupo. São decisões que devem se nortear sobretudo pela correspondência com a tarefa e só secundariamente por teorias e técnicas. (Tellegen, 1984, p. 76)

Cremos que o grande dado novo a respeito do processo de grupo gestáltico é a confiança no poder do grupo como outro facilitador que interfere, intervém, interrompe e transforma, assumindo um papel que, de início, é privativo do líder, mas, pouco a pouco, transforma-se em um fundo disponível às necessidades grupais e em um efetivo facilitador de uma verdadeira comunidade de aprendizagem cooperativa.

Ribeiro (1994) desenvolveu uma grande sistematização propondo uma teoria de grupos com base nos conceitos e método da Gestalt-terapia.

A PESQUISA NA PÓS-GRADUAÇÃO EM CLÍNICA E SUAS INTERFACES

No Brasil, entre os anos 1970 e 1990, a Gestalt-terapia foi sendo implantada no currículo de alguns cursos de Psicologia de instituições educacionais públicas (estaduais e federais) e privadas. A especialização em Gestalt-terapia se dava no modelo de formação, oferecida por professores que atuavam como formadores e ainda por institutos privados de formação, constituindo um tipo de expansão muito gradual da abordagem no âmbito acadêmico, que acontecia, quando presente, restrito à graduação, praticamente sem investimentos na pesquisa e pós-graduação, que ficou praticamente limitada aos modelos informais e privados de formação.

As pós-graduações em Psicologia contemplam modalidades de especialização (*latu sensu*) e de mestrado e doutorado (*stricto sensu*). A regulamentação das especializações prescinde da autorização do Ministério da Educação; entretanto, as pós-graduações *stricto sensu* requerem, indispensavelmente, que as instituições proponentes sejam credenciadas pelo Ministério da Educação (MEC) e pela Coordenação de Aperfeiçoamento de Pessoal de Nível Superior (Capes), o que reduz a oferta desses cursos no Brasil, sobretudo para evitar a proliferação do comércio de diplomas.

No âmbito das especializações *latu sensu*, o Conselho Federal de Psicologia (CFP), durante o período de 2008 a 2015, credenciou cursos para emitir títulos de especialistas nas diversas áreas da psicologia, o que foi suspenso por uma norma do MEC que vetou essa prática. Durante esse período, 13 institutos privados de formação, em todas as regiões do Brasil foram credenciados e conferiram o título de especialista em Gestalt-terapia. Os indicadores descritos no *site* do conselho incluem o núcleo formador, o curso, a especialidade, a localidade e a validade do credenciamento.

As linhas de pesquisa na pós-graduação *stricto senso* são balizas que organizam os campos epistemológico e metodológico e as problemáticas de investigação dos pesquisadores, docentes e discentes vinculados.

Atualmente, alguns cursos de mestrado e doutorado têm linhas de pesquisa de orientação fenomenológica, em que há acolhimento e orientação de projetos fundamentados na perspectiva gestáltica, além do fato de alguns pesquisadores da Gestalt-terapia estarem inseridos em linhas de pesquisas diversas, no campo da clínica, saúde, educação, social, uma vez que a Gestalt-terapia, durante seu desenvolvimento, ampliou seu campo de atuação da clínica para outros campos aplicados da psicologia.

A partir do final do século XX e primeiras décadas do século XXI, a graduação em psicologia teve influência da atualização da compreensão da clínica, ajustada pela elaboração da política pública da clínica ampliada com os princípios de realizar o trabalho em saúde privilegiando a prevenção, o fortalecimento da equipe interdisciplinar nas unidades básicas, o trabalho psicossocial, a oferta da psicoterapia em grupo etc. Todas essas mudanças favoreceram a criação de dispositivos de renovação do método clínico e de ensino, fato que envolveu também a Gestalt-terapia, que passou a constituir-se como área de estudos e pesquisa acadêmica (Pimentel, 2005; Holanda e Karwoski, 2004)

A partir da consulta a bases de dados diversas, localizamos alguns programas de pós-graduação em psicologia que têm, em seu corpo docente, pesquisadores filiados à Gestalt-terapia, desenvolvendo pesquisas e orientações de dissertações de mestrado e teses de doutorado em sete universidades brasileiras: Universidade de Brasília (UnB), Programa de Pós-Graduação em Psicologia Clínica e Cultura, com o Prof. Dr. Jorge Ponciano Ribeiro; Universidade Estadual do Rio de Janeiro (UERJ), Programa de Pós-Graduação em Psicologia Social, com as Profas. Dras. Alexandra Cleopatre Tsallis e Laura de Toledo Quadros; Universidade de Fortaleza (UNIFOR), Programa de Pós-Graduação em Psicologia, com o Prof. Dr. Georges Daniel Janja Bloc Boris e a Profa. Dra. Virginia Moreira; Universidade Federal do Pará (UFPA), Programa de Pós-Graduação em Psicologia, com a Profa. Dra. Adelma do Socorro Gonçalves Pimentel; Universidade Federal do Paraná (UFPR), Programa de Pós-Graduação em Psicologia, com os docentes Prof. Dr. Adriano Furtado Holanda e Profa. Dra. Joanneliese Lucas de Freitas; Universidade Federal do Rio de Janeiro (UFRJ), Programa de Pós-Graduação em Psicologia, com a Profa. Dra. Mônica Botelho Alvim; Universidade Federal de Santa Catarina (UFSC), Programa de Pós-Graduação em Filosofia, com o Prof. Dr. Marcos José Müller .

Os dados encontrados demonstram avanços em relação ao que foi apontado em Holanda e Karwoski (2004), que identificaram algumas dissertações de mestrado e teses de doutorado em Gestalt-terapia produzidas no Brasil no período de 1982 a 2002, que totalizaram 35 obras. O trabalho indica que havia concentração de trabalhos em alguns poucos programas de pós-graduação, em sua ampla maioria na região Sudeste.

A partir de uma análise qualitativa breve dos resumos de trabalhos de dissertação e tese realizados nessas instituições, assim como das temáticas de pesquisa dos orientadores, identificamos aproximadamente 25 temas que foram agrupados conforme a Tabela 23.1.

Em consulta parametrizada no Diretório de pesquisas do Conselho Nacional de Desenvolvimento Científico e Tecnológico (CNPq), usando a palavra-chave "Gestalt-terapia", foram encontrados oito grupos de pesquisa, mas apenas dois deles contemplam a Gestalt-terapia no título do grupo. Todos os demais fazem referência a abordagens fenomenológicas, existenciais e humanistas. Os grupos estão localizados em: Faculdades Alves Faria, Universidade Federal do Acre, Universidade do Estado do Rio de Janeiro, Universidade Ceuma, Universidade Federal do Maranhão, Universidade Federal da Paraíba, UFPA, Universidade Federal do Maranhão. Há outros dois grupos de pesquisa não cadastrados no diretório do CNPq, um na UFRJ e outro na UERJ.

Outro indicador expressivo e importante da expansão da Terceira força em Psicologia, na qual a Gestalt-terapia se alinha foi a criação, no ano de 2014, na Associação Nacional de Pesquisa e Pós-graduação em Psicologia (ANPPEP), do Grupo de Trabalho (GT) Psicologia e Fenomenologia, com quinze pesquisadores, coordenado por Adriano Furtado Holanda da UFPR, onde há vários pesquisadores da Gestalt-terapia.

Na proposta do GT, Holanda apresentou uma exposição sobre a atualização da concepção da clínica psicológica, que se considera adequada às práticas gestálticas:

> A clínica não mais se caracteriza pelo *lugar* onde acontece (seja este um consultório privado ou outros "lugares") ou pela concepção psicopatológica e intrapsíquica do fenômeno psicológico, como tradicionalmente tem sido considerada. Considera-se a clínica como o espaço de *apresentação* da humanidade do humano, em suas múltiplas expressões, particularmente pelo contexto do *sofrer e do sofrimento*, que passam a ser vistos na sua diversidade de expressões, contextualizados numa historicidade e concebidos num horizonte de sentidos

Tabela 23.1. Temas de pesquisas na pós-graduação em psicologia nos últimos cinco anos

Corpo (3)	Corpo e corporeidade; Corpo; Cidade e Corpo
Desenvolvimento (2)	Envelhecimento masculino; Envelhecimento
Diálogos com a arte (1)	Gestalt-terapia, fenomenologia e arte
Diversos (1)	Acessibilidade e deficiência
Famílias (2)	Configurações familiares contemporâneas; Conjugalidade;
Formação clínica (1)	Formação do Gestalt-terapeuta
Gênero (4)	Famílias homoeróticas; Gênero (2); Transexualidade
Infância (4)	Criança e o brincar na contemporaneidade; Gestalt-terapia com crianças; Infância; Educação infantil
Maternidade (2)	Maternidade e mulheres em situações de risco e usuárias de *crack* e outras drogas; Maternidade e trabalho
Modalidades clínicas (10)	Gestalt-terapia de curta duração; Grupos (2); Prática clínica; Prática de cuidado em escola; Psicologia clínica; Psicoterapia breve focal *on-line*; Psicoterapia de casais; Atenção básica em saúde; Dispositivo clínico-institucional
Psicopatologia (3)	Psicose; Transtornos mentais graves e persistentes
Religiosidade (2)	Espiritualidade e Gestalt-terapia
Temas existenciais (3)	Luto e liberdade; Suicídio; Violência
Temas contemporâneos (2)	Ecopsicologia e sustentabilidade; Situação contemporânea
Trabalho (1)	Escolha profissional

REFERÊNCIAS BIBLIOGRÁFICAS

Alvim, M. B. (2010). *A clínica da Gestalt-terapia: experiência e criação. Mosaico: Estudos em Psicologia* (UFMG. Impresso), v. 4, p. 66-69.

Alvim, M. B. (2014a). *A poética da experiência: Gestalt-terapia, fenomenologia e arte*. Rio de Janeiro: Garamond.

Alvim, M. B. (2014b). Awareness: experiência e saber da experiência. In: Frazão, L. M.; Fukumitzu, K. (Orgs.). *Gestalt-terapia: conceitos fundamentais*. São Paulo: Summus. v. 2, p. 13-30. (Coleção de Gestalt-Terapia: Fundamentos e Práticas)

Ciornai, S. (1998). Gestalt-Therapy in Brazil. *Gestalt Review*, v. 2, n. 2, p. 108-119. (versão eletrônica: www.g-g.org/gej/3-3/brazil.html)

Clarkson, P. (1989). *Gestalt counselling in action*. London: Sage.

Ginger, S. & Ginger, A. (1995). *Gestalt: uma terapia de contato*. Trad. Sonia de Souza Rangel. São Paulo: Summus.

Holanda, A. F.; Karwowski, S. L. (2004). Produção acadêmica em Gestalt-terapia no Brasil: análise de mestrados e doutorados. *Psicologia: Ciência e Profissão*, v. 24, n. 2, p. 60-71.

SEÇÃO III — PSICOLOGIA FENOMENOLÓGICA

Loffredo, A. M. (1994). *A cara e o rosto: ensaio sobre Gestalt-terapia*. São Paulo: Escuta.

Miller, M. V. (2002). The aesthetics of commitment: what gestalt therapists can learn from Cezanne and Miles Davis. *The Gestalt Journal*, v. 25, n. 1, p. 109-122.

Perls, F. S. (2002). *Ego, fome e agressão: uma revisão da teoria e do método de Freud*. Trad. Georges D. J. B. Boris. São Paulo: Summus (Originalmente publicada em 1942).

Perls, F. (1988). *A abordagem gestáltica e testemunha ocular da terapia*. Rio de Janeiro: Guanabara.

Perls, F. S. (1977a). *Gestalt-terapia explicada*. 3ª ed. São Paulo: Summus.

Perls, F. S. (1977b). *Terapia de grupo versus terapia individual*. In: F. PERLS et al. Isto é gestalt. São Paulo: Summus, p. 29-36.

Prestelo, E. T. (2001). A história da Gestalt-terapia no Brasil: peles-vermelhas ou cara-pálidas? In: Ana Maria Jacó Vilela; Antonio Carlos Cerezzo; Heliana de Barros Conde Rodrigues (orgs.). *Clio-Psyché hoje: fazeres e dizeres psi na história do Brasil?* Rio de Janeiro: Relume- Dumará, p. 87-93.

Pimentel, Adelma (2005). *Nutrição psicológica: desenvolvimento emocional infantil*. São Paulo: Summus.

Polster, I. (1985). *Gestalt-terapia: refazendo um caminho*. São Paulo: Summus.

Polster, I. (1994). *Gestalt-terapia: o processo grupal*. São Paulo: Summus.

Polster, I.; Polster, M. (1979). *Gestalt terapia integrada*. Belo Horizonte: Interlivros.

Ribeiro, J. P. (1985). *Gestalt-terapia: refazendo um caminho*. São Paulo: Summus.

Ribeiro, J. P. (1994). *Gestalt-terapia: o processo grupal*. São Paulo: Summus.

Ribeiro, J. P. (1997). *O ciclo do contato*. São Paulo: Summus.

Schillings, A. (2014). Concepção de neurose em Gestalt-terapia. In: Frazão, L.M.; Fukumitzu, K. (Orgs.). *Gestalt-terapia: conceitos fundamentais*. São Paulo: Summus. v. 2, p. 193-215. (Coleção de Gestalt-Terapia: Fundamentos e Práticas)

Shepard, M. (1977). *Fritz Perls: la terapia gestáltica*. Buenos Aires: Paidos.

Tellegen, T. A. (1984). Gestalt e grupos: uma perspectiva sistêmica. São Paulo: Summus.

Yontef, Gary (1998). *Diálogo, processo e awareness*. São Paulo: Summus.

Yontef, G. M. (1987). Gestalt-terapia 1986: uma polêmica. *The Gestalt Journal*. [S.l.], v. X, n. 1, p. 1-17, Spring (texto datilografado).

LEITURAS RECOMENDADAS

Perls, F.; Hefferline, R.; Goodman, P. (1997). *Gestalt-terapia*. São Paulo: Summus.

Frazão, L. M.; Fukumitzu, K. (Orgs.). *Gestalt-terapia: conceitos fundamentais*. São Paulo: Summus. v. 1-4. (Coleção de Gestalt-Terapia: Fundamentos e Práticas)

Ribeiro, J. P. (2006). *Vademecum de Gestalt-Terapia: conceitos básicos*. São Paulo: Summus Editorial.

Robine, J. M. (2006). *O self desdobrado*. São Paulo: Summus Editorial.

24

A psicologia clínica e a fenomenologia da vida de Michel Henry

Andrés Eduardo Aguirre Antúnez
Gilberto Safra

A Fenomenologia da Vida, criada pelo filósofo francês Michel Henry (1922-2002), traz contribuições bastante importantes na compreensão e manejos dos fenômenos que observamos na situação clínica. A fenomenologia de Henry, por sua fecundidade, nos auxilia a fundar e a estabelecer um novo lugar, a partir do qual o clínico possa trabalhar, indagar e investigar o sofrimento apresentado por nossos pacientes, de modo que lhes possibilitem o reencontro com o originário de si mesmos. Enfatizamos a questão do originário, pois, em um tempo dominado por um horizonte técnico, mais e mais observamos que o sofrimento humano ocorre pela perda do contato com os fundamentos da condição humana. Nesse vértice, o corpo desvela um saber a respeito do outro e de si mesmo, não por meio de abstrações ou deduções, mas pelo que se revela na sensibilidade de nós mesmos a respeito de si e do outro. O sofrimento, compreendido nessa perspectiva, é uma forma de saber de si e da vida, pois cada pessoa tem em seu padecimento um saber que é histórico e que se apresenta em seu modo de ser e na maneira como seu corpo se dirige ao outro (Safra, 2014).

Mas quem foi Michel Henry? O que é a Fenomenologia da Vida? Por quais aspectos os psicólogos clínicos ou terapeutas podem começar a estudar essa vertente de compreensão do ser humano? E o que é possível realizar em nível de investigações científicas? Mostraremos caminhos possíveis a essas quatro indagações.

QUEM É MICHEL HENRY[1]?

Michel Henry – filósofo e romancista – nasceu em 10 de janeiro de 1922, em Haïphong. Quando Henry tinha 10 dias de vida, perdeu seu pai (comandante da marinha em um posto na Indochina) devido a um acidente de carro. Sua mãe era pianis-

ta e decide lá ficar até 1929, com Henry e seu irmão, um pouco mais velho. Quando Henry tinha 7 anos, retornam à França.

Chegam à casa de amigos em Anjou, depois moram na casa de seu avô (chefe de orquestra e diretor de conservatório) em Lille. Em seguida, mudam-se para Paris. Michel Henry estudou no Lycée Henry-IV. Lá conheceu Jean Guéhenno (professor de literatura) e Jean Hyppolite (professor de filosofia), e com eles teve o primeiro encontro com o mundo das ideias e da filosofia.

Durante o inverno de 1942-1943, Michel Henry redige em Lille um trabalho para a obtenção do diploma de estudos superiores sobre *A felicidade de Espinoza* e defende a tese em abril de 1943. Após a defesa, ele se engaja na resistência. Seu irmão já havia viajado para a Inglaterra com o mesmo objetivo. No meio de intelectuais, recebeu o nome código de "Kant", pois carregava consigo o livro *La critique de La raison pure*.

Ao fim da Segunda Guerra Mundial, em 1945, começa a refletir sobre o corpo e descobre o pensamento de Maine de Biran. Escreveu sobre esse tema até 1948 e em 1965 aparece o livro *A filosofia e fenomenologia do corpo*.

Entre 1946 e 1960, elabora sua própria filosofia. Em 1948, redige o primeiro romance, intitulado *O jovem oficial*. Trata-se de um conto filosófico sobre a questão do mal, que reflete sua admiração sobre a obra de Kafka e de Kierkegaard, tendo sido publicado em 1954. Em 1960, Michel Henry aceita um posto na Universidade de Montpellier, onde trabalhou até sua aposentadoria, em 1982. Em 1963, ele defende sua principal tese – *A essência da manifestação* – diante de uma banca composta por Jean Hyppolite, Jean Wahl, Paul Ricouer, Ferdinand Alquié e Henri Gouhier.

Em 1965, Michel Henry estuda profundamente a obra de Marx, pois preparava um curso sobre *A ideologia alemã*, e descobre a importância da obra *O capital*, dada à extensão que sua filosofia da realidade e da economia oferecia à fenomenologia da vida que ele desenvolvia. Sua esposa Anne Henry conta que as

---

[1] Biografia baseada em Audi, P. (2006). *Michel Henry – Une trajectoire philosophique.* Paris: Les Belles Lettres.

SEÇÃO III — PSICOLOGIA FENOMENOLÓGICA

viagens que Henry fez aos países comunistas (Tchecoslováquia, Hungria, Alemanha Oriental) convenceram Michel Henry da novidade e da catástrofe que percebeu, a fundação autoritária de uma sociedade sobre bases racionais sem se preocupar com os indivíduos. Em 1976, aparecem dois tomos sobre Marx e o seu segundo romance: *O amor de olhos fechados*, que obtêm o prêmio Renaudot.

Em 1981, publicou o terceiro romance: *O filho do rei*, onde insere no plano da ficção a questão da imanência e da verdade da vida subjetiva absoluta por meio da história de um louco que, em um asilo de alienados, pretende ser o filho do Rei.

Em 1983, a convite de seu tradutor Yorihito Yamagata, vai à Universidade de Osaka, Japão, para uma série de seminários e conferências. Lá permaneceu por três meses e começou a elaborar *A genealogia da psicanálise – o começo perdido*, que apareceu em 1985. Segundo o biógrafo Audi (2006, p. 12): "Após a sua interpretação apologética de Marx, M.H. escolhe como objeto de análise os dois outros grandes mestres da modernidade: Nietzsche e Freud".

Em 1987, aparece a obra *A barbárie*, na qual analisa a cultura (iniciada em suas bases onze anos atrás nos dois tomos sobre *Marx* e no romance *O amor de olhos fechados*). Nessa obra ele analisa a crise da civilização ocidental, uma crise acentuada pelos efeitos da ideologia dominante que tem o saber científico (a teoria) como único saber.

Em 1988, mostra seu amor pela arte, pela pintura e pela música no ensaio *Ver o invisível – Sobre Kandinsky*, a sua filosofia da arte, que se apega à criação e à significação da obra de arte à corporeidade original e à afetividade transcendental do si vivente.

Ao viver a queda do muro de Berlim e da política-econômica que se instala no Ocidente, escreve de 1990 a 1996 – *Do comunismo ao capitalismo: teoria de uma catástrofe* (1990), onde rejeita os dois modos de produção na medida em que ambos aviltam a dignidade humana. Na obra *Fenomenologia material*, ele recolhe textos onde dialoga com Husserl e mostra sua ambição mais viva de renovar o fundo da fenomenologia. Nesses anos ele tem uma atividade intensa de conferências na França e em países estrangeiros.

Em 1996, com o aparecimento da obra *Eu sou a verdade. Por uma filosofia do cristianismo*, Henry inaugura um novo período de sua fenomenologia. É o Evangelho segundo João que tomou sua atenção constante nas três últimas obras. Ele não fez uma obra teológica, mas se aprofundou na questão de fundo: a relação imanente do vivente na vida. Esse ano foi importante, pois, em setembro, Jean Greish e Alain David dirigem em Cerisy-la-Salle, um grande colóquio internacional consagrado a Michel Henry, que agrupa uma centena de participantes de diversas nacionalidades. Segundo Audi (2006, p. 14): "É a ocasião para M.H. medir diretamente a força do impacto e a radiação de seu pensamento".

No ano 2000 aparece a obra *A encarnação. Uma filosofia da carne*, que completa a reflexão de Michel Henry sobre a "verdade" do cristianismo. São livros estritamente filosóficos, mesmo os romances. Ele mostra o porquê e como a carne é em seu *pathos* "A parúsia do absoluto". Em 2002, após corrigir as últimas provas de *Palavras de Cristo*, morre em 3 de julho em Albi, França.

Michel Henry foi professor titular da Cadeira de Filosofia da Universidade Paul Valéry em Montpellier; professor convidado da *École Normale Supérieure* e da Sorbonne em Paris, da Universidade Católica de Louvain, da Universidade de Washington (Seattle) e da Universidade de Tokyo.

O QUE É A FENOMENOLOGIA DA VIDA

Michel Henry distanciou-se dos sistemas filosóficos que esqueciam a essência da vida e se dirigiam aos conceitos representacionais. Henry elaborou uma nova fenomenologia: a fenomenologia da vida. Esta focalizava o modo de manifestação da vida, na esfera da imanência onde a vida aparece como aquilo que se sente a si mesma. A essência da vida é a afetividade, a autoafecção de si. Seus maiores temas são: a duplicidade do aparecer; a vida enquanto autorrevelação; a dinâmica do *pathos*; autoafecção como essência da afetividade; o corpo; a ipseidade do sujeito; a relação com o outro; a imanência. Termos desconhecidos em psicologia, mas que começam em interdisciplinaridade a se tornarem familiares.

Michel Henry não nega a existência da intencionalidade da consciência, na qual toda consciência é consciência de alguma coisa. Alguma coisa que se situa no exterior, no mundo. Antes, ele se volta ao que é mais originário da pessoa, a vida que está em si, que nos autoafeta, uma vida não intencional ou fenomenologia não intencional, material.

HISTÓRICO DA FENOMENOLOGIA DA VIDA NA PSICOLOGIA BRASILEIRA

Quem iniciou os estudos na área clínica de Michel Henry em nosso país foi Karin Hellen Kepler Wondracek[2], com a tese de doutorado *Ser nascido na vida: a fenomenologia da vida de Michel Henry e sua contribuição para a clínica*. Essa tese investigou a contribuição de Michel Henry para a clínica psicoterapêutica. Wondracek (2010) fez articulações entre a fenomenologia da vida e o diálogo entre Freud e Pfister. Em sua tese, mostra a crítica aos rumos do pensamento ocidental, os efeitos da redução galileana que, pelo monismo ontológico, considera verdadeiro apenas o que é passível de ser representado ou visualizado. No entanto, tal vertente é insuficiente para a compreensão da condição humana. Henry propõe o dualismo do aparecer e a inversão do método fenomenológico para abarcar a fenomenalização da vida que se doa como afeto na imanência. Como maior contribuição de Henry, está o pioneirismo na investigação fenomenológica da condição autoafetiva do afeto.

Wondracek (2010) também se dirige à leitura henryana da psicanálise ao albergar a vida na aridez do pensamento ocidental, mas também sofre seus efeitos, inclusive nos conceitos fundamentais, especialmente na abordagem do afeto. Como contraponto à genealogia apontada por Henry, destaca-se o enraizamento judaico da psicanálise, que lhe permite manter o paradigma da irrepresentabilidade e da errância. Ao final, volta-se à clínica e às contribuições da fenomenologia da vida para a prática, no paradigma do duplo aparecer.

Tendo em vista o estabelecimento de pesquisa sobre esse autor em diálogo com a situação clínica, organizamos[3] a primeira conferência de Florinda Martins, pesquisadora da obra de Michel Henry há muitos anos, na Universidade de São Paulo. A conferência "O que pode um sentimento" tratou do poder que o sujeito tem de ser afetado por aquilo que está em vias de viver e resulta que a sua vida não se desenvolve na segurança do poder intencional, mas é simultaneamente habitada por uma experiência afetiva originária de vulnerabilidade. O debate desse originário enredo afetivo – poder/vulnerabilidade; intencionalidade/contraintencionalidade; ego/alter ego – está no âmago das investigações da escola da fenomenologia da vida, saída de

---

[2] Por indicação de Carlos José Hernandez da Universidade de Missiones, Argentina.

[3] Karin Wondracek, Gilberto Safra e Andrés Antúnez.

Michel Henry e Jean-Luc Marion. Nessa conferência, Florinda Martins deu importância a esse debate no processo terapêutico. *Fenomenologia Material, Genealogia da Psicanálise* (Michel Henry) e *Fenômeno Erótico* (Jean-Luc Marion) foram textos de base desse trabalho (Martins, 2014b).

Foi nesse ano de 2010 que Karin Wondracek e Florinda Martins convidaram Andrés Antúnez a fazer parte do Colóquio Internacional Michel Henry, que abriria oficialmente o *Fonds Michel Henry*, em Louvain-La-Neuve, Bélgica. Nesse evento foram apresentados trabalhos do Projeto Internacional *O que pode um corpo*, coordenado cientificamente por Florinda Martins e publicado sob o título *Matter and material phenomenology* (Martins *et al.*, 2013).

Na Universidade de São Paulo (USP), demos sequência aos estudos em disciplinas de pós-graduação e seminários internacionais de 2011 a 2017, incluindo um curso de Difusão em Cultura e Extensão intitulado *Introdução à fenomenologia da vida de Michel Henry: interlocução com a Psicologia*, de modo a atingir um público mais diversificado às contribuições da fenomenologia da vida de Michel Henry para a psicologia clínica. Foram apresentadas pesquisas realizadas pelo Instituto de Psicologia da USP (IPUSP) no contexto do projeto de investigação em rede internacional *O que pode um corpo?*, que visava divulgar a obra de Michel Henry em países de língua portuguesa. Nelas, se estabeleceu um diálogo entre a filosofia e a prática clínica – psicológica, psicanalítica e do acompanhamento terapêutico – fundamentada pelos pressupostos e embasamentos da fenomenologia da vida. O curso contou com a organização de Andrés Antúnez e a participação de Florinda Martins; de Benoît Kanabus, da Universidade Católica de Louvain, Bélgica; de Karin Wondracek e de Maristela Vendramel Ferreira, pós-doutoranda da Coordenação de Aperfeiçoamento de Pessoal de Nível Superior (Capes) no IPUSP. Tal curso destinou-se aos profissionais e estudantes das ciências humanas e da saúde envolvidos e interessados na afetividade, psicologia clínica e intersubjetividade.

Os trabalhos apresentados na USP continuaram e foram apresentados por esse grupo na *Universidad General Sarmiento*, Buenos Aires, e basearam-se principalmente na introdução do pensamento de Michel Henry e da apresentação das pesquisas da fenomenologia da vida em interlocução com a Psicologia. O conteúdo tratado resumiu-se à biografia de Michel Henry e o contexto histórico de sua vida e obra; fenomenologia da vida – não intencional; afetividade na constituição da subjetividade; o corpo na fenomenologia da vida e na clínica da modalização do afeto; Michel Henry e a Psicanálise; Michel Henry e o acompanhamento terapêutico; a dialética dos afetos na relação terapêutica; conceito de *Corpspropriation* e o trabalho do analista; e as investigações na interdiciplinaridade. Tais trabalhos formaram o dossiê publicado na revista *Psicologia USP* (Antúnez, Martins e Ferreira, 2015).

No dossiê, Florinda Martins mostrou a necessidade de pensar o corpo e todas as suas afeções, e para isso não nos bastava a experiência própria, mas a necessidade e a importância de trabalharmos em interdisciplinaridade. Mostramos o histórico de tais pesquisas iniciadas por Michel Henry no Porto (Antúnez, 2015).

Importante mencionar que Florinda Martins tem, ao longo desses anos, participado ativamente de cursos e conferências nas Faculdades EST, São Leopoldo, RGS e na SIG – Sigmund Freud Associação Psicanalítica, Porto Alegre, a convite de Karin Wondracek, Maria Paulina Hummes Pölking, Maria Aparecida da Silveira Brígido e Marina Lucia Tambelli Bangel, grupo que tem trabalhado as relações entre a psicanálise e a fenomenologia da vida. Tem contribuído também na Teologia, com Marcelo Saldanha (EST/Capes), e na psiquiatria, com Jacqueline Santoantonio (Universidade Federal de São Paulo – Unifesp). Gilberto Safra (USP) e Christophe Dejours (Paris) têm articulado em seu pensamento, em parte e proximamente, respectivamente, a fenomenologia de Michel Henry.

INVESTIGAÇÕES POSSÍVEIS ENTRE A PSICOLOGIA CLÍNICA E A FENOMENOLOGIA DA VIDA

Podemos afirmar que a fenomenologia, segundo Michel Henry, acederá às coisas mesmas se puder atender à fenomenalidade da vida em seu viver, pois acedemos à fenomenalidade da vida ao compreendermos o seu enredo em nosso viver. Um enredo que nos abre de imediato, porque originariamente, ao outro: outro que se dá como vida que provamos em afeção constitutiva de nós mesmos. A primordialidade do fenômeno é, assim, relacionalidade, pelo que trazer para o âmbito da fenomenologia da vida um projeto de investigação interdisciplinar é tarefa decorrente da própria fenomenalidade dos fenômenos. O projeto em rede internacional O que pode um corpo?, coordenado cientificamente por Florinda Martins, da Universidade Católica Portuguesa, respondeu a essa exigência da fenomenalidade da vida e tem contribuído de modo ímpar para a medicina psiquiátrica, psicanálise, psicologia clínica e neurociências (Antúnez, Martins e Ferreira, 2015).

No dossiê publicado, mostramos que, com o princípio do retorno às coisas mesmas, se abre à fenomenalidade do corpo uma dimensão que o vincula à vida, vivificando-o das entranhas à flor da pele, resultando que é na vida concreta que os saberes, nomeadamente os saberes científicos, ganham corpo e podem ir de encontro às questões que, na clínica ou na terapêutica, se colocam. Isto é, a vida de todos e de cada um de nós é uma vida encarnada: a pessoa não é um conceito abstrato, nem o corpo é um acidente da alma (Antúnez, Martins e Ferreira, 2015).

Por conseguinte, na fenomenologia da vida se rompe o estatuto de indeterminabilidade do corpo, porquanto uma vida encarnada é sempre uma vida que sente, a cada vez, uma tonalidade afetiva que a singulariza e, ao mesmo tempo, nela se rompe o mutismo da subjetividade, porque uma vida encarnada é uma vida em que o outro, ao dar-se como afeto, se dá na intimidade constitutiva do sentimento (Antúnez, Martins e Ferreira, 2015).

Andrés Antúnez analisa e apresenta a temática que viabilizou o histórico da feliz união entre fenomenologia da vida e medicina. Em uni-las está a necessidade de atendermos aos fenômenos que tecem uma humanologia, pois é neles que se fundam os processos terapêuticos de que a medicina, mesmo na vertente psiquiátrica, é apenas uma modalidade. O nosso enredo na vida revela-nos a nós mesmos ao mesmo tempo em que nos revela o outro do nosso afeto. Assim, a fenomenalidade do sentimento é reveladora do nosso agir, e enquanto tal é portadora de valoração ética. É pelo agir, pelo nosso enredo na e com a vida, que com ela nos destinamos: em propriedade de nós, co-proprietários da vida: na autenticidade de nós, a autenticidade de outrem. Mostra também as relações entre fenomenologia da vida e a clínica (Antúnez, Martins e Ferreira, 2015). De acordo com Martins (2014a, p. 166): "*O ser dá-se como afeto*[4], pois é enquanto afeto que originariamente nos é dado prová-lo. E esta é a

---

[4] Martins, F. (1992). *O ser dá-se como afeto*. Lisboa, UNL.

maior, senão a única, dificuldade da fenomenologia da vida, em M. Henry: que seja o afeto a revelar-me a mim mesmo o meu modo de ser mais íntimo, na alegria como na dor; na certeza como na dúvida, no amor como no ódio, na volúpia como no incómodo! Sou, existo em sentimento de dúvida, de querer, de querer e não querer: limite".

E como o agir se processa num corpo dotado de sentidos que nos abre à vida e aos outros, Benoît Kanabus chama, no seguimento de Michel Henry e de Christophe Dejours, tais fenômenos de propriedade de si na copropriedade da vida, fenômenos de corpopropriação. Entre esses fenômenos, Benoît Kanabus especifica as relações laborais como relações de corpopropriação, e entre essas especifica ainda o trabalho do psicoterapeuta. O processo terapêutico pressupõe que a afeção da vida em nós e a nossa adesão ao afeto implicam-se, mas não nos dispensam do processo. A sua revisão da entrevista com Dejours – que pelo menos desde 1996 trabalha a relação entre fenomenologia da vida – ergoterapia – é um artigo original que traz aspectos fecundos para a clínica psicoterápica e psicanalítica e suas relações com a fenomenologia de Michel Henry (Antúnez, Martins e Ferreira, 2015).

Nesse sentido, o nosso enredo na vida não é opção nossa, mas uma exigência inerente ao viver. Exigência que transporta em si dificuldades para as quais nem sempre encontramos solução e que estão na origem dos fenômenos ditos patológicos. Maristela Vendramel Ferreira estudou as implicações e possibilidades dos fenômenos de corpopropriação em pessoas com degenerações no corpo, especificamente com distúrbios da audição. No contexto da fenomenologia, as afeções da vida, nas suas manifestações ditas orgânicas, fazem parte integrante do paciente, sendo, portanto, a partir delas, na positividade da sua doação, que o psicoterapeuta pode interagir com o paciente. Mas isso levanta uma questão: poderão essas partes orgânicas não corpopropriadas ser denominadas desencarnações da vida? (Antúnez, Martins e Ferreira, 2015).

Se não sabemos ainda como chamar a essas afeções constitutivas de cada um de nós, afeções que interferem com o nosso enredo, com a vida em nós e nos outros por nos desesperarem das entranhas à flor da pele, sabemos que a compreensão do modo como na vida se efetuam contribuiu para o sucesso dos fenômenos de corpopropriação (Antúnez, Martins e Ferreira, 2015).

Assim, há que repensar a relação da filosofia com as ciências da vida, incluindo a biologia, as neurociências e afins. É o que faz Florinda Martins ao dar-nos contas do diálogo que tem desenvolvido com a investigadora em neurociências, Cátia Teixeira. A interrogação sobre os métodos usados põe em causa as usuais distinções entre objetividade e subjetividade, uma vez que as duas dimensões são pressupostas pelo método científico. Este, ao introduzir na sua linguagem a palavra "expressão" da afeção da vida, usa o mesmo conceito que a fenomenologia para superar a distinção objetividade *versus* subjetividade. Por outro lado, as implicações de algumas dessas investigações, no caso sobre a memória, na qualidade de vida de cada paciente, mostram a íntima articulação entre saber fazer e ética, aproximando-se das intuições mais originais do texto de Michel Henry *As ciências e a ética* (1992/2010), em que ética se identifica com bem saber fazer, anulando assim, nele, as controvérsias e as polêmicas que não passam de lugares comuns no universo das relações entre ciência e filosofia (Antúnez, Martins e Ferreira, 2015).

Todavia, em humanologia, a importância do diálogo interdisciplinar não se esgota em si mesmo. Ele é um saber que, no dizer de Andrés Antúnez, não dispensa a inventividade do terapeuta no processo de relação com o paciente. E é para a importância da inventividade no processo terapêutico que Gilberto Safra chama a atenção: ao acompanhar o desenvolvimento desses trabalhos, reconheceu nas diversas indagações sobre o sofrimento e inquietações do humano a necessidade de fundamentar as situações clínicas em perspectivas não só racionalistas e epistemológicas, mas clínicas e éticas, acolhedoras da experiência humana. O autor, a partir de situações clínicas, reconhece a importância da interdisciplinaridade a partir da fenomenologia da vida e sua contribuição para a prática clínica na atualidade (Antúnez, Martins e Ferreira, 2015).

A CLÍNICA

Antes de adentrar em algumas breves considerações clínicas, é importante mostrar dois pontos que diferenciam a fenomenologia de Michel Henry em relação à psicanálise freudiana. De acordo com Dejours, não há uma teoria do corpo na metapsicologia freudiana, sendo considerado (o corpo) como exclusivamente corpo objetivo, que deve ser tratado no âmbito da biologia e da medicina. Já, na psicanálise, a vida do corpo seria representada na psique pela pulsão, e Freud ocupa-se somente dela. Aqui incide a crítica que Michel Henry tece à psicanálise, pois, para ele, Freud considerava a pulsão como representante do afeto. Para Henry, o afeto é a pulsão mesma (Ferreira e Antúnez, 2014).

Assim, percebemos que "Freud não é somente herdeiro tardio de Descartes em sua concepção de inconsciente, como atesta M. Henry na *Genealogia da Psicanálise*, mas também herdeiro em sua concepção de corpo, pois o considera como sendo uma instância separada da psique" (Ferreira e Antúnez, 2014, p. 149).

O pensamento de Henry encontra profunda possibilidade de diálogo com a Psicanálise de vertente winnicottiana. A clínica, a partir desses pressupostos, busca ressituar o corpo como morada do ser e como lugar de revelação. Winnicott situa a questão da corporeidade desde o nascimento do bebê e foco fundamental do cuidado materno. Ele nos diz:

> Uma tarefa subsidiária do desenvolvimento infantil é o abrigo psicossomático (deixando de lado, por enquanto o intelecto). Grande parte do cuidado físico dedicado à criança (...) destina-se a facilitar a obtenção, pela criança, de um psique-soma que viva e trabalhe em harmonia consigo mesmo. (Winnicott, 1971, p. 12)

Desde o início de sua vida, o ser humano precisa poder acontecer em seu corpo pela companhia do outro. O aparecimento do psíquico, para esse autor, é decorrente da possibilidade que o indivíduo tem de elaborar imaginativamente o funcionamento corporal. No entanto, a dimensão da corporeidade torna-se bastante problemática na atualidade, pois o corpo é situado com excessiva objetificação e como lugar de manipulação e de falseamento de si. O ser humano apresenta-se, frequentemente na clínica como desalojado de seu corpo e de si mesmo. Nessa situação, o corpo que seria lugar de alojamento torna-se campo de agonias.

Nessas situações, nos vemos diante de pessoas que vivem a experiência de um corpo agônico, de um padecimento sem a presença do outro e sem a linguagem da comunidade. No entanto, o corpo, mesmo em meio a esse tipo de padecimento, desvela um saber não articulado mentalmente e que busca a amizade do corpo do outro.

A situação na atualidade se agrava, pois na pós-modernidade surgem novas configurações culturais por uma hipertrofia da estética no lugar da ética e por novas configurações do corpo. O corpo se torna cada vez mais mercadoria, sendo lançado em uma cultura de espetáculo e de visibilidade total.

Assistimos como parte dos eventos pós-modernos ao aparecimento de práticas manipulativas corporais (*body modification*) que trazem o aparecimento de corpos híbridos, que são parte de um projeto do indivíduo que busca criar uma identidade original de si mesmo, muitas vezes sem referência às suas raízes familiares ou étnicas. Segundo a Sociedade Americana de Cirurgia Plástica Estética (ASAPS), a cirurgia plástica tem aumentado na última década. As opiniões sobre os benefícios da cirurgia estética variam entre aqueles que sugerem que os procedimentos cosméticos podem melhorar a autoestima e combater a imagem negativa do corpo. Outros veem as intervenções cirúrgicas como fruto de uma cultura com ideias rígidas e estreitas de beleza – uma cultura que valoriza a juventude, a sexualidade e a aparência mais do que a experiência, e o valor pessoal. Lipworth (2007) assinala a correlação entre cirurgia plástica, abuso de substâncias e suicídio.

Nesse campo de discussão, a contribuição de Michel Henry se torna significativa, pois, em sua filosofia da vida, reconhece que o corpo no desenvolvimento do pensamento ocidental foi negligenciado, já que foi reduzido a um objeto exterior ao ser humano. Entretanto, o corpo não pertence à dimensão da exterioridade. Segundo Michel Henry, o corpo tem dois modos de aparição para o ser humano: como objeto do mundo e como corpo subjetivo.

> O corpo real é o corpo vivo, o corpo no qual sou colocado, que eu nunca vejo e que é um feixe de poderes – eu posso, eu agarro com a minha mão – e este poder, desenvolvo-o a partir do interior, de fora do mundo. É uma realidade metafisicamente fascinante já que tenho dois corpos: o visível e invisível. O ser do corpo é subjetivo, é imanência absoluta, é transparência absoluta. O corpo interior que eu sou e que é o meu verdadeiro corpo, é o corpo vivo, é com este corpo que na verdade ando, que agarro, que seguro, que estou com os outros. (Henry, 2002, p. 156)

A consequência desse tipo de afirmação é que a vida humana só acontece no interior de uma sensibilidade. O ser humano é afetado de modo originário na interioridade de seu ser-corpo. Há, portanto, para Henry, uma afetividade sensível originária. Estamos diante da vida não por acessá-la por meio de representações, mas por ela se dar como revelação em nossa sensibilidade. A vida acontece como *pathos*. O si acontece – segundo Henry – como padecimento pelo sofrer e pelo fruir.

> A materialidade fenomenológica pura do "provar-se a si mesma", própria de toda a vida e assim de todo o Si vivo no qual este "provar-se a si mesmo" se cumpre, é uma afetividade originária ou como agora diremos um *pathos*. (Henry, 2002, p. 143)

Nessa perspectiva, na base dos quadros psicopatológicos, observamos a tentativa da pessoa de isolar essa doação afetiva originária, seja por meio de uma suposta desconexão, seja por seu falseamento. É uma perspectiva muito frequente na contemporaneidade, na qual temos não o acolhimento de um corpo vivo que padece, mas a apresentação na cena do espetáculo de um corpo, objeto exterior e estético, que se torna lugar de manipulações para ser exibido como cenário de uma estética virtual e ideal.

O trabalho terapêutico implica um processo no qual se pode abrir espaço para a reconexão e o restabelecimento das raízes do

si mesmo por meio do diálogo intercorpóreo e do acesso à afetividade originária que permite ao paciente ser aquele que sofre. Henry (2001, p. 66) afirma:

> A vida experimenta-se a si mesma como *pathos*, é uma afetividade originária e pura, uma afetividade a que chamamos transcendental porque é ela, com efeito, que torna possível o experimentar-se a si mesma, sem distância no sofrer inexorável e na passividade inultrapassável de uma paixão. É nessa afetividade e como afetividade que se cumpre a autorrevelação da vida. A afetividade originária é a matéria fenomenológica da autorrevelação que constitui a essência da vida. Ela faz dessa matéria uma matéria impressional que jamais é uma matéria inerte, a identidade morta de uma coisa. É uma matéria impressional experienciando-se a si mesma impressionalmente e não deixando de fazê-lo, uma autoimpressionalidade viva. Essa autoimpressionalidade viva é uma carne. Só porque ela pertence a uma carne, porque traz em si essa autoimpressionalidade patética e viva, é que qualquer impressão concebível pode ser o que é, uma "impressão", essa matéria impressional padecente e fruinte na qual se autoimpressiona a si mesma. O carácter afectivo, "impressional", da impressão não é uma banalidade, cuja facticidade nos limitemos a constatar; a sua vinda não se sabe como, não se sabe de onde, não se sabe de quê – ele reenvia à sua possibilidade mais interior, à sua pertença a uma carne, à autorrevelação patética desta, na vida.

Nessa linha de compreensão, torna-se necessário compreender que a dimensão fundamental da prática clínica é não só a oferta de espaço de experiência no qual seja possível acolher a afetividade originária, mas também possibilitar uma modalização das experiências afetivas do paciente. Nesse caso, estamos falando não tanto de um espaço de intersubjetividade, mas de um campo de intercorporeidade.

A experiência do paciente precisa ser acompanhada pela experiência afetiva do terapeuta. Compreende-se o paciente pelo que nossa carne revela sobre o paciente. Nessa perspectiva, o terapeuta necessita ser alguém enraizado em si mesmo, capaz de navegar nas disponibilidades afetivas que ocorrem na interioridade de si.

As experiências clínicas auxiliam a consideração da importância da contribuição de Michel Henry ao apontar para a existência de uma subjetividade originária, que não é constituída por redes representacionais, mas como disponibilidade afetiva. Essa afetividade originária está sempre presente no ser humano, mesmo em seu adoecimento psíquico ou mental. A dimensão ética fundamental desse tipo de clínica é disponibilizarmos nossa sensibilidade afetiva para o outro, perspectiva que só é possível por meio de diálogo ou comunhão intercorpórea.

Michel Henry nos auxilia a recuperar a memória dos fundamentos da condição humana. Em nosso trabalho, estamos diante do sofrimento do outro, buscando em nós o testemunho de sua dor vivida sem o rosto compreensivo do outro. A dor de nosso paciente é uma modalidade de acessar um saber sobre a existência humana que busca ser desvelado na presença do outro.

A grande dificuldade para o terapeuta é que esse tipo de clínica demanda uma espécie de conversão para que estejamos não só assentados na escuta de um desejo que se representa, mas afetados pelo sofrimento do outro, para que seja possível ao paciente acolher a dor que o visita, para que seu si mesmo encontre sua autenticidade e a possível modulação de sua experiência afetiva.

É nessa perspectiva que podemos encontrar nos trabalhos de Michel Henry contribuições significativas, na reinvenção

SEÇÃO III — PSICOLOGIA FENOMENOLÓGICA

da situação clínica que afina nosso trabalho com as demandas que nossos pacientes nos apresentam, decorrentes do mal-estar contemporâneo.

Em trabalho anterior (Safra, 2015b), problematizamos a situação clínica para que possamos constituí-la em bases que favoreçam o reestabelecimento das experiências mais originárias que possam auxiliar o ser humano na superação do mal-estar contemporâneo. Como resultado desse trabalho, necessitamos de uma concepção de clínica atenta ao sentir e ao sofrer, pois na afetividade do paciente ocorre uma eclosão de vida, que busca revelar-se. O terapeuta acolhe o processo de encarnação sempre presente no paciente, por meio da qual o novo busca ser gerado. O trabalho nessa perspectiva ocorre não só como processo de ressignificação, mas, sobretudo, como acolhimento do que busca nascer no sentir do paciente.

Do ponto de vista da experiência relatada pelos pacientes, temos os depoimentos que nos falam de sentimentos de futilidade, de perda de autenticidade, de ausência de sentido de vida, de tédio. Torna-se necessária a problematização da situação clínica para que se possa constituí-la em bases que favoreçam o restabelecimento das experiências mais originárias que possam auxiliar o ser humano na superação do mal-estar.

A contribuição de Michel Henry para o campo da Psicologia Clínica ocorre não só por necessidade epistemológica na abordagem do humano, mas, sobretudo, por responder às necessidades clínica e ética, a fim de que possamos acolher a complexidade das problemáticas que visitam a nossa prática na atualidade.

Do ponto de vista de Winnicott, um dos grandes problemas psicopatológicos na atualidade é a cisão entre corpo e psique, que poderá levar à formação do quadro que ele denomina de *falso self*. Esse tipo de adoecimento ocorre em decorrência de cuidados inadequados oferecidos ao bebê pelo meio, que o levaria a uma personalização inadequada. Se adotássemos a nomenclatura utilizada neste trabalho para discutir essa questão, diríamos que nesses casos aconteceu um processo de encarnação problemático. Em vez de a pessoa estar assentada em sua sensibilidade, em sua carne, buscaria abordar os problemas de sua existência por meio da mente e de maneira abstrata. Esse seria um quadro decorrente das condições de vida característica da atualidade, nas quais impera a hipertrofia de um tipo de racionalidade, desconectada da afetividade originária do ser humano.

A discussão sobre a questão da encarnação e da carne encontra desenvolvimentos muito significativos na contribuição de Henry (2001), que afirma que "toda carne provém do verbo e afirmando também que a carne do Verbo não provém do barro da terra, mas do próprio verbo, (...) no barro da terra existem somente corpos, não carne. Uma coisa como uma carne não pode vir e não vem senão do verbo" (p. 18). Para ele, o verbo encarnado é o princípio de toda ipseidade, na qual todo ser eclode como vivo.

Essa visão nos possibilita um tipo de abordagem clínica atenta ao sentir e ao sofrer, já que na afetividade do paciente ocorre uma eclosão de vida, que busca revelar-se. O terapeuta acolhe o processo de encarnação sempre presente no paciente, por meio da qual o novo busca ser gerado. O trabalho aqui não acontece só como processo de ressignificação, mas, sobretudo, como acolhimento do que busca nascer no sentir do paciente e para em seguida ocorrer a modulação de seus afetos.

A afetividade, nessa perspectiva clínica, é vista não como decorrente de algum outro fenômeno, mas como o originário presente no ser humano. O si mesmo é então visto como tendo na afetividade a sua carne (Henry, 1985).

A contribuição de Henry nos oferece uma abordagem avessa àqueles modelos antropológicos que destituem o ser humano de seu *pathos*, de sua sensibilidade. Na afetividade ocorre o indomado, o perturbador que ousa nascer à revelia do estabelecido pelas organizações representacionais identitárias.

Estamos diante de um modo de conceber a subjetividade, no aparecimento dos afetos, que acontece na invisibilidade e de modo indomável. É experiência de analistas e terapeutas a frequente ocorrência de sintomatologias, em situações nas quais o paciente tenta dominar, dissociar as dimensões indomáveis de seu ser.

Relacionado a esse fenômeno, Henry (2006) assinala aspectos importantes que nos auxiliam a compreender algo desse embate do ser humano com o originário de seu ser:

> (...) é somente fora da intencionalidade, independentemente de todo o horizonte extático da visibilidade que se cumpre a Arqui-Revelação constitutiva do auto-aparecer do aparecer. Arqui-Revelação porque, dando-se fora do Ex-stase independente dele, realiza-se "antes" dele. Esta Arqui-Revelação enquanto um auto-aparecer é, realmente, o mais misterioso, mas também o mais simples e o mais comum: é aquilo que toda a gente conhece — a vida. (p. 13)

Henry realiza aportes que contrastam com o tipo de mentalidade presente em nosso campo sociocultural, no qual a abstração e a nomeação ocorrem de modo hipertrofiado, acarretando o aparecimento de hiper-realidades, que levam ao adoecimento da ser humano.

Winnicott (1971), de modo semelhante, percebe que alguns dos assuntos de que tratava haviam sido reconhecidos na obra de filósofos, na teologia e nos poetas metafísicos. A importância desse aporte decorre da observação de que se torna necessário o acolhimento dos fundamentos da condição humana na situação clínica. Perspectiva que levou esse autor a repensar o manejo clínico tendo como referência fundamental a questão de ser e não ser.

Do ponto de vista clínico, observa-se que a visita do originário, o afeto-saber, busca a presença do outro, que testemunhe, acolha e, sobretudo, auxilie na modulação desses afetos. O viver demanda a presença do outro. Henry nos mostra que a modalização dos afetos implica a aceitação do sofrimento vivido, o que ocorre pela companhia do outro. A modalização possibilitaria a transformação do sofrimento em outras disposições afetivas.

A possibilidade de eventos que possam ter ajudado uma pessoa a conter e modular seus afetos é fundamental. A falha em responder a essas necessidades básicas pode levar a uma má constituição do si mesmo, com prejuízos nas diferentes áreas do existir. Essa perspectiva se relaciona à contribuição de Henry, para quem se pode falar de uma afetividade originária, que acontece como subjetividade absoluta, na qual acontece todo saber sobre a vida, sobre a humanidade e sobre o mundo. Henry (2001) afirma:

> Sempre que o sofrimento está presente, ele aí está inteiramente, com efeito, como uma espécie de absoluto. Para aquele que sofre, nada atinge o seu sofrimento. O sofrimento não tem portas nem janelas, não tem qualquer espaço fora dele ou nele que possibilite a fuga de si. Por isso, jamais pode fugir, de modo algum, para trás de si mesmo, conseguir atrás de si uma dimensão de recolhimento onde lhe fosse legítimo retirar-se, subtrair-se ao seu ser próprio ou tem de opressor. Não há escapatória possível. Entre o sofrimento e o sofrimento nada há. Para quem sofre, enquanto sofre, o tempo não existe. (p. 62-63)

Tendo como centro de preocupação fundamental na situação clínica a questão da encarnação, é necessário reconhecer, ao lado de Henry (2001), que encarnar é acolher as vicissitudes afetivas inerentes à própria vida, sejam elas dor, alegria, prazer ou desprazer. A situação clínica revela que o processo de encarnação acontece com o outro, diante do outro e para o outro. O acolhimento dos afetos é decorrente das redes intersubjetivas, seja pela ausência do outro ou pela sua falta de sintonia, e pode ocorrer uma deficiência no processo de encarnação ou no estabelecimento do sentido de si. Isso aponta para uma perspectiva clínica fundamental como rede intercorpórea que acontece como campo de afetos que necessitam ser acolhidos, modelados, e para que possam, eventualmente, vir a ser palavras nascidas da carne. Aqui a linguagem é vista como fenômeno da vida mesmo e como parte do processo de encarnação.

Cada processo clínico não só demanda o acolhimento e a modulação das experiências afetivas, mas também a possibilidade de favorecer o processo de encarnação do paciente, de modo que as suas palavras possam se constituir como linguagem recriada.

Embora observar esse processo traga certo sentido de beleza, é algo que implica diferentes intensidades de dor. Não é simples suportar e acolher a condição originária do ser humano. O ser humano busca evadir-se de diferentes modos do sofrer primitivo, e nesse processo põe em risco a própria constituição do si mesmo. No entanto, a presença do outro lhe outorga a modulação do afeto e a poesia que nasce de sua carne.

A cada vez em que um determinado aspecto que, potencialmente, poderia vir a se constituir na relação com o outro, experimenta-se vivência de alegria, de júbilo, de encantamento. Esse evento é frequentemente nomeado de sagrado pela pessoa que o viveu. Na situação analítica, a pessoa parece conceber a dimensão do sagrado a partir da matriz decorrente das diferentes experiências que trouxerem a metamorfose do si mesmo por meio da vivência de encanto e poesia. O olhar hospitaleiro do outro acolhe o verbo que se faz carne, eclodindo como afeto que eventualmente se faz palavra poética.

O sofrer primitivo acontece como indomado diante do qual o homem encontra o sentido mais profundo de ser criatura, e o caminho possível é a sua modulação, sua transformação por meio do abraço e da linguagem.

CONCLUSÃO

A psicologia clínica necessita aproximar-se da compreensão dos aspectos mais originários da condição humana, a fim de que os terapeutas possam realizar o seu trabalho respondendo às necessidades da pessoa humana. Em nosso tempo, é preciso voltar-se mais profundamente para os fundamentos do ser humano, tão caro a Michel Henry, que buscou abrir horizontes para além do universo das representações. Os pacientes, na atualidade, buscam avidamente o rosto do outro que lhes ajude no acolhimento dos afetos que os visitam, para encontrar, verdadeiramente, a possibilidade de assentarem-se em si mesmos e redestinar suas vidas.

REFERÊNCIAS BIBLIOGRÁFICAS

Antúnez, A. E. A. (2015). Histórico das relações entre filosofia e medicina no curso de Michel Henry em Portugal e as relações com a psicologia clínica. *Psicologia USP*, v. 26, n. 3, p. 318-322.

Antúnez, A. E. A; Martins, F; Ferreira, M. V. (2014). *Fenomenologia da vida de Michel Henry – Interlocuções entre filosofia e psicologia*. São Paulo: Escuta. 312p.

Antúnez, A. E. A.; Martins, F; Ferreira, M. V. (2015). Apresentação – A fenomenologia da vida em Michel Henry e a psicologia clínica. *Psicologia USP*, v. 26, n. 3, p. 316-317.

Ferreira, M. V. (2015). Michel Henry e os problemas da encarnação: o corpo doente. *Psicologia USP*, v. 26, n. 3, p. 352-357.

Ferreira, M.; Antúnez, A. E. A. (2014). O corpo na clínica da modalização do afeto. *Humanística e Teologia*, v. 35 v. 2, p. 145-162.

Henry, M. (1985). *Généalogie de la Psychanalyse*. Paris: Presses Universitaires de France.

Henry, M. (2006). Fenomenologia não intencional. Phénoménologie non intencionelle: une tàche por une phénoménologie à venir. *Phainomenon* (Centro de Filosofia da Universidade de Lisboa), v. 13, p. 165-177.

Henry, M. (2014). Sofrimento e vida. In: Antúnez, A. E. A.; Martins, F.; Ferreira, M.V. *Fenomenologia da vida de Michel Henry – Interlocuções entre filosofia e psicologia*. São Paulo: Escuta. p. 33-56.

Lipworth, L. (2007). Excess mortality from suicide and other external causes of death among women with cosmetic breast implants. *Ann Plast Surg*, v. 59, n. 2, p. 119-23; discussion 124-5.

Martins, F. (2014a). O corpo e o espírito por entre A Essência da Manifestação, de Michel Henry. *Humanística e Teologia*, v. 35, n. 2, p. 163-190.

Martins, F. et al. (2013). Matter and material phenomenology. In: Jean, G.; Leclercq, J.; Monseu, N. (Éd.). *La vie et les vivant (Re-)lire Michel Henry*. Bélgique: Presses Universitaires de Louvain – UCL. p. 567-580.

Martins, F.; Pereira, A. (2010). Michel Henry: o que pode um corpo. *Contributos em Língua portuguesa para um projecto internacional de investigação em rede*. Lisboa: Universidade Católica Editora.

Safra, G. (2014). Texto da capa. In: Antúnez, A. E. A.; Martins, F.; Ferreira, M. V. *Fenomenologia da vida de Michel Henry – Interlocuções entre filosofia e psicologia*. São Paulo: Escuta.

Safra, G. (2015a). A contribuição de Michel Henry para a prática clínica na atualidade. *Psicologia USP*, v. 26, n. 3, p. 378-383.

Safra, G. (2015b). Refundando a situação clínica: diálogos entre Guimarães Rosa e Michel Henry. *Diaphora*, v. 15, n. 1, p. 2-4.

LEITURAS RECOMENDADAS

Cadernos I : Círculo fenomenológico da vida e da clínica. / Organizado por Andrés Eduardo Aguirre Antúnez. São Paulo, IPUSP, 2018. 250 p. Disponível em: http://newpsi.bvs-psi.org.br/eventos/cadernos1_circulo_fenomenologico.pdf e Link: http://fenomenologiadavida.ip.usp.br/

Henry, M. (2001). *Encarnação: por uma filosofia da carne*. Tradução: F. L. F. Martins. Lisboa: Círculo de Leitores.

Martins, F. (2017). *Estátuas de Anjos: para uma fenomenologia da vida e da clínica*. Lisboa: Edições Colibri.

Martins, F. (2014b). Fenomenologia da vida: o que pode um sentimento. In: Antúnez, A. E. A.; Martins, F.; Ferreira, M. V. *Fenomenologia da Vida de Michel Henry – Interlocuções entre filosofia e psicologia*. São Paulo: Escuta.

Martins, F.; Antúnez, A. E. A. (2016). Michel Henry – Sense of self and hallucination. *Estudos de Psicologia*, v. 33, n. 3, p. 425-430.

Winnicott, D. W. (1971). As bases para o si-mesmo no corpo. Winnicott, D. W. (1994). *Explorações psicanalíticas*. Porto Alegre: Artes Médicas.

Wondracek, K. H. K. (2010). Ser nascido na vida: a fenomenologia da vida de Michel Henry e sua contribuição para a clínica (tese). São Leopoldo: Programa de Pós-Graduação da Faculdades EST.

SEÇÃO IV
Avaliação psicológica

**Coordenadora
Latife Yazigi**

Hermann Rorschach: genialidade e humanidade

Latife Yazigi

NOTA

A ideia foi pautar *ipsis litteris* este texto no *Psicodiagnóstico* (1921/1967)[1]; apesar de essa obra conter muito do pensamento de Hermann Rorschach, poucos são os que conhecem o incrível trabalho por ele realizado em tão pouco tempo (faleceu aos 38 anos). Criativo, intuitivo e muito perspicaz, Rorschach era cuidadoso e minucioso na coleta de dados e acurado no manejo dos achados. Sensível e empático no contato com as pessoas, pacientes ou não, suas observações são claras e didáticas, deixando transparecer a lógica de seu raciocínio clínico, quando então dá mostras de profundo conhecimento do humano. Dessa forma, são várias, porque valiosas, as citações que ilustram este trabalho.

O teste de Rorschach é um método de avaliação psicológica que permite apreender o conjunto total e os aspectos que compõem a personalidade de cada indivíduo. Capta tanto a condição inata da estrutura da personalidade quanto a dinâmica de seu desenvolvimento.

Personalidade é uma noção abstrata, cujo conceito compreende o conjunto de características psíquicas peculiares de cada indivíduo referentes às esferas da afetividade e da emoção, da ação e do comportamento, do raciocínio e do pensamento. Desde o início da vida psíquica e com o passar dos anos, a personalidade vai passando por etapas de desenvolvimento por meio de trocas e interações entre seus aspectos internos e as realidades externas, incluindo processos individuais e, por isso, únicos e singulares de cada pessoa. A noção de estrutura comporta a ideia de "terreno", de algo estático, enquanto a de desenvolvimento remete à ideia de movimento, de processo.

O biógrafo de Herman Rorschach, Ellenberger (1967), conta que Rorschach trabalhou por quatro anos como médico psiquiatra em uma clínica de Munsterlingen, na Suíça, que comportava 400 pacientes hospitalizados. A clínica tinha somente três médicos, um chefe e dois assistentes, nenhuma enfermeira, nenhuma secretária. Os médicos, além de consultas e visitas às diversas seções da clínica, cuidavam da organização de distrações para os pacientes como festas, representações teatrais e outras diversões. Comenta que Roland Kuhn, enquanto psiquiatra nessa clínica, teve acesso a muitas histórias clínicas realizadas por Rorschach todas acompanhadas de fotos que ele mesmo tirava dos pacientes (Rorschach, 1921/1967, p. 33). Estimulava também os pacientes a desenhar e pintar, oferecendo papel, lápis, cores e barro para modelar e depois estudava as produções, principalmente aquelas dos psicóticos. Uma vez conseguiu levar para a clínica um macaco, que manteve por vários meses e cujos movimentos e caretas divertiam a todos.

Ellenberger (1967) também comenta que um dos melhores amigos de Rorschach lhe contara que Rorschach, na época de estudante, era aficionado por exposições de pintura, quando observava como as pessoas com diferentes personalidades reagiam aos quadros (p. 43). Desde jovem já se dava conta da relação entre percepção e seu impacto na pessoa.

As diversas estratégias lúdicas aproximavam Rorschach dos pacientes. Foi nesse contexto e com esse espírito que deu início ao procedimento de mostrar aos pacientes borrões de tinta espalhados em folhas de papel e perguntando-lhes tão simplesmente "O que poderia ser isso?" Criou, assim, o *Psicodiagnóstico*, que tem como proposta interpretar formas fortuitas, figuras formadas ao acaso, tarefa que, segundo ele, demanda a participação da percepção e da compreensão, mas não da imaginação, da fantasia.

Em seu *Tratado sobre a pintura*, Leonardo fala com entusiasmo sobre observação das manchas nas paredes e que estimulavam sua imaginação, *"porque nas coisas indefinidas o espírito desperta para novas invenções"* (Vezzosi, 1996, p. 28). Foi o primeiro rorschachista, segundo Piotrowski (1957/1965), que

---

[1] Ano de publicação do original seguido do ano de publicação brasileira.

SEÇÃO IV — AVALIAÇÃO PSICOLÓGICA

enfatiza que Hermann Rorschach sabia que Leonardo selecionava seus ajudantes a partir das associações que faziam das manchas de umidade nas paredes (Yazigi, 2009).

PERCEPÇÃO-INTERPRETAÇÃO

Rorschach considerava seu método como uma técnica ou um instrumento de avaliação da personalidade e desenvolveu-o a partir de um experimento psicológico, cujos achados, inicialmente empíricos, foram, com o tempo, submetidos a comparações entre observações com "examinandos sadios" e "doentes mentais", e vice-versa (Rorschach, 1921/1967, p. 11). Assim, foi por acaso e de forma empírica que ele se deu conta de que os resultados do método poderiam ser utilizados para fins diagnósticos.

O emprego do método para fins de diagnóstico ligava-se principalmente ao controle dos resultados. As tentativas de estabelecer diagnósticos foram realizadas a partir de protocolos de pessoas não conhecidas e enviados por colegas a Rorschach. À medida que os diagnósticos assim obtidos – sem nenhuma indicação de idade ou sexo, sobre o estado normal, neurótico ou psicótico dos examinandos – se comprovavam verdadeiros, tanto mais o método se confirmava correto.

> O teste é, em primeiro lugar, um exame qualitativo. Ele indica sobretudo a qualidade dos sintomas, enquanto os aspectos quantitativos podem ser determinados somente de maneira imprecisa (...) Talvez com o tempo a prova venha a permitir que se possa fazer, quase sempre, uma distinção entre examinados sadios, neuróticos, esquizofrênicos ou portadores de lesão orgânica. Na maioria dos casos já é possível hoje se fazer um diagnóstico bem diferenciado entre doentes e um diagnóstico de personalidade não menos diferenciado entre normais e neuróticos. (Rorschach, 1921/1967, p. 127-128)

Rorschach apresentou os últimos resultados de seus estudos com o método em uma comunicação na Sociedade Psicanalítica Suíça, poucas semanas antes de seu falecimento, aos 33 anos.

> Ainda foi-lhe possível expor os dados fundamentais de seu método em seu *Psicodiagnóstico* (monografia publicada em 1921 pela editora Bircher em Berna). Um grande número de amigos, colegas e discípulos, convencidos pela própria experiência do valor e utilidade prática deste novo método, contribuirão, sem dúvida, na medida de suas forças, a aperfeiçoá-lo (Ellenberger, 1967, p. 88).

Rorschach reconheceu que os fundamentos teóricos de seu experimento em sua maior parte estavam ainda incompletos. Coube a seus sucessores, dada a morte prematura do criador, a tarefa de fornecer as bases do método, que foi realizada com profundidade por uma série extensa de pesquisadores em diferentes países. São notórias as contribuições de Piotrowski (1936), Hertz (1936), Klopfer (1937), Beck (1944), Rappaport e Schafer (1945), Halpern (1948), Schachter (1948), Schachtel (1966), Exner (1969), e neste século, Meyer, Viglione, Erard, Phil (2011), nos Estados Unidos; Harrower-Erickson (1940), no Canadá; Minkowski (1950), Minkowska (1956), Helman (1959), Loosli-Usteri (1958), Rausch de Traubenberg (1983), na França; Morgenthaler (1967), Binder (1933), Dworetzki (1939) e Bohn (1948), na Suíça; Rizzo (1949), na Itália; Alcoock (1963), na Inglaterra; Salas (1932), na Espanha; Leme Lopes (1935), Silveira (1964) e Souza (1953), no Brasil (Yazigi, 2011).

Dessa forma, para Rorschach (1921/1967), é basicamente por meio do processo perceptivo que é possível apreender os aspectos da personalidade como inteligência, volição, efeito das disposições de humor sobre os componentes da inteligência, tipo de experiência e de vivência, disposições emocionais, afetividade e caráter, imaginação, talentos, instintos. Porém, enfatizou que o *Psicodiagnóstico* não poderia ser considerado como um modo de se alcançar o inconsciente dadas outras formas mais bem-sucedidas de apreensão da Psicologia Profunda como a interpretação dos sonhos de Freud e os testes de associação de Jung. Esclarece que:

> Isso é facilmente compreensível, uma vez que a prova não estimula uma criação livre do inconsciente, mas, ao contrário, exige uma adaptação a determinados estímulos externos, uma participação da *fonction du réel*. Somente a comparação dos conteúdos das interpretações com o resultado geral pode revelar, uma vez ou outra, certas tendências do inconsciente. (Rorschach, 1921/1967, p. 130).

Da mesma forma, também considerava que não havia uma teoria da personalidade subjacente às interpretações dos dados, ou seja, não havia um arcabouço conceitual guiando as análises do teste. Para Rorschach (1921/1967): "O teste é, em primeiro lugar, um reagente qualitativo" (p. 127), informa sobre a qualidade dos sintomas, sendo um meio auxiliar do diagnóstico clínico (p. 129). Enfatiza que:

> Ser capaz de tirar conclusões a partir de um grande número de fatores do teste requer muita prática no raciocínio psicológico e uma larga experiência com o teste. Para adquirir essa experiência é necessário que cada pessoa tenha coletado uma grande quantidade de material clínico para um estudo comparativo e cada indivíduo que desejar usar o teste precisa obter essa experiência por si mesmo. Somente estudos com tipos variados de indivíduos pode fornecer a base para aquisição da experiência. O teste se presta ao diagnóstico psiquiátrico somente nas mãos de pessoas capazes de coletar material psicologicamente comparável. (Rorschach, 1921/1967, p. 121/128).

A preocupação relativa à validade do método surgiu quando Rorschach se deu conta de que ele poderia ser empregado para fins diagnósticos e que estava relacionado ao controle dos resultados obtidos. Foi assim que o teste de pesquisa se tornou teste de exame. Essa preocupação mostra o quanto ele era cuidadoso, sempre em busca da precisão.

MATERIAL

O material do método de Rorschach é composto por 10 pranchas ou cartões com figuras originárias de grandes manchas de tinta sobre uma folha de papel, em seguida dobrada e com os borrões espalhados na folha. São, portanto, imagens não estruturadas, sem formas precisas, pretas, cinzas, vermelhas ou coloridas de tons suaves e incluindo também os espaços em branco. Rorschach (1921/1967) esclarece que nem toda figura amorfa serviria, uma vez que para permitir qualquer percepção precisa preencher certas condições mínimas.

> As formas dos borrões deverão ser simples e sua distribuição nas pranchas seguem exigências mínimas de uma composição, caso contrário não terão a qualidade de estimular percepções. "É preciso que o enquadramento dos borrões no espaço da prancha obedeça a certas condições de ritmo espacial; se isto não se der, a prancha carecerá de força plástica". Disto resulta a necessidade de uma distribuição simé-

trica que provê a necessidade de uma composição artística e se isto não acontecer, muitos indivíduos rejeitarão as figuras como simples borrões. A assimetria estimula a interpretação da figura como uma cena e tem a vantagem de criar condições idênticas para pessoas destras ou canhotas. (Rorschach, 1921/1967, p. 15)

Hermann Rorschach tinha um *hobby* – a pintura. Por isso seu olhar voltado para o "enquadramento no espaço", o "ritmo espacial", a "força plástica", a "composição artística". Tendência seguida por Ernest Schachtel (1948), que em sua análise dos borrões, inclui a percepção de volume da figura e do eixo central, este em contraposição às bordas externas. Nessa mesma linha, Françoise Minkowska (1956) identifica as noções de tempo e de espaço a partir dos borrões e suas articulações.

É interessante acompanhar como Rorschach (1921/1967) discorreu sobre as diferentes condições inerentes aos estímulos ou borrões de cada cartão. Assim por exemplo, prancha I, preta, quase nunca é recusada[2]; estimula tanto respostas de forma como de movimento; propicia interpretações globais, de detalhes ou de pequenos detalhes. Prancha II, preta e vermelha; sugere cinestesias[3] com maior facilidade que a prancha I; contém um acentuado (Dbl[4]) detalhe intermediário; introduz uma cor, que por vezes pode provocar "choque-cor"; o vermelho se sobrepõe ao preto. Prancha IV, preta; provoca poucas respostas, tanto de forma como de movimento; é facilmente interpretada em seus detalhes do que no todo; em geral, é vista como "bonita"; sua interpretação é tida como difícil. A prancha V, preta, é a mais fácil de ser interpretada e constantemente descrita como "morcego" ou "mariposa"; enquanto que a prancha VI, preta, é considerada como a mais difícil. Prancha VIII, multicolorida; harmoniosa na cor e na forma, é de fácil interpretação. Prancha IX, multicolorida, sem harmonia na cor e na forma; desperta facilmente cinestesias; contém uma figura intermediária nítida (Dbl). Prancha X, multicolorida e borrões díspares; interpretação global quase impossível (p. 51).

Observa-se também que as considerações de Rorschach sobre os borrões são muito próximas dos princípios da organização perceptiva da psicologia da Gestalt, que leva em consideração o modo como a mente do indivíduo agrupa objetos para formar outros objetos. São eles, princípios: da pregnância (do alemão *prägnanz*, que significa "a boa figura", "a boa forma" e a simplicidade), da tendência à estruturação, da constância perceptiva, da segregação ou isolamento da figura-fundo.

FATORES DO TESTE

Técnica

A seguir constam explicações do autor sobre o método. Rorschach (1921/1967) criou 10 pranchas e as testou se satisfatórias e suficientes, quanto a seu propósito, em diversos tipos de indivíduos (pacientes ou não). As sequências dos cartões foram ordenadas de acordo com seus achados empíricos e, por isso, inúmeras vezes testadas. Na etapa de administração, o examinando recebe uma prancha por vez que, deve ser mantida em sua mão a uma distância de, no máximo, o comprimento de seu braço estendido. Em seguida lhe é feita a seguinte pergunta: "O que poderia ser isto?". É esperada, ao menos, uma resposta

por prancha, tendo-se o cuidado de evitar qualquer sugestão ou constrangimento ao examinado. "(...) quando os examinandos se mostram desconfiados, torna-se necessária uma demonstração de como se obtêm tais imagens. Raras são as vezes em que o teste é recusado mesmo por doentes mentais desconfiados ou bloqueados". As respostas devem ser registradas à medida que forem dadas e não há necessidade de determinar um tempo de apresentação de cada prancha (p. 15-16).

Rorschach (1921/1967), ao longo de sua obra, exemplifica suas concepções e achados com exemplos de como pacientes com diferentes patologias respondem. Assim,

> O fato de as reações terem mais o caráter de percepção entre os portadores de perturbação eufórica e mais o caráter de interpretação entre os portadores de perturbação depressiva, mostra, além do mais, que esta diferença não deve ser proveniente apenas de processos puramente associativos e, sim, que também momentos afetivos deslocam as fronteiras entre a percepção e a interpretação. (p. 18)

Na sequência, deve-se fazer o levantamento das respostas do examinando e, segundo o autor, o mais importante é:

> (...) obter um apanhado geral das funções de percepção e de concepção. O exame das respostas deve focalizar, inicialmente, o aspecto formal da imagem, sendo que seu conteúdo deve ser considerado por último. Uma vez o protocolo coletado, deverá ser analisado segundo o número de respostas, a duração dos tempos de reação, o número de recusas, o determinante da resposta – forma, sensação de movimento, cor; a apreensão da figura – no todo ou em partes e quais partes. (Rorschach, 1921/1967, p. 19)

No Psicodiagnóstico, imediatamente após essas instruções, o autor apresenta uma tabela de homens (N = 231) e mulheres (N = 174) distribuídos nos seguintes diagnósticos: normais adultos (55), normais incultos (62, maioria mulheres), psicopatas (20, maioria homens), alcoólatras (8, todos homens), débeis/imbecis (12, quase todos homens), esquizofrênicos (188), maníaco-depressivos (14, maioria mulheres), epilépticos (17, quase todos homens), paralíticos (18, quase todos homens), dementes senis (10, maioria homens), dementes arterioscleróticos (5), Korsakoff e semelhantes (3, só homens). Total, 405 sujeitos. Em uma longa nota de rodapé descreve os quadros psicopatológicos mencionados e explica as quatro subformas de esquizofrenia: paranoide, catatônica, hebefrenia e forma demencial simples. Assim, vai esclarecendo sobre as patologias oferecendo informações esclarecedoras ao leitor.

Rorschach (1921/1967), muito criterioso, esclarece que teria muitos mais protocolos, mas que não os considerou porque obtidos com figuras antigas e, por isso, não passíveis de serem utilizadas, já que o computo comparativo só é possível entre resultados conseguidos com o mesmo material.

Quanto ao número de respostas, afirma que pessoas normais, em geral, dão 15 a 30 respostas e que a produção de respostas "depende mais dos momentos afetivos do que de momentos associativos" e, a partir daí, discorre sobre a relação entre quantidade e a qualidade dessas produções em seus sujeitos, como "os ambiciosos de qualidade pretendem interpretar as dez pranchas com cerca de dez respostas tão boas quanto possível" (p. 21). Abaixo da média estão os deprimidos, mal-humorados, não dispostos a colaborar, acima da média os eufóricos, interessados, bem-humorados. Porém, para Rorschach (1921/1967), o número de respostas fornece poucos elementos indicativos.

---

[2] Não conseguir dar uma resposta.

[3] Respostas de movimento.

[4] Dbl = espaço em branco, no caso, espaço central.

SEÇÃO IV — AVALIAÇÃO PSICOLÓGICA

O tempo total para a realização da prova varia em média entre 20 e 30 minutos, porém o cômputo exato só se identifica nas provas-controle, e não na prova normal. Obviamente, depressivos, epilépticos e orgânicos apresentam tempo mais longo e maníacos, mais curto; e os esquizofrênicos apresentam um tempo significativamente mais curto que os demais indivíduos; "quanto mais incoerente apresentar-se o doente, tanto mais curto será o seu tempo de reação, desde que sua atenção tenha sido despertada para o teste", nos esclarece o autor (Rorschach, 1921/1967 p. 22).

Transcrevemos o parágrafo seguinte, por ser um excelente exemplo do raciocínio clínico de Rorschach (1921/1967).

> As pessoas normais quase nunca recusam uma ou outra prancha. Entre neuróticos, porém, isso às vezes acontece, se bem que raramente, devido ao bloqueio causado por algum complexo. Encontram-se recusas abundantes entre os histéricos débeis que, devido a um sensível complexo de insuficiência intelectual, acautelam-se de maneira ansiosa em dar interpretações que lhes pareçam tolas. De modo característico, observam-se com relativa frequência recusas entre esquizofrênicos, mesmo em esquizofrênicos latentes ou praticamente curados: eles recusam uma prancha, às vezes de maneira abrupta, após terem apresentado respostas de boa qualidade e em quantidade, recusando por vezes pranchas que não são tidas como "difíceis". O bloqueio poderá ser, então, totalmente intransponível, enquanto que, em outros casos, ele poderá ser superado, através de persuasão, permitindo ao indivíduo fornecer uma resposta a mais. (p. 22-23)

FORMA, MOVIMENTO E COR NO PROCESSO PERCEPTIVO

Rorschach (1921/1967) comenta que a grande maioria de respostas de pessoas normais e de doentes é determinada pela forma dos borrões.

> O examinando escolhe entre suas imagens-evocações visuais o que mais se aproxima da forma da figura apresentada, ou do contorno da figura total ou de algum detalhe. Ele imagina, então, o objeto visto não como uma forma em movimento mas, antes, imóvel. Esclarece que passará a designar as 'respostas-forma' pela letra **F**. (p. 23)

Em seguida, têm-se as "respostas-movimento" designadas pela letra **K**[5] e as "respostas-cor" indicadas pela letra C. As respostas K são determinadas pela forma dos borrões e por engramas cenestésicos, ou seja, evocações de movimentos já vistos, imaginados ou executados – o examinando imagina o objeto "visto" em movimento. As respostas determinadas pela forma e pela cor ou somente pela cor são designadas por **C**. Rorschach (1921/1967) conclui que a **frequência** desses três modos de perceber as imagens e principalmente a relação existente entre eles indicam diferenças típicas que podem caracterizar pessoas normais ou diversos tipos de doenças (p. 23).

Respostas-forma (F)

Uma vez que a maioria das figuras é determinada por sua forma, Rorschach (1921/1967) defende a importância de uma avaliação objetiva dessas respostas-forma em contraposição às avaliações subjetivas – sendo, portanto, indispensável "seguir os caminhos da estatística". Por esse motivo, compôs uma lista das respostas-forma dadas com maior frequência por um número amplo de indivíduos (100) mentalmente sadios, do que resultou o que denominou "uma zona de normalidade" da percepção. Essa zona seria baseada nas respostas que reaparecem com certa frequência e que, por isso, são anotadas como F+ ou "formas boas", enquanto as mal percebidas ou imprecisas são anotadas como F-.

> A prova de interpretação de formas é capaz de examinar separadamente os diferentes componentes daquilo que costumamos chamar "inteligência". Um destes componentes é a acuidade da visão de formas. (...) As perturbações de natureza depressiva melhoram a visão das formas enquanto que as de natureza eufórica dificultam-na. (p. 24)

Em sua explicação, Rorschach (1921/1967) integra a percepção acurada, objetiva e compartilhada com o universo social à atividade cognitiva da inteligência que envolve a capacidade do indivíduo de estabilizar e manter a atenção no foco, sem dispersar-se ou distrair-se com outros estímulos. Essas duas condições da percepção – acuidade e estabilidade – possibilitam a autocrítica.

RESPOSTAS-MOVIMENTO (K)

As respostas-movimento são decorrentes da percepção da forma adicionada a sensações cinestésicas, por exemplo, na prancha I, "dois anjos batendo as asas" ou, na prancha II, "dois foliões carnavalescos que dançam um com o outro de joelhos dobrados". O movimento pode ser reconhecido pela atitude do examinando de reproduzi-lo ou por seus gestos que traduzem o início do movimento que quer expressar. Porém, nem todo movimento, indicado ou esboçado, está condicionado a uma cinestesia. Rorschach (1921/1967) chama a atenção para o fato de que há pessoas que nomeiam objetos animados, o que não significa que sejam respostas cinestésicas. Assim, "um pato que cai na água", "um cachorro que quer abocanhar uma borboleta", "um avião voando", "um vulcão lançando fogo" não são respostas K, mas sim respostas-forma decorrentes de descrições produzidas pela forma, e o movimento não passa de um "enfeite retórico da resposta, uma associação secundária" (p. 25).

> Trata-se, portanto, de uma evocação associativa do movimento mencionado e não de um movimento sentido (...) O grau de mobilidade manifesta do indivíduo não representa o grau de cinestesias que lhe afluem durante o processo de percepção. Ao contrário, o indivíduo cinestésico é estável do ponto de vista motor; o indivíduo pleno de vitalidade é pobre em cinestesias. Trata-se de conclusões empíricas do teste, que carecem muito ainda de bases teóricas, mas que podem ser comprovadas a cada instante. (Rorschach, 1921/1967, p. 25)

A fim de resolver essa questão da codificação das respostas K, Rorschach (1921/1967) propôs uma regra – que somente as percepções de figuras humanas ou de animais com movimentos semelhantes aos do homem serão consideradas como cinestesias. Porém, reforça que teremos sempre que indagar se o movimento mencionado é primário na determinação da resposta, se é realmente uma sensação de movimento, e não uma apreensão de forma interpretada secundariamente como em movimento (p. 26). Outro comentário do autor é que há pessoas capazes de sentir cinestesias em animais de todas as espécies, em plantas, em figuras geométricas e em linhas isoladas e explica que em tais casos a determinação das K é clara, pois "quase sempre se trata de in-

---

[5] K da palavra alemã *kinästhetik* = cenestésica, movimento.

díduos que são bons observadores de si próprios" (p. 27), por isso oferecem esclarecimentos com clareza. Para o autor, o determinante K constitui "o ponto mais delicado de toda a prova" (p. 27), pois a "equação pessoal do examinador, de acordo com seu próprio tipo de representação" poderá levá-lo a cometer erros e aí, então, seria necessário "recorrer a um processo estatístico para evitar falsas conclusões analógicas subjetivas". Atualmente, os diferentes sistemas de Rorschach têm abordagens específicas dessas respostas, não havendo unanimidade entre eles.

Existe uma discussão relevante sobre a noção mais profunda sobre o significado das respostas de movimento entre os especialistas do teste (Yazigi, 2009). Para Rorschach, para quem não existe resposta de movimento genuíno que não seja acompanhado de cinestesia sentida, decorreu de sua concepção teórica. Para o autor, K e fantasia aumentam com a inibição crescente do movimento corporal manifesto: quanto maior a redução do movimento corporal, mais intensos são os movimentos sentidos interiormente, mas não exteriorizados.

> Os indivíduos que mais produzem K são os artistas, os bem dotados de imaginação e os abstratos (...) isso provaria que as K são características dos indivíduos cuja atividade se desenvolve mais sobre o terreno espiritual, em indivíduos cujos interesses gravitam mais em torno de sua vida intrapsíquica do que do mundo exterior. (Rorschach, 1921/1967, p. 66)

Desse modo, existiria incompatibilidade ou correlação negativa entre comportamento motor manifesto e fantasia ou "vivência interior" traduzida por K. Nesse aspecto, Rorschach (1921/1967) foi influenciado por Mourle Vold, psicofisiologista interessado na relação entre o movimento livre durante o sonho e a quantidade de movimento nos sonhos do indivíduo. Quanto mais inibida a atividade muscular, mais ativa se torna a imaginação cinestésica.

> O grau de motilidade manifesta do indivíduo não representa o grau de cinestesias que lhe afluem durante o processo de percepção. Ao contrário, o indivíduo cinestésico é estável do ponto de vista motor; o indivíduo pleno de vitalidade é pobre em cinestesias. (Rorschach, 1921/1967, p. 25)

Ellenberger (1967) esclareceu que Rorschach integrou, em sua teoria das percepções cinestésicas, tanto as ideias de Mourle Vold como as de Freud (*apud*, Ellenberger, 1967). Ambos consideravam que os sonhos vivos e ativos são possíveis desde que o sonhador esteja imóvel em sua cama, sem realizar as ações do sonho. Levantar-se e mover-se interrompe os sonhos. Assim, K teria o mesmo valor psicológico que os sonhos. Quanto menor o viver externo, maior o viver interno, sinônimo de imaginação, fantasia ou sonho. Os K e os sonhos seriam resultado de uma repressão de tendências de ação, e os K revelariam as tendências inconscientes e as atitudes básicas. As memórias cinestésicas atuariam como inibidores da atividade física e a atividade motora inibiria as memórias cinestésicas. Cinestesias estabilizariam a motilidade, assim como a afetividade. Não se tem dúvida sobre o significado psicológico que Rorschach atribuiu aos K, relacionando-os com as atividades mentais e dissociando-os da conduta motora manifesta (Yazigi, 2009). Assim: "Entre os normais o número de K aumenta com a produtividade da inteligência, com a riqueza das associações, com a capacidade de estabelecer novas ligações associativas" (Rorschach, 1921/1967, p. 27).

A definição psicológica de Rorschach (1921/1967) das respostas de movimento incluem fantasia, imaginação, devaneio e vida interior. Para ele, K indicaria tendência a recolher-se na vida de fantasia, a ser intelectualmente criador, a lidar com a realidade em nível imaginativo, tanto intelectual quanto emocionalmente e, portanto, não intercambiar com essa realidade de forma direta e concreta.

Yazigi (2009), em uma análise sobre a questão da especialização hemisférica ou assimetria cerebral, conclui que o método de Rorschach seria um teste visuoespacial, uma prova espacial sob o domínio do hemisfério direito. A resposta de movimento humano estaria relacionada com mecanismo introversivo na vida mental e traria à luz material inconsciente, portanto os aspectos referidos a elas poderiam ser considerados produções do hemisfério direito. Dessa forma, já que os processos de criatividade, imaginação, fantasia e sonho, assim como a decodificação do movimento pertencem ao domínio do hemisfério direito, as respostas de movimento no teste de Rorschach seriam decorrentes do trabalho do hemisfério direito (Yazigi *et al.*, 2002).

Respostas-cor (C)

As respostas-cor comportam três tipos de interpretações: as respostas forma-cor (FC), cuja forma é codeterminada pela cor, por exemplo, "os quadrados azuis na prancha VIII vistos como 'taturanas'"; as respostas de cor-forma (CF) são determinadas pela cor, mas a forma não é totalmente descuidada, assim, "os quadrados azuis na prancha VIII como 'blocos de gelo'"; as respostas primárias de cor (C), determinadas apenas pela cor e sem consideração pela forma, como "os quadrados azuis na prancha VIII como 'céu'" (Rorschach, 1921/1967, p. 30). Comenta o autor que as respostas FC são as mais fáceis de ser reconhecidas, entretanto, muitas vezes, para se esclarecer o tipo de determinante, é necessário que se faça um inquérito. No caso das respostas C, sugere Rorschach (1921/1967) que se pergunte ao examinando: "a interpretação teria sido a mesma se a figura fosse preta?" (p. 30). Afirma que se as figuras coloridas corresponderem a formas nitidamente piores em relação às demais já fornecidas pelo sujeito, é possível então que se trate antes de CF do que de FC. Relata também que os epilépticos apresentam respostas C primárias muitas vezes resultado de nomeação da cor, como "um vermelho e um azul". Quanto à relação com a patologia, as perturbações depressivas mostram produções com pobreza de respostas-cor, enquanto os eufóricos fornecem numerosas respostas-cor. Alerta para o fato de que as respostas de preto e branco devem ser anotadas à parte.

Rorschach (1921/1967) associa essas respostas aos afetos, porém as pessoas que apresentam afetos estáveis fornecem poucas ou quase nenhuma resposta de cor, enquanto as que se caracterizam por labilidade de afetos produzem muitas respostas-cor (p. 31). Além do mais, quanto mais estáveis os afetos, tanto mais precisa é a visão das formas, e quanto mais lábeis, menos precisa a visão das formas.

As respostas C-puras ocorrem em pessoas com tendência à descarga impulsiva de afetos, como os coléricos, os "esquentados", os imprevisíveis e os agressivos. As respostas CF surgem como indicador de labilidade afetiva, de irritabilidade, de sensibilidade e de sugestibilidade. As respostas FC representam a base do contato afetivo e da aproximação afetiva com relação ao meio ambiente. As C e CF exprimem mais a afetividade egocêntrica, ao passo que o número de FC evidencia mais a capacidade de contato e adaptação afetiva. Somente indivíduos afetivamente estáveis (deprimidos, indolentes, meticulosos) não apresentam nem C, nem CF e nem FC. Rorschach (1921/1967) alerta para o fato de que tais informações devem ser ainda confirmadas. Assim, por exemplo, "quando uma pessoa normal nos quer

SEÇÃO IV — AVALIAÇÃO PSICOLÓGICA

presentear, ela procura saber o que nos agrada, quando um maníaco nos dá alguma coisa, ele dá o que lhe agrada" (p. 34). As CF decorrentes de labilidade afetiva e as C decorrentes de impulsividade podem ser estabilizadas por um número maior de FC que decorre de uma capacidade de manter o contado com o outro e com o ambiente. "Da inter-relação das respostas-cor podemos tirar conclusões sobre a dinâmica afetiva do indivíduo à qual pertence, também, o choque cromático. Este, sem exceção, indica repressões afetivas de natureza neurótica nas quais a repressão das cores, que se expressa através do choque cromático, é um sinal inequívoco" (p. 214).

Respostas-claro-escuro [F(C)]

No texto publicado após a morte de Hermann Rorschach, no prólogo Oberholzer comenta que nesse trabalho Rorschach introduziu duas "inovações": as respostas vulgares e as interpretações claros-escura. As nuances de claro-escuro ocorreram nas pranchas de forma fortuita, sendo um problema causado pela impressão dos borrões nos cartões pretos (I, IV, V, VI e VII), que de uniformes se apresentaram com "claridade e sombra" (p. 217). Explica-nos o autor:

> O valor sintomático dessas interpretações ainda não foi completamente esclarecido. Elas parecem ter ligação com o modo de adaptação afetiva, angustiado, ansioso – prudente – não liberado, um autocontrole diante de outrem e, especialmente, uma tendência à disposição fundamental depressiva que o indivíduo procura dominar diante dos demais. Por outro lado, temos pelo menos uma resposta que revela afetividade fortemente egocêntrica-impulsiva: trata-se da primeira de todas as respostas-cor: fumaça e fogo (prancha II). (p. 217)

Com relação a essas respostas F(C), para o autor, as interpretações claros-escura que representam capacidade de adaptação afetiva propriamente dita e de contato afetivo traduzem uma espécie de harmonia entre a adaptação afetiva e a adaptação intelectual (Rorschach, 1921/1967, p. 221). Em outro momento, refere-se às respostas claro-escuro envolvendo distância vista em perspectiva, que põem em relevo o aspecto de tridimensionalidade, que traduz o potencial afetivo adaptado e conscientemente controlado (p. 223). Associa essas interpretações ao talento e à capacidade tecnoconstrutiva de como o examinando tira suas conclusões intelectuais.

Quando versa sobre os determinantes, Rorschach (1921/1967) os articula seguindo o raciocínio da interdependência dos fatores do teste. Assim, por exemplo, com relação às F, afirma que a "precisão ou imprecisão dos objetos e a precisão ou imprecisão da percepção do trabalho de assimilação andam a par" (p. 25). Sobre as K esclarece que "entre os normais o número de K aumenta com a produtividade da inteligência, com a riqueza das associações, com a capacidade de estabelecer novas ligações associativas". Já os estereotipados, os débeis mentais não produzem K – "quanto mais produtiva for a vida associativa de um doente, tanto mais K ele dará". Da mesma forma, o estado de euforia aumenta, enquanto a depressão diminui, o número de K, e na melancolia as K desaparecem completamente (p. 27). Na proporção normal, quanto mais F+, maior o número de K; porém, nas variações de humor, na psicose maníaco-depressiva, essa proporção será invertida; quanto mais F+, menor o número de K; quanto mais imprecisa a visão das formas, ou seja, quanto mais F-, tanto maior o número de K. Esse fenômeno também acontece nos epilépticos, ou seja, a proporção é invertida (p. 28).

Para Rorschach (1921/1967), do mesmo modo que as respostas F, as respostas de movimento podem ser divididas em boas (K+) e em ruins (K-), em que as primeiras correspondem à percepção adequada e as segundas à má percepção da imagem. As K devem ser também divididas em primárias e secundárias; primárias quando forma e cinestesia imediatamente se misturam e são apreendidas simultaneamente e secundárias quando a forma é percebida em primeiro lugar e só depois é acrescida do movimento. Também é interessante saber se a cinestesia refere à movimento de distensão ou de flexão (figuras curvadas, sobrecarregadas e retorcidas). As cinestesias de distensão são dadas por pessoas ativas e as de flexão, por pessoas passivas.

A relação entre sexo e respostas de cor mostra que indivíduos do sexo masculino apresentam menos respostas de cor que os do sexo feminino, o que corresponderia à afetividade feminina mais lábil. A relação entre movimento K e cor mostra que quanto mais o número de K ultrapassar o número de respostas-cor, tanto mais a afetividade do indivíduo apresentará uma tonalidade estável; e quanto mais C ultrapassem as K, tanto a labilidade de afeto será mais manifesta. Estabelece uma relação entre respostas de movimento e cor, assim muitas K e poucas C ou poucas K e muitas C e poucas K e C.

REFERÊNCIAS BIBLIOGRÁFICAS[6]

Ellenberger, H. (1967). Vida y obra de Hermann Rorschach. In: Rorschach, H. *Obras menores e inéditas*. Madrid: Morata.

Piotrowski, Z. (1957/1965). *Perceptanalysis*. 2ª ed. Philadelphia: Ex Libris.

Rorschach, H. (1921/1967). *Psicodiagnóstico*. Tradução: Marie Sophie de Villemor Amaral. São Paulo: Mestre Jou.

Vezzosi, A. (1996). *Léonard de Vinci. Art et science de l'univers*. Paris: Gallimard.

Yazigi, L. (1995). *A Prova de Rorschach, a especialização hemisférica e a epilepsia* (tese de

livre-docência). São Paulo: Escola Paulista de Medicina – Universidade Federal de São Paulo.

Yazigi, L. (2000). Leonardo da Vinci y lo vivido. In: *IV Congreso Nacional de Psicodiagnostico y XI Jornadas Nacionales*, Salta. Livro de Resúmenes. Salta: A.D.E.I.P. v. 1. p. 127-127.

Yazigi, L. (2002). The Bisymmetric Rorschach. In: *XVII International Congress of Rorschach and Projective Methods*, Rome, Italy.

Yazigi, L. (2009). Leonardo da Vinci, o Rorschach e o movimento. In: *Avanços e polêmicas em avaliação psicológica*. 1ª ed. São Paulo: Casa do Psicólogo. p. 267-295.

Yazigi, L. (2011). Introduction *Rorschachiana – Journal of the International Society for the Rorschach*. Göttingen: Hogrefe Publishing. v. 1, p. 254.

Yazigi, L. et al. (2002). *Chimeric Rorschach and laterality. Journal of the International Society for the Rorschach*. Göttingen: Hogrefe Publishing. v. 25, p. 139-154.

---

[6] Este texto aborda alguns aspectos da história de vida de Hermann Rorschach que julguei importantes para contextualizar a contemporaneidade de seu trabalho no campo da psicologia humana. Por essa razão, as exigências quanto às referências bibliográficas atuais não se encaixam.

26

O sistema Francês (Escola de Paris) do Rorschach: histórico, ensino, pesquisas e contribuições psicanalíticas

Maria Abigail de Souza
Sonia Regina Pasian

INTRODUÇÃO

A influência e os efeitos das características de personalidade, nos mais variados contextos socioculturais, são inegáveis e historicamente retratados tanto na literatura científica quanto na vida cotidiana. Relevante, portanto, considerar esse construto nos processos de avaliação psicológica, nos quais diversos métodos são utilizados, entre eles o método de Rorschach, que será o foco deste capítulo. Trata-se de uma técnica construída, a partir de manchas de tinta, pelo psiquiatra suíço Hermann Rorschach, na Suíça, permitindo elaborar uma análise psicodiagnóstica sobre o indivíduo. Essa contribuição genial do autor imortalizou-se na obra intitulada "Psicodiagnóstico", compreendida como: "Método e resultados de uma experiência diagnóstica baseada na percepção (Interpretação de formas fortuitas)" (Rorschach, 1921/1978).

Em quase um século de recorrentes aplicações, o Método de Rorschach é, sem dúvida, um dos instrumentos de avaliação psicológica com maior investimento científico e prático em todo o mundo no campo da avaliação da personalidade (Azoulay *et al.*, 2007). Seu amplo reconhecimento é facilmente detectado pela história de desenvolvimento dessa prova e pela quantidade e diversidade de investigações científicas por ela suscitadas. A abrangência de seu uso se dá em diversos campos da Psicologia e da Saúde Mental, sendo considerado um entre os métodos projetivos mais sofisticados para estudar o funcionamento psíquico. Esse método favorece a apreensão da dinâmica do conjunto da personalidade, tendo sido objeto de grande número de pesquisas e publicações, as quais têm confirmado sua sensibilidade, confiabilidade, validade e precisão (Chabert, 1983; Pasian, 2000).

Ao comentar sobre inovações técnicas e metodológicas da contemporaneidade no campo da avaliação da personalidade, Bornstein (2012) oferece sólidos argumentos científicos para propor que as estratégias de validação do Método de Rorschach possam se constituir em modelo a ser seguido no século XXI nessa área. Em suas palavras: "Essas estratégias têm potencial para produzir evidências definitivas sobre a validade dos escores derivados do Método de Rorschach e podem ajudar a resolver longas controvérsias sobre sua utilidade clínica" (p. 26).

O percurso histórico do Método de Rorschach contempla infindáveis produções científicas, vinculadas às regiões de seu desenvolvimento, resultando em seus vários sistemas interpretativos. Neste capítulo, focalizaremos o Sistema Francês do Rorschach, atualmente denominado Escola de Paris (Chagnon, 2013), oficialmente reconhecido no Brasil pelo Sistema de Avaliação de Testes Psicológicos (SATEPSI) do Conselho Federal de Psicologia (http://satepsi.cfp.org.br/), em janeiro de 2005.

BREVE HISTÓRICO SOBRE O SISTEMA FRANCÊS – ESCOLA DE PARIS DO RORSCHACH

De acordo com Chagnon (2013), o termo *Escola de Paris* apareceu pela primeira vez durante o XIII Congresso Internacional de Rorschach, realizado em Paris, em 1990, em homenagem de Catherine Chabert à Nina Rausch de Traubenberg, a fundadora da referida escola. Nessa ocasião, Chabert observou que no estrangeiro se empregava o termo *Parisian School* para diferenciar essa corrente da escola fenômeno-estrutural (representada hoje por J. M. Barthélémy e M. Wawrzyniak, seguidores de F. Minkowska), como também da abordagem psicanalítica suíça (representada por C. Merceron, F. Rossel e O. Husain) e da abordagem exneriana percepto-cognitiva (introduzida na França por A. Sanglade-Andronikof). Embora o "núcleo-duro" do Sistema Francês do Rorschach esteja situado em Paris, essa escola ultrapassa largamente a região parisiense, com contribuições originais de autores contemporâneos como Claude De Tychey, em Nancy (França), Pascal Roman, em Lausanne (Suíça), e Alex Lefebvre, em Bruxelas (Bélgica).

SEÇÃO IV — AVALIAÇÃO PSICOLÓGICA

Em seu trabalho de resgate histórico sobre o tema, Chagnon (2013) ressalta que desde 1943 o psicanalista Lagache interessou-se pela Psicologia Projetiva, demonstrando seu interesse pelo processo da resposta ao Método de Rorschach. Evidenciou que as interpretações ao Rorschach não resultam apenas de uma atitude perceptiva, mas convidam à adoção de conduta imaginante e desrealizante. Lagache insistiu também sobre o que se tornou a especificidade da Escola de Paris, ou seja, que a interpretação psicanalítica não se reduz a uma interpretação simbólica do inconsciente por meio dos conteúdos das respostas, mas que os aspectos formais do Rorschach podem igualmente tornar-se objeto de análise qualitativa. Essa se abre, ao lado da dimensão diagnóstica que implica em comparação com referenciais normativos, à análise individual e singular da personalidade, como dizemos hoje, do funcionamento psíquico.

Na perspectiva de Chagnon (2013), as contribuições de D. Anzieu (1976) também merecem destaque, pelo desenvolvimento de uma análise psicanalítica do Rorschach, estudando a regressão e as semelhanças e diferenças entre atividade projetiva própria dos métodos projetivos e a projeção, na teoria psicanalítica. Seus conceitos de "eu-pele", "envelopes psíquicos" e "significantes formais" inspiraram-se diretamente na psicologia projetiva. Além de sua contribuição teórica, Didier Anzieu deu início ao ensino e à formação em técnicas projetivas e à realização de colóquios, debates, publicações clínicas e de pesquisa. Contudo, foi Nina Rausch de Traubenberg (1970/1998) que começou a organizar a Escola de Paris em três níveis indissociáveis: da clínica e da pesquisa, da elaboração de uma teoria do instrumento e da organização do ensino. Para ela, uma das características da Escola de Paris refere-se ao pressuposto de que o ensino de técnicas projetivas é o lugar onde são articuladas e elaboradas atividades clínicas, de pesquisa e de aperfeiçoamento metodológico.

Dando continuidade ao trabalho de Rausch de Traubenberg, coube à Catherine Chabert papel de destaque na organização e difusão dos trabalhos da Escola de Paris do Rorschach, tanto por sua atividade teórica quanto por sua atividade didática e de pesquisa na Universidade Paris Descartes (França). Convidada por Anzieu a publicar uma teorização psicanalítica do Rorschach, produziu dois livros internacionalmente reconhecidos: *O Rorschach na clínica do adulto: interpretação psicanalítica* (1983) e *A Psicopatologia na prova de Rorschach* (1987). Em 1992, durante uma jornada de homenagem a Didier Anzieu, ela defendeu a complementaridade entre Rorschach e TAT, por meio de um texto de síntese magistral denominado "A psicanálise a serviço da psicologia projetiva", que pode ser considerado "o manifesto" da Escola de Paris e que foi desenvolvido na obra *Psicanálise e métodos projetivos*, de sua autoria (1998).

Entre as primeiras doutorandas de Chabert, encontram-se Michèle Emmanuelli e Catherine Azoulay, cujos trabalhos clínicos com adolescentes foram reunidos no livro *As técnicas projetivas na adolescência: abordagem psicanalítica* (2008). Os campos e as problemáticas investigadas foram se diversificando e seguindo a evolução contemporânea da psicopatologia: psicoses e neuroses, mas também personalidades narcísicas, estados-limite, depressões, psicossomática, clínica do normal, infância, adolescência, idade adulta e envelhecimento. Pesquisas que contemplam essa diversidade de temas foram desenvolvidas por vários pesquisadores e seguidores desse sistema francês, como demonstram os dezoito artigos publicados em dois números da revista francesa *Carnet Psy* (2013), formando um dossiê coordenado por Azoulay e Emmanuelli, denominado "A interpretação dos métodos projetivos. A Escola de Paris: fontes, desenvolvimentos, inovações".

A partir de 2014, Catherine Azoulay assume o cargo de *professeur* na Universidade Paris Descartes, dando continuidade aos trabalhos didáticos e de pesquisa com os métodos projetivos, além de coordenar atividades relacionadas ao *Laboratoire de Psychologie Clinique et Psychopathologie* (LPCP), fundado por Catherine Chabert. Nessa mesma universidade, participa da coordenação do *Diplôme Universitaire en Psychologie Projective* (DUPP), o curso de especialização e formação continuada em Psicologia Projetiva. Coordena também, juntamente com Jean-Yves Chagnon, o *Réseau Universitaire Européen et International de Recherche "Méthodes Projectives et Psychanalyse* (http://reseaumpp.org/), que congrega participantes de universidades e centros de pesquisa de vários países, incluindo o Brasil.

ENSINO E FORMAÇÃO NA ESCOLA DE PARIS DO RORSCHACH NA FRANÇA

Ao se atribuir à Nina Rausch de Traubenberg o início da organização da Escola de Paris do Rorschach, deve-se lembrar a ênfase que essa professora e pesquisadora colocou no processo de formação profissional nesse campo. O ensino nessa área envolve atividades clínicas e de pesquisa que favorecem o aperfeiçoamento do método, destacando-se a preocupação com bases teóricas e empíricas das análises do Rorschach.

Essa busca pela fundamentação teórica do instrumento já fora mencionada pelo próprio criador do método, Hermann Rorschach, ao assinalar que seus resultados de pesquisa (presentes na obra *Psychodiagnostik*, em 1921) baseavam-se em trabalhos empíricos. Contudo, poucas semanas antes de sua morte, proferiu uma conferência na Sociedade Suíça de Psicanálise, em Zurique, denominada "Contribuição à Utilização da Prova de Interpretação de Formas", quando relatou a aplicação e a interpretação às cegas do método, aplicado em um paciente que estava em análise com seu colega Emil Oberholzer. Mostrou, nessa ocasião, profunda ligação entre os resultados dessa prova e a psicanálise. Essas relações foram importantes para ambas e para a fundamentação teórica de seus resultados.

Nessa perspectiva, muitos dos seguidores do método e da psicanálise foram adicionando contribuições (mencionadas no breve histórico sobre esse sistema francês do Rorschach), dentre as quais podemos ressaltar o papel significativo desempenhado por Rausch de Traubenberg e suas sucessoras no âmbito do ensino, da pesquisa e da clínica no *Institut de Psychologie* da Universidade Paris Descartes (França). Ela conseguiu integrar as perspectivas perceptiva e fantasmática, situando sua compreensão do processo de resposta ao Método de Rorschach dentro das interferências entre o real e o imaginário, no jogo de movimentos progressivos e regressivos. A teoria fenomenológica e a psicanalítica constituíram os quadros referenciais de seu trabalho de interpretação do Rorschach, tornando-se referência clássica no meio, com seu livro denso, mas também didático, intitulado *A prática do Rorschach* (1970/1998), que continua atual e muito utilizado nos cursos de iniciação ao método. Deve-se mencionar que suas pesquisas qualitativas com o Rorschach em crianças nos legaram a obra *Le Rorschach en clinique infantile: l'imaginaire et le réel chez l'enfant* (1984), na qual são apresentados estudos de casos com o Rorschach em crianças de 6 a 11 anos, focalizando crianças normativas, casos de transtornos de caráter, neuróticos e pré-psicóticos, considerando fatores de desenvolvimento perceptivo-cognitivo e/ou psicossexual, além das manifestações diretas e indiretas de angústia e seus mecanismos de defesa. Além disso, Rausch de Traubenberg destacou-se pela construção de "Grades de Análise dos Conteúdos do Rorschach" para utilização em pesquisas clínicas, entre elas a de "Dinâmica Afetiva" e a da "Representação de Si Mesmo".

Na sequência, Chabert passa a desenvolver estudos que marcam significativamente a contribuição da psicanálise para interpretar os fatores do Rorschach na clínica do adulto: os Modos de Apreensão, os Determinantes, e não apenas os Conteúdos, em sua abordagem temática das valências agressivas, regressivas e sexuais. Chabert (1987) complementará esses estudos seguindo a perspectiva diagnóstica, caracterizando e ilustrando clinicamente no Rorschach o funcionamento neurótico, narcísico e psicótico, à luz de conceitos psicanalíticos freudianos. No terceiro livro intitulado "Métodos Projetivos e Psicanálise", Chabert (1998) vai resumir as contribuições que a metapsicologia freudiana oferece aos métodos projetivos Rorschach e TAT, ao considerar os pontos de vista tópico, dinâmico e econômico, que vão constituir a noção de aparelho psíquico e a dialética dentro/fora da clínica projetiva. Acrescenta ainda observações sobre os paradoxos da situação transicional, em que psicólogo e paciente estão sujeitos aos fenômenos transferenciais.

As professoras e pesquisadoras Michèle Emmanuelli e Catherine Azoulay serão as continuadoras do trabalho de Chabert, tanto no ensino como na pesquisa, na Universidade Paris Descartes (França), ambas focalizando questões da adolescência. Os resultados de suas pesquisas foram condensados e apresentados no livro denominado *As Técnicas projetivas na adolescência: abordagem psicanalítica* (2008), no qual apresentam e ilustram as particularidades do funcionamento psíquico adolescente, nas variações do normal ao patológico, a partir do Rorschach e TAT, utilizados conjuntamente. A tese que perpassa essa obra assevera que algumas problemáticas são reativadas na adolescência segundo três eixos organizadores do psiquismo: o complexo de Édipo, o narcisismo e a elaboração da perda de objeto, cujos remanejamentos e vicissitudes contribuem para elaboração ou fracasso do processo da adolescência. Michèle Emmanuelli concentrou-se na problemática edipiana, na reativação pulsional, na angústia de castração e no narcisismo na adolescência, revendo e atualizando esses conceitos teóricos da psicanálise, ilustrando-os com exemplos clínicos. Catherine Azoulay reviu teoricamente a reativação da perda de objeto e o trabalho de luto, observando a utilização de modalidades defensivas, como articulação de movimentos depressivos e as manifestações depressivas patológicas nos métodos projetivos, recorrendo a vinhetas clínicas. Estudos de caso são apresentados em suas produções científicas e contemplam o funcionamento psíquico característico da psicopatologia neurótica, limite e psicótica.

Além desses trabalhos, essas autoras realizaram ampla pesquisa normativa sobre o Rorschach em adolescentes e jovens adultos da região parisiense, o que deu origem a um Atlas e Dicionário de respostas, que passou a ser referência pelos utilizadores desse sistema francês. E a mais recente produção de Catherine Azoulay em parceria com Estelle Louet foi o livro *Schizophrénie et paranoia*: étude *psychanalytique en clinique projective* (2016).

Todas as contribuições mencionadas têm se desenvolvido no âmbito da Universidade Paris Descartes (França), no *Laboratoire de Psychologie Clinique et Psychopathologie* (LPCP), o qual mantém convênio com hospitais parisienses onde as pesquisas podem ser realizadas, em nível de mestrado e doutorado. Participam desse laboratório professores e pesquisadores rorschachistas de outras universidades de Paris e de várias cidades francesas.

Do ponto de vista institucional, ainda no espaço da Universidade Paris Descartes, a formação de psicólogos em Psicologia Projetiva começa na *Licence* (equivalente à graduação em Psicologia no Brasil), com um semestre destinado ao estudo do Rorschach e TAT no contexto do *Bilan psychologique* (Processo psicodiagnóstico). Esse estudo pode ter continuidade no *master* (mestrado), focado em pesquisa em quatro semestres, sendo um deles totalmente dedicado a Rorschach e TAT e três deles à aplicação desses instrumentos em processos psicodiagnósticos. O curso de especialização *Diplôme Universitaire en Psychologie Projective* (D.U.P.P.), ministrado em dois anos, seria equivalente a uma Especialização *lato sensu* no Brasil. Exige 60 horas de atividades teóricas e 144 horas de trabalhos com orientação, promovendo anualmente um seminário em que temas atuais relacionados à psicopatologia psicanalítica e aos métodos projetivos são apresentados e discutidos por especialistas da área.

Do ponto de vista prático, o uso e a avaliação do Rorschach requer o estabelecimento de uma nomenclatura para o sistema de codificação das respostas fornecidas pelos indivíduos, possibilitando a elaboração de uma síntese quantitativa dos achados (psicograma), que engloba todos os fatores (variáveis) do método, que podem ser quantificados e expressos em valores absolutos, ponderados e em percentuais. Tais valores são comparados com normas obtidas em um grupo de referência, constituído por amostra representativa da população. Essa avaliação quantitativa não difere muito daquilo que é feito em outros sistemas do Rorschach, na medida em que se atém aos achados básicos do método. Nesse sistema francês, a nomenclatura das variáveis examinadas no Rorschach foi originalmente elaborada por André Ombredane e Nella Canivet e adotado pela Associação Francesa do Rorschach e de Métodos Projetivos, por volta de 1948, não tendo sofrido modificações significativas, nem mesmo no Brasil. Contudo, a abordagem que fundamenta a interpretação qualitativa dos fatores conheceu vários aperfeiçoamentos e aprofundamentos, essencialmente ancorados na contribuição teórica da psicanálise.

O ENSINO DO SISTEMA FRANCÊS (ESCOLA DE PARIS) DO RORSCHACH NO BRASIL

A introdução do Método de Rorschach em nosso país ocorreu já na década de 1930, no campo da caracterização da personalidade, acompanhando achados internacionais. Cabe destacar que, no Brasil, os achados relativos à Escola Francesa do Rorschach encontravam-se dispersos e com evidências contraditórias, exigindo revisão sistemática dos trabalhos desenvolvidos, bem como novos delineamentos investigativos. Tais esforços foram empreendidos em parceria com vários pesquisadores ao longo dos anos. Desde então sua pesquisa e utilização se expandiu, levando à constituição de associações científicas dedicadas ao método (como a Associação Brasileira de Rorschach e Métodos Projetivos – www.asbro.org.br –, antiga Sociedade Brasileira de Rorschach e Métodos Projetivos, criada em 1993), responsável por agregar profissionais e pesquisadores desse campo por meio de seus eventos técnico-científicos e de formação profissional especializada. Essa diretriz segue os avanços nos diferentes países do mundo a respeito do Rorschach, articulados também pelas atividades da *International Society of Rorschach and Projective Methodes* (ISR – www.rorschach.com).

O Rorschach (Escola de Paris) na graduação em Psicologia

O ensino e a formação no sistema francês (Escola de Paris) do Rorschach preveem treino teórico e prático envolvendo conhecimentos clínicos, de psicopatologia e de desenvolvimento, associados aos princípios teóricos dos métodos projetivos de avaliação psicológica. Trabalhar com o Método de Rorschach exige estudo, tempo, dedicação, muita sensibilidade e formação clínica, ou seja, teoria, prática clínica e de pesquisa. Como a graduação em Psicologia, no Brasil, tem oferecido reduzida formação nessa área, observa-se que ela caminha em direção contrária aos grandes investimentos em cursos formativos dos centros de pesquisa internacionais. Isso leva à necessidade de investimento em cursos de formação após a graduação em Psicologia de modo a possibilitar adequado uso do método de Rorschach e demais métodos projetivos de avaliação psicológica (Bandeira, Trentini & Krug, 2016).

Apesar do reduzido treinamento na graduação em Psicologia nessa área, o ensino do Método de Rorschach (Escola de Paris) existe regularmente em várias instituições universitárias do Brasil, públicas e particulares. Ocorre nos Estados de São Paulo, Minas Gerais, Rio de Janeiro, Rio Grande do Sul, Santa Catarina, Paraná, Distrito Federal, Mato Grosso do Sul, Paraíba, Ceará, Pernambuco, Pará e Rondônia. Exemplos específicos dessa formação durante a graduação ocorrem por responsabilidade das autoras deste capítulo na Universidade de São Paulo, mais especificamente no Instituto de Psicologia (IPUSP) e na Faculdade de Filosofia, Ciências e Letras de Ribeirão Preto (FFCLRP-USP), envolvendo treinamento teórico e prático. Como ilustração, pode-se descrever o que ocorre no curso de graduação em Psicologia do Instituto de Psicologia da Universidade de São Paulo, onde o Método de Rorschach é ministrado nos dois semestres do quarto ano. No primeiro semestre, a disciplina é obrigatória e propõe a iniciação ao método por treinos de aplicação em voluntário e por exercícios de classificação de vários fatores do Rorschach, enfatizando os principais determinantes e conteúdos, para posterior análise e breve interpretação. No segundo semestre, completa-se o conhecimento teórico dos fatores, seguido de trabalhos de análise e interpretação de um caso de Rorschach incluído em um processo psicodiagnóstico, favorecendo a integração com as disciplinas que abordam a Entrevista, a Psicopatologia, o Desenvolvimento e a Psicanálise. Esses princípios tendem a ser seguidos no ensino do Método de Rorschach em todas as instituições universitárias onde é ministrado, envolvendo necessariamente as bases da psicologia projetiva e a ilustração de seus princípios e alcances a partir desse ícone técnico da Psicologia. A carga horária destinada a essa formação básica é muito variada, implicando, no mínimo, 60 horas de atividades semestrais, no geral totalizando 120 horas de treinamento teórico-técnico, o que é insuficiente para adequado trabalho na área, como já apontado, exigindo necessariamente formação complementar à graduação.

O Rorschach (Escola de Paris) na pós-graduação em Psicologia

Nos mais diferentes países há consenso a respeito do seguinte princípio: o adequado uso dos métodos projetivos de avaliação psicológica (e do Método de Rorschach em particular) é diretamente proporcional à qualidade da formação de seus utilizadores, como demonstra a extensa literatura científica a respeito. Constitui-se, portanto, em campo especial para a investigação científica no plano da pós-graduação em Psicologia, onde será encontrada a produção do conhecimento da área no contexto brasileiro.

Um exaustivo mapeamento sobre o tema ultrapassaria em muito os objetivos do presente capítulo, de modo que retrata-

mos apenas alguns centros onde existe formação especializada e pesquisa sistemática com o Rorschach (Escola Francesa) no Brasil. Pretende-se, desse modo, ilustrar a existência de alguns temas em estudo e em pesquisa na realidade nacional, a partir desse sistema avaliativo do Rorschach. Os Programas de Pós-Graduação em Psicologia vinculados a Universidade de Brasília, Universidade Federal de Minas Gerais e Universidade de São Paulo (IPUSP e FFCLRP-USP) são exemplos desses centros de formação e de produção do conhecimento na área. Dessa ampla diversidade temática, destacamos apenas alguns trabalhos vinculados às autoras deste capítulo, como ilustrações dessas possibilidades.

Em um esforço de realizar uma síntese descritiva das investigações científicas realizadas com o sistema francês do Rorschach, vinculados ao Centro de Pesquisas em Psicodiagnóstico da FFCLRP-USP, Pasian (2011) listou e comentou um conjunto de 63 trabalhos desenvolvidos em uma década de trabalho. Esses estudos, de natureza técnica e aplicada, reafirmam a utilidade e os alcances da Escola Francesa do Método de Rorschach. Anteriormente a esse trabalho, extensa pesquisa normativa sobre o Rorschach foi publicada por Pasian (2000), resultado da avaliação individual de 405 indivíduos adultos, de 18 a 60 anos, da região de Ribeirão Preto (SP). Eles foram equitativamente distribuídos em função do sexo, faixa etária (18 a 29 anos, 30 a 39 anos, 40 a 49 anos e 50 a 60 anos), nível de escolaridade (baixo = analfabeto ou até dois anos de estudo; médio = três a oito anos de estudo; alto = nove ou mais anos de estudo) e padrão econômico (baixo ou alto). O trabalho envolveu diversos critérios de seleção dos participantes, de modo a contar com voluntários não pacientes, considerados como possuidores de desenvolvimento típico para sua faixa etária. As análises dos dados demonstraram influência do nível de escolaridade sobre a produção no Método de Rorschach (e, portanto, sobre os recursos de integração da personalidade), justificando-se a elaboração de referenciais normativos específicos em função dessa variável sociodemográfica, intrinsecamente relacionada com o padrão econômico dos participantes. O trabalho permitiu ainda a elaboração de um novo atlas (mapeamento das áreas interpretadas dos estímulos do Rorschach), delineando sua frequência interpretativa e respectiva qualidade formal (respostas precisas e de boa qualidade formal, respostas sinalizadoras de distorção perceptual, nomeadas como de má qualidade formal e aquelas cuja qualidade formal é imprecisa ou indeterminada). Essa produção de Pasian (2000) e de Gavião (2002) possibilitou, juntamente com o manual teórico da Escola Francesa do Rorschach no Brasil (Rausch de Traubenberg, 1970/1998), a avaliação e o parecer favorável do SATEPSI (em 25/01/2005) para esse método projetivo de avaliação psicológica no contexto nacional.

Ainda vinculados a esse Centro de Pesquisas em Psicodiagnóstico, foram desenvolvidos outros diversos trabalhos de mestrado e de doutorado com o Método de Rorschach (Escola de Paris). Ênfase pode ser dada às investigações científicas com o objetivo de buscar evidências psicométricas (evidências de validade, de precisão e referenciais normativos) desse método projetivo, envolvendo diferentes faixas etárias, a saber: crianças de 6 a 8 anos (Fernandes, 2010), escolares de 7 a 9 anos (Raspantini, 2010), adolescentes de 12 a 14 anos (Cury-Jacquemin, 2012) e de 15 a 17 anos (Jardim-Maran, 2011), além de adultos (Freitas, 2016). Por meio dessas evidências, fortalecem-se as possibilidades de adequada utilização desse método projetivo de avaliação da personalidade no contexto brasileiro, acompanhando as diretrizes internacionais da área de avaliação psicológica.

26 — O SISTEMA FRANCÊS (ESCOLA DE PARIS) DO RORSCHACH: HISTÓRICO, ENSINO, PESQUISAS E CONTRIBUIÇÕES PSICANALÍTICAS

Para ilustrar as investigações desenvolvidas no IPUSP nessa área, destacamos o doutorado de Souza (1995), desenvolvido no Programa de Pós-graduação em Psicologia Clínica. Ela almejou compreender o funcionamento psíquico de pacientes adictos a drogas por meio do método de Rorschach e da Entrevista baseada na EDAO de Ryad Simon, avaliando 34 sujeitos do sexo masculino, dependentes de maconha e/ou cocaína há mais de um ano. Os resultados revelaram elevado nível de imaturidade afetiva nos participantes do estudo, que favorecia inadequação de seu funcionamento social e intelectual, com fraco desempenho escolar, apesar de adequada potencialidade intelectual. Sinalizaram concordância com as normas sociais, porém tendiam a transgredi-las por causa de elevados e primitivos impulsos agressivos. Após o início da drogadição, sua produtividade escolar e ocupacional deteriorava-se drasticamente. A partir desse estudo, foi possível elaborar sugestões para a prevenção da drogadição, bem como para a psicoterapia do indivíduo drogadicto.

No momento da tese de livre-docência, Souza (2006) aprofundou sugestões advindas da pesquisa de doutorado no que tange à prevenção da drogadição. Nos relatos das mães sobre a história de vida de seus filhos drogaditos, frequentemente existia a informação de que, na infância, tinham sido apontados pelos professores como inteligentes, agressivos, mas com limitado desempenho intelectual. Ela elaborou, então, um trabalho preventivo com meninos agressivos de 9 a 11 anos no âmbito escolar, visto que a maioria dos sujeitos se iniciava no consumo de drogas a partir dos 11 anos (até 17 anos). Foram realizados processos psicodiagnósticos com vários casos desses meninos, utilizando o Rorschach e Entrevista, seguidos por atendimento ludoterápico na própria escola, recebendo eventualmente seus pais e seus professores. Esse trabalho, portanto, caracterizou-se como pesquisa-ação, com muitos bolsistas de iniciação científica, durante vários anos na mesma escola. Derivado desses vários anos de investigação, em seu concurso de professora titular do IPUSP, realizado em 2010, Souza defendeu a tese de que o funcionamento psíquico do adicto a drogas seria semelhante ao funcionamento psíquico denominado "limite" ou *borderline*, a partir dos achados com o Rorschach, o que permitiu desenvolver estratégias de tratamento para essa problemática.

Mais recentemente, foi possível concluir, pela pesquisa conduzida por Souza, um estudo normativo do Rorschach com adolescentes de 12 a 17 anos da cidade de São Paulo, com apoio financeiro da Fundação de Amparo à Pesquisa do Estado de São Paulo (Fapesp) e que se encontra em processo de avaliação no Conselho Federal de Psicologia, para que possa ser utilizado pelos psicólogos do Brasil. Exemplos que deram continuidade aos trabalhos com o Rorschach e que derivaram de suas orientações de doutorado realizadas no Programa de Pós-Graduação em Psicologia do IPUSP são: a) Basaglia (2010), que estudou o funcionamento psíquico de mães de adictos a drogas por meio do Rorschach e Entrevista (EDAO); b) Kallas (2012), que buscou oferecer contribuições à eficácia do processo psicoterápico de drogaditos, embasando-se na teoria psicanalítica winnicottiana; c) Gerencer (2012), que estudou pacientes com sintomas psicóticos, aplicando a Escala Barreira-Penetração ao Rorschach, cuja tese se transformou em livro (título: *Em busca de um corpo*); d) Castro (2013), que comparou três grupos de jovens em cumprimento de medida socioeducativa, relacionando o funcionamento psíquico no Rorschach com a assiduidade que compareciam às entrevistas agendadas pela instância jurídica e os dados constantes dos autos de infração.

CONTRIBUIÇÕES DA ESCOLA DE PARIS DO RORSCHACH À PSICOPATOLOGIA CLÍNICA

Diante do exposto até o momento, considerou-se adequado ponderar sobre novos temas de pesquisa em curso com o Rorschach e suas contribuições no cotidiano da prática clínica em Psicologia. Há estudos brasileiros sendo desenvolvidos, porém nesse momento destacamos dois trabalhos internacionais da área, de modo a exemplificar campos ricos de investigação científica, bem como a interlocução entre os vários centros de pesquisa, caracterizando o intercâmbio internacional existente e suas derivações para a prática clínica. Destacamos problemas atuais frequentes entre adolescentes, estudados por pesquisadoras filiadas ao *Laboratoire de Psychologie Clinique et Psychopathologie* (França): a primeira sobre o fenômeno de escarificação e a outra sobre transtornos alimentares.

Sensibilizada pelo aumento da escarificação entre adolescentes nas últimas décadas, Matha (2013) pesquisou 20 adolescentes de 14 a 17 anos, a partir do Rorschach e do TAT (Escola de Paris). No geral, a descoberta dos ferimentos ocorre por um terceiro – pais, médicos ou adultos do meio escolar –,e a questão recorrente "por que me faço mal?" tende a camuflar o desafio objetal "por que me fazem sofrer?", expressão projetiva da questão existencial "por que eu sofro?". A análise dos protocolos de Rorschach permitiu aprofundar tanto a perspectiva narcísica, em torno do engajamento específico do corpo nessas condutas, quanto a perspectiva objetal, em torno dos processos identificatórios e dos desafios da problemática de separação (a partir da produção diante do TAT). Uma das principais observações revelou que o comportamento de escarificação não pertence apenas à organização psicopatológica "limite", mas que existe diversificação de organizações psíquicas nesses casos, que vão desde problemáticas neuróticas, limites, narcísicas até descompensações psicóticas. Contudo, as produções permanecem muito marcadas pelas preocupações da adolescência, que se caracterizam pela fragilidade das defesas face à irrupção de afetos de ódio, de violência, acompanhados da vergonha de si mesmo e pelo lugar devotado à sensorialidade. Esse estudo ilustra a existência de fenômenos limites inerentes ao processo da adolescência, cuja expressão se mostra ampliada nos casos de escarificação. Outra observação importante refere-se à diferença de produção entre o TAT e o Rorschach, pois nesse método eles se sentem mais à vontade, evidenciando maior intensidade de projeção e de fantasia, que podem ser contidas de modo mais satisfatório na maior parte dos casos. Isso permite pensar que o Rorschach permite a esses adolescentes um tratamento mais fácil das moções pulsionais e fantasmáticas em função do apoio ou do retorno narcísico reassegurador, favorecido pelo material construído de forma analógica às representações corporais. O recurso ao corpo, em um movimento de regressão narcísica, de retorno sobre si mesmo, traduz a busca de apoio corporal diante da dificuldade da confrontação objetal e da sobrecarga excitante vivenciada. Outros elementos significativos da produção no Rorschach vão nesse sentido, revelando investimento psíquico marcado pela superfície, em resposta às dificuldades do processo de interiorização. Esse investimento manifesta-se pela centração importante sobre os limites, os envelopes, aliás, decifráveis nos métodos projetivos. Ligado a essa focalização particular na questão dos limites, os protocolos caracterizam-se por importante integração do branco nas respostas, operação que ressalta a fusão entre a forma da mancha e o fundo. A força dos desafios de individuação inerentes ao trabalho de subjetivação do adolescente e a reedição dos desafios primários no momento

SEÇÃO IV — AVALIAÇÃO PSICOLÓGICA

da adolescência revelaria nesses adolescentes que se escarificam uma "defusão" psíquica mal elaborada. Isso porque a escarificação traduz o ataque aos mecanismos de contenção e de unificação do envelope corporal como barreira protetora do psiquismo (Matha, 2013).

Por sua vez, a pesquisa de Bréchon (2013) pretende mostrar como a interpretação psicanalítica dos métodos projetivos pode ajudar a compreender as particularidades dos transtornos alimentares (anorexia e bulimia), propondo indicações terapêuticas e permitindo aprofundado trabalho de pesquisa clínica. Nesses transtornos não existiria estrutura psíquica estável, o que explica o recurso às noções de patologia-limite ou estados-limite. E a dimensão comportamental também predomina sobre a atividade mental, o que dificulta abordar o funcionamento intrapsíquico desses sujeitos em entrevista. Solicitando-lhes uma expressão verbal a partir de um material não figurativo (o Rorschach) e figurativo (o TAT), confere-se a eles a possibilidade de evidenciarem as capacidades de representação e de simbolização. As modalidades de funcionamento nos métodos projetivos são diferentes segundo o modo de expressão das condutas alimentares. Por um lado, tem-se bulimia ou anorexia e por outro, os dois tipos de anorexia: restritiva ou bulímica. Considerando-se a cronificação mais frequente dessas condutas, interessaram particularmente à pesquisadora os protocolos de pacientes anoréxicas restritivas que são marcadas pela inibição e pela pobreza associativa, enquanto as anoréxicas bulímicas apresentam rica produção associativa e muitos mecanismos de projeção. Ela propõe a hipótese de que certos "estados dissociados do ego" descritos por Winnicott correspondem a um funcionamento comparável às condutas anoréxicas restritivas. E para testá-la, aplicou os métodos projetivos em adolescentes de 14 a 19 anos, hospitalizadas devido à severa anorexia que ameaçava suas vidas (índice de massa corporal inferior a 17). Concluiu ser interessante observar o nível de acesso à alteridade nessas adolescentes, a percepção do corpo no Rorschach e os mecanismos de defesa em jogo, principalmente a recusa e a clivagem. Nesses protocolos, os mecanismos de inibição são superlativos, de modo que a questão da depressão não pode ser abordada diretamente. As respostas ao Rorschach têm frequentemente tonalidade destrutiva, emergindo conteúdos anatômicos sobre o interior do corpo, mais do que conteúdos humanos ou animais; o envelope corporal desempenha papel central em uma dimensão pulsional arcaica. As derrapagens perceptivas são notáveis, e o aspecto persecutório é bem marcante. Assim, os orifícios (olhos e boca) são bastante descritos nas lacunas das pranchas do Rorschach e de modo negativo, colocando em causa a integridade corporal ou evidenciando vivência persecutória.

Além dessas interpretações dos protocolos das adolescentes, semelhantes em alguns pontos aos achados de Matha (2013) com os adolescentes que se escarificam, Bréchon (2013) constatou que os métodos projetivos representariam indicadores dos processos de mudança e poderiam favorecer aliança terapêutica a partir dos contatos estabelecidos para suas aplicações. A dinâmica da aplicação pode trazer certa gratificação narcísica, pelo prazer em associar verbalmente e pelo imaginar, sem que a adolescente se sinta engajada com o clínico numa relação de dependência que ela não controlaria mais. O espaço transicional proposto pela aplicação dos métodos projetivos pode se configurar como um primeiro "espaço terapêutico", estimulando a adolescente a investir na continuidade de um tratamento em outro contexto psicoterápico, podendo aceitar a relação objetal sem muito temor.

CONSIDERAÇÕES FINAIS SOBRE O RORSCHACH (ESCOLA DE PARIS) E SUA INTERLOCUÇÃO ENTRE CLÍNICA PSICANALÍTICA E PSICOLOGIA PROJETIVA

Até aqui retratamos os princípios e alguns exemplos de contribuições do referencial psicanalítico para a formação, a pesquisa e a prática com o Método de Rorschach enquanto ícone de representação da Psicologia Projetiva. Mas há que se iniciar uma reflexão sobre os aportes da formação em metodologia projetiva para a escuta do clínico nas entrevistas, nas sessões analíticas e na prática cotidiana da Psicologia. Essa reflexão foi proposta por Chabert no Congresso Internacional do Rorschach em Istambul (Turquia), em 2012, merecendo nossa atenção nesse momento de considerações finais sobre o tema em foco.

Nesse contexto, parece difícil pensar a situação projetiva de outra maneira que não seja em termos de uma dinâmica relacional que se inscreve na clínica das transferências. Ao ouvir ou pensar a produção individual diante do Rorschach, ao remeter suas associações/respostas ao aplicador, provavelmente o indivíduo está a integrar a visão comunicativa de suas mensagens em sua dupla textura: manifesta e latente.

Além do suporte metodológico precioso que a Clínica Projetiva proporciona, é à escuta analítica que Chabert gostaria de se ater para mostrar como (mais do que simples sensibilização ao discurso e a suas especificidades psicopatológicas) um verdadeiro caminho se abre pela experiência projetiva, e isso ocorre a partir de qualquer experiência analítica do clínico. Os métodos projetivos permitem descobrir e analisar o funcionamento psíquico individual, graças à escuta e à decodificação do discurso circunscrito por uma situação original e singular. A situação projetiva impõe uma dupla pressão: a solicitação das representações e dos afetos que pertencem ao mundo interno do sujeito e ao mesmo tempo o impacto do ambiente com sua dupla ressonância, ora excitante na polaridade relacional, ora limitante em sua referência perceptiva e socializante. Aqui, remete-se a uma dupla problemática: o reconhecimento do mundo interno revelado na permanência da identidade, mas também o reconhecimento do mundo externo testemunhado pelo investimento relacional, portador de potencialidades de mudança mobilizadas pelo impacto dos objetos sobre o eu.

Essas problemáticas podem ser evidenciadas nos métodos projetivos e de modo muito pertinente pelo Rorschach, o qual solicita fortemente a projeção de imagens corporais, ou seja, uma centração narcísica, determinada pelas características do material. A simetria ordenada das manchas do Rorschach em torno de um eixo vertical favorece a projeção de representação do corpo. Contudo, essa pressão narcísica pode ser colocada à prova pelas modificações do estímulo: as configurações bilaterais constituindo apoio à representação de relações e o impacto das pranchas cromáticas induzindo uma reativação emocional cuja dimensão relacional é evidente. Existe, então, convocação de representações inconscientes, do eu e dos objetos.

As modalidades de reações características dos funcionamentos narcísicos são exemplos que podem estimular a escuta do psicólogo clínico, fora da situação projetiva. Outra característica narcísica aparece no Rorschach nas representações de relações: o superinvestimento da simetria; a recusa de interação pulsional em favor do espelho e do reflexo que mantêm imagens especulares, que eliminam todo índice de diferença. Clinicamente, a especularidade das posições aparece maciçamente na dinâmica transferencial: a assimetria inerente à situação terapêutica analítica é contornada pela idealização, sobretudo no começo do tratamento; ela pode ser negada pela insistência constante sobre a ausência de diferença, a ausência de distância entre os dois pares da situação analítica. Esse tipo de eliminação da diferença pode ser visto nas representações humanas no Rorschach, em que as personagens são vistas sem sexo ou bissexuais, ou ainda reduzidas a uma função. Por outro lado, o acúmulo de qualificações indispensáveis ao reconhecimento e ao superinvestimento do olhar podem ser percebidos no Rorschach, como também aparecem claramente no discurso pleno de julgamentos positivos ou negativos, marcados pela idealização ou pelo desprezo, sempre decorrentes da impressão visual, nas sessões analíticas.

Na prática clínica com pacientes que apresentam funcionamento psíquico "limite", com ênfase em dependência química e tendência depressiva, observa-se um discurso que evidencia a necessidade de apoio e a insegurança básica relativa aos processos identificatórios. No Rorschach desses indivíduos, revela-se a necessidade constante de reasseguramento na aplicação, quando solicitam a aprovação do psicólogo. As imagens humanas percebidas são geralmente indefinidas e há muita destrutividade na expressão dos afetos, revelando o teor depressivo nas manifestações emocionais.

A grande diferença entre situação projetiva e situação analítica reside na diferença das modalidades de transferência. O espaço de tempo oferecido na situação projetiva não se revela suscetível para provocar um processo tal como ocorre na neurose de transferência do processo psicanalítico. É importante reconhecer que pode haver reciprocidade nas diferentes contribuições, não cabendo valorizar uma intervenção mais do que a outra, visto que se prestam a diferentes objetivos. Para ambas, a visão diagnóstico-compreensiva e psicopatológica está sempre presente, e o reconhecimento de suas diferenças leva também ao reconhecimento de seus respectivos limites.

Em síntese, o Método de Rorschach (Escola de Paris), fortemente vinculado à perspectiva psicanalítica, possibilita um caminho útil, sensível e promissor para o encontro com o outro que demanda nossa ajuda profissional. Os dados empíricos obtidos a partir das pesquisas internacionais e daquelas realizadas no Brasil dão suporte a essas possibilidades teórico-técnicas, garantindo fundamentos para a prática clínica. No entanto, reafirma-se a necessidade de adequada e cuidadosa formação em métodos projetivos de avaliação psicológica, sobretudo no Rorschach, de modo a preservar sua qualidade informativa com o necessário rigor técnico e ético inerente à prática profissional nos diferentes contextos de sua aplicação.

REFERÊNCIAS BIBLIOGRÁFICAS

Anzieu, D. (1976). *Les méthodes projectives*. Paris: PUF. (Original publicado em 1961)

Azoulay, C.; Louet, E. (2016). *Schizophrénie et paranoia*: étude *psychanalytique en clinique projective*. Paris: Dunod.

Bandeira, D. R.; Trentini, C. M.; Krug, J. S. (2016). Psicodiagnóstico: formação, cuidados éticos, avaliação de demanda e estabelecimento de objetivos. In: Hutz, C. S. et al. (Orgs.). *Psicodiagnóstico*. Porto Alegre, RS: Artmed. p. 21-26.

Basaglia, A. E. (2010). *Adictos a drogas em tratamento: um estudo sobre o funcionamento psíquico de suas mães* (tese). São Paulo, SP: Instituto de Psicologia, Universidade de São Paulo.

Bornstein, R. F. (2012). Rorschach score validation as a model for 21st-century personality assessment. *Journal of Personality Assessment*, v. 94, n. 1, p. 26-38.

Bréchon, G. (2013). Les troubles des conduites alimentaires à l'aide de la psychologie projective. *Le Carne Psy*, v. 170, p. 27-30. Disponível em: http://www.carnetpsy.com/article.php?id=2298.

Castro, R. E. F. (2013). *Funcionamento psíquico de adolescentes em cumprimento de medida socioeducativa em meio aberto* (tese). São Paulo, SP: Instituto de Psicologia, Universidade de São Paulo.

Chabert, C. (1983/1998). *O Rorschach na clínica do adulto: interpretação psicanalítica*. Tradução: Luisa Antunes Cunha e José Pereira da Silva. Lisboa: Climepsi Editores.

Chabert, C. (1987). *A psicopatologia na prova de Rorschach*. Tradução: Nelson da Silva Júnior. São Paulo, SP: Casa do Psicólogo.

Chabert, C. (1998/2004). *Psicanálise e métodos projetivos*. Tradução: Alvaro José Lelé e Eliane Maria Ameida Costa e Silva. São Paulo, SP: Vetor.

Chagnon, J. Y. (2013). L'École de Paris: bref historique. *Le Carnet Psy*, v. 169, p. 27-29. Disponível em: http://www.carnetpsy.com/article.php?id=2280.

Cury-Jacquemin, R. P. (2012). *Padrões normativos do Psicodiagnóstico de Rorschach para adolescentes de 12 a 14 anos* (dissertação). Ribeirão Preto, SP: Faculdade de Filosofia, Ciências e Letras de Ribeirão Preto, Universidade de São Paulo.

Emmanuelli, M.; Azoulay, C. (2008). *As técnicas projetivas na adolescência: abordagem psicanalítica*. Tradução: Maria Abigail de Souza. São Paulo, SP: Vetor.

Fernandes, S. (2010). *Normas do Rorschach em crianças de 6 a 8 anos* (dissertação). Ribeirão Preto, SP: Faculdade de Filosofia, Ciências e Letras de Ribeirão Preto, Universidade de São Paulo.

Freitas, F. R. (2016). *Método de Rorschach em adultos: evidências psicométricas da Escola Francesa* (tese). Ribeirão Preto, SP: Faculdade de Filosofia, Ciências e Letras de Ribeirão Preto, Universidade de São Paulo.

Gavião, A. C. D. (2002). *A passagem do tempo e suas ressonâncias íntimas* (tese). São Paulo, SP: Instituto de Psicologia, Universidade de São Paulo.

Gerencer, T. T. (2012). *A capacidade de diferenciação entre interno e externo no Rorschach de pessoas com sintomas psicóticos* (tese). São Paulo, SP: Instituto de Psicologia, Universidade de São Paulo.

Jardim-Maran, M. L. (2011). *O Psicodiagnóstico de Rorschach em adolescentes: normas e evidências de validade* (tese). Ribeirão Preto, SP: Faculdade de Filosofia, Ciências e Letras de Ribeirão Preto, Universidade de São Paulo.

Kallas, R. G. M. (2012) *Adicção a drogas e funcionamentos limites: suas expressões e convergências no Rorschach* (tese). São Paulo, SP: Instituto de Psicologia, Universidade de São Paulo.

Matha, C. (2013). Scarifications à l'adolescence: l'aide de la psychologie projective. *Le Carnet Psy*, v. 170, p. 30-33. Disponível em: http://www.carnetpsy.com/article.php?id=2299.

Pasian, S. R. (2000). *O psicodiagnóstico de Rorschach em adultos: Atlas, normas e reflexões*. São Paulo, SP: Casa do Psicólogo.

Pasian, S. R. (2011). *Métodos Projetivos de Avaliação Psicológica: contribuições para pesquisa e prática profissional em Psicologia* (tese de livre-docência). Ribeirão Preto, SP: Faculdade de Filosofia, Ciências e Letras de Ribeirão Preto, Universidade de São Paulo.

Raspantini, R. L. (2010). *O psicodiagnóstico de Rorschach em crianças de 9 a 11 anos: um estudo normativo*. (dissertação). Ribeirão Preto, SP: Faculdade de Filosofia, Ciências e Letras de Ribeirão Preto, Universidade de São Paulo.

Rausch de Traubenberg, N. (1984). *Le Rorschach en clinique infantile: l'imaginaire et le réel chez l'enfant*. Paris: Bordas.

Rorschach, H. (1978). *Psicodiagnóstico*. (Traduzido do original alemão publicado em 1921, por Marie Sophie de Villemor Amaral). São Paulo (SP): Mestre Jou.

Souza, M. A. (1995). *A compreensão psicológica do drogadicto através do Rorschach e Entrevista (EDAO)* (tese). São Paulo, SP: Instituto de Psicologia, Universidade de São Paulo.

Souza, M. A. (2006). *O Rorschach e as expressões da tendência anti-social* (tese). São Paulo, SP: Instituto de Psicologia, Universidade de São Paulo.

SEÇÃO IV — AVALIAÇÃO PSICOLÓGICA

LEITURAS RECOMENDADAS

Azoulay, C. et al. (2007). Les données normatives françaises du Rorschach à l'adolescence et chez le jeune adulte. *Psychologie Clinique et Projective*, v. 13, p. 371-409.

Castro, R. E. F.; Souza, M. A. (2016). Who are the children that do not obey the non-custodial orders? A Brazilian study with the Rorschach Test. *Yansitma*, v. 25, p. 101-111. Disponível em: http://www.baglam.com/yayin/457.

Gerencer, T. T.; Souza, M. A. (2015). *Em busca de um corpo. A capacidade de diferenciação entre interno e externo no Rorschach de pessoas com sintomas psicóticos*. São Paulo (SP): Novas Edições Acadêmicas.

Jardim-Maran, M. L.; Pasian, S. R.; Kato, E. T. K. (2015). Normative study of Rorschach (Parisian School) for Brazilian Adolescents. *Paideia*, v. 25, p. 333-342. Disponível em: http://dx.doi.org/10.1590/1982-43272562201507.

Rausch de Traubenberg, N. (1998). *A Prática do Rorschach*. São Paulo (SP): Vetor. (Original de 1970)

Contribuições psicanalíticas ao método de Rorschach

Regina Sonia Gattas Fernandes do Nascimento
Norma Lottenberg Semer

O psicodiagnóstico de Rorschach consiste em um caminho extraordinário de exploração e pesquisa da personalidade, além do uso profissional em diversas áreas da psicologia em que esse conhecimento é necessário.

Esse método tem a vantagem de não se aliar obrigatoriamente a um único referencial teórico. Há inúmeras possibilidades de exploração e pode-se escolher o suporte teórico. Temos, por um lado, trabalhado com o Sistema Compreensivo de classificação e interpretação das respostas. Esse sistema configura um trabalho formal com as respostas, que comporta análise de aspectos estruturais e dinâmicos, quantitativamente, desvinculados de abordagem teórica. Porém, consideramos que, para a compreensão mais integrada das pessoas, é necessário utilizar um sistema teórico que dê sustentação às interpretações. Para isso, as autoras escolheram a psicanálise. Ressalta-se a escassa bibliografia sobre o assunto nos últimos anos, especialmente no Brasil, o que nos levou a discorrer sobre o assunto, visto que, mesmo na ausência das referências recentes, continua sendo usado, e por vezes de forma pouco sistemática.

Desde o início de sua criação, o método de Rorschach sempre esteve ligado à psicanálise. Hermann Rorschach e Sigmund Freud pertenceram a um mesmo contexto cultural e sofreram influências do espírito da época. A psicanálise já havia acompanhado H. Rorschach durante sua rápida trajetória profissional. H. Rorschach e Freud transitavam nos mesmos ambientes durante os anos 1910-1920. Porém, essa teoria não foi incorporada ao seu método das manchas de tinta, talvez pelo reduzido tempo de vida que teve após a publicação de seu material para avaliação psicológica.

Nos primórdios, tanto a psicanálise como o método de Rorschach enfatizavam a associação livre, embora cada um a seu modo, e buscavam conhecer a estrutura e a dinâmica da personalidade, sobretudo nos aspectos menos conhecidos, ou inconscientes. Ambos coincidem quanto à investigação do funcionamento psíquico. Na teoria, muitas convergências estão presentes, embora constituam instrumentos e métodos distintos, com finalidades diferentes também, uma vez que a psicanálise pressupõe uma dimensão terapêutica. O que há de semelhante com a psicanálise é que o método de Rorschach sistematiza as funções da personalidade e ao mesmo tempo permite que se compreenda as relações dinâmicas entre os diversos fatores que compõem o psiquismo.

A associação livre no contexto do Rorschach se refere à demanda que é feita ao examinando: "diga o que lhe parece". Mesmo assim, deve-se considerar que está presente algum estímulo, ou seja, as imagens nas pranchas. Na situação da análise, que também se configura um campo não estruturado, é pedido ao analisando que diga o que lhe vem à mente. De certa forma, também existe um estímulo – o analista –, e a associação não é completamente livre.

O acesso à vida inconsciente (do ponto de vista freudiano), ou o objetivo de mostrar a um analisando o desconhecido do seu mundo interno (do ponto de vista kleiniano e neokleiniano), encontra um paralelismo no método de Rorschach. Na situação de análise, a partir de relatos conscientes, o analista capta e revela aspectos inconscientes para o analisando.

Piotrowski (1957/1965) definiu o método de Rorschach como perceptanálise. Em primeiro lugar, define-o como uma descrição da personalidade, e não como uma compreensão etiológica. Compara com a análise microscópica. É um método compatível com qualquer teoria da personalidade, uma vez que cada dado extraído do Rorschach pode ser interpretado psicanaliticamente e sociologicamente por qualquer outra teoria psicológica ou por uma combinação de conceitos derivados de outras ciências.

A perceptanálise é considerada como um método de investigação da personalidade, cuja característica principal é que as inferências sobre a personalidade do sujeito são baseadas na análise dos aspectos formais e no conteúdo das interpretações do sujeito de manchas ambíguas e indeterminadas de estímulos visuais. Não há questionários, perguntas, narrativas de histórias como em outros instrumentos. Assim, é mais do que um teste, é uma maneira de raciocinar, de pensar.

Um princípio básico é que a finalidade, a confiabilidade, a validade e a significância das inferências dependem do grau de indefinição e ambiguidade dos estímulos. Quanto mais estruturado for o estímulo e mais parecido com objetos reais, menor validade terão as respostas como indicadores da personalidade. Os perceptos provenientes das manchas ambíguas têm valor científico maior do que perceptos provenientes de observações de pessoas reais ou de figuras de pessoas reais. A decodificação do material detecta o estado atual dos processos de pensamento e requer o exame detido de cada resposta e de sua relação com as outras respostas do protocolo, assim como a consideração cuidadosa dos determinantes e a análise de todos os dados restantes.

Yazigi (2010) assinala que Piotrowski (1957/1965) deu o estatuto de ciência ao método de Rorschach ao introduzir o conceito de perceptanálise no lugar de psicodiagnóstico e enfatizou que os aspectos visuais específicos dos perceptos (forma, cor, sombreado, movimento, localização, tamanho, grau de correspondência entre forma objetiva da mancha e a imagem subjetiva), e não uma arbitrária análise simbólica, revelam traços específicos de personalidade.

Em 1981, no X Congresso Internacional de Rorschach – que teve como organizador John Exner –, Marguerite Hertz e Zigmunt Piotrowski fizeram as conferências de abertura. A primeira trouxe sua opinião de que as questões mais objetivas, mensuráveis do método de Rorschach já haviam avançado bastante e que era tempo de trabalhar com os conteúdos e com a parte qualitativa das interpretações. Piotrowski falou de sua nova maneira de trabalhar com as respostas, introduzindo avaliações qualitativas seguindo modelo psicanalítico. Dessa forma, além dos avanços em manejo estrutural do instrumento, foi enfatizada a necessidade de ampliar os conhecimentos na dimensão mais subjetiva das respostas.

Marques (1999) aponta o caminho no desenvolvimento do encontro entre o Rorschach e autores psicanalistas. Assinala que, entre os autores que contribuíram para a compreensão do método Rorschach, o primeiro a estabelecer uma ponte entre a psicanálise e as técnicas projetivas foi Rapaport, entre 1942 e 1952, ao desenvolver uma teoria analítica do pensamento como forma de explicar o processo entre o estímulo projetivo e a resposta do sujeito. O autor revê o conceito psicanalítico de projeção, considerando que a projeção tanto pode ser um mecanismo de defesa como um processo de exteriorização, e faz a diferenciação de dois tipos de processos cognitivos, os instrumentos fixos do pensamento e os processos de pensar. Para Rapaport, Gill e Schafer (1946), por meio dos aspectos formais da prova, é possível aceder ao como e aos processos do pensamento, que refletem o desenvolvimento da organização da personalidade. Assim, o pensamento serve de ponte entre as respostas do teste e a estrutura psíquica do sujeito, refletindo esta última.

Posteriormente Schafer (1954) introduz a ideia de que a situação Rorschach mobiliza e se submete a lógicas relacionais aliadas à transferência e à contratransferência, como uma relação dinâmica, interpessoal, interativa e complexa, com dados reais e fantasmáticos, produzindo movimentos que vão da fantasia à realidade. Para Schafer, uma resposta ao Rorschach resulta de um *continuum* que vai da imagética autística, e similar aos sonhos, à percepção orientada para a realidade, ligando o sujeito à realidade do estímulo, numa regressão específica, temporá-

ria e parcial das funções egoicas, possibilitando a emergência de material inconsciente e pré-consciente, permitindo o acesso aos diversos níveis de funcionamento e aos movimentos adaptativos do sujeito (Schafer, 1954).

Importante citar a contribuição de Rausch de Traubenberg (1983), na França, ao postular o enquadramento do Rorschach em um referencial psicanalítico como um espaço de interações entre a atividade perceptiva e a atividade de fantasia, entre a realidade externa do objeto e a realidade interna da vivência.

Chabert (1987/1993), outra importante representante francesa, aprofunda os referenciais psicanalíticos, sublinhando a importância da transferência e da contratransferência e das relações entre as representações e os afetos, com acesso às qualidades e à natureza do funcionamento mental.

Woods e Nashat (2012) relatam que em outros países da Europa continua a tradição entre Rorschach e psicanálise, como na Turquia e também na Inglaterra, mais recentemente (Woods, 2008). Entretanto há muito tempo o Rorschach já era usado na clínica Tavistock, até serviu de inspiração para Phillipson (1955) para desenvolver a Técnica das Relações Objetais. Acrescentam que Malan (1963) já o utilizava em seu trabalho de psicoterapia breve e que no Centro Anna Freud era utilizado rotineiramente nas pesquisas com crianças.

Essa teoria também tem contribuído para o método de Rorschach com escalas que nos permitem compreender uma série de características desse instrumento, trabalhando com os conteúdos, análise das verbalizações e das construções das respostas. Dentre esses trabalhos, podemos destacar o de Sidney Blatt e Howard Lerner (1983), que falam das vantagens de utilizar o Rorschach para ter acesso às representações de objeto e propõem um esquema para essa avaliação. Paul Lerner (1991) apresenta diversas escalas para avaliações qualitativas. Neste capítulo pretendemos discorrer sobre algumas dessas possibilidades e lançar um olhar da psicanálise para o método de Rorschach.

A PSICANÁLISE E OS DETERMINANTES DO RORSCHACH

Para Piotrowski (1957/1965), Hermann Rorschach, ao contrário daqueles que queriam considerar as respostas às manchas como conteúdos dos sonhos, enfatizou os aspectos formais das respostas, pois seu interesse nos conteúdos era relativamente pequeno naquela época. Preocupava-se com a qualidade formal, além dos determinantes, cor, movimento e percepção.

Hoje, podemos entender cada um desses aspectos também a partir de uma teoria de personalidade que dê embasamento e sustentação para os dados estruturais encontrados em cada protocolo.

Nascimento e Semer, como muitos outros especialistas, consideram que, para uma compreensão mais integrada das pessoas, é fundamental ter um sistema teórico que dê sustentação às interpretações, para o que escolheram a psicanálise. Com esse referencial, podemos compreender como a teoria psicanalítica está implícita tanto na concepção dos determinantes como no conteúdo das respostas.

Assim, as respostas de forma, bem como sua qualidade, estão associadas ao contato com a realidade. Esse conceito – também de grande importância na teoria psicanalítica – é central na obra de Rorschach e foi introduzido no *Psychodiagnostik* e retomado posteriormente nos pressupostos teóricos e nas análises dos resultados obtidos com os experimentos realizados com as manchas de tinta. No capítulo IV do *Psychodiagnostik*, quando se refere aos componentes da inteligência, usa a expressão função lógica para referir-se às mesmas funções de adaptação à realidade e/ou de controle dos impulsos e desejos inconscientes. Procura, então, demonstrar, como a função do real pode atuar como inibidora tanto de cinestesias como da expressão da afetividade ou motilidade, mostrando, assim, a dinâmica da personalidade, percebida pela relação dos vários componentes do exame psicológico.

Ao analisarmos um protocolo, sabemos da importância central do índice relacionado à função do real, do contato com a realidade, bem como as repercussões em termos do funcionamento da personalidade e funções do ego. Encontramos correspondência na obra de Freud (1911/1988) "Dois princípios do funcionamento mental", como o processo secundário, ligado ao princípio da realidade, um dos alicerces no desenvolvimento da personalidade.

Assim, os vários determinantes encontram-se relacionados a diversos aspectos da teoria psicanalítica que servem como substrato para compor e compreender o funcionamento de cada personalidade ou mesmo de um grupo, no caso de pesquisas. Assim, por exemplo, a percepção da cor, anterior à capacidade de perceber as formas, está relacionada às características dos sentidos e provoca prazer ou desprazer. Envolve certa passividade no sentido de ser levado, tocado, movido pelo afeto (Schachtel, 1966). As respostas de cor estão relacionadas à expressão e à modulação da afetividade. A reação afetiva mede a relação direta entre a pessoa e o estímulo. Quando o afeto é intenso, não há possibilidade de reflexão, de distanciamento da situação.

Já as respostas de movimento, que melhor expressam material projetivo, inconsciente (nenhuma figura está em movimento), estão relacionadas à vida de fantasia, criatividade, atividade intelectual, possibilidade de pensamento abstrato e capacidade de adiar a descarga mais imediata (Rorschach, 1921). Rorschach já definira essas respostas como as que informam sobre as características dos sujeitos cujos interesses gravitam mais em torno de sua própria vida intrapsíquica do que ao mundo externo. Vida psíquica significa fantasia, criatividade, inteligência. Piotrowski (1957/1965) a considera como a que traduz os aspectos mais humanos ou da humanidade das pessoas e os mais diversos autores convergem no sentido de que a resposta de movimento humano traz informações sobre o *self* e sobre as representações de objeto da pessoa.

O desafio é pensar psicanaliticamente o método de Rorschach, seja na perspectiva idiográfica, da singularidade, bem como na polaridade indivíduo-grupo. A epistemologia do Rorschach implica a construção do conhecimento que é realizado a quatro mãos na situação de aplicação: examinando e examinador estão empenhados em investigar, comparar, comunicar e compreender o que se passa na interação entre essas duas pessoas tendo as imagens como intermediárias, como um objeto transicional (Winnicott, 1971/1975).

A cada situação, esse conhecimento, ou melhor, o vínculo com o conhecimento [K na concepção de Bion (1962/1994)] é criado e recriado. O examinador prossegue com a investigação, após a aplicação, por meio da reflexão e da introspecção para a compreensão da estrutura e dinâmica de cada personalidade. Assim, decompõe os elementos, pela classificação de cada resposta, em um trabalho de análise de cada um dos elementos agora categorizados, dos índices e dos agrupamentos bem como de suas inter-relações. Em seguida, reconstrói os elementos, ou seja, procura elaborar uma síntese dos dados apreendidos. O método de Rorschach, na comparação com inventários se mostra mais consistente, pois em essência é um método que permite ir além do fenômeno, do comportamento e captar a realidade psíquica. O Rorschach é uma amostra da construção do conhecimento. O sujeito constrói a realidade das manchas com que se depara em um trabalho de vincular pensamentos, emoções, sentimentos, memórias e imagens internas (engramas). Essa construção se faz com a vivência do indivíduo que se comunica com o examinador. A natureza desses dados produzidos a partir de uma interação perceptivo-cognitiva entre o sujeito e a situação-estímulo descrita é epistemologicamente sólida e justificada por recurso às teorias científicas da psicologia, o que torna possível o seu tratamento a partir dos mais sofisticados modelos e técnicas de análise.

Em geral, os trabalhos sobre o Rorschach na perspectiva psicanalítica apontam diversas direções. A escola francesa se baseia na herança freudiana e a tradição anglo-saxônica enfatiza as relações de objeto. De qualquer forma, o foco é o estudo da resposta que traz a interpretação. Assim, pensamos que seria útil a reflexão sobre a intersubjetividade para o estudo do Rorschach.

Martins (2005) se inspira nos autores psicanalistas norte-americanos da intersubjetividade, como Ogden (1992), para refletir sobre o Rorschach no sentido da epistemologia construída no processo de aplicação e elaboração. Considera que, pela dimensão transferencial e contratransferencial da relação analítica, ocorre a construção do conhecimento na intersubjetividade, ou seja, há circulação e até sobreposição de objetos internos nos diálogos entre analista e analisando. Assim, adquire importância a relação entre os aspectos intra e interpsíquicos, assim como entre realidade interna e realidade externa, com afetos, fantasias e pensamentos. A experiência relacional, ou o terceiro analítico na concepção de Ogden, faz surgir o conhecimento, que é, por essência, afetivo e dá origem a cognições.

Martins procura transpor esse pensamento analítico para o que acontece no Rorschach. Assinala que, em um primeiro momento, a fala produzida constitui uma comunicação do mundo interno do sujeito na relação com o clínico. Em seguida, o clínico acolhe, pela escuta e pela escrita, a palavra do paciente e reencontra aquele texto, aquela imagem em seus conhecimentos e em sua memória. Retoma essas palavras com a experiência vivida na relação com o sujeito, com o seu desejo de conhecimento e também com sua capacidade intuitiva.

Entender a natureza das respostas formadas no Rorschach implica um procedimento de natureza técnica e objetiva: averiguar corretamente sua localização, os componentes perceptivos que as determinaram, a constituição e o teor do conteúdo. Também é necessário o entendimento prévio que permita categorizar e ordenar, bem como o conhecimento teórico fundamentado.

Mas também está presente outro aspecto, de ordem mais indefinida nesse procedimento, relacionado com a experiência vivida, no momento do exame, da atenção ao não verbal, aos gestos, ao tom de voz, às pausas, ao tempo e, sobretudo, às repercussões no psicólogo, com suas memórias afetivas, seus sentimentos, sua condição de sonhar, enfim, tudo que envolve o contato íntimo com a mente do examinando.

Quanto à escrita do relatório, é preciso também considerar a dimensão afetiva. É um processo que ocorre entre os dados da realidade e o apelo ao imaginário, o onírico. Pressupõe uma articulação entre ciência e arte, ou entre teoria e clínica, e envolve reflexão e criação. Assim, além da leitura, da escuta e do registro do material, acontece a transformação, o texto. Este não apenas técnico, pois, assim como na arte, na literatura, é necessária a

SEÇÃO IV — AVALIAÇÃO PSICOLÓGICA

verossimilhança, ou seja, o relatório precisa ao menos se parecer com uma pessoa. Na elaboração do relatório, estão presentes os aspectos objetivos, categorizáveis e quantitativos dos índices e do psicograma, bem como os aspectos subjetivos e intersubjetivos da relação do clínico com o examinando. Assim, é contínua em todas as etapas, a relação da construção do conhecimento, sujeito e objeto em interação.

O Rorschach é um espaço privilegiado das interações inconscientes, da produção intersubjetiva, bem como da articulação dos aspectos intrapsíquicos, sejam afetos, organizações defensivas, relações dos objetos e constituição do si mesmo.

Marques (1999) assinala que, por meio do trabalho mental envolvido na situação projetiva, é revelada a natureza dos objetos internos mobilizados pelos objetos externos e a natureza dos processos de união, de integração e de recriação de uns por outros, da natureza do sujeito, do Eu e da sua relação de e com o objeto. Essa formulação estabelece a ligação entre quatro organizadores no processo-resposta Rorschach, nomeadamente a relação, a comunicação, a interpretação e a simbolização, sustentadas e enriquecidas por processos de ligação, transformação e criação.

Considerando as perspectivas de Bion, para Marques, (1999), o que permite a construção de pensamentos oníricos e a sua transformação em linguagem é a função α, e a mente atua em movimentos que vão da desordem para a ordem, da dispersão para a integração. Perante a experiência de caos, como é a situação Rorschach, e via a identificação projetiva, que leva a que a parte projetada seja modificada pela ação continente – fundada na capacidade de *rêverie* –, inauguram-se novas relações continente-conteúdo. Assim, o indivíduo fica apto a transformar a experiência em elementos α, elementos insaturados e abertos à realização e transformação. Por meio dessa passagem, da desordem para o pensamento, o símbolo é criado.

Ainda nessa perspectiva, Yazigi e Nashat (2012) elaboraram artigo criativo no qual estabelecem relações entre as contribuições de Bion, no campo da psicanálise e Rorschach na avaliação da personalidade. Várias aproximações são possíveis, e os autores entrelaçam diversos níveis dos dois campos, construindo um interessante modo de pensar os conceitos.

Há muitas convergências entre Bion e Rorschach, por exemplo, o interesse não apenas no conteúdo do discurso do paciente ou nas respostas, mas sobretudo na forma e nas relações entre vários elementos da experiência humana. Ambos desenvolveram um sistema de notação: um a grade e o outro o psicograma.

Entre as diferentes situações em que as contribuições podem ser equiparadas, conforme o artigo, cabe citar a relação entre os tipos de vínculos descritos por Bion (amor, ódio e conhecimento) com o modo como a pessoa encara a tarefa do exame, colaboração, curiosidade, interesse ou mesmo rejeição. Além do mais, é possível também traçar um paralelismo entre os vínculos emocionais e as respostas de cor, sombreado e perspectiva.

De acordo com Yazigi e Nashat (2012), de forma sucinta, na teoria de Bion, os elementos alfa e beta representam a matriz da qual os pensamentos podem emergir. Os elementos beta podem ser vistos como impressões sensoriais que atingem o nível consciente e são transformados pela função alfa em elementos alfa ou pensamentos e memórias. Em geral, os elementos beta se referem a sentimentos intoleráveis que são projetados no início da vida na mãe. Já a função alfa da mãe os transforma em elementos com significado, em elementos alfa, e aos poucos essas introjeções ajudam o bebê a construir seu aparelho de pensar.

Em seguida, os autores do artigo relacionam elementos alfa e beta da teoria de Bion com certos determinantes e índices do

Rorschach e prosseguem com outras intersecções de aspectos da teoria com o Rorschach (pensamentos oníricos, identificação projetiva, continente contido, posição esquizoparanoide, posição depressiva).

O PROCESSO DE FORMAÇÃO DAS RESPOSTAS AO RORSCHACH NA VISÃO DA PSICANÁLISE

H. Rorschach, ao definir a sua prova contestando as proposições anteriores de que seria uma prova de imaginação, afirma que ela envolve um trabalho de interpretação baseado na percepção e que nesse processo existe um trabalho de assimilação intrapsíquico. Diz ainda que alguns dos examinandos reagem com um caráter mais perceptivo, querendo *"reconhecer as imagens"*, enquanto outros reagem com um *"caráter de interpretação"*. Atribui essas diferenças a momentos associativos, mas não somente a eles, e sim também *"a momentos afetivos que deslocam as fronteiras entre a percepção e a interpretação"* (1967, p. 18).

Roy Schafer (1954), mais tarde, partindo dessa colocação de H. Rorschach e da concepção psicanalítica freudiana, desenvolve a sua proposta sobre o processo de formação das respostas. Para essa análise, ele diz que as imagens formadas representam tanto pulsões do id quanto os esforços defensivos do ego. Também interagem na formação das respostas atividades do superego, o julgamento que cada um faz sobre aquilo que deve ou não deve expressar, bem como imagens prototípicas de um superego primitivo.

Esse autor diz ainda que uma interpretação será mais segura quanto mais houver convergência entre os escores formais do teste com as imagens temáticas, bem como com as atitudes e comportamentos do indivíduo durante a aplicação do método de Rorschach. Esses aspectos podem ser avaliados separadamente, mas a integração desses dados pode ampliar a compreensão da pessoa.

A situação do teste permite uma livre associação pela ausência de referentes externos, a não ser as figuras apresentadas que, por sua vez, são ambíguas, o que usualmente relaxa as defesas do examinando, permitindo o aparecimento das imagens mais inconscientes. Nesse nível, prevalecem forças psíquicas não moduladas e que em geral têm origem no id e no superego.

Porém, ao mesmo tempo, existem forças defensivas que atuam durante este processo de respostas, que aparecem em função do nível de tolerância de ansiedade para lidar com o material defendido. Também se direciona para as exigências da realidade, uma vez que nas instruções se pergunta *"Com que esta figura se parece?"* e não *"O que ocorre com você?"*.

Ou seja, a situação do teste de Rorschach estimula o aparecimento dos processos secundários, do princípio de realidade, dos níveis mais elevados e diferenciados do funcionamento psíquico, até o nível menos organizado, os processos primários, que também são favorecidos por essa situação.

Diz ainda esse autor que os registros do Rorschach podem variar muito quanto aos diferentes níveis de funcionamento psíquico e que um mesmo teste pode variar bastante nas diferentes partes, em função de forças psicológicas que atuam em cada pessoa e quanta ansiedade as manchas provocam pela clareza com que expressam as pulsões, fantasias e outros sentimentos, por vezes não tolerados conscientemente.

ANÁLISE DE CONTEÚDO

Apesar de Hertz e Piotrowski, em 1981, terem falado da importância da análise qualitativa das respostas e estas estarem diretamente associadas ao conteúdo, em 1998, Paul Lerner afirma que a área do Rorschach que foi menos aprimorada refere-se ao conteúdo. Por outro lado, no início das pesquisas que resultaram no Sistema Compreensivo, os Exner (Exner e Exner, 1972) observaram que cerca de 20% dos psicólogos que se utilizavam do Rorschach não faziam a classificação das respostas, fazendo apenas a análise dos conteúdos. Porém, essas análises eram feitas sem nenhuma sistematização, de forma inconsistente. Esse uso acarretou muitas restrições ao uso do Rorschach, por parte da academia, com críticas quanto à sua validade, o que levou a um descrédito desse instrumento.

Para restaurar a credibilidade do Rorschach, muitos especialistas evitaram trabalhar com o conteúdo das respostas, o que também desencadeou o cuidadoso trabalho de John Exner para uma análise formal. Porém, Lerner (1998) afirma que, ao excluir a interpretação dos conteúdos, se afastou de uma gama de material muito importante e se perdeu grande riqueza do método das manchas de tinta.

Schafer (1954) foi o primeiro a trabalhar de forma sistemática com os conteúdos, e Mayman (1967) foi o primeiro a inserir a representação de objeto na análise do Rorschach. Posteriormente, outros autores fizeram propostas para estudar os conteúdos utilizando o trabalho de Mayman como referência para as escalas mais recentes. Esses trabalhos todos são de imensa riqueza para os clínicos. Diversos modelos foram propostos para a análise das defesas e das relações de objeto.

Sequência das respostas e a flutuação da pulsão e das defesas

Uma possibilidade de fazer a análise qualitativa é trabalhar com a sequência das respostas. Schafer (1954) trabalhou com o modelo de conflito desencadeado pela pressão da pulsão e o aparecimento de defesas para fazer frente a ela e ressalta o interjogo de ambos os mecanismos nas respostas do Rorschach.

Esses estilos perceptivos são tendências duradouras que ficam a serviço e refletem pulsões, defesas, esforços adaptativos e as imagens com as quais estão associadas. Desse ponto de vista, formas "fechadas" ou "protuberantes", forma ou cor, totalidades ou detalhes, bordas ásperas ou lisas, são congruentes ou incongruentes com as imagens, bem como são carregadas de afeto, sem um esforço consciente de associação. Isso implica que o princípio da organização perceptiva não é totalmente independente da vida afetiva. Nesse sentido, a estruturação de uma resposta ao Rorschach é tanto uma questão de conteúdo quanto formal, associado aos elementos de classificação.

Em todos os casos, a construção feita vai nos orientar no sentido da adequação ou não do controle dos impulsos. O conteúdo da resposta mais o conjunto da classificação vão nos orientar na interpretação, como no caso de alguém que responde "a explosão da bomba atômica" e no inquérito complementa com "por causa de seu formato". Nesse caso, vemos alguém cuja impulsividade possivelmente entra em conflito com suas defesas e é manifesta encoberta por um controle rigoroso e racional. Contudo, se essa resposta vier acompanhada de uma qualidade formal negativa (FQ-), isso pode indicar que os controles da pessoa não são eficientes. Caso a localização dessa resposta seja em um pequeno detalhe, podemos conjecturar que essa pessoa está procurando inibir seus impulsos agressivos, e assim por diante. Se no inquérito essa pessoa responde que "parece a bomba atômica porque é vermelho e tem a forma de um cogumelo" e essa forma for adequada a um percepto que não seja diminuto, podemos

ter a indicação de que parte desses impulsos é expressa, porém de forma controlada, não totalmente liberada. Por vezes, tendências opostas podem aparecer em diversos elementos de uma resposta, como no exemplo "um tigre muito violento em uma montanha com neve".

Lerner (1991; 1998) também propõe exemplos de interpretações que podem ser verificadas na sequência das respostas, considerando o mesmo movimento das flutuações da organização da personalidade. O autor os diferencia daqueles que serão propostos mais adiante e os refere como sendo exemplos da perspectiva do modelo de conflitos, associado ao modelo neurótico das defesas. Ele apresenta os seguintes exemplos: Na prancha II, "dois ursos brigando", seguida de "dois cordeiros se acariciando", com uma terceira resposta "avião a jato com asa delta", na parte central. De acordo com o autor, existe uma formação reativa contra a agressividade não aceita, mas essa defesa pode ser considerada eficiente pelo fato de em um terceiro momento aparecer uma resposta livre dos conflitos. Já quanto à resposta na prancha II "uma face machucada, com sangue" e depois de outras respostas que se sucedem, se a pessoa diz "aquela imagem da face não me sai da cabeça", indica que a defesa do indivíduo não foi efetiva, mesmo tendo conseguido dar continuidade às respostas – esses exemplos encontram-se em Lerner (1991, p. 121; 1998, p. 187).

Na maioria das vezes as pessoas apresentam uma série de respostas, e temos que procurar suas principais tendências. Em cada protocolo temos que avaliar quais as respostas que oferecem mais certeza à interpretação que podemos fazer.

Algumas respostas também são consideradas neutras, impessoais e livres de conflito. São imparciais e objetivas. Essas respostas, na maior parte das vezes, dizem muito pouco a respeito da pessoa. Contudo, têm sua importância por revelar aspectos do contato com a realidade e indicam a eficiência das defesas. Ou seja, a estruturação perceptiva e os conteúdos são dois aspectos do mesmo processo e a análise tem que levar em conta ambos os processos de uma resposta. Nenhum dos aspectos formais da classificação e nem os conteúdos são propriedades de um único aspecto das instâncias psíquicas: id, ego ou superego. Ambos são determinados de forma complexa e podem estar presentes em uma mesma resposta. A sequência das respostas pode evidenciar o aparecimento dessas características de forma dialética (ou umas se opondo às outras e se sucedendo seguindo as manifestações psíquicas que despertam). Dessa forma, podemos compreender, por exemplo, que uma resposta de "bomba atômica" venha seguida de uma resposta "montanha de neve". Isso não é uma contradição do teste, mas reações da pessoa, que, dependendo do estímulo da mancha e das manifestações despertadas, podem flutuar e se alternar no decorrer das respostas.

Estudos recentes sobre as defesas

Outro modo de trabalhar utilizando conceitos da psicanálise teve seu auge associado a estudos de personalidades *borderline* nos anos 1980 e 1990, o que ficou evidente na publicação de Kwawer *et al.* (1980). Essas propostas trabalham com aspectos mais arcaicos do funcionamento psíquico e associam-se à teoria kleiniana, abordando as defesas, especialmente a cisão e a identificação projetiva, dando atenção ao funcionamento pré-edípico. O trabalho desses autores está especialmente fundamentado na teoria de Kernberg (1975, *apud* Kwaer *et al*, 1980). Esse modelo foi construído a partir da perspectiva proposta por Kernberg, que identifica defesas em um nível menos organizado. De acordo com Lerner (1998), esse autor apresenta um modelo

SEÇÃO IV — AVALIAÇÃO PSICOLÓGICA

de organização psíquica hierárquica que pode ser compreendida a partir da organização das funções defensivas. O estudo das defesas, de acordo com Cooper, Perry e Arronow (1988), teve sua origem na proposta de Schafer (1954), e mais recentemente os mecanismos de defesa foram um tema de muito interesse especialmente para o estudo de personalidade *borderline*, citando Kernberg (1975), Ogden (1979) e outros autores, ou no estudo de transtornos narcísicos, citando Kohut (1971) e Storolow e Lachmann (1980) (*apud* Cooper, Perry e Arronow, 1998).

Lerner (1991, 1998) propõe uma escala para avaliação das defesas que considera intrínsecas à natureza e à qualidade das relações de objeto das personalidades *borderline*. O autor afirma, partindo da proposta de Kernberg, que as defesas se organizam a partir da qualidade das relações objetais, então sua organização pode ser compreendida no Rorschach a partir do estudo e compreensão da qualidade das respostas de figuras humanas.

Segundo o autor, essa escala tem grande valor preditivo no trabalho clínico. Embora construída em contexto clínico, é passível de operacionalização e pode ser trabalhada de maneira quantitativa. As defesas propostas pelo autor são: cisão, desvalorização, idealização, identificação projetiva e negação em um nível mais arcaico.

Para o exemplo[1] de <u>cisão</u>, podemos citar respostas de um protocolo que na prancha II apresenta as seguintes respostas na sequência: "Dois frades com copo na mão brindando saúde" e a seguinte: "Dois ursos brigando, daí o sangue". Nesse caso, sentimentos opostos são apresentados em respostas contíguas. Outra forma de captarmos a cisão pode ser encontrada em respostas como duas representações para a mesma resposta. Por exemplo, também na prancha II, "duas pessoas, não sei se estão se abraçando ou brigando". De acordo com Nascimento (1993), cortes também podem aparecer como indicação de cisão, como no exemplo a seguir, na prancha IV "Uma folha de alface" e no inquérito "Uma folha assim num prato, talvez essas manchinhas, esse corte no meio", e na prancha V: "Parece um canguru cortado ao meio, assim, decepado e aberto", de um protocolo da mesma pessoa. Figuras que aparecem com duas cabeças, como em "nenê, feto com duas cabeças". Esses talvez sejam modos mais frequentes do aparecimento da cisão, mas em outros estilos de respostas, em que se observa a cisão, podemos também considerar a presença desse mecanismo de defesa.

A <u>desvalorização</u> pode ser observada em respostas em que há depreciação da figura humana, e essas podem aparecer em modos menos desenvolvidos de existência ou em descrições obviamente inaceitáveis socialmente. Existem diversos graus de depreciação, de uma representação mais leve a uma representação bem negativa, com perda da dimensão humana. São consideradas respostas representativas dessa defesa, como na prancha III: "Duas pessoas de Marte que parecem muito assustadoras", ou na prancha IV: "Parece um touro, assim, com chifre. Dá impressão de cabeça e pé. Cabeça de animal e pé, grudado, com rabo ainda". No inquérito a pessoa diz: "cabeça de touro e pé de gente", resposta em que a dimensão humana foi perdida. Também, na prancha III: "uma pessoa com peito, salto alto, mas cabeça de galinha".

Na <u>idealização</u> ocorre justamente o contrário, mas também em um *continuum*. No mais leve, o nível da idealização é quase imperceptível, por exemplo, "uma pessoa com um sorriso muito feliz". No nível mais grave são encontradas respostas em que a dimensão humana é perdida, incluindo representações de figu-

ras famosas, ou figuras altamente poderosas, como na prancha IV: "Um gigante muito poderoso", "Átila, o rei mais poderoso do universo"; ou na prancha X: "Seres de outro planeta que dominam as criaturas menos poderosas".

<u>Identificação projetiva</u> tal como apresentada em respostas do Rorschach, de acordo com Lerner, diferenciam-se da projeção pelo fato de que o que é projetado não é sentido como tendo existência de natureza alheia ao ego. De acordo com o autor, ocorrem em respostas em que há externalização de partes do *self*, com desrespeito à existência de limites eu-outro, e há necessidade de controlar o outro, com o rompimento de limites entre a realidade interna e a externa. Essas respostas apresentam qualidade formal negativa, ou seja, inadequadas à área da mancha e aparecem figuras humanas de forma confabulada, com desrespeito ao estímulo apresentado na mancha, e a elaboração implica conteúdo agressivo ou sexual. No exemplo a seguir, o autor refere à seguinte resposta na prancha IV: "um homem enorme, vindo em minha direção. Posso ver seus dentes. As mãos para o alto, como se ele fosse me atacar". Também pode ser considerada a identificação projetiva em respostas vistas em partes internas da mancha, contornadas pelo sombreado, em que as figuras humanas aparecem como agressivas ou danificadas.

Temos ainda a <u>negação</u>, defesa que também aparece em níveis de gravidade, desde um nível que indica pouca severidade até níveis em que a negação implica distorções graves do teste de realidade. A negação implica uma desconsideração à pulsão. As respostas podem ser bem claras, como quando a pessoa diz: "Eles não estão brigando", ou uma contradição interna minimizando o ato agressivo, apresentando-o com figuras pouco agressivas como "coelhos brigando" ou, ao contrário, figuras altamente agressivas em ações benevolentes, como "um leão muito bonzinho". Podem também ser identificadas em respostas incompatíveis, que no Sistema Compreensivo são identificadas como INCOM. Exemplo: "Duas pessoas cuja parte superior é feminina, pois têm seios, e a parte de baixo é masculina, porque têm pênis".

Representações de objeto

Muitos estudos, a partir de Mayman (1967) – do grupo da Universidade de Michigan –, foram apresentados para análise do contínuo da saúde mental à patologia do Rorschach. Todos foram construídos a partir da representação de objeto, quase sempre observadas em respostas de figuras humanas. Uma das escalas construídas a partir desse referencial foi a Escala da Mutualidade do Objeto e Autonomia (MOA). Essa escala, que gerou diversos estudos, foi incorporada pelo R-PAS (Meyer *et al.*, 2011), com os índices MAP e MAH indicando a mutualidade de autonomia saudável ou patológica.

Relações de objeto são entendidas por esses autores como representações internas de relações que já existiram no mundo externo e têm sua origem em relações iniciais da vida e enorme influência nas relações atuais. De acordo com Lerner (1998), "uma relação de objeto interno tem três componentes: uma autorrepresentação, uma representação de objeto e uma representação da interação de ambas" (p. 171). Blatt e Lerner (1983) afirmam que as representações de objeto são um complexo esquema mental dos objetos da realidade e essas representações são extremamente úteis para a avaliação clínica de manifestações de personalidade – incluindo a avaliação de patologias severas – pelo método de Rorschach.

Blatt e Lerner (1983) nos apresentam – de acordo com essa proposta – um modelo de análise de respostas a partir da aná-

---

[1] Alguns dos exemplos apresentados nesta parte foram tirados da experiência das autoras e outros, traduzidos do livro de Lerner (1998), p. 272-278.

lise de respostas de conteúdo humano. Trata-se de um modo de avaliar suas representações mentais, o que inclui sua própria imagem e suas considerações a respeito das pessoas e suas reais possibilidades de interações.

Esse sistema de avaliação das representações de objeto é realizado a partir das respostas **H**, que são analisadas, em função de uma escala de desenvolvimento, levando os seguintes aspectos em consideração: 1) diferenciação (tipos de figuras percebidas, ou seja, **H**, **(H)**, **Hd**, **(Hd)** e a adequação dessas figuras, avaliando **F+** e **F-**; 2) articulação (características funcionais atribuídas à figura humana); 3) grau de motivação na ação (intencionalidade, reação, não motivação e sem ação); 4) grau de integração do objeto e ação (fusão, incongruente, não específico e congruente); 5) conteúdo da ação (malévola, benevolente); 6) natureza da ação (atividade, passividade).

De acordo com esse modelo, a análise das respostas de conteúdo humano representa as pessoas, seja em conteúdo quanto em sua estrutura. Com essa análise, pode-se diferenciar as pessoas no que se refere a um *continuum* do grau de saúde à patologia. Essa análise inicia-se com respostas vagas e nesse *continuum* chega-se a respostas diferenciadas e consistentes, que seriam as boas respresentações de objeto.

Respostas do nível menos organizado refletem dificuldades na representação do objeto, com distorções do conceito do *self* e do objeto, dificuldades na própria identidade, limites difusos e tendências a relações simbióticas. Na maioria das vezes, revelam dificuldades provenientes das fases mais arcaicas de desenvolvimento, que podem acarretar distúrbios na organização da estrutura psicológica. Exemplo de uma integração coerente e com bom conteúdo em sua ação, com pessoas com autonomia e ação benevolente, pode ser observado na prancha II: "Dois homens fortes brindando com alegria".

A proposta de Blatt foi pesquisada na Universidade de Yale. Blatt, Brenneis, Schimek, Glick (1976) apresentaram um primeiro estudo, no qual acompanharam a aplicação do Rorschach em 37 pessoas não pacientes, durante 20 anos, para estudar o desenvolvimento desses conteúdos. Esse estudo evidenciou o desenvolvimento das representações humanas, com respostas cada vez mais diferenciadas. Em outro estudo, Blatt e seu grupo aplicaram a escala a 48 pessoas seriamente perturbadas psicologicamente. Esse estudo diferenciou ambos os grupos, tendo este último apresentado mais respostas com menor grau de diferenciação (Lerner, 1998).

Uma parte do trabalho do grupo de Yale foi assimilado pelo Sistema Compreensivo, nas respostas GHR (*Good Human Representations*) e PHR (*Poor Human Representations*). Essas são respostas de conteúdos humanos, e Exner (2003) afirma que as pessoas que apresentam diversas GHR geralmente são vistas pelos outros como as que mostram melhores relações interpessoais e, em geral, uma história de boas relações sociais, enquanto as PHR são respostas altamente correlacionadas com pessoas que apresentam dificuldades de relação, com histórias problemáticas, conflitivas e marcadas por fracassos nessa esfera de suas vidas. São respostas que costumam predominar em protocolos de pessoas com distúrbios psicológicos. Essa relação é fundamentada nos estudos de Blatt e posteriormente estudada por Viglione *et al.* (2003). Ampliou-se, dessa forma, o espectro de possibilidades de avaliação das experiências humanas, HRV – *Human Representational Variable*, como passou a ser denominada e como hoje é conhecida e incorporada no Índice de Comprometimento do Ego, por Perry, Viglione e Braff, em 1972 (Nascimento e Semer, prelo).

Essas diferentes propostas têm se mostrado muito valiosas na análise em estudos de caso, bem como em pesquisas, na medida em que enriquecem a compreensão dos fenômenos psíquicos observados pelo método de Rorschach.

Pensamos que essa perspectiva abre o campo para a ampliação de estudos nessa área, com pesquisas de refinamento do instrumento por meio das escalas e novas variáveis, sem perder de vista a relação entre análise formal e conteúdo. Dessa forma, é possível uma integração e articulação da teoria psicanalítica com os dados do Rorschach.

REFERÊNCIAS BIBLIOGRÁFICAS

Bion, W. R. (1962/1994). Uma teoria sobre o pensar. In: Bion, W. R. *Estudos psicanalíticos revisados*. Rio de Janeiro: Imago. p. 127-137.

Blatt, S. J. et al. (1976). *A developmental analysis of the concept if the object on the Rorschach*. New Haven: Dept. Psychology, Yale University. (Unpublished manuscript)

Blatt, S. J.; Lerner, H. (1983). *The psychological assessment of object representation*. Journal of Personality Assessment, v. 47, n. 1, p. 7-28.

Chabert, C. (1987/1993). A psicopatologia no exame de Rorschach. São Paulo: Casa do Psicólogo.

Cooper, S. H.; Perry J. C.; Arronow, D. (1988). An empirical approach to the study of defense mechanisms: I. Reliability and preliminary validity of the Rorschach Defense Scales. *Journal of Personality Assessment*, v. 52, n. 2, p. 187-203.

Exner, J. E. (2003). The Rorschach – *a Comprehensive System*. 4th ed. New Jersey: John Wiley & Sons.

Exner, J. E.; Exner, D. E. (1972). How clinicians use the Rorschach. J*ournal of Personality Assessment*, v. 36, n. 5, p. 403-408.

Freitas, M. H. (2005). As origens do método de Rorschach e seus fundamentos. *Psicologia: Ciência e Profissão*, v. 25, n. 1.

Freud, S. (1911/1988). Formulações sobre os dois princípios do funcionamento mental. In: *Edição brasileira das obras psicológicas completas de Sigmund Freud*. Rio de Janeiro: Imago. v. 13, p. 237-248. (Trabalho original publicado em 1911)

Kwawer, J. S. (1980) Primitive Interpersonal Modes, Bordeline Phenomena and Rorschach Content. In: Kwawer, J. S.; Lerner, H. D.; Lerner, P. M.; Sugarman, A. *Borderline Phenomena and the Rorschach Test*. International Universiity Press Inc - New York, 1980.

Lerner, P. M. (1991). Psychoanalytyc Theory and the Rorschach. Hillsdale, NJ: The Analytic Press.

Lerner, P. M. (1998). *Psychoanalytyc Perspectives on the Rorschach*. Hillsdale, NJ: The Analytic Press.

Malan, D. (1963) *A study of brief psychotherapy*. New York: Plenum.

Marques, M. E. (1999). *A Psicologia Clínica e o Rorschach*. Lisboa: CLIMEPSI.

Martins, A. M. P. (2005). Discursos sobre o Rorschach: construções na intersubjetividade. *Análise Psicológica*, v. 4, n. XXIII, p. 391-400.

Mayman, M. (1967). Object representations and object relationships in Rorschach responses. *Journal of Personality Assessment*, v. 31, p. 17-24.

Meyer, G. J. et al. (2011). *Rorschach Performance Assessment System: administration, coding, interpretation and technical manual*. Toledo, OH: Rorschach Performance Assessment System.

Nascimento, R. S. G. F. (1993). *Bipolares, um estudo de personalidade através do Rorschach, no estado eutímico*. Tese de doutorado. PUC-SP.

Nascimento, R. S. G. F.; Semer, N. L. (2018). O Sistema Compreensivo de Exner para avaliação da personalidade por meio do método de Rorschach. In: *Avaliação Psicológica da Inteligência e da Personalidade*. Orgs. Trentini, C; Bandeira, D. R. & Hutz, C. Artmed Porto Alegre: Grupo A Editores.

Ogden, T. (1992). *The matrix of the mind*. Object relations and the psychoanalytical dialog. London: Karnac Books.

Phillipson, H. (1955). *The object relations technique* (plates & manual). London: Tavistock.

Piotrowski, Z. (1957/1965). *Perceptanalysis*. New York: MacMillan.

SEÇÃO IV — AVALIAÇÃO PSICOLÓGICA

Piotrowski, Z. (1965) *Perceptanalysis*. Ex Libris. Philadelphia. 1965 (Trabalho original publicado em 1957).

Rapaport, D.; Gill, M.; Schafer, R. (1946). *Diagnostic psychological testing*. Chicago: Yearbook Publishers.

Rausch de Traubenberg, N. (1983). *La pratique du Rorschach*. Paris: PUF.

Rorschach, H. (1921). *Psicodiagnóstico*. São Paulo: Mestre Jou; 1967.

Schachtel, E. G. (1966). *Experiential foundations of Rorschach's Test*. New York: Basic Book.

Schafer, R. (1954). *Psychoanalytic Interpretation in Rorschach Testing*. New York: Grune & Straton.

Viglione, D. J. et al. (2003). Modifying the Rorschach Human Experience to create the Human Representational Variable. *Journal of Personality Assessment*, v. 81, n, 1, p. 64-73.

Winnicott, D. W. (1975) *O brincar e a realidade*. Rio de Janeiro: Imago (trabalho original publicado em 1971).

Woods, J. M. (2008). The history of the Rorschach in the United Kingdom. *Rorschachiana*, v. 29, n. 1, p. 64-80.

Woods, J. M.; Nashat, S. (2012). Special section: psychoanalysis and the Rorschach. *Rorschachiana*, v. 33, p. 95-99.

Yazigi, L. (2010). Fundamentação teórica do Método de Rorschach. In: *Avanços do Rorschach no Brasil*. Organização de Sônia Regina Pasian. São Paulo: Casa do Psicólogo. p. 7-29.

Yazigi, L.; Nashat, S. (2012). Learning from the Inkblot. *Rorschachiana*, v. 33, p. 214-235.

Otimização do Rorschach por meio do *Rorschach Performance Assessment System* (R-PAS)

Ana Cristina Resende
Giselle Pianowski

O Rorschach, ou teste de manchas de tinta, tal como foi concebido no *Rorschach Performance Assessment System* (R-PAS – Meyer *et al.*, 2011; traduzido como Sistema de Avaliação por Desempenho), trata-se de uma medida de avaliação da personalidade que é baseada na *performance* ou no comportamento da pessoa enquanto ela descreve o que percebe nos dez cartões com manchas de tinta do teste. Assim, as respostas dadas ao teste, que são corrigidas de acordo com diretrizes padronizadas, refletem a forma de perceber as coisas no mundo, ou seja, reflete o modo de pensar, sentir e agir de maneira relativamente estável e duradoura do examinando. Por meio desse teste, é possível avaliar uma ampla gama de características de personalidade, tais como: os recursos eficientes que a pessoa dispõe para solucionar problemas e enfrentar situações estressantes e de sofrimento emocional; organização, precisão e convencionalidade do pensamento; aspectos da autopercepção; disponibilidade de recursos para as interações interpessoais; atitudes e preocupações subjacentes.

Apesar da aparente simplicidade da tarefa, a resposta da pessoa consiste em uma solução bastante complexa, pois cada mancha de tinta oferece múltiplas possibilidades concorrentes de respostas, que são analisadas em várias dimensões do estímulo. O Rorschach exige uma amostra de comportamentos, observados ao vivo, de como o examinando analisa e lida com os estímulos do teste, manejando as suas inconsistências, contradições e ambiguidades perceptuais e conceituais. Desse modo, a pessoa não precisa relatar diretamente como pensa, se sente e se comporta, como ocorre em uma entrevista, questionário, escala ou inventário de personalidade. As informações sobre a personalidade são apreendidas por meio do modo como o examinando filtra e organiza as informações a que dedica atenção no cartão, como justifica e aplica significado aos estímulos e às situações, quão convencional ou idiossincrática é sua percepção e quão lógico ou efetivo se mostra no pensar e na comunicação com o examinador.

Cada resposta, i.e., a solução dada para cada cartão, consiste em uma amostra global do comportamento em diferentes situações, recolhida em uma condição padronizada, que permite fazer inferências sobre o funcionamento da pessoa em outros contextos não avaliativos. Comumente essas informações sobre a personalidade, acessadas por meio do Rorschach, podem revelar características de personalidade que o examinando não reconhece plenamente em si, ou hesita em admitir quando questionado sobre elas diretamente.

ORIGENS E FUNDAMENTOS CIENTÍFICOS DO R-PAS

O Rorschach foi desenvolvido pelo psiquiatra suíço Hermann Rorschach, em 1921, e consiste em um dos instrumentos de avaliação de personalidade mais utilizados e pesquisados em vários países do mundo, inclusive no Brasil. Nacionalmente, ele é considerado um teste psicológico e de uso privativo dos psicólogos quando utilizado para uma ou mais das seguintes finalidades: diagnóstico psicológico, orientação e seleção profissional, orientação psicopedagógica ou solução de problemas de ajustamento (Lei nº 4.119, de 1962). Esse método é constituído por dez cartões com manchas de tinta, os quais foram cuidadosamente selecionados e aperfeiçoados artisticamente pelo autor, de modo a proporcionar múltiplas possibilidades de percepções, que formam imagens visuais que competem entre si. Após alguns anos de pesquisas, analisando como uma amostra de mais de 400 pessoas de grupos clínicos e não clínicos descreviam as suas percepções nas manchas, Hermann Rorschach publicou o seu livro *Psicodiagnóstico*. Esse livro apresenta os fundamentos básicos de aplicação, correção e interpretação, e os dez cartões padronizados do teste. Contudo, o autor morreu em 1922, sete meses após a publicação de sua obra, deixando lacunas a serem investigadas em pesquisas (Exner, 2003; Meyer *et al.*, 2011).

Desde sua publicação, o teste tem sido aperfeiçoado, apesar de manter em sua essência os princípios norteadores básicos de

SEÇÃO IV — AVALIAÇÃO PSICOLÓGICA

seu criador. Vários sistemas de aplicação, correção e interpretação surgiram. No período em que o R-PAS se constituiu, o sistema mais amplamente usado era o Sistema Compreensivo (SC), desenvolvido por John Exner de 1974 até a sua morte, em 2006. Exner incorporou em seu sistema as informações consideradas cientificamente mais válidas e confiáveis dos cinco principais sistemas norte-americanos disponíveis na época. Posteriormente, em 1997, Exner também fundou o *Rorschach Research Council* (RRC), que tinha a função de aprimorar as propriedades científicas e sintetizar os principais achados do SC em publicações (Exner, 2003; Meyer *et al.*, 2011).

O SC, como consequência da morte de Exner em 2006, deve permanecer como seu criador o deixou, sem possibilidade de avanços, pois não houve documentação formal que possibilitasse a evolução do sistema com novas pesquisas para torná-lo mais útil aos futuros usuários. Assim, o R-PAS foi desenvolvido para dar continuidade e ampliar a missão do RRC, buscando administrar as limitações identificadas no SC a partir de um corpo de pesquisas empíricas mais recentes, que comprovasse estatisticamente as alterações no sistema, e, com isso, solidificar as bases psicométricas do instrumento. Mais especificamente, os objetivos do R-PAS foram: reduzir a variabilidade entre os examinadores na codificação do teste; otimizar o número de respostas que as pessoas emitem ao teste; assegurar que a interpretação esteja de acordo com a base de evidência de validade de cada variável, por meio de conexões mais transparentes de cada uma delas com os processos psicológicos subjacentes; aprimorar o instrumento para o uso internacional; ampliar a utilidade e a parcimônia do instrumento; facilitar a interpretação do teste (Meyer *et al.*, 2011).

A partir desses objetivos, o R-PAS (Meyer *et al.*, 2011) adotou uma forma de aplicação do instrumento que controla diretivamente o número de respostas (R) pretendido em uma aplicação, denominada de Aplicação R-Otimizada. Além disso, o R-PAS selecionou suas variáveis a partir de estudos empíricos que abarcavam revisões sistemáticas e metanálises do SC. Com isso, algumas variáveis do SC foram descartadas por falta de evidências empíricas de validade, outras foram integradas ou reorganizadas (*e.g.*, Reversão do Espaço, Integração do Espaço, Conteúdo Agressivo, Índice de Enfraquecimento do Ego, Linguagem de Dependência Oral, Mutualidade de Autonomia Saudável e Mutualidade de Autonomia Patológica), mas a maioria é semelhante àquelas utilizadas no SC.

Foram estabelecidas normas internacionais mais recentes e acuradas para o R-PAS, tanto para adultos (Meyer *et al.*, 2015) quanto para crianças e adolescentes (Viglione e Giromini, 2016), a partir de normas do SC para diversos países, inclusive brasileiras. Os dados normativos de referência que antes pareciam imprecisos e, por vezes, demasiado patologizantes, agora se revelam mais apropriados para as mais diversas culturas. Como todos os protocolos foram coletados conforme as normas de aplicação do SC, eles tiveram que ser selecionados e modelados estatisticamente de acordo com a distribuição de respostas (R) decorrente da Aplicação R-Otimizada (Meyer *et al.*, 2011).

O R-PAS também desenvolveu uma padronização para codificação mais detalhada, bem como foi disponibilizado um programa para codificação e cálculo das variáveis do teste, numa plataforma da *web* segura e criptografada, a partir de qualquer dispositivo que faz interface com a internet (*e.g.*, computador, *notebook*, *smartphone*, *tablet*), sem necessidade de instalação de um programa específico, que realiza imediata transformação dos escores do teste em *standard scores* fazendo uso de escores *t* e percentil (Meyer *et al.*, 2011).

Atualmente, vários pesquisadores brasileiros estão envolvidos na construção de dados empíricos para o R-PAS visando sustentar seu uso em nossa realidade nos mais variados contextos, conforme foi observado por Meyer *et al.* (2011) e Pianowski *et al.* (no prelo). Esses estudos se iniciaram antes da publicação do manual do R-PAS (Meyer *et al.*, 2011) devido ao constante intercâmbio entre os autores norte-americanos e os pesquisadores brasileiros.

PROPRIEDADES PSICOMÉTRICAS DO R-PAS

As principais propriedades psicométricas de um teste psicológico estão relacionadas aos seus dados normativos, aos seus indícios de precisão/confiabilidade e de validade do instrumento. No que diz respeito aos dados normativos para adultos do R-PAS, eles foram compostos por 640 protocolos derivados de 15 amostras independentes de 13 país, entre eles o Brasil. A média de idade foi de 37,3 anos (DP = 13,4, variando de 17 a 56 anos); a média de anos de estudo foi de 13,3 (DP = 3,6, variando de 1 a 22), sendo 44,7% de pessoas do sexo masculino, 66,8% de etnia branca, 19,4% de etnias mistas, 8,7% de origem hispânica e 2,6% de negros ou asiáticos. Como todos esses protocolos foram coletados conforme as normas de aplicação do SC, eles tiveram que ser selecionados de acordo com o perfil estabelecido pelos autores do R-PAS, ou seja, de acordo com a aplicação R-Otimizada, por meio de técnicas rigorosas de seleção, que foram explicitadas por Meyer *et al.* (2011).

Tais procedimentos resultaram em normas mais precisas para adultos, conforme demonstrado nos estudos de Meyer *et al.* (2015), Giromini, Viglione e McCullaugh (2015) e Pianowski, Meyer e Villemor-Amaral (2016). Esses estudos forneceram fortes suportes para o uso das normas internacionais na prática clínica, como normas que são generalizáveis para as diferentes amostras, das mais variadas culturas e línguas e que explicam a variabilidade natural e evitam inferências patologizantes que as normas do SC tendiam a provocar quando aplicadas em amostras diversas. Considerando as normas para crianças e adolescentes (Viglione e Giromini, 2016), resultados semelhantes foram observados. As normas internacionais tendem a se adequar melhor às diferentes amostras de crianças provenientes das mais diversas culturas.

Contemplando os estudos sobre a validade do R-PAS, é importante considerar que esse sistema surgiu com o objetivo de fazer progressos nas evidências empíricas do Rorschach. Para isso, Mihura *et al.* (2013) realizaram um estudo de metanálise, provavelmente o maior realizado com essa metodologia para um único teste. É importante destacar que os autores encontraram os melhores índices de validade em variáveis que eram comparadas com critérios comportamentais observados externamente, tais como diagnósticos psiquiátricos, a ocorrência de novas hospitalizações e sucesso em treinamentos militares. A partir desse estudo, os autores do R-PAS selecionaram as variáveis que apresentaram suporte empírico e clínico mais fortes, com eliminação daquelas com índices de validade abaixo do que seria considerado apropriado cientificamente. Outros estudos mais recentes têm demonstrado a validade do R-PAS, dos quais se citam as evidências de validade para avaliar comprometimentos da maturidade psicológica (Stanfill, Viglione e Resende, 2013) e a relação demonstrada entre as variáveis do domínio *Stress* e *Distress* do teste diante de uma maior reatividade do sistema nervoso simpático, que controla as reações de "luta ou fuga" (Giromini *et al.*, 2016). Além disso, estudos demonstraram que o R-PAS tem se mostrado mais eficiente do que o SC para identificar psicopatologias severas (*e.g.*, Su *et al.*, 2015).

Em relação à precisão ou confiabilidade, a mais comumente utilizada para os dados do Rorschach é a confiabilidade entre avaliadores, que é uma medida normalmente utilizada para demonstrar que não há viés do psicólogo ou pesquisador nas decisões de codificação do teste. Sabe-se que as variáveis do R-PAS e o processo de codificação referente a elas são semelhantes aos dos SC, de forma que parece natural assumir que o R-PAS tem potencial para evidenciar as boas e excelentes correlações encontradas nas pesquisas com Rorschach desenvolvidas ao longo de muitos anos (Meyer, Viglione e Mihura, 2017). No entanto, como Meyer *et al.* (2011) introduziram uma série de modificações no processo de codificação das variáveis do R-PAS, visando ao incremento da fidedignidade entre codificadores, é razoável esperar índices de correlação um pouco mais elevados a partir da análise desse tipo de dado em diferentes estudos com o R-PAS (Meyer, Viglione e Mihura, 2017).

No Brasil, Resende *et al.* (2016) também realizaram um estudo de confiabilidade entre avaliadores, por meio de 86 protocolos, escolhidos aleatoriamente a partir de um banco de dados de uma amostra de 353 crianças não pacientes, na faixa etária de 7 a 14 anos. Três avaliadores treinados no sistema R-PAS, sendo um deles membro de um grupo de pesquisa diferente, codificaram os protocolos de forma independente para analisar o grau de concordância entre avaliadores intra e extragrupo. Os resultados foram baseados no cálculo do Coeficiente de Correlação Intraclasses (ICC) para 60 variáveis do teste. Os índices de correlação foram considerados excelentes (com valores entre 0,79 e 1,00) em 100% das análises intragrupo (ICC médio = 0,95) e em 86,7% das análises extragrupo (ICC médio = 0,83). Os resultados são consistentes com achados anteriores de forte fidedignidade entre avaliadores no R-PAS (Kivisalu *et al.*, 2016), como também sinalizaram que os extensivos guias de orientações de codificação do R-PAS mostraram-se eficientes para obter resultados de confiabilidade mais elevados nesse sistema do que no SC.

COMO SE APLICA, CODIFICA E INTERPRETA O R-PAS

O Manual do R-PAS (Meyer *et al.*, 2011) proporciona orientação pormenorizada e específica necessária para aplicar, codificar e interpretar o Rorschach, bem como tem o intuito de minimizar a variabilidade do examinador em todo esse processo, conforme já foi mencionado. O manual tem como suplemento o programa de codificação *on-line*, que calcula os escores do sumário, fornece gráficos dos escores padronizados, bem como disponibiliza princípios interpretativos de todos os escores levantados.

Naturalmente, como qualquer outro teste de avaliação ou de terapia, o uso profissional do Rorschach demanda amplo estudo e uma prática supervisionada para se tornar competente e eficiente em sua aplicação, correção e interpretação. Além disso, é necessário que o examinador tenha um *background* teórico em psicologia, que abrange a área de psicopatologia, desenvolvimento da personalidade e fundamentos da medida psicológica. Caso contrário, corre-se mais risco de gerar inferências especulativas que não se aplicam na prática, ou afirmações mais pessoais sem confirmações empíricas. Ressalta-se que todos os dados informados neste tópico foram extraídos do manual do R-PAS de autoria de Meyer *et al.* (2011) e consistem em informações resumidas do manual.

Plataforma *on-line* do R-PAS

O usuário deve se cadastrar no *site*[1], optando pelo idioma mais acessível para ele (tendo a opção em português). Para utilizar o sistema *on-line* em todas as suas opções destinadas aos profissionais, é necessário realizar um cadastro de usuário e uma senha. A plataforma permite acesso à biblioteca onde são arroladas as publicações relacionadas ao R-PAS, acesso a materiais didáticos destinados ao ensino e aprendizagem do sistema, além de acesso a produtos do R-PAS e outras informações. Quando cadastrados em uma das diferentes modalidades de conta, as opções da plataforma abrangem manejo de protocolos aplicados tanto para uso clínico como para pesquisas, possibilitando a inserção de novos protocolos, visualização de protocolos já inseridos, compartilhamento de material com outros usuários, criação e gerenciamento de banco de dados e subcontas, além de outras funções como a edição de preferências pessoais. Além disso, o sistema proporciona mais acurácia na codificação das variáveis e cálculo dos índices, além de permitir anexar guia de intepretação dos dados.

Aplicação R-Otimizada

O padrão de aplicação do R-PAS foi direcionado pela busca de otimizar o número de respostas (R), sendo assim denominado Aplicação R-Otimizada. Tal direcionamento teve respaldo em pesquisas que revelaram que a variabilidade no número de respostas num protocolo de Rorschach introduz uma variância inapropriada nos dados do teste. Um R muito pequeno causa questionamentos sobre a sensibilidade do protocolo para detectar problemas; um R excessivo pode demandar muito tempo para administrar e codificar o teste, além de propiciar a patologização do examinando. Ambos os extremos levam a menor estabilidade nos protocolos. Além disso, como muitos escores estão correlacionados com R, a variabilidade na resposta causa variabilidade secundária em muitas outras pontuações. Assim, a aplicação R-Otimizada usa procedimentos para minimizar a variância inadequada associada a R, assegurando um protocolo interpretativamente mais confiável, extinguindo protocolos curtos e longos, além de reduzir o número de reaplicações do teste quando não obtido um R mínimo, propiciando a obtenção de protocolo interpretativamente válido.

Como usual, o teste deve ser realizado numa área de trabalho calma e sem distrações, logo após um breve *rapport* (interação menos formal para estabelecer uma relação de trabalho positiva e orientar o examinando sobre os objetivos e etapas da testagem). Como as imagens das manchas de tinta estão disponíveis em alguns *websites*, o manual ressalta a utilidade de o examinador aproveitar o espaço do *rapport* também para investigar o conhecimento prévio do examinando sobre os borrões de tinta, buscando acessar possível intencionalidade de manipulação de respostas ou informações prévias distorcidas que possam comprometer o processo de elaboração de respostas ao teste. Além disso, o examinador deve adotar uma postura *não* diretiva e se manter interessado e atento ao examinando, registrando literalmente tudo o que ele comunica com palavras e gestos.

Basicamente, a aplicação é feita em duas etapas: a primeira, chamada de **Fase de Resposta (FR)**, e a segunda, **Fase de Esclarecimento (FE)**. O tempo médio de aplicação é de 60 minutos, e o examinador convida o examinando para sentar-se lado a lado (com a disposição das cadeiras em aproximadamente

---

[1] www.r-pas.org

180 graus). Essa disposição das cadeiras pode reduzir o impacto inadvertido de sinais não verbais do examinador e possibilita que o examinador veja o cartão enquanto o examinando o segura. Os materiais exigidos são: caneta, folhas para anotação das respostas (no mínimo dez folhas) ou *notebook*, duas Folhas de Localização (com a réplica dos dez cartões, usada somente na FE), os cartões organizados para serem entregues na ordem correta (do 1 ao 10) e com as manchas viradas para baixo.

Fase de Resposta (FR). Nesta etapa, o examinador intervém o mínimo possível. Ele entrega o primeiro cartão e pergunta ao examinando "*Com o que isso se parece?*" e, logo em seguida, solicita "*Tente dar duas respostas... talvez três a cada cartão*". Sempre que o examinando emitir menos de duas respostas, pede-se outra (Pedir – Pr); e sempre que for emitida quatro respostas, solicita-se que ele devolva o cartão (Puxar – Pu). Esses procedimentos – de solicitação de número de respostas desejado associado a Pr e Pu – constituem o que se chamou de Aplicação R-Otimizada propriamente dita. Se, ao final, o protocolo não tiver no mínimo 16 respostas, o examinador repassa todos os cartões novamente e solicita que o examinando procure fornecer mais algumas respostas para que o protocolo seja considerado útil para o propósito da avaliação (FR suplementar).

Fase de Esclarecimento (FE). Nesta etapa, o examinador faz perguntas sobre onde e como foram vistas as respostas no cartão, anotando os esclarecimentos do examinando no protocolo de aplicação e identificando na Folha de Localização (FL) a região da mancha onde o examinando indicou sua resposta. A segunda FL será usada somente se a primeira não for suficiente para indicar com clareza todas as respostas. Não se registram novas respostas nessa parte do exame, e o avaliando deve apenas esclarecer os aspectos tais como o que percebeu originalmente na FR. O objetivo aqui é garantir que se dispõe da informação definitiva para codificar todas as respostas sem ambiguidade. O manual traz diversas orientações sobre como fazer esse esclarecimento sem interferir nas respostas do avaliando. Para que todas essas anotações sejam céleres, deve-se usar abreviações ou siglas compreensíveis, para que qualquer examinador possa codificar as respostas do examinando de maneira semelhante ao ler o material.

Em termos de otimização na aplicação do Rorschach, observa-se que o R-PAS atingiu avanços que vão além do controle do R em momento de aplicação. Nota-se um conjunto de instruções que respaldam o examinador em ambas as fases de aplicação, FR e FE, favorecendo a objetividade não indutiva do examinador no momento de elaboração de respostas do examinando. Notadamente, isso pode ser identificado no detalhamento conduzido pelo manual em fornecer instruções que incluem direcionamentos gesticulares e verbais específicos, para as FR e FE, além de instruções para documentação de comportamentos e verbalizações codificáveis. Isso é principalmente relevante para que a FE atinja seu objetivo de obter os esclarecimentos necessários para uma correta sequente codificação.

Codificação do R-PAS

A codificação consiste em transformar em códigos todas as respostas emitidas nos cartões, bem como alguns comportamentos. Como uma correta codificação depende de uma aplicação muito bem executada, é a partir do conjunto dos dois, aplicação e codificação das respostas, que todo o protocolo interpretativo é gerado. Assim, a codificação de um protocolo também é considerada uma parte muito relevante no processo de correção e interpretação do teste de Rorschach, e que depende particularmente da clareza e rigor do sistema-base, bem como da proficiência do examinador. O R-PAS investiu em otimizações que visaram ampliar e especificar os critérios de codificação de cada categoria incluída no sistema, padronizar as decisões tomadas pelos examinadores, incluindo dicas de procedimentos que visam diminuir a chance de erro na codificação.

Quanto à primeira, melhorias nos critérios de codificação, o R-PAS organizou o processo de codificação em quatorze categorias: Orientação do Cartão (OC); Localização (Loc); Número da Localização (Loc n°); Espaço (Esp); Conteúdos (Cont); Síntese (Sy); Vago (Vg); Par (2); Qualidade Formal (QF); Popular (P); Determinantes (Det); Códigos Cognitivos (Cog); Códigos Temáticos (Tem); Aplicação Otimizada (R-Ot). Cada categoria inclui um grupo de possíveis códigos, apresentados na Tabela 28.1, que visam abarcar diferentes manifestações com potencial interpretativo nas respostas dos examinandos. As orientações pormenorizadas de como codificar os códigos de cada categoria estão disponíveis no manual do R-PAS (Meyer *et al.*, 2011).

No segundo quesito, padronização das decisões tomadas pelos examinadores em momento de codificação, o R-PAS traz alguns acréscimos relevantes, tais como, ao codificar uma resposta, o examinador deve focar-se em como o examinando viu e

Tabela 28.1. Códigos do sistema R-PAS, por categoria

OC	Loc	Loc No	Esp		Cont	Sy	Vg	Par	QF	P	Det	Códigos		R-Ot
												Cog	Tem	
@	W	1	SR	SI	H	Sy	Vg	2	o	P	M	DVI	ABS	Pr
<	D	2			(H)				u		FM	DV2	PER	Pu
v	Dd	3			Hd				-		m	DRI	COP	
>		.			(Hd)				n		a, p,	DR2	MAH	
		.			A						a-p	INCI	AGM	
		.			(A)						FC	INC2	AGC	
					Ad						CF	FABI	MOR	
		99			(Ad)						C	FAB2	MAP	
					An						C'	PEC	GHR	
					Art						Y	CON	PHR	
					Ay						T		ODL	
					Bl						V			
					Cg						FD			
					Ex						r			
					Fi						F			
					Sx									
					NC									

descreveu sua resposta, levando em consideração a verbalização da FR e o esclarecimento do FE, e restringindo a codificação aos perceptos presentes e devidamente apontados pelo examinando no cartão. Assim, reformulações da resposta em que o conteúdo é alterado na FE ou respostas acrescentadas, não são consideradas no R-PAS. Como exemplo, o examinando vê "duas meninas brigando" na FR do cartão VII, e na FE ele muda para "agora eu vejo que parecem dois cachorros brincando" – o examinador deverá retomar e direcionar o esclarecimento para a resposta original, duas meninas, rejeitando e desencorajando elaborações que contradizem as informações da FR.

Em um último aspecto, dicas arroladas para seus usuários, o R-PAS acrescenta um conjunto de dicas favoráveis à redução do erro na correção, tais como sobre a importância de realizar a codificação de um protocolo o mais breve possível após sua aplicação, procedimento justificado pelo potencial prejuízo acarretado pelo distanciamento entre aplicação e codificação na pontuação de aspectos críticos das respostas ou na compreensão de informações abreviadas inseridas no registro. Além disso, embora seja possível codificar um protocolo com papel e caneta, os examinadores são instruídos a codificar preferencialmente na plataforma *on-line* do R-PAS (www.r-pas.org), especialmente porque diminui a probabilidade de erro e omissões nessa e na próxima etapa, a de cálculo dos índices interpretativos.

Cálculo dos índices interpretativos do R-PAS

Com o teste codificado, segue-se para o cálculo dos índices (Sumário). Nessa fase, a codificação será analisada estatisticamente, gerando escores, porcentagens e proporções que têm por finalidade trazer dados quantitativos passíveis de interpretação. É possível realizar manualmente o cálculo de todos os índices, apesar de minucioso, conforme detalhado no manual. No entanto, a plataforma *on-line* do R-PAS efetua automaticamente todos os cálculos após a inserção de um protocolo.

As contas e cálculos estão diretamente relacionados às categorias de codificação apresentadas, e cada escore do sumário gerado é acompanhado de percentis e notas padronizadas, tendo por base os dados normativos internacionais. Na sequência, os escores e índices são disponibilizadas gerando um perfil do examinando – dividido em Página 1 e Página 2. A Página 1 apresenta as variáveis de maior força estatística, comprovada por estudos de metanálise, portanto dotadas de mais expressivas evidências de validade. A Página 2 apresenta as variáveis que ainda necessitam de mais investimento em pesquisas empíricas, mas que, até o momento, apresentam boas evidências clínicas, devendo ser cuidadosamente ponderadas quando interpretadas (Mihura *et al.*, 2013). É preciso ter em mente que, conforme o avanço das pesquisas com o R-PAS, as variáveis da Página 2 poderão passar para a Página 1 ou ser excluídas do levantamento do instrumento. Para além, no protocolo de resultados gerados na plataforma do R-PAS também é acrescentado, ao final, um sumário dos escores de todas as variáveis.

Em termos de otimização nesse tópico, observa-se que a plataforma oferecida acrescenta uma organização do protocolo em perfil que é visualmente adequado para a interpretação. Além de todo o trabalho de refinamento em relação às contas e cálculos realizados para cada variável, ressalta-se a adequação da apresentação dos resultados em duas páginas organizadas hierarquicamente por nível de respaldo científico para a interpretabilidade dos índices que as compõem. Isso favorece a acurácia interpretativa, diminui a possibilidade de inferências precipitadas e norteia o examinador na identificação dos aspectos mais evidentes do funcionamento do examinando (Página 1), sem deixar de acessar algumas características que devem ser também investigadas (Página 2).

Interpretação do R-PAS

Para a interpretação do R-PAS, considera-se um conjunto de comportamentos produzidos durante a sua aplicação, que consistem nas atribuições visuais, nas comunicações verbais e não verbais que acompanham as respostas dadas aos dez cartões com manchas de tinta e na maneira como o examinando interage com a tarefa e com o examinador. Esses comportamentos são então classificados em várias dimensões, incluindo imagens, linguagem e comunicação, e subsequentemente esses comportamentos codificados são quantificados e comparados com dados normativos, dados esses que caracterizam o que as pessoas tipicamente veem, dizem e fazem quando apresentada a mesma tarefa de resolução de problemas.

Assim, o R-PAS sustenta a avaliação da personalidade por meio do desempenho, i.e., a partir de uma amostra de comportamentos verbais e gestuais executados pelo examinando para a resolução da tarefa, e que refletem aspectos do seu funcionamento e processamento de ideias, sejam eles saudáveis ou disfuncionais. Como continuidade dos aprimoramentos apresentados nos aspectos quantitativos das variáveis que compõem o R-PAS, a elaboração do relatório psicológico também é respaldada por evidências científicas, apontamentos práticos, sugestões de sequência e correlação com comportamentos observáveis no dia a dia fora do contexto do teste.

No R-PAS, em termos interpretativos gerais, a avaliação é estruturada e organizada inicialmente em dados normativos e depois deve ser ajustada com base nas considerações idiográficas do processo de resposta. A interpretação com base em dados normativos, conforme descrito anteriormente, permite identificar as semelhanças e diferenças do examinando em relação a grupos referenciais (normativos) nas variáveis interpretativas do Rorschach, que são os parâmetros das Páginas 1 e 2 do sumário de escores e perfil do R-PAS. Contudo, aconselha-se combinar e moderar coerentemente com os aspectos idiográficos, que explicitam outras características particulares ao processamento de respostas desse examinando, visto que os dados obtidos em um protocolo do R-PAS são, em grande parte, permeados por aspectos individuais não categorizados de forma nomotética, que ajudam a compreender o indivíduo com base, muitas vezes, em imagens e temas pessoais que ele traz para a tarefa, sobretudo no caso de pessoas que são verbalmente expressivas e interessadas na tarefa.

Na elaboração de um relatório interpretativo de um protocolo do R-PAS, o manual apresenta direcionamento de quatro estágios para que o examinador atinja o máximo do potencial interpretativo de um protocolo diante do contexto avaliativo, sendo os três primeiros estágios considerados pré-interpretativos. Assim, em primeiro lugar sugere-se ao examinador elaborar hipóteses e expectativas que abarquem tanto o contexto de avaliação do examinando como dados demográficos. Em um segundo momento, *é* encorajado o acesso e o levantamento de informações anteriores que possibilitem prever o comportamento do examinando no Rorschach, o que deve ser organizado em forma de hipóteses e expectativas de desempenho do examinando nos diferentes domínios avaliativos do R-PAS. Como terceiro procedimento, o examinador é direcionado a anotar manifestações idiográficas das respostas durante o processo de codificação de um protocolo, bem como instru*ído a usar* as ferramentas da

SEÇÃO IV — AVALIAÇÃO PSICOLÓGICA

plataforma *on-line* do R-PAS para a análise estatística dos dados (*e.g.*, tabela normativa a ser usada) e edição de quais outros resultados quantitativos e descritivos deseja acessar quando o protocolo de resultados for gerado.

O quarto estágio, mais especificamente relacionado ao processo interpretativo em si, pode ser organizado em quatro passos básicos: **sondar**, **selecionar**, **sintetizar** e **sumarizar**. No primeiro passo, **sonda-se** o protocolo para identificar escores com as pontuações baixas e altas. Posteriormente, **seleciona-se** cada resultado discorrendo interpretativamente sobre eles e **sintetizando** as interpretações dos resultados entrelaçadas *às* variáveis nomotéticas e idiográficas. E, por último, **sumarizam-se** os dados levando em consideração o contexto e o objetivo da avaliação.

Os processos psicológicos latentes aos indicadores do R-PAS, chamados de processos de resposta, são tidos como os desencadeadores de manifestações específicas durante a testagem e que fornecem subsídios para toda a interpretação. Os domínios interpretativos chave do R-PAS compreendem Engajamento e Processamento Cognitivo, Problemas de Percepção e Pensamento, *Stress* e *Distress* e Percepção de Si e Outros.

O Engajamento e Processamento Cognitivo abrange variáveis relacionadas a recursos psicológicos e produtividade do examinando, levando em particular consideração o índice *Complexidade* (variável relacionada *à* sofisticação cognitiva e ao estilo de resposta) no desempenho do teste, bem como aspectos motivacionais do examinando. Entre outros, é provável que déficits neurológicos impliquem desempenho inferior nesse domínio. O domínio Problemas de Percepção e Pensamento inclui indicadores associados ao processo do pensamento, à acuidade perceptiva e *à* base e recursos do examinando para produzir julgamentos situacionais. Esse domínio mostra-se particularmente comprometido nos transtornos de espectro esquizofrênico, nas perturbações psicóticas ou em qualquer perturbação mental grave. O *Stress* e *Distress* é pertinente à identificação de potencial e presente sofrimento psicológico. Os sentimentos de desamparo, insegurança, desvalorização e de autocrítica são investigados nesse domínio. A Percepção de Si e Outros trata-se de um domínio particularmente relevante para entender o padrão de funcionamento interpessoal do examinando, o que diz respeito a como ele se representa e representa os próximos. Esse domínio tem implicações para as diferentes psicopatologias, em geral porque a relação interpessoal é um componente central da adaptação humana.

Para além dos domínios apresentados, o R-PAS adiciona ainda dados interpretativos intrinsecamente relacionados a Comportamentos e Observações realizadas na Aplicação R-Otimizada e que contribuem para a contextualização interpretativa da dinâmica do examinando expressa em momento de testagem. Esses comportamentos analisados podem indicar habilidade ou motivação limitada, déficits cognitivos, dificuldades emocionais (*e.g.*, depressão/ansiedade), oposição ou resistência à tarefa, bem como desinibição, déficit de atenção ou hiperatividade, prejuízo no lobo frontal, necessidade de realização, obsessividade ou falta de limites. Para ilustrar todas essas etapas interpretativas, será apresentado um estudo de caso.

ESTUDO DE CASO

Léo (nome fictício), adolescente do sexo masculino de 15 anos, foi adotado aos 11 meses de idade por um casal que não podia ter filhos. Na época, Léo tinha sinais de estar sofrendo abusos e negligência. Desde os primeiros anos na escola, o adolescente tem tido desempenho escolar abaixo da média, o que culminou em uma reprovação. O jovem já foi diagnosticado com déficit de atenção aos

9 anos de idade e tem sido acompanhado por uma neuropediatra, que receitou Ritalina. O adolescente, desde a infância, normalmente gosta de ficar em sua casa, não tem interesse por qualquer atividade física e acha ridículo expressar sentimentos (palavras do adolescente). Os seus pais adotivos são farmacêuticos e temem que o filho possa ter algum transtorno psicótico ou, sobretudo, desenvolver psicopatia, o que argumentam pela ausência de vínculos afetivos que Leo evidencia ter, mostrando-se apático e indiferente a eles a maior parte do tempo, bem como despreocupado com quaisquer questões relacionadas ao seu futuro e à organização e à limpeza de sua casa. Além disso, os pais narram eventuais reações agressivas.

Como parte do processo de avaliação psicológica, foi aplicado o teste de Rorschach pelo sistema R-PAS. Nas Figuras 28.1 e 28.2, a seguir, é possível visualizar as Páginas[2] 1 e 2 do sumário de escores e perfil do R-PAS, que é gerado após o examinador codificar as falas e comportamentos do examinando no teste e lançar na plataforma *on-line* para o cálculo dos índices. Ao sondar e selecionar os dados, nota-se que, no domínio Engajamento e Processamento Cognitivo, as variáveis MC-PPD, M e M/MC (Página 1) e R8910% (Página 2) estão elevadas, com destaque para os índices CF+C/SumC (Página 1) e WSumC (Página 2), que estão ausentes nesse protocolo. No domínio da Problemas de Percepção e Pensamento, a variável SevCog está um pouco elevada. O domínio *Stress* e *Distress* não apresenta dado desviante ao normativo. E, finalmente, no domínio Percepção de Si e Outros, as variáveis ODL% e H (Página 1) e SumH e r (Página 2) estão elevadas, e a NPH/SumH (Página 2) está rebaixada.

No processo de sintetizar as variáveis, observa-se que, no domínio do Engajamento e Processamento Cognitivo, Léo indica ser um jovem tranquilo, reservado, introspectivo, menos vulnerável do que a maioria das pessoas a revezes, agentes estressores ou alterações nas relações com os outros, por se manter distante e apático a eles. Demonstra não processar ou acessar as emoções quando tem que tomar alguma decisão ou enquanto procura soluções para os seus problemas, optando por resolvê-los com base, principalmente, na lógica e na razão. Nota-se uma reatividade muito limitada, manifestando pouco contato com afetos, mantendo-se distante de suas emoções em contextos interpessoais e sociais. Assim, o adolescente apresenta poucos recursos para lidar com situações que envolvam exposição de seus sentimentos, que demandem lidar com os afetos e emoções de outras pessoas ou administrar conflitos interpessoais, o que pode levar à perda do autocontrole (*e.g.*, manifestações de agressividade). Contudo, ele demonstra não se sentir perturbado com essas desorganizações temporárias, pois mantém os afetos e sentimentos longe de sua consciência, sustentando-se indiferente às situações tensas e conflituosas. Assim, seu interesse e reatividade ao que acontece no ambiente é quase nulo, mantendo-se distante e insensível aos acontecimentos, negligenciando as oportunidades e demonstrando pouca motivação para enfrentar as demandas do dia a dia. Em síntese, tais dados revelam imaturidade para lidar com situações que envolvam afetos, sentimentos e emoções; e a capacidade de se manter satisfeito e estável, mesmo diante de prejuízos interpessoais e de desenvolvimento pessoal, impede que Léo entre em contato com os danos do seu funcionamento.

---

[2] As Páginas 1 e 2 de perfil no R-PAS mostram os dados dos escores brutos usando ícones circulares: os verdes implicam desempenho semelhante ao da amostra normativa para a faixa etária (**ícones circulares vazios**); os amarelos indicam desempenhos acima ou abaixo da média (**ícones circulares com um traço no meio**); e os vermelhos apontam desempenhos extremamente discrepantes à média normativa (**ícones circulares vazios preenchidos com dois traços**). Ressalta-se que a Página 1 compreende os indicadores com evidências de validade mais expressivas na literatura.

28 — OTIMIZAÇÃO DO RORSCHACH POR MEIO DO *RORSCHACH PERFORMANCE ASSESSMENT SYSTEM* (R-PAS)

R-PAS Summary Scores and Profiles – Page 1

C-ID: LB P-ID: 8 Age: 15 Gender: Male Education: 9

Domain/Variables	Raw Scores	Raw A-SS	Raw C-SS	Cplx. Adj. A-SS	Cplx. Adj. C-SS	Standard Score Profile R-Optimized	Abbr.
Admin. Behaviors and Obs.							
Pr	1	104	105				Pr
Pu	0	96	95				Pu
CT (Card Turning)	3	100	97				CT
Engagement and Cog. Processing							
Complexity	64	94	102				Cmplx
R (Responses)	27	110	112	111	114		R
F% [Lambda=1.70] (Simplicity)	63%	118	105	114	102		F%
Blend	0	73	86	80	90		Bln
Sy	6	98	105	105	112		Sy
MC	7.0	101	111	104	115		MC
MC - PPD	5.0	124	124	124	124		MC-PPD
M	7	118	130	118	131		M
M/MC [7/7.0]	100%	135	127	142	128		M Prp
(CF+C)/SumC [0/0]	NA						CFC Prp
Perception and Thinking Problems							
EII-3	0.6	115	102	119	106		EII
TP-Comp (Thought & Percept. Com...)	1.7	121	101	122	104		TP-C
WSumCog	14	114	108	116	110		WCog
SevCog	2	123	120	123	120		Sev
FQ-%	19%	119	97	123	100		FQ-%
WD-%	17%	116	97	115	96		WD-%
FQo%	56%	98	112	92	107		FQo%
P	4	88	99	93	104		P
Stress and Distress							
YTVC'	0	73	86	77	88		YTVC'
m	1	97	97	96	96		m
Y	0	85	91	86	93		Y
MOR	1	100	100	101	101		MOR
SC-Comp (Suicide Concern Comp.)	NA						SC-C
Self and Other Representation							
ODL%	15%	108	125	110	128		ODL%
SR (Space Reversal)	1	102	109	102	109		SR
MAP/MAHP [1/1]	NA						MAP Prp
PHR/GPHR [5/13]	38%	104	91	104	91		PHR Prp
M-	1	113	109	113	109		M-
AGC	2	94	93	94	93		AGC
H	7	127	137	127	138		H
COP	0	88	90	94	95		COP
MAH	0	90	92	90	82		MAH

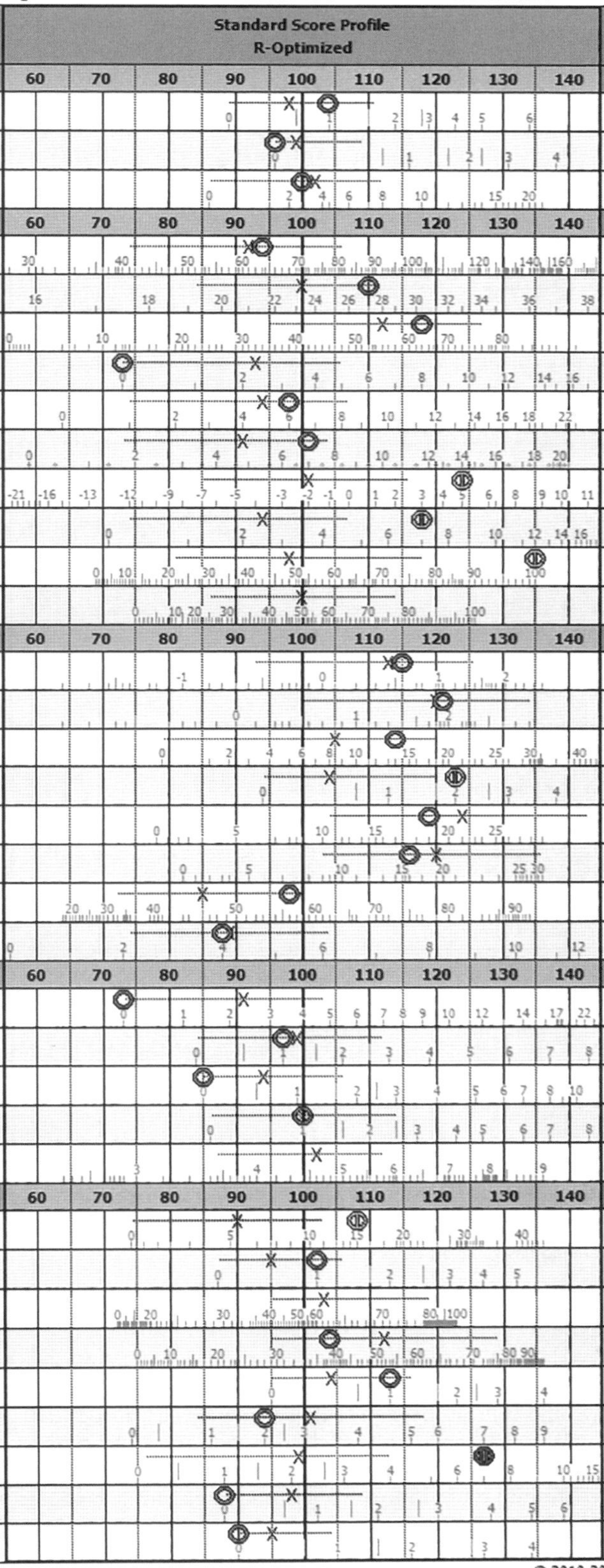

A-SS = Adult Standard Score; C-SS = Age-Based Child or Adolescent Standard Score

© 2010-2017 R-PAS

Figura 28.1. Página 1 do perfil que representa os escores de Léo. Fonte: Plataforma *on-line* do R-PAS (http://www.r-pas.org/), que disponibiliza programa para cálculo das variáveis do teste.

R-PAS Summary Scores and Profiles – Page 2

C-ID: LB **P-ID:** 8 **Age:** 15 **Gender:** Male **Education:** 9

Domain/Variables	Raw Scores	Raw A-SS	Raw C-SS	Cpbx. Adj. A-SS	Cpbx. Adj. C-SS	Standard Score Profile R-Optimized	Abbr.
Engagement and Cog. Processing							
W%	19%	85	90	88	92		W%
Dd%	15%	102	101	102	101		Dd%
SI (Space Integration)	1	86	90	94	97		SI
IntCont	1	93	104	95	108		IntC
Vg%	0%	86	90	86	88		Vg%
V	0	92	94	92	88		V
FD	0	88	91	95	96		FD
R8910%	37%	115	121	114	119		R8910%
WSumC	0.0	70	82	76	85		WSC
C	0	95	92	95	92		C
Mp/(Ma+Mp) [4/8]	50%	104	103	104	103		Mp Prp
Perception and Thinking Problems							
FQu%	26%	94	91	98	95		FQu%
Stress and Distress							
PPD	2	73	85	78	89		PPD
CBlend	0	91	92	91	85		CBlnd
C′	0	84	88	84	86		C′
V	0	92	94	92	88		V
CritCont% (Critical Contents)	11%	91	96	94	98		CrCt
Self and Other Representation							
SumH	11	122	127	126	132		SumH
NPH/SumH [4/11]	36%	85	82	83	80		NPH Prp
V-Comp (Vigilance Composite)	3.9	108	112	113	116		V-C
r (Reflections)	1	113	134	113	134		r
p/(a+p) [6/10]	60%	113	109	112	108		p Prp
AGM	1	110	106	110	106		AGM
T	0	91	92	91	92		T
PER	0	92	92	92	92		PER
An	1	99	101	99	101		An

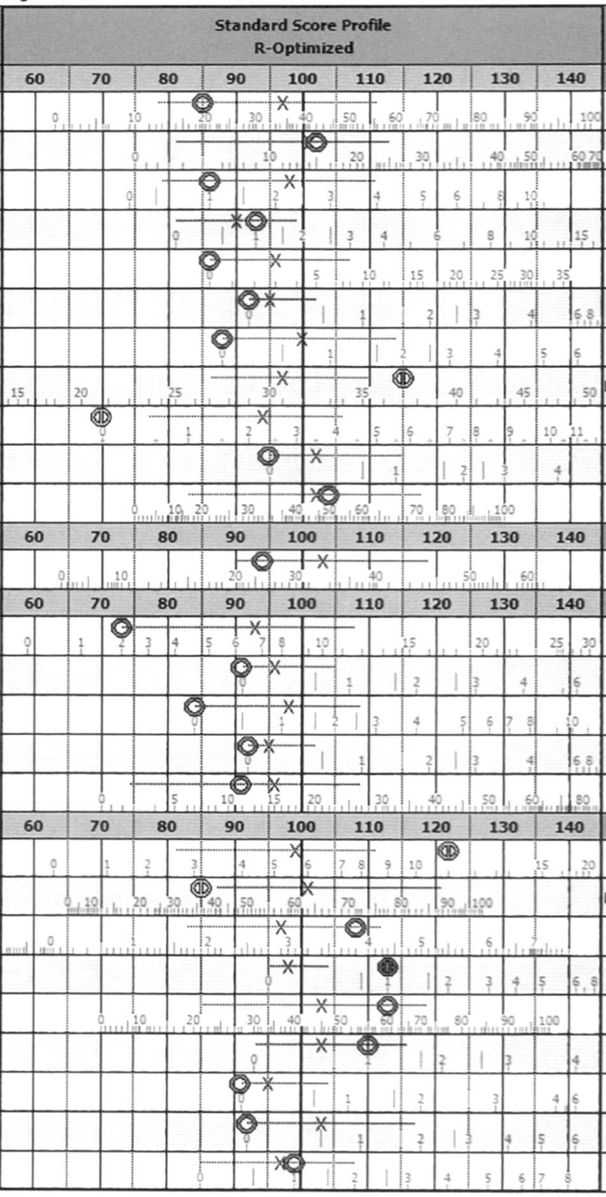

A-SS = Adult Standard Score; C-SS = Age-Based Child or Adolescent Standard Score

© 2010-2017 R-PAS

Figura 28.2. Página 2 do perfil que desenha os escores brutos de Léo. Fonte: Plataforma *on-line* do R-PAS (http://www.r-pas.org/), que disponibiliza programa para cálculo das variáveis do teste.

No domínio Problemas de Percepção e Pensamento, apesar de leve indicativo de desorganização no processamento do pensamento, não há indícios de aspectos cognitivos idiossincráticos, como solução irrefletida de problemas ou padrões de pensamento desordenados, que poderiam indicar perturbações mais graves tipicamente relacionadas ao espectro esquizofrênico. Considerando o domínio Percepção de Si e Outros, o adolescente se mostra muito mais envolvido consigo mesmo do que com as outras pessoas, reforçando os indícios de desinteresse interpessoal. Correspondente a isso, há indicadores de poucas habilidades interpessoais, o que parece ser consequência de seu distanciamento das pessoas e do que está acontecendo no seu ambiente. Léo parece ser pouco proativo e assertivo, muito pouco solícito e com a tendência a raramente expressar os seus sentimentos (de agrado e desagrado). Desse modo, por mais que ele se mostre autossuficiente e independente das pessoas e do ambiente ao seu redor, por meio do seu distanciamento afetivo, ele acaba por prejudicar a si mesmo, pois deixa de desenvolver habilidades sociais importantes para se tornar um adulto mais autônomo, revelando, assim, secundariamente comportamentos dependentes diante de situações que exigiriam seu posicionamento e iniciativa individual. Entende-se que as características de dependência demonstrada por Léo parecem coesas a um ganho secundário focado na resolução de problemas situacionais diante da fragilidade no desenvolvimento de recursos próprios para enfrentamento de situações interpessoais, sociais ou típicas ao desenvolvimento. Tais características de dependência não parecem relacionadas à necessidade de contato afetivo e/ou medo do abandono ou isolamento.

Sumarizando, não foi observado um perfil psicológico que envolva traços de psicopatia ou características de transtornos psicóticos, como hipótese levantada pelos pais em momento de solicitação de avaliação psicológica. Em contrapartida, observam-se traços correlatos ao transtorno da personalidade esquizoide, caracterizado por restrição na vivência e expressão de afetos e emoções, bem como um padrão difuso de distanciamento das relações sociais e interpessoais, o que deverá ser acompanhado por, no mínimo, um ano para verificar a persistência dos sintomas, possibilitando, assim, o diagnóstico precoce desse transtorno da personalidade. Em termos sintomáticos, Léo revela-se como um adolescente que prefere atividades solitárias, com poucos interesses na vida, manifestando comportamento indiferente e inexpressivo em interação familiar e/ou social e demonstrando restrita preocupação em ser proativo, colaborador ou simpático. Demonstra ter desenvolvido pouco os recursos para tomar decisões e para reagir diante de situações sociais ou de demandas típicas às fases do desenvolvimento, principalmente quando elas envolvem tensão situacional. O distanciamento interpessoal e a restrição afetiva mostram-se frágeis e precários diante de demandas sociais e interpessoais, o que possivelmente gerará inadequações, rompimento do autocontrole, além de comportamentos de dependência para solução de problemas. Isso sinaliza prejuízos na capacidade de adaptação, principalmente em ambientes e/ou situações instáveis.

Levando em consideração dados históricos traumáticos, há registros de que Léo tenha passado por negligência e abuso no início de sua vida, o que pode estar relacionado a manifestações sintomáticas na personalidade, tais como as relacionadas ao funcionamento esquizoide. Entende-se que o seu déficit de atenção, diagnosticado há algum tempo, pode estar sendo intensificado pelos traços da personalidade em níveis disfuncionais, identificados nessa avaliação, especialmente porque suas maiores dificuldades não estão alocadas nos aspectos cognitivos. Ou seja, sua indiferença e falta de reatividade pelo que acontece no seu meio e sua insensibilidade afetiva, somadas ao déficit de atenção, tendem a mantê-lo pouco focado no aqui e agora, negligenciando as oportunidades e demonstrando pouca motivação para enfrentar as demandas do dia a dia.

Como encaminhamentos, sugere-se que seja realizado acompanhamento para avaliação da persistência dos sintomas, para definição diagnóstica e interventiva, focando nas particularidades da fase de desenvolvimento em que Léo se encontra, a adolescência, fase essa complexa e dinâmica do ponto de vista psicológico e do desenvolvimento. Para além do acompanhamento avaliativo, sugere-se psicoterapia individual de médio prazo, com avaliações periódicas dos progressos em psicoterapia para redirecionamentos interventivos. Ainda, considera-se importante concomitante orientação familiar.

Torna-se importante ressaltar que os dados do R-PAS não foram designados para chegar a um diagnóstico formal do Manual Diagnóstico e Estatístico de Transtornos Mentais (DSM-5) ou da Classificação dos Transtornos Mentais e de Comportamento (CID-10). Os dados acessados por meio do teste certamente ajudam a acessar sintomas e a elaborar hipóteses diagnósticas. Contudo, um diagnóstico requer conhecimento da história de vida da pessoa, que não é obtida a partir de um protocolo de Rorschach, e, frequentemente, também requer conhecimento da experiência dos sintomas, que é explicitada pela pessoa.

CONSIDERAÇÕES FINAIS

Este capítulo forneceu uma visão geral do *Rorschach Performance Assessment System* (R-PAS). Hermann Rorschach introduziu os seus achados por meio de suas manchas de tinta em 1921, e desde de então vários sistemas ou abordagens de aplicação, correção e intepretação têm sido apresentados ao mundo. Espera-se que este capítulo tenha fornecido ao leitor uma fundamentação baseada em evidências científicas para usar o Rorschach em situações em que é importante o uso de um instrumento para avaliar a personalidade, bem como para escolher o R-PAS como o sistema adequado para o uso do Rorschach.

REFERÊNCIAS BIBLIOGRÁFICAS

Exner, J. E. (2003). *The Rorschach: A Comprehensive System.* 4th ed. New York, NY: Wiley.

Giromini, L. et al. (2016). Rorschach Performance Assessment System (R-PAS) and vulnerability to stress: a preliminary study on electrodermal activity during stress. *Psychiatry Research*, v. 246, p. 166-172.

Giromini, L.; Viglione, D. J.; McCullaugh, J. (2015). Introducing a Bayesian approach to determining degree of fit with existing Rorschach norms. *Journal of Personality Assessment*, v. 97, n. 4, p. 354-363.

Kivisalu, T. M. et al. (2016). An investigation of interrater reliability for the Rorschach Performance Assessment System (R-PAS) in a nonpatient U.S. sample. *Journal of Personality Assessment*, v. 98, n. 4, p. 382-390.

Lei nº 4.119, de 27 de agosto de 1962. Dispõe sobre os cursos de formação em Psicologia e regulamenta a profissão de Psicólogo. Disponível em: http://site.cfp.org.br/wp-content/uploads/2008/08/lei_1962_4119.pdf. Acesso em: 10 jan. 1918.

Meyer, G. J. et al. (2011). *Rorschach Performance Assessment System: Administration, coding, interpretation and technical manual.* Toledo, OH: Rorschach Performance Assessment System.

Meyer, G. J. et al. (2015). Addressing issues in the development and use of the composite international reference values as Rorschach norms for adults. *Journal of Personality Assessment*, v. 97, n. 4, p. 330-347.

Meyer, G. J.; Viglione, D. J.; Mihura, J. L. (2017). Psychometric foundations of the Rorschach Performance Assessment System (R-PAS). In: Erad, R. E.; Evans, B. (Eds.). *The Rorschach in multimethod forensic assessment: Conceptual foundations and practical applications.* New York, NY: Routledge.

Mihura, J. L. et al. (2013). The validity of individual Rorschach variables – Systematic reviews and meta-analyses of the Comprehensive System. *Psychology Bulletin*, v. 139, n. 3, p. 548-605.

Pianowski, G. et al. Apêndice à edição brasileira do R-PAS. In: Meyer, G. J. et al. (Eds.). *Rorschach Performance Assessment System: Manual técnico de administração, codificação e interpretação.* São Paulo: Hogrefe. p. 537-560. (no prelo)

Pianowski, G.; Meyer, G. J.; Villemor-Amaral, A. E. (2016). The impact of R-Optimized administration modeling procedures on Brazilian normative reference values for Rorschach scores. *Journal of Personality Assessment*, v. 98, n, 4, p. 408-418.

Resende, A. C. et al. (2016). An R-PAS Inter-Rater Reliability Study with Child Protocols. In: *Society for Personality Assessment Annual Convention – 2016.* Chicago, EUA.

Stanfill, M. L.; Viglione, D. J.; Resende, A. C. (2013). Measuring psychological development with the Rorschach. *Journal of Personality Assessment*, v. 95, n. 2, p. 174-186.

Su, W. S. et al. (2015). Cultural and linguistic adaptability of the Rorschach Performance Assessment System as a measure of psychotic characteristics and severity of mental disturbance in Taiwan. *Psychological Assessment*, v. 27, n. 4, p. 1273-1285.

Viglione, D. J. et al. (2016). A survey of challenges experienced by new learners coding the Rorschach. *Journal of Personality Assessment*, p. 1-9.

Viglione, D. J.; Giromini, L. (2016). The effects of using the international versus Comprehensive System Rorschach norms for children, adolescents, and adults. *Journal of Personality Assessment*, v. 98, n. 4, p. 391-397.

LEITURAS RECOMENDADAS

Meyer, G. J. et al. (2011). *Rorschach Performance Assessment System: Administration, coding, interpretation and technical manual*. Toledo, OH: Rorschach Performance Assessment System.

Mihura, J. L. et al. (2013). The validity of individual Rorschach variables: Systematic reviews and meta-analyses of the Comprehensive System. *Psychological Bulletin*, v. 139, p. 548-605.

Pianowski, G. et al. Apêndice à edição brasileira do R-PAS. In: Meyer, G. J. et al (Eds.). *Rorschach Performance Assessment System: Manual técnico de administração, codificação e interpretação*. São Paulo: Hogrefe. p. 537-560. (no prelo)

Viglione, D. J. et al. (2016). A survey of challenges experienced by new learners coding the Rorschach. *Journal of Personality Assessment*, p. 1-9.

Viglione, D. J.; Giromini, L. (2016). The effects of using the International versus Comprehensive System norms for children, adolescents, and adults. *Journal of Personality Assessment*, v. 98, p. 391-397.

O processo de avaliação terapêutica

Anna Elisa de Villemor-Amaral

A Avaliação Terapêutica é um modelo semiestruturado de processo de avaliação psicológica, elaborado de maneira a trazer benefícios diretos para o cliente, o que nem sempre ocorre no modelo mais tradicional de psicodiagnóstico, avaliação ou testagem. Foi desenvolvido por Stephen Finn a partir do final dos anos 1980 e ao longo da década de 1990, consolidando-se no início dos anos 2000, principalmente após a publicação do livro *In our client's shoes* (Finn, 2007).

Finn não foi o primeiro a conceber a avaliação psicológica como um processo psicoterapêutico por si mesmo e teve como principais fontes de inspiração, e de muito aprendizado, Constance Fischer e Paul Lerner, entre outros (Finn, 2007). É possível que Fischer tenha sido a primeira a enfatizar uma abordagem humanista e fenomenológica do processo avaliativo, mas profissionais com grande experiência em avaliação e psicodiagnóstico, como também grande sensibilidade empática, já eram capazes de transformar a testagem em uma experiência geralmente benéfica, que contribuía para *insights* e para o desenvolvimento mental do cliente.

As avaliações psicológicas como processo formal de investigação da personalidade e de habilidades específicas surgiram a partir da criação de testes que visavam medir características psicológicas a fim de tomar decisões a respeito de uma pessoa. Historicamente foi usada no contexto militar, depois no escolar, organizacional, e finalmente clínico. Entretanto, seu caráter de procedimento preliminar, cujos resultados serviriam para tomar decisões ou recomendar tratamentos predominou, e ainda parece predominar, no Brasil e no mundo. A abordagem mais tradicional está focada exclusivamente na coleta de informações visando posterior orientação e encaminhamentos e geralmente deixa escapar uma grande oportunidade de alcançar mudanças significativas no cliente.

Com a ênfase na empatia por parte do avaliador e do trabalho colaborativo entre a dupla psicólogo e cliente, uma abordagem mais humanista começou a trazer benefícios terapêuticos

diretos. A originalidade de Finn (2007) foi a de elaborar um modelo de procedimentos semiestruturado que, por um lado, consolida práticas já consideradas mais eficazes e, por outro, facilita o treino e a aplicação do modelo, mesmo por profissionais sem muita experiência na área, otimizando o ensino, a aprendizagem e, consequentemente, o alcance do método para um número cada vez maior de pessoas.

No Brasil, uma proposta diferenciada de fazer psicodiagnóstico, em comparação com o modelo mais tradicional, é chamada de Psicodiagnóstico Interventivo, e as primeiras publicações a respeito datam da década de 1990. Essa maneira de propor o processo de avaliação psicológica é também inspirada na psicologia humanista e fenomenológica, mas, diferentemente da Avaliação Terapêutica, apresentou-se, e ainda se apresenta, como uma proposta não padronizada, com pouca estruturação, que não raras vezes dispensa o uso de testes psicológicos (Ancona-Lopez, 1995) ou que admite somente a utilidade dos testes projetivos, questionando radicalmente o uso de instrumentos com caráter mais psicométrico (Barbieri, 2011). Sendo assim, conforme já exposto em outra oportunidade (Villemor-Amaral, 2016), a principal diferença com a proposta de Finn (2007), além do nível de estruturação e padronização de uma sequência no processo como um todo, reside no uso indispensável e diversificado de testes, sobretudo na combinação dos de autorrelato com os projetivos ou expressivos, que são interpretados de modo complementar e literalmente empregados como "amplificadores de empatia" (Finn, 2007, p. 38), como se verá mais adiante.

O sugestivo título do livro de Finn, *In our client's shoes*, cuja tradução mais próxima seria "No lugar de nossos clientes", sugere também um "caminhar junto" e, assim, revela muito sobre o autor e sobre o modelo de processo que criou. A ideia de empatia é fundamental, mas o estar junto e trabalhar colaborativamente é também imprescindível nessa proposta. Por outro lado, a escolha de uma expressão idiomática popular para

SEÇÃO IV — AVALIAÇÃO PSICOLÓGICA

nomear sua obra remete também ao compromisso do autor e, consequentemente, também do avaliador terapeuta com a "pessoa comum" em avaliação e à humanização no cuidado com o outro, com tantas coisas em comum com si mesmo. No capítulo 3 da referida obra (Finn, 2007), o autor fala sobre a influência que teve de Harry Sullivan e sua "hipótese de um único gênero" de que "todo mundo é mais simplesmente humano do que de outra forma"[1] (Sullivan, 1953, *apud* Finn, 2007, p. 30). A ideia é de que há mais coisas em comum entre avaliadores e clientes do que diferenças, fato que torna uma compreensão empática possível até mesmo nos casos mais complexos e aparentemente incompreensíveis.

O PROCEDIMENTO NA PRÁTICA

É muito interessante que Finn, ao elaborar pouco a pouco sua proposta, partiu da constatação do quanto as até então chamadas entrevistas devolutivas podiam trazer mudanças significativas para os clientes. Discutia os resultados dos testes de modo mais colaborativo, colocando o foco nas preocupações do cliente e apresentando dados acompanhados de hipóteses interpretativas a serem pensadas pela dupla (ou demais envolvidos). Dava extrema atenção às impressões e reflexões desses às hipóteses interpretativas trazidas com base nos testes, acolhendo e respeitando suas dúvidas ou mesmo negações e muitas vezes reformulando as hipóteses iniciais. Foi a partir de sua experiência com essas sessões "devolutivas" que Finn, além de descartar definitivamente o nome sessão devolutiva, elaborou uma estratégia original e muito inovadora como forma de abordagem na(s) primeira(s) entrevista(s). Assim, para facilitar o processo inteiro e principalmente as entrevistas finais, o cliente é estimulado já na primeira entrevista a formular perguntas que gostaria de ter respondidas por meio do processo de avaliação.

Estimular diretamente a formulação de perguntas traz diversas consequências muito produtivas para a avaliação e seus efeitos terapêuticos. Por parte do cliente, coloca-o em uma atitude mais ativa que passiva, sendo um convite para seu maior engajamento no processo. Fazer perguntas o obriga a refletir sobre seus problemas e talvez já os perceber sob novos ângulos. Mas para o avaliador/terapeuta as perguntas terão um papel que vai muito além de um guia para a entrevista final. Elas sinalizam o grau de percepção que a pessoa tem de si, sua capacidade de reflexão, sua curiosidade pelos resultados, além de serem expressão direta das versões que ela tem da própria história, bem como sua abertura para rever essas versões e incorporar novas perspectivas.

FORMULANDO PERGUNTAS

Embora aparentemente fácil, obter perguntas a serem respondidas pela avaliação pode ser o primeiro grande desafio para a dupla e exige habilidade do avaliador. Além disso, o contexto de avaliação altera a motivação para a elaboração dessas perguntas. No contexto clínico a pessoa geralmente chega com uma queixa, às vezes bastante vaga, o que é muito diferente de formular o que quer saber sobre si mesmo. Muitas vezes custa muito até conseguir definir o que quer saber diante da indagação do avaliador/terapeuta. Por exemplo, uma queixa do tipo "Acho que sou muito ansioso, quero resolver tudo rápido e acabo não fazendo nada direito..." poderia se transformar em

perguntas do tipo: "Por que sou tão ansioso?"; "Será que meu desempenho não é tão ruim, mas estou sendo exigente demais comigo mesmo, cobrando perfeição?"; "Será que ando assim porque minha mulher cobra muito de mim?", e assim por diante. Pode ser que um cliente não consiga elaborar perguntas e tenha que receber mais ajuda para isso por parte do avaliador. Este deverá estar atento à história relatada para poder construir as perguntas mais fundamentais que façam sentido para a pessoa. Outra situação pode ocorrer quando, por exemplo, na sessão seguinte o cliente aparece com uma lista de vinte questões, o que também demandará um trabalho da dupla de sintetizá-las e agrupá-las em perguntas mais objetivas. Essa formulação de perguntas marca de início o caráter colaborativo do trabalho a ser realizado.

Em outros contextos, principalmente o de avaliações que não partiram de uma demanda pessoal, a questão que motivou o encaminhamento pode estar longe das inquietações que a pessoa tem sobre si mesma. Neste caso, a oportunidade de ter como foco suas questões pessoais pode ser bastante transformadora. Formular perguntas e receber ajuda para isso facilita um vínculo de confiança e cooperação, embora não necessariamente, e prepara mais o cliente para o engajamento na execução dos testes e para a discussão final dos resultados. Os melhores resultados de testes para uma boa análise são aqueles em que a pessoa está interessada e curiosa pelos resultados.

No caso de avaliações que envolvem mais de uma pessoa, como a de crianças e seus pais, ou casais, ou mesmo um terapeuta que solicita uma avaliação de seu cliente porque sente que a terapia parece estar estagnada, as perguntas devem ser elaboradas por todos os envolvidos. Por exemplo, os pais podem trazer suas perguntas, mas a criança também será convidada a formular as próprias. Os pais serão informados de que suas perguntas deverão ser abertas para as crianças de maneira acessível para elas. Mas quanto às da criança, ou principalmente no caso de adolescentes, pode-se combinar de antemão que elas ficarão restritas, a menos que o próprio avaliando queira abri-las para os demais participantes. Casais em avaliação por dificuldades no relacionamento são convidados a formularem perguntas conjuntamente e também individuais.

Essa estratégia é muito útil também para colocar avaliador e cliente no mesmo "terraço panorâmico"[2] (Finn 2007, p. 11), ou seja, em um mesmo patamar e em um mesmo ângulo de visão sobre qual se fará recorte que será alvo da investigação. Na Avaliação Terapêutica restringe-se o campo a ser investigado às perguntas do cliente, evitando-se penetrar em terrenos muito defendidos ou blindados e focando o mais possível naquilo que conscientemente interessa a este. Certamente surgirão conteúdos não previstos, mas esses só serão trabalhados na medida da capacidade de assimilação e elaboração do cliente no curto espaço de tempo que o processo envolve. Essa capacidade de assimilação e abertura para novas perspectivas também deverá ser cuidadosamente dimensionada pelo avaliador.

Às vezes é possível verificar, já nas entrevistas iniciais, quais são suas hipóteses a respeito das perguntas. Finn (2007) estimula que o avaliador aproveite a oportunidade para indagar ao paciente sobre suas hipóteses como resposta, por exemplo, dizendo: "e você imagina o porquê disso?" ou "Já lhe ocorreu alguma hipótese para que isso ocorra". Isso pode ser de grande ajuda para indicar ao avaliador em que nível de profundidade

---

[1] No original "*Everyone is much more simply human than otherwise*".

[2] No original "*Observation deck*".

238

é possível trabalhar na sessão final de sumarização/discussão dos resultados. Destaca-se, uma vez mais, que resultados e respostas devem ser trazidos no nível de profundidade possível de ser assimilado por cada pessoa, e esse nível será indicado pelo que se observa ao longo do processo, na execução dos testes, mas sobretudo na Sessão de Intervenção, da qual se falará mais adiante.

A ESCOLHA DOS TESTES

Está demonstrado por diversos autores, e amplamente discutido por Finn (2012), que o modo mais frutífero de obter bons resultados é a avaliação multimétodo, que combina pelo menos um teste de autorrelato com um teste projetivo ou de desempenho. Isso porque ambos os tipos de técnica demandam ativação de áreas cerebrais diferentes no processamento de informação e emissão de respostas. Os testes de autorrelato refletem a percepção que a pessoa tem ou quer passar sobre si, enquanto os projetivos ou de desempenho tocam em aspectos menos acessíveis à consciência, pois ativam áreas cerebrais de nível subcortical e primordialmente ligadas ao hemisfério direito, eminentemente não verbal. Estudos recentes nas neurociências demonstram que os testes de autorrelato ativam regiões corticais, predominantemente do hemisfério esquerdo do cérebro. Mas as respostas a estímulos pouco estruturados e desconhecidos, como ocorre nas técnicas projetivas, expressivas ou de desempenho, são mais mobilizadoras de emoções ligadas a experiências precoces. Experiências precoces negativas produzem efeitos que geram a desorganização do hemisfério direito e seus efeitos não são conscientes por não serem acessíveis à linguagem. Essa é a base para transtornos de personalidade e psicopatologia que se evidenciarão no desempenho nas técnicas projetivas ou expressivas (Finn, 2012).

Para análise conjunta dos resultados desses dois tipos de testes, Finn (2007) esquematiza cinco possiblidades com suas respectivas hipóteses interpretativas. Fala mais especificamente sobre a integração dos resultados do Rorschach com o MMPI-2, mas o raciocínio é o mesmo para outros instrumentos com características semelhantes. O primeiro caso refere-se a resultados altamente patológicos em ambos os testes. Isso significa que o tipo de perturbação que o cliente apresenta está afetando explicitamente seu dia a dia, sendo evidentes para a própria pessoa, que está disposta a falar abertamente sobre eles. Isso ocorre principalmente nos casos em que a pessoa busca ajuda voluntariamente.

O segundo tipo envolve clientes com baixos níveis de patologia no MMPI-2, porém muita perturbação no Rorschach. Esse, para Finn (2007), costuma ser o mais frequente tipo de discrepância entre os dois testes. Aparece nos casos em que o cliente apresenta aspectos patológicos menos aparentes que vão se manifestar em situações mais carregadas emocionalmente, regressivas e interpessoais, sobretudo situações desconhecidas e pouco estruturadas como é o caso da aplicação do Rorschach. Para o autor, a discussão dos resultados com esses clientes é certamente mais difícil e deve ser feita de modo muito cuidadoso para não provocar uma experiência de desestruturação.

Um terceiro tipo de combinação de resultados entre MMPI-2 e o Rorschach acontece quando o primeiro se apresenta bem mais perturbado que o segundo. Nesses casos, há duas possibilidades que vão depender do engajamento da pessoa no teste de Rorschach. Se há bom engajamento, a hipóteses remete a uma tentativa consciente por parte do cliente de demonstrar patologia, um exagero que pode indicar um forte apelo por ajuda

ou, em avaliações judiciais, por exemplo, manipulação visando à atenuação de pena ou outro tipo de intervenção. Os indicadores de manipulação de ambos os testes devem ser cuidadosamente revisados nesse caso. Outra possibilidade ocorre quando o Rorschach está muito defensivo e restrito ou coartado. Isso se deve ao apelo perturbador e regressivo do Rorschach, que produz retraimento ideacional, resultando no empobrecimento da quantidade e nível de elaboração das respostas.

Apenas para finalizar esse tópico sobre a escolha dos testes, convém destacar que as sessões de testagem devem começar por aqueles que estão mais explicitamente ligados às perguntas do cliente, por exemplo, um teste de atenção para pessoas que perguntam sobre ter ou não transtorno de déficit de atenção com hiperatividade. É importante também enfatizar que os testes deverão ser aplicados e analisados rigorosamente conforme sua padronização para apuração dos resultados com bases normativas. Enfatiza-se isso em razão de que no modelo da Avaliação Terapêutica existe a possibilidade do uso de material de testes de modo mais livre nas chamadas Sessões de Intervenção, abordadas a seguir.

A SESSÃO DE INTERVENÇÃO

Uma grande inovação apresentada por Finn (2007) diz respeito à sessão de intervenção. Ao contrário do Psicodiagnóstico Interventivo (Ancona-Lopez, 1995; Barbieri, 2010, entre outros), interpretações são evitadas nas sessões iniciais e de testagem, ficando reservadas para sessões posteriores a essas etapas. A sessão de intervenção vem depois da aplicação padronizada dos testes e tem a finalidade de trazer para a situação, *in loco* e *ao vivo*, de modo controlado, uma ou mais das principais queixas ou questões do cliente. Aqui a sensibilidade e a criatividade do avaliador/terapeuta cumpre um papel fundamental, na medida em que ele deve escolher de que modo fará essa intervenção, programá-la antecipadamente e executá-la na sessão com o cliente. Nesse contexto, o papel do avaliador/terapeuta se assemelharia mais ao de um "parteiro" (Finn, 2007, p. 14) que ajuda a trazer à luz aspectos que contribuirão para a construção de uma nova versão da história do cliente, em vez de oferecê-la pronta e inteira em uma sessão devolutiva no final.

Para essa finalidade, as estratégias mais usadas são o uso de tarefas ou estímulos derivados de testes que já foram aplicados em sessões anteriores, de modo padronizado, ou o uso de estímulos de outros testes, que ainda não tinham sido utilizados com aquele cliente. Tudo depende da perspicácia e conhecimento dos testes por parte do avaliador. Outras estratégias que não testes podem ser utilizadas, tais como dramatizações ou técnicas ainda não padronizadas. Por exemplo, seria interessante pedir para o cliente que disse "Acho que sou muito ansioso, quero resolver tudo rápido e acabo não fazendo nada direito..." que execute um Bender e discutir com ele suas reações, comportamentos durante a tarefa e resultados obtidos. Isso – que fique bem claro – desde que, por meio dos testes anteriormente aplicados e analisados, o avaliador/terapeuta possa prever que a pessoa terá condições de se sair bem na tarefa. O efeito positivo seria poder discutir suas dificuldades para executar, pelo exagero de cuidado, por exemplo, se se tratar de pessoa muito insegura, ou pela pressa em fazer rápido, se se tratar de pessoa que quer "mostrar serviço" ou, ainda, quem sabe, seu descontentamento mesmo diante de um resultado muito satisfatório, por seu excesso de exigência.

Tem sido muito útil nas sessões de intervenção apresentar uma ou duas figuras selecionadas de testes de apercepção temática, de preferência não utilizadas nas sessões de testagem, e pedir para que se conte uma história. A escolha das figuras terá como base o "clichê" ou demanda delas, apontadas na literatura sobre aquele teste. Isso estimulará narrativas diretamente relacionadas com o problema que se pretende discutir com o cliente, sempre tendo como base os resultados dos testes utilizados nas sessões anteriores. A história contada receberá um inquérito mais estendido, que explore as dificuldades e queixas do cliente manifestadas direta ou simbolicamente em seu relato. Um cuidado deverá ser tomado em situações em que o cliente poderá passar por situações de testagem posteriores, para que não se comprometa a qualidade do teste em uma aplicação padronizada.

A Sessão de Intervenção cumpre duas finalidades importantes. Primeiramente, propicia a vivência "ao vivo e a cores" de algum problema importante para a pessoa e ligado a alguma de suas perguntas, e a oportunidade de refletir colaborativamente sobre ela com o avaliador terapeuta. Mas também para o psicólogo será uma oportunidade muito importante para adicionar ainda mais informações sobre a capacidade de *insight* do cliente, sobre o nível de profundidade em que se pode avançar com aquele cliente e sobre quais aspectos destacar na sessão de sumarização e discussão dos resultados, bem como quais evitar, porque só poderiam ser abordados em terapias de médio ou longo prazo. Aqui é importante destacar que, caso ainda não tenha ficado claro, a proposta é de um processo de avaliação que seja em certo nível terapêutico, e não de substituir processos terapêuticos de longa duração.

Há casos de que um cliente já em terapia seja encaminhado por seu terapeuta por sentir que a terapia não está evoluindo. Consultas entre profissionais podem incluir uma Avaliação Terapêutica do cliente e o efeito positivo da avaliação, nesses casos, seria o de ajudar a descobrir onde está "o nó" para ajudar a "destravar" o processo. Já no caso de pessoas mais resistentes à psicoterapia ou com experiências negativas anteriores, o efeito terapêutico poderia ser o de estimular a curiosidade sobre si mesmo, ajudar a ver sob outras perspectivas seu problema, mas, sobretudo, resgatar a confiança nesse tipo de trabalho preparando-o para um melhor engajamento num tratamento futuro.

SESSÃO DE SUMARIZAÇÃO E DISCUSSÃO

Após todos esses procedimentos – entrevistas iniciais com formulação de perguntas, aplicação e interpretação dos testes e a sessão de intervenção –, tanto o cliente quanto o avaliador/terapeuta estarão bem mais preparados para a sessão final de sumarização e discussão dos resultados. O cliente possivelmente estará mais engajado, curioso e motivado para a reflexão e o psicólogo mais confiante sobre o que e como abordar, de modo a tornar a toda a experiência positiva para ambos. Meio caminho terá sido andado. Uma recomendação importante refere-se a como ordenar as informações a serem discutidas nessa sessão. Finn (2007) afirma que as pessoas estarão mais abertas a integrar e aproveitar as informações se primeiro forem abordados os achados de nível 1, ou seja, aqueles que se referem a aspectos bem próximos da maneira como a pessoa já pensa sobre si mesma. Seria uma forma de confirmação das autopercepções que foram corroboradas pelos testes. Essa abordagem é muito diferente da tradicional recomendação de se começar uma entrevista devolutiva com os pontos positivos sobre a pessoa, o que seria um mau começo para aquele cliente que, por exemplo, tem autoestima muito negativa. A seguir, seriam abordados os dados que podem modificar ou expandir a maneira usual de a pessoa se ver, denominadas por Finn (2007) achados de nível 2. Isso envolveria, por

exemplo, esclarecer que, se uma pessoa pergunta por que é tão preguiçosa, se deve dizer a ela que não se trata propriamente de preguiça, mas que alguns dados dos testes mostram o quanto ela está sobrecarregada emocionalmente. Informações de nível 3 são aquelas que divergem mais significativamente da maneira como a pessoa pensa sobre si mesma, podem provocar muita ansiedade e provavelmente mobilizarão mais suas defesas. Esses dados deverão ser introduzidos com cautela, pois são mais difíceis de ser assimilados e pode acontecer de sequer serem abordados na sessão final, dependendo das reações do cliente às informações consideradas pelo avaliador de nível 2.

Como já dito anteriormente, o caráter terapêutico da avaliação está na maneira com que todo o processo é conduzido e na habilidade ao conduzir a sessão de sumarização e discussão. Nela serão abordadas as questões colocadas pelo cliente e expostas no "terraço panorâmico" planejado pela dupla cliente/avaliador no início do processo.

DOCUMENTOS ESCRITOS E *FOLLOW-UP*

Na Avaliação Terapêutica são produzidos documentos escritos de acordo com a demanda. No caso de encaminhamentos mais oficiais, os documentos devem seguir os padrões também oficiais, restringindo as informações ao que é necessário para o caso e evitando exposição inapropriada do cliente. Porém, no caso das avaliações feitas por uma demanda pessoal, e quando os resultados por escrito serão entregues ao próprio interessado, Finn (2007) recomenda a elaboração de uma carta escrita na primeira pessoa. Nessa carta, o avaliador/terapeuta retoma o motivo da avaliação; segue relatando um histórico do que foi feito; apresenta os resultados de cada teste; traz as questões, tais como foram formuladas pelo cliente no começo do processo, e que foram discutidos na sessão de sumarização, procurando respondê-las de modo mais objetivo. Finalmente, faz as recomendações, também já discutidas.

No caso de crianças, entrega-se a elas e aos pais uma história elaborada nos moldes de um conto infantil. Essa proposta já foi apresentada no Brasil por Becker *et al.* (2002) e tem sido alvo de diversas publicações que relatam experiências e fornecem modelos, como a de Tharinger *et al.* (2008). A história envolve necessariamente o personagem principal, geralmente um animal do qual a criança gosta ou que tenha aparecido como significativo no material produzido durante as sessões – um animal adequado para representá-la. Ele personifica as principais características, dilemas, qualidades e desafios enfrentados por ela. A história conterá elementos da história da criança e o seu desfecho remeterá aos achados da avaliação que foram discutidos na sessão final e aos próximos encaminhamentos. Nessas histórias, o avaliador terapeuta e sua função são também representados por um personagem com características de alguém confiável, sábio ou que gosta de ajudar. Na obra de Finn, Fisher e Handler (2012), há exemplos de experiências com a apresentação de contos mesmo para clientes adultos, em vez de cartas. A leitura desses casos é recomendada para aqueles que quiserem experimentar essa forma descrita. Claro está que se trata de uma escolha que depende das preferências e habilidades do avaliador terapeuta.

SOBRE A EFICÁCIA DAS AVALIAÇÕES TERAPÊUTICAS

A eficácia de processos psicoterápicos é uma preocupação em Psicologia, que teve um marco inicial na polêmica publicação de Rosenzweig (1936), quando o autor postula o chamado Efeito Dodô, numa alusão ao pássaro Dodô de *Alice no País das Maravilhas*, e afirma que não há procedimento terapêutico melhor do que o outro por si só, de modo que o resultado de uma psicoterapia depende de outros fatores que não a abordagem teórica ou técnica. A discussão deu início a diversos estudos não só de verificação de resultados, mas também sobre modos de fazer pesquisa com resultados fidedignos nesse contexto em que predominam as subjetividades e singularidades de cada díade cliente e avaliador/terapeuta. Há estudos de autores brasileiros com foco em avaliação de processos psicoterápicos e pode-se citar, entre eles, a mais recente revisão sobre o assunto, realizada por Mengden, Vieira e Nunes (2013). Não é objetivo deste capítulo se estender nos aspectos mais gerais sobre eficácia e efetividade, mas quem se interessar por uma visão histórica sobre a questão, ao final do capítulo, encontrará leituras recomendadas.

A Avaliação Terapêutica surge já imersa nesse contexto de questionamentos metodológicos, seja sobre a eficácia de tratamentos, seja sobre a efetividade das avaliações e sobre a validade de testes, considerando os benefícios diretos para os clientes. É, portanto, a partir de experiências de uso de testes com resultados muito positivos, quando se mantém o foco nas necessidades do cliente e na construção de uma relação colaborativa e empática, que esse modelo de atendimento foi desenvolvido. A estratégia visa facilitar e expandir a compreensão do caso a ser atendido, reduzir a resistência do cliente, fortalecer a aliança terapêutica e maximizar os resultados, facilitando ainda o ensino de avaliação psicológica, como já mencionado.

Diversas pesquisas foram e continuam sendo feitas, com desenhos metodológicos diferentes, tendo como objetivo investigar a eficácia e a efetividade da Avaliação Terapêutica. Como mencionado antes, as metodologias de pesquisa variam conforme os contextos, mas predominam os estudos de caso. Finn (2007) e Finn, Fisher e Handler (2012) reúnem inúmeros exemplos de investigações com perspectiva bem didática, revelando como e o que funciona melhor num processo de avaliação e também o que demonstrou não ser eficaz, apresentado em casos de insucesso.

Trabalhos mais sistemáticos, que associam metodologias qualitativas e quantitativas, podem ser encontrados em várias publicações. Entre essas, pode-se citar a pesquisa de Tharinger *et al.* (2009), que reportaram resultados positivos na Avaliação Terapêutica de crianças, analisando dados obtidos com instrumentos padronizados, antes e após a intervenção. Esse estudo envolveu 14 crianças de 7 a 11 anos na fila de espera para atendimento em um serviço público de saúde mental. Várias medidas pré e pós-intervenção foram realizadas, e os resultados quantitativos foram considerados satisfatórios, mas os autores reconhecem que um viés possível dos resultados positivos tenha sido o interesse e a predisposição para colaborar, característico das famílias que aceitaram participar da pesquisa.

Smith *et al.* (2009) realizaram um estudo controlado de séries temporais, medidas diária e semanalmente, em um caso de um menino de 9 anos e sua família. Trata-se de um procedimento de caráter quantitativo que ocorre no estudo de um único caso. Os resultados demonstraram avanços importantes, apesar das limitações do procedimento metodológico apontadas pelos autores. Aschieri e Smith (2012) também realizaram um estudo de séries temporais e procedimentos estatísticos avançados, desta vez com uma paciente adulta. Medidas diárias foram tomadas ao longo do processo visando aos principais aspectos relacionados com as queixas, e as análises demonstram que, em geral, os resultados foram satisfatórios e confirmaram as hipóteses inicias.

O estudo de Smith *et al.* (2015) teve como foco verificar os benefícios de Avaliações Terapêuticas realizadas no curso de uma psicoterapia já iniciada anteriormente. Todos os terapeutas licenciados de uma cidade dos Estados Unidos receberam por *e-mail* aviso e convite para participar da pesquisa, encaminhando seus clientes que atendessem aos critérios de inclusão e exclusão da amostra. Ao fim de um cuidadoso processo de recrutamento, permaneceram com 10 participantes adultos. Nesse caso, foram avaliadas as díades terapeuta e cliente, em três tempos, diariamente ao longo de duas semanas antes da intervenção, durante a intervenção e no *follow-up*, dois meses após concluído o processo. Os autores concluem uma vez mais a respeito dos efeitos positivos desse processo de avaliação psicológica.

Finalmente, Aschieri, De Saeger e Durosini (2015) realizaram uma revisão de literatura na qual incluíram diversos outros estudos, além dos até aqui citados, demonstrando que os dados têm sido importantes para demonstrar o quão benéfica pode ser essa forma de fazer avaliação em diversos contextos. Apesar disso, não resta dúvida de que o assunto ainda merece mais investigações.

Tendo citado apenas alguns estudos entre os que buscam por evidências de validade da Avaliação Terapêutica, resta destacar que um procedimento de curta duração que atinja resultados terapêuticos é muito bem-vindo em contextos de atendimento em saúde pública. Todo o modelo foi desenvolvido visando propiciar em um período breve o máximo de benefícios possível para um maior número de pessoas.

REFERÊNCIAS BIBLIOGRÁFICAS

Ancona-Lopez, M. (1995). *Psicodiagnóstico: processo de intervenção*. São Paulo: Cortez.

Aschieri, F.; De Saeger, H.; Durosini, I. (2015). L'évaluation thérapeutique et collaborative: preuves empiriques. *Pratiques Psychologiques*, v. 21, p. 307-317.

Barbieri, V. (2010). Psicodiagnóstico tradicional e interventivo: confronto de paradigmas? *Psicologia Teoria e Pesquisa*, v. 26, n. 3, p. 505-513.

Becker, E. et al. (2002). Interventive assessment with children and their parents in group meetings: professional training and storybook feedback. The Humanistic Psychologist, v. 30, p. 114-124.

Finn, E. S. (2012). Implications of recent research in neurobiology for psychological assessment. *Journal of Personality Assessment*, v. 94, n. 5, p. 440-449.

Finn, S. (2007). In our client's shoes. *Theory and techniques of therapeutic assessment*. New York: Taylor and Francis Group.

Finn, S. E.; Fisher, C.; Handler, L (2012). *Collaborative/Therapeutic Assessment. A Casebook and Guide*. New Jersey: Wiley.

Mengden, P. C.; Vieira, L. C.; Nunes, M. L. T. (2013). Psicoterapia e resultado: um panorama mundial da produção científica 2001-2011. *Contextos Clínicos*, v. 6, n. 2, p. 74-83.

Rosenzweig, S. (1936). Some implicit common factors in diverse methods of psychotherapy. *American Journal of Orthopsychiatry*, v. 6, p. 412-415.

Smith, J. D. et al. (2009). Testing the effectiveness of family Therapeutic Assessment: a case study using a time-series design. Journal of Personality Assessment, v. 91, p. 518-536.

Smith, J. D. et al. (2015). Effectiveness of a therapeutic model of assessment for psychotherapy consultation: a replicated single-case study. *Journal of Personality Assessment*, v. 97, n. 3, p. 261-270.

Tharinger, D. J. et al. (2008). Providing psychological assessment feedback with children through individualized fables. Professional Psychology: Research and Practice, v. 39, p. 610-618.

SEÇÃO IV — AVALIAÇÃO PSICOLÓGICA

Tharinger, D. J. et al. (2009). Therapeutic Assessment with children: a pilot study of treatment acceptability and outcome. Journal of Personality Assessment, v. 91, n. 3, p. 238-44.

Villemor-Amaral, A. E. (2016). Perspectivas para a Avaliação Terapêutica no Brasil. *Avaliação Psicológica*, v. 15, n. 2, p. 249-255.

LEITURAS RECOMENDADAS

De Saeger, H. et al. (2014). Therapeutic assessment promotes treatment readiness but does not affect symptom change in patients with personality disorders: findings from a randomized clinical trial. *Psychological Assessment*, v. 26, p. 474-483.

Engelmen, D.; Allyn, J. D. (2012). Collaboration in neuropsychological assessment: metaphor and intervention whit a suicidal adult. In: Finn, S. E.; Fisher, C.; Handler, L. (2012). *Collaborative/Therapeutic Assessment. A Casebook and Guide*. New Jersey: Wiley.

Honda, G. C.; Yoshida, E. M. P. (2013). Mudança em psicoterapia: indicadores genéricos e eficácia adaptativa. *Estudos de Psicologia*, v. 18, n. 4, p. 589-597.

Lambert, M. J. (2013). Outcome in psychotherapy: the past and important advances. P*sychotherapy*, v. 50, n. 1, p. 42-51

Avaliação psicológica no campo da Orientação Profissional: contribuições do Teste de Fotos de Profissões (BBT-Br)

Sonia Regina Pasian

Erika Tiemi Kato Okino

Pensar sobre as possibilidades da avaliação psicológica no campo da Orientação Profissional requer, de início, clareza técnica e científica sobre esses elementos. Muito material já foi produzido a respeito, de modo que aqui se parte da noção de avaliação psicológica como um processo cuidadoso e tecnicamente organizado, voltado à compreensão sobre um indivíduo ou grupo de indivíduos (Primi, 2010), presente em diferentes contextos, incluindo a Orientação Profissional e de Carreira (Ambiel, 2016). Trata-se de um modelo centrado no processo (Duarte, Bardaggi e Teixeira, 2011; Sparta, Bardagi e Teixeira, 2006), e não em resultados de instrumentos de avaliação psicológica ou, mais especificamente, de testes psicológicos.

Assumimos, portanto, uma posição de que avaliar psicologicamente é uma das funções do profissional de Psicologia, internacionalmente reconhecida, exigindo aprofundado treinamento teórico-técnico e competências integradoras de diferentes fontes de dados a respeito de seu objeto de trabalho: o indivíduo e suas necessidades (Bandeira, Trentini e Krug, 2016). A partir desses princípios, os instrumentos psicológicos assumem seu devido lugar enquanto recursos cientificamente embasados para orientar ações profissionais favorecedoras do desenvolvimento humano em suas diferentes etapas, com destaque neste capítulo para os momentos de escolha de atividades ocupacionais e de carreira ao longo da vida. No contexto contemporâneo ocidental, essas escolhas tendem a coincidir com o período da adolescência e da passagem pela juventude até a adultez, mas acompanham os diferentes desafios socioculturais, incluindo momentos de readaptação de carreiras (sobretudo considerando a imprevisibilidade do mundo do trabalho) e de encerramento de atividades profissionais (diante de maior expectativa de vida, incluindo escolhas de atividades após aposentadoria). Preocupadas com essa amplitude do efeito das decisões tomadas pelos indivíduos no campo das profissões e das atividades ocupacionais assumidas ao longo da vida, é que delineamos o presente capítulo.

Ao buscar, em bases de dados científicas, evidências sobre estratégias técnicas utilizadas no campo da Orientação Profissional e de Carreira, facilmente são identificados inúmeros procedimentos e instrumentos específicos, focalizando diferentes dimensões do comportamento humano. Para além de especificidades técnico-científicas, salta aos olhos a elevada frequência de vários tipos de técnicas de avaliação psicológica nesse campo, ultrapassando a noção de busca por mágicos resultados. Em seu lugar emerge a proposta de um processo de investigação dos recursos humanos a serem identificados e potencializados em seu desenvolvimento, vinculados aos elementos disponíveis no contexto sociocultural do(s) indivíduo(s).

Resta-nos, então, pensar em como identificar esses potenciais humanos. Entre a multiplicidade de alternativas historicamente desenvolvidas na Psicologia, focalizaremos os métodos projetivos de avaliação psicológica. Esses métodos foram objeto de amplo debate técnico-científico no Brasil e no mundo (Fenstenseifer e Werlang, 2008; Meyer *et al.*, 2001). Destaque deve ser dado ao trabalho de Meyer *et al.* (2001), por sua didática em apontar as vantagens do uso de instrumentos padronizados de avaliação psicológica no campo dos cuidados em saúde, em especial saúde mental, de modo a favorecer a eficiência das ações profissionais, otimizando os recursos pessoais envolvidos nesses processos. A utilização de métodos projetivos envolve aguçado processo de treinamento técnico-teórico, de modo a adequadamente interpretar e usar suas informações de forma ética. Apesar dessa exigência, a riqueza de seus achados justifica os investimentos necessários, convidando-nos para uma adequada formação profissional no campo da avaliação psicológica de natureza projetiva.

A multiplicidade de estímulos e de métodos projetivos na Psicologia também já foi amplamente documentada na literatura científica da área, de modo que focalizamos o teste elaborado pelo psicólogo Martin Achtnich na Suíça, aprimorado ao longo de sua carreira de orientador profissional. Nesse contexto e com

SEÇÃO IV — AVALIAÇÃO PSICOLÓGICA

base em princípios psicodinâmicos, Achtnich (1991) desenvolveu o *Berufsbilder Test* (BBT), publicado originalmente na década de 1970, em suas versões masculina e feminina de fotos de atividades profissionais. A originalidade de Achtnich esteve em reconhecer os estímulos fotográficos como disparadores para o exercício do processo de escolhas em adolescentes, convidando-os a decidirem por atividades de seu interesse em contraposição a estímulos provocadores de rejeição ou indiferença afetiva. Por essa linguagem pictórica, o método BBT alcançou ricas informações sobre preferências e interesses ocupacionais e profissionais de jovens no contexto europeu, passando a configurar-se como estratégia técnica em processos de orientação profissional em alguns países (Jacquemin, 1982). Desde sua introdução no Brasil na década de 1980, o BBT passou por intenso e detalhado processo de adaptação sociocultural à realidade do país (Pasian, Okino e Melo-Silva, 2007), resultando nas versões masculina (Jacquemin, 2000) e feminina (Jacquemin *et al.*, 2006) do teste, que passou a se intitular BBT-Br (Teste de Fotos de Profissões adaptado ao Brasil). Esse instrumento foi objeto de várias investigações científicas, de modo que acumula adequadas evidências psicométricas para uso no contexto do Brasil (Melo-Silva *et al.*, 2008; 2016), atendendo às exigências técnico-científicas preconizadas pelo Sistema de Avaliação de Testes Psicológicos (Satepsi) do Conselho Federal de Psicologia. Configura-se, inclusive, como o único método projetivo de avaliação dos interesses com parecer favorável do Satepsi, servindo como parâmetro sobre indicadores de validade para outros instrumentos avaliativos no campo da Orientação Profissional (Ottati e Noronha, 2016).

O Teste de Fotos de Profissões (BBT-Br) é composto por 96 estímulos acromáticos (fotos quadradas, de 9 cm) representando profissionais no exercício de suas atividades. Os estímulos focalizam a atividade profissional, seus instrumentos e ambientes de realização, solicitando ao respondente que separe as fotos conforme suas preferências (fotos positivas), rejeições (fotos negativas) e indiferenças (fotos neutras), resultando em três agrupamentos. De acordo com sua concepção psicodinâmica dos interesses, Achtnich (1991) postulou a existência de oito fatores básicos constituintes das inclinações profissionais humanas, sinteticamente descritos a seguir:

- Fator W: descreve pessoa que aprecia atividades que englobam relações interpessoais, colocando-se à disposição do outro, podendo envolver contato físico e psíquico, delicadeza e sensibilidade. Prefere atividades com instrumentos e materiais suaves, delicados (como materiais têxteis, peles, afago psíquico e cuidados físicos), em ambientes acolhedores e de proteção;
- Fator K: descreve pessoa que aprecia o uso da força física e psíquica, com atitude obstinada, incisiva e persistente. Prefere atividades físicas e psíquicas exigentes, manuseio/utilização de materiais pesados, duros, cortantes ou resistentes (como ferramentas, maquinários e armas), em ambientes que viabilizem sua aplicação;
- Fator S: esse fator envolve o senso social, expresso em duas vertentes intimamente relacionadas, a saber:
- *Sh*: descreve pessoa que aprecia relações interpessoais em que o bem-estar esteja envolvido, englobando atividades de ajuda e disponibilidade afetiva no cuidado ao outro. Prefere atividades e instrumentos que são necessários na relação de ajuda interpessoal (como interesse, empatia, bondade, vontade de ajudar – aluno, pacientes, pessoas fragilizadas –, meios pedagógicos e/

ou medicinais) em ambientes que contemplem pessoas necessitadas de amparo;
- *Se*: descreve pessoa que aprecia atividades de movimento, deslocamento, energia psíquica e dinamismo nas relações interpessoais, em circunstâncias sociais (como busca por mudanças e boa articulação social com fatos imprevistos, estando abertos à discussão e busca de soluções) ou com forças da natureza (como gosto por atividades que envolvam risco). Prefere atividades desafiadoras (como esportes e periculosidade) e instrumentos dinâmicos (como meios de transporte) em ambientes variados, geralmente ao ar livre;
- Fator Z: descreve pessoa que aprecia atividades com interesse pelo belo, seja em pessoas ou objetos e que requeiram bom gosto em termos de senso estético e artístico. Complementarmente, essa pessoa busca a autovalorização, seja pela exposição direta de si ou de seu trabalho, num contexto social mais amplo. Prefere atividades com representação artística, apresentação em público, decoração, fotografia, filmagem, arte, moda, e ambientes variados relacionados a esses campos;
- Fator G: descreve pessoa que aprecia atividades que viabilizem análises intuitivas, atividades criativas, inovadoras ou improvisadas. Prefere atividades abstratas, imaginativas, reflexivas, associadas à investigação e pesquisa. Os instrumentos tendem a ser mais abstratos, verbais e de representação da realidade, como intuição, ideia, curiosidade, empatia, palavra, imaginação, fantasia e perspicácia. Os ambientes tendem a ser fechados e com poucas pessoas envolvidas, favorecedores da reflexão e do exercício criativo;
- Fator V: descreve pessoa que aprecia atividades lógicas, realistas, objetivas, com ênfase na racionalidade e na precisão analítica. Os materiais e os ambientes, bastante variados, são aqueles que favorecem esse tipo de atividade lógica e objetiva, como equipamentos tecnológicos, instrumentos de quantificação e de medição, meios de planificação, registro sistemático e concreto da realidade. Nesse sentido, aprecia regularidade, normatização, registro e raciocínio lógico, valorizando a inteligência e a otimização de resultados concretos;
- Fator M: descreve pessoa que aprecia atividades de preservação da realidade existente e de sua história, com forte apego a tradição, a rotina, a costumes e valores familiares, perseverança no estabelecido, como em atividades de colecionar, restaurar, catalogar, preservar, o que pode dificultar mudança e inovação. Tende a trabalhar com materiais manipuláveis, concretos, vinculados a limpeza e a sujeira, substâncias químicas, secreções, excrementos, materiais com valor afetivo ou monetário, procurando sua retenção e preservação. Os ambientes, dada a amplitude dos materiais envolvidos, são bastante variados, englobando locais amplos (como área rural) ou restritos (como laboratório ou museu);
- Fator O: descreve pessoa que aprecia o contato interpessoal, com duas tendências possíveis, subdividindo-o em:
- *Or*: aprecia atividades de fala, de comunicação, de contato verbal com o outro. Os instrumentos preferenciais são relacionados à palavra, à vocalização, à expressão verbal, em ambiente que envolve o outro como inter-

244

locutor. Destaca-se a habilidade e a fluência verbal, assim como sua sociabilidade e positivas habilidades sociais nos contatos;

- *On*: aprecia atividades de nutrição, gastronômicas, envolvendo o contato com o outro por meio da alimentação. Os instrumentos são relacionados aos gêneros alimentícios, à sensibilidade e à acurácia do paladar, aos materiais que favorecem a concretização de atividades de alimentação e de nutrição. Os ambientes tendem a ser restritos, favorecedores da manipulação desses objetos vinculados a gastronomia.

A força de expressão individual de cada um desses oito fatores de Achtnich resultará nas estruturas de inclinação motivacional do indivíduo, tanto positivas (derivadas das fotos preferidas) quanto negativas (fotos rejeitadas). Cada uma dessas fotos representa, pelos pressupostos teóricos do instrumento, um fator primário e um fator secundário dos interesses do indivíduo, respectivamente assinalados em letras maiúsculas (fator primário) e letras minúsculas (fator secundário). Os fatores primários correspondem às atividades profissionais, enquanto os fatores secundários representam os instrumentos e os ambientes típicos para a concretização desses interesses, compreendidos como necessidades humanas, inconscientemente constituídas ao longo do desenvolvimento. Trata-se, portanto, de estruturas multideterminadas (elementos internos e contexto sociocultural) que comporão as chamadas inclinações profissionais e que resultarão em preferências ou rejeições por atividades, ambientes e instrumentos de trabalho. Cabe lembrar que as atividades profissionais são multifatoriais, assim como as necessidades humanas, não permitindo exame categórico ou isolado.

A satisfação das necessidades expressas na estrutura de inclinação motivacional do indivíduo favorece bons indicadores de saúde mental e de saúde geral, como teórica e empiricamente demonstrado ao longo das investigações científicas com esse método projetivo (Jacquemin, Melo-Silva e Pasian, 2010). Desse modo, o Teste de Fotos de Profissões (BBT-Br) mostra-se como rico instrumento de avaliação psicológica, com muitas possibilidades de aplicação no campo da Orientação Profissional, incluindo os processos de escolha de carreira, as reopções de estudos e de atividades profissionais e ocupacionais ao longo da vida, alcançando indivíduos em diferentes momentos desenvolvimentais. Assim, pode ser aplicado a jovens (em formação de sua identidade) até adultos e idosos em processos de readaptação de atividades profissionais e de vida.

O BBT-Br prevê aplicação individual do conjunto de 96 fotos (versão feminina ou masculina), embaralhadas, com a proposta de classificação dos estímulos por parte do indivíduo. A seguir, a pessoa é convidada a agrupar as fotos preferidas em subconjuntos de atividades, hierarquizando-os e explicando verbalmente suas preferências e associações verbais sobre cada um dos estímulos e dos grupos de fotos. Desse modo, o indivíduo é convidado a nomear a profissão representada na foto, a atividade exercida, o objeto, os materiais e os instrumentos envolvidos na atividade, bem como o local e o objetivo desse profissional. Deve-se destacar que, com essa solicitação, não há expectativa de "respostas certas ou erradas", característica típica de um método projetivo, mas o importante é colecionar, a partir da percepção do indivíduo, vivências e impressões a respeito da atividade representada. Desse modo, não há a obrigatoriedade de correspondência entre o título tecnicamente dado à foto e o que o indivíduo nela identifica ou verbaliza. Inclusive, essa possibilidade das particularizações e manifestações pessoais sobre

os estímulos é que é a grande riqueza do BBT-Br, como postulou seu criador (Achtnich, 1991). Por fim, o indivíduo seleciona cinco fotos preferidas e elabora uma história que as integre, dando margem para emergir cadeias associativas relacionadas a própria identidade e diferentes papéis possíveis ao longo do desenvolvimento. O conjunto dessas informações é oferecido de forma verbal e pela manipulação das fotos do BBT-Br, enquanto o psicólogo registra, o mais fielmente possível, as escolhas, as associações (verbalizações) e os comportamentos do respondente, compilando o conjunto desses dados para análise interpretativa. Nesse momento, faz-se importante transcrever o que nos disse Jacques Draime no prefácio do livro de Achtnich (1991):

> (...) Achtnich privilegia (no BBT) (...) um campo aberto à palavra. Verbalizar suas escolhas e rejeições de fotos, comentar os agrupamentos efetuados e sobretudo explicitar – pelas associações – as origens das associações de cada foto (fase central da prova) são as etapas que levam o orientando a clarificar sua escolha. É, em outros termos, reconhecer, denominando as motivações profundas da escolha profissional e permitir que elas se articulem pela palavra e ganhem finalmente sentido na coerência da decisão que será tomada. (...) Esta prova é menos um instrumento diagnóstico a serviço do psicólogo e mais um suporte de questionamento para que se articule, pela palavra, o projeto daquele que se pergunta sobre o sentido de sua escolha profissional. (p. 6)

O processo completo de aplicação e de avaliação dos achados com o BBT-Br encontra-se detalhado e exemplificado em seus manuais (Jacquemin, 2000, versão masculina; Jacquemin *et al.*, 2006, versão feminina). O relevante, nesse momento, é destacar que, em síntese, os dados permitem a identificação das estruturas primárias e secundárias de interesses (escolhas positivas) e de rejeições (escolhas negativas), interpretadas a partir das associações fornecidas pelo indivíduo a partir de sua experiência vivida, caracterizando a riqueza projetiva desse instrumento avaliativo das inclinações motivacionais. É importante destacar que os elementos teoricamente previstos por cada foto podem não corresponder às vivências do indivíduo (sua percepção sobre as fotos), e estas devem ser prioritárias no processo interpretativo. Outra observação relevante diz respeito à postura que o indivíduo assume perante as atividades representadas nas fotos, variando de alguém que exerce aquela profissão (postura ativa) a alguém que recebe a ação daquele profissional (postura passiva). Esse tipo de manifestação projetiva, captado pelas associações sobre as fotos e na elaboração da história das fotos preferidas, permite-nos identificar a qualidade da identidade profissional do respondente. É possível visualizar elementos sobre sua maturidade pessoal e expectativas profissionais, bem como sobre suas vivências do cotidiano, possibilitando exercício de conscientização sobre múltiplos determinantes envolvidos na escolha profissional e de carreira ou mesmo sobre atividades ocupacionais complementares, a depender da etapa do desenvolvimento do respondente.

O conjunto dos achados do BBT-Br devem ser considerados com base nos pressupostos teóricos de Achtnich (1991), bem como a partir do histórico de vida e do contexto sociocultural do indivíduo, integrando diferentes fontes informativas, sustentando a validade clínica das hipóteses interpretativas (Bandeira, Trentini e Krug, 2016). Cabe destacar que análises descritivas das estruturas de inclinação motivacional, sem a devida contextualização e sem os dados das associações sobre as fotos do BBT-Br, ficam empobrecidas e podem levar a interpretações estereotipadas. Esse risco pode ser evitado com a adequada formação profissional no campo da avaliação psicológica e com métodos projetivos, o que já foi apontado como necessário, para além da graduação em Psicologia.

Com base nesses princípios, passaremos a apresentar uma vinheta de um processo de avaliação psicológica realizado com uma adolescente de 17 anos, no terceiro ano do ensino médio (ensino particular), que buscou Orientação Profissional por dúvidas quanto à escolha de carreira. Pretende-se, dessa forma, ilustrar possibilidades informativas do BBT-Br no contexto da Orientação Profissional e de Carreira a partir de demanda bastante frequente na prática cotidiana do psicólogo, sem a pretensão de ensinar o processo completo de aplicação, análise e interpretação desse método projetivo. O principal objetivo é evidenciar o diferencial e a riqueza que o uso do BBT-Br pode trazer na prática profissional do psicólogo, no contexto clínico, institucional e de saúde, recorrendo para isso a um típico caso de Orientação Profissional. Reconhece-se que inclinações motivacionais inconscientes (e identificadas pelo instrumento) auxiliam em processos de escolha e tomadas de decisão com maior chance de satisfação na vida, favorecendo preservação da saúde mental. Essa avaliação com o BBT-Br tem, portanto, relevante impacto nos desfechos e nas conclusões que levarão às intervenções do psicólogo em variados contextos de aplicação.

CASO CLÍNICO

Susana é uma adolescente de 17 anos que pode ser considerada como típica em termos de desenvolvimento cognitivo e social para seu contexto sociocultural privilegiado. Sempre estudou em escolas particulares, com bom rendimento acadêmico, sem dificuldades de desempenho sociocognitivo. Seus pais são profissionais liberais, com pós-graduação na área de Ciências Humanas, e seu irmão é três anos mais novo, compondo família nuclear que convive com parentes maternos e paternos com proximidade. Embora tenha clareza de que deseja realizar um curso universitário, Susana possui muitas dúvidas com relação a escolha da carreira, visto que aprecia Ciências Exatas, Biológicas e Sociais, com ótimo desempenho nessas três áreas nas matérias do ensino médio. Seus bons recursos cognitivos e sociais favoreceram facilidade para interações com os outros e gosto pelo convívio e troca de ideias, porém com elevado nível de expectativa sobre sua atividade profissional, desejando uma carreira que lhe ofereça satisfação pessoal, prestígio social e reconhecimento financeiro, tendo em vista seu padrão sociocultural superior à média. Esse amplo repertório de habilidades de Susana, nesse momento de sua vida, no entanto, causava-lhe peso adicional ao processo de escolha de carreira, não sendo vivenciado como suporte social, mas como cobrança pessoal difícil de ser satisfeita, elevando seu nível de insegurança para além do que seria esperado nesse contexto do terceiro ano do ensino médio. Procurou o serviço de Orientação Profissional universitário, por sugestão de sua mãe, com a demanda de esclarecimentos sobre a "correta decisão a tomar no processo de escolha profissional", comentando sentir-se pouco segura e desconfortável para enfrentar esse momento de vida.

Em seu processo de Orientação Profissional, entre outras atividades, recorremos ao Teste de Fotos de Profissões (BBT-Br, versão feminina), aplicado e avaliado conforme padronização técnica (Jacquemin *et al.*, 2006). Os indicadores técnicos do BBT-Br de Susana podem ser visualizados na Figura 30.1.

	W	K	S	Z	V	G	M	O	S'	Z'	V'	G'	+	-	0
w	1 +	2 –	3 0	4 0	5 0	6 +	7 0	8 R + N	65 +	66 0	67 +	68 0	5	1	6
k	9 +	10 +	11 H + E	12 +	13 0	14 0	15 –	16 + R	69 +	70 +	71 –	72 –	7	3	2
s	17 +	18 0	19 E 0 E	20 +	21 –	22 –	23 +	24 N 0 N	73 – H	74 +	75 +	76 0	5	3	4
z	25 –	26 +	27 E + E	28 +	29 –	30 +	31 +	32 R + R	77 + E	78 0	79 +	80 –	8	3	1
v	33 +	34 +	35 E + E	36 –	37 +	38 +	39 –	40 R 0	81 +	82 +	83 0	84 +	8	2	2
g	41 +	42 0	43 +	44 +	45 +	46 0	47 –	48 R + R	85 E + H	86 –	67 0	88 +	7	2	3
m	49 +	50 –	51 – H	52 0	53 +	54 0	55 –	56 N +	89 H – H	90 +	91 +	92 0	5	4	3
o	57 +	58 +	59 +	60 +	61 0	62 0	63 0	64 +	93 H – H	94 +	95 +	96 0	7	1	4
+	7	4	5	5	3	3	2	6	5	5	5	2	S+ 52		
-	1	2	1	1	2	1	4	0	3	1	1	2		S- 19	
0	0	2	2	2	3	4	2	2	0	2	2	4			S0 25

Série de Fatores Primários

+	W7	O6	S´5	S5	Z´5	Z5	V´5	K4	V3	G3	G´2	M2
-	G4	G´4	V3	K2	S2	Z2	Z´2	V´2	M2	O2	S´0	W0

Série Ponderada de Fatores Primários

+	W7	O6	S5	Z5	V4	K4	G2,5	M2
-	G4	V2,5	K2	Z2	O2	M2	S1	W0

Série de Fatores Secundários

+	z8	v8	g7	o7	k7	w5	s5	m5
-	m4	z3	s3	k3	v2	g2	o1	w1

Unitendências

W, K, Z, V, O, G´

Freqüência dos fatores

						Total	
S	H =	2	S´	H	3	H =	5
	E =	3		E	2	E =	5
O	R =	3,5				R =	3,5
	N =	2,5				N =	2,5

Pareamento Recíproco

Wg-Gw, Wo-Ow, Kz-Zk/Z´k, Ko-Ok, Sz/S´z-Zs, Zs-Sz/S´z, Zo/Z´o-Oz, S´w-Ws, Z´m-Mz, V´w-Wv, V´s-Sv, Gv/G´v-Vg

Cinco Fotos Preferidas

Nº	Fatores	Foto
95	V´o	Empresária
49	Wm	Esteticista
9	Wk	Massagista, Fisioterapeuta
74	Z´s	Bailarina
48	Og	Repórter entrevistadora

Reversão

Figura 30.1. Indicadores técnicos do Teste de Fotos de Profissões (BBT-Br) de Susana, 17 anos, terceiro ano do ensino médio (escola particular).

Nota-se que realizou 52 escolhas positivas (número muito superior ao tecnicamente esperado para seu grupo de referência), 19 fotos foram rejeitadas (muito inferior ao parâmetro normativo) e 25 fotos foram classificadas como neutras. Sinalizou, desse modo, grande amplitude de interesses, acompanhada por indecisão e dificuldade em descartar atividades, com algum bloqueio em expressar o que não aprecia, talvez numa perspectiva de temor diante de possíveis perdas e de rejeição.

Organizou as suas 52 fotos positivamente avaliadas em 19 grupos, assim ordenados (em ordem decrescente de preferência pelas atividades):

1º Agrupamento = "Os músicos" (fotos 12, 41, 67, 6, 48)
2º Agrupamento = "Reunião" (foto 95)
3º Agrupamento = "Artistas" (fotos 20, 74, 16, 30, 82, 28)
4º Agrupamento = "Aqueles que usam do corpo para ter utilidade" (fotos 23, 26, 31, 81, 75)
5º Agrupamento = "Relaxamento" (fotos 9, 1)
6º Agrupamento = "Atletas" (fotos 27, 69)
7º Agrupamento = "Prazer" (fotos 56, 57, 58, 64)
8º Agrupamento = "Organização" (foto 90)
9º Agrupamento = "Crianças" (fotos 49, 17, 8)
10º Agrupamento = "Diversão" (fotos 10, 94, 53)
11º Agrupamento = "Conhecer lugares" (fotos 77, 59)
12º agrupamento = "Tentar ficar bonito" (fotos 60, 32, 33)
13º Agrupamento = "Concentração" (fotos 37, 38, 39, 88, 70, 91, 84, 45)
14º Agrupamento = "Pesquisa" (foto 85)

15º Agrupamento = "Discurso" (foto 44)

16º Agrupamento = "Tratamento" (fotos 11, 65)

17º agrupamento = "A classe (de escola)" (foto 43)

18º Agrupamento = "Marceneiro" (foto 34)

19º Agrupamento = "Táxi" (foto 35)

Fica fácil identificar sua diversidade temática de interesses e de possibilidades, diante dos variados temas de sua preferência por atividades, como ilustrado pelos títulos de seus agrupamentos das fotos preferidas. Essa diversidade reafirma os seus bons recursos psíquicos, mas também dá margem para sobrecarga de estimulação interna que parece dificultar seu exercício de discriminação e de tomadas de decisão sobre as atividades, queixa que a trouxe para o processo de Orientação Profissional nesse momento de vida. Assim, o BBT-Br está a retratar, de forma bastante didática, suas vivências cotidianas, para além do que Susana consegue perceber sobre si mesma, oferecendo elementos relevantes para o trabalho do psicólogo nesse momento.

Sua estrutura primária de interesses foi: W7 O6 S5 Z5 V4 K4 G2,5 M2, complementada pela estrutura secundária positiva: z8 v8 g7 o7 k7 w5 s5 m5. Sua estrutura primária de rejeições foi: G4 V2,5 K2 Z2 O2 M2 S1 Wo, acompanhada pela estrutura secundária negativa: m4 z3 s3 k3 v2 g2 01 w1. Suas cinco fotos preferidas no BBT-Br foram: 95 (V'o, diretora de negócios), 49 (Wm, puericultora), 9 (Wk, massagista, fisioterapeuta), 74 (Z's, bailarina) e 48 (Og, Repórter entrevistadora). Integrou esses estímulos preferenciais na seguinte história:

> "A pessoa (foto 95) estava trabalhando. Daí... Ela chegou em casa e foi cuidar dos filhos (foto 49). Depois ela foi à massagem (foto 9). E voltou para casa, tomou banho e foi assistir uma peça, um balé (foto 74). E quando chegou em casa ouviu a vizinha treinando (foto 48)."

Psicóloga: Com o que ela trabalha?

Susana: *"Não sei... Num hospital, numa instituição. Uma das responsáveis pela organização e trabalha lá dentro também"*.

Psicóloga: Como será o futuro dela?

Susana: *"Não sei... Vai continuar trabalhando no mesmo lugar"*.

Psicóloga: O que ela sente?

Susana: *"Satisfeita com o que ela está fazendo"*.

Psicóloga: O que ela pensa?

Susana: *"Na decisão que vai ter que tomar, no caso aí, da reunião em que ela está agora"*...

Por meio dessas associações, Susana expressa, sem consciência, seu atual momento de vida, pois sua última fala na história a retrata fielmente, inclusive na interação com a psicóloga no processo de Orientação Profissional. É essa riqueza informativa que o BBT-Br possibilita e que esperamos ilustrar com esse caso.

No processo de devolutiva sobre os achados com esse método projetivo, enfatizamos a riqueza do mundo interno de Susana. Suas preferências por atividades que envolvam relacionamentos interpessoais permeados por delicadeza, ternura, dedicação (fator W), bem como a possibilidade interativa pela comunicação e a fala (fator O), foram apontadas. Na direção das atividades relacionais, demonstrou interesse por atividades profissionais nas quais poderia exercer a ajuda ao outro com energia, disposição e versatilidade para desenvolver sua prática com dinamismo em atividades desafiadoras. Sinalizamos também a importância do reconhecimento social e de valorização de si, com interesse por atividades que possibilitassem mostrar a si por meio de seu trabalho, permeadas pelo bom gosto e apuro estético (fator

Z), e acompanhadas pela organização funcional, pela busca do conhecimento e soluções realistas, otimizando resultados (fator V). Por outro lado, assinalamos sua tendência a rejeitar atividades abstratas, baseadas no uso da intuição e da imaginação (fator G), bem como a racionalidade pura (seu fator V mostrou-se mais elaborado nos meios e ambientes de trabalho, mostrando preferência por instrumentos e ambientes esteticamente organizados e funcionais). Esses apontamentos sugeriam profissões com atividades que envolvem relação direta com pessoas, seja oferecendo cuidados ou numa relação de ensino, em ambientes organizados e acolhedores.

Seu interesse por atividades de nível universitário ficou bastante claro em sua produção no BBT-Br, mas apresentou manejo superficial sobre profissões pelas associações e pela história, numa posição sugestiva de imaturidade, indecisões e insegurança com processos de tomada de decisão. Parecia temer o amadurecimento pessoal rumo à carreira profissional, ainda necessitando de muitas diversões, *hobbies*, relaxamento, embora desejosa de um perfil profissional. Susana reagiu muito positivamente a essas observações interpretativas de seu protocolo BBT-Br, exemplificando as hipóteses com vivências pessoais significativas, oferecendo validade clínica ao processo realizado.

Após dois meses da conclusão desse processo de Orientação Profissional, Susana conseguiu fazer sua escolha profissional pela carreira de Psicologia. Prestou vestibular no mesmo ano e foi aprovada em universidade pública, concluindo sua graduação em Psicologia com ótimo rendimento acadêmico em cinco anos letivos, conforme previsto pela estrutura de seu curso universitário. Encantou-se pela atividade de investigação científica durante esse período e encaminhou-se rapidamente para o mestrado e para o doutorado na área de Psicologia Clínica, atuando profissionalmente como pesquisadora (com vínculo de tempo parcial em universidade pública) e como psicóloga clínica (como autônoma). Foi possível acompanhar sua satisfação com a escolha profissional ao longo de quase duas décadas, período no qual Susana ainda enviou notícias de seu percurso, como gratidão pela acolhida recebida em seu momento de adolescência. Parece-nos que os exercícios de escolha propostos pelo BBT-Br foram bastante significativos para Susana, marcando-a positivamente, favorecendo o pleno aproveitamento de seu rico potencial humano. Trata-se, efetivamente, de um caso ilustrativo de sucesso na carreira, com bons indicadores de preservação de saúde geral e de saúde mental, como teoricamente preconizado por Achtnich (1991).

Torna-se fácil reconhecer que as dimensões de personalidade (identificadas pelo BBT-Br) compõem disposições, como habilidades mentais gerais, as quais favorecem as escolhas da vida, inclusive a tomada de decisão profissional. Esses argumentos já foram também apontados por Rossier (2015), fortalecendo as contribuições que a avaliação psicológica de natureza projetiva pode trazer aos processos de Orientação Profissional, entre outros campos de aplicação.

A INVESTIGAÇÃO CIENTÍFICA SOBRE BBT-BR

Enquanto cientistas da Psicologia, temos que nos perguntar sobre os indicadores técnicos de sustentação do Teste de Fotos de Profissões, o BBT-Br. Essa atitude de busca de base técnico-científica para a Psicologia é essencial para todo psicólogo, seja ele aluno de graduação ou profissional experiente, visto ser necessário nosso contínuo aprimoramento na área para oferecermos serviços de qualidade a quem nos procura. Desse modo, a pesquisa científica sobre o BBT-Br não é tarefa apenas para

SEÇÃO IV — AVALIAÇÃO PSICOLÓGICA

pós-graduandos em Psicologia, mas é compromisso ético da categoria para com a população que confia em nosso trabalho, desafiando-nos a trabalhar cada vez melhor.

Nessa perspectiva, consideramos sensato apontar achados empíricos de investigações científicas realizadas com o BBT-Br no Brasil, de modo a oferecer algumas bases sólidas para sua aplicação e para estimular futuras pesquisas nesse campo. No entanto, não temos a pretensão de reunir o conjunto de produções científicas existentes sobre esse método projetivo de avaliação psicológica, convidando-os a acompanhar esse histórico do BBT-Br por meio de leituras complementares, desde a tradução do manual original de Achtnich (1991) até os dias atuais.

O percurso do BBT-Br no Brasil caminhou, desde seu início (Jacquemin, 1982), paralelamente com sua pesquisa científica, inicialmente no Centro de Pesquisas em Psicodiagnóstico da Faculdade de Filosofia, Ciências e Letras de Ribeirão Preto da Universidade de São Paulo, atendendo a exigências técnicas e éticas inerentes aos processos de avaliação psicológica, conforme preconizado pelas diretrizes do Conselho Federal de Psicologia. Destacaremos apenas alguns materiais considerados básicos para identificação desse histórico do método projetivo (em termos internacionais e no contexto nacional). Nesse sentido, recuperamos o que Pasian, Okino e Melo-Silva (2007) e Pasian (2011) didaticamente integraram sobre o histórico de pesquisas do BBT-Br, incluindo sua origem e fundamentos, suas repercussões em processos de Orientação Profissional e de Carreira, estudos psicométricos (evidências de validade, de precisão e referenciais normativos para a versão masculina e a versão feminina do instrumento), variados estudos de caso pautados nesse instrumento, bem como seus aprimoramentos técnicos. Além disso, os materiais citados ilustram as pesquisas científicas realizadas nos diversos campos de aplicação do BBT-Br, incluindo recursos humanos e as diferentes etapas do desenvolvimento.

Merecem ainda destaque trabalhos realizados no âmbito da pós-graduação em Psicologia, a partir do BBT-Br, como Noce (2008), Okino (2009), Barrenha (2011), Ferrari (2014), Fracalozzi (2014), Silva (2014) e Shimada (2016). A tese de Noce (2008) focalizou o estudo de indicadores de maturidade para a escolha profissional a partir do BBT-Br e da Escala de Maturidade para a Escolha Profissional (EMEP), aplicados individualmente em 93 estudantes do terceiro ano do ensino médio público, de ambos os sexos, de 16 a 18 anos de idade. Seus achados confirmaram influências socioculturais na determinação dos interesses profissionais, identificando que adolescentes com alta maturidade sinalizaram maior abertura para possibilidades de carreira (maior número de escolhas positivas e menor número de rejeições no BBT-Br), enquanto aqueles com menor maturidade indicaram restrição em suas opções para considerar suas escolhas profissionais.

Por sua vez, a tese de Okino (2009) objetivou buscar evidências empíricas para hipóteses interpretativas do BBT-Br a partir de resultados obtidos com o Questionário de Busca Autodirigida (SDS), examinando as qualidades psicométricas e a convergência de seus resultados em estudantes do ensino médio. Para tanto, avaliou 497 adolescentes de 16 a 19 anos de idade, de ambos os sexos, cursando o terceiro ano do ensino médio público. Os resultados indicaram elevado nível de consistência interna entre os dois instrumentos de avaliação psicológica (adequados indicadores de precisão), bem como análises fatoriais confirmadoras de suas estruturas teóricas (positivas evidências de validade).

O mestrado de Barrenha (2011) elaborou novos referenciais normativos para as duas versões (feminina e masculina) do BBT-Br, examinando-se possível influência da origem e sé-

rie escolar sobre a produção de adolescentes do ensino médio do Brasil, potenciais solicitantes de Orientação Profissional e de Carreira. Além disso, buscou identificar evidências empíricas de validade fatorial e precisão para a forma masculina e a feminina desse instrumento de avaliação psicológica. Foram examinados 1.582 protocolos do BBT-Br (em suas duas versões), sendo 862 estudantes do sexo feminino e 720 do sexo masculino, com idades entre 14 e 19 anos, da 1ª, 2ª e 3ª séries do ensino médio de escolas públicas e particulares de cidade do interior paulista.

Os resultados destes três últimos trabalhos (Noce, 2008; Okino, 2009; Barrenha 2011) indicaram evidências empíricas ilustrativas de adequados índices psicométricos para o BBT-Br, agregando valor científico e qualificando seu uso no contexto sociocultural do Brasil. Reforçaram-se, desse modo, suas possibilidades informativas a respeito de inclinações motivacionais e de interesses em estudantes do ensino médio.

Na sequência dos estudos a respeito desse método projetivo, o mestrado de Ferrari (2014) verificou a equivalência das versões feminina e masculina do BBT-Br e examinou especificidades dos interesses profissionais de adolescentes em função do sexo. Para tanto, foram avaliados 381 estudantes, de ambos os sexos, do ensino médio público, de 14 a 20 anos de idade. Responderam às duas versões do instrumento em sessões específicas, controlando-se a ordem de aplicação do BBT-Br. Os achados mostraram estabilidade e boas correlações nas respostas fornecidas pelos estudantes nas duas versões do instrumento, apesar da variabilidade das inclinações motivacionais identificadas nos adolescentes. Houve evidências de influência do ano escolar e do sexo sobre os interesses dos estudantes, o que deve ser considerado no processo interpretativo dos resultados desse instrumento de avaliação psicológica.

Silva (2014) procurou descrever a estrutura de interesses profissionais de estudantes do ensino médio regular (n = 110) e do ensino médio técnico (n = 121), de ambos os sexos, com idade entre 16 e 55 anos, a partir do BBT-Br e do instrumento Avaliação de Interesses Profissionais (AIP), examinando-se comparações e correlações entre seus dados. Identificaram-se sinais de influência do sexo sobre os interesses profissionais e correlações positivas entre os dois instrumentos utilizados. A originalidade desse estudo está em seu foco com dois níveis de formação no ensino médio, ampliando evidências a respeito dos alcances do BBT-Br em processos de Orientação Profissional.

No mesmo ano, Fracalozzi (2014) objetivou analisar interesses e maturidade para a escolha profissional em estudantes do último ano do ensino médio regular e técnico (n = 220), de ambos os sexos, de 16 a 20 anos, em função da procedência escolar, sexo e nível econômico. Para tanto, recorreu ao BBT-Br e ao Questionário de Educação para a Carreira (QEC), identificando particularidades de resposta em função do sexo apenas nos interesses (dados do BBT-Br), sem aparente influência do nível econômico e do tipo de escola cursada.

Por fim, destacamos a tese de Shimada (2016), que explorou correlações entre interesses e personalidade aplicando o BBT-Br e a Bateria Fatorial de Personalidade (BFP) em 906 universitários de diferentes cursos, de ambos os sexos, com idade média de 23,4 anos, procedentes de instituições públicas e particulares de ensino. Além disso, comparou parâmetros normativos de universitários (n = 595) com adolescentes do ensino médio (n = 497), de modo a verificar especificidades de interesses ao longo do desenvolvimento. Seus dados corroboraram princípios teóricos dos fatores de inclinação motivacional (BBT-Br) a partir de positivas correlações com características de personalidade

248

(BFP). Esse método projetivo mostrou-se adequado, do ponto de vista técnico, para avaliar interesses na faixa etária dos universitários, reforçando indícios de sua utilidade em intervenções de Orientação de Carreira.

Além desses trabalhos, faz-se importante retomar dois outros capítulos de livros (Pasian, Melo-Silva e Okino, 2015; Melo-Silva *et al.*, 2016), por se tratarem de recentes compilações científicas a respeito dos princípios teóricos e pesquisas realizadas no campo de Orientação Profissional e de Carreira e com o BBT-Br no Brasil, estimulando o avanço da sua pesquisa. No primeiro desses materiais, as autoras sistematizam informações relativas aos procedimentos adotados em avaliação psicológica nesse campo de atuação do psicólogo, mapeiam os instrumentos disponíveis para uso e retratam o BBT-Br e suas pesquisas. No segundo capítulo citado consta um estudo de caso examinado pelo BBT-Br em dois momentos de vida de uma jovem (aos 17 e aos 27 anos de idade), para ilustrar evidências de validade clínica e preditiva desse método projetivo de avaliação psicológica. Essa perspectiva longitudinal sempre acrescenta riqueza ao processo de compreensão das necessidades e das motivações humanas, como pensado pelo BBT-Br, por favorecer a visualização do curso evolutivo dessas tendências, sempre contextualizadas na realidade vivida pela pessoa. A identificação de eventual conflito vocacional, dos potenciais e das formas de operacionalização dessas demandas internas ao longo do desenvolvimento constitui tendência promissora no campo da Orientação Profissional e de Carreira, bem como em outros campos de possível aplicação do BBT-Br, desafiando-nos como estratégia metodológica para a investigação científica com este (e outros) método(s) projetivo(s) de avaliação psicológica.

REFERÊNCIAS BIBLIOGRÁFICAS

Achtnich, M. (1991). *O BBT, Teste de Fotos de Profissões: Método projetivo para a clarificação da inclinação profissional.* São Paulo: Centro Editor de Testes e Pesquisas em Psicologia.

Barrinhas, R. P. L. (2011). *O Teste de Fotos de Profissões (BBT-Br) em adolescentes: evidências psicométricas* (dissertação). Ribeirão Preto, SP: Faculdade de Filosofia, Ciências e Letras de Ribeirão Preto, Universidade de São Paulo.

Fenstenseifer, L.; Werlang, B. S. G. (2008). Apontamentos sobre o status científico das técnicas projetivas. In: Villemor-Amaral, A. E.; Werlang B. S. G. (Orgs.). *Atualizações em Métodos Projetivos para Avaliação Psicológica.* São Paulo: Casa do Psicólogo. p. 15-33.

Ferrari, V. C. (2014). *Equivalência das versões feminina e masculina do BBT-Br em adolescentes* (dissertação). Ribeirão Preto, SP: Faculdade de Filosofia, Ciências e Letras de Ribeirão Preto, Universidade de São Paulo.

Fracalozzi, N. M. N. (2014). *Educação para a carreira e interesses profissionais em estudantes do ensino médio regular e técnico* (dissertação). Ribeirão Preto, SP: Faculdade de Filosofia, Ciências e Letras de Ribeirão Preto, Universidade de São Paulo.

Jacquemin, A. (1982). Novas perspectivas em orientação vocacional e profissional. *Arquivos Brasileiros de Psicologia,* v. 34, n. 4, p. 127-132.

Jacquemin, A. (2000). *O BBT-Br: Teste de Fotos de Profissões: normas, adaptação brasileira, estudos de caso.* São Paulo: Centro Editor de Testes e Pesquisas em Psicologia.

Jacquemin, A. et al. (2006). *O BBT-Br feminino: Teste de Fotos de Profissões: Adaptação brasileira, normas e estudos de caso.* São Paulo: Centro Editor de Testes e Pesquisas em Psicologia.

Jacquemin, A.; Melo-Silva, L. L.; Pasian, S. R. (2010). Berufsbilder Test (BBT): Teste de Fotos de Profissões em Processos de Orientação Profissional. In: Levenfus, R. S.; Soares, D. H. P. (Orgs.) *Orientação Vocacional Ocupacional.* 2ª ed. Porto Alegre: Artmed. p. 211-224.

Melo-Silva, L. L. et al. (2008). Assessment of Vocational Guidance: The Berufsbilder Test. *The Spanish Journal of Psychology,* v. 11, n. 1, p. 301-309.

Meyer, G. J. et al. (2001). Psychological Testing and Psychological Assessment: a review of evidences and issues. *American Psychologist,* v. 56, n. 2, p. 128-165.

Noce, M. A. (2008). *O BBT-Br e a maturidade para a escolha profissional: evidências empíricas de validade* (tese). Ribeirão Preto, SP: Faculdade de Filosofia, Ciências e Letras de Ribeirão Preto, Universidade de São Paulo.

Okino, E. T. K. (2009). *O SDS e o BBT-Br em Orientação Profissional: evidências de validade e precisão* (tese). Ribeirão Preto, SP: Faculdade de Filosofia, Ciências e Letras de Ribeirão Preto, Universidade de São Paulo.

Ottati, F.; Noronha, A. P. P. (2016). Escala de Aconselhamento Profissional e Teste de Fotos de Profissões: evidências de validade. *Estudos de Psicologia (Campinas),* v. 33, n. 4, p. 655-665.

Pasian, S. R.; Melo-Silva, L. L.; Okino, E. T. K. (2015). Avaliação psicológica em Orientação Profissional e de Carreira no Brasil: instrumentos disponíveis e evidências empíricas. In: Barroso, S. M., Scorsolini-Comin, F., Nascimento, E. (2015). *Avaliação psicológica: da teoria às aplicações.* Petrópolis, RJ: Vozes. p. 305-332.

Pasian, S. R.; Okino, E. T. K.; Melo-Silva, L. L. (2007). O Teste de Fotos de Profissões (BBT) de Achtnich: histórico e pesquisas desenvolvidas no Brasil. *PsicoUSF,* v. 12, n. 2, p. 173-187.

Primi, R. (2010). Avaliação psicológica no Brasil: fundamentos, situação atual e direções para o futuro. *Psicologia: Teoria e Pesquisa,* v. 26, n. especial, p. 25-35.

Rossier, J. (2015). Personality Assessment and Career Interventions. In: Hartung, P. J.; Savickas, M. L.; Walsh, W. B. (Eds.). *APA Handbook of Career Intervention. Vol. 1, Foundations.* Washington, DC: American Psychological Association. p. 327-350.

Shimada, M. (2016). *Evidências de validade concorrente entre o BBT-Br e a BFP: um estudo com universitários* (tese). Ribeirão Preto, SP: Faculdade de Filosofia, Ciências e Letras de Ribeirão Preto, Universidade de São Paulo.

Silva, D. P. (2014). *Interesses profissionais em jovens de ensino médio: um estudo comparativo entre a AIP e o BBT-Br* (tese). Ribeirão Preto, SP: Faculdade de Filosofia, Ciências e Letras de Ribeirão Preto, Universidade de São Paulo.

Sparta, M.; Bardagi, M. P.; Teixeira, M. A. P. (2006). Modelos e instrumentos de avaliação em orientação profissional: perspectiva histórica e situação no Brasil. *Revista Brasileira de Orientação Profissional,* v. 7, n. 2, p. 19-32.

LEITURAS RECOMENDADAS

Ambiel, R. A. M. (2016). Avaliação psicológica em processos de orientação profissional e de carreira. In: Levenfus, R. S. (Org.). *Orientação Vocacional e de Carreira em Contextos Clínicos e Educativos.* Porto Alegre: Artmed. p. 114-125.

Bandeira, D. R.; Trentini, C. M.; Krug, J. S. (2016). Psicodiagnóstico: formação, cuidados éticos, avaliação de demanda e estabelecimento de objetivos. In: Hutz, C. S. et al. (Orgs.) *Psicodiagnóstico.* Porto Alegre: Artmed. p. 21-26.

Duarte, M. E.; Bardaggi, M. P.; Teixeira, M. A. (2011). Orientação, Avaliação e Testagem. In: Ribeiro, M. A.; Melo-Silva L. L. (Org.). *Compêndio de Orientação Profissional e de Carreira: Enfoques teóricos contemporâneos e modelos de intervenção.* São Paulo: Vetor. v. 2, p. 99-154.

Melo-Silva, L. L. et al. (2016). Teste de Fotos de Profissões (BBT-Br): estudo de follow-up de uma situação clínica uma década depois. In: Levenfus, R. S. (Org.). *Orientação vocacional e de carreira em contextos clínicos e educativos.* Porto Alegre: Artmed. p. 155-170.

Pasian, S. R. (2011). *Métodos projetivos de avaliação psicológica: contribuições para pesquisa e prática profissional em Psicologia* (tese). Ribeirão Preto, SP: Faculdade de Filosofia, Ciências e Letras de Ribeirão Preto, Universidade de São Paulo.

31

Teste de Apercepção Temática (TAT): uso clínico e em pesquisa

Eliana Herzberg
Izabella Paiva Monteiro de Barros

Em Psicologia Clínica, trabalhos interdisciplinares e em pesquisas que se utilizam do método clínico, há grande diversidade no uso do Teste de Apercepção Temática (TAT) como instrumento de primeira escolha, no país e no exterior, em diversos contextos e em diferentes etapas do desenvolvimento humano.

As Técnicas Projetivas estão baseadas no conceito psicanalítico de projeção, que, segundo Anzieu (1978), é um processo definido como descarga, pelo sujeito, de impulsos e emoções no mundo exterior. Existem uma série de outras definições e desdobramentos desse conceito, porém, tendo em vista os objetivos deste capítulo, elas não serão abordadas nesse momento. As Técnicas Projetivas constituem um dos mais valiosos instrumentos do método clínico e uma das mais fecundas aplicações práticas das concepções teóricas da psicologia dinâmica.

A utilização das referidas técnicas tem suma importância como método de investigação, pois, como diversos pesquisadores citados mais adiante, explicitaram em suas pesquisas, constituem procedimentos que apresentam estímulos pouco ou nada estruturados, diante dos quais as respostas do sujeito são sempre projetivas, já que a eles é impresso um sentido particular de acordo com a maneira com que cada um percebe, sente e interpreta a situação. Dessa forma, conseguem-se obter certo alcance e profundidade que com outras técnicas não necessariamente se atinge.

Os testes projetivos são instrumentos que permitem a avaliação da intensidade do conflito psíquico, mas quanto à sua natureza, é preciso uma decodificação do material que deles resultam. Informam ainda sobre a intensidade e as formas da angústia, sobre a tolerância a ela e sobre os tipos de mecanismos de defesa utilizados em relação à ela (Anzieu, 1978).

O TAT é um teste projetivo aperceptivo temático, isto é, organizado sobre narrativas que revelam conteúdos significativos da personalidade, a natureza das necessidades fundamentais, conflitos, momentos importantes da história individual, as reações afetivas percebidas como provenientes do meio, além de sonhos, fantasias, temores e defesas específicas do indivíduo (Anzieu, 1978). Por conta dessa especificidade, seu uso clínico permite integração com sua utilização em estudos científicos de forma a potencializar ainda mais sua riqueza, além de contribuir com a sistematização metodológica na área da pesquisa empírica em Psicologia.

Acerca do caráter aperceptivo, essa é a diferença fundamental entre o TAT e o exame de Rorschach, por exemplo, já que neste último se exploram predominantemente os aspectos perceptivos. Encontra-se em Silva e Montagna (2008), recuperado da literatura tradicional na área, a definição de apercepção como o processo pelo qual novas experiências são assimiladas e transformadas por resíduos de experiências passadas de um indivíduo para formar uma nova totalidade.

Por possuírem os relatos livres produzidos como resposta ao TAT, um significado simbólico, análogo ao dos sonhos ou a dos sintomas neuróticos, há a possibilidade de, a partir de suas análises, a linguagem simbólica ser traduzida. Como ressalta Anzieu (1978), "o latente se torna manifesto; o interior é trazido à superfície; o que há em nós de estável e também emaranhado se desvenda" (p. 19).

A forma definitiva do TAT foi publicada em 1943, 3ª revisão da série original distribuída pela Clínica Psicológica de Harvard em 1936, juntamente com o manual de aplicação, versão que foi atualizada no Brasil em 2005 (Murray, 1943/2005) após o instrumento ter obtido parecer favorável no sistema de avaliação de testes psicológicos do Conselho Federal de Psicologia e ter recebido importantes contribuições de pesquisa (Silva e Montagna, 2008). O teste consiste no uso de gravuras que representam cenas diversas, com diferentes graus de estruturação e realismo, a partir das quais ao sujeito é solicitado a narrar uma história. As Pranchas do TAT, por constituírem estímulos projetivos, são ambíguas e favorecem a interferência da subjetividade na apreensão de seus conteúdos (Silva e Montagna, 2008). O material é constituído por 30 pranchas, 29 impressas e uma em branco.

SEÇÃO IV — AVALIAÇÃO PSICOLÓGICA

Assim, vale destacar que a história que o sujeito elabora conscientemente representa o compromisso entre os imperativos conscientes e os inconscientes suscitados pelo material do teste (França e Silva, 1984). Presume-se, assim, que a análise dos protocolos possa indicar aspectos representativos da personalidade do contador (Dana, 1996), que pode ser um paciente de consultório, de um serviço de saúde ou mesmo um sujeito de pesquisa. Não se deve esquecer, no entanto, de que esses aspectos também são relativos à cultura, ao clínico e à maneira como os protocolos foram avaliados. Dana (1996) enfatiza que os aspectos de personalidade avaliados pelo TAT devem compreender a cultura na qual o indivíduo está inserido.

Herzberg (2000) destacou a importância de se realizarem estudos normativos brasileiros com o TAT, os quais são, em sua opinião, indispensáveis para aprimorar a utilização da técnica. Enquanto o uso das técnicas gráficas pode, em certas circunstâncias, constranger e inibir as pessoas de forma geral, diante das tarefas que envolvem lápis e papel, o TAT, por se tratar de uma técnica verbal, pode ser, nesse sentido, utilizado com vantagem sobre as técnicas gráficas para aprofundar o conhecimento sobre o modo de vida, as crenças e costumes dos diferentes grupos culturais que vivem no Brasil.

Mais recentemente, Parada e Barbieri (2011), Pasian *et al.* (2014) e Scaduto (2016) empreenderam pesquisas com intuito de evidenciar a influência do contexto sócio-histórico-cultural e artístico na elaboração das histórias relatadas perante as pranchas do TAT. Suas pesquisas resultaram em importante material para reflexões acerca da utilização do teste na realidade contemporânea, já que questionaram o limite e as possibilidades das referidas pranchas serem capazes de refletir as vivências do indivíduo contemporâneo. Além disso, chamaram a atenção para o uso ético do instrumento: "Ética não enquanto norma estabelecida ou diretriz obrigatória, mas enquanto qualidade de ação profissional, de respeito ao humano em suas várias formas de expressão, enquanto cuidado para com o outro" (Pasian *et al.*, 2014, p. 4).

Hanns (2000), ao apresentar o conjunto de parâmetros que podem servir de argumentos a favor de determinada teoria, assinala que, no referente às evidências diretas, se pode apresentar a partir de testagens com instrumentos, tais como os testes projetivos, correlações entre a prática e a teoria. A partir daí, pode-se pensar em algumas hipóteses que servirão como "organizadores conceituais de valor mais preditivo do que explicativo" (Hanns, 2000, p. 198). Ainda conforme explica esse autor, "interpretações *a posteriori*, são de grande importância nos campos de conhecimento onde se supõe que eventos singulares e não replicáveis contém mecanismos gerais que poderão se repetir no futuro" (Hanns, 2000, p. 199). Os procedimentos e critérios estabelecidos para a análise dos resultados de uma pesquisa devem ser consonantes com as ideias de Hanns (2000), já que há concordância com as afirmações desse autor quanto à possibilidade de explicitação dos modos como cada fenômeno é percebido ou inferido, assim como os mecanismos psíquicos e seus critérios de aferição, independentemente da abordagem teórica do psicólogo clínico e/ou pesquisador.

Do TAT de Murray (1943/2005), o conjunto de pranchas ou uma parte delas, selecionadas para atender aos objetivos de pesquisas científicas, cumpre o que se propõe: de forma objetiva e replicável, a análise da apercepção. Pesquisas tais como as de Scaduto (2016), Taborda (2015), Prado (2012), Parada e Barbieri (2011), Barros (2004; 2010) e Herzberg (1993) nesse sentido contribuem significativamente.

Em virtude de as pesquisas serem baseadas em diferentes linhas teóricas, observa-se a existência de várias propostas de forma de aplicação e análise do TAT. Além do esquema necessidade e pressão, proposto por Murray, criador da técnica, destacam-se:

a) Vica Shentoub, também conhecida como linha francesa, valoriza os aspectos formais em sua proposta de análise (Silva e Montagna, 2008);

b) Richard Dana, que apresenta uma proposta objetiva para avaliação do teste (Dana, 1996);

c) Piotrowski, que compara o conteúdo das histórias elaboradas pelo indivíduo ao conteúdo do sonho, ou seja, para ele os desejos inconscientes do sujeito são atribuídos aos personagens das histórias (Anzieu, 1978);

d) O sistema psicodinâmico de Leopold Bellak dá destaque a funções do ego e recomenda que os estímulos do TAT sejam encarados como "uma série de situações sociais e relações interpessoais" (Silva e Montagna, 2008, p. 136). Para Bellak, o processo aperceptivo organiza dinamicamente as percepções, gerando interpretação dos estímulos cheia de significados subjetivos (Silva e Montagna, 2008). Dá ênfase à análise de conteúdo e propõe um modelo de interpretação e análise baseado no processo de identificação de padrões de comportamento recorrentes no testando ao lidar com as diversas situações (normas aperceptivas e temáticas) propostas pelas pranchas;

e) Brelet-Foulard e Chabert destacam os conteúdos manifestos e latentes e, assim como Shentoub, sistematizam a análise em uma folha de cotação. A partir da análise quanti-qualitativa são identificadas as problemáticas significativas e feitos recortes do funcionamento psíquico do sujeito (Brelet-Foulard & Chabert, 2005);

f) Teglasi argumenta que a expressão da individualidade nas respostas decorre da percepção da demanda da tarefa e da organização da resposta, ou seja, depende de um modo de pensar regido por estruturas mentais (Silva e Montagna, 2008). Sua proposta é conhecida como uma abordagem cognitivista por se voltar aos processos cognitivos na elaboração da resposta diante das pranchas do TAT;

g) O sistema de Morval é baseado na Personologia de Murray e nos trabalhos de Bellak, e reúne conhecimentos sobre a Psicologia do Ego e a Psicologia Cognitiva. Propõe um sistema de codificação das histórias conhecido como sistema morvaliano (Scaduto, 2016).

Psicólogos clínicos e pesquisadores vêm, historicamente, trabalhando com o objetivo de sanar as preocupações relativas à avaliação, precisão e validade dos testes e técnicas projetivas. O aprimoramento técnico-científico na área de avaliação psicológica no Brasil, em especial com métodos projetivos, tem sido mote de muitos trabalhos desde que o Conselho Federal de Psicologia (CFP) deu início, em 2003, ao processo de avaliação dos testes, denominado Sistema de Avaliação dos Testes Psicológicos. De acordo com a lista de testes que receberam o parecer favorável, o TAT foi aprovado.

Em 2014, Pasian *et al.* publicaram um livro intitulado "Desafios para a prática ética da avaliação psicológica" como resultado da apresentação de trabalhos no Congresso da Associação Brasileira de Rorschach e Métodos Projetivos. A referida publicação agrega importantes contribuições no que se refere à sistematização do conhecimento na área, assim como permite reflexões acerca das possibilidades de aplicação do instrumentos projetivos na prática profissional da Psicologia, seja clínica, seja em pesquisas, em diferentes contextos clínicos. A seção 2 dessa publicação é inteiramente dedicada às investigações com os instrumentos aperceptivos temáticos, entre as quais três são pesquisas que se utilizaram do TAT em seus escopos metodológicos.

Importante ressaltar que Herzberg, Erdman e Becker (1995), em pesquisa com o objetivo de levantar um panorama das Técnicas e Testes Psicológicos mais utilizados no Serviço-escola do Departamento de Psicologia Clínica do Instituto de Psicologia da Universidade de São Paulo, distribuíram um formulário para 32 profissionais (entre professores e técnicos), no qual deveriam ser apontadas as preferências de instrumentos. Ao analisarem os resultados, as pesquisadoras observaram que, apesar de frequentemente criticadas, as Técnicas Projetivas foram apontadas como as mais utilizadas pela maior parte dos profissionais, e entre os testes de uso mais comum estavam o TAT, em primeiro lugar, o que mostra que, para a maioria, era considerado como instrumento importante e adequado para o trabalho do psicólogo na área clínica e de pesquisa. Tal resultado se manteve quando a pesquisa foi replicada 10 anos mais tarde (Herzberg e Mattar, 2008).

Mais recentemente, Camara, Nathan e Puente (2000), a partir de estudo realizado nos Estados Unidos com psicólogos clínicos e neuropsicólogos, demonstraram que o TAT é um dos testes mais utilizados pelos profissionais da área clínica. Como muitos dos pesquisadores norte-americanos que expressam preocupação com a difícil realidade econômica imposta pelos planos de saúde do país, Camara, Nathan e Puente (2000) enfatizam a preocupação com a qualidade dos serviços psicológicos e neuropsicológicos prestados e reforçam a importância da manutenção tanto do ensino quanto no que se refere à autonomia profissional de se poder utilizar os instrumentos considerados apropriados para a avaliação a ser realizada.

Estudos brasileiros, tais como os de Noronha, Primi e Alchieri (2005), também demonstraram que o Teste de Apercepção Temática é um dos mais populares entre os profissionais da área da avaliação psicológica. Com o objetivo de identificar os instrumentos psicológicos mais conhecidos e utilizados por 304 psicólogos e estudantes de Psicologia do Brasil em 17 estados, as conclusões da pesquisa de Noronha, Primi e Alchieri (2005), embora tenham trazido relevante contribuição à área da Psicologia pelo trabalho de levantamento, também decorreram como um alerta sobre importantes problemas e dificuldades diante de um sombrio cenário no que se refere ao desconhecimento, por parte dos integrantes da amostra, de muitos dos 145 instrumentos

e técnicas apresentados no questionário utilizado na coleta de dados. Tais informações só reforçam ainda mais a necessidade de pesquisas sistemáticas na área da avaliação psicológica.

Neste capítulo, visando à ênfase do uso clínico e em pesquisas, dar-se-á destaque à valiosa contribuição dos resultados de pesquisas com as técnicas projetivas, aqui em particular com o TAT, para a prática profissional do psicólogo, tanto na interdisciplinar em equipes de saúde, como na individual, quer seja em serviços da rede pública, quer na prática privada. Estudos cujos resultados podem derivar em significativas contribuições para o estabelecimento do vínculo mãe/bebê e família/bebê (Barros, 2004; 2010; Herzberg, 1993) e auxiliar em intervenções médicas (Prado, 2012) e em contextos de demanda/busca por atendimento psicológico (Taborda, 2015) são alguns exemplos.

Taborda (2015) realizou estudo quanti-qualitativo, cujos objetivos foram verificar se havia manifestação da resistência, por parte dos alunos da graduação do curso de Medicina, em relação à busca por auxílio psicológico. Além disso, visou à identificação dos prováveis aspectos psíquicos que poderiam estar relacionados à resistência e à sua expressão. Foram utilizados como instrumentos de coleta de dados as escalas Beck para depressão (BDI) e ansiedade (BAI), um questionário com quatro perguntas e as pranchas 1, 7RH, 8 RM, 9MF e 12H do TAT. O TAT foi analisado de forma a identificar os principais conflitos, ansiedades e mecanismos de defesa utilizados pelos participantes da amostra, os quais poderiam estar associados à resistência associada à busca pelo tratamento psicológico. Os dados dos Inventários de Depressão e de Ansiedade de Beck foram tratados estatisticamente.

Entre os alunos que participaram dos inventários (433) e que receberam uma carta-convite para participar da aplicação do TAT, apenas sete sujeitos manifestaram interesse em participar: três do sexo feminino (dois do primeiro ano e um do segundo ano) e quatro do sexo masculino, um cursando o segundo ano e três cursando o quarto ano da graduação. Embora nenhum deles tenha apresentado *score* positivo para depressão nos inventários, todos referiram ter sentido ou estar sentindo, durante a graduação, algum tipo de dificuldade ou sofrimento emocional e psíquico, embora não tenham procurado nenhum tipo de auxílio em saúde mental. Dos 433 sujeitos que compuseram a amostra estudada, 218 (50,3%) demonstraram interesse ou necessidade em receber algum tipo de auxílio psicológico durante a graduação, e apenas 72 (16,6%) sujeitos informaram já ter acessado esse tipo de serviço no mesmo período. Não foi observada relação entre a intensidade dos sintomas depressivos ou ansiosos e a resistência na busca por auxílio psicológico, o que parece apontar para a busca por auxílio psicológico ocorrer independentemente do nível do sintoma. Taborda (2015) constatou, no entanto, uma relação diretamente proporcional entre o aumento da intensidade dos sintomas tanto ansiosos como depressivos e a demanda ou reconhecimento da necessidade em receber auxílio psicológico. Detectou-se resistência à busca por psicoterapia por parte de alguns alunos, e os principais aspectos que podem estar a ela relacionados seriam características de personalidade do próprio sujeito, tais como autoexigência relacionada à necessidade de perfeição, e a percepção da diferença entre a maneira como gostaria de ser (ideal de ego) e como é.

Já Prado (2012), por meio de um estudo longitudinal, avaliou o impacto psicológico da vivência hospitalar de indivíduos que tiveram complicações pós-operatórias à luz da teoria psicanalítica, especificamente o conceito de trauma e efeitos pós-traumáticos encontrados na literatura. A hipótese testada foi a de que a experiência hospitalar, assim como a de alta hospitalar, são potencialmente traumáticas, na medida em que o sujeito se percebe em uma situação de grande impacto emocional pelo estado de desamparo, impotência e risco da perda de sua integridade física, o que o leva a apresentar dificuldades adaptativas. Foram estudados longitudinalmente seis sujeitos desde a ocasião em que se encontravam hospitalizados (situação potencialmente traumática), dando seguimento depois de três e seis meses após a alta hospitalar. Como instrumentos de coleta foram utilizadas entrevistas, aplicação reduzida do TAT, além da escala de avaliação do transtorno de estresse pós-traumático (CAPS – *Clinician Administered PTDS Scale*).

Os resultados da pesquisa de Prado (2012) apontaram relação direta entre o evento internação e seus efeitos no psiquismo, pelo próprio caráter disruptivo da hospitalização como desenca-

SEÇÃO IV — AVALIAÇÃO PSICOLÓGICA

deante da vivência de vulnerabilidade física e psíquica, embora a repercussão psíquica esteja diretamente associada ao quadro clínico dos sujeitos e ao tempo que ficam expostos à situação potencialmente traumática. Esse estudo psicológico das complicações pós-operatórias gera importantes contribuições aos profissionais de saúde, na medida em que os sensibiliza para os problemas advindos da experiência de internação hospitalar.

Há também exemplos de pesquisas que têm como objeto de estudo o próprio TAT. Parada e Barbieri (2011) recomendam um uso crítico e cauteloso do referido teste, no que diz respeito à análise das histórias produzidas, especialmente nas interpretações referentes ao uso dos mecanismos de defesa, em especial o isolamento e o apego à realidade, tendo em vista que as imagens apresentadas nos cartões retratam cenas e contextos do passado. Silva e Montagna (2008), em trabalho de pesquisa que contribuiu para a aprovação do TAT como instrumento com parecer favorável após avaliação pela comissão consultiva do CFP, investigou a influência das características físicas dos estímulos nas respostas ao TAT. Diferentemente do que Parada e Barbieri (2011) apontam, a pesquisa de Silva e Montagna (2008) concluiu que não havia vantagem em alterar os estímulos originais para atualizar as aparências.

Para ilustrar a importância e a complexidade do material coletado em pesquisa que se utilizou de pranchas do TAT e método clínico, destaca-se a pesquisa longitudinal de Barros (2010), cujo objetivo geral foi identificar, em três mães de filhos primogênitos e quatro de segundos filhos, modificações, seis anos depois do nascimento da criança, nas expectativas, nos desejos e nos temores que tinham em relação a si e ao filho durante a gravidez. Para tanto, foi imprescindível que tenha sido possível apreender do material projetivo resultante da aplicação do TAT, assim como do Desenho da Figura Humana (DFH) e do conteúdo das entrevistas, características do filho imaginário, expectativas, desejos e temores da mãe, tendo sido possível verificar também, após comparação do material coletado antes e depois do nascimento da criança, tendências na maneira como se estabelece a relação entre mãe e filho.

Barros (2010) observou que o uso do TAT representou a possibilidade de se avançar para além dos aspectos conscientes trazidos na entrevista, tendo sido o material resultante de sua aplicação e da aplicação do DFH de grande valia para a obtenção de informações acerca dos desejos, dos temores e das expectativas maternas, além de garantir segurança e confiabilidade para as interpretações. Algumas mães participantes da pesquisa, por exemplo, mesmo tendo se apresentado de forma contida nas entrevistas, produziram rico material em relação às pranchas do TAT, instrumento que, por conseguinte, ainda se mostrou grande facilitador na consecução dos objetivos propostos. Assim, observou-se que o TAT tem se mostrado profícuo no estudo dos aspectos da relação mãe-filho desde a gravidez, já que permitiu o acesso ao material inconsciente com potencial para atuar ou já atuante na relação mãe-filho.

Após coletar dados longitudinalmente, observou-se que o criterioso estudo da psicodinâmica das sete mulheres ao longo da gravidez, fazendo-se especial ressalva às contribuições do TAT, já apontava para áreas potenciais de conflitos e dificuldades, assim como de facilidades, que poderiam interferir, e que assim o fizeram, no estabelecimento da relação mãe-filho.

Considerando o que havia sido encontrado em trabalho anterior, no que se refere à maternagem (Barros, 2004), a investigação mais profunda de alguns aspectos que poderiam funcionar como obstáculo à internalização da condição de mãe confirmou o fato de que as primíparas concentram suas preocupações consigo e com sua história (corpo infantil) mais do que as grávidas de segundo filho, aspecto esse observado em duas das três mulheres que fizeram parte do grupo das primigestas. Já no que concerne à hipótese de na segunda gestação haver risco para o estabelecimento do vínculo com o novo bebê, considerando os casos em que a mãe avaliava que ele não precisaria de tanta atenção e tantos cuidados tal qual a criança maior, não houve, nos casos estudados, comprometimento na qualidade do laço entre a mãe e o segundo filho, já que a atenção dedicada à criança mais velha muitas vezes foi propiciada por outra pessoa, por exemplo, a avó materna ou a paterna, uma tia ou até o próprio pai da criança.

Quanto à preocupação em discutir aspectos preventivos surgidos a partir desse estudo longitudinal (Barros, 2010) e eventuais efeitos terapêuticos ocorridos a partir do contato breve da pesquisadora com as mulheres por ocasião de suas gestações, vale ressaltar que seria interessante acompanhar e, nos casos em que houver desejo e/ou necessidade por parte delas, favorecer, a partir de intervenções terapêuticas, um reposicionamento subjetivo da mãe, no que se refere ao seu posicionamento materno, para que ela possa atender às demandas decorrentes do desenvolvimento do filho.

Dessa forma, ressalta-se a contribuição das Técnicas Projetivas no que se refere ao estudo dos aspectos preventivos, uma vez que puderam ser observadas algumas tendências nas expectativas, nos desejos e nos temores que foram confirmadas no decorrer do estudo longitudinal, no qual se tem a oportunidade de testar as mesmas mulheres em duas situações vitais distintas: durante a gravidez e após o estabelecimento da relação com os filhos que esperavam após, em média, seis anos (Barros, 2010). Ainda em se tratando da questão da predição, vale fazer uma ressalva importante acerca da diferença entre a presença do indicador de determinada característica no material projetivo e a forma manifesta da referida característica, tendo em vista que muitas vezes se trabalha com o nível latente de sentimentos, temores e desejos inferidos e apresentados como tendências. A partir do trabalho de Barros (2010), vale ressaltar, ainda, a relevância do caráter longitudinal do estudo, a partir do qual vários traços de dificuldade ou de facilitação já apareciam como tendência do que viria a se pronunciar na e pela mãe após o nascimento do filho que esperava.

Duas dentre sete mulheres estudadas apresentaram aspectos mais patológicos do que as outras, em ambos os momentos do tempo, e desde a primeira coleta já podiam ser observados nelas indícios desse funcionamento caracterizado pelo predomínio do processo primário de funcionamento mental e mecanismos de defesa bastante primitivos, fatores evidenciados em seus protocolos de TAT, marcados por omissões e distorções perceptivas. Considera-se, portanto, que a análise do material obtido pela aplicação das Técnicas Projetivas, em conjunto com o conteúdo das entrevistas semidirigidas, resultou em indicadores da maneira como a mulher posteriormente desempenharia a função materna e a maternagem. O material das entrevistas convergiu para os mesmos pontos clinicamente relevantes que surgiram como resultado da aplicação dos testes, possibilitando a identificação e o estudo das características do filho imaginário, das expectativas, desejos e temores marcantes no funcionamento das mães. Conforme apresentado, muitos aspectos puderam ser extraídos do material dos testes (Barros, 2010). A contribuição do TAT no que tange a ações preventivas ou mesmo terapêuticas pode ser observada também em Herzberg (1993). Inicialmente havia sido feito um acompanhamento de seis gestantes primíparas, classificadas como de baixo risco do ponto de vista obstétrico, durante a gestação, parto e puerpério, atendidas em um hospital público de São Paulo. Foram realizadas entrevistas, aplicado o Desenho da Figura Humana (DFH) e aplicadas as pranchas 1, 2, 3RH, 4, 6MF, 7MF, 10, 11, 12F, 13HF e 16. Relativamente à Prancha 7MF, por exemplo, na qual há uma mulher sentada em um sofá falando ou lendo para uma menina muito próxima com uma boneca (ou nenê) em seu colo e olhando para longe, apenas duas gestantes perceberam boneca ou nenê. As demais referiram tratar-se de animal (cachorro, coelhinho, gato ou bicho de estimação). Procurou-se compreender o sentido dessa considerada "distorção" perceptiva e de outras características surgidas nas respostas em relação às pranchas, a fim de poder contribuir para o transcurso "normal" da gestação e o vínculo mãe/bebê/família.

Para procurar os possíveis significados de algumas percepções não usuais surgidas em gestantes, foi realizada uma pesquisa (Herzberg, 1993) em que foram compostos dois grupos: um com 34 gestantes primíparas e outro, controle, com 32 mulheres equiparadas quanto a idade e nível socioeconômico, porém não gestantes. O objetivo da comparação entre os dois grupos foi o de verificar se as referidas percepções não usuais poderiam estar relacionadas ao fato de estarem grávidas ou se poderiam estar relacionadas ao nível socioeconômico ou a outras questões de natureza cultural. Verificou-se que aparentemente as diferenças na percepção não estavam relacionadas à gravidez, pois as distorções ocorreram nos dois grupos, estando provavelmente relacionadas às características culturais e/ou socioeconômicas. Outro dado interessante foi que, diante da Prancha 16, em branco, surgiram no grupo das gestantes (Herzberg 1993) conteúdos autobiográficos relativos a gestação, parto e puerpério.

Não se pretende aqui desvalorizar o uso do senso clínico, mas sim atentar para a importância do rigor e clareza metodológica em pesquisas científicas, a fim de que resultados semelhantes possam ser obtidos em diferentes contextos, incluindo-se o da prática profissional clínica. Como em todo trabalho, o uso clínico e em pesquisa do Teste de Apercepção Temática aponta o caráter inacabado do conhecimento em ciências humanas, já que a maneira como se delineiam e são tratados os dados pode ser sempre questionada, inclusive pelos próprios pesquisadores no que se refere à abertura de novas perguntas no decorrer de um trabalho de pesquisa.

Além disso, pensa-se ser imprescindível voltar a destacar a importância do rigor e clareza metodológica nas pesquisas, sem perder a delicadeza do raciocínio clínico, o que se considera um dos maiores desafios seja na pesquisa científica, seja na prática clínica e que vai ao encontro das preocupações de Scaduto (2016) em sua tese: um uso em conciliativo entre a leitura objetiva e a análise qualitativa do material decorrente da utilização do TAT. Assim, destaca-se ainda a necessidade de permanentes estudos acerca da sistematização do material e do cuidado ético na análise baseada no método clínico, independentemente do contexto de trabalho com o TAT.

À guisa de conclusão, considerando as inúmeras possibilidades e a riqueza do material coletado a partir do uso do TAT, destaca-e que o uso clínico do instrumento e seu uso em pesquisas se complementam. Cabe enfatizar a valiosa contribuição dos resultados de pesquisas com as técnicas projetivas, aqui em particular com o TAT, para a prática profissional do psicólogo, tanto na interdisciplinar em equipes de saúde como na individual, quer seja em serviços de saúde, quer na prática privada. Pesquisas cujos resultados podem derivar em significativas contribuições para o estabelecimento do vínculo mãe/bebê, família/bebê, em situações de intervenções médicas, em busca de atendimento psicológico e outras.

Como observado pelo material apresentado ao longo deste capítulo, destaca-se a importância expressiva de pesquisas que tenham contado com as contribuições do Teste de Apercepção Temática em seus escopos metodológicos, o que dá legitimidade ao uso do instrumento, para além do tradicional uso clínico, também em pesquisas que tenham como principal objetivo acessar recortes de material inconsciente dos sujeitos estudados e que em muito podem contribuir na área da prevenção de dificuldades psíquicas de diversas naturezas.

REFERÊNCIAS BIBLIOGRÁFICAS

Anzieu, D. (1978). *Os métodos projetivos*. Rio de Janeiro: Campus.

Barros, I. P. M. (2004). *Características psicológicas da primeira e da segunda gravidez: o uso do DFH e do TAT na assistência pré-natal* (dissertação). Instituto de Psicologia, Universidade de São Paulo. Disponível em: www.teses.usp.br. Acesso em: 15 fev. 2017.

Barros, I. P. M. (2010). *Movimentos do desejo materno antes e após o nascimento do filho: um estudo longitudinal* (tese). Instituto de Psicologia, Universidade de São Paulo. Disponível em: www.teses.usp.br. Acesso em: 24 fev. 2017.

Brelet-Foulard, F.; Chabert, C. (2005). *Novo manual do TAT: abordagem psicanalítica*. São Paulo: Vetor.

Camara, W. J.; Nathan, J. S.; Puente A. E (2000). Psychological test usage: implications in professional psychology. *Professional Psychology Research and Practice*, v. 31, p. 141-154.

Dana, R. H. (1996). The Thematic Apperception Teste. In: Newmark, C. S. (Ed.). *Major psychological assessment instruments*. Boston: Allyn and Bacon. p. 166-205.

França e Silva, E. (Coord.) (1984). *O Teste de Apercepção Temática de Murray (TAT) na cultura brasileira: manual de aplicação e interpretação*. Rio de Janeiro: Editora da Fundação Getúlio Vargas.

Hanns, L. A. (2000). Psicoterapias sob suspeita – a psicanálise no século XXI. In: Pacheco Filho, R. A.; Coelho Junior, N. E.; Rosa M. D. (Orgs.). *Ciência, pesquisa, representação e realidade em psicanálise*. São Paulo: EDUC/Casa do Psicólogo. p. 175-203.

Herzberg, E. (1993). *Estudos normativos do Desenho da Figura Humana (DFH) e do Teste de Apercepção Temática (TAT) em mulheres: implicações para o atendimento a gestantes* (tese). São Paulo: Instituto de Psicologia, Universidade de São Paulo.

Herzberg, E. (2000). Use of TAT in multicultural societies: Brazil and the United States. In: Dana, R. H. *Handbook of cross-cultural and multicultural personality assessment*. Mahwah, NJ: Lawrence Erlbaum Associates. p. 447-459.

Herzberg, E.; Erdman, E. P.; Becker, E. (1995). Técnicas de exame psicológico utilizadas no Departamento de Psicologia Clínica do Instituto de Psicologia da Universidade de São Paulo: levantamento realizado em 1994. *Boletim de Psicologia*, v. 45, n. 102, p. 85-96.

Herzberg, E.; Mattar, A. (2008). Instrumentos clínicos utilizados no Departamento de Psicologia Clínica da USP: 10 anos depois. *Boletim de Psicologia*, v. 58, n. 128, p. 39-54.

Murray, H. A. (2005). *Teste de Apercepção Temática: Henry A. Murray e colaboradores da Clínica Psicológica de Harvard*. Adaptação e padronização brasileira: Maria Cecília Vilhena da Silva. 3ª ed. adaptada e ampliada. São Paulo, SP: Casa do Psicólogo. (Originalmente publicado em 1943)

Noronha, Ana Paula Porto; Primi, Ricardo; Alchieri, João Carlos (2005). Instrumentos de avaliação mais conhecidos/utilizados por psicólogos e estudantes de psicologia. *Psicologia: Reflexão e Crítica*, v. 18, n. 3, p. 390-401.

Silva, M. C. V. M.; Montagna, M. E. (2008). O Teste de Apercepção Temática. In: Villemor-Amaral A. E.; Werlang, B. S. G. (Orgs.). *Atualizações em*

Métodos Projetivos para Avaliação Psicológica. São Paulo, SP: Casa do Psicólogo. p. 133-146.

LEITURAS RECOMENDADAS

Parada, A. P.; Barbieri, V. (2011). Reflexões sobre o uso clínico do TAT na contemporaneidade. *Psico-USF*, v. 16, n. 1, p. 117-125.

Pasian, S. R. et al. (Orgs.) (2014). *Desafios para a prática ética da avaliação psicológica*. Ribeirão Preto, SP: ASBRo. CD-ROM (689p.).

Prado, M. A. P. (2012). *Estudo do impacto psicológico na intercorrência cirúrgica: trauma e seus efeitos pós-traumáticos* (dissertação). Instituto de Psicologia, Universidade de São Paulo. Disponível em: www.teses.usp.br. Acesso em: 24 fev. 2017.

Scaduto, A. A. (2016). *O Teste de Apercepção Temática (TAT) em adultos: dados normativos para o sistema morvaliano* (tese). Faculdade de Filosofia, Ciências e Letras de Ribeirão Preto, Universidade de São Paulo. Disponível em: http://www.teses.usp.br/teses/disponiveis/59/59137/tde-11052016-104942/. Acesso em: 24 fev. 2017.

Taborda, A. L. C. G. (2015). *Aspectos da resistência do aluno de medicina na busca por auxílio psicológico* (tese). Faculdade de Medicina, Universidade de São Paulo. Disponível em: http://www.teses.usp.br/teses/disponiveis/5/5144/tde-24022016-114439/. Acesso em: 24 fev. 2017.

32

O Ateliê de Pintura de Livre Expressão: espaço terapêutico compartilhado de criação

Jacqueline Santoantonio

Astréa Thereza Issler de Azevedo Ribeiro

APRESENTAÇÃO

O Ateliê de Pintura de Livre Expressão é um grupo terapêutico que acontece há quase 18 anos no Centro de Atenção Psicossocial da Universidade Federal de São Paulo (CAPS/Unifesp) e faz parte das diversas formas de intervenção oferecidas no acompanhamento a pacientes com grave sofrimento psíquico que realizam tratamento no serviço. É uma modalidade de atendimento idealizada pelo professor Michel Ternoy (Ternoy, 1987; 1997), que, por mais de trinta anos, desenvolveu esse grupo terapêutico no Hospital Saint-Venant, no norte da França.

Cabe ressaltar o acompanhamento do professor Ternoy ao nosso percurso, que, além de nos possibilitar uma formação cuidadosa quanto às premissas envolvidas no embasamento teórico desse trabalho, possibilitou-nos a participação em seus grupos na França, em vários momentos ao longo desses anos. O professor Ternoy também participou de um de nossos Ateliês aqui no Brasil e tem acolhido e supervisionado nosso desenvolvimento nessa proposta.

Dessa forma, quando colocamos como título deste capítulo – "Ateliê de Pintura de Livre Expressão: espaço terapêutico compartilhado de criação" –, referimo-nos tanto ao movimento que acontece no grupo como potencial criativo quanto à possibilidade de troca e construção conjunta entre aqueles que sustentam e acreditam na expressão como ato e movimento criativo em que a pessoa existe e se realiza.

Para Minkowski (1999), o centro da reflexão fenomenológica está no estudo da linguagem e no campo da expressão, ou seja, por meio desses aspectos, podemos entrar em contato com o outro e ter acesso à sua visão de mundo. A expressão, portanto, é um movimento para o exterior e é dirigida a alguém que, suscetível de acolher o que é expresso, apresenta em si a reciprocidade, a interação e a coexistência.

O Ateliê propõe compartilhar vivências, em um primeiro momento, por meio da imagem produzida que é completada, em um segundo momento, pela experiência compartilhada, em que se conversa sobre o que foi feito. O de cada um, o do outro e o do grupo transformam-se em possibilidade de habitar a vida em comunidade. Assim, estamos no campo do encontro entre o humano em toda a sua sensibilidade, aquele que inclui as emoções, a vontade, as sensações e o afeto, aspectos que são constitutivos da substância do nosso Ser.

O desenho é considerado como uma manifestação de tudo o que se dá em cada pessoa e é revelado a um grupo que, em comunhão, é afetado pelo aparecer no mundo e na vida – revelação da vida – tanto daquele que se debruçou naquele desenho como nos outros, que encontraram com ele nessa surpreendente possibilidade de afeição. Esse olhar diante do que é proposto no Ateliê supõe a noção de manifestação sob forma de afecção, relação, corpo afetivo, em que as relações não se fundam em uma passividade anônima, como ressalta Martins (2002), e sim à "vida que existe, que habita cada uma das modalidades da nossa existência, desde a mais simples dor" (Henry, 2014, p. 34).

Nesse sentido, a criatividade como habilidade de criar o mundo presente, na concepção de Winnicott (1975), e a possibilidade de a pessoa apresentar seu existir por gesto, sonoridade e formas visuais para a construção do *self* e de seu estilo de ser, na compreensão de Safra (1999), concordam com a base deste trabalho.

Para desenvolver o tema proposto, inicialmente apresentaremos o desenho como forma de expressão presente na história da humanidade para então o abordarmos como revelação e possibilidade de encontro no acompanhamento clínico. Passaremos a seguir para a descrição do funcionamento do Ateliê de Pintura de Livre Expressão e relataremos algumas ilustrações clínicas de pessoas que participaram dessa modalidade de atendimento, discutindo, nas considerações finais, nossas impressões sobre a pertinência e potencial envolvidos nessa forma de acompanhamento em grupo.

SEÇÃO IV — AVALIAÇÃO PSICOLÓGICA

O DESENHO COMO FORMA DE EXPRESSÃO

O desenho é uma forma de expressão que acompanha a história da humanidade desde a Idade da Pedra. Os afrescos que encontramos nas cavernas, por exemplo, eram uma forma de comunicação utilizada como manifestação individual ou mesmo de um grupo e não tinham apenas o objetivo de colocar a marca no mundo de quem os realizou, mas de contar costumes, experiências, crenças e toda uma cultura que pôde ser resgatada ao longo do tempo. As imagens encontradas nesses desenhos são responsáveis pelo embasamento e contextualização de grande parte da história da civilização (Santoantonio, 2014).

Para Farthing (2010), toda sociedade ao longo da história produziu arte. "Representações e decorações, assim como a narração de histórias e a música, são tão naturais para o ser humano quanto a construção de ninhos é para os pássaros" (Farthing, 2010, p. 8). O autor refere que as mais antigas obras de arte conhecidas foram feitas há 77 mil anos na África do Sul e comenta um fato curioso: no norte australiano, existem pinturas que remontam a 40 mil anos (a.C.) e que foram repintadas por sucessivas gerações ao longo dos séculos. O significado foi sendo decodificado ao longo dos anos, mas o que fica claro é que para o artista havia o objetivo, independentemente do local em que foram descobertos os desenhos, de representar o mundo que havia ao seu redor. Mesmo as imagens encontradas na caverna de Altamira na Espanha (16000 a.C.-8000 a.C.) "foram cuidadosamente dispostas de modo a tirarem proveito dos contornos das paredes da caverna, o que lhes dá uma aparência tridimensional" (Farthing, 2010, p. 17).

Percebemos, portanto, que não é apenas uma necessidade de expressão do ser humano, mas uma forma de comunicação ao outro que encontrará o que foi feito. Estamos falando da história da humanidade que observamos nas manifestações artísticas, mas sabemos que ela é constitutiva na formação da personalidade. A expressão pelo desenho é uma das primeiras formas de comunicação da infância na qual a criança, por meio do traçado e da pintura, encontra um caminho para reproduzir o que percebe no ambiente e em si mesma. E o encontro do olhar do outro no que ela desenhou e sua afecção ao que foi feito, será decisivo como tradução e constituição do que chamamos de personalidade e, por que não dizer, de humano (Santoantonio e Antúnez, 2010).

Em seu capítulo sobre "Arte e fenomenologia da vida", Henry (2004) comenta que o mundo não se limita ao existente, mas há uma possibilidade constante de uma instalação ontológica nova por meio da arte. Dessa forma, a arte é um campo em que o artista reenvia ao mundo real as potencialidades mais fundamentais em que esse mundo seria possível, como um fundo de luz em uma tela em que as coisas se tornam visíveis, sendo a obra de arte uma forma de aparecer originário, ou seja, a própria vida em sua revelação.

O autor, citando os trabalhos que estudou de Kandinsky, fala do aparecimento da cor, em que o pintor, vendo a cor em seus passeios no bosque em Munique, pinta um quadro que se compõe a partir do vermelho e, quando o pintor pensa a propósito de sua criação, diz que a cor parece um fragmento de exterioridade que aparece como uma impressão radicalmente subjetiva. Estamos diante de uma questão fundamental em que, ao mesmo tempo em que existe uma autoafecção que não é uma afecção pelo mundo, mas por si mesma, toda forma de percepção, de imaginação ou mesmo de criação é uma heteroafecção, sendo revelação da vida, do eu e do outro.

Da mesma maneira, quando Henry (2004) se refere à arte de Briesen, que pinta ouvindo música e transcreve a música em grafismo, há a música como algo externo disparador, algo que provém do mundo externo, mas o que ele pinta é a pintura do que a música desperta nele e, cada nota ou complexo sonoro, se traduz em uma linha ou um ponto, transformando a ressonância da música nele na ressonância da vida.

Para Safra (2006),

> (...) um mundo é instaurado quando uma música é tocada (que é um tipo de símbolo apresentativo). O símbolo apresentativo propicia uma experiência. Dizer que uma música representa uma emoção ou afirmar que é fruto de um determinado acontecimento histórico ou biográfico é perder a essência da música. Isso é verdade também para outras artes, como dança e pintura. São fenômenos que apresentam um mundo e possibilitam uma experiência. (Safra, 2006, p. 43)

Para o autor, o terapeuta vivencia em sua sensibilidade o que é revelado pelo paciente por estar continuamente sendo afetado pelo que se apresenta naquele encontro.

O DESENHO COMO REVELAÇÃO E POSSIBILIDADE DE ENCONTRO

A partir da compreensão de que o desenho é uma manifestação da vida em Si e no outro, parece essencial a concepção ontológica de *Sobórnost* apresentada por Safra (2004), na qual cada ser humano é a singularização da vida de muitos, de seus ancestrais, e é a possibilidade de devir em direção ao que ainda não se constituiu. Nossa proposta de trabalho com o desenho encontra-se nesse campo, em que o encontro humano está embasado na experiência do conciliar, da criação de Si em comunidade (Santoantonio e Antúnez, 2006).

Cabe ressaltar que a potencialidade de compreensão e desenvolvimento revelada pelo desenho ou pela arte vem sendo estudada por vários autores há muito tempo e, independentemente da maneira como foi analisada, fez com que muitos profissionais que trabalham com pessoas com grave sofrimento emocional pudessem aproximar-se de seus pacientes.

Peiry (1997) referiu que Walter Morgenthaler foi o pioneiro a se interessar, em 1908, pelas produções de seus pacientes, destacando suas pesquisas com Adolf Wölfli, não só na descrição dos aspectos psicopatológicos envolvidos em suas criações, mas na possibilidade de determinar seu estilo artístico, estudando a organização espacial e o ritmo de suas composições. Retira, portanto, o peso moral de que as criações de Wölfli eram apenas obras de um louco, mas o inclui nas criações artísticas ditas talentosas. Em seu livro lançado em 1921, Morgenthaler apresenta seu trabalho sobre Wölfli de maneira revolucionária, já que, antes de ser um estudo psiquiátrico, é uma monografia artística de sua produção, favorecendo, inclusive, a apropriação de uma nova identidade para seu paciente.

A autora ressalta também o livro de Hans Prinzhorn publicado em 1922. Prinzhorn, inspirado no estudo dos desenhos e pinturas de pacientes da Clínica de Heidelberg e interessado na riqueza estética que encontrou e nomeou como "criação de arte", reuniu mais de cinco mil trabalhos de pacientes de vários hospitais da Europa, reconhecendo a capacidade artística presente nas obras.

Para Ferraz (1998), Prinzhorn procurou apresentar os processos envolvidos na criação artística evidenciando os mecanismos de elaboração que se revelavam nas produções dos pacientes. Para tanto, utilizou um método de investigação derivado da fenomenologia, da Gestalt e da teoria estética da empatia, procurando explicar como aparecia o impulso criador, não apenas como expressão do paciente, mas como sua arte também revelava a expressão artística da humanidade, reforçando ao mundo uma leitura estética integradora, incluída no domínio da "arte séria".

A autora comenta, também, a contribuição de Henry Delacroix, que em 1920 publicou um artigo no *Journal de Psychologie*, ressaltando a emoção estética em que a apreciação artística é considerada um fato estético primordial. Nesse sentido, o contato com a forma e o conteúdo de uma obra possibilita um encontro único entre o artista e o espectador, que podem compartilhar sentimentos e emoções que se reúnem na possibilidade de perceber, na qual a interação se torna presente na identificação imaginativa do que foi percebido.

O professor Barthélémy (1987) ressaltou a importância do período dos anos de 1921 a 1922 nos estudos dos transtornos psíquicos associados a expressão artística, referindo os trabalhos de Karl Jaspers de 1922 sobre Strindberg e Van Gogh, que serão fonte de inspiração tanto para Françoise Minkowska, que desenvolverá seu trabalho sobre Van Gogh, como para Hermann Rorschach, que publica seu livro sobre Psicodiagnóstico em 1921.

Discutindo a questão da expressão artística e os aspectos psicológicos que são associados e revelados por meio dela, Barthélémy (1987) apresentou a contribuição de Minkowska na análise das obras de arte em uma dimensão que tanto pode auxiliar na compreensão do ponto de vista estrutural, revelando as relações entre a apresentação de uma psicose e o aspecto psicológico do artista mesmo antes da eclosão da patologia, como a patologia podendo evidenciar e acentuar não apenas fatores destrutivos, mas significar uma evolução da personalidade por meio da obra de arte. Assim, toda psicopatologia revela uma coesão e uma coerência interna surpreendente e, ao mesmo tempo, aponta para capacidades inatas de adaptação na tentativa de elaboração do que vai sendo evidenciado (Antúnez e Santoantonio, 2010).

Os mecanismos de ligação (*lien*) e corte (*coupure*), descritos por Minkowska (Antúnez *et al.*, 2012), presentes nas formas de expressão, oferecem rica possibilidade de explicação das relações entre o indivíduo e o mundo. Revelam respectivamente a ligação que estrutura a atitude da pessoa no espaço e no tempo em que tendem a manter juntas as partes separadas ou, ao contrário, isola as figuras, revelando a fragmentação. Abordaremos a questão do corte (*coupure*) na apresentação dos casos clínicos deste capítulo.

Para Minkowski (1999), em seu capítulo sobre *L'expression*, a expressão é essencialmente dinâmica, é uma relação viva e, nesse mesmo sentido, é a própria vida. O autor ressaltou a importância para o ser humano da expressão em seu movimento para o exterior, endereçado sempre a alguém e que revela a coexistência e a interação entre seres semelhantes, o que possibilita um caminho de encontro entre aquele que vive e aquele que sofre.

Segundo Danchin (2006), foi o pintor francês Jean Dubuffet, em 1945, que nomeou a forma de criação espontânea que observou nas criações de pacientes psiquiátricos, de *"L'art brut"*. Porém, designando esse tipo de arte com essa denominação, colocou essa forma de expressão em um campo novamente clandestino, excluído do valor dado às chamadas verdadeiras obras de arte da cultura oficial.

Nesse campo de discussão entre o valor dado à produção baseado em quem a fez, há uma citação de Peiry (1997) de que o sociólogo Pierre Bourdieu designa o nome de "arte natural" em vez de "arte bruta". Sugerimos, porém, a especificação desse movimento expressivo, seja daquele que apresenta alguma patologia ou daquele que se debruça na possibilidade de se expressar por meio da arte, de "arte originária".

Nesse sentido, nosso trabalho no Ateliê tem muito em comum com o que foi desenvolvido no Brasil pela psiquiatra Nise da Silveira. Em seu livro *O mundo das imagens*, publicado em 1992, Nise relata sua indignação diante dos métodos agressivos empregados no tratamento dos pacientes psiquiátricos e procura apresentar uma nova forma de intervenção quando, em 1946, se opõe aos tratamentos vigentes no Centro Psiquiátrico de Engenho de Dentro, inaugurando a Seção de Terapia Ocupacional, com o intuito de criar um campo de pesquisa que comprovasse que essa modalidade de tratamento era terapêutica e viável.

Considerada na época uma prática que tinha o objetivo de distrair ou contribuir para a economia hospitalar, encontrou muita resistência e pouco apoio a princípio. Nise relata:

> (...) qual seria o lugar da terapêutica ocupacional em meio ao arsenal constituído pelos choques elétricos que determinavam convulsões, pelo coma insulínico, pela psicocirurgia, pelos psicotrópicos que aprisionam o indivíduo numa camisa-de-força química? Um método que utilizava pintura, modelagem, música, trabalhos artesanais, seria logicamente julgado ingênuo e quase inócuo. Valeria, quando muito, para distrair os internos ou torná-los produtivos em relação à economia dos hospitais". (Silveira, 1992, p. 16)

Porém, quando iniciou essa nova fase, começaram uma série de mudanças no ambiente hospitalar. Criando um ambiente cordial, centrado na relação com um terapeuta sensível que funcionaria, segundo sua descrição, como um catalisador, sem qualquer coação, por meio de atividades verbais e não verbais, os sintomas encontravam a possibilidade de se expressarem e "o tumulto emocional tomava forma, despotencializava-se" (Silveira, 1992, p. 16).

Assim, a Seção de Terapia Ocupacional desenvolveu-se e chegou a ter 17 núcleos de atividade que proporcionavam condições para a expressão das vivências daqueles que as frequentavam. Entre as atividades, Nise verificou que a pintura e a modelagem permitiam acesso ao mundo interno principalmente daqueles que se encontravam mergulhados em pensamentos, emoções e impulsos distantes da possibilidade de elaborações racionais ou mesmo da palavra, como no caso da esquizofrenia grave.

Mas, além do acesso ao mundo interno daquele que pintava, verificou que a pintura em si apresentava qualidades terapêuticas, pois

> (...) davam forma a emoções tumultuosas, despotencializando-as, e objetivavam forças autocurativas que se moviam em direção à consciência, isto é, à realidade. Foi por esses dois motivos – compreensão do processo psicótico e valor terapêutico – que da Seção de Terapêutica Ocupacional nasceu o Museu de Imagens do Inconsciente, inaugurado em 20 de maio de 1952 (...) (Silveira, 1992, p. 17)

Nise evidenciou que, desde o início da década de 1950 até quase a década de 1990, 70% dos pacientes apresentavam reinternações, mesmo com novos tratamentos medicamentosos. As consultas rápidas e espaçadas, a pouca orientação aos pacientes, o restrito acolhimento da família e também a falta de manejo da

SEÇÃO IV — AVALIAÇÃO PSICOLÓGICA

sociedade para integrar o paciente acabavam por instaurar uma visão de alguém incapaz e perigoso para a convivência social. E daí, a reinternação ou a mendicância como sendo as possibilidades acessíveis a essas pessoas.

Assim, Nise criou a Casa das Palmeiras em 1956, destinada ao tratamento e à reabilitação de egressos de estabelecimentos psiquiátricos, que funcionava em dias úteis, em regime de externato, uma iniciativa que em muito auxiliou na criação do que conhecemos hoje como Centro de Atenção Psicossocial (CAPS) e outras formas de intervenção que propõem acolhimento distinto às internações.

Na Casa das Palmeiras, todos participavam, ao lado dos pacientes, das atividades, e a atitude da equipe era marcada "pela evidência do desejo em ajudar e por um profundo respeito à pessoa de cada indivíduo" (Silveira, 1992, p. 21). E quanto ao método ocupacional, Nise chama de "... *emoção de lidar*, expressão usada por um dos clientes da Casa das Palmeiras, pois sugere a emoção provocada pela manipulação dos materiais de trabalho, uma das condições essenciais para a eficácia do tratamento..." e a equipe "(...) sempre atenta para apreender o que transparece na face, mãos, gestos do cliente" (Silveira, 1992, p. 22).

Partindo dessa atitude ante a possibilidade do encontro em que estamos juntos em um momento de criação e, portanto, de vida, permeados pelo acontecer humano, passamos agora para a apresentação do funcionamento e dos desdobramentos que vivenciamos em nosso Ateliê de Pintura de Livre Expressão.

O ATELIÊ DE PINTURA DE LIVRE EXPRESSÃO

O Ateliê de Pintura de Livre Expressão é uma das modalidades de atendimento em grupo do Centro de Atenção Psicossocial da Universidade Federal de São Paulo (CAPS/Unifesp). É um grupo realizado uma vez por semana, com 1 hora e meia de duração, destinado tanto aos pacientes em atendimento intensivo que frequentam o serviço diariamente como para aqueles em acompanhamento semi-intensivo ou mesmo ambulatorial. O número médio de participantes é de quinze pacientes, além dos terapeutas, residentes e especializandos que fazem formação no serviço, que são incentivados a participar da proposta. Chegamos, então, a um número médio de vinte participantes no total em cada sessão.

Nesses quase 18 anos de funcionamento, já passaram pelo Ateliê aproximadamente 400 pacientes e mais de 200 profissionais em formação, residentes de psiquiatria e especializandos em saúde mental das mais variadas especialidades (psicólogos, terapeutas ocupacionais, enfermeiros e assistentes sociais).

O material colocado à disposição é composto por lápis preto (2B, 4B e 6B), lápis de cor (48 cores), giz de cera (fino e grosso), réguas, compasso, borracha e apontador. Os desenhos são feitos em papel sulfite (A4). Esses elementos, além de acessíveis, foram escolhidos por facilitar a confecção de desenhos.

Cabe ressaltar que a participação é livre, ou seja, é respeitada a possibilidade de o paciente querer ou não participar, considerando-se sua privacidade de decisão. Aquele que aceitar o convite de estar no grupo deverá engajar-se na atividade proposta segundo alguns limites estabelecidos. A sessão começa e termina na mesma hora para todos do grupo. Assim, mesmo que o participante termine sua produção, é estimulado a aguardar o tempo especificado até o final da discussão. A atividade estabelece, dessa forma, um ritmo peculiar de funcionamento.

Cada sessão é composta por dois momentos. No primeiro, chamado de "produção", temos aproximadamente 50 minutos,

em que cada um faz seu desenho, considerando-se que a expressão pessoal é totalmente livre sobre o espaço da folha. Ninguém pode interferir sem consentimento no desenho do outro, já que o desenho representa a pessoa que o fez. O segundo momento, chamado de verbalização, será descrito posteriormente, no qual o desenho é exposto e conversamos a respeito.

Assim como cada participante pode desenhar o que desejar, o destino de sua produção também é de sua decisão pessoal. Poderá expor ou não no quadro no segundo momento, poderá levar seu desenho, dar seu desenho a alguém e também dar aos terapeutas para que arquivem em sua pasta. Desde a primeira sessão, cada um recebe uma pasta com seu nome e é informado de que ali estarão guardados seus desenhos ao longo de sua participação no Ateliê. O participante pode pegar sua pasta quando desejar, mas sabe que ela fica arquivada no armário do Ateliê.

Todos são convidados a desenhar, ou seja, pacientes, terapeuta, coterapeuta, profissionais da equipe fixa que estejam participando no dia e profissionais em formação. Dessa forma, estamos todos envolvidos na mesma proposta naquele encontro.

O participante que entrar no grupo no final da "produção" ou no início do segundo momento que descreveremos a seguir, sabe que não poderá mais desenhar, mas que poderá contribuir com seus comentários.

Passamos então para o momento chamado de "verbalização". Os participantes que aceitarem afixam seus desenhos em um quadro de cortiça. O grupo se dispõe em um semicírculo diante das produções. A terapeuta, então, convida um a um a fazer comentários sobre o seu desenho e sobre os outros desenhos que lhe chamaram a atenção e anota a verbalização. A participação também é livre e cada um pode falar exprimindo-se de acordo com suas possibilidades.

A terapeuta procura estabelecer o diálogo de forma que cada um tenha seu espaço para falar e não seja interrompido pelos outros. Os comentários podem variar de algumas palavras a explicações mais longas e também os técnicos são convidados a comentarem sobre seus desenhos e suas impressões.

Muitas vezes, com o consentimento do paciente, recorremos ao resgate da pasta e de alguns desenhos que são comparados com novas produções e, juntos, verificamos evoluções ou modificações ao longo de sua participação, o que tem sido potencialmente terapêutico. Esse manejo não é algo sistemático, mas segue o ritmo de cada um, em determinado momento em que a terapeuta percebe que essa retomada da imagem feita anteriormente pode ser interessante para aquele participante.

Os objetivos das intervenções são de facilitar que os participantes possam refletir sobre sua produção e de favorecer a formulação de impressões e sentimentos que motivaram o que foi feito, além de procurar estabelecer uma conversa compartilhada sobre o que foi realizado em grupo.

Após todos terem falado, fotografamos o mural com todos os desenhos. Aqui também o participante pode concordar ou não que seu desenho seja fotografado e sua decisão é respeitada.

Cada um retira seus desenhos do quadro e os que aceitarem guardam sua produção em sua pasta.

A foto do mural fica arquivada no armário do Ateliê depois de impressa, assim como as anotações das verbalizações e os desenhos de cada um em sua pasta. Dessa forma, há um registro dessa história vivida em grupo que pode ser recuperada quando necessário, ficando clara a importância daquele encontro compartilhado em comunidade, por meio do testemunho real do registro do que foi feito.

ILUSTRAÇÕES CLÍNICAS NA HISTÓRIA DO ATELIÊ DE PINTURA DE LIVRE EXPRESSÃO

Ao longo desses quase 18 anos de funcionamento do Ateliê de Pintura de Livre Expressão no CAPS/Unifesp, muitas histórias poderíamos contar desses encontros que foram acontecendo. Porém, selecionamos algumas ilustrações clínicas para apresentar nosso encanto diante da possibilidade potencial que essa forma de intervenção tem se revelado.

Em 2010 (Santoantonio e Antúnez), apresentamos o caso clínico de Antonio, do qual resgataremos neste capítulo alguns aspectos que nos parecem relevantes para evidenciar a evolução do paciente ao longo de sua participação no Ateliê. Aos 23 anos, encontramos um jovem extremamente assustado com suas alucinações auditivas e visuais e com sensação de intrusão no pensamento, que produziam sério isolamento, ansiedade e dificuldade de relacionamento com o entorno. O mecanismo de *coupure* (corte, dissociação, ruptura), o distanciamento afetivo e a perda do contato vital com a realidade, descritos por Minkowski (1997) como características essenciais da esquizofrenia, estavam presentes tanto no Método de Rorschach aplicado no início do tratamento como em sua produção gráfica.

Seus desenhos eram realizados rapidamente, por meio de um traçado veloz e esquemático, a princípio com lápis preto ou carvão. A repetição de linhas cortadas e o traço repleto de descontinuidades que se agrupavam e se transformavam em figuras fortuitas revelavam como características constantes olhos e dentes, muitas vezes justapostos, mostrando o olhar como devorador, agressivo e persecutório. Caricaturas deformadas e com elementos desintegrados mostravam as vivências de invasão, acentuando o corte, em que tudo parecia vago e sem intenção. A primeira figura humana era inacabada, cortada em suas extremidades.

Sua forma característica de desenhar foi percebida pelo grupo, que começou a valorizar seus desenhos e a identificar qual seria o seu desenho antes mesmo de ele apresentá-lo. Esse aspecto foi vivido por Antonio com satisfação, pois se via reconhecido em sua existência como um artista criativo, moderno e talentoso. O acompanhamento próximo e cuidadoso no Ateliê, com intervenções que visavam ao aumento de sua capacidade de discriminação e de integração possibilitaram não só o acesso à visão de mundo do paciente: acolhendo-o em seu desamparo e aprisionamento, como possibilidade de colaborar com o surgimento de novas vivências de interligação entre ele e o mundo.

Após seis meses de acompanhamento, paralelamente à sua melhora sintomatológica que fez com que começasse a questionar suas vivências persecutórias, revelando, portanto, maior contato com a realidade, observamos, na reaplicação do Método de Rorschach, algumas imagens de encontro, como um casal prestes a se beijar e diminuição importante da distorção da forma.

O isolamento diminuiu progressivamente e as figuras humanas começaram a aparecer, primeiro como personagens imaginários até se transformarem em figuras humanas reconhecíveis e compartilhadas. Os desenhos, antes monocromáticos, começaram a trazer cores, revelação da abertura à expressão do afeto. A valorização de seu trabalho e o incentivo do grupo levaram-no a expor suas produções em uma praça e a ganhar cada vez mais visibilidade, fazendo exposições em vários espaços, o que fez com que chegasse a ganhar prêmios.

Atualmente frequenta o serviço em atendimento ambulatorial e continua vendendo seus quadros, o que, além de contribuir com sua percepção de existência no mundo e melhora de sua autoestima, contribui economicamente para seus gastos e de sua família.

Nesse sentido, acreditamos que o trabalho conjunto desenvolvido por uma equipe multidisciplinar, atenta às suas necessidades não só medicamentosas, mas também psicológicas, familiares e sociais, e com o Ateliê como coadjuvante, atividade na qual o paciente pôde se identificar e se envolver, contribuiu para uma boa evolução do quadro, para a conquista de estabilidade e consequente melhora na qualidade de vida.

Contaremos, agora, um pouco do acompanhamento de Ana, que completa atualmente sete anos de participação no Ateliê. Muito jovem e extremamente desorganizada, chegou ao CAPS/Unifesp acompanhada pela mãe com um encaminhamento sugerindo tratar-se de um quadro de esquizofrenia hebefrênica. Vinha em perda progressiva do contato com a realidade, quase não falava, não se cuidava, não conseguia se comunicar com as pessoas. Muito empobrecida, ficava praticamente alheia durante os grupos em que participava no serviço, não se dava conta que urinava nas roupas e por vezes dormia. Porém, sua participação no Ateliê era um pouco diferente, pois lá comparecia desde o princípio, sem precisar de estímulo.

Suas produções impressionavam, marcadas pelo corte e pela falta de *élan* vital, pela grande desestruturação espacial com imagens quase irreconhecíveis e incongruentes. A desproporção, a falta de coerência das cores, o empobrecimento, a aridez e a falta de sustentação com elementos flutuantes eram aspectos marcantes. O fato de iniciar sua produção marcando com a unha o papel para só depois usar o lápis na marca feita revelava a utilização de elementos de ordem extremamente arcaica e sensorial.

Recentemente, realizamos um levantamento de sua evolução no Ateliê como contribuição para a discussão do seu caso em uma reunião clínica do serviço e nos surpreendemos com o aumento considerável de definição das formas, da coerência gradativa das imagens, chamando a atenção, principalmente, a figura humana, que antes aparecia como algo espectral, com traços quase imperceptíveis, sem delimitação entre rosto e corpo, pés e mãos disformes, olhos vazios. Em sua última produção, pudemos ver um rosto sorrindo, com todos os elementos, braços abertos, roupas com detalhes, parecendo vir ao encontro do grupo, como nos convidando para um abraço.

Outra imagem que nos chamou a atenção foi a de um cacho de uvas extremamente distorcido, que, após três anos, reaparece em um de seus últimos desenhos, com cores e forma, e a imagem de uma raposa olhando para as uvas, em que associa a um conto que leu com o filho, o que revela a percepção de algo experimentado não só com o filho, mas com a presença de um elemento compartilhado pela cultura, dando contexto ao desenhado.

Ao longo desses anos de acompanhamento, testemunhamos não só o aparecimento das formas e da vitalidade crescente, mas também de sua marca característica que foi percebida pelo grupo que começou a elogiar seus desenhos e comunicar, antes mesmo que ela dissesse o que havia desenhado, a intenção de sua produção. A satisfação de ser reconhecida e de ver que os outros sabiam o que ela havia desenhado foi muito emocionante para nós, pois compreendemos como é essencial, para quem se vê perdido em um mundo perceptivo isolado, o momento de reconhecimento da comunidade, a revelação de fazer parte de um mundo compartilhado, a existência reconhecida.

Ana teve muito investimento da equipe nesses anos. O atendimento em conjunto com o filho que foi realizado foi marcan-

SEÇÃO IV — AVALIAÇÃO PSICOLÓGICA

te para sua aproximação com a apropriação da maternidade (Souto, Santoantonio e Yazigi, 2016). Também o acompanhamento medicamentoso tem ajudado muito em sua organização, razão pela qual, na última reunião citada, evidenciamos a importância de retomar os atendimentos familiares para continuarmos auxiliando na identificação pela família da necessidade de incentivo em sua autonomia. Por se tratar de um caso muito grave, as mudanças e melhoras são sutis e lentas e nem sempre são identificadas facilmente por quem a acompanha.

Nesse sentido, as imagens que selecionamos para apresentar na reunião foram muito ilustrativas da evolução de Ana ao longo dos anos, muito mais difíceis de serem identificadas nos contatos verbais em outros espaços. Esse é outro aspecto que gostaríamos de ressaltar sobre o potencial de comunicação que está associado ao que é produzido no Ateliê: as imagens podem também vitalizar a equipe que acompanha o paciente, dando nova esperança e ideias na condução dos casos.

Ana ainda possui muitas dificuldades e não sabemos qual será sua possibilidade de desenvolvimento, mas já vemos que conquistou evolução em vários campos, não só quando percebemos uma estruturação crescente no Ateliê, mas em outros aspectos de sua vida. Há notória melhora em seus cuidados pessoais, em que a feminilidade se revela a cada dia. Tem conseguido ajudar nos afazeres de casa e na produção de doces, uma das fontes de renda da família, o que contribui para o estabelecimento de um lugar mais valorizado em seu núcleo familiar. A gradativa apropriação da maternagem com o filho não só tem beneficiado Ana com maior vitalidade, como tem sido de extrema importância no estabelecimento de uma imagem de mãe afetiva e viva para seu filho.

Outro paciente, do qual contaremos alguns aspectos de seu acompanhamento no Ateliê, esteve conosco durante oito anos. Em artigo anterior (Santoantonio, 2014) o chamamos de Antonio, nome que ele próprio havia escolhido para apresentarmos seu caso naquele momento. Neste capítulo, não mencionaremos esse nome para não confundir o leitor com o primeiro relato que apresentamos anteriormente.

Chegou ao serviço com comportamento alucinatório, autorreferência, quase sem estabelecer contato. Em sua casa, ficava isolado no quarto, sem tomar banho ou alimentar-se, com episódios de extrema angústia e inquietação, interrompendo seus afazeres diários que incluíam o cuidado com a mãe acamada após um acidente vascular cerebral. Sua latência ao responder demonstrava a intensa dificuldade no contato. O encaminhamento trazido pela família indicava um quadro de esquizofrenia simples, o que foi confirmado pelo precário contato vital com a realidade (Minkowska, 1978).

Permaneceu por vários Ateliês olhando a folha em branco e seu primeiro desenho foi um cubo inacabado, quase imperceptível no papel pelas linhas muito leves e imprecisas. Por muito tempo não assinava seus desenhos, passando a escrever seu primeiro nome e depois sobrenome em letra de forma. Após quatro anos, pudemos presenciar o aparecimento de uma assinatura acompanhada de uma figura vitalizada de um cavalo correndo.

Seus desenhos, que pareciam flutuar no meio da folha, foram ganhando detalhes e cores ao longo dos anos e também sustentação. A aridez do início foi se modificando e percebemos aparecer traços de vitalidade, possibilidade de ligação e o reconhecimento do humano e das figuras culturalmente compartilhadas, como a reprodução de um quadro que viu em um dos passeios organizados pelo serviço.

No momento da verbalização também percebemos a possibilidade de apropriação da linguagem e comunicação. A prin-

cípio não falava ao ser convidado, depois passou a identificar o que tinha feito com uma palavra, por exemplo, "flor". Algum tempo depois começou a localizar o que fez: "carro lá". Dois anos depois encontramos o verbo: "FIZ pássaro lá"; e se passaram mais alguns meses para podermos ouvir: "EU fiz o vaso com flor lá. Gostei de todos os desenhos". Até o momento em que participou do Ateliê, pudemos ver aparecer associações ao que desenhou, experiências que teve, aspirações, sonhos.

As intervenções que foram feitas no Ateliê procuraram estabelecer um lugar para a existência e a elaboração do vivido, também incentivadas em outros espaços em que participou, como nas oficinas de geração de renda, nas quais foi estabelecendo cada vez mais um espaço marcante para todos do grupo.

Uma das possibilidades potenciais do Ateliê também está no resgate pontual de algumas produções anteriores. Em uma de suas últimas participações, desenhou uma paisagem com dois barcos coloridos indo em direção a um porto com casas. Perguntamos se ele se recordava de um barco que tinha feito havia três anos. Ele não se lembrava, mas aceitou que o resgatássemos em sua pasta. Dissemos a ele que no novo desenho havia companhia, diferente do outro barco em que estava sozinho, e que nesse novo desenho parecia ter um lugar para chegar e partir. Ele comentou, surpreso, que estava mais colorido e ressaltamos que ele parecia mais vivo e com movimento. A mudança da postura corporal, o olhar mais vitalizado e o esboço de um sorriso pareciam revelar sua satisfação.

Durante seu tratamento no CAPS/Unifesp, teve acompanhamento próximo da equipe e foi participando cada vez mais das atividades propostas. Quando foi anunciada a necessidade de mudança de cidade, uma parte da equipe que o acompanhava mais de perto realizou vários atendimentos com ele e com a família procurando assegurar a continuidade de tratamento na cidade para onde se mudou, elaborando um relatório detalhado de toda sua evolução ao longo dos anos e as sugestões do que acreditávamos ser importante dar continuidade.

Há quase dois anos está vivendo em uma cidade de outro estado, onde continuou seu tratamento em um serviço local. Veio recentemente nos visitar, contando que participa de um grupo de seresta e que foi convidado a começar a pintar em tela no centro de convivência que também frequenta, dada a percepção da equipe de suas habilidades crescentes no desenho. Faz caminhada diariamente e comparece mensalmente à consulta com um psiquiatra. Contou, animado, também, que há mais de um ano não tem sido necessário o uso de medicações.

CONSIDERAÇÕES FINAIS

Ao longo da elaboração deste capítulo, muitas experiências que tivemos nesses anos foram recordadas, muitos participantes também foram pensados para apresentarmos, como ilustração, a pertinência de darmos continuidade a esse trabalho, mas não seria possível apresentarmos em um só capítulo tudo o que gostaríamos. Talvez, mesmo em um livro destinado apenas ao Ateliê, ainda haveria muito a desenvolver. Nosso intuito é de que o leitor interessado pelo tema possa começar a sonhar e a se encantar com a possibilidade de iniciar novos Ateliês e dar continuidade a essa experiência de encontro em outros espaços.

Como dissemos anteriormente, muitas instituições que oferecem acompanhamento psiquiátrico têm adotado o desenho como potencialmente terapêutico, mas, como referiu Ternoy (1997) e reforçamos em nosso primeiro artigo sobre o Ateliê (Santoantonio e Antúnez, 2002), não se trata de buscar associações entre a produção psicopatológica e as inspirações ou criações artísticas, buscando explicações entre loucura e genialidade ou talento artístico. Dessa forma, poderíamos correr o risco de realizar análises reducionistas e perder de vista o caminho que pode nos levar a ensinamentos insubstituíveis, graças ao poder expressivo do criador.

Para Winnicott (1975), o impulso criativo é necessário para o artista plástico produzir uma obra de arte e se faz presente quando qualquer pessoa se inclina de maneira saudável para realizar algo. No Ateliê, estamos em constante convite nesse debruçar-se para desenhar em comunidade, com a compreensão de que há extremo vínculo entre o viver criativo e o viver propriamente dito. O encontro acolhedor facilita o surgimento do inusitado, do surpreendente e daquilo que foi vivido, mas não pôde ser integrado.

Estamos diante de desenhos que consideramos como símbolos apresentativos e revelam muito de seu criador, em toda sua complexidade e sofisticação apresentados de forma plástica, não menos importantes do que os símbolos representativos. Por esse motivo, não pretendemos decodificá-los pelo receio de perder sua profundidade. Como refere Safra (2006), a função do símbolo apresentativo não é representar, mas apresentar. Diz o autor:

> (...) enquanto a representação e o discurso estão vinculados ao pensamento lógico, os símbolos apresentativos estão dirigidos à sensibilidade. Por isso podemos dizer que frente aos símbolos apresentativos tem-se uma experiência estética (...) A sensibilidade da pessoa que contempla uma obra é afetada de modo tal que ela concebe uma maneira de estar no mundo e de contemplar a existência. Por essa razão, o símbolo apresentativo mostra-se vivo, proporcionando uma experiência a quem entra em contato com ele, veiculando uma concepção a respeito da vida, da existência e do mundo humanos". (Safra, 2006, p. 43-44)

Henry (2004) comenta que o encontro significativo se dá unicamente na carne da afetividade em que nos deixamos afetar pelo que foi apresentado pelo outro. Assim, estamos todos em vivência de comunhão no Ateliê e não haveria sentido se não fosse dessa forma e nessa possibilidade de experiência humana compartilhada.

Quando Minkowska (2007) descreveu seu estudo de 1932 sobre Van Gogh, identificamo-nos muito com o que ela relatou, ou seja, cada vez que se voltava às obras do pintor, descobria novos traços, novas características de sua visão do mundo, e que provavelmente essas características estariam intimamente relacionadas com sua própria visão e o que percebia em si mesma.

Da mesma forma, se observamos o trabalho de Nise da Silveira (1992) e sua dedicação, em que a relação humana é genuína, em que terapeuta e paciente se encontram em uma proximidade espontânea na qual o terapeuta preserva a crença de que o impulso criativo sobrevive mesmo quando tudo parece apontar para o contrário, podemos compreender o potencial que experimentamos nesses anos no Ateliê.

Dessa forma, aquele que cria entra em contato com aquilo que era indizível e se vê convidado ao encontro com a própria história e com o devir. Acreditamos, portanto, que o espaço propiciado pelo Ateliê de Pintura de Livre Expressão tem se revelado de extrema importância no acolhimento desse gesto e temos a missão de guardiões atentos diante das possibilidades vivas que ressoam da criação.

REFERÊNCIAS BIBLIOGRÁFICAS

Antúnez, A. E. A. et al. (2012). Análise fenômeno-estrutural de um caso de depressão utilizando desenhos: acompanhamento psicológico em ateliê de pintura e expressão. *Psicopatologia Fenomenológica Contemporânea*, v. 1, n. 1, p. 34-63.

Antúnez, A. E. A.; Santoantonio, J. (2010). Análise fenômeno-estrutural de uma pessoa com depressão ao longo de dois anos de acompanhamento psicológico. In: Villemor-Amaral, A. E.; Yazigi L. (Orgs.). Psicopatologia fenômeno-estrutural. São Paulo: Casa do Psicólogo. p. 119-143.

Barthélémy, J. M. (1987). L'expression dans le champ de la psychopathologie phénoméno-structurale. *Colloque Rorschach et psychopathologie phénoméno-structurale. Expression et psychopathologie*. Recueil 3, France. p. 02-10.

Danchin, L. (2006). *Art brut: l'instinct créateur*. France: Gallimard.

Farthing, S. (2010). *Tudo sobre arte*. Rio de Janeiro: Sextante. p. 08-18.

Ferraz, M. H. C. T. (1998). *Arte e loucura: limites do imprevisível*. São Paulo: Lemos Editorial. p. 15-24.

Henry, M. (2004). *Phénoménologie de La vie*. Tome III. De l'art et du politique. Paris: Presses Universitaires de France. p. 241-308.

Henry, M. (2014). Sofrimento e vida. In: Antúnez, A. E. A.; Martins, F.; Ferreira, M. V. (Orgs.). *Fenomenologia da vida de Michel Henry: interlocuções entre filosofia e psicologia*. São Paulo: Escuta. p. 33-44.

Martins, F. (2002). *Recuperar o humanismo: para uma fenomenologia da alteridade em Michel Henry*. Cascais: Principia.

Minkowska, F. (1978). *Le Rorschach: a la recherche du monde des formes*. France: Desclée de Brouwer. (Obra original publicada em 1956)

Minkowski, E. (1997). *La schizophrénie*. Paris: Payot. (Obra original publicada em 1927)

Minkowski, E. (1999). *Vers une cosmologie*. Paris: Éditions Payot & Rivages.

Minkowska, F. (2007). *Van Gogh: sa vie, sa maladie et son oeuvre*. Paris: Harmattan.

Peiry, L. (1997). *L'art brut*. Paris: Flammarion.

Safra, G. (1999). *A face estética do self*. São Paulo: Unimarco.

Safra, G. (2004). *A pó-ética na clínica contemporânea*. São Paulo: Ideias e Letras.

Safra, G. (2006). *Hermenêutica na situação clínica. O desvelar da singularidade pelo idioma pessoal*. São Paulo: Edições Sobórnost.

Santoantonio, J. (2014). O ateliê de pintura de livre expressão: relato de um modelo de intervenção articulado com a fenomenologia da vida de Michel Henry. In: Antúnez, A. E. A.; Martins, F.; Ferreira, M. V. (Orgs.). *Fenomenologia da vida de Michel Henry: interlocuções entre filosofia e psicologia*. São Paulo: Escuta. p. 253-272.

Santoantonio, J.; Antúnez, A. E. A. (2002). *Atelier de pintura de livre expressão em hospital-dia psiquiátrico*. 2002. Disponível em: www.ciec.org.br/ publicacoes-revista1.asp / https://www.yumpu.com/pt/document/ view/13047413/atelier-de-pintura-de-livre-expressao-em-hospital-dia-ciec. Acesso em: 10 nov. 2017.

Santoantonio, J.; Antúnez, A. E. A. (2006). O uso de desenhos em grupo: traços do humano compartilhado. *Inter.Ação*, v. I, n. 5.

Santoantonio, J.; Antúnez, A. E. A. (2010). Ateliê de desenho e Rorschach: estudo fenômeno-estrutural. *Paideia*, v. 20, n. 45, p. 117-122.

Silveira, N. (1992). *O mundo das imagens*. São Paulo: Ática.

Souto, T. S.; Santoantonio, J.; Yazigi, L. (2016). Possible matches and mismatches related to the experience of creating a shared maternal Bond: the interpretation of a clinical case. *Yansitma Projection, Journal of Psychopathology and Projective Tests*, v. 25, p. 69-81.

Ternoy, M. (1987). L'espace pictural de groupe. *Colloque Rorschach et psychopathologie phénoméno-structurale. Expression et psychopathologie*. Recueil 3, France. p. 12-20.

Ternoy, M. (1997). *Rorschach, revê éveillé et expression grapho-picturale dans l'étude phénoméno-structurale des hallucinations* (tese). Lille, France: Université de Lille III.

Winnicott, D. W. (1975). *O brincar e a realidade*. Rio de Janeiro: Imago.

SEÇÃO V

PSICOLOGIA E RELIGIÕES

Coordenadora
Karin Hellen Kepler Wondracek

33

O que o psicólogo precisa saber da psicologia da religião

Geraldo José de Paiva

INTRODUÇÃO

A Psicologia da Religião é uma subárea da Psicologia, que tem como objeto não a simples aplicação do conhecimento psicológico ao comportamento religioso, mas uma reflexão à luz da Psicologia do que existe de psíquico nesse comportamento.

Embora a Psicologia da Religião seja um campo fértil em pesquisa, deve-se reconhecer que ainda é pouco conhecida, mesmo entre os profissionais. As razões desse desconhecimento são provavelmente várias. De um lado, há certo pudor, da parte da Psicologia, em submeter a relação religiosa ao escrutínio psicológico. Em contrapartida, pode existir alguma desconfiança da parte da Religião de uma dessacralização do religioso pela Psicologia. Outra razão tem sido, certamente, a formação recebida pelo psicólogo durante a graduação, que lhe apresentou a Religião como tema alheio à investigação científica ou mesmo como uma patologia. Ainda outra razão é a multiplicidade de subáreas na Psicologia, entre as quais o psicólogo só pode, forçosamente, interessar-se por algumas.

É nosso intuito despertar o interesse por essa subárea e prestar ao interessado as informações fundamentais relativas à Psicologia da Religião. Escolhemos alguns tópicos de ordem geral e outros mais específicos, ligados à prática profissional. Propositadamente apresentamos essas informações como apenas convenientes, e não como necessárias ao psicólogo. Embora a religião seja, em nosso meio, uma referência importante, não julgamos imprescindível sua inclusão no atendimento psicológico, que tem atrás de si um corpo teórico e metodológico sólido. Haverá casos em que o psicólogo encaminhará seu cliente à instância religiosa competente. Porém a importância da referência religiosa em nosso meio aconselharia ao psicólogo levá-la em conta em sua prática. É o que pretende facilitar o tratamento dos tópicos propostos.

O que *não* é e o que é Psicologia da Religião

Apesar de Vitz se referir à Psicologia como religião (Vitz, 1994; veja-se Bregman, 2001), ele o faz de forma crítica, censu-

rando psicólogos e leigos que veem na Psicologia ou, mais explicitamente, no culto de si mesmo o sentido último da vida. Esse modo de ver certamente se situa na abordagem mais ampla do funcionalismo, que não se demora na particularidade do objeto investigado, mas procura correspondências de função entre vários objetos particulares. Procedendo dessa forma, a Psicologia poderia ser qualificada de religião e, com mais razão, de teologia. O psicólogo assumiria, então, o papel de teólogo e de sacerdote, papel que a cultura geral não lhe reconhece. Tampouco é a religião um precipitado de condicionamentos (Skinner, 1970; Schoenfeld, 1993) ou de arquétipos (Jung, 1983) que a Psicologia seja capaz de determinar. A relação religiosa não prescinde de arquétipos ou condicionamentos, mas em sua dimensão antropológica e histórica não se identifica com eles.

A Psicologia da Religião é, antes de tudo, Psicologia. Como tal, seu objeto de estudo é o comportamento. Torna-se ela Psicologia da Religião quando estuda o comportamento referido ao objeto religioso. Esse objeto não é de fácil definição quando investigado ao longo do tempo e do espaço. As várias sociedades e culturas diferem muito entre si no que entendem por religião. Mais que buscar um termo equivalente à religião nas diversas culturas, o estudioso se interessará por identificar o que, numa determinada sociedade, é percebido como relação com o "transcendente", isto é, a dimensão que ultrapassa o trivial da existência. Esse "transcendente" reside ora numa energia superior à humana, ora nos antepassados mortos, ora em espíritos vários, ora em deuses e deusas, ora num deus único impessoal, ora num deus único pessoal, ora, como no cristianismo, num Deus uno e trino... O estudioso não consegue abarcar tal diversidade de "transcendentes" e, por isso, faz bem em limitar seu estudo a apenas algumas de suas modalidades. O profissional que, como o psicólogo, não é antropólogo ou historiador limita-se a seu entorno sociocultural. Esse entorno, num país como o Brasil, dele requer um conhecimento múltiplo do que se entende por religioso. Esse conhecimento, naturalmente, será conseguido com menos esforço se

SEÇÃO V — PSICOLOGIA E RELIGIÕES

puder contar com a colaboração das demais ciências humanas e sociais ocupadas com a cultura e as subculturas brasileiras. A variável "religião" poderá apresentar-se ao psicólogo na clínica, na dinâmica social, no desenvolvimento da personalidade, na psicopatologia. Ao psicólogo caberá não um juízo acerca da verdade religiosa proposta pela religião de seu consulente ou paciente, mas um juízo acerca da verdade de seu comportamento. Em outras palavras, ao psicólogo caberá considerar o psíquico no religioso, e não o religioso no psíquico. Essa abstenção de juízo relativo à transcendência religiosa foi estabelecida como princípio da Psicologia da Religião já no início do século XX, por Flournoy (1903), e exclui, metodologicamente, tanto a afirmação como a negação do transcendente em sua realidade objetiva. É a realidade subjetiva do transcendente, identificada com o comportamento religioso, que é acolhida pela Psicologia. O princípio de Flournoy vige, igualmente, no estudo do ateísmo e do agnosticismo comportamentais. O psicólogo se absterá do juízo afirmativo ou negativo da existência de quaisquer modalidades de transcendente e se aterá à dimensão subjetiva expressa no comportamento do ateu ou do agnóstico. Em razão desse princípio, a Psicologia da Religião pode ser definida como o estudo tanto da religiosidade como do ateísmo e do agnosticismo, pois em ambas as vertentes o comportamento orienta-se para o transcendente, afirmando-o, negando-o ou dele duvidando. O que não entraria na Psicologia da Religião é o comportamento simplesmente indiferente em relação ao transcendente, isto é, o comportamento que não mantém relação com ele.

Uma palavra acerca do juízo de verdade psicológica, da competência do psicólogo. A Psicologia tem atrás de si não só uma história relativamente longa, mas um arcabouço teórico e metodológico que lhe permite entender sistematicamente o comportamento. Os recursos teóricos são construídos a partir de várias perspectivas, conforme se considera o consciente ou o inconsciente, o indivíduo ou o grupo, o "normal" ou o "patológico", o influxo dos estímulos nas respostas, o manifesto e o latente, o observado e o vivido. Do ponto de vista dos métodos, praticamente todos os utilizados pela Psicologia são aplicados na Psicologia da Religião, com exceção da experimentação rigorosa, por não permitir estabelecer ou reconhecer, num experimento, a dimensão propriamente religiosa. Embora não tenham faltado tentativas de experimentação até laboratorial (Pahnke, 1966; Persinger, 2002), os resultados não têm correspondido às expectativas. O juízo de verdade da Psicologia, fundamentado na teoria e no método, afirma a natureza do comportamento com que lhe é dado tratar. Note-se que esse juízo é exercido em muitos campos. No comportamento político, por exemplo, o juízo psicológico não se refere ao sistema político, mas à autenticidade do comportamento que o abraça ou repele. O comportamento de aceitação ou rejeição derivado do preconceito, por exemplo, será julgado inautêntico do ponto de vista psicológico. O sistema político não será julgado. Também na religião, o desassossego, o remorso, as alterações somáticas que, eventualmente, seguem o sentimento de culpa, serão julgados em sua autenticidade, isto é, em sua natureza subjetiva. Haverá casos em que tais emoções serão julgadas conformes ao sadio funcionamento do psiquismo, como quando surgem da consciência de uma ofensa a uma pessoa amada, que na religião será o próprio Deus. Haverá casos em que o psicólogo perceberá que esses sentimentos e emoções derivam de uma infração a um ideal de ego artificial, que poderá envolver a ideia de Deus. Em ambos os casos, o psicólogo estará fazendo um juízo de verdade legítimo, decorrente de seus conhecimentos da Psicologia, sem se pronunciar sobre a realidade ou irrealidade do Deus aduzido.

Dimensão individual e social da Religião e da Psicologia da Religião

Como todo comportamento, o comportamento religioso é próprio da pessoa individual. Mas também, como todo comportamento, o comportamento religioso é compartilhado de muitas formas com outras pessoas. A dimensão individual e a social se entrecruzam e, talvez mais, tornam-se mutuamente possíveis uma à outra. Ao psicólogo convém levar em consideração ambas as dimensões.

Uma obra que, em 1950, revitalizou a Psicologia da Religião foi *The Individual and his Religion*, de Gordon Allport. Embora o autor trate das origens da busca religiosa, da religião da infância, da adolescência, da juventude e da idade adulta, da natureza da dúvida e da fé, sua ênfase recai na pessoa individual. Antoine Vergote, já em *Psychologie Religieuse* (1966), e depois em *Religion, foi, incroyance* (1983), aprofunda o tema pessoal por excelência que é a experiência religiosa, fazendo-a seguir do estudo da atitude e da motivação, e culminando na discussão do desejo, todas essas dimensões nitidamente pessoais. Mesmo autores mais recentes, como Batson, Schoenrade e Ventis (1993), que adotam a perspectiva psicossocial, intitulam seu estudo como *Religion and the individual*. Na linha da Psicanálise, Freud (1974) privilegiou a dimensão individual na ideia do pai engrandecido e na elaboração idiossincrática dessa relação pela criança, e Ana-María Rizzuto, no estudo *O nascimento do Deus vivo* (2006), acompanha a criança na apreensão pessoal de Deus. Mesmo compartilhando uma cultura, as pessoas se singularizam no modo como recebem e elaboram sua influência.

Porém, como diz John Donne, "nenhum homem é uma ilha" e, mesmo que o fosse, estaria rodeado de água por todos os lados. O comportamento religioso individual, entendendo-se religioso tanto como a aceitação de um Deus quanto como sua rejeição, não brota simplesmente de uma disposição biológica da pessoa. É instrutivo, sem dúvida, procurar pelas raízes biológicas da crença/descrença, porém tais raízes são insuficientes para produzir tanto o comportamento devoto como o comportamento ateísta. A religião é uma realidade social e cultural. Mesmo William James, que nos legou uma definição célebre da religião como "os sentimentos, atos e experiências das pessoas individuais em sua solidão, enquanto se percebem em relação com qualquer coisa que possam considerar o divino" (James, 1936, p. 31s), só consegue identificar esse "divino" no seio de uma tradição. A família, a escola, as leituras, as companhias, oferecem ou sonegam a referência religiosa, delas resultando tanto a crença como a descrença religiosa.

Essa mútua interferência do individual com o social deixa-se perceber muito bem na questão da identidade religiosa. O conceito da identidade foi discutido inicialmente em sua dimensão individual (Erikson, 1968), porém a ênfase maior tem sido na dimensão social. A conjunção de ambas as dimensões, e não apenas seu paralelismo, foi verificada, teórica e empiricamente, em vários estudos. Numa apresentação abrangente, demonstrou-se que, nos processos de transformação da identidade religiosa, isto é, da mudança de adesão de uma para outra religião, são igualmente determinantes o simbólico e o grupal. O simbólico diz respeito à concatenação que cada pessoa faz, idiossincraticamente, dos elementos cognitivos, afetivos e comportamentais de uma adesão religiosa, ordenando-os num todo coerente. O grupal refere-se à inserção da pessoa em um grupo. Verificou-se a absoluta convergência dos processos individuais e sociais da formação da identidade religiosa, de modo que "ocorre mudança de pertença grupal quando ocorre um novo simbólico, e ocorre um novo simbólico quando ocorre mudança de pertença grupal" (Paiva, 2007, p. 81).

A perspectiva inter ou transdisciplinar, que com razão se valoriza em nossos dias, sugere ao psicólogo atenção à Sociologia e à Antropologia Cultural. Essas são disciplinas que lidam com os grandes agrupamentos humanos e com as linhas de força que os atravessam. O psicólogo lida com a apropriação subjetiva desses agrupamentos e dessas linhas, e em geral prefere ater-se à influência dos agrupamentos intermediários menores na pessoa. Serão, portanto, a psicologia social, e não a Sociologia, e a psicologia cultural, e não a Antropologia, as perspectivas dominantes do atendimento profissional. As relações interpessoais (Heider, 1970), necessariamente limitadas em número e em profundidade, ocuparão o acompanhamento psicológico na clínica, na escola, na inserção no pequeno grupo e nas demais atividades profissionais em que possa estar envolvida a dimensão religiosa.

Religião e espiritualidade: convergências e divergências

Ao psicólogo da religião pode interessar a distinção entre religião, religiosidade e espiritualidade, não primariamente em suas denotações teológicas, mas nos comportamentos associados a cada um desses termos. Registre-se que esse é um interesse atual, predominante nos Estados Unidos e na Europa. Aos poucos, contudo, essa variada terminologia vem sendo aceita no Brasil, ao menos em certos estratos da população, geralmente os mais afluentes em recursos econômicos e acadêmicos. Em geral vem-se entendendo religião como uma instituição com um corpo de doutrinas, ritos e práticas, a que a pessoa se filia ou não. Por religiosidade, entende-se uma disposição aberta para uma relação, vaga que seja, com o divino. Espiritualidade, enfim, vem sendo definida como atitude sensível à dimensão imaterial da vida, a saber, ao que supera o mero trivial e terrestre da existência (Saroglou, 2003; Amatuzzi, 2005; Aquino, 2016). Concordo em que essas caracterizações não primam pela nitidez, mas penso que essa indeterminação conceitual resulta de mudanças mais amplas da cultura. O psicólogo fará bem, certamente, em informar-se do âmbito que os termos abrangem, pois sua atuação em relação ao consulente ou paciente poderá variar segundo o alcance atribuído a esses termos. Minha abordagem à relação entre Religião, Religiosidade e Espiritualidade se firma no uso dos vocábulos. Esse uso é mutável, haja vista a indefinição de religião apesar de suas dezenas de definições... Essa mutabilidade aconselha o estudioso a limitar-se ao uso de seu tempo e lugar. Uma ilustração da ambiguidade entre religião e espiritualidade é oferecida pelo estudioso norueguês H. Stifoss-Hansen (1999), que, num estudo "do que um ouvido europeu ouve quando escuta religião e espiritualidade", esclarece que um europeu diria: "não sou cristão, mas religioso", ao passo que um norte-americano diria: "não sou religioso, mas espiritual". No uso linguístico de religião, no contexto brasileiro, penso que o essencial é a referência a Deus, do cristianismo e do judaísmo, e às entidades divinas, da umbanda e do candomblé. Outras referências podem ser possíveis em nosso ambiente e, no caso de serem invocadas na situação terapêutica, incluídas na religião. Em todo caso, a religião poderia ser conceituada, com Vergote (1983, p. 10), como "o conjunto da linguagem, dos sentimentos, dos comportamentos e dos sinais que se referem a um ser (ou a seres) sobrenatural(ais)". Essa definição acentua a dimensão simbólica da religião, bem como os afetos e os comportamentos rituais e éticos de seus filiados. Como esse conjunto é em parte compartilhado pelas religiões e em parte diferenciado de uma

para outra, o psicólogo procurará estar informado do conteúdo específico da religião de seus consulentes ou clientes, consultando, por exemplo, os vários Dicionários das Religiões (M. Eliade: Martins Fontes; M. Eliade e Ioan B. Couliono: D. Quixote; George Schwikart: Santuário; John R. Hinnells: Cultrix; George A. Mather e Larry A. Nichols: Vida).

Religiosidade, como indica o termo, é um substantivo abstrato, derivado do adjetivo "religioso", que supõe o substantivo "religião". Não é, pois, etimologicamente fundamentado antepor religiosidade a religião, como se esta fosse uma derivação daquela. Embora possa indicar a atitude impregnada de religião, a palavra "religiosidade" é, atualmente, empregada como inclinação para uma relação religiosa pouco determinada. Creio resultar esse sentido, mais geral, do enfraquecimento da adesão às religiões constituídas, no Ocidente.

Espiritualidade, conceito antigo, é um termo de moda. Com o esgarçamento da filiação às religiões, valorizaram-se não só o vocábulo religiosidade, como o vocábulo espiritualidade. Embora de origem latina, o termo "espiritual" foi cunhado como tradução cristã do grego *pneumatikós*, que aparece no Novo Testamento. Nessa tradução, "espiritual" referia-se ao Espírito Santo e a seu influxo nos cristãos. Essa acepção vigorou, única, até o Século das Luzes, quando o espírito passou a indicar a razão universal. Até essa época, espiritualidade indicava certas acentuações na prática do cristianismo, qualificando, muitas vezes, a acentuação cultivada pelas ordens religiosas. Como exemplos, a espiritualidade franciscana, dominicana, carmelita, e outras. Com o romantismo, "espírito" passou a designar o espírito humanista, capaz de intuição, afeto e autorrealização. Nesse último sentido se emprega contemporaneamente a palavra, que aponta a valorização afetiva do pessoal, do autônomo, do novo e do livre, geralmente em oposição à instituição, que se percebe como coletiva, autoritária, tradicional e impositiva. Deve-se reconhecer que essa conotação e denotação da palavra contribuem para o aprimoramento humano, pois instigam a liberdade e a criatividade da pessoa, embora com o risco de afrouxar os laços sociais. Nessa linha dinâmica, a espiritualidade se sobrepõe à existência limitada ao interesse meramente material, e pode chegar a definir-se, com Solomon (2003), como "um amor bem pensado à vida", e com isso abranger muitas pessoas que não se consideram religiosas.

O psicólogo entrará em contato com clientes, pacientes e consulentes religiosos e espirituais. Como em relação às religiões, ele estará atento ao que as espiritualidades sugerem, no acompanhamento que oferece aos que procuram sua competência.

Psicologia da Religião e laicidade

O atendimento psicológico que leve em conta a religião, ou, alternativamente, a religiosidade e a espiritualidade, tem levantado incertezas quanto ao exercício da profissão num Estado laico. Sem dúvida, o estado pode regulamentar o exercício das várias profissões, e essa regulamentação cabe, por via dos Conselhos, ao Ministério do Trabalho. Anteriormente ao exercício da profissão, também o Ministério da Educação estabelece condições para a ministração da graduação dos diversos cursos. A laicidade do Estado estabelece, como princípio, a separação entre Estado e Igreja(s). O alcance dessa separação varia conforme os países. O Brasil parece inspirar-se no modelo francês, historicamente bastante rigoroso e militante. Porém, na própria França, a laicidade é uma questão jamais resolvida. No ano de 2016, o *Conseil d*'État, a mais alta jurisdição administrativa do país, autorizou, por ocasião do Natal, o presépio nos prédios

SEÇÃO V — PSICOLOGIA E RELIGIÕES

públicos, desde que não haja proselitismo (Le Monde, 2016). E mais: o presidente da República acaba de assinar, com publicação no Diário Oficial francês, a nomeação do novo arcebispo de Estrasburgo, indicado pelo papa, em virtude do regime concordatário da Alsácia (Houdaille, 2017). No Brasil, igualmente, a laicidade não está definida com clareza, e, como na França, vários "arranjos" são possíveis. No que toca ao exercício profissional do psicólogo, o Conselho Regional de Psicologia de São Paulo – CRP-06 (2016), em conjunto com integrantes de outros Conselhos Regionais, produziu alentada obra, em três volumes, fruto das discussões de seminários estaduais, na Coleção "Psicologia, Laicidade e as Relações com a Religião e a Espiritualidade". O primeiro volume traz a discussão do lugar da religião no Estado laico. Preliminarmente, recorda a origem e as transformações, ao longo da história do vocábulo "laico" e as vicissitudes da junção/separação entre o Estado e a(s) Igreja(s), em diversos países e sociedades do Ocidente. Diga-se, de passagem, que a questão da laicidade é uma questão tipicamente ocidental. A seguir, elabora-se, com certa minúcia, a relação entre Psicologia e Religião e defende-se que a Psicologia, como ciência moderna do comportamento, isto é, como conhecimento derivado de métodos reconhecidos de pesquisa, nada tem a ver com religião. A religião, com efeito, é relação da pessoa com Deus ou, mais em geral, com o Transcendente, objeto estranho à metodologia científica, que dele abstrai (Flournoy, 1903). A ciência psicológica ocupa-se com o comportamento humano, nesse caso voltado para Deus/Transcendente por meio de uma grande variedade de comportamentos. Essa independência, relativa ao método e ao objeto, estabelece, por si só, a laicidade da Psicologia. Não é necessário apelar à laicidade do Estado para garantir a laicidade das ciências. Como pessoa, naturalmente, o psicólogo tem ou não tem religião, ou tem esta ou aquela, o que influi no modo de ele encarar sua vida e a dos outros. A neutralidade da ciência será suficiente para garanti-lo do viés seja religioso, seja irreligioso, no atendimento profissional. Com essa salvaguarda, o exercício profissional será suficientemente laico.

Alguns tópicos sensíveis

Conexos com o tema geral Psicologia da Religião e Laicidade, quatro tópicos sensíveis poderiam ser recordados: o ensino religioso; o cuidado com a saúde; o exercício da política; o atendimento terapêutico. Em todos esses tópicos levanta-se a questão da laicidade, que estaria ameaçada com o ensino religioso, com a inclusão da religião/espiritualidade no atendimento aos enfermos, com a presença da religião na vida política, com a integração do religioso na psicoterapia. São esses assuntos complexos acerca dos quais farei apenas algumas anotações.

Na questão do ensino religioso nas escolas, a dificuldade básica, parece-me, é estabelecer a finalidade da escola: educar ou instruir? Se a natureza da escola for a de instruir, o ensino da história das religiões, da(s) ciência(s) da(s) religião(ões) ou talvez da filosofia da religião será suficiente. A escola fornecerá aos alunos informação valiosa acerca do fenômeno religioso ao longo do tempo, do espaço e das culturas. Como toda ciência moderna faz exclusão metodológica do transcendente (Flournoy, 1903), o aluno não se confrontará com o sobrenatural em si, mas com a variedade do comportamento humano em relação a esse sobrenatural, que é aceito ou rejeitado. Também a Psicologia da Religião teria seu lugar nesse ensino. Se não um psicólogo, algum professor informado dessa disciplina poderá elucidar aos alunos a origem social das religiões, seus pressupostos e correlatos biológicos, seu desenvolvimento ao longo da vida, as patolo-

gias que a religião ou a irreligião provocam, e assim por diante. Não creio que nessa modalidade a laicidade saia enfraquecida, pelo contrário. Se, de outro lado, a natureza da escola for educar – o que é contestado por muitos professores e administradores escolares –, a questão se coloca de outra forma. Em continuidade com os ambientes familiares, a escola se ocupará com os valores, os ideais, as convicções que os alunos trazem de suas famílias, entre eles a religião. Não a religião em geral, que essa praticamente não existe, mas a religião particular da família e de seu grupo. A laicidade da escola consistirá em não privilegiar alguma religião, em não desprivilegiar nenhuma religião ou a ausência dela e em possibilitar a expressão de cada opção religiosa. O Estado é laico, mas a Sociedade não o é. Seria factível esse entendimento do papel educador da escola num país como o Brasil, onde existem dezenas e dezenas de filiações religiosas? Creio difícil à escola levar à prática esse tipo de educação. De outro lado, não é em toda escola que ocorre tamanha diversidade de crenças e práticas religiosas. Aceito o princípio, os responsáveis locais é que decidirão sobre sua aplicabilidade. Nos dois entendimentos da natureza e função da escola, o psicólogo da religião se sentirá à vontade em seu papel.

O cuidado com a saúde em instituições hospitalares e assemelhadas vem recebendo, por parte de médicos e enfermeiros, o reconhecimento da importância das convicções religiosas e dos recursos medicinais não hegemônicos dos doentes (Vasconcelos, 2006; Aquino, 2016). As pesquisas do enfrentamento/*coping* religioso na doença têm demonstrado que, na maioria dos casos estudados, a religião colabora positivamente na forma como o doente lida com sua situação. Note-se que esses estudos têm sido realizados principalmente na área da Psicologia e da Psiquiatria, portanto no campo do comportamento. É certo que não se pôde estabelecer uma relação causal entre religião e melhora física ou mental, porém uma correlação geralmente positiva entre uma e outra tem sido demonstrada nesses estudos. A Psicologia da Religião parece-me particularmente preparada para incluir entre os processos psíquicos do doente o recurso à religião. Como profissional, o psicólogo estará aberto a qualquer religião em particular, como estará aberto ao ateísmo ou agnosticismo do paciente. E não ultrapassará a inclusão da religião como processo psicológico. Não raro, contudo, a relação com a religião, por parte do paciente, se revelará propriamente religiosa e teológica. Nesse caso, o psicólogo apenas se disporá, se solicitado ou acordado, a sugerir o encaminhamento do doente ao ministro religioso respectivo. É, talvez, útil insistir em que o profissional não induzirá o doente à crença ou descrença própria dele, psicólogo, mas estará atento à crença, ou à descrença, como fator no mínimo correlacionado com a cura do paciente. Entenda-se, além disso, cura não primeiramente como recuperação da saúde física ou mental, mas como cuidado que se presta a alguém em sofrimento.

O lugar da religião na política é delicado, principalmente num Estado laico, simetricamente oposto ao Estado teocrático. Contudo, em uma e outra organização política, é possível o estudo psicológico da religião, como força social. Os estudos sociológicos de Casanova (1994) demonstraram como, em vários países secularizados, a religião voltou à cena pública, após o período de recolhimento à esfera pessoal. As religiões, com efeito, como fenômeno social, a menos que represadas, tendem a influir na organização do Estado, como expressão dos cidadãos e da sociedade. Não se trata de voltar à pré-modernidade, que reduzia os variados domínios da vida social e política à unidade religiosa, e muito menos de organizar partidos políticos. A "publicização" da religião se dá na influência que passa a exercer, na sociedade e no Estado, na ética do mercado, na distribuição da renda, na moralidade pública. Embora essas dimensões do Estado sejam objeto próprio da Sociologia, são oportunidades para a investigação da Psicologia Social e da Psicologia da Religião, enquanto os atores concretos do influxo da religião no Estado são pessoas com estilos de personalidade e de liderança, integram grupos menos ou mais coesos, experimentam conflitos de vários tipos, reagem emocionalmente aos sucessos e fracassos. O psicólogo da religião estará atento às variáveis religiosas desses atores, sem os quais não ocorre a influência da religião na sociedade e no Estado.

A psicoterapia é, como toda atividade profissional do psicólogo, radicalmente laica, em razão dos próprios princípios da ciência, que se guia pela exclusão do transcendente. Na psicoterapia, contudo, é frequentemente a vida da pessoa que está em pauta. E essa pauta inclui, não raro, a dimensão religiosa/irreligiosa. Essa dimensão pode estar ativa, latente, pacificada, perturbada, inspiradora, repressora... Ao psicólogo caberá o juízo de verdade psicológica dessa dimensão e de suas características e de possíveis correlatos ou efeitos. Haverá casos em que o psicólogo suspeitará do alcance propriamente religioso dessa dimensão. A menos que tenha competência no campo da Psicologia e no campo da Teologia, e se responsabilize pela diversidade do atendimento, que convirá realizar em ambientes físicos distintos, o profissional fará o cliente perceber a natureza da dinâmica que trouxe à terapia.

Status acadêmico da Psicologia da Religião no Brasil: graduação e pós-graduação, associações científicas, congressos nacionais, publicações

A Psicologia da Religião, no Brasil, é reconhecida como atividade científica, certificada pela Associação Nacional de Pós-Graduação e Pesquisa (Anpepp), que abriga, desde 1997, o Grupo de Trabalho "Psicologia & Religião", e pelo Conselho Nacional de Desenvolvimento Científico e Tecnológico (CNPq), que registra "Psicologia & Religião" no Diretório de Grupos de Pesquisas. Cumpre registrar também o Laboratório de Psicologia Social da Religião do Departamento de Psicologia Social e do Trabalho do Instituto de Psicologia da Universidade de São Paulo (USP). O Grupo de Trabalho é constituído por docentes e pesquisadores da área, alocados em grande número de universidades, públicas e confessionais, dos estados do Sudeste, Sul, Centro-Oeste e Nordeste. Algumas dessas universidades oferecem a disciplina na graduação e na pós-graduação, de cuja pesquisa têm resultado mestrados, doutorados, artigos e livros. O Grupo de Trabalho participa dos Congressos bienais da *International Association for the Psychology of Religion* (IAPR) e tem promovido até 2016, bienalmente, dez congressos nacionais, intitulados Psicologia & Senso Religioso. Desses congressos nacionais, têm participado, além de docentes/pesquisadores e estudantes brasileiros, importantes pesquisadores em Psicologia da Religião de várias partes do mundo. O Laboratório de Psicologia Social da Religião é formado por doutores em Psicologia, filiados a diversas instituições universitárias, e tem produzido pesquisas apoiadas pelos órgãos de fomento. As pesquisas dos docentes e alunos das universidades, dos membros do Grupo de Trabalho e do Laboratório estão publicadas em periódicos nacionais e estrangeiros. Dentre os periódicos nacionais, destacam-se, na área de Psicologia, *Psicologia: Reflexão e Crítica*, *Psicologia: Teoria e Pesquisa*, *Arquivos Brasileiros de Psicologia*, *Psicologia Clínica* (da Pontifícia Universidade Católica do Rio de Janeiro – PUC-

Rio), *Estudos de Psicologia* (Pontifícia Universidade Católica de Campinas – PUC-Campinas), *Psicologia/USP*, *Temas em Psicologia*; de áreas afins, *Perspectiva Teológica*, *Pístis & Práxis*, *Revista de Estudos da Religião (REVER)*. Entre os periódicos estrangeiros, registram-se *Archive for the Psychology of Religion*, *Psychology of Religion e-Journal*, *Journal of Cultural and Religious Studies*, *Studies in Religion/Sciences Religieuses*, *Ricerche in Psicologia*, *Conflict Studies in the Humanities*, da Universidade de Osaka. Além da publicação em periódicos, vários livros têm resultado das pesquisas em Psicologia da Religião realizadas pelo Grupo de Trabalho "Psicologia & Religião", da Associação Nacional de Pesquisa e Pós-Graduação em Psicologia: *Diante do Mistério*: *Psicologia e Senso Religioso* (1999), *A Religião dos cientistas: uma leitura psicológica* (2000), *Entre necessidade e desejo: diálogos da Psicologia com a Religião* (2001), *Psicologia e espiritualidade* (2005), *A representação na Religião: perspectivas psicológicas* (2004), *Temas em Psicologia da Religião* (2007), *Morte, Psicologia e Religião* (2016).

Embora, portanto, Psicologia da Religião não seja a subárea mais procurada no amplo campo da Psicologia, mostra-se cientificamente robusta e integrada no *mainstream* internacional.

RECAPITULAÇÃO

Este capítulo procurou levar ao profissional psicólogo informações essenciais acerca da Psicologia da Religião. Como ponto de partida, definiu o que não é Psicologia da Religião e, a seguir, o que é: não teologia, mas ciência do comportamento voltado para o sobrenatural, a saber, Deus e a esfera divina, subjetivamente aceito ou rejeitado. Expôs, a seguir, como o comportamento religioso, inextricavelmente pessoal e social, pode ser estudado nas várias disciplinas da Psicologia. Lembrou ao psicólogo a utilidade de refletir nas afinidades e diferenças entre religião e espiritualidade, que pautam o comportamento dos clientes. Defendeu o caráter laico da Psicologia da Religião, garantido pela exclusão metodológica do transcendente. Discutiu a inclusão da religião nos ambientes da escola, do hospital, da vida pública e da clínica, campos de atuação do psicólogo. Finalmente, justificou o caráter propriamente científico da Psicologia da Religião no Brasil.

REFERÊNCIAS BIBLIOGRÁFICAS

Allport, G. W. (1950). *The Individual and his religion: a psychological interpretation*. Nova York: The Macmillan Company.

Amatuzzi, M. M. (Org.) (2005). *Psicologia e espiritualidade*. São Paulo: Paulus.

Aquino, T. A. (Org.) (2016). *Espiritualidade e saúde: teoria e pesquisa*. Curitiba: Editora CRV.

Batson, C. D.; Schoenrade, P.; Ventis, W. L. (1993). *Religion and the individual: a social-psychological perspective*. Nova York/Oxford: Oxford University Press.

Bregman, L. (2001). The death awareness movement. Psychology as religion? In: Jonte-Pace, D.; Parsons W. B. (Orgs.). *Religion and Psychology: mapping the terrain*. Contemporary dialogues, future prospects. Londres/Nova York: Routledge.

Casanova, J. (1994). *Public religions in the modern world*. Chicago: The University of Chicago Press.

Conselho Regional de Psicologia SP (2016). *Psicologia, laicidade e as relações com a religião e a espiritualidade*. São Paulo: Conselho Regional de Psicologia SP-CRP 06.

Erikson, E. H. (1968). Identity, psychosocial. In: Sills, D. L. (Org.). *International Encyclopedia of the Social Sciences*. Nova York: The MacMillan Company & The Free Press. v. 7, p. 61-65.

Flournoy, T. (1903). *Les principes de la Psychologie Religieuse: Extrait des Archives de Psychologie*. Genebra: H. Kundig.

SEÇÃO V — PSICOLOGIA E RELIGIÕES

Freud, S. (1974). *Totem e tabu*. Rio de Janeiro: Imago. (Original 1913)

Heider, F. (1970). *Psicologia das relações interpessoais*. São Paulo: Pioneira. (Original 1958)

Houdaille, C. (2017). Mgr Luc Ravel, nouvel archevêque de Strasbourg. *La Croix*, edição de 18/02/2017.

James, W. (1936). *The varieties of religious experience: a study in human nature*. Nova York: The Modern Library. (Original 1902)

Jung, C. G. (1983). Análise psicológica da Trindade. In: Jung, C. G. *Psicologia da Religião Ocidental e Oriental*. Petrópolis: Vozes. v. XI, p. 148-202. (Original 1971)

Le Monde (2016). L´installation de crèches de Noël dans les bâtiments publics autorisée sous certaines conditions. *Le Monde*, edição de 09/11/2016.

Pahnke, W. N. (1966). Implications of LSD and experimental mysticism. *Journal of Religion and Health*, v. 5, p. 175-208.

Paiva, G. J. (2007). Identidade psicossocial e pessoal como questão contemporânea. *Psico*, v. 38, n. 3, p. 77-84.

Persinger, M. A. (2002). Experimental simulation of the God experience: implications for religious beliefs and the future of human species. In: Joseph, R. (Org.). *Neurotheology: brain, science, spirituality, religious experience*. San Jose, CA: University Press. p. 279-292.

Rizzuto, A. M. (2006). *O nascimento do Deus vivo: um estudo psicanalítico*. São Leopoldo: Sinodal. (Original de 1979)

Saroglou, V. (2003). Spiritualité moderne: un regard de psychologie de la religion. *Revue Théologique de Louvain*, v. 34, n. 4, p. 473-504.

Schoenfeld, W. N. (1993). *Religion and human behavior*. Boston: Authors Cooperative.

Skinner, B. F. (1970). *Ciência e comportamento humano*. Brasília: Editora Universidade de Brasília. (Original 1953)

Solomon, R. C. (2003). *Espiritualidade para céticos: paixão, verdade cósmica e racionalidade no século XXI*. Rio de Janeiro: Civilização Brasileira. (Original 2002)

Stifoss-Hansen, H. (1999). Religion and spirituality: what a European ear hears. *The International Journal for the Psychology of Religion*, v. 9, p. 25-33.

Vasconcelos, E. (2006). *Espiritualidade em trabalho em saúde*. São Paulo: Hucitec.

Vergote, A. (1966). *Psychologie religieuse*. Bruxelas: Dessart.

Vergote, A. (1983). *Religion, foi, incroyance: étude psychologique*. Bruxelas: P. Mardaga.

Vitz, P. C. (1994). *Psychology as religion: the cult of self-worship*. 2nd ed. Grand Rapids/Carlisle, UK: W. B. Eerdsmans/The Paternoster Press. (Original 1977)

LEITURAS RECOMENDADAS

Amatuzzi, M. M. (Org.) (2005). *Psicologia e espiritualidade*. São Paulo: Paulus.

Aquino, T. A. (Org.) (2016). *Espiritualidade e saúde: teoria e pesquisa*. Curitiba: Editora CRV.

Aquino, T. A.; Freitas, M. H.; Paiva, G. J. (Orgs.) (2016). *Morte, psicologia e religião*. São Paulo: Fonte Editorial/Terceira Via.

Arcuri, I. G.; Ancona-Lopez, M. (Orgs.) (2007). *Temas em Psicologia da Religião*. São Paulo: Vetor.

Avila, A. (2007). *Para conhecer a Psicologia da Religião*. São Paulo: Loyola.

Bruscagin, C. et al. (2008). *Religiosidade e Psicoterapia*. São Paulo: Roca.

Catalan, J. F. (1999). *O homem e sua religião: enfoque psicológico*. São Paulo: Paulus.

Freitas, M. H.; Paiva, G. J.; Moraes, C. (2012). *Psicologia da Religião no Mundo Ocidental Contemporâneo*. Brasília: Universa. v. I e II.

Massimi, M.; Mahfoud, M. (Orgs.) (1999). *Diante do mistério: psicologia e senso religioso*. São Paulo: Loyola.

Paiva, G. J. (2000). *A religião dos cientistas: uma leitura psicológica*. São Paulo: Loyola.

Paiva, G. J. (Org.) (2001). *Entre necessidade e desejo: diálogos da psicologia com a religião*. São Paulo: Loyola.

Paiva, G. J.; Zangari, W. (Orgs.) (2004). *A representação na religião: perspectivas psicológicas*. São Paulo: Loyola.

Valle, E. (1998). *Psicologia e experiência religiosa: estudos introdutórios*. São Paulo: Loyola.

Valle, E. et al. (2013). Ciências psicológicas da religião. In: Passos, J. D.; Usarski, F. (Orgs.). *Compêndio de Ciência da Religião*. São Paulo: Paulinas/Paulus. p. 315-435.

34

Relevância do estudo da religião para o estudante de psicologia

Marta Helena Freitas

O agnosticismo puro é impossível.
O único agnosticismo verdadeiro é a ignorância.
Porque para nos radicarmos no agnosticismo
é-nos preciso um argumento para nos persuadir
de que a razão tem certos limites.
— Ora, quem observa pode parar;
quem raciocina não pode parar.
Fernando Pessoa

INTRODUÇÃO

O reconhecimento da psicologia como ciência tem sido frequentemente acompanhado da imediata associação, dedução ou suposição de que o psicólogo deve ser necessariamente um agnóstico, em todas as situações. E o fato de a psicologia, enquanto ciência moderna, ser desvinculada da religião leva, frequentemente, à equivocada interpretação de que as duas são necessariamente rivais, devendo um estudante de psicologia manter-se distante de assuntos relacionados a temas religiosos ou místicos. Tal equívoco estimula a conclusão de que não é relevante ao estudante de psicologia o estudo da religião, deslegitima a possibilidade de que isso possa lhe trazer importantes subsídios em sua prática profissional ou, o que é ainda pior, leva à errônea crença de que um possível interesse pela religiosidade levaria o psicólogo a necessariamente se confundir no seu papel de profissional ou cientista, correndo riscos de vir a exercer uma "psicologia religiosa", ou seja, ditada por alguma igreja ou crença doutrinária específica.

No decorrer deste capítulo, pretendemos explorar mais detalhadamente as equivocadas deduções relacionadas acima, situando rapidamente o cenário histórico-cultural em que elas se constituíram, bem como buscando apontar seus respectivos perigos. Pretendemos também enumerar e descrever algumas das principais características dessa ciência e responsabilidades desta profissão, a psicologia, que faz com que seja relevante, ao estudante dessa área, estudar e compreender os modos pelos quais o ser humano, nas diferentes culturas e sociedades, acredita e se relaciona com a dimensão transcendente, embora não deva ser esta – a dimensão transcendente em si mesma – o objeto de investigação e intervenção do psicólogo.

Acreditamos que tais apontamentos são oportunos no contexto contemporâneo, considerando-se a significativa tensão registrada numa sociedade em que processos de secularização e vitalidade religiosa coexistem e, na qual, a despeito da tendên-

cia ao desencantamento do mundo e um aparente esvaziamento da religião, nenhuma espécie de racionalidade instrumental conseguiu a proeza de retirar desse mesmo mundo a sua "aura religiosa". Pelo contrário, o que se observa é que, em vez de simplesmente desaparecerem, as religiosidades e espiritualidades estão cada vez mais popularizadas, mesmo que muitas vezes se revelem deslocadas de instituições assumidamente eclesiásticas. Ou seja, por mais desconfortável que o tema religioso possa parecer, ao cientista, ao psicólogo e/ou a outros membros da sociedade, somos confrontados com ele a todo momento na realidade cotidiana.

A SUPOSTA RIVALIDADE ENTRE PSICOLOGIA E RELIGIÃO: O EQUÍVOCO E SUAS VICISSITUDES

O enorme "não dito" acerca do fenômeno religioso presente nos livros contemporâneos de psicologia em geral contrasta com a própria história desse campo do conhecimento, cujas raízes, a começar pela própria etimologia do termo, remetem a questões mítico-religiosas. Isso fica ilustrado, por exemplo, num verbete do termo *psique* contemplado em um dicionário de filosofia, conforme abaixo:

PSIQUE: De $\psi\upsilon\chi\eta$ (= "sopro", "alma"), este termo começou por significar, na filos. aristotélico-tomista, o *princípio vital* presente em todo o ser vivo, essencialmente diverso do corpo que "animava" e fonte de todas as perfeições dos seres organizados, como princípio formal. Daí o usar-se também como significado de *espírito*. Mas, hoje emprega-se, com sentidos mais amplos e derivados, para significar o centro das atividades sensitivas, indicando a raiz do temperamento e caráter. No entanto, na psicologia contemporânea, o termo é usado como personificação do *psiquismo*, sobretudo na psicologia profunda, com a intenção de evitar as implicações religiosas e espiritualistas das palavras *Alma* e *Espírito*. (Morais, 1992, p. 499)

Por outro lado, conforme demonstram vários historiadores da psicologia, as teorias psicológicas surgiram em momentos sociais e históricos específicos, e grande parte delas apresenta um modelo de *self* que guarda muitas relações com as construções teológicas, na medida em que nasce de um discurso originado da introspecção cristã ocidental, mesmo que em condições estruturadas e mensuradas, caracterizando o que Carrette (2012, p. 23) chama de "ilusão 'secular' do fato científico". Como ressalta o referido autor, em cada uma das vertentes teóricas que emergiram, desde a fundação do primeiro laboratório de Psicologia Experimental, em 1879, em Leipzig, na Alemanha, a religião foi abordada e submetida a exame crítico, positiva ou negativamente, tensionando-se entre exigências de investigação científica, influências filosóficas, ideologias político-discursivas, disputas de espaço institucional e testes de competências interdisciplinares.

O tensionamento referido acima foi acompanhado de um movimento de oscilação quanto ao espaço e ao *status* dados ao estudo do fenômeno religioso, ora caracterizado pela sua ressuscitação; ora pela sua crítica, ora pela sua remodelação; ora pelo seu refinamento, ora pelo seu obscurantismo, ora pela sua psicopatologização, ora pelo reconhecimento de seu potencial de saúde psíquica. Na esteira de algumas dessas características e pontos de polarização, é que se alojam as posições que levaram à impressão de rivalidade entre psicologia e religião, como também ao silenciamento do tema, por décadas consecutivas, durante a formação do estudante em psicologia. Estamos em perfeito acordo com Carrette (2012, p. 23), quando afirma que esse silenciamento da psicologia em relação ao tema da religião, religiosidade ou espiritualidade caracteriza, na verdade, uma espécie de "amnésia disciplinar", a qual "tende a esquecer o que ameaça sua existência", já que seu passado abriga seu legado e "expõe os problemas de coesão do objeto e suas confusas origens". Voltar-se sobre ele significaria também o reconhecimento de suas próprias fraturas e fragilidades enquanto conhecimento disciplinar.

Entretanto, ao se comportar dessa maneira defensiva, a psicologia tenta se confirmar muito mais enquanto discurso de autoridade ideológica, do que propriamente científica. Ao buscar esconder seus próprios pontos cegos, a incerteza de muitos dos seus métodos e as tensões internas do seu próprio discurso, desde as suas origens, em especial no que diz respeito às suas relações com o universo da religiosidade, ela acaba também impedindo ao futuro profissional a possibilidade de compreender o que essas relações "podem revelar sobre o conhecimento humano e suas tentativas de entender o mistério da experiência humana" (Carrette, 2012, p. 23).

Tomemos um exemplo bastante contemporâneo para ilustrar uma das situações em que essa amnésia tem se mostrado de modo bastante contundente. Uma das formas pelas quais tem se revestido e manifestado a suposta rivalidade entre psicologia e religião, com importantes reflexos na mídia, é a argumentação de que a psicologia é laica, com isso querendo dizer que o profissional dessa área deve agir em consonância com os princípios de laicidade do Estado. Ocorre que a noção de laicidade, nesse caso, tende a ser tomada como que "contrário ao religioso", "absolutamente céptico", "iconoclasta", entre outras compreensões semelhantes, e isso tem justificado muitas vezes uma postura de verdadeira competição entre grupos religiosos e grupos ligados ao Sistema Conselhos de Psicologia, caracterizando frequentemente uma espécie de guerra entre religião e psicologia, cada um tomando para si os princípios defendidos em nome dos Direitos Humanos.

Ocorre, entretanto, que, quando se volta para a própria história da família de palavras evocadas pelo termo em pauta – a laicidade –, verifica-se, conforme aponta Paiva (2016), que ela se firmou nas línguas de origem latina exclusivamente na cultura ocidental cristã, numa relação inescapável com o cristianismo, em especial o católico. Embora de origem grega, a palavra *laikós*, que se referia a "povo", passou a significar "povo de Deus" no latim da Igreja, dando forma a um termo então inexistente no latim clássico. Ou seja, tal como tantos outros, o termo laicidade, empregado na psicologia no contexto ilustrado no parágrafo anterior, é mais uma demonstração de "como certas realidades fundamentais traem, até hoje, sua origem religiosa, fora da qual sua discussão atual perde referências importantes" (Paiva, 2016, p. 136). O autor lembra, então, que foi apenas numa história já mais recente, enraizada no iluminismo e anticlericalismo franceses – os quais defendiam, respectivamente, "o primado absoluto da razão" e uma crítica rigorosa ao excessivo domínio da Igreja nas esferas políticas, culturais e educativas – que se operou, aos poucos, a definição de laicidade como o princípio que veda ao Estado privilegiar qualquer forma de religião, obrigando-o ao respeito à liberdade de crença e culto de seus cidadãos.

A referida amnésia tem se mostrado ostensivamente também na tendência a se alienar do fato de que os autores fundantes da Psicologia se debruçaram, com bastante interesse, sobre o tema da religião. Citemos apenas alguns exemplos para ilustrar. Wilhelm Wundt (1832-1920), universalmente conhecido como o "pai da Psicologia Experimental", em sua obra *Volkerpsychologie*, composta por doze volumes, nos quais buscava sistematizar a Psicologia da época, dedicou três deles à religião e à mitologia. Além disso, defendia um método específico no estudo desses assuntos, para os quais não seria apropriado o método da introspecção. Stanley Hall (1846-1924), precursor da Psicologia do Desenvolvimento, dedicou-se com afinco aos estudos sobre a conversão religiosa, conectando-o com a formação da identidade na adolescência. William James (1842-1910), conhecido como o "pai da Psicologia Americana", foi também um dos grandes, senão o mais reconhecido, pioneiro em Psicologia da Religião, tendo publicado, em 1902, o conjunto de suas prestigiosas Conferências Gifford, em Edimburgo, Escócia, numa obra intitulada *The varieties of religious experience*[1].

RELEVÂNCIA DO ESTUDO DA RELIGIÃO PARA O ESTUDANTE DE PSICOLOGIA

Além das razões apontadas anteriormente, ou seja, o de evitar-se uma posição enganosa e enganadora, superficial, alienada e alienante da própria história da psicologia, suas origens e seu legado – tão intrincado com as lutas políticas, econômicas e religiosas do mundo ocidental – e respectivo entendimento do que seja o ser humano, diversas outras razões atestam a relevância do estudo da religião e seus impactos na vida humana por parte do estudante de psicologia, conforme buscamos expor a seguir.

Reconhecer a humanidade das religiões e conhecer as religiões da humanidade

Disse o poeta e dramaturgo latino, da Roma Antiga, Terêncio, que viveu entre 185 e 159 a.C., em sua comédia intitulada *O carrasco de si mesmo*: "Eu sou homem e nada do que é humano me é estranho". Ocorre-nos parodiar o referido poeta para referir-nos à capacidade de acolhimento, tão fundamen-

---

[1] Título da obra em português: *As variedades da experiência religiosa*, tal como traduzida por O. M. Cajado e publicado pela editora Cultrix, em 1995.

tal na profissão do psicólogo(a), a qual poderia ser assim muito bem formulada: "eu sou psicólogo(a) e nada do que é humano me é estranho". Pensamos que essa condição é *sine qua non* para lidar com toda realidade humana, inclusive aquela que não se deixa reduzir ao psicológico, mas que cabe também ao psicólogo acolher e lidar, na sua relação com o outro a quem acompanha e atende. Recusar-se a reconhecer a relevância daquilo que não se restringe ao psicológico e que muitas vezes o ultrapassa, como é o caso do fenômeno religioso, pode implicar facilmente também na recusa ou na dificuldade de assumir a própria humanidade e/ou a humanidade do outro.

Colocar a religião no âmbito das experiências genuinamente humanas e culturais, como o faz, por exemplo, Marilena Chauí (2000), não implica, necessariamente, destituí-la do seu componente de referência ao sagrado, não significa tratá-la de modo reducionista, restringindo ao psicológico tudo o que se apresenta, na experiência da própria pessoa, como sendo da ordem do religioso. Embora essa postura reducionista tenha sido adotada, ao longo da história da Psicologia, por algumas de suas vertentes teórico-ideológicas, ela resultou justamente em descaracterizar o humano, transformando-o em algo estranho a si mesmo, na medida em que a legitimidade da experiência vivida ficou substituída por categorias lógicas e/ou indexadoras. Nesse sentido, lembremo-nos aqui, juntamente com Mario Aletti (2012, p. 100), o quanto aprazia ao psicanalista Antoine Vergote chamar a atenção para o fato de que "tudo o que é humano é também psicológico, mas nada do que é humano é apenas psicológico".

Assumir que a experiência humana não se deixa reduzir ao psicológico exige que se se busque conhecer outros aspectos dessa mesma experiência, tanto no nível subjetivo quanto intersubjetivo, incluindo-se aqueles que se relacionam ao fenômeno religioso e às diferentes maneiras com que ele pode se manifestar, conforme os contextos pessoais, familiares, históricos, sociais ou culturais. Mesmo que eles não pertençam ao domínio dos conhecimentos específicos de psicologia, o reconhecimento e o conhecimento de sua existência e suas características poderá auxiliar, sobremaneira, na compreensão do modo como eles se relacionam com diversos elementos da sua alçada. Reconhecer que a psicologia segue caminhos diversos dos caminhos seguidos pelas religiões, em termos de epistemologia, princípios e metodologia, não significa que, por isso, ela não deva ou não possa ampliar sua capacidade de conhecimento e atuação e voltar-se para o estudo delas e de seu valor existencial no mundo da vida (*Lebenswelt*) daqueles que abraçam a fé numa dimensão transcendente.

Desse modo, por exemplo, ao reconhecer a humanidade das religiões e estudar as religiões da humanidade, o psicólogo poderá tornar-se mais sensível para uma infinidade de situações que encontrará nos mais diversos campos de atuação profissional, entre as quais podemos citar: a) a presença e os sentidos existenciais de significativas metáforas originalmente ligadas ao contexto religioso (por exemplo, a vitalidade de tantas metáforas bíblicas, no caso do cristianismo; *e.g.*, "a fé remove montanhas"; "se Maomé não vai à montanha, a montanha vai a Maomé", "não só de pão viverá o homem", "como ovelha perdida", "a volta do filho pródigo", "ser um bom samaritano", "buscai e achareis", entre tantas outras); b) o papel da fé religiosa no enfrentamento ao sofrimento e às experiências emocionalmente estressoras (considere-se, por exemplo, o quanto a fé num mundo espiritual e "além da vida terrena" tem alimentado familiares de pessoas queridas que perderam a vida de modo repentino ou prematuro); c) o significado e a expressividade de expressões cotidianas derivadas da fé em Deus ou numa dimensão transcendente

(considerem-se, por exemplo, no Brasil, expressões tão corriqueiras como: "vá com Deus", "se Deus quiser", "graças a Deus", "Deus te abençoe", "pelo amor de Deus", entre tantas outras), e assim por diante.

Compreender a realidade da população em sua diversidade religiosa

Nenhuma das previsões – iluministas, existencialistas, niilistas ou simplesmente aforísticas – do passado, acerca de um possível desaparecimento das religiões da face da terra, se confirmou até hoje. Como afirma Hoover (2014, p. 42), aquelas previsões "podem ser dadas como mortas", pois, ao contrário do que anunciavam, a religião na era global persiste e continua sendo uma significativa força humana, social, política e cultural, nos níveis regional, nacional e mundial. Desse modo, ganhando a cada dia novo perfil e destaque e bastante contempladas cotidianamente, inclusive no universo midiático, as religiões se mostram como realidades muitas vezes fundamentais na vida das pessoas, dos povos e nações, com importantes reflexos sobre suas vidas subjetivas, relacionais, sociais, políticas e econômicas.

O autor lembra, por exemplo, as novas bases alcançadas pela religião na política estadunidense, em especial a partir do século passado, ao mesmo tempo em que ganham mais relevo também em outras partes do mundo, referindo-se às duas tendências icônicas: "o surgimento do neoevangelicalismo na política americana e o perfil renovado do Islã na política global que emergiu nos anos 1970" (Hoover, 2014, p. 43-44). Ambas, confrontando-se diretamente, têm caracterizado um verdadeiro *front* e "choque de civilizações" em nível global. Ao descrever suas decorrências para a vida humana, o autor ressalta que:

> Cada um desses eventos – e as tendências subjacentes para as quais eles apontam – desafiaram diretamente crenças testadas e verdadeiras em círculos acadêmicos, intelectuais, governamentais e midiáticos. Em cada uma dessas esferas, especialistas encontraram-se confrontando novas realidades que desafiavam convenções e tradições, levando a um processo de reflexão, autoanálise e autocrítica que continua até hoje. (Hoover, 2014, p. 44)

Perguntemo-nos: poderia um profissional em psicologia, em qualquer lugar do mundo, estar alheio a essas tendências, deixando de compreender suas origens históricas, suas nuances e, principalmente, seus reflexos e decorrências sociais, psíquicas e existenciais na vida humana, seja qual for o contexto em que vier a atuar? Seria possível, a um estudante, compreender a complexidade das implicações psicológicas daí decorrentes sem nada estudar e conhecer sobre as religiões e seu papel na vida das pessoas e da população regional, nacional e mundial?

Consideremos especificamente o contexto da realidade brasileira. O Brasil é um país caracterizado por rica diversidade e vitalidade religiosa, a qual foi se constituindo em decorrência da intensa miscigenação cultural derivada dos diversos processos migratórios no decorrer de sua história. Dados registrados no relatório do seu último censo demográfico (IBGE, 2012) mostram que cerca de 92% da população brasileira se declara filiada a alguma religião, com a seguinte distribuição: católica, 64,6%; evangélica, 22,2%; espírita, 2%; umbanda e candomblé, 0,3%; outras religiosidades, 2,7%. Apenas 8% dos entrevistados no censo de 2010 declararam-se "sem religião", e entre esses encontram-se tanto os que se declaram crentes numa dimensão transcendente, embora não filiados a uma religião específica, como

SEÇÃO V — PSICOLOGIA E RELIGIÕES

também os que se consideram ateus ou agnósticos; os primeiros compõem a maciça maioria da percentagem registrada sob essa designação.

Além dessa diversidade constatada pelo censo demográfico, a religiosidade brasileira tem outra característica bastante peculiar que tende a não ser propriamente capturada pelos dados estatísticos: justamente a sua tendência em combinar diferentes doutrinas religiosas, resultando muitas vezes na criação de comunidades específicas, a exemplo de várias encontradas nos arredores de sua capital (Vale do Amanhecer, Cidade Eclética, entre outras). Além disso, é muito comum também que uma pessoa se designe católica apostólica romana e, simultaneamente, acredite nos princípios do espiritismo ou frequente rituais de umbanda e candomblé. Essa tendência a uma espécie "miscigenação" também no âmbito religioso levou, inclusive, o sociólogo Roberto DaMatta (1986, p. 75), em seu livro *O que faz o Brasil, Brasil?*, a afirmar que a linguagem religiosa, em nosso país é também uma linguagem de relação, conexão e ligação: "Um idioma que busca o meio termo, o meio caminho, a possibilidade de salvar todo mundo e de em todos os locais encontrar alguma coisa boa e digna". Entretanto, como se vê também, com muita frequência, no cotidiano e na mídia, isso não tem evitado as contendas e as discriminações religiosas entre os brasileiros, plenas de implicações psicológicas.

É nesse contexto, então, que as pessoas recebem de seus familiares os valores, os princípios, a educação e a formação pessoal, que constituirão sua identidade étnica e sociocultural, sua humanidade – inclusive daquele que, mais tarde, se torna psicólogo. Compreender e conhecer, portanto, o quanto as religiões e o modo como são internalizadas por aqueles que a professam, bem como seus respectivos impactos sobre aqueles que não a professam, é fundamental no processo de conhecimento da humanidade do próprio profissional, assim como daqueles que vão receber os seus serviços, conforme abordaremos em mais detalhes a seguir.

Lidar com a religiosidade no mundo da vida e nos diversos contextos profissionais

O(a) psicólogo(a), seja enquanto estudioso(a) ou cientista do comportamento ou da subjetividade, por não deixar de ser pessoa, pode ter ou não ter religião, como pode também ter esta e não aquela religião (Paiva, 2016). Naturalmente que o fato de ele ou ela situar-se numa ou noutra condição influirá o seu modo de se conduzir no mundo da vida e de interpretar o sentido desta para si mesmo e para os outros. Entretanto, independentemente dessa condição, é importante que busque conhecer não apenas a sua, mas também outras realidades religiosas, pois isso vai ajudá-lo na compreensão do significado da religiosidade para o outro, que pode não coincidir com o mesmo significado da sua. Esse conhecimento somar-se-á aos demais conhecimentos específicos de sua área, que ele adquire ao longo da formação científica e profissional. Essa espécie de conhecimento, integrado, vai auxiliá-lo a compreender o sentido que a relação com o transcendente tem ou não no mundo da vida daqueles que o procuram e o modo como ela pode se relacionar, em maior ou menor medida, com aspectos psicológicos importantes, tais como motivação, saúde mental, relacionamentos, valores, hábitos e comportamentos, escolhas existenciais, entre tantos outros.

A realidade exposta acima tem sido constatada por psicólogos atuantes nos mais diversos contextos de atuação profissional e podemos exemplificar aqui com situações concretas vividas e

compartilhadas por aqueles que atuam, por exemplo, em contextos de serviços comunitários, hospitalares ou de saúde mental, a partir de pesquisas que temos realizado nessas áreas[2]. Em entrevistas, foram unânimes em afirmar a presença constante de manifestações religiosas, por parte de usuários dos serviços em que atuam, das mais diferentes maneiras: no ato de portar objetos sagrados por parte de pacientes e familiares de usuários dos serviços hospitalares; nas preces/rezas/orações ou rituais que realizam ou pedem para ser realizados ao longo do tratamento; no enfrentamento às diversas situações de estresse que acompanham um processo de adoecimento e/ou internação de cunho orgânico ou psíquico; nos pedidos de que sejam chamados padres, capelães ou outro(a) líder religioso(a) em momentos cruciais da vida, em especial diante da iminência da própria morte ou da de pessoas queridas; na rede de apoio social constituída pelos grupos religiosos; no acolhimento ao imigrante e ao doente mental oferecido pelas instituições religiosas; nos tratamentos alternativos promovidos por essas mesmas instituições, muitas delas em consonância ou em conflito com os tratamentos propostos pelo sistema de saúde oficial; no conteúdo de delírios religiosos manifestados por usuários dos serviços de saúde mental; entre tantas outras formas pelas quais o fenômeno religioso irrompe, seja complementando ou atravessando a prática do psicólogo (Freitas, 2015).

Se nos exemplos citados aqui predominaram situações relacionadas ao contexto de saúde física e mental, hospitalar ou comunitária, não é menos verdade que o fenômeno também se faz significativamente presente na experiência clínica, em consultórios particulares. Isso fica ilustrado numa pesquisa recente realizada com 30 psicólogos clínicos, levada a termo por Camilo e Rodrigues (2015), mostrando que elementos ligados à espiritualidade e à religiosidade dos pacientes são constantemente trazidos ao *setting* psicoterapêutico, a partir daquilo que os próprios pacientes consideram como profano ou sagrado e que dá menor ou maior sentido às suas existências. As autoras verificaram que, embora raríssimos entrevistados tivessem tido a oportunidade de estudar o assunto, durante a graduação, "todos consideraram as questões da religiosidade e/ou espiritualidade relevantes para o processo terapêutico do seu paciente, e a grande maioria já acolheu o tema trazido por seu paciente" (Camilo e Rodrigues, 2015, p. ST1113). Apontam, a partir disso, a necessidade de uma revisão do currículo básico do curso de psicologia, o qual deveria contemplar estudos em psicologia social da religião, favorecendo a validação da experiência religiosa em contextos clínicos, em vez de simplesmente buscar se esquivar do assunto, como ocorre com muita frequência ao longo da formação do estudante e na prática de alguns psicoterapeutas.

Podemos naturalmente supor que a mesma realidade, quanto à manifestação da religiosidade e da espiritualidade das pessoas, se faz presente também na atuação do profissional em psicologia em outros contextos, como escolas e organizações, considerando-se a intensa e tão culturalmente diversificada re-

---

2 Identificação das pesquisas: "Relação entre religiosidade e saúde mental em imigrantes na percepção de profissionais de saúde mental" (concluída), CNPq – Chamada Pós-Doutorado no Exterior – PDE/2011; "Religiosidade e espiritualidade no contexto hospitalar: percepções e experiências das equipes multiprofissionais" (concluída), CNPq Chamada 43/2013; "Ciências Humanas, Sociais e Sociais Aplicadas"; "Religiosidade do Imigrante: Sintoma ou Saúde? Investigação com profissionais de saúde mental brasileiros e portugueses" (em andamento), Chamada Universal – MCTI/CNPq nº 14/2014; "Saúde Mental no Contexto da Atenção Psicossocial: Percepção dos Profissionais Acerca do Papel da Religiosidade" (em andamento), FAP-DF, Edital Demanda Espontânea – 2015.

ligiosidade do brasileiro. Caso caraterístico para lembrarmos aqui, para ilustrar, é o fato de algumas religiões não permitirem que se frequente aulas ou se trabalhe em determinados dias da semana, ou ainda a iniciativa, de algumas escolas ou grupos de funcionários em determinada empresa, na realização de rituais, preces ou cultos religiosos específicos, com reflexos diversos sobre os demais colegas naquele contexto. Em algum momento, psicólogos que atuam nesses contextos podem ser chamados a lidar com estas e outras situações, que vão lhes demandar algum conhecimento específico, capacidade de acolhimento e segurança para o manejo adequado, tanto do ponto de vista técnico, como também ético e humano.

Preparar-se para a realidade contemporânea e os novos papéis do psicólogo

A realidade contemporânea tem se caracterizado por profundas alterações criando, a cada dia, novos desafios e novos contextos para a atuação profissional, em especial no campo da psicologia, exigindo a construção de uma verdadeira rede de conhecimentos, advindos de diversos campos, numa perspectiva interdisciplinar. Muitas das transformações radicais por que tem passado o mundo e os respectivos impactos sobre a ordem social, bem como sobre as experiências subjetivas e intersubjetivas na vida das pessoas, têm revolucionado as diversas esferas da atividade humana e nos seus diversos níveis, incluindo-se as de caráter científico e profissional. Os exemplos citados anteriormente, ao nos referirmos à influência da religião na política americana e em outras partes do mundo, tanto no ocidente como no oriente, ilustram que não apenas o conjunto de conhecimentos científicos e tecnológicos acumulados ao longo da história da humanidade tem influenciado e oferecido a base para tais mudanças.

Tal como no passado, que afinal nos parecia muito mais estável que a contemporaneidade, as crenças, os valores e as religiosidades das pessoas e das diferentes culturas têm muitas vezes sido as suas principais âncoras sociais, servindo de referências tanto para a promoção de mudanças como para reações a elas. Nesse contexto, assistimos também às novas formas de religiosidades e diversificadas formas de manifestação da espiritualidade, muitas delas buscando romper com as tradicionais instituições religiosas, enquanto outras buscam integrar princípios de diferentes tradições, ocidentais e orientais.

Caso a formação do estudante de Psicologia se mostre alheia a essa realidade, capacitando-o a observar o homem apenas a partir de categorias tradicionalmente oferecidas pelas teorias puramente psicológicas, impedirá que esse profissional venha a oferecer respostas efetivas aos diversos desafios que o esperam no exercício profissional. Dentre outros tópicos relevantes para sua formação, o estudo e a reflexão sobre as religiões e as espiritualidades nas diferentes culturas e nos diferentes momentos históricos poderão ajudá-lo na leitura e na compreensão das grandes transformações em curso no mundo atual. Isso, por sua vez, favorecerá com que ele entre em contato com, assim como reveja e repense criticamente, antigas certezas e antigas verdades a respeito do homem. Simultaneamente, aventurar-se-á em olhares que busquem integrar diversos aspectos relativos aos fenômenos humanos e à realidade que os constituem, além daqueles de ordem psicológica que tomou inicialmente como únicos e exclusivos objetos da sua alçada.

Acompanhando as intensas transformações sociais nas últimas décadas, também os serviços nos quais esses profissionais atuarão depois de formados têm se constituído sob novos paradigmas. No âmbito desses, o papel do psicólogo se reconfigura, exigindo dele a capacidade do diálogo interdisciplinar, bem como de acompanhamento, compreensão e valorização dos recursos disponíveis nos contextos onde vivem os usuários de seus serviços, assim como da consideração de seus valores, crenças, hábitos e comportamentos compartilhados que caracterizam a rede social e comunitária com a qual contam no seu dia a dia. Ora, em todos esses aspectos, elementos de ordem religiosa estarão frequentemente envolvidos, considerando-se o significativo papel que eles ocupam na vida das pessoas, em seu contexto familiar e social.

Como exemplos de mudanças no sistema de saúde, ocorridas no Brasil ao longo das últimas décadas, e que se relacionam diretamente ao que estamos aqui chamando a atenção, podemos citar os princípios de humanização do Sistema Único de Saúde (SUS) e as implicações da reforma psiquiátrica. Uma iniciativa bastante paradigmática nesse contexto ocorreu com a implementação da Política Nacional de Práticas Integrativas e Complementares (Ministério da Saúde, 2006), as quais são também designadas pela Organização Mundial da Saúde (OMS) como Medicina Tradicional e Complementar/Alternativa. A medida foi implementada justamente com o intuito de valorizar a escuta acolhedora, qualificar o vínculo terapêutico e a integração do ser humano ao ambiente e à sociedade. Baseia-se, portanto, numa visão mais ampla do processo saúde-doença, promovendo cuidado mais global com o ser humano. Com isso, o sistema de saúde institucionalizou uma série de práticas antes repudiadas pelo modelo médico, por exemplo, as derivadas da antroposofia e das tradições orientais, mas agora reconhecidas pelo seu potencial de valorização da multiculturalidade e da interculturalidade. Ou seja, um modelo de cuidado com a saúde das pessoas, no qual elas e suas comunidades e instituições, mesmo com características culturais e posições diferentes, possam conviver de forma aberta, respeitosa e inclusiva, complementando-se mutuamente em seus saberes e técnicas.

Outra iniciativa significativa foi a implementação dos Centros de Atenção Psicossocial (CAPS), claramente identificados como a "principal estratégia do processo de reforma psiquiátrica", que passam a exigir dos profissionais a capacidade de "acolher os pacientes com transtornos mentais", estimulando-os em sua integração familiar e social, e apoiando-os "em suas iniciativas de busca da autonomia". Desse modo, o atendimento médico e psicológico passa a ter como função principal "buscar integrá-los a um ambiente social e cultural concreto, designado como seu 'território', o espaço da cidade onde se desenvolve a vida quotidiana de usuários e familiares" (Ministério da Saúde, 2004, p. 9).

Note-se que o termo "território" é tomado, na citação acima, em sentido bem mais amplo do que o físico-geográfico, sendo "constituído fundamentalmente pelas pessoas que nele habitam, com seus conflitos, seus interesses, seus amigos, seus vizinhos, sua família, suas instituições, seus cenários (igreja, cultos, escola, trabalho, boteco etc.)" (Ministério da Saúde, 2004, p. 11), o que significa que as questões de natureza religiosa devem ser consideradas, com a devida atenção, na constituição dessa rede. Citando literalmente outro trecho de documento informativo oficial destinado a profissionais e gestores do SUS sobre o que são e para que servem os CAPS:

> Para constituir essa rede, todos os recursos afetivos (relações pessoais, familiares, amigos etc.), sanitários (serviços de saúde), sociais (moradia, trabalho, escola, esporte etc.), econômi-

SEÇÃO V — PSICOLOGIA E RELIGIÕES

cos (dinheiro, previdência, etc.), culturais, religiosos e de lazer estão convocados para potencializar as equipes de saúde nos esforços de cuidado e reabilitação psicossocial. (Ministério da Saúde, 2004, p. 11)

Em pesquisa conduzida com profissionais que atuam nos CAPS[3], temos ouvido vários depoimentos que mostram suas experiências de lidar cotidianamente com as questões de ordem religiosa, como ilustram as falas reproduzidas a seguir:

"Eu tenho um paciente que foi necessário eu fazer o acompanhamento dele dentro de um centro de umbanda (...) eu fui com uma estagiária (...) da UnB, ela era terapeuta ocupacional, eu acho que, ela era também, eu acho que ela era também evangélica (...) Ela ficou ela ficou muito assustada, né, por que eles estavam fazendo os rituais deles, né (...) acho que pra ela foi um choque sabe, depois eu fui conversar com ela 'Oh, a gente tá no papel de Estado, a gente tem que entender isso, lá é público, é pra todo mundo, indiferente de religião de tudo, a gente tem que atender'. (...) Aqui é... não posso fazer essa distinção, porque se não a gente vai chegar numa coisa de preconceito, de problema que a gente vai ter, não posso negar atendimento, tem que atender." (Psicólogo de um CAPS II do Distrito Federal)

"Assim, é importante também a gente conhecer, ler muito sobre ... é, é... as religiões, pelo menos. Assim, é um vasto campo, né... de religião, mas pra você poder ter uma noção da religiosidade, né, assim, as afro-brasileiras, né, o candomblé, né, porque tem de tudo né assim, é candomblé, é umbanda, quimbanda... Acho que, assim, a gente tem que ter uma noção, sabe? (...) Assim, por exemplo, eu sou católica não estou aberta (...) até porque minha religião é muito tradicional, mas eu acho que a gente tem que está sempre lendo, sabe assim, conhecer um pouco da, da, da cultura e da religião". (Psicóloga de um CAPS II do Distrito Federal)

Por outro lado, nessa mesma pesquisa, tem se evidenciado também o contraste entre aquilo que os psicólogos encontram em sua prática profissional – em que a religiosidade dos usuários e familiares se faz cotidianamente presente e intrincada com suas respectivas dinâmicas psicossociais – e aquilo que lhes foi silenciado ao longo da formação. Mais de 90% dos entrevistados, até agora, alegam que o tema da religião não foi abordado ao longo da graduação e que estão precisando aprender a lidar com ele ao longo de sua própria prática profissional, diante das demandas específicas dos serviços que desenvolvem nos CAPS.

Enquanto os responsáveis pela formação em Psicologia permanecerem ainda muito presos aos tradicionais modelos médicos, que procuram deter o poder nos hospitais e serviços de saúde em geral, deixam de contemplar em seus currículos e disciplinas as interfaces entre religiosidade e saúde. Por outro lado, em termos de relevância social do trabalho do psicólogo, perdem terreno para outros campos, como a Sociologia e Antropologia Médica, que já avançam em trabalhos que reconhecem a relevância da integração de diferentes saberes, técnico-científicos e populares, médicos e religiosos. Nesses campos, registram-se empreendimentos buscando qualificar saberes típicos de tradições religiosas ou espiritualistas, integrando-os aos saberes médicos oficiais. No Brasil e em diversos países da América Latina, por exemplo, já existem diversas iniciativas envolvendo, além dos tradicionais capelães, católicos ou evangélicos, também as

parteiras, rezadeiras, benzedeiras, mães de santo, médiuns espíritas, xamãs, entre outros protagonistas, na rede de apoio e de entidades oficiais comprometidas com a saúde, as quais são reconhecidas na qualidade de agentes comunitárias de significativa relevância sanitária, já formalmente reconhecida pela OMS (Freitas, Turra e Zaneti, 2016).

Consonância entre laicidade, direitos humanos e abordagem respeitosa ao sagrado

Considerando-se o cenário apontado anteriormente, ocorre-nos à lembrança as falas de alguns estudantes de Psicologia que participaram de uma pesquisa que realizamos há mais de uma década (Freitas, 2007), quando tivemos a oportunidade de ouvi-los sobre o modo como viviam as relações entre psicologia e religião ao longo de sua formação. Em uma dessas falas, um estudante assim se expressava:

"(...) a professora estava em sala, e falava-se da religiosidade da cultura brasileira (...)... e a professora fez aquela colocação de dizer que aquelas pessoas estavam no lugar errado, porque a 'visão religiosa e visão psicológica são incompatíveis', como se a pessoa precisasse ter uma religião onde pudesse encaixar a psicologia ou como se você precisasse não ter uma religião para fazer psicologia (...)". (Estudante de Psicologia, sexo masculino, 22 anos, 6º semestre, de uma universidade do Distrito Federal) (Freitas, 2007, p. 192)

A experiência do estudante, ao citar também a posição de sua professora, aponta para as vicissitudes de uma tendência a querer se garantir, ao longo da formação do futuro profissional em Psicologia, uma verdadeira assepsia entre o universo da crença e o universo do conhecimento, o que acaba redundando em duas convicções bastante equivocadas: uma delas é a de que as variáveis supostamente irracionais da religião afetarão negativamente o universo do conhecimento científico e, mesmo, o exercício ético da profissão; e a outra, é a de que as variáveis supostamente lógico-racionais da ciência afetarão negativamente a posição religiosa. Tais enganos têm levado, frequentemente, a enormes conflitos existenciais por parte de estudantes e jovens profissionais em Psicologia. Muitos deles acabam concluindo que, para atenderem aos princípios contemplados no código de ética da profissão e para exercerem a profissão em consonância com o princípio de laicidade do Estado, precisam promover quase uma extirpação da própria crença religiosa de sua personalidade. E, por decorrência, mais tarde, na vida profissional, acabam repetindo esse mesmo processo no modo de conduzir suas relações com pacientes e usuários de seus serviços, mormente no contexto clínico.

Ora, a oportunidade do estudo e da discussão aberta e aprofundada sobre as religiões e sobre o modo como elas agem na constituição das subjetividades, inclusive na própria, poderia permitir-lhes não só evitar os equívocos acima, assim como compreender mais claramente os limites e as fronteiras entre Psicologia e Religião. Poderia levar-lhes também ao questionamento da defensiva assepsia entre ambas, que só se justifica onde há luta de poderes, na qual elas estariam disputando o mesmo prêmio: qual delas é capaz de explicar mais corretamente os fenômenos psicológicos? Ora, essa disputa deixa de existir e perde o sentido quando ambas são compreendidas em suas particularidades, caracterizadas por diferentes epistemologias, diferentes objetos, diferentes métodos e diferentes funções no

---

3 "Saúde Mental no Contexto da Atenção Psicossocial: Percepção dos Profissionais Acerca do Papel da Religiosidade" (em andamento), Edital Demanda Espontânea – FAP/DF – 2015.

mundo da vida. Com isso, vislumbra-se, então, a possibilidade de serem lidas inclusive como complementares, em vez de, simplesmente, rivais.

Se a laicidade do Estado e os compromissos éticos com a profissão não permitem a imposição de uma religião sobre outra ou o proselitismo na prática da profissão, isso não deve desencadear nenhuma dificuldade em aceitar a espiritualidade do outro, como se essa aceitação implicasse uma espécie de traição aos pares, às vertentes teóricas às quais o psicólogo se vincula, à sua formação ou à própria ciência psicológica (Neubern, 2013). Pelo contrário, ao estarem ambas – a laicidade e a ética – profundamente comprometidas com os direitos humanos de todo cidadão, elas devem favorecer não só o discurso, mas, sobretudo, a prática emancipatória em psicologia, preconizando os direitos individuais nos assuntos relacionados à religião, assim como já se tem defendido para outros temas, como sexualidade, gênero, raça, etnia e outros mais.

Por outro lado, deve-se reconhecer também ser óbvio que um psicólogo não está ofendendo a "neutralidade científica" pelo fato de assumir em público a sua própria convicção religiosa, na medida em que ele é cidadão como todos os demais. E mesmo aqueles que resolvem fundar ou se integrar a uma associação de psicólogos que professam uma religião específica não estão, com isso, ferindo nenhum princípio de laicidade do Estado ou dos direitos humanos. Estão, mais uma vez, simplesmente exercendo o seu princípio de cidadania. Naturalmente que, ao fazer isso, poderão atrair, para receber seus serviços profissionais, justamente aqueles que professoram a sua mesma fé, mas também poderão ser evitados por aqueles que não a professam. Mesmo assim, do ponto de vista ético, conforme lembra Paiva (2016), em casos como esses, assim como nas situações em que não se saiba previamente a religião desse profissional, o que deve regular a sua prática não é propriamente o princípio de laicidade, mas o da exclusão metodológica do transcendente. Afinal, enquanto psicólogo(a), não cabe a ele(a) pronunciar-se sobre a realidade ontológica de Deus ou qualquer outra divindade, sagrada, advogada por sua religião, substituindo-se esse pronunciamento pela sua postura técnico-profissional. Isso seria confundir o seu papel com o de um teólogo ou de um líder religioso, e aí sim reside a diferença a ser considerada em sua responsabilidade ética, técnica e científica.

Ou seja, fazer um curso de Psicologia, estudando ou não o tema da religião, não fará do profissional psicólogo um ser à parte. Como bem ressalta Paiva (2016, p. 141), ele continuará mantendo "suas referências estéticas, religiosas, lúdicas, políticas e muitas outras, compartilhadas com diversos grupos sociais". Afinal, tais referências "não são absorvidas pela especialidade na qual ele é formado, embora possa receber dela percepções, sensibilidades e disposições diferenciadas". Evidentemente que uma formação que o coloque em contato com a diversidade religiosa do seu país ou do contexto em que pretende atuar, e/ou que o estimule a explorar e compreender os sentidos que as diversas religiões têm no mundo da vida das pessoas, bem como suas diversas relações com as subjetividades e intersubjetividades, o tornará mais sensível e com disposições mais apuradas para lidar e acolher, de modo mais genuíno e respeitoso, as questões humanas ligadas ao religioso, ao espiritual e/ou ao sagrado, quando de sua prática profissional e nos diferentes contextos em que essa prática venha a ocorrer.

CONSIDERAÇÕES FINAIS

A título de considerações finais, ao concluir este capítulo, cabe-nos dizer do quanto se tem avolumado, em anos recentes, no mundo todo e no Brasil em particular, as pesquisas no campo ao qual se convencionou chamar "Psicologia da Religião". É deveras significativo o quanto o tema tem sido cada vez mais presente e abordado em livros, capítulos de livros e artigos em periódicos de Psicologia e áreas afins, disponibilizando um rico e confiável material para consultas por parte de estudantes, professores, pesquisadores e profissionais. A disponibilização desse material é, sem dúvida, um passo importantíssimo para superar a tendência ao preconceito e ao estigma a que o tema da religião foi submetido ao longo de anos consecutivos no contexto acadêmico de formação do psicólogo, em muitas universidades. Entretanto, ele é ainda apenas o primeiro passo.

Para que os futuros profissionais em Psicologia se tornem mais preparados e se sintam em condições de empregar tais conhecimentos, incorporando-os às suas práticas psicológicas, sejam essas no contexto clínico, comunitário, de saúde, nas escolas ou nas organizações, será necessário, além do estudo cuidadoso da literatura já disponível, incluir em suas preocupações éticas aquelas que ultrapassem os procedimentos meramente tecnicistas, avançando-as para as questões de natureza cultural e ontológica. Ou seja, faz-se necessário o estudo criterioso, sim, mas somado a uma retomada crítica dos paradigmas histórico-epistemológicos que marcaram o início e a consolidação dessa profissão e os rumos tomados por ela no contexto contemporâneo. Afinal, lidar com o fenômeno religioso solicita também o reconhecimento e a aceitação de que, em algum momento, se pode ser surpreendido com aquilo que aponta para os nós, os pontos frágeis, os "buracos negros" das teorias assumidas como lanternas a iluminar o psiquismo humano. Infelizmente, com frequência, essas lanternas costumam ser confundidas com a própria luz do sol. Mesmo, assim, é bom lembrar que, se a luz do sol nos chega muito de frente, atrás de nós vem a sombra.

Ressaltemos, então, que os estudos interdisciplinares, incluindo elementos da sociologia, antropologia, filosofia, religião e teologia, podem auxiliar na compreensão das questões religiosas e, por isso mesmo, devem também ser contemplados nos currículos de formação de Psicologia, em conexão com os conteúdos da racionalidade científica específicos dessa área. Desse modo, pode-se promover melhor preparo do(a) futuro(a) psicólogo(a) para lidar, de modo ético e consistente, não apenas com o que emergirá no contato com seus futuros pacientes e clientes, mas também na percepção e reconhecimento de sua própria sombra.

REFERÊNCIAS BIBLIOGRÁFICAS

Aletti, M. (2012). Novas formas da religião numa cultura plural, à luz da Psicologia e da Psicanálise. In: Freitas, M. H.; Paiva, G. J. *Religiosidade e cultura contemporânea: desafios para a Psicologia*. Brasília: Universa; 2012. p. 99-139.

Camilo, P. A. S.; Rodrigues, C. C. (2015). Dados sobre a clínica psicológica no Brasil. In: *Anais do V Congresso da ANPTECRE "Religião, Direitos Humanos e Laicidade"*. ST 11 – Psicologia da Religião. Disponível em: file:///Users/martahelenadefreitas/Downloads/5anptecre-15539%20(1).pdf. Acesso em: 24 jan. 2017.

Carrette, J. (2012). O retorno a James: Psicologia, Religião e a amnésia da Neurociência. In: Freitas, M. H.; Paiva, G. J. *Religiosidade e cultura contemporânea: desafios para a Psicologia*. Brasília: Universa. p. 21-54.

Chauí, M. H. (2000). *Convite à filosofia*. São Paulo: Ática.

DaMatta, R. (1986). *O faz o Brasil, Brasil?* Rio de Janeiro: Rocco.

Freitas, M. H. (2007). Quando o silêncio transborda, calaboca já morreu: religiosidade, cientificidade e formação em Psicologia. In: Freitas, M. H.; Pereira, O. P. *As vozes do silenciado: estudos nas fronteiras da Antropologia, Filosofia e Psicologia*. Brasília: Universa. p. 187-205. (Coleção "Margens e Confluências", v. 2)

SEÇÃO V — PSICOLOGIA E RELIGIÕES

Freitas, M. H. (2015). Manejo da religiosidade nos contextos da saúde: a experiência de psicólogos/as. In: *Anais do X Seminário de Psicologia e Senso Religioso, 10.* Disponível em: http://www2.pucpr.br/reol/pb/index.php/spsr. Acesso em: 19 jan. 2017.

Freitas, M. H.; Turra, V.; Zaneti, N. B. (2016). Religiosidade, saberes tradicionais e saúde no Brasil. In: Conselho Regional de Psicologia SP. *Na fronteira da psicologia com os saberes tradicionais: práticas e técnicas.* São Paulo: CRP-SP. p. 74-77.

Hoover, S. (2014). Mídia e religião: premissas e implicações para os campos acadêmico e midiático. *Comunicação & Sociedade*, v. 35, n. 2, p. 41-68.

Instituto Brasileiro de Geografia e Estatística – IBGE (2012). *Censo Demográfico 2010: Características Gerais da População, Religião e Pessoas com Deficiência.* Rio de Janeiro: IBGE. p. 1-2015.

Ministério da Saúde (2004). *Saúde Mental no SUS: Os Centros de Atenção Psicossocial.* Brasília: Secretaria de Atenção à Saúde/Departamento de Ações Programáticas Estratégica/Coordenação-Geral de Saúde Mental. (Série F. Comunicação e Educação em Saúde). Disponível em: http://www.ccs.saude.gov.br/saude_mental/pdf/sm_sus.pdf. Acesso em: 25 jan. 2017.

Ministério da Saúde (2006). Política Nacional de Práticas Integrativas e Complementares do SUS: Atitude de Ampliação de Acesso. Brasília: Ministério da Saúde. (Série B. Textos Básicos de Saúde). Disponível em: http://bvsms.saude.gov.br/bvs/publicacoes/pnpic.pdf. Acesso em: 25 jan. 2017.

Morais, M. (1992). Psique. In: Sociedade Científica da Universidade Católica Portuguesa. *Logos: Enciclopédia Luso-Brasileira de Filosofia.* Lisboa/São Paulo: Verbo. v. 4.

Neubern, M. (2013). O que significa acolher a espiritualidade do outro? Considerações de uma clínica ethnopsy. In: Freitas, M. H.; Paiva, G. J.; Moraes, C. (Orgs.). *Psicologia da Religião no Mundo Ocidental Contemporâneo: desafios da interdisciplinaridade.* Brasília: UCB. p. 145-183.

Paiva, G. J. (2016). Laicidade, Psicologia, Religião, Direitos Humanos. In: Conselho Regional de Psicologia SP. *Laicidade, Religião, Direitos Humanos e Políticas Públicas.* São Paulo: CRP-SP. p. 135-142.

LEITURAS RECOMENDADAS

Conselho Regional de Psicologia SP – CRP 06 (2016). *Psicologia, laicidade e as relações com a religião e a espiritualidade, vols. I, II e III.* São Paulo: CRP-SP. Disponível em: http://www.crpsp.org/site/livros.php. Acesso em: 19 jan. 2017.

Conselho Regional de Psicologia SP – CRP 06 (2016). Recomendações para atuação profissional do psicólogo. *Relatório Síntese das Discussões dos Seminários Estaduais Psicologia, Laicidade e as Relações com a Religião e a Espiritualidade.* São Paulo: CRP-SP. Disponível em: http://www.crpsp.org.br/diverpsi/arquivos/Recomendacoes_Diverpsi.pdf. Acesso em: 19 jan. 2017.

Freitas, M. H.; Paiva, G. J. (2012). *Religiosidade e cultura contemporânea: desafios para a psicologia.* Brasília: Universa.

Freitas, M. H.; Paiva, G. J.; Moraes, C. (2013). *Psicologia da Religião no mundo ocidental contemporâneo: desafios da interdisciplinaridade.* Brasília: UCB.

Neubern, M. (2013). *Psicoterapia e Espiritualidade.* Belo Horizonte: Diamante.

O sagrado na experiência terapêutica

Gilberto Safra

O ser humano busca a hospitalidade, continuamente, ao longo de sua existência, pois esse fenômeno lhe oferta a realidade e a memória de si, abre-lhe a experiência do sagrado e lhe possibilita alcançar a experiência de espiritualidade, na qual se funda a resiliência necessária aos embates existenciais que encontra em seu percurso pela vida.

A condição humana mostra-se, na situação clínica, complexa e paradoxal, pois cada pessoa constitui-se na fronteira entre o finito e o infinito. Situação essa que a leva a experimentar os seus sofrimentos de modo peculiar. Desde o seu nascimento o ser humano vive as vicissitudes da finitude, por meio das contínuas perdas que experiencia tanto em sua interioridade como também com os objetos e pessoas existentes na realidade externa. O bebê humano, nesse horizonte, necessita alcançar a experiência da continuidade de si diante da impermanência de tudo o que existe. Essa tarefa necessariamente demanda a hospitalidade de outro humano. Por outro lado, a pessoa, por estar atravessada pela infinitude, vive no âmago de seu ser abismo infinito de carência, que a atravessa com o risco da agonia impensável. A carência abissal organiza-se como desejo de ser que se direciona aos objetos e, sobretudo, ao absoluto.

Cada experiência significativa de comunicação e hospitalidade acontece como semente de confiabilidade, que, eventualmente, oferta ao indivíduo a possibilidade de crer. Cada um desses instantes acontece como evento de mais ser que se descortina como sagrado, encanto e júbilo.

O sagrado acontece explicitando a face do originário e emergindo como atravessamento do cotidiano do ser humano. É frequente a perspectiva pela qual o sagrado é abordado como experiência de visita do totalmente outro (Otto, 1917). A situação clínica sustenta essa visão ao mesmo tempo em que a mostra como experiência paradoxal, pois, embora ela aconteça como alteridade, traz também para a pessoa que a experimenta a memória do nunca antes vivido e como experiência de mais ser. Podemos constatar na situação clínica que a experiência do sa-

grado é vivida como conjunção de três faces fundamentais, que atingem áreas distintas do sentido de si mesmo: ética, numinosa e ruptura da racionalidade e da familiaridade.

A face ética refere-se ao originário do humano. Nesse registro, a pessoa pode vir a encontrar por meio dessas experiências de encontro e de sacralidade: a Hospitalidade, a Verdade, o Amor, o Olhar, o Bem, a Beleza etc. Esse encontro tem, frequentemente, efeito constitutivo que estabelece ou reestabelece aspectos do sentido de si que pareciam perdidos ou ausentes. No entanto, a experiência do sagrado não se reduz a essa faceta.

A face numinosa do sagrado pode, também, ser vivida como disruptiva. A capacidade afetiva ou mesmo cognitiva da pessoa pode não conseguir conter a experiência, e ela pode vir a experimentar algo da face do agônico. Aqui a experiência do sagrado assemelha-se à experiência traumática. Assiste-se à experiência vivida do sagrado reaparecer nos sonhos e no discurso das pessoas de modo repetitivo, um dinamismo muito próximo do modo como acontece a neurose de angústia descrita na literatura da área (Freud, 1894), como se pela repetição o indivíduo buscasse colocar sob o domínio do eu o que foi vivido como um excesso impossível de ser pensado ou compreendido. É aqui que a experiência vivida pode vir a enriquecer o sentido de si da pessoa, ou pode jogá-la em uma situação de desintegração. O sagrado pode ser vivido como estar-se diante da Majestade, que parece anular a existência de si. Ocorre como um estar diante de uma Presença Majestosa que parece por meio de seu ser dissolver o ego daquele que o contempla. Trata-se de se ter a experiência de se estar diante de um Vivo indomável, que tende a ser experienciado como algo de terrorífico. Pelo fato de que esse tipo de experiência pode não ser assimilado pela racionalidade do indivíduo, alguns autores tendem a situar a experiência do sagrado no registro da irracionalidade. Em meu modo de ver, ela não pode ser considerada nem como racional e nem como irracional, pois ela ocorre como experiência para além e não pode ser categorizada por nosso modo habitual de pensar. Estamos no

SEÇÃO V — PSICOLOGIA E RELIGIÕES

campo do mistério, do enigma, para além de qualquer racionalidade ou irracionalidade.

A possibilidade da continuidade de si demanda que pouco a pouco seja organizado o registro psíquico do indivíduo para que lhe seja possível atravessar as diferentes experiências sem perda do sentido de si. Essa organização se dá por meio de formas estéticas sensórias significativas para o indivíduo que aconteceram como interface de comunicação com o outro, por meio da modulação dos afetos realizada pelo cuidador e por palavras que nomeiam conjuntos de experiência, permitindo que a pessoa possa eventualmente dizer "eu". É a amplitude e a expansão do registro psíquico que possibilita ao indivíduo acessar a experiência do sagrado sem que seja disruptivo.

A experiência do sagrado demanda daquele que a vive o situar-se no humilde. É a humildade que possibilita que a pessoa possa beneficiar-se dessa experiência sem desintegrar-se. De um ponto de vista clínico, poder-se-ia dizer que a experiência do sagrado põe a faceta onipotente da personalidade em dissolução. Se o indivíduo buscar lidar com a experiência do sagrado de modo onipotente, correrá o risco de viver uma desorganização de tipo psicótico.

É a humildade vivida no registro ético, afetivo, racional que possibilita à pessoa vir a experimentar o sagrado como expansão criativa da experiência de si. Nessa situação, podemos testemunhar que o sentido de si pode vir a se estabelecer não mais no campo representacional, mas sim no registro da não representação, ou seguindo o pensamento de Bion (1998), na realidade psíquica não sensorial. A pessoa adquire alto grau de resiliência às vicissitudes da vida no mundo e no campo existencial. Ela torna-se capaz de dar um sentido poético-espiritual aos acontecimentos do cotidiano, que lhe permite lidar com as situações difíceis de sua vida de modo bastante fecundo.

Lima Vaz (2000, p. 11) assinala que esse tipo de experiência "num plano transracional, ou seja, onde cessa o discurso da razão: inteligência e amor convergem na fina ponta do espírito – o apex mentis – numa experiência inefável do Absoluto, que arrasta consigo toda a energia pulsional da alma".

A experiência do sagrado contrasta com as características do mundo contemporâneo. Na atualidade, o registro ético é abordado sem o seu sentido ontológico, de modo que fica reduzida à simples construção social. No lugar do sagrado, temos o aparecimento do fenômeno da sacralização, que se caracteriza pela deturpação do sentido do sagrado por fenômenos de imitação do fenômeno original. A sacralização aparece como simulacro do sagrado, levando ao adoecimento do ser humano. O estudo da psicopatologia nos apresenta as personalidades *como se*, o falso *self*, os normóticos, modos de subjetivação decorrentes da sacralização. Como fenômenos da sacralização, aparecem simulacros do sagrado nas diferentes formas de totalitarismo social, na idealização de líderes políticos, no uso da droga como veiculação do anseio de transcendência etc.

Podemos considerar o fenômeno de sacralização como um adoecimento do sentido do sagrado, que ocorre como fenômenos de transferência do divino situados na imanência do mundo. A vontade humana é idolizada e vemos o aparecimento das diferentes formas de fundamentalismo. Enquanto na experiência do sagrado temos a aparição da alteridade, na sacralização temos a exclusão do outro.

Assim como precisamos discriminar o fenômeno do sagrado do da sacralização, necessitamos também discriminar o fundamentalismo do desvelar do fundamento. Uso o conceito de fundamento como sinônimo do de originário, modo habitual de aparição do sagrado. O fundamento surge como o aberto, como o outro, como o mistério. O fundamentalismo acontece como fechamento do si mesmo na imanência e sustentado pelo não autêntico: a farsa, o cenário sem transcendência. É no horizonte do não autêntico que emergem as personalidades *como se*, como decorrente da obturação do sagrado e pela sua substituição pela sacralização.

A sacralização e as personalidades *como se* e as normóticas são geradas por uma cultura na qual a técnica é hegemônica. Com os filósofos, podemos dizer que a técnica afugentou os deuses! Galimberti (2000) afirma:

> Então a técnica, de instrumento nas mãos do homem para dominar a natureza, se torna o **ambiente** do homem, aquilo que o rodeia e o constitui, segundo as regras daquela racionalidade que, seguindo os critérios da funcionalidade e da eficiência, não hesita em subordinar às exigências do aparato técnico as próprias demandas do homem. (p. 11) ... assistimos a uma reviravolta pela qual o sujeito da história não é mais o **homem**, e sim a **técnica**, que emancipando-se da condição de mero "instrumento", dispõe da natureza como um fundo e do homem como um funcionário seu. (p. 13)

No horizonte do sagrado emerge um tipo especial de fenômenos transicionais, capazes de curar a condição humana: a hierofania. Aqui qualquer coisa pode ser janela para a manifestação do sagrado. Nessa perspectiva, Adélia Prado nos fala que qualquer coisa é morada da poesia.

A coisa, lar do sagrado, acontece de modo paradoxal, pois, embora seja parte da imanência do mundo humano, mostra-se como horizonte de aparição do eterno. A coisa aqui adquire uma posição icônica: o imanente desvela o transcendente.

A experiência de encontro com o outro e a situação originária do acontecer humano, seja ela descrita como devoção materna, solidariedade ou amizade, possibilita o emergir do si mesmo, a partir de evento fraterno que aparece como sagrado. No percurso humano pela vida, a cada encontro significativo algo do sagrado e da expansão do si mesmo acontece. O sagrado é o fundamento do si mesmo. A cada vez que determinado aspecto que potencialmente poderia vir a se constituir na relação com outro como um elemento do sentido de si, a pessoa experimenta, novamente, uma vivência de alegria, de júbilo, de encantamento. A experiência vivida dessa forma é frequentemente nomeada como sagrada.

Percebe-se na situação clínica que o indivíduo concebe a dimensão do sagrado a partir da matriz decorrente das diferentes experiências que trouxerem a constituição e a metamorfose de si.

Na busca de mais ser, há no bojo da alma humana a esperança do encontro futuro com o outro que lhe possibilite a constituição de aspectos do si mesmo ainda não acontecidos. Os objetos com qualidades sagradas, como que abrem a possibilidade do encontro com o outro, que é ao mesmo tempo o si mesmo que ainda não aconteceu. A cada encontro vivido como sagrado há a nostalgia do ainda não. O abismo na interioridade de si insiste pela busca do mais além.

Ao lado dos objetos nos quais o evento hierofânico acontece, há os objetos simulacros que adquirem um estatuto fetichista, de um suposto poder ser. Neles há apenas excitação idolizada e fetichista, sem nenhuma transcendência ou alteridade. São mais suportes desesperados diante do abismo da agonia impensável.

282

Do lado da experiência do sagrado, temos o emergir da solidariedade e do estabelecimento da posição da humildade. Do lado da sacralização, temos o simulacro, o fetiche, a onipotência desesperada da vontade humana.

Na posição humilde, as experiências de si mesmo se abrem: o afeto se faz devoção, o conhecer se põe diante da verdade, a ação se faz servir e emerge como empatia e solidariedade. Marcas fundamentais de abertura para o outro. Na posição de sacralização, o si mesmo fica tamponado, capturado na imanência do mundo, jogado na dispersão de si em um consumismo sem esperança.

Florensky (1914) afirmava que na experiência do sagrado a carne do mundo se torna porosa para o desvelar do Real, devolvendo o ser humano ao originário de si mesmo. Viver nesse registro e viver em culto a experiência do viver, de onde eclode a cultura como guardiã da vida humana e do sagrado: homens e deuses convivem.

Nesse lugar, o ser humano pode viver na fronteira de mundos, na qual o infinito se avizinha com o temporal, o sacro com o material, a palavra se faz poesia e o gesto acontece como litúrgico. Nessa posição, o ser humano habita o mundo poeticamente, as almas humanas se encontram e o visível debruça-se para o invisível. Nesse horizonte é possível viver, é possível morrer.

Por meio dos diferentes atravessamentos quer sejam decorrentes das experiências de finitude (perdas, rupturas, adoecimento, desencontros), que surjam de experiências vividas como infinitas (agonias, transbordamentos de si, experiências do sagrado), emerge a questão do sofrimento humano, por meio do qual o ser humano acessa um saber sobre o viver, sobre o real. Há momentos de grande mutação no qual a pessoa coloca no horizonte de sua existência princípios, valores e concepções sobre o absoluto, que passam a dar sentido à sua existência. Nesse ponto, ela não só vive para o imediato presente em seu cotidiano, mas também para o sentido colocado como sentido fundamental de sua vida. O gesto do indivíduo acontece como intenção ao porvir que constitui o início de sua vida espiritual.

É nesse gesto constitutivo sempre em direção ao mais além que poderíamos situar o registro espiritual do homem. É ele que faz do ser humano alguém que possui um si mesmo, sempre aberto e que se estende para fora de si em direção à totalidade do existente. Edith Stein nos esclarece que

> (...) a vida pessoal é um sair fora de si e ao mesmo tempo em ser e permanecer em si mesmo. Enquanto o homem é espírito segundo sua essência, sai de si mesmo com sua vida espiritual e entra em um mundo que se abre a ele, sem perder nada de si mesmo. Exala não só sua essência – como todo produto real – de uma maneira espiritual expressando-se ele mesmo de forma inconsciente, e além do mais atua pessoal e espiritualmente. A alma humana **enquanto** espírito se eleva em sua vida espiritual por encima de si mesma. (Stein, 1950, p. 379-380)

Essa condição faz do ser humano alguém que, por meio de seu gesto, cria sempre novos sentidos, andarilho em direção ao sentido último. É aí que se coloca o gesto em transicionalidade, mantenedor da transcendência constitutiva do ser humano. Estamos sempre entre a origem e o fim, o nascer e o morrer.

Discutindo essas experiências do ponto de vista da Mística, Lima Vaz (2000) afirma:

> Não obstante as profundas diferenças que distinguirão a mística cristã daquela que se convencionou denominar mística pagã, e cuja expressão conceptual será recebida da tradição platônica, o traço comum que as une encontra-se no mesmo modelo antropológico dotado de uma estrutura vertical aberta coroada pela fina ponta do espírito (*noûs* ou *mens*), capaz de captar a universalidade formal do ser e de afirmar seu existir real (Metafísica), ou de unir-se fruitivamente ao Absoluto (Mística). (p. 23)

Em minhas investigações na clínica (Safra, 2004) tenho observado que cada um de nós, quer tenhamos consciência ou não, estabelecemos uma concepção a respeito da origem. Essa concepção determina uma ontologia peculiar à pessoa que a formula. Esse fenômeno também é encontrado em outros registros da experiência humana, tais como a vida em determinada comunidade ou cultura étnica. Ao contatarmos uma cultura particular, observamos que seus mitos, seus objetos culturais, organizam-se ao redor de uma concepção da origem do mundo peculiar àquele grupo cultural. Fenômeno semelhante existe do ponto de vista de um indivíduo singular. Um dos elementos fundamentais do processo de singularização de alguém é a concepção ontológica característica da pessoa. Essa ontologia pessoal é um dos referentes fundamentais da semântica existencial do indivíduo, que se estende significando seus gestos, suas palavras, as coisas que ele utiliza para compor seu mundo pessoal. O que denominei idioma pessoal.

Abordar o ser humano a partir da questão originária é também explicitar que todo indivíduo sonha com a resposta à sua questão. E ao mencionar o sonhar, não estou fazendo metáfora; **o sonho**, entre outros fatores, **veicula o anseio de uma resposta à questão originária**. Sonha-se com uma resposta, mas ela jamais é respondida. A partir da questão que o constitui, o ser humano, ao sonhar com uma resposta, sonha o fim último. O fim último ansiado no sonho é o estado em que a pergunta não mais precisaria ser feita. Sonhar uma utopia! Essa utopia constitui a teleologia do paciente, que na maior parte das vezes, se faz teologia. Sonhar com a resposta à sua questão originária coloca o indivíduo em um percurso. O ser humano, dessa forma, se faz caminhante, peregrino, viajante pelos caminhos da transicionalidade.

A concepção sobre a origem, o sonho sobre o fim último, assinala a maneira pela qual o indivíduo sai de si, o que constitui não só o seu modo de ser, mas também o seu estilo de ser. Dessa forma, a maneira como a transiência acontece no idioma pessoal do indivíduo revela-nos como a sua espiritualidade e a sua religiosidade se constituem.

A clínica nos mostra que o sonho teleológico para o qual se direciona o gesto do indivíduo não é necessariamente religioso. O que nos sugere que a transcendência, movimento espiritual no homem, às vezes, resolve-se por meio de um fim concebido sem religião. Esse aspecto é de fundamental importância, pois frequentemente se pensa que falar de espiritualidade implicaria mencionar o campo religioso, o que não é verdade. Há modos de aparecimento de espiritualidade totalmente ateias.

Relato, para ilustrar esse ponto, um texto da ética samurai:

> Existem dois tipos de disposição: a interior e a exterior. A pessoa que não possuir as duas não tem valor. É como, por exemplo, a lâmina de uma espada: devemos afiá-la bem e colocá-la na bainha. De tempos em tempos, devemos sacá-la, franzindo as sobrancelhas como se estivéssemos em uma luta, limpá-la e voltar a colocá-la na bainha. Se uma pessoa empunha a espada o tempo todo, está frequentemente manuseando uma lâmina nua. As pessoas não se aproximarão e ela não terá aliados. Se a espada está sempre embainhada, ela enferrujará, a lâmina perderá seu fio e as pessoas pensarão o mesmo de seu dono. (Tsunetomo, 2004, p. 113)

SEÇÃO V — PSICOLOGIA E RELIGIÕES

Há nesses preceitos uma visão ética que constitui uma maneira peculiar de situar a questão da transcendência do ser humano, em que o sentido último da existência e o modelo oferecido para a travessia de cada momento da vida é a luta. Trata-se de uma maneira de sustentar uma espiritualidade sem Deus.

Por outro lado, é parte da experiência de todo clínico testemunhar situações existenciais em que as concepções religiosas são usadas como tamponamento da transcendência e do devir, levando o indivíduo a um estagnamento e paralisia de si. A perda da condição de peregrino é também uma forma de adoecimento do sentido de si.

É claro que também encontramos a coexistência dos dois fenômenos, a religião e a espiritualidade, em um único movimento. Nesses casos a religião é vivida pela pessoa como campo no qual a sua transcendência ontológica é preservada e direcionada para o mais além em direção ao Outro absoluto.

Tem sido útil em minha clínica discriminar entre religião, religiosidade e espiritualidade. Denomino espiritualidade o sair de si em direção a um sentido último e o sustentar a transcendência ontológica do indivíduo. Considero a religiosidade a espiritualidade que acontece em meio a concepções sobre o divino. Chamo de religião o sistema representacional de crenças e dogmas consciente por meio do qual uma pessoa procura modelar sua vida e conduta, de maneira espiritual ou de modo antiespiritual.

Do ponto de vista do manejo clínico, é fundamental o trabalho que auxilie o paciente a pôr em jogo seu gesto em direção ao porvir; em outras palavras, é terapêutico o trabalho que sustente a espiritualidade emergente do paciente, quer ela seja ateia ou crente.

Por meio desse trabalho, a pessoa apropria-se dos princípios que regem o seu sonho utópico, acessando, dessa maneira, o sentido último de sua existência. Nesse ponto de seu percurso, a pessoa percebe o modo como o sentido de sua vida se constitui e a maneira como a sua espiritualidade se descortina. Quando ela passa a ter consciência desse processo, passa a viver em sintonia ao modo como a sua espiritualidade acontece.

Nesse vértice, o trabalho clínico não finaliza quando o analisando ressignifica seu passado e se apropria do seu lugar. Será necessário que se caminhe o suficiente na situação clínica para que a pessoa venha a se apropriar do sentido inerente à sua utopia pessoal e para que a sua espiritualidade se constitua e para que possa caminhar na existência sustentada pelo sentido, que é a referência fundamental de sua espiritualidade. É importante esclarecer que o analista ou terapeuta não cria o sentido, apenas acompanha o sentido que o paciente lhe propõe sem se dar conta de que o está continuamente criando.

Uma vez que a espiritualidade se torne dimensão fundamental da vida de uma pessoa, emerge em sua interioridade a possibilidade de experimentar a serenidade, a qual se relaciona com a capacidade de a pessoa acolher o seu destino integrando o que a adoeceu e também se abrindo para a imprevisibilidade do futuro, sustentada pela esperança do sentido último. O estabelecimento da serenidade não significa que deixe de sentir ansiedade ou medo. O que ocorre é que se passa a ter um posicionamento existencial e psíquico a partir do qual é possível acolher as diferentes experiências de vida, com relativa estabilidade e calma. Estamos diante do fenômeno de resiliência outorgado pela prática espiritual da pessoa.

Diante da espiritualidade que se torna travessia da pessoa ao longo da existência, observa-se que a dimensão abissal na interioridade do ser humano sofre profunda transformação: o abismo carente torna-se experiência de silêncio interior. No silêncio de si, encontra-se o que não tem representação, o que está para além de qualquer suposta identidade. Esse é o abismo em si, que eventualmente se faz lugar de descanso, quando nos foi apresentado pelo rosto humano. Nele está o outro sem nome, lugar ansiado e temido ao mesmo tempo, pois se assentar nesse lugar é começar a "crescer para baixo" e encaminhar-se para a morte vivida como último gesto de realização de si.

> *Todo pasa y todo queda,*
> *Pero lo nuestro es pasar,*
> *Pasar haciendo caminos,*
> *Caminos sobre la mar.*
> *(Antonio Machado, 1975, p. 243)*

REFERÊNCIAS BIBLIOGRÁFICAS

Bion, R. W. (1988). *Estudos psicanalíticos revisados. (Second Thoughts).* Rio de Janeiro: Imago.

Florensky, P. (1914). *La columna y el fundamento de la verdade.* Salamanca: Ediciones Sigueme; 2010.

Freud, S. (1894). Sobre os critérios para destacar da neurastenia uma síndrome particular intitulada "neurose de angústia". In: *ESB.* Rio de Janeiro: Imago, 1976. v. III.

Galimberti, U. (2000). *Psiche e techne: o homem na idade da técnica.* São Paulo: Paulus, 2006.

Lima Vaz, H. C. (2000). *Experiência Mística e Filosofia na Tradição Ocidental.* 3ª ed. São Paulo: Edições Loyola, 2015.

Machado, Antonio (1975). *Poesias Completas: Soledades, Galerias, Campos de Castilla.* Madrid: Coleción Austral.

Otto, R. (1917). *O sagrado: sobre o irracional na ideia do divino e sua relação com o irracional.* Lisboa: Edições 70, 1992.

Safra, G. *A pó-ética na clínica contemporânea.* São Paulo, Idéias e Letras, 2004.

Stein, E. (1950). Ser finito y Ser eterno. *Ensayo de una Ascensión al sentido del Ser.* México, Fondo de Cultura Econômica, 1994.

Tsunetomo, Y. (2004). *Hagakure: o livro do samurai.* São Paulo: Conrad Editora do Brasil.

O psicólogo clínico e as questões religiosas

Marília Ancona-Lopez

Que clínica é essa que se constitui em meio a tantos fragmentos culturais
e existenciais que influenciam um modo singular de cuidado em saúde mental?
Lucivaldo Araújo

A Psicologia da Religião é estudada por um grupo restrito de psicólogos. Consequentemente, há poucos profissionais preparados para tratar do assunto nos cursos de Psicologia.

Quando o tema Psicologia e Religião foi inserido em um curso de pós-graduação *stricto sensu*[1], mestrandos e doutorandos propuseram espontaneamente um conjunto de temas para a elaboração de suas dissertações e teses, com o objetivo de descrever e analisar dificuldades encontradas nos cursos de graduação relacionadas ao assunto. A semelhança, quase repetição, dos objetivos apresentados caracterizou uma insatisfação compartilhada por todos. Suas questões giravam ao redor do fato de que, nos seus cursos de graduação em Psicologia, eles não haviam tido a possibilidade de expor e refletir sobre assuntos relativos às crenças religiosas e à espiritualidade, lacuna que pretendiam preencher em suas dissertações e teses.

Essa situação não se restringe aos cursos de Psicologia oferecidos em nosso país. Já em 2007, Pargament apontava que o estudo da espiritualidade é negligenciado pela Psicologia há muitos anos. Para o autor, sob a influência do conceito positivista de ciência, a Psicologia afastou-se da Filosofia e da Teologia, buscando garantir o caráter científico de seus conhecimentos. Consequentemente, embora os cursos de Psicologia oferecessem ampla gama de informações sobre fenômenos psicológicos, os alunos aprendiam pouco ou nada sobre assuntos que incluíam a religião e a espiritualidade.

Considerando que aproximadamente mais de 80% da população mundial e mais de 90% da população brasileira possuem filiação religiosa, o efeito desse afastamento foi que "A maior parte dos profissionais sai do curso de graduação despreparado para enfrentar os problemas espirituais e religiosos que encontrarão em seu trabalho" (Pargament, 2007, p. 9).

Embora o número de publicações na área da Psicologia da Religião tenha crescido nos últimos anos, o crescimento não foi suficiente para inserir o assunto nos cursos de Psicologia e o seu alcance do público profissional também foi limitado. Pargament cita que em 2002 uma pesquisa que teve como sujeitos diretores de cursos mostrou que apenas 18% dos cursos de graduação em Psicologia nos Estados Unidos e 13% dos programas de Psicologia Clínica no Canadá incluíam disciplinas sobre religião e espiritualidade. Dez anos depois, Freitas e Paiva (2012) relata que, embora a disciplina optativa Psicologia da Religião constasse da grade do curso de Psicologia de sua universidade, "ao longo de toda a minha graduação, ela nunca fora oferecida" (p. 194).

IMPRECISÕES CONCEITUAIS

Colabora para a ausência de temas sobre religião e espiritualidade nos cursos de formação de psicólogos a falta de conceitos precisos para basear as investigações e a transmissão de conhecimentos relativos ao assunto. A própria definição de Religião é muito variável entre os estudiosos, e a dificuldade é ainda maior quando se trata de estabelecer parâmetros e critérios que permitam distinguir entre religiões, movimentos religiosos, seitas e doutrinas.

Outra questão pouco definida é a distinção entre religião e espiritualidade. Também nesse assunto as posições são diversas tanto no âmbito religioso quanto no campo da saúde mental. Berni (2016), por exemplo, apresenta quatro formas pelas quais a espiritualidade é definida no discurso religioso: como fé, como um plano suprassensível, como um processo para o desenvolvimento da fé ou como um poder outorgado. E afirma que em outras áreas, como na da saúde pública, encontra-se a mesma confusão "que se origina na tríade espiritualidade, religiosidade e crenças pessoais, por parte da OMS" (p. 53).

Jodelet (2013), por sua vez, distingue três tipos de definições dadas à religião pelas ciências sociais: "aquelas que são de natu-

---

[1] Programa de Pós-Graduação em Psicologia Clínica da Pontifícia Universidade Católica de São Paulo (PUC-SP).

SEÇÃO V — PSICOLOGIA E RELIGIÕES

reza funcional e atribuem à religião uma função de regulação, integração e socialização. Aquelas que são de natureza substancial e se interessam pela natureza própria da religião (...) e aquelas que são de natureza existencial" (p. 116)[2].

A falta de definição consensual dos termos religião e espiritualidade, religiosidade, experiência religiosa, transcendência, sagrado etc. mostra que os conceitos estão em construção. Consequentemente, os trabalhos em Psicologia da Religião também se desenvolvem em direções variadas. Mesmo em discussões coordenadas por órgãos da profissão observam-se com frequência diferentes compreensões do que é religião e falta de discriminação entre o que se considera religião, teologia, igreja, espiritualidade etc.

No que diz respeito à Psicologia da Religião, Aletti (2012) afirma que:

> Coloca-se entre as questões primárias, a questão do próprio objeto da disciplina. Na literatura fala-se de "religião", de "religiosidade", de "vivência religiosa". A situação se mescla e se complica com a questão do uso destes conceitos por parte dos cultores das diferentes "ciências da religião" (...) (p. 165)

Tal diversidade de conceituações (que não procuramos resolver neste texto no qual utilizamos os termos religião e espiritualidade de forma ampla) dificulta a inserção nos cursos de graduação de uma disciplina que aborde o assunto.

Soma-se a essa situação específica o quadro geral das diferentes abordagens teóricas e metodológicas existentes no campo da Psicologia, baseadas em diferentes pressupostos sobre a concepção de homem e de ciência. No primeiro caso, a inclusão ou exclusão da dimensão espiritual e, no segundo, a aceitação, ou não, da possibilidade de neutralidade no campo da Psicologia.

Mattos (2016) comenta as consequências do afastamento entre psicologia e espiritualidade:

> A ausência de diálogo entre a Psicologia e os fenômenos espirituais (...) leva a duas vias, ambas insatisfatórias: 1) a negação dos fenômenos – postura absolutamente anticientífica; ou 2) a patologização dos fenômenos. Não os discutir para além dessas perspectivas é desconsiderar a importância dos fenômenos religiosos e espirituais na cultura e sua presença significativa nos relatos clínicos. (p. 226)

PARADOXOS

Há que considerar que os alunos iniciam seus cursos de graduação ainda jovens, trazendo para a sala de aula experiências e pressupostos adquiridos em seu meio social e familiar, entre os quais valores, crenças e significados religiosos a eles transmitidos ao longo de suas vidas. Tais experiências e pressupostos adquiridos por meio de histórias, práticas, rituais, músicas, expressões linguísticas, arquitetura, símbolos e princípios tácitos configuram esquemas de interpretação e de significação para a sua vida.

Com essa bagagem, o aluno ingressa na universidade e, em nossa sociedade, a inscrição no ensino superior é celebrada como uma conquista, como o ingresso em um ambiente institucionalizado cuja oferta de ensino e cujo diploma, ao final, garantirão um salto social, em termos de *status* e de situação profissional. Nesse suposto "local do saber", diante de professo-

res titulados, os futuros psicólogos encontram uma discrepância entre sua visão de mundo e o que lhes é ensinado no curso, principalmente no que diz respeito às concepções de homem subjacentes às diferentes teorias psicológicas e às interpretações dadas a eventos da vida corrente, no entanto não há espaço para discutir as diferenças e o silêncio lhes causa desconforto. A desqualificação de suas crenças religiosas e experiências pessoais é dolorosa, pois, ao longo de sua vida em seu grupo familiar e social, elas foram assimiladas como forças organizadoras de determinado modo de estar no mundo, que é, agora, interpelado e desprestigiado pelo mundo acadêmico.

A tradição acadêmica entende que o ensino universitário tem por objetivo principal transmitir informações sem analisá-las criticamente. Cabe ao professor dominar um assunto e transmiti-lo com segurança. Isso o impede de aventurar-se, com seus alunos, a apresentar e discutir um conhecimento inacabado, ensinando-os a refletir sobre o *status* das teorias e dos conteúdos que lhes são apresentados, a fim de levá-los a observar lacunas, a questionar falhas, a refletir sobre possibilidades de avanço na área, a distinguir o que é conhecido do que é desconhecido. Essa última atitude, apropriada para a formação de um possível pesquisador e para o preparo de um profissional consciente, não é usual nos professores e, quando presente em sala de aula, incomoda os alunos, acostumados que estão a receber conteúdos disciplinares cristalizados. Assuntos polêmicos, que rompem a relação clássica entre professores e alunos, são evitados.

Para Freitas (2016), o mecanismo de exclusão dos assuntos relacionados à religião pode assumir caráter defensivo, pois

> (...) parece proteger os profissionais de um tema que, se abordado em profundidade, poderia talvez ameaçar certa segurança adquirida ao longo de sua formação, a qual, para muitos, pode ter implicado uma verdadeira extirpação da própria religiosidade/espiritualidade ou uma reserva subjetiva dessas dimensões para o domínio exclusivamente pessoal, sem diálogo com a esfera profissional. (p. 217)

Embora os paradoxos e as lacunas teóricas ligadas à psicologia e à religião não costumem ser expostos aos alunos, eles não escapam tão facilmente à sua observação. Nesse sentido, a possibilidade de estudar, discutir e pesquisar sobre Psicologia e Religião é bem-vinda. O que não pode ser dito mobiliza o aluno a retomar sua experiência e a debruçar-se sobre ela para compreendê-la, no mesmo ambiente no qual se originou o desconforto, ou seja, na universidade. Diz Araújo (2016): "(...) pude ver e viver inúmeras experiências no campo religioso e cultural que marcaram profundamente minha subjetividade e que, de certa forma, trouxeram-me até aqui, a este doutorado em Psicologia Clínica" (p. 16).

CONVIDAR, ESPERAR E ACOLHER O TESTEMUNHO

A importância de falar sobre o tema Psicologia e Religião, afastado como inoportuno em experiências acadêmicas prévias, torna-se evidente nas queixas dos alunos e testemunha uma necessidade que careceu de acolhimento. Os pós-graduandos relatam a ausência do assunto, a dificuldade de falar com os professores, os preconceitos relacionados a manifestações religiosas. Suas falam demandam uma escuta que os reconheça como psicólogos que têm algo a dizer sobre sua formação e profissão.

O conhecimento é fruto de um movimento criativo que modifica a área na qual se insere e também quem o produz. Por

---

[2] Tradução própria.

286

essa razão, a orientação de dissertações ou teses no âmbito da Psicologia e Religião exige uma postura específica do orientador. Como em qualquer atividade de orientação, é preciso indicar bibliografia, ensinar métodos, redirecionar caminhos, escolher instrumentos e rever textos. Dar conta das especificidades de um assunto em relação ao qual pairam dúvidas relativas à sua validade e possibilidade de abordagem científica, no entanto, exige mais do orientador, pois

> (...) os temas frequentemente provocam os alunos em suas próprias questões existenciais e os colocam em contato com suas teologias pessoais, suas formas de ver a vida e o mundo. (É preciso) Ser capaz de ouvir e conter essas expressões observando as tensões e ansiedades que se manifestam e lidando de modo a contê-las sem invasões, com respeito pela privacidade do aluno e sempre no limite do que é cabível na relação professor-orientando. (Ancona-Lopez, 2007, p. 195)

No programa de pós-graduação citado, as investigações desenvolveram-se tendo como referência a abordagem da psicologia fenomenológica. Consequentemente, assumiram características próprias dessa posição, distintas das adotadas em pesquisas realizadas sob o condão da ciência clássica.

Nessa trajetória investigativa, elimina-se, já de antemão, a possibilidade de uma postura de neutralidade. Pelo contrário, considera-se que a subjetividade do pesquisador está sempre presente em seu trabalho investigativo e não pode ser eliminada. Os conhecimentos e as experiências prévias sobre o tema que compuseram sua trajetória e suas reflexões atuais precisam ser ditas. Essa exposição possibilita ao pesquisador ganhar distância de seu posicionamento pessoal e abrir-se para o assunto ampliando seus horizontes. Por outro lado, possibilita conhecer o ponto de partida do pesquisador e contextualizar o trabalho final, sabendo em que perspectiva teórica e vivencial ele se desenvolveu.

De início, cabe ao aluno fazer uma descrição das experiências que o conduziram ao tema, esclarecer para si e para os colegas como e por que caminhos chegou a enunciar uma pergunta suficientemente motivadora para levá-lo a assumir o compromisso de mergulhar nas atividades necessárias para a elaboração de uma dissertação ou de uma tese. Considerando que as demandas relacionadas à religião e à espiritualidade se originam frequentemente no nível existencial, a descrição das experiências possibilita precisar o enunciado do fenômeno a ser estudado, observado, interpretado e compreendido, para compor um trabalho que contribua para o avanço do conhecimento na área.

Aproximar-se de um assunto que foi vivenciado como não tendo lugar no ambiente universitário, expor crenças e vivências pessoais, assim como uma visão crítica sobre o sistema acadêmico e as atitudes de professores e supervisores, exige o estabelecimento de um ambiente de sustentação e apoio ao pós-graduando que garanta a validade científica de seu tema e de seu trabalho. Compartilhar a visão da clínica psicológica como local de uma prática que evidencia as lacunas teóricas e a distância entre a teoria e a ação, gerando questões a serem pesquisadas, e não apenas como um espaço de aplicação de técnicas e conhecimentos já existentes, estimula os alunos.

A participação em um grupo de colegas com interesse comum constitui uma audiência privilegiada que acolhe a fala de cada um e se reconhece nela. O orientador convida, espera e recebe o testemunho. Ele é, também, a garantia de ser possível ir além da mera descrição de experiências e de ser possível transformar o incômodo em produção científica, em um clima em que predominem atitudes de cooperação e respeito mútuo. Além disso, o fato de o processo de investigação ser produzido em nível de pós-graduação acadêmica, em programa reconhecido pelos órgãos científicos, ajuda o aluno a enfrentar a tarefa. Nessas condições, no programa citado, nenhum dos pós-graduandos que escolheu temas relacionados à Psicologia e à Religião desistiu ou substituiu o seu assunto por outro. Como disse Cesar (2007):

> Foi muito importante descobrir, depois de anos de profissão, que existe, sim, um lugar, um espaço dentro da Psicologia, no campo acadêmico, que permite ser o que se é, em sua totalidade, expressando livremente o seu pensar, o seu sentir, a sua religiosidade e espiritualidade, sem medo, sem vergonha e sem máscaras. (p. 132)

O ECLETISMO PRAGMÁTICO

Sem preparo para lidar com as demandas clínicas quando surgem questões de religião e espiritualidade, a atuação dos psicólogos, grande parte das vezes, caracteriza-se por um ecletismo pragmático. Procuram coordenar elementos colhidos de diversos sistemas psicológicos e religiosos e de suas experiências particulares para atender às exigências da prática, deixando de lado o que não é de utilidade imediata e abandonando critérios de consistência e de coerência teórica.

Pargament (2007) cita que os psicólogos que o procuram interessados em um trabalho que integre psicologia e espiritualidade apresentam os seguintes problemas: pontos de vista estereotipados ou muito genéricos e indiferenciados sobre religiões e espiritualidade, dificuldade para reconhecer as dimensões espirituais dos problemas e suas possíveis resoluções, busca de soluções definitivas para problemas complexos, receio de falar da espiritualidade considerando que não é assunto para psicoterapia ou, ao contrário, tendência a ver a espiritualidade como fonte de todos os problemas ou de sua solução, supervalorização de sua competência para lidar com o assunto tendo por base a própria experiência espiritual. As mesmas posições os alunos encontram em seus entrevistados, professores e psicólogos. Podemos supor que os próprios professores transmitem a seus alunos as posturas apontadas por Pargament quando se trata de assuntos da religião e da espiritualidade?

O livro de Araújo (2016) *Religiosidade e saúde mental*, publicado a partir de sua tese de doutoramento, expõe um caso paradigmático de ecletismo pragmático nas ações de profissionais de uma instituição pública de saúde mental, em Belém do Pará. Araújo apresenta trechos de entrevistas com participantes das equipes multidisciplinares, realizadas individualmente ou em grupo. Os relatos evidenciam as estratégias às quais os profissionais recorrem quando não encontram suporte teórico e técnico suficiente para sua ação, como no caso das demandas religiosas durante os atendimentos.

Muitos atendimentos na instituição de saúde mental são atravessados por comportamentos religiosos, explícitos ou não:

> O que a gente pode fazer? Vamos orar, né?; Se clinicamente eu consigo rezar e o sujeito melhorar... que se faça. Eu peço sempre para os espíritos superiores.; Que possam harmonizar aquela sala.; Aí uma vez eu a vi jogando água benta na sala.; Eu oro mesmo, entendeste? Oro, mantra ... O que aparecer por aí eu faço. E olha, deu certo; Olha, a Dona Fulana quer fazer uma oração... se o grupo acatar... tranquilo. (p. 159-167)

SEÇÃO V — PSICOLOGIA E RELIGIÕES

Algumas vezes os comportamentos religiosos dos profissionais interferem no diagnóstico e no uso da medicação:

> (...) eles vão lá pegar a medicação, né? (...) Aí eu li o prontuário dela (...) quando eu pego o prontuário eu sinto a presença de Deus (...) e disse assim: isso aqui não é caso de medicamento, isso aqui pode ser tratado (...), isso aqui é espiritual; Aqui a maioria dos casos são problemas espirituais... você sente, você sabe. (p. 192)

Em outras situações, o comportamento dos profissionais fundamenta-se exclusivamente em princípios religiosos:

> (...) ela botava todos de olhos fechados e ela impunha as mãos. Aí eu disse: Felizberta, tu estás dando passe? E ela disse: é, um passe coletivo. Denise eles saem daqui limpos. Uma colega nossa levou a usuária que realmente fazia de tudo e tentou se matar (...) Essa colega levou ela e contou em off para algumas pessoas (...) Levou pro Centro (espírita). Ela tá bem, cara. Deu resultado.

O ecletismo incomoda por opor-se aos critérios subjacentes à visão de cientificidade. Na ação eclética, não se encontram coerência, consistência, congruência, transparência e, portanto, falta-lhe credibilidade.

ENFRENTAR CONTRADIÇÕES, PREENCHER LACUNAS, CRIAR CONHECIMENTO

Diante dos quadros citados, pergunta-se sobre possíveis caminhos que permitam melhor compreensão e direcionamento para as questões geradas no atendimento clínico quando não há suporte informativo. A prática exposta, sem dúvida, exige conhecimento novo. Como possibilitar avanços na área que permitam aos psicólogos e aos futuros psicólogos avançar em sua prática profissional? Como instrumentá-los?

Será possível estabelecer restrições a uma prática que não encontra suporte teórico e técnico? É possível reconhecer o incômodo e as consequências perniciosas que afastaram do campo da Psicologia as questões de ordem religiosa e espiritual presentes na cultura humana. E, diante dos paradoxos, é inútil silenciar conflitos, criar tabus, legislar proibições. E assim, como enfrentar as contradições provocadas pelas relações entre psicologia e religião no âmbito profissional?

O ambiente acadêmico aponta para possibilidades de enfrentamento. A afiliação a grupos de pesquisa que contam com o apoio da comunidade científica possibilita o estabelecimento de relações entre pessoas que compartilham o mesmo interesse e constitui uma sustentação de ordem social para os pesquisadores interessados pelo tema. Além disso, a continuidade de estudos, de investigações e de publicações com o consequente desenvolvimento de competências termina por sustentar a identidade do pesquisador e o seu valor profissional. O próprio envolvimento no assunto e o conhecimento cada vez mais preciso de suas características e nuances torna mais claro o caminho a ser seguido, organiza informações e cria compreensão que apazigua as angústias do desconhecimento. Tais estudos não se restringem, necessariamente, ao ambiente universitário. Associações científicas nacionais e internacionais dão suporte ao desenvolvimento de pesquisas, congregam pessoas interessadas e possibilitam publicações em revistas especializadas. Além disso, os órgãos oficiais que regulam o exercício profissional constituem outra possibilidade de avanço no assunto por disporem de condições para avaliar e discutir o que ocorre em seu campo de ação.

No entanto, a insuficiência do paradigma científico para a produção de conhecimento é demonstrada há muito tempo em várias disciplinas: na Física, por Heisenberg; na Química, por Prigogine; nas Ciências Sociais, por Bauman; e em outras áreas, por outros estudiosos. Além da crítica ao método científico de pesquisa, questiona-se, com frequência e há tempo, a manutenção de pressupostos que afirmam como é o mundo e como é o ser humano. A reprodução desses conteúdos, ao longo do tempo, termina por estabelecer a crença de que são verdadeiros e confiáveis.

No campo da Psicologia, por exemplo, várias abordagens tomam como horizontes de significação o espaço, o tempo e o corpo. O conceito de corpo que fundamentou o desenvolvimento de diferentes abordagens é o de um corpo "que nos é dado" e traz em si características imutáveis. No entanto, já há um quarto de século atrás, a exposição de arte Post-Human (Deitch, 1992), que reuniu cinco países (França, Itália, Grécia, Alemanha e Israel) e a arte figurativa conceitualmente orientada de 36 novos artistas voltava-se para

> (...) as implicações da engenharia genética, cirurgia plástica, expansão da mente, e outras formas de alteração corporal, para perguntar quando nossa sociedade desenvolverá um novo modelo de ser humano. Coloca a questão de quando nossa sociedade criará um novo tipo de pessoa pós-humana que substituirá construções prévias do *self* (aba).[3]

É interessante observar que a prática de artistas de outro campo, o das artes, questionou um conceito psicológico e apontou para a necessidade de rever o conceito cristalizado de corpo. Rever esse conceito implica, inevitavelmente, a necessidade de revisão de outras coordenadas de significação. É interessante observar, também, que a divulgação desse pensamento de ordem psicológica deu-se por um caminho diferente do trajeto acadêmico usual, o de uma exposição de arte.

Esse é apenas um exemplo do surgimento de parâmetros de produção do conhecimento que se diferenciam significativamente dos padrões acadêmicos usuais. Eles resistem menos às mudanças, são mais flexíveis e dão espaço à experimentação e à busca de soluções criativas para os problemas encontrados nas teorias e nas práticas.

Em 2002, Pereira já mostrava que os parâmetros que questionam o método racional como fonte única de construção do conhecimento desconfiam dos pressupostos iluministas, das explicações únicas, totalizantes, fechadas e excludentes e possibilitam o surgimento de múltiplos enfoques sobre o objeto de estudo:

> Passa-se a tomar em consideração também o acidente; ao invés de nos referenciarmos pelo mecanismo, tomamos em consideração a interpretação pluralista da realidade, ao invés do desvelamento do fenômeno, nos colocamos diante da possibilidade de sua criação, ao invés da ciência como um sistema fechado, a ciência como um sistema aberto (...) (p. 7)

Esse modo de pensar possibilita uma nova reflexão sobre o ecletismo pragmático que se instala na clínica psicológica quando o profissional se defronta com o "não saber", ou seja, quando não encontra recursos em sua área para atender à demanda de seus clientes. A exposição do que ocorre concretamente no atendimento clínico coloca questões para o conhecimento psicológico existente, prova a sua insuficiência, comprova a existência de

---

[3] Tradução própria.

lacunas e, como tal, oferece riqueza de questionamentos a serem pesquisados, de espaços a serem preenchidos. Porém, mais do que isso, ao lidar com os paradoxos, a ação clínica expõe seu caráter contestador, desafiante e transgressor. Em seu movimento contínuo, reivindica a possibilidade de criação em ato, de resposta diante da concretude das demandas que a desafiam, e constitui, assim, a possibilidade de sua renovação.

A prática que, diante do inusitado e desconhecido, ultrapassa as regras da cientificidade, as ações e as técnicas atreladas aos conhecimentos sedimentados possibilita a inauguração de um processo de mudança. Os atravessamentos, o excesso, a ultrapassagem, a ousadia da ação e a invenção escondem em seu inevitável desregramento o fio condutor que poderá ajudar a compreender as possíveis relações e colaborações entre Psicologia e Religião, para renovar a prática clínica e complementar a formação do psicólogo.

REFERÊNCIAS BIBLIOGRÁFICAS

Aletti, M. (2012). A psicologia diante da religião e da espiritualidade: questões de conteúdo e de método. In: Freitas, M. H.; Paiva, G. J. (Orgs.). *Religiosidade e cultura contemporânea: desafios para a psicologia*. Brasília, DF: Universa. p. 157-176.

Ancona-Lopez, M. (2007). As crenças pessoais e os psicólogos clínicos: orientação de dissertações e teses em Psicologia da Religião. In: Arcuri I. G.; Ancona-Lopez, M. (Orgs.). *Temas em Psicologia da Religião*. São Paulo: Vetor. p. 187-210.

Araújo, L. (2016). *Religiosidade e saúde mental: enredo cultural e ecos clínicos*. Jundiaí, SP: Paco Editorial.

Berni, L. E. V. (2016). Os diferentes usos do termo espiritualidade na busca por uma definição instrumental para a Psicologia. In: CRP-SP (Org.). *Psicologia e espiritualidade e epistemologias não hegemônicas*. São Paulo: Conselho Regional de Psicologia de São Paulo (CRP-SP).

Cesar, C. (2007). *Histórias de vida, opções teóricas em psicologia: uma abordagem fenomenológica* (dissertação). São Paulo: Pontifícia Universidade Católica de São Paulo.

Deitch, J. (1992). *Post-human*. New York: Library of Congress.

Freitas, M. H. (2016). Religiosidade e morte na prática profissional de saúde: implicações para a formação. In: Freitas, M. H.: Aquino, T. A. A.; Paiva, G. J. *Morte, Psicologia e Religião*. São Paulo: Fonte Editorial, p. 59-77.

Freitas, M. H.; Paiva, G. J. (Orgs.). (2012). *Religiosidade e cultura contemporânea: desafios para a psicologia*. Brasília, DF: Universa.

Jodelet, D. (2013). La perspective interdisciplinaires dans le champ d'étude du religieux: contributions de la théorie des représentations sociales. In: Freitas, M. H.; Paiva, G. J.; Moraes, C. *Psicologia da Religião no mundo ocidental contemporâneo: desafios da interdisciplinaridade*. Brasília, DF: Universa.

Mattos, M. B. S. (2016). Psicossíntese: a quinta força em Psicologia e o diálogo com a espiritualidade. In: CRP-SP (Org.). *Psicologia e espiritualidade e epistemologias não hegemônicas*. São Paulo: Conselho Regional de Psicologia de São Paulo (CRP-SP).

Pargament, K. (2007). *Spiritually Integrated Psychotherapy: understanding and addressing the sacred*. New York: The Guilford Press.

Pereira, E. M. A. (2002). Implicações da pós-modernidade para a universidade. *Avaliação – Revista da Avaliação da Educação Superior*, v. 7, n. 1. Disponível em: http://periodicos.uniso.br/ojs/index.php/avaliacao/article/view/1172. Acesso em: 17 fev. 2017.

LEITURAS RECOMENDADAS

Araújo, L. (2016). *Religiosidade e saúde mental: enredo cultural e ecos clínicos*. Jundiaí, SP: Paco Editorial.

Arcuri, I.; Ancona-Lopez, M. (Orgs.) (2007). *Temas em Psicologia da Religião*. São Paulo: Vetor. p. 187-210.

Freitas, M. H.; Paiva, J. G.; Moraes, C. (Orgs.) (2013). *Psicologia da Religião no mundo ocidental contemporâneo: desafios da interdisciplinaridade*. Brasília, DF: Universa.

CRP-SP (Org.) (2016). *Psicologia e espiritualidade e epistemologias não hegemônicas*. São Paulo: Conselho Regional de Psicologia de São Paulo (CRP-SP).

Pargament, K. (2007). *Spiritually Integrated Psychotherapy: understanding and addressing the sacred*. New York: The Guilford Press.

Insegurança, religião e mito

Donaldo Schüler

PSIQUE

Psique (*psykhé*) é sopro, move dunas, empurra nuvens, enfurece tempestades, gira ciclones, abranda brisas. Ventos fazem-se deuses, recebem nomes: Zéfiro sopra do Ocidente; Bóreas, do Norte; Austro, do Sul. Navegantes suplicam-lhes a força, a clemência. Ventos, subordinados a Éolo, governam o ímpeto das naus, determinam a vida e a morte. Admiradores distantes do rei ventoso propagam a energia eólica: econômica, segura, limpa.

O fôlego anima o peito, a mente, os braços, individualiza-se em cada um dos viventes. Homero narra que a espada de Aquiles envia ao Hades (o Invisível) psiques de heróis ao cobrir o solo de corpos, pasto de cães e de aves. Hades, recebe sopros leves, imagens das pessoas que outrora animaram. No reino escuro, vivem as sombras de Aquiles, Agamenon, Heitor... Ulisses visita o reino dos que partiram para conversar com Tirésias, na esperança de que o vidente lhe possa delinear a rota que leva a Ítaca. A mãe do herói, ao ser abraçada, escapa-lhe como o vapor de água fervente.

Nos diálogos platônicos, psiques buscam valores resistentes à corrosão, outras, inflamadas de paixões, vagam atormentadas em caminhos tortuosos. Na *República*, a psique do filósofo é atraída pela Justiça, ideia que orienta os que se ocupam da convivência.

Em textos latinos, psique vira *anima,* matriz de "alma", em português. Agostinho de Hipona analisa as inquietações da alma, vida do coração anelante, sedento de Deus, o criador, olhos interiores abrem-se ao Infinito, destino dos que creem.

Na filosofia de Descartes, pensador do século XVII, a alma cristaliza-se no eu de quem pensa, fundamento de tudo o que examinamos e somos. Deus, uma identidade racionalmente construída, dá-lhe a garantia de que não é sonho o mundo em que residimos, embora um hipotético espírito enganador abale certezas.

Em *Assim falou Zaratustra*, Nietzsche, adversário de tudo que é fixo, quer que os leitores sejam fiéis à terra, isto é, ao cor-

po. A vontade de poder, força cósmica que garante a renovação contínua do homem e do universo, divinamente ativa em cada um de nós, desdobra-se em duas forças que recebem nomes de deuses gregos: Dioniso, energia caótica, e Apolo, capacidade de ordenar. Animados por Dioniso e Apolo, delineamos projetos, construímos cidades, produzimos obras de arte.

O Dioniso nietzschiano precede o inconsciente de Freud, energia misteriosa que alicerça a mente. Na psicanálise, a psique vem à fala, constrói enredos, grafias, biografias (Saroglou, 2015).

Psique é a respiração que une o corpo ao mundo, é a sede dos sentimentos, da imaginação e do pensamento, a psique fundamenta a vida e seus desdobramentos (Lemesle, 2009).

VOCÊ

Tomemos alguém, um você qualquer, você-aí, como se canta numa canção carnavalesca: você trabalha, você cansa, você bebe, você dança, você dorme, você anota, você vota, você ri, você chora, você para, você olha, você anda e desanda... Você se contempla com os olhos que contemplam você. Você é o que todos são, você faz o que todos fazem. Quem vemos e quem nos vê é uniforme e uniformiza. Sendo síntese de muitos, você é você-aí, um entre outros, você é como qualquer um, você é comum. Você compra, você vende, você viaja, você ganha, você perde. Uniformizado, você aspira a uma vida cômoda, irresponsável, insignificante, paradisíaca. Você não escolhe, o comum escolhe em você, por você, o comum determina viver num mundo simples e objetivo. Você não decide porque tudo já está decidido. O comum está onde quer que você esteja, frustra a possibilidade de gritar, de se rebelar, de criar. A obscuridade cotidiana encobre fuga e morte. Atraído pela tranquilidade, você busca abrigo no comum. Sou como você, vejo você e você me vê, sou e sumo sem que ninguém sinta falta de mim.

A isso nos leva à civilização industrial. A indústria invade a política, a convivência, impõe invenção de produtos, de rique-

SEÇÃO V — PSICOLOGIA E RELIGIÕES

zas. O esplendor produtivo da máquina humilha o artesanato, dessacraliza a vida, decreta a uniformidade, fabrica necessidades e as satisfaz, extingue interesses privados. Lazer, turismo, descanso, organizam-se em favor da fábrica. Poderes maquínicos abafam revolta, absorvem criatividade. Felizes são os que se rendem ao projeto comum: indumentária, eletrodomésticos, televisão, centro mercantil, robô, computador, celular, academia. Alcançados os bens oferecidos pela máquina, por que sonhar vida melhor? O homem comum não protesta, o homem comum produz e consome. O êxito coroa a ação.

Charles Chaplin projeta na tela angústias de agora em *Tempos modernos*. Engrenagens alimentam, movem e trituram operários, engrenagens medem o tempo em todas as etapas da vida. Pílulas regem a vigilância de quem dirige, peça como outras na produção industrial. Não se pergunte por saúde, bem-estar e justiça, o produto justifica a ação.

Para refletir sobre a condição humana, Albert Camus recorre à mitologia grega em *O mito de Sísifo*. Enredado em equívocos, arrastado ao mundo das sombras, Sísifo, herói mítico, é condenado a rolar uma pedra ao topo da montanha. Como o peso vence a força dos braços, a pedra volta ao sopé antes de Sísifo concluir a tarefa. Atualizado o mito, Sísifo é o que trabalha no interesse de outros, ignora o sentido da tarefa imposta, espectro entre espectros, age sem futuro, sem projetos. Ordens sujeitam os que não pensam, homens despertos percebem o absurdo. Cuidar do sentido singulariza, afasta do comum. Mentes críticas não se sujeitam a determinações do passado nem a imposições de agora. Na busca do sentido reside a ruptura, você diz eu (Derrida e Vattimo, 1996).

EU

Eu disse eu. Os dois eus não coincidem. Um é o eu que produz, misterioso, outro é o eu produzido, o eu produzido centra, descentra, agita, nasce, vive e morre. O dizer age no universo dos que dizem. Construtor de mim mesmo, sinto-me em risco, diferencio-me, reconheço e quero ser reconhecido, temo que eu sofra danos no embate com outros eus. Produzo-me, individualizo-me, fragmento-me, submeto-me e me liberto. O eu se faz e se desfaz na corrente fluida do tempo. Ser é possibilidade de ser, é ser em todos os seus desdobramentos: viver e morrer. Se me construí, posso observar-me, desconstruir-me e me reconstruir. O construído é minha verdade, localizo-me no mundo, reconheço-me no mundo e me destino contra e com a colaboração de outros destinos. A ação me origina e se origina em mim. Se me construo, sou pai de mim mesmo, o pai vive em mim, o pai e a mãe.

Mistério é o intocável, o inaudito, o espantoso, o sagrado, o mistério não é demonstrável, porque excede a argumentação. Por que algo se destaca do nada? O nada excede fundamentos, espanta, desperta olhares admirados. O mistério, nada ativo, esconde-se em Deus (Outro). Epifania (ou teofania) chama-se a revelação do mistério, brilha em palavras, atos, lugares. Ao se revelar, o mistério escapa, assombra, resguarda-se do consumo.

O eu nasce do mistério, vive no mistério, demanda o mistério. Misterioso é o humano no homem. Sagrado é o indivíduo que se destaca do comum, que não é redutível ao comum, que almeja o indestrutível. A sacralidade da pessoa repele a onipotência opressiva de sistemas; grupos solidários atacam, protegem.

O nascimento, presidido entre os romanos por uma divindade, *Genius*, é a emergência do extraordinário, epifania. Reservas inatas movem os braços. Celebrado em data precisa, o eu foge do impessoal, soa no teclado, brilha na tela, ruma e rima na ponta da pena. Imaturo, sou lembrança de mim, projeto de mim. De eu a eu transcorre a história, minha história. Ergo marcos ao longo do caminho. Vejo-me no espelho e além do espelho, defino-me diante do outro e do Outro.

Quando falo a outrem, constituo o outro como interlocutor, estabeleço-o como igual, superior, inferior, diferente. Para o outro e para mim, ser reconhecido é vital. Eu e o outro nascemos e procuramos juntos. Aproximamo-nos e nos distanciamos. Atuo, percebo, esbarro, faço, limito-me, identifico-me e me espanto. Outros agentes limitam meu campo de atuação. Afronto, combato, colaboro. Distâncias denunciam solidão. Recordo o paraíso (inocência, paz, abrigo), unidade perdida e buscada. Busco no Outro o que o passado me arrebatou (Tugendhat, 2006/2013).

MUSAS

Poetas de outros tempos cantavam embriagados por vozes divinas, as Musas. Vivemos tão longe delas que estranhas nos soam palavras outrora soberanas. Na época conflituada de Hesíodo, o Helicon das Musas seduz com sonhos paradisíacos. Lá a vida transcorre tranquila na vizinhança de águas em que se espelham as coloridas corolas das flores, lá trabalho nenhum corta canto e dança. A hora é de festa. A comunidade, interrompidas penosas lides diárias, dança e canta. O ritmo une os cantantes na coesão do grupo. O Helicon das Musas desce aos homens em festa; desfazem-se distâncias, o sentido emerge na celebração. A união constrói a hora sagrada, levantada acima da insignificância. Canto e dança redimem do olvido o ausente, a formação do universo. Como a dos mares e dos montes, das florestas e dos campos, feminina é a origem do generoso corpo das palavras, guardam ritmadas e moduladas seduções acontecidas no berço. O canto mítico tem o sabor de primeiro. O que nasceu, renasce, original como as fontes cristalinas, pela dança entra-se no ritmo do universo que em giros se regenera.

O eminente canto das Musas busca os fundamentos do universo em ressonância com a natureza aquática delas. Com as Musas, fazem-se aquáticas as palavras; fluindo como as correntes, as Musas ligam uns acontecimentos a outros. Insinuando-se em território seco, vitalizam, movimentam o que, sem elas, definharia. Sempre havia motivo para celebrar a vitória sobre forças adversas, as Musas lembram a origem de tudo: guerra, doença, colheita, nascimento e morte.

Visto que o dia nasce do escuro ventre da noite, as Musas progridem da sombra para a luz em marcha de contínuo desvendamento. Ao ritmo da dança, o mundo desperta rico e variado no frescor das origens. As Musas anunciam uma história de vitórias e derrotas, deuses que ascendem e divindades banidas, noite e dia, atração e repulsão, civilização e barbárie, superfície e profundidade, palavra e silêncio. O ritmo do canto e do cosmo confluem. A vida que brota do seio da Terra atravessa tudo. O cosmo, ao se erguer do fundo trevoso, ingressa na guerra dos contrários. Antes do ritmo, germinam os possíveis, o silêncio antes da voz, a sombra antes da luz.

A dança, linguagem do corpo, ilumina membros libertos de tarefas servis, o canto refaz o curso do universo no trajeto das revelações, canto e dança unem gesto e som. A festa se levanta no monótono desfilar dos dias como o monte sagrado das Musas, projeta-se ao passado e ao futuro, redime da indiferença, da fadiga, do ruído. Quem suportaria a insignificância cotidiana sem o vigor que flui da festa? O corpo se move para firmar os elos que unem campinas, montes e fontes. A natureza chama ao canto, chama de longe, o espanto abre distâncias. Entre o cantor e o cantado, estende-se o úmido véu dos versos. As Musas, detentoras da linguagem, velam e desvelam; revestida pelo canto, venerada se retrai a pele das coisas. O poeta canta as Musas que celebram, a realidade mesma esconde-se atrás dos nomes, textos geram textos (Vernant, 1965).

MITO

Mito é narrativa, verdadeira é a última versão, a de agora retém enredos anteriores. Todos os tempos se misturam no presente, quem narra presentifica e projeta. Não nos livramos dos espíritos que invocamos, Fausto o sabia, nós o sabemos. Os deuses revêm renascidos, refeitos. Sófocles encena conflitos no enigma da Esfinge de Tebas, os ventos de Botticelli sopram o barco de Vênus, Baco sorri entre rostos festivos inventados por Rembrandt, Cronos devora seus filhos na tela de El Greco, Dioniso e Apolo imperam na filosofia de Nietzsche, Eros se instala na psicanálise de Freud, Orfeu brinca no carnaval de Vinicius, a Vitória de Samotrácia recebe os visitantes na entrada do Louvre. Nunca alcançaremos os sentidos de outrora, criamos sentidos narrando. Palavras nascem, procriam, envelhecem, somem, palavras nos constituem, constituímos palavras. Desconstruímos e reconstruímos experiências de outros tempos, interpretamos, reintrepretamos, revivemos, hermenêutica de vida inteira.

Na *Teogonia*, epopeia escrita por Hesíodo, Zeus e Hera formam o casal divino que no agora do poeta detém o poder. Das muitas hierogamias de Zeus, lembradas no fim da *Teogonia*, o poeta destaca quatro consortes. Em primeiro lugar vem Hera, a que, tantas vezes traída, preside a fidelidade conjugal. Versos adiante, desponta Têmis, personificação da lei não escrita, ativa no agrupamento dos primeiros moradores em famílias e fratrias. Depois vem Dione, mãe de Afrodite. Por fim comparece Leto, progenitora de Apolo, o deus dos oráculos no prestigiado santuário de Delfos. Por meio dos muitos matrimônios, o Zeus distante se aproxima dos homens. As hierogamias de Zeus unem a pluralidade, o múltiplo se desdobra sem se dispersar. A expansão associativa atrai Hebe, filha de Hera e de Zeus, padroeira da juventude, dada em casamento a Héracles, quando o herói, no fim de muitos trabalhos, é recebido na bem-aventurança divina (Damberg e Sellmann, 2015).

Longe de exercer poder absoluto, Zeus é levado pela nascente consciência democrática a dividir o poder com eminências de sua raça (*genos*). Na divisão, Zeus confia a sabedoria a Atena, a deusa do espaço público; a Apolo destinou os desígnios secretos; reservou para Ártemis o reino vegetal. Posidão, seu irmão, recebeu o domínio dos mares. Japeto nos deixa bem próximos das origens, os grandes fenômenos cósmicos, experimentados todos os dias: Aurora, Hélio, Lua, Terra, Oceano, Noite.

O universo que nasce do ventre da Aurora é recolhido pelos negros braços da Noite, encenando o ciclo do nascimento e da morte em giros sem fim. Entre esses dois extremos, os astros e o Oceano traçam os curvos limites da terra, habitação do homem. O vivo ciclismo dos astros e das águas apresenta-se modelar para toda rotação vital no tempo e no espaço, compreendendo homens, animais, plantas, estações, anos, impérios e cidades. Da vida para a morte e da morte para a vida, os seres se renovam. O movimento circular, incansavelmente reiterado, preserva a unidade e a vitalidade do todo. Zeus brilha no raio, Hera fortalece os vínculos matrimoniais, Apolo, desde a face luminosa da Lua, vigia o descanso no silêncio da noite, Ártemis guia os passos das corças, Afrodite incendeia os corações enamorados, Hebe acende o rubor nos rostos juvenis. O poder dos deuses esplende em todas as províncias. A visão confirma a celebração do canto.

Desde as mais remotas origens até a multiplicidade cotidiana, a genealogia (*genos*) interliga tudo na rede do sentido. As enumerações constroem catálogos. Conectados na ordem cósmica, os nomes descrevem a vitória sobre o caos; a sintaxe triunfa sobre as palavras em liberdade. Hesíodo enumera os ancestrais de Zeus no estilo de Homero, cantor de heróis. Em um e outro autor, o vigor presente se alimenta da seiva que vem das raízes. Os graus de parentesco traduzem ligações invisíveis, a estrutura da narrativa sustenta a variedade universal. A genealogia permite acompanhar a unidade até as últimas ramificações, reconduzindo o complexo à simplicidade. Baixa-se dos galhos da árvore genealógica às raízes com a agilidade dos movimentos da memória. Vínculos rompidos, com os quais a modernidade nos familiarizou, repugnam ao pensamento mítico, a ordem precede a fragmentação. Naqueles tempos, o Caos (*Khaos*), o Vazio, presente na economia do universo, favorece o trânsito de uma unidade a outra. Revestida de nomes divinos, a variedade resiste ao colapso. Os espaços, cuidadosamente preenchidos pelas Musas, impedem abalos, oferecem chão ao andar dos homens.

A organização discursiva ordena, decifra. O homem mítico vê mais do que o oferecido aos sentidos, a multiplicidade se agrega em conjuntos sutis, derivados de um princípio comum. Cada uma das partes é acolhida na luz do conjunto que as une e ultrapassa. Como nos sonhos, Hesíodo desce da experiência cotidiana ao oculto, ao soterrado por interesses e lembranças. A infância, com seus impulsos esquecidos e reprimidos, sobe à tona. Rememorar o passado significa passar do domínio de Zeus a forças por ele subjugadas, da ordem à organização em processo.

O passado abre um espaço de crueldade e violência, um tempo que desejaríamos para sempre esquecido. Os outros tempos, rememorados, são mais do que antecedente cronológico. Penetramos no complexo tecido daquilo que é em busca da fonte de que tudo provém, fundamento que explique a totalidade. As Musas celebram Zeus portador da égide, o deus vitorioso na guerra; vitorioso, Zeus espelha os homens vitoriosos que o celebram. Visto que as Musas o celebram, Zeus lhes deve a existência. Nada o ampara fora da celebração. Zeus é filho das Musas de quem é pai. Em lugar do Oceano homérico, origem de todos os deuses, comparecem as Musas.

O homem que interrompe o trabalho para cantar recorda jubiloso o passado, o do universo, o seu próprio, o canto aproxima, presentifica. Homero, ao instalar a fúria de Aquiles no princípio da *Ilíada*, chamando a atenção para o resultado funesto dos sentimentos do guerreiro, propõe o movimento do que é para o que há de vir. Hesíodo, principiando no júbilo, convoca o interesse para os inseguros e conturbados tempos de antanho. Na *Ilíada*, o objeto do canto foi a fúria de Aquiles e suas consequências; a *Odisseia* conta as longas viagens que afastaram Odisseu do lar. Em ambas as epopeias, no centro brilha o homem; não qualquer um, o herói bem-sucedido, dizimador, vitorioso nas perigosas ondas do mar. O dominador já não predomina nos versos de Hesíodo; passando além do homem, Hesíodo alcança estratos que precedem o homem.

A época é de insegurança, conflitos sociais solapavam o território. A exemplaridade dos heróis que se cobriam de glória em Troia é contestada. Camadas mais amplas reclamam participação na vida pública.

Indicado está o caminho ao pensamento filosófico que virá depois. Se por metafísica entendemos a percepção da totalidade, metafísica é a *Teogonia*, metafísica antes do nome ter sido inventado. Movemo-nos nas raízes da metafísica, a totalidade não racionalmente constituída, mas intuitivamente percebida como raça, como clã, como *genos*, como a unidade de um povo. O divino (a totalidade) acolhe todos os seres.

A escrita gravada em lápides, em estátuas, em tabuletas ou no papiro redime do esquecimento e da morte. Lida e recitada, a escrita revive. Os deuses, signos de um sentido esquivo, o preservam no canto, multiforme e renovado. Não se trata de fuga do presente, mas de fundamentação. Embora ameaçado, Zeus é o centro. Morto Zeus e não havendo quem lhe tome o lugar, ficamos com o puro jogo verbal da modernidade, expresso nos versos de Baudelaire, Mallarmé e Pessoa (Kamieniak, 2003).

SACRIFÍCIO

Zeus incorre nos mesmos crimes dos seus antecessores, reprime com violência os que pela inteligência ou pela força poderiam dificultar o soberano exercício do poder. Autoridade recentemente instalada na direção do mundo, Zeus vê inimigos em toda parte. Os quatro filhos de um adversário Japeto (Atlas, Menécio, Epimeteu e Prometeu) sofrem punição cruel.

Vitorioso contra deuses, Zeus confronta-se com homens, seres fracos, desprotegidos, mal adaptados, inferiores a animais dotados de recursos naturais para sobreviver. A primeira vez em que Hesíodo fala de deuses e homens em grupos separados, o poeta usa o verbo *krino* (separar). A separação repete o processo que madruga na formação do universo. Por separação, surgem o céu e a terra, a mãe e o filho, o autor e a obra, homens e deuses. Intimidados pelas forças da natureza, os homens sacrificam o que têm para apaziguar, entre outros, Zeus, potestade que vibra raios e assombra com trovões aterradores. Embora deus, Prometeu toma o partido dos homens. No sacrifício realizado em Mecona, lugar mítico, Prometeu insurge-se contra a opressão. Além de separar, *krino* significa criticar, julgar, crítica e julgamento traçam a fronteira entre deuses e homens.

Prometeu participa de um sacrifício em que a homenagem vem contaminada por intenções contrárias. O sacrifício de Prometeu é aposta, o adversário é Zeus. Começa o jogo. O confronto recomenda cautela, o êxito é incerto. Quem sacrifica dá para receber. Prometeu tenta ludibriar o adversário, pretensamente homenageado. De Zeus poderá ser o lucro e o logro. Prometeu cobre as partes nobres do animal sacrificado com o bucho repelente, o brilho atrativo da gordura reveste os ossos. Nasce o homem mascarado. O rosto piedoso oculta outro, o ímpio. O truque é infantil. Como poderia Prometeu supor que o sábio Zeus se deixaria enganar? No brinquedo mostra-se a inteligência em estado nascente, grandes realizações começam humildes. Zeus, se quisesse aniquilar o homem, teria que o fazer quando a deliberação engatinha. Crudelíssimo em outros momentos, mostra-se brando agora. A face do Zeus crédulo reveste a expressão do pai atilado, ciente das artimanhas do filho. Zeus cai intencionalmente na trapaça para justificar a punição. Escolhendo os ossos, Zeus pune duplamente: deixa as partes débeis aos mortais, reserva para imortais a substância que dura.

Afrontado no sacrifício, Zeus nega o fogo aos homens; senhores das labaredas, os rebeldes poderiam empreender outras ousadias, Zeus prefere a debilidade reverente. Prometeu apropria-se do fogo pela astúcia. Acrescenta Hesíodo que Prometeu, ao roubar o fogo, mordeu (*daken*) o coração de quem empunha as rédeas do mundo. O infrator alista-se em luta deicida. Para punir o Prometeu infrator, Zeus ordena que uma águia lhe devore o fígado. Prometeu resiste, o fígado se regenera. A vontade inquebrantável de Prometeu abala o adversário. Enquanto os deuses batem em retirada, o homem, como espécie, prossegue resoluto. Vemos no coração mordido de Zeus indícios de um banquete em que o poderoso chefe da horda primitiva é morto, a força dele passa aos filhos no ritual do banquete antropofágico – reflexão de Freud. A força dos homens vem de virtudes divinas subtraídas. Deuses fenecem, mas não o divino, o divino migra, robustece devotos rebeldes. A desdivinização dos deuses diviniza homens, prospera o culto ao belo, à natureza, à força. A idade dos deuses é sucedida pela idade dos heróis, o desaparecimento destes abre espaço a anti-heróis. Prometeu representa o homem nas suas contradições: grandeza e pequenez, força e fraqueza, reverência e impiedade, inteligência e ignorância, esplendor e debilidade.

De posse do fogo, o homem agrava o processo de separação. O fogo arranca os homens dos braços da natureza. Os homens, levando ao fogo os alimentos que a natureza lhes estende crus, passam da esfera do cru aos domínios do cozido: culinária, prazer gustativo, olfáctico, visual. De origem divina, o fogo confere poderes sobrenaturais. Desvendando as virtudes ígneas, o homem coloca-se acima da natureza, constituindo-se crescente ameaça a forças que o precederam. Amparado pelo fogo, o homem leva a luz ao bojo da noite. Na superfície escura da terra, fogueiras indecisas ampliam o pontilhado das estrelas. Em noites de inverno, o frio se detém no vestíbulo de cavernas iluminadas. As línguas de fogo, sempre as mesmas, quando dardejadas pelas mãos poderosas de Zeus, diversificam o trabalho em fogões, em fornos, em forjas, em dardos inflamados. Nas mãos do homem, o fogo, embora o mesmo, é sempre outro. A imprevisibilidade humana desperta poderes adormecidos.

Conquistas acarretam perdas. Distanciando-se da natureza, o homem perde a proteção da mãe, provoca a expulsão do paraíso, ingressa desprotegido num universo de riscos. Rompidos os vínculos com o mundo protetor, compete ao homem construir um outro que lhe sirva de armadura. O homem ergue-se como artífice contraditório, as pirâmides, símbolo de um mundo fixo, erguem-se como monumentos da morte, a tenda é a habitação de peregrinos. A rebeldia prometeica, causa de maldição divina, condena ao exílio, o mundo humano se desenrola como projeto. A insurreição acontece em momentos de crise, a construção avança sobre ruínas, o mundo humano se desdobra em mundos erguidos sobre vazios.

Ao apagar a imagem dos deuses, o homem não esquece os traços das fisionomias extintas, o futuro retém o passado, o ato puro, divino, move os entes na filosofia aristotélica. Para construir o mundo e a si mesmo, o homem não dispensa o que arrebatou aos deuses. Nunca semelhante a si mesmo, lança ao futuro grandes projetos. O brilho dos deuses empalidece, as façanhas dos homens crescem. Prometeu enfraquece os deuses e fortalece os homens.

Prometeu, amigo dos homens, rompe com a lógica da genealogia, apropria-se de recursos que o nascimento lhe negou; contra o familiar, inaugura o original, o homem rebelde abre a sequência de uma narrativa épica: invenção contra determinismo. Já não somos meros espectadores de um espetáculo, lutamos, sofremos, transformamos. Herdeiros da aposta prometeica, competimos, incerto é o resultado (Caillois, 1950).

SABERES

Quando apareceram os primeiros filósofos, o mito perdeu o privilégio de saber exclusivo. As imagens míticas vivas e reprodutivas passam a sofrer a concorrência dos conceitos gerados pela observação, pela argumentação. O *logos* percorre o universo, desde o fundamento, sem as imagens elaboradas pelo mito. O *logos* submete o mito a exame contundente, sem, contudo, aniquilá-lo. Os adeptos do *logos* investigam o legado secular de seus antepassados com o objetivo de substituir imagens por conceitos, fundados na observação desenvolvida pela argumentação. Livres de compromissos, os pensadores retomam perguntas já há muito feitas e avançam respostas originais. Mesmo quando os filósofos criam imagens – e são muitas –, oferecem-nas ao esforço de conceituar. O homem mítico se contenta com o que a palavra diz, o homem do *logos* aprofunda-se no que a linguagem esconde, enfrenta os enigmas que as palavras propõem.

Os olhos, privilegiados pelos que pensam, degradam os ouvidos como fonte de saber. Firmados no argumento e na observação, os filósofos contestam a autoridade dos poetas, cultores de mitos, progridem lentamente, constroem noções novas sobre fatos já refletidos e aceitos. Atentos ao que a mente percebe, os pensadores sabem que reexaminar tudo excede as forças de uma vida, de muitas vidas. Conduzidos pelo rigor, pensantes empenham-se em elaborar sistemas isentos de contradições. Achados parciais, argumentativamente concatenados, conduzem a investigação. Como a escrita lhes permite controlar os avanços, tornam-se escritores.

Submetendo a linguagem a exame, os pensadores esbarram em termos imprecisos, impregnados de ideias combatidas. O discurso lhes parece lacunoso, inadequado, ambíguo, ambicionam para o pensamento precisão matemática, sem alcançá-la.

Embora os poetas, instaurado o *logos*, continuem atentos à sonoridade das palavras, a visões, a sentimentos, a ocorrências sem explicação, afastam-se da serena tranquilidade homérica, embalada pela confortável regularidade da medida épica, os hexâmetros. Tanto na lírica quanto na tragédia, os versos são afetados pela dúvida. Os poetas dão vazão ao sofrimento causado por perguntas sem resposta.

Em Édipo Rei, o *logos* afeta o *mythos*. Sófocles leva ao palco linguagem enferma, contaminada de peste, centra a tragédia em geradores de enigmas: o oráculo e a esfinge. Édipo se debate com perguntas e respostas imprecisas. As indecisões do poeta convocam espectadores e investigadores do discurso à perquirição do insolúvel.

Quando a psicanálise se instaurou, encontrou o mito em desenvolvida elaboração. Ao lado de mitos anônimos, reunidos e divulgados pelos antropólogos, havia os mitos produzidos por poetas, ficcionistas, artistas plásticos e filósofos. O Ocidente tinha interiorizado, desde Agostinho, conflitos que conflagravam, outrora, o universo. Nietzsche, abrindo caminho às investigações de Freud, situa Apolo e Dioniso no interior do homem.

A psicanálise encaminhou a investigação em duas direções: as condições subjetivas, produtoras do mito e a verdade que o mito contém. Observou-se que era insuficiente reduzir o mito à satisfação de desejos. Seria pouco rendoso reduzir *Fausto, Dom Quixote, Hamlet, Dom Casmurro* ou *Macunaíma* a conflitos psíquicos de seus autores, nem seria apropriado atribuir ao alívio de tensões a recepção de obras artísticas. Não convém desconsiderar nos criadores de mitos o esforço de organizar o caos do vivido. Afrodite, por exemplo, permitiu compreender a universalidade de Eros na ternura, na violência, no crime, na geração da vida, na alegria e no sofrimento. *Macunaíma* nos levou a pensar sobre nossa condição de brasileiros: periféricos, preguiçosos, incultos e pobres. Julgar, de outra parte, mitos arquétipos geneticamente transmissíveis não explica a livre reelaboração que o patrimônio mítico propicia. Muito mais produtivo é ter os mitos herdados como um legado simbólico com o qual reinterpretamos relações móveis conosco mesmos e com o universo.

A busca de uma teoria para interpretar conflitos interiores levou Freud a Édipo como reinventado por Sófocles em *Édipo Rei*. Desconsiderando significado epocal e valor teatral, o criador da psicanálise isolou o modelo formado pelo triângulo pai-mãe-filho para compreender intemporalmente o comportamento humano. Contudo, para além do triângulo, *Édipo Rei* nos leva a refletir sobre os limites do saber, sobre a natureza da linguagem, sobre a cegueira, a fraqueza, os vícios da tirania, a vida e a morte. Vários campos do saber concentram-se numa tragédia que se mantém viva graças à elaboração da linguagem, à variedade rítmica, à caracterização das personagens, ao poder da ação.

Sabendo que a linguagem conceitual não era suficiente para abarcar a complexidade do objeto da investigação, Freud aventura-se a criar mitos. Décadas de discussões não abrandaram o impacto do mito da horda primitiva. Freud revela-se ficcionista em *A fantasia e os sonhos na "Gradiva" de W. Jensen*, obra que superou em qualidade a novela que lhe deu origem.

A *Interpretação dos sonhos*, chamando a atenção a recursos retóricos como a metáfora e a metonímia, persuadiu os leitores de que além da lógica da fala comunicativa, importa considerar uma lógica oculta que suprime as leis de identidade, tempo e espaço, causa e efeito, substituindo-as por princípios próprios da elaboração onírica. O método inventado por Freud para interpretar sonhos forneceu recursos eficazes para compreender discursos míticos. Valiosos foram ainda os seus estudos sobre o humor, o chiste, os lapsos para a análise do discurso. Os estudiosos do texto foram alertados para o silêncio, para as hesitações, para o não dito, para o interdito, para as contradições, para as omissões, para as disjunções.

O psicanalista ouve histórias, construções que ligam o indivíduo a fenômenos presentes e passados. Sabendo que as histórias míticas não são fundadoras como os cultores do mito o pretendiam, o analista fica atento ao lugar em que a coerência se fratura para que com estilhaços aparentemente desconexos se possam reconstruir narrativas esquecidas. O resultado é uma trama não determinada pela natureza, mas pelos sucessos e insucessos de homens seccionados, sexuados. A neutralidade do analista pretende franquear o acesso ao enredo oculto, interdito a pactuários do manifesto. Os enigmas com que se debatiam os filósofos gregos são circunscritos pelos analistas a universos privados, produto de engenharia particular.

O conceito de escrita, ampliado, abarca marcas impressas no corpo, traços deixados por experiências vividas. Letras mais antigas que o alfabeto conjugam-se na construção de articulações individuais, oferecidas à decifração. A tentativa de transcrição dessas formas leva a outras eloquentemente singulares. O sujeito, resultado de uma escrita, concorre com outros textos que o interpretam e modificam.

Interessada em atingir origens, a psicanálise recupera o prestígio do ouvido, para escutar o que se esconde atrás do significado superficial do discurso, na certeza de que os falantes, mesmo bem-intencionados, encobrem fatos que, reprimidos, inquietam. O oculto, preocupação dos pensadores originários, distanciado de preocupações ontológicas, leva a porões de que nada se sabia. Imagens míticas e oníricas são atravessadas em busca da usina geradora. Inverdade não há, embora a face do que se busca esteja em conflito com a que se ostenta. A descida ao abismo ensina que as razões ocultas são diferentes das declaradas. Sendo o homem, por natureza, um animal mascarado, o analista não se contenta com os papéis representados. Alertado por Freud, James Joyce abandona a técnica milenar de arquitetar experiên-

SEÇÃO V — PSICOLOGIA E RELIGIÕES

cias diurnas. *Finnegans Wake* é o relato de um sonho, povoado de ameaças, de receios, de gigantes. Em conflito com o tempo medido por relógios e calendários, Joyce sobrepõe imagens que vão do presente a vários estratos de profundidade. Espaços interpenetram-se, fundem-se. Identidades se diluem. Fronteiras linguísticas desaparecem. A sintaxe e o vocabulário proliferam contra os preceitos de gramáticas e dicionários. Mitos reinventados, vizinhos do sonho, frequentam no início do século, as artes plásticas, o teatro, o cinema, a ficção, a poesia lírica. Psicanalistas e artistas concorrem para tornar criativas forças conflagradas (Agamben, 2009).

RUÍNAS

Com a industrialização, o trabalho perdeu o caráter de festa. A indústria converteu a produção em rotina. A rotina incorpora o lazer, degrada-o ao tempo necessário à regeneração das energias para nova jornada de atividades. O trabalho, dissociado da festa, desumaniza, o obreiro, em lugar de trabalhar para si mesmo, trabalha para outros.

A experiência da desordem se instala ao tomarmos "Tabacaria", poema de Fernando Pessoa. Aí somos agredidos pela oferta de artigos variados sem nada de essencial que os una. Deposto o destino ou algo que o lembre, o acaso dispersa os objetos e os atos de que se compõe a existência. No *The waste land*, Eliot empenha-se, em vão, na tarefa hercúlea de socorrer as ruínas da cultura europeia. Adianta recolher fragmentos para recompor o todo quebrado em mil pedaços? O torvelinho de fragmentos desconexos se repete no poema "Nosso tempo", de Drummond. Escrito nos últimos anos da Segunda Guerra Mundial, conflagração em que a barbárie armada depôs as máscaras da civilização, o poema revela o homem nocivamente feroz. O mundo pré-urbano, agrário, o mundo em formação de Hesíodo, entregue a cidades industriais, é reduzido a escombros pela violência. Deslocamo-nos da gênese ao apocalipse. Se em outros tempos a *polis* delimitava o espaço do sentido, o partido político fragmenta agora ideologicamente os homens, barrando-lhes acesso à totalidade. Se na *Teogonia* o que foi e o que é permitia prever o que há de vir na emergência ordenada dos seres, a hora pressentida esmigalha-se agora no pó da ação absurda. A pedra, riscada em outros tempos por caracteres que ao reviverem na leitura devolviam à vida lembranças úteis à coesão, acolhe o tumulto. Desde o Zaratustra de Nietzsche recolhemos estilhaços de tábuas quebradas, trabalho árduo, sem perspectivas de concluir. O *logos*, coluna vertebral do catálogo, sumindo do discurso, abre espaço a palavras que, premidas pela irritação, apenas querem explodir. Lévi-Bruhl dizia que as sociedades míticas vivem numa idade pré-lógica. Observamos o contrário. A *Teogonia* apresenta-se amparada de *logos*. Cometeríamos erro histórico se apontássemos "Nosso tempo" como um poema pré-lógico. Enquadrados no que se passa nos últimos anos estaremos, se o considerarmos pós-lógico; teremos o apoio de Derrida que anuncia o fim do logocentrismo, fim que já lampeja no *Um lance de dados*, de Mallarmé, ou no romance *Memórias póstumas de Brás Cubas*, de Machado de Assis. O *logos*, a cuja cata estamos, não o encontramos na natureza. Encarregamos a lógica discursiva da tarefa de construir o que a natureza não fornece. Proust já o fez no romance *Em busca do tempo perdido*. Autores rebeldes como Drummond acolhem a ilogicidade. Compare-se o "Sapato", destacado entre dois pontos, não ligado a nada em "Nosso tempo" com o calçado que enfeita os pés de Hera. As sandálias estão tão presas ao corpo da divindade que ela é conhecida pelo epíteto "Solas-áureas". Perenes são os adereços

como o corpo que revestem. Os objetos passam por um processo de desdivinização, de que dão testemunho o vaso de mictório e a roda de bicicleta de Duchamp, os sapatos de Warhol. Dos deuses aos homens, e dos homens à máquina, acompanhamos a queda. Desdivinizados, desumanizados e autônomos, os objetos ingressam na poderosa linha de produção. Robert Gober reproduz em três os vasos de Duchamp. Repostos em sua posição natural e multiplicados, os vasos de Gober acentuam a utilidade e serialidade industrial. Andy Warhol não só multiplica indefinidamente produtos industriais (garrafas de refrigerante, latas de conserva), como também industrializa a imagem humana. A fotografia de Marilyn Monroe, retocada, é multiplicada em série para cobrir o Globo como qualquer outro produto manufaturado. O homem, nivelado com tudo o que se produz, já não é criação da natureza. Os deuses, que em outros tempos velavam pela ordem, são agora produtos industriais. A eroticidade já não é a natural, mas a produzida pela máquina, a retórica da propaganda comercial multiplica a imagem da Afrodite industrializada, Marilyn Monroe. Somos antípodas do Heidegger que tinha a arte como o próprio pulsar da natureza. Não vai longe a data em que pessoas se opunham à inutilização de embalagens descartáveis. Luta-se contra o desgaste. Objetos exibidos em exposições brilham, fenecem, perecem. "Lixeratura" no conceito do próprio Joyce é uma obra da importância de *Finnegans Wake*, pensada para ser a bíblia do mundo contemporâneo. A narrativa, interrompida, lacunosa, exposta a múltiplas derivações, sem fio condutor, sem fronteira que prenda a imaginação, se oferece estilhaçada ao sentido que o leitor se disponha a lhe conferir. Em lugar do canto harmonioso das Musas, Drummond dá vazão a palavras roucas, duras. Os movimentos de braços e pernas que integram o corpo no ritmo do universo são sucedidos por gestos avulsos, destituídos de sentido, obscenos. A busca de síntese, sem o amparo de normas que orientem, dilui-se na dúvida. Para substituir a genealogia, o crescimento orgânico que recolhia no mesmo tronco todas as aparições do universo, temos a viagem, o deslocamento na superfície, temos o colorido que só muda o revestimento. Vidas desarticuladas, proibidas de frequentar compreensivamente a própria infância, substituem o aprofundamento que levava aos derradeiros fundamentos universais. O hermetismo elimina a clara visão das coisas. Brilho, se há, não passa de falso luzir de lantejoulas. Entramos na agonia sem esperança de regeneração.

O poeta, que não é porta-voz da comunidade, recusando qualquer responsabilidade no desdobrar dos acontecimentos, distancia-se tanto que sua voz não atinge os protagonistas dos desmandos. Seus versos soam como a voz profética consumida pela solidão do deserto. Despido de poder, o poeta ainda se justifica como testemunha, como visão crítica de atos tirados de sua alçada.

A indústria nos ensinou que para criar não é preciso imitar a natureza e nos cercou de objetos que o ventre fecundo da terra nunca se lembrou de produzir. As máquinas degradaram a natureza, a matéria-prima, cujos elementos, misturados e combinados de mil modos, adquirem as formas provisórias que povoam o espaço em que vivemos. Estamos tão longe da natureza que produtos industriais ladrilham até o chão que pisamos. A indústria, prendendo-nos em ambientes fechados (residências e locais de trabalho), privou-nos do sentimento de comunidade. Se nos reunimos sem finalidade produtiva, carregamos o penoso sentimento da perda de tempo. O lazer, atrelado ao trabalho, tem dia e hora para começar e para terminar. A indústria, demolidora voraz, arrasa monumentos que organizariam o espaço. Destruindo para construir, perdemos pontos de referência, sejam templos, ruas, praças, palácios ou casas. Irreconhecíveis mostram-se os lugares que, volvidos anos, revisitamos. A própria língua com que lidamos, arrancada de referentes internos e externos, apresenta-se como produto artificial que nos sentimos autorizados a agredir, dissecar e transformar. Este é o espaço branco, para repetir a imagem de Octavio Paz, de que a página em branco, escolhida para o exercício da atividade poética, é reflexo. O branco, mistura de cores, mistura de tudo, alojando-se no princípio da atividade produtiva, não reitera o caos, matriz dos entes naturais. O branco inaugura o espaço artificial. O poeta já não é a voz da comunidade, porque a comunidade, dividida, não tem voz, também não representa a indústria, porque esta o exilou. Inconformado, estabelecimentos industriais constroem o espaço do poeta, queira ou não. Solitário, sem Musas, sem cetro, sem canto, terá que trabalhar com a página em branco, com a escrita. Arrancadas de sintaxe consagrada, de referentes que a sustentem, as palavras estão disponíveis a qualquer construção, animadas com o sangue que o poeta lhes infunde. Desviadas do caminho reto, desprovidas do sentido único, enveredam por muitos caminhos, dispõem-se a vários sentidos.

Os versos explosivos de Drummond não foram a última palavra no conturbado mundo contemporâneo. Veio a geração *pop* com Andy Warhol e Roy Lichtenstein. Resolveram acolher o irrelevante: publicidade, acessórios, alimentação vulgar, estrelas de cinema, o mundo urbano saturado de cartazes, panfletos e anúncios luminosos. A cidade fascina agora como centro de produção, vida, arte e pensamento industriais. Começa a era da globalização. A que leva a vociferar contra ela? Interessa o presente mais do que saudosas recordações do passado. Foi a época da *nouvelle vague* e do novo romance francês. A aceitação dos novos tempos não foi irrestrita. Não se pode deixar de ver paródia nos pomposos enfeites do "ZaZa Gabor Shoe", de Warhol e nas fotografias retocadas de Marilyn. As obras de Beckett, Antonioni e Robbe-Grillet solicitavam a posição crítica do receptor. Recusa-se o expectador acomodado no berço de sonhos infantis. Espera-se que os construtores partam do ponto em que estamos. Se a síntese nos faz falta, se não a encontramos em lugar algum, cabe-nos o dever de construí-la. Que a encontremos sem buscá-la não está fora de cogitação, a lição é de Picasso (Badiou, 2010).

RELIGIÃO

Comum é a origem de todos os seres. De ruptura em ruptura, seja o *big-bang* a primeira, o universo ruma a metas ignoradas. No instante em que digo eu, destaco-me da mãe, do pai, dos irmãos, do ambiente em que me colocaram. Distancio-me de você, do comum, o mundo se afasta de mim, a ruptura se ilumina em mim.

Pensadores, ancorados no criador oposto à criatura, abrem abismos entre Deus (fonte do saber) e a escuridão, lugar em que vivemos, labutamos e pensamos. Agostinho, ao exprimir a vontade de estar com o criador, afasta-se do mundo e dos sentidos, presos ao que nos cerca. Nesse mesmo período, anacoretas deixavam a agitação dos centros urbanos para procurar em lugares desertos comunhão estreita com o invisível.

Os sentidos, contornados por Agostinho, alicerçam o conhecimento do que nos cerca. Escritores, poetas e escultores cultivaram os sentidos. Cervantes, contemporâneo de Descartes, enfatizou o que a razão exclusiva degrada. Dom Quixote empenha-se em ressuscitar os sonhos da cavalaria andante para devolver justiça e poesia a pessoas do seu tempo. Não se localiza a utopia no fim de suas viagens, as poéticas façanhas praticadas para amparar injustiçados realizam projetos no ardor da aventura, utópicos são os espaços inventados por ficcionistas e poetas.

Fenômenos tocam olhos, ouvidos, língua, nariz, pele. O que aparece é verdadeiro e falso, verdadeira é a máscara, verdadeiro é o rosto revestido. Somos pessoas (máscaras que soam, que falam), não somos coisas, nem objetos. Narro mesmo sem entender, outros relatam espantos mais assombrosos que os meus, leio porque me atraem imagens, pensamentos, vidas. Paro, escuto, apalpo, examino, interrogo. Ao contrário da mesa, da casa, da árvore, saímos de nós mesmos para agir, para conviver. Procuro familiarizar-me com o que encontro, com quem convivo. Escolho, ganho, perco.

Não estranhe o discurso em primeira pessoa, o mundo é como cotidianamente o percebo: móvel, passageiro, pegajoso, fascinante, repulsivo, luminoso... Em lugar de essências fixas, escolho o processo de essencialização. Amparado pelos sentidos, pontes sobre a fenda aberta entre mim e o mundo, alegra-me o ir e o vir, ritmado pelo pulso da vida. Perceber é desvelar o que nunca se mostra de todo. Objetos sentidos e refletidos desvelam e escondem o inalcançável. O mistério reside no que toco. Alguns de nós contentam-se com o que são, outros indagam a origem, a natureza, o destino, refletem sobre o que são e o que poderão ser. Além de agir, interpreto, tarefa sem limites. Repudio quem oprime, quem reprime.

Há motivos para derivar religião de religar. Entendamos como religião o conjunto de gestos contrários à ruptura. Rupturas antecedem e inauguram atos religiosos, estes reduzem a eficácia da separação e provocam outras rupturas. Distancio-me do que me supera e me fundamento, desamparam-me o teto e o piso. Ando e, ao buscar, separo-me de mim. Indecisões determinam escolhas, ortodoxias geram hereges, pessoas que, descontentes com o oferecido, escolhem; hereges, em lugar de consumir, produzem.

Outros preferem derivar religião de *relegere* (reler, relegar, coletar). Ao narrar, uno, releio o que escrevi, o que fiz, o que outros produziram. Repito, corrijo, aprovo, reprovo, recolho, relego. Viver religiosamente é reunir o que se dispersa, é devolver sentido a pessoas e acontecimentos ameaçados pelo comum, pela insignificância, viver religiosamente é viver perigosamente, recolho pedaços de mim (Shermer, 2000).

Rupturas doem. A ruptura é interior. Confrontado consigo mesmo, o homem ferido abre os olhos a carências; percebendo-se desamparado, anela aproximações, elabora projetos de fraternidade. Reler, relegar e religar convivem. O caos ameaça unidades. Ao reler, interrogo outras organizações. O mistério estala no inesperado, brilha no pincel, aquece o convívio, esplende no vitral, instala o sagrado. Desordem e ordem ativam projetos de artistas e pensadores. Espectadores recuam espantados. O sagrado (pessoas, monumentos, quadros), destacam-se, fascinam. O recuo fomenta contemplação e invenção. Ao pensar (pesar, avaliar), saio de mim para coletar, reunir. Pessoas, animais e coisas mostram-se, avalio como se relacionam entre si e comigo. O percebido é fato, presença inelutável, base da imaginação, da reflexão. Misteriosa é a ruptura, misteriosos são os traços que escondem a ruptura. A ruptura assombra como ameaça, soluções assombram como gestos ousados.

A religião se revela em pensamentos, imagens, palavras e ações, propugna atos eficientes; indecisa entre contemplar e observar, a religião faz-se ética na ação. O homem exaltado pelo coro da *Antígona* de Sófocles desperta a vida no solo inóspito, abre rotas no mar tempestuoso, inventa leis não determinadas pela natureza, quebra os grilhões que sujeitam outras espécies

SEÇÃO V — PSICOLOGIA E RELIGIÕES

vivas, desenvolve sistemas de comunicação inusitados. Baseadas nestas e em outras invenções, as vozes dos coreutas declaram terrível (*deinós*) o inventor, aterrador, sagrado. Sagrada é a vontade do povo que fundamenta unidades políticas, sagrada é a família que redime pessoas da exclusão, do abandono.

A ação ética rompe sem aniquilar, recolhe, aproxima, guarda, aprimora. Exclusões negam o diferente, confrontos requerem atenção ao estranho, o comportamento ético respeita a distância, cultiva a solidariedade. Direitos humanos são os da vida contra a morte, da produção contra a destruição, de recursos contra ameaças. Atos lesivos insistentes demandam vigilância e medidas salutares. O sujeito se globaliza na convivência globalizada. A cooperação de diferentes constrói harmonia global.

Preocupam a reverência à mercadoria, a posse gananciosa, o logro, o culto ao espetáculo, a subordinação ao fetiche, o turismo em paragens divinizadas pelos anúncios, o contato superficial em lugar da vivência profunda, o consumo com gosto de vazio.

Distinga-se religião trágica e religião cômica, separem-se tragédia e comédia. Trágica foi a religião grega, a tragédia discute limites. Édipo e Sócrates são heróis trágicos, atuam no limite entre o saber e o não saber, morrem ante as portas do santuário do saber, paragem negada aos que pensam. Cômica é a religião cristã. Limpe-se "cômico" das noções de ridículo, de gratuidade. Um dos maiores monumentos da literatura cristã chama-se *Divina Comédia*. Dante Alighieri classifica o seu poema de comédia porque ao herói, ele mesmo, é consentido subir ao reino da luz e retornar para andar com segurança nos tortuosos caminhos do mundo em que vivemos. Os poucos heróis gregos que ousaram afrontar as portas da morte (Ulisses, Orfeu, Héracles) entraram no reino escuro e retornaram transtornados. Dante voltou lúcido. O cristianismo promete a vida eterna a todos os que creem, a religião cristã é vitoriosa, cômica, alegre.

O demônico perverte o sagrado. Demônicos são os conflitos religiosos, a intolerância, a violência, o assassinato, a guerra, pessoas arrancadas de lugares protegidos. Demônicas alongam-se através de países, de continentes, as rotas dos despatriados, dispersos, feridos e mortos antes de alcançarem paraísos sonhados. Demônico é o caos, ataca na fome de consumo, na agressão, na matança, no refúgio da droga. A religião combate o caos (Willaime, 1995).

MÍSTICA

Se derivamos mística de *myo* (fechar), místico é aquele que, tendo fechado os olhos ao sensível, é incapaz de abrir os lábios para relatar experiências que não lhe vêm do exterior.

O homem trágico esbarra no limite. No mundo grego, o misticismo se desenvolveu depois da era dos tragedistas. Místico foi Plotino, ensinou que o mundo visível emana do invisível e a ele retorna, a unidade primitiva gera e absolve o eu individual; nela todas as individualidades se aniquilam.

A mística judaica afasta criatura e criador. O místico judeu se aproxima de Jeová e se detém. Os fugitivos do Egito temiam até o brilho da face do guia que tinha escalado o Sinai para receber a lei do Senhor trovejante. Moisés cobriu cautelosamente a face para não intimidar seus ouvintes. Silenciar o nome do Criador contorna riscos. Só homens escolhidos penetravam no reduto mais sagrado do templo.

Nikos Kazantzákis restaura, em *A última tentação de Cristo*, o misticismo cristão na pessoa do Messias, lugar em que a divindade se faz carne. A tentação de Cristo opera na presença

física: a glória, o poder, a procriação. A vitória de Cristo reside na aceitação messiânica da pobreza, da abstinência, do sacrifício, da morte.

Paulo de Tarso disse que Deus brilha em luz inacessível. O coração dos cristãos, a exemplo de Agostinho, vive inquieto, porque a existência transcorre distante do Criador. Anelantes vivem místicos notórios: Santa Teresa, Sor Juana, San Juan de la Cruz. Meister Eckhart troca a vontade limitada dele pela vontade divina sem limites, o que lhe dá estabilidade na insegurança. Permanece o eu, permanecem os contornos, abrem-se vias para novas possibilidades de ser. Os seres navegam sobre o silêncio, origem e destino da Palavra, das palavras, de tudo. No silêncio atua o divino.

Devotos de Buda, condenados a peregrinar de um corpo a outro, praticam exercícios para superar a ruptura, para apagar a dor. O uno (Nirvana) é a meta, lugar em que todas as fronteiras se apagam com sacrifício da identidade. Para o taoísta, a unidade (*tao*) congrega a multiplicidade sensível. *Tao* está acima de todos os nomes, aquém de todos os caminhos, *tao* não é nome, *tao* é ação, é caminhar, é fluir; de origem insondável, *tao* é o imanifesto das mil coisas que se manifestam; fonte de todos os possíveis, *tao* atravessa identidades sem aniquilá-las. O homem, simultaneamente ativo e passivo, se dispõe ao *tao* e age. O homem superficial, insensível ao *tao*, vive no ruído, na ilusão de grandes feitos. Alcançar o *tao* é conhecer, atuar, ser perpétuo.

Visto que o homem não está preso ao ambiente como as outras espécies animais, a liberdade abre-lhe veredas infinitas. Silencioso é o ser, embora fale em tudo. Há um falar sem palavras, origem de todo falar. Em "falar" e "fenômeno" temos a mesma raiz, "fa", presente também em "faos", luz. A sombra do falar é o silêncio; quando as palavras recuam, luz o silêncio, berço de nomes, de seres. Walter Benjamin chamou de aura a solene distância da obra de arte. A reprodução industrial desauratizou o produto oferecido a todos. Máquinas reproduzem a Mona Lisa e o palito de fósforos com a mesma precisão.

Olhares místicos caem com espanto sobre a flor que desabrocha na rachadura do asfalto, sobre o sorriso nos lábios da criança, buscam o mistério no rosto enigmático, retratado por Leonardo da Vinci. Místicos percebem o que olhos não veem (Katz, 1978).

APOSTAS

No *Livro de Jó*, um dos mais conhecidos da *Bíblia,* Deus, em jogo com o Diabo, aposta na fé inabalável de Jó. Ganha Deus, sofrimento nenhum quebra a fidelidade de Jó. O livro conclui com uma conversa pessoal de Deus com Jó, o Criador não revela ao homem piedoso a causa de sofrimentos cruéis.

No Século das Luzes, Pascal, enredado em dúvidas, inverte o jogo. Quem aposta é o homem, o próprio Pascal. Se creio em Deus e Deus não existe, não perco nada; se Deus existe e não creio nele, perco tudo. Crer em Deus é mais seguro.

No início do século XIX, Goethe, em *Fausto*, uma das maiores peças teatrais, aludindo a Jó, encena a aposta de um sábio, Fausto, com Mefistófeles, personificação do senhor das trevas. Fausto, já velho, arrependido de ter gasto a vida em estudos inúteis, vende a alma ao Diabo em troca de uma juventude de prazeres. Fausto é romanticamente salvo pelo amor.

No fim do mesmo século, Nietzsche, um dos pensadores mais lidos, resolve matar Deus para tornar o homem autônomo. Nietzsche manda que o homem se construa a si mesmo, o homem deverá gerar o além-homem (*Übermensch*) em trabalho cotidiano. No início do século XX, Bultmann, teólogo influente, amigo de Heidegger, garante que Nietzsche se equivocou, o pensador teria aniquilado um ídolo. Deus, na opinião de Bultmann, está fora do tempo e do espaço; inefável, Deus, o totalmente Outro, sujeito e não objeto, mantém-se distante de representações. Deus revela-se na palavra ao homem; confrontado com Deus, o homem descobre-se a si mesmo.

Richard Friedman, no ensaio, *O desaparecimento de Deus*, examina cuidadosamente o Antigo Testamento e conclui que Deus se ausenta lentamente dos textos bíblicos até desaparecer completamente nos livros mais recentes. Estaríamos no fim da era de Deus? Se dermos ouvidos a Bultmann e Tillich, a resposta é negativa. Passou o tempo em que se confundia criador e criatura. Embora ausente, o criador se revela em nós, criaturas, obra de criaturas é tudo o que produzimos.

Jacques Lacan, psicanalista renomado, retomando e modificando formulações de Bultmann, eleva a alturas inatingíveis o Outro (*Autre*), sedução do eu e de objetos idealizados (outros). O Outro é o lugar vazio (infinito) da verdade. Do Outro (*Dieu*) procede *dieur* (neologismo de Lacan, moldado a partir de *dire – dizer*); propomos *deusar* para traduzir *dieur*. Deus se verbaliza, torna-se palavra. Enquanto se falar, soará Deus como ausente. Repetindo Bultmann, Lacan afirma que ateus são os teólogos que estabelecem Deus como objeto da fala, o buraco é Deus em pessoa: *Sou o que sou* (Willaime, 1995).

NONDUM

James Joyce, em *Finnegans Wake*, separa London (Londres) de *Nondum* (Ainda não). No romance do irlandês, todas as culturas, em movimento antibabélico, convergem. A London se chega, *Nondum* fica além. Caminhos cruzam caminhos, enredam, desenredam, prosseguem. Estabelecemos metas, fim que não é fim. O fim antes do fim proclama engano, suscita desalento, levanta ídolos. Francis Bacon, no princípio da globalização, aponta quatro: o ídolo da tribo (limites impostos pelo grupo), o ídolo da caverna (restrições individuais), o ídolo do foro (argumentos facciosos) e o ídolo do teatro (a bagagem cultural). Aos ídolos, Bacon opõe a observação, fundamento da ciência. No estágio atual da globalização, Eduardo Gianetti aponta outros ídolos reverenciados: a ciência, a tecnologia e a economia. A ciência prolonga a vida, mas é incapaz de revelar o sentido da vida, a tecnologia fabrica ambientes paradisíacos e dissemina armas letais, a economia de mercado oferece produtos sedutores e exclui do consumo fração imensa da população mundial. De *Nondum* nos afastam os mesmos instrumentos apontados como redentores no século XVII.

Porque a *Nondum* não se chega, andamos na esperança. A cada passo, o fim recua. Moisés – lembrado pelos rigores da travessia, exaltado pela coragem – não entra na terra prometida. Enterrados os mortos, importa prosseguir. Andemos sem pressa, apalpemos o momento que passa, não permitamos que ídolos sufoquem projetos criativos. Novos contingentes, de todos os quadrantes, engrandecem o povo em marcha. Eventos variados demandam saber: lágrimas, acenos, ausências, aflições, conflitos. Narrativas de ontem e de hoje tecem o romance universal: revolta, sede, fome, guerra, doenças, refugiados, súplicas de paz – estas e outras narrativas ocupam a mente de peregrinos a *Nondum*. Em épocas de crise, o civilizado retorna ao estágio da fera feroz. Voltemos a Sísifo, o espaço em que não rolamos a pedra aumentou. Aproveitemos o tempo para passear, pintar, pensar. O ócio poderá revelar o sentido da vida.

REFERÊNCIAS BIBLIOGRÁFICAS

Agamben, G. (2009). *Il regno e la gloria*. Torino: Boringhieri.

Badiou, A. (2010). *Second manifeste pour la philosophie*. Paris: Flammarion.

Caillois, R. (1950). *L'homme et le sacré*. Paris: Gallimard.

Damberg, W.; Sellmann, M. (Orgs.) (2015). *Die Theologie und "das Neue"*. Freiburg: Herder.

Derrida, J.; Vattimo, G. (Orgs.) (1996). *La Religion*. Paris: Seuil.

Giannetti, E. (2016). *Trópicos utópicos*. São Paulo: Companhia das Letras.

Kamieniak, J. P. (2003). *Mythe et fantasme*. Paris: Delachaux et Nestlé.

Katz, S. T. (Org.) (1978). *Mysticism and philosophical analysis*. New York: Oxford University Press.

Lemesle, I. (2009). *Psyché*. Paris: Éditions du Patrimoine.

Saroglou, V. (Org.) (2015). *Psychologie de la religion*. Louvain-la-Neuve: De Boeck.

Shermer, M. (2000). *How we believe*. New York: Freeman.

Soler, C. (2014). *Humanisation?* Paris: Éditions du Champ Lacanien.

Tugendhat, E. (2006/2013). *Egocentricidade e mística*. Tradução: Adriano Brito e Valerio Rohden. São Paulo: Martins Fontes.

Vernant, J. P. (1965). *Mythe et pensée chez les grecs*. Paris: François Mapero.

Willaime, J. P. (1995). *Sociologie des religions*. Paris: PUF.

38

Coping religioso/espiritual e prática psicoterapêutica: relações possíveis

Fatima Fontes

INTRODUÇÃO

O meu encantamento e a minha curiosidade pela ação psicoterapêutica cuidadora, pelas mudanças dela decorrentes e pelo comportamento religioso[1] fizeram nascer em mim o desejo de compreender as alterações percebidas nos estilos de *coping* religioso/espiritual,[2] na qualidade de vida[3] e nos padrões de inter-relações sociais dos participantes da modalidade de intervenção psicossocial que criei e nomeei de Terapia Sociocomunitária, no ano de 2010, e que é realizada no bojo do Serviço de Apoio Psicológico da Igreja Batista da Liberdade, no bairro da Bela Vista, na cidade de São Paulo, da qual faço parte.

As primeiras indagações que em mim surgiram e motivaram-me a pesquisar podem ser assim apresentadas, começando com a mais ampla delas: como compreender as mudanças observadas na Terapia Sociocomunitária em sua intrincada trama de complexidade? E, separando os fios que compunham essa tessitura de transformações, indaguei: que relação haveria entre a Terapia Sociocomunitária e as mudanças observadas na vida dos participantes, e o quanto tais mudanças afetavam os seus estilos de *coping* religioso/espiritual? Que relação haveria entre a participação na Terapia Sociocomunitária e a qualidade de vida das pessoas nela envolvidas? E, ainda mais, que relações haveria entre a qualidade de vida e o bem-estar dos participantes e o seu estilo de *coping* religioso/espiritual?

Elaborei e realizei a pesquisa e defendi a tese de doutoramento[4], a partir dessas primeiras inquietações, com o objetivo de investigar a relação entre a participação na Terapia Sociocomunitária, os estilos de *coping* religioso/espiritual e a qualidade de vida.

No presente artigo, inicialmente apresentarei o conceito de *coping* religioso e a forma como ele foi estudado por Pargament (1997). Em seguida discorrerei sobre a prática psicoterapêutica grupal da Terapia Sociocomunitária e seu aporte metodológico, e na última parte do artigo explicitarei as relações existentes entre a participação na Terapia Sociocomunitária e as transformações percebidas nos estilos de *coping* religioso/espiritual de seus participantes.

COPING RELIGIOSO/ESPIRITUAL – CONCEITO E ESTILOS

A conceituação de Pargament para *coping* religioso e seus estilos abarca os âmbitos cognitivo, afetivo e comportamental do homem e trata do processo dinâmico de troca e confronto entre a pessoa em situação de estresse e seu contexto social, com a utilização dos recursos de sua experiência religiosa e de fé.

A teoria do *coping* religioso, segundo Pargament (1997), repousa num amplo conjunto de pressupostos que reconhece o

---

[1] Coorganizei e coescrevi o livro *Religiosidade e Psicoterapia*. São Paulo: Roca, 2008. Livro premiado em 2009 com o 51º Prêmio Jabuti de Literatura Nacional, em 2º lugar, na Categoria: Psicologia, Psicanálise e Educação.

[2] **Estilos de *coping* religioso:** utilizamos nesta pesquisa os estudos de Pargament (1997), que nomeou três formas de apresentação da iniciativa humana em relação ao poder divino para o enfrentamento pessoal do *stress*, que vão da autonomia (*coping* autodiretivo/*self-directing style*) à passividade e resignação (*coping* delegante/*deferring style*) e também incluem a colaboração entre o homem e Deus (*collaborative style*), e que relaciona essas formas de *coping* religioso com outras medidas de religiosidade e com medidas de competências psicológica e social.

[3] **Qualidade de vida:** elegemos como definição-guia, neste estudo, a dada pela Organização Mundial de Saúde (OMS), segundo a qual qualidade de vida refere-se "à percepção do indivíduo de sua posição na vida, no contexto de sua cultura e no sistema de valores em que vive, e em relação às suas expectativas, seus padrões comportamentais e suas preocupações" (THE WHOQOL, GROUP, 1995).

[4] Tese de doutorado defendida e aprovada no dia 11 de abril de 2016, no Programa de Estudos Pós-Graduados em Psicologia Social do Instituto de Psicologia da Universidade de São Paulo, com o título: *Terapia Sociocomunitária, estilo de coping religioso/espiritual e qualidade de vida: investigando relações.*

SEÇÃO V — PSICOLOGIA E RELIGIÕES

potencial de forças externas e internas do indivíduo, mas que também reconhece o potencial humano de transcender as circunstâncias pessoais e sociais, e propõe-se, com a psicologia da religião, a abrir novos caminhos pelo aprofundamento e enriquecimento de nossa compreensão, tanto do campo do *coping* quanto no da religião.

Tal alargamento de compreensão poderá servir de meio para que se integrem cosmovisões, práticas e métodos de várias comunidades em relação ao avanço do bem-estar humano.

O próprio conceito de *coping* é enraizado em certa visão de mundo na qual as pessoas são, em parte, moldadas e produtos de suas circunstâncias, e é atado a um tempo e lugar particular. Focalizando a cultura ocidental, percebemos que as rápidas e profundas mudanças nela ocorridas têm aberto o cenário para a psicologia do *coping* religioso, dinamizadas pelo forte avanço tecnológico e industrial que tem levado a uma comprovada perda da aura da factualidade que é provida pela cultura.

Diante da perda dos amortecedores culturais, a responsabilidade de lidar com o "mundo" em vertiginosa transformação recai pesadamente sobre o indivíduo, que tenderá a recorrer ao grande mercado das visões alternativas (Berger, 1997) e a buscar, no mundo privado, alguma religião/produto, de preferência engajada com instituições religiosas, para enfrentar suas crises, preenchendo, assim, a lacuna deixada pelo que outrora fora matéria de cosmovisão e cultura.

Sendo assim, a palavra *coping* encontrará eco em sociedades com menos defesas culturais e com desafios que se insurgem, provocando novas crises para seus membros. Ao contrário, perderá sua significação em culturas menos industrializadas e desenvolvidas tecnologicamente, que despertem menos problemas aos seus indivíduos e forneçam-lhes guarida protetora cultural.

Para estudar o *coping* religioso, Pargament (1997) buscou entender o sentido que a religião tinha, para além daquele de ser uma fonte de conforto em situações de *stress*, e encontrou, baseado em suas pesquisas, a existência de seis outros significados ligados à experiência religiosa dos participantes, a saber: fonte de espiritualidade, fonte de sentido, fonte de afirmação do *self*, fonte de saúde física, fonte de intimidade e fonte de crença num mundo melhor.

Tais resultados mostravam-se equiparados aos encontrados por Pargament em sua revisão de literatura (Pargament, 1997; Appendix A, p. 407-464), na qual percebeu que a religião não era inconsistente com o "*locus*" interno de controle pessoal e não era coextensiva com passividade diante das opressões sociais; em muitos casos, ele percebeu que medidas de religiosidade estavam mais associadas a um conjunto de *coping* ativo que a uma forma de evitação de *coping*.

Restava então à Pargament o desafio de encontrar maneiras de capturar um processo tão variado e tão fluido quanto o do *coping* religioso. Para construir seus instrumentos de medidas do *coping* religioso, partiu de um objetivo central, que era o de compreender as diferentes formas dadas pelas pessoas ao uso da religião como maneira de lidar com suas situações de *stress*.

Inicialmente, ele percebeu duas formas de apresentação da iniciativa humana em relação ao poder divino, que iam da autonomia, ação e diligência à delegação, passividade e resignação (Pargament, 1997).

Mais adiante, Pargament aproximou-se de um terceiro modo pelo qual as pessoas descreviam o papel da religião em seu processo de *coping* no qual elas não eram nem passivas, nem autônomas, e, em vez disso, diziam interagir com Deus.

Nesse terceiro estilo de atividade de *coping* religioso, Deus e o indivíduo eram colaboradores no processo de lidar com o *stress* e na busca de solução para os sofrimentos vividos. A responsabilidade do *coping* religioso, nesse caso, era compartilhada, e todos os participantes, isto é, a divindade e o humano, tinham função ativa.

Pargament nomeou as três abordagens religiosas para o controle em *coping* de estilo autodiretivo (*self-directing style*), estilo delegante (*deferring style*) e estilo colaborativo (*collaborative style*), que se relacionaram diferentemente com outras medidas de religiosidade e com medidas de competências psicológica e social.

Deve-se cuidar para não identificar as melhores ou piores formas de *coping* religioso, uma vez que, relacionados os diferentes estilos a outras medidas pessoais e sociais de bem-estar, percebe-se como o auxílio proveniente desses distintos estilos podem variar de situação a situação.

Tampouco Pargament quis reduzir as abordagens de controle do *stress* unicamente a esses três tipos de *coping* religioso; antes, o que ele buscou identificar foram as distintas maneiras pelas quais as pessoas integram (ou não) suas concepções do poder divino com a iniciativa humana.

E, ao contrário do que possa parecer, o envolvimento da religião no *coping* não se mostra uniforme; diante de uma mirada mais aprofundada da experiência religiosa, é possível perceber os muitos lados que tem a religião como força que pode colocar a vida das pessoas numa variedade de ações em seu processo de *coping*.

A proposta de Pargament para avaliar o valor positivo ou negativo da religião está focada na observação e medição daquilo que as pessoas fazem com a religião em circunstâncias estressantes. Baseado numa ampla análise que cobriu quarenta estudos na área do *coping* religioso, Pargament (1997) detectou seis facetas que emergiam desses estudos: a espiritual, a congregacional, a da ressignificação religiosa, a do aporte religioso para intermediação e controle, a dos rituais religiosos e a da combinação de métodos de *coping* religioso.

A partir da análise dessas distintas facetas, Pargament apresentou três formas positivas de *coping* religioso: o suporte espiritual, o suporte congregacional e a ressignificação da bondade religiosa.

O suporte espiritual apareceu em várias pesquisas (Pargament *et al.*, 1990) como condição de maior e melhor ajuste nas crises da vida, e sempre associado a baixos escores de sobrecarga pessoal. Também, intimamente ligado ao suporte espiritual, apareceu a forma colaborativa de *coping* religioso, em que o indivíduo e o divino trabalham juntos nas situações estressantes do indivíduo.

A outra forma positiva de *coping* religioso encontrada por Pargament em várias pesquisas foi o suporte congregacional, evidenciando um número significativo de pessoas que procuravam por suas igrejas e sinagogas para receberem apoio em tempos de crise, bem mais do que pediam auxílio a qualquer outro profissional (Chalfant *et al.*, 1990; Veroff *et al.*, 1981). Nesses estudos, foram analisadas as ajudas dadas por clérigos, por líderes e por membros da comunidade aos que os buscavam, e foi confirmado o quanto tais ajudas mostraram-se benéficas a quem delas se utilizou. Essa forma de suporte recebido pelos membros das congregações apresentou-se funcionando lado a lado com o suporte espiritual recebido pela fé, ambos contribuindo para resultados positivos em tempo de *stress*.

Enfocando a terceira forma positiva de *coping* religioso, a ressignificação da bondade religiosa, nas pesquisas ana-

302

lisadas por Pargament (1997, p. 290) havia sugestões de que os eventos negativos eram mais facilmente suportáveis quando compreendidos dentro de um quadro de bondade religiosa. Quando se atribuíam mortes, doenças e/ou outras grandes perdas à vontade de Deus ou ao seu amor, evidenciavam-se melhores resultados nos enfrentamentos ao *stress* provocado por tais vicissitudes.

Lembra-nos Pargament, porém, que, para realizar a avaliação positiva ou prejudicial do uso do *coping* religioso, precisamos ter claro que o *coping* é um processo que envolve muitos elementos: pessoal, situacional e social, interagindo e mesclando-se continuamente. A natureza desse processo tem muito mais a ver com a eficácia do *coping* do que com a atividade do *coping* e seus resultados. Nessa perspectiva, o processo de *coping* será bem integrado quando cada parte operar fluidamente entre si e com coordenação mútua; ao contrário, havendo desequilíbrio entre essas partes, o próprio processo de *coping*, como sistema, fracassará em seu intento.

Pargament (1997, p. 316) considera o problema da desintegração no processo de *coping* religioso como o maior dos danos que o *coping* religioso pode provocar, envolvendo crenças e práticas religiosas impeditivas para que o indivíduo atinja seus objetivos, sobretudo pelo afastamento da realidade que tal desintegração provoca, e organiza as formas de "desintegração" em três agrupamentos de problemas que ele nomeou de: problemas dos fins, problemas de significado e problemas de adaptação entre o sistema individual e o sistema social.

Ao abordar o primeiro agrupamento de problemas, os problemas dos fins, Pargament (1997) enuncia duas graves fontes de desintegração religiosa: a unilateralidade religiosa e as decepções religiosas. Na experiência da unilateralidade religiosa, há uma análise empobrecida da realidade, determinando como única percepção e ação do indivíduo a crença religiosa, excluindo qualquer outro valor que componha a realidade, prescrição típica dos fundamentalismos religiosos. Há uma vivência de autoritarismo religioso, o que exclui qualquer possibilidade de se fazer uma crítica ao sistema de crenças, deixando assim desintegradas as necessidades pessoal e social daquele que crê de tal forma que a solução religiosa funciona como se o indivíduo caísse num círculo de tentativas, pulando de uma proposta de unilateralidade para outra na busca de resolver seu *stress* por essa única via.

Ainda no grupo dos problemas dos fins, Pargament trata do efeito danoso das decepções religiosas experimentadas quando a religião fornece, sob a máscara da piedade, autorização para práticas antissociais prescritas invisivelmente, sem que haja qualquer temor de que elas sejam descobertas. Nesse agrupamento de problemas, Pargament apresenta a desintegração entre algumas estratégias religiosas propostas para pautar a vida dos fiéis e as reais motivações de controle religioso, levando os praticantes religiosos a não perceberem que, muitas vezes, debaixo de um manto de puritanismo motivacional, há uma negação de verdades, uma vez que as motivações de qualquer ordem, incluindo as religiosas, são sempre combinadas e que não há simplicidade nesse campo, mas sim um conjunto humano de motivações e propósitos nem sempre coerentes com os preceitos religiosos prezados.

No segundo agrupamento de erros que propiciam a desintegração no processo de *coping*, Pargament (1997) elenca os problemas de significado, retratando os sérios danos provocados pela pobre integração entre a avaliação das necessidades e as possibilidades contidas nos métodos do *coping* religioso, en-

volvendo algumas crenças e práticas religiosas, e considera três problemas de integração de sentido no *coping* religioso: os erros na explanação religiosa, o erro no controle religioso e o erro da moderação religiosa.

Ao analisar os erros na explanação religiosa, Pargament aponta para a desintegração provocada por certas análises religiosas sobre dramas sociais, em que somente se atribui ao fenômeno em questão a sua dimensão religiosa, excluindo-se de uma análise mais acurada e aprofundada as dimensões social, psicológica e cultural presentes na situação. Erros na explanação religiosa, de acordo com Pargament, põem o dedo na culpa experimentada pelas pessoas religiosas diante dos eventos negativos que vivenciam e assimilam como punição da divindade, do outro ou de si mesmas.

Os erros do controle religioso, que também contribuem para a desintegração no processo de *coping* religioso, ocorrem, segundo Pargament, a partir dos efeitos prejudiciais causados às pessoas religiosas pelo incentivo que recebem para que somente se utilizem da fonte religiosa em seus embates com situações estressantes, gerando dependência exclusiva dessa fonte e levando também à perda do raciocínio crítico sobre os vários elementos e demandas contidos na situação-limite. Observa-se claramente a desintegração no processo de *coping*, uma vez que o indivíduo não consegue criar uma ação coordenada entre os recursos religiosos e os outros recursos necessários à resolução da situação.

No terceiro bloco de erros, os erros de moderação, Pargament apresenta dois grandes males provocados pelo fanatismo religioso ou pela apatia religiosa que excluem e desqualificam outras crenças e provocam graves consequências. No caso da unilateralidade da devoção e dos fins, próprios dos sistemas religiosos fundamentalistas, acompanhamos a dura desintegração no processo de *coping* religioso provocada pelo ensino religioso que preconiza a exclusão da presença e do bem-estar do outro que não professe a mesma fé, bem como dos seus valores, visto que não há lugar nem consideração por quem não pertença e professe as mesmas crenças desse sistema.

No campo da apatia religiosa, Pargament demonstra outra fonte de desintegração no processo de *coping* religioso que, desta feita, leva os fiéis a uma falência na mobilização de recursos necessários aos enfrentamentos do viver, uma vez que os ensinamentos religiosos aos quais se submetem esses fiéis subscrevem unicamente a religião como modulação entre as necessidades das diversas situações e as metas individuais, empobrecendo e reduzindo os recursos dos que creem em sua busca por soluções para seu *stress*.

Para completar suas análises sobre os danos causados pela desintegração no processo de *coping* religioso, Pargament (1997) reflete sobre as implicações causadas pelos problemas de ajustamento entre os preceitos impostos pelo sistema de crenças aos fiéis e suas pautas pessoais de conduta. A desintegração ocorrerá quando os objetivos pessoais e os métodos para lidar com os estresses chocarem-se com aqueles propostos pelo sistema religioso e provocará um incremento no desconforto do fiel tão maior quanto mais rígido se mostrar o sistema de crenças para tolerar as diferenças entre o sentir, o pensar e o agir dos indivíduos que a ele aderem em seus caminhos próprios de resolução de *stress*.

Resumidamente, pode-se dizer, então, a partir dessas análises do efeito prejudicial da desintegração no processo de *coping* religioso feitas por Pargament, que, quando os fins se tornam desequilibrados, quando há desconexão entre os fins e as diversas demandas das situações, quando o indivíduo e o sistema trabalham um contra o outro, o fluir auxiliar do *coping* religioso rompe-se na vida dos que creem, experimentando-se, assim, o *coping* religioso negativo.

COPING RELIGIOSO/ESPIRITUAL

Torna-se relevante esclarecer mais detalhadamente o uso da terminologia *coping* religioso/espiritual, e não simplesmente *coping* religioso, como nomeado por Pargament.

Na medida em que adentramos no cenário das buscas por produções científicas, realizadas na interface dos campos das psicoterapias grupais, do *coping* religioso/espiritual e da qualidade de vida, logo nos deparamos com algumas particularidades nessas produções no que tange, sobretudo, às definições do que se entende por religiosidade, por espiritualidade, por *coping* religioso e por *coping* espiritual.

Adotamos em nossos estudos, sobretudo, as definições dadas por Koening (2009) para a compreensão desses conceitos: a religiosidade é entendida como a extensão na qual o indivíduo acredita em uma religião, segue-a e pratica-a. A religião, por sua vez, afirma e envolve um sistema de crenças, práticas e rituais relacionados com o sagrado, sendo este aqui entendido como relativo ao numinoso (místico, sobrenatural) ou a Deus, e, nas religiões tradicionais ocidentais, como a Última Verdade ou Realidade.

A religião é usualmente organizada e praticada dentro da comunidade, porém pode também ser praticada solitariamente e no mundo privado. Entretanto, o mais central nessa definição é que a religião é enraizada em uma tradição estabelecida, que surge de um grupo de pessoas com crenças comuns e práticas concernentes ao sagrado.

Ao estudar a inter-relação entre religiosidade e saúde, não se está assumindo qualquer posição sobre a realidade ontológica de Deus ou do mundo espiritual. Trata-se de buscar compreender se a crença religiosa está associada a resultados de saúde, a despeito de se crer ou não nas crenças investigadas (Koening, 2009).

A espiritualidade é considerada, no ocidente, atualmente, como uma experiência mais pessoal, algo que as pessoas definem por elas mesmas, que é amplamente livre de regras, regulamentos e responsabilidades associadas com a religião. Mas, diferentemente, em seu sentido original, a espiritualidade falava de pessoas com o Espírito Santo de Deus (os clérigos) ou de um subconjunto de pessoas religiosas cujas vidas e estilos de vida refletiam os ensinamentos de sua tradição de fé. O termo espiritualidade, no campo da saúde, tem, assim, seu sentido expandido para além do sentido original.

A expansão do termo espiritualidade para o campo da saúde, o que o torna mais inclusivo e pluralista no conjunto de cuidados à saúde e inclusivo tanto das necessidades das pessoas religiosas como das não religiosas, se, por um lado, mostra-se admirável como prática clínica, por outro, cria dificuldades na condução de pesquisas relacionadas à espiritualidade e saúde mental. Tais dificuldades surgem exatamente pelo caráter não exclusivo, distinto e de definições concordantes. Assim, pesquisadores têm-se esforçado para criar medidas para avaliar a espiritualidade.

Quando mensurada em pesquisa, a espiritualidade é frequentemente avaliada, em termos de religião, ou pelos estados psicológicos positivos, ou pelos sociais, ou pelos de caráter. Nas várias pesquisas encontradas no levantamento de estudos afins ao nosso, em sua grande maioria, a espiritualidade foi definida, em termos de religião, sempre como um construto multidimensional e não limitado às suas formas institucionais. O mais usual foi encontrar a referência à religião e à espiritualidade como sinônimas; daí porque, em muitas pesquisas, encontramos o termo Religiosidade Espiritualidade – RE (RS – *Religiousness Spirituality*) – formando uma sigla.

ESTILOS DE *COPING* RELIGIOSO

Ao analisar mais detalhadamente os estilos de *coping* religioso, reforçamos o que já foi falado anteriormente: o fato de que esses estilos se referem a padrões pessoais de enfrentamento com os recursos religiosos, com razoável grau de consistência, em face de diferentes situações desafiadoras e geradoras de *stress* (Pargament, 1997).

Pargament nomeou os três estilos de *coping* religioso encontrados em suas pesquisas de estilo autodiretivo (*self-directing style*), estilo delegante (*deferring style*) e estilo colaborativo (*collaborative style*).

É importante ainda ressaltar que esses estilos de *coping* religioso não estão necessariamente acoplados a nenhuma estrutura de personalidade (apesar de poderem expressar certa tendência em reagir), visto que o estilo de *coping* religioso utilizado também depende da situação e do momento que a pessoa vive, podendo ela, em diferentes circunstâncias, variá-lo, visto que o estilo de *coping* religioso anterior não mais a atende. Isso porque as pessoas não se utilizam dos métodos religiosos de *coping* de maneira única; em vez disso, elas utilizam padrões de configuração mesclados uns aos outros, e esses padrões talvez concedam força para o papel da religião no processo de *coping*.

Enfatizamos também que Pargament tampouco quis estabelecer qualquer hierarquia entre os estilos de *coping* religioso no sentido daqueles que melhores resultados produzem na vida dos indivíduos em situação de *stress*.

Reiteramos ainda o que já foi dito acerca do fato de que Pargament não quis reduzir as abordagens de controle do *stress* unicamente a esses três tipos de *coping* religioso, mas sim buscou identificar as distintas formas pelas quais as pessoas integram (ou não) suas concepções do poder divino com a iniciativa humana na busca por encontrar soluções para suas situações de *stress*.

Particularizaremos, a seguir, o funcionamento e a relação de cada um desses estilos com outras medidas de competências psicológicas e sociais, que, para Pargament (1997), se referem ao âmbito psicológico e social de fontes de resolução que as pessoas desenvolvem ao longo da vida, incluindo as atitudes positivas em relação a si mesmas, em relação aos outros e a uma efetiva habilidade de resolver problemas.

ESTILO DELEGANTE (*DEFERRING STYLE*)

No estilo delegante de *coping* religioso, a responsabilidade do *coping* é passivamente delegada à divindade e/ou a suas representações por aquele que crê, o que está relacionado a um grande senso de controle por Deus, por doutrinas fundamentalistas e ortodoxas e pela religiosidade extrínseca. A ênfase desse estilo de *coping* religioso é a dependência na autoridade externa, e as crenças são utilizadas como forma de tratar necessidades particulares.

Ao se comparar o estilo delegante de *coping* religioso com diferentes níveis de competência pessoal e social, percebeu-se, na maioria das pesquisas, que havia associação entre esse estilo e indicadores de empobrecimento de competências, revelando baixo senso de controle pessoal, baixa autoestima, menor capacidade de planejamento para a resolução de problemas e grande intolerância às diferenças entre as pessoas.

Entretanto, em outros estudos nos quais as pessoas envolvidas experimentavam situações de alta complexidade e baixo controle individual, o estilo delegante de *coping* religioso mostrou-se mais eficiente que qualquer outro, uma vez que o indivíduo, nesse caso, não perdia sua capacidade de ter esperança nem de ter suas forças de enfrentamento renovadas, pois reconhecia que não conseguia mais agir e, ao adotar a postura de se entregar e desistir do controle da situação, delegando-a para um ser onipotente e benigno, conseguia suportar e, em alguns casos, superar o alto grau de *stress* que vivia (Burger, 1989).

Em algumas pesquisas sobre o uso abusivo de álcool, o estilo de *coping* religioso que se mostrou mais eficaz na recuperação dos dependentes químicos foi o delegante (Harris e Spilka, 1990).

ESTILO COLABORATIVO (*COLLABORATIVE STYLE*)

No estilo colaborativo de *coping* religioso, o controle e o poder concedidos pela religião nos enfrentamentos do *stress* centralizam-se na relação entre o indivíduo e a divindade, em que o indivíduo se sente parceiro da divindade, o que torna a responsabilidade do *coping* uma experiência compartilhada entre a divindade e o indivíduo.

O estilo colaborativo de *coping* religioso é associado à grande frequência de orações e à religiosidade intrínseca, todos considerados indicadores de maior comprometimento e de uma forma mais relacional de religião.

Quando se analisam a associação dos resultados de competência e pesquisas de *coping* religioso, um padrão consistente emerge do estilo colaborativo de *coping* religioso. O sentimento compartilhado de poder e controle consubstanciado nessa abordagem parece tornar o estado da pessoa mais saudável mentalmente, com melhores resultados nas suas ações em relação às situações negativas e estressantes de seu viver.

Comparando o estilo colaborativo de *coping* religioso com diferentes graus de competência pessoal e social, percebe-se o quanto esse estilo parece melhorar a competência individual, uma vez que se associa a um grande senso pessoal de controle, a um baixo senso de controle de ocasião e a um alto grau de autoestima.

Em alguns estudos, o estilo colaborativo de *coping* religioso também foi associado com diminuição de sintomas e menor grau de ansiedade e, ainda que contribuísse para um alto grau de sentimento de culpa, também demonstrava, simultaneamente ao sentimento de culpa vivido, o conforto emocional proporcionado pela sensação da graça e do perdão dos pecados concedidos pela divindade (Mcintosh e Spilka, 1990; Schaefer e Gorsuch, 1991; Kaiser, 1991).

ESTILO AUTODIRETIVO (*SELF-DIRECTING STYLE*)

No estilo autodiretivo de *coping* religioso, há alto grau de envolvimento da pessoa com sua religião; entretanto, ela não depende da divindade, e sim dela mesma em seu processo de *coping*. Sendo assim, a responsabilidade do enfrentamento do *stress* é posta sobre o indivíduo, que, apesar de considerar a presença da divindade em sua vida, o percebe oferecendo a liberdade e os recursos para que o enfrente sozinho.

Ao se associar o estilo autodiretivo de *coping* religioso com distintos graus de competência pessoal e social, verificou-se que esse estilo está relacionado com um alto grau de senso pessoal de controle do viver e a um alto grau de autoestima. Nesse caso, as pessoas mostraram-se ainda proativas e autônomas nas soluções de seus problemas e em suas situações de *stress*.

Ainda que o estilo autodiretivo de *coping* religioso pareça fazer parte, de maneira geral, de uma forma competente de viver, viu-se em algumas pesquisas que esse estilo também se mostrou associado a resultados insuficientes em certos grupos, sobretudo nas situações em que havia na realidade pouco controle individual da situação vivida, nas quais talvez a melhor forma de se lidar com o infortúnio fosse delegar o controle da situação a uma força externa, capaz de dar suporte. Pareceu que a ausência da condição de entrega e de renúncia do controle acabava deixando a pessoa mais vulnerável.

Outras pesquisas associaram o estilo autodiretivo de *coping* religioso a resultados empobrecidos (Harris e Spilka, 1990).

Antes de mostramos a relação entre a participação na Terapia Sociocomunitária e as mudanças verificadas no etilo de *coping* de seus participantes, descreveremos, ainda que sucintamente, a proposta interventiva nela contida.

TERAPIA SOCIOCOMUNITÁRIA: ENQUADRE E AÇÃO PSICOTERAPÊUTICA

A Terapia Sociocomunitária é uma proposta psicoterapêutica grupal psicodramática criada por mim, que assim a nomeei por tê-la gestado e desenvolvido no seio de um Serviço de Apoio Psicológico de uma comunidade religiosa cristã evangélica batista.

O Serviço de Apoio Psicológico cede-nos uma sala de grupo no edifício onde se sedia a igreja para a realização da Terapia Sociocomunitária, cujas sessões ocorrem mensalmente, excetuando-se os meses de janeiro e julho, com duração média de 2 horas por encontro.

Senti-me inspirada a nomear essa intervenção de "terapia", e não de "psicoterapia", como a chamaria Moreno[5], apesar de ela funcionar dentro da proposta psicoterapêutica grupal, motivada pelo enquadre sociocomunitário que ela abarca. Os participantes da Terapia Sociocomunitária dela têm conhecimento e para ela acorrem a partir das redes informais de comunicação dos membros da igreja que nos abriga – a Igreja Batista da Liberdade – e de outras igrejas e denominações, evangélicas ou não.

As sessões de Terapia Sociocomunitária são abertas a quaisquer membros da comunidade geral que desejem tratar seus conflitos psicológicos e inter-relacionais. Por ter sido desenhada como uma ferramenta sociopsicológica, não há impedimento algum para a composição dos grupos com pessoas conhecidas, inclusive multifamílias, e é estimulado que pessoas conhecidas e seus conflitos possam ser protagonistas desses encontros com o objetivo de melhoria de suas inter-relações.

---

[5] Moreno (1993, p. 72) diferencia o termo "terapia de grupo" do termo "psicoterapia de grupo", pois considera os efeitos terapêuticos da primeira como subproduto de sua composição grupal, sem que haja o consentimento explícito dos participantes nem uma programação de tratamento por parte de seus coordenadores. Com o termo "psicoterapia de grupo", ele propõe como única meta a saúde emocional de seus membros, a partir de um planejamento terapêutico elaborado e desenvolvido por um especialista da saúde mental, que também seja especialista de grupos, e do esclarecimento e consentimento dos participantes de tal tratamento.

SEÇÃO V — PSICOLOGIA E RELIGIÕES

Como explicitado anteriormente, a Terapia Sociocomunitária segue o modelo de intervenção psicodramático grupal de Sessões Abertas de Psicoterapia Grupal, realizando-se no formato de "encontros únicos mensais", sem continuidade sequencial de conteúdos, ainda que as sessões ocorram com periodicidade constante ao longo do ano.

As sessões de Terapia Sociocomunitária sempre se iniciam com os conteúdos trazidos para aquela sessão, sem nenhuma conexão com os conteúdos do encontro anterior, incluindo-se nas novas sessões, além dos novos conteúdos, novos ou os mesmos participantes, diretores do encontro e arranjos de egos-auxiliares.

O procedimento metodológico da Terapia Sociocomunitária é o mesmo utilizado em toda intervenção psicodramática, ou seja, ocorre em três etapas: aquecimento, dramatização e comentários. Utiliza-se dos cincos instrumentos da sessão psicodramática, a saber: o diretor (psicoterapeuta principal que coordena a sessão), o ego-auxiliar ou os egos-auxiliares (psicoterapeutas de grupo na função de psicoterapeutas auxiliares), o palco psicodramático (espaço delimitado para a ação dramática), o protagonista (participante que é escolhido como emergente grupal) e o público (formado pelos participantes da sessão).

Há, contudo, uma especificidade no enquadre da Terapia Sociocomunitária que a distingue do modelo proposto por Moreno, bem como de outras propostas interventivas de Sessões Abertas de Psicoterapia. Trata-se da particularidade de utilizarmos de maneira sistemática, em cada sessão, na etapa da dramatização, a Técnica de Construção de Imagens criada pelo psicodramatista argentino Jaime Rojas-Bermudez (Rojas-Bermudez e Moyano, 2012; Kouri e Machado, 2008) em lugar da utilização da técnica clássica de dramatização em cenas, ainda que esta possa ser feita em algumas sessões, de maneira sequencial e complementar à primeira.

Na Técnica da Construção de Imagens (TCI), a imagem é construída "como se fosse uma escultura", utilizando-se, para sua confecção, de pessoas e/ou objetos presentes na sessão como forma de oferecer ao protagonista uma nova e melhor percepção de si mesmo a partir da maior compreensão de seus dilemas e possibilidades.

Com base no material apresentado pelo protagonista e recortado pelo diretor psicodramático na etapa do aquecimento, pede-se ao protagonista que construa uma imagem, no espaço do palco, desses conteúdos recortados pelo diretor, que se transformarão em partes da imagem e que serão representados a partir da utilização das pessoas que o protagonista escolher do público, inclusive selecionando alguém para representar a si mesmo.

O desenrolar de uma sessão de Terapia Sociocomunitária, em todas as suas etapas – aquecimento, dramatização e comentários –, estabelece um conjunto de cuidados e atenções no manejo dessas etapas para que o grupo como um todo, protagonista e público, beneficie-se com a experiência psicoterapêutica.

RELAÇÃO ENTRE A PARTICIPAÇÃO NA TERAPIA SOCIOCOMUNITÁRIA E MUDANÇAS NO ESTILO DE *COPING* RELIGIOSO/ESPIRITUAL

Quando iniciamos a pesquisa, que embasa este artigo, escolhemos como dimensão a ser investigada o estilo de *coping* religioso/espiritual dos participantes, e o que descobrimos nas entrevistas com os participantes da Terapia Sociocomunitária

foi que houve, na grande maioria dos casos, um processo de alteração no modo de *coping* religioso/espiritual empregado. Porém, para além dessa mudança, outra variação muito maior se apresentou, e revelou um processo de amadurecimento religioso auxiliado pela Terapia Sociocomunitária.

A forma de *coping* religioso/espiritual mais empregada pelos entrevistados, antes da participação na Terapia Sociocomunitária, era a forma delegante. E para a maioria dos entrevistados a migração ocorreu para o estilo colaborativo.

> Sobre o estilo de *coping*, eu vejo com a ajuda da terapia Sociocomunitária eu mudei para o estilo colaborativo. Minha mãe sempre pôs: "Não, tudo é de Deus. Tudo é de Deus". Não. Não é tudo de Deus. Foi até bom ela também participar dessa Terapia porque ela tinha aquele negócio: "Tudo é Deus." Não. Não é "tudo é Deus... Tem a nossa parte também, não é? Mas a terapia para mim foi bênção. Assim me deu mais autoconfiança. Eu tenho o poder de escolher".
> (Fontes, 2016, Entrevistada S. M.)
> Então para mim, ali, foi terapia mesmo. Eu acho que meu *coping* ficou colaborativo... Porque eu era muito assim, ah, Deus vai... Deus cuida de mim, não importa se eu estou fazendo muita coisa, mas Ele vai cuidar, Ele não vai deixar acontecer isso, aquela coisa, assim, não, Deus, eu usava o *coping* delegante... (Fontes, 2016, Entrevistada S. L.)

Associamos essas alterações na utilização de uma forma mais delegante para uma forma mais colaborativa de *coping* religioso/espiritual, ao desenvolvimento da autoconfiança pessoal, facilitada pelo auxílio da Terapia Sociocomunitária, que tem como um dos objetivos a ampliação perceptual dos participantes no tocante a si mesmos, às suas capacidades e limitações perante seus desafios pessoais.

Lembramos, contudo, que, para Pargament (1997), não há melhores ou piores formas de utilização do *coping* religioso, não se tratando, portanto, de se estabelecer aqui um julgamento de evolução nas mudanças verificadas nos entrevistados ao utilizarem mais o estilo colaborativo e autodiretivo de *coping* religioso/espiritual, após sua participação na Terapia Sociocomunitária. O que enfatizamos é que ocorreram mudanças.

Também articulamos conceitualmente que Pargament (1997) tampouco quis reduzir as abordagens de controle do *stress* unicamente aos três tipos de *coping* religioso por ele apontados; antes, o que ele buscou identificar foram as distintas maneiras pelas quais as pessoas integram (ou não) suas concepções do poder divino com a iniciativa humana, e isso se mostrou bem clarificado na narrativa dos entrevistados do nosso estudo, quando expressaram o quanto foram auxiliados, pela Terapia Sociocomunitária, em seu exercício integrador.

Pargament (1997) considera o problema da desintegração no processo de *coping* religioso, que ocorre quando as pessoas não integram suas concepções do poder divino com a iniciativa humana, como o maior dos danos que o *coping* religioso pode provocar, ao envolver crenças e práticas religiosas que impedem o indivíduo de atingir seus objetivos, sobretudo pelo afastamento da realidade que tal desintegração provoca.

Quando nos atemos ao estilo mais utilizado pelos envolvidos na pesquisa, antes do processo de auxílio da Terapia Sociocomunitária, a saber, o estilo delegante, verificamos que esse estilo, ao ser comparado com diferentes níveis de competência pessoal e social, evidenciou, na maioria dos casos, associação com certo empobrecimento de competências, revelando baixo senso de controle pessoal, baixa autoestima, menor capa-

306

cidade de planejamento para a resolução de problemas e grande intolerância às diferenças entre as pessoas.

> Antes eu era assim eu orava, orava, mas não agia, hoje não, eu oro, mas vou procurar agir, dentro da minha religiosidade, porque tudo não é só religião, é preciso agir, e eu mudei o que eu aprendi que era só entregar a Deus e não fazer mais nada, e eu ficava com medo de tomar as minhas decisões (Fontes, 2016, Entrevistada R. F. M.)

O estilo colaborativo de *coping* religioso, estilo que mais passou a ser utilizado pelos participantes da Terapia Sociocomunitária envolvidos na pesquisa, é associado a grande frequência de orações e religiosidade intrínseca, todos considerados indicadores de maior comprometimento e de uma forma mais relacional de religião.

> E depois da Terapia Sociocomunitária eu mudei de dentro, eu mudei muito, não tenho mais aquela religiosidade eu creio em Deus, faço minhas orações, eu moro sozinha, mas todos os dias eu faço minha devocional e sinto a presença de Deus. Antes eu fazia, mas era de forma rotineira, e agora não, é diferente, é mais sentida e procuro agir.... (Fontes, 2016, Entrevistada R. F. M.)

Quando se analisam a associação dos resultados de competência e as pesquisas de *coping* religioso, emerge um padrão consistente do estilo colaborativo. O sentimento compartilhado de poder e controle, consubstanciado nessa abordagem, parece tornar o estado da pessoa mais saudável mentalmente, com melhores resultados nas suas ações em face das situações negativas e estressantes de seu viver. E foi isso que também confirmamos em nossa pesquisa.

> Não é fácil, muitas vezes em momento até de maior tristeza, maior aflição, a tendência é ir para o primeiro estilo de **coping**, aquele que delega, "Senhor cuida, o Senhor sabe o que é melhor". E não é assim, e o tempo todo eu tenho que lembrar, o Senhor está no controle, mas eu preciso fazer a minha parte. (Fontes, 2016, Entrevistada A. G.)
> Estou com pouquíssimo recurso financeiro, tem uma previsão aí para frente, mas não para mexer agora, mas assim, amanhã vem e eu sei que o Senhor está comigo, e eu tenho uma segurança também na minha competência profissional, que eu sei que também é pela Graça porque tem tantos outros, iguais ou mais competentes do que eu, mas Ele não vai deixar faltar a Graça e não vai deixar faltar que venha o recurso para mim. Então aquele dia (na sessão de Terapia Sociocomunitária em que ela foi protagonista) foi importante para eu tomar realmente uma consciência desse esforço e manter a cabeça erguida e o peso nas costas, tenho que me abrir mais e pedir ajuda... Eu não sei se isso eu posso chamar de uma arrogância ou até de um orgulho, não conseguia pedir ajuda. (Fontes, 2016, Entrevistada A. G.)

Mas também verificamos, em outras pessoas envolvidas na pesquisa, a mudança do padrão do estilo delegante de *coping* religioso/espiritual, para o estilo mais autodiretivo.

> Isso, exatamente o de antes era bem delegante. E hoje, estou num estilo mais autodiretivo, não é? Eu estou decidindo e não fico esperando, não é? (Fontes, 2016, Entrevistada R. C.)
> Antes de fazer parte da Terapia Sociocomunitária eu já vinha percebendo, sem tanta consciência, que eu colocava a responsabilidade da resolução do meu *stress* todo em Deus... Eu sinto isso, me sinto mais segura de mim mesma, e sem

> tanta necessidade da resposta de Deus, e isso parece mais o *coping* autodiretivo mesmo. (Fontes, 2016, Entrevistada A. C.)

Com relação à migração do *coping* religioso delegante para o *coping* religioso autodiretivo, que se associa com distintos graus de competência pessoal e social, verificou-se que o estilo autodiretivo está relacionado com alto grau de senso pessoal de controle do viver e com alto grau de autoestima. Nesse caso, as pessoas mostraram-se ainda proativas e autônomas nas soluções de seus problemas e em suas situações de *stress*, fato também confirmado nesta pesquisa.

Verificamos, em outra situação de entrevista, a permanência na utilização de dois padrões simultâneos de *coping* religioso/espiritual e anteriores ao processo de ajuda, o estilo colaborativo e o autodiretivo, demonstrando-se que não houve alteração de estilos empregados, apesar da participação na Terapia Sociocomunitária.

> Bom, eu vou para a pergunta do *coping*, para mim uso a segunda forma, aquela que eu entrego, mas faço a minha parte. Isso, e também um pouco da terceira forma que uso a oração e se eu peço sabedoria a Deus eu penso que as decisões que eu tomo estão sendo aprovadas por ele uso a terceira forma, eu acho que então é as duas, nunca uma ou outra. Sim, já era uma característica minha, então não mudou, eu já tinha isso comigo. (Fontes, 2016, Entrevistada A. K.)

Entendemos, nesse caso, que as mudanças ocorridas na vida dessa participante, ocorreram mais em relação ao seu mundo pessoal e, sobretudo inter-relacional, que no religioso.

Porém, a grande transformação verificada no âmbito da transformação da religiosidade em nossa pesquisa ultrapassou a questão do estilo de *coping* religioso/espiritual e apareceu relacionada a um novo padrão religioso, em que surgiram elementos novos no tocante ao relacionamento pessoal e íntimo com Deus, e a um maior senso de liberdade religiosa, que se apresentou desde a expressão de sentimentos considerados "negativos" para um bom religioso até o poder frequentar templos de outras religiões.

Mas também encontramos nos estudos sobre *coping* religioso, de Pargament (1997), elementos que apontam par a conexão entre os estilos de *coping* religioso e a experiência religiosa mais ampla e que o *processo de coping será bem integrado quando as diversas partes* (pessoal, situacional e social) *operarem fluidamente entre si e com coordenação mútua. Se, ao contrário, houver desequilíbrio entre essas partes, o próprio processo de coping, como sistema, fracassará em seu intento.*

Podemos asseverar então que, para Pargament (1997), a questão de crenças e práticas religiosas, quando são ampliadas, que foi o que observamos na vida dos participantes da Terapia Sociocomunitária, também aponta para melhor coordenação e integração no sistema de *coping* dessas pessoas.

CONSIDERAÇÕES FINAIS

Nossa indagação inicial sobre que relação haveria entre a Terapia Sociocomunitária e as mudanças observadas na vida dos participantes e o quanto tais mudanças afetavam os seus estilos de *coping* religioso/espiritual pode ser respondida com a pesquisa que realizamos.

Constatamos que houve transformações tanto no estilo de *coping* dos participantes da Terapia Sociocomunitária envolvidos na pesquisa, que passaram a usar mais o estilo colaborativo de *coping* religioso, quanto no padrão de religiosidade deles, que

SEÇÃO V — PSICOLOGIA E RELIGIÕES

passou a incluir maior intimidade e liberdade com Deus e com as próprias práticas religiosas.

Associamos essas alterações na utilização de uma forma mais delegante para uma forma mais colaborativa de *coping* religioso/espiritual, ao desenvolvimento da autoconfiança pessoal, facilitada pelo auxílio das psicoterapias, que têm como um dos seus objetivos a ampliação perceptual dos participantes no tocante a si mesmos, suas capacidades e limitações diante dos seus desafios pessoais.

Lembramos, contudo, aquilo que já asseveramos anteriormente, que, para Pargament (1997), não há melhores ou piores formas de utilização do *coping* religioso, não se tratando, portanto, de se estabelecer aqui um julgamento de evolução nas mudanças verificadas nos clientes ao utilizarem mais o estilo colaborativo e autodiretivo de *coping* religioso/espiritual, após sua participação na Terapia Sociocomunitária. O que enfatizamos é que ocorreram mudanças.

E na medida em que essas mudanças ofereceram aos clientes melhoria em sua qualidade de vida e em seus relacionamentos, reforçamos nossa propositura para que o mundo espiritual e religioso dos clientes de psicoterapia possa ser integrado e tratado na dinâmica mediadora de transformações das psicoterapias.

REFERÊNCIAS BIBLIOGRÁFICAS

Berger, P. L. (1997). *O dossel sagrado: elementos para uma teoria sociológica da religião*. São Paulo: Paulus.

Burger, J. M. (1989). Negative reactions to increases in perceived personal control. *Journal of Personality and Social Psychology*, v. 56, p. 246-256.

Chalfant, H. P. et al. (1990). The clergy as a resource for those encountering psychological distress. *Review of Religious Research*, v. 31, p. 306-313.

Fontes, F. C. C. (2016). *A Terapia Sociocomunitária, coping religioso/espiritual e qualidade de vida: investigando relações* (tese). São Paulo: Programa de Estudos Pós-Graduados em Psicologia Social da Universidade de São Paulo.

Harris, N. A.; Spilka, B. (1990). *The sense of control and coping with alcoholism: a multidimensional approach*. Paper presented at the meeting of the Rocky Mountain Psychological Association. Tucson, AZ.

Kaiser, D. (1991). Religious problem-solving styles and guilt. *Journal for the Scientific Study of Religion*, v. 30, p. 94-98.

Koening, H. G. (2009). Research on religion, spirituality, and mental health: a review. *The Canadian Journal of Psychiatry*, v. 54, p. 283-291.

Kouri, J. S.; Machado, M. L. (2008). Imagem psicodramática e a técnica da construção de imagens. In: Fleury, H. J.; Kouri, J. S.; Hug, E. (Orgs.). *Psicodrama e Neurociências: contribuições para a mudança terapêutica*. São Paulo: Ágora.

Mcintosh, D. N.; Spilka, B. (1990). Religion and physical health: the role of personal faith and control. In: Lynn, M. L.; Moberg, D. O. (Eds.). *Research in the social scientific study of religion*. Greenwich, CT: Jay Press. v. 2, p. 167-194.

Moreno, J. L. (1993). *Psicoterapia de Grupo e Psicodrama*. São Paulo: Editorial Psy.

Pargament, K. I. (1997). *The psychology of religion and coping: theory, research, practice*. New York: The Guilford Press.

Pargament, K. I. et al. (1990). God help me: religious coping efforts as predictors of the outcomes to significant negative life events. *American Journal of Community Psychology*, v. 18, p. 793-824.

Rojas-Bermudez, J.; Moyano, G. (2012). Teoría y técnica de las imágenes sicodramáticas. In: Rojas-Bermudez, J. et al. *Actualizaciones en sicodrama: imagen y acción en la teoría y la práctica*. Culleredo: Edición Espiral Mayor.

Schaefer, C. A; Gorsuch, R. L. (1981). Psychological adjustment and religiousness: the multivariate belief-motivation theory of religiousness. *Journal for the Scientific Study of Religion*, v. 30, p. 448-461.

Veroff, J. et al. (1981). *Mental health in America: patterns of help seeking from 1957 to 1976*. New York: Basic Books.

Coping religioso/espiritual em crianças e adolescentes[1]

Miriam Raquel Wachholz Strelhow
Jorge Castellá Sarriera

Todos nós enfrentamos situações com as quais precisamos lidar e que, por vezes, são causadoras de estresse. Da mesma forma, isso acontece com adolescentes e crianças que vivenciam situações que exigem estratégias de enfrentamento. Em estudo recente feito no nordeste brasileiro, por exemplo, crianças e adolescentes citam diversos estressores que vivenciam com alta frequência e intensidade no cotidiano como: "estar doente; ter provas na escola; não poder utilizar computador, internet, *videogame* ou celular; terminar uma relação de namoro ou amizade; brigar com os irmãos, brigar com colegas na escola; ter de obedecer às ordens dos pais; não ter dinheiro para comprar o que quer; e não ter tempo para fazer o que gosta" (Abreu *et al.*, 2016, p. 09).

Cada vez que nos deparamos com situações de estresse, seja para lidar com fatos da vida cotidiana, seja para lidar com episódios pontuais que causam grande sofrimento, como luto ou doenças crônicas, precisamos recorrer a estratégias para enfrentar essas situações. O conjunto das estratégias utilizadas pelas pessoas para se adaptarem às circunstâncias adversas ou estressantes é denominado *coping* (Antoniazzi, Dell'Aglio e Bandeira, 1998). Quando essas estratégias estão relacionadas à fé religiosa/espiritual, denomina-se *coping* religioso/espiritual (Pargament, 1997). Embora *coping* possa ser traduzido por "enfrentamento", em geral, opta-se por manter a palavra em inglês, pois ela expressa melhor a complexidade do termo, além de facilitar a busca por informações acerca do tema (Antoniazzi, Dell'Aglio e Bandeira, 1998).

Este capítulo tem como objetivo abordar o *coping* religioso/espiritual na infância e adolescência, e está dividido em duas partes: inicialmente serão revisados alguns conceitos-chave para o entendimento do construto e revisados de forma breve alguns estudos publicados com crianças e adolescentes; na segunda parte será apresentado um estudo empírico de avaliação do uso de estratégias de *coping* religioso/espiritual em crianças e adolescentes gaúchos.

COPING RELIGIOSO/ESPIRITUAL

Muitas pessoas recorrem a sua fé religiosa/espiritual em momentos de dificuldade, fazendo uso de estratégias de *coping* religioso/espiritual. Por isso, diferentes áreas da psicologia referiram-se ao *coping* religioso/espiritual nas últimas décadas, como a psicologia cognitivo-comportamental, psicologia da religião, psicologia positiva e psicologia da saúde (Panzini e Bandeira, 2007). Estudos nessas áreas têm apontado relações entre o uso de estratégias de *coping* religioso/espiritual e diferentes aspectos psicológicos.

Um dos estudiosos que mais tem se dedicado ao tema é Kenneth Pargament (1997). Ele explica que a religião oferece às pessoas de todas as idades uma forma única para lidar com o estresse, auxiliando na busca por um significado dos eventos de vida, que podem ser interpretados em termos religiosos. No processo de *coping* religioso/espiritual, a pessoa recorre a suas crenças e comportamentos ligados à fé religiosa/espiritual para prevenir ou aliviar as consequências negativas de situações de vida, bem como para buscar resolução de problemas.

O uso de estratégias de *coping* religioso/espiritual vem sendo associado com consequências tanto para a saúde física como para a saúde mental. Mesmo quando outras variáveis são avaliadas e controladas, por exemplo, estratégias de *coping* que não sejam religiosas/espirituais, ainda assim o efeito do uso de *coping* religioso/espiritual se mantém (Pargament, 1997). Por isso, tem crescido o número de estudos de avaliação das estratégias de *coping* religioso/espiritual, bem como as iniciativas para desenvol-

---

[1] Este capítulo é derivado da dissertação de mestrado de Miriam Raquel Wachholz Strelhow, sob a supervisão de Jorge Castellá Sarriera, defendida em 2013, no Programa de Pós-Graduação em Psicologia da Universidade Federal do Rio Grande do Sul (UFRGS).

SEÇÃO V — PSICOLOGIA E RELIGIÕES

ver formas de trabalhar os recursos religiosos e espirituais para a promoção da saúde e bem-estar.

A maior parte das pesquisas existentes nesse tema foi realizada com populações adultas (Panzini e Bandeira, 2007; Pargament, Ano e Wachholtz, 2005). No Brasil, também já são encontrados estudos com adultos, especialmente a partir do trabalho pioneiro de Panzini (2004). A autora adaptou um instrumento de *coping* religioso/espiritual para o Brasil, impulsionando, assim, o desenvolvimento de estudos nesse campo. Porém, em geral, as pesquisas são realizadas com participantes que vivenciam algum comprometimento específico em sua saúde. Ainda, chama a atenção que há poucos estudos que abordam o *coping* religioso/espiritual na infância e adolescência.

ESTRATÉGIAS DE *COPING* RELIGIOSO/ ESPIRITUAL

O *coping* religioso/espiritual é considerado um processo complexo e multidimensional, pois engloba aspectos cognitivos, emocionais, comportamentais e interpessoais (Pargament, Ano e Wachholtz, 2005). Em termos de funções, identificam-se cinco pontos fundamentais: a busca por sentido ou propósito; a busca por controle das situações; a busca por conforto; a busca por intimidade e integração social; e a transformação da vida. Essas funções são englobadas por diferentes estratégias (Pargament, Ano e Wachholtz, 2005).

As estratégias de *coping* religioso/espiritual podem ser avaliadas individualmente ou agrupadas de acordo com a função que expressam (por exemplo, busca no apoio de Deus), ou ainda agrupadas em duas grandes categorias: *coping* religioso/espiritual positivo e *coping* religioso/espiritual negativo. Essa última, mais recentemente, também passou a ser denominada *religious struggle* ou *spiritual struggle*, referindo-se a conflitos ou tensões relacionadas à religiosidade ou espiritualidade (Abu-Raya, Pargament e Krause, 2016).

Em geral, os estudos que trabalham com a definição de *coping* em duas dimensões estão relacionados à avaliação dos resultados que as estratégias geram, como indicadores de saúde e aspectos psicológicos. Nesse sentido, estratégias que envolvem expressão de espiritualidade, segurança no relacionamento com Deus e conexão espiritual com outros são consideradas positivas, pois têm sido relacionadas a melhor saúde mental e bem-estar. Enquanto aquelas relacionadas a uma relação insegura com Deus, tensão entre membros de uma comunidade religiosa, visão pessimista do mundo e desconforto espiritual são consideradas negativas, pois têm sido relacionadas a pior saúde mental e pior bem-estar (Abu-Raya, Pargament e Krause, 2016; Panzini e Bandeira, 2007; Pargament, Ano e Wachholtz, 2005)[2].

Sabe-se que em geral as pessoas utilizam com maior frequência as estratégias de *coping* religioso/espiritual positivas, em relação às negativas. Porém, considerando que apenas as estratégias categorizadas como positivas não contemplam todos os métodos utilizados, bem como a implicação distinta que os dois tipos têm em relação à saúde e ao bem-estar das pessoas, é necessário que ambos sejam incluídos na avaliação do processo de *coping* religioso/espiritual.

COPING RELIGIOSO/ESPIRITUAL EM CRIANÇAS E ADOLESCENTES

Ao buscar por estudos sobre *coping* religioso/espiritual na infância e na adolescência, é identificado um número bastante menor de artigos publicados em comparação com a população adulta, e os que foram feitos em geral são com amostras pequenas e com populações clínicas (Benore, Pargament e Pendleton, 2008; Cotton, Grossoehm e McGrady, 2012; Pendleton *et al.*, 2002; Reynolds *et al.*, 2014). Entretanto, também já são encontrados estudos com populações não clínicas, demonstrando o uso de *coping* religioso/espiritual por crianças e adolescentes não só em situações de enfermidades, mas também para lidar com situações cotidianas (Noh *et al.*, 2015; Strelhow, Bedin e Sarriera, 2017).

Assim como nas pesquisas com adultos, os estudiosos do tema na infância e adolescência têm trabalhado com a definição de estratégias de *coping* religioso/espiritual positivas e negativas. Dentre os trabalhos já desenvolvidos, destaca-se o estudo de Pendleton *et al.* (2002), que, a partir de desenhos e entrevistas, exploraram o uso de estratégias de *coping* religioso/espiritual entre crianças com fibrose cística. Os autores identificaram baixo número de relatos de estratégias de *coping* negativo entre as crianças, assim como identificaram dois aspectos que diferiram da literatura dos adultos: as crianças descreveram estratégias declarativas de *coping*, que se referem a estratégias pelas quais a criança relata algo que vai acontecer e espera que Deus faça isso, automaticamente (por exemplo, se eu pedir para alguém ser melhor, Deus faz isso); e estratégias menos sofisticadas do que a dos adultos.

Um dos primeiros estudos identificados utilizando um instrumento de medida para avaliar *coping* religioso em crianças, é o de Benore, Pargament e Pendleton (2008). Os autores avaliaram a relação entre estratégias de *coping* religioso positivo e negativo e ajustamento entre crianças e adolescentes hospitalizados devido à asma. Como resultados, encontraram que o *coping* religioso explicou 50% da variância nas medidas de ajustamento, enquanto o uso de estratégias de *coping* negativo apareceu como preditor de pouco ajustamento à hospitalização, bem como de ansiedade.

Entre os estudos com adolescentes, já há maior uso de instrumentos de medida, o que possibilita melhor avaliação da relação do *coping* religioso/espiritual com outros aspectos psicológicos. Por exemplo, Reynolds *et al.* (2014) avaliaram o *coping* espiritual entre adolescentes com fibrose cística em um estudo longitudinal. Os autores identificaram o *coping* positivo como preditor de menor depressão, bem como de menor uso de *coping* negativo.

A partir dos estudos já realizados, sabe-se que crianças e adolescentes também fazem uso de estratégias de *coping* religioso/espiritual para buscar controle das situações de estresse por meio da sua fé, encontrar sentido nessas situações e buscar conforto diante delas. Da mesma forma, as pesquisas têm apontado para a relação do *coping* religioso/espiritual positivo com medidas de saúde e bem-estar, assim como o *coping* religioso/espiritual negativo relacionado a pior saúde e pior bem-estar.

ESTUDO DO *COPING* RELIGIOSO/ ESPIRITUAL ENTRE CRIANÇAS E ADOLESCENTES GAÚCHOS

As pesquisas citadas acima foram realizadas com crianças e adolescentes de outros países, em sua maior parte nos Estados

---

[2]   Para uma classificação com maiores especificações das estratégias de *coping* religioso espiritual, ver Panzini (2004) e Strelhow (2013)

Unidos. No Brasil, as investigações sobre a relação de aspectos de espiritualidade e religiosidade em relação à saúde física e mental têm avançado consideravelmente nas últimas décadas. Entretanto, ainda há uma lacuna em relação a estudos que investiguem essas temáticas na infância e adolescência. A seguir será apresentado um estudo que teve por objetivo avaliar o uso de estratégias de *coping* religioso em crianças gaúchas, identificando em quais situações essas estratégias são mais utilizadas. Além disso, verificaram-se as diferenças por sexo, idade e prática religiosa no uso de estratégias de *coping* religioso positivo e negativo.

Método

Participantes

Participaram do estudo 1.612 crianças e adolescentes, entre 8 e 13 anos, com média de idade de 10,20 anos ($DP = 1,47$). Os participantes eram alunos do 3º ao 7º ano e da 7ª série de escolas públicas (54,6%) e particulares (45,4%) da Região Metropolitana de Porto Alegre (62,3%) e de cidades do interior do Rio Grande do Sul: Santa Cruz do Sul (9,7%), Rio Grande (8,3%), Passo Fundo (14,3%) e Santa Maria (5,3%). A maioria dos participantes se declarou católica (51,9%) e afirmou considerar sua fé como muito importante (55,3%) ou importante (27,6%). Em relação à prática religiosa, 54,6% declararam média ou alta prática religiosa e 45,4%, nenhuma ou baixa prática.

Instrumentos

Os participantes responderam a algumas questões sociodemográficas (sexo, idade, cidade onde mora, religião), uma questão sobre o quanto importante considera a sua fé religiosa e a questões relacionadas à prática religiosa (participação em reuniões religiosas regulares e aulas de educação religiosa; lê, assiste ou escuta material religioso; participa de conversas relacionadas à religião; escuta histórias da religião; e ora ou reza). Às respostas dos participantes a esses itens foram computadas em um único índice de prática religiosa ($\alpha = 0,82$).

Os participantes responderam também a Escala de *Coping* Religioso para Crianças (CRC), traduzida e adaptada para o Brasil (Strelhow, Bedin e Sarriera, 2017). O instrumento original (Dupre, 2008) é composto por 32 itens, representando as dimensões de *coping* religioso positivo e negativo. O estudo de adaptação para o Brasil encontrou adequadas propriedades psicométricas do instrumento ($\alpha = 0,90$), mantendo 28 itens, nas duas dimensões. A dimensão *Coping* Religioso Positivo ($\alpha = 0,91$) é composta por 17 itens e pode ser avaliada em três fatores: Crença no suporte de Deus, Busca pela instituição religiosa e Intercessão. E a dimensão de *Coping* Religioso Negativo ($\alpha = 0,80$) é composta por 11 itens, também podendo ser avaliada em três fatores: Descontentamento com Deus ou outros, Reavaliação negativa do significado e Reavaliação de punição. O instrumento é respondido de acordo com a frequência com que utilizaram as estratégias de *coping* descritas, em uma escala de nunca (0) a quase sempre (4).

Procedimentos de coleta de dados

A coleta de dados foi realizada em escolas da rede pública e da rede particular da Região Metropolitana de Porto Alegre, bem como de cidades do interior do estado do Rio Grande do Sul (Santa Cruz do Sul, Santa Maria, Passo Fundo e Rio Grande). As escolas foram selecionadas de acordo com os critérios de oferecerem ensino fundamental, levando-se em conta um equilíbrio entre escolas públicas e particulares em cada cidade participante. Foi solicitado às escolas que indicassem para participar da pesquisa as turmas de alunos com a média de idade de 8 a 12 anos. Somente responderam à pesquisa os alunos que aceitaram participar de forma voluntária e que retornaram o Termo de Consentimento Livre e Esclarecido assinado pelo responsável.

Todas as aplicações foram realizadas nas salas de aula, em grupo, sob a condução de dois pesquisadores, com duração aproximada de 45 minutos. Para as turmas de 3º ano, em que estavam as crianças de 8 anos, um dos pesquisadores responsáveis pela aplicação leu as questões em voz alta com as crianças para facilitar a compreensão. Nas demais turmas, o pesquisador deu as instruções iniciais e as crianças realizaram sozinhas a leitura do questionário.

Análise de dados

Primeiramente foram realizadas análises descritivas, com o objetivo de descrever as estratégias de *coping* religioso utilizadas pelas crianças e adolescentes e os índices de *coping* religioso positivo e negativo, bem como as situações nas quais os participantes relataram utilizar as estratégias de *coping* religioso. Também foram realizadas ANOVAS (Análises Univariadas de Variância) para verificar possíveis diferenças considerando sexo, idade e prática religiosa.

Procedimentos éticos

Em todas as etapas da pesquisa foram respeitados os procedimentos éticos de acordo com os Critérios de Ética na Pesquisa com Seres Humanos, conforme Resolução nº 196/96, do Conselho Nacional de Saúde. Somente participaram da pesquisa as crianças que aceitaram voluntariamente participar e que entregaram o Termo de Consentimento Livre e Esclarecido assinado por seus responsáveis. O projeto de pesquisa foi aprovado pelo Comitê de Ética em Pesquisa do Instituto de Psicologia da UFRGS e está registrado na Plataforma Brasil sob o nº 00674612.6.0000.5334.

Resultados

Estratégias de coping religioso/espiritual

Os escores de *coping* negativo e de *coping* positivo, bem como para cada um dos fatores que compõe as dimensões, foram calculados a partir da média dos itens respondidos para cada subescala. As crianças reportaram uso moderado de estratégias de *coping* religioso positivo ($M = 2,40$; $DP = 0,86$) e baixo uso de estratégias de *coping* religioso negativo ($M = 1,07$; $DP = 0,75$). Identifica-se na Tabela 39.1 que as estratégias de *coping* religioso positivo mais utilizadas pelas crianças foram "Eu penso que Deus está sempre comigo", "Penso muito em Deus" e "Penso que Deus vai me ajudar a superar isso". Os três itens pertencem ao fator de Crença no suporte de Deus, que, entre os fatores, foi o que obteve a média mais alta. A estratégia de *coping* religioso positivo menos utilizada pelas crianças foi "Eu converso com o líder da minha religião (por exemplo, pastor/padre/rabino)", seguida pela estratégia "Eu leio o livro sagrado da minha religião (por exemplo, a Bíblia)".

SEÇÃO V — PSICOLOGIA E RELIGIÕES

Tabela 39.1. Média de respostas para as estratégias de *coping* **religioso positivas**

Quando eu me deparo com um problema... (N = 1.612)	Média	Desvio-padrão
Coping **Religioso Positivo**		
Crença no suporte de Deus	**2,74**	**0,86**
Eu penso que Deus está sempre comigo.	3,16	0,98
Eu penso muito em Deus.	3,05	1,06
Penso que Deus vai me ajudar a superar isso.	2,97	1,11
Eu tento ver como Deus pode estar me tornando uma pessoa melhor.	2,84	1,17
Eu agradeço a Deus pelo problema não ser pior.	2,80	1,17
Eu digo para Deus para me ajudar e Ele faz isso.	2,77	1,16
Eu tento conhecer Deus melhor.	2,68	1,26
Eu peço para que Deus me ajude a entender isso.	2,66	1,21
Eu rezo/oro para Deus afastar meus problemas.	2,66	1,26
Penso no que a minha fé diz sobre resolver problemas.	2,36	1,33
Eu falo com Deus e Ele me diz como me sentir melhor.	2,20	1,44
Intercessão	**2,05**	**1,08**
Eu rezo/oro para não morrer.	2,31	1,48
Penso que minha família e meus amigos estão rezando/orando por mim.	2,24	1,36
Eu peço para outras pessoas rezarem/orarem por mim.	1,61	1,42
Busca pela instituição religiosa	**1,52**	**1,17**
Eu vou a Igreja/Templo/Sinagoga.	1,71	1,45
Eu leio o livro sagrado da minha religião (por exemplo, a Bíblia)	1,56	1,42
Eu converso com o líder da minha religião (por exemplo, pastor/padre/rabino)	1,28	1,41

Em relação às estratégias de *coping* religioso negativo (Tabela 39.2), a estratégia mais apontada pelas crianças foi "Eu me pergunto por que Deus deixa isso acontecer comigo", seguida por "Eu digo a mim mesmo(a) que Deus tentou me ajudar, mas não funcionou". Ambas as estratégias se referem a uma reavaliação negativa do significado para a situação, que foi o fator de *coping* negativo em que as crianças obtiveram maior pontuação. A estratégia de *coping* religioso negativo menos utilizada pelas crianças foi "Eu fico brabo com Deus", seguida por "Eu penso que Deus não me ama".

Situações de estresse no qual as crianças indicaram fazer uso de estratégias de *coping* religioso

No presente estudo, optou-se por solicitar às crianças que indicassem em qual ou quais situações recorriam às estratégias indicadas, após marcarem a frequência com que utilizavam as estratégias de *coping*. Entre os participantes, 1.352 (83,87%) indicaram uma ou mais situações vivenciadas e 260 (16,13%) não

indicaram (18 não responderam e os demais apontaram como resposta as opções "não sei" ou "nenhuma", conforme a Tabela 39.3). Dos que indicaram a situação, 667 (41,4%) indicaram apenas uma e os demais indicaram duas ou mais situações. As respostas mais apontadas foram as situações que envolvem erros, dúvidas e notas escolares, conforme descrito na Tabela 39.3.

Tabela 39.2. Média de respostas para as estratégias de *coping* **religioso negativas**

Quando eu me deparo com um problema... (N = 1.612)	Média	Desvio-padrão
Coping **Religioso Negativo**		
Reavaliação negativa do significado	**1,70**	**1,09**
Eu me pergunto por que Deus deixa isso acontecer comigo.	2,14	1,45
Eu digo a mim mesmo(a) que Deus tentou me ajudar, mas não funcionou.	1,73	1,44
Eu me pergunto se Deus está com raiva de mim.	1,23	1,42
Reavaliação de punição	**1,09**	**1,01**
Eu penso que o mal (por exemplo, o diabo) fez isso para mim.	1,20	1,44
Eu penso que Deus fez isso porque eu fui uma pessoa má.	1,18	1,31
Eu penso que talvez Deus esteja me punindo.	0,88	1,25
Descontentamento com Deus ou outros	**0,69**	**0,83**
Eu penso que Deus não pode me ajudar.	0,94	1,32
Penso que as pessoas na Igreja/Templo/Sinagoga me culpam por isso.	0,71	1,25
Eu deixo de acreditar em Deus.	0,64	1,26
Eu penso que Deus não me ama.	0,60	1,15
Eu fico brabo com Deus.	0,55	1,09

Tabela 39.3. Frequência de respostas para as situações de estresse vivenciadas

Situação	Frequência (n)	Frequência (%)
Errar	446	27,7
Dúvida	447	27,7
Notas escolares	423	26,2
Conseguir algo importante	412	25,6
Medo	398	24,7
Briga	235	14,6
Morte	192	11,9
Doença	171	10,6
Nenhuma	150	9,3
Outra situação	134	8,4
Não sei	92	5,7

Como complementação a essa questão, perguntou-se à criança a qual pessoa se referia a situação indicada por ela. Foram dadas como opções de respostas "comigo mesmo", "família", "amigos" e "professor". Do total, 1.059 (65,7%) crianças responderam apenas uma das opções e 424 (26,3%) responderam duas ou mais opções. As respostas indicaram que 55,5% dos participantes pensaram em situações "consigo mesmo", 37% com a "família", 28,7% com "amigos" e 12,3% com "professor". A questão trazia, ainda, a opção de "outras pessoas", na qual a criança poderia mencionar alguém específico. Nessa opção, 54 crianças escreveram por extenso sua resposta, das quais 14 se referiam a membros da família, quatro a si mesmos e três a amigos, ou seja, apontaram as mesmas opções que já estavam disponíveis para serem assinaladas no instrumento. Adicionalmente, quatro crianças mencionaram "Deus" (crianças que já haviam dito estarem pensando em Deus ao descreverem a situação de estresse), sete escreveram "pessoas queridas" ou "conhecidas", nove, "todos", nove, "ninguém", duas, "animais de estimação", uma, "vizinhos" e outra, "outras pessoas".

Diferenças por sexo, idade e prática religiosa no uso de estratégias de *coping* religioso

Para verificar se houve efeito das variáveis sexo, idade e prática religiosa no uso de estratégias de *coping* religioso, tanto positivas como negativas, foram realizadas ANOVAs de três fatores independentes. Não foram encontradas diferenças significativas por sexo no uso de estratégias de *coping* religioso, tanto positivas (meninas com $M = 2,35$; $DP = 0,03$; meninos com $M = 2,31$, $DP = 0,03$; $F(1, 1603) = 1,25$; $p = 0,263$) quanto negativas (meninas com $M = 1,04$; $DP = 0,03$; meninos com $M = 1,10$; $DP = 0,03$; $F(1, 1603) = 1,84$; $p = 0,175$).

Já em relação à idade, a análise apontou diferenças estatisticamente significativas no uso das estratégias de *coping* positivo, $F(2, 1603) = 41,10$; $p < 0,001$, a partir da divisão em três grupos: grupo 1, 8 e 9 anos ($M = 2,55$; $DP = 0,03$); grupo 2, 10 e 11 anos ($M = 2,38$; $DP = 0,03$); e grupo 3, 12 e 13 anos ($M = 2,08$; $DP = 0,04$). A partir do teste *post-hoc* Bonferroni, foi possível identificar diferenças significativas entre os três grupos: grupos 1 e 2 ($p < 0,05$), grupos 1 e 3 ($p < 0,001$) e entre os grupos 2 e 3 ($p < 0,001$), indicando que conforme a idade aumenta, diminui o uso de estratégias de *coping* religioso positivo. Já em relação ao uso de estratégias de *coping* negativo, não foram encontradas diferenças significativas entre os grupos, $F(2, 1603) = 0,749$; $p = 0,47$, e o grupo 1 apresentou média de 1,10 ($DP = 0,03$), o grupo 2, média de 1,06 ($DP = 0,03$) e o grupo 3, média de 1,05 ($DP = 0,04$).

Foram avaliadas ainda possíveis diferenças no uso das estratégias de *coping* religioso a partir da variável Prática Religiosa. Os participantes foram divididos em dois grupos: grupo 1 de nenhuma ou baixa prática religiosa e o grupo 2 de média ou alta prática. As análises indicaram diferenças significativas no uso de *coping* religioso positivo, $F(1, 1603) = 416,34$; $p < 0,001$, e o grupo 1 obteve média de 1,94 ($DP = 0,03$) e o grupo 2, média de 2,73 ($DP = 0,03$). Também foi encontrada diferença significativa em relação ao *coping* religioso negativo, $F(1, 1603) = 13,860$, $p < 0,001$, sendo as médias: grupo 1 ($M = 1,00$; $DP = 0,03$) e grupo 2 ($M = 1,15$; $DP = 0,03$). Não foram encontrados efeitos de interação entre as três variáveis avaliadas em relação ao uso de estratégias de *coping* religioso.

Discussão

Uso de estratégias de coping religioso

Os resultados indicam que as crianças utilizam estratégias de *coping* religioso positivas e negativas para lidar com diferentes situações de suas vidas. Apontam, ainda, para o uso mais frequente de estratégias positivas do que negativas, conclusão que está em linha com os achados da literatura empírica (Benore, Pargament e Pendleton, 2008; Pendleton *et al.*, 2002).

As estratégias positivas mais utilizadas têm em comum a crença no apoio e na proteção de Deus, e em suas orações de petição pela assistência de Deus no controle da situação estressora. As menos utilizadas estão relacionadas à busca de ajuda do líder religioso e a respostas de rituais religiosos (por exemplo, ir à igreja). Tanto a tendência das crianças a se voltarem mais para as estratégias que refletem uma relação positiva e segura com Deus e com a fé quanto as estratégias menos utilizadas correspondem a resultados semelhantes em estudos internacionais. Por exemplo, no estudo de Benore, Pargament e Pendleton (2008), as estratégias mais utilizadas pelas crianças foram "eu penso que Deus está cuidando de mim", "eu penso que Deus vai me ajudar a superar isso" e "eu penso que Deus está sempre comigo". E as menos utilizadas também se referiram a falar com um ministro e a recorrer aos rituais religiosos (ir à igreja e ler a Bíblia).

Ainda sobre as estratégias positivas menos utilizadas pelas crianças (falar com um ministro religioso e recorrer aos rituais religiosos), são estratégias que aparecem com maior frequência em estudos com adultos (Panzini, 2004). Pendleton *et al.* (2002) afirmam que, embora muitas crianças relatem utilizar um conjunto de comportamentos ritualísticos relacionados à sua religião, incluindo a frequência à igreja, apenas algumas mencionam se voltar para esses rituais em resposta à situação de estresse.

As estratégias negativas mais comuns entre as crianças referem-se à reavaliação do significado da situação de forma negativa, com menor relato em relação ao desapontamento com Deus. A imagem positiva que as crianças trazem em relação à proteção e ao amparo de Deus também é relatada por outros autores. Por exemplo, no estudo de Pendleton *et al.* (2002), as crianças entrevistadas relataram uma imagem de Deus amoroso e auxiliador, além de um senso de conforto e cuidado em sua comunidade de fé. Os autores afirmam que o tema do apoio de Deus é muito comum na percepção das crianças das imagens de Deus, das qualidades da personalidade de Deus, da sua relação com Deus, do local de Deus, da importância de Deus e dos meios que Deus usa para apoiá-las quando precisam.

Situações de estresse sugeridas pelas crianças

Ao analisar as situações de estresse indicadas pelas crianças, percebe-se que, em geral, elas afirmaram utilizar as estratégias de *coping* em mais de uma situação específica de suas vidas. As respostas mais apontadas foram situações que envolvem erros, dúvidas e notas escolares, indicando que essas são as situações de estresse mais comuns vivenciadas por essas crianças. Algumas das estratégias apontadas no presente estudo também foram referidas em estudo anterior que avaliou estressores entre crianças e adolescentes do nordeste brasileiro (Abreu *et al.*, 2016).

A literatura aponta que, em geral, as pessoas utilizam mais as estratégias de *coping* religioso em situações extremas, como em casos de doenças ou morte, ou seja, em situações em que geralmente se veem impotentes, sem controle da situação. Por exemplo, no estudo realizado por Panzini (2004), a autora identificou que as situações indicadas pelos participantes adultos como sendo aquelas em que eles mais utilizavam estratégias de *coping* religioso referiam-se a problemas de saúde, como doenças (22,46%) e morte (10,31%), e problemas relacionados à família (15,96%).

Pode-se imaginar que essas não sejam as situações mais comumente vivenciadas pelas crianças participantes desse estudo e, por isso, tenham sido menos apontadas. Pode-se entender também que, para essas crianças, é necessário recorrer a algumas estratégias religiosas quando, por exemplo, erram, estão em dúvida ou têm problemas com notas na escola, o que pode indicar que consideram essas situações como estando fora de seu controle.

Diferenças nas variáveis analisadas

As diferenças por sexo e idade não foram exploradas nos demais estudos sobre *coping* religioso/espiritual com crianças e adolescentes que foram identificados na literatura, não sendo possível, portanto, comparar resultados. No presente estudo, observam-se diferenças em relação à idade no uso de estratégias de *coping* religioso positivo, com tendência à diminuição de sua utilização à medida que aumenta a idade. Sabe-se que, com o aumento da idade, vai também aumentando o repertório de estratégias de *coping*, com maior possibilidade de diferentes tipos de estratégias, entretanto, para compreensão mais aprofundada das mudanças que ocorrem em relação ao uso do *coping* religioso/espiritual, é importante que novos estudos sejam realizados.

Em relação às diferenças encontradas nos dois grupos de prática religiosa, o achado reforça o que a literatura diz, que há maior uso de *coping* religioso por parte das pessoas para as quais as crenças religiosa/espirituais já fazem parte do seu dia a dia, do seu sistema de orientação (Pargament, 1997). Entretanto, ressalta-se que também crianças e adolescentes que não possuem prática religiosa, em momentos de dificuldade, podem fazer uso de estratégias de *coping* religioso/espiritual, como, por exemplo, relatado no estudo de Pendleton *et al.* (2002).

CONSIDERAÇÕES FINAIS

A proposta desse capítulo foi abordar o *coping* religioso/espiritual na infância e adolescência, trazendo tanto alguns aspectos conceituais como um estudo empírico realizado com crianças e adolescentes do Rio Grande do Sul. Já há algumas décadas, especialmente no âmbito internacional, estudos têm mostrado que a religiosidade e a espiritualidade propiciam diferentes estratégias de pensamentos e comportamentos nas quais as pessoas se engajam ao lidar com situações de estresse. Também que esse engajamento demonstra relações com o bem-estar, a qualidade de vida e a saúde. Dessa forma, o *coping* religioso/espiritual vem sendo incluído em processos de intervenção nas áreas de aconselhamento, clínica e saúde. Aqui no Brasil, na última década o tema ganhou espaço, e estudos também têm mostrado a relação do uso de estratégias de *coping* religioso com a saúde e o bem-estar.

O *coping* religioso/espiritual na infância e na adolescência, entretanto, é um campo mais recente, carecendo de estudos e atenção também por parte de profissionais que atuam com crianças e adolescentes. A partir do estudo empírico aqui apresentado, observa-se que os participantes indicaram uso moderado de estratégias positivas e baixo uso de estratégias negativas para lidar com diferentes situações de suas vidas. Ressalta-se que, embora, assim como em diversos estudos realizados na área, haja relato de uso menos frequente das estratégias de *coping* religioso negativo, essas também devem ser estudadas, pois têm apresentado implicações próprias relacionadas à saúde.

Ressalta-se que ainda há algumas limitações nesse campo de estudo, como o fato de a maioria dos estudos que se tem ter sido realizada nos Estados Unidos, com população judaico-cristã adulta. Além disso, em geral os estudos apresentam caráter transversal e são realizados com amostras pequenas e clínicas, com algum comprometimento na saúde.

Muitos desafios podem ser lançados nessa temática, como a necessidade de desenvolvimento de estudos qualitativos para a maior compreensão do processo de *coping* religioso/espiritual na população brasileira, especialmente entre crianças e adolescentes. Estudos longitudinais favoreceriam a investigação das relações entre o uso dessas estratégias e resultados na saúde e bem-estar. Ainda a ampliação da investigação tanto em situações clínicas pontuais como no enfrentamento de doenças crônicas, bem como com a população em geral. A pesquisa apresentada é um estudo inicial, que trouxe algumas informações descritivas. Estas podem indicar caminhos para novas pesquisas, assim como para chamar a atenção de profissionais para esse tema ainda pouco olhado pela Psicologia.

REFERÊNCIAS BIBLIOGRÁFICAS

Abreu, D. P. et al. (2016). Psychosocial stressors, sense of community, and subjective wellbeing in children and adolescents in urban and rural areas in Northeast Brazil. *Cadernos de Saúde Pública*, v. 32, n. 9, p. e00126815.

Abu-Raya, H.; Pargament, K. I; Krause, N. (2016). Religion as problem, religion as solution: religious buffers of the links between religious/spiritual struggles and well-being/mental health. *Quality of life research*, v. 25, p. 1265-1274.

Antoniazzi, A. S.; Dell'Aglio, D. D.; Bandeira, D. R. (1998). O conceito de coping: uma revisão teórica. *Estudos de Psicologia (Natal)*, v. 3, n. 2, p. 273-294.

Benore, E.; Pargament, K. I.; Pendleton, S. (2008). An initial examination of religious coping in children with asthma. *International Journal for the Psychology of Religion*, v. 18, n. 4, p. 267-290.

Cotton, S.; Grossoehm, D.; McGrady, M. E. (2012). Religious coping and the use of prayer in children with sickle cell disease. *Pediatric Blood & Cancer*, v. 58, n. 2, p. 244-249.

Dupre, E. P. (2008). *The impact of religious forms of coping for low-income African American middle school children* (doctoral dissertation). Disponível em: ProQuest Dissertations and Theses database (UMI No. 3332365).

Noh, H. et al. (2015). Suppressor effects of positive and negative religious coping on academic burnout among Korean middle school students. *Journal of Religion and Health*, v. 55, n. 1, p. 135-146.

Panzini, R. G. (2004). *Escala de Coping Religioso-Espiritual (Escala CRE): tradução, adaptação e validação da Escala RCOPE, abordando relações com saúde e qualidade de vida* (dissertação). Porto Alegre: Universidade Federal do Rio Grande do Sul.

Panzini, R. G.; Bandeira, D. R. (2007). Coping (enfrentamento) religioso/espiritual. *Revista Psiquiatria Clínica*, v. 34, supl. 1, p. 126-135.

Pargament, K. I. (1997). *The psychology of religion and coping: theory, research and practice*. New York: Guilford Press.

Pargament, K. I.; Ano, G. G.; Wachholtz, A. B. (2005). The religious dimension of coping: advances in theory, research, and practice. In: Paloutzian, R. F.; Park, C. L. (Eds.). *Handbook of the psychology of religion and spirituality*. New York: Guilford Press. p. 479-495.

Pendleton, S. M. et al. (2002). Religious/spiritual coping in childhood cystic fibrosis: a qualitative study. *Pediatrics*, v. 109, n. 1, p. E8.

Reynolds, N. et al. (2014). Spiritual coping and adjustment in adolescents with chronic illness: a 2-year prospective study. *Journal of Pediatric Psychology*, v. 39, n. 5, p. 542-551.

Strelhow, M. R. W.; Bedin, L. M.; Sarriera, J. C. (2017). Children's Religious Coping Scale: adaptation and psychometric properties. *Paideia*, v. 27, n. 66, p. 107-116.

LEITURAS RECOMENDADAS

Dell'Áglio, D. D. (2003). O processo de coping em crianças e adolescentes: adaptação e desenvolvimento. *Temas em Psicologia da SBP*, v. 11, n. 1, p. 38-45.

Sarriera, J. C. et al. (2014). *Bem-estar na infância e fatores psicossociais associados*. Porto Alegre: Editora Concórdia. Disponível em: https://www.ufrgs.br/gppc/wp-content/uploads/2013/09/Informe-Bem-estar-Infantil.pdf. Acesso em: 10 jan. 2018.

Strelhow, M. R. W. (2013). *Bem-estar pessoal e coping religioso em crianças* (dissertação). Disponível em: http://hdl.handle.net/10183/80121. Acesso em: 10 jan. 2018.

Strelhow, M. R. W.; Henz, K. G. (2017). Spirituality and religiosity related to the well-being of children and adolescents: a theoretical and empirical approach. In: Sarriera, J. C.; Bedin, L. M. (Eds.). *Psychosocial well-being of children and adolescents in Latin America: Evidence-based interventions*. Springer.

40

Psicologia e religiosidade/ espiritualidade: contribuições do Modelo Psicobiológico de temperamento e caráter

Letícia O. Alminhana

INTRODUÇÃO

O presente capítulo pretende debater as questões relacionadas à religiosidade/espiritualidade e psicologia por meio de um dos modelos de personalidade mais utilizados no mundo todo: o Modelo Psicobiológico de Temperamento e Caráter. Esse modelo constitui um instrumento teórico-prático de grande valor para a psicologia clínica como um todo e foi desenvolvido pelo psiquiatra e geneticista da Universidade de Washington, em St. Louis, EUA, Dr. Robert Cloninger. O autor apresenta os fundamentos para a construção do Modelo Psicobiológico em seu livro: *Feeling Good: the science of well-being* (Cloninger, 2004). Três contribuições fundamentais desse modelo são:

1. Conceber a personalidade como a consequência da interação entre características hereditárias e adquiridas (modelo epigenético de personalidade);

2. Observar a complexidade das diferentes combinações de fatores, apontando, objetivamente para níveis de maturidade desenvolvidos ao longo da vida;

3. Ser o único modelo de personalidade que inclui a espiritualidade como uma de suas dimensões e relacioná-la a bem-estar e maturidade (Alminhana e Moreira-Almeida, 2009; Cloninger, Svrakic e Przybeck, 1993).

A fim de compreender o papel da Autotranscendência em todo o Modelo Psicobiológico e as relações entre esta e saúde mental, inicialmente será realizada uma breve apresentação das dimensões de Temperamento e Caráter. Em seguida, aprofundaremos a compreensão da Autotranscendência e de seu papel no desenvolvimento humano. Por fim, vamos observar a problemática associada à natureza dual da Autotranscendência, em que pode haver saúde ou psicopatologia de acordo com o grau de maturidade da personalidade como um todo.

APRESENTANDO O MODELO PSICOBIOLÓGICO DE TEMPERAMENTO E CARÁTER

O Modelo Psicobiológico reconhece que a personalidade possui uma base hereditária, identificada como "Temperamento". Ao mesmo tempo, fatores epigenéticos associados ao meio, à identidade sociocultural e a modelos parentais são identificados como "Caráter". De acordo com Cloninger, o Temperamento oferece a base, os dispositivos automáticos e inconscientes da personalidade. Por outro lado, o Caráter traduz, contextualiza e dá sentido para a base adquirida. Sendo esse uma construção social, aprendida, consciente, apresenta maior variabilidade se comparado ao Temperamento (Cloninger, 2004; Cloninger, Svrakic e Przybeck, 1993).

As bases neurogenéticas, associadas às respostas automáticas que vêm à tona a partir de estímulos emocionais simples, configuram o Temperamento. Padrões habituais de respostas, tais como medo, raiva e aversão, são característicos desse aspecto da personalidade (Cloninger, 2004). Assim, diferenças individuais do Temperamento, em termos de resposta à novidade, ao perigo ou à punição e à recompensa, foram denominadas respectivamente: Busca por Novidade; Evitação de Danos e Dependência de Recompensa. A Persistência foi somada às outras três dimensões de Temperamento, pois se mostrou um fator diferente de Dependência de Recompensa. Logo, as quatro dimensões do Temperamento são:

- **Busca por Novidade** – Sistema comportamental de ativação: Busca por Novidade seria a tendência hereditária de ativar ou iniciar atividades exploratórias em resposta ao novo; à tomada de decisões de forma impulsiva; extravagância ao entrar em contato com estímulos de recompensa; rápida perda de paciência e grande evitação de frustração (Cloninger, 2004; Cloninger, Svrakic e Przybeck , 1993);

SEÇÃO V — PSICOLOGIA E RELIGIÕES

- **Evitação de Danos** – Sistema comportamental de inibição: Esquiva de Danos é a tendência hereditária de inibir ou de cessar comportamentos perante sinais de estímulos aversivos, no intuito de evitar punição. Está relacionada à preocupação antecipatória pessimista, comportamentos de esquiva passiva, tais como medo da incerteza; timidez na presença de pessoas estranhas; e rápida fatigabilidade, frustração (Cloninger, 2004; Cloninger, Svrakic e Przybeck, 1993);

- **Dependência de Recompensa** – Sistema comportamental de dependência: A Dependência de Recompensa é vista como a tendência hereditária em manter comportamentos em curso e é manifestada como sentimentalidade; apego social e dependência da aprovação dos outros (Cloninger, Svrakic e Przybeck, 1993);

- **Persistência** – Sistema comportamental de persistência: A Persistência está ligada à tendência hereditária a perseverar a despeito da frustração e da fadiga, o que não apresentava correlação com as características da Dependência de Recompensa. Indivíduos persistentes são impacientes e determinados, e possuem inteligência acima da média (Cloninger, Svrakic e Przybeck, 1993).

Uma série de estudos tem mostrado associações entre Temperamento e atividades reguladoras cerebrais com sistemas de neurotransmissores. Por exemplo, Busca por Novidade está associada à produção de dopamina, Evitação de Danos, à serotonina e Dependência de Recompensa, à noradrenalina (Gillespie *et al.*, 2003).

Contudo, apesar dos avanços alcançados no estudo e desenvolvimento das dimensões do Temperamento, Cloninger relata que não conseguia distinguir pessoas saudáveis de seus pacientes com transtornos mentais, somente por meio delas. De fato, o que ocorria era que as dimensões de temperamento eram estáveis ao longo do desenvolvimento, apresentando apenas pequenas mudanças com o avanço da idade, com psicoterapia ou farmacoterapia. Contudo, as dimensões de temperamento mostravam variações quando associadas a algumas medidas de imaturidade, flexibilidade e intuição. Finalmente, baseado na psiquiatria psicodinâmica e na psicologia humanista, Cloninger define que o Caráter surge por meio de relações entre o "eu" e o "outro", Sujeito-objeto, e reflete objetivos e valores pessoais (Cloninger, 2004).

Tal dicotomia "sujeito-objeto" poderia apontar para três possibilidades de relações ou de desenvolvimento de autoconceito: 1) o quanto uma pessoa é capaz de se ver como um indivíduo autônomo; 2) como uma parte integral da humanidade ou da sociedade; 3) como uma parte integral do Universo como um todo. Assim sendo, cada aspecto de autoconceito corresponde a uma das três dimensões de Caráter: 1) Autodirecionamento; 2) Cooperatividade; 3) Autotranscendência (Cloninger, Svrakic e Przybeck, 1993).

- **Autodirecionamento:** quando um indivíduo é capaz de controlar, regular e adaptar o comportamento para se ajustar a determinada situação, de acordo com objetivos e valores que ele mesmo tenha escolhido. Em seu aspecto positivo, maturidade está ligada à autoestima, a ser capaz de admitir erros e a aceitar a si mesmo da forma que se é. Além disso, pessoas Autodirecionadas sentem que suas vidas possuem sentido e propósito, conseguem adiar gratificações a fim de atingir suas metas e buscam superar desafios (Cloninger, Svrakic e Przybeck, 1993). Baixo Autodirecionamento é a característica comum entre os transtornos de personalidade, os transtornos psicóticos e de humor.

- **Cooperatividade:** diz respeito à capacidade de identificar-se e de aceitar as outras pessoas; sociabilidade que é oposta ao egocentrismo e à hostilidade. Pessoas cooperativas são descritas como tolerantes, empáticas, solícitas e compassivas (Cloninger, Svrakic e Przybeck, 1993).

- **Autotranscendência:** pessoas Autotranscendentes são capazes de esquecer de si mesmas, identificando-se com o universo como um todo e aceitando a existência de relações que estão além do pensamento analítico e dedutivo (aceitação espiritual) (Cloninger, Svrakic e Przybeck, 1993; Cloninger, 2013).

Assim definido, o caráter envolveria a aprendizagem baseada em *insight* ou conceitual, memória semântica, que emerge após a aprendizagem pré-conceitual, associada ao temperamento (Cloninger, Svrakic e Przybeck, 1993). Aprendizagem por *insight* diz respeito ao desenvolvimento de novas respostas adaptativas como resultado de uma reorganização da experiência, de forma repentina e conceitual. O ser humano processa ou converte um estímulo (PERCEPÇÃO) em um símbolo abstrato (CONCEITO), logo, as características de estímulo-resposta dependerão da saliência do estímulo percebido (Cloninger, 2004).

Dessa forma, nossas respostas inconscientes e automáticas, que servem para iniciar, manter ou parar alguns comportamentos, são determinadas inicialmente pelos fatores do Temperamento. Contudo, isso pode ser modificado e condicionado, como resultado de mudanças na significância e saliência do estímulo, o que é determinado por nossa identidade, ou seja, por características de nosso Caráter (Cloninger, Svrakic e Przybeck, 1993).

A partir disso, Cloninger, Svrakic e Przybeck (1993) desenvolveram o Inventário de Temperamento e Caráter (ITC), a fim de acessar as sete dimensões de personalidade. O ITC tem sido administrado em inúmeros estudos, em diversos países e, por integrar a espiritualidade como um constructo ligado à maturidade do caráter, tem apresentado resultados importantes para o avanço da compreensão das relações entre personalidade e espiritualidade (Cloninger, Svrakic e Przybeck, 1993; Hori *et al.*, 2014).

AUTOTRANSCENDÊNCIA, ESPIRITUALIDADE E CONSCIÊNCIA TERNÁRIA

A maior parte do livro que lançou o Modelo Psicobiológico enquanto ferramenta associada a medidas de bem-estar foi dedicada à Autotranscendência. Segundo Cloninger (2004; 2013), apesar da importância que a busca por explicações existenciais ou espirituais possui para toda a humanidade ao longo dos séculos, crenças e experiências religiosas/espirituais (R/E) têm sido negligenciadas e sistematicamente omitidas de inventários de personalidade, como o Big Five (Alminhana e Moreira-Almeida, 2009; Cloninger, Svrakic e Przybeck, 1993).

Para o autor, a Autotranscendência é uma etapa essencial do desenvolvimento humano, relacionada à apreensão de relações que não podem ser explicadas analiticamente ou demonstradas pela observação objetiva. Em suma, pessoas Autotranscendentes são capazes de esquecer de si mesmas, identificando-se com a natureza ou o universo como um todo e aceitando a existência de relações que estão além do pensamento analítico e dedutivo (aceitação espiritual) (Cloninger, Svrakic e Przybeck, 1993). Associada à "autoconsciência" (*self-aware consciousness*), a Autotranscendência estaria ligada à memória episódica, portanto à capacidade de "conhecer a si mesmo".

Fazendo uma analogia aos conceitos do renomado filósofo David Chalmers, tal dimensão de autoconsciência é descrita enquanto a terceira e última etapa de desenvolvimento da mente humana, também identificada como "Consciência Ternária" (Cloninger, 2013). Um aspecto da mente chamado "mente 1" se refere às esferas do raciocínio, intelectualidade e aprendizagem semântica, enquanto a "mente 2" é associada à criatividade, livre arbítrio e outras habilidades autotranscendentes, como a percepção extrassensorial (PES) (Cloninger, 2013). Para Cloninger, tais experiências são um aspecto tão frequente e inspirador para as pessoas que a ciência jamais poderá compreender bem a natureza humana sem investigar os fenômenos autotranscendentes (Cloninger, 2013).

Em termos evolutivos, o autor define que o desenvolvimento humano se dá em três níveis de memória e de aprendizagem (Consciência Ternária): o primeiro nível está associado à aprendizagem processual de hábitos e habilidades e às dimensões do Temperamento; o segundo envolve a aprendizagem semântica de fatos e proposições e está associado ao Autodirecionamento e à Cooperatividade (Caráter); o terceiro reflete uma habilidade de desenvolver *self-aware consciousness* (que é melhor traduzido como "autoconsciência", embora enquanto um traço, um nível de consciência e não somente um estado passageiro). A autoconsciência que leva à Autotranscendência é associada à intuição, à noção de interdependência, à criatividade e à espiritualidade (Cloninger, 2013; Cloninger, 2004). Em outras palavras, é uma tendência a conhecer a si mesmo, quando o "si mesmo" ou o "eu" são extrapolados para o universo como um todo.

Enquanto última dimensão do caráter e terceiro nível de desenvolvimento autoconsciente, a Autotranscendência descreve algumas características relatadas por místicos e pessoas "autorrealizadas". Assim, a crença em experiências paranormais, as experiências místicas ou de pico, de infinitude e inseparabilidade são características marcantes da Autotranscendência. Cloninger se fundamentou em alguns conceitos das teorias humanistas, transpessoais e integrais (Ken Wilber) para compreender essa dimensão e relata que chegou a pensar em excluí-la de seu modelo, temendo represálias ideológicas. Contudo, afirma que optou pela fidedignidade aos resultados evidenciados em uma série de estudos que desenvolveu em países do mundo todo (Cloninger, 2013; Cloninger, 2004).

Um deles, por exemplo, foi conduzido com 1.102 voluntários em Israel (Cloninger e Zohar, 2011). Os autores usaram medidas de afeto positivo, escala de satisfação com a vida e percepção subjetiva de bem-estar como indicadores de felicidade. Entre os resultados, indivíduos Autotranscendentes mostravam mais afeto positivo e, quando todas as dimensões do caráter eram altas, mostravam bem-estar e felicidade. Por esse e outros estudos, omitir a importância da Autotranscendência para o entendimento da personalidade implica negligenciar fenômenos clinicamente relevantes, ligados à expressão da espiritualidade (Cloninger, 2013).

PSICOSE E ESPIRITUALIDADE: A NATUREZA DUAL DA AUTOTRANSCENDÊNCIA

O renomado pesquisador da Universidade de Oxford, Dr. Gordon Claridge, tem se dedicado a estudar a crença em para-

normalidade e experiências de caráter psicótico, em pessoas saudáveis que apresentam uma espécie de "Esquizotipia Benigna" (Farias, Underwood e Claridge, 2013; McCreery e Claridge, 2002). Em um de seus livros recentes, Claridge aborda a semelhança fenomenológica entre experiências psicóticas e experiências religiosas/espirituais, afirmando que se pode desenvolver duas posturas diante do tema: 1. classificar todas as experiências religiosas/espirituais como sintomas de psicopatologia ou 2. considerar experiências patológicas enquanto experiências visionárias e toda a psicose como uma experiência religiosa genuína, porém, incompreendida (Claridge, 2010). Segundo o autor, ambas são posturas extremistas, embora sejam adotadas por grande número de teorias e profissionais no mundo todo.

Na mesma direção, Cloninger chama a atenção ao que ele considera como o ponto crucial para o estudo dos fenômenos religiosos/espirituais na ciência: a natureza dual da Autotranscendência (Cloninger, 2013). Associada com propensão à fantasia, pensamento mágico e crença em paranormalidade, a última dimensão do caráter tem mostrado uma correlação positiva com transtornos do espectro da psicose (Hori *et al.*, 2014). No entanto, quando Autotranscendência vem acompanhada de maturidade no Caráter, sobretudo com alto Autodirecionamento, e baixos níveis de ansiedade (Evitação de Danos mediana), ela indica bem-estar, criatividade e saúde mental (Alminhana *et al.*, 2016; Hori *et al.*, 2014).

Essa não é uma característica apenas da Autotranscendência, pois cada perfil de personalidade não passa de combinações diferentes entre escores altos e baixos em cada dimensão. Como exemplo, alta Evitação de Danos é um indicador importante de traços de ansiedade quando acompanhada de Autodirecionamento. Sem Autodirecionamento, ou seja, alta ansiedade sem maturidade, está associada a transtorno da personalidade *borderline*, entre outros (Cloninger, Svrakic e Svrakic, 1997).

Desse modo, diante da importância que as crenças e as experiências religiosas/espirituais têm apresentado ao longo da história da humanidade, não se pode desconsiderar seu impacto na saúde mental (Moreira-Almeida, Lotufo Neto e Koenig, 2006). Desconhecer a complexidade do fenômeno pode implicar risco de tomar a Autotranscendência sozinha enquanto experiência genuinamente saudável ou unicamente como indicador de psicopatologia. Para evitar tal falácia, é indispensável associar o desenvolvimento das outras dimensões de Temperamento e, sobretudo, do Caráter.

Por exemplo, imaginemos uma pessoa que possui alta tendência à impulsividade e a atividades exploratórias (alta Busca por Novidade) ou alta "Abertura à Experiência" (*Five Factor Model*) e Autotranscendência. Essa pessoa pode passar a vida com uma busca existencial/espiritual muito grande e jamais se filiar a uma igreja ou organização religiosa (McCullough, Tsang e Brion, 2003). Outra possibilidade para essa pessoa seria buscar os chamados "Novos Movimentos Religiosos", os chamados movimentos "Espiritualistas" ou "Nova Era" (Farias, Underwood, Claridge, 2013). O aspecto saudável ou o risco para desenvolver psicopatologias, nesse caso, dependeria do nível de maturidade (desenvolvimento de Autodirecionamento e Cooperatividade). Em outras palavras, uma experiência religiosa/espiritual saudável dependeria da forma com a qual essa pessoa se relaciona com sua tendência a Buscar por Novidade e a Autotranscender (Cloninger, Svrakic e Svrakic, 1997).

Assim sendo, um indivíduo com maturidade de caráter (autodirecionado e cooperativo) é capaz de integrar a ten-

SEÇÃO V — PSICOLOGIA E RELIGIÕES

dência à fantasia e a busca existencial/religiosa/espiritual (Autotranscendência) a um estilo de vida funcional e, ao mesmo tempo, criativo e direcionado ao bem-estar. Outro, sem maturidade, sem habilidades sociais e ansioso (alta Evitação de Danos, baixo Autodirecionamento e Alta Autotranscendência) traduz sua tendência autotranscendente de forma pueril, egoísta e disfuncional.

Essas combinações entre escores altos e baixos indicam o perfil de hábitos e comportamentos que uma pessoa terá em relação à Autotranscendência. Assim, se uma pessoa apresentar baixa Busca por Novidade ela tende a desenvolver sua espiritualidade em um contexto mais tradicional, provavelmente se filiando a uma religião que lhe oferece sentido e estabilidade. Mas, é a maturidade do Caráter que definirá se uma "espiritualidade mais impulsiva, inovadora" (com alta Busca por Novidade) ou "mais tradicional, estável" (com baixa Busca por Novidade) será saudável ou imatura e disfuncional. Nisso consiste a natureza dual da Autotranscendência, bem como a principal diferença entre experiências saudáveis e patológicas de conteúdo religioso/espiritual (Cloninger, Svrakic e Svrakic, 1997; Cloninger, 2013).

CONCLUSÕES

Este capítulo pretendeu evidenciar a complexidade das relações entre Autotranscendência, Espiritualidade e personalidade. Assim, a importância de compreender o Modelo Psicobiológico de Temperamento e Caráter é vê-lo como um mapa da interação entre aspectos hereditários e adquiridos da personalidade (fatores epigenéticos). A busca existencial/espiritual/religiosa, chamada de Autotranscendência, não pode ser observada em separado das propensões genéticas e do grau de maturidade que cada pessoa carrega consigo.

Embora o objetivo deste capítulo tenha sido observar os fatores intrapsíquicos de personalidade, não podemos nos esquecer de que todos estamos imersos em universos psicossociais de sentido e cultura (Zangari e Maraldi, 2009; Zangari e Machado, 2015). Zangari e Machado (2015) têm chamado a atenção para o que definem como "*o quadro de referência a partir do qual o(a) experienciador(a) dá sentido às suas vivências anômalas/religiosas*". Segundo eles, é essencial encontrar um referencial simbólico, um contexto cultural e um sentido para a experiência vivida. Assim, a busca por explicações culturalmente aceitas em contextos religiosos/espirituais e a integração social podem também indicar saúde mental para pessoas Autotranscendentes.

Após ressaltar a importância da cultura enquanto aspecto ambiental que também atua sobre a expressão dos traços de personalidade, concluímos que a Autotranscendência pode ser compreendida como o a terceira etapa de desenvolvimento da autoconsciência (*self-aware consciousness*, Consciência Ternária) (Cloninger, 2013). Associada à intuição, criatividade e busca existencial/espiritual, a Autotranscendência tem sido observada em diversas culturas, e sua integração ao Modelo Psicobiológico foi inspirada em relatos de experiências místicas e de pessoas autorrealizadas (Cloninger, 2004; Cloninger, Svrakic e Przybeck, 1993).

Como não pode ser compreendida isoladamente, a Autotranscendência será expressada de forma diferente, dependendo das demais características de personalidade de cada pessoa. Pessoas ansiosas (alta Evitação de Danos) ou com baixa impulsividade (baixa Busca por Novidade); pessoas com maior dependência de recompensa social (alta Dependência de Recompensa), cada uma manifestará sua busca existencial ou espiritual de uma forma ou de outra. Contudo, quando entendemos a chamada "natureza dual" da Autotranscendência, observamos que esta pode indicar saúde mental quando associada a amadurecimento do Caráter (altos Autodirecionamento e Cooperatividade). As características de Temperamento definirão a forma com a qual uma pessoa expressará sua Autotranscendência, mas é o Caráter que definirá se essa expressão é saudável ou disfuncional.

Por fim, com todo o arcabouço de informações apresentadas aqui, não podemos encerrar a discussão a respeito das relações entre espiritualidade, personalidade e saúde mental. O intuito é justamente o oposto, ou seja, instigar o diálogo, a reflexão e, sobretudo, a investigação acadêmica de alto nível. É imprescindível que estudos científicos de qualidade insiram medidas de religiosidade, espiritualidade, busca existencial, Autotranscendência, entre seus parâmetros, para pesquisar saúde mental, física, influências psicossociais, personalidade, entre outros. Tudo isso para que, futuramente, seja possível compor a formação do psicólogo clínico, sem negligenciar um aspecto tão importante da dimensão humana, bem como suas influências socioculturais e intrapsíquicas.

REFERÊNCIAS BIBLIOGRÁFICAS

Alminhana, L. O. et al. (2016). How to tell a happy from an unhappy schizotype: personality factors and mental health outcomes in individuals with psychotic experiences. *Revista Brasileira de Psiquiatria*, v. 39, n. 2.

Alminhana, L. O.; Moreira-Almeida, A. (2009). Personality and religiousness/spirituality (R/E). *Archives of Clinical Psychiatry*, v. 36, n. 4, p. 153-161.

Claridge, G. (2010). Spiritual experience: healthy psychoticism? In: Clarke, I. (Ed.). *Psychosis and spirituality*. Chichester: John Wiley & Sons, Ltd. p. 75-87.

Cloninger, C. R. (2004). *Feeling good*: the science of well-being. Oxford University Press.

Cloninger, C. R. (2013). The importance of ternary awareness for overcoming the inadequacies of contemporary psychiatry. *Archives of Clinical Psychiatry*, v. 40, n. 3, p. 110-113.

Cloninger, C. R.; Svrakic, D. M.; Przybeck, T. R. (1993). A psychobiological model of temperament and character. *Archives of General Psychiatry*, v. 50, n. 12, p. 975-990.

Cloninger, C. R.; Svrakic, N. M.; Svrakic, D. M. (1997). Role of personality self-organization in development of mental order and disorder. *Development and Psychopathology*, v. 9, n. 4, p. 881-906.

Cloninger, C. R.; Zohar, A. H. (2011). Personality and the perception of health and happiness. *Journal of Affective Disorders*, v. 128, n. 1-2, p. 24-32.

Farias, M.; Underwood, R.; Claridge, G. (2013). Unusual but sound minds: mental health indicators in spiritual individuals. *British Journal of Psychology*, v. 104, n. 3, p. 364-381.

Gillespie, N. A. et al. (2003). The genetic and environmental relationship between Cloninger's dimensions of temperament and character. *Personality and Individual Differences*, v. 35, n. 8, p. 1931-1946.

Hori, H. et al. (2014). A latent profile analysis of schizotypy, temperament and character in a nonclinical population: association with neurocognition. *Journal of Psychiatric Research*, v. 48, n. 1, p. 56-64.

McCreery, C.; Claridge, G. (2002). Healthy schizotypy: the case of out-of-the-body experiences. *Personality and Individual Differences*, v. 32, n. 1, p. 141-154.

McCullough, M. E.; Tsang, J. A.; Brion, S. (2003). Personality traits in adolescence as predictors of religiousness in early adulthood: findings from the Terman Longitudinal Study. *Personality & Social Psychology Bulletin*, v. 29, n. 8, p. 980-991.

Moreira-Almeida, A.; Lotufo Neto, F.; Koenig, H. G. (2006). Religiousness and mental health: a review. *Revista Brasileira de Psiquiatria*, v. 28, n. 3, p. 242-250.

Zangari, W.; Machado, F. R. (2015). Diagnóstico diferencial de transtornos mentais e experiências anômalas/religiosas: a importância do quadro de referência e dos transtornos mentais de base. In: *X Seminário de Psicologia e Senso Religioso*. Curitiba, PR.

Zangari, W.; Maraldi, E. O. (2009). Psicologia da mediunidade: do intrapsíquico ao psicossocial. *Boletim – Academia Paulista de Psicologia*, v. 29, n. 2, p. 233-252.

LEITURAS RECOMENDADAS

Bayon, C. et al. (1996). Dimensional assessment of personality in an outpatient sample: relations of the systems of Millon and Cloninger. *Journal of Psychiatric Research*, v. 30, n. 5, p. 341-352.

Chalmers, D. J. (1997). *The conscious mind: in search of a fundamental theory.* Revised ed. edition. Princeton, NJ: Oxford University Press.

Gonzalez-Torres, M. A. et al. (2009). Temperament and character dimensions in patients with schizophrenia, relatives, and controls. *The Journal of Nervous and Mental Disease*, v. 197, n. 7, p. 514-519.

Moreira-Almeida, A. et al. (2016). WPA Position Statement on Spirituality and Religion in Psychiatry. *World Psychiatry*, v. 15, n. 1, p. 87-88.

Smith, L.; Riley, S.; Peters, E. R. (2009). Schizotypy, delusional ideation and well-being in an American new religious movement population. *Clinical Psychology & Psychotherapy*, v. 16, n. 6, p. 479-484.

41

Abordagem psicológica dos fenômenos incomuns

Wellington Zangari

Fatima Regina Machado

INTRODUÇÃO

Imagine a seguinte situação: às vésperas da viagem marcada com muita antecedência para um *resort* para onde há muito desejava ir, você sonha que o avião em que viajaria tem uma pane elétrica e acaba por sofrer um grave acidente, caindo no mar. Aquele sonho é assustador e parece interminável. Ao acordar, você percebe que perdeu a hora para ir ao aeroporto. Tenta se arrumar apressadamente, mas não consegue chegar a tempo de embarcar. Isso lhe traz um misto de tristeza e alívio, pois queria muito fazer aquela viagem, mas o sonho que tivera na noite anterior fora muito perturbador. Três horas depois, você recebe a notícia do acidente com o avião que ocasionou a morte de todos que estavam a bordo. A que você atribuiria o sonho? Providência divina? Ação do seu anjo de guarda? Simples coincidência?

Essa experiência hipoteticamente vivenciada por você foge aos padrões do que ocorre corriqueiramente. Ela chama sua atenção e você a sente como "diferente" não apenas porque ela é diferente do que costuma ocorrer em seu dia a dia, mas também porque, do ponto de vista científico, não seria possível saber com antecedência daquele fato nem mesmo por inferência lógica. Nesse sentido, seja qual for a interpretação, religiosa ou não para o caso narrado, você teria vivenciado uma experiência anômala.

A temática das experiências anômalas em intersecção com as experiências religiosas, embora relativamente nova em nosso meio, remonta aos princípios da Psicologia e da Psiquiatria no século XIX e início do século XX. Alguns dos pioneiros dessas áreas se interessaram de modo profundo pelas relações entre experiências anômalas e religiosas, sobretudo do ponto de vista clínico e teórico, impactados que foram por fenômenos sociais e culturais prevalentes naquele período histórico: por um lado, os resquícios do mesmerismo[1] do último quarto do século XVIII, que ensejaram

os estudos de alterações de consciência com o uso da hipnose; por outro, a enorme influência do Espiritismo a partir de meados do século XIX tanto nos Estados Unidos quanto em vários países europeus. Tais eventos criaram o ambiente propício para a constituição de um problema psicológico: como integrar os estados alterados de consciência – aqueles aparentemente ligados à hipnose, à mediunidade, aos estados místicos e religiosos – à compreensão da mente humana e da saúde psicológica? Pesquisadores célebres como Pierre Janet, William James, Charles Richet, Sigmund Freud e Carl Jung foram incitados a buscar explicações suficientemente abrangentes para responder a essa questão. As respostas foram múltiplas, ora apresentando a experiência anômala e a experiência religiosa como processos patológicos – sobretudo na escola francesa –, ora apresentando-as como importantes para a saúde e como elementos de auxílio à integração e ao desenvolvimento da personalidade – sobretudo na obra de alguns autores norte-americanos. De fato, a Psicologia manteve posições distintas em relação a essas experiências, ora de acolhimento, ora de rechaço, dependendo do momento histórico. Seja como for, sabemos que essas diferentes perspectivas impactaram profundamente a constituição de várias teorias psicológicas cujos desenvolvimentos chegaram até os nossos dias. A Psicologia e a Psiquiatria não apenas foram marcadas

---

causadas pelo desequilíbrio do *magnetismo animal*, a força vital que energizaria o corpo para seu pleno funcionamento. Para curar doenças, Mesmer passava ímãs pelo corpo de seus pacientes e lhes oferecia também água magnetizada. Suas práticas eram realizadas numa atmosfera bem exótica, sendo ele mesmo uma figura muito interessante. À sua presença ou ao toque magnético, seus pacientes apresentavam reações convulsivas. Após as crises, os pacientes relatavam melhora de saúde. Posteriormente, verificou-se que não era a ação dos ímãs que provocava mudança no quadro de saúde, mas sim a relação de empatia (*rapport*) estabelecida entre Mesmer – ou seus seguidores que realizavam os mesmos procedimentos – e os pacientes. Ele foi tachado de charlatão por intelectuais de seu tempo. No entanto, sem dúvida, o mesmerismo foi importante para o desenvolvimento dos posteriores estudos da hipnose e das experiências anômalas ou popularmente chamadas de *paranormais*. Quanto às práticas mesméricas, ainda persiste a crença no poder dos ímãs para equilibrar a saúde e são utilizados na água, em pulseiras, em colchões etc.

---

[1] Mesmerismo foi um movimento desencadeado pelas práticas do médico alemão Franz Anton Mesmer (1734-1815). De acordo com Mesmer, as doenças seriam

SEÇÃO V — PSICOLOGIA E RELIGIÕES

por essa temática, como também sua consideração deu origem a novos campos de investigação caracterizados como ramos daquelas áreas maiores (Alvarado *et al.*, 2007). Destacam-se, nesse contexto, a Psicologia da Religião, a Pesquisa Psíquica[2] – que ensejou o surgimento da Parapsicologia – e a Psicologia Anomalística.

Neste capítulo, apresentamos as relações entre experiência anômala e experiência religiosa do ponto de vista psicológico, de modo a discutir o papel dessa relação na esfera clínica. Para tanto, em primeiro lugar, será feita uma breve introdução ao conceito e às variedades da experiência anômala. Em seguida, apresentaremos o conceito e as variedades da experiência religiosa para, então, mostrar como esta se articula com a experiência anômala em seus aspectos multifacetados tanto na vida subjetiva quanto na vivência social e cultural. Por fim, discutiremos essas relações nas suas repercussões clínicas.

EXPERIÊNCIAS ANÔMALAS

Numa abordagem psicológica de caráter fenomenológico, a identificação da ocorrência de uma experiência anômala se dá com base na interpretação de quem relata ter vivenciado algo que lhe pareceu ter essa conotação. Portanto, é o experienciador que informa ter tido uma experiência que desafiaria sua compreensão do *modus operandi* do mundo e que, em última instância, transcenderia as explicações científicas disponíveis em determinado momento. Note-se, portanto, que *anomalia*, nesse contexto, não significa *anormal* ou *patológico*, mas refere-se ao que diverge da experiência que é considerada comum, corriqueira; ou a algo que é ainda incompreensível ou não explicado do ponto de vista científico. Nessa concepção de anomalia, privilegia-se, portanto, o caráter de irregularidade, de raridade e de aparente incompreensibilidade de uma experiência. Tal sentido aproxima-se daquele empregado por Thomas Kuhn (2013) em seu livro *A estrutura das revoluções científicas*, publicado originalmente em 1962, quando ele se refere às anomalias científicas sem imputar um caráter depreciativo à utilização do termo. Esse sentido tem se tornado clássico nas obras de referência da Psicologia Anomalística, novo ramo da Psicologia dedicado ao estudo das experiências anômalas, que se estabeleceu formalmente a partir da década de 1980. Dentre as principais obras dessa área, destacam-se: o livro *Anomalistic psychology: a study of magical thinking*, de autoria dos psicólogos Zusne e Jones (1989), que atualizaram e expandiram a primeira edição publicada no início dos anos 1980 com o título *Anomalistic psychology: a study of extraordinary phenomena and experience*; e o livro *Variedades da experiência anômala: análise de evidências*

científicas, organizado por Cardeña, Lynn e Krippner (2013), publicado originalmente em inglês no ano 2000, pela *American Psychological Association*. Em ambos os livros o termo *anomalia* designa, de modo especial, experiências para as quais não há interpretações teóricas suficientes no presente momento, reforçando sua natureza mais *contraintuitiva* do que *anormal*.

O adjetivo *anômala* deriva do grego ανώμαλος (*anómalos*), que significa:

> (...) irregular, diferente ou desigual, em contraste a *homalos*, que significa o mesmo ou comum. (...) Definimos uma experiência anômala como uma experiência incomum (...) ou aquela que, embora seja vivenciada por um número substancial de pessoas numa população (...) acredita-se que se desvie da experiência comum ou das explicações da realidade que são comumente aceitas. (Cardeña, Lynn e Krippner, 2013, p. 1-2)

Nesse sentido, o foco de interesse recai sobre a experiência, como ela é vivenciada e os efeitos que provoca no experienciador. Não importa se de fato ocorreu um evento anômalo numa situação específica, nem se o que foi vivenciado ocorreu pelas razões atribuídas pelo sujeito da experiência. Importa mais seu caráter aparentemente incompreensível e o impacto psicológico da experiência sobre o experienciador, posto que, enquanto *fato psíquico*, a experiência é realmente vivenciada como algo extraordinário.

No entanto, além dessa abordagem fenomenológica da experiência anômala, há outras vertentes científicas que visam justamente investigar sua natureza, seu aspecto ontológico, isto é, conhecer os processos a ela subjacentes e suas causas. A investigação da possibilidade de ocorrência de processos anômalos propriamente ditos é do escopo de estudos da Parapsicologia. Trata-se de uma área iniciada formalmente na década de 1920, dedicada, a princípio, a experimentos laboratoriais, tendo posteriormente se ampliado para estudos de campo e de caso. Infelizmente os resultados dos estudos e o nome dessa disciplina foram e têm sido mal utilizados por muitos, desviando-se de seus objetivos científicos e provocando preconceitos contra essa abordagem e aqueles que nela trabalham. Mais recentemente, outras abordagens também passaram a se ocupar formalmente do estudo do *status* ontológico das experiências anômalas, como as Neurociências e, finalmente, a Psicologia Anomalística de base cognitivista. De modo bem pontual, pode-se dizer que a diferença entre tais áreas se baseia nos seus distintos objetivos. Como já mencionado, a Parapsicologia avalia a hipótese de que existam, de fato, processos mentais que transcenderiam as teorias psicológicas e biológicas atuais. Tais processos, chamados de *paranormais* ou *parapsicológicos*, dariam conta da existência de mecanismos extrassensório-motores, ou seja, a capacidade humana de perceber para além dos sentidos físicos conhecidos e de agir sobre o meio para além do sistema motor e das forças físicas conhecidas atualmente pela ciência (Cardeña, Palmer e Marcusson-Clavertz, 2015). As Neurociências e a Ciência Cognitiva, por sua vez, buscam encontrar explicações de cunho biológico, especificamente neurológico e evolucionário, para as experiências desse tipo. Processos neurofisiológicos básicos, ainda que desconhecidos pelos experienciadores, poderiam, assim, ser a causa das experiências que nada teriam de anômalas, portanto. (Para uma discussão dessa vertente, ver Brugger e Mohr, 2008.) E, finalmente, a Psicologia Anomalística de base cognitivista encontraria em processos cognitivos a explicação última

---

[2] A Pesquisa Psíquica (*Psychical Research*) surgiu formalmente na Inglaterra, como campo de estudo dos chamados fenômenos espíritas e dos transes mesméricos que fascinavam a Europa – e posteriormente os Estados Unidos – na segunda metade do século XIX. Tais fenômenos chamavam a atenção de intelectuais da época, que decidiram investigar se haveria algum processo anômalo subjacente aos relatos dos eventos que, aparentemente, não encontravam explicação no *mainstream* científico. A fim de congregar acadêmicos, cientistas e intelectuais que se interessavam por esse campo de investigação, em 20 de fevereiro de 1882 foi fundada a *Society for Psychical Research* (SPR) em Londres, com o objetivo de realizar investigações sistemáticas sem preconceitos, mas zelando pelo rigor científico. Entre seus membros ilustres, vale citar: o filósofo precursor da Psicologia da Religião, William James (1842-1910), que presidiu a SPR por alguns períodos; o criador da Psicanálise, Sigmund Freud (1856-1939); e o psiquiatra, psicoterapeuta e propositor da Psicologia Analítica, Carl G. Jung (1875-1961). Especialmente no final do século XIX e início do século XX, os estudos voltavam-se sobremaneira a estudos de campo e de caso. A SPR permanece em atividade, assim como outras instituições de mesmo cunho, inspiradas por sua criação.

das experiências anômalas que, dessa forma, nada mais seriam do que o resultado de falhas perceptivas, distúrbios de memória, erros de julgamento, entre outros fenômenos congêneres. Como vemos, as duas últimas **áreas de estudo** partem do pressuposto de que é possível compreender as experiências anômalas reduzindo-as a processos cientificamente já conhecidos, enquanto a primeira sustentaria a possibilidade de que, na natureza dessas experiências, residiria algum processo irredutível àqueles já descobertos. Por mais instigante que essa discussão seja e por mais impacto que cada uma dessas perspectivas possa ter em nossa visão de mundo e de ser humano, este capítulo restringir-se-á a tratar as experiências anômalas pelo impacto que provocam sobre seus experienciadores e sobre grupos humanos, independentemente da existência ou não de reais processos anômalos. Remetendo ao exemplo inicial, poderíamos dizer que este capítulo destaca o impacto psicológico que o fato de sonhar com algo que se confirma no futuro causa naquele que sonha e as interpretações que essa pessoa faz disso. Não é do escopo deste capítulo se ocupar da possibilidade de o ser humano, de fato, ter a capacidade de captar informações do futuro; tampouco pretende-se discutir os processos neurofisiológicos envolvidos no ato de sonhar e no mecanismo do sonhar com o futuro – se é que há algum mecanismo que estaria especificamente relacionado a isso. A mesma perspectiva se aplica aos demais tipos de experiência anômala.

É importante considerar que o *experienciar algo desafiador*, no sentido de fugir do habitual modo como se julga que o mundo funcione, configura uma mesma experiência pessoal que pode ocorrer em diversas situações. Isso significa que o contexto da experiência e seus contornos podem assumir variadas formas. Essas variadas formas podem ser agrupadas em tipos que se referem mais ao "enredo" do que à distinção do caráter desafiador que a vivência possui. No entanto, para facilitar a referência às variedades da experiência anômala, comumente elas são referidas como *experiências anômalas*, sendo, portanto, o plural ligado aos seus diversos contornos, e não propriamente ao vivenciar de algo de caráter único caracterizado como anômalo. O mesmo pode ser dito em relação ao modo de referir a(s) experiência(s) religiosa(s).

No livro *Variedades da experiência anômala* (Cardeña, Lynn e Krippner, 2013), são abordados diferentes tipos de vivências por autores diversos, trazendo sua descrição com base em relatos. Por meio de relatos se tem acesso às características da experiência e é a partir deles que são escolhidas estratégias para estudá-las. Entre as experiências anômalas descritas, encontramos: experiência fora do corpo, memórias de vida passadas, experiência de quase morte, experiência de cura anômala, experiência alucinatória, experiência de contato com seres alienígenas, sinestesia, experiências *psi* e experiência mística.

A *experiência fora-do-corpo* (OBE, do inglês *out-of-body experience*) é popularmente chamada de *viagem astral*. Refere-se à experiência de sentir a consciência desprendida do corpo físico e poder observar-se como se estivesse em um local acima de onde se encontraria fisicamente. Há pessoas que relatam que também podem "viajar" fora do corpo por outros ambientes próximos e até mesmo para locais distantes.

As *memórias de vidas passadas* referem-se à experiência de ter a nítida impressão de ter sido outra pessoa em outros tempos e saber detalhes dessa outra vida, sem perda ou anulação da identidade atual. Narrativas desse tipo são comuns em grupos culturais que creem na reencarnação, e esses relatos são considerados como uma validação das crenças reencarnacionistas.

A *experiência de quase morte* (EQM) é relatada como uma forte vivência com conteúdos transcendentais e/ou místicos que ocorre comumente em situações de intenso perigo físico ou emocional. Envolve, de modo geral, uma revisão de vida e o avistar de um túnel onde são vistas pessoas já falecidas ou entidades sagradas, com as quais pode ou não haver um encontro.

A *experiência de cura anômala* refere-se à cura de alguma doença – seja de que gravidade for – de modo extraordinário, que ao menos pare**ça** fugir ao alcance da Medicina e, portanto, pareça escapar às explicações científicas atuais. Essa cura é comumente atribuída a algum agente ou causa sobrenatural, sendo chamada popularmente de *milagre*.

A *experiência alucinatória* consiste na percepção de algo que não existe ou ao menos não se apresenta ao campo de percepção do sujeito da experiência. É considerada como anômala quando não decorre de indução ou da ingestão de substâncias alucinógenas, por exemplo. É uma percepção *espontânea*, sem estímulo objetivo, mas que ainda assim tem forte impacto perceptivo. Esse tipo de experiência pode estar imbricado com outras variedades da experiência anômala. Na verdade, por vezes é difícil classificar uma experiência anômala, pois em seus diversos componentes podem ser reconhecidas características de outras experiências, por exemplo, nas similaridades encontradas entre aspectos da OBE e da EQM.

A *experiência de contato com seres alienígenas* **é** relatada por pessoas que dizem lembrar-se de terem vivenciado esse tipo de situação, seja de forma direta ou indireta. Esse contato pode ser interpretado de diversas maneiras, como algo ameaçador ou como um privilégio supostamente indicativo de qualidades especiais do sujeito da experiência que teria sido escolhido para vivenciá-la.

A *sinestesia* é um tipo de experiência anômala que, apesar de incomum, é bem descrito especialmente por neurofisiologistas que se ocupam de seu estudo. Trata-se de uma percepção intermodal de estímulos: ao ser exposto a um dado estímulo, o sujeito tem uma resposta perceptiva de outra ordem que não à do tipo de estímulo que lhe é apresentado. Por exemplo: ao lhe ser apresentada uma cor, o sujeito a percebe como um cheiro.

A experiência do *sonhar lúcido* refere-se ao ato de sonhar em que o sonhador percebe que está sonhando e que pode interferir conscientemente nos rumos que a narrativa onírica toma.

As *experiências psi* referem-se a situações em que supostamente estariam envolvidos fenômenos de aquisição de informação ou de interação com o meio de modos diferentes do que é considerado normal. A denominação *psi* decorre da utilização da 23ª letra do alfabeto grego (Ψ) como um termo neutro para nomear essas experiências cuja natureza e formas de funcionamento ainda não estão claras, permanecendo uma incógnita. Há duas classes de experiências *psi*. A primeira, denominada *percepção extrassensorial* (ESP, do inglês *extrasensory perception*), envolve a aquisição ou troca de informação sem a utilização dos sentidos conhecidos e costuma ser referenciada no senso comum como "sexto sentido". Esta, por sua vez, divide-se em três modalidades: (1) *telepatia*, que se refere à troca de informação entre duas mentes, popularmente conhecida como "transmissão e pensamento"; (2) *clarividência*, que se refere à aquisição de informação diretamente do meio ambiente – não apenas pela "visão" de alguma coisa ou cena, como se pensa no senso comum e no Espiritismo; (3) e a *precognição* – popularmente chamada de premonição – que se refere ao conhecimento de algo do futuro, como no exemplo mencionado no início deste capítulo. A segunda classe de experiências *psi* refere-se à psicocinesia (PK, do inglês *psychokinesis*), conhecida como "poder da mente sobre a matéria". A PK se divide ainda em duas modalidades: (1) macro-PK, que se refere a eventos físicos supostamente anômalos observáveis, como o que ocorre nos chamados casos *Poltergeist* ou de casas mal-assombradas, em que objetos se movimentam, se quebram, equipamentos elétricos são afetados, água e fogo surgem sem explicação plausível etc.; (2) micro-PK, que se refere a eventos físicos que apenas são detectáveis por análise estatística, como o crescimento incomum de plantas ou a interferência em eventos aleatórios. As experiências de tipo ESP e PK, em especial macro-PK, podem ser – e frequentemente são – interpretadas como resultantes da ação de algum agente sobrenatural, pois parecem extrapolar as possibilidades de ação e interação humanas.

Por fim, temos a *experiência mística*, que implica sentimento de unidade com o cosmos, de súbita compreensão de todo o universo e de integração com o todo. É referida como uma experiência inefável e é comum que lhe seja atribuído um caráter transcendental.

A crença na possibilidade de ocorrência de eventos anômalos tem se mostrado como um fator preditor para o vivenciar de experiências anômalas. Trata-se, assim, de uma variável fundamental a ser considerada na abordagem psicológica dessas vivências.

É importante notar, ainda, que certas experiências descritas são tidas como anômalas em determinados contextos, mas não em outros. Há vivências consideradas bizarras em alguns contextos culturais que podem ser estimuladas, valorizadas e treinadas em outros contextos, uma questão à qual voltaremos mais adiante.

EXPERIÊNCIAS RELIGIOSAS

A experiência religiosa tem sido definida, na tradição do filósofo e teólogo Rudolf Otto e do psicólogo e filósofo William James (1991), pela sua natureza afetiva e de sua relação imediata com uma realidade transcendente. Temos, assim, a primazia das vivências individuais sobre os aspectos sociais ou culturais da religião. Daí deriva a clássica diferenciação feita entre o que sente um indivíduo em relação ao sobrenatural/transcendente (religiosidade) e o que um grupo de pessoas define como objeto religioso, doutrina ou teologia (religião). Temos, ainda, a importância da imediação, uma relação direta entre o indivíduo e o transcendente, na qual se ressalta a importância do que seria anterior à reflexão discursiva ou lógica a respeito da vivência propriamente dita. Decerto, não cabe à Psicologia ocupar-se da realidade transcendente em si, mas cabe a ela considerar toda e qualquer experiência humana, independentemente de sua natureza, sobretudo devido ao seu valor de verdade (fato psíquico) e a suas repercussões na vida mental dos indivíduos (Zangari e Machado, 2016). Em última instância, é o sujeito que atribuirá sua experiência à esfera do religioso, do intangível, do transcendente, e isso terá um valor para ele. No caso hipotético apresentado no início do capítulo, a experiência anômala de sonhar com algo que de fato se concretiza no futuro ganhará o contorno de uma experiência religiosa se a interpretação feita acerca dessa vivência for relacionada a alguma suposta causa ou ação proveniente de algum agente sobrenatural, por exemplo, Deus.

A designação de experiência religiosa é bastante abrangente e integra múltiplas vivências diferentes, mas sempre com as características acima apresentadas. Além das características mencionadas, há categorias de vivências religiosas, tais como: (1) as *confirmatórias,* nas quais o indivíduo adquire ou reforça a certeza da correção de sua fé; (2) as *responsivas*, nas quais o experien-

ciador relata ter consciência de que a divindade o reconhece e responde aos seus apelos, podendo agir em sua vida, por exemplo, por meio de um milagre; (3) as *revelatórias*, nas quais a pessoa afirma que a divindade lhe confiou informações; (4) as *de apreensão do sagrado*, nas quais há um conhecimento intuitivo acerca do sobrenatural; e (5) as *experiências místicas*, as quais, dada sua relevância, apresentaremos mais detidamente (Paiva, 1998).

A *experiência mística* – que compõe "formalmente" tanto o rol das experiências anômalas quanto o das experiências religiosas – recebe diferentes definições, e, por vezes, o termo é utilizado de forma desdenhosa ou depreciativa. O ponto comum entre as diversas descrições e definições, contudo, é de que se trata de uma experiência que difere da experiência ordinária com forte impressão de encontro com uma realidade diferente ("superior") da realidade cotidiana. Uma vivência com magnitude tal que escapa a uma descrição exata, posto que é inefável. É um tipo de experiência rara e fugaz, mas extremamente profunda, que usualmente marca momentos decisivos na vida de quem a vivencia.

No clássico *As variedades da experiência religiosa: um estudo sobre a natureza humana*, publicado originalmente em 1902, William James (1991) propõe que as experiências religiosas individuais – e não os preceitos estabelecidos pelas religiões organizadas – seriam a espinha dorsal da vida religiosa. Entre as experiências individuais, ele considera as experiências místicas como foco privilegiado de estudos, pois são vivências extremas, cujas características englobariam a plenitude de uma experiência de tipo transcendental. Pode-se afirmar, ainda, que as experiências místicas estão na base da criação de sistemas religiosos. No entanto, considera-se que as experiências religiosas mais corriqueiras, menos exuberantes, também merecem atenção, posto que delas se alimentam cotidianamente a manutenção ou mesmo a aquisição da fé e o regramento das condutas dos sujeitos religiosos.

Por sua magnitude e "quase especificidade religiosa", há questionamentos sobre a consideração da experiência mística como anômala. Alguns estudiosos da área não aceitam tal classificação por considerarem que se trataria propriamente de uma experiência religiosa. Apesar de não haver consenso entre os pesquisadores quanto à existência e às modalidades da relação entre experiências anômalas e religiosas, há argumentos em favor da inclusão da experiência mística no rol das variedades da experiência anômala. O primeiro e principal argumento implica o respeito ao conceito de anomalia proposto. A experiência mística se desvia, efetivamente, das experiências ordinárias, assim como outras variedades da experiência religiosa. O segundo argumento – um tanto controverso – refere-se à perspectiva de Rice (2003), que aproximou experiências religiosas e anômalas relacionando as primeiras a "crenças paranormais clássicas" e as últimas a "crenças paranormais religiosas". Entre as primeiras, estariam crenças em percepção extrassensorial, em extraterrestres, nas curas paranormais e no *déjà vu* (sensação de passar por uma situação que teria sido vivenciada anteriormente). Entre as últimas, estariam as crenças em deuses, no demônio, nos anjos, no céu, no inferno e na vida após a morte. Do ponto de vista psicológico, as crenças paranormais clássicas (que se referem às experiências anômalas) e as crenças religiosas estariam fundamentadas em um mesmo conjunto de assertivas que remetem a uma extensão da realidade tal qual compreendida pela ciência. Assim, ter sonhado com um fato futuro que efetivamente se confirma implicaria uma capacidade humana para além daquelas previstas pela Psicologia e pela Biologia *mainstream* neste momento, da mesma forma que a existência factual do céu e do inferno, de seres espirituais e da reencarnação implicaria uma revisão da realidade tal qual a conhecemos do ponto de vista científico. Em síntese, todas essas experiências participariam do conjunto maior das crenças relacionadas a anomalias (Paiva *et al.*, 2012).

DA INTERSECÇÃO ENTRE EXPERIÊNCIAS ANÔMALAS E EXPERIÊNCIAS RELIGIOSAS

As experiências anômalas não são apenas variadas. Ao contrário do que se pode imaginar, muitas são frequentes, além de extremamente significativas. Pesquisas de levantamento de dados indicam que parcela considerável de participantes de diferentes estudos diz **já** ter vivenciado ao menos um tipo de experiência anômala. Como exemplo, citamos um estudo realizado na Grande São Paulo sobre a prevalência de experiências *psi* (ESP e macro-PK). No estudo realizado por Machado (2010), verificou-se que 82,2% dos 306 participantes da pesquisa, com idades de 18 a 66 anos, alegaram ter vivenciado pelo menos uma experiência anômala de tipo ESP ou PK. Além da alta prevalência desse tipo de experiência, os resultados do estudo apontam para o fato de que essas vivências afetaram atitudes, crenças e tomadas de decisão de seus experienciadores. Essa influência está significativamente relacionada à atribuição de causalidade feita pelos sujeitos para suas experiências. No estudo, tais atribuições foram, de maneira geral, coerentes com a crença, adesão ou postura religiosa (de crença ou descrença) dos participantes.

Verifica-se que o Brasil tem apresentado prevalência maior de experiências anômalas do que outros países (cf. Cardeña, Lynn e Krippner, 2013; Machado, 2010). Vale mencionar, ainda, que em outros estudos – alguns em andamento – que abordam um conjunto maior de variedades da experiência anômala, a prevalência para "ter vivenciado ao menos uma experiência anômala" pode chegar a ser ainda maior. Além disso, vem se confirmando a influência dessas variadas experiências sobre a vida social e mental de seus experienciadores.

Observa-se que a religião é considerada como um importante recurso de *coping* (enfrentamento) para lidar com as experiências anômalas de modo geral. Especialmente os sistemas religiosos que *acolhem* experiências anômalas, como o Espiritismo e as religiões de matrizes africanas, por exemplo, ou aquelas que oferecem "antídoto" para livrar-se dessas vivências, como as diferentes denominações evangélicas, cumprem essa função. A influência das experiências nas crenças e atitudes (*e.g.*, mudança ou adoção de religião, realização de rituais religiosos, mudança de atitude nas relações sociais, mudança de visão de mundo) ocorre com maior frequência dentre os experienciadores que atribuem suas experiências a agentes sobrenaturais ou religiosos (Machado, 2010).

Como já mencionado, é recorrente a atribuição das experiências anômalas à ação ou influência de agente(s) externo(s), pois elas desafiam a habitual compreensão do funcionamento do mundo e da natureza como um todo, fugindo ao escopo do que é considerado próprio da ação do próprio experienciador. As experiências desafiadoras clamam por significado para que possam ser compreendidas por quem as vive. Ao receber uma interpretação que relaciona o evento vivenciado a algum elemento de ordem religiosa, ou sobrenatural, a experiência recebe um contorno religioso. Nesse sentido, torna-se impraticável a distinção entre uma experiência "puramente" anômala e uma experiência religiosa.

Há pessoas que costumam ver nas mínimas ocorrências cotidianas algo de "paranormal" ou "sobrenatural". Tais pessoas seriam *paranormófilas*, termo cunhado no início dos anos 2000 pelo pesquisador Wellington Zangari, a partir da atitude que nomeou como *paranormofilia*. *Paranormófilos* certamente vivem várias experiências anômalas no cotidiano, que são interpretadas de acordo com seu repertório cultural e visão de mundo. Para designar a contraposição a essa postura, em 2009 a pesquisadora Fatima Regina Machado cunhou o termo *paranormofóbico* a partir da atitude que nomeou como *paranormofobia*, para designar pessoas que rejeitam *a priori* a possibilidade de que algum processo anômalo esteja subjacente a alguma vivência que provoque dissonância cognitiva. Do ponto de vista psicológico, é essencial levar em conta esses dois tipos de atitude, pois indicam predisposições que influenciam na atenção dispensada às vivências cotidianas e no modo de lidar com elas. Isso faz toda diferença no processo de escolha de uma explicação que dê sentido a alguma eventual experiência desafiadora, o que poderá afetar relações sociais e a tomada de decisões cruciais para o sujeito (Machado, 2010).

A mesma discussão em termos atitudinais vale para profissionais da Psicologia na sua prática de escuta dos seus pacientes/clientes. Vale observar que a desejável prática de acolhimento das narrativas de experiências religiosas e anômalas – pois fazem parte da subjetividade do sujeito – não significa adotar e praticar determinadas crenças e rituais. Significa buscar compreender a importância e o sentido dessas vivências para seus experienciadores, respeitando os limites epistemológicos da Psicologia. Um modo de autoavaliação da postura enquanto psicólogo(a) diante dessas questões que surgem na prática clínica é refletir sobre os pontos levantados nos *10 mandamentos da exclusão metodológica do transcendente* por Zangari e Machado (2016), a partir do princípio proposto pelo psicólogo suíço Théodore Flournoy, médico, filósofo e psicólogo genebrino, pioneiro da Psicologia da Religião. Em suma, é imprescindível manter a postura de respeito às próprias crenças e às crenças de seus clientes/pacientes e, diante de conteúdos anômalos/religiosos levados à psicoterapia, não afirmar ou negar a existência do transcendente, mas sim acolher a experiência relatada considerando-a como importante para a subjetividade a partir da teoria psicológica adotada como referência na prática clínica.

EXPERIÊNCIAS RELIGIOSAS, EXPERIÊNCIAS ANÔMALAS E SAÚDE MENTAL

Uma primeira justificativa para argumentar em prol da necessidade de aproximação dos profissionais de Psicologia ao estudo das experiências anômalas e das experiências religiosas é dupla: não apenas tais experiências são pervasivas e prevalentes, como afetam de variados modos a vida das pessoas. Uma segunda justificativa – da qual trataremos mais detalhadamente nesta seção – deriva da primeira: há suficiente evidência científica para supor que haja correlação entre determinados tipos de experiências anômalas e a saúde mental dos indivíduos. E, mais do que isso, a forma pela qual o indivíduo e seu grupo compreendem uma vivência desse tipo pode ser decisiva para a manutenção da saúde mental ou para a emergência de sofrimento psíquico. Uma terceira justificativa, que de certa forma se correlaciona com as duas anteriores, deve ainda ser apontada, na confluência entre experiências anômalas e religiosas: experiências anômalas podem estar na base da criação e/ou da manutenção de uma variedade de fenômenos grupais de importância cultural e psicossocial. Basta lembrar a grande riqueza de manifestações religiosas que se apresentam tendo por base narrativas de experiências anômalas. Verifica-se a presença de experiências anômalas interpretadas ao modo religioso nos mais variados fenômenos culturais/religiosos, tais como: a mediunidade no Espiritismo e nas religiões afro-brasileiras; o dom de falar línguas "estranhas" ao sujeito ou desconhecidas (xenoglossia ou glossolalia) e o repouso no Espírito da Renovação Carismática Católica e de vertentes das igrejas neopentecostais; a viagem astral presente em movimentos *New Age* e em tradições herméticas; e as curas tidas como milagrosas ou espirituais em praticamente todas as manifestações religiosas. A compreensão psicológica e grupal da influência e da semântica que tais experiências assumem para sujeitos e certos grupos parece ser decisiva para o entendimento das relações indivíduo-grupo e de como o contexto cultural pode influenciar e ser influenciado por essas experiências. Ainda há que se considerar, também, a influência sobre a percepção do indivíduo a respeito delas. Esse último ponto liga-se, portanto, à segunda justificativa, uma vez que sabemos que a depender de como alguém compreende sua própria experiência, isso poderá causar-lhe sofrimento ou, ao contrário, poderá integrá-la à sua personalidade e ser fator de saúde. A importância é clínica, uma vez que aponta para o resultado da interação entre fatores individuais e contextuais (grupais e culturais) que podem desembocar em integração ou disrupção psíquica.

Tem sido motivo de preocupação de psiquiatras e psicólogos clínicos a problemática do diagnóstico diferencial entre experiência anômala e distúrbio mental. Questiona-se até que ponto essas experiências se ligariam ou não **à** saúde ou à doença mental. Pondera-se se uma experiência anômala poderia gerar um transtorno mental; se poderia ser o resultado de um distúrbio mental; se poderia ser um fenômeno que ocasionalmente se relacionaria a um transtorno mental; ou, por fim, se poderia ser um fenômeno sem qualquer relação com os transtornos mentais.

O fato de a experiência anômala assumir múltiplas formas não permite avaliá-las em conjunto, ou seja, tomar a totalidade das experiências e fazer uma avaliação considerando-as ligadas aos transtornos mentais ou à doença de um único modo. Há dados empíricos que evidenciam que algumas experiências teriam maior potencial de se ligarem tanto à saúde mental quanto a certos transtornos mentais. Além disso, é necessário, uma vez mais, enfatizar a importância de se considerar o papel do impacto que determinada experiência tem sobre um sujeito concreto. Isso significa que um mesmo tipo de experiência anômala tem o potencial de ser vivido de modos completamente diversos por sujeitos diferentes. Eis, portanto, o papel fundamental que desempenha o sentido que uma experiência tem para o indivíduo. Para falarmos em transtorno mental, temos que considerar o quanto uma experiência promove ou não sofrimento a uma pessoa. É o sofrimento um dos principais elementos a serem levados em conta quando queremos saber se uma experiência anômala impactou favoravelmente ou não a saúde de alguém. *Sentido* e *sofrimento* parecem, portanto, elementos interligados e fundamentais nessa equação.

Para tornar mais clara a questão do diagnóstico diferencial e de como tem sido discutida no âmbito científico recente, **é** interessante conhecer a proposta de Menezes Junior e Moreira-Almeida (2009), elaborada após revisarem a literatura da área. Os autores apresentam nove critérios diferenciadores a serem observados a fim de verificar se uma experiência anômala estaria relacionada ou não a transtornos mentais. Tais critérios são interessantes para que reflitamos acerca do que parece efetivamente importar nas relações entre saúde e doença mental diante

de experiências anômalas e religiosas. Numa avaliação conjunta desses critérios, podemos depreender que em ao menos sete deles (I, II, IV, V, VII, VIII e IX) há referência implícita ou explícita à questão do contexto do experienciador (ser ou não aceito pelos familiares e amigos, por seu grupo social/cultural) e do sentido da experiência e sua relação com o impacto (positivo ou negativo) que essa vivência terá sobre ele. Indivíduos podem ficar desorientados em termos pessoal e social após uma experiência, com sensação de perda de referências e de controle da situação *"enquanto não conseguirem compreendê-la e retomá-la"* (critérios I e II) (Menezes Junior e Moreira-Almeida, 2009, p. 81). Isso significa dizer que um indivíduo, diante de uma experiência anômala, teria que a ressignificar ou, ainda, dar sentido a ela dentro de um quadro de referência, dotando-a de algum contexto para que ela não fuja de seu controle de modo permanente. Poderia haver um irrompimento, uma experiência inesperada, abrupta, ou uma experiência desejada, cultivada e, o que é mais importante, compreendida segundo uma referência simbólica específica (critério IV). O sentido da experiência pode emergir após essa mesma experiência ser confrontada com o quadro de referência "anterior". Haveria, por assim dizer, um conflito entre a experiência e o modo de perceber a realidade. Esse modo pode ser alterado pela necessidade de abarcar nele a experiência vivida. A compatibilidade ou incompatibilidade da experiência com algum grupo cultural ou religioso demarcaria o enquadramento simbólico/cognitivo disponível na cultura para dada experiência. Sem ele, o indivíduo poderia sofrer. O controle da experiência (critério VII) que, em pessoas saudáveis, se faz pela busca ou construção de sentido para a experiência ressalta o fato de que as experiências anômalas/religiosas assumiriam um caráter de transtorno não por si mesmas, mas devido a algum transtorno de base dos indivíduos que as vivenciam. O critério VIII nos faz questionar se se poderia falar em "experiência patológica" ou se não seria mais adequado referir-se às experiências como integradas ou desintegradas ao quadro de referência, ao universo simbólico, ao mundo de sentidos que o indivíduo constrói e a partir do qual constitui sua subjetividade, sua identidade. Além disso, haveria que se questionar se o indivíduo, para além das experiências anômalas/religiosas, tem ou não saúde mental. Em indivíduos com saúde mental frágil, qualquer experiência – não apenas a anômala – poderá ser revestida de um caráter sintomático. Por fim, quando saudável, o indivíduo tenderá – note-se que por guardar um "sentido e um objetivo social" – a relacionar sua experiência à esfera grupal (critério IX). Os demais critérios (III e VI) dizem respeito ou ao tempo e à frequência do sofrimento ou à concomitância das experiências anômalas/espirituais com algum transtorno mental.

Ao analisar os critérios apresentados – originalmente chamados pelos autores de *sintomas* –, é possível reduzi-los a dois vetores principais:

> (...) (1) o quadro de referência a partir do qual o(a) experienciador(a) dá sentido às suas vivências anômalas/religiosas; e (2) a predisposição psicopatológica daquele(a) que passa por uma experiência anômala. Se o(a) experienciador(a) não oferecer à sua experiência anômala/religiosa um sentido, essa experiência poderá ser perturbadora, sendo percebida como pertencente à ordem do descontrole, do caótico, do imponderável. Para indivíduos mentalmente sãos, as experiências anômalas/religiosas se constituem, a princípio, como fonte de conflito cognitivo e afetivo, cujo sentido ainda não foi encontrado; mas, com algum esforço pessoal e apoio social, seu significado acabará por ser construído, o que permitirá a integração simbólica dessas experiências. Em

indivíduos mentalmente doentes, as experiências anômalas/religiosas são submetidas à gramática da doença de base, podendo se constituir como parte do conteúdo delirante ou mesmo como desencadeadoras de estados patológicos de base. (Zangari e Machado, 2015, p. 5-6)

Esses comentários estão em consonância com aqueles preconizados pelas últimas versões do Manual Diagnóstico e Estatístico de Transtornos Mentais, sobretudo em sua última versão, o DSM-V, ao tratar das questões culturais e sua importância na tarefa diagnóstica. Nele, há a expressa consideração de que transtornos mentais, como os dissociativos, "...envolve conflito entre o indivíduo e seus ambientes familiar, social ou ocupacional; e manifesta-se em momentos e lugares que violam as normas da cultura ou da religião" (American Psychiatric Association, 2014, p. 295).

É importantíssimo, contudo, salientar que, mesmo que o sujeito encontre um contexto acolhedor a certo tipo de vivência/narrativa, é fundamental checar suas condições de saúde orgânica. O que é interpretado como uma experiência anômala pode ser fruto de distúrbios da visão, de problemas neurológicos etc. Há casos de morte por falta de cuidado ou de atenção a sintomas subjetivamente interpretados como experiências religiosas, por exemplo. É importante, ainda, reconhecer que o discurso, muitas vezes delirante, psicótico, pode também ter conteúdos religiosos. Apenas acolher a experiência não é suficiente nos casos em que o fundamental é o cuidado clínico.

CONSIDERAÇÕES FINAIS

Retomando o que foi discutido, reitere-se que o contexto religioso oferece um amplo quadro de referência simbólico e explicativo que confere significado às mais diversas experiências e à existência. A religião pode ser fundamental para quem passa por uma experiência anômala. Atente-se, no entanto, que não basta que um indivíduo assuma uma doutrina religiosa para que o sentido dado a uma experiência anômala vivida por ele seja motivo de integração ou saúde mental. A direção do impacto – saudável ou gerador de sofrimento – dependerá do modo como a experiência é compreendida pela religião de afiliação. Alguém que alegue ter sonhado com o futuro pode tanto ser visto como endemoninhado quanto possuído pelo poder do Espírito Santo, a depender do grupo religioso de referência. O sentimento gerado por esse sentido poderá levar ao sofrimento ou à maior integração ao grupo, à aceitação e integração da experiência à sua identidade. A religião atua como moduladora do impacto da experiência, além de ser conferidora de sentidos.

Mas é fundamental lembrar que diferentes abordagens em Psicologia podem gerar perspectivas mais ou menos simpáticas às experiências anômalas e isso, por sua vez, pode levar a atitudes mais ou menos simpáticas por parte dos profissionais de Psicologia. A forma como esses profissionais lidam teórica ou clinicamente com esse tipo de vivência pode afetar o modo como o indivíduo compreende sua experiência do mesmo modo como o sistema simbólico religioso de referência o faz. Uma postura antipática ou de desconsideração perante essas experiências não parece ajudar os pacientes na compreensão e integração delas à sua personalidade. Uma postura de acolhimento das experiências anômalas, por outro lado, pode levar a uma atitude de ativa busca de compreensão, de sentido, que tende a retirar o sujeito da situação de conflito cognitivo, afetivo e social que pode levar ao sofrimento psíquico. Como mencionado, tal atitude de abertura não deve significar oferecer ao paciente um endosso das interpretações que ele encontra para suas experiências. Antes,

representa uma atitude de estímulo de uma busca pessoal por significação, seja ela qual for, mas que leve o indivíduo ao efetivo encontro de sentidos que lhe permitam a diminuição do sofrimento psíquico e/ou social.

Assim, dada a prevalência e o impacto das experiências anômalas, evidencia-se a importância do preparo dos profissionais da Psicologia para lidarem com elas. Há algumas ações que propiciam esse preparo. Dois exemplos cabem nessa temática. O primeiro, já mencionado, é a publicação do livro *Variedades da experiência anômala* originalmente pela Associação Americana de Psicologia, destinado em especial a profissionais de Psicologia. O segundo, digno de nota, é o fato de que desde 2009, no Reino Unido, a Psicologia Anomalística é oferecida como opção de curso para estudantes que pretendem ser avaliados pela Aliança de Avaliação e Qualificações (*Assessment and Qualifications Alliance*), a maior das agências de avaliação da Inglaterra, para a obtenção do certificado de Nível Avançado (*A Level*). Essa oferta reflete a importância que tal área assumiu no meio psicológico britânico. Além disso, na última década ocorreu a abertura de centros de Psicologia Anomalística em importantes universidades europeias, como na Universidade de Londres, Universidade de Northampton, Universidade de Hertfordshire, Universidade Edimburgo, Universidade de Lund, entre outras.

A preocupação com a formação de profissionais e com a pesquisa na área da Psicologia Anomalística e da Psicologia da Religião no Brasil também tem crescido. Ao longo das duas últimas décadas, centros de estudo, pesquisa e educação vêm se consolidando no meio acadêmico e profissional. Como exemplos, citamos a constituição tanto do *Laboratório de Psicologia Social da Religião* quanto do *Inter Psi – Laboratório de Psicologia Anomalística e Processos Psicossociais*, do Instituto de Psicologia da Universidade de São Paulo (USP), que têm liderado as pesquisas e a formação (tanto em nível de graduação quanto de pós-graduação) e inspiraram a criação de grupos congêneres. E ainda, na ANPEPP – Associação Nacional de Pesquisa e Pós-Graduação em Psicologia, destaca-se o Grupo de Trabalho "Psicologia & Religião", que congrega alguns dos principais pesquisadores acadêmicos da Psicologia da Religião em nosso meio.

Apesar das iniciativas louváveis que têm promovido considerável transformação no cenário da pesquisa e da formação relacionada aos modos de se lidar com as experiências anômalas/religiosas no Brasil, ainda há a necessidade de se ampliar essa área para atingir de modo efetivo a formação de alunos de graduação e garantir a formação continuada de profissionais da Psicologia. Não há propriamente resistência em relação à temática que impediria essa ampliação, como se poderia supor. Há, de fato, desconhecimento de sua existência, exatamente porque a Psicologia Anomalística e a Psicologia da Religião não costumam habitar os meios acadêmicos do país. No entanto, o cotidiano acadêmico mostra estudantes ávidos por compreender experiências anômalas e religiosas e por desenvolver competência para lidar com elas no ambiente clínico. Aos docentes, a discussão científica dessas experiências oportuniza um sem número de temas de importância para a formação, como: a discussão dos conceitos de ciência e pseudociência; a questão da neutralidade científica; a importância do rigor metodológico; os limites do fazer científico; a necessidade de uma visão interdisciplinar para a compreensão de fenômenos complexos; a relação entre ciência e religião; as implicações de nossas atitudes, valores e crenças no processo clínico, entre outros.

A questão da preparação dos profissionais para essa área é importante. Dela deriva a ação concreta de psicólogos e psicólo-

SEÇÃO V — PSICOLOGIA E RELIGIÕES

gas diante de narrativas de experiências significativas para parte considerável da população. A cultura cultiva sistemas simbólicos, práticas, crenças e valores nos quais experiências anômalas têm um papel fundamental. A abordagem psicológica dessas experiências não implica apenas sua compreensão do ponto de vista teórico, mas implica a formação de uma atitude científica, psicológica e também humana diante delas.

REFERÊNCIAS BIBLIOGRÁFICAS

Alvarado, C. S. et al. (2007). Perspectivas históricas da influência da mediunidade na construção de ideias psicológicas e psiquiátricas. *Revista de Psiquiatria Clínica*, v. 34, supl. 1, p. 42-53.

American Psychiatric Association (2014). *Manual Diagnóstico e Estatístico de Transtornos Mentais (DSM-V) – 5ª edição*. Porto Alegre: Artmed.

Brugger, P.; Mohr, C. (2008). The paranormal mind: how the study of anomalous experiences and beliefs may inform cognitive neuroscience. *Cortex*, v. 44, p. 1291-1298.

Cardeña, E.; Lynn, S. J.; Krippner, S. (Orgs.) (2013). *Variedades da Experiência Anômala: análise de evidências científicas*. São Paulo: Atheneu.

Cardeña, E.; Palmer, J.; Marcusson-Clavertz, D. (Orgs.) (2015). *Parapsychology, a handbook for the 21ˢᵗ century*. Jefferson, NC: McFarland.

James, W. (1991). *As variedades da experiência religiosa: um estudo sobre a natureza humana*. São Paulo: Cultrix.

Kuhn, T. S. (2013). *A estrutura das revoluções científicas*. 12ª ed. São Paulo: Perspectiva.

Machado, F. R. (2010). Experiências anômalas (extra-sensório-motoras) na vida cotidiana e sua associação com crenças, atitudes e bem-estar subjetivo. *Boletim Academia Paulista de Psicologia*, v. 79, p. 462-483.

Menezes Júnior, A.; Moreira-Almeida, A. (2009). O diagnóstico diferencial entre experiências espirituais e transtornos mentais de conteúdo religioso. *Archives of Clinical Psychiatry*, v. 36, n. 2, p. 75-82.

Paiva, G. J. (1998). Estudos psicológicos da experiência religiosa. *Temas em Psicologia*, v. 6, n. 2, p. 153-160.

Paiva, G. J. et al. (2012). *Crença paranormal religiosa versus crença paranormal clássica: um estudo transcultural*. Relatório Técnico de Pesquisa apresentado ao CNPq, referente ao auxílio à pesquisa ligado ao Edital MCT/CNPq/MEC/Capes nº 02/2010, Ciências Humanas, Sociais e Sociais Aplicadas, Processo 400716/2010-0.

Rice, T. (2003). Believe it or not: religious and other paranormal beliefs in the United States. *Journal for the Scientific Study of Religion*, v. 41, p. 95-106.

Zangari, W.; Machado, F. R. (2015). Diagnóstico diferencial de transtornos mentais e experiências anômalas/religiosas: a importância do quadro de referência e dos transtornos mentais de base. In: X Seminário de Psicologia e Senso Religioso – Psicologia da Religião no Brasil: Pesquisa, Teoria, Ensino e Prática. *Anais do X Seminário de Psicologia & Senso Religioso*. Curitiba: PUC-PR. p 1-6.

Zangari, W.; Machado, F. R. (2016). *Os 10 mandamentos da exclusão metodológica do transcendente*. Direitos humanos nas relações entre Psicologia, laicidade e religião. Conselho Regional de Psicologia de São Paulo. v. II, p. 111-114. (Coleção Psicologia, Laicidade e as Relações com a Religião e a Espiritualidade)

Zusne, L.; Jones, W. H. (1989). *Anomalistic psychology: a study of magical thinking*. 2ª ed. Hillsdale, NJ: Erlbaum, 1989.

LEITURAS RECOMENDADAS

Cardeña, E.; Lynn, S. J.; Krippner, S. (Orgs.) (2013). *Variedades da Experiência Anômala: análise de evidências científicas*. São Paulo: Atheneu.

French, C. C.; Stone, A. (2014). *Anomalistic psychology: exploring paranormal belief and experience*. Londres, UK: Palgrave Macmillan.

Machado, F. R.; Zangari, W. (2016). *Omissões da Psicologia, territórios colonizados: experiências anômalas, interpretações religiosas e atuação do(a) psicólogo(a)*. Conselho Regional de Psicologia de São Paulo. v. I, p. 243-245. (Coleção Psicologia, Laicidade e as Relações com a Religião e a Espiritualidade)

Pargament, K. (2013). *APA Handbook of Psychology, Religion, and Spirituality*. Washington, DC: American Psychological Association.

Zangari, W.; Machado, F. R. (2016). *Os 10 mandamentos da exclusão metodológica do transcendente*. Direitos humanos nas relações entre Psicologia, laicidade e religião. v. II, p. 111-114. (Coleção Psicologia, Laicidade e as Relações com a Religião e a Espiritualidade)

42

Narrativas religiosas e seus tesouros psicológicos

Ronilda Iyakemi Ribeiro
Karin Hellen Kepler Wondracek

INTRODUÇÃO

Grande é o desafio de compreensão do que seja o povo brasileiro, com seu corpo e alma mestiços, povo nascido de tantos povos, tantas origens, com seu simbolismo incomparavelmente rico. Nesse contexto em que estamos mergulhados, a todo momento somos remetidos a diversos universos simbólicos de matrizes indígenas, judaico-cristãs, negro-africanas, asiáticas... Os símbolos religiosos, presentes em monumentos, nomes, músicas, são utilizados como referências no cotidiano. O Paraíso, Adão, Eva, a maçã...; Orixás, Inquices, Encantados, Seres Ancestrais... mesmo quem nunca foi educado religiosamente conhece esses termos. Será que a psicologia teria a ganhar com um debruçar atento sobre entrelinhas de narrativas fundantes das tradições religiosas preservadas em nosso país?

Para o escritor Thomas Mann, "o mito lhe empresta um quadro para interpretar sua existência, previne-o de um perigo que o espreita, convidando-o a tomar uma atitude adequada" (*apud* Wénin, 2011, p. 13). No campo da Psicologia, coube a Sigmund Freud o mérito de resgatar o valor de lendas e mitos para a compreensão do humano, com o estudo de Édipo e Narciso. Jung também contribuiu muito para essa redescoberta, logo a seguir. Aos poucos, estudiosos do humano passaram a se debruçar sobre narrativas antigas para compreender anseios e conflitos de todos os tempos

Outras correntes da Psicologia trouxeram novas contribuições. O corpo teórico das psicologias transpessoais mostra-se particularmente competente para o entendimento do mito e de sua função nas subjetividades por sua compreensão de que o potencial humano transcende o nível psicodinâmico ou biográfico, geralmente abordado pelas psicologias hegemônicas. Agrega a essa dimensão das relações biopsicossocioculturais a dimensão espiritual. Tais corpos teóricos favorecem uma nova compreensão da dinâmica psíquica e de fenômenos geralmente postulados como psicopatológicos ou colocados à margem dos estudos psicológicos (Ferreira, Rocha e Ribeiro, 2016b)[1].

As diversas correntes psicológicas propiciaram, e continuam propiciando, recursos para o garimpo de significados nas narrativas arquetípicas. Certamente há ainda muitos tesouros por (re)descobrir. Especialmente nos textos fundantes de religiões, pouco explorados em sua compreensão psicológica. Talvez seu vínculo com religiões específicas tenha dificultado, ou mesmo impedido, esse movimento. Além dos (até agora) inevitáveis preconceitos relativos ao religioso, há o indispensável cuidado de manter a laicidade das teorias psicológicas. No entanto, sabe-se atualmente que compreender legados presentes nesses textos antes amplia o campo da psicologia do que o limita e que há diferenças entre tomar um texto no seu sentido religioso-teológico e tomar o mesmo texto no seu sentido psicológico e antropológico. Para a psicanalista Marie Balmary, há um trabalho que aguarda cada geração:

> Se esses textos são a nossa memória, cada itinerário, cada experiência humana, pode revisitá-los; se são verdadeiramente a nossa memória, devem conter elementos a serem lidos renovadamente até o final dos tempos. Como na sua vida, e até o momento final, cada homem pode encontrar, a partir do início, um sentido novo para seu futuro. (Balmary, 1997, p. 16)

---

[1] Cabe enfatizar que psicologia transpessoal não é o mesmo que psicologia da religião, pois, enquanto esta tende a privilegiar a descrição empírica e a análise psicológica da experiência e do comportamento religioso, aquela se constitui como disciplina normativa: define como meta de desenvolvimento a realização da capacidade humana de "autotranscender-se" além de "autorrealizar-se"; aborda e promove a necessidade de transformação humana. Essa abordagem não hegemônica, surgida nos anos 1960 a partir de estudos da espiritualidade desenvolvidos por Abraham Maslow e Stanislav Grof, seus principais fundadores, rompeu com os misticismos da "nova era" e elegeu um caminho de pesquisa e vivência da espiritualidade, da multidimensionalidade e da integralidade do ser.

SEÇÃO V — PSICOLOGIA E RELIGIÕES

Visando contribuir para a realização de tarefas que aguardam a atual geração de psicólogas e psicólogos e buscando trabalhar algumas das narrativas que permeiam a cultura brasileira, aqui reunimos narrativas cosmogônicas, ou seja, mitos de origem do universo e do ser humano, para "escavar" seus legados em busca de tesouros para nossa ciência. Para atender a esse objetivo, adotamos como estrutura de trabalho apresentar primeiramente a narrativa fundante da tradição judaico-cristã e, em seguida, narrativas fundantes dos grupos étnicos iorubá (Nigéria, Togo e República do Benin) e bambara (Burkina, Costa do Marfim, Gambia, Guiné Bissau, Mali e Senegal). Facilmente constatamos que por diversas razões – históricas, sociais, políticas, econômicas... – a tradição judaico-cristã beneficiou-se, ao longo de séculos, da dedicação de estudiosos das mais diversas áreas do saber, não tendo ocorrido o mesmo com as tradições religiosas negro-africanas. Daí a importância deste texto produzido a quatro mãos (e dois corações).

Esperamos que este processo estimule outros colegas a fazerem o mesmo com as demais tradições que constituem, juntamente com estas aqui apresentadas, um pulsante complexo simbólico no imaginário religioso brasileiro.

Aqui está apenas o começo...

O GÊNESIS COMO NARRATIVA DOS PRIMÓRDIOS HUMANOS

Se antigamente a narrativa do Gênesis era contada e recontada em seus mínimos detalhes para cada geração, pode-se dizer que na atualidade apenas alguns fragmentos permanecem no imaginário popular: Adão, Eva, a serpente, a maçã (que nem está no original hebraico, já indício de interpretações culturalmente influenciadas...).

Há muito mais, especialmente para quem quer estudar a condição humana nas suas origens. Para a psicologia, esse tesouro foi trazido à tona especialmente pelos estudos de Marie Balmary (1997), que há mais de trinta anos mantém um grupo de estudos sobre Bíblia e psicanálise e que para isso mergulhou nas línguas originais e na tradição rabínica: "Há muitos anos leio a obra de Freud e a Bíblia sem querer largar uma ou outra... quando comecei, o debate era quase impossível" (p. 7). A autora traça uma ligação importante: "Aliás, tanto a psicanálise quanto a tradição bíblica, não são ambas fundamentadas em relatos que descrevem, respectivamente, experiências do inconsciente e experiências do 'divino', termo vago, conveniente para este início de percurso?" (1997, p. 7). Com a psicanálise, aprendemos a valorizar tempos e termos vagos, sabendo que a riqueza da polissemia os habita.

Num princípio Deus criava[2]

A dimensão do vago já aparece no título que encabeça a narrativa do Gênesis:

Num princípio Elohîms criava o céu e a terra (Gênesis 1.1)[3].

Para o exegeta André Chouraqui (1995, p. 35)[4], duas indeterminações chamam a atenção: o artigo indefinido "num" e o tempo do verbo, pretérito imperfeito, indicativo de "fato inacabado". Lamentamos que a indeterminação tenha se perdido nas traduções, surgindo no lugar "no princípio Deus criou", com artigo determinado e verbo em tempo perfeito, acabado. Fechamento de sentidos, sinal de angústia perante o desamparo[5]? Se a determinação forçada acalmou a angústia de alguns, gerou muitas outras em Darwin e seus seguidores, bem como em estudiosos das Escrituras Sagradas a partir de então. Até a crítica de Freud (1927) de que perante o desamparo a religião atrofia o pensar pode ser aproximada desse fechamento da tradução[6].

A terra era desordem e deserto

Logo na segunda frase da narrativa, caos, vazio e deserto. A angústia perante o desamparo, tão presente nas teorias a respeito dos começos humanos, também aqui se mostra em sua face aterradora. E da mesma forma como a presença materna retira o pequeno humano desse estado, também o sopro do divino, *feminino no original*, "plana" ou "choca" – mesmo verbo usado para a ação fértil da galinha –, começando a criar, pela voz, uma estrutura que ordene o caos. Acalmar pela presença e criar por meio da fala o que está ausente é outro atributo característico da ação materna no desamparo. O divino feminino faz esse papel aqui.

---

[3] Gênesis 1.1-3 em Chouraqui (1995, p. 29ss) e Peterson (2011, p. 22ss), respectivamente:

No [num] princípio Elohims criava os céus e a terra	*Em primeiro lugar, Deus criou o céu e a terra – tudo que se vê e tudo que não se vê.*
A terra era desordem e deserto uma treva sobre as faces do abismo, mas o sopro de Elohims planava sobre a face das águas.	*A terra era como uma massa sem forma, um vazio sem fim, uma escuridão quase palpável.*
Elohims diz: "Uma luz será."	*O Espírito de Deus pairava sobre o abismo das águas.*
E é uma luz.	*Disse Deus: "Luz"*
Elohims vê a luz: grande bem!	*E a luz apareceu.*
Elohims separa a luz da treva.	*Deus viu que a luz era boa*
	E separou a luz da escuridão.

[4] A indeterminação do artigo está posta por Chouraqui no seu comentário (p. 35), e não na tradução do texto.

[5] Karl Kepler (2014) estabelece a relação entre essa deturpação e a intensificação das angústias de morte, resultando em incremento de imperativos e proibições na vivência religiosa. Já Enio Mueller (2010) relaciona as deturpações do conhecimento, inclusive de traduções e interpretações dos textos sagrados à alienação humana, e em termos teológicos à Queda.

[6] Um bom livro para a discussão entre teoria da evolução e teologia da criação: Haught, John (2002). *Deus após Darwin*. Também a dissertação de mestrado de Garros, Tiago V. *O movimento criacionista e sua hermenêutica: possibilidades de diálogo entre a teologia e a ciência evolucionista*. São Leopoldo, 2014. 167p. Faculdades EST, Programa de Pós-Graduação. Disponível em: http://tede.est.edu.br/tede/tde_busca/arquivo.php?codArquivo=553.

---

[2] Há muitas traduções da Bíblia, cada uma com seu valor e seus problemas. Indicamos duas em especial: a de Chouraqui (1995), que procurou manter o hebraísmo do texto, também usada por Balmary, e a de John Peterson (2011), *A mensagem*, em linguagem contemporânea.

Façamos o humano à nossa imagem e semelhança[7]

A relacionalidade é fundante já no ato da criação. O verbo no plural chama atenção – até a divindade se pluraliza para não aprisionar o humano numa relação dual! Também caracteriza o humano o movimento para fora de nós: sermos feitos à imagem de um outro é nossa condição primeira. Para saber quem somos, precisamos olhar para outro, eis nossa sina inicial!!

A narrativa também descentra o humano por apontar que a vida nos chega como doação, e não como realização. Michel Henry (2015), criador da fenomenologia da vida expressa que nossa condição primeira é de *passibilidade:* somos nascidos *na* vida e *da* vida. Nossos pais apenas nos transmitem o que também já receberam, mas não possuem a condição de gerar vida por si mesmos. Somos gerados sem cessar na Vida absoluta que nos chega como doação[8].

Um detalhe interessante: no primeiro relato, Gênesis 1, os humanos são designados como "macho e fêmea", nome genérico e comum às espécies. No segundo relato, Gênesis 2, são designados por "homem e mulher", que no original hebraico portam letras do nome próprio de Deus YHVH. Abre-se aqui uma riqueza de significados: um deus genérico cria humanos genéricos; o Deus com nome pessoal cria homem e mulher. E mais: a junção das letras hebraicas referentes a homem e mulher tem as mesmas letras de YHVH. Ambos unidos portam a imagem de Deus. Homem sozinho "não o representa"; outro equívoco herdado das interpretações que alijaram o feminino da proximidade do divino (Chouraqui, 1995, p. 55)[9].

A narrativa conta que o humano é criado a partir de dois elementos: o barro (*adamah*, donde deriva Adão) e o sopro divino (*Ruah*, feminino no original). Essa simultaneidade de barro e sopro traduz a complexidade do humano: somos compostos de duas dimensões – a concreta e a etérea, a humana e a divina[10]. Temos necessidades "do chão", aparentados com tudo que há nesse mundo, e "do céu", pois ali nossa identidade se configura.

Eis, eu vos dei

Se a criação é feita por um deus plural, a alimentação é dada no singular[11]: *Eu vos dei todo alimento*. Tal qual a mãe, que na relação de intimidade nutre de afeto e alimento.

Em relação à natureza, o texto traz uma reflexão interessante e atual, se se considerar a sequência assujeitamento da criação – alimento aos humanos – alimento a animais: pelo princípio de contiguidade – que a psicanálise herdou dos exegetas hebreus – o domínio humano acaba onde se inicia o direito dos animais à alimentação[12]. Eco-sabedoria!

Mas a alimentação também dará origem à primeira interdição, desta vez logo depois de receber a incumbência de cuidar do jardim, em Gênesis 2: "não comerás" (Gênesis 2.16)[13]. Por que essa interdição? A cada geração, outras interpretações são criadas. Balmary, atenta à ordem do enunciado, aponta que a lei é proferida entre a criação do homem e o surgimento da mulher, que será narrada em Gênesis 2.18ss. A primeira lei nasce *entre* o homem e a mulher para garantir a integridade de ambos (1993, p. 84ss). A restrição introduz a lei organizadora das relações, ao fazer distinção entre o que deve permanecer vivo e o que deve

---

[7] Gênesis 1.26-31.

Elohîms diz: "Nós faremos Adâm – o Terroso – à nossa réplica, segundo nossa semelhança.	Deus disse: "Façamos os seres humanos à nossa imagem, de forma que reflitam a nossa natureza
Eles assujeitarão o peixe do mar,	Para que sejam responsáveis pelos peixes no mar, pelos pássaros no ar, pelo gado
o volátil dos céus, o animal, toda a terra, todo réptil que rasteja sobre a terra."	E, claro, por toda a terra, por todo animal que se move na terra."
Elohîms cria o terroso à sua réplica, à replica de Elohîms, ele o cria, macho e fêmea ele os cria.	E Deus criou os seres humanos; criou-os à semelhança de Deus
Elohîms os bendiz, Elohîms lhes diz:	Refletindo a natureza de Deus.
"Frutificai, multiplicai, enchei a terra, conquistai-a. Assujeitai o peixe do mar, o volátil dos céus, todo vivente que rasteja sobre a terra."	Ele os criou macho e fêmea,
	E, então, os abençoou:
Chouraqui, 1995, p. 46.	"Cresçam! Reproduzam-se! Encham a terra! Assumam o comando!
	Sejam responsáveis pelos peixes no mar e pelos pássaros no ar, por todo ser vivo que se move sobre a terra".
	Peterson, 2011, p. 24.

[8] Michel Henry, quando interrogado sobre as circunstâncias concretas de sua biografia, chega a dizer: "*Para mim, eu nasci na vida, da qual ninguém ainda encontrou a fonte em algum continente*". Entrevista com Roland Vaschalde: In: Marques e Manzi (2011, p. 215).

[9] Há um movimento muito rico de resgatar o feminino nos textos sagrados, especialmente na teologia feminista. No Brasil, ver obras de Ivone Gebara, Nancy Cardoso e Wanda Deifelt.

[10] Oskar Pfister baseou-se nessa dupla condição para a afirmação da dupla natureza da pulsão: temos pulsões-toupeira e pulsões-águia, que se interpenetram e até se substituem mutuamente (*apud* Wondracek, 2005, p. 73ss.). Em Winnicott (1975), outro herdeiro da compreensão judaico-cristã, essa noção aparece na necessidade de afirmar a realidade do espaço transicional, como lugar da arte, poesia e religião. Outros capítulos dessa seção trabalham o ressurgimento da espiritualidade como constituinte humana, aos quais remetemos.

[11] Gênesis 1: 29-30.

Elohîms diz: "Eis, EU vos dei toda erva semeando semente sobre as faces de toda a terra, e toda árvore trazendo em si o fruto de árvore, semeando semente.	*"Dei a vocês* *todo tipo de planta com semente sobre a terra*
Isso será vosso alimento.	*E todo tipo de árvore frutífera;* *É para que se alimentem deles.*
Para todo vivente da terra, para todo volátil dos céus,	*Para todos os animais e pássaros*
Para todo réptil sobre a terra, trazendo em si ser vivente,	*Tudo que se move sobre a terra e respira* *Dou tudo que cresce na terra por alimento".*
Toda verdura da erva será alimento."	*E assim se fez.*
E é assim	

[12] Esta afirmação do exegeta André Wénin é citada pelo Papa Francisco na encíclica *Laudato Si* (2015).

[13] Gênesis 2.15-17

IHVH Elohîms toma o terroso e o depõe no jardim de Édèn, para o servir e para o guardar. Assim IHVH Elohîms ordena ao terroso: "De toda árvore do jardim comerás, comerás, mas da árvore da penetração do bem e do mal, não comerás, sim, no dia em que dela comeres, morrerás, morrerás." Chouraqui, 1995, p. 52-53.	O Eterno levou o Homem para o jardim do Éden, para que cultivasse o solo e mantivesse tudo em ordem. E o Eterno ordenou ao Homem: "Você tem permissão para comer de qualquer árvore do jardim, menos da Árvore do Conhecimento do Bem e do Mal. Dessa, não poderá comer. No mesmo momento em que comer dessa árvore, você morrerá." Peterson, 2011, p. 25.

SEÇÃO V — PSICOLOGIA E RELIGIÕES

ser ingerido. Também a interdição ao incesto está aqui anunciada, a encargo dos pais[14].

O que transgride a primeira transgressão?

Todo um capítulo narra a transgressão da primeira lei e suas consequências[15]. Na pluralidade de interpretações e sentidos, apontamos algumas das riquezas a descobrir nesse texto, também revelador de modos humanos de perverter as relações.

– Quando a serpente mostra o interdito como total, retira-lhe a função organizadora.

– A mulher aumenta a proibição, o que é indício de angústia, tal como nos fundamentalismos religiosos (Wondracek, 2014).

---

[14] Gênesis 2.24

Por isso o homem abandona seu pai e sua mãe: ele se une a sua mulher e eles são uma só carne. (Chouraqui, 1995, p. 55)	Portanto, o homem deve deixar pai e mãe e unir-se à sua esposa. E os dois se tornarão uma só carne. Peterson, 2011, p. 25)

[15] Gênesis 3.1-9

A serpente estava nua, mais que qualquer vivente do campo criado por IHVH Elohims. Ele diz à sua mulher: "Assim Elohims disse: 'Não comereis de toda árvore do jardim'.." A mulher diz à serpente: 'Nós comeremos os frutos das árvores do jardim, Mas do fruto da árvore no meio do jardim Elohims disse: 'Não o comereis, não o tocareis, para não serdes mortos.' A serpente diz à mulher: "Não, não morrereis, não morrereis, Pois Elohims sabe que no dia em que dele comerdes vossos olhos se arregalarão e sereis como Elohims, penetrando o bem e o mal A mulher vê que a árvore é boa de comer, sim, apetitosa aos olhos, cobiçável... Ela toma de seu fruto e come. E o dá também a seu homem a seu lado e ele come Os olhos dos dois se arregalam, Eles percebem que estão nus. Eles costuram folhas de figueira E fazem cintos para si. Eles escutam a voz de IHVH Elohims que vaga pelo jardim ao sopro do dia. O terroso e sua mulher se escondem De IHVH Elohims junto à árvore do jardim. IHVH Elohims grita ao terroso, diz-lhe "Onde estás?"	3.1 A serpente era inteligente, mais inteligente que qualquer outro animal selvagem que o Eterno havia criado. Ela disse à Mulher: "Será que entendi direito? Deus disse a você que não comessem de árvore alguma do jardim?" A Mulher respondeu: "Claro que não! Temos permissão para comer das árvores do jardim. Só com relação à árvore que está no meio do jardim foi que Deus disse: 'Não comam daquela árvore, nem mesmo toquem nela, senão vocês vão morrer'". Então a serpente disse à Mulher: "vocês não vão morrer. Deus sabe que, no momento em que comerem daquela árvore, vocês vão perceber a realidade e serão como Deus: conhecerão todas as coisas, tanto o bem quanto o mal". A Mulher olhou para a árvore e percebeu que o fruto era apetitoso. Pensando na possibilidade de conhecer todas as coisas, pegou o fruto, comeu e o repartiu com o marido – ele também comeu. Na mesma hora, os dois, de fato, perceberam a realidade: descobriram que estavam nus! Então, costuraram umas roupas provisórias, feitas de filhas de figueira. Quando escutaram o som do Eterno passeando pelo jardim, na hora da brisa da tarde, o Homem e a Mulher esconderam-se entre as árvores. Não queriam se encontrar com o Eterno. Mas o Eterno chamou o Homem: "Onde você está?"

– Há um discurso "perverso" em marcha: colocando suspeita sobre a relação entre humanos e IHVH, lhes nega o que são (imagem e semelhança do divino) e lhes promete o que já têm (conhecer como o divino).

– Chouraqui comenta que a serpente toca aqui na ambição mais profunda e secreta: sendo imagem e semelhança de Deus, os humanos desejam ser como Deus e tomar seu lugar pela penetração do bem e do mal. Ao mesmo tempo, o emprego pela serpente do termo genérico para divindade (Elohîms) indica que os humanos são tentados a se tornarem divindades como muitas outras. Dessa forma, afastam-se do *status* de imagem e semelhança da divindade vivente IHVH, conforme anunciado em Gênesis 1.26 (1995, p. 60).

– Para os intérpretes da Bíblia, esse novo conhecimento não é considerado um progresso, mas um retrocesso. Já não é relacional nem pessoal, mas produto de uma cisão. Assim, instala-se um conhecimento fragmentado em bem e mal, que tem em sua base a ambição de sobrepujar e dominar. Para Wénin (2011), é a cobiça que marcará as relações consigo, com o outro, com a natureza e com o divino. Cisão e cobiça, esses os novos elementos que permearão os humanos em suas (des) relações. Também o mecanismo de projeção nasce aqui, pois tanto homem como mulher culpam outro de sua própria transgressão (Gênesis 3.12,13).

– Há muito mais a explorar: as relações entre homem e mulher marcadas pelo domínio e posse (Gênesis 3.16-19); as relações familiares deturpadas pela cobiça e inveja (Caim e Abel em Gênesis 4). Mas também segue a aliança entre IHVH e os humanos, simbolizada na roupa de peles que lhes é dada (Gênesis 3.21). Aqui se inicia uma saga, que continua no decorrer das gerações.

Apenas mais um detalhe: se em muitas tradições religiosas cristãs propagou-se que o primeiro pecado seria sexual, a leitura cuidadosa de Gênesis 3.7 mostra que a sexualidade foi a primeira a sofrer as consequências da transgressão: *a partir de então, a nudez perante o outro é vivida com envergonhamento.*

Concluído esse percurso por caminhos da tradição judaico-cristã, inauguremos, agora, o percurso por caminhos de algumas tradições negro-africanas.

A CRIAÇÃO DO HUMANO

Por ocasião da diáspora forçada pela escravidão, um grande contingente de africanos de diversas etnias foi conduzido às Américas e ao Caribe. No Brasil, sua presença é expressiva, e suas tradições integram nosso patrimônio simbólico, marcando profundamente a identidade nacional, muitas vezes sem serem reconhecidos.

Situando-nos na fronteira da Psicologia com saberes tradicionais africanos, para melhor compreensão do conteúdo das narrativas fundantes, convém dar a conhecer algumas concepções desses povos.

Concepção de Ser Supremo

Entre os iorubás[16], o Ser Supremo é designado por muitos nomes, sendo o mais antigo Eledunmare, Olodumare ou Edumare. A palavra Olodumare resulta da contração de *Ol' (Oni) odu mare*

---

[16] Awolalu; J. O. & Dopamu, P. A, 1979, *apud* Ribeiro, R. I., 1966.

(*ma re*), significando *Ol'(Oni)*, senhor de, parte principal, líder absoluto, chefe, autoridade; *odu*, muito grande, recipiente profundo, muito extenso, pleno; *Ma re*, aquele que permanece, aquele que sempre é; *Mo are*, aquele que tem autoridade absoluta sobre tudo o que há no *orun* e no *aiyê*, e é incomparável; *Mare*, aquele que é absolutamente perfeito, supremo em qualidades.

Alguns outros nomes do Ser Supremo são: Olorun, palavra resultante da contração de *Ol'*, Senhor; *Orun*, dimensão espiritual, significando, pois, *Senhor do Orun*. Também Orise palavra resultante da contração de *Ori*, divindade pessoal (cabeça), e *Se*, origem, significando *fonte da qual se originam todos os seres*. Denominado também Olofin-Orun, palavra resultante da contração de *Olofin*, rei; *orun*, dimensão espiritual, significando *Senhor da dimensão espiritual*. Ainda, Olori, palavra resultante da contração de *Ol´(Oni)*, Senhor; *Ori*, divindade pessoal (cabeça), significando *Senhor de todos os seres*.

São atributos do Ser Supremo: Único, Criador, Rei, Onipotente, Juiz e Eterno. É considerado *Oyigiyigi Ota Aiku* – poderosa, durável, inalterável rocha que nunca morre.

Relativamente aos bambara, encontramos em sua cosmogênese a referência ao Ser Supremo por meio da expressão "Não havia nada, senão um Ser", que encontra paralelo no designativo bacongo (grupo étnico bantu), quando faz referência ao Criador: *Ele não foi criado por outro, não houve outro antes d'Ele*"[17].

Concepção de Universo e Pessoa

De Deus a um grão de areia o universo africano é sem costura, imensa teia: toca-se o menor elemento e se faz vibrar o todo. Solidárias todas as partes entre si e com o conjunto total, estando o humano ligado a todos os demais seres. O sagrado permeia todos os setores da vida africana, sendo impossível distinguir nitidamente o espiritual do material nas atividades cotidianas. Uma força, poder ou energia permeia tudo, e o valor supremo é a vida, a força vital, entre os iorubás denominada *axé*.

Das partes constitutivas da pessoa, todas relacionadas entre si e com forças naturais, sociais e cósmicas, somente o corpo físico é visível; as demais partes são invisíveis. Integram a constituição humana elementos externos: a coletividade, o tempo e o espaço.

Ou seja, no universo entendido como uma grande rede de participação, em que ocorrências do plano visível se relacionam intimamente com outras, do plano invisível, a pessoa, constituída de partes visíveis e invisíveis, capaz de atuar conscientemente nos vários planos e instâncias e de neles manipular a força vital, pode promover o próprio desenvolvimento para tornar-se "forte": longeva, fecunda, próspera e paciente. E para contribuir com o bem-estar de sua coletividade.

Narrativas cosmogônicas negro-africanas

Entre as milhares de narrativas cosmogônicas africanas, foram eleitas para esta apresentação duas da etnia iorubá e uma da etnia bambara. Iniciemos pelas iorubás.

Cosmogênese iorubá
Primeira narrativa[18]

No princípio habitavam o **orun** (dimensão espiritual) Eledunmare, o Ser Supremo, e arquidivindades, entre as quais Exu, *Primeira estrela a ser criada*, responsável pela ordem do universo e inspetor dos rituais; Obatalá, agente de Eledunmare na criação, e Orunmilá, também chamado Ifá, agente de Eledunmare nas questões de conhecimento e sabedoria.

Abaixo havia uma infinita extensão de água e desertos pantanosos regidos por Olokun, divindade das profundezas do mar. Eledunmare ponderou: poderia essa grande e monótona extensão de água ser habitada por divindades e outros seres vivos? Traçou um plano para transformar parte da extensão aquosa em terra firme e incumbiu Obatalá de concretizá-lo.

Agindo segundo as instruções de Eledunmare, Obatalá dirigiu-se ao deserto aquoso levando consigo uma concha de caracol cheia de areia, um pombo e uma galinha branca. Em determinado ponto do imenso vácuo despejou a areia e soltou as aves que, ciscando o chão com suas patinhas, espalharam areia por toda parte. Onde a areia caía transformava-se o pântano em terra seca e, por cair de forma irregular, ia formando montanhas e vales.

Então Eledunmare ordenou ao camaleão, seu inspetor de tarefas, que fiscalizasse o trabalho. Depois de duas visitas ele retornou a *orun* e informou que estava tudo perfeito. Concluída estava a tarefa de criação de *aiye*, dimensão física da existência.

Na segunda etapa da criação, Eledunmare incumbiu Obatalá de povoar *aiye*. Primeiramente criou as aves e plantou árvores para suprir a necessidade de água. Um grupo de seres especialmente criados para habitar a porção já sólida, liderados por Oreluere, também se multiplicaram e a quantidade de água tornou-se insuficiente. Obatalá pediu mais água e Eledunmare enviou as chuvas.

Incumbido, a seguir, de modelar os corpos humanos com o pó da terra, a Obatalá não preocupava moldá-los perfeitos ou defeituosos. Importava sim que a forma resultante pudesse receber a essência da Vida, nela insuflada por Eledunmare. Certa vez, Obatalá tentou vê-lo trabalhando, pois queria descobrir como as formas humanas por ele modeladas transformavam-se em seres viventes. Mas, mergulhado em sono profundo, despertou somente quando todas já estavam animadas.

Como no início reinava harmonia, comunhão e confraternização entre *aiye* (dimensão física) e *orun* (dimensão espiritual) os homens transitavam entre essas duas dimensões da existência para pedir a Eledunmare que satisfizesse suas necessidades. Entretanto, um fato viria a separar *orun* de *aiye* e uma barreira seria interposta entre ambos. Que fato foi esse? Segundo narram algumas tradições, uma mulher teria tocado *orun* com a mão suja e segundo outras, um homem teria se comportado mal, servindo-se em excesso do alimento comum. Tenha sido esta ou aquela a razão da ruptura o fato é que o homem perdeu sua harmonia com o mundo suprassensível e passou a depender do auxílio de seres espirituais para comunicar-se com o Criador.

Awolalu e Dopamu (1979) apresentam uma versão dessa narrativa, segundo a qual Eledunmare teria lançado uma corrente de *orun* em direção às águas primordiais para que Oduduwa descesse por ela levando consigo um pouco de terra em uma concha de caracol (ou em um saco), uma galinha e um dendezeiro. Tendo derramado a terra sobre a água, ali colocou a galinha e o dendezeiro. Ciscando o solo, a galinha espalhou a terra, cada vez mais, e ampliou progressivamente sua extensão. Esses autores apresentam ainda outra versão, segundo a qual Obatalá, incumbido de formar *aiye*, ao sair de *orun*, embriagou-se e adormeceu profundamente. Oduduwa furtou o saco da criação, in-

---

[17] Mbiti, J. S, 1969, *apud* Awolalu; J. O. & Dopamu, P. A, 1979.
[18] Idowu (1962).

SEÇÃO V — PSICOLOGIA E RELIGIÕES

formou Eledunmare do ocorrido e assumiu a tarefa da criação do mundo. A Obatalá ficou reservada a incumbência de modelar os corpos humanos.

Segunda narrativa – criação do Humano e finitude da vida

Narra Elbein dos Santos (1971, *apud* Ribeiro, 1966) que:

> Eledunmare, querendo matéria apropriada para criar o ser humano, incumbiu todos os *ébora* da tarefa de encontrar tal matéria. Diferentes coisas foram trazidas a Eledunmare, mas nenhuma se mostrava adequada. A lama pareceu adequada, porém quando os ébora tentavam pegá-la ela derramava lágrimas e nenhum deles quis tomar dela a menor parcela. Iku veio, apanhou um pouco de lama, não teve misericórdia de seu pranto, a levou para Eledunmare e Este ordenou a Obatalá e a Olugama que a modelassem de modo a tornar possível a Ele insuflar seu hálito nas formas resultantes. E determinou a Iku que, tendo sido ele o responsável pela retirada da porção de lama, a ele ficava reservada a incumbência de reconduzir, a qualquer momento, essa porção à sua fonte original. Por isso Iku leva nossos corpos de volta para a terra.

O que temos nas narrativas fundantes iorubás

Na primeira narrativa o Ser Supremo habita o *orun* e cria o aiyê com a participação de divindades primordiais, cujos principais atributos são: ordem e disciplina (Exu)[19], criatividade (Obatalá) e sabedoria (Ifá-Orunmilá). Abaixo de *orun* havia inicialmente uma porção aquosa e pantanosa. Tendo sido criado *aiyê*, o camaleão é requisitado para fiscalizar a obra. Sagrado para os iorubás, o camaleão, considerado mensageiro de Eledunmare e de Obatalá, possui a notável qualidade de confundir-se com o ambiente metamorfoseando-se e o movimento independente de seus olhos lhe faculta olhar em diversas direções ao mesmo tempo: condições ideais para a boa fiscalização. Surgem primeiramente aves e árvores e, em seguida, "seres especialmente criados para habitar a porção já sólida". Somente então são criados os humanos. Perfeitos ou defeituosos, desde que reúnam condições para que neles seja insuflado o hálito divino, tarefa nobre misteriosamente executada por Eledunmare. Quando a harmonia entre as dimensões física e espiritual é rompida; *orun* se afasta de *aiyê* e se faz necessária a intervenção de seres espirituais para o diálogo do humano com o divino.

Na outra versão dessa narrativa encontramos a imagem de estarem as águas abaixo de *orun*. Aqui, não é Obatalá, e sim Oduduwa, quem desce. Novamente estão presentes a terra (ou areia) contida numa concha de caracol e uma galinha; o pombo é substituído pelo dendezeiro. A galinha espalha a terra com suas patinhas. Na outra versão alternativa Obatalá se embriaga e Oduduwa lhe furta o saco da criação e a tarefa de criar *aiyê*. A ele fica reservada por Eledunmare a incumbência de modelar corpos humanos (em algumas regiões do território iorubá é costume dizer-se a uma mulher grávida: *Ki Obatala ya 'na 're ko ni o – Possa Obatalá realizar um belo trabalho de arte para nós*. Ouve-se dizer também: *Ki 'se ejo eleyin gan-n-gan; Obatala l'o se e ti ko fi awo bo o – Os dentuços não devem envergonhar-se. Foi Obatalá quem os fez e não providenciou cobertura suficiente para seus dentes*).

A segunda narrativa desvela que desde o início da criação havia a intenção de criar seres finitos. A matéria apropriada deveria ser encontrada por *ébora* (seres veneráveis; conjunto de energias ou forças veneráveis encarregadas de proporcionar aos homens a solução de seus problemas)[20]. Vemos que os *ébora* elegem a lama, mas se compadecem ao vê-la derramar lágrimas. Com uma única exceção: Iku, a divindade Morte (masculino, entre os iorubás), indiferente às lágrimas da lama, a retira de sua origem e a conduz a Eledunmare. Obatalá e Olugama modelam os corpos, Eledunmare neles insufla seu hálito e a Iku fica reservada a tarefa de restituir a seu lugar de origem a matéria de que é constituído o humano. Desse princípio decorrerá o valor moral de "restituir para restaurar a força", um dos fundamentos da gratidão entre os iorubás.

Cosmogênese bambara[21]

A tradição bambara do Komo (uma das grandes escolas de iniciação do Mande, Mali) ensina que Kuma, a Palavra, força fundamental emanada de Maa Ngala, o Ser Supremo, criador de todas as coisas, é instrumento da criação: *Aquilo que Maa Ngala diz, é,!* Quando Maa Ngala sentiu falta de um interlocutor criou o primeiro homem, Maa.

Ouçamos a narrativa bambara da gênese primordial:

> *Não havia nada, senão um Ser.*
> *Este Ser era um vazio vivo*
> *a incubar potencialmente*
> *todas as existências possíveis.*
> *O Tempo Infinito era a morada do Ser-Um.*
> *O Ser-Um chamou a si mesmo Maa-Ngala.*

Apresentado o Ser Supremo, tem início a narração da cosmogênese:

> *Então, ele criou 'Fan,*
> *um ovo maravilhoso com nove divisões*
> *no qual introduziu*
> *os nove estados fundamentais da existência.*
> *Quando o Ovo Primordial chocou*
> *dele nasceram vinte seres fabulosos*
> *que constituíram a totalidade do universo,*
> *a soma total das formas existentes*
> *de conhecimento possível.*
> *Mas, ai!*
> *Nenhuma dessas vinte primeiras criaturas revelou-se*
> *apta a ser o interlocutor que Maa-Ngala havia desejado para si.*
> *Então, tomando uma parcela de cada uma dessas*
> *vinte criaturas misturou-as.*
> *E, insuflando na mistura uma centelha de seu hálito*
> *ígneo, criou um novo ser – o Homem – a quem deu*
> *parte de seu próprio nome: Maa.*
> *Assim, esse novo ser, por seu nome e pela centelha divina nele introduzida, continha algo do próprio Maa-Ngala.*

Descrito na narrativa bambara como "Ser-Um", vazio vivo que incuba todas as existências potencialmente possíveis, que

---

[19] *Vide* Sàlámì e Ribeiro (2015).

[20] Sàlámì e Frias (2017).

[21] Hampate Bâ (1982).

habita o Tempo Infinito e se autoatribui um nome, *Maa-Ngala* teria se ressentido da falta de um interlocutor. Cria, então, *Fan*, ovo no qual introduz nove estados fundamentais da existência. Com o concurso do tempo, o Ovo Primordial choca e dele nascem 20 seres que vêm a constituir a totalidade do universo, Lamentavelmente, nenhuma dessas criaturas mostra-se apta a ser o desejado interlocutor. Este será criado a partir da mistura de uma parcela de cada uma das 20 criaturas. Mas não apenas dessa mistura. É preciso que Maa Ngala insufle uma centelha de seu hálito ígneo nessa mistura e nomeie a criatura com uma parte de seu próprio nome. Maa é o homem que, por seu nome e pela centelha divina nele introduzida, contém algo do Criador.

O que extraímos dessa narrativa de imediato? Primeiramente, que na constituição humana estão contidos todos os elementos da natureza, e disso decorre compromisso e responsabilidade humanos para com tudo o que existe, de Deus a um grão de areia. Entendemos, também, que o diálogo verdadeiro, a interlocução verdadeira é tão importante, necessária, indispensável, que até o Ser Supremo teria se ressentido de sua falta. Isso nos permite entender boa parte dos motivos das buscas existenciais. Narrativa nos dá a conhecer, ainda, que a interlocução autêntica depende do compartilhar de elementos vitais: Maa Ngala comunica-se com Maa, por ser ele animado pela essência divina nele introduzida. E a criatura compartilha parte do nome do Criador. Considerando a importância da palavra e do nome nas sociedades de tradição oral, temos uma noção mais precisa do significado de haver uma partícula do nome do Criador no nome da criatura. Essa intimidade é indispensável à interlocução autêntica: se não há algo de mim em ti, nem há algo de ti em mim, não dialogaremos jamais.

POSSÍVEL SIGNIFICADO PSICOLÓGICO DE NARRATIVAS FUNDANTES AFRICANAS

Para melhor compreensão psicológica das narrativas africanas, é preciso particularizar detalhes da compreensão iorubá de dinamismo psíquico, que envolve basicamente três instâncias: *Ori*, *ori* e *iwá*. Sendo "cabeça" a tradução literal de *ori*, tenho adotado o recurso de grafar essa palavra com letra inicial minúscula (*ori*) quando me refiro à cabeça física e com inicial maiúscula (*Ori*) quando me refiro ao Orixá Ori, divindade pessoal, centelha divina insuflada na pessoa por Eledunmare, equivalente – mantidas as devidas proporções – ao que conhecemos como *Self* ou *Eu Superior*. Considerado uma divindade, Ori é cultuado, recebe oferendas e orações, pois se *ori inu* (cabeça interior) estiver bem, o homem estará em boas condições.

Iwá é o conceito iorubá que sintetiza o que chamamos de "caráter", "personalidade", "atitudes" e "comportamentos". A educação e a religião africanas têm por meta formar *omoluwabi*, pessoas de *iwá* bem desenvolvido, o que implica, necessariamente, a formação de indivíduos solidários. As pessoas podem ser *iwapelé*, dotadas de bom *iwá*, ou *iwabuburú*, dotadas de mau *iwá*. Os *iwapelé*, reverentes, serenos, responsáveis, pacientes, equilibrados e harmoniosos, são chamados *alakoso*: onde quer que estejam, favorecem bons acontecimentos à sua volta – indispensável dizer que os *iwabuburú* são exatamente o contrário disso tudo. Diz o ditado: *Iwá re ni o nse e!* ("Teu iwá proferirá sentença em teu favor – ou contra ti!").

Tais considerações conduzem à constatação de que os mitos integram o processo africano de educação de valores e virtudes e que a transcendência e o transcendente acham-se sempre presentes nos processos educacionais e terapêuticos.

Quanto ao conceito de transcendência, sua interpretação mais antiga deriva da relação dos humanos com a ideia de divindade, em um sentido teológico. Nas sociedades tradicionais africanas, o conceito é exatamente esse. Entre nós, na sociedade ocidental capitalista, o divino é considerado inacessível, pertencente a uma esfera totalmente distinta da humana. O filósofo Ferry (2010, p. 211, *apud* Ferreira, Rocha e Ribeiro, 2016b) considera que essa concepção separatista:

> (...) aplica-se ao Deus dos grandes monoteístas. Ela designa simplesmente o fato de que o Ser supremo é, ao contrário do divino dos gregos, "além" do mundo criado por ele, quer dizer, ao mesmo tempo exterior e superior ao conjunto da criação. Contrariamente ao divino dos estoicos, que se confunde com a harmonia natural e, consequentemente, não se situa fora dela (...).

As definições de transpessoal, que adotam o referencial separatista de transcendência, geralmente se acham atreladas a concepções de senso comum ou a tentativas de desqualificar abordagens propostas pelas psicologias transpessoais. Ao colocarmos o "trans" como um "além de", um transcendental incapaz de incluir aspectos imanentes do humano, desprezamos potenciais de transformação pessoal.

A concepção de um divino inacessível, pertencente a uma esfera totalmente distinta da humana se opõe claramente às ideias dos principais fundadores da Psicologia Transpessoal, como podemos perceber na colocação de Maslow (1994, p. 327, *apud* Ferreira, Rocha e Ribeiro, 2016a), quando afirma que:

> Transcendência também significa tornar-se divino. Ir além do meramente humano. Contudo, devemos ter cuidado para não tomar desta declaração nenhuma conclusão extra-humana ou sobrenatural. Parece melhor falar de "metahumano" ou "humano-B" para destacar que esta conversão no divino é parte da natureza humana, mesmo que não se manifeste com frequência. Ainda assim, é um aspecto potencial da natureza humana.

O que encontramos nesses mitos? Alegorias representando figurativamente noções abstratas? Ou arcanos, símbolos autênticos que, a um único tempo, ocultam e revelam? E revelam na medida da possibilidade de compreensão de cada um que sobre eles medita. Como refere um autor anônimo (1989), arcano é o que devemos saber para nos tornarmos fecundos em nossos esforços criativos (...), é como um fermento ou uma enzima cuja presença estimula a vida espiritual e anímica do homem (p. 22).

Ora, os símbolos são portadores desses fermentos, dessas enzimas, cuja mensagem é decodificável na medida da capacidade de cada receptor. O Mistério é superior ao Arcano por ser muito mais que fermento ou enzima: ele é uma ocorrência espiritual da qual resultam possibilidades de metamorfoses da consciência.

Baseados nesse princípio, nessa compreensão do mito e de sua função de "guardião do Mistério", nós psicólogos podemos – por que não? – ceder à tentação de decodificar sua mensagem apoiados em nosso equipamento racional-emocional-intuitivo e em nossos conhecimentos teóricos e metodológicos. Mas sugiro que façamos isso convencidos de que brincamos sobre a superfície de águas profundas. Busquemos sentidos, sim, sem perder

SEÇÃO V — PSICOLOGIA E RELIGIÕES

de vista, no entanto, que somente por meio de meditação e profunda reflexão podemos tocar, de leve, o Mistério.

CONCLUSÕES

Após nossa incursão pelas narrativas fundantes judaicas, iorubás e bambaras, podemos ver que elas apresentam vários elementos em comum. Entre eles, que não geramos a nós mesmos e nem somos unidimensionais. Esses legados continuam a fazer seus efeitos e também seus enlaces, pois aqui ligamos as duas seções do nosso texto.

Aproximar-se das narrativas fundantes nos faz ter contato com nossas fundações, anseios, desejos e conflitos. Julia Kristeva fala do valor catártico dessa leitura:

> [o texto] me fala encontrando-me ali onde eu perco meu "próprio". Ele retoma minhas aversões, reconhece os incômodos em minha pele, os acidentes agradáveis ou desagradáveis de minha sexualidade, os comprometimentos ou os rigores penosos de minha vida comunitária. Está na própria fronteira de minhas fraquezas, *porque sondou o desejo ambivalente pelo outro*, pela mãe como primeiro outro, *na base, isto é, do outro lado daquilo que me constitui como ser falante* (separando, dividindo, ligando). A Bíblia [e as outras narrativas sagradas, diremos nós] é um texto que mergulha sua palavra ao lado da minha perda, mas para me permitir, ao falar dela, enfrentá-la com conhecimento de causa. (2005, p. 129)

Neste texto, narrativas fundantes da tradição judaico-cristã e de duas tradições negro-africanas (iorubá e bambara) serviram de recurso para a inauguração de um promissor diálogo. Servem de representantes desses saberes Karin e Iyakemi: Karin, porta-voz da tradição judaico-cristã, e Iyakemi, de tradições negro-africanas, especialmente a iorubá.

Há semelhanças importantes entre as narrativas consideradas. E há diferenças relevantes. Na constituição das subjetividades, tais semelhanças e diferenças interagem definindo modos de estar no mundo.

Uma diferença a ser assinalada é a que diz respeito à noção de pecado original, própria da tradição judaica: à marca do pecado ancestral, pecado cometido pelo primeiro casal humano, associa-se a culpa e o impulso de reparação, de purificação do mal herdado. Nas tradições negro-africanas, pré-cristãs, não encontramos tal noção: não há por que falar em pecado, culpa, reparação, perdão... Talvez essa noção possa ser aproximada do conceito cristão de viver pela graça, como na parábola do filho pródigo de Lucas 15? O desejo de seguir investigando nos convocará a novos diálogos em breve!

Em todas as narrativas aqui transcritas, o Ser Supremo insufla seu hálito ígneo na forma material, quer essa forma tenha sido modelada em barro, quer tenha resultado da mistura "de vinte criaturas", como narram os bambara. Esse elemento é comum a todas as narrativas apresentadas neste texto. Cabe, agora, ressaltar uma diferença importante relativa ao modo de interpretar a relação entre o Criador e sua criatura a partir do momento em que o fôlego divino é insuflado no humano. Tal diferença diz respeito à compreensão que se tem da presença do Ser Supremo na constituição das subjetividades e nas relações interpessoais: Sua presença se faz na imanência ou na transcendência?

Para os iorubás, quando Eledunmare insufla seu hálito ígneo na forma modelada em barro, sua Presença instala-se definitivamente ali, tornando desnecessário o diálogo entre o humano e o Ser Supremo, sob qualquer forma, orações, por

exemplo. Desde então, presente o Ser Supremo em cada indivíduo, ali denominado Ori, todas as interações do Sagrado e com o Sagrado se fazem diretamente com Ori, ou seja, com o Criador na imanência, e não com Eledunmare, o Criador na transcendência. Um breve exemplo: se ofendo uma pessoa, não peço perdão a Eledunmare: peço perdão ao Ori do ofendido. Pode ocorrer que a pessoa ofendida me desculpe sem que seu Ori me perdoe, o que implicará a possibilidade de eu ser castigada por esse Ori.

É fácil imaginar as implicações dessa representação nas subjetividades, nas identidades, nas dinâmicas das relações com outras pessoas e com outros seres da natureza, nos quais também se faz presente o Criador, os quais também são dotados de Oris. Eis a razão pela qual o universo é inteiramente sagrado e a convivência do humano com as divindades da natureza é cotidiana, uma vizinhança íntima...

Conforme já mencionado, as autoras dão início aqui a um diálogo que promete ser profícuo. Há tantos pontos a serem postos em diálogo: a questão do Mal, por exemplo; há tantos pontos a aprofundar na reflexão aqui iniciada. De um fato estamos plenamente convencidas: diálogos como o aqui entabulado são certamente úteis a psicólogos e a educadores interessados em promover desenvolvimento, prevenção e cura baseados nos princípios de uma educação libertadora, em prol da liberdade de crenças e da cultura de paz.

REFERÊNCIAS BIBLIOGRÁFICAS

Autor que quis manter-se no anonimato (1989). *Meditações sobre os 22 Arcanos Maiores do Tarô*. São Paulo, SP: Paulus. (Coleção Amor e Psique)

Awolalu, J. O.; Dopamu, P. A. (1979). *West African Traditional Religion*. Lagos/Nigeria: Onibonoje Press & Book Industries Ltd.

Balmary, M. (1997). *O sacrifício proibido: Freud e a Bíblia*. São Paulo, SP: Paulinas.

Chouraqui, A. (1995). *No princípio*. Rio de Janeiro, RJ: Imago.

Ferreira, A. L.; Rocha, S. C.; Ribeiro, R. I. (2016a). Psicologia Transpessoal: uma abordagem não hegemônica. In: Conselho Regional de Psicologia do Estado de São Paulo – CRP-SP. *Laicidade, Religião, Direitos Humanos e Políticas Públicas*. São Paulo, SP: CRP-SP. v. 3, p. 239-248.

Ferreira, A. L.; Rocha, S. C.; Ribeiro, R. I. (2016b). Psicologia Transpessoal: transcendência na imanência. In: Conselho Regional de Psicologia do Estado de São Paulo – CRP-SP. *Laicidade, Religião, Direitos Humanos e Políticas Públicas*. São Paulo, SP: CRP-SP. v. 3, p. 249-256.

Hampate Bâ, A. (1982). A tradição viva. In: Ki-Zerbo, J. (Coord.). *História Geral da África: metodologia e pré-história da África*. São Paulo, SP: Ática/Unesco. p. 181-218.

Henry, Michel (2015). *Eu sou a verdade: para uma filosofia do cristianismo*. São Paulo, SP: E-Realizações.

Idowu, E. B. (1962). *Olódúmare. God in Yoruba belief*. London: Longmans of London.

Kristeva, J. (2002). Ler a Bíblia. In: *As novas doenças da alma*. São Paulo, SP: Rocco. p. 125-136.

Peterson, Eugene (1995). *A mensagem*. São Paulo: Vida.

Ribeiro, R. I. (1966). *Alma africana no Brasil: os iorubás*. São Paulo, SP: Oduduwa.

Sàlámì, S.; Frias, R. R. (Orgs.) (2017). *Dicionário Iorubá-Português/Português-Iorubá*. São Paulo, SP/Brasil *Esu Bara Laroye*. A comparative study. Ibadan: University of Ibadan, Institute of African Studies.

Wénin, A. (2011). *De Adão a Abraão: errâncias do humano*. São Paulo, SP: Loyola.

Wondracek, K. (2014). A primeira culpa. In: Wondracek, K.; Heimann, T.; Hoch, L. C. *Um olhar nos espelhos da culpa*. São Leopoldo, RS: Sinodal. p. 25-39.

LEITURAS RECOMENDADAS

Beniste, José (2006). *Mitos Yorubás: o outro lado do conhecimento*. Rio de Janeiro: Bertrand Brasil.

Dolto, F.; Séverin, G. (2011). *Os evangelhos à luz da psicanálise*. São Paulo: Verus.

Henry, M. (2002/2014). *Palavras de Cristo*. São Paulo: E-Realizações. (Leitura Fenomenológica das Narrativas da Bíblia)

Sàlámì, S.; Ribeiro, R. I. (2015). *Exu e a ordem do universo*. 2ª ed. São Paulo, SP: Oduduwa.

Schotroff, L; Schroer, S.; Wacker, M. T. (2008). *Exegese feminista*. São Paulo/São Leopoldo: ASTE/CEBi/Sinodal. (Leitura na Perspectiva de Gênero)

43

As raízes religiosas de Freud, Pfister, Winnicott e Lacan

Karin Hellen Kepler Wondracek

Bruno Pinto de Albuquerque

João Pedro Lorenzon Jávera

José Luis Caon

INTRODUÇÃO

Vamos falar de nossas raízes... Essa é uma tarefa da psicologia e da religião, entre outros saberes. Falar de raízes, para compreender e melhor apreciar nuances dos troncos, galhos e os sabores dos frutos. Estamos falando das raízes religiosas presentes e muitas vezes ignoradas em algumas das teorias estudadas nos nossos currículos.

Como investigação breve, propomos apontar na psicanálise as influências da formação religiosa de alguns de seus principais autores. Resgatar as raízes nos parece coerente com as descobertas da psicanálise a respeito da importância das primeiras experiências, bem como dos efeitos do recalcamento delas. Como sabemos, as teorias são criadas não apenas a partir da dimensão racional, mas valem-se, consciente ou inconscientemente, dos mais diversos âmbitos de formação de seus autores. Portanto, esse processo é necessário para que a herança seja incorporada e posta a trabalhar.

Em *Totem e tabu*, ao tratar da origem da cultura e do sujeito, Freud (1913/1912[2006], p. 160) evocou a primeira cena da tragédia *Fausto*, de Goethe, para enfatizar que é preciso que o sujeito se aproprie de maneira singular daquilo que recebeu: "O que hás herdado de teus pais, / Adquire, para que o possuas, / O que não se usa, um fardo é, nada mais, / Pode o momento usar tão só criações suas" (Goethe, 1808/2016, p. 85).

Assim, o presente texto consiste num mosaico sobre as raízes religiosas de Sigmund Freud, Oskar Pfister, Donald Winnicott e Jacques Lacan. Por meio de seu estilo próprio, cada um dos quatro psicanalistas que assinam este trabalho procurou investigar traços dessas influências na vida e obra desses autores.

SIGMUND FREUD, HERDEIRO DA BÍBLIA

Karin H. K. Wondracek

Sigmund Freud (1856-1939) demorou a reconhecer a influência da Bíblia no seu pensamento. Apenas em 1935 inseriu a seguinte frase na sua autobiografia escrita dez anos antes: "Meu profundo interesse pelas histórias da Bíblia (quase logo depois de ter aprendido a arte da leitura) teve, conforme reconheci muito mais tarde, efeito duradouro sobre a orientação do meu interesse" (Freud, 1925[1977], p. 18). A Bíblia é o segundo livro mais citado por Freud – entre Goethe e Shakespeare, com 400 ocorrências. Ele próprio escreveu várias obras sobre personagens e temas religiosos (Pfrimmer, 1994).

A psicanalista Betty B. Fuks (2000) faz uma bela síntese do seu enraizamento nos textos sagrados do judaísmo:

> Freud foi então buscar nos sonhos, nos mitos e nas histórias sagradas uma confirmação do que é da ordem da incoerência, do indizível e do invisível. Construir um edifício teórico como se fosse um tecelão, esta foi a estratégia de Freud. Em seu tear, a matéria-prima – a palavra do paciente – era cerzida com os fios do pensamento grego, e os da ética judaica, e bordada com metáforas retiradas do drama e da poesia ocidentais. (p. 58)

No que se refere à herança judaica, podemos circunscrever na vida e obra de Freud o seu particular fascínio pela figura de Moisés. Em sua estadia em Roma, todos os dias Freud visitava a famosa estátua de Moisés esculpida por Michelangelo, gastando horas a contemplá-la e lhe dedicando um curioso escrito, publicado anonimamente. Nele, Freud afirma se sentir constrangido com essas moções inexplicáveis que por vezes o tomam:

> Onde não consigo fazer isso [fruição na obra de arte porque encontra explicação para seu efeito], como, por exemplo, com a música, sou quase incapaz de obter qualquer prazer. Uma inclinação mental em mim, racionalista ou talvez analítica, revolta-se contra o fato de comover-me com uma coisa sem saber porque sou assim afetado e o que é que me afeta. (Freud, 1914[2016], p. 217)

SEÇÃO V — PSICOLOGIA E RELIGIÕES

Talvez esse comentário possa nos oferecer pistas sobre um componente emocional na avaliação das experiências místicas e religiosas, o que naturalmente não explica tudo. Mas a religião comparece em vários textos de Freud[1], predominando a herança iluminista na sua avaliação como ilusão perante o desamparo (Wondracek, 2003)[2]. No entanto, em seu último grande escrito, *O homem Moisés e a religião monoteísta* (1939 [1977]), ele resgata outro aspecto de suas raízes, ao observar que seu povo, por ser proibido de fazer imagens de Deus, progrediu intelectual e espiritualmente.

> Uma vez aceita, porém, esta proibição [de não fazer imagens] teve um efeito profundo sobre os hebreus: significava um retrocesso da percepção sensorial diante do que poderia ser chamado de ideia abstrata – um triunfo do espírito sobre a sensualidade, ou, a rigor, uma renúncia ao pulsional, com todas as suas consequências psicológicas necessárias. (Freud, 1939/1977, p. 139)

A interpretação freudiana interliga a evolução intelectual e espiritual ao distanciamento do corpo da mãe, seguindo a busca do abstrato, território do pai. O Deus dos hebreus revela-se pela palavra, tal qual o pai, e pelo sopro invisível infunde seu espírito ao ser humano, que vive a partir deste. Fuks (2000, p. 101ss) ressalta como essa concepção do divino traz o escândalo da alteridade radical: um Deus feito de nada, sem conteúdo, sem nomeação e sem essência. Essa seria uma das razões do ódio dos demais povos aos representantes de tal ausência radical.

A história do povo hebreu também é marcada pelo exílio, pelo deserto, pelo nomadismo e pelo contato permanente com o estrangeiro, o que faz com que em todo tempo "o estranho" esteja presente. Fuks (2000, p. 73ss) comenta que essa convivência permanente também remete à convivência constante com um "estranho" dentro do psiquismo, o inconsciente.

Embora a Bíblia narre que a identidade humana tenha sido formada na relação com YHVH, essa mesma narrativa conta que o contato direto com o rosto foi perdido, e sua presença passa a infundir temor (Gênesis 3). Instaura-se, assim, uma nostalgia de presença e uma impossibilidade de sequer representá-la. Estará aí, do ponto de vista judaico, o nascimento do desejo, nunca saciado plenamente?

A estrutura da língua hebraica também contribuiu para a arte psicanalítica da interpretação das formações do inconsciente: as letras hebraicas comportam uma polissemia de interpretações, sem que uma negue a veracidade da outra. As palavras são lidas e interpretadas levando em conta o branco do papel que as circunda – sempre outro, sempre diferente do já sabido, tal como seu Deus YHVH (Fuks, 2000, p. 122). As imagens do so-

nho devem ser lidas como as letras do tetragrama, remetendo à polissemia e à impossibilidade de decifrá-lo plenamente, pois ele resiste a todas elas. Interpretar ou ler psicanaliticamente um sonho é "deixar um lugar nas sombras... o umbigo do sonho, o lugar em que ele se assenta no não conhecido" (Freud 1900/1989d, p. 519), é familiarizar-se com a polissemia dos sonhos (Freud, 1925/1989a, p. 131).

Esse legado permeia a compreensão do caminho sempre aberto em Freud para o desvelamento do humano: nunca compreendido totalmente, sempre aberto a reformulações e a novas compreensões. Uma pergunta: será que parte da rigidez observada nos seus herdeiros vem do desconhecimento dessas raízes? O que dizer da substituição da proibição da imagem pela necessidade da clareza dita científica? Risco de erigir um altar idolátrico para a ciência?[3]

As afirmações de Freud nutrem-se da seiva dessas raízes que guardam lugar para o mistério e para o estranho. Por isso, sua abertura sempre presente para outros significados, para novas descobertas, para o incompreensível. Talvez aí esteja um dos pontos que lhe permitiu partilhar seu caminho com o pastor e psicanalista Oskar Pfister, mantendo com ele um diálogo emblemático para nosso tema.

OSKAR PFISTER E A CURA PSICANALÍTICA DE ALMAS

Bruno Pinto de Albuquerque

"Oskar Pfister, pastor em Zurique". Era assim que Pfister costumava assinar seus trabalhos psicanalíticos. Embora tenha se correspondido com Freud por três décadas e escrito 264 artigos e/ou livros, a maioria deles sobre psicanálise[4], a vida e a obra de Pfister permanecem, em grande medida, desconhecidas do movimento psicanalítico[5]. Grande parte dessa atitude parece estar relacionada ao intenso envolvimento de Pfister com a religião, que marcou profundamente sua forma de exercer a psicanálise por meio do ofício de pastor protestante.

Pfister nasceu em 23 de fevereiro de 1873 no bairro suburbano de Wiedikon, que pertence atualmente à cidade de Zurique, na Suíça. Seu pai era pastor liberal[6] e sua mãe era pietista[7], duas tendências muito distintas no campo da teologia cristã protestante que influenciaram o filho. Mas o pai morreu antes que ele completasse 3 anos de idade, e este se recordava do funeral como sendo sua primeira lembrança de infância. Em dissonância com a tendência liberal do pai, a família materna acreditava na superioridade da fé sobre a razão. A comunidade luterana na qual cresceu marcou o futuro pastor tanto pelo aconchego que oferecia quanto pela estreiteza dogmática. Assim, tanto a herança do

---

[1] Os principais textos de Freud sobre religião são de: 1907, 1912, 1921, 1927, 1928, 1930, 1939. Há muitas obras contemporâneas dedicadas ao tema "Freud e religião", sob diferentes ângulos, entre as quais indicamos as organizadas pelo Grupo de Trabalho Psicologia e Senso Religioso da ANPEPP (Associação Nacional de Pesquisa e Pós-Graduação em Psicologia). No Brasil, queremos destacar o pioneirismo do livro em homenagem ao psicanalista Hélio Pellegrino, organizado por Moura, J. C. (1988). *Hélio Pellegrino A-Deus*. Petrópolis: Vozes, 1988. Essa obra foi inaugural na sua abertura ao tema, e o capítulo de Birman, *Desejo e promessa*, aborda pela primeira vez a correspondência entre Freud e Pfister.

[2] Uma ampliação da herança judaica em Freud encontra-se em: Wondracek, K. H. K. (2011). Freud e sua genealogia: implicações para a clínica do religioso. *Revista Pistis Praxis*, v. 3, n. 2. A respeito da questão do desamparo na apreciação de Freud acerca da religião, cf. tese de Armange (2012) disponível em http://dspace.est.edu.br:8080/jspui/handle/BR-SlFE/306.

[3] Há um belo texto de Rubem Alves (1984) a respeito da esterilidade do cientificismo e da necessidade de deixar um lugar para o mistério: *Bosques escuros e lanternas claras*.

[4] *Vide* a compilação da bibliografia completa da obra de Pfister, realizada por Eckhart Nase (1995) e adaptada ao português em Wondracek (2005).

[5] Na obra *Oskar Pfister: A Protestant Clerygman in a Non-Christian Movement*, David Lee considerou Pfister como "um dos personagens mais interessantes e menos pesquisados da história do movimento psicanalítico" (Lee *apud* Wondracek, 2005, p. 11).

[6] O movimento da teologia liberal aconteceu entre o final do século XVIII e o início do século XX, visando relativizar a autoridade da Bíblia, tendo estabelecido uma mescla desta com a filosofia e as ciências da religião.

[7] O movimento pietista surgiu na Igreja luterana alemã no final do século XVII com o objetivo de renovar a fé cristã por meio de uma ênfase nos sentimentos e na mística como fundamentos da experiência religiosa, contrapondo-se à teologia racionalista, que localizava na razão o fundamento sólido para a religião e a fé.

liberalismo teológico[8] quanto a herança pietista[9] exercem influência sobre ele, de modo que desde cedo precisou lidar com a tarefa de dialogar com tendências aparentemente contraditórias (Wondracek, 2005, p. 16-21).

Ao longo da formação religiosa para se tornar pastor, Pfister estudou teologia e filosofia em Zurique, Basileia e Berlim, assim como história da arte, ciências sociais e psicologia, tendo inclusive estabelecido contato com Wilhelm Wundt, considerado o fundador da psicologia moderna. No entanto, ele se decepcionou tanto com a teologia quanto com a psicologia, pois estas lhe pareciam "demasiadamente preocupadas com detalhismos que as afastam dos reais problemas da alma"[10] (Pfister, 1928/2003, p. 19).

Ao longo do início de seu percurso religioso, Pfister se afastou consideravelmente da corrente teológica metafísico-especulativa, considerando-a excessivamente abstrata, e se voltou para o exame crítico da piedade, recorrendo à lógica, teoria do conhecimento, psicologia e sociologia. A teologia liberal lhe possibilitava dialogar com as ciências sociais e o método histórico-crítico de leitura da Bíblia permitia-lhe afastar-se do dogmatismo. Contudo, ele sentia que sua formação não lhe oferecia instrumentos adequados para conduzir a cura de almas.

Assim, em 1908, Pfister procurou supervisão para sua atividade pastoral com o psiquiatra Carl Gustav Jung, que naquele momento pertencia ao movimento psicanalítico. A partir de então, dedicou-se aos três pilares da formação analítica: análise pessoal (realizada em 1911 com Franz Riklin), estudo teórico e supervisão. Em 1909, ele enviou um artigo a Freud[11], iniciando a correspondência entre eles, que mobilizaria não apenas cartas, mas também encaminhamentos de analisandos, trocas de livros e artigos, além de confidências pessoais. Após a grande ruptura da amizade entre Freud e Jung, Pfister foi o único em Zurique que permaneceu ao lado de Freud.

Considerada por alguns autores como a crítica mais feroz que a religião já sofreu[12], as abordagens de Freud do fenômeno religioso não impediram que Pfister se tornasse psicanalista, mantendo sua fé em Jesus de Nazaré, até mesmo buscando na psicanálise um instrumento de auxílio para a atividade pastoral[13]. Seu encontro inesperado com Freud é paradigmático para discutir os desafios de um diálogo da psicanálise com a religião. Em 9 de outubro de 1918, Freud se queixava de que Pfister não enfatizasse suficientemente a importância das pulsões sexuais na economia psíquica e no adoecimento neurótico. Segundo ele, Pfister estava resistindo à teoria psicanalítica da sexualidade por estar preocupado em sempre encontrar uma harmonia: "Parece-

me que o senhor quer uma síntese sem a análise prévia. Na técnica psicanalítica não há necessidade de um trabalho especial de síntese; isto o indivíduo autonomamente providencia melhor que nós"[14] (Freud *apud* Freud e Meng, 2009, p. 83).

O ápice do diálogo entre os dois ocorre quando Freud publica *O futuro de uma ilusão* (1927), no qual afirma que a religião é uma ilusão, porque se sustenta numa crença carregada de desejo que despreza uma verificação na realidade. Para ele, a crença em Deus é mobilizada pela nostalgia do pai, que aciona o desejo de proteção contra o desamparo fundamental. Teria chegado o momento, ele prossegue, de uma educação para a realidade, fundamentada unicamente nos critérios da ciência empírica.

Ao tratar de seu livro com Pfister, Freud se refere à sua "posição totalmente contrária à religião" (Freud *apud* Freud e Meng, p. 143) e pede ao pastor que tenha compreensão e tolerância com aquele "herege incurável" (*idem*). Pfister manifesta o desejo de escrever uma resposta discordando amigavelmente de Freud (*ibid*, p. 151), e este lhe encoraja a publicar o artigo na revista psicanalítica da *Imago* (*ibid*, p. 152), o que Pfister efetivamente faria no ano seguinte, intitulando-o *A ilusão de um futuro* (1928). O artigo se inicia com uma carta a Freud, na qual o seu otimismo em relação à possibilidade de uma integração entre psicanálise e religião fica evidente:

> O senhor há de sorrir diante do fato de que considero o método psicanalítico criado pelo senhor um meio grandioso para depurar e desenvolver a religião (...) o senhor serve à ciência com veneração e fervor, pelo que seu gabinete é elevado a templo. Dito francamente: tenho a firme suspeita de que o senhor combate a religião – a partir da religião (...) Afinal, quem lutou de modo tão gigantesco pela verdade e brigou tão heroicamente pela redenção do amor, este é, quer queira sê-lo ou não, segundo os parâmetros do evangelho, um fiel servo de Deus. (Pfister, 1928/2003, p. 18)

Pfister chama a atenção para a "maneira diferente da usual" (Pfister, 1928/2003, p. 19) com a qual Freud define o conceito de ilusão, que geralmente carrega as "conotações do engano e da invalidade" (*idem*). Ele afirma que pode acompanhar Freud em boa parte de sua argumentação, mas não considera algo "extraordinariamente novo e inesperado" (*ibid*, p. 27) constatar que "as representações de Deus e do além muitas vezes são pintadas com as cores da paleta do desejo" (*idem*). Assim, ele interroga: "A história das ciências é uma luta incessante com antropomorfismos e outras projeções não autorizadas de fatos conhecidos sobre desconhecidos. Por que a religião e a teologia constituiriam uma exceção?" (*ibid*, p. 31). E acrescenta: "Com a teologia também a religião se submeteu aos sacrifícios mais radicais e mais dolorosos para o desejo" (*ibid*, p. 32). Pfister conclui seu texto de maneira tão entusiasmada quanto Freud, mas na direção contrária: "(...) embora se denominando gentio, Freud, com sua concepção e obra de vida, está à frente de muitos cristãos frequentadores de igrejas. Unem-se, pois, *O futuro de uma ilusão*

---

[8] Pfister adotará uma posição liberal bastante evidente: "Se tão somente as pessoas forem tornadas boas e felizes, com ou sem religião, o querido Deus aprovará este trabalho com um amável sorriso" (Pfister, 1928/2003, p. 19).

[9] Pfister sempre enfatizou a importância da vivência da fé e dos sentimentos na vivência religiosa.

[10] Mesmo assim, o pastor suíço lamentava que Freud não houvesse tido contato profundo com a tradição teológica e filosófica e tampouco se interessasse por ela.

[11] Tratava-se de *Wahnvorstellungen und Schülerselbstmord* [Ideias delirantes e suicídio de alunos].

[12] A esse respeito, consultar a obra *Deus analisado: os católicos e Freud – A recepção da crítica freudiana da crença religiosa pela Igreja Católica*, de Ricardo orri de Araújo, na qual o autor apresenta um breve histórico das reações à crítica freudiana da crença religiosa, que o levam a afirmar que "o pensamento de Freud sobre o fato religioso pode ser considerado a crítica mais desconstrutiva que a religião já sofreu" (2014, p. 33).

[13] Muitos de seus livros e artigos refletem essa dupla pertença, como, por exemplo, *Ein neuer Zugang zum alten Evangelium: Mitteilungen* über *analytische Seelsorge an Nervösen, Gemütsleidenden und anderen seelisch Gebundenen* [Um novo acesso

ao antigo Evangelho: comunicações sobre a cura de almas analítica para nervosos, doentes do ânimo e outros afetados psiquicamente], publicado em 1918, e *Neutestamentliche Seelsorge und psychoanalytische Therapie* [Cura neotestamentária das almas e terapia psicanalítica], publicado em 1934, no qual traçou semelhanças e diferenças entre o tratamento analítico e a cura de almas operada por Jesus no Novo Testamento bíblico.

[14] Pfister viria a se retratar quanto a esse ponto. Entretanto, recusaria o conceito de pulsão de morte introduzido por Freud em 1920, tal como Winnicott também o faria.

SEÇÃO V — PSICOLOGIA E RELIGIÕES

e *A ilusão de um futuro* numa mesma fé sólida, cujo credo é: *A verdade vos libertará!*[15] (*ibid*, p. 56).

Analisando a correspondência entre Freud e Pfister, Domínguez (2008) sustenta que o diálogo inicial da psicanálise com a religião coloca em cena a concepção iluminista de mundo muito mais frequentemente do que as contribuições psicanalíticas propriamente ditas, na medida em que a tendência de Freud era assumir um caráter militante ao sustentar que a religião deveria ser suplantada pela ciência. Segundo o autor, a correspondência entre os dois amigos e os textos freudianos dedicados ao tema da religião exploram pouco a questão da singularidade da experiência religiosa. Apesar disso, ele conclui que, se o diálogo entre psicanálise e religião nas cartas trocadas entre Freud e Pfister permanece inacabado, é porque ele é estruturalmente interminável.

> Por sua própria essência, parece forçoso que psicanálise e religião estão condenadas a manter a questão permanentemente, porque esta se apresenta de modo radicalmente novo cada vez que alguém fala, enuncia seu *Credo*. A psicanálise nunca pretenderá contar de antemão com a interpretação desse dizer, e o crente nunca poderá eludir a pergunta sobre o que se oculta sob esse dizer. O diálogo psicanálise-fé se apresenta, assim, não por acidente, mas por essência, como um *diálogo interminável*. (Domínguez, 2008, contracapa, grifos no original)

Se a relação de Freud com a religião foi marcada pela hostilidade, a relação de Pfister com ela foi marcada pela amabilidade. Desse modo, enquanto a partir da leitura da obra de Freud temos a impressão de que entre psicanálise e religião há uma incompatibilidade completa que impossibilita qualquer diálogo, na leitura da obra de Pfister encontramos um forte desejo de concordância que o impossibilita de reconhecer diferenças fundamentais, as quais denunciam como ilusória a sua concepção de alcançar uma completa harmonia entre campos tão diferentes. Contudo, embora efetivamente não seja possível traçar uma correspondência entre psicanálise e religião (como Pfister desejava), tampouco precisa haver uma oposição radical entre elas (como Freud sustentava). Dito de outro modo: psicanálise e religião podem dialogar[16]. Assim, o diálogo entre Freud e Pfister está recheado de referências que podem nos convocar a retomar sempre de novo o diálogo entre psicanálise e religião, apostando que, se ele será sempre interminável, nem por isso deixará de ser profícuo para ambos os campos, tão complexos quanto distintos entre si. Como veremos em seguida, a abordagem da religião realizada por Winnicott trouxe a esse diálogo novos contornos.

DONALD WINNICOTT E SUAS RAÍZES METODISTAS

João Pedro Lorenzon Jávera

O testemunho mais fiel que talvez tenhamos a respeito do *background* religioso que constituiu a vida de Donald Winnicott

(1896-1971) foi nos legado por sua segunda esposa, Clare Winnicott. Em uma entrevista realizada em 1983[17], ela nos conta que a família Winnicott era bastante religiosa e que John Frederik e Elizabeth Martha (pais de Donald) exerciam uma posição de liderança na igreja que frequentavam: "O pai era o tesoureiro dela e cantava no coral. A família ia à Igreja todos os domingos" (Rudnytsky, 1991, p. 180).

Os Winnicott eram Metodistas – um ramo do protestantismo inspirado pelos ensinamentos de John Wesley, que surge no século XVIII como mais um impulso da reforma religiosa inglesa e que tem como principais características o incentivo à experiência pessoal (religiosa), à caridade, à edificação ética do indivíduo e sua liberdade de pensamento. Esse caráter de respeito à liberdade alheia fez-se bastante presente na vida e na educação familiar de Donald Winnicott, e um episódio emblemático vivido com seu pai o confirma:

> Caminhando de volta da Igreja com seu pai, Donald começou a interrogar seu pai sobre religião – perguntou a seu pai alguma questão – e ele o respondeu: "Escute meu filho. Leia a Bíblia – e veja o que você encontra lá. E então você decide por si mesmo o que você quer. É de graça. Você não tem que acreditar naquilo que eu acredito. Forme seu próprio pensamento sobre isso. Apenas leia a Bíblia". (Rudnytsky, 1991, p. 181, tradução nossa)

Esse diálogo revela uma forma peculiar da família Winnicott de compreender e exercer o cristianismo – um tipo de prática religiosa não repressiva e que prezava a liberdade de pensamento e o respeito à alteridade, e incentivava a descoberta pessoal dos indivíduos sobre os assuntos da vida. Além disso, outra característica fundamental da religiosidade que permeava os valores da família Winnicott era o sentido de responsabilidade social e de cuidado para com o próximo e para com a comunidade em que se estava inserido. O fato de Donald ter desejado encaminhar-se para a área médica revela, para Clare Winnicott, sua inclinação ao exercício do cuidado para com o próximo – marca da atmosfera religiosa da família. Segundo ela, a perspectiva religiosa pela qual Donald fora educado o levou a "querer ajudar as pessoas, a salvar as pessoas. Não salvar, mas ajudar. Não era uma [educação religiosa] severa de forma alguma. Era mais uma religião do amor. Baseada no amor, baseada em ajudar as pessoas" (Rudnytsky, 1991, p. 181, tradução nossa).

Ainda que Winnicott não tenha em sua vida adulta dado continuidade a uma vida tipicamente religiosa – no sentido de frequentar a igreja, comungar etc.[18] –, esses valores cristãos parecem ter penetrado na sua pessoalidade e constituído um posicionamento ético-social. Poderíamos até dizer que o psicanalista veio a exercer uma postura de vida imbuída de valores originalmente religiosos, mas aplicados à vida laica, ao cotidiano não religioso, algo que ressoa nas palavras de Goldman (1993), quando diz:

> É incrível como algumas das doutrinas fundamentais do Metodismo ganharam expressões seculares em **Winnicott**. Isso inclui insistência em afirmar que o coração da religião

---

[15] Pfister se refere à passagem bíblica de João 8,32: "e conhecereis a verdade, e a verdade vos libertará" (Bíblia, 2010, p. 1865).

[16] Nesse sentido, é interessante constatar a surpresa de Freud em 1934 pelo fato de Pfister não haver abandonado a fé após tantos anos praticando a psicanálise: "Que o senhor possa ser um analista tão convicto e ao mesmo tempo um homem espiritual, pertence às contradições que tornam a vida tão interessante" (Freud *apud* Freud e Meng, p. 184). Por outro lado, no mesmo ano em que publicou seu mais feroz ataque à religião, Freud escreveu a Pfister: "Nós sabemos que, por caminhos diferentes, lutamos pelas mesmas coisas para os pobres homenzinhos" (*ibid*, p. 146).

[17] Publicado em Rudnytsky (1991).

[18] Conforme Clare Winnicott: "Eu acho, sabe, [Winnicott] ia às vezes à Igreja, mas gradualmente deixou de ir. Gradualmente ele simplesmente não queria mais ir (...) Ele nunca foi anti-religião! Nunca! Ele realmente ficava muito grato se alguém pudesse acreditar em algo (...) A capacidade para acreditar é muito mais importante do que aquilo em que se acredita. (*apud* Goldman, 1993, p. 181, tradução nossa)

está na relação pessoal com Deus; simplicidade de devoção (...); preocupação pelos desprivilegiados e pela melhoria de condições sociais; tolerância por diferenças de convicções em relação a diversas disputas teológicas (...) Tendo crescido em uma condição atmosférica dessa igreja, é fácil ver como Winnicott estaria predisposto a ter uma sensibilidade que enfatizava o pessoal e a espontaneidade na natureza humana, uma atitude não-dogmática em relação à teoria, e a mutualidade na aliança terapêutica. (Goldman, 1993, p. 118, tradução nossa, grifo nosso)

Um dos temas mais caros a Winnicott e que ocupou boa parte de sua produção escrita e oral é referente à moral humana e de que maneira ela se origina e se desenvolve em cada indivíduo. Juntamente a esse tema, estão aqueles ligados ao surgimento do sentimento de culpa pessoal (não o sentimento de culpa que é imposto pela sociedade ou pelos outros, mas aquele que é fruto de uma descoberta e que ocorre dentro de uma relação de intimidade) e o de consideração pelo outro (*concern*). Gostaríamos de explorar seu conceito de *concern*, pelo fato de ocupar um lugar central em toda a compreensão que o autor tem sobre o processo maturacional humano, por revelar os caminhos pelos quais ele pensa o surgimento de uma postura ética do indivíduo em suas relações, e principalmente, por tratar-se de um conceito que claramente nos permite acessar os valores e princípios religiosos que Winnicott provavelmente recebeu de sua educação cristã.

O desenvolvimento da capacidade de consideração e o surgimento da moral

O psicanalista inglês oferece uma compreensão sobre o surgimento do sentimento de culpa na vida humana bastante original. Ainda que tenha sido bastante influenciado pelo pensamento de Melanie Klein, que abordou o sentimento de culpa (Klein, 1935, 1948) como já sendo experimentado na vida dos bebês, Winnicott não considera tal sentimento apenas como fruto de uma maneira mais madura de lidar com *ambivalência entre amor e ódio* presente na relação da dupla mãe-bebê, mas como uma conquista em termos de integração do *self,* uma superação de uma forma dissociada de relacionar-se com o outro. Para Winnicott, o bebê humano em seus primeiros meses de vida não é capaz de perceber sua mãe (o outro) como um ser inteiro, total e separado de si-mesmo, e que possui uma vida própria. Pelo contrário, ele nos diz que:

É possível postular a existência para a criança imatura de duas mães – devo chamá-las de mãe-objeto e mãe-ambiente? (...) me parece possível usar os termos mãe-objeto e mãe-ambiente nesse contexto para descrever a vasta diferença que existe para a criança entre os dois aspectos do cuidado materno; a mãe-objeto, ou aquela que é possuidora do objeto-parcial que irá satisfazer as necessidades da criança, e a mãe-ambiente como pessoa que evita o imprevisto e que ativamente provê o cuidado de suster e do manejo como um todo. O que o lactente faz no ápice da tensão do id e o uso que assim faz do objeto me parece muito diferente do uso que faz da mãe como parte do ambiente total. Nesta linguagem, é a mãe-ambiente que recebe tudo o que pode ser chamado de afeição e coexistência sensorial; é a mãe-objeto que se torna o alvo da experiência excitante baseada na tensão crua do instinto. (1963, p. 75)

O bebê, ainda não estando de posse de seu corpo (de forma integrada) e não podendo controlar e modular seus instintos e

comunicá-los para o outro de forma consciente e precisa, dirige-se ao corpo de sua mãe de forma impiedosa (*ruthless*), ou seja, podendo eventualmente machucá-la, mas não fazendo isso de propósito, ou sequer desconfiando do resultado desse seu tipo de aproximação. Será com o tempo e por meio de um cuidado contínuo que o bebê será capaz de juntar em sua mente a imagem das "duas mães" até então percebidas como coisas separadas: "Se a mãe se comporta de uma maneira altamente adaptativa (...) ela é capaz de dar bastante tempo para a criança para que esta venha a perceber que o objeto dos ataques impiedosos é a mãe, a mesma pessoa que é responsável pelos cuidados da situação como um todo" (Winnicott, 1958, p. 22).

É nesse momento que o sentimento de culpa surge na vida humana pela primeira vez. É de se esperar que a criança seja jogada em um tipo de ansiedade muito grande quando toca nessa descoberta a respeito da unidade de sua mãe, e dos possíveis efeitos que pode ter causado no corpo dela até então. Novamente a criança terá que contar com a compreensão ambiental a fim de que possa confiar que uma reparação a esses possíveis danos imaginados possam ser realizados e a relação tão preciosa vir a ter continuidade. Por meio de repetidas experiências desse tipo, em que (a) o bebê percebe seu descuido para com o corpo da mãe, (b) lança-se a uma tentativa de reparação e (c) seu gesto é bem recebido [a que Winnicot (1988) nomeia de *círculo benigno*, 1988], a ansiedade e o sentimento de culpa passam a ficar como que dormentes e a não ser sentidos como tais. Winnicott prefere nesse momento falar em *concern,* em vez de culpa:

A palavra ***concern*** é usada para se abarcar de uma forma positiva um fenômeno que é abordado em uma forma negativa pela palavra "culpa" (...). ***Concern***, diz respeito a uma maior integração, e a um maior crescimento, e se relaciona de uma forma positiva ao sentimento do indivíduo de responsabilidade, especialmente em respeito a relações em que os impulsos instintuais entraram em jogo. ***Concern*** se refere ao fato de que o indivíduo se preocupa, quer cuidar, e tanto sente quanto aceita responsabilidade. (Winnicott, 1963, p. 73)

A partir da capacidade para se preocupar com o outro e de vir a considerá-lo em seu estatuto de alteridade (para além de si), a criança pode vir a assumir responsabilidade pelo que faz e pela maneira com que se dirige ao mundo. Aqui começa a fazer sentido a ideia de moralidade e de ética – uma postura que surge a partir da necessidade de cuidar da existência e do bem-estar do outro. É por esse motivo que Winnicott insiste em denominar o sentimento de culpa e da descoberta da moral como experiências pessoais – uma vez que nascem de uma experiência viva com o outro –, não sendo um tipo de conduta regida por prescrições externas ao indivíduo, que o obrigam a segui-las à custa de uma eventual punição. Na base do valor positivo do sentimento de *concern*, é possível encontrar a raiz religiosa que considera o processo de arrependimento como caminho para a reconciliação com Deus e, assim, de desenvolvimento emocional e espiritual[19].

Possivelmente, a herança religiosa que Winnicott recebe de sua família voltou seu olhar para questões como essas que estamos apresentando e certamente lhe possibilitou encontrar um valor para a religião na sociedade e na vida individual humana. Goldman (1993) nos ajuda a concluir esse pensamento quando afirma:

---

[19] A esse respeito, cf. também: Healy, K. C. (2004). Looking on the one we have pierced: repentance, resurrection, and Winnicott's "capacity for concern". *Pastoral Psychology*, v. 53, n. 1, p. 53-62.

SEÇÃO V — PSICOLOGIA E RELIGIÕES

Winnicott não compartilha da convicção freudiana de que existem dois estilos completamente incompatíveis de pensar no mundo – o científico, de um lado, e o teológico e metafísico, de outro – o primeiro a ser cultivado e o último, a ser banido (...) Winnicott (...) enfatiza os aspectos criativos positivos da experiência religiosa. Seu sonho não era que a psicanálise, um dia, por meio do esclarecimento, viesse a eliminar a influência da igreja de seus fiéis. Pelo contrário, ele esperava que a psicanálise pudesse '"salvar a prática religiosa de perder seu lugar no processo civilizatório". (Winnicott 1963e, p. 95 *apud* Goldman, 1993, p. 115-116)

Winnicott se aproxima de Pfister; ambos viam na psicanálise um caminho para purificar a religião das suas mazelas neuróticas.

LACAN: DO NOME DE UMA FALTA À FALTA DE UM NOME

José Luiz Caon

Os psicanalistas, interrogamo-nos sobre a herança religiosa judaica de Freud e sobre a herança religiosa católica de Lacan. Interrogamo-nos sobre nossa própria herança cultural frequentemente marcada também pela religiosidade? Via de regra, interessamo-nos pelo praticante da psicanálise, se ele é religiosamente um crente (talvez deísta ou teísta)? Ou se ele é religiosamente um descrente (talvez adeísta, ateísta)? A pergunta de se o psicanalisante é religiosamente crente, deísta ou teísta, se o psicanalisante é religiosamente descrente ou adeísta ou ateísta não cabe na SPT (situação psicanalítica de tratamento) nem na SPP (situação psicanalítica de pesquisa). Analogamente, uma cárie num dente é um fato: para lidar com ela o odontólogo não vai ler o "Evangelho", por João Evangelista, nem "O futuro de uma ilusão", por Freud. A escuta psicanalítica do inconsciente em situação psicanalítica de tratamento ou em situação psicanalítica de pesquisa é um ofício. A partir desse ofício, há os que se enriquecem com a psicanálise. É o caso dos psicanalisantes. Há os que enriquecem com a psicanálise, não muitos! E há os que enriquecem a psicanálise. Lacan, incontestavelmente.

Assim sendo, para que serviria a um psicanalisante ou a um praticante da psicanálise o interesse pela herança religiosa de Freud ou de Lacan? Assim como Freud e Lacan tiveram psicanalisantes e "*malades*" (adiante se verá o que entendo por "*malades*"), assim também qualquer praticante da psicanálise tem psicanalisantes e "*malades*". O curioso é que Freud e Lacan não têm mais psicanalisantes, mas continuam a ter "*malades*". E o curioso é que um praticante da psicanálise, além de ter psicanalisante, também tem "*malades*". E a abominação da desolação é que não poucas vezes esses "*malades*" são os colegas do praticante da psicanálise. Por "*malade*", refiro-me àquele psicanalisante em falso que ou de fato tem experiência de divã, mas cuja experiência não passa de uma pífia experiência de divã, ou que, não tendo nenhuma experiência de divã, discursa como se a tivesse tido. Entre esses últimos, é frequente ver que os fracassados na religiosidade denegam o fracasso ou buscam anular esse fracasso com mais um fracasso, agora o fracasso na prática psicanalítica *tout court*.

Sabemos que há total silêncio por parte de Lacan quanto à herança católica dele? Como Heidegger, que guarda "silêncio essencial" perante a teologia, pelo menos depois de 1927, Lacan, não se pronuncia sobre a herança católica própria? Todavia, pelo relato da psicanálise pessoal que Gérard Haddad (2002) fez com Lacan, pode-se ver que ele não tinha preconceitos nem restrições sobre à religiosidade, especialmente a religiosidade dos místicos.

O que nos conta Roudinesco (1994):

Por volta de 1916, Jacques-Marie pensa, contrariando a opinião do pai, em tornar-se médico. Na mesma época, começa a se interessar pela filosofia, sobretudo por Espinosa. Na parede do seu quarto, pendura um imenso desenho e traz o plano da ética em setas coloridas: uma verdadeira topografia do livro, desenhadora segundo o modelo dos atlas de outrora. Pouco depois vem a ruptura com a fé. O jovem Lacan não renega a cultura religiosa que recebeu, mas abandona toda a crença em Deus e toda a participação na prática cristã. Isso não impedirá de se casar na igreja e mandar batizar seus filhos. Entretanto, faz acompanhar sua renúncia de um signo não mais usando o prenome Marie ligado a Jacques. Desde suas primeiras publicações, em 1926, ele se assinará Jacques Lacan e, por vezes, Jacques-M. Lacan. (p. 121)

O que nos diz Lacan numa carta a seu irmão Marc, monge beneditino:

Isto é importante para mim. Pois que minha religião frente à Religião é de uma considerável importância nesse momento em que eu comecei a falar com você. Há religiosos entre meus alunos, e eu tenho que entrar, sem dúvida, em relação com a Igreja, nos anos que vão se seguir, em relação a questões sobre as quais as mais altas autoridades quererão ver claro, a fim de tomar partido. Basta te dizer que é em Roma que, em setembro, vou fazer um comunicado no nosso Congresso este ano – e que não é por acaso se o assunto é: o papel da linguagem (quero dizer: Logos) em psicanálise. (Lacan, inédito, 1953)

Ainda Roudinesco (1994):

Uma coisa é comum, em todo caso, a Freud e a Lacan, e determina em parte sua posição frente à universalidade do inconsciente: nem um nem outro renegaram a religião de seus ancestrais, mas, separando-se da fé por ela veiculada, beberam nela uma cultura capaz de nutrir sua doutrina. Freud come o Talmude como o faz Lacan com o Evangelho: nada mais, nada menos. (p. 141)

O que nos diz Jacques-Alain Miller (2005):

"Sou filho de padre", dizia Lacan. Educado pelos irmãos maristas, ele foi um menino piedoso e adquiriu um conhecimento sensível, íntimo dos tormentos e astúcias da espiritualidade cristã. Ele sabia também falar maravilhosamente aos católicos e atraí-los à psicanálise. A Companhia de Jesus (os jesuítas) apostou na escola de Lacan. Freud, velho otimista do Iluminismo, acreditava que a religião não era mais do que uma ilusão, que se extinguiria com o advento do progresso do espírito científico. Lacan absolutamente diferente, pensava, pelo contrário, que a verdadeira religião, a cristã romana, ao fim dos tempos arrastaria todo o mundo e derramando sentido em todos os azimutes sobre o Real, cada vez mais insistente e insuportável que devemos à ciência. (Miller, 2005, na contracapa de Lacan, 2005)

Mitos, ritos, dogmas e cultos. Onde houver mitos, ritos, dogmas e cultos, a religiosidade estaria hipotecada, isto é, sistematizada? O místico, cujo discurso é poético, inova na e pela criação de falas e significâncias? O místico sacode e abala os mitos, os ritos, os dogmas e os cultos? Temos exemplo nos profetas da tradição dos monoteísmos judaico, cristão e islâmico.

O pesquisador psicanalítico que se pergunta pelo ser da religiosidade é pesquisador de ponta que se serve dos mitos, dos

346

ritos, dos dogmas, dos cultos da religiosidade, sem estar a serviço deles. A pesquisa psicanalítica não somente sacode e abala, ela radicalmente dissolve, mas sem destruir. Temos como exemplo "Moisés e o monoteísmo", por Freud (1939). Ao panteísmo decadente, um faraó propõe, o monoteísmo. Morto o faraó, destruída a nova religião, os sobreviventes monoteístas buscam adeptos e novas paragens. Entre esses, há um povo nômade, os hebreus, que recebem o monoteísmo, agora mais severo que antes e veem-se, como até hoje, o povo escolhido. Povo escolhido, claro, pelo severo e radical sucessor do faraó, o Mose egípcio. Freud acompanha as pesquisas históricas e extrai à luz da pesquisa psicanalítica um recalcado ou esquecido, mas não deletado. Timidamente, Freud acena para diferentes monoteísmos, mas não nos diz que a pluralidade de monoteísmos é o retorno do fracassado panteísmo decadente já na época do faraó, fundador do primeiro monoteísmo. Do fracasso do panteísmo, surge, nos povos africanos e asiáticos, o monoteísmo e logo do pluriteísmo ou um panteísmo de excelências divinas. Do fracasso do panteísmo, surge nos povos mediterrâneos helênicos e helenizantes, a pergunta filosófica pelo ser orquestrada inicialmente por Platão e Aristóteles e atualmente retomada do esquecimento pelo maior filósofo de herança religiosa católica, Martin Heidegger. Qual é o ser da religiosidade para um "*dasein*" (em gauchês: vivente)?

Lacan (1975), ao interrogar o gozo da e na mulher, aproveita a literatura mística de Teresa de Ávila, enquanto Freud fica na vagueza sedutora de que a mulher é um continente negro! A preferência de Lacan por uma mística cristã é contingente. Os místicos cristãos adentram a mística que há desde sempre, ou bem antes deles, ou em outras buscas que não são cristãs. Por exemplo, "A linguagem dos pássaros", por Farid ud-Din Attar (1975), é uma busca de um místico sufi. Farid ud-Din Attar nos brinda com uma bela história, a das três borboletas, que brevemente resumo assim:

> *Somos três mariposas diante da chama ardentemente amorosa de uma vela.*
> *A primeira chega perto da chama e depois conta:*
> *— Eu sei o que é o amor: amor aquece!*
> *A segunda, toca levemente a chama com as asas e depois conta:*
> *— Eu sei o que é o amor: o amor queima!*
> *A terceira atira-se para dentro da chama e fica consumida...*
> "Esta é a que sabe o que o amor é". (Attar, 1975, p. 222)

Que é a fé, que para muitos cristãos, não é senão graça? Um gozo especial *sui generis*? Em geral, achamos que fé é um tipo de crença religiosa. Assim, as crenças religiosas, geralmente fundadas e mantidas graças a influências recíprocas de rebanho, roubariam a cena, proclamando-se como fé? Perante a fé, só podemos guardar silêncio essencial, enquanto místicos? Perante a fé, só podemos guardar silêncio essencial, enquanto pesquisadores psicanalíticos de ponta, isto é, enquanto metapsicólogos? A pungente relação entre Freud (pesquisador e metapsicólogo) e Pfister (crente e místico), tirada do esquecimento e celebrada por Karin Wondracek e outros, recentemente, mostra que o encontro tipo encontro da fábula da raposa e da cegonha é de fato encontro, pelo menos encontro de esperanças com as quais se pode viver até morrer.

O que se passa no encontro, com banquete, entre a cegonha e a raposa? Ambas não se banqueteiam com o manjar da outra, mas há encontro. Pode haver diálogo – a conclusão moraleira infelizmente não saca. Podem surgir, sim, diálogos e diálogos importantes, como esses diálogos pungentes à beira de abismos, a exemplo de Freud e Pfister (Caon, 2003).

Na tradição dos mitos, ritos, dogmas e cultos, há práticas tipo confissão auricular e confissão coletiva. Todavia, há um tipo de prática que se chama de "direção espiritual", "guia espiritual", "discernimento dos espíritos" etc. Lacan intitulou um texto célebre sobre a técnica da clínica psicanalítica, ao qual ele chama "*La direction de la cure et les principes de son pouvoir*" (A direção do tratamento psicanalítico e os princípios de seu poder, 1958/1998). Não há aqui, nesse título, uma ressonância duma tradição também religiosa? E Freud (1928) não escreve a Pfister dizendo que o psicanalista é um *Seelesorger* laico? Todavia, não podemos ver no psicanalista, enquanto diretor de tratamentos psicanalíticos, um diretor espiritual ou diretor de consciências. O psicanalista dirige o tratamento psicanalítico, mas não dirige o psicanalisante. Por isso, o psicanalista não serve de modelo, de padrinho, de "meu tipo inesquecível" etc. O psicanalista, mesmo se for da "paróquia" do psicanalisante, não é um diretor de consciências do psicanalisante.

Um estudo de Lacan se louva na teoria aristotélica das quatro causas. Lacan prolongaria Aristóteles dizendo que a causa formal aristotélica fundamenta a pesquisa científica; que a causa material fundamenta a pesquisa psicanalítica; que a causa eficiente fundamenta a pesquisa mágica e a causa final fundamenta a pesquisa religiosa. A causa final da religião religaria aquilo que já está ligado desde sempre. Para tanto, o método, mesmo sendo erotemático, é erotemático catequético. As respostas já não estão dadas, reveladas?

Por isso, a religião sempre triunfou, triunfa e triunfará. E para Lacan, a verdadeira religião é a cristã trinitária: um monoteísmo pluralista que não secunda nenhum dos outros monoteísmos monistas. O mito da trindade edipiana transposto descritivamente por Freud caberia no entendimento do jogo apreciado pelas crianças, estruturado em três protagonistas? É o jogo da pedra, do papel, da tesoura. A pedra quebra a tesoura; a tesoura corta o papel; o papel embrulha a pedra. Entretanto, o nó borromeano descreve melhor o trinitário, pois que pai, mãe, filho se vinculam graças a um quarto elemento que sustenta a todos e que curiosamente sequer é intuível. Não é o pai, mas o "nome/não" do pai. (Lembro que em francês há uma homofonia entre *nom/non* da qual Lacan fez um produtivo uso ao longo de seu ensino). Seria como que um princípio espiritual – lacanianamente o falo – graças ao qual princípio um homem está no lugar do nome-do-pai (nome/não); uma mulher está no lugar da mãe e uma criança está no lugar do filho. Essa estrutura é tal que às vezes um protagonista pode estar intermitente e vicariamente no lugar do outro protagonista. Mas, se essa situação perdura ou se congela, a dita "santíssima trindade" vê-se transformada em "sataníssima trindade"! O quarto lugar, do falo, protagonista algum pode ocupar. É como no jogo do futebol: jogadores, juiz, torcida não podem ocupar o lugar do Regulamento. O juiz não é o Regulamento!

No momento, na esteira de Freud e Lacan, me vejo com oito aglomerados de formações ou epifanias do Unbewusst, a saber: 1) sintomas ; 2) esquecimentos (de lembranças encobridores e lembranças encobertas; 3) sonhos (*Träume*) ; 4) atos falhos (*Fehlleistungen*); 5) devaneios (*Tragträume*); 6) chistes (*Witze*); 7) sublimizações; 8) aprendizagens serendipidosas. Proponho-as como categorias para um "órganon pré-lógico e infragramatical freudo-lacaniano". Sugere-se a leitura de trabalho anterior deste autor com elementos programáticos para essa proposta (Caon, 2015).

SEÇÃO V — PSICOLOGIA E RELIGIÕES

E psicanálise não é nem tem cosmovisão (*Weltanschauung*), nem é psicopedagogia, nem é ética, nem é psicoterapia. Nem é *Weltanschauung* teológica ou política. Seus enunciados teóricos, mais do que apofânticos, são frequentemente apofáticos, por exemplo: "O Real é o que não para de não se inscrever". Aproxima-se, *mutatis mutandis*, da mística negativa, cujos axiomas também são invariavelmente apofáticos?

A psicanálise não passa de uma escuta especial daquilo que, no vozeamento da fala do psicanalisante, resta ainda por dizer. Não se trata de labareda do mito da sarça ardente que ilumina, comove e seduz; trata-se somente daquilo que faz com que a labareda ilumine, comova e seduza.

CONSIDERAÇÕES FINAIS

Concluimos nosso mosaico de busca de raízes... fizemos questão de manter a singularidade de cada autor, também para indicar que a pesquisa e a apropriação da herança é singular e ao mesmo tempo coletiva.

Talvez a demora da psicologia em incluir as raízes religiosas de seus pioneiros siga o percurso de Freud, que apenas na maturidade assumiu essa influência permanente. Aos poucos, os pesquisadores contemporâneos despertam para o legado das raízes religiosas e a vitalidade desse tesouro simbólico. Se aqui procuramos escavar o tesouro das raízes religiosas na psicanálise, desejamos que outros o façam nas outras teorias[20].

Se a raiz religiosa for levada em conta no campo da psicologia, abre-se a compreensão de vários conceitos em maior profundidade, assim como a perspectiva de trabalho clínico com as raízes espirituais dos próprios pacientes, como abordado em outros capítulos desta coletânea. Como psicanalistas e psicólogos interessados nas raízes – das pessoas, dos grupos e das teorias – somos desafiados ao uso de instrumentos sensíveis no seu manejo. Aprendamos com os pioneiros, aprendamos com Freud, Pfister, Winnicott e Lacan!

REFERÊNCIAS BIBLIOGRÁFICAS

Attar, F. U. (1975). *Mantic Uttair ou le langage des oiseaux*. Paris: Editions D'Aujourd'hui.

Caon, J. L. (2003). Diálogos à beira de abismos entre Freud e Pfister – A propósito da correspondência entre Freud ePfister. In: Wondracek, K. H. K. (Org.) *O futuro e a ilusão*. Petrópolis: Vozes, p. 229-241.

Caon, J. L. (2015). Introdução ao *Órganum* infralógico e infragramatical freudo-lacaniano "Filosofar rindo"<> "Rir filosofando" lido em "E agora, José!" ou *É agora, José!*" In: Culleton, A. et al. *Festschrift um tributo a Ernildo Stein*. São Leopoldo, RS: Unisinos. p. 227-248.

Domínguez, C. (2008). *Psicanálise e religião: um diálogo interminável – Sigmund Freud e Oskar Pfister*. São Paulo: Loyola.

Freud, S. (2006) *Edição Standard Brasileira (ESB)*. Rio de Janeiro: Imago.

Freud, E.; Meng, H. (Orgs.) (1998). *Cartas entre Freud e Pfister: um diálogo entre a psicanálise e a fé cristã*. Tradução de: Karin H. K. Wondracek e Ditmar Junge. Viçosa: Ultimato.

Fuks, B. B. (2000). *Freud e a judeidade: a vocação do exílio*. Rio de Janeiro: Zahar.

Goethe, J. W. von. (1808/2016). *Fausto: uma tragédia – primeira* parte. 6ª ed. (Tradução do original alemão de Jenny Klabin Segall; apresentação, comentários e notas de Marcus Vinicius Mazzari; ilustrações de Eugène Delacroix). São Paulo: Editora 34.

Goldman, D. (1993). *In search of the real: the origins and originality*. London: Jason Aronson.

Gomez, M. L. T. (2000) O pastor psicanalista Oskar Pfister: um legado de desconforto. *Psicologia: Ciência e Profissão*, v. 20, n. 3. Disponível em: http://www.scielo.br/scielo.php?script=sci_arttext&pid=S1414-98932000000300007. Acesso em: 4 fev. 2016.

Jávera, J. P. L. (2016). *A participação do arrependimento na constituição humana: concern, metanoia, a estória de um pardal* (dissertação). São Paulo, USP. 2016. Disponível em: http://www.teses.usp.br/teses/disponiveis/47/47133/tde-07102016-140455/en.php. Acesso em: 20 fev. 2017.

Klein, M. (1935). *Amor culpa e reparação e outros trabalhos*. Rio de Janeiro: Imago, 1996.

Klein, M. (1948). *Inveja e gratidão e outros trabalhos*. Rio de Janeiro: Imago, 1991.

Lacan, J. (inédito, 1953). Carta ao irmão Marc. In: *Lettre n° 1 écrite par Jacques Lacan à son frère Marc. 07.04.195*. Disponível em: http://elpsicoanalistalector.blogspot.com.br/2010/12/cartas-ineditas-de-jacques-lacan-su.html. Acesso em: 3 fev. 2017.

Lacan, J. (1969-1970/1992). *O seminário, livro 17: o avesso da psicanálise*. Rio de Janeiro: Zahar.

Lacan, J. (1975). *Le Séminaire de Jacques Lacan. Livre XX: Encore (1972-1973)*. Paris: Éditions du Seuil.

Lacan, J. (1998). A direção do tratamento psicanalítico e os princípios de seu poder. In: Lacan, J. *Escritos*. Rio de Janeiro: Jorge Zahar Editor. p. 591-652.

Miller, J. A. (2005). Apresentação na contracapa. In: Lacan, J. *O triunfo da religião*. Rio de Janeiro: Jorge Zahar Editor.

Pfister, O. (1928/2003). A ilusão de um futuro: um embate amigável com o prof. Dr. Sigmund Freud. In: Wondracek, K. H. K. (Org.). *O futuro e a ilusão: um embate com Freud sobre psicanálise e religião*. Rio de Janeiro: Vozes. p. 17-56.

Pfrimmer, T. (1994). *Freud, leitor da Bíblia*. Rio de Janeiro: Imago.

Roudinesco, E. (1994). *Jacques Lacan*. Rio de Janeiro: Companhia das Letras.

Rudnytsky, P. (1991) *The psychoanalytic vocation*. New York: Hamilton Printing Company, Yale University

Winnicott, D. (1958). *Psycho-analysis and the sense of guilt*. London: Karnac.

Winnicott, D. (1963). *The development of the capacity for concern*. London: Karnac.

Winnicott, D. (1988). *Natureza humana*. Rio de Janeiro: Imago.

Wondracek, K. H. K. (Org.). (2003). *O futuro e a ilusão*. Petrópolis: Vozes.

Wondracek, K. H. K. (2005). *O amor e seus destinos: a contribuição de Oskar Pfister para* o diálogo *entre teologia e psicanálise*. São Leopoldo: EST/Sinodal.

LEITURAS RECOMENDADAS

Barretta, J. P. F. (2012). A origem da moralidade em Freud e Winnicott. *Winnicott e-prints*, v. 7, n. 1, p. 114-125. Disponível em: http://pepsic.bvsalud.org/scielo.php?script=sci_arttext&pid=S1679-432X2012000100005&lng=pt&tlng=pt. Acesso em: 4 dez. 2016.

Domínguez Morano, Carlos (2003). *Crer depois de Freud*. São Paulo: Loyola.

Maciel, Karla Daniele (2015). *Freud a favor da religião: como assim?* São Paulo: Prisma.

Rizzuto, Ana-María (2011). *Por que Freud rejeitou Deus?* 2ª ed. São Paulo: Loyola.

---

[20] Como indicações bibliográficas para esse estudo – Religião em C. G. Jung: Portela, B. O conceito religião no pensamento de Carl Gustav Jung. *Revista Sacrilegens*, v. 10, n. 1, p. 46-61. Disponível em: http://www.ufjf.br/sacrilegens/files/2014/01/10-1-5.pdf. Bryant, C. *Jung e o cristianismo*. São Paulo: Loyola, 1996. Religião em J. L. Moreno: Paese, V. H. L.; Holanda, A. F. (2012). O sentido de Deus para Jacob Levy Moreno em As Palavras do Pai. *Memorandum*, v. 23, p. 185-197. Disponível em: http://www.fafich.ufmg.br/memorandum/a23/paeseholanda01.

Subjetividade, cuidado, perdão: alguns legados das religiões para a psicologia contemporânea: humanos

Ageu Heringer Lisboa
Marina Bangel
Lia Dauber

INTRODUÇÃO

A relação entre psicologia e religião dá-se de diversas formas e sentidos. Por vezes, a psicologia debruça-se sobre a religiosidade e auxilia a compreender modos de crer. Outras vezes, a religião pode ajudar a compreender aspectos da humanidade e das teorias psicológicas. Nesse texto, o objetivo é apontar dimensões da psicologia contemporânea que carregam em seu bojo legados da religião e que precisam ser reconhecidos para serem compreendidos e transformados criativamente.

Reconhecimento, para a psicanalista Jessica Benjamin (1990 *apud* Hoffman, 2012), não é um conceito abstrato, mas muito vivencial. Sua teoria da intersubjetividade baseia-se na capacidade de mútuo reconhecimento da criança, que se inicia quando o bebê considera a subjetividade materna, ou seja, admite que sua mãe tem vida própria para além da relação com ele. Baseada em Hegel e Winnicott, Benjamin aponta que essa admissão da subjetividade alheia é a base para reconhecer outros sujeitos, para o agir ético e para o amor como descoberta do outro.

Reconhecer o outro significa constatar determinados aspectos que guardam semelhança e também admitir que há outros aspectos que são diferentes. Essa é a base da construção de uma comunidade de vivos, na qual se reconhece ambos – semelhanças e diferenças. Segundo a psicanalista Marie Hoffman (2012), a capacidade de mútuo reconhecimento também está na base do diálogo da psicologia com outros saberes, no sentido de capacitar a reconhecer o legado comum e as heranças recebidas, mas também a respeitar o diferencial e o valor de cada saber.

Esse é o pano de fundo para trazermos a contribuição da religião – no caso deste texto, da judaico-cristã – para três temas centrais do nosso fazer psicológico, num esforço de redescobrir legados recebidos que aguardam o reconhecimento. Que sua leitura desperte o desejo de prosseguir na tarefa de mútuos reconhecimentos e diálogos entre os saberes!

O LEGADO DA SUBJETIVIDADE – CONTRIBUIÇÃO DE SANTO AGOSTINHO PARA A PSICOLOGIA

Ageu Heringer Lisboa

Psicologia, matrizes religiosas e construção histórica em Santo Agostinho

Registros das expressões da alma, interações sociais, sexualidade e morte acompanham a peregrinação humana na forma de poesias, profecias, fábulas, textos sagrados e filosóficos. Eles nos informam como grupos humanos sobreviveram em meio a duras vicissitudes de ambientes que exigem um contínuo "arar a terra" e lidaram com suas cargas de ansiedade e angústia derivadas da natureza social e condições políticas que constituem o humano. Dentre as grandes matrizes religiosas que construíram as civilizações e cujas influências chegam ao campo das ciências "psi", destacamos a espiritualidade hebraico-cristã veiculada pelas fontes bíblicas, sempre retrabalhadas por filósofos, romancistas e psicólogos[1]. Dessa tradição focalizaremos algumas contribuições de Agostinho (354-430) que repercutem em questões contemporâneas sobre a subjetividade, psicoterapia e direitos humanos.

AGOSTINHO E A PSIQUE OCIDENTAL

Do norte da África, com cultura latina, vivendo no ocaso do Império Romano, Agostinho é onipresente nas construções

---

[1] Paul Johnson vê antecedentes mitopoéticos e religiosos de ideias sobre a interioridade humana, manifestos em oráculos primitivos, desembocando nas questões objeto da psicologia científica. Ele entende que "o *Tao* chinês, a *Moira* grega. O *Karma* hindu e o *Decálogo* mosaico são recursos contra o caos e a irregularidade, trazendo um senso de ordem e justiça. Destas ideias de lei e de ordem, no homem e na natureza, teriam surgido as primeiras premonições de uma visão científica" (Johnson, Paul (1964). *Psicologia da religião*. São Paulo: Aste. p. 15).

SEÇÃO V — PSICOLOGIA E RELIGIÕES

teológicas da Igreja Católica Romana e da Reforma Protestante; sendo o cristianismo a principal força espiritual do ocidente há dois milênios, pode-se, então, atestar facilmente o impacto, tanto construtivo quanto negativo, de seu legado. De seus livros, focalizaremos *Confissões*, escrito entre 387 e 391, no qual nos deparamos com uma autoexploração analítica que cogita sobre a existência individual, se depara com o inconsciente e busca a plenitude do ser e da existência. Refletindo filosoficamente sobre suas vivências subjetivas, num humanismo aberto à transcendência, Agostinho, abriu questões que serão retomadas no existencialismo de Pascal, S. Kierkegaard, Gabriel Marcel e E. Mounier[2]. Sua influência se estende sobre toda a corrente mística cristã, nos teólogos medievais e em pensadores como René Descartes (1596-1650)[3]. Para Dany R. Dufour, Descartes retoma o cogito agostiniano, recalca a Trindade e investe no "sujeito binário da ciência" (2000, p. 214) e aprimora o método científico em questões de filosofia do sujeito, como agente consciente, autônomo e responsável.

Uma imersão nas *Confissões*

Chama atenção a entrega que Agostinho faz de si no texto filosófico, permitindo ser conhecida a intimidade de seus embates internos dos quais fluem seus pensamentos. Num livro que serve de prelúdio às *Confissões*, *Solilóquios* (386-387), como o título anuncia, tem-se um estilo literário intimista, uma conversação interior, em que transparece a gênese dos seus pensamentos. Ele se serve do método maiêutico socrático, que lhe permitia escutar e acolher o que lhe ensina o "mestre interior". Consulta o "médico interior", o "*secretissimum ille medicus*", Deus, que num processo de iluminação promove a cura. Essa terminologia "mestre" e "médico interior" será utilizada por C. G. Jung especialmente em *Psicologia e alquimia* para se referir a recursos potenciais de sabedoria e saúde, inerentes ao indivíduo. De sua preocupação em buscar o discernimento sobre si mesmo, "obtido por disciplina e ajudado por mestre idôneo", contendo "uma metodologia e estrutura veraz", temos práticas aplicadas em sua autoanálise, cuidados que séculos mais tarde analistas e terapeutas aplicam no *setting* terapêutico.

O mesmo método dialético maiêutico é visto no *De Magistro*, escrito em 389, no qual dialoga com o filho Adeodato decifrando a gênese dos processos mentais da aprendizagem, as funções do signo, do símbolo, do significante e do significado entre outras questões retomadas em modernos estudos psicolinguísticos. Sobre o desejo e possibilidade de conhecer Deus, diz que "não quer, no caso, 'crer', mas 'saber'", frase que inspirou a resposta de Jung numa entrevista à rede BBC em 1959, que, quando perguntado "O senhor acredita em Deus?", respondeu: "Agora? Bem, isso é difícil de responder... Eu sei. Eu não preciso acreditar. Eu sei"[4].

---

[2] Essa continuidade é pontuada em vários capítulos da obra de: Nogare, P. (1982). *Humanismos e anti-humanismos*. Petrópolis: Vozes.

[3] Quanto à subjetividade, o filósofo Renato Janine Ribeiro, destaca: "(...) não haveria psique sem ele. Uma base para o que hoje chamamos de psicologia vem da 'Retórica', de Aristóteles. Para saber como persuadimos o outro, devemos conhecer as paixões humanas. Na esteira do filósofo grego, muitos estudaram as paixões. Mas a transformação de todo esse mundo afetivo em vida íntima é obra cristã e, sobretudo, de Santo Agostinho e das 'Confissões'". Ribeiro, R. J. (2005). A vida íntima da fé. Especial para *a Folha de S.Paulo*. Disponível em: http://www1.folha.uol.com.br/fsp/mais/fs0805200512.htm. Acesso em: 20 jan. 2017.

[4] A entrevista de C. G. Jung está disponível em: https://youtu.be/7y6pG2mNnhg?t=6.

Elementos psicológicos sobre a infância, adolescência e juventude

Agostinho compara-se com outros e detalha aspectos do desenvolvimento infantil, como a maturação das funções motoras e emocionais, a linguagem não verbal antecedendo o desenvolvimento da fala, com a progressiva consciência do significado das coisas e a comunicação dos desejos (Conf. I, VIII, p. 37-38). Não idealiza a infância, como tempo de pura inocência; conclui que "o que é inocente nas crianças é a debilidade dos membros infantis, e não a alma", uma aplicação de sua doutrina do pecado original, elemento central de sua antropologia e teologia. A propósito, é significativa sua pergunta: "Onde e quando fui inocente? (Conf. I, VI, p. 36-37). Relata práticas desleais em jogos, com vitórias fraudulentas e argumentos espertos para se sobressair diante de amigos: "nada havia que eu quisesse mais evitar e que eu reprendesse mais atrozmente, se o descobrisse em outros, que o mesmo que eu fazia aos demais" (Conf. I, XIX, p. 49). Tem-se aqui sua participação no jogo de projeção, mecanismo de defesa do ego, já apontado por Jesus quando criticou o juízo temerário, resultante da dinâmica projetiva do olhar que vê um cisco no olho de alguém e não vê uma trave no próprio olho (Mt 7.1-5).

Intimidade e fenomenologia do pecado – Sombra individual e coletiva

Recorda-se do furto de peras, com amigos, "sem causa gratuita a não ser o prazer da transgressão", transparecendo sua luta interior com o fato da "vontade de fazer o mal, por nada" (Conf. II, IV, p. 56). Agostinho, então, se pergunta por que fez em grupo o que não faria sozinho e confessa que fraquejou diante da cumplicidade de amigos "por vergonha de não ser sem-vergonha..." (Conf. II, IX, p. 60-61). O mesmo processo subjetivo diante da força da sombra coletiva deduziu do comportamento do amigo Alípio "arrastado por condiscípulos com amigável violência, levado a ver os jogos funestos e cruéis com gladiadores; mesmo fechando os olhos e não querendo se envolver, num repente, a emoção dos gritos dos assistentes lhe abriu os olhos e foi capturado pelas cenas. Sentiu-se envolvido pelos gritos e emoções do povo, gritou e apaixonou-se por louco ardor" (Conf. VI, VIII, p. 130).

O homem cristão: incursão pela subjetividade

Agostinho identificou-se com Cícero, "mestre de verdadeira sabedoria", rompeu com os maniqueus e caminhou com os céticos, "prudentes por sustentarem que se deve duvidar de tudo" (Conf. V, XI, p. 114). Essa evolução filosófica preparou-lhe para sua conversão à fé cristã. Convertido, se propunha a "superar a força de minha natureza, ascendendo até o Criador". Vemo-lo imerso em si mesmo, como que garimpando a própria mente, buscando separar, parte por parte do vivido, para compreender-se essencialmente. Seu tema da ascensão espiritual, por meio de disciplinas ascéticas e meditativas é retomado por místicos cristãos, entre os quais Santa Tereza de Ávila (1515-1582). Em seu testemunho existencial e filosófico, *Moradas*, a mística espanhola, seguindo Agostinho, registra, com dezenas de expressões simbólicas da alma, a busca humana pela totalidade, uma trajetória rumo ao si mesmo, viagem pela individuação rumo ao "centro", região profunda da alma, "o centro mais íntimo", "o espírito do homem"; termos assumidos pela psicologia analítica junguiana[5].

No Livro X, tem-se o gênio psicológico do filósofo arqueólogo explorando meticulosamente os "vastos palácios da memória (...) santuário amplo e infinito. Quem o pode sondar até suas profundezas"? Constata a dinâmica do "saber, não sabendo": "É um poder próprio de meu espírito, que pertence à minha natureza; mas eu não sou capaz de compreender inteiramente o que sou. Será o espírito demasiado estreito para conter a si mesmo?" (Conf. X, VIII, p. 218-220). Disseca as qualidades e funções da memória, sistema lógico próprio e preexistente, apenas parcialmente acessível e que alimenta a inteligência e a consciência. Expõe a dialética da lembrança e do esquecimento, a memória retendo o esquecimento, o presente e o ignorado: "Sou eu que me lembro, eu, o meu espírito (...) No entanto, é-me impossível compreender a natureza de minha memória, sem a qual eu nem poderia pronunciar o meu próprio nome" (Conf. X, XVI, p. 226). Dufour comenta que essa "memória de si", como forma trinitária, ao mesmo tempo inacessível e presente ao sujeito sem que ele pense nela, é memória atualizada por Freud sob o nome de "inconsciente" (2000, p. 244).

Quando descreve seu mundo onírico, encara suas fantasias e pulsões, vendo como o indesejável reprimido, o recalcado, irrompe sob novas formas. O que resiste quando em vigília consciente, lhe é prazeroso quando no sonho: "elas não somente suscitam em mim o prazer, mas o consentimento do prazer e a ilusão da ação (...) Acaso então, Senhor meu Deus, será que eu não sou eu nessas horas?". O prazer com as cenas eróticas indicaria sua sombra psíquica, daí suplicar a Deus que o santifique até o recôndito da alma, no inconsciente (Conf. X, XXX, p. 236-237). Assim, lança luz sobre mecanismos oníricos da censura e da realização de desejos.

A trindade humana, reflexo da Trindade divina

A Trindade, doutrina central no cristianismo, deve muito a Agostinho para sua sistematização. Para se compreender um mistério maior, a Trindade, Agostinho convoca os homens a refletirem sobre as três dimensões dentro de si: "Porque existo, conheço, quero e vejo... sei que existo e que quero. A vida é indivisível, a unidade da vida, a unidade da inteligência, a unidade da essência; veja a impossibilidade de distinguir elementos inseparáveis e, contudo, distintos (Conf. XIII, XI, p. 320). Dufour dirá que "O irrepresentável do A.Testamento tornou-se representável. Com o cristianismo, o Homem se descobre sob os olhos desta forma que tem olhos (...)". E lembra que Agostinho renovou o preceito délfico do 'conhece-te a ti mesmo' (...) descobrindo-se quem era a partir da experiência de não saber quem era, reapropriando-se do ser estando no 'lugar desolado'" (2000 p. 199). Seu mérito é o de ter encontrado no ser humano, e em particular no homem que ele era, a marca da Trindade. Segundo Köpgen: "Se existe algo semelhante à história do espírito ocidental, deverá situar-se sob o seguinte ponto de vista: foi sob o influxo do dogma da Trindade que se despertou a personalidade do homem ocidental" (*apud* Jung, 1988, p. 152)[6].

Legado psicossocial

Há consenso entre especialistas de que Agostinho influenciou a psique ocidental com seu pioneirismo na investigação da interioridade e subjetividade, aprimorando a ideia de sujeito consciente, responsável e com direitos; suas representações do sagrado e do humano e investigações e intuições psicológicas que nutriram posteriores desenvolvimentos da psicologia e da linguística. Mas que negativamente projetou sombras sobre a sexualidade humana como alguns tópicos de sua doutrina do pecado original associando sexo a pecado, o que torna até mesmo o casamento algo problemático, mas "aceito" por Deus como "indulgência à debilidade humana" e "remédio contra a fornicação". Tendo a mulher como fonte de concupiscência para o homem, foi criticado pela analista junguiana Hanna Wolff por ter, com outros teólogos cristãos e autores não cristãos e não religiosos, como Aristóteles, Kant, Schopenhauer e Freud, "caído numa hermenêutica patriarcal de rejeição e anulamento da mulher", que "pressupõe a superioridade da psique masculina" (1994, p. 46 e 50). Ela vê Agostinho como o maior responsável pela "má consciência cristã" em relação a tudo o que seja natural e ao prazer". Recorre a Jung, lembrando que complexos reprimidos se tornam autônomos, contaminam-se com a sombra e destroem a personalidade. No plano da culta e rica Europa do século XX, Wolff associa a emergência de complexos casos de destruição demoníaca e do satanismo, e a imagem da mulher como prostituta e feiticeira a distorções da psique moldada na desqualificação do feminino. Para os misóginos religiosos, em compensação, a única mulher aceitável seria a divinizada Maria (1994, p. 51). Contrapondo-se a toda essa projeção sombria sobre o feminino, Wolff lembra que Jesus destampou a sombra coletiva do seu ambiente, retirando a projeção sobre a mulher, a criança, o publicano, os enfermos, para serem superados a hipocrisia, a falta de misericórdia, o formalismo e o legalismo (p. 218).

Concluímos destacando Agostinho como um homem singular, que se deu a conhecer na intimidade na primeira autobiografia da história. Seus textos continuam tendo plena vigência no século XXI e dialogam com a contemporaneidade ocidental que vê a emergência de novas identidades e sujeitos sociais, fundados em radical subjetividade, pleiteando reconhecimento de direitos como pessoas singulares.

O LEGADO DO CUIDADO, PARADIGMA NAS RELAÇÕES HUMANAS

Marina Lucia Tambelli Bangel

Uma das consequências do paradigma moderno é o incremento do individualismo e a crescente intolerância às diferenças tanto entre as pessoas quanto entre as diversas áreas do conhecimento. Em meio a esse cenário, apontei em minha pesquisa (Bangel, 2015) a "falta de cuidado" para com a vida como "descuido", "descaso" e "abandono", a partir de Boff (1999, p. 18). Considera-se aqui também a vida sensível, afetiva, como um fenômeno que nos afeta e preocupa e que a psicologia, a psicanálise, a teologia e a filosofia coincidem em denunciar. Tal questão reforça a urgência de que se fale, escreva e estude sobre o cuidado, pois é a vida que está capitulando em todos os seus matizes e tons: biológico, sensível e espiritual.

E para falar de cuidado, nada melhor do que iniciar citando Leonardo Boff (2005). Para o autor, é possível encontrarmos uma riqueza escondida nos nichos onde as palavras se originam. Sua investigação sobre a filologia da palavra cuidado aponta para duas possíveis origens a partir do latim. A primeira, decor-

---

[5] Leon Bonaventure em *Psicologia e vida mística, contribuições para uma psicologia cristã*, lembrando da presença de Agostinho na formação de S. Tereza de Ávila, expõe detalhadamente dezenas de termos e imagens que ela empregou em *Moradas*, revelando a dinâmica da alma, e que serão conceitos centrais na psicologia analítica junguiana.

[6] Köpgen, "Die Gnosis des Christentums", 1939, p. 19, *in* Jung, 1988, XI, III, 226, nota 5, p. 152.

rente de coera, cura, refere-se a um contexto de relação: amor/amizade. A outra é decorrente de *cogitare cogitatus* como cogitar, pensar no outro. O nicho comum às duas origens está na relação, no zelo. Sendo assim, "cuidar é mais que um ato, é uma atitude. Portanto, abrange mais que um momento de atenção, de zelo e de desvelo. Representa uma atitude de ocupação, preocupação, de responsabilidade e de envolvimento afetivo com o outro" (Boff, 1999, p. 33).

Essa definição traz consequências significativas para os profissionais que atuam na área do cuidado, pois ela tem uma dimensão relacional na qual o envolvimento afetivo tem um papel fundamental. Partindo dessas considerações iniciais, pretendo ampliar o estudo sobre o cuidado descrevendo-o conforme é apresentado numa perspectiva das narrativas bíblicas com o objetivo de demonstrar o quanto elas podem contribuir para a compreensão humana e para a nossa prática profissional. Com esse movimento, quero auxiliar a psicologia a reconhecer o legado recebido dessas narrativas, quando se trata do tema do cuidado.

O cuidado numa perspectiva das narrativas bíblicas

Em sua pesquisa, Enio Mueller (2010) ressalta que a interpretação do texto bíblico requer um conhecimento que não é meramente cognitivo e, para o autor, o jeito "justo" de interpretá-lo remete ao modo "diferente" com o qual Jesus o interpretava: Jesus "recoloca o foco" das questões que lhe apresentavam sobre temas do cotidiano por meio de respostas nas quais propunha um movimento que vai "do que diz um texto bíblico em sua superfície" à apreensão do seu "significado profundo". Diz o autor: "Jesus, contudo, vai ainda mais radicalmente à raiz do problema. Remete à condição original da humanidade, à criação (v. 6)" (Mueller, 2010, p. 159).

Na perspectiva do "começo", da "criação", há uma "integridade originária" na qual uma pluralidade de elementos convive em harmonia. A relação entre homem e mulher, enquanto diferentes, é apontada como paradigma para todas as relações. Há uma força que une e harmoniza os diferentes elementos, o *agape*, o amor divino. Aqui, tem-se a relação com o cuidado: "Uma boa palavra em português para expressar *agape* em seu conjunto, é 'cuidado'. Amar, no sentido de *agape*, é 'cuidar', ser cuidador, ser cuidadora daquilo que se ama.". E *agape* tem uma forma específica de unir: ao juntar os diferentes, mantém suas identidades reforçando a riqueza do convívio na pluralidade (Mueller, 2010, p. 172).

É importante ressaltar que, segundo o autor, esse convívio engloba uma dimensão de cuidado que se estende para além do cuidado entre humanos. Feito do mesmo material que os demais seres e colocado em um jardim, ou seja, numa matriz comum, com a tarefa de "cultivar e guardar" (Gênesis 2.15), o ser humano faz parte de um ecossistema e, nas palavras do autor: "Em vez de ser seu destruidor, ser seu protetor. Em vez de contaminar, preservar, guardar de tudo que o poderia destruir ou contaminar" (Mueller, 2010, p. 19).

Mas esse paradigma de convívio na pluralidade entre todos os seres vivos, ao mesmo tempo em que serve de norte para a práxis pautada no cuidado, como reforça o autor, encontra-se em constante estado de tensão. Isso porque, além do *agape*, há na "criação" outra força, "disjuntiva", que "rompe", "quebra", "fragmenta", uma tendência a separar o que originalmente estava unido. "É a isso que a Bíblia dá o nome de 'pecado'. Sob o efei-

to dessa força, o ser humano perdeu esse referencial do começo e mantém-se sob a "lógica da separação" (Mueller, 2010, p. 192).

Rupturas atuais

Ao considerarmos nossa prática profissional, podemos destacar formas de ruptura atuais na área do cuidado. Uma delas está no convite a uma visão fragmentada do ser humano estimulada por meio do desenvolvimento das hiperespecializações. Estas, como efeito de um ideal científico de purificação e objetivação, contribuem para o encapsulamento dos profissionais em suas práticas e áreas, bem como para a falta de diálogo entre os diferentes saberes.

Na esteira desse mesmo ideal, observamos a ruptura entre o conhecimento objetivo – pautado na exterioridade e na quantificação – e o conhecimento sensível –pautado no sentir, na subjetividade –, com a crescente desvalorização desse último. Desenvolvo mais detalhadamente esse aspecto em minha pesquisa a partir das ideias do filósofo Michel Henry (Bangel, 2015). Em concordância com o autor e tendo como base as questões desenvolvidas nesse trabalho, tanto os fenômenos quanto a prática clínica devem ser considerados numa relação de convivialidade entre esses dois tipos de conhecimento, e não numa lógica de separação e exclusão.

Meu objetivo é destacar o risco constante na clínica psicológica/psicanalítica, bem como em outras áreas do cuidado, de que os profissionais façam essa ruptura entre a afetividade e os procedimentos técnicos, o que conduziria a práticas cada vez mais mecânicas e assépticas. Essas, além de não serem consideradas como experiências de cuidado, se tomarmos como base os aspectos desenvolvidos nesse texto, têm caráter extremamente dessubjetivante. Um ser humano, e especialmente aquele que sofre, necessita ser escutado e acompanhado em todas as suas dimensões.

Entretanto, a dificuldade cada vez maior das pessoas para sentir, especialmente os afetos mais penosos, tais como a raiva e a tristeza, interfere também em sua capacidade de escutar e acompanhar o sofrimento do outro. Como fica essa questão se considerarmos que a prática psicológica se ancora justamente nesses aspectos: sentir, escutar e acompanhar o outro na travessia dos afetos?

A clínica pautada na teoria psicanalítica tem no processo de transferência, enquanto um processo de afetação mútua, sua mola mestra. Segundo Daniel Kupermann (2008), a abertura para a dimensão estética da experiência clínica inicia-se já em Freud, sendo seguida por outros psicanalistas, tais como Ferenczi e Winnicott. Nessa dimensão, as transformações psíquicas derivam do que é experimentado afetivamente, inclusive pelo próprio profissional, e não apenas do que pode ser significado em palavras. Este, para o exercício do seu ofício, precisa consentir em afetar e ser afetado no processo. Isso exige do profissional algumas características, tais como "presença sensível", bem como tato. Esse, resgatado por Ferenczi a partir de Freud enquanto um cuidado na escolha do que e quando comunicar algo ao paciente, foi ampliado para outras situações na relação com o paciente. Tato – *Einfühlung* – pode ser traduzido em português como sentir dentro e pode ser considerado como uma modalidade de conhecimento sensível por parte do analista (Kupermann, 2008).

O tato é uma modalidade de conhecimento que está em concordância com o que afirma Boff: "cuidar das coisas implica ter intimidade, senti-las dentro, acolhê-las, dar-lhes sossego e repouso. Cuidar é entrar em sintonia com, auscultar-lhes o ritmo e afinar-se com ele" (Boff, 1999, p. 96). Diretamente ligado à sensibilidade do profissional, é essencial para uma clínica pautada no paradigma do cuidado. Uma clínica que precisa ampliar-se, especialmente se considerarmos que há indícios, e essa é uma das questões que desenvolvo em minha pesquisa (Bangel, 2015), de que as expressões contemporâneas do mal-estar, com o aumento significativo das depressões e das manifestações do sofrimento por meio do corpo, estejam ancoradas em expressões atuais de ruptura e em seu efeito dessubjetivante capaz de atingir tanto os pacientes quanto os profissionais. Isso só reforça o quanto o cuidado desponta como um tema de estudo de profunda relevância.

Finalizando esta seção, cabe reiterar que o objetivo desse estudo foi contribuir para a reflexão acerca do tema a partir de suas ancoragens bíblicas, visando oportunizar e ampliar o diálogo entre saberes. Essa é uma proposta acerca do futuro, o restabelecimento, pelo menos em parte, dessa "integridade originária", desse paradigma de convivialidade na pluralidade – não apenas entre humanos, mas entre todos os seres vivos.

O LEGADO DO PERDÃO PARA A SAÚDE MENTAL: INTERVENÇÕES POSSÍVEIS

Lia Dauber

O perdão para a saúde mental

O perdão é um dos sentimentos mais nobres e uma atitude humanitária de duas partes: daquele que aceita sua falha e pede o perdão e daquele que, por sua vez, aceita o pedido e perdoa. Um tema com profundas raízes religiosas, baseado em diversos e amplos conceitos teológicos e filosóficos, revelou-se um complexo fenômeno no campo da saúde física e mental

Nos últimos anos, a Medicina vem confirmando a importância do cultivo dessa atitude para a promoção e a manutenção da saúde. Estudos de Worthington *et al.* (2016, p. 64) constatam a relação direta entre o perdão e o adoecimento. A falta de perdão crônico provoca reações semelhantes ao estresse com suas consequências, como alterações no sistema cardiovascular (ataques cardíacos, pressão arterial, acidentes vasculares cerebrais), no sistema imunológico (diminuição da capacidade de combater bactérias e vírus) e sobre o nível de cortisol, que pode afetar o funcionamento cerebral, sexual e o sistema imunológico e cardiovascular.

Por sua vez, a Psicologia em busca de respostas à pergunta "O que é o perdão?" foi remetida a outras intrigantes questões, como: "Por que alguém perdoaria aquele que lhe causou sofrimento? Em que diferem as pessoas que perdoam daquelas que não perdoam? Como se processa a atitude de perdoar do ponto de vista psíquico? Essas perguntas apontam para a amplitude desse conceito e para a necessidade de conhecer os processos internos que levam a perdoar, a pedir perdão e ao autoperdão. Foram encontradas relações positivas entre perdão e saúde mental, na medida em que reduzindo a ruminação (principal mecanismo que liga o perdão à saúde mental), há comprovadamente diminuição dos sentimentos negativos (ressentimento, raiva, vingança) e aumento dos sentimentos positivos (esperança, gratidão, consideração pelo outro) (Worthington, 2016, p. 66).

Os estudos e as práticas decorrentes, já encaminhadas nas últimas décadas, quer seja como um fenômeno interpessoal, quer grupal, contatam que é uma atitude complexa, pois envolve mecanismos emocionais que foram construídos desde os primórdios da vida e que determinam a formação de nossa individualidade e de nosso funcionamento interno para enfrentamento do mundo, como veremos mais adiante (Sandage e Shults, 2012).

Breve panorama dos estudos sobre o perdão

Compreender o perdão como um constructo multifacetado faz-se cada vez mais premente. O estudo psicológico do perdão tem proliferado nos Estados Unidos há mais de 30 anos, procurando investigar os conceitos envolvidos, um de cada vez, com precisão, considerando os diversos contextos e seus efeitos. Worthington (2016) refere que, apesar de ser uma experiência interpessoal, o perdão genuíno só acontece "para dentro da pele" (p. 55) e as intervenções incluem mudanças cognitivas, afetivas e comportamentais, buscando atingir modificação nas situações de mágoa.

No Brasil, o interesse pelo tema teve mais ênfase a partir de 2000 e recentemente, no sul do Brasil, o Perdão foi o tema desenvolvido pela Unidade de Pesquisa em Cirurgia Cardiovascular do Hospital São Francisco – Santa Casa de Misericórdia de Porto Alegre, sob a coordenação do cardiologista Dr. Fernando Lucchese e pelo Grupo de Pesquisa de Aconselhamento e Psicologia Pastoral, da Faculdades EST (São Leopoldo/RS), coordenado, nos anos de 2014/2015, pela psicanalista Dra. Karin Kepler Wondracek.

A união desses dois grupos resultou no Simpósio do Perdão, em 2015, na Faculdades EST, em São Leopoldo/RS, quando foi apresentado, por esta autora, o projeto de pesquisa "Perdão: Estratégia Terapêutica para a Saúde Mental", cujos resultados foram apresentados no livro "Perdão: onde saúde e espiritualidade se encontram" (2016) e no Congresso Internacional: Reforma: Tradição e Transformação, da Faculdades EST, São Leopoldo/RS, em 2016 (Dauber, 2016).

O que é o perdão

Entre as muitas definições de perdão, duas concepções predominam: 1. O perdão é um processo intrapessoal, investigando-se o que leva a pessoa ofendida a perdoar. 2. O perdão é um processo interpessoal e busca entender como as pessoas se comportam umas com as outras e suas motivações para perdoar. Neste caso, o relacionamento é o foco de estudo.

Entendemos que o perdão é um processo pelo qual o ofendido reconhece o direito de se sentir magoado e com raiva, mas que toma a decisão de abdicar de seu direito de sentir essa mágoa e, consequentemente, de ser controlado por sentimentos de vingança e retaliação. O ofendido livra o ofensor de arcar com a dívida contraída pela ofensa, mesmo que este não o mereça. Isso possibilita seguir em frente e colocar suas energias no futuro e na saúde (Dauber, 2016).

A literatura aponta que algumas pessoas são internamente mais dispostas a perdoar do que outras e que essa disponibilidade é relativa às estruturas decorrentes da obtenção da posição depressiva de desenvolvimento, do desenvolvimento de sentimentos de apego seguro, da capacidade de mentalizar e da capacidade de reconhecer-se como uma unidade constituída, logo, de reconhecer e considerar o outro. O processo de construção de si e de sua própria capacidade de amar e também falhar permite reconhecer a falha do outro, sem que se sinta destruído, do que decorrem características como empatia e humildade, que são essenciais para a possibilidade de perdoar (Sandage e Shults, 2012). Embora os motivos e as defesas posteriores (por exemplo, medo de retraumatização, evasão de vergonha) possam desempenhar um papel importante, essas estruturas iniciais são primordiais.

Por sua vez, a incapacidade de perdoar decorre das frustrações da infância, especialmente da angústia de não ter sido suficientemente amado por seus pais, o que remete ao desamparo, à tristeza como depressão falhada, ao trabalho de luto não executado, ao trabalho de depressão (revolta) não elaborado. A dificuldade de perdoar perpassa diferentes graus da psicopatologia, nas estruturas neuróticas (particularmente dos obsessivos, ansiosos e ruminadores), nas estruturas *borderline* e no transtorno bipolar. Os indivíduos altamente propensos à vergonha e os narcisistas também têm dificuldade em perdoar (Worthington, 2016; McCullough, 2001; Sandage e Shults, 2012).

O perdão como ferramenta terapêutica

Pesquisas empíricas buscaram estratégias para trabalhar com o perdão como ferramenta terapêutica, em aconselhamento e psicoterapia, com diversas populações – casais, portadores de AIDS, idosos, adolescentes, vítimas de violência de todos os tipos –, e têm-se comprovado eficazes para um crescimento do bem-estar psicológico (McCullough, 2001).

Esses processos começam pelo reconhecimento da raiva, reduzindo os pensamentos intrusivos de ruminação da mágoa. Implicam a conscientização de que o perdão não provocará a mudança do outro, mas sua própria transformação. Estão implícitos o reconhecimento e a aceitação de que o ato de perdoar apoia-se na admissão de suas fragilidades e vulnerabilidades, como também no reconhecimento do ofensor como semelhante, colocando a ofensa no contexto de uma visão integrada de toda a pessoa do agressor.

Worthington (2016, p. 65) enfatiza três efeitos colaterais do ato de perdoar: redução da depressão, redução da ansiedade e aumento da esperança. Salienta que, independentemente de a pessoa querer ou não trabalhar no sentido do perdão, o fato de falar e discutir sobre a ofensa, pensamentos, vivências e sentimentos associados já pode ter efeito de ressignificação do presente e melhoria nas interações familiares e sociais.

No que tange à inserção do tema em novos cenários, destacamos, no campo do Direito, a Justiça Restaurativa, que, em interlocução com a Psicologia, tem o perdão como uma das ferramentas na busca de diálogo, no qual as partes (vítima, agressor e comunidade) envolvidas em determinado conflito decidem, em conjunto, qual a melhor forma de lidar com os desdobramentos e implicações do delito. Tem o propósito de entender um horizonte de paz e avançar até ele, por meio de um processo de mediação, salientados por Xabier Etxeberria Mauleon (2013) como espaço de "intensas e complexas vivências intrapsicológicas, tanto no interior da vítima como do que a vitimou" (p. 1). Há disposição em atravessar barreiras, *a priori*, impenetráveis na relação com o outro, e nesse caminho surge, inevitavelmente, o tema do perdão, quer se chegue ou não a ele.

Na nossa experiência, a interlocução entre o perdão e a Saúde Pública, especificamente nos Centros de Atenção Psicossocial (CAPS), mostra grande potencial como ferramenta terapêutica para a abertura de narrativas interativas que propiciem iniciar um processo, que será longo e doloroso, a ser construído no dia a dia, para elaborar os traumas e os medos, destilar as raivas, reconhecer a si e ao outro, rompendo as barreiras interiores e "acertando as contas com o passado". É possível, em um ambiente acolhedor e continente, de respeito ao espaço, ao tempo e às singularidades de cada um, com delicadeza e ética, em um contexto protegido e de confiança, principalmente quando foram vivenciadas ofensas graves e traumáticas, que tiveram impacto disruptivo psiquicamente, efeito que ainda repercute no presente, paralisando a capacidade de se projetar de forma criativa no futuro.

Em síntese, os estudos vêm confirmando o potencial do perdão como ferramenta terapêutica, mas precisamos em nosso meio do incremento de pesquisas com a população brasileira, para possibilitar um trabalho interventivo eficaz, seja individual ou grupal. Demandas que comportem o perdão como atitudes de *coping* existem e o psicólogo mais instrumentalizado estará mais apto para apontar o melhor caminho àqueles que desejam a promoção do perdão.

O perdão se apresenta como uma possível estratégia de cuidado em saúde mental, principalmente na saúde pública, que pode potencializar os sujeitos em sofrimento psíquico para a produção de projetos de vida, no sentido da ressocialização e convivência mais pacífica, nas relações próximas e, em consequência, para atitudes de paz, tão em falta nos tempos de hoje.

REFERÊNCIAS BIBLIOGRÁFICAS

Agostinho, S. (2002). *Confissões*. São Paulo: Martin Claret.

Bangel, Marina L. T. (2015). *O resgate dos começos (sensíveis) perdidos: a dimensão sensível do cuidado na clínica psicanalítica com crianças e seus pais numa perspectiva entre a teologia, a fenomenologia da vida e a psicanálise* (trabalho de Conclusão de Mestrado Profissional). São Leopoldo: Faculdades EST. Disponível em: http://tede.est.edu.br/tede/tde_busca/arquivo.php?codArquivo=571. Acesso em: 12 fev. 2017.

Boff, Leonardo (2005). O cuidado essencial: princípio de um novo ethos. *Inclusão Social*, v. 1, n. 1. Disponível em: http://revista.ibict.br/inclusao/index.php/inclusao/article/view/6/11. Acesso em: 12 fev. 2014.

Boff, Leonardo (1999). *Saber cuidar: ética do humano, compaixão pela terra*. Rio de Janeiro: Vozes.

Dauber, L. (2016). Perdão como ferramenta terapêutica: desafios no cotidiano em saúde mental. In: Wondracek, K. H. K. et al. (Orgs.). *Perdão: onde saúde e espiritualidade se encontram*. São Leopoldo: Sinodal/EST/Capes. p. 199-209.

Dufour, Dany Robert (2000). *Os mistérios da Trindade*. Rio de Janeiro: Companhia das Letras.

Hoffman, Marie (2012). *Toward mutual recognition*. Nova York: Routledge.

Jung, C. G. (1988). *Psicologia da Religião Ocidental e Oriental*. Petrópolis: Vozes.

Kupermann, D. (2008). *Presença sensível: cuidado e criação na clínica psicanalítica*. Rio de Janeiro: Civilização Brasileira.

Mauleon, X. E. (2013). Los encuentros restaurativos como diálogo moral. In: Rodríguez Pascual, E. R. (Coord.). *Los ojos del otro. Encuentros restaurativos entre víctimas y exmiembros de ETA*. Santander: Sal Terrae. p. 23-32.

McCullough, M. E. (2001). Forgiveness: who does it and how do they do it? *American Psychological Society*, v. 10, n. 6, p. 194-197. Disponível em: http://www.psychologicalscience.org/members/journal_issues/cd/cdir1061.pdf. Acesso em: 2 mar. 2017.

Mueller, E. R. (2010). *Caminhos de reconciliação: a mensagem da Bíblia*. Joinville: Grafar.

Sandage, S. J.; Shults, F. L. (2012). *Faces do perdão: buscando cura e salvação*. Rio de Janeiro: CPAD.

Wolff, Hanna (1994). *Jesus na perspectiva da psicologia profunda*. São Paulo: Paulinas.

Worthington Jr., E. L. (2016). O que aprendi sobre o perdão. In: Wondracek, K. H. K. et al. (Orgs.). *Perdão: onde saúde e espiritualidade se encontram*. São Leopoldo: Sinodal/EST/Capes. p. 53-69.

LEITURAS RECOMENDADAS

Genaro Jr., F. (2014). Algumas considerações sobre o perdão e o não perdão na clínica do envelhecimento. In: Antúnez, A. E. A.; Safra, G.; Ferreira, M. V. (Orgs.) *Anais do I Congresso Internacional Pessoa e Comunidade: Fenomenologia, Psicologia e Teologia e III Colóquio Internacional de Humanidades e Humanização em Saúde*. São Paulo: IPUSP. p. 314-329.

Rique, J. et al. (2016). Escala do Perdão – EFI: uma medida de avaliação do perdão interpessoal. In: Wondracek, K. H. K. et al. (Orgs.). *Perdão: onde saúde e espiritualidade se encontram*. São Leopoldo: Sinodal/EST/Capes. p. 261-269.

Figueiredo, Luís Claudio (2009). As diversas faces do cuidar: considerações sobre a clínica e a cultura. In: Maia, Marisa Schargel (Org.). Por uma ética do cuidado. Rio de Janeiro: Garamond.

Horwitz, L. (2005). The capacity to forgive: intrapsychic and developmental perspectives. *Journal of the American Psychoanalytic Association*, v. 3, n. 2, p. 458-451. Disponível em: http/http://www.apa.sagepub.com. Acesso em: 20 abr. 2016.

Pontes, M. R. N.; Rösler, A. M.; Lucchese, F. A. (2016). Perdoar faz bem à saúde: influências do perdão sobre saúde e doença. In: Wondracek, K. H. K. et al. (Orgs.). *Perdão: onde saúde e espiritualidade se encontram*. São Leopoldo: Sinodal/EST/Capes. p. 11-26.

45

Psicopatologia e religião

Uriel Heckert

Karl Heinz Kepler

INTRODUÇÃO

Dividimos este capítulo em duas partes. Na primeira, buscamos transmitir uma visão abrangente da relação entre expressões religiosas e algumas das psicopatologias frequentes na clínica.

Em seguida, apresentamos um estudo mais detalhado de manifestações clínicas específicas que têm sido denominadas neuroses eclesiásticas.

PSICOPATOLOGIAS EM RELAÇÃO AO RELIGIOSO

Uriel Heckert

A Psicologia nasceu em meio aos evolucionismos e materialismos que dominaram o ambiente cultural do século XIX. Ao buscar afirmar-se como ciência, seguiu os cânones vigentes à época. A Psicanálise, em especial, a partir de seu fundador, tomou posição crítica a toda expressão de religiosidade, considerando-a patológica em si mesma[1]. Nessa visão, toda religião seria manifestação de psicopatologia e, como tal, deveria ser considerada na tarefa terapêutica. Não há como negar o impacto de tal entendimento, indo além do espaço clínico e alcançando toda a sociedade. Pode-se dizer que os conteúdos espirituais e as expressões religiosas sofreram forte repressão, a exemplo do que já acontecia com a sexualidade.

Coube a William James[2] abrir caminho para uma nova abordagem da questão. Esse professor de Psicologia, da Universidade de Harvard, percebeu, para além das formulações institucionais, a relevância da experiência oferecida pelo contato com o sagrado e suas expressões.

Gordon Allport foi outro autor que se aprofundou nesse campo, introduzindo a clássica distinção entre religiosidade intrínseca e extrínseca, apontando os claros benefícios da primeira forma, e que nem sempre são alcançados pela segunda[3]. Mais recentemente, o tema tornou-se uma linha vigorosa de pesquisas. Espiritualidade e religiosidade deixaram de ser o "fator esquecido" no âmbito da saúde psíquica, sobretudo depois das publicações de David Larson, tendo seus benefícios corroborados por inúmeros dados empíricos (1994). Entretanto, sendo elas também expressas por meio da nossa humanidade e incompletude, não alcançam somente resultados favoráveis. Como todo recurso educacional, sociológico ou terapêutico de grande potencial, podem manifestar "efeitos colaterais" eventualmente danosos, sendo esse o escopo do presente capítulo.

A relação entre psicopatologia e religião não tem passado despercebida dos pesquisadores atuais, mesmo os mais otimistas. É o que se vê, por exemplo, no comentário do Prof. Harold G. Koenig, diretor do Centro para Estudos de Religião, Espiritualidade e Saúde, da *Duke University*:

Algumas crenças não dão esses benefícios que estão sendo descobertos pela ciência, pois não acreditam em um Deus pacífico, misericordioso, mas em um que pune e é severo. Se não acreditam no perdão, os fiéis se sentem culpados e ficam mais deprimidos, aumentando o nível de cortisol, reduzindo a ação

---

[1] Este é o entendimento que sobressai na totalidade da obra de Freud, especialmente em *Totem e tabu*, *O futuro de uma ilusão* e *Moisés e o monoteísmo*. No entanto, pesquisas têm mostrado "nas entrelinhas" uma posição mais branda, apontando para um diálogo possível. Veja-se: Droguett, J. G. (2000). *Desejo de Deus: diálogo entre psicanálise e fé*. Petrópolis: Vozes. Também: Luz, K. D. S. M. (2014). *Freud a favor da religião, como assim?* Curitiba: Prismas.

[2] A publicação pioneira de William James sobre o tema deu-se em 1902, estimulando uma nova visão dos psicólogos para com o fenômeno religioso. Veja-se: James, W.

(1991). *As variedades da experiência religiosa: um estudo sobre a natureza humana.* Tradução: Octavio M. Cajado. Rio de Janeiro: Cultrix.

[3] A referência do artigo clássico é: Allport, G. W.; Ross, J. M. (1967). Personal religious orientation and prejudice. *Journal of Personality & Social Psychology*, v. 5, n. 4, p. 432-433.

SEÇÃO V — PSICOLOGIA E RELIGIÕES

do sistema imunológico e, consequentemente, piorando o quadro clínico.[4]

De fato, deve-se reconhecer, desde logo, que há verdades nas críticas formuladas à religião por Freud e outros autores. Há consenso em torno da concepção de que a ideia, e mais que isso, a imagem de Deus se constroem na criança a partir das experiências precoces junto aos adultos significativos. Essa representação rudimentar da divindade ganha maior significado ou não, dependendo de uma série de estímulos e influências. Ela poderá acompanhar o desenvolvimento da personalidade e alcançar expressividade favorável ou, ao contrário, enveredar por caminhos tortuosos, desembocando numa relação conflituosa com o sagrado e repercutindo em todo o psiquismo.

Essa é uma constatação interessante. Os conteúdos profundos relacionados a crença, que já se manifestam bem cedo em cada indivíduo, passam por um desenvolvimento passível de ser acompanhado em etapas sucessivas, tal como acontece com a afetividade, a inteligência e o próprio senso de identidade pessoal. O ideal é sempre que tais processos caminhem em harmonia, influenciando-se mutuamente e compondo integralmente a personalidade. Caso haja obstáculos, o amadurecimento da fé pode ser travado, resultando em prejuízos amplos. É verdade, a fé já pode surgir e/ou se constituir adoecida, o que resultará em psicopatologia ao longo da vida, seja ela em relação à religião ou manifestar-se com outro matiz (Fowler, 1992; Font i Rodon, 1999).

Admite-se que todo esse movimento vigoroso e espontâneo, tido como universal, tem como estímulo a ansiedade ontológica que cerca a existência humana. A necessidade de ordenar o caos interior, de lidar com as frustrações inevitáveis, de encontrar sentido para a existência, ativam registros arquetípicos e põem em marcha uma ebulição de emoções e constructos mentais associados à dimensão espiritual. Em consonância com o inconsciente psicodinâmico, articula-se o inconsciente sagrado[5], predispondo à busca pelo divino, que se dá por vias saudáveis ou não (Ellens, 1982).

Pois bem, na compreensão de Freud e outros que o seguiram, tais representações de Deus na criança têm valoração negativa. Em direção contrária, o trabalho seminal da psicanalista Ana-Maria Rizzuto deixa claro o ponto de sua divergência: ela, assim como muitos outros pesquisadores, vê como positiva a busca e as expressões precoces da religiosidade. Elas têm lugar estruturante no psiquismo infantil. Em sendo o desenvolvimento pessoal adequadamente suprido, pode-se antever um adulto maduro, capaz de vivenciar e de expressar suas crenças de forma saudável. Ocorrendo o contrário, as consequências serão desastrosas (2006).

Fique claro que não se trata de afirmar ou negar a realidade objetiva da divindade. Isso é questão de outra esfera. O que se constata é a universalidade da busca humana, que se manifesta precocemente. Com relação ao estudo do desenvolvimento psicológico, não se questiona sobre a utilização posterior desse instrumental para a crença ou para a descrença. Aos pesquisadores, estudiosos e profissionais da área, enquanto tais, não cabe externar juízos de valor sobre esta ou aquela expressão de fé, ou mesmo sobre a negação dela. A ciência tem seus limites e os cientistas devem comportar-se dentro deles, evitando proselitismos, mesmo aqueles que se dizem ateístas.

Obsessões e compulsões

Excluída a concepção *a priori* de que as manifestações religiosas são sempre patológicas, passamos a considerar algumas condições em que a psicopatologia fica evidente. Tomemos inicialmente a relação entre sintomas obsessivos e/ou compulsivos e as manifestações religiosas. Não é difícil perceber traços correlatos em muitos rituais repetitivos, no uso de mantras e rezas recorrentes, em práticas de autoflagelação, entre outras. Além disso, pensamentos ruminativos têm, muitas vezes, conteúdo religioso expresso, tais como: "pecado sem perdão", acusação e xingamentos a figuras religiosas, profanação dos espaços e das cerimônias etc. O ativismo religioso também pode ter determinação compulsiva, primando pela meticulosidade e busca interminável de perfeição ou santidade. Tais práticas buscam aplacar a ansiedade e o temor diante da imagem introjetada de uma divindade punidora e ultraexigente. Em muitos casos, a vida religiosa torna-se realmente um somatório de sintomas obsessivo-compulsivos.

Interessante notar que esse foi um dos pontos cruciais do "embate amigável" que Oskar Pfister teve com seu mestre, mesmo sendo um dos discípulos freudianos de primeira hora. Ele enfatizou que não se atribua à religião a origem dos sintomas neuróticos. Ao contrário, a disposição patológica é que pode, ela sim, conduzir a expressões deformadas no campo religioso. Nas suas palavras: "Não é fato que a religião crie compulsões e prenda as pessoas na neurose. Pelo contrário, é a vida pré-religiosa que cria compulsões neuróticas, que então conduzem a concepções religiosas e rituais correspondentes"[6]. E ainda: "Sabemos que esta fatalidade foi introduzida no nascedouro da religião como efeito do recalcamento das pulsões, uma exigência tornada necessária pelo progresso ético-biológico da humanidade"[7].

Pfister, no mesmo ensaio, estende seus comentários a críticas feitas por muitos, imputando à religião uma força repressora que dá origem a patologias. Em raciocínio inverso, ele afirma: "Renúncias às pulsões precedem a religião... Creio que se deva procurar num círculo muito amplo as recusas pulsionais que conduzem à religião"[8].

Toda essa argumentação não nega, por certo, a constatação de que determinadas expressões religiosas são mais vigorosas no seu papel repressor e, até mesmo, no reforço à disposição anancástica. De fato, aqui é o momento para destacar a patologia religiosa por excelência, encontrada em todas as formas de crenças e de cultos, que pode ser identificada como legalismo, farisaísmo, moralismo e expressões semelhantes. A religião abriga, com frequência, as exigências de rigidez moral, autopunitiva, que muitos trazem consigo (Jarvinen, 2016).

Parece que, inexoravelmente, as organizações religiosas, bem como as políticas, ideológicas, educacionais, culturais e outras, tendem a passar da fase idílica inicial para outra de cristalização dogmática que as embrutece e radicaliza. Dessa forma, assumem

---

[4] Entrevista concedida quando de uma de suas visitas ao Brasil: Koenig, H. G. (2004). Espiritualidade na vida e no consultório faz bem à saúde (Entrevista com A. P. Oliveira). *Folha de S.Paulo/Equilíbrio*, São Paulo, 8 jan., p. 7.

[5] O termo sacrodinâmica aparece no trabalho do psiquiatra argentino Carlos José Hernández, publicado em 1986: *O lugar do sagrado na terapia*. Tradução: Therezinha F. Privatti. São Paulo: Nascente/CPPC. A sua relação com a psicodinâmica foi explorada em: Heckert, U. (2004). Psicodinâmica e sacrodinâmica. In: Paiva, G. J.; Zangari, W. *A representação na religião: perspectivas psicológicas*. São Paulo: Loyola.

[6] Pfister, O. (1928/2003). *A ilusão de um futuro*. In: Wondracek, K. H. K. (Org.). *O futuro e a ilusão: um embate com Freud sobre psicanálise e religião*. Petrópolis: Vozes. p. 25.

[7] Ibidem, p. 21.

[8] Ibidem, p. 22-23.

características que as fazem patológicas e patologizantes, como continuaremos expondo.

Ansiedade e fobias

Sabe-se que a vivência de uma sexualidade dominada por mecanismos de repressão favorece o surgimento de quadros ansiosos e fóbicos. Tais sintomas, por sua vez, expressam o fracasso da repressão e ocasionam sofrimento considerável. Assim, não é de estranhar que as pessoas acometidas busquem reforçar suas defesas achegando-se a círculos religiosos autoritários e moralmente conservadores.

A disposição inicial que trazem é de considerar a divindade como restritiva e punitiva, exigindo dos súditos atitudes aplacadoras. O ativismo religioso, por exemplo, pode derivar dessas circunstâncias, sobrecarregando excessivamente e gerando cobranças interiores intermináveis; além de ocasionar conflitos relacionais no interior das instituições envolvidas. Uma abnegação desmedida redunda em cansaço, irritabilidade e atitude crítica ou acusatória em relação aos demais.

Por outro lado, a introjeção da imagem de um Deus acolhedor, sendo também forte o suficiente para oferecer companhia e apoio seguro, torna-se instrumento valioso para a superação dos temores e retraimentos. Essa internalização serve de estímulo e empoderamento, capaz de mobilizar recursos para o enfrentamento necessário das situações específicas. Mas corre-se o risco de tudo permanecer como religiosidade extrínseca, isto é, amparada em algo exterior, sem a necessária ressonância na estrutura do *self*.

Todas as religiões oferecem recursos para lidar com a ansiedade, o que atrai particularmente as pessoas que a experimentam em níveis intensos. Não é raro que elas passem por todas as opções que a sociedade atual oferece, simultânea ou sucessivamente: leituras, orações, rezas, novenas, promessas, mantras, passes, banhos, chás, exorcismos, meditação transcendental, *johrei*, retiros, *mindfulness* e outras mais. Mesmo assim, tende a permanecer uma atitude ambígua na relação com o transcendente. O sentimento de culpa surge pela incapacidade de corresponder aos rituais e práticas e às expectativas comportamentais mais exigentes. A busca de alívio leva a um rodízio entre diferentes propostas religiosas e práticas espiritualizadas, sempre renovadas e insuficientes.

Um exemplo pode ser tirado do entendimento de um texto bíblico de clara intenção tranquilizadora: "Não se preocupem... o Pai sabe que vocês precisam de tudo..." (Evangelho de Mateus, capítulo 6, versos 25-34). Alguém com disposição ansiosa e fóbica facilmente verá aqui algo acusatório. *Eu me preocupo*, ele dirá; *portanto, estou em falta e sou indigno; que solução pode haver, o que mais posso fazer?*

Histeria/Dissociação

Diz-se pretender evitar a estigmatização dos clientes quando o termo "histeria" é substituído por "dissociação". Assim o fazem os principais manuais classificatórios de transtornos mentais e comportamentais. Contudo, os poderosos mecanismos psíquicos envolvidos, bem elucidados por Freud e outros autores, continuam em operação.

Em nossos dias, talvez as grandes crises histéricas sejam encontradas exatamente no contexto de certas expressões religiosas mais ancoradas nos apelos emocionais e nos comportamentos extásicos. Ali, estimuladas pelo ambiente místico, pela expectativa de explosões dramáticas e ruidosas, liberadas pelo entendimento espiritualizado das reações teatrais, pessoas propensas são capazes de exprimir-se conforme aqueles quadros clássicos. Nalguns rituais, o uso de bebidas alcoólicas e outras substâncias favorece ainda mais a liberação psíquica e gestual.

A Classificação de Transtornos Mentais e de Comportamento (CID-10), da Organização Mundial de Saúde, fala em Transtornos de transe e possessão. Já o *Diagnostic and Statistical Manual* (DSM-5), da Associação Americana de Psiquiatria, inclui o transtorno dissociativo de identidade. Por isso, é importante distinguir o que diz respeito às manifestações religiosas propriamente, restritas à prática religiosa, como parte de um ritual e bem aceitas no contexto cultural, daquelas que evidenciam instabilidade psíquica.

A sugestionabilidade e a patoplastia próprias de tais personalidades expõem-nas, com frequência, a abusos e até violências praticadas em nome da fé religiosa. Sabe-se que a demonização delas, promovida por familiares e/ou líderes comunitários, já levou a impulsos grupais desastrosos. Entretanto, também é igualmente contraproducente quando profissionais de saúde pretendem impor autoritariamente o seu entendimento, desconhecendo a importância que têm as crenças e as práticas alternativas de cura. Os rituais ditos de exorcismo estão em desuso, mas parece precipitado desdenhar do impacto positivo que podem ter nas situações acima citadas, ao menos na eliminação dos sintomas (Steuernagel, 2001).

Depressão do humor

Os transtornos depressivos situam-se entre as experiências mais devastadoras da existência humana. Assim, é natural que todas as religiões tenham buscado explicações e recursos terapêuticos para eles. Tais iniciativas foram úteis e serviram às pessoas pelos séculos que antecederam às nossas abordagens ditas científicas. Pelo que, não nos deve causar estranheza verificarmos a insistência de muitos em recorrer a práticas consagradas pelo uso e enraizadas culturalmente. Um bom exemplo nos é oferecido pelo valioso manual escrito por um clérigo inglês, ainda no século XVII (Baxter, 2008).

Na verdade, a própria confiança atualmente depositada nos avanços das neurociências, considerados unilateralmente, tem muito de crença e de dogmatismo. Não é difícil encontrar exemplos de seu uso indevido quando, por exemplo, se tomam como patológicas condições existenciais próprias, como a tristeza, o luto e a experiência mística ("a noite escura da alma"). Talvez precisemos admitir que certo grau de dor e sofrimento são inevitáveis e, muitas vezes, até necessário para a superação de situações vivenciais e o crescimento pessoal. Igualmente, o culto que atualmente se presta ao corpo, à vitalidade e à boa forma se presta à estigmatização daqueles com outra disposição de ânimo e fora dos padrões difundidos de beleza e saúde. Os depressivos, que se identificam com os menos favorecidos ou aquinhoados física e psicologicamente, são vítimas frequentes de abusos discursivos e iniciativas invasivas, mesmo que sob a aparente intenção de ajudá-los.

Sentimentos de culpa são próprios àqueles que padecem de depressão do humor. Eles remetem a disposições da personalidade, a experiências traumáticas e ao apego ruminativo ao passado, sempre sob viés pessimista e autopunitivo. Assim, convém todo cuidado aos profissionais, aos familiares e aos líderes religiosos no acolhimento de tais expressões de lamúria. Elas devem ser filtradas, tomando-se toda precaução para que não haja reforço delas. Torna-se relevante não sobrecarregar quem já sofre, pois qualquer crítica apressada soará como incompreen-

SEÇÃO V — PSICOLOGIA E RELIGIÕES

são, acentuará a solidão e favorecerá a busca de saídas extremas, como as iniciativas de autoagressão.

A incapacidade em atender às práticas religiosas também pode causar embaraços. A simples oração muitas vezes é difícil aos deprimidos. Isso pode facilmente ser tomado como falta de fé, falha da espiritualidade, condição de abandonado pela divindade.

Ideias de morte são quase inevitáveis em tais situações. Se não pretendem tomar a solução fatal, muitos ousam até pedir a Deus que a promova, já que não enxergam outra possibilidade de alívio. Culpabilizar tais inclinações, como se vê em certos contextos religiosos, somente acarretará consequências nocivas.

Deve-se atentar para a possibilidade de que sintomas depressivos estejam acobertando transtornos de personalidade de diferentes matizes. Tendências sadomasoquistas, bem como disposições severamente autodestrutivas tendem a inclinar-se para manifestações religiosas de caráter exótico e colorido sombrio. Estimuladas por grupos de iguais, algumas dessas pessoas expõem-se a rituais macabros, práticas autoflagelatórias e pactos satânicos. A busca pelo sagrado nem sempre flui para o que se entende como divino e sublime.

Porém, a dificuldade maior aparece quando, em nome de convicções religiosas, geralmente estabelecidas precariamente, se insurge contra o uso dos recursos terapêuticos hoje disponíveis, tanto no campo da Psicologia como da Medicina. Se a afirmação da crença exige exclusividade, seja por disposição da própria pessoa ou por imposição de familiares ou de líderes religiosos, o sofrimento psíquico é aumentado. Por seu lado, os profissionais psi fazem bem quando se mostram tolerantes com o cliente que recorre a outras formas de ajuda.

Quadros delirantes

Chama a atenção o fato de que, entre aqueles que apresentam um transtorno psicótico, sejam comuns alucinações e delírios de conteúdo religioso e místico. Uma visão apressada leva alguns à conclusão de que a causa do adoecimento estaria na religião praticada. Ao contrário, um melhor entendimento aponta para a importância que têm os conteúdos espirituais, até mesmo em tais circunstâncias. Eles saltam exuberantes das profundezas do psiquismo quando as defesas egoicas se esvaem. São formas universais de expressão e ressignificação.

A busca por uma religião pode representar exatamente a tentativa de conter a irrupção psicótica. Em aflorando a sintomatologia, não é de estranhar que ela se expresse usando os conteúdos da crença. Geralmente, são fragmentos pouco elaborados que remetem às tentativas de reorganização psíquica. Isso nem sempre é entendido e respeitado pelos profissionais da saúde.

Claro está que a mente psicótica pode produzir conteúdos elaborados, verdadeiros delírios místicos, mais ou menos sistematizados, com o risco de levarem a comportamentos extravagantes e até perigosos. Um exemplo é a identificação delirante com algum personagem religioso histórico ou atual.

Há sempre a possibilidade de que tais produções mentais sejam assimiladas por circunstantes vulneráveis. Tem-se, então, o que se chama de "folie a deux" ou "a trois", ou até de alcance maior. A hipótese de que sistemas de crenças se ancorem em experiências alucinatórias e delirantes não deve ser descartada. Seus protagonistas podem mesmo tornarem-se difusores de práticas estranhas; ou, quando alcançam alguma coerência e promovem razoável coesão grupal, serem promotores de algum bem-estar, mesmo que provisório (Martins, 2013).

Pessoas com estrutura psíquica esquizoide/paranoide mal adaptativa causam embaraços nos próprios ambientes religiosos. Sobressaem o distanciamento, a desconfiança, a rigidez defensiva e a intolerância. Isso pode desaguar em fundamentalismos e dogmatismos, com certezas irredutíveis que tendem para sectarismos raivosos ou para messianismos alienantes.

Adicções e perversões

As diferentes adicções ganham significado espiritualizado na vida de muitos. Aqui se inclui a dependência a substâncias, aos jogos de azar e aos virtuais, ao sexo, à internet, entre outras. Todas essas situações alcançam uma dimensão idolátrica arrebatadora, privando da racionalidade e do controle voluntário. O objeto da adicção torna-se um fetiche e assoma à dimensão do sagrado (Sissa, 1999).

Vale lembrar que há expressões religiosas, algumas milenares, que transitam em tal contexto, incluindo em suas práticas o uso de substâncias e/ou de sexo. Por outro lado, o recurso à espiritualidade é um dos meios mais frequentemente usados na busca de superação de tais patofilias.

As perversões estão presentes também nos ambientes religiosos. Personalidades assim comprometidas podem buscar satisfação para suas tendências sob o manto de aparente piedade, sempre encontrando presas sensíveis e receptivas. Quando assumem lugar de liderança e autoridade, tendem a ser extremamente prejudiciais, disseminando diferentes formas de violência, incluindo o abuso espiritual (César, 2003).

Outra possibilidade é que tais pessoas estejam em busca de recursos para fazer frente às suas tendências, isso quando elas são egodistônicas. Cansados de si mesmos, já exauridos os recursos terapêuticos reconhecidamente pouco operantes diante de tais condições, a busca religiosa se afigura como decisiva.

Identificar traços psicopáticos em figuras de liderança é sumamente desejável. Intervenções precoces podem ajudar para que eles sejam modulados e direcionados, se possível, para ações construtivas, ou ao menos para que se minimize o impacto deles sobre os circunstantes (Dutton, 2012).

ESTUDO DE UM QUADRO CLÍNICO: AS NEUROSES ECLESIÁSTICAS

Karl Kepler

Alguns quadros doentios se mostram mais típicos de indivíduos de comunidades religiosas, verdadeiras "neuroses eclesiogênicas" ou, mais popularmente, "neuroses eclesiásticas", a que nos dedicaremos agora. Embora, de modo geral, frequentar reuniões de grupos religiosos seja benéfico à saúde, existem combinações entre fragilidades individuais e pressão comunitária (ou de lideranças) que podem promover o adoecimento. Diferentes expressões cúlticas podem acobertar e reforçar tendências pessoais, estimulando e dando colorido próprio a psicopatologias anteriores. Cautela, bom senso, disposição para o diálogo e para o trabalho interdisciplinar então se impõem, e a tarefa de identificar estruturas de crenças e práticas que tenham potencial patogênico pode ir além da competência única do profissional psi.

O estudo desse adoecimento religioso difundiu-se aparentemente mais no contexto germânico, ao longo do século XX. Uma obra que oferece bom panorama e vasta bibliografia a respeito é *Religiöse Neurosen*, do Dr. Helmut Hark (2005), um compêndio abrangente com exemplos e indicações clínicas para diversas facetas desses distúrbios. Hark considera, por exemplo, o escritor alemão-suíço Hermann Hesse, ganhador do Nobel de Literatura, como um exemplo positivo de alguém que sofreu de neurose eclesiogênica e encontrou uma forma de tratamento que o auxiliou (p. 134). Atualmente essas neuroses têm recebido atenção também nas Américas. Contudo, o fato de os profissionais que estudam esse tipo de adoecimento, na grande maioria, serem eles próprios praticantes dessa mesma fé sugere a persistência de uma dificuldade adicional para o tema da fé e da religiosidade ser aceito no meio psi.

Adotei uma abordagem menos sistemática e mais existencial que a de Hark quando escrevi o livro *Neuroses eclesiásticas e o evangelho para crentes – uma análise preliminar* (2009), pensado para o público interno (e leigo) das igrejas cristãs. Acredito que essa abordagem possa ser útil para a compreensão de adoecimentos entre religiosos em geral, mas de antemão adianto que minha vivência, tanto pessoal quanto clínica, se deu quase exclusivamente no meio cristão e, neste, no nicho evangélico-protestante, embora já com algum trânsito no meio católico. Tenho ainda contato e estudo com praticantes do espiritismo, do budismo, da umbanda, do judaísmo e da religião muçulmana, mas não o suficiente para me permitir qualquer palpite sobre esses meios.

A imagem matriz

A grande especificidade das neuroses eclesiásticas é que elas, sem recorrer a traços psicóticos, estão fortemente ligadas a Deus ou, mais precisamente, à imagem de Deus que o indivíduo tem, forjada ao longo de suas experiências de fé, da família à igreja/comunidade, numa trajetória muito rica e variada[9].

Ou seja, de alguma forma bem significativa, ao lidar com neuroses eclesiásticas, estamos também "lidando com Deus". Esse é um diferencial que precisa ser respeitado e levado em conta no atendimento terapêutico. Por um lado, porque ninguém, nem mesmo o mais capacitado dos terapeutas, poderá competir com a importância que a relação com Deus tem na vida desse paciente. Por outro, porque a alternativa de fazer de conta que Ele não está presente me parece bastante inadequada. Estamos, pois, lidando com um dilema delicado, que o próprio paciente já precisou enfrentar herculeamente para vir em busca de ajuda, e provavelmente ainda lhe traga enormes receios: como é possível que um envolvimento com alguém tido como supremamente bom possa estar causando (ou tolerando) adoecimento? Admitir esse "erro" em sua vida é uma decisão difícil para um praticante de qualquer religião; para alguns vai parecer uma traição à fé. Essa dificuldade, aliás, costuma ser uma justificativa importante para que o terapeuta buscado seja pertencente ao mesmo grupo religioso – ou o mais próximo possível disso.

Não creio na obrigatoriedade dessa pertença, muito menos que ela garanta por si o sucesso do esforço terapêutico, mas reconheço que nesses casos de neuroses eclesiásticas um conhecimento de filiação religiosa do terapeuta pode ser útil e frequentemente ajudará a pessoa a conseguir tomar a decisão de buscar tratamento. Por isso, recomendo que não se condene quem faz essa busca: como disse, estamos lidando com um "Deus internalizado", que pode se revelar muito severo em alguns casos. Infelizmente, profissionais preconceituosos ou completamente ignorantes sobre o mundo da fé por vezes acabam prestando um desserviço à saúde e ao bem-estar de pacientes que os procuram, já fragilizados, numa situação que faz lembrar

a de mulheres que tenham sido violentadas e recorrem a delegacias com profissionais mal preparados e preconceituosos, onde seu sofrimento só é aumentado. Não é para esse fim que se defende a laicidade da profissão.

A neurose instalada em nome de Deus

No intuito de contribuir para que psicólogos compreendam a subjetividade de uma pessoa cristã que padece desse tipo de neurose, proponho uma incursão para dentro dos esquemas referenciais desses grupos: Os fiéis foram atraídos para a comunidade de fé por verem nas propostas sentido para a vida e possibilidade de resposta a seus anseios. No caso dos cristãos, eles ou cresceram no ambiente da igreja ou provavelmente vieram "do mundo" atendendo a um apelo de seguir Jesus, que os convidava com palavras mais ou menos assim: "Venham a mim todos vocês que estão cansados e sobrecarregados, e eu os aliviarei"[10]. Ou ainda, mais recentemente, atenderam a promessas de bênçãos ou cessação de sofrimento, feitas principalmente por igrejas por meio de programas de televisão (com forte apelo financeiro).

Uma vez inseridos no grupo, porém, o teor das pregações costuma ser outro, mas ainda em nome do mesmo Deus: valores morais, deveres, obrigações religiosas e convocações a esforços comunitários ocupam boa parte do tempo dos cultos, juntamente com canções de louvor a Deus. A Bíblia é vista pelos cristãos como "a Palavra de Deus"; esse mesmo respeito e atenção costuma ser dedicado também pelos fiéis de outras religiões a seus livros sagrados, como o próprio judaísmo em relação à Bíblia Hebraica e os muçulmanos em relação ao Alcorão. Se algo estiver escrito na Palavra de Deus, não pode ser simplesmente ignorado; pode haver correntes diferentes de interpretação (e geralmente há), pode haver busca pelo sentido na língua original, mas o que está escrito terá de ser levado em conta. Assim, nos cultos, a pregação (geralmente a respeito de partes dos textos sagrados) recebe grande importância.

Que Deus é apresentado aos ouvintes das pregações? O texto bíblico fornece grande parte do conteúdo dos sermões, mas é a personalidade do pregador que dará "o tom" daquela mensagem. Um mesmo conteúdo (por exemplo, a frase bíblica: "fujam da prostituição[11]") pode ser apresentado como uma ordem severa de um deus irado ou como um ótimo conselho de um amigo sábio.

Além dessa diferença de atitude por parte do pregador, há também a diferença por parte do ouvinte: toda comunidade tem seus fiéis mais sérios, mais zelosos e preocupados, e também os "da turma do fundão", que estão lá, mas não levam tão a sério tudo o que ouvem. Em geral, é provável que a pessoa que estiver adoecendo com uma neurose eclesiástica provenha do grupo mais temeroso e compromissado, e de uma comunidade liderada por alguém mais severo e sério – ambos terão uma imagem de Deus que inspira temores[12]. Em que momento essa pessoa poderia vir em busca do auxílio de uma psicoterapia?

Os três diques

Na qualidade de observador participante, queremos relatar alguns meandros da neurose nesse meio. Com perdão pela

---

[9] Para mais informações sobre o processo da formação da imagem de Deus no indivíduo, recomendo Rizzuto (2006).

[10] Bíblia Sagrada, Evangelho de Mateus, capítulo 11, verso 28.

[11] Frase encontrada na Bíblia, na Primeira carta aos Coríntios, capítulo 6, verso 18.

[12] Veja a respeito o livro *O fascínio do dever para os cristãos* (Kepler, 2013).

SEÇÃO V — PSICOLOGIA E RELIGIÕES

redundância, "tudo está bem quando tudo está bem": as afirmações e crenças na bondade e no amor de Deus não são questionadas enquanto eu me sinto em paz com esse Deus, sem a consciência me culpando de erros e sem grandes dificuldades na vida cotidiana, saúde, finanças, família, trabalho etc.

A questão muda quando alguma dessas áreas entra em crise. Existe um consenso tácito (às vezes explicitado em alguns grupos) de que Deus espera a perfeição de nossa parte. Nas igrejas há um esforço, feito em cumplicidade entre ministros e congregações, no sentido de tentar corresponder a essa expectativa. Na teoria não há essa exigência, porque todos sabem que somos todos imperfeitos (ou "pecadores"); mas na prática, assim que alguma tragédia menor acontece, a tendência geral é de pararmos para examinar se não estamos fazendo algo errado, para ter colhido esse "castigo" ou "disciplina" de Deus. Assim, uma preocupação constante com certo e errado faz parte da cultura cristã, como revelado pelo fato de que muitos líderes são frequentemente perguntados pelos fiéis se determinada coisa é pecado (e, portanto, deveria ser evitada).

Essa angústia geralmente não se manifesta em primeiro plano; neste, há um sistema bem organizado de verdades, tanto bíblicas quanto de experiências vividas e de conteúdos cantados e pregados nas comunidades, que confirma a bondade de Deus e Seu amor por pecadores, e assim fortalece a segurança dos cristãos. Na minha infância ouvi a história de que a segurança dos Países Baixos contra a fúria do mar dependia de três diques posicionados em sequência. Hoje a engenharia certamente tornou isso bem mais complexo, mas para nossa ilustração podemos considerar esse sistema organizado de verdades como sendo o primeiro dos três diques de defesa.

A angústia poderá aparecer e tomar forma de "medo de errar" quando, por exemplo, a pessoa se encontrar diante de alguma das grandes decisões da vida, como casamento, escolha de profissão, mudança de emprego ou cidade etc. Nessa hora, o crente tenderá a dedicar bastante tempo para orações e talvez também para pedir conselhos a ministros religiosos, e o objetivo desse esforço será "descobrir a vontade de Deus". Para complicar, há uma tendência no meio cristão de pensar que essa vontade de Deus necessariamente será diferente da própria vontade da pessoa. Muitos fiéis ficarão "paralisados" nessa questão específica, até que tenham certeza de qual escolha "devem" fazer. Frequentemente, eles chegarão a um entendimento, e então o "segundo dique" terá cumprido sua função, e a vida voltará ao curso normal.

Uma perturbação nesse equilíbrio pode ainda vir de diferentes maneiras. Por exemplo, uma vigilância constante à procura de possíveis erros pode se neurotizar e passar a abranger também o campo das dúvidas, onde não está claro se determinada conduta ou atitude é realmente errada ou não. A persistência de grandes problemas na vida prática (saúde, por exemplo) ou mesmo uma tragédia como o falecimento de alguém muito próximo têm o potencial de aumentar a angústia e o sentimento de inadequação, deixando clara a necessidade de ajuda.

Lembremos que, por trás desse sentimento difuso de estar em constante erro (ou "pecado"), continua a operar uma imagem de Deus que não condiz com a visão cristã do "Deus de amor que enviou seu próprio Filho para nos salvar de nossos próprios pecados". Este, em nossa comparação, serve como o terceiro e último dique a proteger em absoluto nossos baixos países do furor das ondas. A pessoa pode não estar ciente, mas é para ajudar a fortalecer esse dique definitivo (e assim "salvar a própria vida") que a ajuda terapêutica foi procurada. Assim

o terapeuta se torna um instrumento para auxiliar a pessoa a viver na presença de um Deus mais misericordioso, ou seja, a consertar o que os ambientes eclesiásticos "estragaram" naquele devoto, quando ofereceram a ele mais elementos ao superego acusador do que ao psiquismo em busca de amor e verdade.

Do ponto de vista da fé e da teologia, podemos dizer que o próprio sistema com suas falhas humanas tem minado o papel desse grande dique salvador. O chamado por ajuda terapêutica veio pela necessidade de restaurar e mesmo aperfeiçoar a experiência de fé daquela pessoa, e assim promover reparos na imagem problemática de Deus, que provavelmente tem sido mal cultivada naquela interação indivíduo-família-comunidade. Esperamos que tenha ficado claro também que uma atitude de alienação dessa fé nesse momento seria potencialmente trágica.

Três facetas

Basicamente, então, as neuroses eclesiásticas derivam de uma única condição: um subjacente *medo de Deus*, fruto de uma imagem excessivamente severa do divino. É possível que essa imagem já tenha se construído assim na infância[13], mas também é provável que ela receba reforços em seus excessos cobradores e castigadores semana após semana, nas reuniões da comunidade de fé e nas pregações. Seja como for, é importante sempre lembrar que a pessoa geralmente não estará consciente de que seu Deus seja assim severo.

Esse medo de Deus costuma inspirar uma segunda neurose, a que tenho chamado de "*afastamento involuntário da verdade*" ("verdade", neste caso, referindo-se à do próprio paciente). O caráter "involuntário" aqui é importante, porque novamente não acontece de modo consciente, e ainda conta com considerável reforço comunitário. Esse afastamento se manifesta porque a pessoa passa a sinceramente procurar corresponder àquela expectativa de perfeição, e assim tenta substituir "o que é" por "o que deveria ou gostaria de ser". Na analogia bíblica, corresponde ao esforço de Adão e Eva de tentarem se vestir com folhas de figueira após descobrirem que estavam nus (a raiz de toda indústria da moda tentando nos apresentar o melhor possível). Dessa forma, juntando o medo de errar com a vontade de parecer bem, muitos cristãos tendem a evitar temas escorregadios ou situações em que o risco de erro é grande (como em manifestações políticas, protestos trabalhistas, ou mesmo em festas de empresa etc.). Pela mesma razão, expressões mais emotivas podem ser artificialmente contidas, linguagem agressiva e palavrões são combatidos, ao mesmo tempo em que o uso de termos fraternos pode parecer exagerado, mais do que o relacionamento real faria sugerir. Tudo isso, porém, convive com boa dose de autenticidade e também bondade genuína: ninguém está tentando enganar ninguém.

Um terceiro desdobramento neurótico do medo de Deus pode-se revelar no formato de *intensa dedicação a todas as atividades organizadas pela igreja* ou instituição religiosa. O ideal de servir a Deus de coração por vezes pode ser transformado em "servir à igreja" (o que também abre a porta para abusos e explorações). Mas novamente vale o alerta: vários fiéis estão muito felizes em dedicar boa dose de seu tempo e esforços para as atividades da igreja, e isso não é nem ruim, nem doentio. A diferença entre um envolvimento saudável e um adoecedor à primeira

---

[13] Richard Rohr diz que cerca de 90% de nossa imagem de Deus é semelhante à de nossos pais terrenos (*Von der Freiheit loszulassen – Letting Go* (1992). Tradução: Andreas Ebert. München: Claudius Verlag. p. 14).

vista é sutil e será melhor percebida se prestarmos atenção à vida emocional de quem se envolve: boa disposição e paz interior são sinais de um contexto saudável. Já quem participa das atividades por dever, preocupado com estar ou não fazendo o bastante, reclamando com quem não ajuda, revela um grau imaturo de engajamento, que pode realmente ser simples imaturidade e melhorar com a experiência, mas talvez esteja fazendo parte de um processo neurotizante[14].

O tratamento

Para este item, com a finalidade de melhor expor o drama envolvido tanto do paciente quanto do terapeuta que o acompanha, pedirei licença para extrapolar aqui e acolá os limites da postura psicoterápica, ilustrando como seriam as situações em um ambiente diferente, mais teológico e aconselhador. Num artigo escrito há vários anos, chamei as neuroses eclesiásticas de "neuroses instaladas em nome de Deus" (2005)[15]. Porque é assim que as pessoas sentem sua situação: elas estão preocupadas com a avaliação de Deus, tentam agradar Deus, buscam sinceramente fazer o melhor possível e não têm a percepção de que poderia haver outra maneira, mais adequada, de fazê-lo.

Alguns terapeutas sentirão um primeiro impulso de auxiliar o paciente a abandonar esse Deus e sua religião. No entanto, isso equivaleria a "forçar a conversão" para outra religião (mesmo que ateia), coisa que absolutamente não nos cabe fazer. Para o paciente, intelectualmente isso seria um contrassenso, porque o fiel sabe e proclama que Deus é bom. Emocionalmente, porém, seria ainda pior, equivalendo a levá-lo a pular na boca do dragão que o persegue. Deus é importante demais para ser ignorado e grande demais para ser simplesmente enfrentado ou desobedecido. Isso pode soar estranho para terapeutas não familiarizados com a devoção de fé, mas qualquer iniciativa de abandono da fé poderá pôr tudo a perder: provavelmente o paciente abandonará a terapia, num reflexo de autoproteção.

Por isso, para um trabalho terapêutico com pacientes que sofrem de neuroses eclesiásticas, é importante começar por dar importância maior ao acolhimento. Mesmo não compartilhando da mesma fé, um terapeuta pode oferecer suficiente empatia e continência de modo que o paciente não se sinta ameaçado em suas premissas básicas. Mas, caso o terapeuta sinta que não vai conseguir dar valor à fé do paciente que sofre com uma imagem exageradamente severa de Deus, talvez seja melhor encaminhá-lo para algum colega que tenha esse respeito e valorização da religião. Infelizmente, em minha própria formação de Psicologia não encontrei disciplinas que ensinassem essa valorização, e acredito que a grande maioria dos cursos de formação ainda hoje não contempla o senso religioso em seu currículo. Essa é uma área em que vale a pena buscar formação complementar.

Cumprida a etapa do acolhimento do Deus e da religião trazidos pelo paciente ao *setting* terapêutico, temos outro aspecto importante a considerar: como a neurose foi instalada "em nome de Deus", podemos esperar que a abertura do paciente para alguma mudança será proporcional ao quanto ele entender que tal proposta também seja "de Deus".

Imaginemos: que caminhos o paciente poderia querer trilhar? Por um lado, talvez aprender a conviver melhor com sua situação, minimizando a importância dos problemas religiosos, conformando-se com algo suportável, tentando se fortalecer em outras áreas da vida (na descrição feita anteriormente, isso provavelmente equivaleria a participar daquela "turma do fundão" das igrejas).

Esse caminho envolveria um "aprender a conviver" e terá alguma verdade na linha do "não levar tão a sério". Parece ser um meio termo entre o abandono e a devoção. Num prognóstico ainda imaginário, pode haver alguma melhora no quadro, com a virtude de admitir a não especialidade do terapeuta nos conteúdos religiosos, e poderá encontrar ressonância em indivíduos que já não estavam engajados em sua vida de fé. Mas percebe-se como a raiz da neurose – a imagem severa de Deus – não é abordada. Além disso, nas reuniões da comunidade de fé provavelmente haverá um reforço semanal implacável, no sentido de manter as coisas como estavam.

Outro caminho possível, de certo modo em direção oposta, seria acompanhar o paciente em sua busca por aprender coisas diferentes sobre seu Deus, assim "corrigindo" a imagem internalizada que o oprime.

Essa opção, mais ousada, requer também mais preparo e conhecimento, e equivale a "tentar desinstalar a neurose também em nome de Deus". Argumentos de lógica ajudarão só um pouco; serão necessárias ponderações que o próprio paciente aceite como válidas, pertinentes e consideradas como originadas "em Deus". Se por um lado isso dificulta as coisas para o terapeuta, por outro, temos boas notícias: existem muitos conteúdos na própria fé – por exemplo, na Bíblia – que mostram uma imagem muito mais saudável e acolhedora do divino (como certamente haverá também nos livros das outras religiões). Praticamente todos os grupos cristãos reconhecem a autoridade de textos da Bíblia. Além dela, há ainda vários livros de autores que, mesmo não sendo considerados sagrados, expõem e explicam muito bem a aceitação incondicional que Deus proporciona à pessoa que se sente pecadora, o que em teologia se chama de graça de Deus. O esforço de tentar proporcionar essa opção terapêutica equivale ao de cursar uma especialização – algo que, aliás, me parece bastante justificável. Não se pode exigir estudo de teologia, Bíblia ou religião de um profissional da saúde, mas é fato que algum conhecimento que o próprio paciente legitime como ligado ao sagrado terá muito maior penetração. Na minha experiência, sei que pacientes que vêm sabendo que, além de psicólogo, sou também formado em teologia, ouvirão meus comentários com atenção diferenciada. Mais ainda se eles compartilharem impressões a respeito de trechos da Bíblia e perceberem que eu também os conheço, e se sentirem suficientemente acolhidos para podermos falar da imagem de Deus envolvida naquelas e em outras passagens. Em suma, conhecer mais dos valores do paciente religioso auxiliará a tornar mais efetivo o diálogo terapêutico; será entrar respeitosamente no mundo dele e fazer-se ouvir naquele contexto.

Mencionamos antes a possibilidade de encorajar o paciente na sua busca de bases religiosas que lhe ofertem uma visão menos rígida de sua crença. Num contexto mais teológico, mais próximo do aconselhamento, provavelmente ele ouviria aquele já mencionado convite de Jesus: "Venham a mim, todos vocês que estão cansados e sobrecarregados, e eu os aliviarei". Esse convite, registrado no Evangelho de Mateus e muito conhecido

---

[14] Mais informação pode ser encontrada nos quadros temáticos da *Bíblia de Estudo Conselheira*: "Medo e Temor de Deus" (livro do Êxodo, junto ao capítulo 20) e "A neurose do medo de Deus" (Evangelho de Lucas, junto ao capítulo 19). Essa Bíblia tem seus comentários redigidos por psicólogos e psiquiatras.

[15] Disponível em: www.cppc.org.br>Publicações>Artigos. Esse *site* do Corpo de Psicólogos e Psiquiatras Cristãos, por sinal, tem boa quantidade de material útil para compreender a psiquê de cristãos, com uma abordagem sadia da fé.

pelos cristãos, pretende ser verdadeiro. Esse verso bíblico poderia ajudar um cristão a refletir se a experiência dele, de buscar se aproximar cada vez mais de Jesus, estava efetivamente trazendo alívio, ou se, pelo contrário, não estaria trazendo mais peso para sua vida. Talvez a partir dessas reflexões o cristão pudesse perceber melhor que adoecimentos emocionais podem prejudicam a vida em geral, e também a vida dentro da comunidade de fé, e que tratar de sua vida emocional numa psicoterapia poderá abrir perspectivas melhores inclusive para viver sua fé.

Muitos outros textos da Bíblia (assim como de outros livros sagrados) mostram como Deus é intrinsecamente bom e terão grande chance de serem aceitos para consideração pelo paciente devoto.

Outra fonte aceitável para o paciente religioso será a pregação da igreja/comunidade (para bem e para mal). É importante saber que as igrejas são imensamente diferentes umas das outras. Muitas vezes pode até ser indício de melhora se a pessoa já estiver se perguntando se aquela comunidade é boa para desenvolver sua fé de forma sadia e congruente com o que acredita. Mudar de igreja não é algo tão simples de se fazer, mas às vezes valerá a pena perguntar se a pessoa já não pensou em visitar alguma outra comunidade. Uma simples mudança de pregador e de comunidade pode trazer sensível melhora, especialmente se a imagem de Deus for mais amorosa na nova igreja.

Numa abordagem mais psicodinâmica, apontar que a pessoa está se maltratando ao frequentar igrejas que a oprimem pode trazer à tona defesas e mandatos do superego sádico e punitivo. Em outras palavras, a própria neurose da pessoa a atrai para ambientes carregados de mandatos ou para leituras devocionais igualmente legalistas. Poder ter um espaço na terapia para falar disso sem se sentir julgado e poder ter no terapeuta alguém que conhece ao menos um pouco dos aspectos que estão envolvidos, pode ajudar muito no tratamento das neuroses eclesiásticas.

Ao mesmo tempo, estamos lidando com limites e diferenças: embora muitas vezes seja importante para o paciente, no tratamento, fazer uso de materiais externos como textos sagrados ou discutir mudança de igreja, pode não ser nada apropriado ao *setting* terapêutico, especialmente em algumas linhas de atuação. Isso ilustra nosso próximo ponto: a necessidade de uma abertura para a interdisciplinaridade.

Em relação a aspectos específicos da crença, às vezes pode ser melhor sugerir ao paciente a possibilidade de ele conversar com um clérigo, da mesma forma como indicamos alguma especialidade médica quando suspeitamos de um quadro que envolva determinados sintomas físicos. Nesse caso, porém, tal como psicólogos costumam fazer com psiquiatras, é bom ter uma pequena lista de religiosos "de confiança" para encaminhamento, porque no ofício religioso também haverá ótimos e péssimos profissionais – não é o caso de recomendar "qualquer um". Pelo mesmo motivo, muitos líderes não estarão dispostos a perceber seus próprios adoecimentos e carências, e poderão ser avessos à busca de ajuda psi – por isso a utilidade de conhecer um pouco mais sobre esses líderes eclesiásticos, em busca de atitudes mais saudáveis. Por estarem investidos com um tipo de autoridade em nome de Deus, eles podem exercer grande influência sobre os fiéis, para bem e para mal.

Em suma e simplificando, para a neurose eclesiástica fundamental do medo de Deus, existe tratamento no seio da própria crença: Deus não é ruim como nosso paciente o sente. Mas levantar as questões adequadas para ele se permitir avaliar pode requerer do profissional um considerável investimento e/ou a cooperação interdisciplinar de outro profissional com formação e atitude adequada para falar do universo da fé e de Deus.

Em certo sentido, o paciente religioso confronta o terapeuta quanto à sua abertura para o tema, quanto a seus próprios complexos – resolvidos ou não. Assim como os outros temas da condição humana, este também merece ser trabalhado e elaborado, e não apenas reprimido defensivamente. Com maior abertura e investimento, nos aproximaremos mais do objetivo de que os profissionais psi "tornem-se realmente capazes de incorporar formal e explicitamente às suas práticas clínicas preocupações não apenas procedimentais, tecnicistas e medicamentosas, mas também questões de natureza cultural, religiosa, ontológica e espiritual" (Freitas, Turra e Zaneti, 2016, p. 77).

REFERÊNCIAS BIBLIOGRÁFICAS

Baxter, R. (2008). *Superando a tristeza e a depressão com a fé*. Tradução: Daniel Oliveira. São Paulo: Arte Editorial.

César, M. C. (2003). *Feridos em nome de Deus*. São Paulo: Mundo Cristão.

Dutton, K. (2012). *The wisdom of psychopaths: what saints, spies and serial killers can teach us about success*. New York: Scientific American/Farrar, Straus & Giroux.

Ellens, J. H. (1982). *Graça de Deus e saúde humana*. Tradução: Esly Regina S. de Carvalho Hoersting. São Leopoldo/Brasília: Sinodal/CPPC.

Font i Rodon, J. (1999). *Religión, psicopatología y salud mental*. Barcelona: Paidós.

Fowler, J. W. (1992). *Estágios da fé – A psicologia do desenvolvimento humano e a busca de sentido*. Tradução: Júlio Paulo T. Zabatiero. São Leopoldo: Sinodal.

Freitas, M. H.; Turra, V.; Zaneti, N. B. (2016). Religiosidade, saberes tradicionais e saúde no Brasil. In: Freitas, M. H.; Turra, V.; Zaneti, N. B. *Na fronteira da psicologia com os saberes tradicionais: práticas e técnicas*. São Paulo: Conselho Regional de Psicologia de SP. (Coleção Psicologia, Laicidade e as Relações com a Religião e a Espiritualidade). Disponível em: http://www.crpsp.org.br/diverpsi/arquivos/ColecaoDiverpsi_Vol2.pdf#page=74. Acesso em: 25 jan. 2017.

Hark, H. (2005). *Religiöse neurosen, ursache und heilung* [Neuroses religiosas – origem e processo de cura]. Stuttgart: Kreuz Verlag.

Jarvinen, M. J. (2016). The relational cost of moralism: implications for congregational practice. *Journal of Psychology & Christianity*, v. 35, n. 3, p. 254-262.

Larson, D. B.; Larson, S. S. (1994). *The forgotten factor in physical and mental health: what does the research show?* The John Templeton Foundation.

Martins, F. (2013). Quando um delírio é bem-sucedido no mundo globalizado? In: Freitas, M. H.; Paiva, G. J.; Moraes, C. *Psicologia da religião no mundo globalizado contemporâneo*. Brasília: Universa.

Pfister, O. (1944). *Das Christentum und die Angst*. Zurique: Artemis. [Em inglês: (1949) *Christianity and Fear*. Londres: Allen and Unwin]

Rizzuto, A. M. (2006). *O nascimento do Deus vivo: um estudo psicanalítico*. Tradução: Geraldo Korndörfer. São Leopoldo: Sinodal/EST.

Sissa, G. (1999). *O prazer e o mal: filosofia da droga*. Tradução: Magda B. de Figueiredo. Lisboa: Instituto Piaget.

Steuernagel, V. R. (Ed.) (2001). *Livra-nos do mal*. Tradução: Jacson H. Eberhardt e Marcos Davi S. Steuernagel. Curitiba: Ed. Encontro.

Leituras recomendadas

Dalgalarrondo, P. (2008). *Religião, psicopatologia & saúde mental*. Porto Alegre: Artmed.

Koenig, H. G. (2012). *Medicina, religião e saúde: o encontro da ciência com a espiritualidade*. Porto Alegre: L&PM.

Kepler, K. (2009). *Neuroses eclesiásticas e o Evangelho para crentes*. São Paulo: Arte Editorial.

Tournier, P. (2016). *Culpa e graça: uma análise do sentimento de culpa e o ensino do Evangelho*. Tradução: Rute S. Eismann. Viçosa: Ultimato.

Wondracek, K. H. K. (Org.) (2003). *O futuro e a ilusão: um embate com Freud sobre psicanálise e religião*. Petrópolis: Vozes.

SEÇÃO VI

PSICOLOGIA E INTERDISCIPLINARIDADE

**Coordenador
Gilberto Safra**

46

Psicologia clínica e interdisciplinaridade

Gilberto Safra

Nas ciências humanas, na atualidade, temos duas vertentes fundamentais para o estudo da condição humana: a interdisciplinaridade e a transdisciplinaridade. A interdisciplinaridade é a possibilidade de acessar determinado objeto do conhecimento por dois ou mais vértices, de modo tal que entre esses vértices haja um diálogo. Transdisciplinaridade é a perspectiva pela qual determinado método atravessa diferentes disciplinas como elemento de investigação inerente a cada uma delas.

Abordaremos a interdisciplinaridade por dois vértices: epistemológico e ético-antropológico.

VÉRTICE EPISTEMOLÓGICO

Do ponto de vista epistemológico, podemos reconhecer como característica da modernidade a busca da realização do projeto pelo qual cada disciplina abordasse determinada área, no qual um vértice de teorização pudesse supostamente explicar a totalidade de determinado fenômeno. Todas as teorias nas ciências humanas que emergiram na modernidade compartilharam esse tipo de pretensão. Nesse horizonte, pretendeu-se, por meio de um único elemento, explicar um fenômeno, que na maior parte das vezes era de grande complexidade. Como exemplo, se tomarmos o campo psicanalítico, como foi desenvolvido por Freud, veremos que se trata de um aporte inserido no projeto moderno, no qual o profissional procurará compreender a complexa problemática do ser humano a partir de um único fator: o desejo. Este se torna o conceito pelo qual se pretende compreender os diferentes fenômenos subjetivos. Nos diferentes autores que se seguiram a Freud, encontramos esse mesmo fenômeno; assim, Melanie Klein buscará a compreensão da subjetividade, por meio de um vértice considerado o fundamento do psiquismo humano, a pulsão de morte. Bion assenta a sua contribuição na problemática do pensar; Winnicott, por outro lado, tem na criatividade o elemento fundamental na compreensão do ser humano.

Nas Ciências Sociais, podemos encontrar a mesmo tipo de posicionamento epistemológico, por exemplo, no pensamento de Marx. Aqui também encontramos a tentativa de compreender os fenômenos socioculturais por meio de um único referente: o capital.

As teorias que se desenvolveram na modernidade têm essa característica de abordar o fenômeno para o qual cada uma delas está debruçada por um único vértice, como se ele pudesse dar conta da complexidade do fenômeno estudado. Esse tipo de perspectiva aconteceu nas diferentes áreas da Ciência. Também nas ciências físicas e biológicas o mesmo tipo de anseio pode ser encontrado. Assim, por exemplo, no pensamento de Einstein vemos que foi buscada uma fórmula fundamental que pudesse explicar os fenômenos físicos e desse modo dar conta da complexidade dos eventos físicos.

Na modernidade, buscava-se um elemento que pudesse ser utilizado quer de um ponto de vista explicativo, quer compreensivo-hermenêutico na abordagem do fenômeno que se tinha interesse em investigar.

Por diferentes razões, epistemológicas, antropológicas, éticas, políticas e sociais, esse horizonte característico da modernidade foi questionado e ressituado, principalmente a partir da década de quarenta, em decorrência dos diferentes acontecimentos que apareceram durante a Segunda Guerra Mundial.

Até aquele momento, não só tínhamos e perspectiva de conhecimento que buscava nas diferentes áreas do conhecimento investigar os fenômenos, por meio de um único elemento, explicativo ou compreensivo, mas também havia a prevalência de um único método, que era considerado científico: o método positivista. Nesse período histórico, tínhamos não só o anseio de compreender a realidade por um único conceito, mas também havia a hegemonia de um único método, que detinha a legitimidade do saber científico.

A eclosão da Segunda Guerra Mundial se tornou um evento que gerou, ao lado de outros problemas, instabilidade e mal-estar no campo científico, seja nas ciências físicas e biológicas

SEÇÃO VI — PSICOLOGIA E INTERDISCIPLINARIDADE

ou nas ciências humanas. Os acontecimentos que emergiram durante a guerra demandavam dos cientistas a indagação e a reflexão sobre aqueles eventos de grande gravidade. O projeto científico precisava ser reposicionado, pois não era possível deixar de se perguntar de que forma a ciência e as filosofias em voga até aquele momento da história haviam contribuído para os acontecimentos hediondos nos quais a humanidade havia mergulhado. A ciência, até a ocorrência desses acontecimentos, foi a guardiã da utopia da humanidade, pois até então se acreditava que o desenvolvimento científico e as novas tecnologias poderiam dar à humanidade uma qualidade de vida jamais vista na história. A ciência, pelo desvelamento dos mistérios da natureza, poderia, supostamente, fundar uma nova utopia, sobre a qual a esperança da humanidade se assentava. No entanto, os diferentes acontecimentos que eclodiram na Segunda Guerra Mundial, como o aparecimento de armas de grande poder de destruição, o nazismo, no qual se empregaram técnicas oriundas da ciência contra o ser humano, no genocídio judaico, impuseram reflexão e crítica a comunidade científica. Técnicas científicas foram utilizadas na destruição do ser humano. Diante desses eventos, diferentes filósofos e cientistas em perplexidade se indagaram sobre esses eventos buscando compreendê-los no horizonte dos problemas sociais e científicos presentes naquele momento histórico (Adorno, Benjamin, Heidegger, Edith Stein, entre outros).

Como exemplo desse tipo de reflexão, temos:

> O processo técnico, no qual o sujeito se coisificou após sua eliminação da consciência, está livre da plurivocidade do pensamento mítico bem como de toda significação em geral, porque a própria razão se tornou um mero adminículo da aparelhagem econômica que a tudo engloba. Ela é usada como um instrumento universal servindo para a fabricação de todos os demais instrumentos. (Adorno e Horkheimer, 1947/1985, p. 41)

Nesse horizonte de acontecimentos, o projeto científico é problematizado e inicia-se o processo no qual ele deixa de ser o guardião da utopia da humanidade. As ciências humanas foram chamadas a discutir essa questão e eclode fecunda discussão sobre a ética científica. Foi em decorrência desse tipo de problematização ao longo da história que surgiu entre nós um órgão como o Conep (Conselho Nacional de Ética em Pesquisa), que pretende acompanhar o desenvolvimento das pesquisas de modo que perspectivas éticas fundamentais devem ser contempladas nas investigações científicas realizadas no país. Torna-se demanda fundamental na realização de pesquisas a preocupação com a ética.

Edith Stein, na introdução de seu livro *A estrutura da pessoa humana*, assinala que, diante dos eventos pelos quais a humanidade passava, era necessário que se compreendesse que, no campo das ciências humanas, não ha teorização que não contenha uma concepção antropológica subjacente, nem sempre explicitada, e torna-se necessário se indagar se aquela concepção antropológica contempla favoravelmente o *ethos* humano ou se, pelo contrário, o destitui. Essa autora assinala que determinadas teorizações poderiam levar ao adoecimento humano. O modo como se teoriza não e só é um problema epistemológico, mas é também problema ético.

Stein (1933/2003) afirma:

> Todo trabalho educativo que busque formar homens está acompanhado de uma determinada concepção de homem, na qual se encontra, qual é a sua posição no mundo e missão na vida, e de que possibilidades práticas se oferecem para abordar e formar o homem. A teoria da formação do ho-

mem que denominamos pedagogia é parte orgânica de uma imagem global do mundo, ou seja, de uma metafísica. (tradução nossa, p. 562)

Nas ciências humanas, em decorrência desse mal-estar, surgem paulatinamente duas vertentes que tentam abordar a condição humana de modo mais congruente com o *ethos* humano:

a) A tradição francesa, na qual os filósofos e pensadores apresentam como elemento importante na abordagem do ser humano a perspectiva de *desconstrução*, pelo fato de que ela teria em si mesma o antídoto contra a hegemonia do um. Essa perspectiva proporia um conhecimento que seria transiente e que não faria afirmação categórica sobre o humano, já que se reconhece, nesse momento da história, que toda afirmação categórica, identitária do ser humano estaria celebrando a teorização do "um", perspectiva importante na modernidade, mas que por outro lado teria parentesco como perspectivas totalitárias. A ideia hegemônica é ditatorial e não permite o aparecimento da diversidade. Temos aqui a proposta da descontração da representação diante do humano;

b) A tradição presente na Europa Oriental, na qual vários filósofos, teóricos e escritores buscaram abordar o ser humano por meio de um vértice não autoritário, de modo a acolher a complexidade do ser humano. A figura mais conhecida, entre nós, que fez esse tipo de contribuição foi Dostoievsky. Na Europa Oriental, compreende-se que o modo como esse autor apresenta sua contribuição, ou seja, por meio da literatura, é a maneira pela qual o ser humano é melhor abordado em sua complexidade e sem reducionismo. A escrita, a narrativa, é modo privilegiado de apresentar a reflexão, o conhecimento decorrente da experiência humana. Desse modo, discute-se o ser humano, não por meio de abstrações, mas por uma linguagem que se aproxima da vida mesma. Assim sendo, Dostoievsky aparece como figura referencial dessa outra maneira de abordar a condição humana. Na mesma perspectiva, encontramos outros autores como: Solovyov, Berdayev, Florensky e, mais recentemente, Bakhtin e Yannaras, entre outros.

Neste texto tomarei a contribuição de Bakhtin (1929/2008) para discutir a questão da interdisciplinaridade. Esse autor, no início de seu percurso, investigou a obra de Dostoievsky, e nesse trabalho percebeu que Dostoievsky em sua obra realizava algo de fundamental. Ele produzia um tipo de texto, no qual as diferentes vozes que apareciam, inclusive a do narrador, eram igualmente apresentadas, de modo que nenhuma delas aparecia como hegemônica em relação às outras. Diante dessa observação, Bakhtin apresentou o conceito de "polifonia" (multiplicidade de vozes). Um determinado assunto apresenta-se no texto e todos os personagens do livro, assim como o narrador, discutem o tema de modo tal que o leitor é como que convidado a participar da discussão e nenhum personagem mostra-se como a autoridade definitiva sobre a questão em foco.

Nas palavras de Bakhtin:

> Em toda parte é o cruzamento, a consonância ou a dissonância de réplicas do diálogo aberto com as réplicas do diálogo interior dos heróis. Em toda parte um determinado conjunto de ideias, pensamentos e palavras passa por várias vozes imiscíveis, soando em cada uma de modo diferente. (1929/2008, p. 308)

Bakhtin percebe que a dimensão da polifonia não só é algo muito importante na literatura, mas seria também um paradigma epistemológico fundamental para as Ciências Humanas. A fim de abordar um assunto em ciências humanas, torna-se necessária a presença da multiplicidade de vozes que auxiliem na abordagem da condição humana. A verdade e o atravessamento das experiências de cada um se revelam no diálogo conciliar-polifônico. Essa é a base epistemológica fundamental para o trabalho interdisciplinar.

Nesse horizonte, ao investigar-se determinado fenômeno, não pela primazia do "um" (uma teoria, uma área, um vértice), convida-se à diversidade de olhares na investigação do que desejamos pesquisar. A interdisciplinaridade constitui-se como modo fundamental de posicionar-se epistemologicamente, pois por meio dela reconhece-se que não há fenômeno simples, que possa ser abordado por uma única vertente. Assim, a complexidade do fenômeno será abordada pela multiplicidade de vértices em contínuo diálogo. Temos aqui um posicionamento epistemológico que é ao mesmo tempo ético, já que a própria condição humana acontece em perspectiva dialética e conciliar. O ser humano é, em seus fundamentos, comunitário.

Nota-se que essa solução é distinta daquela que se encontra na desconstrução como modo privilegiado na abordagem do humano. Ambas as perspectivas buscam a possibilidade de superar o olhar único. No vértice desconstrutivista, a condição humana é compreendida como contínuo devir, alheio à toda representação, conceituação ou identidade que busque fixar o fenômeno humano no tempo. No vértice polifônico-conciliar, supera-se a hegemonia do "um", mas de modo a acolher o registro ético comunitário inerente à condição humana. Aqui há a preservação do registro dialógico ao longo do processo de investigação e de discussão.

VÉRTICE ÉTICO-ANTROPOLÓGICO

Abordar a questão da interdisciplinaridade não só do ponto de vista epistemológico, mas também ético, demanda que possamos compreender mais profundamente as suas relações com o modelo antropológico subjacente e esse vértice de compreensão. A interdisciplinaridade é sintônica à condição humana, pois a multiplicidade é inerente aos fundamentos do *ethos* humano. Se observarmos a subjetividade humana, perceberemos que a interioridade humana é constituída por multiplicidade de vozes. Uma dessas vozes em determinado instante fala pelo "eu" da pessoa, mas isso não significa que as outras vozes desapareceram. O "eu" compreendido nessa perspectiva é o palco no qual uma ou mais vozes ocupa o lugar de ação e interação com o outro, mas a interioridade humana está todo o tempo mergulhada na multiplicidade de vozes e de lugares. Quem é o sujeito? Não existe um único sujeito, pois essas diferentes vozes ocupam o lugar de sujeito em diferentes momentos e em diferentes contextos. Compreendendo-se profundamente essa perspectiva, percebemos que o "eu" de cada um de nós é, na verdade, presença de um outro em si mesmo. O "eu" acontece pelo vocativo de um outro, que chamou a pessoa a existir em meio à comunidade. O "eu" é paradoxalmente alteridade. O "eu" supõe um "nós" e um "tu". O ponto de vista polifonia nos leva a afirmar que não há na pessoa humana nenhum traço, recurso ou capacidade que não tenha decorrido do encontro com um outro. A nossa interioridade foi constituída pelo encontro comunitário-dialógico com os outros. A nossa pessoalidade é constituída pela presença em nós dos outros significativos, que nos encontraram ao longo de nosso história, singularizados em nosso si mesmo, no qual se situa o "eu".

Nessa perspectiva, é necessário abolir a ideia de individualidade, para posicionar-se à concepção de singularidade, na qual está presente a história de nossos encontros, fecundos ou não, com os outros que fizeram parte de nossa existência. Na ideia de individualidade, a pessoa aparece como que isolada, eventualmente se relacionando com os outros. Na concepção de singularidade, os outros são partes constitutivas dos fundamentos do si mesmo, aparecendo na interioridade de cada pessoa. O "nós" precede o "eu" e o constitui.

A consciência humana mesmo é comunitária e relacional, na qual o pensar acontece como evento dialógico. A história de encontros significativos com os outros se singulariza em cada ser humano como "eu". Assim sendo, o modelo polifônico-dialógico torna-se fundamental para discutir e investigar as situações contemporâneas que afetam a condição humana, já que na atualidade há uma situação sociocultural na qual, frequentemente, a alteridade está obscurecida pela afirmação do "Mesmo", onde a singularidade desaparece. Sobre esse tópico, Levinas (1961/2000) afirma:

> O primado do Mesmo foi a lição de Sócrates: nada receber de Outrem a não ser o que já está em mim, como se, desde toda a eternidade, eu já possuísse o que me venha de fora. Nada receber ou ser livre. A liberdade não se assemelha à caprichosa espontaneidade do livre arbítrio. O seu sentido último tem a ver com a permanência no Mesmo, que é a Razão. O conhecimento é o desdobramento dessa identidade, é liberdade. O facto de a razão ser no fim de contas a manifestação de uma liberdade, neutralizando o outro e englobando-o, não pode surpreender, a partir do momento em que se disse que a razão soberana apenas se conhece a si própria, que nada mais a limita. A neutralização do Outro, que se torna tema ou objecto – que aparece, isto é, se coloca na claridade – é precisamente a sua redução ao Mesmo. (p. 31)

Ao compreender o ser humano como constituído como alteridade, nos parece que a condição humana é melhor acolhida pelo trabalho realizado por meio da interdisciplinaridade.

O pensamento fundado na busca do único conceito que venha a explicar a condição humana é não só afim ao totalitarismo das ideias, mas também o é ao totalitarismo político. Observa-se, historicamente, que sempre que há um tipo de política definida por meio de ideias abstratas, ocorrem intervenções não voltadas para o comunitário e para o povo, mas sim para a tentativa de aplicação de um ideário abstrato, que funda um regime político com vocação totalitária. A interdisciplinaridade implica a compreensão de que a pluralidade de vozes é dimensão ética fundamental para a convivência humana.

Assim, temos que a interdisciplinaridade é abordagem importante nas ciências humanas, tanto do ponto de vista epistemológico quanto antropológico-ético, com implicações políticas importantes.

A discussão desse tema nos mostra que não é possível, na atualidade, realizar trabalho clínico sem que se problematizem quais os efeitos políticos de nossa prática. A intervenção clínica estaria produzindo alienação da condição humana, ou possibilita que a multiplicidade de vozes possa, de fato, ter lugar no trabalho clínico que realizamos? Essas questões são mais fundamentais na atualidade da atividade clínica que a mera atenção voltada para as decorrências psicopatológicas decorrentes da repressão, das cisões ou dissociações presentes no psiquismo humano.

Essas noções são fundamentais para que possamos repensar a prática clínica na atualidade, de modo a fazer frente às di-

SEÇÃO VI — PSICOLOGIA E INTERDISCIPLINARIDADE

ferentes modalidades de sofrimentos que testemunhamos em nosso trabalho na atualidade. Há a necessidade de reconhecer que, com o fluir da história, os problemas humanos ganharão complexidade e o modo de organização da subjetividade humana está acontecendo de maneira distinta da de outros momentos da história humana. Acreditar que existe uma subjetividade paradigmática que persista ao longo do tempo histórico é equívoco clínico e epistemológico, em consequência de modo abstrato de pensar dissociado do contexto histórico no qual nos encontramos.

O trabalho clínico torna-se, na perspectiva polifônica, diálogo com as outras áreas das ciências humanas, para deixar falar a multiplicidade inerente à interioridade de cada ser humano, no encontro ético que ocorre na relação inter-humana.

Não meu, não meu é quanto escrevo.
A quem o devo?
De quem sou o arauto nado?
Porque, enganado,
Julguei ser meu o que era meu?

Que outro mo deu?
Mas, seja como for, se a sorte
For eu ser morte
De uma outra vida que em mim vive,
Eu, o que estive
Em ilusão toda esta vida
Aparecida,
Sou grato Ao que do pó que sou
Me levantou (Pessoa, 2009, p. 131)

REFERÊNCIAS BIBLIOGRÁFICAS

Adorno, Theodor W.; Horkheimer, M. (1947/1985). *Dialética do esclarecimento: fragmentos filosóficos*. Rio de Janeiro, RJ: Jorge Zahar.

Bakhtin, M. (1929/2008). *Problemas da poética de Dostoiévski*. São Paulo: Forense.

Levinas, E. (1961/2000). *Totalidade e infinito: ensaio sobre a exterioridade*. Lisboa: Edições 70.

Pessoa, F. (2009). *Poesia 1931-1935*. São Paulo: Companhia das Letras.

Stein, E. (1933/2003). Estructura de la persona humana. *Obras Completas, IV. Escritos antropológicos y pedagógicos*. Burgos: Monte Carmelo.

Filosofia, existência e sentido do ser

Dulce Mara Critelli

Uma decisão sobre a utilidade da filosofia tem sido questão recursiva para mim há já algum tempo. Quando acredito que o assunto se resolveu, ele retorna, por minhas próprias inquietações ou por meio de questionamentos que outros me fazem. Esse incessante ressurgir do tema não é sem sentido e nem provém de dúvidas meramente teóricas, mas do confronto entre uma verdade corrente sobre a impossibilidade de a filosofia ser útil ou prática e a experiência de usar a filosofia como fundamento e método para o processo terapêutico.

A discussão sobre a utilidade da filosofia tem nesta reflexão um território bastante definido, o processo terapêutico, e esta circunscrição faz com que a questão seja menos difusa e superficial. A indagação começou a aparecer por meio das minhas aulas, quando alunos comentavam, e ainda comentam, o quanto as leituras e reflexões de textos e temas filosóficos os teria auxiliado em suas próprias vidas. Comentários que acolho prontamente, uma vez que o mesmo acontece comigo. Muitas ideias gerais, por exemplo, sobre a liberdade, sobre a causalidade, a democracia, sobre o bem e o mal... interferem no meu modo de entender essas questões e eu me modifico; minha vida muda. Atravessando essas reflexões e discussões, experimento uma transformação existencial que não havia desejado e muito menos planejado. Trata-se, todavia, de uma transformação bem-vinda, já que me torno uma pessoa mais livre, mais consciente, mais assenhorada de mim mesma.

A transformação a que me refiro é, a meu ver, o resultado de um processo terapêutico. Que o filosofar é terapêutico, é minha conclusão primeira e mais óbvia, mas quero entender como acontece propriamente esse processo, sua peculiaridade, qual a diferença ontológica entre esse processo terapêutico realizado pela filosofia e aquele com raízes na psicologia (psicologias).

Essa última indagação permanecerá, aqui, apenas aberta como um horizonte futuro para a continuidade da discussão, dado que o assunto é bastante extenso e complexo. Neste momento, pretendo apenas me ater à compreensão desse processo, que entendo como terapêutico, realizado pela filosofia.

Refazendo, então, a questão: o que há de peculiar na filosofia que pode fazer com que ela, digamos, espontaneamente, realize e se realize como um processo terapêutico[1]?

É comum nos depararmos com declarações de que a filosofia é um saber puramente teórico, cuja única e possível utilidade estaria em servir de fundamento para outros saberes, a exemplo da Idade Média, quando a filosofia servia à teologia. Tais afirmações abrem também espaço para levar a filosofia à condição de ser uma cosmovisão, ou uma doutrina cujo fim seria explicar e ordenar o caos das nossas interpretações e perplexidades históricas e cotidianas. Como decorrência, e mais recentemente, também permitem identificar a filosofia à uma ideologia, como se fosse desígnio e função da filosofia nos abastecer com verdades inequívocas e inquestionáveis.

Não foi, porém, uma decisão sobre a verdade que deu origem à filosofia, e sim a perplexidade diante do "ser" mesmo, como revelam os discursos dos primeiros filósofos, entre eles Tales, Anaximandro, Heráclito, Parmênides. O que dá início à filosofia é o espanto diante do fato de haver um mundo, de haver entes, é o interrogar sobre sua origem, seu devir, sua multiplicidade, mesmidade, mutabilidade e corrupção ou degenerescência. O início da filosofia está na curiosidade de perscrutar de onde vem tudo "o que é" e para onde vai quando deixa de ser, está no embaraço diante do Logos, de sua possibilidade de apreender e expressar tudo "que é", está na hesitação diante do conhecer e da sua veracidade. O que engendrou a filosofia não foi a conquista de respostas definitivas que estruturam as cosmologias, as doutrinas, as ideologias, mas o próprio ato de perguntar, a perplexidade mesma. A filosofia emana do espanto perante o "ser", da inquietação inesgotável diante da manifestação "do que é" e suas concepções. A filosofia principia como uma perturbação diante do ser e se desenvolve como a apropriação e estruturação dessa

---

[1] Ver também Critelli (2009).

SEÇÃO VI — PSICOLOGIA E INTERDISCIPLINARIDADE

perplexidade, desse interrogar ininterrupto que Sócrates definiu como o *Eros* da filosofia.

Lembremos, contudo, que a origem etimológica da palavra filosofia é amor ou amizade (filia) ao saber (sofia). E o amor pelo saber era atitude do sábio, ou seja, do pensador. Ser pensador ou ser filósofo significava o mesmo na época. Filosofia e pensamento, originariamente, são uma e mesma coisa. Para Sócrates, a condição primeira do pensar, ou seja, do filosofar, é interrogar, perscrutar, desocultar, para então trazer à luz a verdade das opiniões. É essa condição do pensar que ele ordena como *ironia* e *maiêutica*, cujo fundo de possibilidade está no pressuposto de que "sei que nada sei" (outra perplexidade).

Se começou como pensamento, na modernidade, entretanto, impressionada pelo brilho libertador do esclarecimento que as ciências trouxeram ao nosso mundo, a filosofia se rende a esse nascente pensar assertivo e certificador, convertendo-se no que Arendt nomeia *conhecimento*, o desejo de um saber objetivo que tenha por resultado verdades perenes e aplicáveis. Desde a modernidade, a filosofia basicamente se bifurca. *Grosso modo*, parte dela quer ser ciência, ou conhecimento, e parte quer continuar como pensar desocultador, como reflexão. Em nossa contemporaneidade, esta última parte encontra forte representação nas filosofias da existência e na fenomenologia, para as quais Sócrates permanece sendo modelo de pensador[2].

Para Sócrates, o pensamento age como um moscardo que pica e inquieta; como uma parteira que ajuda a trazer à luz a verdade das opiniões; e como um tufão, como um vento que arrasta e destrói as verdades prontas realocando-nos sempre no início da interrogação.

O resultado do pensar/filosofar para Sócrates é fútil, fugaz, pois não deixa atrás de si rastros objetivos e tangíveis. Vemos isso nos diálogos aporéticos de Platão. Os vestígios do pensamento se esvanecem tão logo fundam os discursos, quando se encerra uma fala. Um texto, um artigo, algo escrito ou impresso não é em si mesmo mais do que um registro do que foi pensado, jamais o pensamento em si mesmo. Se deixasse resíduos atrás de si, o pensamento seria conhecimento e, este sim, gerador de verdades objetivas (como a conceituação de matéria, a duração de um ano-luz, a lei intrínseca da natureza, da história, a composição química da água etc.), as quais, ainda que não sejam definitivas, perduram por longo tempo e embasam a maioria das atividades humanas. O pensamento não é conhecimento, como reitera Arendt. Enquanto o conhecimento quer resultados precisos, o pensamento quer apenas pensar, esgotando-se e comprazendo-se no movimento mesmo que realiza e no qual se realiza[3].

Todavia, a futilidade e fugacidade do pensamento não são sinônimos de pura inutilidade ou, em outras palavras, ausência de serventia, pois é essa inquietação própria do pensar/filosofar que constituiria sua peculiar prática e utilidade. Na futilidade do

pensar está sua utilidade. Nela está a mais própria correspondência do pensamento com o ser, dado que a fugacidade não pertence, primariamente, ao pensamento, mas ao próprio ser.

A fugacidade do pensar corresponde à fugacidade do próprio ser, à medida que é convocado por ela. No fugaz do ser se abriga o que percebemos como sendo a sua misteriosidade. O pensar é uma correspondência ao mistério do ser. O mistério não se revela nunca, ele apenas nos oferece lampejos de si mesmo que recolhe logo a seguir[4]. O pensar é seduzido por esse mistério do ser, por isso onde não há mais mistério não há mais pensamento, e sim determinação, conhecimento.

Esse pensar que persegue o infindável mistério do ser o faz em duas diferentes direções, volta-se para dois diferentes fins. Há o ser que se estende pela totalidade da existência humana e se abriga nas dobras da sua História, assim como há o ser que habita os vãos da história cotidiana dos indivíduos. Há o ser que se insinua na história imediata e no curso dos acontecimentos particulares, por mais compartilhados e duradouros que sejam, e o ser que vive na amplidão dos tempos da História. Consequentemente, há o pensamento que pensa o ser que se apresenta na História e o pensamento que pensa o ser que se revela na história. O pensar que tem por fim o ser da História seria o *pensamento* propriamente dito, que a filosofia representa. E o pensar que se dirige para o ser da história cotidiana e particular seria *compreensão*.

A compreensão, portanto, não é nem filosofia nem conhecimento, mas um terceiro modo, ou ato, do próprio pensar. Ainda que nossa história cotidiana se insira na História e seja sua expressão, a tangibilidade dos eventos e a solidez de nossa própria existência efetivam sua peculiar invocação. Do ângulo da nossa existência efêmera e cotidiana, a realidade tem nome, peso, feitio, enquanto a História se torna pano de fundo e referência. A amplitude da História nos faz perdê-la de vista e mirá-la como se ela fosse perene e sem fim; sua misteriosidade convoca o pensar desde essa amplitude. Nossa vida concreta, com sua solidez e peculiar efemeridade, recortada, particular, urgente em seus eventos e nos enredando em compromissos, convoca um outro pensar. A vida cotidiana é também misteriosa e, inseridos nela, nossa necessidade é a de traduzir o mistério do ser em significados que esclareçam nosso aqui e agora, nossa contingência. Repetindo, à contingência da vida corresponde a compreensão – nem o pensamento nem o conhecimento, portanto nem a filosofia nem a ciência.

A história cotidiana é contingente, enquanto a História é transcendente. A vida imediata tem limite e a História humana, magnitude. Mas ambas caminham juntas, inseparáveis. Não apenas se intercomunicam como também se assemelham e se codeterminam. Com temporalidades diferentes, é certo, mas em equivalência de poder e alcance.

Essa inexorável proximidade entre pensamento e compreensão talvez seja a razão que nos faz embaraçá-los e confundi-los. Ambos estão em busca de decifração dos mistérios do ser, ambos são interrogação contínua e inesgotável, mas distinguem-se inequivocamente quanto ao fim a que se voltam: a História ou a história. Se olharmos mais de perto, é exatamente essa distinção entre ambas as modalidades do pensar que as torna tão companheiras e necessárias uma à outra. O pensar/filosofar nos eleva de nossa contingência e o compreender ancora a transcendên-

---

[2] Embora haja aqui muitas referências ao pensamento de Heidegger, é a perspectiva de Arendt que mais me orienta nas presentes reflexões, pela diferença entre suas posições quanto ao pensamento. Nas obras de Heidegger o pensamento guarda a condição de desocultamento perscrutador, mediando ou perfazendo a relação que os homens mantêm com o ser. Homem e ser se copertencem por meio do pensamento. É por meio dele que os homens correspondem aos apelos do ser (cf. *Carta sobre o Humanismo* e outros). Em Arendt, o pensamento se apresenta numa outra ordem. Juntamente com a vontade e o juízo, ele é uma das três faculdades que compõem o espírito humano, além de, ainda que se mantendo como interrogação, subdividir-se em atos de pensamento que se distinguem entre si pelo fim a que se voltam: a busca de sentido ou significado, a busca de conhecimento objetivo e/ou a busca de compreensão dos eventos que permitam aos homens agirem.

[3] Cf. Arendt (2009).

---

[4] Talvez seja a isso que Heidegger se refere quando, em diversas de suas obras, fala na copertença entre ser e pensamento.

cia. A transcendência ilumina a contingência e a contingência dá realidade à transcendência.

É nessa medida que entendo a afirmação socrática de que "uma vida sem reflexão não vale a pena...", pois, sem o pensamento que a amplifica, a contingência nos confinaria no inferno da escuridão, das mesmices e das impossibilidades. E sem a contingência da vida cotidiana, a História seria um espectro vão e sem sentido.

A resposta às questões que levantamos no início sobre a utilidade da filosofia e o que há de peculiar nela que pode fazer com que realize e se realize como um processo terapêutico, ainda que espontaneamente, começam a obter algum clareamento.

As relações entre pensamento e compreensão têm um chão. Ambos só existem em razão da existência mesma. O existir se impõe sobre o pensar. E não seria imprudente afirmar que pensar é um modo de existir.

A preponderância da existência sobre o pensamento está, primeiramente, no fato bruto de que existimos. Somos criaturas que aparecemos num mundo concreto, particular, multifacetado, que nos antecede e sucede. Nascemos num mundo que já estava aí antes de nós e permanecerá aí quando dele sairmos pela morte. Mas somos criaturas que se entendem sendo e se distinguem tanto de tudo o que está aí presente nesse mundo, quanto se distinguem de si mesmas. Como Arendt diz, somos criaturas dotadas de consciência[5], ou espírito, que somos e sabemos que somos e quem somos, pensamos e sabemos que pensamos e o que pensamos, que sentimos e sabemos que sentimos e o que sentimos... Entretanto, essa consciência se mostra e se faz desde o mundo peculiar que habitamos, isto é, desde nossa peculiar contingência. É desde e a partir dessa contingência que olhamos, percebemos, sentimos e apreendemos tudo o que é, seja na sua proximidade, seja no seu distanciamento imediato. Nossa consciência é consciência num mundo. Nossa consciência é um dom, uma condição de nossa humanidade, porém, vinculada a uma outra condição que a determina: o mundo e o tempo concreto a que estamos atrelados.

Vemos tudo desde a particularidade da nossa existência e da existência do "eu sou". E ainda que, como Ortega y Gasset bem o exprime, o Eu "sou eu e minhas circunstâncias", há um primado da concretude do meu Eu sobre minhas circunstâncias – meu nariz, meu corpo, a cor do meu cabelo, da minha pele, da minha sensibilidade etc. A cultura em que o Eu vive categoriza, explica, modela, significa o Eu na sua corporeidade, mas ainda assim é esse corpo que dá o contexto e a possibilidade para a cultura, que dá suporte, visibilidade e contexto para os dados dessa cultura. Em algum lugar Merleau-Ponty escreveu que o mais profundo do meu eu é o meu corpo. A máxima contingência do Eu é seu próprio corpo. O corpo do Eu é a máxima concretude da existência particular e da Existência em geral, isto é, da vida mesma, da história e da História.

O corpo do Eu é a raiz e a âncora de sua consciência e do seu ser. Tudo o que é, toda revelação do ser é "para mim". O Eu não é solipso, como os filósofos da existência já o explicitaram suficientemente, ele é ele e seu espaço, ele e seu tempo, ele e os outros com quem convive, pensa, fala, sente. Os outros cabem e performam o Eu, mas o corpo do Eu os acolhe e realiza. Esse eu físico, corporal, sensível, é o ponto de início do que chamamos vida e nomeamos existência, é o ponto de vista, o ângulo de possibilidade e percepção do ser. O *locus* do pensar e do compreender.

Para esse Eu em que o ser se radica e que é corpo e consciência, nada lhe pode aparecer sem que faça sentido. O tipo de consciência que nos habita e somos precisa de cosmos, e não de caos. Tudo o que se apresenta a esse Eu tem que se conectar significativamente. Essa é a condição do movimento, da atividade do corpo e do espírito, de qualquer atitude e iniciativa, de qualquer omissão e recusa.

O território da existência é o território do sentido. O sentido é a exigência do ser que somos e de ser quem somos. Essa exigência de sentido descobre o ser da História e o ser da vida cotidiana como mistério e é ela que obriga o pensar ao pensamento, ao conhecimento e à compreensão[6].

Que ser faça sentido e que o Eu faça sentido no seio do ser é a síntese do viver. Cada um de nós precisa compreender ser e seu ser, a partir da radicalidade da sua própria vida. Ainda que os outros participem da constituição do Eu, o Eu vê tudo a partir de seu próprio olhar. Isso é inexorável, é da condição humana. O Eu sintetiza tudo em si mesmo e a partir de si mesmo, por meio dos nexos com que une tudo o que se lhe apresenta, nexos que se conservam e expressam em narrativas.

Pensamento e compreensão, filosofia e compreensão, são o esforço para a decifração desses nexos, em quase sua totalidade sintetizados distraidamente. Se não tivesse sido assim, não precisariam ser decifrados.

Quando o pensamento desvenda o ser em seu mistério, ainda que temporária e provisoriamente, ele o faz o ponto de vista da vida humana na Terra. E quando a compreensão entra em ação, ela o faz do ponto de vista do Eu particular na particularidade da sua existência na Terra.

Pensamento e compreensão têm que se comunicar para que o sentido se ofereça para todos em comum e para cada um de nós em particular, simultaneamente. É isso que a filosofia busca: a identificação do sentido de ser, e é nisso mesmo que reside seu peculiar fazer. Observando: a filosofia/pensamento apreende o sentido de ser na História, e a compreensão, o sentido de ser na história. Nesse jogo, como já enunciamos acima, a transcendência ilumina a contingência e a contingência dá realidade à transcendência. História e histórias se definem, iluminam e determinam mutuamente.

O pensar/filosofar, então, alimenta a compreensão tanto quanto se significa e realiza por meio dela. Ele pode ampliar a particularidade da consciência tornando-a significativa e pode, também, oferecer às existências particulares a disponibilidade para o espanto, o hábito da interrogação e da reflexão, porque ele próprio é perplexidade diante do ser.

A compreensão, por sua vez, acolhendo e contingenciando os dados e movimentos do pensamento, pode romper seus próprios limites, determinados pelas crenças, crendices, informações, conhecimentos, preconceitos... e propiciar às existências concretas e particulares o exercício da sua liberdade.

A contingência precisa da filosofia/pensamento para superar-se a si mesma, para ilimitar-se diante do que perdeu sentido, assim como o pensar precisa dos limites da contingência para conquistar alguma verossimilhança.

Iluminando a compreensão, sendo sua interlocutora, a filosofia nos revela a liberdade. Isolado, porém, o pensar/filosofar nada faz. Ele só atinge a história cotidiana dos indivíduos em sua concretude existencial se se integrar à compreensão. A compreensão pode impulsionar a vida cotidiana dos indivíduos, ainda que lhe oferecendo sentidos pouco fiáveis para as ques-

---

[5] Veja-se Arendt (1993).

[6] Cf. Critelli (2012) e Critelli (2016).

tões particulares, mas a filosofia em si mesma e por si mesma é improfícua, incapaz de apresentar seus achados como verdadeiros e convencer os homens na sua lida diária. O pensamento é Inteligente, mas em si mesmo impotente.

A meu ver, então, vista e tomada em si mesma, a filosofia somente é útil para a vida concreta se associada à compreensão. Sem esse vínculo, ela é inútil, sem serventia, incapaz de sustentar-se. Ela não é útil nem prática. Ela depende tanto da compreensão quanto da vida cotidiana para fazer, ela própria, sentido.

Aquela inquietação que comecei a experimentar a partir dos comentários dos meus alunos, vista da perspectiva aberta por essas considerações, reclama ser reinterpretada. Percebo agora que jamais consegui trabalhar algum conceito em aula sem garantir sua visibilidade por meio da apresentação de eventos, casos e circunstâncias da vida vivida, sem exemplos. Vejo também que eu própria jamais compreendi uma teoria, ou um conceito sem o suporte da história imediata, regular e cotidiana. Fora desse contexto, todas as ideias sempre foram para mim puras abstrações fantasmagóricas e sem significado.

O esforço de conexão entre pensamento e existência, entre pensamento e compreensão, sempre me guiou, mesmo que eu não me desse conta disso. Que a origem da filosofia seja a perplexidade, que ela propulsione, assim, o desvendamento dos mistérios do ser, não deve trazer dúvidas, mas, não fosse a âncora da vida e a contingência de um Eu concreto e particular, a filosofia não apenas não seria útil, sequer existiria.

REFERÊNCIAS BIBLIOGRÁFICAS

Arendt, Hannah (2009). *A vida do espírito*. Tradução: Cesar Augusto de Almeida e outros. Rio de Janeiro: Civilização Brasileira.

Arendt, Hannah (1993). Filosofia e Política. In: Arendt, Hannah. *A dignidade da política*. Tradução: Antonio Abranches e outros. Rio de Janeiro: Relume Dumará.

Critelli, Dulce (2012). *História pessoal e sentido da vida*. São Paulo: EDUC.

Critelli, Dulce (2016). Historiobiografia – a história da história. In: Morato, H. T. P.; Evangelista, P. E. R. A.; Milanesi, P. V. B. *Fenomenologia Existencial e Prática em Psicologia*. Rio de Janeiro: Via Verita.

Critelli, Dulce (2009). Psicologia e Fenomenologia (Filosofia e Terapia). In: Breschigliari, Juliana; Rocha, Maria Cristina (Orgs.). *Serviço de Aconselhamento Psicológico – 40 anos de história*. São Paulo: IPUSP.

Heidegger, Martin (1967). *Carta sobre o Humanismo*. Trad., intr. e notas: E. Carneiro Leão.

Rio de Janeiro: Tempo Brasileiro.

48

Interface entre Psicologia Clínica e Fonoaudiologia, para além da Linguagem

Suzana Magalhães Maia

"Gostaria pois que a fala e a escuta que se traçarão fossem semelhantes às idas e vindas de uma criança que brinca em torno da mãe, dela se afasta e depois volta, para lhe trazer uma pedrinha, um fiozinho de lã, desenhando assim ao redor de um centro calmo toda uma área de jogo, no interior do qual a pedrinha ou a lã importam finalmente menos do que o dom cheio de zelo que delas se faz."

Roland Barthes

O convite que recebi do professor Gilberto Safra para escrever este capítulo sobre a interface entre Psicologia Clínica e Fonoaudiologia foi particularmente encantador.

Oriunda da área de Fonoaudiologia, em que fiz minha primeira graduação, passei pelo campo teórico da Linguística, no qual concluí meus mestrado e doutorado, até migrar para a Psicanálise. Nela permaneço, pois encontrei minha vocação efetiva, no sentido que Safra (2006) atribui ao termo, que é a disponibilidade originária para estar aberta ao outro e portar a ferida que me tirou de um lugar abstrato.

Assim, escrever a respeito desse tema a alunos da graduação e da pós-graduação em Psicologia Clínica é também um convite para revisitar e compartilhar minha história e minha experiência.

O título escolhido para o capítulo revela o caminho que pretendo trilhar no texto, cuidando para não reduzir a rica interlocução entre as duas áreas clínicas a um objeto comum – a linguagem. De fato, são várias as áreas de conhecimento e as clínicas que se ocupam da linguagem humana, mas de perspectivas por vezes muito distintas, o que foge ao escopo deste trabalho.

Antes, o que pretendo é narrar aqui os contornos da interface entre Psicologia Clínica e Fonoaudiologia, contemplando uma postura epistemológica e ética que defina o modo pelo qual o fenômeno clínico pode ser conhecido e o método clínico que emerge dessa compreensão. Para tanto, um posicionamento crítico é fundamental, de modo que os modelos clínico-teóricos se constituam como sólidas referências, sem se tornarem, porém, aprisionantes.

Inicio, então, situando a Fonoaudiologia e suas origens, na busca de configurar o seu campo de atuação profissional. Em seguida, abordo aspectos da obra de Winnicott que nos ajudam a compreender a condição humana que se faz presente na clínica. Trago, então, o caso de uma criança atendida em parceria com uma fonoaudióloga, de modo a explicitar uma forma de atuação conjunta que pode favorecer o processo de amadureci-

mento pessoal. Nas considerações finais, ressalto a importância da constituição do *self* e de que modo os processos terapêuticos podem contribuir para isso.

BREVE HISTÓRIA DA FONOAUDIOLOGIA NO BRASIL

As origens dessa área no Brasil, descritas pela literatura, evidenciam, todas elas, as particularidades de seus lugares de acontecimento, com suas diversidades de intenções e argumentações (São Paulo, Rio de Janeiro, Rio Grande do Sul, Pernambuco, Bahia). Porém, trazem denominadores comuns, importantes de serem evidenciados.

O primeiro deles diz respeito ao fato de a origem desse campo estar associada a uma forte necessidade de normatização da maneira de se falar o português. Isso porque, após a Primeira Guerra Mundial, em meados de 1920, o Brasil foi muito procurado por imigrantes de diversas nacionalidades que vieram trabalhar na lavoura, em colônias agrícolas, e nelas se fixaram: italianos, espanhóis, alemães, entre outros.

Dessa maneira, as culturas começaram a se misturar, sobretudo as línguas utilizadas na comunicação. As crianças foram as primeiras a evidenciar esse fenômeno, pois, ao entrarem na escola, eram alfabetizadas em português, mas, em casa e entre os seus, a língua materna predominava, inclusive como elemento para guardar a memória da cultura originária.

Preocupado com essa aparente contaminação da cultura brasileira, o governo nacionalista de Getúlio Vargas, entre outras medidas, buscou maneiras de unificar a língua pátria. Com isso, sobretudo no espaço escolar, começaram a ser impostos modos de falar, surgindo, assim, o professor especializado no "erro da palavra", que trabalhava com crianças com dificuldades de fala e escrita (Berberian, 1995).

Assim, muito antes da criação dos primeiros cursos universitários de Fonoaudiologia na década de 1960, várias precursoras do que seria posteriormente o fonoaudiólogo realizaram

SEÇÃO VI — PSICOLOGIA E INTERDISCIPLINARIDADE

esse trabalho de caráter estritamente corretivo. Nesse contexto, o mesmo valor era atribuído às alterações de linguagem e aos sotaques dos estrangeiros. Professores se especializavam nessas correções, prenúncio das dimensões técnicas e curativas que tanto marcaram a constituição do campo fonoaudiológico.

Um dos primeiros trabalhos a se dedicar a essa pesquisa no Brasil – o de Figueiredo Neto (1988) – relaciona o aparecimento da necessidade do profissional fonoaudiólogo ao ideário nacionalista do Estado Novo. A autora destaca então que, entre outros aspectos, a medicalização dos problemas sociais decorrentes da adoção de uma língua-padrão nacional higienizada criou condições para o surgimento da patologização da linguagem, o que demandava médicos para o diagnóstico e professores para a sua correção.

Após esse início, foram surgindo na história da Fonoaudiologia práticas mais livres, exercidas a partir de outros paradigmas, por pessoas que, a partir de seu trabalho cotidiano, começaram a tratar daqueles que apresentavam supostos distúrbios da comunicação. Atores, cantores, enfermeiros e mesmo professores descobriam, por meio de seu fazer, outros caminhos para ajudar as pessoas em suas dificuldades de fala, voz, de audição e linguagem.

Vejam como é bonito o que coletou Nunes (2009), que reúne as narrativas de cinco precursoras do trabalho fonoaudiológico em Salvador, Bahia. Compartilho aqui a história de uma delas, Lia Mara:

> (...) Eu estou sempre caminhando para frente, ainda mais agora com 74 anos. Lembro-me que, quando criança, pegava tampas de caixa de talco ligava um fio entre elas e ficava falando. Todo mundo dava risada e descobri que era porque eu era gaga. Não achei graça nenhuma porque, uma vez reconhecido o meu problema, todo mundo começou a me dar conselhos: faça assim, faça assado, respire fundo, e ainda tinha uma pessoa da minha família que pegava uma colher de pau e batia na minha cabeça. E eu pensava: "o que é que há de errado se uns achavam graça e outros querem que eu não faça isso?". Na escola, eu dizia "p,p,p,p", e como não saía "presente", preferia passar por burra do que por gaga. (Nunes, 2009, p. 85)

E mais,

> Tornei-me professora de dicção na Escola de Teatro porque descobri que, ao falar como eu mesma, gaguejava, mas, quando pegava um personagem, isto não acontecia. Descobri que o problema não estava na fala, deveria estar em mim. Foi uma grande descoberta poder administrar isto e não controlar, porque eu passei toda a minha juventude controlando e isto me dava um enorme desgaste emocional. É por isto que entendo o problema dos outros, entro em empatia, e, quando alguém me procura, faço tudo para tirar e não botar pecado e culpa na história. (Nunes, 2009, p. 86)

Interessante como uma pessoa sem formação especializada leva em conta suas experiências pessoais e as coloca a serviço da compreensão do outro, do humano em nós – pura aprendizagem a partir da experiência do que significa ser terapeuta.

Mais adiante, Lia Mara conta que foi convidada a ministrar aulas de respiração em uma escola de surdos de Salvador.

> Logo ao chegar, me ocorreu que não estava trabalhando com surdos, mas com pessoas, crianças. Pensava: "vou trabalhar com a voz ou com a pessoa?". Brincava muito com as crianças e, quando elas já estavam exaustas, eu pegava a

mangueira do jardim, jogávamos água um no outro e a aula começava relaxada. Eles perdiam toda a agressividade e eu ficava próxima deles, eles não me temiam. Naquele tempo era uma porção de séries juntas, e eu trabalhava buscando ajudá-los a sentir com as mãos o ar saindo pela boca e pelo próprio corpo. Era muito gratificante. (Nunes, 2009, p. 86)

Aqui, Lia Mara explicita uma rica maneira de conhecimento, que é o intuitivo, pois, mergulhada na experiência, interroga-se e busca não se centrar na patologia, mas na pessoa – brinca com as crianças, procura estratégias para que se sintam à vontade e usa o corpo, para que se apropriem de seu funcionamento e de sua maneira de ser.

A narrativa de Lia Mara, bem como das demais precursoras do trabalho fonoaudiológico na Bahia citadas por Nunes (2009), ilustra como a experiência de vida oferta sabedoria. Mesmo sem ter estudado maneiras de perceber as necessidades fundamentais de uma pessoa, essa profissional apreendeu pelo negativo[1] o que seria importante de levar em conta no encontro humano.

Infelizmente, porém, a importância do reconhecimento do outro em suas necessidades fundamentais demorou décadas até ser considerada e incorporada como ponto essencial na formação do terapeuta fonoaudiólogo.

Vejamos então em quais paradigmas se sustentaram os cursos pioneiros de Fonoaudiologia do Brasil: o primeiro, criado em 1960, na Universidade de São Paulo (USP), e o segundo, em 1961, na Pontifícia Universidade Católica de São Paulo (PUC-SP).

Idealizado por médicos foniatras que fizeram a sua formação na Argentina, o objetivo de ambos era formar terapeutas que tratassem indivíduos com problemas de audição, voz, fala e linguagem, procurando estabelecer, para isso, um conjunto básico de conhecimentos.

O primeiro alocou-se na Faculdade de Medicina da USP, valorizando disciplinas voltadas ao conhecimento de anatomia e fisiologia do corpo humano, bem como das patologias que acarretavam danos na comunicação. Foi com essa base que se desenhou o trabalho de reabilitação das funções alteradas, enfatizando-se como deveria se constituir o fazer fonoaudiológico.

Já o da PUC-SP nasceu dentro da Faculdade de Psicologia, sendo beneficiado por essa vizinhança, ainda que a preocupação majoritária fosse, igualmente, com a anatomia e a fisiologia dos aparelhos fonoarticulatórios. Assim, eram também oferecidas noções de Sociologia, Educação, Psicologia geral e do desenvolvimento, paralelamente às técnicas específicas para se avaliar e tratar os chamados distúrbios da comunicação, que abrangiam fala, voz, audição e linguagem.

Cursei a PUC-SP no final da década de 1960 e pude sentir que, apesar das disciplinas da área de humanas que faziam parte do currículo, essas eram apresentadas de modo tal que ficava evidente sua exterioridade em relação ao fenômeno estudado. E que fenômeno era esse? A linguagem alterada, a comunicação não efetiva, ainda desencarnadas, ainda não alojadas em um ser humano concreto e real, com história e ambiente a serem considerados em sua constituição como tal.

---

[1] Aprender pelo negativo significa tomar uma necessidade fundamental que não pôde ser vivida e transformá-la em sabedoria e abertura para a compreensão do outro. Na história da Psicanálise, vários autores como Ferenczi, Balint, Winnicott e Safra, entre outros, conceberam uma clínica que gravitava em torno da experiência, isto é, uma clínica que não se focava apenas no desejo, mas também na necessidade, no que não pôde ser vivido.

O curso era marcado pelo que se considerava Ciência, usando a metodologia das Ciências Naturais, tanto no eixo físico-matemático como no eixo biológico, o que revelava uma tendência de estudar o homem a partir de uma concepção sistêmica. Mesmo a Psicologia do Desenvolvimento, em especial os estudos sobre a criança, não escapava dessas influências. Sem considerar o caráter histórico e cultural do desenvolvimento, eram veiculadas no curso teorias reducionistas em que a criança surgia como ser ideal e abstrato. Era essa a marca da formação do fonoaudiólogo: sujeito do conhecimento e objetos a conhecer separados e distanciados, conteúdos sem historicidade e contexto.

Desde então, felizmente, muitas transformações ocorreram na formação do fonoaudiólogo e em seu campo de atuação – novas demandas surgiram, ampliando seu interesse terapêutico. Para além da linguagem patológica, a Fonoaudiologia Clínica se interessou por uma linguagem comprometida e vinculada à pessoa que fala e se constitui historicamente. Por fim, priorizou sua atenção no cuidado com o outro, um outro que tem uma relação conflituosa com a linguagem geradora de sofrimento: um ser que anseia por um encontro humano que possa reconhecê-lo e legitimá-lo em sua singularidade, ajudando-o, assim, a se apropriar de um idioma pessoal, de modo a fazer uso da linguagem compartilhada.

Com isso, constatamos que, a cada passo do caminho da constituição do fonoaudiólogo como um terapeuta, as interlocuções com outras áreas do conhecimento foram ganhando novas configurações. Assim, a área se ligou, por exemplo, à Psicologia Clínica e mesmo à Psicanálise, disciplinas que, tradicionalmente, têm centrado seus estudos e propostas clínicas com ênfase na subjetividade, no psiquismo, na realidade e no mundo interno[2].

Porém, como aponta Safra desde 1999, trata-se de uma perspectiva que concebe o homem independente de seu meio, do seu acontecer como humano e de suas ações no mundo, isolando-o, como se não pertencesse à natureza, e analisando suas diversas manifestações psíquicas e linguísticas sempre a partir de uma problemática subjetiva.

É diversa a perspectiva em que, aqui, buscamos situar a interface entre a Psicologia Clínica, mais propriamente a Psicanálise, e a Fonoaudiologia Clínica. Para tanto, é necessária uma inflexão epistemológica sobre a maneira de se conhecer o fenômeno clínico, sempre humano. Mais do que se ater ao estudo do psiquismo e da linguagem e suas vicissitudes, trata-se de compreender o ser humano em sua integralidade, a maneira como aconteceu, as vicissitudes do seu processo de humanização. Nela, não há o distanciamento nem a aparente neutralidade, preconizada pelo positivismo, entre sujeito e objeto de conhecimento, pois quem conhece é um homem, que, justamente por fazer parte da mesma comunidade de destino que o outro a ser conhecido, se coloca em estado de abertura, permitindo-se ser tocado pelo que conhece (Safra, 2014).

CONTRIBUIÇÕES DE WINNICOTT PARA O ENTENDIMENTO DA CONDIÇÃO HUMANA NA CLÍNICA CONTEMPORÂNEA

Quando D. W. Winnicott surge no cenário psicanalítico, na década de 1940, levanta uma questão fundamental: uma perspectiva teórica não deve ser tomada por si só, sem que se investigue como enuncia o ser humano, pois nenhum dos modelos clínico-teóricos foi capaz de abranger a complexidade de nossa condição. Daí a necessidade de serem olhados criticamente, para que se perceba seu alcance, mas, também, seus limites.

O homem que está implícito na teoria winnicottiana é um ser que nasce inacabado e só poderá constituir-se, iniciar seu processo de humanização, a partir do encontro com um outro. Winnicott usou de sua experiência inicial como pediatra para constatar a importância do cuidado materno devotado à constituição do si-mesmo, mas percebeu que, ao tratar do processo maturacional, tocava, sobretudo, em perspectivas fundamentais da constituição do humano.

Na perspectiva winnicottiana, para alcançar uma existência criativa e singular, é preciso que o bebê tenha experimentado o que ele denominou onipotência primária. Trata-se de um estado essencial na constituição da pessoa humana, em que o bebê vive a ilusão de estar criando o mundo a partir de suas inquietações: o seio que se presentifica no momento da fome, os braços firmes que o sustentam com delicadeza e que reúnem as partes de seu corpo, um olhar que o reconhece. Enfim, a ilusão consiste em o bebê acreditar que é capaz de criar todos os objetos de que necessita, pois a mãe devotada os apresenta no momento da necessidade dele.

Mas o pediatra e psicanalista observou que o bebê é mais que um ser de necessidades, pois está aberto também ao encontro do outro. De acordo com o ritmo singular de seu bebê, a mãe devotada, principalmente por meio de uma relação intercorpórea, silenciosa, regula sua presença diante do filho: de início, quando a dependência é absoluta, faz-se mais presente e depois, gradativamente, à medida que sente que o bebê pode suportar alguma ausência, vai se afastando para que ele possa caminhar para a dependência relativa rumo à independência, que, na verdade, jamais chegará, pois o ser humano é sempre dependente da presença de um outro para existir como tal.

Talvez uma das maiores contribuições de Winnicott para se compreender a constituição do humano seja a existência de uma área intermediária, não pertencente ao mundo interno e nem externo, embora a eles esteja inter-relacionada. Trata-se de uma área de *experimentação*, domínio do *entre*, que ele denominou *espaço potencial*. Esse espaço é inicialmente dominado pela ilusão, que para Winnicott tem a função de iniciar o bebê no complexo caminho de descoberta de um mundo não eu. Com o passar do tempo, e se tudo corre bem, a criança cria o objeto transicional, primeira possessão não eu, em que um objeto por ele escolhido tem a missão de acompanhá-lo no processo de desligamento do conhecido, da figura onipresente da mãe e de abertura para o mundo. Estariam assim constituídas as bases para o brincar e o viver criativo, favorecedores da apreensão dos objetos da cultura.

Paradoxalmente, o espaço potencial também é um lugar de repouso, pois, sem estar preocupada em separar a realidade do sonho, e se não for demandada a isso, a criança tem tempo e espaço para a constituição do si-mesmo, para desenvolver a corporeidade, morada de seu psiquismo, e incrementar suas possibilidades imaginativas (Winnicott, 1990).

Para que esse processo caminhe bem, é fundamental que a mãe tenha com seu bebê uma postura de *holding*, o que significa sustentação e reconhecimento de sua singularidade, uma das tarefas de cuidado mais importantes para a constituição do ser humano. É graças a isso que o bebê pode alcançar o estado de integração, que reúne as partes de seu corpo e constitui o EU SOU, dado pelo corpo da mãe por meio da comunicação intercorpórea.

---

2   A interlocução entre Fonoaudiologia e Psicanálise vem acontecendo de variadas formas, a partir de entendimentos e paradigmas diversos. Encontramos a aproximação com o corpo teórico de Freud, Lacan e também de Winnicott, autor que apresentei à área no contexto da pós-graduação em Fonoaudiologia da PUC-SP. A partir daí, foram defendidas várias dissertações tendo como perspectiva a concepção winnicottiana.

O homem nunca deixa de precisar de *holding*, embora este apareça sob facetas diferentes ao longo da vida, acontecendo para fora da área de visibilidade – não no que é dito, mas, principalmente, no que não é dito. Penso que é a isso que Winnicott se refere quando explicita que o analista deve ter postura de acolhimento diante de seu paciente e presença psicossomática (Winnicott, 1988).

Em diversos momentos de sua obra, Winnicott (1988) pontua que o *holding* nasce de um amor muito peculiar, que ele denomina devotado. Safra (2008) aprofunda o processo descrito pelo psicanalista e revisita Ferenczi ao situar que esse amor acontece por empatia, que significa estar com o outro, viver com o outro, conhecer o modo de ser de uma pessoa, abrindo-se para que ele aconteça em mim.

Trata-se de uma postura epistemológica e ética diante do conhecer, que implica uma clínica voltada para o outro como pessoa, de modo que se possa viver experiências constitutivas que fundem uma possibilidade de ser, um devir.

No mundo contemporâneo, o clínico necessita ir além da técnica, pois lida com pessoas que nem sempre conseguiram se constituir plenamente, tendo dificuldades em estabelecer relações pessoais – desconhecem sua pessoalidade e não acessam de modo particular aquilo que aprendem.

A mãe contemporânea nem sempre se encontra disponível para devolver ao bebê seu próprio si-mesmo, pois isso só ocorre se ela estiver configurada pelo ser do filho, respeitando seu ritmo e tempo e, assim, favorecendo que ele possa se encontrar nos olhos dela. Safra (2008) denominou a consequência disso de "fratura ética", portada por pessoas que não conseguiram alcançar a possibilidade de ser elas mesmas, por não terem tido oportunidade de constituir os fundamentos básicos do seu ser, tarefa sempre ofertada por um outro. Essas fraturas demandam uma postura diante do conhecimento e do outro que ultrapassa as especialidades das disciplinas clínico-teóricas que cuidam do humano. Centrada nisso, cada área clínica desenvolve seus recursos metodológicos próprios.

É essa a postura que adoto na explicitação da interface entre Psicologia Clínica, especificamente a Psicanálise, e Fonoaudiologia Clínica, e que convido os leitores a acompanharem.

A FACETA CLÍNICA

Para explicitar uma das possíveis formas de o psicólogo e o fonoaudiólogo caminharem juntos no exercício da clínica cotidiana, de modo a beneficiar o paciente, trago aqui um caso que foi atendido por ambos os profissionais e que ilustra, de modo mais contundente, a que estamos nos referindo.

Pontuei anteriormente acerca das fraturas éticas que o mundo contemporâneo, tal como está organizado, tem gerado nas pessoas. Dentro disso, há um fenômeno particular que afeta diretamente as crianças e demanda novas perspectivas técnicas de manejo.

Em minha clínica, encontro pacientes que pouco experimentaram a comunicação intercorpórea com a mãe, o que dificulta, e por vezes impede, que encontrem o peso do próprio corpo, a fronteira que as separa do mundo fora de si, a superfície da pele, que ganha figura por meio do calor, do frio, do toque; ou seja, não encontram sua corporeidade.

De fato, quando tudo caminha bem, a criança vai constituindo um eu que lhe possibilita conhecer o mundo, estabelecer relações, lidar com frustrações. Do contrário, como descrito por psicanalistas como Milner (1942/1991) e Tustin (1972/1977),

necessita de artifícios para construir barreira entre si e o mundo; e para isso, podem vir a desenvolver defesas de qualidade autista, com incremento das forças instintivas que ofertam uma integração precária, sem que se leve em conta a pele.

Muitas vezes, essas crianças viveram uma separação precoce, antes de poderem se constituir, ou ainda se fusionaram de tal maneira com a mãe que não conseguem seguir um caminho próprio, encontrar seu modo de ser. No geral, não alcançaram registro de temporalização; isto é, não viveram a experiência em que a mãe reconhece o seu tempo subjetivo, o respeita e, assim, cria condições mais favoráveis para que conheçam o tempo cronológico com mais recursos. Com isso, acabam se configurando mais na expectativa do outro, sem respeitar seu próprio ritmo.

Assim, o brincar, em vez de servir para expressar o seu modo de ser, seus conflitos e suas necessidades, a riqueza e a alegria que emanam das experiências compartilhadas, configura-se como campo de isolamento, usado por essas crianças como um esconderijo e proteção do contato com outro ser vivo. Muitas vezes, o brincar são explorações sensoriais, repetitivas, que excluem a presença do outro. Quando começam a apresentar mais recursos, ainda sim temem muito a vitalidade que emana da outra pessoa e, por essa razão, tentam neutralizá-la por meio de um controle absoluto.

No que se refere à constituição da linguagem, com frequência, deparamos no contexto clínico com pacientes que, por não terem sido compreendidos em seus sentimentos mais primários, por não terem encontrado alojamento no corpo do outro, usam a linguagem contra o mundo, e não como uma forma legítima de comunicação. Isso se manifesta de várias maneiras – trocas de sons, atrasos no desenvolvimento da linguagem, ou ainda por dificuldades na aprendizagem da linguagem escrita.

Toda essa sintomatologia exige muita sintonia entre a Psicologia Clínica, especificamente a Psicanálise, e a Fonoaudiologia, para que não se apressem diagnósticos, rótulos que desconsideram a história peculiar de cada um, levando a tratamentos medicalizantes que apenas despotencializam e impedem o uso da linguagem a partir do idioma pessoal, em busca da comunicação efetiva, e criativa, com o outro. Demanda, pois, uma investigação delicada e rigorosa, além de um posicionamento de abertura para que se possa compreender a dor que esses pacientes portam.

É nesse lugar que cada área clínica, usando recursos metodológicos próprios, pode se encontrar.

A história de Ana

Ana (nome fictício) tinha 3 anos de idade quando a conheci. O encaminhamento foi feito pela fonoaudióloga que a atendia há tempos, pois a garotinha falava pouco, de modo muitas vezes incompreensível, e apenas comia alimentos pastosos. O neurologista havia lhe encaminhado a criança, e a fonoaudióloga já havia pensado em acompanhamento psicológico desde há muito, mas a mãe era orientada por sua analista a como se relacionar com a filha; assim, esse caminho demorou um pouco a se abrir.

Primeiramente, estive com os pais de Ana, que aqui chamo de Paula e Luís. Eles me contaram que a filha havia nascido fora do Brasil, por causa do trabalho de Luís, que, na ocasião da gravidez de Paula, havia sido transferido para outro país. Ana nasceu durante um inverno rigoroso e, pelo fato de as temperaturas serem muito baixas, passou longo tempo sem sair de casa, relacionando-se prioritariamente com a mãe, que estava com dificuldades de se adaptar à nova vida. Quando completou 2 anos, a menina foi para a escola, mas não conseguia se separar de Paula

– chorava muito e não falava com ninguém. O casal foi então informado de que a rede escolar não aceitava *autistas* e, por essa razão, não poderia receber Ana... Embora tenham ficado completamente impactados com esse diagnóstico feito de modo apressado, os pais não procuraram ajuda profissional.

Depois de tentar outras escolas, sem êxito, resolveram vir ao Brasil para uma avaliação mais rigorosa, e foram descobrindo que o diagnóstico não estava fechado e nem poderia ter sido feito pela escola. Constataram também, por meio da avaliação da neurologista e da fonoaudióloga, que seria necessário oferecer à filha melhores condições para o seu desenvolvimento. Chamou-me atenção a maneira como apresentaram a situação e a decisão de voltar para o Brasil. Pareciam responsabilizar a menina pela mudança dos planos familiares e a viam como um grande problema, pois ela não interagia com as pessoas, não dormia sozinha, tinha muitos medos e era profundamente apegada à mãe. Eram pais descrevendo a doença da filha sem que vislumbrassem sua participação nesse processo.

Contaram sobre o trabalho fonoaudiológico que estava sendo feito e logo percebi o quanto era significativo para eles. A profissional adotou uma postura acolhedora ao casal e à menina, indicou uma escola, na qual Ana foi muito bem recebida, e as coisas começaram a melhorar. Estabelecida uma relação de confiança com a paciente e os pais, a fonoaudióloga sugeriu então que eles me procurassem, pois intuía que havia outras questões que estavam impedindo o crescimento da paciente.

Em nossos primeiros encontros, Ana demorou a ficar na sala sozinha comigo, tinha uma tosse alérgica constante e, quando entrava em picos de ansiedade, revelava compulsão para manter as coisas no lugar e ter controle absoluto sobre mim: fazia um gesto, ordenava que eu fizesse um igual, sempre me ensinando como deveria segurar o lápis e pintar. Logo percebi que eu ainda não poderia existir para Ana, pois isso certamente representaria uma ameaça intolerável.

Penso que minha paciente vivera uma espécie de eclipse desde o nascimento, pois a mãe encontrava-se muito sozinha e deprimida, e precisou da filha como objeto terapêutico. Ana viveu uma forte invasão e permanecia com a sensação de haver um objeto que a sufocava. Para lidar com isso, desenvolveu uma defesa que consistia em tentar controlar o ambiente completamente, desde a escolha da brincadeira, regras, tempo de duração, e tudo se configurava como um palco que montava para se certificar de seu domínio sobre si mesma e sobre o outro, e assim protegê-la de uma eventual nova invasão. Mas, ao mesmo tempo, ansiava olhar para fora...

Logo entendi que eu precisava ser o objeto imaginário de Ana, sem existência autônoma, até que ela desenvolvesse a confiança de que uma relação pudesse ser diferente daquela que conhecia, vivida primordialmente com a mãe.

Lembrei-me de Safra (2008), quando assinala que a confiança é uma oferta de empatia, uma possibilidade de estar frente ao outro, guardando a memória dele em si. Intuí, com clareza, que esse processo demandaria um bom tempo...

Em alguns momentos, Ana parecia se sentir muito só – chorava muito, um choro sem lágrimas, que aumentava de intensidade e exprimia uma dor sem contorno. Isso ocorria no início da sessão, quando se separava de Paula, e, por vezes, durante, quando se sentia muito só e entrava em experiência de agonia[3].

Era como se forças instintivas de grande intensidade atuassem de modo disruptivo à sua corporeidade, e por não terem sido moduladas pela comunicação intercorpórea, não lhe possibilitavam alcançar os contornos de si[4].

Nesses momentos, Ana ainda não permitia que eu me aproximasse corporalmente dela e lhe oferecesse um abraço, um rosto que pudesse testemunhar o seu sofrimento. Então eu chamava Paula, que se controlava para não racionalizar a situação, e pedia que abraçasse a filha, sem nada dizer, oferecesse seu colo e seu rosto para que Ana experimentasse a presença da mãe como testemunha do que vivia, de modo a ajudar em sua integração e para que, assim, pudesse se organizar.

Estava diante, pois, de um duplo desamparo: tanto da filha como da mãe. Paula já havia percebido que conversar com Ana, explicando-lhe que aquele comportamento não cabia e que não fazia jus ao combinado, não vinha contribuindo para a melhora da filha; porém, o simples, o natural, o intuitivo era difícil para essa mãe, que mostrava também precisar de amparo e não conseguia oferecer à menina aquilo que parecia não trazer em si.

Senti, então, que parte importante de meu trabalho seria ajudá-las a ganhar distância uma da outra, pois para Ana não estava clara a importância da afetividade, da espontaneidade e da alegria na constituição das relações humanas. Suas experiências anteriores, centralizadas na mãe, tinham uma qualidade depressiva, sombria e muito racional, verbal, e Ana, apesar de curiosa, tinha muito medo do que diferia do padrão conhecido.

Descobri então que minha paciente gostava de bolachas e, assim, passei a ter um pote disponível para saborearmos juntas no final da sessão, como se fosse uma pequena celebração de nosso encontro, um verdadeiro ritual. Na cozinha do consultório, preparava-lhe um suco e escolhia as bolachinhas de que mais gostava. Observava que, nesses momentos, Ana relaxava um pouco, mas sempre me dizia onde eu deveria me sentar, o que deveria comer e beber, mostrando o quanto ainda tinha necessidade de controlar o afeto que recebia.

Aos poucos, quando entrava em agonia durante a sessão, minha paciente pedia a bolacha, que passou então a funcionar como uma espécie de antídoto ao sufocamento que sentia. Nesses momentos, assinalava que ela poderia confiar em mim, que eu iria buscar a guloseima e que compreendia que precisava disso para se assegurar de que eu gostava dela e que estava lá, presente, junto com ela.

Era mesmo evidente o apego de Ana à concretude das coisas, pois parecia impedida de entrar no campo imaginário, temendo entrar em contato com angústias mais profundas ligadas à percepção de sua vulnerabilidade, de sua fragilidade e da finitude das coisas e das pessoas.

Pude compreender, à medida que a conhecia e também aos pais, já que nos reuníamos com frequência, que nas primeiras experiências com a mãe não houve possibilidade de esta ter entrado em sintonia com a filha, oferecendo-lhe tempo e espaço para constituir sua singularidade, e, assim, tudo que não era conhecido aproximava minha paciente de uma experiência agônica.

Era curioso observar o quanto Ana havia incrementado a função intelectual, que, no seu caso, como descreve Winnicott (1988), tinha sido bem-sucedida no confronto com a desadaptação à necessidade e funcionava como uma espécie de mãe subs-

---

3   Winnicott (1963/1989) descreve esse estado como referente a um medo de colapso que se relaciona a experiências passadas do indivíduo e ao seu ambiente. Essas agonias ditas primitivas podem se expressar como um retorno a um estado não integrado, sensação de cair para sempre, fracasso da despersonalização, entre outros.

---

4   Safra (2013) refere-se à experiência agônica como tendo uma qualidade psicótica sem temporalização, que na saúde é ofertada pela mãe de modo intuitivo.

SEÇÃO VI — PSICOLOGIA E INTERDISCIPLINARIDADE

tituta, que cuidava do bebê existente em seu *self*. Assim, fazia observações curiosas que, a princípio, poderiam parecer indicar certa busca por interlocução, mas, diante de um comentário, fechava-se. Muitas vezes, era difícil compreender o que queria dizer, tinha muitas trocas articulatórias ainda, mas ela continuava a falar assim mesmo, não se preocupando em precisar seus pensamentos na busca de que o outro a entendesse.

Com o andamento dos processos terapêuticos, porém, Ana começou a abrir-se ao contato com algumas crianças na escola – espaço em que poderia aprender algo que já não soubesse *a priori*, como ela passou a compreender. Mas, com suas duas terapeutas, ainda permanecia no lugar de alguém que descobria tudo sozinha, e as únicas pessoas para quem pedia ajuda eram a mãe, preferencialmente, e o pai.

Mais adiante, a fonoaudióloga e eu pudemos começar a existir como objetos independentes para Ana, isso porque, à medida que constituía as partes de seu *self* que não puderam ser integradas nas experiências anteriores, ganhava corpo e desenvoltura, passando a usar a linguagem compartilhada com propriedade, admitindo que o interlocutor, por vezes, não compreendia sua enunciação e criando meios de tornar isso possível.

O processo analítico aconteceu com altos e baixos, idas e vindas, pois era difícil para Paula lidar com a melhora e a independência da filha, já que, por necessidade, sempre a considerou um objeto subjetivo dela e, assim, a relação estabelecida entre as duas trazia alta dose de indiferenciação. Sempre que a mãe estava mal por suas próprias questões, agora trabalhadas em análise pessoal, Ana também se desorganizava, e parecia regredir em toda trajetória que vinha realizando.

Certa vez, em uma volta de férias em que a família mudou de casa, o quadro depressivo da mãe se intensificou, e Ana retornou "grudada" nela, sem querer entrar em nossa sala, tentando ignorar a minha presença e só se dirigindo à Paula.

Fui assim compreendendo mais profundamente a origem da organização defensiva de minha paciente. Ana não pôde experimentar a mãe como presença delicada, constante e amorosa, sintonizada com suas necessidades e atenta à sua constituição. Ao contrário, viveu a presença excessiva e intrusiva da mãe, que por suas próprias dificuldades necessitou projetar-se na filha e com ela constituir uma relação confusional. Atravessada por crises constantes de depressão, Paula necessitava de Ana para manter a sua vitalidade e, assim, deixava a filha vulnerável ao seu estado; e sem se dar conta, muitas vezes a jogava em solidão absurda, o que só incrementava o apego entre as duas.

Durante a análise e a terapia fonoaudiológica, a relação de indiferenciação entre as duas pôde ser confrontada, e Ana foi alcançando modos diferenciados de relação objetal, sem que estivesse atravessada por um objeto que para ela funcionava como um fetiche, tão pleno, que não havia espaço para a constituição de outras relações. Pudemos compartilhar, juntas, esse processo de diferenciação, a criação de seus objetos transicionais que lhe auxiliavam na separação da mãe, até chegarmos ao ponto que a mãe estava guardada em sua interioridade e não necessitava mais ser visível. Dessa maneira, Ana pôde experimentar estar inteira no encontro com suas terapeutas, sem entrar em experiência agônica.

Mas tudo ainda era muito frágil – mudanças no ambiente e nas relações primárias ainda eram capazes de jogá-la em agonia, transitando por um campo não representacional.

Para fazer referência à experiência agônica que vivia nesses momentos, utilizei como manejo bonequinhos que viviam situação semelhante à dela, na tentativa de aproximá-la do que acontecia.

Era uma cena tocante: Ana em pé na porta de nossa sala, ao lado da mãe, e eu contando e representando plasticamente a história de uma menininha que morava em um prédio e não queria descer para brincar com os amigos para não se separar da mamãe. Na minha história, a mãe dizia, com clareza, que a filha poderia ir, pois ela estava guardada dentro de seu coração. Além disso, já brincara outras vezes com as crianças e havia gostado muito.

Brincamos muitas vezes dessa forma, e sugeri à mãe que ela fizesse o mesmo quando Ana indicasse que não queria vir à sessão ou não quisesse entrar na sala, dizendo que os pais confiavam em mim e que eu iria ajudá-la a descobrir que crescer era muito bom e que eles estariam sempre com ela sem precisar "grudar". Quando chegava, eu lhe dizia firmemente a mesma coisa e, depois de um tempo, minha paciente acabava entrando comigo na sala, sem a presença de Paula.

Nessa época, a fonoaudióloga resolveu interromper o trabalho por um período, pois Ana se encontrava muito resistente para lidar com suas questões de linguagem, ensimesmada e grudada na mãe. Sugeriu, então, que o trabalho comigo fosse intensificado, para depois retomarem o processo fonoaudiológico.

De comum acordo, optamos por indicar uma terapia de família aos pais, isso porque compreendemos que algumas dificuldades entre eles eram projetadas na menina, que também funcionava como guardiã do casal, além das questões já evidenciadas na relação coma mãe. Isso também se acentuava pelo fato de Ana não dormir sozinha, chamando pelos pais todas as noites, e supúnhamos que isso se misturava com as questões do casal. Ana tinha, sim, um grande temor de relaxar e dormir, e isso parecia indicar o seu medo de fragmentar-se e não mais se reunir como uma unidade, muito característico das crianças que tiveram dificuldade de alcançar a unidade de si. A alternância entre os estados de excitação e de repouso, fundamentais para o processo de constituição do si-mesmo, não pôde ser experimentada em sua plenitude, e Ana cresceu com a ideia de que precisava controlar o ambiente tanto para as coisas acontecerem, como para que, principalmente, não acontecessem.

Naquele momento, foi possível situar dificuldades na história dos pais, de ordem transgeracional, e assinalar que tinham oportunidade de reconhecer e tratar disso, pois a consequência seria uma melhora de vida, que favoreceria a eles e à menina.

Enquanto o casal iniciava a terapia, passei a trabalhar construindo um retrospecto da história de vida de Ana, funcionando como memória dela, fazendo referências às experiências que vivera, inclusive comigo, de modo a favorecer a conexão entre elas.

Com a intenção de construir uma linha de tempo na interioridade de minha paciente, comecei então a contar a história de nosso encontro, a história dela, busquei fotografias de momentos diferentes para fazer um alinhamento do que tinha sido vivido, fizemos desenhos, penduramos no mural, tudo visando a um registro da experiência vivida, para auxiliar a ancoragem dentro dela.

Todos esses manejos resultaram em uma menininha mais solta, mais segura e, principalmente, visitada pela alegria, sentimento que não havia identificado nela até então. Mais uma vez, a família se mudou de casa e, agora com grande entusiasmo, minha paciente habitou sua nova morada, tornou o seu quarto pessoal, começou a convidar as amiguinhas para conhecê-lo e pediu para voltar à fonoaudióloga, pessoa de quem gostava muito, interessada em aprimorar sua linguagem para se relacionar com as pessoas e com o mundo.

Ana finalmente descobriu que a vida com os outros é muito mais interessante...

CONSIDERAÇÕES FINAIS

"Não pode haver ausência de boca nas palavras, nenhuma fique desamparada do ser que a revelou."

Manoel de Barros

O caso clínico que aqui compartilhei indica a importância das duas profissionais, psicanalista e fonoaudióloga, estarem irmanadas na mesma direção, tendo clareza do que significa a clínica da experiência, voltada para o outro como pessoa. Essa sintonia permitiu que o trabalho favorecesse a constituição de nossa pequena paciente, de modo que Ana fosse apresentada à sua corporeidade. Isso posto, cada uma das profissionais usou método clínico pertinente à sua área e criou técnicas que fizeram sentido à menina.

O *timing* do processo também foi importante, pois o momento de encaminhar e o de interromper e voltar foi sempre escolhido em função das necessidades de Ana.

O ser humano nasce inacabado, e assim permanece toda a sua vida, mas sempre busca um outro para complementá-lo. A criança cumpre inúmeras tarefas existenciais e, para se constituir como unidade, vive experiências existenciais e relacionais, isto é, está sempre se redefinindo, e isso dura toda a vida.

Por ter encontrado terapeutas conscientes de que não são apenas os campos disciplinares que interagem entre si, mas os sujeitos na prática clínica cotidiana, Ana pôde se constituir como pessoa separada da mãe, criar um estilo singular, ser ela mesma e usar sua linguagem de modo criativo e aberto às inúmeras complementações e interpretações dos outros que a rodeavam. Passou a fazer parte de uma corrente dialógica de modo vivo e criativo, aberta a novos contornos e acabamentos, como quer Bakhtin (1997).

Nesse caso relatado, tanto a analista como a fonoaudióloga compreenderam que a paciente tinha necessidade de alcançar a experiência de ser uma unidade, o que vinha sendo impedido pela relação indiferenciada que vivera com a mãe, gerando apego excessivo, uma espécie de possessão, que Ana vivia como estabilidade, segurança. Inicialmente, buscamos manejar a situação com os pais, para ajudá-los a lidar com a situação, além do trabalho pessoal que cada um resolveu fazer para cuidar de suas próprias questões. Mas isso não foi suficiente, e a situação evoluiu para um trabalho familiar, em que as questões transgeracionais que atravessavam a família foram contempladas, de forma que eles finalmente puderam se relacionar de modo diferenciado.

Sem a constituição básica como pessoa, não há dialogia possível, pois não há o reconhecimento do idioma pessoal nem acesso à linguagem compartilhada, e essa talvez seja uma das questões mais delicadas na interface entre as duas disciplinas.

O mundo contemporâneo muitas vezes coisifica as pessoas e as relações, e a maneira de ser de cada um de nós não é respeitada, sequer reconhecida, se é que se consegue constituí-la. Uma clínica que possa se voltar ao outro como pessoa em suas necessidades fundamentais permite que psicanalista e fonoaudióloga trabalhem juntos, respeitando o tempo e o ritmo de cada paciente, usando seus métodos e técnicas particulares, ofertando a ele um lugar de experiências constitutivas e esperança no devir.

REFERÊNCIAS BIBLIOGRÁFICAS

Bakhtin, M. (1997). *Estética da criação verbal.* São Paulo: Martins Fontes.

Berberian, A. P. (1995). *Fonoaudiologia e educação.* São Paulo: Plexus.

Figueiredo Neto, L. E. (1988). *O início da prática fonoaudiológica na cidade de São Paulo – Seus determinantes históricos e sociais* [dissertação]. Orientadora: Suzana Magalhães Maia. São Paulo: Programa de Estudos Pós-Graduados em Fonoaudiologia – Pontifícia Universidade Católica de São Paulo.

Milner, M. (1942/1991). *A loucura suprimida do homem são.* Rio de Janeiro: Imago.

Nunes, R. T. (2009). *Fonoaudiologia e memória – Narrativas sobre o início da prática fonoaudiológica na cidade de Salvador.* Salvador: Eduneb.

Safra, G. (2006). *Apresentação de objeto e/ou o reconhecimento do idioma pessoal.* PROFOCO – Programa de Formação Continuada. Módulo 1.

Safra, G. (2008). *Entropatia na constituição da pessoa e seu manejo clínico.* PROFOCO – Programa de Formação Continuada.

Safra, G. (2013). *Clínica Psicológica – Genealogia das matrizes clínicas.* Curso ministrado no curso de Psicologia – Universidade de São Paulo.

Safra, G. (2014). *Uma clínica não reducionista: contemplando todas as dimensões do ser humano.* Curso ministrado no Programa de Pós-Graduação em Psicologia Clínica – Universidade de São Paulo.

Tustin, F. (1972/1977). *Autisme et psychose de l'enfant.* Paris: Seuil.

Winnicott, D. W. (1953/1975). Objetos transicionais e fenômenos transicionais. In: Winnicott, D. W. *O brincar e a realidade.* Rio de Janeiro: Imago. p. 13-44.

Winnicott, D. W. (1963/1989). O medo do colapso (breakdown). In: Winnicott, C.; Shepard, R.; Davis, M. (Orgs.). *Explorações psicanalíticas – D. W. Winnicott.* Porto Alegre: Artes Médicas. p. 70-76.

Winnicott, D. W. (1980). *O ambiente e os processos de maturação.* Porto Alegre: Artes Médicas.

Winnicott, D. W. (1988). *Da Pediatria à Psicanálise.* Rio de Janeiro: Francisco Alves.

Winnicott, D. W. (1990). *Natureza humana.* Rio de Janeiro: Imago.

49

Possibilidades de atendimento familiar na clínica do acompanhamento terapêutico

Camila Machado Oliveira
Gilberto Safra

Uma das modalidades de atendimento clínico bastante utilizado na atualidade é o Acompanhamento Terapêutico (AT). Esse tipo de trabalho passou a ser exercido entre nós no início dos anos sessenta em decorrência do aparecimento das comunidades terapêuticas, que propunham oferecer ao paciente um lugar de inserção terapêutica, que favorecesse o estabelecimento de relações interpessoais que tivessem possibilidade de restauração e constituição da saúde mental do paciente. Essas comunidades estavam alinhadas com o movimento que tentava superar o fenômeno da institucionalização do paciente psiquiátrico, em decorrência da influência do pensamento de Franco Basaglia, que propôs a psiquiatria democrática na Itália. Habitualmente, o profissional de AT trabalha na inserção social do paciente e na oferta de relacionamento especializado que auxilie o paciente na superação de dificuldades psicológicas ou mentais, por meio do uso terapêutico das situações do cotidiano do paciente. Esse tipo de profissional trabalha, portanto, não tanto em um ambiente de consultório, mas intervindo em situações no ambiente do paciente ou mesmo na cidade onde ele vive.

Em seu trabalho clínico, o acompanhante terapêutico realiza passeios com o paciente pela cidade e, por vezes, intervenções na família, buscando a ampliação dos espaços externos e internos do acompanhado.

Na prática clínica do AT, diferentemente dos atendimentos realizados em consultório, percebemos o quanto é comum que os pacientes (ainda que sejam adultos) tenham a intermediação da família no início do processo. Esse padrão de "chegada" revela algo de muito peculiar na clínica do AT. Habitualmente, as famílias são as responsáveis pelas tomadas de decisão, tanto para iniciar o processo de AT (pois muitas vezes o paciente não está em condições de decidir naquele momento o que seria melhor para ele) como em outros setores da vida do paciente, e temos a sensação de que a pessoa atendida não existe, não tem ideias próprias, desejos, é como se fosse um barco à deriva. É como se algo estivesse morto e a família, em muitos casos, sustentasse

as condições psíquicas necessárias à realização dessa morte em vida. Na maioria dos casos, percebemos que o entorno se tornou o responsável por guiar a vida do paciente, em detrimento às vezes, e até mesmo, do que é próprio e singular a ele.

Na entrevista inicial, as famílias tendem a se mostrar sobrecarregadas emocionalmente e colocam o paciente no lugar de responsável por tal cansaço. Safra (2005), referindo-se ao momento da entrevista inicial, frisa a vulnerabilidade do paciente no momento em que se vê em uma situação na qual é preciso se mostrar em um espaço que sugere intimidade, podendo esse espaço ser sentido como risco no início de todo processo terapêutico. Além disso, menciona que o modo como a pessoa chega até nós, seja pela escolha da frase a ser usada como abertura para uma conversa, seja pelo uso que a pessoa faz organizando o seu tempo e espaço, sempre tem em seu bojo uma comunicação, um gesto que veicula uma questão, apesar de parecer fala habitual.

No AT observamos que o modo como a família chega a nos dar indícios de sua dinâmica. De certo modo, até mesmo a maneira como o acompanhante terapêutico se sente nesse contato inicial com a família é fonte de revelação do caráter de sofrimento sentido inclusive pelo próprio paciente.

Algumas famílias, quando descobrem a existência do AT, relatam sentir certa hesitação e, ao mesmo tempo, grande expectativa. Safra (2005) relata que em uma relação terapêutica inicial o paciente apresentaria uma mistura de medo, esperança e expectativa mágica. Utilizamos esse modelo para ilustrar a situação terapêutica no AT do ponto de vista também da família que vai ao encontro do acompanhante terapêutico na entrevista inicial, e não somente do paciente em relação ao terapeuta:

1. **Medo** de que a experiência ruim já vivida aconteça novamente;
2. **Esperança** de que haja o Encontro daquilo que ainda não foi vivido e nem sentido;
3. **Expectativa mágica** de que em um passe de mágica tudo se resolva.

SEÇÃO VI — PSICOLOGIA E INTERDISCIPLINARIDADE

Na entrevista inicial algumas famílias costumam se apresentar sempre muito queixosas em relação ao paciente que será acompanhado, outras o culpabilizam menos, não lhe atribuindo o motivo de seu sofrimento. Essas últimas conseguem aproveitar melhor o espaço de escuta oferecido pelo profissional. Todos esses dados são importantes e dão sinais, até mesmo, de como o processo seguirá com a família daquele paciente.

Atualmente, temos duas possibilidades mais comuns de atendimento familiar no AT: aquele realizado por um profissional da equipe de atendimento (não sendo o acompanhante), mas sim outro profissional que se torna responsável pelo acolhimento e orientação dos familiares; e outro, no qual o próprio acompanhante terapêutico é quem assume essa função. É importante diferenciar uma experiência clínica de outra, pois são atravessamentos que se dão de formas distintas na condução posterior do processo.

Nos casos em que o acompanhante terapêutico realiza somente o AT, há tendência de se ter um lugar mais delimitado na relação com a família do acompanhado. A família cujo incômodo atravessa a relação com o AT que tem a possibilidade de ser atendida por um segundo profissional, que não o acompanhante, supostamente se sentiria mais à vontade para queixar-se das situações que a incomodam e que dizem respeito ao trabalho e/ou presença do acompanhante terapêutico. Já nos casos em que não há um profissional que realize o atendimento familiar, percebemos que a queixa da família sobre o AT continua a existir, mas transita de outra maneira no contato com o acompanhante. Nesse caso, percebemos que a postura da família se torna mais hostil, e a presença do acompanhante terapêutico confere terreno fértil a sentimentos de ódio intensos e ao aparecimento de uma identificação projetiva que entra em cena de forma realmente maciça.

Em muitos acompanhamentos é como se a família dissesse (e diz comunicando-se de muitas formas) ao acompanhante terapêutico: sinto-me invadida em minha própria casa pela sua presença; a minha família sempre funcionou de uma forma e agora as coisas estão mudando, e essa mudança me assusta, apesar de eu sempre dizer a você que não vejo mudança de lá para cá; a verdade é que eu te odeio; vamos acabar logo com isso e deixar como antes; antes da sua chegada eu era rei/rainha. Nós, acompanhantes terapêuticos, somos bastante odiados por algumas famílias.

Há também a possibilidade de uma terceira forma de trabalho com as famílias e que foi pensada a partir dos impasses vivenciados em minha prática clínica do AT. Dependendo do comprometimento familiar, o acompanhante terapêutico teria a opção de realizar somente o atendimento do acompanhado, enquanto o atendimento familiar poderia ser realizado por outro profissional de sua escolha. É importante frisar a importância do trabalho integrado em equipe no AT, assim como a familiaridade e a simpatia com a abordagem clínica vivida tanto em análise pessoal quanto em supervisão. Dessa forma, se torna possível construir uma equipe com profissionais que inicialmente trabalhem de modo autônomo, sendo fator primordial o compartilhamento da visão de ser humano que vincularia esses profissionais em torno da pessoa atendida. Em nosso meio é frequente escutar sobre a importância dos acompanhantes terapêuticos estarem inseridos em uma equipe, dada a complexidade de seu trabalho e a sobrecarga emocional a qual estão submetidos, além de manter as funções bem discriminadas perante a família/paciente. O que procuramos mostrar aqui é que é possível, sim, formar equipe com profissionais que trabalhem individualmente, desde que haja um critério rigoroso na escolha deles para tal.

Nos casos em que é possível avaliar já na primeira entrevista o comprometimento familiar, pode-se combinar com a família que, com a elaboração do projeto terapêutico destinado ao paciente, haverá um segundo profissional responsável pelos atendimentos familiares. Nesse terceiro modelo de atendimento, o acompanhante poderia estar presente nas reuniões com a família, muito embora essa decisão seja avaliada sobre sua pertinência, ou não, a depender do caso. Nessa proposta de atendimento, o acompanhante terapêutico não seria, teoricamente, alvo de identificações projetivas excessivas, característica presente e recorrente nos casos familiares mais difíceis. Esse modelo de atendimento foi pensado justamente pelas experiências profissionais vividas como acompanhante terapêutica. Quando as identificações projetivas são excessivas, sentimos que o trabalho paralisa e logo se encerra a pedido dos familiares. Sendo assim, essa outra vertente de trabalho seria a mais indicada nos casos de famílias com uma organização mais psicótica.

Quando encontramos na família da pessoa alguém que tenha, minimamente aspectos do *self* mais integrados, a realização do atendimento familiar oferecido pelo acompanhante terapêutico tende a se tornar mais viável. Percebemos que o fato de ter alguém na família do paciente que preservou aspectos saudáveis de si mesmo tem interferência, inclusive, no que vamos observando no paciente no que se refere à saúde psíquica. Recordo-me de um caso em que o acompanhado não tinha uma organização psicótica, era um jovem com transtorno neurológico e que tinha aspectos egoicos bem preservados, apesar de seu quadro depressivo. Nos atendimentos familiares era evidente a desorganização interna da mãe, que discordava de todas as sugestões que o acompanhante terapêutico fazia e não tinha abertura para olhar a situação de outra forma, sempre acusando o paciente de não fazer o que ela achava que deveria ser feito. O pai, durante os atendimentos, aderia à mãe, concordando com tudo o que ela dizia, porém, quando ela deixou de comparecer aos atendimentos em consultório, o pai mostrou-se compreensivo ao sofrimento do filho, chegando a verbalizar o quanto percebia que toda a família estava doente, e não somente o filho. Nesses casos, quando o acompanhante terapêutico encontra abertura por parte de um dos pais, o trabalho tende a prosperar rumo ao desenvolvimento psíquico do paciente. No caso ilustrado, por exemplo, o pai sentia-se visto em sua dor pela acompanhante terapêutica, mas isso só foi possível porque ele permitia que o encontro entre ambos acontecesse para além das questões de seu filho.

A seguir, para que se tenha uma ideia mais clara das possibilidades de organização de equipe no atendimento familiar no AT, foram sistematizadas as três possibilidades mencionadas acima:

1. Acompanhante terapêutico inserido em uma equipe de atendimento na qual já exista o profissional responsável pelos atendimentos familiares;

2. Acompanhante terapêutico inserido em uma equipe formada por profissionais sem relação entre si como equipe. Nesses casos, é possível que tanto o acompanhante terapêutico realize os encontros com a família, como o profissional responsável pelo encaminhamento do paciente, por exemplo, o psiquiatra e/ou psicólogo que já iniciaram o trabalho com aquela determinada família. Esse modo de trabalho é indicado para atendimento às famílias com comprometimento médio;

3. Acompanhante terapêutico inserido em uma equipe de profissionais sem relação entre si como equipe, com a presença de outro profissional escolhido pelo AT

para realizar os atendimentos familiares. Essa modalidade de trabalho é indicada para atendimento às famílias com comprometimento grave.

Com a grande oferta de cursos de formação em AT, percebemos que muitos profissionais que terminam seu curso começam a atender não estando inseridos, inicialmente, em nenhuma equipe institucional. Esse modo de trabalhar se tornou uma idiossincrasia do AT em nosso país, pois em outros países se reconhece a necessidade de ter uma equipe (institucional) de atendimento para a realização de um bom processo de AT. Para alguns autores da Argentina (Dragotto y Frank, 2012; Machado, 2015), o acompanhante terapêutico teria apenas um papel auxiliar na equipe de atendimento, devendo seguir as orientações dadas em supervisão dentro da própria equipe de atendimento. Nos casos em que o acompanhante terapêutico não se encontra vinculado a alguma equipe institucional, recomenda-se que qualquer mudança de estratégia e/ou intervenção também seja discutida em supervisão. Procuro mostrar aqui que o trabalho de formação de equipe com profissionais autônomos não seria menos cuidadoso apenas por não estar instituído. Compartilho da ideia de Safra (2006), quando diz que "na história do Acompanhamento Terapêutico observa-se que esta modalidade de intervenção clínica foi frequentemente tratada como uma abordagem meramente auxiliar, muitas vezes até mesmo desvalorizada" (p. 2). O AT é um encontro capaz de devolver ao paciente a dignidade perdida, às vezes até mesmo nunca tida e sentida. Creio que quando falamos de equipe, não podemos reduzi-la apenas à institucionalizada, é preciso reconhecer a legitimidade do trabalho também em outros tipos de equipes. Segundo Frank (2013):

> El equipo o el terapeuta es quien introduce, hace un lugar en el seno de un tratamiento a un acompañante terapéutico. En el seno de un equipo de trabajo se **multiplican las miradas, las escuchas** y las situaciones en las que el tratamiento está presente para el paciente permitiendo **la escucha de lo singular** para el advenimiento de lo singular. Sin esta coordenada, sin el trabajo en equipo el acompañante corre el riesgo de **dejar de ser un dispositivo terapéutico**. (p. 1)

Esse modo de compreensão relacionado à figura do acompanhante terapêutico como alguém que deve estar inserido em uma equipe também pode ser pensado como modelo no trabalho do acompanhante que constrói o seu trabalho com uma equipe formada por profissionais não conectados anteriormente em uma relação de trabalho comum, uma vez que há a possibilidade de serem discutidas em supervisão as situações vividas com o paciente. No espaço de supervisão, assim como no contato com o profissional que encaminhou o paciente, observa-se também que "se multiplicam os olhares, as escutas e as situações nas quais o tratamento está presente para o paciente permitindo a escuta do singular" (Frank, 2013. p. 1).

Em minha experiência como acompanhante terapêutica, pude perceber que o papel do AT, em muitos casos, tornava-se central e gerava importantes transformações. Há certo tempo, um colega que atendia em Psicoterapia um rapaz com quadro de epilepsia relatou o quanto o trabalho em consultório não evoluía com esse paciente. Expliquei a ele sobre o trabalho que era realizado no AT, e ele se interessou sobre essa modalidade de atendimento e pediu à família que me procurasse para iniciar o atendimento. Antes de o acompanhamento começar, o psicólogo responsável pelo atendimento em consultório havia me contado que o paciente mais faltava às sessões do que comparecia e, quando comparecia, chegava sempre muito atrasado. Com o iní-

cio do acompanhamento, o paciente começou a faltar em quase todas as sessões de psicoterapia, até que não mais apareceu, e foi decidido pelo terapeuta e pelo acompanhante terapêutico transferir o seu atendimento apenas para o AT. O paciente fazia um uso fecundo do AT, sempre pedia mais horas de sessão, e pudemos avaliar que a sua questão não se tratava de conversar sobre o não vivido, mas sim de viver em primeiro lugar experiências significativas para só depois poder pensar sobre elas. Era um moço com 26 anos de idade, que, por ter um quadro grave de epilepsia, além da preocupação dos pais, que, inicialmente, parecia excessiva, fazia com que ele não conseguisse sair de casa, e ele passou a vida sem ter tido quase nenhum convívio social compatível com sua idade. Ter que ir à terapia para falar da dor de ser invisível, do preconceito sentido dentro da própria família, além do estigma de ser visto pelos outros como epilético e incapaz, era algo sem sentido para esse paciente. A dor vivida já era algo da ordem do insuportável; ele já expressava a dor sobre a epilepsia quando caía ao chão todos os dias. Comentar sobre o quadro de epilepsia e as situações pelas quais passava o deixava mais deprimido e não o ajudava em muito.

Assim que iniciamos o acompanhamento, sempre que os encontros estavam próximos de acabar ele dizia não querer voltar novamente àquela prisão, referindo-se à sua própria casa. No caso desse paciente, a terapia não conseguia cumprir a função à qual se propunha, e o processo em si chegava até mesmo a ser torturante para ele. Com o acompanhamento, muitas transformações ocorreram, tanto em nível familiar como em sua rotina, expressão de sentimentos, medos e anseios puderam ser acolhidos e trabalhados a partir de situações vividas durante os atendimentos. Nesse caso, o AT não foi auxiliar, mas sim central. Possibilitou que o paciente se sentisse vivo, começasse a se relacionar e, a partir dessa vivência, começasse a ter referências externas para se reposicionar perante os pais, os colegas e a vida. Esse exemplo nos remete exatamente à origem do AT, como alternativa, e por vezes única possibilidade, de intervir com pacientes que não conseguem encontrar sentido nos atendimentos convencionais em consultório.

Após poucos meses de acompanhamento, fomos até um local pedir informações sobre determinado curso que o paciente gostaria de fazer. Ele não conseguia verbalizar, não sabia suas informações pessoais, tais como endereço, telefone, CPF, absolutamente nada; é como se estivesse chegando há pouco àquele mundo, e era exatamente isso, antes disso ele não estava. Na volta para a sua casa, comentou que estava se sentindo péssimo, pois não conseguia nem falar coisas básicas com uma atendente e se sentia mal por isso. Nesse dia ele teve uma crise durante o acompanhamento, pois toda vez que ficava muito deprimido, triste ou envergonhado por uma situação a crise aparecia como uma descarga de toda a emoção contida. A crise naquele dia era o corpo que chorava e esbravejava, era a dor que transbordava.

Com o tempo, foi importante poder reunir os pais para explicar como o acompanhamento estava caminhando e a importância de algumas intervenções que tinham sido realizadas, bem como conversar sobre aspectos práticos e financeiros, já que esses tipos decisões ainda não podiam ser definidos exclusivamente pelo paciente, pois ele ainda dependia financeiramente dos pais. A proximidade do acompanhante com os pais foi muito importante e intervenções necessárias foram realizadas tanto com a família quanto com o acompanhado. Cabe ressaltar que, nesse caso, a família não tinha um funcionamento psicótico, o que possibilitou que o trabalho em conjunto acontecesse.

Nas situações nas quais o acompanhante terapêutico é quem realiza o atendimento familiar, ao mesmo tempo em que é o responsável pelo projeto terapêutico do paciente, notamos que a sua função se torna múltipla, dada a proximidade com a família no *setting* do acompanhamento, assim como nos encontros realizados em consultório.

Podemos dizer que o acompanhante terapêutico que trabalha nessa perspectiva frequentemente sente a intensa demanda desse tipo de situação. Em minha experiência clínica como acompanhante terapêutica com famílias muito adoecidas, senti por muitas vezes como que tendo uma sobrecarga contratransferencial intensa provinda da família. As famílias me procuravam incessantemente, telefonavam, enviavam *e-mails*, uma delas, inclusive, me mandava cartas fazendo perguntas e justificando comportamentos que tinha em relação ao paciente. Compreendo que o olhar oferecido a essas famílias propiciava esse tipo de comunicação, mas com o tempo entendi que era importante colocar certos limites para preservar minha sanidade mental, afinal de contas o conteúdo dessas comunicações por parte das famílias envolvia exigências, cobranças, queixas em demasia, e talvez o espaço mais apropriado para tratar dessas questões fosse mesmo o consultório. Algumas não aceitavam ir até o consultório alegando que seria uma despesa a mais; eu fazia concessões, mas com o tempo a situação tornava-se insustentável.

É importante frisar que o acompanhante terapêutico transita por muitos lugares no seio familiar, sendo por vezes colocado em um lugar de adversário, de invasor, daquele que cria obstáculos. Também tem o lugar de parceiro, pronto-socorro, testemunha e consolador. Vivi todos esses registros nas relações com as famílias de cada paciente; com alguns, os lugares pareciam se cristalizar e, por mais que eu me esforçasse para sair deles, era em vão. Em outros momentos, sentia como que se transitasse em todos ao mesmo tempo em apenas uma família, e por muitas vezes sentia tudo isso em somente um encontro, muitas vezes me sentindo esgotada emocionalmente.

Podemos dizer que o trabalho realizado pelo acompanhante terapêutico é intrusivo por natureza. Adentramos os lares das pessoas, testemunhamos muitas vezes tudo o que a família por vezes quer esconder, inclusive, e em muitos casos, de si mesma.

Outro ponto que me parece importante a ser discutido é quanto à decisão que se toma ao atender a família no ambiente domiciliar ou em realizar encontros no consultório. O *setting* que se oferece à família no AT não muda porque a encontramos no consultório. Podemos encontrar o paciente de acompanhamento em sua casa e continuar ofertando a ele o trabalho proposto. Podemos encontrar o paciente de consultório em um café e continuar a realizar psicoterapia. A compreensão do que caracteriza um *setting* está para além das dimensões físicas do espaço, ultrapassa e transcende esse olhar.

O trabalho com a família no consultório é um assunto discutido frequentemente no campo do AT. Entendemos que encontrar a família no consultório não configura uma desvirtuação do *setting*, ou seja, não é porque atendemos a família no consultório que estamos fazendo psicoterapia. O enquadre deve ser bem estabelecido no início do processo, esclarecendo que os encontros têm por objetivo a discussão do projeto terapêutico destinado ao paciente. O que também não impede de acolher questões pessoais de um dos pais e/ou familiares. A ideia do espaço oferecido à família não é de um lugar engessado, ao contrário, ele pode e deve ser flexível, considerando as especificidades de cada caso.

Consideramos importante abordar a questão do *setting* na clínica do AT, tanto no que diz respeito à família quanto ao próprio acompanhado. Na situação de AT, originalmente, se pressupunham saídas com pacientes internados que não conseguiam aderir ao modelo clássico de atendimento em consultório, e o trabalho de ressocialização foi sendo possível somente a partir de intervenções no cotidiano dessas pessoas (Mauer e Resnizky, 1987). Atualmente, percebemos que a realidade do AT ganhou novos contornos. Em certos casos, é necessário abordar no encontro com o paciente a sua necessidade a cada momento do processo. Em muitas situações, o paciente nos solicita experiência de grande intimidade em seu lar, que viabilize atividades do cotidiano que antes ele não tinha podido realizar sozinho, porém com a presença do acompanhante ganham sentido e o paciente alcança a possibilidade de realizá-las.

Sendo assim, olhar o *setting* terapêutico remetido estritamente ao ambiente físico seria reduzir a amplitude do campo, o que constituiria grande equívoco. A definição de *setting*, nesse contexto, se relaciona mais ao posicionamento e ao objetivo que se tem no encontro do que ao lugar físico onde ele acontece.

Cabe ressaltar também que a escolha em atender a família em determinado momento, no consultório, não exclui as intervenções e também a convivência que ocorrem na casa do paciente durante os atendimentos em AT. Testemunhamos muitas vezes grande desorganização no ambiente de origem da pessoa acompanhada, o que nos leva a necessitar de um espaço minimamente preservado para tratar com a família questões que dizem respeito ao processo. Essa proximidade auxilia na construção da aliança terapêutica com os familiares e revela que o olhar do acompanhante também está direcionado ao sofrimento deles.

REFERÊNCIAS BIBLIOGRÁFICAS

Basaglia, F. (1964). The destruction of the mental hospital as a place of institutionalization: Thoughts caused by personal experience with the open door system and part time service. In: First International Congress of Social Psychiatry. London.

Dragotto, P.; Frank, M. (2012). *Acompañantes. conceptualizaciones y experiencias en AT*. Córdoba: Editorial Brujas.

Frank, M. L. (2013). Algunas reflexiones sobre la familia y el acompañamiento terapêutico. *Revista de Acompanhamento Terapêutico – ATravessar*, n. 3.

Machado, R. (2015). *Trabajo en equipo y acompañamiento terapéutico escolar*. Módulo Especialización en "Acompañamiento Terapéutico Escolar con Niños y Adolescentes". Córdoba.

Mauer, S.; Resnizky, S. (1987). Acompanhantes terapêuticos e pacientes psicóticos: manual introdutório a uma estratégia cínica. Campinas: Papirus.

Safra, G. (2005). A Entrevista inicial – Compreender e lidar com este momento decisivo. In: *Psicanálise e Psicoterapias: teorias e técnicas*. São Paulo: Instituto Sobornost.

Safra, G. (2006). Placement: modelo clínico para o acompanhamento terapêutico. *Psychê*, v. 10, n. 18, p. 13-20.

As oficinas de geração de renda no Centro de Atenção Psicossocial da Universidade Federal de São Paulo (CAPS/Unifesp): possibilidades e desafios

Jacqueline Santoantonio

Adriana Maria Pacchioni de Deus

APRESENTAÇÃO

Os Centros de Atenção Psicossocial (CAPS) são dispositivos de tratamento em saúde mental que oferecem atendimento em vários níveis de intensidade a pacientes com transtornos mentais graves e persistentes. Essa proposta é baseada na Lei de Reforma Psiquiátrica (Lei nº 10.216 – Brasil, 2001), que se opõe ao modelo manicomial, ou seja, procura substituir as antigas instituições asilares que segregavam e excluíam socialmente os doentes mentais, por meio de um cuidado humanizado ao paciente, observando não apenas o tratamento clínico e terapêutico, mas também promovendo os direitos civis e o fortalecimento dos laços comunitários.

O CAPS da Universidade Federal de São Paulo (Unifesp) é um serviço que faz parte do Departamento de Psiquiatria e atende uma população com grave sofrimento psíquico. O trabalho se dá em três regimes de atendimento: intensivo, semi-intensivo e ambulatorial. Com uma equipe multidisciplinar, os vários aspectos envolvidos no cuidado dessas pessoas são considerados, e o modelo de tratamento é amplo, incluindo-se os aspectos psíquicos, psiquiátricos e sociais.

Em sua grande maioria, encontramos pacientes que vivem em isolamento psíquico e social, desinseridos da cultura, da sociedade e do trabalho. Nesse sentido, o ambiente terapêutico oferecido visa ao manejo gradativo de aproximação e contato com o mundo externo. Porém, sabemos que essa construção com o mundo não é uma tarefa simples e nem se constitui apenas com ações educativas e estimulação.

Nossa experiência tem nos mostrado que não é suficiente incentivar os pacientes a participarem de diversas atividades fora do CAPS, pois eles podem até participar por algum tempo delas, mas não conseguem sustentá-las ao longo do tempo, porque não encontram e estabelecem sentidos, de modo que a experiência não se constitui de forma pessoal. Dessa forma, vinculado a uma equipe que tem a tarefa de construir, com o paciente e sua família, um projeto terapêutico individualizado e dinâmico, vai sendo estabelecida a possibilidade de que o paciente possa vir a ocupar um lugar na família e na comunidade: estamos falando de um processo em que cada um terá seu tempo para viver cada etapa.

O cotidiano do CAPS é composto por diversas atividades: acompanhamento psiquiátrico, grupos terapêuticos realizados por equipe multidisciplinar, atendimentos individuais, intervenções familiares e Oficinas de Trabalho e Geração de Renda. Porém, neste capítulo, nossa proposta é apresentar questões e reflexões acerca de um dos eixos do trabalho terapêutico realizado nesse serviço: as **Oficinas de Trabalho e Geração de Renda**.

AS OFICINAS DE TRABALHO E GERAÇÃO DE RENDA NO CAPS/UNIFESP

O nome do projeto que reúne as Oficinas de Trabalho e Geração de Renda é **Ponto de Encontro**, e quatro grupos – Bazar, Mosaico, Sabonetes Artesanais e Gastronomia – estiveram ou estão vinculados a essa proposta (Deus *et al.*, 2014).

O nome **Ponto de Encontro** foi criado há nove anos pelos pacientes envolvidos com as oficinas de trabalho, o que facilitou a inscrição do projeto na primeira Feira de Economia Solidária e Saúde Mental, evento que teve lugar no pátio do curso de Enfermagem do Hospital das Clínicas, em São Paulo. Desde então, participamos regularmente das reuniões mensais e feiras que, atualmente, acontecem em um parque nas imediações da Avenida Paulista.

Nossa primeira experiência relacionada a um projeto de Oficina de Geração de Renda foi há dez anos, com a organização de um **Bazar**. Precisávamos comprar equipamentos para um grupo chamado Rádio CAPS, e uma comissão composta por pacientes e técnicos foi organizada, visando arrecadar doações para a venda de roupas e objetos seminovos em um bazar. O objetivo principal era arrecadar fundos e adquirir o que fosse necessá-

SEÇÃO VI — PSICOLOGIA E INTERDISCIPLINARIDADE

rio para que o grupo de rádio acontecesse. A comissão iniciou um grupo de trabalho que se organizou para arrecadar doações, selecionar as mercadorias, avaliar e marcar preços. O bazar aconteceu graças à organização desse grupo, tendo a iniciativa alcançado o seu objetivo: os equipamentos foram comprados e as roupas e produtos que não foram vendidos ficaram guardados.

Após essa primeira experiência, novos bazares ocorreram. O que antes era uma iniciativa para arrecadar fundos para necessidades desse grupo de pacientes e do serviço, tais como passeios, almoços mais elaborados e comemorações, começou a se transformar em uma atividade de geração de renda. Um grupo de trabalhadores organizou-se ao redor das mais variadas tarefas desenvolvidas ao longo dos anos de seu funcionamento. A comissão que se formou com esse grupo criou diferentes funções: gerência, caixa, marcador de preço, vendedor e panfletagem. Todas as decisões, seja em relação a porcentagens para o pagamento dos trabalhadores, seja sobre a verba para a manutenção do próprio bazar, eram pensadas em comunidade. Esse grupo funcionou durante nove anos, mas, devido à necessidade de mudarmos o local de funcionamento do CAPS, fomos para uma sede muito menor, dada a redução de verbas do serviço público. Assim, por falta de espaço para realizar o bazar e para estocar os produtos para a venda, o grupo, infelizmente, precisou ser interrompido. Porém, aprendemos muito com essa atividade, a qual poderemos retomar em um momento futuro.

Outra oficina que começou há quase dez anos foi a **Oficina de Mosaico**. A princípio, havia um convênio com o "Ateliê Pedacinhos de Arte", coordenado por uma mosaicista que demostrou interesse em realizar uma parceria com nosso serviço. Ficava nas proximidades do CAPS/Unifesp, o que facilitou o deslocamento dos pacientes. A proposta visava capacitar os participantes (pacientes e alguns membros da equipe) na utilização da técnica de mosaico, processo que se deu por meio da confecção de peças individuais. Ao final do período de capacitação, o grupo recebeu sua primeira encomenda: um laboratório farmacêutico solicitou a confecção de 1.000 peças para brindes de natal. Essa encomenda inaugurou a oficina de trabalho.

Já nesse momento começamos a lidar com questões relacionadas ao prazo de entrega, bem como à qualidade das peças produzidas. Também nos demos conta de que essa produção de 1.000 peças, embora tenha sido uma tarefa interessante, não foi algo que o grupo de fato aproveitou, já que estamos falando de pessoas que não estão vinculadas ao modo de produção de nossa sociedade capitalista, que visa a números, competência e rapidez. Para essas pessoas, não era o dinheiro o que realmente importava, embora estivéssemos diante de um grupo com muitas necessidades financeiras. O essencial era o reconhecimento de que existia nelas um potencial de fazer algo valorizado pelo olhar do outro.

Com o término dessa oficina no "Ateliê Pedacinhos de Arte", ela continuou no espaço do CAPS/Unifesp. Nesse âmbito, o que antes consistia num grupo aberto, foi gradualmente se transformando num grupo de pacientes fixos, em que a identificação com a utilização desse tipo de material e técnica foi definindo o grupo que temos hoje. As peças desenvolvidas na oficina são vendidas nas Feiras de Economia Solidária e Saúde Mental.

A **Oficina de Sabonetes Artesanais** nasceu do processo de alta de um grupo de Terapia Ocupacional, que acontecia há vários anos no serviço. Esse grupo, composto por mulheres com diagnóstico psiquiátrico de transtorno de personalidade *borderline*, tinha o objetivo de mobilizar as pacientes para a possibilidade de construção de um projeto de vida.

Ao longo de alguns anos, o grupo se encontrou semanalmente para a construção de um "lugar afetivo", onde as histórias de vida foram contadas, significadas e ressignificadas. Fazia parte dessa construção realizar atividades artesanais e culinárias, além de realizar descobertas culturais, entre as quais, literárias e musicais. Com esse "lugar" constituído, foi possível acolher a demanda de uma das pacientes que, sentindo-se segura no interior do grupo, pôde experimentar o resgate de uma atividade que, no passado, tentou realizar sozinha: fabricar sabonetes artesanais para complementar a renda da família.

Podemos fazer uso, aqui, da noção winnicottiana de *Placement*, a qual alude a uma modalidade de atendimento clínico desenvolvida por Winnicott (1947/2005) no contexto de sua experiência, obtida durante a Segunda Guerra Mundial, com a evacuação de crianças para abrigos nos quais elas pudessem estar protegidas dos bombardeios que caíam sobre Londres. De acordo com Safra (2006), trata-se de uma "modalidade de intervenção em que a noção de lugar é fundamental, pois nela o ser humano precisa encontrar um lugar que tenha sido oferta de um outro para que se inicie o processo de constituição do *self*" (Safra, 2006, p. 13).

Vale assinalar que a atividade, proposta pela paciente, foi afetivamente acolhida pelo grupo e pela terapeuta. Passamos a experimentar a confecção dos sabonetes e não demorou muito para percebermos que o grupo estava envolvido e vitalizado pela nova proposta. Enquanto derretíamos a glicerina, misturando os extratos e as essências, as integrantes do grupo se interessavam e conversavam sobre a experiência que a colega havia tido na venda dos sabonetes e no mercado informal de trabalho. As conversas e experiências eram trocadas: "eu era meu próprio chefe; produzia quando recebia uma encomenda". "Às vezes, não estava bem e recusava a encomenda; outras vezes, sentia que produzir me ajudava a melhorar; tinha a responsabilidade da encomenda, e isso ajudava!"

Esse grupo era composto por mulheres que, antes do adoecimento emocional, já tinham trabalhado no mercado formal. Elas puderam trazer muitas questões sobre as experiências vividas: algumas atribuíam o adoecimento ao trabalho, à exigência de produtividade e à pressão por atingir metas quase inatingíveis. Todas, sem exceção, reviveram lembranças dolorosas e traumáticas nesse momento do grupo.

E percebia-se um movimento importante: a produção de sabonetes começava a mobilizar questões acerca do lugar do trabalho na vida de cada uma delas. Esse período foi intenso e produtivo, tanto no âmbito da produção de sabonetes quanto no plano terapêutico. Passamos meses mergulhadas em uma sala, onde os aromas do novo trabalho podiam amenizar as dolorosas lembranças dos antigos trabalhos, sofridos e adoecedores.

A partir desse momento, o grupo começou a pensar a confecção dos sabonetes não apenas como uma atividade terapêutica, mas como um trabalho que poderia ser remunerado. Sendo assim, pensou-se em produzir sabonetes para a primeira Feira de Economia Solidária e Saúde Mental.

Nessa época, um grupo de profissionais do CAPS/Unifesp estava se aproximando das discussões sobre "Economia Solidária", debates que ocorriam na cidade de São Paulo. O fato é que o tema começou também a circular no serviço, tendo sido levado para o interior de grupos que chamamos de **Oficinas**. Tais grupos estavam voltados para a produção de atividades específicas, com a proposta de trabalhar questões relacionadas ao ritmo de produção, qualidade dos produtos e comercialização deles.

Decidimos encarar esse desafio e passamos a nos reunir com o propósito de viabilizar uma produção de sabonetes artesanais que pudesse agradar não só a nós mesmas, mas ao público que viesse a circular nessa feira. O projeto era mesmo desafiador, e pela primeira vez sairíamos do CAPS para vender nossa produção.

À época, algumas inseguranças surgiram no grupo: "será que vão gostar do nosso produto?"; "Temos que ser rigorosas com a qualidade; sabonete que sair torto está fora!"; "Quantos sabonetes teremos que levar?"; "Que preço vamos colocar?". Essas e muitas outras questões surgiram enquanto discutíamos e pensávamos, mais profundamente, em tudo aquilo que girava ao redor desse desafio. Mas, apesar do frio na barriga, não pensamos em desistir.

Ao final dessa experiência, cada uma das integrantes estava tomada por expectativas, curiosidades e as marcas trazidas pela experimentação do "novo". Novo jeito de olhar para as atividades do grupo de terapia ocupacional, novo jeito de se implicar com o que se produz e, mais do que nunca, nova relação e envolvimento com o grupo, laço que se revelava forte e consistente.

Após a feira, o grupo estava mais amadurecido e pudemos então perceber o valor que a experiência com aquele trabalho tinha proporcionado para cada uma delas. Nas falas e gestos das participantes estava presente o entusiasmo com algo conquistado. Não estamos nos referindo, aqui, a vendas fabulosas ou ao retorno financeiro significativo, mas ao prazer que elas viveram ao se perceberem produtivas, reconhecidas pela produção de um produto de boa qualidade que, de fato, despertou o interesse do público.

Era emocionante escutá-las: "eu me senti menos louca, apesar de estar em uma feira que tinha gente de serviço de saúde mental"; "teve uma mulher que elogiou os sabonetes e estava sendo sincera: comprou porque gostou do produto, e não por dó da gente"; "se nós continuarmos com esse trabalho, podemos ganhar algum dinheiro para ajudar em casa". Tais falas apontavam para o início de um projeto de **Oficina de Sabonetes Artesanais**, que está a todo vapor no CAPS até os dias de hoje.

Foi discutido e trabalhado o processo de alta desse grupo de Terapia Ocupacional, que tinha se iniciado em meados de 2006. Construímos, juntas, a passagem de um grupo terapêutico para uma oficina de trabalho. Essa passagem, muito significativa e importante, sinalizava um desenvolvimento no projeto de tratamento e a possibilidade de trabalhar, mais diretamente, aspectos relativos à inserção social.

Fez parte dessa etapa a mudança da sala em que nosso trabalho acontecia. Deixando a sala de terapia ocupacional, nos alojamos numa sala na edícula da antiga casa onde funcionava o serviço, local onde todas as outras oficinas do CAPS ocorriam.

A coordenação da oficina seria feita, a partir dali, em parceria com a integrante do grupo que propôs a atividade de sabonetes. A ela cabia a importante função de apresentar a técnica da atividade às futuras integrantes da oficina. No interior do grupo, foi realizada a distribuição de papéis e funções: uma pessoa seria responsável por pesquisar e trazer novos jeitos e receitas para confeccionar sabonetes, enquanto outra cuidaria da planilha da contabilidade; além disso, a alguém caberia a tarefa de organizar novos materiais para a oficina e a compra de material. Embora tais funções não sejam estanques, observou-se como foi importante para algumas integrantes se firmarem e se apropriarem de seus papéis na oficina. De modo geral, podemos pensar que essa experiência lhes trouxe, ou ajudou-as a resgatar, alguma posição no trabalho e na vida.

Uma das integrantes construiu na oficina o lugar de compradora dos produtos, o que implicou a gradual apropriação dos locais de venda em São Paulo e o desenvolvimento da capacidade de fazer pesquisas de preço e de qualidade da matéria-prima. Outra participante sentiu a necessidade de fazer um curso de sabonetes para descobrir novas técnicas, com o intuito de trazer novidades para compartilhar com as colegas. Outra, mais aberta e inovadora, começou a mobilizar as demais para a ampliação dos produtos: além dos sabonetes em barra, propôs a produção de sabonetes líquidos, sais de banho, aromatizadores de ambiente e cremes hidratantes.

Os primeiros tempos da oficina foram intensos e apontavam para uma nova demanda terapêutica. Ocorreu que a ambivalência das integrantes começou a surgir: se era prazeroso passar a ocupar um lugar menos dependente e marcado por crises, ao mesmo tempo era ameaçador descobrir as possibilidades e dificuldades que surgiam, a partir do envolvimento com o trabalho.

Essas experiências nos levaram a formular ideias básicas que, pouco a pouco, passaram a nortear nossa clínica nas oficinas de trabalho. Primeiro, entendemos que as oficinas de trabalho no CAPS/Unifesp são terapêuticas, apesar de serem voltadas à produção e à geração de renda. Portanto, ao nos reunirmos semanalmente para produzir sabonetes, levamos em conta o estado emocional das integrantes e a possibilidade de estarem envolvidas com a demanda daquele trabalho. Por vezes, lidamos com as ausências decorrentes de uma internação ou da enorme dificuldade para sair de casa. Nesses momentos, há a possibilidade de acolhimento por parte das integrantes que combinam, entre si, quem vai telefonar para a colega que faltou. Torna-se então evidente, no âmbito grupal, que elas se interessam por notícias sobre o que está havendo na vida de uma ou de outra.

Emprestamos, aqui, as palavras de Galletti (2004, p. 38):

> (...) minha hipótese é que os projetos de trabalho nas oficinas exigem, em primeiro lugar, a produção de sentido, isto é, trata-se de encontrar modos de produção que singularizem existências, permitam o surgimento de processos criativos e, fundamentalmente, que legitimem a pluralidade da vida.

A **Oficina de Gastronomia**, por sua vez, surgiu de um convite para que os pacientes do CAPS/Unifesp organizassem um *coffee break*, em um evento do Núcleo de Acessibilidade e Inclusão (NAI). Esse núcleo, que acontece na Unifesp, procura trabalhar as questões relativas ao trabalho de pessoas que têm alguma limitação (deficiência visual, motora ou alguma síndrome), procurando desenvolver maior acessibilidade desse público na instituição.

Ocorreu que uma das profissionais da equipe do CAPS havia participado de uma reunião do NAI, comentando que tínhamos uma oficina de culinária no serviço. Esse grupo sugeriu, então, que a oficina preparasse o *coffee break* num evento que ocorreria na Escola de Enfermagem da Unifesp.

Logo após o convite, conversamos com o grupo, que prontamente acolheu a proposta. Foi assim que realizamos nosso primeiro *coffee break*, bem amador. Não sabíamos a quantidade de bolos que tínhamos de fazer, queimamos alguns deles e nos confundimos com todos os momentos do processo. A verdade é que não tínhamos a menor experiência em realizar um evento para tantas pessoas. Mesmo assim, nossa participação foi um sucesso, fato que nos encorajou a manter a ideia de fazer novos eventos. Aconteceu, também, que um grupo de professores de gastronomia apoiou nosso projeto e, por alguns meses, eles se voluntariaram a participar da oficina. Foi um período muito produtivo, durante o qual recebemos dicas importantíssimas

SEÇÃO VI — PSICOLOGIA E INTERDISCIPLINARIDADE

Entretanto, percebemos que, para realizar eventos, era necessária uma infraestrutura muito maior do que aquela com que podíamos contar. Por exemplo, era preciso ter uma cozinha própria e um lugar para armazenar maior quantidade de ingredientes em momentos de evento e dispor de uma maneira de transportar o produzido. Nossos últimos eventos foram dois *coffee breaks* num mesmo dia, servido para 600 pessoas. Foram meses de organização, semanas de produção, e contamos com o apoio importante de algumas pessoas da equipe para o transporte ao local do evento. Esse foi na própria Unifesp, mas em prédio diferente daquele onde funcionava o serviço. Para tanto, vários pacientes se envolveram no evento, sendo muito interessante observar a divisão de tarefas entre os participantes, os gerentes de cada período de trabalho e a satisfação com cada produto produzido.

Mas o que se tornou produção constante da **Oficina de Gastronomia** foram os doces e biscoitos que produzíamos e vendíamos nas Feiras de Economia Solidária, produção viável, tendo em vista as condições que tínhamos. Eram receitas muitas vezes testadas, truques aprendidos pelos integrantes com base na experiência de ver que os biscoitos ora não cresciam, ora ficavam pequenos demais, ora esfarelavam, ora ficavam duros... Enfim, fomos criando uma experiência vivida em grupo e, por cada um, até chegar à receita final, que se tornou referência em nossa fabricação.

Compreendendo o potencial desse grupo, sentimos muito quando ele teve que ser interrompido, assim como no caso do **Bazar**, pela mudança de local de funcionamento do serviço, onde não dispomos de uma cozinha. Até o momento, conseguimos organizar um pequeno espaço que conta com geladeira, micro-ondas e, mais recentemente, com uma pia. Porém, não temos fogão ou forno e, para as últimas feiras, uma das pacientes, que participava ativamente da oficina, fez os biscoitos em sua própria casa, o que nos pareceu um movimento significativo de apropriação de uma habilidade, desenvolvida na oficina. Essa é também uma atividade que gostaríamos de retomar em algum momento, em virtude do potencial que percebemos estar envolvido nesse trabalho e no alimento como forma de troca e de reconhecimento.

Outra possibilidade que tem se desenvolvido, ao longo desses anos de participação nas Feiras de Economia Solidária, é a produção e a venda de produtos feitos pelos pacientes de forma individual. Alguns desses pacientes elaboram artigos em crochê, panos de prato, toalhinhas, tapetes, doces, entre outras criações artesanais, tendo encontrado na feira uma oportunidade para expor e vender seus produtos.

A QUESTÃO DA GERAÇÃO DE RENDA E DA REINSERÇÃO

Em nosso projeto **Ponto de Encontro**, nenhuma das vendas, eventos e pagamentos realizados geraram a renda necessária para que os participantes, de fato, pudessem se sustentar financeiramente com o recebido. O que receberam ou recebem é insuficiente para o pagamento de suas contas, no âmbito de nossa sociedade baseada numa lógica capitalista.

Contudo, em nenhum momento esse aspecto nos pareceu decisivo, a ponto de nos levar a pensar no término dos projetos. Isso não quer dizer que, quando as vendas não são boas em determinada feira, não ocorra frustração ou desânimo nos grupos.

Para além do registro puramente financeiro, percebemos que lidamos com outras formas de valor: a experiência de ser visto e valorizado pelo cliente, que, mesmo examinando os produtos sem comprá-los, comenta que o que foi produzido é bom ou bonito; a vivência de participar de um grupo que compartilha um objetivo comum, de sentir-se "existindo" numa equipe de trabalho, mantendo um compromisso com a vida.

Assim, nossa preocupação não é, nem nunca foi, reinserir ou inserir essas pessoas no mercado formal de trabalho, que, aliás, não está preparado para acolher seus ritmos diferentes, suas formas peculiares de ver a vida e de lidar com o tempo e o espaço, muito distintas do que preconiza nossa sociedade, na qual a rapidez e a competência de produzir parecem ser pré-condições para ter direito ao trabalho. Muitas vezes, observa-se que um produto que pode ser socialmente valorizado não inclui, em seu valor, a capacidade de acolher quem o produziu, algo diferente do que percebemos nos produtos que são confeccionados em nossas oficinas. Fomos construindo, nas oficinas, um projeto no qual o processo de produção está em sintonia com a singularização do ritmo de trabalho.

Não estamos afirmando que não há qualquer lugar disponível para essas pessoas. Sim, elas podem ter um lugar, porém ele não faz parte do mercado formal. Isso não quer dizer, naturalmente, que alguns não consigam se inserir ou desenvolver atividades mais próximas do que a sociedade preconiza. Porém, a atividade artesanal não segue e não seguirá a mesma lógica das relações formais de trabalho, tais como hoje as conhecemos.

A valorização do trabalho artesanal é, sem sombra de dúvida, uma questão delicada em nossa cultura. Sabemos que o artesanato tem maior ou menor valor dependendo da região onde é desenvolvido; em São Paulo, temos a experiência de que o artesanato tem um público ainda muito seleto. E essa é uma variável importante no horizonte do trabalho clínico desenvolvido.

Trabalhamos nas oficinas com a ideia de que o trabalho artesanal guarda, em si mesmo, valores importantes. Küller (1996) descreve as características do modo de trabalho artesanal que são importantes para o trabalho clínico. Ele assinala "a integração entre concepção e execução", bem como "a integração entre pensar e agir". O autor escreve: "o mesmo homem que tem a ideia (o plano) é quem a concretiza. Traz, com suas próprias mãos, a ideia para a esfera da existência material" (Küller, 1996, p. 26).

A articulação entre o pensar, criar, construir, levar a produção a público e entrar em contato direto com o comprador/consumidor oferece aos nossos pacientes uma experiência integradora e significativa, quando se trata de pessoas que estão em busca de ter algum lugar e um papel mais favorável na sociedade.

Também compreendemos que, com o êxodo rural e o capitalismo industrial, caracterizado por novas necessidades de crescimento da produção, das populações e das crescentes demandas sociais relacionadas à aquisição de produtos, não é possível estar alheio ao que há nas demandas do mundo e da sociedade. Entretanto, também sabemos que essa relação com o trabalho formal pode causar uma série de patologias, relacionadas ao distanciamento do humano (Dejours, 1992).

O que nos interessa é oferecer um campo de experimentação para essas pessoas que sofrem de severos problemas psíquicos, no sentido de proporcionar-lhes melhor qualidade de convivência consigo e com o outro. Na verdade, tentamos ofertar a elas um lugar de reconhecimento, em que, aos poucos, a realidade vai se transformando em algo menos ameaçador e com mais possibilidades de ser compartilhada.

Já nos surpreendemos mais de uma vez: um paciente que começou a fazer mosaico no serviço hoje tem seu próprio ateliê; outra paciente que começou experimentando participar conosco das feiras, mesmo participando ativamente do projeto **Ponto de Encontro**, já conquistou autonomia suficiente para circular com suas produções em outros locais e feiras; um participante que, tendo começado a fazer docinhos na oficina de gastronomia, hoje os vende nas feiras, na comunidade e na igreja onde está inserido.

O TRABALHO COMO POTENCIAL TERAPÊUTICO

Observamos em nossa prática o quanto alguns pacientes que chegam extremamente desvitalizados ao serviço parecem reviver com as tarefas voltadas ao trabalho e à participação das feiras de comércio dos produtos elaborados. Algo acontece nesses espaços que vai dando ao grupo uma energia vital que nos surpreende e encanta, e que não está apenas associada a ver que algo pelo qual se dedicaram pode ser visto e valorizado.

Estamos diante do que Dejours (2012) chama de "Trabalho Vivo", algo que não diz respeito apenas à ordem individual, mas que passa também pelas formas de cooperação resultantes de uma construção e procedem da formação de uma vontade coletiva, sustentada, a princípio, sobretudo pelo desejo dos terapeutas. Isso porque nos deparamos com uma população que não deseja, não quer, não acredita e não se liga ao que chamamos "vida". Tais pessoas estão tão paralisadas em uma vivência de isolamento psíquico que o coletivo não é algo por elas considerado ou visto.

Muitas vezes nos deparamos com essa desvitalização, não sendo tarefa fácil estimular a pulsão de vida sem tomar para si todas as tarefas, a motivação, a iniciativa e a autonomia. Precisamos estar vivos e ativos, mas fazer com que cada um encontre ou reencontre, em si, esse *élan* vital que é conquistado e perdido.

Também estamos diante de discussões nas quais a questão da limitação psíquica é pensada de diferentes modos: como uma produção social da doença, ou concebida no interior de um quadro teórico no qual tudo se passa intrapsiquicamente. Propomos, aqui, outra forma de pensar o trabalho e a doença: não podemos dizer que a formação do psiquismo é apenas uma determinação social e tampouco que ela acontece independente do externo, movida apenas por determinações inconscientes. Somos multifacetados, estando permeados de dentro para fora e de fora para dentro, constantemente.

Em seu trabalho, Dejours (2012) comenta o texto de Freud, *Remémoration, répétition, perlaboration*, que, em nove páginas, emprega 14 vezes o termo "trabalho" em várias utilizações, tais como "esforço de trabalho" e "trabalho de interpretação", entre outros, e alcança uma dimensão interessante do trabalho que consiste no trabalho em si, o trabalho da subjetividade sobre ela mesma, ou o trabalho psíquico que provém dos movimentos inconscientes. O trabalho psíquico estaria a favor da elaboração, e as várias formas de levar à mudança ou ao desenvolvimento, produzindo novas ligações psíquicas.

Para Dejours (2012), Freud não percebeu, ao escrever,

> (...) que o trabalho psíquico – a elaboração – era em regra geral da mesma linhagem, descendente mesmo, do trabalho ordinário, isso pelo viés da tensão, ou do sofrimento proporcionado no Eu pela provação subjetiva que implica o trabalho, agora definido como trabalho de produção. (Dejours, 2012, p. 16)

Nesse sentido, Freud pensa no trabalho apenas como produção (*labour* ou trabalho de força), diferente da noção de obra

que está considerada como forma de criação e pode apresentar a sublimação. Assim, ele não via em um artesão uma dimensão criativa ou inventiva.

Em nossa observação, concordamos com as ideias de Dejours (2012), de que o trabalho está sempre orientado para um fazer algo, à produção de algo e o produzir movimento, ao contato com o real e com o enigma do que acontece no interno. De modo a enfrentar o sofrimento e tolerá-lo, entre a experiência do real e o encontro da solução, corpo a corpo com a resistência que percebemos no movimento de nossos pacientes, em que muitas vezes há tendência em deixar tudo como está, sem movimentar-se, sem ligar-se com a vida.

OS DESAFIOS NA CONTINUIDADE E MANUTENÇÃO DO TRABALHO COLETIVO

Retornando à questão da cooperação e da necessidade de uma equipe ou coletivo unido para trabalhar algo em comum, nos deparamos constantemente com momentos em que o grupo, de certa forma, boicota o trabalho, seja pelas faltas, pelas manifestações de indisponibilidade em assumir determinadas tarefas, ou pelas limitações que se impõem nos movimentos de crise.

Como manter vivos os projetos diante de tantos ataques? É nossa tarefa constante acreditar no potencial que vemos acontecer, sobretudo nos momentos em que percebemos que o grupo retoma sua tarefa de se ligar a algo vitalizado, visto e reconhecido pelo mundo.

O trabalho coletivo, assim como acontece no plano individual, também é um trabalho vivo que necessita de constante resgate de habilidades e inteligências, implicando a mobilização dessas capacidades. E nem sempre estamos diante de um grupo que se encontra numa mesma sintonia de possibilidades, mas estamos diante maneiras distintas de funcionamentos individuais, em que cada um apresenta mais ou menos possibilidades de participação.

CONSIDERAÇÕES FINAIS

Nosso trabalho com as **Oficinas de Trabalho e Geração de Renda** tem sido gratificante, mas também desafiador. Nos deparamos com limitações todos os dias, seja pelas dificuldades de manutenção das oficinas, como no caso do **Bazar** e da **Oficina de Gastronomia**, que não conseguimos manter por fatores alheios a nossa vontade, mas que pretendemos resgatar, seja por estarmos em constante contato com pessoas que apresentam uma série de dificuldades psíquicas e, por vezes, têm muita dificuldade para sustentar, com alguma autonomia, o trabalho que vêm se construindo.

Nossa busca vai no sentido de procurar harmonizar uns com os outros, de maneira que aquele que puder um pouco mais, num dado momento, possa assumir mais funções, e assim sucessivamente. Dessa forma, a cooperação favorecerá que cada integrante possa experimentar-se, segundo seu momento individual, de modo que a tarefa possa continuar e não ser perdida, ou se esvair, contrapondo, assim, muito do que foi e é vivenciado psiquicamente pelos pacientes com transtornos psíquicos graves.

Partimos da premissa de que trabalhar não é apenas produzir; trabalhar é, além de tudo, viver junto, estar em comunidade, sentir que algo do que é feito pode ser transformador e, por esse motivo, tem valor terapêutico. O trabalho que implica o contato com o mundo objetivo não se desenvolve apenas no mundo objetivo e social, mas também no mundo subjetivo – o mundo do reconhecimento.

Procurar o entusiasmo, que revela a união de singularidades em uma energia de vida, opondo-se à preguiça como uma ausência de constrangimento no ócio e no entorpecimento, é nossa tarefa constante enquanto terapeutas: lutar contra o compromisso com o não movimento e as resistências que provêm do risco envolvido em sair da patologia.

Sabemos que o ser humano tem uma série de necessidades: de existir, de persistir, de transcender. Por isso, a cultura é tão importante, e trabalhar, fazer com as próprias mãos algo que pode ser partilhado, doar de si e receber de volta o reconhecimento, contribuir mediante seu trabalho, é criar cultura em comunidade.

REFERÊNCIAS BIBLIOGRÁFICAS

Brasil. *Lei nº 10.216, de 6 de abril de 2001.* Dispõe sobre a proteção e os direitos das pessoas portadoras de transtornos mentais e redireciona o modelo assistencial em saúde mental. Brasília, 2001.

Deus, A. M. P. et al. (2014). As oficinas de trabalho no Centro de Atenção Psicossocial da Universidade Federal de São Paulo – CAPS/Unifesp: relatos de experiências. In: Pinho, K. L. R. et al. (Orgs.). *Relatos de experiências em inclusão social pelo trabalho na saúde.* São Carlos: Compacta Gráfica e Editora. p. 195-207.

Dejours, C. (1992). *A loucura do trabalho: estudo de psicopatologia do trabalho.* São Paulo: Cortez.

Dejours, C. (2012). *Trabalho vivo: trabalho e emancipação.* Tomo II. Brasília: Paralelo 15.

Galletti, M. C. (2004). *Oficina em saúde mental: instrumento terapêutico ou intercessor clínico?* Goiânia: Editora da UCG.

Küller, J. A. (1996). *Ritos de passagem gerenciando pessoas para a qualidade.* São Paulo: Senac.

Safra, G. (2006). *Placement: modelo clínico para o acompanhamento terapêutico. Psychê,* v. 10, n. 18, p. 13-20.

Winnicott, D. W. (2005). *Privação e delinquência.* São Paulo: Martins Fontes. p. 59-80. (Obra original publicada em 1947)

As perspectivas de diálogo entre a teologia e a psicologia

Marcio Luiz Fernandes

A reflexão desenvolvida neste capítulo parte da provocação a respeito do debate interdisciplinar na psicologia elaborada por Gilberto Safra. Considero a perspectiva clínica por ele proposta ancorada em uma leitura da pessoa na sua totalidade e sustentada teoricamente por autores em cujas obras o dinamismo humano é salientado no registro ontológico (Safra, 2006, p. 20). É decisivo compreender a necessidade de alargar a compreensão da clínica e perceber que os novos quadros psicopatológicos "demandam a interlocução com as outras áreas das ciências humanas" (2012, p. 289). As leituras das obras de alguns teólogos podem abrir as questões da dignidade humana ferida, do sofrimento, do significado da pessoa e seu papel. Além disso, podemos hoje reconhecer a herança teológica como suporte para iluminar as práticas do cuidado e promoção da pessoa humana. Para isso, basta lembrar alguns nomes que marcaram o século XX, como as lições dos teólogos de tradição russa como Florenskij, Lossky e Karsavin, para os quais a condição do sofrimento e fragilidade humana constituem o lugar do desvelar-se da pessoa, ou também da tradição católica ocidental como Romano Guardini, von Balthasar e Gustavo Gutierrez, e também de teólogos protestantes como Paul Tillich e Barth, Bonhoeffer, cujas obras de teor teológico estão marcadas por uma análise profunda do ser humano. Todos eles não deixaram de estabelecer pontes de interlocução com a psicologia.

Ora, a questão da condição humana exposta ao sofrimento faz pensar. O fenômeno crescente de desenraizamento que ocorre nos registros ético, estético e religioso (Safra, 2004) e as queixas referentes ao vazio existencial colocam em evidência a necessidade do aprofundamento teórico e maior atenção para com a pessoa na sua irrepetível singularidade. O diálogo proposto aqui com os escritos de Florenskij, Guardini e Balthasar podem oferecer sugestões, iluminações e provocações para a clínica. São teólogos que marcaram de forma decisiva o século XX e cujas ideias – seja pela falta das obras traduzidas – não tiveram a devida recepção em território nacional. Neste ensaio

apresentamos três pequenos núcleos de discussão, a saber: 1) as questões do pensamento complexo em Pavel Florenskij e a sua correspondente atenção à dimensão da palavra e da imagem; 2) a experiência estética no contexto da teodramática de von Balthasar; 3) por fim, a ideia de "conhecimento integral" e os aportes de Guardini para com a experiência concreta da vida nos domínios da relação do ser humano com o sagrado.

O AGIR NO MUNDO POR MEIO DA PALAVRA E DA IMAGEM: DO ILUSIONISMO AO REALISMO

Nos últimos anos, no Brasil, Safra tem observado a necessidade de assentar a prática clínica em autores – de diferentes áreas do conhecimento – que apresentam lúcidas elaborações sobre os problemas do sofrimento humano. No grupo de pensadores russos que domina suas leituras, encontra-se o teólogo Pavel Florenskij. Safra (2004, p. 33) afirma:

> É frequente se encontrar nestes escritos a preocupação com o futuro da humanidade, pelas condições anti-humanas que pareciam intensificar-se com o passar dos anos. Nos textos desses autores são discutidas essas questões não só da Rússia do início do século vinte, como também, em tom profético, os problemas de nosso tempo, em que a natureza humana se estilhaça. Frente a essa situação, recolhem e emolduram a face humana, explicitando o ethos. Para realizar esta tarefa criam uma obra resistente à fragmentação da medida humana, evitando a abstração racionalista. São textos que apresentam uma maneira diferente de pensar, pois ao mesmo tempo integram os vértices literário, filosófico, político e religioso. (...) Esses autores escreveram obras em que o ethos humano se explicita em seu registro ontológico.

O primeiro tópico com relação ao *ethos* do ser humano que quero salientar em Pavel Florenskij são suas considerações em

SEÇÃO VI — PSICOLOGIA E INTERDISCIPLINARIDADE

torno da palavra como símbolo. Florenskij (2003) nos faz ver a dinâmica antinômica da palavra que contemporaneamente está em nós e, por outro lado, pode ser recebida e acolhida como dom. É de se notar que o significado mágico da palavra se relaciona à compreensão do modo como podemos agir no mundo por meio dela. A responsabilidade pelo humano deriva desse peso ontológico da palavra e sua função de criar mundos, por essa razão ela mesma é um exemplo de símbolo. Diz Florenskij (2003, p. 80): "uma palavra pode crescer como cresce uma planta; o crescimento da palavra acontece gradualmente; até quando torna-se um organismo capaz de fecundar outras almas". Essa função da palavra de condensar os movimentos da vontade, da atenção e da própria alma humana e, por outra parte, produzir efeitos na alma dos outros permite dizer que ela é a máxima manifestação do ato vital de uma pessoa. Desse modo, o que se descortina nas reflexões de Florenskij é o aceno para a necessidade de reconhecer que a arte da palavra e da escuta constituem atividades radicadas no esforço do conhecimento.

A observação crítica de Safra com relação ao hábito dos clínicos de considerar a linguagem fora do seu registro ontológico e, portanto, reduzida a um sistema de signos encontra seu fundamento no modo como os teólogos russos como Berdajev e Florenskij consideram a linguagem. A linguagem permite o acontecer da pessoa e sua revelação:

> A palavra é energia humana, é energia da humanidade que se revela por meio da pessoa. Mas não podemos considerar esta energia como objeto da palavra ou como seu conteúdo: na sua atividade de conhecimento a palavra guia o espírito para além dos confins da subjetividade e o coloca em contato com o mundo que se encontra para além de nossos estados psíquicos. Graças a sua natureza psico-fisiológica a palavra no mundo não desaparece como uma fumaça, mas nos coloca frente a frente com a realidade e pode portanto, tocando o seu objeto, ser referida do mesmo modo seja à revelação do objeto em nós, seja a nossa revelação diante dele. (Florenskij, 2003, p. 21)

A proposta do teólogo russo é feita a partir da concepção de que ser pessoa consiste na oferta da vida pelo outro, manifestada no mais alto grau pela relação de amizade. O que ele diz sobre o uso da palavra em termos da sua estrutura antinômica e na sua dimensão receptiva ajusta-se não só do ponto de vista teórico, mas também prático para aqueles que têm a tarefa de acompanhar alguém no seu processo de singularização. Florenskij está preocupado em preservar a atividade em torno da palavra. Ele entrevê o risco da compreensão ilusória da realidade, porque o formalismo, o esquematismo, pode marcar a relação comunicativa nas ações do falar e escutar. A passagem do ilusionismo para o realismo se dá no "contato vivo com o ser" e na medida em que se compreende que "a vida é uma contínua subversão da autoidentidade abstrata, um contínuo morrer da pessoa para crescer em comunidade – *sobornost*" (Florenskij, 2003, p. 95). A formação da subjetividade se dá para Florenskij no âmbito da intersubjetividade. Tal concepção, segundo Tagliagambe (2010, p. 192), teve profundo impacto na cultura russa do tempo e influenciou fortemente o crítico literário e teórico da literatura Michail M. Bakhtin (1895-1975).

A perspectiva do conhecimento elaborada por Florenskij, portanto, comporta a superação da dicotomia entre o interno e externo, sujeito e objeto, pois "no ato do conhecimento o sujeito não pode estar separado do seu objeto". Contudo, por meio dessa unidade, resulta que nem o objeto vem desfigurado pelo sujeito e nem o sujeito será absorvido totalmente por esse conhecimento e, assim, se superam posições abstratas e sem a consideração da experiência vivida. Conforme indicou Safra (2004) para falar do ser humano, Florenskij não utiliza conceitos, mas procura desenvolver uma linguagem que possa ir ao encontro de hospedar a estrutura paradoxal do ser humano tal como a poesia, a música, a arte e a literatura.

O segundo ponto fundamental que se relaciona com o *ethos* é aquele da realidade e sua interpretação. Florenskij sugere que a ciência considere as palavras com as quais são definidos os fenômenos estudados como um símbolo, pois, dessa forma, será possível respeitar a complexa estrutura e a dinamicidade constitutiva da realidade. Para Florenskij, a descrição deve se basear sobre uma constante verificação ou hermenêutica dos símbolos para não trair ou produzir uma compreensão distorcida da realidade simbolizada. É evidente, portanto, que os símbolos apareçam como órgãos ou instrumentos para nosso contato com a realidade e, por meio deles, pode-se entrar em contato com aquilo que foi colocado de lado no nível da consciência (Florenskij, 2003, p. 96). Desse modo, a descrição científica apresenta-se como um processo dinâmico, composto por tantas imagens ou símbolos e não como um quadro sistemático de explicações e formulações: "As imagens fundamentais, que compõem segundo as linhas principais uma espécie de quadro pintado com as palavras, consistem em imagens de segundo grau, e estas, por sua vez, são configuradas por outras imagens e assim por diante" (Florenskij, 1989, p. 122). É interessante perceber que a síntese entre palavra e imagem em Florenskij se dá de modo muito simples: por meio das imagens nós podemos ver o mundo e pela palavra e a invocação dos nomes podemos ouvi-lo. Também Florenskij estudou profundamente a forma como o ser humano, por meio da arte, chega a organizar o espaço e o tempo. A dimensão estética é fundamental, pois possibilita a orientação do ser humano, quando pode ser compreendida não somente como decorrente da criatividade subjetiva de alguém, mas, sobretudo, como revelação da realidade, conforme afirma o teólogo russo: "as imagens da arte são fórmulas para a compreensão da vida" (Florenskij, 2007, p. 15).

A teoria do conhecimento de Florenskij parte do dever ético de instaurar uma relação viva, concreta, com cada fenômeno a ser observado como objeto de conhecimento. Segundo sua opinião, não é possível exprimir-se – científica, filosófica e teologicamente – sobre determinada coisa a partir dos esquemas conceituais preestabelecidos, mas somente a partir de uma relação que permite instaurar canais de comunicação entre o sujeito e o objeto. Tal caminho pode ser percorrido na medida em que é eliminada a pretensão de absorção cognitiva por parte do sujeito com relação ao objeto e se, por outro lado, o sujeito não for ofuscado e imobilizado – perdendo, assim, a sua identidade de sujeito cognoscitivo – pelo objeto de conhecimento (Zak e Fernandes, 2016, p. 250). Florenskij é solicitado a fornecer uma descrição a respeito das suas posições filosófico-científicas e sobre sua teoria do conhecimento e, em sua resposta, exprime-se da seguinte maneira:

> Ao iluminismo, ao subjetivismo e ao psicologismo contrapomos o realismo como a certeza a respeito da realidade trans-objetiva do ser: o ser abre-se ao conhecimento sem mediação possível. A percepção não é subjetiva, mas é realizada pelo sujeito, ou seja, refere-se ao sujeito apesar de não ser imanente a ele. Em outros termos, no conhecimento se exprimem a autêntica expansão do sujeito e a autêntica união da sua energia (na acepção do termo utilizada no século XIV) com a energia da realidade a ser conhecida. (Florenskij, 2007, p. 7-8)

Se cada fenômeno, enquanto símbolo, é definido pela relação entre aquilo que nesse determinado elemento está "fora" e aquilo que nele está "dentro", tal relação é sempre dinâmica, feita por uma constante tensão – ou vibração – manifestativa do lado interior (*noumenico*) com relação aquele externo (fenomênico). Portanto, se o fenômeno é um conjunto composto de inumeráveis estratos, pode-se dizer que o estrato mais próximo, o mais acessível com relação ao observador, é a manifestação em ato do estrato "escondido", que está além. Por sua vez, esse é também a manifestação de outro estrato ainda menor da complexa cadeia. É fácil ver, por esse motivo, o quanto, na perspectiva de Florenskij, a estrutura interna de cada coisa possua uma composição feita de inumeráveis manifestações que transversalmente colocam em interação o inteiro corpo e conecta cada parte, elemento e plano do real. Vale aqui a definição de símbolo como uma realidade que carrega consigo a energia de outra realidade e "não se encontra sobre o plano da razão, pois é estruturalmente antinômico" (Florenskij, 2003, p. 96).

Por fim, o terceiro elemento que gostaria de sublinhar na elaboração do pensamento complexo em Florenskij, que tem imediata implicação para a compreensão dos problemas do sofrimento humano contemporâneo, tem relação com o fato de que na sua obra se explicita uma nítida preocupação com a memória nos seus diversos níveis. Aliás, a concretização do modo de pensar em perspectiva complexa revela-se justamente – em toda a sua intensidade – nas cartas que o pensador russo escreve aos familiares e, por meio deles, para toda a humanidade. O conteúdo delas expressam as vivências de alguém que teve de transcorrer os últimos anos da vida em um dos mais cruéis e infernais *gulags* do século XX.

Essas cartas escritas por Pavel Florenskij desde os campos de concentração do regime de Stalin revelam a preocupação em manter-se fiel aos laços mais originais das relações afetivas com os seus amados familiares e transmitir-lhes os sentimentos, as reflexões e as experiências interiores por ele vividas. Por meio delas, é possível compreender como se pode afirmar a pessoa e o valor das relações intersubjetivas apesar do esfacelamento do humano provocado pelo contexto das ideologias totalitárias. Na atualidade, essa tendência à homologação e à redução do humano tem "novos rótulos". Assim, o estudo e a leitura dessas cartas podem permitir olhar para o sofrimento contemporâneo sob uma nova luz. Nessas fontes autobiográficas estão presentes o desenvolvimento de uma *Weltanschauung* capaz de oferecer as condições para a compreensão da estrutura antinômica do real e a sua correspondente complexidade.

Em 19 de outubro de 1936, escreve à sua esposa dizendo que todo o trabalho que realiza nos campos tem como ponto de orientação a memória dos filhos. Aqui vemos como Florenskij procura organizar e retomar o sentido de tudo o que vive e sofre nos campos e, desse modo, a memória passa a ser o horizonte para a ressignificação de toda a vida:

> Somente por meio de vocês passa o fio que me liga à vida e tudo o resto me interessa somente com relação a vocês, minha querida Ana e queridos filhos. E isto pode parecer estranho porque eu me deixo absorver pelo trabalho. Mas trabalhando me parece poder estar com vocês. (....) Talvez eu erre, mas eu faço este trabalho sempre em referência aos filhos, na esperança que o meu material possa ser instrutivo para eles. Do resto, no meu coração me dou conta que somente cada um individualmente pode recolher o material para tirar as próprias conclusões, enquanto aquilo que é recolhido por outros com uma certa perspectiva, normalmen-

te é pouco utilizado. Mas é a vida: nós nos damos conta da vaidade dos esforços mas se espera sempre... Talvez o sentido deste trabalho é só aquele de fazer saber aos filhos que penso sempre neles e que procuro ajudar-lhes como posso. (Florenskij, 2006, p. 330-331 – Carta de 19 de outubro de 1936)

Florenskij quer sinalizar aos seus a importância de dar atenção à estrutura interna de tudo o que existe. É exatamente sobre essa estrutura – marcada pela presença de polos opostos e contradições – que se detém na carta escrita a Olga. Ele deseja ensiná-la a reconhecer o que é típico da estrutura das melhores obras literárias que possuem uma constituição marcada pelas polaridades, e, portanto, indicam ao leitor a importância de reconhecer a presença das contradições em cada fenômeno observado.

> Quando você lê uma obra, procure entender como ela foi construída do ponto de vista da estrutura e, mais especificamente, qual a finalidade deste ou daquele particular ali presente. Deste ponto de vista, são particularmente interessantes as fraturas da exposição, as repetições, os deslocamentos no tempo e no espaço e, principalmente, as contradições. Em geral busca-se explicar as contradições como a luta entre algumas versões e como tramas embrionárias que irrompem na narração principal. Do ponto de vista psicológico isto acontece de modo frequente; o essencial, porém, quanto a estrutura não é compreender de onde provenha um certo tema da trama, mas por qual razão, por qual motivo ele foi mantido pelo autor, não obstante as contradições com o tema principal. Ao contrário, quando se examina bem, vê-se que tal contradição serve para intensificar o efeito estético da obra. De tal forma que a contradição aguça a atenção do leitor. Pode-se dizer que quanto mais grandiosa é uma obra, tanto maior são as contradições que podemos encontrar nela. (Florenskij, 2006, p. 153-154 – Carta de 22 de fevereiro de 1935)

Os três tópicos assinalados acima, em seu conjunto, exemplificam como a elaboração teológica de Florenskij não permite uma separação com relação à sua existência. Além disso, os elementos destacados como a palavra, a imagem, o símbolo e a memória evidenciam a forte dimensão interdisciplinar e as possíveis ressonâncias desse tipo de posicionamento complexo para a clínica.

O TEATRO DO MUNDO E O ELEMENTO ESTÉTICO

No livro *A face estética do self*, Safra mostra o significado teórico e clínico representado pelo não esquecimento da perspectiva estética no processo de acompanhamento da pessoa. As qualidades estéticas e toda a trama envolvendo os símbolos, os espaços e os objetos estão colocados a serviço da cura. Retirei algumas notas da obra do teólogo von Balthasar para discutir e ampliar essa perspectiva estética. Ele observou que, se existe um componente ou dimensão que merece mesmo atenção na elaboração de qualquer conhecimento, esse é o elemento estético. Diz Balthasar:

> (...) sem o conhecimento estético, nem a razão especulativa nem a razão prática conseguem desenvolver-se completamente. Se falta ao *verum* o *splendor* que é para são Tomás, a prerrogativa do belo, o conhecimento da verdade permanece pragmático e formalista (...) Essa dimensão é a sede

395

SEÇÃO VI — PSICOLOGIA E INTERDISCIPLINARIDADE

da beleza e, portanto, desvela também a sede ontológica da verdade do ser e torna livre o pesquisador, dando-lhe aquela distância espiritual que torna o belo, encarnado em uma figura, digno de amor em si mesmo (e não apenas pelo meu ser). Na figura luminosa do belo, o ser do ente torna-se visível como em nenhuma outra parte; por isso, um elemento estético tem de estar presente em todo conhecimento e tendência espiritual. (Mondin, 2003, p. 674)

O edifício teológico construído por von Balthasar é original e o seu sistema está permeado por uma linguagem viva e concreta. Basta pensar, por exemplo, na sua obra intitulada *Teodramática*, composta por cinco volumes, onde ele quer discutir "o caráter dramático da existência na sua totalidade" (Balthasar, 1982, p. 18). É evidente que, por ser uma obra teológica, o autor mostra tal dramaticidade à luz da revelação bíblica. No entanto, três pontos particulares chamam a atenção quando nos aproximamos do primeiro volume, que representa uma introdução ao drama. O primeiro deles é o interesse de von Balthasar em descortinar a complexidade do teatro como estrutura de representação que pressupõe o envolvimento das pessoas na trama e suas respectivas tarefas. Para o teólogo, essa categoria oferece um ponto de partida favorável "para uma teodramática como agir social no mundo, pois no teatro acontece uma espécie de esforço de transcendência no qual os seres humanos juntos podem ver e julgar a própria verdade sobre si em razão de uma metamorfose" (Balthasar, 1980, p. 16). Apresenta-se, assim, uma interessante discussão sobre a dialética da máscara como ocultamento e desvelamento:

> O lugar no qual se encontra o ator é inteiramente preenchido pela atividade criativa de um luminoso projeto de unidade da existência. Já que o drama representado não pode de modo algum ser simplesmente a cópia estereotipada da vida real com os problemas sem solução. Também para mostrar a vida como ela é, será necessário mostrar como há de ser e por que precisamente se apresenta com este preciso aspecto ou também por que não é como parece ser. Se o autor é o compositor da composição ideal da existência, então o ator singularmente ou também a soma dos singulares atores não bastará para encarnar a idealidade do drama na sua indivisível unidade. (Balthasar, 1980, p. 254)

Toda a descrição desenvolvida por Balthasar a respeito tanto do instrumental dramático quanto dos seus elementos leva em conta a função de espelho que o teatro conserva em si. Apesar da ambiguidade presente na imagem vista no espelho, o ser humano tem necessidade de apoiar-se em algo para além de si. O teatro aparece – nesse sentido – "como instrumento legítimo de conhecimento e iluminação do ser humano" (Balthasar, 1980, p. 84).

O segundo ponto que chama a atenção nas sugestivas reflexões estéticas presentes na teodramática de Balthasar refere-se ao tema do papel a ser representado e o dualismo experimentado na existência entre aquilo que eu represento e aquilo que verdadeiramente sou. O teólogo suíço problematiza a questão da diferença entre o papel assumido e o cuidado em responder à pergunta sobre o mistério do eu. Diz: "na grande confusão do homem imerso entre outros homens e colocado no mundo a pergunta 'quem sou eu', é reduzida e colocada à margem" (Balthasar, 1980, p. 471).

Por último, seria oportuno acenar para toda a discussão oferecida nos últimos capítulos da introdução à dramática que gira em torno da passagem da representação de um papel para o efetivo envolvimento em uma tarefa por parte do ser humano. Portanto, será principalmente nessa parte que Balthasar abrirá o espaço para sugerir que a tarefa da psicologia moderna deveria ser a de levar a sério a singularidade com todas as suas características e exceções. Não é menor tarefa aquela de apontar as diferenças entre o dinamismo do eu e o papel por ele desempenhado.

O PRINCÍPIO DA OPOSIÇÃO POLAR E A EXISTÊNCIA EM ROMANO GUARDINI

A teologia elaborada por Romano Guardini (1885-1968) caracteriza-se pelo esforço de colocar a especulação diretamente em correspondência com a experiência vivida. Guardini e outros filósofos como Levinas, Mounier, Buber e Maritain passaram a considerar a pessoa – compreendida no seu dinamismo de liberdade e transcendência – como a estrutura que move o todo (Borgna, 2013, p. 28). Em suas obras encontramos o exame atento e prolongado dos fenômenos, dando uma conotação fenomenológica e, ao mesmo tempo, existencialista às reflexões (Mondin, 2003, p. 489). Se partirmos dos resultados alcançados na obra juvenil de 1925, intitulada *Oposição polar*, encontramos a extraordinária tentativa de delinear as possibilidades de apreender os dinamismos das vivências da pessoa em concreto, desde a dimensão física, biológica, psicológica e espiritual. Trata-se, então, de uma proposta de elaboração de uma *Weltanschauung* integral, na qual a realidade (e nela também o ser humano) é construída a partir da lei da oposição seguindo uma velha tradição de filósofos/teólogos para os quais a lógica do paradoxo e da contradição são fundamentais para uma leitura aberta e não parcial do mundo. A apresentação dos oito pares de opostos constitui uma estrutura fundamental de toda a realidade. Guardini (1997, p. 29) diz que "toda a extensão da vida humana parece dominada pelo dado de fato dos opostos (...) que está também na base de cada realidade viva e concreta". Na verdade, em sua teologia aparece o desejo de superação de uma visão reducionista do ser humano. No entanto, não é possível adquirir uma visão integral, porque o ser humano sofre o adoecimento da unilateralidade, que significa sucumbir em identificar o Ser com um dos seus componentes. Consequentemente, a grandeza teórica do livro consiste em reconhecer que, apesar de os opostos não se encontrarem, eles guardam intrínseca relação uns com os outros apesar de suas diferenças.

Podemos recordar aqui a obra *Perspectiva inversa*, de Florenskij, na qual se propõe a tese em torno da superação da visão linear operando a passagem para um olhar no qual haja a transgressão dos delineamentos fixos. Tal perspectiva inversa se expressa no termo "vida", que em Guardini representa o corretivo à formulação lógica e ao determinismo científico. A vida, por sua essência, é paradoxal. Quando estamos diante de alguém, reconhecemos a figura de um corpo, mas a particular configuração da pessoa mostra que existe algo para além, algo mais, que não é dado, com essa sua realidade, mas que não pode ser separado dela (Guardini, 1997, p. 26).

Interessante observar na complexa estrutura do seu livro que a oposição não se refere a uma propriedade à qual o ser humano está ligado, mas define o próprio sujeito vivente. A fórmula usada pelo teólogo do início ao fim da obra será: "a vida é vivida como"; "a vida é experimentada como...". Os diversos polos paradoxais apresentados em torno da vida são bastante inspiradores, pois permitem que se abordem a experiência do ser humano com o sagrado baseado no delineamento do dinamismo da própria pessoa. Diz Guardini: "A vida é experimentada, na própria estrutura, como ação e operação, fundamentais direções de significados, mas sobretudo se dirige à totalidade. (...) Assim, a vida se experimenta como algo que tende ao todo, ao inteiro" (1997, p. 49). Por outro lado, na mesma página se reconhece

396

que esse desejo de compreensão total em sua pureza não é possível de realizar-se, porque a verdadeira totalidade tem de possuir em si um mínimo de especificação e concretude. Por isso, nessa direção, aparece o polo oposto, no qual "a vida também é experimentada como traçada em direção ao sentido específico, singular" (1997, p. 50). A sensibilidade humana de Guardini e suas lúcidas considerações levam-no a estabelecer o nexo relacional entre o interno e o externo, o dinâmico e o estático, o sólido e o líquido, o profundo e o superficial.

Penso que tais considerações possam ser extremamente relevantes para o trabalho na clínica, porque chama a atenção sobre as questões fundamentais do destino humano na sua relação com o sagrado e com a dimensão estética. Para Safra (2004, p. 33), "a clínica hoje exige que o profissional possa estar situado no registro ético-ontológico, a fim de que possa ouvir a dor do seu paciente no registro do seu aparecimento". Parece-nos que a leitura de Guardini coloca o acento na experiência do sujeito e não a reduz simplesmente à dimensão psíquica. A dimensão do sagrado é assumida por ele na apresentação da maneira como a vida – no seu mistério – se comporta com relação ao sujeito. Ele afirma:

> A vida sente que o seu significado não está na realização de um fim que vem de fora, mas em si mesma. A vida se experimenta com o seu próprio sentido. Este sentido, porém, se afirma sempre novo e em forma nova, por situações sempre novas, em ações nunca realizadas. A vida não se justifica referindo-se a uma regra de fora, mas por si mesma. A vida não se amarra; mas ela mesma impõe leis sempre novas. A vida não se repete; mas se impõe um início sempre novo. (....) As incalculáveis oscilações nervosas dos nossos estados psicológicos faz com que cada dia possamos experimentar como a vida vai e vem: experiências que nos enriquecem, intuições que abrem, palavras que libertam, força que cria; a vida vem sem que se possa forçá-la e vai sem poder impedir. (Guardini, 1997, p. 66-67)

Por outro lado, Romano Guardini (1972) escrevendo sobre as virtudes elabora uma teologia da gentileza como contribuição essencial para a existência e para a cura das feridas. Segundo nosso autor, o espírito gentil alivia a carga das dificuldades da vida, abre o sujeito para ser sensível perante o cansaço do outro e para a escuta do seu pedido de socorro. Há uma dimensão social da gentileza – recordada nos textos da tradição bíblica (Dt. 24, 17-18) com relação aos estrangeiros, órfãos e viúvas – de capital importância para a situação contemporânea já que se corre o risco de diminuir o sentido da dignidade do sofrimento e também o sentido da solidariedade e da comunhão com os sofredores (Borgna, 2013). Já no que se refere ao significado existencial da doença e da fragilidade, Guardini (2001), no seu texto sobre a ética, pergunta: "não é frequente acontecer que só por meio do acometimento de uma doença venha à tona para a pessoa uma maior seriedade e, em geral, aparecem os estratos mais profundos da vida na sua integridade?". Nessa mesma linha encontram-se as lições do teólogo Bonhoeffer (2002), para o qual era necessário aprender a avaliar os outros a partir não daquilo que realizavam ou deixavam de fazer, mas por aquilo que sofriam.

CONSIDERAÇÕES FINAIS

As perspectivas teóricas dos teólogos Pavel Florenskij, Hans Urs von Balthasar e Romano Guardini permitem apreender a rica e variada forma de estabelecer as relações entre a teologia e a psicologia. Todos eles foram testemunhas da redução sofrida pelo ser humano nas guerras, genocídios e horrores dos campos de concentração que marcaram o século XX.

Decisiva, nesse sentido, é a contribuição de Florenskij para a elaboração de um pensamento complexo que não é apreendido por meio dos refinados contornos da sua arquitetura especulativa, mas proposta nos tons íntimos, espontâneos e originais expressas no seu epistolário onde toca as principais questões referentes ao registro do *ethos* humano.

A perspectiva presente na obra de Balthasar – um dos maiores teólogos do século XX – ensina que a experiência estética é fundamental na constituição do ser humano na passagem do reconhecimento da sua missão no mundo e na superação da alienação. O fenômeno que se apresenta a nós de modo limitado e incompleto pode ser colhido na sua complexidade na medida em que ao ser humano se oferece a possibilidade de acesso ao registro estético.

Romano Guardini, por sua vez, em convergência com as reflexões de Florenskij, aposta no fenômeno originário que não se ajusta a uma perspectiva linear, mas se estrutura a partir da oposição como uma propriedade essencial de todo o vivente. Nasce daí um modelo para poder ler a realidade. Para Guardini, a vida é experimentada como manifestação da transcendência e tudo o que encontra é por princípio espiritual e corpóreo junto, ou seja, humano.

REFERÊNCIAS BIBLIOGRÁFICAS

Balthasar, V. U. (1980). *Teodramática: introduzione al dramma*. Tradução: Guido Sommavilla. Milano: Jaca Book.

Balthasar, V. U. (1982). *Teodrammatica: le persone del dramma*. Tradução: Guido Sommavilla. Milano: Jaca Book.

Bonhoeffer, D. *My soul finds rest: reflections on the Psalms by Dietrich Bonhoeffer*. Michigan, Zondervan, 2002.

Borgna, E. (2013). *La dignità ferita*. Milano: Feltrinelli.

Florenskij, P. (1989). La descrizione simbolica. In: ID. *Attualità della parola: la lingua tra scienza e mito*. Tradução italiana de: E. Treu. Milano.

Florenskij, P. (2003). *Il valore magico della parola*. Tradução: Graziano Lingua. Milano: Edizione Medusa.

Florenskij, P. (2006). *Non dimenticatemi: le lettere dal gulag del grande matematico, filosofo e sacerdote russo*. (Orgs. Natalino Valentini e Lubomir Zak). Milano: Mondadori.

Florenskij, P. (2007). *Il simbolo e la forma: scritti di filosofia della scienza*. Torino: Bollati Boringhieri.

Florenskij, P. (2012). *A perspectiva inversa*. Tradução: Neide Jallageas e Anastassia Bytsenko. São Paulo: Editora 34.

Guardini, R. (1972). *Virtù*. Brescia: Morcelliana.

Guardini, R. (1997). *L'opposizione polare: saggio per una filosofia del concreto vivente*. Tradução: Giulio Colombi. Brescia: Morcelliana.

Guardini, R. (2000). *Linguaggio, poesia e interpretazione*. Tradução: Giulio Colombi. Brescia: Morcelliana.

Guardini, R. (2001). Ética. Brescia: Morcelliana.

Mondin, B. (2003). *Os grandes teólogos do século vinte: teologia contemporânea*. Tradução: José Fernandes. São Paulo: Editora Teológica e Paulus.

Safra, G. (2004). *A po-ética na clínica contemporânea*. 3ª ed. São Paulo: Idéias & Letras.

Safra, G. (2005). *A face estética do self – teoria e clínica*. São Paulo: Unimarco.

Safra, G. (2006). *A hermenêutica na situação clínica: o desvelar da singularidade pelo idioma pessoa*. São Paulo: Edições Sobornost.

Safra, G. (2012). A questão da depressão: horizontes antropológicos In: Reblin, I. A.; von Sinner, R. (Orgs.). *Religião e Sociedade: desafios contemporâneos*. São Leopoldo: Sinodal, Faculdades EST.

Tagliagambe, S. (2006). *Florenskij*. Milano: Bompiani.

Žak, L.; Fernandes, M. L. (2016). Ressonâncias teológicas da fenomenologia simbólica: uma aproximação entre Edith Stein e Pavel A. Florenskij. *Pistis & Praxis. Teologia e Pastoral*, v. 8, n. 2, p. 245-278. Disponível em: http://www2.pucpr.br/reol/pb/index.php/pistis?dd1=16251&dd99=view&dd98=pb. Acesso em: 10 fev. 2017.

A ética do cuidado na clínica do envelhecimento: diálogos entre a psicologia e a geriatria/gerontologia

Fernando Genaro Junior

Na contemporaneidade, diferentes campos de conhecimento são convocados a dialogar com a Gerontologia, a fim de compreender o processo de envelhecimento de forma multidimensional (Neri, 2008). Neste momento histórico, em que o mundo envelhece de forma acelerada e crescente, se faz cada vez mais urgente a reflexão sobre as intervenções que a Psicologia Clínica pode oferecer, a partir da revisão do seu arcabouço teórico-técnico, levando-se em conta as novas possibilidades do envelhecer.

Assim, neste capítulo procuro levantar e resgatar os aspectos éticos da condição humana, em especial aqueles que se referem aos cuidados próprios da clínica do envelhecimento sob a ótica da Psicologia Clínica; busco também estabelecer diálogos com as áreas de Geriatria/Gerontologia. Inicialmente, faço uma breve contextualização a respeito do campo dessa práxis, privilegiando a interlocução com áreas afins das ciências da saúde e humanas. Adiante, apresento algumas ponderações sobre um modelo clínico de atendimento para a população idosa, a partir de experiências clínico-institucionais e de pesquisas desenvolvidas no contexto da atenção global à saúde psíquica (primária, secundária e terciária) dos *velhos*. Acompanho-me nessa trajetória do referencial da psicanálise winnicottiana (1896-1971) e pós-winnicottiana, assim como das concepções clínicas e teóricas desenvolvidas por Safra (2004; 2006a). Além disso, utilizarei concepções sobre a ética e o perdão na obra Lévinas[1] (1906-1995).

Dedico aos *velhos* este capítulo, como prefere denominar Bosi (2007), no intento por resgatar o valor mais fundamental dessa palavra e/ou condição. Vivemos num mundo ocidental que muitas vezes privilegia concepções negativas e/ou infantilizações camufladas de valorização e aceitação dos velhos, denunciadas em expressões de uso corrente como: "*a melhor idade*", "*terceira, quarta idade são as melhores*", "*nem parece que tem a idade que tem, faz ginástica, trabalha melhor que um jovem*", "*que vovozinha fofinha*", "*ficou velho e voltou a ser criança*". Bosi (2007) recupera o frescor do sentido de tal terminologia, retirando-lhe o sentido pejorativo ou de desqualificação; posicionando-o como uma resistência política ao presente momento social e cultural.

PSICOLOGIA E ENVELHECIMENTO: DADOS RELEVANTES

Segundo os critérios da Organização Mundial da Saúde[2], a entrada na velhice se dá aos 60 anos para os países em desenvolvimento e 65 em países desenvolvidos. Já o processo de envelhecimento é algo que se inicia desde o nascimento e caminha até a morte. Assim, torna-se uma classificação biopsicossocial que possibilita o fomento de políticas públicas, estudos e cuidados específicos para esse momento de vida. No contexto brasileiro, as taxas de envelhecimento delineiam um desafio para tais políticas[3].

---

[1] Cabe ressaltar que aqui não é minha intenção *fazer Filosofia*, mas nutrir a busca por compreender algumas questões que concernem à natureza humana, em especial aqui o perdão na velhice como justiça ética. Assim, farei alguns recortes da obra do autor, a qual é vasta, complexa, o que demandaria tempo e espaço que o contexto não nos permitiria.

[2] Para mais desenvolvimentos, favor consultar: Organização Mundial de Saúde. (2008). *Guia global: Cidade amiga do idoso.* Genebra: Autor.

[3] Dados do Instituto Brasileiro de Geografia e Estatística (IBGE) de 2015 indicam que a taxa de fecundidade total para o Brasil passou de 2,14 filhos por mulher, em 2004, para 1,74 filho por mulher em 2014, representando uma queda de 18,6% (IBGE, 2015). Assim, observam-se crescimento populacional progressivo e queda significativa da taxa de fecundidade; 7,4% da população têm mais de 65 anos; as regiões Sul e Sudeste demonstram as maiores taxas de envelhecimento em relação às outras regiões do Brasil. A projeção do IBGE (2015) indica que o Brasil terá aproximadamente 216 milhões de habitantes em 2025, dos quais 31,3 milhões, ou seja, aproximadamente 15% dessa população serão idosos. Em 2040, quando a expectativa de vida alcançará 81,2 anos, teremos uma estimativa de 52 milhões de brasileiros idosos.

SEÇÃO VI — PSICOLOGIA E INTERDISCIPLINARIDADE

Observa-se um crescente e significativo número de trabalhos e pesquisas enfocando o tema da velhice sob diferentes vertentes teóricas e metodológicas. Um deles está relacionado ao campo da Gerontologia:

> Gerontologia é o campo multi e interdisciplinar que visa à descrição e a explicação das mudanças típicas do processo de envelhecimento e seus determinantes genético-biológicos, psicológicos e socioculturais. Interessa-se também pelo estudo das características dos idosos, bem como pelas várias experiências de velhice e envelhecimento ocorridas em diferentes contextos socioculturais e históricos. Abrange aspectos do envelhecimento normal e patológico. (Neri, 2008, p. 95)

Nessa perspectiva, verificamos estudos que se interessam pelo envelhecimento ativo e saudável, por trabalhos com grupos de *velhos* em centros de convivência e lazer, intervenções psicossociais, bem como pela elaboração de teorias como a da Psicologia do Idoso, referenciada na Psicologia do Desenvolvimento. Há também pesquisas que buscam entender os aspectos das diferenças do processo de envelhecimento a partir da etnia, do gênero, das condições sociais, das vivências subjetivas, bem como dos desafios que o envelhecimento traz para psicogerontologia (Ribeiro, 2015; Neri, 2008).

Cabe diferenciar esses dois campos/conceitos – o da Geriatria e o da Gerontologia –, ainda que na atualidade a maioria dos médicos geriatras atue sob uma perspectiva gerontológica, lembrando-se que, historicamente, o conceito Geriatria surgiu no século XX a partir da Gerontologia, voltando-se à saúde e à doença, às alterações surgidas na velhice e às outras interfaces biológicas. A despeito da discriminação conceitual, fundamental é o cuidar da pessoa que envelhece e/ou já envelheceu, auxiliá-la a conquistar melhor qualidade de vida, saúde, e, sobretudo, a necessária dignidade e de uma vida que valha a pena ser vivida (Neri, 2008).

Já a Psicologia Social tem buscado explorar os efeitos da representação social da velhice, associando-os a diferentes contextos sociais, bem como a diferentes grupos etários. Busca-se com isso comparar caminhos pensados e caminhos traçados na velhice, tendo em vista propor intervenções no campo social e das políticas públicas. Destaco os clássicos trabalhos sobre a memória social dos velhos (Bosi, 2007).

A Política Nacional do Idoso tem como eixo fundamental a noção de envelhecimento saudável, compreendido a partir da manutenção e da melhoria da capacidade funcional, da prevenção de doenças, da recuperação da saúde dos que adoecem e da reabilitação daqueles que venham a ter a sua capacidade funcional restringida. Tudo isso para assegurar a permanência dos indivíduos no meio social. Para a execução dessa proposta, o Sistema Único de Saúde (SUS) dispõe de Equipes de Saúde da Família para a Assistência Básica de Saúde, Hospitais Gerais e Centros de Referência à Saúde do Idoso. Já com o advento do Estatuto do Idoso em 2003, uma série de outras ações governamentais e de políticas públicas foram adotadas, em especial na área da saúde, sobretudo porque os *velhos* consomem mais serviços médicos e hospitalares, em virtude de doenças crônicas e múltiplas.

Do ponto de vista social, temos a Política de Assistência Social aos Idosos, que integra a Política Nacional e que traz como proposta o asseguramento dos direitos sociais da pessoa idosa, em especial dos que estão em condição de vulnerabilidade, tais como: os Centros e Grupos de Convivência, as Instituições de Longa Permanência, os Centros-Dia, as Casas-lar, as Repúblicas, além do Benefício de Prestação Continuada. Outros dois setores da Política Nacional do Idoso são as políticas de trabalho, previdência e seguridade social, e as políticas de esporte, turismo e lazer e educação para os idosos.

Pesquisadores dessa área ressaltam que, para realizar intervenções adequadas às características sociais e culturais da população idosa, é necessário conhecer mais sobre a forma como os idosos brasileiros envelhecem e quais são as dificuldades que encontram nesse caminho (Brasil, 2003).

Uma área em significativa ascensão no campo do envelhecimento é a Neuropsicologia. Nela são encontrados trabalhos que investigam as funções cognitivas do envelhecimento normal e patológico; descrição do perfil cognitivo dos velhos diagnosticados com demências de vários tipos e estudos que tratam do treino da memória e outras funções neuropsicológicas; e os trabalhos de reabilitação neuropsicológica, entre outros. Ainda nesse campo há trabalhos importantes em relação ao diagnóstico diferencial, em especial o clássico diferencial entre depressão e demência, cujo sintoma, como a perda significativa de memória, traz dúvidas em relação a sua etiologia (Malloy-Diniz, Fuentes, Cosenza, 2013).

Já no campo da Psicologia Clínica de inspiração psicanalítica, há diferentes perspectivas teóricas que têm se dedicado ao envelhecer, uma vez que os clínicos têm sido cada vez mais requisitados a realizar trabalhos conjuntos na área da Geriatria/Gerontologia, considerando-se o aspecto multidimensional do processo de envelhecimento. Entre as pesquisas teórico-clínicas, temos trabalhos realizados com velhos considerados normais, depressivos e demenciados, em que são avaliados diferenças e alcances terapêuticos da psicoterapia. Há discussões sobre impasses clínicos e mudanças na relação psicoterapêutica na velhice, fluxos de energia libidinal, conflitos entre pulsão de vida e pulsão de morte, tecendo reflexões sobre investimentos e desinvestimentos pulsionais advindos de várias perdas na velhice. Destaco estudos clínicos que abordam a questão das demências a partir do modelo mnemônico freudiano, propondo que o processo demencial seria o próprio declínio do aparelho psíquico como fuga do mundo simbólico: velhice como castração; velhice e neurose crônica; processo psicanalítico e a resistência do paciente idoso na elaboração das perdas autorepresentacionais, resultando em psicopatologias de cunho hipocondríaco, depressivo-melancólico (Rosa e Vilhena, 2015; Goldfarb, 2009).

Ampliando-se o cenário da clínica de orientação psicanalítica que aqui apresento, e pensando sob diferentes enquadres clínicos para contextos variados, encontramos trabalhos que abordam a experiência de oficina de cartas, fotografias e lembranças como intervenção psicoterapêutica grupal com idosos, enfocando a experiência de recordação e da transicionalidade, a partir de recursos estéticos, sob uma perspectiva winnicottiana. Ainda no âmbito de diferentes enquadres clínicos, encontramos a atuação do acompanhamento terapêutico (AT) com idosos. Há ainda poucas pesquisas nesse contexto, mas o AT tem sido um dispositivo clínico importante na clínica do envelhecimento, por ser um *setting* flexível e móvel. Essa modalidade de atendimento favorece intervenções no cotidiano do paciente idoso, em especial com relação a idosos que apresentam algum tipo de incapacidade física, mas não somente, há indicações para diferentes demandas clínicas (Barbieri e Baptista, 2013).

Sob o vértice da psicanálise winnicottiana e pós-winnicottiana, encontramos trabalhos e pesquisas que apresentam uma concepção de *holding*[4] estendido na cultura; um exemplo dis-

---

4   A autora se refere ao conceito de *holding* descrito por Winnicott, o qual encontra tradução aproximada para a língua portuguesa nas noções de sustentação, apoio,

so são as universidades abertas à terceira idade, vistas como lugar na cultura dedicado aos velhos. Contribuo nesse campo com pesquisas anteriores (Genaro Junior, 2013), das quais destaco a experiência de idealização, implantação e coordenação de um serviço de Psicologia Clínica num Centro de Referência do Idoso (CRI), na cidade de São Paulo, ligado ao SUS. Desenvolvo a proposta de uma clínica do envelhecimento como lugar ético de interlocução das demandas próprias desse momento de vida, em especial o favorecimento da revisão dos sentidos da vida em seus diferentes aspectos como alteridade fundamental para despedidas e saída do mundo. Proponho diferentes dispositivos clínicos aos equipamentos de atenção primária, secundária e terciária à saúde do idoso. Identifico nos achados clínicos das pesquisas as urgências dos velhos por vivências pessoais, assim como as necessidades de perdão das experiências passadas e de diálogo contínuo com diferentes lutos.

De forma geral, entendo que os achados da literatura acadêmica apontam para um mesmo sentido, ainda que realizado por caminhos metodológicos distintos, a saber: *a velhice como momento de diversas desconstruções, e ao mesmo tempo, como momento fecundo para revisão dos sentidos da vida*.

ALGUNS PRESSUPOSTOS SOBRE A CLÍNICA DO ENVELHECIMENTO

Em trabalho anterior (Genaro Junior, 2013) enfatizei e denominei, sustentado inicialmente pelas ideias de Winnicott (1896-1971) e posteriormente por Safra (2004; 2006a) e outros psicanalistas e filósofos contemporâneos, que a clínica do envelhecimento traz em si uma especificidade: a desconstrução do próprio *self*. Não se pode reduzir tal fenômeno a uma compreensão universal, seja ela biológica por via dos quadros orgânicos funcionais, seja por via da clínica psicanalítica clássica, que relaciona os conflitos e sintomas às vivências infantis recalcadas.

Mesmo os profissionais que estão familiarizados com o pensamento de Winnicott sabem da importância conferida, pelo pensador inglês, ao ambiente e aos cuidados originalmente destinados ao bebê, a fim de que ele se torne uma pessoa. Fato é que, embora nesses primeiros estágios se dê a fundação do *self*, o que se observa na clínica é que em todas as etapas da vida o *self* se transforma e se constitui, o que demanda a presença de outros (Safra, 2006a; Genaro Junior, 2013).

> O *self* é devir, e o fato de ser devir implica que o *self* nunca é uma estrutura formada, é sempre processual, há sempre facetas do *self* que estão sendo superadas e há sempre facetas do *self*, que, então, estão sendo constituídas.[5]

Cada pessoa envelhece de forma singular, a partir de sua biografia. Entendemos a velhice como um fenômeno natural, advindo do processo de envelhecimento; do ponto de vista psíquico, ela pode ser compreendida como o processo de *desconstrução do self* na vida adulta (Safra, 2006a). Nessa etapa da vida, frequentemente somos confrontados com a perda e/ou recolocação da vida laboral/produtiva; com os filhos que se casam e/

ou cônjuges e familiares que falecem; com a morte de amigos importantes, eventos que nos dão maior consciência da finitude. Safra (2006a) destaca a *desconstrução* vivida na corporeidade: a visão não é mais a mesma, o corpo não responde com a mesma destreza de antes, a vida sexual se reposiciona. Enfim, uma sequência de *desconstruções* começa a surgir, sobremaneira com uma maior noção do que é o tempo (Safra, 2006a; Genaro Junior, 2012; 2013).

Segundo Winnicott (1988/1990), o "ser humano é uma amostra-no-tempo da natureza humana" (p. 29), originando-se da solidão essencial e dos estados de *não ser* para findar-se, novamente, num estado de *não ser* e retornar a esse estado de solidão essencial. Embora Winnicott (1971/2005) não tenha se dedicado ao estudo específico da velhice, ele teoriza sobre o processo de amadurecimento humano, referindo-se a um tipo de crescimento "para baixo", o *growing downwards*, afirmando: "se eu tiver uma vida razoavelmente longa, espero encolher e tornar-me suficientemente pequeno para passar pelo estreito buraco chamado morte" (Winnicott, 1971/2005, p. 249).

Partindo desses pressupostos, observamos que só se torna possível viver, envelhecer e morrer àqueles que puderam *acontecer* existencialmente, aos que viveram de forma pessoal e, ainda, realizadora. Caso contrário, a velhice, bem como a própria finitude, se tornam motivo de aflição e agonia. Aqui verificamos a necessidade de contar com um lugar, ambiente humano e facilitador, que auxilie o envelhecer e o próprio morrer.

Recordo-me de um paciente que acompanhei, o senhor João[6], de 78 anos, casado, pai de cinco filhos (três homens e duas mulheres), todos casados, técnico em contabilidade, aposentado. Chegou para avaliação a pedido do seu médico geriatra, uma vez que o paciente apresentava há quase quatro anos alucinações auditivas sem causa orgânica. Fazia uso de polifármacos, sem sucesso terapêutico, após diferentes investigações médicas (Neurologia, Psiquiatria, Oncologia). Do ponto de vista físico, o senhor João não sofria de nenhuma doença crônica.

Na primeira consulta, o senhor João me disse: "Doutor eu não tô louco! Me dão remédios, muitos, mas o rádio não desliga! Tem horas que eu mesmo tento cantar pra vê se para e nada! Não aguento mais..." (*sic*).

O paciente estava aflito com o rádio que tocava sempre a mesma música da época em que era coroinha e que ajudava o padre na igreja. Avançamos na consulta, até que ele mesmo me comunicou: "Sabe o que é que minha dona acha que tô esclerosado, mas o senhor vê, os doutor me viraram do avesso e não acharam nada de errado, nada de doença ruim, nada.. nada" (*sic*). Então, o questionei sobre o que sentia que estava se passando consigo, uma vez que fazia alguns anos que o "rádio na cabeça" estava ligado. Ele então me respondeu: "Acho que é muita coisa guardada sozinha, não gosto de pensar nessas coisas... não falo com ninguém, nem com a minha dona, mas meus filhos já até fizeram um plano (?) Um plano funerário! Só de falar eu já começo a suar!..." (*sic*). A partir de algumas intervenções ao longo das sessões, João se deu conta de que ele estava apavorado com a possibilidade de a morte estar mais próxima, e com isso algumas pendências pessoais se apresentavam.

Em minha experiência clínica com os velhos, observo alguns casos em que, diante desse tipo de angústia, do silenciar, da solidão, do relaxar – retorno aos estados de não integração –,

---

suporte e acolhimento, o que se estabelece na relação do analista com as necessidades de integração do *self* do paciente.

[5] Transcrição pessoal do curso: *A clínica da maturidade*, ministrado pelo Prof. Dr. Gilberto Safra na disciplina Clínica Winnicottiana, inserida na Pós-Graduação em Psicologia Clínica da Pontifícia Universidade Católica de São Paulo (PUC-SP). Disponível em DVDs pelas edições Sobórnost. Transcrição autorizada pelo próprio autor e pelo corpo editorial.

[6] Nome fictício, a fim de preservar a identidade do paciente, conforme as prerrogativas éticas em voga.

SEÇÃO VI — PSICOLOGIA E INTERDISCIPLINARIDADE

dormir com televisão e rádio ligados torna-se quase uma espécie de "chupeta eletrônica". Talvez para que esses objetos lhes assegurarem que estão vivos, que suas presenças psicossomáticas estão ali, ainda que de forma precária, pelo barulho. Porém, no caso do senhor João, a aflição foi tamanha que ele desenvolveu um sintoma contínuo, um "rádio na cabeça", ligado a serviço da angústia de morrer sem destinar ao mundo coisas importantes. O rádio o distraia dos pensamentos aflitivos sobre a finitude e, por outro lado, devido a sua constância, o aprisionava numa hipervigilância, experiência de extrema excitação sem descanso algum. Em outras palavras, o senhor João se tornou o próprio "rádio velho" que não podia desligar.

O processo terapêutico seguiu e as intervenções e manejos foram realizados para promover o lugar de interlocução para essas comunicações significativas, até que um dia, na sala de espera do consultório, ele ficou irritado com o rádio que eu deixava ligado, desligando-o direto da tomada. Logo após, durante a sessão, pôde falar de toda sua irritação, da vida que vivia e daquela condição. Começou a bocejar na sessão e me pediu licença para deitar-se no divã; eu o acolhi. O senhor João dormiu durante uns 15 minutos, depois acordou e disse: "... Que é que o senhor faz, que quando venho aqui tenho sono? Risos... Sabe que eu lembrei? Eu nunca falei pros meus meninos (fazendo referência aos filhos e filhas) que eu amo demais eles... o que o senhor acha disso?" (sic).

Sustentei o seu gesto tão importante que nascia ali entre nós, e apenas lhe disse que seria muito difícil ter que morrer sem poder manifestar o mais fundamental: o amor dele pelos filhos; relaxar/desligar era correr o risco de desaparecer para sempre com isso em aberto. O paciente se definia como um bom pai, mas, em relação aos afetos, nunca havia se permitido falar, manifestar; vinha de uma cultura familiar em que isso não cabia para os homens. Então, por iniciativa própria, resolveu escrever cartas sobre os sentimentos amorosos em relação a cada filho, levava para as sessões, comentávamos sobre sua relação com cada filho, num tom nostálgico de despedida.

Na medida em que o processo avançou o "rádio começou a falhar". Vivia um misto de alegria, acompanhado de susto. O balanço sobre a sua vida; o seu amor pelos filhos e o medo de relaxar e, com isso, desligar-se para sempre, foram superados. Ao fim do processo, que durou aproximadamente um ano e meio, já havia conseguido "desligar totalmente o rádio". Acolher a sua própria finitude já era possível e não foi o plano funerário capaz de favorecer isso. O senhor João havia conseguido destinar aos filhos aspectos fundamentais de seu viver, sem os quais o morrer resultaria em agonia e aflição.

Safra (2006a) destaca que, para o velho, o sentido da vida se reposiciona pela esperança que fica depositada naqueles que virão, nas futuras gerações, como são os netos, bisnetos. O autor destaca que um dos anseios fundamentais nesse momento da vida é poder contribuir de alguma forma para a comunidade/sociedade para além do *eu*. Nessa perspectiva, o sentido da vida fica recolocado em três pontos:

> 1) no comprometimento com o meio ambiente, com o espaço cultural; 2) na responsabilidade não mais como uma moralidade a partir de si mesmo, mas que surge de uma ética própria, uma responsabilidade pela humanidade; 3) na consciência política, numa tentativa de responder ao mal-estar público, uma consciência de "nós" amplificada para o mundo.[7]

O autor nos mostra um sentido de vida da velhice no qual o outro é aquele que virá depois. Diferente, por exemplo, da idade adulta, em que o outro é aquele que está perante ou ao lado. Há nesse momento uma genuína preocupação com as futuras gerações, algo essencial para acolher o morrer como um bem, e não como um fracasso ou impedimento.

Na situação clínica acima, o paciente, depois da conquista de suas superações psíquicas, por exemplo, conversava com seus filhos, netos e bisnetos, incentivando-os a dialogar sobre seus sentimentos e afetos, dizendo que isso era o mais importante, que não tivessem vergonha. João havia desenvolvido um tipo de preocupação e responsabilidade diante do lugar que os homens da família ocupavam, rompendo diante dos filhos e para as gerações futuras com o histórico de homens frios e enérgicos.

Dessa forma, verificamos que o ambiente terapêutico fica estabelecido como condição de existência continuamente da natureza humana. Do *holding* original à carência de alteridade no curso da vida, vemos que o ser humano, para surgir e findar-se, é significativamente sensível ao seu ambiente, por sua cultura e por sua própria humanidade. Assim sendo, para se constituir da origem (fundação de um *self*) ao fim (desconstrução do *self*), dependemos de outrem.

O *balanço existencial* e o perdão na velhice

Na velhice, surge a necessidade de um *balanço existencial*, como nos ensina Safra (2006a). Além dos aspectos físicos e psíquicos, os velhos vivem invariavelmente, de forma consciente e/ou inconscientemente, um balanço das suas vidas em sentido maior, a fim de poder elaborar e formular um fim possível. Nisso, criam a possibilidade de findar a vida como gesto pessoal e criativo. Segundo Safra (2006b), a finitude define o ser humano. Esse evento na velhice ganha maior consciência do que em outras fases de vida. Para o autor, o gesto humano sempre se origina e vai em direção a um fim e "essa situação o faz (o homem) um ente sempre acontecendo entre dois elementos fundamentais: *Arché* e *Telos*[8]. Há um movimento no ser humano que se relaciona ao anseio do fim" (p. 84). Todo gesto humano busca, por meio de uma ação, um fim em si, assim como constrói concepções sobre ele, o homem, a partir da sua própria história e ontologia.

Tais movimentos, *Arché* e *Telos*, ocorrem continuamente, mas será na velhice que ganharão maior intensidade, com a proximidade da morte e da maior consciência do que é o tempo. Um bom exemplo, muito comum na clínica do envelhecimento, é a preocupação do velho em não morrer a sós.

> A morte, assim como o nascimento, necessita ocorrer em comunidade para que aconteça a dignidade do nascer e do morrer... Nascer e morrer, para o ser humano, é entrar e sair do mundo humano. Há a necessidade fundamental do homem de que o Outro esteja presente em todo o seu percurso de vida. (Safra, 2006b, p. 90-91)

O autor trata da necessidade da presença do Outro tanto na chegada quanto na partida do mundo, presença como condição

---

[7] Transcrição pessoal do curso *A clínica da maturidade*, ministrado pelo Prof. Dr. Gilberto Safra na disciplina Clínica Winnicottiana, inserida na Pós-Graduação

em Psicologia Clínica da PUC-SP. Disponível em DVD pelas edições Sobórnost. Transcrição autorizada pelo próprio autor e pelo corpo editorial.

[8] Safra busca a Filosofia para congregar elementos fundantes da existência humana e suas consequências na clínica atual. Dessa forma, ao se referir a *Arché*, o autor o define como sendo uma faceta da existência em que tudo se inicia: a origem do gesto, o originário. O mesmo ocorre com o termo *Telos*, o qual se refere ao fim, finalidade, conclusão do gesto humano – o findar do próprio ser humano.

de interlocução e testemunho. A problemática se instaura quando não há a presença do Outro, a solidão vivida como absoluta, sem rosto humano, que desemboca num estado de aflição e estancamento do sentido do viver (Safra, 2006b).

Nesse momento próprio de balanços sobre o sentido da vida, vivida ou não como pessoal, é que Safra (2006a) enfatiza uma das necessidades elementares da velhice: a de viver diferentes aspectos do perdão. Trata-se de poder perdoar a si mesmo, os outros, planos que não aconteceram, ou outros que não saíram como previsto, em outras palavras, não raro perdoar toda uma vida. Vale ressaltar que o perdão surge como uma necessidade estritamente humana, sem qualquer relação religiosa, dogmática/institucional. Safra reconhece que é na experiência do perdão que se poderá abrir espaços novos para viver o não acontecido, recolocar aquilo que não pôde se realizar e/ou rever, o que ficou impedido. Tal experiência se torna fecunda e necessária para que o velho possa vir a se destinar, e não perder de vista o horizonte de futuro.

Já Lévinas (1968/2003), filósofo franco-lituano, resgatou a *ética* como filosofia primeira, numa tentativa de ressignificá-la a partir da relação com o Outro. Nessa perspectiva, problematizou a questão do perdão de forma radical. Em seus comentários sobre os escritos talmúdicos[9], ele destaca:

> As faltas do homem em relação a Deus são perdoadas pelo Dia do Perdão; as faltas do homem em relação a outro não lhe são perdoadas pelo Dia do Perdão, a menos que, antes de mais nada, ele tenha apaziguado o outro. (Lévinas, 1968/2003, p. 29)

Num colóquio dedicado ao perdão, Lévinas enfocará a dimensão do respeito a Outrem como ética anterior a qualquer moral – diante do Outro, somos responsáveis *a priori*. O filósofo esteve muito atento à questão da justiça para além de qualquer ideia ontológica de legalidade como estamos acostumados, e isso aparece em toda a sua obra; assim, justiça relacionada à ética é responsividade a *Outrem* – o *"um-para-o-outro"*. Segundo Lévinas (1991/2011), a preocupação com a justiça é em si obra do amor.

O autor, ao longo da sua apresentação sobre o perdão, reitera, por exemplo, que tudo o que se diz de Deus no judaísmo significa, pela *práxis*, Humano! Assim, Deus – qualquer que seja o significado final e, de todo modo, sem disfarces – aparece como consciência humana vestida de valores éticos. Nesse ponto da sua aula, Lévinas (1968/2003) apresenta uma dimensão radical a partir do *Talmud* enfatizando suas discussões sobre registro ético, já não mais filosófico: a experiência religiosa não pode – pelo menos para o *Talmud* – deixar de ser, antes de tudo, uma experiência humana. Dito de outra forma, não é possível avistar o rosto divino, senão antes de ter podido se haver com as questões do rosto puramente humano (Lévinas, 1968/2003).

Nesse mesmo texto ele problematiza a questão do perdão: e se o Outro se recusar? Além do Outro poder se recusar e me deixar eternamente imperdoado, tal questão encerra ensinamentos sobre a essência do divino. Com isso, radicaliza e assinala que perdoar seria o mesmo que liberar o Outro (ofensor) da sua responsabilidade – sem que isso seja ressentimento, como uma leitura psicanalítica ou psicológica poderiam afirmar. Eis

algumas das dificuldades que Lévinas (1968/2003) nos aponta: 1) Como saber e contar com as boas intenções do ofendido? 2) O ofensor pode medir por si só a extensão dos seus erros/falhas? 3) Sabemos até que ponto vai a nossa má vontade? 4) Temos verdadeiramente o poder de pedir perdão? 5) Como perdoar, se o ofensor, inconsciente dos seus pensamentos mais profundos, não pode pedir perdão? O pensador acrescenta dizendo que a partir desse momento entraríamos na rota das ofensas, inseridos, talvez, numa via sem saída.

Apropriando-me dessas questões no contexto da clínica do envelhecimento, que padece das vicissitudes do perdão, o clínico surge como um rosto humano para o imperdoável, a fim de auxiliar seu paciente a entrar em contato com uma espécie de *não perdão*, fazendo-o responsabilizar-se por isso. O trabalho analítico/psicoterapêutico a partir do *negativo* para algumas condições clínicas pode ser um caminho efetivo; nele o analista não traz consigo a absolvição, mas a necessária humanidade para manifestação do mal vivido. Processo que leva a uma experiência de comunidade e de favorecimento da superação e da paralisação da vida. Parece ser possível, a partir disso, envelhecer e morrer em paz, sem ressentimentos[10] pelo não perdão ou pelo imperdoável.

Sob o vértice ontológico, o perdão, segundo Safra (2006b), torna-se um gesto de desconstrução do *self* em direção a uma experiência de humildade. Isso não significa cair no esquecimento, mas já não carrega em si a ofensa nociva a vida. Ademais, torna-se uma falácia externa sem qualquer desconstrução; ao contrário, a encenação torna-se cada vez mais onipotente, sem perspectiva para o novo.

No pensamento tardio de Lévinas (1991/2011), encontramos uma possibilidade de saída para o perdão que não implique liberar o ofensor, muito menos ressentimento ou poder onipotente. Ao contrário, como ele mesmo preconiza, será pela via de uma ética da responsabilidade por Outrem, a despeito desse Outro ter ou não a consciência do mal praticado, e/ou ter ou não *"ter boa vontade"* para perdoar.

O autor, ancorado no registro ético, traz uma contribuição original, pois será pela proximidade e sensibilidade ao Outro que o ser sai de si para se deslocar ao Outro. Esse movimento de evasão do *self* se daria pela *substituição*, associada pelo autor com o corpo materno. Na maternidade, o outro não só se aproxima, mas in-habita as entranhas da própria carne/subjetividade, fundando-a como uma corporeidade ética; a mãe cede lugar no próprio corpo para habitação de Outrem. Situação existencialmente fecunda, exemplar para compreender a questão do perdão.

Não se trata de mérito por doação ao outro, mas sim de abertura e entrega sensivelmente ética, numa doação radical. A subjetividade é afetada em sua pele, no nível radical da proximidade do próximo. Para Lévinas (1991/2011), subjetividade é sensibilidade, experiência traumática do corpo a corpo – metáfora da pele. Assim, podemos pensar que no perdão como substituição o velho assumiria/carregaria em si o mal de outrem, experiência ética de responsabilidade por excelência, e, como o próprio autor destaca, isso se desdobra numa *Outra* humanidade, para além do *ser*.

---

9 Textos antigos do Judaísmo que abordam pensamentos de sábios do povo judeu. Suas leituras e discussões consistiam em se preocupar dos problemas da humanidade, bem como a vida compartilhada em seu caráter ético filosófico.

10 Em Psicologia Clínica, é sabido que a pessoa ressentida não pode renunciar a si mesma em direção ao perdão; ainda se vitimiza, consciente ou inconscientemente, ficando detida numa experiência passada, seja por culpa ou por necessidade de vingança. Portanto, ao ressentir-se, o velho não poderia ser responsável por seu gesto e por seu próprio destino – o perdão e mesmo o não perdão estariam impedidos.

SEÇÃO VI — PSICOLOGIA E INTERDISCIPLINARIDADE

ÉTICA DO CUIDADO E O ENVELHECER

Ao investigar a noção winnicottiana de cuidado, vamos reconhecer que, de acordo com o autor, desde início da vida, o cuidado se dá como oferta de provisão ambiental necessária, que se faz pelo encontro inter-humano, corpo a corpo, favorecendo a existência psicossomática numa pessoa. O sentido do conceito converge para as contribuições dadas por Safra (2004; 2006a, 2006b) e Lévinas (1906-1995), a saber, *cuidado* é o mesmo que *responsabilidade*. Responsabilidade de cada pessoa (assim fundada) por Outrem, pela Natureza, por seus cuidadores. Vamos reconhecer também que, pela metáfora da pele, bem como na figura da maternidade e/ou maternagem, a origem do cuidado ético para com o Outro surge antes mesmo desse outro ser.

Ao nos debruçarmos no pensamento de Winnicott (1971/2005), vamos observar que tal concepção se estende para a noção de lugar, que pode também ser concebido no registro da materialidade, mas, sobretudo, humano; melhor dizendo, um lugar humano dedicado ao cuidado é ético e curativo. Nessa ideia-chave, pensamos o cuidar. Será a partir dos cuidados oferecidos que se torna possível atender aos variados tipos de problemáticas clínicas, em especial aquelas que surgem na velhice. A clínica do envelhecimento nessa perspectiva torna-se lugar ético e ambiência necessária para interlocução e cuidados específicos. Mas que cuidados o velho demanda?

Como visto até aqui, o envelhecer traz transformações corporais, psíquicas e existenciais, resultantes de dores advindas de diferentes e variadas perdas, um diálogo contínuo com diversos lutos. Tais aspectos estão associados diretamente ao movimento de *desconstrução* típico desse momento, tal como vimos anteriormente (Safra, 2006a). Winnicott, ao se referir ao cuidado humano como ético e, portanto, curativo, nos diz:

> O que as pessoas querem de nós, médicos e enfermeiros? O que queremos de nossos colegas, quando somos nós que ficamos imaturos, doentes ou velhos? Essas condições – imaturidade, doença e velhice – trazem consigo a dependência. Segue-se que é necessário haver confiabilidade. Como médicos, assistentes sociais e enfermeiros, somos chamados a ser confiáveis de modo humano (e não mecânico) e a ter confiabilidade construída sobre nossa atitude geral. (Winnicott, 1970/1999, p. 88)

Observamos, então, que uma das necessidades específicas do cuidado ético na velhice é a de viver a desconstrução de si diante de Outrem, em outras palavras, um *crescer para baixo* com o outro, movimento no qual a alteridade se recoloca com outras necessidades. É nesse sentido, por exemplo, que o perdão ou o não perdão surge como necessidade, como tratei anteriormente. Caso contrário, que sentido tem em se prolongar a vida em anos? Que sentido faria e/ou faz a vida, a ponto de ser digna e valer a pena?

Tal questionamento nos remete eminentemente ao cuidado ético, na velhice, sobre os valores da vida nesse momento. Parecem ser eles mesmos que poderão sustentar essa época de intensas desconstruções.

Nesse sentido, penso que um diálogo possível e necessário entre a Psicologia Clínica e a Geriatria/Gerontologia é promover interlocução voltada ao sentido da vida. Assim, seja uma consulta médica e/ou alguma atividade ocupacional, para ser curativa, deve contar com profissionais vivos e presentes em primeiro plano. A escuta qualificada e a presença devotada são condições básicas para exercer o cuidado ético para além de aplicações técnicas ou assépticas.

Certa vez, atendi em um ambulatório de saúde global um idoso em companhia de um geriatra e uma enfermeira, num serviço de saúde público: senhor Manuel[11]. O paciente apresentava um quadro grave de insuficiência venosa e carregava consigo uma feriada no membro inferior esquerdo há mais de vinte anos. Do ponto de vista dos cuidados técnicos e tecnológicos, tudo já havia sido feito: antibióticos de última geração, raspagens com curativos diários, câmera hiperbárica, mas houve pouca evolução do quadro. Manuel corria o risco de sofrer amputação da sua perna.

Nessa consulta, a equipe resolveu lhe dispensar tempo em atenção e escutá-lo: "Nossa, hoje tem uma junta pra me atender! Risos. Oh! Tô importante e não sei..." (*sic*). Pouco tempo depois, Manuel nos confidencia: "... Já que vocês trouxeram um psicólogo, acho que preciso falar uma coisa que nunca contei pra ninguém! Nem pra padre!! Eu tive um filho antes de me casar e eu nunca assumi, ninguém lá de casa sabe! Tenho muito medo de contar e não entenderem... eu era muito novo, tinha 18 anos... Mas penso nele todas as noites, nem imagino onde ele pode estar, isso dói demais..." (*sic*)

A culpa era pesada, assim como da dor que ele carregava no corpo; a ferida aberta parecia fazer outro sentido. O geriatra e a enfermeira, ambos com formação em gerontologia, perceberam a importância de escutar Manuel para além do tratamento da ferida. Decidimos continuar a realizar nossas consultas conjuntas; assim, passei a acompanhar os momentos de curativos e de consulta médica. A lesão, então, passou a diminuir, monitorada pelas fotografias semanais. Passado mais um tempo, com a boa evolução do quadro clínico e médico, passei a acompanhar o paciente em psicoterapia também. Durante esse processo, após o próprio paciente ter conseguido rever uma série de fatos em sua vida, assim como a sua imaturidade aos 18 anos, ele mesmo resolveu sair em busca do filho.

Penso que, nessa perspectiva, a clínica psicológica muito tem a dialogar e contribuir no campo geriátrico/gerontológico. As queixas físicas muitas vezes ganham a cena dos profissionais de saúde de forma geral, e na velhice tal situação se incrementa ainda mais. O "manter funcionando", "adequado", em muitos casos vem à frente da pessoa. É evidente que com a velhice o corpo sofre significativas transformações, como vimos anteriormente, o que demanda cuidados. Contudo, ao se praticar cuidados sobre a perspectiva ética, a questão nodal não é de fazer funcionar, mas a do sentido da vida – próprio do existir. Prolongar a vida e estudá-la como apenas como objeto, sem levar em conta os aspectos assinalados acima, é correr o risco de perder dos fundamentos do humano.

CONSIDERAÇÕES FINAIS

A ética do cuidado na clínica do envelhecimento visa resgatar os elementos fundantes da vida: o velho e seu destino humano. Isso se movimenta na contramão do positivismo da ciência, do racionalismo, do capitalismo, e rompe com a hegemonia da técnica e da tecnologia que, por vezes, afasta o ser humano em seu *ethos*, gerando condições de desalojamento, exclusão, invisibilidade e objetificação.

A proposta clínica que apresento busca oferecer lugar humano, para, com isso, recuperar e/ou instaurar o sentido de vida àqueles que já envelheceram, considerando-se suas próprias his-

---

[11] Nome fictício, a fim de preservar a identidade do paciente, conforme as prerrogativas éticas em voga.

tórias, para muitas vezes findá-las com a necessária dignidade e perante um rosto humano. Conquistar tal "encolhimento" nesse "crescimento para baixo" é poder se despedir de uma vida realizada e que valeu a pena ser vivida, e com isso poder acolher a morte como gesto pessoal na vida.

Assim, à luz das necessidades humanas oriundas do envelhecimento, verificamos que poder contar com um lugar para parada e revisão dos sentidos da vida torna-se emergente. Esse momento demanda diferentes elaborações de diversos tipos de lutos, e com elas o surgimento do perdão e/ou o não perdão como possibilidade de abertura e reversibilidade temporal para viver algo novo na velhice. O sentido ético do cuidado nos aponta para a responsabilidade por Outrem, o que implica dizer que o cuidar equipara-se a curar. Nascemos, vivemos e morremos em meio aos outros, experiência comunitária por natureza.

A clínica do envelhecimento na direção ética, em diálogo com a geriatria/gerontologia, pode contribuir de forma significativa diante do fenômeno do envelhecimento, por seu caráter multidimensional. Assim, os aspectos humanos fundamentais na velhice, advindos do balanço existencial inadiável, o ato de cuidar e curar surge como fator clínico primordial, como pudemos observar com o testemunho do senhor Manuel. A ferida-dor pode ser cicatrizada se garantida, em outras palavras, a nossa própria humanidade, sejamos analistas, profissionais de saúde ou pacientes.

REFERÊNCIAS BIBLIOGRÁFICAS

Barbieri, N. A.; Baptista, C. G. (2013). *Travessias do tempo: acompanhamento terapêutico e envelhecimento.* São Paulo: Casa do Psicólogo.

Bosi, E. (2007). *Memória e sociedade: lembranças de velhos.* 3ª ed. São Paulo: Companhia das Letras.

Brasil (2003). *O Estatuto do Idoso.* Lei nº 10.741, de 1º de outubro 2003.

Genaro Junior, F. (2013). *Clínica do envelhecimento: concepções e casos clínicos.* São Bernardo do Campo, SP: Todas as Musas.

Goldfarb, D. C. (2009). Psicanálise e envelhecimento. In: Côrte, B.; Goldfarb, D. C.; Lopes, R. G. C. (Orgs.). *Psicogerontologia: fundamentos e práticas.* Curitiba: Juruá. p. 29-48.

Lévinas, E. (2003). *Quatro leituras talmúdicas.* São Paulo: Perspectiva. (Trabalho original publicado em 1968)

Lévinas, E. (2011). *De outro modo que ser: ou para lá da essência.* Lisboa: Fundação para a Ciência e a Tecnologia. (Trabalho original publicado em 1991)

Malloy-Diniz, L. F.; Fuentes, D.; Cosenza, R. M. (2013). *Neuropsicologia do envelhecimento: uma abordagem multidimensional.* Porto Alegre: Artmed.

Neri, A. L. (2008). *Palavras-chave em gerontologia.* Campinas: Alínea.

Ribeiro, P. C. C. (2015). A psicologia diante dos desafios do envelhecimento populacional. *Gerais: Revista Interinstitucional de Psicologia,* v. 8, n. spe.

Rosa, C. M.; Vilhena, J. (2015). Envelhecimento e seus possíveis destinos: uma reflexão acerca do trabalho do negativo. *Tempo Psicanalítico,* v. 47, n. 1.

Safra, G. (2004). *A po-ética na clínica contemporânea.* Aparecida: Ideias e Letras.

Safra, G. (2006a). *A clínica da maturidade* [Áudio – Exposição oral na disciplina Clínica Winnicottiana ministrada na Pós-Graduação em Psicologia Clínica – PUC-SP. Disponibilizado em DVD pelas edições Sobórnost].

Safra, G. (2006b). *Hermenêutica na situação clínica: o desvelar da singularidade pelo idioma pessoal.* São Paulo: Edições Sobórnost.

Winnicott, D. W. (1990). *Natureza humana.* Rio de Janeiro: Imago. (Trabalho original publicado em 1988)

Winnicott, D. W. (1999). A cura. In: Winnicott, D. W. *Tudo começa em casa.* São Paulo: Martins Fontes. (Trabalho original publicado em 1970)

Winnicott, D. W. (2005). *Privação e delinquência.* São Paulo: Martins Fontes. (Trabalho original publicado em 1971)

Mística e psicologia: rastros de um diálogo peregrino

Paulo Henrique Curi Dias

Gilberto Safra

[Não encontrarás]
Segura o manto de seus favores,
pois ele logo desaparecerá.
Se o retesa como a um arco,
ele escapará como flecha.

Vê quantas formas ele assume,
quantos truques ele inventa.
Se está presente em forma,
então há de sumir pela alma.

Se o procuras no alto do céu,
ele brilha como a lua no lago;
entras na água para capturá-lo
e de novo ele foge para o céu.

Se o procuras no espaço vazio
lá está, no lugar de sempre;
caminhas para este lugar
e de novo ele foge para o vazio.

Como a flecha que sai do arco,
como o pássaro que voa da tua imaginação,
o absoluto há de fugir sempre
do que é incerto.

"Escapo daqui e ali,
para que minha beleza
não se prenda a isso ou aquilo.
Como o vento, sei voar,
e por amor à rosa, sou como a brisa;
também a rosa há de escapar ao outono."

Vê como se eclipsa este ser:
até seu nome se desfaz
ao sentir tua ânsia de pronunciá-lo.

Ele te escapará à menor tentativa
de fixar sua forma numa imagem:
a pintura sumirá da tela,
os signos fugirão de teu coração.
(Rumi, 2010, p.118-119)

LINGUAGEM MÍSTICA E METODOLOGIA

Aceitando o destino inevitável de – como o poeta sufi acima nos diz – tentar capturar a lua por meio de seu reflexo em um lago, buscaremos, mesmo assim, traduzir em palavras um assunto que, por sua natureza intrínseca, sempre as escapa. O que nomeamos, pois, de espiritualidade e de mística? Consideramos a primeira como uma prática de *self*, ou seja, como um processo de autotransformação de um indivíduo relativamente à busca de um sentido último da existência que não pertence a seu horizonte empírico (Horujy, 2009). A espiritualidade acontece por meio de práticas nas quais a pessoa, além de buscar a transformação de si a partir de determinada concepção do divino ou do absoluto, cria também um alinhamento de sua existência, tendo como referência fundamental aquela mesma concepção. Nesse percurso, ocorre com frequência um reposicionamento do sentido de si, de modo que, embora o indivíduo esteja no mundo, ele simultaneamente se desloca em direção a um para além. Nessa situação, a pessoa é um ser imanente ao tempo e ao espaço empírico, mas parte considerável de seu ser se abre em direção ao transcendente.

A mística, por sua vez, diria respeito a toda experiência vivida de comunhão e abertura a essa alteridade que transcende o eu empírico humano (em seu registro representacional e biográ-

SEÇÃO VI — PSICOLOGIA E INTERDISCIPLINARIDADE

fico), na forma de uma união ao mistério que constitui aquilo que muitas vezes os místicos nomeiam de absoluto, Real ou Ser: diferentes expressões que buscam abordar aquelas dimensões da realidade que não se apreendem pelo campo da representação e do tempo-espacialidade linear, sendo assim igualmente irrepresentáveis enquanto um conceito ou lógica. Ambas, espiritualidade e mística, podem ou não estar atreladas a um conjunto de valores e dogmas compartilhados socialmente em relação a essa concepção de absoluto, ou seja, a uma religião. Isso implica, consequentemente, a possibilidade de experiências de espiritualidade e de mística não religiosas.

Como exemplo dessa perspectiva, Bruseke (2004) afirma:

> A mística moderna tem na Alemanha, que sofre mais do que outros países com a crise da metafísica, um primeiro surto. Aqui começa a florir o sentimento de que a realidade, o mundo ou relevantes partes dele não são completamente acessíveis às ciências modernas ou à linguagem. Grandes e polêmicas críticas da linguagem (Mauthner, Wittgenstein) aparecem contemporaneamente com a relativização das certezas científicas e de suas grandezas absolutas (Einstein, Planck, Heisenberg). O ceticismo referente à razão e à linguagem acompanharam a teologia e a filosofia mística desde seus primórdios. Para Wittgenstein, cabe à filosofia delimitar o pensável e, com isso, o impensável. Essa delimitação do pensável pode acontecer somente no campo do dizível; é, então, uma limitação do impensável a partir de dentro, através do pensável. É de suma importância, para a compreensão do pensamento de Wittgenstein, entender essa função da filosofia que é significar o indizível ao apresentar claramente o dizível. (p. 30-31)

Embora abordar a mística implique necessariamente incorrer em um campo de estudos plural, há uma série de características que a constituem universalmente. Os fenômenos místicos são plurais, porque não se constituem enquanto um modelo unívoco, mas sim como místicas distintas que, cada uma, apresentam dimensões singulares do contato experiencial do indivíduo com o absoluto. No entanto, embora haja tantas místicas possíveis quanto há pessoas no mundo, uma característica permanece intrínseca a todas suas modalidades: uma necessária abdicação do indivíduo da tentativa de apreender o próprio fenômeno. Se há um sujeito querendo capturar e apreender o absoluto, não estamos mais no campo da mística, pois essa última se caracteriza, fenomenologicamente, por ser uma experiência radical de atravessamento e visitação de uma realidade que transcende o ente humano em sua realidade empírica. Para que ela tenha possibilidade de acontecer, é necessário, ao contrário, que a pessoa se coloque em estado de não afirmação de seu eu ou do seu domínio sobre a realidade. Aqui a demanda fundamental é colocar-se em estado de abertura, de consentimento, de humildade em direção à alteridade radical, compreendida como o absoluto ou o divino.

Desse modo, tratar do campo da mística enquanto objeto de pesquisa é um problema singular em si só, pois: como mais abordar um assunto cuja própria natureza é de estar sempre em um para além dos objetos? Os estudiosos da mística, dessa maneira, estão constantemente de frente a um paradoxo vivo por excelência, já que, ao fazerem de seu campo de estudo uma experiência e uma compreensão do transcendente que advêm do próprio inapreensível, eles devem se debruçar sobre um não objeto que jamais pode ser apreendido e sobre um sujeito que se dissolve, na medida em que a própria investigação passa a tocar em suas dimensões mais profundas, nas quais sua modalidade de ser é, paradoxalmente, uma não subjetividade.

Essa característica do fenômeno místico, de se desvelar sempre como transcendência última, faz deste estudo uma viagem continuamente peregrina, constituída sempre nas fronteiras da possibilidade de ser da condição humana. A mística não pode ser abarcada, explicada, apreendida ou capturada. Em última instância, pode somente – e ainda assim com a ressalva de ser apenas uma tentativa – ser expressa poeticamente enquanto linguagem de abertura ao infinito, e, justamente por essa sua característica apofática (modo de compreensão de um fenômeno pela tradução daquilo que ele não é), se faz necessário buscar uma epistemologia que acomode e encarne a mesma vocação peregrina que a constitui desde o princípio.

Isso posto, podemos então afirmar que o fenômeno místico apresenta uma fenomenologia radicalmente singular. Encontramos no relato de todos os místicos a abertura a uma possibilidade de compreender o Real muito distinta das categorias usuais com que o pensamento humano e a ciência de um modo geral o apreendem. A vivência mística, entendida não só como experiência subjetiva (mas sim como uma modalidade de compreensão da realidade), implica uma desconstrução radical das noções de tempo, espaço e causalidade assumidas como paradigma fundamental em suas versões lineares, bem como um alargamento das fronteiras que constituem o ser humano, indo além de seus registros somático e representacional. Nesse horizonte, os relatos místicos acontecem como acesso ao Real, que abole as categorias habitualmente utilizadas na compreensão da realidade empírica ou compartilhada.

Como pode, dessa maneira, a psicologia – em sua concepção clássica de se ocupar dos fenômenos mentais e comportamentais – se colocar em diálogo com o campo da mística? Podemos perceber, numa leitura comparativa-histórica dos diálogos entre psicologia e mística, que há um equívoco bastante usual: a tentativa de compreender o fenômeno místico a partir dos instrumentos e metodologias fornecidos pela própria psicologia. Trata-se de um erro metodológico bastante sério, que visa destituir a mística enquanto portadora de uma epistemologia própria e de uma ontologia muitas vezes incompreensível aos métodos utilizados nas diversas abordagens psicológicas. Se tentarmos compreender o místico a partir de derivados psicológicos, nos depararemos com um erro crasso fenomenológico, pois a revelação que o místico porta não é um produto de sua subjetividade – mas uma própria maneira de desvelamento do Real, que implica justamente na suspensão de sua subjetividade. Evidentemente, após o fenômeno místico, a pessoa que viveu esse tipo de experiência buscará, com frequência, construir uma narrativa sobre o acontecido por meio do repertório cultural que possui, mas isso não significa que a sua subjetividade tenha produzido o fenômeno místico. Aqui, a mística funda outro modo de se conceber o Ser e o Real.

É necessário, num estudo de vocação peregrina e de interfaces como esse, que os próprios temas possam impor seu singular desvelamento sobre a realidade – e não, ao contrário, que o método esteja na frente de seu próprio objeto. A respeito disso, podemos escutar Giussani (2009), que, embora fale do senso religioso, pode igualmente nos esclarecer sobre o posicionamento necessário diante do fenômeno místico. Ele afirma:

> Portanto, se queremos saber como é esse fato, em que consiste esse senso religioso, defrontamo-nos logo, de forma aguda, com o problema do método. (...) Conforme o realismo exige, para observar esse objeto de modo tal que ele seja conhecido, o método não deve ser imaginado, pensado, organizado ou criado pelo sujeito, mas **imposto pelo objeto**. (p. 21)

408

Muitas vezes, a psicologia, ao abordar os fenômenos místicos e espirituais, busca explicar seus objetos em vez de compreendê-los em sua singularidade. Isso faz com que as pesquisas interdisciplinares se tornem gravemente prejudicadas, na medida em que há uma imposição ilegítima de um campo sobre outro. Podemos nomear tal imposição, na companhia de Santos (1988), de um colonialismo epistemológico: situação na qual um campo de pesquisa, munido de suas concepções antropológicas e ontológicas singulares, se sobrepõe a outro sem respeitar seu modo particular de compreender a realidade. Assim, para podermos pensar de fato num diálogo sensível entre mística e psicologia, se faz necessário buscarmos hermenêuticas abertas que sejam receptivas às alteridades de cada campo sem que essa condição implique um relativismo epistêmico.

O pensador norte-americano Ken Wilber (1983) nomeia tais tentativas de abordar o fenômeno místico a partir de uma analítica da subjetividade como um erro de categoria. Partindo da obra de São Boaventura, o autor aponta que estão à disposição do ser humano ao menos três modos de perceber o universo – ou, como podemos afirmar aqui, três epistemologias distintas que se constituem por meio de diferentes aberturas do homem ao real: o olho da carne, o olho da mente e o olho do espírito.

Segundo São Boaventura, o olho da carne é aquele que acessa os fenômenos empíricos revelados pelos sentidos; o olho da mente é aquele que se constitui nas abstrações, imagens, representações e deduções alcançadas pelo pensamento (que pode ou não estar em relação com o olho da carne) e o olho do espírito é responsável pelo contato direto com o registro do absoluto. Wilber aponta que muitas vezes os psicólogos e psicanalistas tentam compreender os fenômenos místicos – essencialmente vividos por meio do olho do espírito – como sendo expressões do olho da mente. Isso, segundo o autor, é um equívoco comparável a querer compreender o sentido de Hamlet analisando o papel e a tinta do livro em que ele está escrito (1983, p. 48).

O ESPECTRO HERMENÊUTICO

Se realizarmos uma leitura crítica dos diferentes modos pelos quais o fenômeno místico foi compreendido e discutido ao longo da história da psicologia, veremos que cada escola psicológica abordará esse assunto de maneira particular e idiossincrática a seus preceitos antropológicos, epistemológicos e ontológicos. A mística atravessa uma extensa multiplicidade de escolas em psicologia, indo desde os pioneiros estudos de William James em relação às variedades da experiência religiosa até as prolíficas relações com a psicologia clínica, como podemos observar nos diálogos com os diferentes autores em psicanálise, com a psicologia analítica de Jung, com alguns autores pertencentes às tradições humanistas e existenciais e com seus desdobramentos nas escolas de psicologia transpessoal.

À luz do que discutimos até aqui, podemos perceber que há um espectro que caracteriza essas diferentes percepções do tema, que variam em algum ponto entre os extremos que nomearemos aqui de hermenêuticas fechadas e hermenêuticas abertas. As primeiras se referem às escolas de psicologia que realizam as formas de colonialismo epistemológico mais radicais, ao desconsiderarem ou negligenciarem o aporte ontológico da própria mística, como expusemos anteriormente neste texto. As perspectivas que estamos nomeando de hermenêuticas abertas, por outro lado, se referem às visões de autores em psicologia que compreendem os fenômenos místicos e espirituais não como subprodutos ou derivações do psiquismo humano, mas sim como dimensões outras do real e do homem que não pertencem ao mesmo horizonte empírico das produções mentais, subjetivas, representacionais e somáticas.

No âmbito das hermenêuticas fechadas, podemos citar uma série de autores que abordam o fenômeno místico como uma derivação de algum aspecto do sistema psíquico, frequentemente caracterizado como um aspecto regressivo, dissociativo e patológico. Entre tais perspectivas, bastante comuns no campo da psicologia, se encontram, por exemplo, desde a compreensão freudiana (1930/1996) do sentimento "oceânico" de comunhão com o universo como uma vivência de retorno aos estágios mais iniciais da formação do ego em sua indiferenciação do mundo até a perspectiva de Jeffrey Masson (1980) ao interpretar Sidarta Gautama, o Buda histórico, como um homem depressivo que desenvolveu uma defesa maníaca: a experiência do nirvana.

Muitos autores no campo da psicanálise ainda se influenciam por esse modelo metapsicológico excessivamente subjetivista e, desse modo, fechado às características peculiares que a mística aporta como concepção do real. Podemos aqui falar de um reducionismo hermenêutico, cujas concepções epistemológicas estão frequentemente associadas aos modelos oriundos das ciências da natureza e acabam por tratar dimensões fundamentais da condição humana de modo empobrecido (Safra, 2006). Wilber (2008) tece aqui uma crítica semelhante:

> Uma confusão terapêutica importante, entre vários teóricos, origina-se daquilo que chamei de "engano pré-trans", que é uma confusão entre estruturas pré-racionais e estruturas trans-racionais. (...) É particularmente comum reduzir o *samadhi* (identidade sujeito-objeto sutil ou causal) a estados autistas, simbióticos ou oceano-narcisistas. (...) Na minha opinião, essas confusões teóricas (e terapêuticas) continuarão a existir em abundância, até que a validade fenomenológica de todo o espectro de crescimento e desenvolvimento humanos receba mais cuidado e estudo. (p. 115)

Há também a situação de autores genuinamente preocupados em agregar as diversas manifestações dos fenômenos místicos e espirituais ao seu corpo teórico em psicologia, mas cujo modo de fazê-lo acaba por ser de algum modo dissonante de particularidades ontológicas do fenômeno místico. Caso, por exemplo, do pensamento de C. G. Jung. Se é inquestionável o valor das contribuições que o autor suíço oferta ao campo das problemáticas da transcendência em sua relação à psicologia, o modo pelo qual o faz não ultrapassa o plano da compreensão psíquica desses fenômenos, mesmo que compreendidos num registro diferente das derivações do inconsciente pessoal, como seria para Freud. Ao compreender, por exemplo, Deus enquanto uma imago psíquica arquetípica, Jung não aborda a experiência espiritual por meio do olho da contemplação, mas sim por meio do olho da mente (na linguagem de São Boaventura, conforme expusemos acima).

Jung, ao tratar as manifestações espirituais do ser humano por meio de suas categorias de *self*, inconsciente coletivo, arquétipos etc., opta por um modelo epistemológico que, de algum modo, busca capturar o transcendente como fenômeno psíquico em vez de incorporá-lo às suas concepções teóricas e clínicas como uma ontologia da transcendência. Tal perspectiva é declarada explicitamente pelo autor quando diz, em uma série de entrevistas (Hull e McGuire, 1982):

> Eu sou e continuo sendo um psicólogo. Não estou interessado em qualquer coisa que transcenda o conteúdo psicológico da experiência humana. Nem sequer pergunto a mim mesmo se tal transcendência é possível, visto que, em qualquer caso, o transpsicológico tampouco é de interesse para o psicólogo. (p. 210)

SEÇÃO VI — PSICOLOGIA E INTERDISCIPLINARIDADE

Embora, desse modo, Jung ofereça contribuições extremamente significativas na compreensão dos fenômenos místicos e espirituais, seja por seu repertório colossal, seja pelas férteis interpretações simbólicas que oferta ao tema, ainda assim não podemos propriamente considerá-lo como um autor de hermenêutica aberta em relação à mística, por não se ocupar de uma abertura ao "transpsicológico" em seu sentido mais próprio (o que inclui a própria questão do método negativo/apofático da mística), como afirma na entrevista acima – afastando-se, assim, da peculiaridade da linguagem poeticamente idiossincrática dos místicos em seu desvelamento do Real.

Outros autores que podemos também afirmar que se encontram na zona híbrida desse espectro são alguns dos expoentes da assim chamada escola de psicologia transpessoal. Embora não tenhamos aqui espaço suficiente para detalhar com maior precisão em que aspectos cada uma dessas teorias se fecha metodologicamente às características idiossincráticas da ontologia mística, podemos apontar do mesmo modo a tentativa epistemológica de captura do transcendente, em vez da busca por uma compreensão fenomenológica-hermenêutica do sentido da mística. Quando esses autores passam a estudar os fenômenos transpessoais (aqui aparentados à nossa definição de mística em relação à transcendência do horizonte empírico do homem), o fazem por meio de uma metodologia excessivamente dedutiva, produzindo um campo do saber saturado por conceitualizações que, paradoxalmente, acabam por poluir o objeto de estudo que buscam clarificar.

O sentido ontológico e hermenêutico da experiência mística acaba por ser secundário para os autores das escolas transpessoais, que, por não se ocuparem de uma abordagem e de uma metodologia rigorosa e consistente do ser humano, acabam pendendo facilmente para metafísica e se tornam, assim, clinicamente frágeis. É comum, por exemplo, que os psicólogos transpessoais estudem e realizem práticas de indução a estados alterados de consciência (como nos trabalhos de Stanislav Grof e Charles Tart) como uma maneira de compreender estados espirituais de transcendência do eu. Trata-se, assim, de uma concepção de espiritualidade bastante dissonante do sentido ontológico da mística que estamos tratando aqui, já que, pela descrição das funções transcendentes do ser humano de um modo dedutivo-conceitual, tais autores muitas vezes evitam se ocupar do sentido hermenêutico-existencial relacionado ao campo espiritual, que teria mais relação com os caminhos de desenvolvimento de uma abertura ao transcendente (ou seja, uma postura diante do mistério da alteridade) do que com uma descrição de estados de consciência constituídos pelo registro imagético. É frequente, desse modo, nas escolas de psicologia transpessoal, que ocorra apropriação relativamente indiscriminada e excessivamente eclética de práticas e conceitos de diferentes tradições espirituais, sem levar em conta a fundamentação hermenêutica, ontológica e antropológica inerentes a elas, um dos motivos pelos quais sofrem críticas bastante veementes de outros teóricos (inclusive de autores que já pertenceram ao próprio campo transpessoal, como Jorge Ferrer e Ken Wilber, citado acima).

O diálogo entre psicologia e mística, nesses casos de hermenêuticas "semiabertas", aporta, sem dúvida, contribuições interessantes, mas acaba por ser prejudicado pelo fato de que, embora o objeto de estudo desses autores seja o próprio fenômeno espiritual, a maneira de abordá-lo muitas vezes está em franca oposição à abordagem negativa e apofática da mística. Como já afirmamos neste texto, para que o diálogo possa se manter o mais vivo possível, em seu caráter de hermenêutica aberta, pensamos ser necessário que tenhamos um espelho o mais cristalino possível para reconhecer a ontologia e a antropologia vinculadas a esses dois campos, sem que a metodologia de um capture a do outro.

Por outro lado, há o caso inverso a esse: autores que, mesmo que não tenham diretamente tratado dos fenômenos místicos e espirituais de maneira explícita, possuem uma visão de tal modo compreensiva da condição humana que acabam por possibilitar uma aproximação muito mais fecunda do campo da mística. Uma série de pensadores e clínicos poderia se encaixar nessa categoria, a exemplo do psicanalista inglês Donald Winnicott.

Winnicott, embora não tenha se debruçado em sua obra diretamente a respeito dos fenômenos místicos e espirituais, é um autor com uma abordagem clínica que não se restringe somente a dinâmicas psicológicas, preocupado fundamentalmente com a questão do ser. Ele distancia-se de algumas abordagens da psicologia tradicional por pensar nas questões humanas em um vértice existencial, e não de maneira eminentemente intrapsíquica. Essa posição de Winnicott é bastante interessante aos propósitos desse diálogo com a mística, uma vez que abre a possibilidade de tratar da compreensão da espiritualidade em um registro da constituição do *self*.

Para alguns autores (Kakar, 1997; Merkur, 2010), Winnicott inclusive se aproxima muito da mística em alguns de seus conceitos, como a ideia de *self* verdadeiro, em sua ênfase na questão do ser ou ainda quando se refere ao núcleo não comunicável do si mesmo: concepção apofática e transcendente presente no cerne do *self*. Nesse vértice de compreensão, a experiência de união com o absoluto descrita pelos místicos não seria regressiva, mas sim realizada a partir do amadurecimento do sentimento "eu sou" em direção à alteridade. Em outras palavras, podemos dizer que Winnicott, ao não reduzir as questões da existência humana – como o nascer e o morrer – a fenômenos puramente biológicos ou psicológicos, abre uma chave para compreendermos o esvaziamento de si necessário à experiência mística como uma possibilidade de amadurecimento do homem em direção à alteridade existencial. Merkur (2010), afirmando algo próximo a isso, diz:

> Da perspectiva da mística comparada, o pensamento de Winnicott sobre a psicanálise pode ser reconhecido como decididamente místico, mesmo que fosse um tipo de mística extrovertida que nem Milner nem Winnicott souberam chamar de mística. (p. 172, tradução nossa)

Além de Winnicott, podemos também encontrar na psicanálise outras abordagens de abertura ao tema, como, por exemplo, o uso explícito de que Bion faz do campo da mística ao utilizar em seu corpo teórico noções inspiradas nas experiências dos místicos, como sua ideia de "O" (a coisa-em-si, inatingível) e de um registro não representacional do ser humano. Psicanalistas que podem se enquadrar em nossa definição de hermeneutas abertos, como Bion, estão atentos a pensar os fenômenos espirituais a partir de outra configuração do sistema psíquico, o que implica considerar o indivíduo por meio de um olhar mais amplo, numa reflexão paradigmática que aponta para regiões distintas da interioridade humana. No caso de Bion, temos até mesmo a tomada do fenômeno místico como modelo pelo qual compreende a própria práxis psicanalítica, já que, em sua compreensão, o analista – sem memória e sem desejo, posicionado para além dos sentidos habituais de temporalidade – acolhe misticamente a realidade psíquica não sensorial de seu analisando: base fundamental da capacidade de intuir do analista. Do mesmo modo, na visão bioniana, a evolução da capacidade de pensar do ser humano implicaria o acolhimento místico da experiência originária em "O". Disso resulta que, em seu modo de ver, a maturidade e a evolução psíquica de uma pessoa dependem de sua disponibilidade mística.

Desse modo, podemos afirmar, com Parsons (1999), que esses autores buscam articular uma base metapsicológica para uma dimensão da personalidade verdadeiramente mística. Aqui, as experiências espirituais não são consideradas subprodutos de aspectos psíquicos, mas dizem respeito a uma potência de transformação interna que coloca o homem de frente a novas possibilidades ontológicas.

Tal abordagem implica repensar a constituição ontológica do ser humano para além de causalidades psicodinâmicas, bem como sugere uma diferenciação entre o espiritual e o psíquico, problema epistemológico tratado, por exemplo, pela filósofa Edith Stein (2003). A autora considera a psique (ou alma) como um aspecto da interioridade humana estritamente ligada à corporeidade, afetada diretamente pelo ambiente externo e sujeita a leis de causalidade, constituindo-se, assim, como estados e qualidades de um eu pessoal. Ao mesmo tempo, a psique pode ser afetada também pelo espírito, que é uma região distinta da interioridade humana caracterizada por atividade do eu que se posiciona conscientemente como abertura à realidade a partir de suas apreensões, voltando-se aos objetos a partir da elaboração do significado de suas vivências.

Se, por meio dessa perspectiva antropológica, o registro espiritual do ser humano não é subordinado aos afetos e construções derivadas do sistema psíquico, podemos pensar em espiritualidade e mística como manifestações que ocorrem como superações do subjetivismo psicológico, e não como produtos dele. A espiritualidade, compreendida dessa maneira, poderia então ser reconhecida por meio dos modos particulares pelos quais uma pessoa se coloca em diálogo com sua concepção de divino ou de absoluto, numa mudança de seu eixo de orientação existencial, passando do investimento no eu pessoal para uma abertura ontológica ao que concebe como o sentido último de sua vida. A mística, por sua vez, seria compreendida por meio dos fenômenos experienciais decorrentes dessa abertura, em que frequentemente o indivíduo relata experimentar um sentimento de união com uma realidade que transcenderia em muito o eu empírico.

Assim, podemos considerar que as perspectivas teóricas em psicologia que possibilitam um posicionamento hermenêutico aberto em relação à mística são aquelas que se caracterizam por sua natureza polifônica (Bakhtin, 2003). A polifonia é um modo de compreender algum fenômeno por um posicionamento democrático, em que não há hierarquia dominante entre os diversos saberes e modos de apreensão da realidade. Isso caracteriza o pensamento polifônico como não resolutivo e inconclusivo, aberto ao diálogo como linguagem em ação a partir da alteridade pura. Podemos citar, além de Winnicott e Bion, outros autores no campo clínico que – cada um à sua maneira – podem estar afiliados à essa perspectiva, como: Sudhir Kakar, Gilberto Safra, James Loder, Michael Eigen, Marion Milner, entre outros.

DIÁLOGOS TOPOGRÁFICOS

Pensando, assim, nesse diálogo polifônico, pudemos descrever até aqui algumas das contribuições que o campo da mística traz à psicologia ao apresentar uma antropologia e uma ontologia que superam os subjetivismos característicos do registro empírico-subjetivo humano. Mas outra pergunta se assume como eminentemente necessária nesse diálogo, e que muitas vezes é negligenciada no âmbito das práticas espirituais: qual é a contribuição, afinal, da própria psicologia ao campo da mística? De que maneira os fenômenos observados pelas diferentes abordagens psicológicas podem auxiliar na compreensão da complexidade envolvida nas intenções e dinâmicas relativas à prática espiritual como um todo?

Podemos, assim, compreender o diálogo entre mística e psicologia por meio de perguntas de via dupla, tais quais: O que a clínica psicológica tem a dizer a respeito de uma terapêutica adequada aos fenômenos místicos e espirituais? E, do outro lado, o que a mística tem a acrescentar às concepções antropológicas subjacentes às perspectivas clínicas? De que forma os fenômenos observados e relatados pelos místicos podem contribuir para o entendimento da constituição do ser humano? E de que modo o método clínico pode auxiliar o místico na sustentação de suas experiências?

De modo geral, podemos afirmar que as diferentes escolas de psicologia se caracterizam por fundar uma espécie de hermenêutica da suspeita em relação aos processos subjetivos que caracterizam os registros representacionais, psicossomáticos e comportamentais do ser humano. Sabemos que a psicanálise, por exemplo, oferece uma revolucionária contribuição à nossa compreensão do ser humano ao apresentar o homem como um ser fragmentado e constituído por forças inconscientes que estão para além do domínio de sua consciência.

A compreensão dos mecanismos subjetivos, das representações psíquicas imaginárias e simbólicas, das complexas tessituras mentais, da importância do ambiente e da alteridade na constituição do *self*, a interpretação das produções do inconsciente como os sonhos, as patologias potenciais, os mecanismos de defesa, as dissociações, as problemáticas da relação do indivíduo com suas pulsões e sua corporeidade diante dos exigências do mundo externo, os mecanismos de repetição, as transferências, os objetos internos, as estruturas psíquicas e tantas outras contribuições oriundas da psicologia (e aqui, mais especificamente da psicanálise) agregam uma compreensão extremamente rica ao registro empírico-subjetivo do ser humano.

Tais contribuições são muitas vezes desconhecidas pelas práticas espirituais (embora, vale notar, que algumas tradições espirituais possuem seus próprios modelos psicológicos que podem, no entanto, ser complementados pela riqueza conceitual proporcionada pelos avanços da psicologia e suas metodologias específicas) e frequentemente negligenciadas pelos místicos no caminho de busca pelo absoluto.

A psicologia, desse modo, se constitui como uma investigação de dimensões do ser humano que complexificam os modelos antropológicos com que muitas vezes são concebidas as práticas espirituais e seus propósitos. Se almejamos uma construção mais rica e integral daquilo que constitui o ser humano, é fundamental percebermos que os místicos poderiam hoje se beneficiar do enorme patrimônio legado pela psicologia e pela psicanálise na compreensão dos processos subjetivos. Toda a complexidade desses assuntos, dessa maneira, pode se valer do amplo material clínico indisponível na época em que alguns das tradições espirituais foram criadas. A respeito disso, afirma o psicanalista indiano Sudhir Kakar (2009):

> Para abordarmos o ser humano como uma totalidade, nós precisamos tanto da psicanálise como a "hermenêutica da suspeita" quanto do pensamento espiritual como a hermenêutica da idealização. Se concentrar somente no espírito é desprezar o corpo que nos faz humanos. Ao mesmo tempo, tratar um ser humano como nada além do corpo é cometer

SEÇÃO VI — PSICOLOGIA E INTERDISCIPLINARIDADE

a mesma ofensa de fragmentação, a negação da totalidade. (p. 6, tradução nossa)

Além disso, a psicologia facilita a compreensão de aspectos do repertório das tradições místicas, na medida em que auxilia na desconstrução entre as possíveis confusões entre prática espiritual e dogma religioso (o problema da literalidade das tradições religiosas, por exemplo, muitas vezes ocasiona má compreensão do significado simbólico de sua textualidade), bem como na clarificação dos processos subjetivos envolvidos na busca espiritual que podem estar relacionados a conflitos de natureza psíquica. Por ser justamente um método de hermenêutica da suspeita, a psicologia pode auxiliar o místico na tradução das suas vivências e na revisão de que modo as experiências vividas num registro para além do subjetivo podem dialogar com a própria realidade da materialidade e da corporeidade.

Colocado assim o campo de contribuições mútuas de ambas as áreas, podemos finalmente nos perguntar: qual é o ponto fundamental da intersecção dialógica aberta entre os campos da mística e da psicologia? De que forma se amarram as complexidades inerentes ao caminho de abertura à transcendência de uma pessoa à observação analítica de seus processos psíquicos e subjetivos?

Afirmaremos, aqui, que esse encontro se dá naquilo que chamamos de adoecimentos espirituais: todo o campo de fenômenos em que, em meio à busca de uma experiência de comunhão com o absoluto, as complexidades e intencionalidades produzidas pelos caminhos da constituição psíquica de uma pessoa implicam algum tipo de distorção de um aspecto da condição humana, denunciada pela compreensão analítica do campo clínico.

Os fenômenos dos adoecimentos espirituais são reconhecidos por algumas poucas tradições espirituais. Podemos citar, a título de exemplo, a noção de "prelest" oriunda do cristianismo ortodoxo russo, que aponta para uma espécie de ilusão espiritual do buscador em meio a seu caminho de devoção ao divino, que pode, assim, ser contaminado por seu próprio orgulho. Nessa mesma tradição, temos o excelente trabalho de Larchet (2012), que busca, na antiga tradição dos padres do deserto, elementos para discutir a possibilidade de uma espiritualidade adoecida. Na tradição japonesa do Zen Budismo, há também algumas descrições pontuais de adoecimentos espirituais que podem ser produzidos por um mau uso da prática meditativa, como é relatado pelo monge Hakuin ao descrever seu sofrimento – constituído em meio ao seu desequilíbrio entre a prática introspectiva e sua vida ativa – como uma "doença Zen". Mas, além de relativamente escassas, tais contribuições podem se valer de toda a problemática da discussão entre psicologia e mística para ser fundamentadas enquanto um problema clínico contemporâneo.

Trata-se, assim, de pensar de que modos singulares a articulação entre o método clínico e o desenvolvimento espiritual de um indivíduo faz surgir um campo inscrito de tal forma que não pode, de um lado, se encaixar nas tradicionais categorias de uma psicopatologia, e que, de outro, amplia o repertório antropológico e psicológico de muitas tradições espirituais. É necessário, desse ponto de vista, que tenhamos muito mais recursos epistemológicos para adentrarmos de maneira rigorosa na extrema complexidade desse assunto, que envolve também uma espécie de consciência de um diagnóstico diferencial entre o campo da mística e o da psicologia. Afirma Morano (2004, p. 184):

A suspeita e o debate sobre o caráter são ou patológico da experiência mística têm governado a aproximação da psicologia e da psiquiatria a este tipo de experiência. (...) Admitindo que, como sempre, há toda uma série de variáveis epistemológicas e ideológicas nas interpretações do fenômeno, também é necessário reconhecer que a fenomenologia da experiência mística se oferece ela mesma como um convite, em ocasiões irresistíveis, para suspeitar da existência de elementos de caráter manifestamente doentio. (...) É um feito constatável para o clínico em geral que os estados místicos, com muita frequência, surgem com uma chocante e surpreendente analogia com determinados quadros clínicos, neuróticos e psicóticos, sobretudo com a histeria, com a depressão e com a esquizofrenia. (tradução nossa)

Sergey Horujy, antropólogo e filósofo russo, aborda também essas questões de modo dialógico ao tratar de regiões distintas da interioridade humana, nomeadas por ele de topografias da fronteira antropológica. Para Horujy, o ser humano se constitui por meio de três regiões topográficas distintas: em seu modelo, na parte superior, encontra-se a "topografia da prática espiritual", região de abertura à fonte do absoluto e que é caracterizada por um processo sucessivo de estágios de transcendência do ser empírico do homem. No registro inferior, há a "topografia da psicanálise", região em que se encontram as figuras do inconsciente e os aspectos representacionais, subjetivos e biográficos de uma pessoa. Por fim, e bastante análogo ao que estamos nomeando de campo dos adoecimentos espirituais, Horujy fala de uma terceira região, localizada entre essas duas, que nomeia de "topografia híbrida", na qual se produzem todo tipo de confusão entre o registro das práticas espirituais e dos processos subjetivos. Em suas próprias palavras:

A Fronteira Antropológica é formada pelas duas regiões opostas ou topografias, a topografia da Supra-Fonte-para-Além (incluindo processos constituídos por sua influência, i.e., práticas espirituais) e a topografia da Sub-Fonte-para-Além (incluindo processos constituídos pela influência do Inconsciente). Mais precisamente, nós devemos também apontar uma região intermediária, que se encontra entre essas duas topografias: "a topografia Híbrida", que abrange todo tipo de reduções e imitações, simulacros da prática espiritual. Tipicamente, estas são estratégias e procedimentos que visam reproduzir a estrutura ascensional da Prática Espiritual, mas são constituídas sob influências da consciência inferior, do subconsciente e do inconsciente. Esse tipo inclui muitas técnicas psicológicas modernas, práticas psíquicas de cultos arcaicos, como xamanismo, a "linha de baixo" do sufismo etc. (s/d, p. 9, tradução nossa)

De fato, concordando com o modelo de Horujy, podemos afirmar que esse diálogo entre a topografia da prática espiritual e a topografia da psicanálise é um tema fundamental para a contemporaneidade, uma vez que, embora a riqueza produzida pelo encontro entre esses campos seja inestimável, tal diálogo esconde também seus perigos potenciais e exige que possamos contar com mais recursos simbólicos para sua compreensão. Diz Terêncio (2007), em um estudo aprofundado entre psicanálise e mística:

Contudo, se à época de Freud a Mística era um tema secundário, com pouca repercussão social, tal não é o caso nos dias de hoje. Houve, após a Segunda Guerra Mundial, um ressurgimento da Mística no mundo ocidental. Segundo Rosolato (1980), seu avanço seguiu de mãos dadas, paradoxalmente, com a redução das crenças religiosas, com a descristianização do Ocidente, com o ponto de vista francamente ateu de muitos intelectuais e, ainda, com o avanço do marxismo e do freudismo. A Mística ressurge então, na época contemporânea, como uma reação contra o avanço da ciência materialista positivista (o "cientificismo"), mas principalmente devido a um interesse renovado no irracional (Rosolato, 1980). (p. 8-9)

Vivemos em um tempo no qual esse assunto se torna cada vez mais urgente para a compreensão dos psicólogos, clínicos, antropólogos, filósofos e espiritualistas. Diante de um horizonte de imanência radical dominado pela técnica, o ser humano, mais do que nunca, está buscando desesperadamente por transcendência. Essa busca desesperada, por um lado, implica uma denúncia radical dos graves perigos da modernidade – que tenta apreender o real de todas as maneiras sob a égide da técnica –, e a mística aqui se torna uma janela inapreensível pelos modos de opressão produzidos por tal engenho.

Por outro lado, essa tendência produz uma abertura à espiritualidade e à mística frequentemente contaminada pelo próprio horizonte tecnológico, muitas vezes desenraizada e constituída em meio ao mesmo empobrecimento afetivo das relações humanas, o que acaba, assim, por gerar fenômenos que impõem uma urgente necessidade de compreensão ao clínico contemporâneo, bem como aos mentores espirituais. Torna-se, assim, tarefa fundamental que possamos compreender tal interface entre a mística e a psicologia por meio das complexidades dos fenômenos idiossincráticos de nosso tempo, que estão constantemente desafiando nossa real capacidade de abertura aos horizontes ontológicos do homem.

MÍSTICA E PÓS-GRADUAÇÃO

Como vimos acima, em decorrência da secularização e da homogeneização da cultura por meio do excesso de representação e objetificação da condição humana que testemunhamos em nosso tempo, a mística apresenta-se como campo privilegiado de pesquisa, por apontar ao outro apofático que pontua e problematiza os problemas de subjetivação contemporâneos.

Esses fenômenos são decorrentes de uma modernidade que aconteceu como afirmação da hegemonia da racionalidade humana, tornando-se, assim, um elemento de domínio do mundo. Esse horizonte produziu um tipo de subjetivação constituída por um modo de ser no qual impera a afirmação da autonomia do indivíduo em detrimento do comunitário, levando a um horizonte de individualismo e de desvalorização da sabedoria decorrente da tradição, já que nessa perspectiva a tradição foi equacionada como fenômeno de repressão e autoritarismo. Há aqui uma ideologia de progresso contínuo por incremento do domínio tecnológico em detrimento da subjetividade humana. Na caracterização desse horizonte, Bruseke (2004) afirma:

Parece que em suas fantasias e medos, esperanças e ansiedades, nos sentimentos inesperados e em sua memória mais profunda, o homem guarda a consciência de que tudo aquilo que é, não é tudo. O horror metafísico (Kolakowski) que a ciência expressa, tem como seu equivalente o horror de uma realidade desertificada pela própria consciência científica. (p. 43)

A mística realiza um contraponto diante desse universo cultural, pois emerge problematizando a questão da autonomia e do domínio do eu diante do mundo. A subjetividade moderna tende à criação de uma modalidade de ser profundamente imanente, sem alteridade, e que estabelece o horizonte do Mesmo na determinação da condição humana. A mística, por sua vez, reapresenta a questão da alteridade de modo radical, no qual as dimensões não representacionais e não imanentes do ser humano indagam a subjetividade moderna e pós-moderna.

Podemos afirmar, assim, que o campo de pesquisa da mística se abre de modo profundo, possibilitando a investigação de temas fundamentais para o campo da clínica, como as interfaces entre ética e mística, mística e psicopatologia, mística e modos de comunicação, mística e modelos de interioridade, entre outros. As investigações sobre mística possibilitam não só a discussão sobre a condição humana enquanto um posicionamento epistemológico, mas fornecem, sobretudo, a ampliação do espaço claustrofóbico fundado na hegemonia da técnica. Está viva, dessa maneira, a esperança sempre perene de que, sendo a flecha que escapa ao arco mais retesado (como nos afirma Rumi, no início deste texto), a experiência mística preserve na atemporalidade a beleza do insondável mistério do absoluto.

REFERÊNCIAS BIBLIOGRÁFICAS

Bakhtin, M. (2003). Metodologia das ciências humanas. In: *Crítica da criação verbal*. São Paulo: Martins Fontes.

Bruseke, F. (2004). Romantismo, mística e escatologia política. *Lua Nova: Revista Cultura e Política*, n. 62.

Freud, S. (1996). O mal-estar na civilização. In: *Edição Standard Brasileira das Obras Psicológicas de Sigmund Freud, vol. XXI*. Rio de Janeiro: Imago. (Trabalho original publicado em 1930)

Giussani, L. (2009). *O senso religioso*. Brasília: Ed. Universa.

Horujy, S. (s/d). *Psychology of the gate as a gate to metapsychology*. Disponível em: http://synergia-isa.ru/?page_id=1402. Acesso em: 13 mar. 2017.

Horujy, S. (2009). *Visual experience and spatial experience in their relation to spiritual practice*. Disponível em: http://synergia-isa.ru/?page_id=1402. Acesso em: 13 mar. 2017.

Hull, R.; Mcguire, W. C. (1982). *G. Jung: entrevistas e encontros*. São Paulo: Cultrix.

Kakar, S. (1997). Ramakrishna e a experiência mística. In: Clément, C.; Kakar, S. *A Louca e o Santo*. Rio de Janeiro: Relume-Dumará. p. 103-151.

Masson, J. (1980). *The oceanic feeling: origins of religious sentiment in Ancient India*. Dordrecht: D. Reidel Publishing Company.

Morano, C. (2004). La experiencia mística desde la psicología y la psiquiatría. In: Velasco, J. M. *La experiencia mística: estudio interdisciplinar*. Centro Internacional de Estudios Místicos. Madrid: Editorial Trotta. p. 183-217.

Rumi, J. (2010). *Poemas místicos*. São Paulo: Attar Editorial.

Santos, B. (1988). Um discurso sobre as ciências na transição para uma ciência pós-moderna. *Estudos Avançados*, v. 2, n. 2.

Stein, E. (2003). *La estrutura de la persona humana*. Madrid: Biblioteca de Autores Cristianos.

Terêncio, M. (2007). *Um percurso psicanalítico pela Mística: de Freud a Lacan* (dissertação). Florianópolis: Universidade Federal de Santa Catarina.

Wilber, K. (1983). *Eye to eye: the quest for the new paradigm*. New York: Anchor Books.

Wilber, K. (2008). *Transformações da consciência*. São Paulo: Cultrix.

LEITURAS RECOMENDADAS

Kakar, S. (2009). *Mad and divine: spirit and psyche in the modern world*. Chicago: University of Chicago Press.

Larchet, J. (2012). *Therapy of spiritual illness*. Montréal: Alexander Press.

Merkur, D. (2010). *Explorations of psychoanalytic mystics*. New York: Editions Rodopi B. V.

Parsons, W. (1999). *The enigma of the oceanic feeling: revisioning the psychoanalytic theory of mysticism*. New York: Oxford University Press.

Safra, G. (2006). *Hermenêutica na situação clínica: o desvelar da singularidade pelo idioma pessoal*. São Paulo: Sobornost.

54

Uma visão clínica dos problemas de aprendizagem no campo da educação

Sonia Maria B. A. Parente

INTRODUÇÃO

Neste capítulo, pretendo desenvolver uma reflexão sobre a questão dos problemas de aprendizagem no campo da educação em diálogo com o vértice da Psicologia Clínica.

A experiência no atendimento clínico de crianças com problemas de aprendizagem – à luz das contribuições da filósofa franco-argentina Sara Pain e do pediatra e psicanalista inglês D. W. Winnicott – evidenciou a ausência de comunicação significativa e o sofrimento psíquico ligado aos problemas de aprendizagem, que têm nos momentos ou estados de paralisia intelectual sua principal característica. A abordagem de Winnicott permitiu ampliar a reflexão sobre a participação da família e do ambiente no processo de constituição e de dissociação do ser humano.

O encontro com o pensamento da filósofa alemã Edith Stein ampliou ainda mais essa reflexão, mobilizando duas novas questões. A contribuição de Stein, sobre a estrutura da pessoa humana, pode auxiliar na compreensão dos problemas de aprendizagem e sua relação com o sofrimento psíquico, tal como se apresenta hoje no espaço clínico? Os temas da espiritualidade e da empatia, desenvolvidos por Stein, podem dialogar com a contribuição de Winnicott e enriquecer uma discussão sobre a hospitalidade que o mundo contemporâneo oferece para o desenvolvimento do ser humano e para o campo da educação?

O INÍCIO

Para que se compreenda o contexto deste capítulo, é importante lembrar que desde o final da década de 1960, no Brasil, a questão do fracasso escolar angustiava os profissionais das áreas da Saúde e da Educação. Além de denunciar o fracasso da Psicologia Clínica e Escolar, da Psicanálise e da Pedagogia, essa conjuntura denunciava situações decorrentes de questões também provenientes do campo social. No final dos anos 1970, a experiência que desenvolvi como psicóloga de um grupo com mais de 100 profissionais, nas escolas e nas Clínicas de Saúde Escolar

da Secretaria Municipal de Educação de São Paulo[1], revelou o nosso despreparo, devido a uma falha na formação acadêmica, para compreender e fazer intervenções nas famílias e crianças com problemas de aprendizagem. Isso nos levou a buscar novas abordagens[2].

As circunstâncias, acima descritas, revelam a importância de reflexão sobre a Educação num país como o Brasil. Deve-se considerar que as mudanças nos cenários de aprendizagem relacionados às transformações sociais, tecnológicas, econômicas e culturais afetaram o modo de ser e estar no mundo tanto de alunos como de professores e do próprio processo de ensino e aprendizagem, especialmente depois dos anos 1980. Cabe ainda salientar que o número de encaminhamentos de crianças e adolescentes com queixas de problemas de aprendizagem para a clínica infantil cresceu significativamente, ocupando lugar de destaque.

Em um momento do meu percurso, a abordagem de Pain (1985; 1999) sobre a função da ignorância respondeu às problematizações mobilizadas pelo trabalho desenvolvido nas Clínicas de Saúde Escolar e, também, no consultório durante os anos 1980. Esse referencial permite compreender o processo pelo qual a inteligência fica aprisionada pela dimensão afetiva no pensamento de uma criança, impedindo-a de fazer uso das suas potencialidades. Um exemplo sobre o atendimento de uma menina com momentos de inibição intelectual ajuda a explicitar um pouco da concepção presente nessa teoria.

Após aproximadamente seis meses do início do seu processo terapêutico, uma menina de 8 anos de idade, com **momentos de branco** devido à inibição intelectual, acrescentava sistemati-

---

1   Aprofundo essa conjuntura no capítulo 1 do livro *Pelos caminhos da ignorância e do conhecimento. Vide* Parente (2008).

2   Foi nessa esteira que se deu a entrada no Brasil da Psicopedagogia Clínica de orientação psicanalítica, desenvolvida na Argentina.

SEÇÃO VI — PSICOLOGIA E INTERDISCIPLINARIDADE

camente uma letra às palavras. Quando escrevia, por exemplo, caminho, acrescentava a letra l e escrevia calminho, ou então macaco virava malcaco. Tratava-se de algo sistemático, a letra acrescentada era sempre a l, geralmente em palavras compostas por três sílabas. Inicialmente, a pergunta levantada com base na perspectiva de Sara Pain foi: A que tipo de dramática inconsciente da criança esse acréscimo sistemático (que não deve ser considerado como erro) estaria relacionado? Qual o significado dessa situação de acrescentar a letra l em palavras de três sílabas? À medida que um clima de confiança foi se estabelecendo entre nós, e o campo do brincar, conhecer e aprender foi se abrindo, criou-se um jogo no espaço potencial no qual eu fazia o papel de uma aluna "burra e submetida", enquanto ela, o de uma professora tirânica, exigente e mandona. Nessa perspectiva, sempre são realizadas sessões de acompanhamento familiar. Em algumas delas, observei que a menina reeditava na transferência o mesmo modelo de relação vincular que o pai extremamente rígido, autoritário e exigente estabelecia com ela e com a mãe. Relacionado a esse fato, o mais interessante foi perceber que a letra l compunha tanto o seu nome como o do seu pai.

Na época, usando o referencial de Pain (1985; 1999), compreendi que, ao acrescentar a letra l às palavras, a menina expressava o seu **drama pessoal** e o seu **aprisionamento em uma rede de significações metaforizadas na função cognitiva**. Isso me levou a reconhecer que a noção de ignorância era muito mais **humana**, portanto mais importante, do que a questão da aprendizagem. Dei-me conta também, de acordo com Pain (1985), de que o meu desejo de entender **o sentido do sintoma e a relação intrapsíquica entre os aspectos afetivos e cognitivos** do paciente muitas vezes levava a momentos de impasses na relação terapêutica. Nesses momentos eu recorria a Winnicott, o que me levou a reconhecer o **sofrimento psíquico** daquelas crianças e de suas famílias. Quanto mais me apropriava da concepção presente na teoria de Winnicott sobre a natureza humana, mais compreendia que a aprendizagem e a disponibilidade para o conhecimento fazem parte do potencial ativo e criativo do ser humano. Esse potencial só se desenvolve na relação e na comunicação significativa com outro ser humano.

Reconheci que a função da ignorância só pode operar no pensamento da criança depois da instauração do espaço potencial, isto é, de um espaço de confiança que promove a abertura de um campo de experimentação no qual acontece o jogar, o brincar e o aprender criativos. Portanto, ao entrar em contato com a ignorância, o importante não é ter compreensões intelectuais, mas sim embarcar numa aventura com o paciente. O surgimento da ignorância revela e sustenta ao mesmo tempo o **desejo de saber** e de **buscar um sentido**. Essa trajetória me levou a construir dispositivos clínicos ancorados numa posição ética fundada na noção de **ignorância, espaço potencial e transicionalidade**. Isso permitiu o desenvolvimento de uma prática de atendimento que apoia a criança na superação da sua inibição intelectual. À medida que pude acolher a função da ignorância e de paradoxo como morada, como *ethos*, foi possível encontrar a sustentação necessária para manter uma atitude de **espera receptiva**, isto é, de **disponibilidade** genuína para acolher o meu próprio não saber, o do paciente e o de sua família, deixando, assim, que o tempo trabalhe e a luz se faça.

Esse percurso me levou a reconhecer, também, que a perspectiva epistemológica que oferece sustentação a uma teoria implica um determinado modo de compreensão que opera e tem efeitos no tipo de intervenção clínica e, também, na forma de o analista se relacionar com os pacientes e suas famílias. Entretanto, identificar as questões do paciente e, assim, exercer as funções para descongelar aspectos de seu *self*, bem como recortar conceitos de diferentes teorias para iluminar o fenômeno, exigiu alcançar uma posição assentada na perspectiva **ética** baseada na **experiência**.

WINNICOTT E A EXPERIÊNCIA

Freud e filósofos como Sara Pain deram grande importância ao campo representacional e ao aspecto da coerência epistemológica na construção de suas teorias. Diferentemente, o pediatra e psicanalista Winnicott assinala a importância da **experiência**, e não a da representação. Ele apresenta outro modo de teorizar e pensar a clínica, o que permite aproximá-lo da fenomenologia e do pensamento de Edith Stein, como se verá adiante. Seu modo de estudar os fenômenos parte sempre da observação de como algo aparece ou se manifesta, portanto, da experiência.

Em *O brincar e a realidade*, Winnicott (1971/1975) afirma que a área dos objetos e fenômenos transicionais foi negligenciada pelos analistas, mas não pelos filósofos e teólogos. Referindo-se ao fenômeno da transubstanciação da hóstia sagrada e às diferentes interpretações dadas pela comunidade católica romana, para a qual a hóstia é o corpo de Cristo, e pela comunidade protestante, para a qual ela o representa, Winnicott ressalta muito mais o aspecto da realidade dessa **experiência** que o da representação. O importante, diz ele, é que, para ambas, a hóstia é um **símbolo**. Ao reconhecer a complexidade de um símbolo, Safra (2006, p. 42) esclarece que, nos anos 1950, essa noção foi discutida por filósofos e psicanalistas como Milner, que em 1952 usou o conceito de símbolo apresentativo para "conceituar a dimensão não verbal da comunicação inter-humana".

Importante ressaltar que os conceitos winnicottianos interpenetram-se, formando um todo, como pérolas de um colar. Por exemplo, a noção de símbolo está ligada à de espaço potencial e de uso de objeto. Nessa perspectiva, importa muito mais o uso que o ser humano faz do objeto e o tipo de relação que estabelece com ele do que o objeto usado.

O espaço potencial, em que acontece a troca e a comunicação significativa, depende, portanto, do estabelecimento de um vínculo de confiança e de experiências compartilhadas numa área de mutualidade com o Outro. Essas experiências acontecem de forma não verbal (ritmo, temperatura, batimentos cardíacos). Daí a importância dos símbolos apresentativos. Nesse sentido, Safra (2006) acrescenta:

> É interessante observar que o modo como o analista concebe os símbolos influencia a maneira como estabelece a situação clínica. Assim, na perspectiva freudiana, se o símbolo fundamental é o representativo, veremos a situação clínica organizada para que haja no campo transferencial a ampliação da capacidade simbólica representativa e o acesso à capacidade discursiva. Enquanto na perspectiva winnicottiana, ao se valorizar os símbolos plásticos com qualidade apresentativa, veremos o estabelecimento de um setting, no qual o corpo, tanto do analista, quanto do analisando, são melhor contemplados e no qual a experiência será o eixo fundamental de elaboração. (p. 49)

Para Winnicott (1945/1988a, 1960/1983), o ser humano caminha da dependência absoluta para a autonomia, e nessa viagem ele vai criando os diferentes sentidos de realidade que permitem outorgar sentido e significado às experiências. Ele afirma:

> Onde há confiança e fidedignidade há também um espaço potencial, espaço que pode tornar-se uma área infinita

de separação e o bebê, a criança, o adolescente e o adulto podem preenchê-la criativamente com o brincar, que com o tempo, se transforma na fruição da herança cultural. (1971/1975, p. 143)

Nos anos 1980, os psicanalistas ainda defendiam escolas como se fossem igrejas, assinalando a importância das perspectivas epistemológicas presentes nas teorias. Já Winnicott, bem antes de 1980, como observador atento e consciente das questões **humanas,** priorizava a observação do fenômeno a partir da **experiência,** salientando as consequências nefastas do mau uso das teorias e da técnica. Segundo esse autor, se algo se apresenta na experiência clínica, mas não corresponde ao que a teoria preconiza, é preciso mudar a teoria. Além disso, ele incomodava muitos profissionais, inclusive os pediatras, ao assinalar como eles estavam, em nome da técnica, destituindo as mães de um saber tácito ao querer ensiná-las como cuidar de seus bebês.

Observa-se, assim, uma mudança na concepção antropológica de ser humano e de mundo, presente na abordagem de Winnicott, que inclui o campo não representacional. A sua forma de construir conhecimentos permite aproximá-lo de Edith Stein e de uma abordagem fenomenológico-existencial. Isso porque ambos trabalham no registro do *ethos*, isto é, buscam alcançar um conhecimento universal para além de qualquer psicologia e de qualquer história. Ao salientar a importância do ambiente para o desenvolvimento do ser humano, Winnicott inclui os ancestrais e a cultura em que todos estão inseridos. Muitos dos temas apontados por Winnicott foram aprofundados por Edith Stein, que também salienta o papel formador do ambiente (da cultura).

No diálogo com Winnicott, compreendi que o processo de aprendizagem supõe o de autoria e apropriação do conhecimento, o que traz satisfação para o indivíduo, pois é uma **realização** e permite a inscrição de um **gesto** pessoal e o diálogo com a realidade externa. Nessa perspectiva, o problema de aprendizagem estaria relacionado à impossibilidade de ocorrer a constituição da subjetividade e a da realidade externa e de poder estabelecer um trânsito entre ambas. Não existem ato e aprendizagem criativos sem a participação da subjetividade; porém, esta precisa estar atrelada à disciplina imposta pela realidade. Em termos de experiência clínica isso significa favorecer um processo de regressão ao estágio no qual se deu a falha do ambiente, para que o paciente possa usufruir situações que permitam constituir e/ou desenvolver dimensões do *self*, colocando, assim, em marcha as potencialidades "congeladas" do seu devir. Na experiência clínica, a mudança de foco do sintoma – problema de aprendizagem – para o do sofrimento psíquico de famílias e de crianças com inibição intelectual trouxe à baila as dimensões da ética e da estética, e não apenas as da teoria e da técnica.

STEIN: A ESSÊNCIA DA ESTRUTURA HUMANA

Recorri ao pensamento de Edith Stein acerca da estrutura da pessoa humana e suas decorrências na educação buscando ampliar a reflexão proposta neste capítulo. Para compreender o pensamento de Stein, é importante saber um pouco sobre o momento histórico em que ela viveu. Concordo com Safra sobre a importância de considerar as relações entre as mudanças históricas e os modos de organização psíquica do ser humano. Ao salientar o momento histórico (anos 1930) em que Stein viveu, Safra afirma que, além de testemunhar o movimento nazifascista, ela compreendeu que a forma pela qual o ser humano

abordava o mundo e a si mesmo tinha efeitos deletérios para a condição humana. Stein se deu conta de que a barbárie surgia não apenas como questão de poder, mas em uma história de pensamento e de formas de conhecer que levavam ao desenvolvimento de um sistema político totalitário. Nos anos 1930, havia um clima de preocupação, em que diferentes pensadores de diferentes escolas e áreas do conhecimento, como Simone Weill, a Escola de Frankfurt e Hanah Arendt, apontavam para o risco da perda do que é essencial para o ser humano: um mundo que ofereça hospitalidade.

A filósofa alemã, contemporânea de Heidegger e discípula de Husserl, desenvolveu uma visão educativa em inúmeros escritos de sua obra. Eric de Rus – filósofo, professor e poeta francês –, dedicado ao tema da Educação em Stein, salienta:

Enfrentando com rigor a questão fundamental *O que é o ser humano?*, Edith Stein desenvolve uma visão educativa cuja exigência, nascida do amor pela verdade, é habitada por um sopro capaz de renovar de maneira fecunda a reflexão sobre a formação da pessoa humana. (Rus, 2015, p. 13)

A concepção antropológica de Stein, subjacente à sua visão educativa tal como apresentada por Rus (2015), inclui a dimensão espiritual no gesto educativo. Para apresentar a sua contribuição de forma palatável[3], fiz uso da noção de apresentação de objetos de Winnicott, buscando partir do familiar para o não familiar. Também fiz uso do método fenomenológico, pois, num primeiro momento, percebi em mim certa resistência em acolher a visão educativa de Stein. Após identificar o meu *fechamento* para a linguagem religiosa usada por Rus, pude estabelecer um diálogo entre a fundamentação antropológica de Stein e o pensamento de Winnicott, tendo como horizonte a Psicologia Clínica. A contribuição de Safra foi de fundamental importância nessa passagem. A partir dessa experiência, ficou claro que a questão do sagrado e da espiritualidade não faz parte da nossa vida cotidiana, mobilizando, muitas vezes, resistência e até mesmo preconceitos.

Na reflexão proposta por Stein sobre a pessoa humana, a questão do papel formador da cultura e do ensino, responsáveis pela transmissão e assimilação de um patrimônio cultural, ocupa lugares privilegiados. Nas palavras de Rus (2015):

Em sentido geral, o termo cultura designa um processo de humanização em que os seres humanos inventam as matrizes (linguagem, técnica, a arte, ciências, etc.) graças às quais eles desenvolvem suas características próprias.... Na base de um patrimônio cultural está sempre a experiência viva de um povo.... O espírito humano é feito para criar a cultura, compreendê-la e usufruir dela. Ele só pode desabrochar totalmente se entrar em contato com a diversidade dos domínios culturais. Ora, a missão específica da escola é a de introduzir aos domínios culturais e tornar operantes o seu poder de formar os seres humanos, favorecendo o diálogo com as outras culturas. É desse modo que se edifica uma memória partilhada, sem a qual não seria possível existir uma cidadania ativa e responsável. (p. 64-66)

Concordo com Rus: a contribuição de Edith Stein é preciosa, pois a educação, nesses tempos sombrios, impõe-se como desafio, já que temos consciência dos impasses em que nos encontramos. Ao escrever a obra *A Estrutura da pessoa humana*, destinada à formação de professores, Stein afirma que a forma-

---

3 Um sinônimo para palatável é, segundo o dicionário Houaiss, aceitável pelo espírito.

SEÇÃO VI — PSICOLOGIA E INTERDISCIPLINARIDADE

ção do espírito é incumbência do ensino[4] (Rus, 2015, p. 6). Aliás, se considerarmos a contribuição de Edith Stein no que se refere ao papel formador da cultura e do ensino, temos que reconhecer que vivemos num mundo adoecido. A escola não forma os seres humanos e não favorece o diálogo com outras culturas, muito menos edifica uma memória partilhada e prepara para a cidadania ativa e responsável. Atualmente, a escola reproduz o etnocentrismo de uma sociedade empobrecida de valores universais.

Ao salientar que, para Stein, o gesto educativo procede da interioridade mais profunda da pessoa e que ela pode mover-se em direção ao mundo externo (comunidade) e em direção à sua interioridade, Rus (2015, p. 57) acrescenta: "Mas ele (o gesto educativo) deve unir-se de maneira progressiva à exterioridade do mundo no qual cada ser humano se descobre inicialmente mergulhado e onde sua corporeidade o insere".

Stein salienta a importância da educação dos sentidos para favorecer uma escuta receptiva, com qualidade de **concentração** interior. Para ela, além de liberar o ser humano de uma vida puramente instintiva, essa **concentração** o dispõe à vida do espírito, possibilitando alcançar um eixo interior e unificador das suas forças vivas. Rus (2015), na trilha de Stein, afirma:

> O ser humano se define essencialmente como "um eu consciente e livre". Ele é o sujeito de uma vida consciente, consciente de si mesma. Em condições normais de existência, cada indivíduo, ao tomar consciência de si mesmo e ao experimentar a certeza de seu próprio existir, interroga-se sobre o sentido desse existir: "o que é o existir (ser) de que sou consciente?" (p. 40)

Ao procurar captar a essência específica do ser humano, Stein o reconhece como uma pessoa espiritual. Para ela, "o espiritual designa o não espacial e o não material" (Rus, 2015, p. 30). Dessa maneira, o ser humano tem a capacidade de sair de si, pelo sentir, querer e conhecer em direção ao mais além. Podemos dizer com Stein que a forma original e indelével do ser humano reside no que ela aponta como suas características fundamentais: a **razão** e a **liberdade**. Assim, o conhecimento de si emerge da possibilidade de a pessoa vir a ter consciência de si, permitindo **progredir nesse conhecimento até o ponto** de "compreender sua vida e dar-lhe forma livremente por si mesmo" (Rus, 2015, p. 40). Embora Winnicott não fale em vida espiritual, ao reconhecer uma terceira área da existência humana, a área dos objetos e fenômenos transicionais, ele aponta para a concepção aprofundada por Stein, que nos convoca a olhar para dentro, exigindo um posicionamento que brota da interioridade e que está para além dos registros da subjetividade e da objetividade.

Daí a importância de desvelamento do que está inicialmente escondido na interioridade de cada um de nós, que se manifesta por meio do **gesto** e que determina, inclusive, nosso modo de ser e estar no mundo. É claro que podemos nos abrir ou não para as questões que nos habitam, questões essas geralmente recorrentes e fonte de sofrimento e angústias. Aqui entramos no âmbito da liberdade, do livre arbítrio, pois a abertura ou o fechamento para nos debruçarmos sobre essas questões é uma es-

colha pessoal, exigindo a coragem do Ser. Nessa visão, educar demanda uma abordagem que considere a totalidade da pessoa humana, em que o aprender é expressão da disponibilidade em direção ao outro e ao real.

ENTRE WINNICOTT, STEIN E SAFRA

Ao lado de Edith Stein, retomei a questão das dissociações da personalidade humana, tal como descritas por Winnicott, nos anos 1940, por meio da noção de falso *self*. Winnicott já observava a questão do falseamento, que cada vez mais pode ser observada na clínica contemporânea. Ao focalizar a questão da criatividade, da constituição do *self* e da temporalidade, ele descreve os diferentes momentos e tarefas do ser humano ao longo do seu processo de amadurecimento. Assinala as diferentes necessidades – integração (no tempo e no espaço), personalização (o habitar o próprio corpo, a integração psicossomática) e realização (acessar o sentido de ser real) – que precisam ser conquistadas para que uma pessoa possa transitar entre os diferentes sentidos de realidade do mundo: subjetivo, compartilhado/transicional e objetivo. Destaca ainda que essas são tarefas para a vida toda e necessitam ser contempladas pelo cuidado do meio ambiente.

No que se refere à clínica dos processos de aprendizagem, muito aprendi ao acompanhar o sofrimento de crianças e adolescentes com potencial intelectual preservado, mas sem a disponibilidade de fazer uso dele devido às dificuldades de acessar suas próprias questões. Da mesma forma, é possível compreender, durante um percurso acadêmico, os momentos de paralisia intelectual – **momentos de branco** – enfrentados por mestres e mesmo doutores. Apesar de fonte de angústia e sofrimento, esses momentos expressam também a busca de um gesto mais autêntico e verdadeiro. Concordo com Safra: a fratura do *ethos* pode ocorrer em qualquer momento da vida de uma pessoa, trazendo agonias impensáveis, independentemente do que ocorreu nas primeiras etapas de seu desenvolvimento. A experiência clínica mostra que é preciso compreender os recursos que as pessoas dispõem para enfrentar fraturas pessoais ou sociais.

Considerando o tema do sofrimento psíquico – seja ligado a problemas de aprendizagem ou a qualquer outro sintoma –, constata-se que, sem a hospitalidade e o acolhimento das necessidades do ser humano, podem ocorrer vivências de ruptura, de não continuidade do si mesmo. Nessa situação, para sobreviver, a integração se dá com base no funcionamento exacerbado de uma função mental, ocorrendo a atrofia do potencial criativo, levando o indivíduo a vivenciar angústias impensáveis e dissociações na personalidade. Essa é a base de uma organização do tipo falso *self*, que pode se desenvolver em diferentes graus: desde o mais próximo à saúde – em que sua função é preservar e proteger o verdadeiro *self* –, até o que se observa em situações extremas, em que o falso *self* engloba a personalidade e passa a ser usado para esconder o verdadeiro *self*. Por meio do falso *self*, que é reativo, e com a ajuda do intelecto, a pessoa constrói um conjunto de relacionamentos falsos.

As possibilidades de organização psíquica descrita por Winnicott em vários textos – como o de 1945 (*Desenvolvimento emocional primitivo*), o de 1949 (*A mente e sua relação com o psique-soma*) e o de 1960 (*Distorção do ego em termos de falso e verdadeiro self*) – trazem à baila o tema da constituição e também o da dissociação do ser humano e da participação decisiva do ambiente nesse processo. Stein e Safra permitem aprofundar a reflexão e considerar não apenas a questão da constituição e dissociação do *self*, mas também a da constituição e fragmenta-

---

4   Segundo Rus (2015, p. 32-34), Edith Stein participou de debates sobre questões pedagógicas relacionando as questões da Educação com as da prática de ensino na escola, em Breslau (1911-1913). Seu interesse persistiu nos anos seguintes (1913-1915) na Universidade de Gottinga e, também, depois que se converteu à fé cristã (1921). Antes de entrar no Carmelo de Colônia, em 1933, ela elaborou uma concepção cristã de pedagogia no curso dado para professoras intitulado Estrutura da Pessoa Humana.

ção do *ethos* humano, trazendo a importância do social e da vida em comunidade.

O ÔNTICO E O ONTOLÓGICO

Durante nossa breve passagem pelo mundo, vivemos em duas dimensões: a **ôntica** – voltada para o cotidiano, suas belezas e suas mazelas – e a **ontológica**. A ontologia surge por sermos, como bem salientam Stein e Safra, abertos ao sentido, isto é, por estarmos, ao mesmo tempo, abertos ao ser e aos acontecimentos do mundo. Tudo o que é ontológico aparece ao ser humano como visitação ou revelação. Segundo Safra (2006):

> Chamarei de ontologia todo o sistema representacional que uma pessoa ou um grupo de pessoas cria por meio do discurso e das imagens, procurando elaborar uma concepção sobre a origem de si e/ou do mundo (...) tem nuances mítico-poéticas, pois pretende ser uma construção que procura abordar uma origem e desta maneira pleitear o alcance do futuro. (p. 27-28)

Safra assinala que a dimensão ontológica é abertura, já que faz parte da história humana individual ou comunitária querer entender a própria origem e também a do mundo. A experiência ontológica é abertura para a dimensão dos valores espirituais, do Ser, da pessoa e de sua relação com o transcendente. Ao lado de Stein, Safra assinala que conhecer é se abrir para algo mais além. A importância de o ser humano poder acessar o que sente reside no fato de que conhecemos o mundo não a partir do que pensamos, mas sim do que sentimos. Se quando sentimos algo estamos genuinamente abertos a esse sentir, estamos também abertos ao conhecer.

Quando a relação estabelecida com o conhecimento é fruto de indagações que nos habitam, isto é, do que sentimos, do que brota na nossa interioridade, construímos uma relação autêntica, genuína e verdadeira, que pode, também, tornar-se **encarnada**. Saliento aqui a diferença entre o conhecimento produzido apenas pela apreensão mental e o conhecimento como sabedoria, fruto da experiência. O que se observa é que o conhecimento **encarnado** está presente nas pessoas que desenvolvem uma **singularização** ao longo de um percurso profissional. Tal percurso supõe a presença do Outro, que favorece o desvelamento e a explicitação das questões recorrentes que brotam do cerne mais profundo de nossa alma. A mola propulsora de um caminhar dessa natureza supõe a descoberta da **vocação**, bem como a construção de uma posição, de um *ethos*. Trata-se de um projeto vocacional que implica a apropriação do conhecimento sendo aplicado para a realização de um projeto existencial.

É possível acompanhar o percurso de Stein e observar que os temas abordados por ela, como filósofa, correspondem sempre às interrogações que a habitavam e a engajavam pessoalmente. Desde muito cedo ela buscava a verdade, que encontrou ao ler a filósofa espanhola Santa Teresa de Ávila. Rus (2015, p.25) salienta que Edith Stein sempre escreveu a partir de "um impulso interior irresistível". Em um mundo sem valores, em que a técnica domina e a perspectiva racionalista impera, a abordagem de nossos autores se dá pela mesma concepção antropológica, como **movimento**, **espaço potencial**, **transicionalidade**, **intuição**, **empatia**, **interioridade**. Segundo Rus (2015):

> Edith assinala que somente aquilo que ela (a alma) acolhe em seu íntimo entra no ser próprio, de tal modo que podemos falar de desenvolvimento e de formação (bildung); aquilo que é apenas recebido pelos sentidos e tão somente

assimilado pelo entendimento permanece uma posse exterior. Quando essa recepção é apenas parcial, reduzida, por exemplo, a uma apreensão simplesmente intelectual de um objeto cultural não existe verdadeira participação interna do sujeito no mundo dos valores. Nesse caso, o valor não é sentido a ponto de ser acolhido na profundidade da alma. Por isso, a formação do entendimento não deverá nunca ser feita em detrimento da formação do sentido afetivo. (p. 75)

Penso que as pessoas que sofrem são aquelas que anseiam por matar a sede da verdade, da autenticidade, artigo raro hoje em dia. Concordo com Gilberto Safra. Na trilha de Stein, ele salienta a necessidade de oferecermos na clínica condições para que as pessoas que sofrem possam acessar o **sentir**, o **querer** e o **conhecer**, pois é isso que poderá colocá-las em trânsito. Safra também diz que, enquanto o se emocionar move a pessoa, mas carece da dimensão reflexiva, o sentir torna a pessoa transcendente a si mesma; já o querer produz uma tensão que a coloca em uma direção. É dessa forma que a **vontade** pode fortalecer-se e passar a ser a instância predominante na pessoa, tornando possível reconhecer que faz parte, tanto da perspectiva educativa quanto da terapêutica, oferecer espaço para que aconteça esse processo de desvelamento da própria forma, do selo, da marca única, pessoal e intransferível que cada um de nós traz impresso na alma.

Portanto, ambas as perspectivas exigem um "gesto antropológico integral preciso por meio do qual cada pessoa encaminha-se para a plenitude de sua essência.... Trata-se, pois, de uma verdadeira aventura interior: nela o pensamento e a vida são indissoluvelmente unidos" (Rus, 2015, p. 12).

CONTRIBUIÇÕES DE STEIN E WINNICOTT À PSICOLOGIA CLÍNICA E À EDUCAÇÃO

Em termos de prática clínica, a atitude e a posição articuladas e desenvolvidas com base nas noções de **Espaço potencial e transicionalidade**, de Winnicott, e de **empatia**, de Stein, implicam um determinado posicionamento do clínico e do educador que se encontram diretamente envolvidos no processo com seu corpo, alma e espírito. O clínico recebe a comunicação do seu paciente na dimensão estética, no registro da sensibilidade e da sua presença psicossomática. Tudo o que acontece é fruto desse encontro. Não há receitas, conceitos ou técnicas que nos garantam. A bússola que permite navegar nesses mares é nosso próprio norte psíquico, nossa presença ética, estética, isto é, psicossomática. Um aspecto de fundamental importância para a Psicologia Clínica, oferecido por Edith Stein, é o da **empatia**. Entre nós, Safra (2006) aprofunda essa noção na situação clínica:

> Edith afirma que podemos acompanhar dois circuitos: o circuito da sensibilidade e o circuito da articulação do pensamento do outro. Jamais se alcança a experiência originária da sensibilidade do outro, assim como também jamais apreendemos pelo conhecimento quais seriam os motivos, os valores últimos de alguém. Podemos intuí-los, mas não saber desses valores diretamente. A possibilidade de acompanhar a expressão descritiva plástica ou o modo como a corporeidade do outro aparece permite que realizemos com o nosso próprio corpo o mesmo circuito descrito ou apresentado. (p. 46)

A experiência vivida durante o longo processo de atendimento de Eric, garoto de 7 anos de idade, desvitalizado, triste, desesperançado e com séria paralisia intelectual, ensinou-me muito sobre os símbolos apresentativos e a potencialidade

SEÇÃO VI — PSICOLOGIA E INTERDISCIPLINARIDADE

transformadora do fenômeno estético, que acontece por meio do circuito da sensibilidade. Na primeira sessão com o menino, ocorreram dois momentos significativos: o primeiro quando ele encontrou na caixa lúdica o Homem-Aranha, com quem estabeleceu uma relação de fascínio. No segundo, quando a tampa da caixa de brinquedos que estava ao lado dele caiu, provocando a quebra do silêncio que nos envolvia. Eu me assustei com o barulho, mas Eric teve uma reação de pavor exagerado, que pareceu alterar sua percepção e me levou a suspender a respiração para que ele não se sentisse ainda mais invadido. Quando pudemos conversar, comentei que o susto tinha sido grande e que, talvez, estivéssemos em outros mundos. Ele me perguntou, aproximando-se: em que mundo? Respondi que talvez eu estivesse no mundo da lua. Ele me disse que tinha ido para a quinta dimensão e que lá só havia monstros e fantasmas sempre em guerra. Compreendi seu pavor. Após um silêncio, ele disse que às vezes também ia para o mundo da lua, a terceira dimensão, e que lá era bom. Combinamos, então, de nos encontrar de vez em quando ali. Seus olhos pareceram iluminar-se e ele sorriu levemente.

Como geralmente acontece com as crianças com estados de paralisia intelectual, Eric padecia de agonias impensáveis, ficando impedido do **gesto** e de se **relacionar** com um mundo que parecia sentir como estranho e invasor. Ele foi descrito, pela coordenadora de sua escola, como alguém que parecia viver numa bolha. A contribuição de Safra (2006) torna possível compreender as agonias impensáveis, principalmente quando ele afirma que as experiências ônticas, biográficas de uma pessoa, podem ou não favorecer sua possibilidade de lidar com as experiências ontológicas. Safra (2006, p. 30) afirma:

> O ser humano tem a possibilidade de ser atravessado por perguntas que o colocam em questão antes mesmo (e este é o seu problema) de ter condições de formular mentalmente algo que possa dar sentido ao que lhe chega como questão. As angústias mais fundamentais do ser humano, denominadas agonias impensáveis, são sempre situações em que, devido à história da pessoa, ela é lançada na precariedade decorrente da situação ontológica, antes que tenha condições de enfrentá-la. Ela aparece sempre como uma experiência de mal infinito.

Por meio do Homem-Aranha (símbolo apresentativo), Eric comunicava sua necessidade de ser reconhecido em sua singularidade e respeitado em seu ritmo para, assim, encontrar morada no coração de alguém. Primeiro ser um no outro, para depois poder ser um com o outro. Somente então, se tudo correr bem, será possível criar o mundo real a partir de experiências compartilhadas. Dessa forma, sentir-se incluído na esfera humana é condição fundamental para qualquer possibilidade de aprendizagem.

Estabeleço aqui um paralelo entre o uso do objeto transicional e o que chamo de objeto símbolo. Enquanto o primeiro carrega a história de uma relação de encontros entre mãe e bebê e de desfrutes de necessidades, levando à abertura da relação com o mundo, o objeto-símbolo (no caso de Eric, o Homem-Aranha) apresenta a história dos desencontros e da atmosfera presente no campo de relações iniciais em que o gesto caiu no vazio, levando aos desencontros e ao fechamento. Grande parte do processo de Eric aconteceu na companhia do Homem-Aranha, que, após muitas lutas contra o Mal, encontrou a Mulher-Maravilha e seus aliados. Esse encontro abriu a possibilidade para o personagem ser levado a um hospital pela Mulher- Maravilha, onde seria cuidado.

ALGUMAS CONSIDERAÇÕES

Atualmente somos bombardeados de estímulos por tudo o que o mundo nos oferece, o que dificulta o acesso à nossa interioridade. Nesse momento, em que o percurso profissional e a formação acadêmica (graduação e pós) são frutos muitas vezes de exigências técnicas e sociais, as contribuições de Stein e Winnicott são muito bem-vindas. Ao reposicionar várias questões e insistir que a formação se faz de dentro para fora, tais contribuições assinalam a participação do corpo, da integração psicossomática e da sensibilidade. A apreensão da atmosfera de um campo (estética) no qual a intuição e a empatia tenham lugar ressalta a importância da **liberdade** e da **razão**. Ao trazer a **dimensão espiritual**, agregando o **corpo** e a **alma** (psíquico), Stein retoma um registro fundamental: o dos **valores**.

A concepção subjacente à visão educativa de Edith em diálogo com a Psicologia Clínica aponta para a necessidade de uma compreensão que não seja mera abstração ou fruto de uma abordagem racionalista. Aponta ainda para uma Psicologia que não considere o ser humano como um ser isolado, mas que dialogue com as questões reais do mundo atual, com o que realmente acontece com uma pessoa no seu contexto específico de vida, que deve incluir o momento histórico, político e social de seu país, as condições da sua família etc. Considero importante aprofundar esse ponto por meio de uma situação que ocorreu com Sérgio, um menino de 6 anos de idade, numa escola da periferia de São Paulo.

Sérgio mora em num barraco em área invadida, na cidade de São Paulo. Vive com seus pais, que frequentemente brigam e reconhecem não dar a atenção necessária à criança. A família foi chamada à escola pública em que o garoto estuda, no primeiro ano, em decorrência do seguinte episódio: o garoto queria ficar perto da professora e agarrou-se à sua perna. A professora queria soltá-lo; como não conseguia, pediu ajuda à inspetora de alunos e à coordenadora, que também não tiveram sucesso. A diretora foi comunicada e solicitou ajuda do tio da cantina, que conseguiu soltá-lo. Mas quem conseguiu mesmo controlar o menino foi o policial da ronda escolar, que colocou o menino deitado de bruços no chão, com as mãos para trás, seguindo assim a conduta habitualmente utilizada por policiais na contenção de suspeitos. Foi registrado boletim de ocorrência por parte da professora; em decorrência disso, o Conselho Tutelar foi acionado. Em visita à residência de Sérgio, a funcionária do Conselho Tutelar encaminhou o aluno para psicoterapia infantil na Unidade Básica de Saúde próxima à sua residência. Após avaliação sem nenhuma devolutiva à família ou à escola, o garoto foi dispensado.

Nesses tempos líquidos e sombrios, Stein e Winnicott oferecem elementos para analisarmos o aspecto da hospitalidade que o mundo nos oferta. Como realizar as tarefas humanas num mundo tão inóspito? Ao apontar a relação visceral que existe entre o indivíduo e a comunidade, Stein amplia o que aparece de forma embutida em Winnicott, especialmente em suas contribuições voltadas para o campo social e desenvolvidas com crianças e adolescentes durante a Segunda Guerra Mundial (1939 a 1945).

Ao longo de sua obra, de diferentes formas e por diferentes vias, Winnicott fala que o caminho do desenvolvimento criativo ocorre na terceira área da experiência, no campo transicional. A capacidade de se mover em diferentes espaços, podendo sair de si mesmo e ao mesmo tempo permanecer em si, supõe a movimentação não espacial e não material da pessoa, assinalada por Stein. A espiritualidade se expressa como abertura – receptividade em direção ao interior e, também, ao exterior. Referindo-se à relação entre corpo, alma e espírito, Rus (2015) afirma:

> Edith Stein descreve a alma como um espaço e mesmo um castelo com muitos cômodos — onde o eu é capaz de se mover livremente, ora saindo, ora penetrando mais profundamente no seu interior. Ela define a alma como uma fonte escondida a partir da qual o ser vivo é configurado e "extrai o seu ser para aparecer como uma forma visível" em um corpo. É dessa fonte escondida que se eleva a vida espiritual da pessoa humana; a característica do espírito no sentido do que é espiritual é precisamente esse sair de si a partir da interioridade. (p. 55)

Edith assinala que o ser humano é um ser dividido. Seríamos seres em **queda adâmica**, mas também participamos da possibilidade de uma reconciliação com o que é mais fundamental para o ser humano. Dotado de corpo, alma (psíquico) e espírito (dimensão dos valores), o ente humano tem, ao longo de sua vida, a possibilidade de progredir e se desenvolver em diferentes registros, tornando-se cada vez mais aquilo que deve ser, isto é, aproximando-se do núcleo sempre nascente que habita sua interioridade.

A reflexão de Winnicott sobre a natureza humana e o legado deixado por Stein são indicativos de que o trabalho humano passa pela esfera da singularidade, da hospitalidade e do posicionamento do gesto criativo da pessoa. Tal esfera demanda uma abordagem não reducionista do ser humano, um acolhimento da complexidade do que é ser pessoa. É nesse solo de compreensão que podemos vir a realizar um trabalho educativo, no qual os problemas de aprendizagem são compreendidos pela superação da mera funcionalidade da mente, passando a ser compreendidos como eventos que desvelam a condição humana em direção à possibilidade de ser.

REFERÊNCIAS BIBLIOGRÁFICAS

Henry, Michel. 2014. *Encarnação, uma filosofia da carne*. São Paulo: É Realizações, 2014.

Pain, S. (1985). *Diagnóstico e tratamento dos problemas de aprendizagem*. Tradução: Alceu Edir Fillmann. Porto Alegre: Artes Médicas.

Pain, S. (1999). *A função da ignorância*. Tradução: Maria Elísia Valliatti Flores. Porto Alegre: Artes Médicas.

Parente, S. M. B. A. (2008). *Pelos caminhos da ignorância e do conhecimento: fundamentação teórica da prática clínica dos problemas de aprendizagem*. 3ª ed. São Paulo: Via Lettera.

Rus, É. (2015). *A visão educativa de Edith Stein: aproximação a um gesto antropológico integral*. Tradução: I. Sanchis. Belo Horizonte: Ed. Artesã.

Safra, G. (2006). *A hermenêutica na situação clínica: o desvelar da singularidade pelo idioma pessoal*. São Paulo: Edições Sobornost.

Winnicott, D. W. (1975). *O brincar e a realidade*. Tradução: José Octávio de Aguiar Abreu e Vanede Nobre. Rio de Janeiro: Imago. (Obra original publicada em 1971)

Winnicott, D. W. (1983). Distorção do ego em termos de falso e verdadeiro self. In: Winnicott, D. W. *O ambiente e os processos de maturação*. Porto Alegre: Artes Médicas. p. 128-139. (Obra original publicada em 1960)

Winnicott, D. W. (1988a). Desenvolvimento emocional primitivo. In: Winnicott, D. W. *Da pediatria à psicanálise: textos selecionados*. Rio de Janeiro: Francisco Alves. p. 269-285. (Obra original publicada em 1945)

Winnicott, D. W. (1988b). A mente e sua relação com o psique-soma. In: Winnicott, D. W. *Da pediatria à psicanálise: textos selecionados*. Rio de Janeiro: Francisco Alves. p. 409-425. (Obra original publicada em 1949)

LEITURAS RECOMENDADAS

Coelho, A. G.; Mahfoud, M. (2006). A relação pessoa-comunidade na obra de Edith Stein. *Memorandum*, v. 11, p. 8-27. Disponível em: http://www.fafich.ufmg.br/~memorandum/a11/coelhomahfoud01.htm. Acesso em: 15 abr. 1017.

Milner, M. (1991). *A loucura suprimida do homem são: quarenta e quatro anos explorando a psicanálise*. Tradução: Paulo César Sandler. Rio de Janeiro: Imago.

55

Søren Kierkegaard: desespero e morte na sessão psicoterápica

Filipe Barbosa Margarido

Andrés Eduardo Aguirre Antúnez

INTRODUÇÃO

Søren Aabye Kierkegaard viveu na primeira metade do século XIX (1813-1855). Nasceu e viveu em Copenhagen, capital da Dinamarca, na Escandinávia. Cursou a Universidade de Copenhagen, onde obteve, em 1841, o título de Magister com a tese *O conceito de ironia, com referência contínua a Sócrates*. Seu pensamento é influenciado pelo pensamento socrático (470 a.C.-399 a.C), pela tradição cristã e por Georg Wilhem Hegel (1770-1831).

Seu pensamento exerceu influência em inúmeros autores, tais como Sigmund Schlomo Freud (1856-1939), Karl Theodor Jaspers (1883-1969), Franz Kafka (1883-1924), Martin Heidegger (1889-1976), Theodor Ludwig Wiesengrund-Adorno (1903-1969), Jean-Paul Sartre (1905-1980), Emmanuel Levinas (1906-1995), Hannah Arendt (1906-1975), Albert Camus (1913-1960), Michel Henry (1922-2002), entre outros. Seus livros *O conceito de angústia* (1844/2010) e *A doença para morte* (1849/2010) realizam uma sofisticada discussão no âmbito da antropologia filosófica. Kierkegaard aponta para a necessidade de enxergar as fraquezas e limites da existência como passo necessário para alcançar a saúde do espírito. Seu pensamento argumenta que o ser humano está não somente angustiado, mas desesperado em relação à precariedade da própria existência. No decorrer de sua obra há questões como o paradoxo da existência, o desespero, a angústia, o caráter subjetivo da verdade ou da inverdade de si, a equivocidade dos sistemas de filosofia e frequentemente o tema da morte, como um dos seus temas centrais. Nossa intenção é refletir o desespero e a morte na sessão psicoterápica a partir de Kierkegaard.

No desenvolvimento de sua obra, critica de forma irônica[1] os pilares da vida moderna: a família burguesa, o êxito no trabalho, o apego ao pseudoamor, a igreja institucional com toda sorte de concessões de salvação e o senso comum sobre "propósito de vida". A natureza humana, para Kierkegaard, nunca foi nem será algo estável e tranquilo, mas, tratando-se de natureza humana, o estado do homem é sempre considerado crítico. O homem é um sujeito avulso, um processo em constante devir, logo, os sentimentos de incompletude e vazio se manifestam como a condição essencial da existência.

Kierkegaard adota uma atitude de desconfiança diante das certezas que nos cercam, adota uma postura cética perante o mundo que se apresenta como um paradoxo impossível de resolução. A possibilidade de alcance da *verdade* é o caminho de construção criativa e singular de si próprio, bem como a aceitação do vazio da existência humana. Nessa perspectiva, a abertura para o absurdo, o espanto e o assombro são os pontos de partida de uma possível investigação filosófica e, consequentemente, psicológica.

Para Kierkegaard, a singularidade da existência é alcançada quando se acredita na desconstrução de verdades objetivas. O paradoxo da existência é viver e acreditar em algo essencialmente *ofensivo* ao pensamento objetivo. Percebe-se então um convite do dinamarquês a questionarmos nossas verdades.

Sócrates ironizava um costume, muitas vezes, sem ter alguma contribuição para fazer diante da discussão. Muito dos seus diálogos são considerados aporéticos (Ἀπορία), sem uma resposta. Ao longo da história, essa discussão aporética foi considerada como "negativa", no sentido de negar ou solapar a visão do seu interlocutor. A força da ironia em Sócrates também está na negação e na crítica de um saber. A ironia nem sempre constrói ou edifica algo, por exemplo, a dialética de Sócrates era negativa em relação aos sofistas com seus postulados de verdades e afirmações, e negativa em relação aos deveres impostos pelo Estado. Sócrates usava a ironia de diversas formas, entre elas, como demonstração da liberdade subjetiva. Nesse sentido, a ironia não é simplesmente zombar do outro, mas afirmar a subjetividade de toda norma, de toda afirmação. Descrever o irônico é algo tão arriscado quanto complexo. Kierkegaard afirma que a ironia é o caminho, não a verdade, mas o caminho. Segundo o filósofo Henri-Bernard Vergote, a ironia atua em todos os textos de Kierkegaard (Valls, 2012).

---

[1] O conceito de ironia (εἰρωνεία) é uma chave para a compreensão do pensamento de Kierkegaard. Segundo ele, Sócrates foi o primeiro a introduzir o método da ironia na filosofia; a ironia tinha, entre outras funções, a de iniciar uma conversa, uma provocação.

SEÇÃO VI — PSICOLOGIA E INTERDISCIPLINARIDADE

Seu pensamento se desenvolve num ambiente filosófico influenciado pela filosofia de Hegel[2]. No livro *Fenomenologia do Espírito* (1807/2003), Hegel pretende superar o dualismo existente entre mente e natureza por meio da dialética. O pensamento de Hegel pretende investigar o *absoluto* antes e após a criação do mundo. O espírito (*Geist*)[3], para chegar à sua essência, passa por um percurso sombrio e penoso, tal como é a consciência humana para ele: uma *consciência infeliz*, cindida dentro de si (Hegel, 1807/2003, p. 159). Nesse desenvolvimento, após a finalização da dialética do espírito, a dicotomia existente entre sujeito e objeto, é superada. A lógica hegeliana, abarcaria, então, todos os movimentos da realidade, numa racionalidade universal sintetizada no espírito absoluto que supera a temporalidade e sintetiza finito e infinito. No pensamento hegeliano, a multiplicidade complexa de todos os fenômenos encontra respostas para todo mal-estar da existência na célebre fórmula: "tudo que é real é racional e tudo que é racional é real" (Silva, 2010), a lógica e a realidade tornam-se simultâneas e inequívocas.

A filosofia de Hegel e de seus seguidores são impossíveis para Kierkegaard, pois como poderia tal filosofia investigar o que está para além da existência concreta? Como é possível se distrair e se ocupar com verdades universais, visto que a todo instante somos levados a confrontar-nos *mortalmente* com o mais sombrio de nós próprios? Para o dinamarquês, estamos sozinhos diante da morte, condenados a não mais ter um *eu*. Segundo ele, Hegel, na sua colossal erudição, não havia atentado para o aspecto trágico de toda a experiência vivida. A verdade ou história universal nada mais é do que um sofisma. Essa polêmica de Kierkegaard contra Hegel é uma polêmica contra todo sistema filosófico, ou contra a filosofia como sistema.

Para Kierkegaard, a realidade não pode ser representada conceitualmente. Para ele, ideologias alcançadas por um sistema universal de compreensão não dão conta do instante e do ato da reflexão. Qualquer esquema de conceitos universais constitui apenas uma possibilidade entre muitas outras, e a concretização desses conceitos depende de um indivíduo particular, da verdade subjetiva de cada um. Kierkegaard critica os sistemas filosóficos e afirma a impossibilidade de qualquer filosofia que se apresenta como um sistema lógico, posto que nenhum sistema possa superar a opacidade da experiência vivida.

No prólogo de *Temor e tremor* (1843/2008), escrito sob o pseudônimo Johannes de Silentio[4], ele afirma que "O presente autor de modo algum é filósofo. Não entendeu qualquer sistema de filosofia, se é que existe algum, ou esteja terminado" (Kierkegaard, 2008, p. 3). Ele nota a grande limitação que há em toda forma de pensar filosoficamente. De outra forma, nos lembra Alberto Caeiro:

> *O Mundo não se fez para pensarmos nele*
> *(Pensar é estar doente dos olhos)*
> *Mas para olharmos para ele e estarmos de acordo...*
> *Eu não tenho filosofia: tenho sentidos...*
> *Se falo na Natureza não é porque saiba o que ela é,*
> *mas porque a amo, e amo-a por isso.*
> *Porque quem ama nunca sabe o que ama.*
> *Nem sabe por que ama, nem o que é amar*
> *(Pessoa, 2015, p. 34-35, itálico nosso)*

Alberto Caeiro tem o espanto consigo mesmo, a paixão pela existência concreta e pela natureza. Este, que é o *Mestre ingênuo* de Fernando Pessoa e de outros heterônimos, sente e pensa *com os sentidos*. Ele, tal como Kierkegaard, afasta-se dos sistemas filosóficos.

Observamos como o pensamento de Kierkegaard nasce num contexto de negação das verdades hegemônicas de sua época, concomitante ao diálogo com a tradição filosófica. Ele empreende a discussão acerca da *verdade*. No *Pós-escrito às migalhas filosóficas* (1846/2013), sob o pseudônimo Johannes Climacus, afirma: "Eis aqui uma tal definição de verdade: a incerteza objetiva, sustentada na apropriação da mais alta apaixonada interioridade, é a verdade, a mais alta verdade que há para um existente" (Kierkegaard, 2013, p. 215). Assim, a verdade torna-se a própria interioridade, e não a exterioridade. O homem é lançado à reflexão de quem é si mesmo, a questionar o que é a *verdade*, num critério de investigação subjetiva. Perante a *incerteza objetiva*, abre-se a possibilidade de viver a existência por meio da paixão, a partir da *interioridade*.

O pensamento de Kierkegaard argumenta que é preciso fazer uma escolha na vida, uma aposta, e toda aposta tem seu risco. Para ele, existir é arriscar-se. E, nessa aposta necessária, não se recebe nada antecipado, mas se arrisca tudo. Ao passo que surge a necessidade da escolha, surge consequentemente o risco imanente que há nela: o fracasso. Em *O conceito de angústia* (1844/2010), explorado sob o pseudônimo de *Vigilius Haufniensis*[5], discute que as escolhas que devem ser feitas geram sensação de angústia. Essa angústia não é um medo específico ou uma fobia, mas a própria *vertigem da liberdade* finita e limitada. Ninguém ensina ou aprende a angustiar-se, basta existir.

A raiz da angústia é a existência como *possibilidade*. Por vezes, pode-se pensar na possibilidade como algo certo, positivo, no entanto trata-se de *piedosa ilusão* acreditar na possibilidade como caminho necessariamente agradável, feliz ou vitorioso, posto que em toda possibilidade existe a possibilidade do insucesso, do fracasso e da morte. Somos livres para pensarmos e fazermos o que quisermos, porém essa liberdade tem consequências, é finita, limitada e fonte interminável de angústia. O problema sobre a existência é que temos a liberdade de escolha diante das vertentes científicas ou filosóficas. Sofremos angústia porque somos livres.

O pensamento de Kierkegaard nos faz pensar na responsabilidade dos riscos por meio das próprias escolhas e não escolhas, já que a escolha é a condição essencial de existência, quer opte por fazê-la ou não. A reflexão sobre uma escolha necessária comparece a todo instante na sessão psicoterápica, nos assuntos dela, não somente sobre as escolhas do paciente, como também nas escolhas do terapeuta. Toda intervenção clínica passa por uma

---

2   A filosofia desenvolvida por Hegel (1770-1831) foi considerada por Sartre como "o mais vasto sistema de compreensão da totalidade que se produziu na história da filosofia" (Silva, 2010). Seu sistema filosófico explorou a metafísica, a lógica, a ética, a epistemologia, a política e a estética.

3   Importante ressaltar que Hegel usa a palavra *Geist*, comumente traduzida como espírito, no sentido de consciência cósmica, de mente universal ou mente coletiva dos seres pensantes (Abbagnano, 2007, p. 414).

4   Várias obras de Kierkegaard foram assinadas por pseudônimos. Observa-se uma temática e um pensamento específico desenvolvido em cada um desses pseudônimos. Muitas vezes referem-se uns aos outros em diversas obras. Algumas são assinadas pelo próprio Kierkegaard. Na apresentação da tradução brasileira do *Pós-escritos às migalhas filosóficas* (1846/2013). O tradutor Álvaro Valls explica que nesse livro, um pseudônimo resenha as obras do autor real, numa curiosa situação, já que vê-se claramente Kierkegaard "assumir publicamente a responsabilidade civil por todos os escritos pseudônimos publicados até então" (p. 5).

5   Do lat.: *O vigia de Copenhagen*.

escolha do terapeuta, que tem que decidir quando e como fazê--la. Por vezes, tais escolhas podem também nele gerar angústia.

Em seguida, articularemos parte de seu pensamento com uma área que não existia em sua época: a psicologia clínica, mais especificamente, a sessão psicoterápica. Essa que muitas vezes se apresenta como um labirinto particular de compreensão. Apesar de todos os esforços para compreender o outro, haveremos sempre de considerar o mistério e o assombro imanente de toda condição humana. A sessão psicoterápica é um espaço no qual podemos acolher a compreensão e o mistério da vida interpessoal.

PSICOTERAPIA

É fundamental conhecer a epistemologia subjacente que se encontra por trás das várias abordagens em psicologia clínica. As teorias em psicologia clínica têm uma epistemologia e uma ontologia, e dentro de cada uma delas há limites e possibilidades de compreensão. Todo terapeuta mantém uma compreensão epistemológica e ontológica sobre o ser humano e, portanto, sobre seu paciente na clínica, ainda que não saiba[6]. Tal compreensão epistemológica do terapeuta não deve doutrinar seu paciente, porque isso seria uma violência.

O motivo pelo qual ressaltaremos uma reflexão clínica sob a reflexão kierkegaardiana, reside no fato de que nesse modelo de trabalho há um devir de possibilidades a serem construídas, no qual cada paciente desenha seu próprio caminho, cada paciente é instigado a desenvolver uma reflexão sobre si mesmo acompanhado por alguém. Cada atendimento é sempre inacabado, a terapia não busca respostas, mas sensibiliza o paciente a refletir sobre sua existência pessoal. Semelhante à crítica que Kierkegaard faz à filosofia sistemática de Hegel, fazemos para as psicoterapias: sistemas universais de compreensão nunca darão conta da existência singular e da reflexão com cada paciente, já que cada relação é única, peculiar e singular.

Conduziremos nossa reflexão sob um viés clínico que acolhe a questão do sofrimento. Não há o intuito de clarificar e objetivar o sofrimento humano, mas no *como* da sua manifestação e na revelação que há em todo sofrimento, sobretudo no campo privilegiado da situação clínica. Privilegiado porque há alguém que se expressa e outro que se interessa por essa expressão, e assim se estabelece um diálogo, uma intervenção inevitável, desde o silêncio à verbalização dialogada, quando possível.

Observam-se, na vida contemporânea, tentativas de fuga do sofrimento, como se esse fosse necessariamente algo negativo. Kierkegaard, na voz de Anti-Climacus, usa o termo *risco da multidão*. Na multidão, o ser humano é visto como coletivo, e incorre-se o risco de confundir-se com a coletividade e o sofrimento é visto com horror, algo a ser evitado e silenciado. Na multidão, há tendência a menor grau de reflexão sobre si próprio, levando o indivíduo à destruição de sua subjetividade e, consequentemente, à perda de si mesmo. Sua fórmula para isso seria: "Separa-te a ti mesmo do outro". O silenciamento do sofrimento produz um tamponamento da condição essencial do *ethos* humano: o sofrer que nos humaniza. Não é possível fugir do sofrimento humano.

Na sessão psicoterápica, o paciente é convidado a narrar seu sofrimento, sendo-lhe permitido se expressar, de tal modo que o sofrimento passa a ser acompanhado por alguém cujo rosto o reconhece e legitima. O *clínico inclina-se* sobre essa questão, se interessa pelo sofrimento alheio e traz o paciente à própria reflexão acerca de seu sofrimento, seus afetos e pensamentos. Abre-se um espaço de possibilidades no qual o paciente narra para si e para o terapeuta o seu próprio sofrer, o que é desespero para si, o próprio *pathos*. Na sessão, o *pathos* não fica suspenso, ele é narrado e experienciado. Narrando essa experiência de si próprio, o paciente expressa esse afeto, revive-o no instante da sessão e, narrando e revivendo seu *pathos*, prova a si mesmo, prova *a própria verdade* em companhia do terapeuta.

A percepção do sofrimento é um fenômeno subjetivo. Na sessão psicoterápica, a subjetividade é um ponto fundamental. Kierkegaard, sob voz de Johannes Climacus, afirma que "a subjetividade é a própria verdade"[7] (Kierkegaard, 1846/2013, p. 214). No livro *O conceito de angústia*, Vigilius Haufniensis refere-se à psicologia como "a doutrina do espírito subjetivo" (Kierkegaard, 1844/2010, p. 25). Portanto, a psicologia deve ser uma ciência em busca da subjetividade e de suas verdades.

Se considerarmos o nascimento da psicologia científica com a fundação do primeiro laboratório psicológico em 1879 por Wundt na Alemanha, veremos que Kierkegaard na Dinamarca já estava atento para o nascimento da psicologia científica, no ano da publicação do *O conceito de angústia*, em 1844. Nesse livro, ele faz advertências aos rumos que essa nova ciência psicológica estava tomando.

Aproximando a reflexão kierkegaardiana sobre a subjetividade na sessão psicoterápica, vemos que nela a subjetividade do paciente é sua própria verdade. O terapeuta acompanha atentamente os caminhos que o paciente toma na construção de uma relação consciente de si mesmo e acolhe tal verdade.

Nesse movimento de construção de si mesmo, o paciente é acompanhado pelo terapeuta: paciente e terapeuta afetam-se mutuamente na sessão. A subjetividade do paciente se relaciona com a subjetividade do terapeuta, criando a dimensão intersubjetiva[8]. Esse movimento dialético descreve o fenômeno da intersubjetividade, que não é do terapeuta nem do paciente, mas algo inerente à constituição psíquica do ser humano, que se dá na coconstituição de si próprio. Desse modo, a intersubjetividade é fundamental na situação clínica, talvez a primeira verdade experimentada.

Para Michel Henry (1922-2002), exímio leitor de Kierkegaard, sofrimento é vida e essa vida é revelada no *pathos* da existência, mesmo na forma mais violenta dele. Na violência do *pathos*, se notam as formas extremas de depressão e desespero (Antúnez, Martins e Ferreira, 2014).

DESESPERO

Na clínica, o desespero é subjetivo e real para o indivíduo que o sofre. Kierkegaard, na voz de Anti-Climacus, faz a seguinte analogia:

---

[6] Cf. Safra. Comunicação pessoal realizada na Disciplina de Epistemologias em Psicologia Clínica, Programa de Pós-Graduação em Psicologia Clínica, Instituto de Psicologia, Universidade de São Paulo, em 30 de setembro de 2015.

[7] A questão da subjetividade é fundamental na compreensão do pensamento de Kierkegaard. É discutida por alguns pseudônimos em diferentes textos. No v. 1 do *Pós-escrito às migalhas filosóficas*, o problema da subjetividade ocupa a segunda parte do livro. Afirmar que a subjetividade é a verdade não significa afirmar uma arbitrariedade dos fatos, mas sim que a relação entre a verdade e a existência tem somente o campo da interioridade como o âmbito decisivo de qualquer escolha. Afirmar que a subjetividade é a verdade demonstra que o homem procura agir segundo os próprios critérios de verdade. Diferente de Hegel, para Kierkegaard, a subjetividade subsume a objetividade. Kierkegaard não chega a afirmar que a subjetividade está, em sentido absoluto, acima do universal (Abbagnano, 2007, p. 1089).

[8] O termo intersubjetivo é usado na filosofia contemporânea para designar o que se refere às relações entre vários sujeitos humanos (Abbagnano, 2007, p. 668).

SEÇÃO VI — PSICOLOGIA E INTERDISCIPLINARIDADE

Assim como talvez não haja, dizem os médicos, ninguém completamente são, também se poderia dizer, conhecendo bem o homem, que nem um só existe que esteja isento de desespero, que não tenha lá no fundo uma inquietação, uma perturbação, uma desarmonia, um receio de não se sabe o quê de desconhecido ou que ele nem ousa conhecer, receio duma eventualidade exterior ou receio de si próprio; tal como os médicos dizem de uma doença, o homem traz em estado latente uma enfermidade, da qual, por lampejos, raramente, um medo inexplicável lhe revela a presença interna. (Kierkegaard, 1849/2010, p. 37)

A chamada *doença para morte*[9] *é designad*a como desespero ou como a doença do *self*[10]. Esse é um fenômeno universal e um mal que surge a partir do confronto do indivíduo consigo próprio. O desespero não provém de uma experiência traumática ou de um momento específico na vida, mas provém da análise da consciência, da reflexão sobre si próprio. Não é possível fugir do desespero, pois, dizer-se não desesperado pode ser apenas uma forma de sê-lo. A resolução dessa situação depende do tipo de fundamento que possui a consciência de cada um.

O desespero possui diversas formas e graus de intensidade. Kierkegaard se refere a gradações na consciência de si mesmo, sendo cada um responsável pelo próprio desespero. As categorias de desespero são abrangentes e polissêmicas, multifacetadas e se dão de forma dialética. Assim como as vicissitudes entre o nascer e o morrer também estão sempre em dialética.

Dialogicamente, com a fórmula do desespero, Anti-Climacus também aponta para um estado no qual o sofrimento está totalmente extinto, no seguinte trecho: "Eis a fórmula que descreve o estado do eu, quando deste se extirpa completamente o desespero: orientando-se para si próprio, querendo ser ele próprio, o eu mergulha, através de sua transparência, até o poder que o pôs" (Kierkegaard, 1849/2010, p. 37). Nesse mesmo texto, Anti-Climacus afirma que, quando o *eu* mergulha nesse *desespero-desafio*, nesse desespero de querer ser a si próprio, o *eu* vai em direção ao seu poder constituinte originário.

Kierkegaard faz um diagnóstico ao notar que a angústia e o desespero são vistos como ameaça à possibilidade de uma existência autêntica. Não somente um diagnóstico, mas sugere também o que seria a cura do desespero. Ao mesmo passo que acredita que essas ameaças precisam ser mantidas vivas para o desenvolvimento da vida psíquica do indivíduo.

No texto *Sofrimento e vida* (2014), Michel Henry refere-se à extraordinária análise de Kierkegaard na *A doença para morte*:

Tal é a contradição monstruosa, "atroz contradição do desespero". O desespero é uma doença mortal. Querendo desfazer-se de si, o desesperado quer morrer, mas esse morrer é contraditório e não alcança seus fins. Querer morrer sem, por conseguinte, morrer, morrer a sua morte de tal forma que é, antes, "viver a sua morte" ou, como diz ainda Kierkegaard, "eternamente morrer" tal é a insuperável contradição do desespero presente no pano de fundo de toda depressão". (Henry, 2014, p. 43)

Nessa passagem, Michel Henry sob inspiração kierkegaardiana, afirma que no pano de fundo de toda depressão há a insuperável contradição do desespero. O ser humano, ao querer livrar-se do sofrimento e do desespero, concomitante a não conseguir fazê-lo, experimenta morrer todos os dias, ou *eternamente morrer*.

O desespero é um privilégio e ao mesmo tempo miséria do ser humano. Privilégio porque permite ao homem reconhecer-se a si mesmo e miséria porque, se não o reconhecer, a existência não se efetiva. Apenas o homem pode desesperar, porque apenas o ser humano tem *self*, relação consigo mesmo. A doença do *self* é um mal necessário. Esse é o equilíbrio instável da condição humana.

As facetas da depressão e do desespero são fenômenos originários que preservam a condição humana. Observar a doença do *self*, tal como descrita por Kierkegaard, é um caminho para o clínico compreender de outros modos os fenômenos mentais, porque "no fundo do desespero há o absoluto, a autorrevelação da vida" (Henry, 2014, p. 43-44), ou seja, desvela-se entre as facetas do desespero, a própria vida.

Um dos contextos filosóficos do pensamento de Kierkegaard, acerca do desespero, da doença do *self*, é a filosofia socrática, que exploraremos a seguir, por meio de sua concepção de morte para em seguida articular à clínica das sessões psicoterápicas.

MORTE

Platão, nos Diálogos, explica que Sócrates foi sentenciado à morte pela democracia ateniense, por não acreditar nos deuses do Estado, por introduzir novas divindades e corromper a juventude. Na apologia de Sócrates, descrita por Platão, ele despede-se da Grande Eclésia[11] de Atenas e de seus juízes dizendo: "Mas eis a hora de partirmos, eu para a morte, vós para a vida. Quem de nós segue o melhor rumo, ninguém o sabe, exceto o deus" (Platão, 2000, p. 11). Mas o que significa morrer dentro desse contexto?

No diálogo *Fédon*[12], Platão explica que Sócrates aguardou por trinta dias na prisão conversando com seus seguidores e amigos. Nessa ocasião, era perturbador saber que seu mestre havia sido condenado à morte, Sócrates, porém, mantinha-se calmo e falava sobre a imortalidade da alma. A poucas horas de beber a cicuta, o veneno mortal, propôs a seguinte reflexão: "o primeiro momento de sua entrada no corpo (a alma) foi talvez o início de sua perda e como uma *doença* que se prolonga nas *agonias*[13] desta vida, e acaba com o que denominamos morte" (Platão, 2000, p. 163, grifos nossos). Nesse trecho, Sócrates reflete se a morte não seria, na verdade, a salvação para o combate agônico desta vida.

Sócrates continua: "É dever do filósofo trabalhar na preparação não somente da sua morte, mas na morte dos seus" (2000, p. 164). Para ele, até o mais sério dos homens não pode deixar de rir da própria morte. Ele estava tranquilo ao saber que morreria

---

9   O título original do livro de 1844 de Kierkegaard é *Sygdommen til Dønden* – Esse título foi traduzido de diversas formas em vários países, justamente pela abrangência que esse conceito tem. Ao longo desse livro, Kierkegaard usa a expressão *Sygdommen til Dønden* "A doença para morte", e afirma que tal expressão se trata de um conceito (SK 11, 133 = escritos de SK, vl. 11, p. 133. Versão Eletrônica: www.sks.dk). Nessa obra, discute que o tormento do desesperado é justamente não poder morrer.

10   *Self* é sinônimo de consciência (*Bevidsthed*). Kierkegaard pensa o *self* como "a relação que se estabelece consigo próprio".

11   A *Ekklesia* era uma assembleia popular composta por 501 cidadãos procedentes das dez tribos da população ateniense. Eram escolhidos por sorteio a assumir o compromisso de votar e fazer acatar as leis que eles mesmos faziam.

12   Texto também chamado de: "*Da alma*".

13   Do grego: Ἀγών. Na dramaturgia grega, o *agón* era um *Daemon* que personificava as disputas e os jogos olímpicos (Houaiss, 2008, p. 117). A filosofia grega era marcada pelo *agón*, um elemento constituinte da condição humana que exprime a ideia de luta, disputa, combate. Nasce daí a palavra agonia, agônico (Houaiss, 2008, p. 117). Uma formação agonística era necessária para o alcance do conhecimento. A filosofia grega nasce no combate, no confronto das ideias entre os sofistas e os filósofos. A filosofia grega nasce no *agón*.

em poucas horas, e tranquilizava as pessoas ao seu redor que lamuriavam sua morte. Ele argumentava se não seria a maior das ignorâncias temer aquilo que, na verdade, poderia ser a maior dádiva do ser humano. Dirige-se então para um de seus amigos presentes, lembrando-lhe que deviam um galo a Asclépio, e morre (2000, p.13).

Sócrates poderia ter se esquivado à sua condenação caso aceitasse pagar uma multa ou exilar-se, mas ele não fez concessões. Seus discípulos se propuseram a pagar sua multa e lhe facilitar o exílio, entretanto, para ele, fugir à condenação significaria negar todos os seus ensinamentos, significaria aceitar a culpa da qual não acusava sua voz interior, seu oráculo pessoal, seu *daimon*. Ele estava pronto para morrer pela sua verdade.

O pensamento de Sócrates funda a tradição ocidental, porém sua existência, tal como seus ensinamentos, se desvanecem na história da filosofia, já que ele não deixou escrito algum. O que temos sobre ele, são relatos de alguns de seus contemporâneos. Seguir seu rastro é algo incerto, o leitor que buscar conhecê-lo, encontrará poucas evidências, porém encontrará inevitavelmente um pouco de si próprio e será remetido à sua própria consciência. Ao procurar saber quem foi o Sócrates, acabamos por criar *um* Sócrates. A partir dele, o objeto de investigação da filosofia torna-se o *eu*, a realidade interior. A partir de seu método, a alma (*psique*) torna-se a sede da consciência e deve ser o objeto principal de investigação do sujeito que filosofa, do sujeito que analisa a psique.

Essa dialética entre viver e morrer, perder e ganhar ou, melhor, perder para ganhar, morrer para viver, explicita as fontes do pensamento de Kierkegaard: Sócrates e o cristianismo. Kierkegaard dialoga com esse fragmento do Fédon no qual viver significa há muito estar doente, reflexão na qual a morte é também salvação. Esse trecho do Fédon talvez seja uma pista para compreender o que seriam os *laços da ilusão*: a ilusão de acreditar que morrer é uma condenação. Se tomarmos como verdade a tese platônica discutida no Fédon, a morte é a separação entre a alma e o corpo; após essa separação, inicia-se a jornada da alma.

Um dos diversos momentos da discussão sobre a morte no pensamento kierkegaardiano se destaca na obra *A doença para morte* (1849/2010), que, como podemos ver, já explicita o tema da morte desde o título. Podemos compreender o pensamento de Kierkegaard, dialogado pelo pseudônimo Anti-Climacus, como uma lição para a morte, compreender de modo análogo a Sócrates ao explicar que o filósofo – e quem sabe o clínico – deve trabalhar na preparação da sua morte e da morte dos seus. É justo que se pergunte acerca do sentido da morte, que se busque uma palavra de conforto que possa elucidar o seu enigma, mas não é fato que isso explique ou tranquilize esse que é o destino da humanidade. Conduziremos essa análise para a sessão psicoterápica.

A SESSÃO

A sessão de psicoterapia acontece num tempo e num espaço determinados; a sessão é um espaço no tempo do encontro. Em toda sessão de psicoterapia há um começo, um meio e, necessariamente, um fim. A percepção do tempo e do ritmo da sessão se dá de forma subjetiva. Há um *continuum* de movimento na sessão, e, posto que não haja movimento sem ritmo, o terapeuta percebe o ritmo do paciente em cada momento das sessões, observa as gradações da consciência que cada paciente tem de si mesmo. Por outro lado, o paciente também é sensível a cada gesto de seu terapeuta.

Posto que haja um movimento de tempo em toda sessão, a sessão deve em algum momento terminar. Terapeuta e paciente apreendem sobre a separação um do outro e, após cada encontro, terapeuta e paciente devem prosseguir. De acordo com Safra (2015, p. 167, grifo nosso): "Há pacientes que buscam a capacidade de criar a separação *desesperadamente*, pois vêm de ambientes em que a separação procurada foi compreendida como movimento destrutivo". Lidar com a separação necessária, com as escolhas necessárias de forma não destrutiva é uma questão clínica. Há pacientes que têm dificuldade em lidar com o constante movimento que há em tudo, inclusive no término da sessão. Há pacientes que no processo de reconhecer o movimento necessário, as escolhas necessárias, se deparam com a angústia fundamental, se deparam com a finitude e a morte. Somos parte de uma cultura que nega a morte ou que a sente de modo negativo e destruidor.

A sessão de psicoterapia, pensada sob esse viés, é um ensaio para seu término, um ensaio para a morte. A percepção de temporalidade traz em si o *saber* da finitude, uma finitude que se mostra no ao longo de toda sessão, de modo que a cada momento há um saber tácito sobre o término do encontro terapêutico.

É o paciente quem busca o cuidado, é o paciente que inicia a sessão e, por conseguinte, é ele quem *deve* encerrá-la, criando o gesto e o movimento de encerramento do encontro. É o paciente que decide o momento da própria alta, perfazendo, assim, o *seu* percurso. Segundo Safra:

> (...) a sessão termina no momento em que o paciente se livra do analista por não mais necessitar dele naquela sessão. Esse tipo de postura ética abre caminho para que o analisando não só crie potencialmente, a cada sessão, o término de sua análise, mas também trabalhe nela a possibilidade de criar o gesto que acolha o morrer, próprio e dos outros. (2015, p. 167)

Em toda sessão ensaiam-se os movimentos de nascimento e de morte. O terapeuta sente quando o paciente está pronto para o fim da sessão ou do processo em si. Toda sessão é término e recomeço. Em todo término de sessão ou de terapia, há um reposicionamento das questões que lhe foram mais originárias; após isso, paciente e terapeuta seguem seus caminhos.

Tomemos então essas considerações sobre uma clínica que se abra para a questão da finitude e da morte de modo que possa ser experienciada de forma não destrutiva para o paciente.

A linguagem é uma questão da qual nenhum filósofo/psicólogo deve se furtar a questionar. Mas como seria uma linguagem adequada na situação clínica? Nessa investigação, Kierkegaard nos indica, em *O Ponto de vista explicativo da minha obra como escritor* (1859/1986), que tanto sua obra quanto sua vida podem ser compreendidas como uma *existência poética*. No *Pós-escrito às migalhas filosóficas* (Kierkegaard, 1846/2013) explica que, ao pensarmos sobre a existência, não é fundamental fazê-lo somente a partir da ciência, mas também da arte. O pensamento sobre a existência exige uma *comunicação artística* (Kunstnerisk Meddelelse, SKS 7,76)[14]. Na sessão psicoterápica, a reflexão sobre a existência exige uma linguagem artística.

Sobre poesia e arte, ressaltamos novamente parte dos "Diálogos de Platão". No *Banquete*[15] (ou simpósio), a sacerdotisa Diotima ensina Sócrates:

---

14 SKS 7, 76 = escritos de SK, v. 11, p. 133. Versão Eletrônica: www.sks.dk.

15 Texto também chamado de: *Do Amor.*

SEÇÃO VI — PSICOLOGIA E INTERDISCIPLINARIDADE

> Como sabes, "poesia" é um conceito múltiplo. Em geral se denomina criação ou poesia a tudo aquilo que passa da não-existência, à existência. Poesia são as criações que se fazem em todas as artes. Dá-se o nome de poeta ao artífice que realiza essas criações. (Platão, 2008, p. 111)

A fala do terapeuta é como esse artífice da *poiesis*[16]: traz à luz do conhecimento o que de alguma forma havia no paciente, levando-o a relembrar, reconhecer. A linguagem na terapia é poética, criativa. A linguagem usada entre terapeuta e paciente não está baseada apenas na razão, mas na criação, porque essa é uma forma adequada de comunicação, que permite a constituição e a transformação do *self* pelo próprio paciente. Atentamos para esse modo particular de compreensão do pensamento de Kierkegaard para a clínica como uma forma de arte.

CONSIDERAÇÕES FINAIS

Por fim, recolhemos alguns importantes aportes de Søren Kierkegaard sobre o desespero e a morte para refletir a sessão psicoterápica. Por vezes, encontramos pessoas desesperadas ou o desespero eclode em alguns momentos de suas vidas e elas vêm compartilhá-lo em psicoterapia. Sabemos que a morte é a única certeza da Vida, que cada pessoa tem uma compreensão pessoal sobre ela, e às vezes é dialogada quando da perda de alguém próximo ou das notícias do cotidiano que atinge direta ou indiretamente. Ambas podem estar intimamente interligadas, tendo consciência disso ou não.

Acreditamos que Søren Kierkegaard concordaria que o homem tem uma vida só, existe somente agora, e que uma vida não examinada não valeria a pena ser vivida. Diante disso, o instante é o que temos, e nesse instante é preciso agir, é preciso questionar o que é aceito como verdade. E nesse instante, alcançar a própria verdade, da qual se possa eternamente morrer. A cada instante que é dado, cada indivíduo prova o inescapável fardo da existência e aprecia o mistério da manifestação da vida. Nessa compreensão, a sessão psicoterápica se configura como um convite à reflexão sobre o desespero, a finitude e a morte.

Na relação interpessoal, podemos acolher a precariedade e os paradoxos da existência humana, pois a cada instante nos confrontamos com o sombrio de nós mesmos, bem como com os aspectos que iluminam nosso viver. Existir é de certa forma arriscar-se, a cada instante, a cada momento da relação terapêutica; busca-se a resolução de um desespero ou temor pela morte, mesmo que a ela não se refira explicitamente.

No encontro que ocorre em cada sessão, observamos desde o início dela o nascimento da relação, como se caminha durante ela e como acontece o seu fim. De modo ainda mais complexo, podemos observar o nascimento, viver e morte de cada assunto, para o início de outro, de modo que estamos eternamente nascendo, vivendo e morrendo ininterruptamente. Algumas pessoas mostram que determinados assuntos não podem ser finalizados, por razões que devem ser compreendidas ao longo do tempo e na relação terapêutica; isso pode ocorrer também ao observarmos o fim de uma sessão, como cada paciente se prepara para ele? Como finaliza? Isso nos traz dados valiosos de sua semântica pessoal em relação ao fim último.

Cada sessão nos indica os fundamentos da consciência de cada acompanhado, as gradações na consciência de si mesmo, de nascimento, vida e morte, seus modos de apresentarem seus desesperos e concepções de morte, seja em suas ansiedades, seja em suas vivências depressivas, nesse vai e vem das tonalidades afetivas. Cada situação deve ser cuidadosamente compreendida em cada pessoa e em cada dupla. Seria muito importante investigar ainda mais, o que Kierkegaard nos instiga, sobre a insuperável contradição do desespero que há no pano de fundo de toda depressão, o sentimento de eternamente morrer. A clínica nos mostra que essa posição tem um aspecto universal, mas nos interessa como cada pessoa vive tal sentimento, o que torna cada sessão e processo psicoterapêutico um enigmático e envolvente momento para recuperar o que está em cheque em nossos dias, a saber, a sacralização e encanto pela Vida.

REFERÊNCIAS BIBLIOGRÁFICAS

Abbagnano, N. (2007). *Dicionário de filosofia*. São Paulo: Martins Fontes.

Antúnez, A. E. A.; Martins, F.; Ferreira, M. V. (2014). *Fenomenologia da vida de Michel Henry: interlocuções entre filosofia e psicologia*. São Paulo: Escuta.

Houaiss, I.A. *Grande dicionário Houaiss da Língua Portuguesa*. Rio de Janeiro, Editora Objetiva, 2008.

Hegel, G. W. F. (2003). *Fenomenologia do Espírito*. Tradução: P. Menezes. Petrópolis, RJ: Vozes. (Original publicado em 1807)

Kierkegaard, S. A. (1986). *Ponto de vista explicativo da minha obra como escritor*. Tradução: J. Gama. Lisboa: Edições 70. (Trabalho original publicado em 1859)

Kierkegaard, S. A. (2008). *Temor e tremor*. Tradução: T. Guimarães. São Paulo: Hemus. (Trabalho original publicado em 1843)

Kierkegaard, S. A. (2010). *O conceito de angústia*. Tradução: A. Valls. Petrópolis, RJ: Vozes. (Original publicado em 1844)

Kierkegaard, S. A. (2010). *O desespero humano (doença até a morte)*. Tradução: A. C. Monteiro. São Paulo: Unesp. (Trabalho original publicado em 1849)

Kierkegaard, S. A. (2013). *Pós-escrito às migalhas filosóficas*. Tradução: A. L. M. Valls, M. M. Almeida. Petrópolis, RJ: Vozes. v. 1. (Trabalho original publicado em 1846)

Pessoa, F. (2015). *Poemas de Alberto Caeiro*. Porto Alegre: L&PM.

Platão (2000). *Fédon*. São Paulo: Nova Cultural Ltda. (Coleção Os Pensadores)

Platão (2008). *Banquete*. Rio de Janeiro: Difel.

Safra, G. (2005). *A face estética do self: teoria e clínica*. Aparecida, SP: Ideias e Letras.

Silva, F. L. (2010). Kierkegaard: o indivíduo diante do absoluto. *Revista Cult*. Disponível em: http://revistacult.uol.com.br/home/2010/03/kierkegaard-o-individuo-diante-do-absoluto/. Acesso em: 27 dez. 2017.

Sócrates (2000). Tradução: E. C. M. Coscodai. São Paulo: Nova Cultural Ltda. (Coleção Os Pensadores)

LEITURAS RECOMENDADAS

Antúnez, A. E. A; Martins, F. (2017). A violência como fenômeno originário da vida. In: Feijoo, A. M. L. C.; Lessa, M. B. M. F. *Fenomenologia e práticas clínicas II*. Rio de Janeiro: Edições IFEN. pp.61 a 64 . Disponível em: http://newpsi.bvs-psi.org.br/eventos/Anais_coloquio_michel_henry_%202016.pdf

Feijoo, A. M. L. C. et al. (2013). *O pensamento de Kierkegaard e a clínica psicológica*. Rio de Janeiro: Edições IFEN.

Kierkegaard, S. A. (1991). *O conceito de ironia constantemente referido a Sócrates*. Tradução: A. L. M. Valls. Petrópolis: Vozes.

Kierkegaard, S. A. (2016). *Pós-escrito às migalhas filosóficas*. Tradução: A. L. M. Valls, M. M. Almeida. Petrópolis, RJ: Vozes. v. 2. (Trabalho original publicado em 1846)

Valls, A. L. M. (2012). *Kierkegaard cá entre nós*. São Paulo: LiberArs.

---

[16] Do grego: produção, criação (Abbagnano, 2007, p. 899)

Índice remissivo

A

ABA (*Applied Behavior Analysis*) , 113
Ação, 168
    ética, 298
Aceitação, 108
   espiritual, 319
   paradigma de, 99
Acompanhante terapêutico, 384
Acting-in, 43
Acting-out, 43
Adicções, 360
Adoecer, compreensão fenomenológica do, 172
Adoecimento, 23
"Advogado do diabo", 103
Afetividade, 200
Aflição, 152
Agir no mundo por meio da palavra
 e da imagem, 393
Agressividade, 13
Ajustamento criativo, 188
Alienação radical, 151
Alma, 54
Alongar, 103
Alter Ego, 152
Alteridade, 152
Ambiente de invalidação crônica, 97
Ambivalência entre amor e ódio, 345
Análise(s)
   de contigências, 74, 80
      considerações sobre a condução da, 82
        análise do comportametno do terapeuta como fonte de
         dados para formulação da, 84
        conhecimento dos princípios de aprendizagem guia
         análises e predições, 82
        consturção de tabelas tríplices
         contingências, 84
        formulação preferencial de análises molares, 82

        pesquisa da função do comportamento, 83
   de crianças, contribuição kleiniana, 9
   de soluções, 101
   do comportamento
      aplicada
        dimensões da, 115
        intervenção, critérios básicos que deve
         cumprir, 114
        fundamentos conceituais da, 73
      em cadeia, 100
        representação gráfica, 101
      fim de, 24
      funcional, 74
      molares, formulação preferencial de, 82
      segunda regra fundamental da, 35
      sequenciais, 85
"Anfimixia" de erotismos, 11
Angústia(s)
   esquizoparanoides, 13
   persecutórias, 13
   raiz da, 424
Anima, 148
Anomalia, 324
Ansiedade, 359
Antropoanálise, 150
Antropologia buberiana, 165
Aparelho psíquico, primeira e segunda teoria do, 3
Apostas, 298
Aprendizagem no campo da educação, visão clínica dos problemas
   de, 415
Aqui e agora
   conceito da gestalt-terapia, 189
   trabalhar com a experiência, 190
Arquétipo, 53
Arte
   bruta, 259
   como linguagem, 160

ÍNDICE REMISSIVO

natural, 259
originária, 259
Ateliê de pintura de livre expressão, 257, 260
história do, ilustrações clínicas na, 261
Atendimento familiar, possibilidades da clínica do
acompanhamento terapêutico, 383
Atitude fenomenológica, 176
Ato, 168
Atualidades, 5
Autismo, terapia comportamental para, 113
Autoconhecimento, 74
Autodirecionamento, 318
Automutilação, 82
Autotranscendência, 318
natureza dual da, 319
Avaliação
psicológica no campo da orientação
profissional, 243
caso clínico, 246
terapêutica, processo de, 237-242
Awareness, 188
Axioma da psicanálise, 3

B

Balanço existencial, 402
Behaviorismo radical, 71, 72
Binswanger, Ludwig, 149, 169
Bion, Wilfred Ruprecht
pensamento analítico de, 41
psicanálise do desconhecido e, 41-51
Buber, Martin, 163
diálogo, psicologia, psicoterapia, 168
obra de, 164
via teológica no pensamento de, 165
vida ética e relações, 163
Bullying, 80

C

Callieri, Bruno, 150
Campo fértil, criação de um, 53
Caso Fritz, 10
Causalidade no processo psíquico, 136
Chistes, 5
Ciência existencial em Kierkegaard, 179, 180
Clarividência, 325
Clínica
com inspiração fenomenológica heideggeriana, pensar uma, 144
da histeria, 3, 4
do acompanhamento terapêutico, possibilidades de
atendimento familiar na, 383
do envelhecimento
alguns pressupostos sobre, 401
ética do cuidado na, 399
psicanalítica de orientação lacaniana, 28
Complexo
conceito, 53
da castração, 7
de Édipo, 6
Comportamento(s)
análise, 71
aplicada, 72
experimental, 71
Clinicamente Relevantes (CCRs), 88
como estrutura, 157
do terapeuta como fonte de dados para a formulação da análise
de contingências, 84

fenômenos psicológicos na análise do, 74
fundamentos conceituais da análise do, 73
operante, 74
respondente, 74
Comportamentos-problema, 97
Comprometimento, estratégias de, 102
Compromisso, formações do, 5
Compulsões, 358
Comunicação
irreverente, 103
recíproca, 103
terapêutica, estilos, 103
Comunidade, 166
Conceitos, 318
metapsicológicos, 4
Condição humana na clínica contemporânea, contribuições de
Winnicott para o entendimento da, 377
Configuração, 156
Conflito psíquico, 5
Conhecimento, 372
criar, 288
Consciência, 74, 126
intencionalidade da, 151
ternária, 318
Consideração, desenvolvimento da capacidade
de, 345
Consultoria por telefone, 98
Contato(s)
fronteira de, 188
interpessoal, 149
Conteúdo da fala do cliente, 88
Contingências, estratégia de manejo de, 102
Contradições, enfrentar, 288
Cooperatividade, 318
Coping religioso/espiritual, 304
conceito, 301
conceituação de Pargament para, 301
em crianças e adolescentes, 309-315
estilo(s), 301
autodiretivo, 305
colaborativo, 305
delegante, 304
estratégias, 310
estudo entre crianças e adolescentes gaúchos, 310
análise de dados, 311
diferenças das variáveis analisadas, 314
diferenças por sexo, idade e prática religiosa, 313
discussão, 313
frequência de respostas para as situações de estresse
vencidas, 312
instrumentos, 311
média de respostas para as estratégias, 312
método, 311
procedimentos éticos, 311
resultados, 311
situações de estresse, 312
relação entre a participação sociocomunitária e mudanças de
estilo, 306
teoria do, 301
Corpo, 157
espacialidade de situação, 158
experiência do, 157
habitual, 150
Corporeidade humana, 143
Corpspropriation, conceito de, 197
Cosmogênese
bambara, 336

iorubá, 335
Criação da arte, 258
Criança, psicanálise com, 30
Crianças e adolescentes, *coping* religioso/espirirual em, 309-315
Crises histéricas, 359
Crítica dialética, 27
Cuidado
    como um modo de estar-no-mundo-com-outros, 144
    ética na clínica do envelhecimento, 399
    numa perspectiva das narrativas bíblicas, 352
Culto do indivíduo, 192
Cura, rituais grupais de, 61

D

Dano, evitação de, 318
Defesa, estudos recentes sobre as, 223
Deformação coerente, 160
Demência maníaco-depressiva, 150
Dependência da recompensa, 318
Depressão do humor, 359
Depressividade, 176
Deprivação, situação de, 24
Desautorização, 39
Desconstrução de verdades objetivas, 423
Descrédito, 39
Desejo, 27
    de saber, 416
Desenho, 257
    como forma de expressão, 258
    como revelação e possibilidade de encontro, 258
Desespero, 425
Desfusão cognitiva, 110
Desmentido, 39
Desregulação emocional, 97
    pervasiva, 97
Desvalorização, 224
Determinismo psíquico inconsciente, 3
Deturpação, 5
Dez mandamentos da exclusão metodológica do transcendente, 327
Diagnóstico
    psicopatológico, 174
    Tatossian, compreensão fenomenológica do, 173
Dialogicidade, 166
Diálogo(s), 166, 168
    a vida em, 163
    com o outro, 160
    entre teologia e a psicologia, perspectivas, 393-397
    peregrino, rastros de um, 407
    topográficos, 411
Discriminação de estímulos, 74
Discurso, psicanálise como análise de, 33
Distorção antropológica do encontro interpessoal, 152
Distúrbio, 143
    da comunicação intersubjetiva, 152
Diversidade de gênero, 7
Divisão, 18
    subjetiva, 4
Doença para a morte, 426
Dualismo, 73

E

Ecletismo pragmático, 287
Educação, psicanálise e, 32

Efetividade interpessoal, 98
Ego, 152
Élan vital, 391
Elemento estético, 395
Empatia, 419
    no manejo clínico, 36
Empirismo lógico, 125
Encontro, 166
    dialógico, 164
Enfermagem, contribuição clínica de Edith Stein, 138
Enfermidade mental para Mindowski, 148
Ensaio, 182, 183
Envelhecer, ética do cuidado e o, 404
Envelhecimento, psicologia e, 399
Episteme, 184
Epoché, 128, 141
Era da técnica, 144
Escola de Paris, 211
Escolha, 166
Escuta clínica, 145
Espacialidade de situação, o corpo tem, 158
Espaço
    clínico, 160
    potencial, 377, 419
    terapêutico compartilhado de criação, 257
Especificidade psicopatológica, 173
Espectro hermenêutico, 409
Espera receptiva, 416
Espiritualidade, 318
Espontaneidade, 188
Esquizoafrenicidade, 176
Establishment, 41
Estender, 103
Estímulo(s)
    aversivos, 74, 107
    controle de, 101
    discriminação de, 74
    punitivo, 74
    reforçador, 74
Estratégia(s)
    comprometimento, 102
    de intervenção, 99
    de modificação cognitiva, 102
    de mudança, 100
Estrutura
    da pessoa humana, 139
    humana, essência da, 417
Ética do cuidado e o envelhecer, 404
Eu, dinâmica narcística do, 28
Evitação de danos, 318
Excentricidade, 28
Existência, 168
Experiência(s)
    alucinatória, 325
    anômalas, 324
    atualidade da, resgate da, 191
    clínicas, 199
    da perda, 30
    de contato com seres alienígenas, 325
    de cura anômala, 325
    de gratificação, 13
    do sagrado, face
        ética, 281
        numinosa, 281
        ruptura da racionalidade e da familiaridade, 281

ÍNDICE REMISSIVO

emocional, 11
fenomenológica autêntica, 174
fora-do-corpo, 325
mística, 326
perda da, 30
psi, 325
religiosas, 326
terapêutica, o sagrado na, 281-284
vivida, 127
Experimento, 191
de Faggiani, componentes utilizados no, 119
Exposição prolongada, procedimento de, 98
Expressão, 159
da alma, 349

F

Fala
falada, 159
falante, 159
Falso *self,* 200
Fantasia inconsciente, 11
Fato psíquico, 324
"Fazer dos limões uma limonada", 103
Felicidade de Spinoza, 195
Feminilidade, fase da, 12
Fenomenalismo, 123
Fenômeno(s), 123, 172
caráter metafísico do, 179
comuns
abordagem psicológica dos, 323-330
experiências
anômalas, 324
religiosas, 326
intersecção entre experiências anômalas e experiências
religiosas, 327
saúde mental, experiências religiosas, experiências
anômalas e, 327
da sacralização, 282
psicológicos, na análise do comportamento, 74
Fenomenologia, 123, 126
clínica de Arthur Tatossian, 171-177
da vida, 195
brasileira, histórico da, 196
de Husserl, aportes
consciência, intencionalidade
e temporalidade, 128
método fenomenológico, 127
eidética, 159
Filosofia
do encontro, 165
fenomenológica, 139
utilidade da, 371
Fobias, 359
Folie a deux, 360
Fracasso escolar, 415
Freud, Sigmund, herdeiro da bíblia, 341
Fronteira de contato, 188
Fugacidade, 167
do pensar, 372
Função-*self*, 188
Funcionamento psíquico, 3
Fundamento, 282

G

Gelassenheit, 144

Generalidade, dimensão da, 160
Genuinidade radical, 100
Gerontologia, 400
Gestalten, formação de, 189
Gestalt-terapia
contextualização, 187
estrutura conceitual, 188
método clínico, 190
neurose em, compreensão da, 189
pesquisa na pós-graduação em clínica, 192
Grupo(s)
gestáltico, processo de, 191
psicoterapêuticos, 61- 68
correntes, 61
histórico, 61
noção de tarefa, 63
planejando e coordenando, 63
sobre o enquadro do, 64
socioeducativos, 63
Guardini Romano
princípio da oposição polar e a existência em, 396
teologia elaborada por, 396

H

Habilidade, treinamento de, 98
Hassidismo, 165
Heidegger, Martin, influências do pensamento
de, 141
Henry, Michel
psicologia clínica e a fenomenologia da vida
de, 195-201
a clínica, 198
histórico da fenomenologia da vida na psicologia brasileira,
196
investigações possíveis entre a psicologia clínica e a
fenomenologia da vida, 197
o que é fenomenologia da vida, 196
quem é?, 195
Hipótese do incosciente estruturado, 28
Histeria/Dissociação, 359
Historicismo, 124
Holding, concepção de, 400
Home schooling, programa individualizado de, exemplo de uma
tela do, 117
Homem trágico, 298
Humor, depressão do, 359
Husserl, Edmund, 123
biografia e principais obras, 124

I

Idealização, 224
Identificação projetiva, 14, 224
Igualdade de gênero, 7
Imaginação ativa, 54
Imaginário, 28
Imprecisões conceituais, 285
Impropriedade, 143
Inconsciente, formações do, 5
Indivíduo, 166
culto do, 192
Insegurança, 291
Instinto, conceito de, 5
Intencionalidade, 126
da consciência, 151
Interdisciplinaridade, 137

vértice
epistemológico, 367
ético-antropológico, 369
Interioridade, 419
Interlocução entre fonoaudiologia e psicanálise, 377
Intersecção entre experiências anômalas e experiências religiosas, 327
Intersubjetividade, 127
Introjeção, 38
Intuição, 419
Inveja, 14
primária, 14
Investigação entre psicologia clínica e fenomenologia da, vida, 197
Ironia, 372
conceito, 423

J

Jung, Carl Gustav, 53
psicolocia analítica de, 53-60

K

Kierkegaard
ciência existencial em, 179, 180
dos ensaios da psicologia à psicologia como ensaio, 182
experiência do pensamento além da filosofia e da psicologia, 179
Søren, desespero e morte na sessão
psicoterápica, 423

L

Lacan
do nome de uma flta à falta de um nome, 346
Jacques Marie Emile, 27
pricípios gerais da psicanálise de, 27-34
Lacuna, preencher, 288
Laicidade
consonância entre direitos humanos, abordagem respeitosa ao sagrado e, 278
do Estado, 279
na escola, 270
psicologia da religião e, 269
Lapso, 5
Liberdade, 418
Linguagem, 106
de êxito, busca da, 49
keliniana, 10
mística, 407
Loucura, 27,143

M

Maiêutica, 372
Malades, 346
Manchas ambíguas, perceptos provenientes
das, 220
Material do método de Rorschach, 206
Mecanismo
de *coupure,* 261
de projeção e introjeção, 13
Melanie Klein, pensamento de na psicanálise contemporânea, 9-16
Memória
de vidas passadas, 325
em sentimento, 11
Mentalismo, 73
Merleau-Ponty, 155

Mesmerismo, 323
Metáfora, 103, 151
Metapsicologia freudiana, 3, 4
Método
clínico da gestalt-terapia, 190
de pesquisa em psicanálise, 20
de Rorschach
contrinuições psicanalíticas ao, 219-216
fatores do teste, 207
técnica, 207
forma, movimento e cor no processo
perceptivo, 208
material, 206
percepção-interpretação, 206
dialético maiêutico, 350
estrutural, 27
fenomenológico, 127
hipnótico, 4
Milagre, 325
Mindfulness, 96, 98
Minkowski, Eugène, 148
Mística, 298
pós-graduação e, 413
Mito, 293
Modelo
ACL, 89
biossocial, 97
da bolha, 21
de homem para Winnicott, 21
de Kanter, 90
de psicopatologia fenomenológica, 176
psicobiológico
autotranscendência em, 317
de temperamento e caráter, 317
Modificação cognitiva, estratégias de, 102
Momentos de branco, 415
Moral, surgimento da, 345
Moreno, Jacob Levi, 169
Morte, 425
Movimento(s), 419
básicos, 168
dialógico, 168
monológico, 168
fenomenológico, 123
Mudança(s)
estratégias de, 100
paradigma de, 99
Mundo
arcaico kleiniano, 11
intersubjetivo, 127
vivido, 151
Musas, 291
Mutualidade, 169

N

Narrativa(s)
cosmogônicas negro-africanas, 335
fundantes
africanas, possível significado piscológico, 337
iorubás, 336
religiosas
criação do humano, 334
e seus tesouros psicológicos, 331-339
o gênesis, 332
Naturalismo, 124
Natureza humana, estudo da, 21

ÍNDICE REMISSIVO

Negação, 39, 224
Neocatarse, 37
Neurose(s)
    eclesiásticas, 360
        imagem matriz, 361
        instalada em nome de Deus, 361
        tratamento, 363
        três diques, 361
        três facetas, 362
    em gestalt-terapia, compreensão da, 189
Nondum, 299
Novidade, busca por, 317

O

Objeto, 28,126
    pulsional, 5
    representações de, 224
Observação clínica cotidiana, 4
Obsessões, 358
Oficina(s)
    de gastronomia, 389
    de geração de renda do Centro de Atenção Psicossocial da
        Unifesp, 387
    de mosaico, 388
    de sabonetes artesanais, 388
    de trabalho, 387
Ôntico, 419
Ontogênese, 73
Ontológico, 419
Operações motivadoras, 74
Oposição polar, princípio da, 396
Orientação profissional, avaliação psicológica no campo da, 243
Outro
    diálogo com o, 160
    expressão e comunicação com o, 159

P

Pacientes, tipos
    borderline, 24
    deprimidos, 24
    neuróticos, 34
    psicóticos, 24
Padrão grupanalítico, 67
Palavras-princípio, 166, 168
    eu-isso, 166, 167
    eu-tu, 166
Paradigma
    de aceitação, 99
    de mudança, 99
    dialético, 99
Paradoxo, 286
    entrar no, 103
Paranormais, 324
Paranormófilas, 327
Paranormofobia, 327
Parapsicológicos, 324
Pensamento
    analítico de Bion, 41
    de Heidegger e as práticas psicológicas
      clínicas, 141
    experiência para além da filosofia
      e da psicologia, 179
Pensar, fugacidade do, 372
Percepção, 157, 318
    espontânea, 325

extrassensorial, 325
Percepção-interpretação, 206
Perceptanálise, 219
Perda(s)
    da experiência, 30
    do contato vital com a realidade, 148
    experiência da, 30
Perdão
    como ferramenta terapêutica, 354
    estudos sobre, 353
    legado para a saúde mental, 353
    na velhice, 402
Persistência, 318
Personalidade, 205
    borderline, 224
    psicótica, 43
Personalidade, 205
Perversões, 360
Pesquisa, 84
    clínica
      em psicanálise, 31
      no Brasil, influência do pensamento lacaniano na
        psicanálise como análise de discurso, 33
        psicanálise e educação, 32
        psicanálise e saúde, 31
    clínica e teórica em psicanálise do ponto de vista de Winnicott,
      17-26
    da função do comportamento, 83
    em psicanálise, 17
      métodos de, 20
    em psicoterapia analítica funcional, 91
    na pós-graduação, 161
    na pós-graduação em psicologia, temas de, 193
    psíquica, 324
Pessoa, 166
Pfister Oskar, a cura psicanalítica de almas, 342
Piscologia, envelhecimento e, 399
Política Nacional do Idoso, 400
População em sua diversidade religiosa, 275
Posição
    conceito, 14
    depressiva, 13
    esquizoparanoide, 13
Prática psicoterapêutica, *coping* religioso/espiritual e, 301
Precognição, 325
Preparo pessoal do terapeuta, 91
Princípio(s)
    da oposição polar, 396
    de aprendizagem, o conhecimento guia análises
     e predições, 82
    de extinção, 83
    dialógico, 165
    do reforçamento diferencial de outras
     respostas, 83
Procedimento de exposição prolongada, 98
Processo(s)
    de avaliação terapêutica
      documentos escritos, 240
      eficácia das avaliações terapêuticas, 240
      escolha dos testes, 239
      follow-up, 240
      formulando perguntas, 238
      procedimento na prática, 238
      sessão de intervenção, 239
      sessão de sumarização e discussão, 240
    de formação das respostas ao Rorschach na visão da psicanálise, 222

434

de simbolização, 28
interpessoal, 87
perceptivo, forma movimento e cor no, 208
Psicanálise
axioma da, 3
com crianças, 30
como análise de discurso, 33
contemporânea
presença do pensamento de Melanie Klein na
análise de crianças, 9
fantasia inconsciente, 11
fase da feminilidade, 12
identificação projetiva, 14
inveja, 14
linguagem keliniana, 10
mundo arcaico kleiniano, 11
posições esquizoparanoide e depressiva, 13
de Lacan
clínica psicalítica de orientação lacaniana, 28
em crianças, 30
pesquisa clínica, 31
princípios gerais da, 27
determinantes do Rorschach, 220
dimensões da, 3
clínica, 3
de pesquisa, 3
teórica, 3
do desconhecido Wilfred R. Bion e a, 41-51
freudiana, conceitos fundamentais da, 3
pesquisa em, 17
sintoma em, 5
surgimento da, 4
Psicodiagnóstico, 206
de Rorschach, 219
Psicopatologia clínica, contribuições da Escola de Paris do
Rorschach à, 215
Psicologia
analítica de Jung, 58
clínica, 155
e fonoaudiologia, interface entre, 375
interdisciplinaridade e, 367-370
como ensaio, 184
continuição de Santo Agostinho, 349
da Gestalt, 157
da religião
dimensão individual e social da, 268
laicidade e, 269
no Brasil, *status* acadêmico, 271
o que não é e o que é, 267
o que o psicólogo precisa saber sobre, 267- 272
e espiritualidade, afastamento entre, 286
fenomenológica, 128
mística e, 407
Rorschch na graduação em, 213, 214
sem alma, 134
Psicologismo, 124
Psicólogo
clínico
questões religiosas e o, 285-289
convidar, esperar e acolher o testemunho, 286
ecletismo pragmático, 287
enfrentar contradições, preencher lacunas, criar
conhecimento, 288
imprecisões conceituais, 285
paradoxos, 286
novos papéis do, 277

Psicopatologia
contribuição clínica de Edith Stein, 138
em relação ao religioso, 357
fenomenológica, 147
objeto da, 175
Psicose, 27
espiritualidade e, 319
Psicossomática, 143
Psicoterapia, 271, 425
analítica funcional, 87
apenas mostra que o reforço reforça?, 93
é apenas uma sistematização da relação terapêutica?, 93
é uma técnica ou uma psicoterapia?, 93
mudou do primeiro para o segundo livro?, 94
pesquisas em, 91
trata apenas de questões de vínculo
e relação?, 94
individual, 98
psicanalítica, meios e modos para o desenvolvimento da, 23
Psique, 148, 273, 291
ocidental, Agostinho e a, 349
elementos psicológicos sobre a infância, adolescência e
juventude, 350
imersão nas Confissões, 350
intimidade e fenomenologia do pecado, 350
legado psicossocial, 351
o homem cristão, 350
trindade humana, 351
Pulsão, 3
conceito de, 5

Q

Quadros delirantes, 350

R

Raciocínio funcional, 82
Raízes religiosas de Freud, Pfister, Winnicott
e Lacan, 341-348
Razão, 418
Realidade
contemporânea, 277
noção de, 148
perda do contato vital com a, 148
Recalque, 3
conceito metapsicológico do, 5
Reciprocidade, 151
Recompensa, dependência de, 318
Reflexão precisa, 100
Regra
de ouro, 4
fundamental da psicanálise, 4
por Skinner, 81
Regressão, 37
Regulação emocional, 98
Relação(ões), 166
com alta probabilidade de serem naturalmente reforçadas, 90
entre psicologia e religião, 349
entre teoria e prática, 174
humanas, legado do cuidado, paradigma e, 351
Relacionamento experiencial, 169
Religião, 297
cômica, 298
da humanidade, 274
dimensão individual e social da, 268
e espiritualidade, 269

ÍNDICE REMISSIVO

humanidade das, 274
para o estudante de psicologia, relevância do estudo da, 274
psicologia da, o que o psicólogo precisa saber sobre, 267
publicização da, 270
relevância do estudo para o estudante de psicologia, 273-280
suposta rivalidade entre psicologia e, 273
trágica, 298
Religiosidade no mundo, ligar com, 276
Religiosidade/espiritualidade
psicologia e, 317-321
autotranscendência, espiritualidade e consciência ternária, 318
modelo psicobiológico de temperamento e caráter, 317
psicose e espiritualidade, 319
Renascimento de Ferenczi, 36
Resistência, 30
Resposta ao Rorschach na visão da psicanálise, processo de, 222
Resposta-claro-escuro, 210
Resposta-cor, 209
Resposta-forma, 208
Resposta-movimento, 208
Reunião de consultoria, 98
Rêverie, 43
Rituais grupais de cura, 61
Rorschach
Hermann, genialidade e humanidade, 205
sistema francês do, 211
teste de, 205
Rorschach Performanc e Assessment System
aplicação
fase de esclarecimento, 229, 230
fase de resposta, 229, 230
padrão de, 229
codificação do, 230
códigos do sistema, por categoria, 230
como se aplica, codifica e interpreta o, 229
estudo de caso, 232
escores, 233, 234
fundamentos científicos, 227
índices interpretativos, cálculo dos, 231
interpretação do, 231
origens, 227
otimização do Rorschach por meio do, 227-236
padrão de aplicação, 229
propriedades psicométricas, 228
Ruínas, 296
Ruptura(s), 297
atuais, 352

S

Saberes, 294
Sacralização, 282
Sacrifício, 294
Sagrado, na experiência terapêtuica, 281-284
Sándor Ferenczi, contribuições teórico-clínicas à psicanálise
período criativo, 37
período de relaxamento e o resgate da traumatogênese, 38
técnica ativa, 37
Santo Agostinho, contribuição para a psicologia, 349
Satisfação pulsional no campo humano, 5
Saúde
mental
experiências religiosas, experiências anômalas e, 327
legado do perdão para, 353
para Winnicott, noção de, 22
psicanálise e, 31

psíquica dos velhos, 399
Selbst, 54
Selecionar, 232
Self, face estética do, 395
Semiologia psiquiátrica, 175
Sentido, 328
buscar um, 416
do ser, 371
forma e expressão do, ouvir a, 190
Ser
deprimido, 172
relacional, modos de, 166
Ser-aí, 142, 144
Ser-doente, 143
Serenidade, 144
Sessão
conteúdo da, 87
de psicoterapia, 427
psicoterápica, desespero e morte na, 423
Sexualidade infantil, 7
Significação, 159
Simbólico, 28
Simbolização, processos de, 28
Síndrome do ninho vazio, 83
Sinestesia, 325
Singularização, 419
Sintetizar, 232
Sintoma, 172
em Psicanálise, 5
psiquiátrico, 172, 173
Sintoma, 172
Sistema francês de Rorschach, 211
breve histórico, 211
contrinbuições à psicopatologia clínica, 215
ensino e formação, 212
ensino no Brasil, 213
Sobórnost, 258
Socialismo utópico, 165
Sociedade, 166
Sofrimento, 328
humano, 106
psíquico, 416
Solução de compromisso, 5
Soma, 172
Sondar, 232
Sonhar lúcido, 325
Sonho, 5, 283
Stein, Edith
contribuição à psicologia clínica e à educação, 419
contribuição clínica para a enferamgem e psicopatologia, 138
essência da estrutura humana, 417
importância para a psicologia do século XX, 135
vida e obra, 133
Subjetividade, 161
legado da, 349
Sugestionabilidade, 359
Sujeito, 126
do inconsciente, 4, 31
que fundamenta as práticas clínicas fenomelógico-existenciais, 155
Sujeito-objeto, 318
Sumarizar, 232
Suspensão do juízo, 141

T

Tabelas de tríplices contigências, construção de, 84

TAC, ver Terapia analítico-comportamental
Tarefa
homogeneidade na, 64
noção de, 63
Tatossian, Arthur
biografia e principais publicações, 171
fenomenologia clínica de, 171-177
depressividade e esquizofrenicidade, 176
sintoma e fenômeno, 172
teoria e prática, 174
Teatro do mundo, 395
Técnica
das relações objetais, 220
projetivas, 251
psicanalítica por meio do brincar, 10
Telepatia, 325
Tema de pesquisa na pós-graduação
em psicologia, 193
Temperamento, dimensões
busca por novidade, 317
dependência da recompensa, 318
evitação de danos, 318
persistência, 318
Temporalidade, 28, 126, 148
Tensão bipolar, 151
Teoria
de Sigmund Freud, contribuições à Psicologia clínica, 3
do aparelho psíquico, primeira, 5
do *self*, 188
fenomenológica, 175
Teoria e prática, relação entre, 174
Terapeuta, preparo pessoal do, 91
Terapia
ABA (*Applied Behavior Analysis*), 113
analítico-comportamental, 79-85
condução da análise de contingências, 82
pesquisas, 84
comportamental(is)
desenvolvimento das, 76
dialética
automonitoramento dos comportamentos-problema, 99
desenvolvimento da, breve histórico, 95
estágios do tratamento, 99
estratégias de intervenção, 99
funções, 97
modelo biossocial, 97
modos de intervenção, 97
pressupostos filosóficos da, 96
para autismo, 113
da aceitação e compromisso
aceitação, 108
aqui e agora, 111
desfusão cognitiva, 110
linguagem e sofrimento humano, 106
modelo terapêutico e raciocínio clínico, 107
unindo tudo e percorrendo o caminho, 111
valores, 107
de grupo *versus* terapia individual, 191
sociocomunitária, 305

Teste(s)
de Apercepção Temática (TAT)
uso clínico e em pesquisa, 251-256
de fotos de profissões, 243, 244
indicadores técnicos do, 246
investigação científica sobre, 247
de fotos de profissões, 243
de Rorschach, 205
Testemunho, convidar, esperar e acolher o, 286
Tolerância a mal-estar extremo, 98
Totalidade senso de, 165
Trabalho, como potencial terapêutico, 391
Transcendência, 164
Transferência, 29
destino da, 152
Transicionalidade, 419
Transitoriedade, 5
Transtorno(s)
do espectro autista (TEA), desempenho apresentado por uma criança com, 115
mentais e de comportamento, 359
Tratamento psicanalítico, objetivos, 23
para Winnicott, 20
Trauma descrito por Ferenczi, 35
Traumatogênese, 38
ferencziana, 39
Treinamento de habilidades, 98
Triangulação edípica, 12

V

Validação
estratégias de, 99
topográfica, 100
Validade funcional, 100
Velhice, perdão na, 402
Verleugnung, 39
Vida
dialógica, 167
inconsciente, acesso à, 219
Vivência(s), 127
do outro, 140
fenomenológica, 127
religiosas, 326
Vulnerabilidade biológica, 97

W

Winnicott
contribuição para o endendimento da condição humana na clínica contemporânea, 377
contribuição à psicologia clínica e à educação, 419
Donald, e suas raízes metodistas, 344
modelo de homem para, 21
noção de saúde para, 22
objetivos do tratamento psicanalítico para, 20
pesquisa clínica e teórica em psicanálise pelo ponto de vista de, 17-26